2013

中国饲料工业年鉴

全国饲料工作办公室
中国饲料工业协会 编

中国农业出版社

2012年4月11日，农业部在福建厦门召开全国饲料工作会议。会议围绕“全面贯彻实施新条例，加快建设饲料工业强国”的主题，充分总结“十一五”以来饲料工作的成绩与经验，深入分析当前面临的形势与任务，明确今后一段时期的工作思路与重点，要求各级饲料管理部门以全面贯彻实施《饲料和饲料添加剂管理条例》为契机，推动饲料工业加快转变发展方式，实现从大到强的跨越提升。农业部相关领导及各省（区、市）畜牧饲料管理部门负责人、饲料质检机构、饲料监督执法机构和饲料工业协会负责人共200余人出席会议。国务院法制办、国务院食安办、公安部、质检总局、税务总局、工商总局等部委有关负责同志也应邀出席会议。

2012年4月12日，由中国饲料工业协会和全国畜牧总站主办的“2012中国饲料工业展览会暨畜牧业科技成果推介会”开幕式在福建厦门举行。农业部副部长高鸿宾，厦门市副市长张灿民，全国畜牧总站站长、中国饲料工业协会秘书长李希荣，农业部产业政策与法规司巡视员李生，农业部兽医局副局长张弘，福建省农业厅副厅长黄华康，厦门出入境检验检疫局副局长陈华忠，国际饲料工业联合会主席马里奥·库特，全国畜牧总站副站长、中国饲料工业协会副秘书长沙玉圣、孔亮等领导及嘉宾出席了开幕式。

2012年6月6～7日，2012年全国畜牧站长工作会议在北京召开。农业部副部长高鸿宾，农业部畜牧业司司长王智才，农业部畜牧业饲料司巡视员陈伟生等领导及各省、自治区、直辖市及计划单列市、新疆生产建设兵团、黑龙江省农垦总局畜牧、草原、饲料、奶业技术推广部门主要负责同志，全国畜牧总站在职职工与离退休干部，以及农民日报、农业部信息中心、中国畜牧兽医报、中国畜牧业等新闻媒体近260人参加会议。会议的主要任务是贯彻落实中央一号文件、中央农村工作会议、全国农业工作会议和全国畜牧兽医工作会议精神，总结2011年畜牧技术推广工作成就，分析当前形势，谋划今后一段时间工作。

2012年11月15日，中国饲料工业协会第八届大型企业联谊会暨第六届理事会二次会议在株洲召开。农业部副部长高鸿宾发来贺信，国家首席兽医师于康震强调饲料行业大型企业要认真贯彻落实十八大精神，推动实现科学发展。中国饲料工业协会第八届大型企业联谊会成员，各省饲料工作（工业）办公室，饲料工业协会主要负责人及新闻媒体单位500余人出席会议。

2012年2月18日，黑龙江省畜牧兽医局在哈尔滨市召开“全省饲料形势分析暨饲料质量安全监管工作会议”，来自省农垦总局畜牧兽医局、13个地市的饲料办及饲料质检机构、饲料协会、有关饲料媒体和部分大中型饲料企业负责人参加会议。会议认真贯彻落实黑龙江省农村工作会议和畜牧工作会议精神，分析研判当前饲料生产形势，总结交流2011年饲料质量安全监管工作，通报2011年饲料监测结果及存在的问题，宣贯新《饲料和饲料添加剂管理条例》，部署2012年饲料质量安全监管工作任务。

2012年3月15日，农业部组织开展以“放心农资下乡，保障春耕生产”为主题的第八届放心农资下乡进村现场咨询活动，活动在北京现代农资交易服务中心举行。活动期间，全国畜牧总站、中国饲料工业协会布设展台，由负责人带领10余名生猪、奶牛、草业等方面业务骨干，现场解答农户咨询的问题，并赠送《蛋鸡标准化养殖技术图册》《科学养猪100问》《全混合日粮实用技术》《中国畜牧业》《中国饲料》等各类专业资料和期刊1 265份。

2012年5月14日，陕西省饲料工作会议在西安召开。会议总结了2011年全省饲料工业各项工作，表彰2011年度全省30强饲料企业和全省饲料行业诚信建设年活动“诚信企业”，安排部署2012年工作任务，启动新《饲料和饲料添加剂管理条例》宣贯工作，

2012年5月24日，“国际畜禽饲料研究联盟”暨“农业部设施农业节能与废弃物处理重点实验室试验教学基地”揭牌仪式在农业部饲料工业中心河北丰宁动物实验基地举行，农业部畜牧业司司长王智才（左3）、农业部国际合作司司长王鹰（左2）、加拿大驻华大使馆农业参赞Chris Vervaet（左4）、中国农业大学副校长王涛（左7）等出席揭牌仪式。

2012年4月24日，美国大豆协会到牧羊集团参观交流，并就技术与市场推广交流展开座谈。

2012年4月，辽宁省饲料工业协会举办“禾丰杯”新《饲料和饲料添加剂管理条例》知识竞赛，全省共有5 000余人参赛，有效调动了广大饲料生产经营者学习饲料法规的热情，起到了很好的宣传培训效果。

2012年4月11日，“大北农杯”《饲料和饲料添加剂管理条例》知识竞赛决赛在福建厦门广电中心拉开帷幕。全国畜牧总站站长、中国饲料工业协会秘书长代表主办单位向获奖单位和个人表示祝贺。图为竞赛中优秀奖抽奖仪式，抽奖领导分别为农业部畜牧业司副司长王宗礼（左4），全国畜牧总站站长、中国饲料工业协会秘书长李希荣（左3），全国畜牧总站党委书记、中国饲料工业协会副秘书长何新天（左2），全国畜牧总站副站长、中国饲料工业协会副秘书长沙玉圣（左5），农业部畜牧业司饲料处处长王晓红（左1）。

2012年4月12日，由中国饲料工业协会和全国畜牧总站主办的“2012中国饲料工业展览会暨畜牧业科技成果推介会”在福建厦门举行。展览会上，除以往常规的饲料、饲料添加剂、饲料机械、报刊媒体等参展商外，宠物饲料作为一股新生力量首次加入中国饲料工业展览。图为农业部副部长高鸿宾（左3）参观宠物饲料展区。

2012年3月27日，河北省新《饲料和饲料添加剂管理条例》（以下简称《条例》）宣贯新闻发布会及《条例》解读培训班在石家庄市平山县举行，全省11个市和89个重点县饲料办主任及890家企业负责人参加培训。

2012年3月29日,畜牧饲料行业职业技能鉴定指导站在福建福州召开“饲料行业职业技能鉴定工作座谈会”，各省区鉴定站负责人参加会议。座谈会主要学习全国农业工作会议精神和《农村实用人才和农业科技人才队伍建设中长期规划（2010-2020年）》，解读《饲料检验化验员国家职业标准》，总结2011年技能鉴定工作，交流经验，研究部署2012年技能人才开发工作。

2012年5月29日,新《饲料和饲料添加剂管理条例》贯彻执行工作座谈会在北京召开。农业部畜牧业司司长王智才（左2）、副司长王宗礼（左3），全国畜牧总站副站长、中国饲料工业协会副秘书长沙玉圣（左1），农业部畜牧业司饲料处处长王晓红（左4）等领导和中国农业科学院饲料研究所以及来自各省、区、市饲料工作（工业）办公室和执法体系负责同志等80余人出席会议。

2012年7月9日～8月29日，湖北省开展为期两个月的法规培训。培训共分10期，全省所有饲料行政管理、监督执法人员，饲料生产企业生产、技术和质量管理负责人参加培训。培训内容涉及饲料发展形势、饲料法规体系与饲料质量安全监督管理，《饲料质量安全管理规范》及检查工作要点，《饲料原料目录》释义、饲料生产许可条件及饲料生产企业申报材料要求，饲料厂实验室条件设置及主要检测技术、饲料生产工艺流程概要等。

2012年7月28日，由全国饲料评审委员会办公室主办的“饲料和饲料添加剂有效性和安全性评价培训班”在北京召开。来自农业部指定的饲料和饲料添加剂有效性和安全性评价机构负责人以及从事饲料安全评价工作的相关人员等70余人参加培训班。

2012年7月30日，美国大豆协会考察团一行20余人到扬翔集团参观交流。图为考察团与扬翔集团负责人现场合影。

2012年 7月31日，“中美大豆产业高峰论坛暨庆祝北京代表处成立30周年”活动在北京举行。国务院原副秘书长、中国粮食行业协会会长、中国饲料工业协会原会长白美清，国家粮食局副局长曾丽瑛，美国农业部总经济师约瑟夫·葛乐伯，美国驻华大使馆公使衔农业参赞辛思凯，农业部国际合作司副司长谢建民，全国畜牧总站副站长、中国饲料工业协会副秘书长沙玉圣，全国水产技术推广总站站长魏宝振等领导及中国饲料、畜牧、养殖、油脂加工企业，大豆经销商近500人出席活动。

2012年7月上旬和12月下旬，辽宁省饲料工业协会先后举办了两期全省饲料行业特有工种职业技能鉴定培训班，集中培训800多名饲料行业从事饲料产品检验化验、机械设备中央控制、生产设备维修的一线专业人员，并对参训人员进行职业技能鉴定。

2012年8月19～22日，由教育部学位管理与研究生教育司、国务院学位委员会畜牧学科评议组主办，中国农业大学动物科技学院承办的“2012年度全国动物营养与饲料科学研究生教育研讨会暨博士生论坛”在北京举行，近60位国内畜牧学领域的专家进行专题研讨，全国31所农业高校及科研院所的80多名博士生参加学术交流。

2012年8月30日，由美国大豆协会—国际项目和中国饲料工业协会联合主办的第八届中国饲料南北交流活动在江苏溧阳拉开帷幕，部分省份饲料工业协会负责人以及来自北京、江苏、山东、四川、广东、辽宁、甘肃等省市的50多位饲料企业中高级管理人员参加了此次交流活动。交流活动始于江苏溧阳，在山东青岛落下帷幕，研讨与参观相结合的方式是该活动多年来所坚持的一大特色。

2012年9月8～12日，全国饲料法规与检测技术培训班在北京举行。来自全国17个省区、市51家饲料生产经营企业的107名一线技术、品控、质检和技术人员参加培训班。

2012年9月11日，由农业部畜牧业司主办，全国畜牧总站、中国饲料工业协会信息中心承办，吉林省饲料工作办公室协办的“2012年全国饲料工业统计培训班”在吉林长春举办。培训班旨在全面总结2012年饲料统计工作，分析饲料行业发展态势，部署第4季度和2013年饲料统计和信息管理工作。

2012年9月17～18日，山西省农业厅饲料奶站管理办公室在吕梁市举办全省饲料工业信息统计培训班。各市饲料管理部门和农业部重点跟踪企业的统计员参加培训。培训班上对近几年在山西省饲料统计信息中成绩突出的单位和个人进行了表彰。

2012年9月18日，广西举办饲料法规宣贯培训班。全区各市、县饲料管理部门、各级饲料质检机构、部分饲料生产企业负责人共310人参加培训。

2012年9月22日，“2012·首届饲料脱霉技术研讨会暨霉菌毒素吸附剂大会”在北京召开。会议旨在宣传饲料原料霉菌毒素的危害，强化推广最新的防霉、脱霉应用技术，使广大饲料生产和养殖企业更加科学准确地把握好新型霉菌毒素吸附剂的应用，推动行业发展，保障饲料和食品安全。中国农业科学院饲料研究所、北京市饲料工业协会、生物饲料开发国家工程研究中心联合霉菌毒素吸附剂企业等相关生产企业与应用企业代表参加会议。

2012年9月23日，《中国畜牧业》创刊20周年座谈会在北京举行。农业部畜牧业司巡视员陈伟生，农业部奶业管理办公室主任、新疆维吾尔自治区畜牧厅副厅长王俊勋，中国兽医药品监察所所长冯忠武，全国畜牧总站党委书记、中国饲料工业协会副秘书长何新天，全国畜牧总站副站长、中国饲料工业协会副秘书长沙玉圣等领导及20多位来自各省（区、市）担任本刊编委会委员的局（站）长和江苏牧羊集团、江苏正昌集团、北京爱牧技术开发公司、普莱柯生物工程股份有限公司的代表出席座谈会。

2012年9月24日，农业部东北片区饲料法规宣贯培训班在黑龙江哈尔滨举办，来自黑龙江、辽宁、吉林3省饲料工作（工业）办公室，饲料监督执法、检测等相关机构的负责同志200余人参加培训班。本次培训是《饲料和饲料添加剂管理条例》及配套规章修订后举办的第一次东北片区的宣贯，参加培训的同志将成为各省开展宣贯培训的骨干，培训班的召开为全面启动《饲料和饲料添加剂管理条例》宣贯工作奠定了良好基础。

2012年10月11～13日，国家认监委、农业部组织对农业部饲料效价与安全监督检验测试中心(北京)进行实验室资质认定、机构考核和机构审查认可（“2+1”）复查评审，经过多种形式的全面评审后，评审组同意该中心通过复查评审。

2012年10月16日，北京市饲料工业协会2012年度年会暨2011年度行业表彰大会在北京举行。协会会员代表及其他省市协会领导近400人参加会议。

2012年10月24～31日，广西开展全区饲料执法交叉监督检查工作，对全区14个市28个县（区）的37家饲料生产企业、42家饲料经营企业、29家养殖场（户）进行突击检查，图为2012年广西饲料执法交叉监督检查工作会议现场。

2012年10月30～31日，广州市饲料工业统计员培训班在广州举办，邀请全国畜牧总站、中国饲料工业协会信息中心陆泳霖同志宣讲《全国饲料工业统计制度》（2013～2014年），来自广东省饲料企业的70位统计员参加了培训学习。

2012年11月4～5日，全国饲料评审委员会在北京召开“饲料风险评估和评价技术国际研讨会”，邀请欧盟委员会健康与消费者保护总署(DG-SANCO)、欧洲食品安全局(EFSA)、欧盟参考实验室(EURL)以及美国食品药品管理局(FDA)的专家，与国内专家学者就饲料风险评估和安全评价技术进行了广泛交流。全国饲料评审委员会委员、评价机构的专家和省级饲料管理部门的代表共计130余人参会。

2012年11月23日，湖北省民营企业协会与湖北省饲料工业协会在武汉联合召开“湖北省饲料企业发展形势座谈会”。参会企业代表围绕饲料工业的发展趋势、饲料企业发展现状、存在的主要问题和原因、企业面临的困难以及应对的措施和建议等方面进行交流发言。

2012年12月1日，“首届广州安全节粮高效饲料技术交流会”在广东广州召开。全国畜牧总站副站长、中国饲料工业协会副秘书长沙玉圣，广州市农业局副局长周彩信，广州市农业局总畜牧兽医师王奕青，全国畜牧总站、中国饲料工业协会信息中心主任单钟等领导及来自全国各地饲料企业的500多名技术代表参加交流会。

2012年12月7日，“饲料产业技术创新战略联盟第一届理事会第四次扩大会议”在北京召开。会议主题为“推进协同创新，引领科技发展”。联盟成员企业总裁及分管副总、技术总监、饲料项目组等70余人参加会议。

2012年12月11日，由农业部畜牧业司组织召开的“2012年全国饲料行业形势分析会”在北京召开。会议旨在贯彻落实十八大精神，了解2012年饲料行业发展形势、研判未来市场走势，交流各地饲料行业发展情况。

2012年12月中旬，广东省饲料行业协会在广东饲料行业组织开展“推动行业科技进步 转型升级——先进企业20强”的评选活动。在“2012年广东省饲料行业年会暨《广东饲料》杂志创刊20周年”庆典活动中，对20强企业进行了表彰。

2012年1月1日，浙江省委常委、常务副省长龚正（左2）率省政府督察组成员，在市、县有关领导和浙江新和成股份有限公司新昌基地总经理吴再红（左1）的陪同下，来公司督察工业与外贸工作、企业新型医药基地建设情况。

2012年2月7 日，加拿大农业部部长格里·里茨（左1）一行人在通威集团有限公司董事长刘汉元（左2）陪同下访问通威。

2012年2月8日，中央农村工作领导小组办公室主任陈锡文（左4）一行在海大集团董事长薛华（左3）陪同下参观考察海大集团旗下百容水产良种有限公司南海丹灶基地。在了解到公司规模的扩大，需要更多的苗种基地用地面积等一些实际问题后，陈锡文表示会大力支持水产苗种企业的发展。

2012年2月16日，吉林省省委书记孙政才（左4），长春市市委书记高广滨（左2）在长春大成实业集团有限公司董事长徐周文（左3）陪同下到长春大成实业集团有限公司视察。

2012年2月20日，新希望集团董事长刘永好出席“中国上市公司协会成立大会”并发言。新希望集团作为中国较早上市的大型民营企业，历经30年的发展，已经成为行业标杆企业。

2012年2月24日，“2012年海因特鱼虾营养与饲料技术研讨会”在四川成都启动，历时近一个月，先后转战岳阳、苏州、天津3个城市，举办了4场大型研讨会。会议吸引了26个省（自治区、直辖市）和3个海外地区的代表，共计1 340人次参会。会议不仅有多名行业专家对技术内容进行交流，还拓展到企业经营的各个方面，缔造出独特的“海因特模式”，在行业中影响巨大。

2012年2月28日，四川省畜科饲料有限公司在四川省首批院士（专家）工作站授牌仪式上，获得四川省院士（专家）工作站认定批准，四川省畜科公司董事长邝声耀（左1）接受牌匾。

2012年3月9日，正大集团董事长谢国民（左2）荣获“新加坡亚洲新闻频道2012年度终身成就奖”。

2012年3月，禾丰集团网络学院全员账号开始推广，得到了广大管理者及员工的欢迎与认可，网络学院已逐步成为员工岗位培训、技能提升、视野拓宽不可或缺的资源平台，为协助企业、部门完成绩效管理提供了有力帮助。

2012年3月，在新《饲料和饲料添加剂管理条例》（以下简称《条例》）即将实施之际，山东新希望六和集团各分子公司掀起学习新《条例》的热潮，原料、生产、技术、销售等部门员工深入学习，按照新《条例》要求，拿出改进措施和方案，逐一完善落实到位。

2012年4月10日，美国国会助手代表团一行13人来到牧羊集团参观交流。牧羊集团总裁范天铭，国际事业部总裁刘广道全程接待。在产品展示厅内，来宾主动近距离观察产品构造、了解产品情况，国际钢构总经理Tony Smith（左2）对陈列产品做了详细介绍。

2012年4月12日，在福建厦门举行的“2012年中国饲料工业展览会暨畜牧业成果推介会”上，天马集团董事长陈庆堂（左2）向农业部副部长高鸿宾（左3）介绍水产品及公司生产的高端特种水产饲料。

2012年4月12日，在福建厦门举行的“2012中国饲料工业展览会暨畜牧业科技成果推介会”上，农业部副部长高鸿宾（前排左2），全国畜牧总站站长、中国饲料工业协会副秘书长李希荣（前排左1），全国畜牧总站副站长、中国饲料工业协会副秘书长沙玉圣（后排左1）等领导到山东新希望六和集团有限公司展位视察指导。

2012年4月12日，在福建厦门举行的“2012中国饲料工业展览会暨畜牧业成果推介会”上，农业部副部长高鸿宾（左4）与牧羊集团董事长李敏悦（左3）等在牧羊展位前合影。牧羊先进的产品设计理念、优秀的产品质量、清新靓丽的产品外观涂装吸引了众多媒体、客户及业内人士驻足观看并争相拍照留念。

2012年4月12日，布勒（常州）机械有限公司参加在福建厦门举办的“2012中国饲料工业展览会暨畜牧业成果推介会”。通过行业展会，布勒（常州）同来自全国各地的畜牧业及饲料业的优秀厂家齐聚一堂，在展示企业不断成长、不断创新的精神面貌的同时，通过展会深入了解新老客户更多的需求，从而更好地为中国客户持续服务。

2012年4月12日，“大北农事业财富共同体”启动仪式在北京举行，标志着大北农将实施新的发展模式，引领广大事业伙伴共攀高峰。

2012年4月27日，新希望集团与华中农业大学在成都举行战略合作签约仪式，集团董事长刘永好（后排左4）及公司高管参加签约仪式。

2012年5月6日，世界水产养殖协会首席科学家、以色列环境工程专家YoramAvnimelech莅临海大集团畜牧水产研究中心参观交流。Avnimelech特别有感于中国养殖户对技术的执着追求，希望可以通过相互交流，帮助更多的中国企业。

2012年5月18日，“牧羊杯”全国饲料机械操作大赛在江苏南京举办，大赛吸引了来自山东新希望六和集团、东方希望集团、广东温氏集团、通威股份、正大集团、唐人神集团、中粮黄海粮油、浙江中大、陕西石羊集团、江苏天成、青岛九联、山东天普阳光、新疆天康等企业的25支代表队参赛。大赛旨在为全国饲料机械操作人员提供一个展示技能、切磋技艺、开拓视野、提高水平的平台。

2012年5月19日，全国畜牧博览会在江苏南京举办，唐人神集团董事长陶一山（前排左1）与华特希尔育种集团董事长迈克雷蒙（前排左2）举行“美神国际（美国）种猪有限公司暨美神国际（美国）育种基因研究中心成立”签约仪式。此次签约标志着由唐人神集团控股、拥有中国知识产权、参与美国种猪体系血缘交换、中国第一个世界级海外原种猪场——美神国际（美国）种猪有限公司正式成立。

2012年5月21日，美国食品药品管理局(FDA)检察官对浙江新和成股份有限公司新昌基地进行现场审查，对车间现场及生产流程、仓储及文件记录等进行检查，最终以零缺陷通过。

2012年5月24日，由新疆天康控股（集团）有限公司承办的“2012年新疆第一届猪业大会”在乌鲁木齐市如期召开并圆满落幕。

2012年5月，布勒（常州）机械有限公司投资4 000万元兴建的新涂装车间和预制件车间正式交付使用。新车间内生产装备全部采用瑞士布勒统一标准进行采购和安装，新车间的投入使用将大大地扩大生产能力，提高生产效率，缩短交货期。

2012年6月6日，环山集团与法国Cooperl Nucleus种猪育种公司在集团总部举行核心曾祖代种猪进口签约仪式，集团总裁王殿生（左2）、副总裁孟东辉（左1）与法国Cooperl集团中国区总经理Yann（左3）出席签约仪式。

2012年6月30日，新希望集团举办成立30周年庆典活动。自1982年创立以来，新希望集团立足基业长青，年销售收入突破800亿元，员工近9万人，拥有法人实体单位554家。庆典当天，国家及各部委、海外驻华大使、各界企业家近千人到场。

2012年7月5日，铁骑力士集团举行第十届企业文化节暨首届夏季运动会，以“我是农牧人，我爱我产品”为主题设置了多项亲近产品的趣味活动，图为员工参加比赛“看谁身上的鸡苗最多”。

2012年7月13日，金河生物科技股份有限公司在深圳证券交易所举行股票上市挂牌仪式，金和生物科技股份有限公司董事长王东晓（左1），内蒙古自治区副主席布小林（左2）出席仪式。

2012年7月13日，环山集团与青岛大学国际商学院在青岛签署校企联合办学项目合作协议。环山集团副总裁孟东辉（中间左2）、青岛大学国际商学院常务副院长、管理学院院长李福华（中间左1）等领导出席仪式。

2012年7月13日，江苏省常州市市长姚晓东（左3）在溧阳市市委书记盛建良（左1）、江苏正昌集团有限公司董事长郝波（左2）的陪同下到江苏正昌集团有限公司参观调研。

2012年7月26日，“中国猪业现状及饲料未来发展高端论坛”在江西南昌举行。各领域专家、学者，欢聚一堂，共析中国猪业现状，共探饲料未来发展。全国畜牧总站站长、中国饲料工业协会常务副会长、秘书长李希荣（前排左5）参加论坛。

2012年8月9日，四川龙蟒集团有限责任公司在湖北南漳县民营企业救灾捐款仪式上向湖北南漳县捐款100万元。

2012年8月18日，大北农（北京）科技园年产18万t高档猪教槽料生产线投产剪彩仪式在北京举行。全国畜牧总站站长、中国饲料工业协会秘书长李希荣、农业部畜牧业司饲料处处长王晓红等行业领导出席剪裁仪式。生产线投产标志着大北农在高档高端猪教槽料领域研发、推广工作取得了阶段性突破。

2012年8月21日，江苏正昌集团有限公司举办的“第二届中国饲料机械高级技师研修班”在江苏溧阳召开。学员来自北京伟嘉集团、山东环山集团、沈阳天康集团、河南华英集团、江西格力特、湖北共富牧业、山东益生等20多家公司，共计50多名生产经理和高级技工，参加了这次高级技师研修班。

2012年8月29日，全国畜牧总站站长、中国饲料协会秘书长李希荣（左4），全国畜牧总站副站长、中国饲料工业协会副秘书长沙玉圣，在湖南省畜牧水产局局长袁延文，株洲市委常委、副市长黄曙光等领导的陪同下，莅临唐人神集团指导工作，主要就4季度召开的第八届全国大型饲料企业联谊会的相关事宜进行现场考察。

2012年9月6日，陕西华秦农牧科技有限公司年产30万t饲料新基地落成典礼在陕西杨凌举行。中国饲料工业协会原副会长王随元（左3），陕西省农业厅副厅长王焕有（左4），杨凌示范区管委会副主任刘天雄（左2）等领导出席投产典礼。

2012年9月6日，陕西华秦农牧科技有限公司年产30万t饲料新基地落成。图为饲料生产基地全景。

2012年9月23日，“首届中国饲料工业生产管理与工艺创新论坛新闻发布会”在江苏溧阳举行。全国畜牧总站副站长、中国饲料工业协会副秘书长沙玉圣（左3），正昌集团董事长郝波（左2）等共同启动天目湖论坛水晶球。

2012年9月27日，“正邦集团荣获中国企业500强、中国民营企业500强、中国制造业500强暨全国创先争优先进基层党组织荣誉新闻发布会”在江西南昌举行。江西省委常委、统战部长蔡晓明，省人民政府副省长姚木根，省农业厅、林业厅、工商联等省直单位主要领导，江西省及驻赣新闻单位记者等100余人出席新闻发布会。

2012年10月27日，中国工程院院士、原冶金部副部长翁宇庆(左2)在德阳市科学技术协会陈云彬主席等陪同下到四川龙蟒集团有限责任公司新市基地视察循环经济发展情况。

2012年10月30日，以色列驻华大使马腾(Matan Vilnai)（左4）一行，访问通威集团有限公司并与董事长刘汉元（左5）座谈。

2012年11月3日，正邦集团百万头生猪产业化项目奠基仪式在山东东营河口生态产业园举行。项目计划3年内投资16亿元，力争3年内实现在山东省年产30万头种猪、300万头商品猪、500万t饲料的发展目标。

2012年11月7日，农业部畜牧业司副司长王宗礼（左2）、农业部畜牧业司饲料处副处长李大鹏（左1）等领导在山东省畜牧局副局长刘凤军的陪同下到山东新希望六和集团有限公司调研。

2012年11月10日，双胞胎集团博士工作站在江西南昌举行揭牌仪式。江西省人民政府副省长姚木根（左2）、中国科学院南京分院院长、全国政协常委、江苏省政协副主席周健民（左1）和双胞胎集团董事长鲍洪星（左3）一起启动水晶球，为双胞胎集团博士工作站揭牌。

2012年11月13日，正邦集团与江西省吉安市签署投资合作协议书。协议制定了正邦集团在吉安区域的5年产业发展战略，计划2012—2016年在吉安市所辖的9个县区投资50亿元打造生态、安全养殖产业链。

2012年11月14日，国际饲料工业联合会主席马里奥（左4）一行在恩贝集团有限公司副总经理朱翠云（左2）陪同下参观恩贝集团有限公司。

2012年11月19日，正大集团与中国工商银行全面合作框架协议签约仪式在中国工商银行总行举行。双方将发挥各自所处的行业优势，开展全方位的金融合作，共创双赢局面，促进中泰两国的经贸交往，促进东盟各国的经济繁荣。

2012年11月22日，诺维信（中国）投资有限公司到长春大成实业集团有限公司进行技术合作洽谈。

2012年11月26日，国家科技部党组成员、纪检组组长郭向远（左4）一行在湖北省科技厅纪检组长张岚（左3）等领导的陪同下，莅临武汉新华扬生物股份有限公司考察调研，并指导工作。

2012年11月26日，武汉新华扬生物股份有限公司和越南胡志明农林大学合作建设的越南第一家饲用酶制剂检测实验室在越南举行开幕式。越南农业部养殖局局长黄金娇、越南胡志明农林大学校长阮亥（左8），新华扬董事长詹志春（左4）等领导出席开幕庆典，来自越南农牧行业的100多位代表应邀参加庆典。

2012年12月7日，“中国粮油学会饲料分会2012饲料科技论坛暨学术年会”在江苏徐州召开。年会主题为“新型饲料工业生产规范化、规模化、低碳化、智能化”。作为饲料行业最权威、最专业的行业学术会议，必将对推进中国饲料产业的规范、健康发展起到积极的作用。

2012年12月8日，由唐人神集团举办的“美神育种国际联盟高级研讨会”在湖南株洲召开。研讨会与全国400多家生猪育种及相关企业建立“生猪育种产业联盟”，此举将开创中国种猪产业发展的新局面。

2012年12月11日，西安禾丰饲料科技有限公司“禾熟民丰，鼎新同庆”十五周年庆典活动举行。庆典中，公司邀请众多经销商、供应商及社会各界人士共同分享成功的喜悦，共同见证公司15年的辉煌历程，感受一路走来的辛酸与温情。

2012年12月31日，国家工商行政管理总局商标局公布《商标评审委员会在商标异议复审、争议案件中认定的180件驰名商标》名单，天马集团的“健马”商标是本次国家工商行政管理总局公布的中国驰名商标中唯一一个水产饲料品牌商标。这也是“健马”牌水产饲料连续荣获“中国名牌产品”“国家免检”以来又一次获得殊荣。

2012年，九鼎集团先后与湖南粮食集团、通威集团、龙游科星牧业公司、湖南大康牧业等企业签署了战略合作框架协议。至此，九鼎集团全国7大区域发展成型。

2012年，自新《饲料和饲料添加剂管理条例》实施以来，四川铁骑力士集团先后组织36批3 000余人参加“经销商安全宣言启动仪式暨合作伙伴心灵之旅”大型活动，倡导严格执行新规，保障饲料安全。并组织经销商赴欧洲、东南亚、港澳等地游学，感恩回馈，与合作伙伴共享铁骑力士20年成果。

《中国饲料工业年鉴》（2013）
编辑委员会

全国饲料工作办公室、全国畜牧总站/中国饲料工业协会

单 位		电 话	传 真	地 址	E-mail
全国饲料工作办公室	饲料处	(010) 59192872 59193306 59193213 59192882	(010) 59192848	北京市朝阳区农展馆南里 11 号(100125)	xmjslch@agri.gov.cn
	综合处	(010) 59193390 59193361	(010) 59192869		
全国畜牧总站/中国饲料工业协会	办公室	(010) 59194778 59194608 59194609	(010) 59194611	北京市朝阳区麦子店街 20 号楼(100125)	
	人事处(党委办公室)	(010) 59194589 59194597	(010) 59194611		
	财务处	(010) 59194792 59194689 59194583	(010) 59194611		
	项目与资产管理处	(010) 59194581 59194620 59195113	(010) 59194611		
	国际合作处	(010) 59194595 59194753	(010) 59194611		
	行业统计分析处	(010) 59194369 59194643 59194624	(010) 59194611		
	体系建设与推广处	(010) 59194431 59194606 59194618	(010) 59194611		
	质量标准与认证处(无公害畜产品认证中心)	(010) 59194779 59194646 59191485	(010) 59194779		

（续）

<table>
<tr><th colspan="2">单　位</th><th>电　话</th><th>传　真</th><th>地　址</th><th>E-mail</th></tr>
<tr><td rowspan="10">全国畜牧总站/中国饲料工业协会</td><td>牧业发展处</td><td>（010）59194610
59194622</td><td>（010）
59194611</td><td rowspan="7">北京市朝阳区麦子店街20号楼（100125）</td><td></td></tr>
<tr><td>草业处（全国草品种审定委员会办公室）</td><td>（010）59194616
59194688
59194616</td><td>（010）
59194611</td><td></td></tr>
<tr><td>饲料行业指导处</td><td>（010）59194582
59194591
59194594</td><td>（010）
59194591</td><td></td></tr>
<tr><td>奶业与畜产品加工处</td><td>（010）59194419
59194420</td><td>（010）
59194611</td><td></td></tr>
<tr><td>协会工作处</td><td>（010）59194789
59194592
59194586</td><td>（010）
59194611</td><td></td></tr>
<tr><td>饲料评审处（全国饲料评审委员会办公室）</td><td>（010）59194650
59194438
59194584</td><td>（010）
59194584</td><td></td></tr>
<tr><td>畜禽资源处（国家畜禽遗传资源委员会办公室）</td><td>（010）59194754
59194625</td><td>（010）
59194375</td><td></td></tr>
<tr><td>信息中心</td><td>（010）62145459
62136584
62174303</td><td>（010）
62172155</td><td>北京市海淀区中关村南大街12号101信箱（100081）</td><td></td></tr>
<tr><td>农业部全国草产品质量监督检验测试中心</td><td>（010）60480233
60481123
60480226</td><td>（010）
60480301</td><td>北京市朝阳区麦子店街20号楼（100125）</td><td></td></tr>
<tr><td>农业部种畜品质监督检验测试中心</td><td>（010）62817223
62814021
60487810</td><td>（010）
62894803</td><td>北京市海淀区圆明园西路2号中国农科院畜牧所院内（100094）</td><td></td></tr>
</table>

质量监督与检测机构

单　位	负责人	电　话	传　真	地　址	E-mail
国家饲料质量监督检验中心（北京）	苏晓鸥	(010) 82106291	(010) 68975906	北京市海淀区中关村南大街12号（100081）	feedgujun-hua@sina.com
农业部饲料质量监督检验测试中心（呼和浩特）	杨红东	(0471) 4910905	(0471) 4910905	内蒙古呼和浩特市赛罕区昭乌达路新希望街（010020）	hmhx100@163.com
农业部饲料质量监督检验测试中心（沈阳）	李延山	(024) 24145538	(024) 24145538	沈阳市沈河区小南街281号（110016）	—
农业部饲料质量监督检验测试中心（南京）	姜加华	(025) 86263659	(025) 86263656	南京市草场门大街124号江苏农业检测大楼（210036）	jsxcp@126.com
农业部饲料质量监督检验测试中心（南昌）	余祥健	(0791) 8102073	(0791) 81076711	南昌市南京东路181-1号（330029）	jxsyjcs@163.com
农业部饲料质量监督检验测试中心（济南）	李祥明	(0531) 87198033	(0531) 87198033	济南市槐村街68号（250022）	lisdjs@163.com
农业部饲料质量监督检验测试中心（广州）	李小云	(020) 34280305	(020) 34280305	广州市万寿路113号（510230）	—
农业部饲料质量监督检验测试中心（南宁）	唐呈明	(0771) 3121062	(0771) 3942564	南宁市友爱北路51号（530001）	meidongxie@sina.com
农业部饲料质量监督检验测试中心（成都）	柏　凡	(028) 85583643 85598229	(028) 85548413	成都市武侯祠大街3号（610041）	liyun_1111@163.com
农业部饲料质量监督检验测试中心（昆明）	张应国	(0871) 63648224	(0871) 63648224	昆明市华山东路43号（650021）	ynsysls@163.com
农业部饲料质量监督检验测试中心（西安）	西　学	(029) 86254586	(029) 86254586	西安市未央路28号（710016）	siliaosuo@sina.com

科研与教育机构

单　位	负责人	电　话	传　真	地　址	网　址	E-mail
中国农业科学院饲料研究所	齐广海	(010)82107317	(010)82106054	北京市海淀区中关村南大街12号(100081)	www.caasfri.com.cn	zonghechu@caas.cn
农业部饲料工业中心	李德发	(010)62733583	(010)62733688	北京市海淀区圆明园西路2号(100094)	www.mafic.ac.cn	tuzh@mafic.ac.cr
国家饲料工程技术研究中心	李德发	(010)62133466 62829803	(010)62731456	北京市海淀区圆明园西路2号(100094)	www.nferc.org	nferc@nferc.org
中国农业科学院北京畜牧兽医研究所动物营养与饲料学科群	佟建明	(010)62816061 62815851	(010)62819257	北京市海淀区圆明园西路2号(100094)	—	tjm606@263.net

前 言

《中国饲料工业年鉴》客观记载了中国饲料工业发展的历史进程，展现了各地饲料工作取得的新成就、新经验、新亮点，搭建了权威的饲料工业信息和数据交流平台，为正确把握饲料工业发展规律，科学制定饲料工业发展规划和发展战略提供了翔实资料，是一件非常有意义的工作。

2012 年，是贯彻饲料工业"十二五"规划的推进年，也是新修订《饲料和饲料添加剂管理条例》的宣贯和实施年。中国饲料工业克服了畜产品价格低迷，经营成本上涨及部分地区灾害天气等因素影响，保持稳定发展态势，饲料总产量稳步提高，质量合格率稳定在较高水平，饲料添加剂产量大幅增长，饲料生产装备、从业人员素质显著提高。

2012 年，全国商品饲料总产量 19 449 万 t，同比增长 7.7%，已连续 8 年过亿吨。其中，配合饲料产量为 16 363 万 t，同比增长 9.7%；浓缩饲料产量为 2 467 万 t，同比下降 3.0%；添加剂预混合饲料产量为 619 万 t，同比增长 2.3%。广东、山东、河南、辽宁、河北、湖南、四川 7 个省份饲料产量均突破千万吨大关。以上 7 省产量达 10 365 万 t，占全国总产量 53.3%。

根据各省（自治区、直辖市）统计数据来看，2012 年全国饲料工业总产值和总营业收入分别为 7 073 亿元、6 869 亿元，同比增长分别为 11.4%、11.9%。其中，商品饲料工业总产值 6 463 亿元，同比增长 12.2%；饲料添加剂总产值 553 亿元，同比增长 24.3%；饲料机械设备总产值 56 亿元，同比增长 14.3%。商品饲料工业总营业收入 6 277 亿元，同比增长 12.5%；饲料添加剂总营业收入 536 亿元，同比增长 24.4%；饲料机械设备总营业收入 56 亿元，同比增长 16.7%。

《中国饲料工业年鉴（2013）》（以下简称《年鉴》）比较翔实地记录了 2012 年中国饲料工业及其相关行业的发展情况。

《年鉴》全文主要包括 6 个部分，即综合篇、专题篇、地方篇、企业篇、统计资料和大事记。在正文之前以图文并茂的形式介绍了领导视察、行业发展、企业采风、政务联络等。综合篇主要包括 2012 年发布实施的政策法规、领导讲话等；专题篇主要包括 2012 年饲料加工工业概况、主要饲料产品及原料工业情况、饲料添加剂工业、饲料机械制造工业、秸秆养畜、饲料添加剂和预混合饲料生产许可证管理、进口饲料和饲料添加剂管理、饲料质量监督与检测、科技与推广、饲料行业职业技能鉴定、饲料工业标准化、国际交流与合作、饲料工业质量认证；地方篇包括除西藏、香港、澳门、台湾以外的全国所有省（区、市）饲料工业概况；企业篇包括重点企业经验介绍和优秀企业简介；统计资料包括全国饲料工业统计资料、主要饲料原料进出口情况；大事记主要包括全国饲料工作办公室、中国饲料工业协会以及各地饲料工作办公室、饲料工业协会在2012年的主要工作与取得的成绩。

《年鉴》图片部分从不同侧面反映了行业的发展。本《年鉴》文字内容丰富，覆盖面广，史实性强，是饲料行业行政事业单位、检测机构、科研机构等单位所必备的工具书。《年鉴》的专题篇和地方篇撰稿人主要是各饲料行业主管部门和行业相关专家学者。

《年鉴》反映的各省（区、市）和有关企业等文字材料及图片部分，只要涉及排序，都按全国省份的行政区划顺序排列；全国饲料工作办公室、中国饲料工业协会和各省（区、市）提供的大事记，除上述相应的排序外，都按时间排序。

《中国饲料工业年鉴》编辑部

2013年8月22日

目录

前言

综合篇

2012年全国饲料工业生产形势简述 …………………… 3
政策法规…………………………………………………… 7
中华人民共和国农业部令
2012年第3号 ………………………………………… 7
中华人民共和国农业部令
2012年第4号 ………………………………………… 9
中华人民共和国农业部令
2012年第5号 ………………………………………… 11
中华人民共和国农业部公告
第1773号……………………………………………… 12
中华人民共和国农业部公告
第1849号……………………………………………… 58
中华人民共和国农业部公告
第1867号……………………………………………… 61
领导讲话 …………………………………………………… 74
全面贯彻实施新修订《条例》加快建设饲料工业强国
——在全国饲料工作会议上的讲话
高鸿宾　农业部副部长 ……………………… 74
畜牧技术推广体系　责任重大　使命光荣
——在全国畜牧站长工作会议上的讲话
高鸿宾　农业部副部长 ……………………… 78
致中国饲料工业协会第八届大型企业联谊会暨第六届理事会二次会议贺信
高鸿宾　农业部副部长 ………………………… 81
贯彻落实十八大精神　推动实现科学发展
——在中国饲料工业协会第八届大型企业联谊会暨第六届理事会二次会议上的讲话
于康震　国家首席兽医师 ……………………… 82
饲料工业是支撑现代畜牧业发展的大产业
——在全国饲料工作会议上的总结讲话
王智才　农业部畜牧业司司长　全国饲料工作办公室主任 ……………………………… 84
我国饲料行业监督管理工作进入新阶段
——在《饲料和饲料添加剂管理条例》贯彻执行工作座谈会上的讲话　王智才　农业部畜牧业司司长　全国饲料工作办公室主任 … 86
我国畜牧业已经进入由传统畜牧业向现代畜牧业转型的新阶段
——在全国畜牧站长工作会议上的工作报告
李希荣　全国畜牧总站站长
中国饲工业协会秘书长 …………………… 88
加快促进畜牧业走上创新驱动　科学发展的轨道
——在全国畜牧站长工作会议上的讲话
陈伟生　农业部畜牧业司巡视员 ……… 93
求真务实　催人奋进　富有成果
——在全国畜牧站长工作会议上的总结讲话
何新天　全国畜牧总站党委书记、副站长
中国饲料工业协会副秘书长 …………… 97
唱响行业宣传主旋律　服务现代畜牧大产业
——在《中国畜牧业》创刊20周年座谈会上的讲话　沙玉圣　全国畜牧总站副站长
中国饲料工业协会副秘书长…………… 100
饲料行业组织机构…………………………………… 103

专题篇

饲料加工工业概况…………………………………… 113
主要饲料产品概述…………………………………… 125
猪饲料………………………………………………… 125
家禽饲料……………………………………………… 128
水产饲料……………………………………………… 131
反刍动物饲料………………………………………… 133
特种动物饲料………………………………………… 135
饲料原料工业概况…………………………………… 137
玉米生产、贸易与市场情况………………………… 137
大豆和豆粕生产、贸易与市场情况……………… 143
鱼粉生产、贸易与市场情况………………………… 148
菜粕、棉粕生产消费与市场情况………………… 152
饲料添加剂工业概况………………………………… 155

中国主要饲料添加剂产量分布与概述………… 155
饲料级氨基酸………………………………… 157
饲料级维生素………………………………… 162
微量元素氨基酸螯合物的应用研究………… 167
着色剂………………………………………… 170
黏结剂………………………………………… 171
抗结块剂……………………………………… 172
稳定剂………………………………………… 173
抗氧化剂……………………………………… 173
防腐剂………………………………………… 174
酸度调节剂…………………………………… 175
药物饲料添加剂……………………………… 175
饲料酶制剂…………………………………… 178
饲用酵母……………………………………… 179
益生素应用研究进展………………………… 182
寡糖…………………………………………… 186
饲料酸化剂对沙门氏菌污染的控制………… 189
饲料机械制造工业概况………………………… 193
饲料机械制造工业…………………………… 193
牧草机械与秸秆饲料加工机械发展概况……… 194
秸秆养畜………………………………………… 199
饲料添加剂和预混合饲料生产许可证管理……… 201
进口饲料和饲料添加剂管理………………… 247
饲料质量监督与检验………………………… 314
科技与推广…………………………………… 323
饲料行业职业技能鉴定……………………… 326
饲料工业标准化……………………………… 327
国际交流与合作……………………………… 329
饲料行业质量认证…………………………… 331

地 方 篇

北京市饲料工业……………………………… 347
天津市饲料工业……………………………… 351
河北省饲料工业……………………………… 353
山西省饲料工业……………………………… 355
内蒙古自治区饲料工业……………………… 357
辽宁省饲料工业……………………………… 359
吉林省饲料工业……………………………… 361
黑龙江省饲料工业…………………………… 363
上海市饲料工业……………………………… 365
江苏省饲料工业……………………………… 367
浙江省饲料工业……………………………… 369
安徽省饲料工业……………………………… 371
福建省饲料工业……………………………… 373
江西省饲料工业……………………………… 375
山东省饲料工业……………………………… 377
河南省饲料工业……………………………… 379
湖北省饲料工业……………………………… 382
湖南省饲料工业……………………………… 384
广东省饲料工业……………………………… 386
广西壮族自治区饲料工业…………………… 389
海南省饲料工业……………………………… 391
重庆市饲料工业……………………………… 394
四川省饲料工业……………………………… 396
贵州省饲料工业……………………………… 398
云南省饲料工业……………………………… 400
陕西省饲料工业……………………………… 402
甘肃省饲料工业……………………………… 404
青海省饲料工业……………………………… 407
宁夏回族自治区饲料工业…………………… 408
新疆维吾尔自治区饲料工业………………… 410
青岛市饲料工业……………………………… 413
宁波市饲料工业……………………………… 415
厦门市饲料工业……………………………… 417

企 业 篇

重点企业经验介绍………………………………… 421
科教兴农　共同发展
——北京大北农科技集团股份有限公司…… 421
夯实基础　稳步发展
——北京三元禾丰牧业有限公司…………… 422
专注发酵　谋求有为
——北京昕大洋科技发展有限公司………… 423
企业文化是企业发展壮大的基础
——石家庄飞龙饲料有限公司……………… 425
坚持走品牌化道路
——河北万雏园农牧科技有限公司………… 426
延伸产业链条　加强产业化服务体系建设
——内蒙古正大有限公司…………………… 427
引领行业　再铸辉煌
——内蒙古牧泉元兴饲料有限责任公司…… 429
成为最有价值的添加剂预混合饲料供应商
——沈阳波音饲料有限公司………………… 430
用实力打造品牌　以事实诚信用户
——鞍山东来饲料有限公司………………… 431
依靠产品质量和企业信誉赢得市场
——长春博瑞饲料集团有限公司…………… 432
厚德载物　泽被同仁
——哈尔滨富康牧业有限公司……………… 434
强化管理创新　打造企业核心竞争力
——黑龙江新中旭牧业（集团）股份
有限公司…………………………………… 434
提高产品质量　服务整个饲料行业
——帝斯曼维生素（上海）有限公司……… 435

精于营养　让动物更安全
——上海富朗特动物保健有限公司…………437
让民族品牌走向全世界
——江苏牧羊集团有限公司…………438
诚信务实　用心服务
——徐州正昌饲料有限公司…………438
以科技求发展　以市场为导向
——大北农（福建）集团…………440
凝心聚力谋发展　天马扬鞭“二次创业”
——福建天马集团有限公司…………442
自强不息　追求卓越
——山东巨佳胆碱有限公司…………443
质量求生存　创新谋发展
——河南联合英伟饲料有限公司…………443
打造畜牧产业链　树立农牧行业典范
——河南宏展农牧集团…………444
抢占科技制高点　打造中国微生物饲料添加剂第一品牌
——安琪酵母股份有限公司…………446
做世界的厨房　人类能源的供应者
——武汉正大有限公司…………447
以质量安全为宗旨　打造市级产业化龙头企业
——浠水县四方饲料有限公司…………448
一言九鼎　在突破超越中前行
——湖南九鼎科技（集团）有限公司…………449
在创新发展中服务社会
——泰源昇科技农业发展有限公司…………451
传播农业智慧　提升生命品质
——佛山八维生物科技有限公司…………451
以科技制胜　构建全产业链发展模式
——广东粤海饲料集团有限公司…………453
以科技创新为第一生产力
——广州智特奇生物科技股份有限公司…………454
以农为本　以猪为业　以猪富农
——广西扬翔股份有限公司…………455
持续关注产品质量
——南宁漓源粮油饲料有限公司…………457
加强饲料安全和技术服务　提升综合竞争力
——广西华港农牧发展有限公司…………457
技术创新为企业发展提供不竭源泉
——海南裕泰科技饲料有限公司…………459
团结务实　助推重庆饲料工业健康发展
——重庆普华饲料有限公司…………460
做全球最好的磷酸二氢钙
——贵州川恒化工有限责任公司…………460
依靠科技创新　大力推进高原特色山地畜牧业发展
——云南神农农业产业集团…………461
勇于创新　为团队发展挑战自我
——陕西石羊（集团）股份有限公司…………462
新基地　新征程　新跨越
——陕西华秦农牧科技有限公司…………464
发挥龙头带动示范作用　树立农牧行业标杆
——陕西正大有限公司…………465
服务生态养殖　造福居民健康
——宁夏正旺农牧科技有限公司…………467
为耕者谋利　为食者造福
——青铜峡国雄饲料有限公司…………469
自主创新　打造民族工业品牌
——厦门金达威集团股份有限公司…………470
科技创新　服务三农　做行业领导者
——厦门隆励工贸有限公司…………470
企业简介…………473
北京市…………473
天津市…………474
河北省…………475
山西省…………476
内蒙古自治区…………477
辽宁省…………477
吉林省…………479
黑龙江省…………480
上海市…………481
江苏省…………484
安徽省…………485
福建省…………486
江西省…………487
山东省…………488
河南省…………489
湖北省…………490
湖南省…………491
广东省…………493
广西壮族自治区…………494
海南省…………495
重庆市…………495
四川省…………496
贵州省…………497
云南省…………498
陕西省…………499
甘肃省…………500
青海省…………501
宁夏回族自治区…………501
青岛市…………501
深圳市…………502

统计资料

中国饲料工业统计资料…………………………505
主要饲料原料进出口情况………………………512

大　事　记

农业部畜牧业司……………………………………519
中国饲料工业协会…………………………………520
北京市………………………………………………521
天津市………………………………………………521
河北省………………………………………………522
内蒙古自治区………………………………………522
辽宁省………………………………………………523
黑龙江省……………………………………………523
上海市………………………………………………523
湖南省………………………………………………524
广东省………………………………………………524
四川省………………………………………………525
云南省………………………………………………526
青海省………………………………………………526

综合篇

2012年全国饲料工业生产形势简述

2012年，全国饲料工业保持稳定发展态势，饲料总产量稳步提高，质量合格率稳定在较高水平，饲料添加剂产量大幅增长，饲料生产装备、从业人员素质显著提高。

一、全国商品饲料总产量持续稳步增长

2012年全国商品饲料总产量19 449万t，同比增长7.7%。

其中，配合饲料产量为16 363万t，同比增长9.7%；浓缩饲料产量为2 467万t，同比下降3.0%；添加剂预混合饲料产量为619万t，同比增长2.3%。

配合饲料、浓缩饲料、添加剂预混合饲料产量占总产量比重分别为84.1%、12.7%、3.2%，与2011年比，配合饲料占总产量比重提高1.5个百分点，浓缩饲料下降1.4个百分点，添加剂预混合饲料下降0.1个百分点。配合饲料、浓缩饲料、添加剂预混合饲料三者比例为26.4∶4.0∶1，2011年为24.7∶4.2∶1。

二、饲料工业产值、营业收入快速增长

2012年全国饲料工业总产值和总营业收入分别为7 073亿元、6 869亿元，同比增长分别为11.4%、11.9%。

其中，商品饲料工业总产值6 463亿元，同比增长12.2%；饲料添加剂总产值553亿元，同比增长24.3%；饲料机械设备总产值56亿元，同比增长14.3%。

商品饲料工业总营业收入6 277亿元，同比增长12.5%；饲料添加剂总营业收入536亿元，同比增长24.4%；饲料机械设备总营业收入56亿元，同比增长16.7%。

三、饲料企业总数量下降，新办企业减少

1.2012年全国各经济类型饲料企业总数为15 307家，同比减少47家，下降幅度为0.3%，近3年来首次出现下降。其中，国有企业218家，同比减少3家，下降幅度为1.4%；集体企业106家，同比减少16家，下降幅度为13.1%；私营企业8 131家，同比增加133家，增长幅度为1.7%；联营企业292家，同比减少62家，下降幅度为17.5%；股份制企业5 831家，同比增加30家，增长幅度为0.5%；港澳台企业148家，同比减少25家，下降幅度为14.5%；外商企业287家，同比减少45家，下降幅度为13.6%；其他企业294家，同比减少59家，下降幅度为16.7%。

2.2012年按产品类型统计的企业总数量为17 442家。其中，饲料加工企业（包含精料补充料生产企业数量）数量10 858家，同比减少57家，下降0.5%；添加剂预混合饲料3 067家，同比减少106家，下降3.3%；饲料添加剂1 440家，同比增加44家，增长幅度为3.2%；单一饲料2 014家，同比增加14家，增长幅度为0.7%；饲料机械63家，同比增加6家，增长幅度为10.5%。近3年各类企业数量见表1。

表 1　2009—2012 年按企业登记类型统计企业数量表

单位：家

年份	登记类型	其中					
		国有	集体	私营类	港澳台	外商	其他
2012	15 307	218	106	14 254	148	287	294
2011	15 354	221	122	14 153	173	332	353
2010	15 061	235	185	13 739	178	321	403
2009	14 709	265	203	13 458	154	305	324

说明：表 1 中私营类是包括私营企业、联营企业、股份制企业的总数量。

表 2　2009—2012 年按企业产品类型统计企业数量表

单位：家

年份	其中						
	企业总数	饲料加工企业	预混合饲料	饲料添加剂	单一饲料	动物源性饲料	饲料机械
2012	17 442	10 858	3 067	1 440	2 014	—	63
2011	18 527	10 915	3 173	1 396	2 000	986	57
2010	18 296	10 843	3 235	1 425	1 777	950	66
2009	18 553	12 291	3 316	1 377	1 508	—	61

说明：在统计饲料加工、添加剂预混合饲料、饲料添加剂、单一饲料、饲料机械等企业数量时，如果一家企业同时生产 1 种或 1 种以上产品，允许重复计算该企业数量，故按产品类型统计的企业总数量有重复统计现象，因此，按产品类型统计的企业总数大于按经济类型饲料企业总数。

四、猪饲料和水产饲料增量明显

从产品结构看，配合饲料所占比重再度提高；浓缩饲料和添加剂预混合饲料表现有升有降。从近 3 年的统计数据看，配合饲料延续了比重持续提高的势头，从品种看，2012 年的增长主要以猪饲料和水产饲料最为抢眼。

1. 从品种总量看，2012 年，猪饲料产量 7 722 万 t，同比增长 13.1%；蛋禽饲料产量3 229 万 t，同比增长 1.8%；肉禽饲料产量 5 514 万 t，同比增长 4.4%；水产饲料产量 1 892 万 t，同比增长 12.4%；反刍动物饲料产量 775 万 t，同比持平；其他饲料产量 317 万 t，同比增长 0.3%。

2. 从类别看，在配合饲料中，猪配合饲料总产量 5 991 万 t，同比增长 18.6%；蛋禽配合饲料 2 604 万 t，同比增长 3.3%；肉禽配合饲料 5 116 万 t，同比增长 4.5%；水产配合饲料 1 857万 t，同比增长 12.4%；精料补充料 532 万 t，同比下降 0.6%；其他配合饲料 264 万 t，同比增长 1.5%。

在浓缩饲料中，猪浓缩饲料总产量 1 382 万 t，同比下降 4.2%；蛋禽浓缩饲料 491 万 t，同比下降 4.7%；肉禽浓缩饲料 343 万 t，同比增长 3.9%；水产浓缩饲料 9.8 万 t，同比下降 2.0%；反刍动物浓缩饲料 214 万 t，同比增长 1.4%；其他浓缩饲料 27 万 t，同比下降 20.6%。

在添加剂预混合饲料中，猪添加剂预混合饲料总产量 349 万 t，同比增长 3.6%；蛋禽添加剂预混合饲料 134 万 t，同比下降 2.9%；肉禽添加剂预混合饲料 55 万 t，同比下降 1.8%；水产添加剂预混合饲料 26 万 t，同比增长 18.2%；反刍动物添加剂预混合饲料 29 万 t，同比下降 3.3%；其他添加剂预混合饲料 27 万 t，同比增长 22.7%。

五、全国过半产量集中在七个过千万吨省份

1. 2012 年，东部地区（北京、天津、河北、上海、江苏、浙江、福建、山东、广东、海南、辽宁）饲料总产量为 10 211 万 t，占全国饲料总产量的 52.5%；中部地区（山西、安徽、江西、河南、湖北、湖南、黑龙江、吉林）饲料总产量为 5 507 万 t，占全国饲料总产量的 28.3%；西部地区（内蒙古、广西、重庆、四川、贵州、云南、陕西、甘肃、青海、宁夏、新疆）饲料总产量为 3 731 万 t，占全国饲料总产量的 19.2%；与 2011 年相比，东部地区增长 8.4%，中部地区增长 5.5%，西部地区增长 9.0%。

从增长幅度看，2012 年增长速度最快的省份是安徽、福建、青海、广西、四川，分别增长 20.6%、18.9%、15.5%、13.2%、13.2%；除重庆、山西、宁夏、北京、内蒙古等省份产量略有下降外，其他各省饲料产量均呈不同幅度增长。

2. 饲料产量大省情况。2012 年，四川省饲料总产量首次突破千万吨，全国超过千万吨省份已达 7 个。分别为：广东（2 332 万 t，同比增长 11.3%）、山东（2 154 万 t，同比增长 5.1%）、辽宁（1 326 万 t，同比增长 9.0%）、河南（1 321 万 t，同比增长 4.7%）、河北（1 185万 t，同比增长 3.0%）、湖南（1 045 万 t，同比增长 3.9%）、四川（1 002 万 t，同比增长 13.2%）。以上 7 省产量达 10 365 万 t，占全国总产量 53.3%。

从增长幅度看，以上 7 省 2012 年同比平均增长幅度 7.2%，略低于全国总体增长水平。

六、饲料添加剂产量大幅增长，饲料用氨基酸和矿物微量元素增幅最高

2012 年，饲料添加剂产品总量 768.1 万 t，同比增长 22.1%。其中，饲料添加剂（原Ⅰ型）706.3 万 t，同比增长 24.3%；Ⅱ型 61.7 万 t，同比增长 1.5%。

氨基酸：2012 年总产量 133.4 万 t，同比增长 48.1%。其中，饲料添加剂（原Ⅰ型）133.0 万 t，同比增长 48.6%。主导氨基酸增长主要是吉林，赖氨酸产量达到 64.9 万 t，同比增长 29.8%。其次分别是山东（17.6 万 t，同比增长 430.9%）和宁夏（12.3 万 t，同比持平）。Ⅱ型 0.3 万 t，同比下降 50.0%。

蛋氨酸：2012 年产量为 1.6 万 t，同比增长 23.1%。

赖氨酸：2012 年产量为 117.0 万 t（含 65%赖氨酸），同比增长 63.4%。苏氨酸：2012 年国内产量为 17.3 万 t，同比增长 4.8%。色氨酸：2012 年国内产量为 2 523 t，同比增长 131.7%。

维生素：2012 年总产量 79.3 万 t，同比增长 9.8%。饲料添加剂（原Ⅰ型）65.9 万 t，同比增长 7.7%；Ⅱ型 13.4 万吨，同比增长 21.8%。

从主要品种看，氯化胆碱 2012 年国内产量为 51.2 万 t，同比增长 2.2%；维生素 A 5 993t，同比增长 32.4%；维生素 E 4.4 万 t，同比增长 25.7%；维生素 B_{12} 652t，同比增长 0.6%；维生素 B_2 9 800t，同比增长 12.8%。

矿物元素及其络合物：2012 年总产量 488.4 万 t，同比增长 20.9%。饲料添加剂（原Ⅰ型）460.5 万 t，同比增长 23.1%；Ⅱ型 27.8 万 t，同比下降 6.7%。其中，磷酸氢钙（含磷酸二氢钙）产量为 382.6 万 t，同比增长 19.6%；硫酸铜 3.8 万 t，同比增长 46.2%；硫酸亚铁 18.1 万 t，同比增长 16.0%；硫酸锌 12.6 万 t，同比增长 12.5%；硫酸锰 11.2 万 t，同比增长 57.7%。

酶制剂：2012 年总产量 8.0 万 t，同比增长 5.3%。其中，饲料添加剂（原Ⅰ型）6.1 万 t，同比持平；Ⅱ型 1.9 万 t，同比增长 35.7%。

抗氧化剂：2012 年总产量 5.2 万 t，同比增长 2.0%。其中，饲料添加剂（原Ⅰ型）

3.2 万 t，同比下降 3.0%；Ⅱ型 2.0 万 t，同比增长 17.6%。

防腐、防霉剂：2012 年总产量 5.5 万 t，同比增长 14.6%。其中，饲料添加剂（原Ⅰ型）1.9 万 t，同比增长 11.8%；Ⅱ型 3.6 万 t，同比增长 16.1%。

微生物：2012 年总产量 10.2 万 t，同比增长 24.4%。其中，饲料添加剂（原Ⅰ型）6.7 万 t，同比增长 34.0%；Ⅱ型 3.5 万 t，同比增长 9.4%。

其他类添加剂：2012 年总产量 38.1 万 t，同比增长 2.1%。其中，饲料添加剂（原Ⅰ型）29.0 万 t，同比增长 6.6%；Ⅱ型 9.2 万 t，同比下降 8.0%。

七、大宗饲料原料消费总量增长，小麦消费量同比增长达 90%

2012 年，大宗原料消费情况总计为 18 422 万 t，同比增长 12.6%。其中，玉米 9 145 万 t，同比增长 4.3%；小麦 2 446 万 t，同比增长 90.1%；鱼粉 356 万 t，同比增长 10.6%；豆粕3 447万 t，同比下降 0.1%；棉籽粕 741 万 t，同比下降 1.1%；菜籽粕 609 万 t，同比增长 5.9%；其他饼粕 436 万 t，同比增长 9.8%；磷酸氢钙 244 万 t，同比增长 26.4%；其他998 万 t，同比增长 61.2%。

八、饲料机械设备大型化趋势明显

2012 年，饲料加工机械设备生产总量为 26 826 台套，同比增加 4 415 台套，增长 19.7%。其中，成套机组 1 906 台套，同比增加 32 台套，增长幅度为 1.7%；单机 24 920 台，同比增加 4 383 台，增长幅度为 21.3%。

在成套机组中，时产≥10t 设备 966 台套，时产 < 10t 设备 940 台套。

在单机设备中，粉碎机 8 539 台，同比增加 1 360 台，增长幅度为 18.9%；混合机 7 237 台，同比增加 934 台，增长幅度为 14.8%；制粒机 8 138 台，同比增加 1 206 台，增长幅度为 17.4%；单机其他 1 006 台，增加 883 台，增长幅度为 717.9%。

九、从业人员高端化

2012 年，饲料企业年末职工人数为 66.8 万人，同比下降 2.1%。大专以上学历的职工数为 27 万人，占职工总人数的 40.4%，其中，博士 2 059 人，同比增长 11.1%；硕士 8 306 人，同比增长 3.3%；大学本科 84 647 人，同比下降 1.0%；大学专科 170 723 人，同比下降 1.4%；其他学历 402 701 人，同比下降 2.6%。技术工种 69 196 人，同比增长 0.6%。

注：以上统计数据来源于各省（自治区、直辖市）统计数据。

（王晓红　李大鹏　闫奎友）

政 策 法 规

中华人民共和国农业部令

2012年第3号

《饲料和饲料添加剂生产许可管理办法》已经2012年农业部第6次常务会议审议通过，现予公布，自2012年7月1日起施行。

部 长 韩长赋

二〇一二年五月二日

饲料和饲料添加剂生产许可管理办法

第一章 总 则

第一条 为加强饲料、饲料添加剂生产许可管理，维护饲料、饲料添加剂生产秩序，保障饲料、饲料添加剂质量安全，根据《饲料和饲料添加剂管理条例》，制定本办法。

第二条 在中华人民共和国境内生产饲料、饲料添加剂，应当遵守本办法。

第三条 饲料添加剂和添加剂预混合饲料生产许可证由农业部核发。单一饲料、浓缩饲料、配合饲料和精料补充料生产许可证由省级人民政府饲料管理部门（以下简称省级饲料管理部门）核发。

省级饲料管理部门可以委托下级饲料管理部门承担单一饲料、浓缩饲料、配合饲料和精料补充料生产许可申请的受理工作。

第四条 农业部设立饲料和饲料添加剂生产许可证专家审核委员会，负责饲料添加剂和添加剂预混合饲料生产许可的技术评审工作。

省级饲料管理部门设立饲料生产许可证专家审核委员会，负责本行政区域内单一饲料、浓缩饲料、配合饲料和精料补充料生产许可的技术评审工作。

第五条 任何单位和个人有权举报生产许可过程中的违法行为，农业部和省级饲料管理部门应当依照权限核实、处理。

第二章 生产许可证核发

第六条 设立饲料、饲料添加剂生产企业，应当符合饲料工业发展规划和产业政策，并具备下列条件：

（一）有与生产饲料、饲料添加剂相适应的厂房、设备和仓储设施；

（二）有与生产饲料、饲料添加剂相适应的专职技术人员；

（三）有必要的产品质量检验机构、人员、设施和质量管理制度；

（四）有符合国家规定的安全、卫生要求的生产环境；

（五）有符合国家环境保护要求的污染防治措施；

（六）农业部制定的饲料、饲料添加剂质量安全管理规范规定的其他条件。

第七条 申请设立饲料、饲料添加剂生产企业，申请人应当向生产地省级饲料管理部门提出申请，并提交农业部规定的申请材料。

申请设立饲料添加剂、添加剂预混合饲料生产企业，省级饲料管理部门应当自受理申请之日起20个工作日内进行书面审查和现场审核，并将相关资料和审查、审核意见上报农业部。农业部收到资料和审查、审核意见后，交饲料和饲料添加剂生产许可证专家审核委员会进行评审，根据评审结果在10个工作日内做出是否核发生产许可证的决定，并将决定抄送省级饲料管理部门。

申请设立单一饲料、浓缩饲料、配合饲料和精料补充料生产企业，省级饲料管理部门应当自受理之日起10个工作日内进行书面审查；审查合格的，组织进行现场审核，并根据审核结果在10个工作日内做出是否核发生产许可证的决定。

生产许可证式样由农业部统一规定。

第八条 申请人凭生产许可证办理工商登记手续。

第九条 取得饲料添加剂、添加剂预混合饲料生产许可证的企业，应当向省级饲料管理部门申请核发产品批准文号。

第十条 饲料、饲料添加剂生产企业委托其他饲料、饲料添加剂企业生产的，应当具备下列条件，并向各自所在地省级饲料管理部门备案：

（一）委托产品在双方生产许可范围内；委托生产饲料添加剂、添加剂预混合饲料的，双方还应当取得委托产品的产品批准文号；

（二）签订委托合同，依法明确双方在委托产品生产技术、质量控制等方面的权利和义务。

受托方应当按照饲料、饲料添加剂质量安全管理规范和饲料添加剂安全使用规范及产品标准组织生产，委托方应当对生产全过程进行指导和监督。委托方和受托方对委托生产的饲料、饲料添加剂质量安全承担连带责任。

委托生产的产品标签应当同时标明委托企业和受托企业的名称、注册地址、许可证编号；委托生产饲料添加剂、添加剂预混合饲料的，还应当标明受托方取得的生产该产品的批准文号。

第十一条 生产许可证有效期为5年。

生产许可证有效期满需继续生产的，应当在有效期届满6个月前向省级饲料管理部门提出续展申请，并提交农业部规定的材料。

第三章 生产许可证变更和补发

第十二条 饲料、饲料添加剂生产企业有下列情形之一的，应当按照企业设立程序重新办理生产许可证：

（一）增加、更换生产线的；

（二）增加单一饲料、饲料添加剂产品品种的；

（三）生产场所迁址的；

（四）农业部规定的其他情形。

第十三条 饲料、饲料添加剂生产企业有下列情形之一的，应当在15日内向企业所在地省级饲料管理部门提出变更申请并提交相关证明，由发证机关依法办理变更手续，变更后的生产许可证证号、有效期不变：

（一）企业名称变更；

（二）企业法定代表人变更；

（三）企业注册地址或注册地址名称变更；

（四）生产地址名称变更。

第十四条 生产许可证遗失或损毁的，应当在15日内向发证机关申请补发，由发证机关补发生产许可证。

第四章 监督管理

第十五条 饲料、饲料添加剂生产企业应当按照许可条件组织生产。生产条件发生变化，可能影响产品质量安全的，企业应当经所在地县级人民政府饲料管理部门报告发证机关。

第十六条 县级以上人民政府饲料管理部门应当加强对饲料、饲料添加剂生产企业的监督检查，依法查处违法行为，并建立饲料、饲料添加剂监督管理档案，记录日常监督检查、违法行为查处等情况。

第十七条 饲料、饲料添加剂生产企业应当在每年2月底前填写备案表，将上一年度的生产经营情况报企业所在地省级饲料管理部门备案。省级饲料管理部门应当在每年4月底前将企业备案情况汇总上报农业部。

第十八条 饲料、饲料添加剂生产企业有下列情形之一的，由发证机关注销生产许可证：

（一）生产许可证依法被撤销、撤回或依法被吊销的；

（二）生产许可证有效期届满未按规定续展的；

（三）企业停产一年以上或依法终止的；

（四）企业申请注销的；

（五）依法应当注销的其他情形。

第五章 罚　　则

第十九条 县级以上人民政府饲料管理部门工作人员，不履行本办法规定的职责或者滥用职权、玩忽职守、徇私舞弊的，依法给予处分；构成犯罪的，依法追究刑事责任。

第二十条 申请人隐瞒有关情况或者提供虚假材料申请生产许可的，饲料管理部门不予受理或者不予许可，并给予警告；申请人在1年内不得再次申请生产许可。

第二十一条 以欺骗、贿赂等不正当手段取得生产许可证的，由发证机关撤销生产许可证，申请人在3年内不得再次申请生产许可；以欺骗方式取得生产许可证的，并处5万元以上10万元以下罚款；构成犯罪的，依法移送司法机关追究刑事责任。

第二十二条 饲料、饲料添加剂生产企业有下列情形之一的，依照《饲料和饲料添加剂管理条例》第三十八条处罚：

（一）超出许可范围生产饲料、饲料添加剂的；

（二）生产许可证有效期届满后，未依法续展继续生产饲料、饲料添加剂的。

第二十三条 饲料、饲料添加剂生产企业采购单一饲料、饲料添加剂、药物饲料添加剂、添加剂预混合饲料，未查验相关许可证明文件的，依照《饲料和饲料添加剂管理条例》第四十条处罚。

第二十四条 其他违反本办法的行为，依照《饲料和饲料添加剂管理条例》的有关规定处罚。

第六章 附 则

第二十五条 本办法所称添加剂预混合饲料，包括复合预混合饲料、微量元素预混合饲料、维生素预混合饲料。

复合预混合饲料，是指以矿物质微量元素、维生素、氨基酸中任何两类或两类以上的营养性饲料添加剂为主，与其他饲料添加剂、载体和（或）稀释剂按一定比例配制的均匀混合物，其中营养性饲料添加剂的含量能够满足其适用动物特定生理阶段的基本营养需求，在配合饲料、精料补充料或动物饮用水中的添加量不低于0.1%且不高于10%。

微量元素预混合饲料，是指两种或两种以上矿物质微量元素与载体和（或）稀释剂按一定比例配制的均匀混合物，其中矿物质微量元素含量能够满足其适用动物特定生理阶段的微量元素需求，在配合饲料、精料补充料或动物饮用水中的添加量不低于0.1%且不高于10%。

维生素预混合饲料，是指两种或两种以上维生素与载体和（或）稀释剂按一定比例配制的均匀混合物，其中维生素含量应当满足其适用动物特定生理阶段的维生素需求，在配合饲料、精料补充料或动物饮用水中的添加量不低于0.01%且不高于10%。

第二十六条 本办法自2012年7月1日起施行。农业部1999年12月9日发布的《饲料添加剂和添加剂预混合饲料生产许可证管理办法》、2004年7月14日发布的《动物源性饲料产品安全卫生管理办法》、2006年11月24日发布的《饲料生产企业审查办法》同时废止。

本办法施行前已取得饲料生产企业审查合格证、动物源性饲料产品生产企业安全卫生合格证的饲料生产企业，应当在2014年7月1日前依照本办法规定取得生产许可证。

中华人民共和国农业部令

2012年第4号

《新饲料和新饲料添加剂管理办法》已经2012年农业部第6次常务会议审议通过，现予公布，自2012年7月1日起施行。

部 长 韩长赋

二〇一二年五月二日

新饲料和新饲料添加剂管理办法

第一条 为加强新饲料、新饲料添加剂管理，保障养殖动物产品质量安全，根据《饲料和饲料添加剂管理条例》，制定本办法。

第二条 本办法所称新饲料，是指我国境内新研制开发的尚未批准使用的单一饲料。

本办法所称新饲料添加剂，是指我国境内新研制开发的尚未批准使用的饲料添加剂。

第三条 有下列情形之一的，应当向农业部提出申请，参照本办法规定的新饲料、新饲料添加剂审定程序进行评审，评审通过的，由农业部公告作为饲料、饲料添加剂生产和使用，但不发给新饲料、新饲料添加剂证书：

（一）饲料添加剂扩大适用范围的；

（二）饲料添加剂含量规格低于饲料添加剂安全使用规范要求的，但由饲料添加剂与载体或者稀释剂按照一定比例配制的除外；

（三）饲料添加剂生产工艺发生重大变化的；

（四）新饲料、新饲料添加剂自获证之日起超过3年未投入生产，其他企业申请生产的；

（五）农业部规定的其他情形。

第四条 研制新饲料、新饲料添加剂，应当遵循科学、安全、有效、环保的原则，保证新饲料、新饲料添加剂的质量安全。

第五条 农业部负责新饲料、新饲料添加剂审定。

全国饲料评审委员会（以下简称评审委）组织对新饲料、新饲料添加剂的安全性、有效性及其对环境的影响进行评审。

第六条 新饲料、新饲料添加剂投入生产前，研制者或者生产企业（以下简称申请人）应当向农业部提出审定申请，并提交新饲料、新饲料添加剂的申请资料和样品。

第七条 申请资料包括：

（一）新饲料、新饲料添加剂审定申请表；

（二）产品名称及命名依据、产品研制目的；

（三）有效组分、化学结构的鉴定报告及理化性质，或者动物、植物、微生物的分类鉴定报告；微生物产品或发酵制品，还应当提供农业部指定的国家级菌种保藏机构出具的菌株保藏编号；

（四）适用范围、使用方法、在配合饲料或全混合日粮中的推荐用量，必要时提供最高限量值；

（五）生产工艺、制造方法及产品稳定性试验报告；

（六）质量标准草案及其编制说明和产品检测报告；有最高限量要求的，还应提供有效组分在配合饲料、浓缩饲料、精料补充料、添加剂预混合饲料中的检测方法；

（七）农业部指定的试验机构出具的产品有效性评价试验报告、安全性评价试验报告（包括靶动物耐受性评价报告、毒理学安全评价报告、代谢和残留评价报告等）；申请新饲料添加剂审定的，还应当提供该新饲料添加剂在养殖产品中的残留可能对人体健康造成影响的分析评价报告；

（八）标签式样、包装要求、贮存条件、保质期和注意事项；

（九）中试生产总结和"三废"处理报告；

（十）对他人的专利不构成侵权的声明。

第八条 产品样品应当符合以下要求：

（一）来自中试或工业化生产线；

（二）每个产品提供连续3个批次的样品，每个批次4份样品，每份样品不少于检测需要量的5倍；

（三）必要时提供相关的标准品或化学对照品。

第九条 有效性评价试验机构和安全性评价试验机构应当按照农业部制定的技术指导文件或行业公认的技术标准，科学、客观、公正开展试验，不得与研制者、生产企业存在利害关系。

承担试验的专家不得参与该新饲料、新饲料添加剂的评审工作。

第十条 农业部自受理申请之日起5个工作日内，将申请资料和样品交评审委进行评审。

第十一条 新饲料、新饲料添加剂的评审采取评审会议的形式。评审会议应当有9名以上评审委专家参加，根据需要也可以邀请1～2名评审委专家以外的专家参加。参加评审的专家对评审事项具有表决权。

评审会议应当形成评审意见和会议纪要，并由参加评审的专家审核签字；有不同意见的，应当注明。

第十二条 参加评审的专家应当依法履行职责，科学、客观、公正提出评审意见。

评审专家与研制者、生产企业有利害关系的，应当回避。

第十三条 评审会议原则通过的，由评审委将样品交农业部指定的饲料质量检验机构进行质量复核。质量复核机构应当自收到样品之日起3个月内完成质量复核，并将质量复核报告和复核意见报评审委，同时送达申请人。需用特殊方法检测的，质量复核时间可以延长1个月。

质量复核包括标准复核和样品检测，有最高限量要求的，还应当对申报产品有效组分在饲料产品中的检测方法进行验证。

申请人对质量复核结果有异议的，可以在收到质量复核报告后15个工作日内申请复检。

第十四条 评审过程中，农业部可以组织对申请人的试验或生产条件进行现场核查，或者对试验数据进行核查或验证。

第十五条 评审委应当自收到新饲料、新饲料添加剂申请资料和样品之日起9个月内向农业部提交评审结果；但是，评审委决定由申请人进行相关试验的，经农业部同意，评审时间可以延长3个月。

第十六条 农业部自收到评审结果之日起10个工作日内做出是否核发新饲料、新饲料添加剂证书的决定。

决定核发新饲料、新饲料添加剂证书的，由农业部予以公告，同时发布该产品的质量标准。新饲料、新饲料添加剂投入生产后，按照公告中的质量标准进行监测和监督抽查。

决定不予核发的，书面通知申请人并说明理由。

第十七条 新饲料、新饲料添加剂在生产前，生产者应当按照农业部有关规定取得生产许可证。生产新饲料添加剂的，还应当取得相应的产品批准文号。

第十八条 新饲料、新饲料添加剂的监测期为5年，自新饲料、新饲料添加剂证书核发之日起计算。

监测期内不受理其他就该新饲料、新饲料添加剂提出的生产申请和进口登记申请，但该新饲料、新饲料添加剂超过3年未投入生产的除外。

第十九条 新饲料、新饲料添加剂生产企业应当收集处于监测期内的产品质量、靶动物安全和养殖动物产品质量安全等相关信息，并向农业部报告。

农业部对新饲料、新饲料添加剂的质量安全状况组织跟踪监测，必要时进行再评价，证实其存在安全问题的，撤销新饲料、新饲料添加剂证书并予以公告。

第二十条 从事新饲料、新饲料添加剂审定工作的相关单位和人员，应当对申请人提交需要保密的技术资料保密。

第二十一条 从事新饲料、新饲料添加剂审定工作的相关人员，不履行本办法规定的职责或者滥用职权、玩忽职守、徇私舞弊的，依法给予处分；构成犯罪的，依法追究刑事责任。

第二十二条 申请人隐瞒有关情况或者提供虚假材料申请新饲料、新饲料添加剂审定的，农业部不予受理或者不予许可，并给予警告；申请人在1年内不得再次申请新饲料、新饲料添加剂审定。

以欺骗、贿赂等不正当手段取得新饲料、新饲料添加剂证书的，由农业部撤销新饲料、新饲料添加剂证书，申请人在3年内不得再次申请新饲料、新饲料添加剂审定；以欺骗方式取得新饲料、新饲料添加剂证书的，并处5万元以上10万元以下罚款；构成犯罪的，依法移送司法机关追究刑事责任。

第二十三条 其他违反本办法规定的，依照《饲料和饲料添加剂管理条例》的有关规定进行处罚。

第二十四条 本办法自2012年7月1日起施行。农业部2000年8月17日发布的《新饲料和新饲料添加剂管理办法》同时废止。

中华人民共和国农业部令

2012年第5号

《饲料添加剂和添加剂预混合饲料产品批准文号管理办法》已经2012年农业部第6次常务会议审议通过，现予公布，自2012年7月1日起施行。

部　长　韩长赋

二〇一二年五月二日

饲料添加剂和添加剂预混合饲料产品批准文号管理办法

第一条 为加强饲料添加剂和添加剂预混合饲料产品批准文号管理，根据《饲料和饲料添加剂管理条例》，制定本办法。

第二条 本办法所称饲料添加剂，是指在饲料加工、制作、使用过程中添加的少量或者微量物质，包括营养性饲料添加剂和一般饲料添加剂。

本办法所称添加剂预混合饲料，是指由两种（类）或者两种（类）以上营养性饲料添加剂为主，与载体或者稀释剂按照一定比例配制的饲料，包括复合预混合饲料、微量元素预混合饲料、维生素预混合饲料。

第三条 在中华人民共和国境内生产的饲料添加剂、添加剂预混合饲料产品，在生产前应当取得相应的产品批准文号。

第四条 饲料添加剂、添加剂预混合饲料生产企业为其他饲料、饲料添加剂生产企业生产定制产品的，定制产品可以不办理产品批准文号。

定制产品应当附具符合《饲料和饲料添加剂管理条例》第二十一条规定的标签，并标明“定制产品”字样和定制企业的名称、地址及其生产许可证编号。

定制产品仅限于定制企业自用，生产企业和定制企业不得将定制产品提供给其他饲料、饲料添加剂生产企业、经营者和养殖者。

第五条 饲料添加剂、添加剂预混合饲料生产企业应当向省级人民政府饲料管理部门（以下简称省级饲料管理部门）提出产品批准文号申请，并提交以下资料：

（一）产品批准文号申请表；

（二）生产许可证复印件；

（三）产品配方、产品质量标准和检测方法；

（四）产品标签样式和使用说明；

（五）涵盖产品主成分指标的产品自检报告；

（六）申请饲料添加剂产品批准文号的，还应当提供省级饲料管理部门指定的饲料检验机构出具的产品主成分指标检测方法验证结论，但产品有国家或行业标准的除外；

（七）申请新饲料添加剂产品批准文号的，还应当提供农业部核发的新饲料添加剂证书复印件。

第六条 省级饲料管理部门应当自受理申请之日起10个工作日内对申请资料进行审查，必要时可以进行现场核查。审查合格的，通知企业将产品样品送交指定的饲料质量检验机构进行复核检测，并根据复核检测结果在10个工作日内决定是否核发产品批准文号。

产品复核检测应当涵盖产品质量标准规定的产品主成分指标和卫生指标。

第七条 企业同时申请多个产品批准文号的，提交复核检测的样品应当符合下列要求：

（一）申请饲料添加剂产品批准文号的，每个产品均应当提交样品；

（二）申请添加剂预混合饲料产品批准文号的，同一产品类别中，相同适用动物品种和添加比例的不同产品，只需提交一个产品的样品。

第八条 省级饲料管理部门和饲料质量检验机构的工作人员应当对申请者提供的需要保密的技术资料保密。

第九条 饲料添加剂产品批准文号格式为：

×饲添字（××××）××××××

添加剂预混合饲料产品批准文号格式为：

×饲预字（××××）××××××

×：核发产品批准文号省、自治区、直辖市的简称

（××××）：年份

××××××：前三位表示本辖区企业的固定编号，后三位表示该产品获得的产品批准文号序号。

第十条 饲料添加剂、添加剂预混合饲料产品质

量复核检测收费，按照国家有关规定执行。

第十一条 有下列情形之一的，应当重新办理产品批准文号：

（一）产品主成分指标改变的；

（二）产品名称改变的。

第十二条 禁止假冒、伪造、买卖产品批准文号。

第十三条 饲料管理部门工作人员不履行本办法规定的职责或者滥用职权、玩忽职守、徇私舞弊的，依法给予处分；构成犯罪的，依法追究刑事责任。

第十四条 申请人隐瞒有关情况或者提供虚假材料申请产品批准文号的，省级饲料管理部门不予受理或者不予许可，并给予警告；申请人在1年内不得再次申请产品批准文号。

以欺骗、贿赂等不正当手段取得产品批准文号的，由发证机关撤销产品批准文号，申请人在3年内不得再次申请产品批准文号；以欺骗方式取得产品批准文号的，并处5万元以上10万元以下罚款；构成犯罪的，依法移送司法机关追究刑事责任。

第十五条 假冒、伪造、买卖产品批准文号的，依照《饲料和饲料添加剂管理条例》第三十七条、第三十八条处罚。

第十六条 有下列情形之一的，由省级饲料管理部门注销其产品批准文号并予以公告：

（一）企业的生产许可证被吊销、撤销、撤回、注销的；

（二）新饲料添加剂产品证书被撤销的。

第十七条 饲料添加剂、添加剂预混合饲料生产企业违反本办法规定，向定制企业以外的其他饲料、饲料添加剂生产企业、经营者或养殖者销售定制产品的，依照《饲料和饲料添加剂管理条例》第三十八条处罚。

定制企业违反本办法规定，向其他饲料、饲料添加剂生产企业、经营者和养殖者销售定制产品的，依照《饲料和饲料添加剂管理条例》第四十三条处罚。

第十八条 其他违反本办法的行为，依照《饲料和饲料添加剂管理条例》的有关规定处罚。

第十九条 本办法所称添加剂预混合饲料，包括复合预混合饲料、微量元素预混合饲料、维生素预混合饲料。

复合预混合饲料，是指以矿物质微量元素、维生素、氨基酸中任何两类或两类以上的营养性饲料添加剂为主，与其他饲料添加剂、载体和（或）稀释剂按一定比例配制的均匀混合物，其中营养性饲料添加剂的含量能够满足其适用动物特定生理阶段的基本营养需求，在配合饲料、精料补充料或动物饮用水中的添加量不低于0.1%且不高于10%。

微量元素预混合饲料，是指两种或两种以上矿物质微量元素与载体和（或）稀释剂按一定比例配制的均匀混合物，其中矿物质微量元素含量能够满足其适用动物特定生理阶段的微量元素需求，在配合饲料、精料补充料或动物饮用水中的添加量不低于0.1%且不高于10%。

维生素预混合饲料，是指两种或两种以上维生素与载体和（或）稀释剂按一定比例配制的均匀混合物，其中维生素含量应当满足其适用动物特定生理阶段的维生素需求，在配合饲料、精料补充料或动物饮用水中的添加量不低于0.01%且不高于10%。

第二十条 本办法自2012年7月1日起施行。农业部1999年12月14日发布的《饲料添加剂和添加剂预混合饲料产品批准文号管理办法》同时废止。

中华人民共和国农业部公告

第1773号

为规范饲料原料生产、经营和使用，提高饲料产品质量，保障养殖动物产品质量安全，根据《饲料和饲料添加剂管理条例》的规定，我部制定了《饲料原料目录》，现予发布，并于2013年1月1日起施行。

附件：饲料原料目录

二〇一二年六月一日

附件：

饲料原料目录

第一部分 通 则

一、本目录所称饲料原料，是指来源于动物、植物、微生物或者矿物质，用于加工制作饲料但不属于饲料添加剂的饲用物质（含载体和稀释剂）。饲料生产企业所使用的饲料原料均应属于本目录规定的品种，并符合本目录的要求。

二、本目录之外的物质用作饲料原料的，应当经过科学评价并由农业部公告列入目录后，方可使用。

三、按照本目录生产、经营或使用的饲料原料，应符合《饲料卫生标准》《饲料标签》等强制性标准的要求。

四、本目录第二部分给出了常用饲料原料加工术语的名称、定义及其形成产品的修饰语，第三部分凡涉及相应术语的，其含义与第二部分的定义一致。

五、本目录第三部分原料列表给出了原料名称，饲料原料标签中标识的产品名称应与列表中的“原料名称”一致；饲料产品标签中“原料组成”所使用的原料名称也应与列表中的“原料名称”一致。“原料名称”栏内方括号列出的为饲料原料的常用别名，可以与括号前的名称等同使用。“原料名称”栏内圆括号列出的为相关原料不同物质形态，应根据产品实际进行选择。

六、本目录第三部分中原料编号采用三级编号格式，第一级表示大类编号；第二级代表相同大类下的不同原料来源；第三级表示相同原料来源下的不同产品。第二级和第三级原则上按首个中文字的拼音顺序进行排列。

七、本目录第三部分中“强制性标识要求”所规定的为质量要求或卫生特征指标，应在原料标签的分析保证值等项目中列出。

八、本目录第四部分所列单一饲料品种，是根据《饲料和饲料添加剂管理条例》及《饲料和饲料添加剂生产许可管理办法》和《进口饲料和饲料添加剂登记管理办法》，应当办理生产许可证和进口登记证的产品。未取得生产许可证或进口登记证的单一饲料产品不得作为饲料原料生产、经营和使用。

九、生产或使用涉及转基因动物、植物、微生物的饲料原料，还应当遵守《农业转基因生物安全管理条例》的有关规定。

十、饲料生产企业使用目录中所列原料，应按照保证饲料和养殖动物质量安全的原则和要求，根据饲喂对象和原料特点合理选择和使用。

十一、除目录中有特殊规定外，植物性饲料原料的植物学纯度通常不得低于95%。

十二、对饲料原料进行瘤胃保护处理的，应在原料标签中标明瘤胃保护方法。

第二部分　饲料原料加工术语

编号	加工工艺	定　　义	常用名称/修饰语
1	氨化 Ammoniation	将粗饲料用氨或铵盐进行处理，改善其品质，提高其利用率。	氨化
2	巴氏消毒 Pasteurisation	将物料加热到一定的温度并保持一定的时间、随后急速冷却的操作，以清除物料中的有害微生物。	巴氏灭菌
3	爆裂 Popping	在不加水的条件下，通过加热或烘炒，使谷物熟化、体积膨大、表面出现裂缝。	爆裂
4	剥皮/去皮/脱皮 Peeling	完全或部分去除谷物、豆类、种子、果实或蔬菜的种皮、果皮或内壳。	剥皮/去皮/脱皮
5	超临界萃取 Supercritical extraction	利用液体在超临界区域兼具气液两性的特点及其对溶质溶解能力随压力、温度改变而在相当宽的范围内变化的特性，实现溶质溶解、分离的工艺。一般采用二氧化碳作为萃取剂。	超临界萃取
6	超滤 Ultra-filtration	用孔径为0.002～0.1μm的滤膜过滤液体。	超滤
7	除臭 Deodorization	去除物料（如鱼粉等）腥臭味的工序。	除臭
8	发酵 Fermentation	应用酵母、霉菌或细菌在受控制的有氧或厌氧条件下，增殖菌体、分解底物或形成特定代谢产物的过程。	发酵
9	粉碎 Crushing	通过撞击、剪切、磨削等机械作用，使物料颗粒变小。	粉碎
10	分选 Fractionation	通过过筛或气流处理将物料中不同容重、不同粒径的组分分离。	分选
11	风选 Aspiration	利用物料之间或物料与杂质之间悬浮速度的差别，用空气（风力）对物料进行分级或去除杂质的过程。	风选
12	干燥 Drying	去除物料中水分或者其他挥发成分。	干燥

（续）

编号	加工工艺	定 义	常用名称/修饰语
13	谷物发芽 Malting	使谷物发芽，激活其自身能够使淀粉降解为可发酵碳水化合物、使蛋白质降解为氨基酸和小肽的酶。	麦芽
14	过滤 Filtration	通过多孔介质或膜分离固液混合物。	过滤
15	烘烤 Roasting/ Toasting	物料置于火、热气、电或微波等加热环境中，进行烘焙、干燥，以提高消化率、加深颜色或减少天然抗营养因子。	烘烤
16	混合 Mixing	利用机械力、压缩空气或超声波，搅动、拌和物料，使之分布均匀、强化热交换的过程。	混合/搅拌
17	挤压膨化 Extrusion/ Extruding	物料经螺杆推进、增压、增温处理后挤出模孔，使其骤然降压膨化，制成特定形状的产品。	膨化
18	挤压膨胀 Expansion/ Expanding	物料经螺杆增压挤出模头，使其适度降压而膨大，制成不规则的形状。通常，挤压膨胀的压力和温度低于挤压膨化。	膨胀
19	加热 Heating	通过提高温度，加压或不加压，对物料进行处理的方法。	热处理
20	碱化 Basification	向物料中添加碱性物质使物料由酸性变为碱性（提高 pH 值）的过程。	碱化
21	胶凝 Gelling	形成不同凝胶强度的固体凝胶物质的过程（使用或不使用胶凝剂）。	凝胶
22	结晶 Crystallization	物质从溶液中形成固态晶体并与液体分离的分离纯化过程。	结晶
23	浸泡 Soaking/ Steeping	在一定条件下，对物料（通常是对籽粒）进行湿润和软化的过程，以减少蒸煮时间，或有利于去除种皮，或加快水分吸收以促进发芽进程，或降低天然抗营养因子的浓度。	浸泡
24	浸提/抽提 Extraction	利用有机溶剂从物料中提取油脂，或利用水和水性溶剂提取糖或水溶性物质的过程。	浸提/抽提
25	精炼 Refining	用物理或化学方法将杂质全部或部分去除。	精炼
26	冷凝 Condensation	使物质从气体转变成液体的过程。	冷凝
27	冷却 Chilling	使物料降低温度至高于冰点的过程。	冷却
28	瘤胃保护/过瘤胃 Rumen protection/ By-pass rumen	通过加热、加压、汽蒸等物理方法，或者通过使用加工助剂，防止或减缓营养物质在瘤胃内降解的过程。	瘤胃保护/过瘤胃
29	碾米 Rice whitening	碾去糙米皮层的工序。	碾米
30	碾磨/磨碎/磨制/研磨 Grinding/Milling	通过干法或湿法加工减小固体颗粒粒度的过程。	碾磨/磨碎/磨制/研磨

（续）

编号	加工工艺	定　　义	常用名称/修饰语
31	浓缩 Concentration	通过去除水分或其他液体成分以提高主体组分浓度的过程。	浓缩/浓度
32	抛光 Polishing	在谷物加工过程中，通过滚筒使其粗糙度降低并获得光亮外表的过程。	抛光
33	喷雾干燥 Spray drying	将液体物料雾化，并以热气体干燥的过程。	喷雾干燥
34	膨化 Puffing	使处于高温、高压状态的物料迅速进入常压，物料中的水分因压力骤降而瞬间蒸发，导致物料组织结构突然膨松成为海绵状的过程。	膨化
35	漂白/脱色 Bleaching	去除物料中天然色泽的过程。	漂白/脱色
36	汽蒸 Steaming	用蒸汽直接加热物料，提高物料的温度和水分，以改变其理化特性。	蒸汽加工
37	切片 Slicing	将物料切成薄片的过程。	切片
38	切碎 Chopping/Cutting	使用刀或其他锋利器具切割物料使其粒度减小。	切碎
39	氢化 Hydrogenation	在使用催化剂的条件下，使甘油酸酯或游离脂肪酸由不饱和转化为饱和状态，或将还原糖转化为多元醇类似物。	加氢
40	清理 Cleaning	用筛选、风选、磁选或其他方法除去物料中所含杂质。	清理
41	青贮 Ensiling	将青绿植物切碎，经过压实、排气、密封，在厌氧条件下进行乳酸发酵，以延长储存时间。	青贮
42	去糖 Desugaring	用化学或物理方法完全或部分去除糖蜜或其他含糖物质中的单糖和二糖。	去糖/除糖
43	热烫 Blanching	通过蒸煮或汽蒸对有机物进行快速热处理，随后浸入冷水冷却的过程。目的是使天然酶变性、组织软化或去除物料原有的味道。	热烫
44	熔解 Melting	通过加热使物料由固相变成液相的过程。	熔化/熔融
45	揉搓 Rubbing	将秸秆等物料揉搓撕碎的过程。	揉搓
46	乳化 Emulsification	将两种互不相溶的液体（如油、水）混合，使之形成胶体悬浮液的过程。	乳化
47	筛选 Sieving/Screening	利用物料之间或杂质之间几何尺寸的差别，用过筛的方法将物料分级或去除杂质。	过筛/筛选
48	水解 Hydrolysis	在适宜条件下由水参与的，利用酶、酸、碱或高温高压将物料分解为简单小分子的过程。	水解

（续）

编号	加工工艺	定　　义	常用名称/修饰语
49	脱毒/去毒 Detoxification	用物理、化学和生物方法从物料中去除或破坏有毒有害物质，或减小其浓度的过程。	脱毒/去毒
50	脱胶 Depectinising	从物料中提取胶质的过程，主要指从压榨或浸提油料制取的粗植物油中脱去磷脂等胶体物质的过程。	脱胶
51	脱壳/去壳/砻谷 Dehulling/ Dehusking	通常指通过物理方法去除豆类、谷物或种子等植物的外壳。	脱壳/去壳/砻谷
52	脱盐 Desalination	以离子交换和膜过滤等方法将物料中的钠盐脱除的过程。	脱盐
53	脱脂 Deoiling/Defatting/Skimming	指从物料中去除脂类物质的过程。	脱脂/除油
54	压片/碾压 Flaking/ Rolling	利用成对轧辊之间的挤压作用改变籽粒状饲料原料的形状或尺寸，可预先进行着水或调质处理。	压片
55	压榨 Pressing	用机械或液压等外力从固态物料中去除油脂、水分、汁液等液体组分的过程。	油饼/果浆/果渣/糖浆
56	烟熏 Smoking	将食物暴露于植物性材料（通常为木材）燃烧产生的烟中，用于调味、烹饪或保存食物的一种工艺。	烟熏
57	液化 Liquefying	使固相或气相转变成液相的过程。	液化
58	油炸 Frying	物料在油脂中进行蒸煮的过程。	油炸
59	预糊化 Pregelatinization	为显著提高其在冷水中的膨胀特性而对淀粉进行改性处理的过程。	预糊化
60	造粒 Granulation	对饲料原料进行处理以获得特定粒度和均匀度的过程。	颗粒
61	蒸发 Evaporation	通过汽化或蒸馏获得浓缩物质的过程。	蒸发
62	蒸谷 Parboiling	在一定温度和压力下，对浸泡过的稻谷用蒸汽加热的过程。是生产蒸谷米水热处理工段的工序之一。目的是提高出米率，改善储藏特性和食用品质。	蒸谷
63	蒸馏 Distillation	通过使液体沸腾并将挥发气体收集到一个单独的容器内对液体不同组分进行分离的过程。	蒸馏
64	蒸煮/蒸炒/熟化 Cooking	在特定设备中对物料进行特定时间的湿热或加压处理，使淀粉糊化、蛋白质变性和灭菌。	蒸煮/蒸炒/熟化
65	制粉 Flour milling	粉碎干燥的谷物并使其各部分分离，形成预定质量的粉、麸皮、中粉等一系列工序。	粉/麸皮/中粉
66	制粒 Pelleting	将粉状物料经（或不经）调质，挤出压模模孔，制成颗粒的过程。	颗粒

第三部分　饲料原料列表

1. 谷物及其加工产品

原料编号	原料名称	特征描述	强制性标识要求
1.1	**大麦及其加工产品**		
1.1.1	大麦	包括皮大麦（*Hordeum vulgare* L.）和裸大麦（青稞）（*Hordeum vulgare var. nudum*）籽实。可经瘤胃保护。	
1.1.2	大麦次粉	以大麦为原料经制粉工艺产生的副产品之一，由糊粉层、胚乳及少量细麸组成。	淀粉 粗蛋白质 粗纤维
1.1.3	大麦蛋白粉	大麦分离出麸皮和淀粉后以蛋白质为主要成分的副产品。	粗蛋白质
1.1.4	大麦粉	大麦经制粉工艺加工形成的以大麦粉为主、含有少量细麦麸和胚的粉状产品。	淀粉 粗蛋白质
1.1.5	大麦粉浆粉	大麦经湿法加工提取蛋白质、淀粉后的液态副产物经浓缩、干燥形成的产品。	粗蛋白质
1.1.6	大麦麸	以大麦为原料碾磨制粉过程中所分离的麦皮层。	粗纤维
1.1.7	大麦壳	大麦经脱壳工艺除去的外壳。	粗纤维
1.1.8	大麦糖渣	大麦生产淀粉糖的副产品。	粗蛋白质 水分
1.1.9	大麦纤维	从大麦籽实中提取的纤维，或者生产大麦淀粉过程中提取的纤维类产物。	粗纤维
1.1.10	大麦纤维渣［大麦皮］	大麦淀粉加工的副产品，主要成分为纤维素，含有少部分胚乳。	粗纤维
1.1.11	大麦芽	大麦发芽后的产品。	粗蛋白质 粗纤维
1.1.12	大麦芽粉	大麦芽经干燥、碾磨获得的产品。	粗蛋白质 粗纤维
1.1.13	大麦芽根	发芽大麦或大麦芽清理过程中的副产品，主要由麦芽根、大麦细粉、外皮和碎麦芽组成。	粗蛋白质 粗纤维
1.1.14	烘烤大麦	大麦经适度烘烤形成的产品。	淀粉 粗蛋白质
1.1.15	喷浆大麦皮	大麦生产淀粉及胚芽的副产品喷上大麦浸泡液干燥后获得的产品。	粗蛋白质 粗纤维
1.1.16	膨化大麦	大麦在一定温度和压力条件下经膨化处理获得的产品。	淀粉 淀粉糊化度
1.1.17	全大麦粉	不去除任何皮层的完整大麦籽粒经碾磨获得的产品。	淀粉 粗蛋白质
1.1.18	压片大麦	去壳大麦经汽蒸、碾压后的产品。其中可含有少部分大麦壳。可经瘤胃保护。	淀粉 淀粉糊化度

（续）

原料编号	原料名称	特征描述	强制性标识要求
1.2	**稻谷及其加工产品**		
1.2.1	稻谷	禾本科草本植物栽培稻（*Oryza sativa* L.）的籽实。	
1.2.2	糙米	稻谷脱去颖壳后的产品，由皮层、胚乳和胚组成。	淀粉 粗纤维
1.2.3	糙米粉	糙米经碾磨获得的产品。	淀粉 粗蛋白质 粗纤维
1.2.4	大米	稻谷经脱壳并碾去皮层所获得的产品。	淀粉 粗蛋白质
1.2.5	大米次粉	由大米加工米粉和淀粉（包含干法和湿法碾磨、过筛）的副产品之一。	淀粉 粗蛋白质 粗纤维
1.2.6	大米蛋白粉	生产大米淀粉后以蛋白质为主的副产物。由大米经湿法碾磨、筛分、分离、浓缩和干燥获得。	粗蛋白质
1.2.7	大米粉	大米经碾磨获得的产品。	淀粉 粗蛋白质
1.2.8	大米酶解蛋白	大米蛋白粉经酶水解、干燥后获得的产品。	酸溶蛋白（三氯乙酸可溶蛋白质） 粗蛋白质 粗灰分 钙含量
1.2.9	大米抛光次粉	去除米糠的大米在抛光过程中产生的粉状副产品。	粗蛋白质 粗纤维
1.2.10	大米糖渣	大米生产淀粉糖的副产品。	粗蛋白质 水分
1.2.11	稻壳粉［砻糠粉］	稻谷在砻谷过程中脱去的颖壳经粉碎获得的产品。	粗纤维
1.2.12	稻米油［米糠油］	米糠经压榨或浸提制取的油。	酸价 过氧化值
1.2.13	米糠	糙米在碾米过程中分离出的皮层，含有少量胚和胚乳。	粗脂肪 酸价 粗纤维
1.2.14	米糠饼	米糠经压榨取油后的副产品。	粗蛋白质 粗脂肪 粗纤维
1.2.15	米糠粕［脱脂米糠］	米糠或米糠饼经浸提取油后的副产品。	粗蛋白质 粗纤维
1.2.16	膨化大米（粉）	大米或碎米在一定温度和压力条件下，经膨化处理获得的产品。	淀粉 淀粉糊化度
1.2.17	碎米	稻谷加工过程中产生的破碎米粒（含米粞）。	淀粉 粗蛋白质

（续）

原料编号	原料名称	特征描述	强制性标识要求
1.2.18	统糠	稻谷加工过程中自然产生的含有稻壳的米糠，除不可避免的混杂外，不得人为加入稻壳粉。	粗脂肪 粗纤维 酸价
1.2.19	稳定化米糠	通过挤压、膨化、微波等稳定化方式灭酶处理过的米糠。	粗脂肪 粗纤维 酸价
1.2.20	压片大米	预糊化大米经压片获得的产品。	淀粉 淀粉糊化度
1.2.21	预糊化大米	大米或碎米经湿热、压力等预糊化工艺处理后形成的产品。	淀粉 淀粉糊化度
1.2.22	蒸谷米次粉	经蒸谷处理的去壳糙米粗加工的副产品。主要由种皮、糊粉层、胚乳和胚芽组成，并经碳酸钙处理。	粗蛋白质 粗纤维 碳酸钙
1.3	**高粱及其加工产品**		
1.3.1	高粱	高粱（*Sorghum bicolor*（L.）Moench.）籽实。	
1.3.2	高粱次粉	以高粱为原料经制粉工艺产生的副产品之一，由糊粉层、胚乳及少量细麸组成。	淀粉 粗纤维
1.3.3	高粱粉浆粉	高粱湿法提取蛋白质、淀粉后的液态副产物经浓缩、干燥形成的产品。	粗蛋白质 水分
1.3.4	高粱糠	加工高粱米时脱下的皮层、胚和少量胚乳的混合物。	粗脂肪 粗纤维
1.3.5	高粱米	高粱籽粒经脱皮工艺去除皮层后的产品。	淀粉 粗蛋白质
1.3.6	去皮高粱粉	高粱籽粒去除种皮、胚芽后，将胚乳部分研磨成适当细度获得的粉状产品。	淀粉 粗蛋白质
1.3.7	全高粱粉	不去除任何皮层的完整高粱籽粒经碾磨获得的产品。	淀粉 粗蛋白质
1.4	**黑麦及其加工产品**		
1.4.1	黑麦	黑麦（*Secale cereale* L.）籽实。	
1.4.2	黑麦次粉	以黑麦为原料经制粉工艺形成的副产品之一，由糊粉层、胚乳及少量细麸组成。	淀粉 粗纤维
1.4.3	黑麦粉	黑麦经制粉工艺制成的以黑麦粉为主、含有少量细麦麸和胚的粉状产品。	淀粉 粗蛋白质
1.4.4	黑麦麸	以黑麦为原料碾磨制粉过程中所分出的麦皮层。	淀粉 粗纤维
1.4.5	全黑麦粉	不去除任何皮层的完整黑麦籽粒经碾磨获得的产品。	淀粉 粗蛋白质
1.5	**酒糟类**		

（续）

原料编号	原料名称	特征描述	强制性标识要求
1.5.1	干白酒糟	白酒生产中，以一种或几种谷物或者薯类为原料，以稻壳等为填充辅料，经固态发酵、蒸馏提取白酒后的残渣，再经烘干粉碎的产品。	粗蛋白质 粗灰分 粗纤维
1.5.2	干黄酒糟	黄酒生产过程中，原料发酵后过滤获得的滤渣经干燥获得的产品。	粗蛋白质 粗脂肪 粗纤维
1.5.3	干酒精糟［DDG］ ①大麦 ②大米 ③玉米 ④高粱 ⑤小麦 ⑥黑麦 ⑦谷物 ⑧薯类	谷物籽实或薯类经酵母发酵、蒸馏除去乙醇后，对剩余的釜溜物过滤获得的滤渣进行浓缩、干燥制成的产品。产品名称应标明具体的谷物来源。根据谷物种类不同，可分为大麦干酒精糟、大米干酒精糟、玉米干酒精糟、高粱干酒精糟、小麦干酒精糟、黑麦干酒精糟。以两种及两种以上谷物籽实获得的产品标称为谷物干酒精糟。可经瘤胃保护。	粗蛋白质 粗脂肪 粗纤维 水分
1.5.4	干酒精糟可溶物［DDS］ ①大麦 ②大米 ③玉米 ④高粱 ⑤小麦 ⑥黑麦 ⑦谷物 ⑧薯类	谷物籽实或薯类经酵母发酵、蒸馏除去乙醇后，对剩余的釜溜物过滤获得的滤液进行浓缩、干燥制成的产品。产品名称应标明具体的谷物来源。根据谷物种类不同，可分为大麦干酒精糟可溶物、大米干酒精糟可溶物、玉米干酒精糟可溶物、高粱干酒精糟可溶物、小麦干酒精糟可溶物、黑麦干酒精糟可溶物。以两种及两种以上谷物籽实获得的产品标称为谷物干酒精糟可溶物。可经瘤胃保护。	粗蛋白质 粗脂肪 水分
1.5.5	干啤酒糟	以大麦为主要原料生产啤酒的过程中，经糖化工艺后过滤获得的残渣，再经干燥获得的产品。	粗蛋白质 粗脂肪 粗纤维
1.5.6	含可溶物的干酒精糟［干全酒精糟］［DDGS］ ①大麦②大米③玉米④高粱⑤小麦⑥黑麦⑦谷物⑧薯类	谷物籽实或薯类经酵母发酵、蒸馏除去乙醇后，对剩余的全釜溜物（酒糟全液，至少含四分之三固体成分）进行浓缩、干燥制成的产品。产品名称应标明具体的谷物来源。根据谷物种类不同，可分为含可溶物的大麦干酒精糟、含可溶物的大米干酒精糟、含可溶物的玉米干酒精糟、含可溶物的高粱干酒精糟、含可溶物的小麦干酒精糟、含可溶物的黑麦干酒精糟。以两种及两种以上谷物籽实获得的产品标称为含可溶物的干谷物酒精糟。可经瘤胃保护。	粗蛋白质 粗脂肪 粗纤维 水分
1.5.7	湿酒精糟［DWG］ ①大麦 ②大米 ③玉米 ④高粱 ⑤小麦 ⑥黑麦 ⑦谷物 ⑧薯类	谷物籽实或薯类经酵母发酵、蒸馏除去乙醇后，剩余的釜溜物经过滤后获得的滤渣。产品名称应标明具体的谷物来源。根据谷物种类不同，可分为大麦湿酒精糟、大米湿酒精糟、玉米湿酒精糟、高粱湿酒精糟、小麦湿酒精糟、黑麦湿精酒糟。以两种及两种以上谷物籽实获得的产品标称为谷物湿酒精糟。	粗蛋白质 粗脂肪 粗纤维 水分

（续）

原料编号	原料名称	特征描述	强制性标识要求
1.5.8	湿酒精糟可溶物［DWS］ ①大麦 ②大米 ③玉米 ④高粱 ⑤小麦 ⑥黑麦 ⑦谷物 ⑧薯类	谷物籽实或薯类经酵母发酵、蒸馏除去乙醇后，剩余的釜溜物经过滤后获得的滤液。产品名称应标明具体的谷物来源。根据谷物种类不同，可分为大麦湿酒精糟可溶物、大米湿酒精糟可溶物、玉米湿酒精糟可溶物、高粱湿酒精糟可溶物、小麦湿酒精糟可溶物、黑麦湿酒精糟可溶物。以两种及两种以上谷物籽实获得的产品标称为谷物湿酒精糟可溶物。	
1.6	**荞麦及其加工产品**		
1.6.1	荞麦	蓼科一年生草本植物栽培荞麦（*Fagopyrum esculentum* Moench.）的瘦果。	
1.6.2	荞麦次粉	以荞麦为原料经制粉工艺形成的副产品之一，由糊粉层、胚乳及少量细麸组成。	淀粉 粗纤维
1.6.3	荞麦麸	荞麦经制粉工艺所分离出的麦皮层。	淀粉 粗纤维
1.6.4	全荞麦粉	以不去除任何皮层的完整荞麦经碾磨获得的产品。	淀粉 粗蛋白质
1.7	**筛余物**		
1.7.1	____筛余物 1. 大麦 2. 大米 3. 玉米 4. 高粱 5. 小麦 6. 黑麦 7. 荞麦 8. 黍 9. 粟 10. 小黑麦 11 燕麦	谷物籽实清理过程中筛选出的瘪的或破碎的籽实、种皮和外壳。因谷物种类不同，可分为大麦筛余物、大米筛余物、玉米筛余物、高粱筛余物、小麦筛余物、黑麦筛余物、荞麦筛余物、黍筛余物、粟筛余物、小黑麦筛余物、燕麦筛余物。	粗纤维 粗灰分
1.8	**黍及其加工产品**		
1.8.1	黍［黄米］	禾本科草本植物栽培黍（*Panicum miliaceum* L.）的籽实。	
1.8.2	黍米粉	黍米（脱皮或不脱皮）经制粉工艺加工而成的粉状产品。	淀粉 粗蛋白质
1.8.3	黍米糠	黍糙米在碾米过程中分离出的皮层，含有少量胚和胚乳。	粗脂肪 粗纤维 酸价
1.9	**粟及其加工产品**		

（续）

原料编号	原料名称	特征描述	强制性标识要求
1.9.1	粟［谷子］	粟（*Setaria italica*（L.）*var. germanica*（Mill.）Schred）的籽实。	
1.9.2	小米	粟经脱皮工艺除去皮层后的部分。按粒质不同分为粳性小米和糯性小米。	淀粉 粗脂肪
1.9.3	小米粉	小米经碾磨获得的粉状产品。	淀粉 粗蛋白质
1.9.4	小米糠	碾米机碾下的糙小米的皮层。	粗脂肪 粗纤维
1.10	**小黑麦及其加工产品**		
1.10.1	小黑麦	小黑麦（*Triticum* × *Secale cereale*）籽实，小麦与黑麦通过杂交和杂种染色体加倍而形成的新果实。	
1.10.2	全小黑麦粉	以完整小黑麦籽实不去除任何皮层经碾磨获得的产品。	淀粉 粗蛋白质
1.10.3	小黑麦次粉	以小黑麦为原料经制粉工艺形成的副产品之一。由糊粉层、胚乳及少量细麸组成。	淀粉 粗纤维
1.10.4	小黑麦粉	小黑麦经制粉工艺制成的以小黑麦粉为主、含有少量细麦麸和胚的粉状产品。	淀粉 粗蛋白质
1.10.5	小黑麦麸	以小黑麦为原料碾磨制粉过程中所分出的麦皮层。	淀粉 粗纤维
1.11	**小麦及其加工产品**		
1.11.1	小麦	小麦（*Triticum aestivum* L.）的籽实。可经瘤胃保护。	
1.11.2	发芽小麦［芽麦］	发芽的小麦。	粗蛋白质 粗纤维
1.11.3	谷朊粉［活性小麦面筋粉］［小麦蛋白粉］	以小麦或小麦粉为原料，去除淀粉和其他碳水化合物等非蛋白质成分后获得的小麦蛋白产品。由于水合后具有高度黏弹性，又称活性小麦面筋粉。	粗蛋白质 吸水率
1.11.4	喷浆小麦麸	将小麦浸泡液喷到小麦麸皮上并经干燥获得的产品。	粗蛋白质 粗纤维
1.11.5	膨化小麦	小麦在一定温度和压力条件下，经膨化处理获得的产品。	淀粉 粗蛋白质 淀粉糊化度
1.11.6	全小麦粉	不去除任何皮层的完整小麦籽粒经碾磨获得的产品。	淀粉 粗蛋白质 面筋量
1.11.7	小麦次粉	以小麦为原料经制粉工艺生产面粉的副产品之一，由糊粉层、胚乳及少量细麸组成。	淀粉 粗纤维
1.11.8	小麦粉［面粉］	小麦经制粉工艺制成的以面粉为主、含有少量细麦麸和胚的粉状产品。	淀粉 粗蛋白质 面筋量

（续）

原料编号	原料名称	特征描述	强制性标识要求
1.11.9	小麦粉浆粉	小麦提取淀粉、谷朊粉后的液态副产物经浓缩、干燥获得的产品。	粗蛋白质 水分
1.11.10	小麦麸［麸皮］	小麦在加工过程中所分出的麦皮层。	粗纤维
1.11.11	小麦胚	小麦加工时提取的胚及混有少量麦皮和胚乳的副产品。	粗蛋白质 粗脂肪
1.11.12	小麦胚芽饼	小麦胚经压榨取油后的副产品。	粗蛋白质 粗脂肪
1.11.13	小麦胚芽粕	小麦胚经浸提取油后的副产品。	粗蛋白质
1.11.14	小麦胚芽油	小麦胚经压榨或浸提制取的油脂。产品须由有资质的食品生产企业提供。	酸价 过氧化值
1.11.15	小麦水解蛋白	谷朊粉经部分水解后获得的产品。	粗蛋白质
1.11.16	小麦糖渣	小麦生产淀粉糖的副产品。	粗蛋白质 水分
1.11.17	小麦纤维	从小麦籽实中提取的纤维，或者生产小麦淀粉过程中提取的纤维类产物。	粗纤维
1.11.18	小麦纤维渣［小麦皮］	小麦淀粉加工副产品。主要成分为纤维素，含有少部分胚乳。	粗纤维 水分
1.11.19	压片小麦	去壳小麦经汽蒸、碾压后的产品。其中可含有少量小麦壳。可经瘤胃保护。	淀粉 粗蛋白质
1.11.20	预糊化小麦	将粉碎或破碎小麦经湿热、压力等预糊化工艺处理后获得的产品。	淀粉 粗蛋白质 淀粉糊化度
1.12	**燕麦及其加工产品**		
1.12.1	燕麦	燕麦（*Avena sativa* L.）的籽实。可经瘤胃保护。	
1.12.2	膨化燕麦	碾磨或破碎燕麦在一定温度和压力条件下，经膨化处理获得的产品。	淀粉 淀粉糊化度
1.12.3	全燕麦粉	不去除任何皮层的完整燕麦籽粒经碾磨获得的产品。	淀粉 粗蛋白质
1.12.4	脱壳燕麦	燕麦的去壳籽实，可经蒸汽处理。	淀粉
1.12.5	燕麦次粉	以燕麦为原料经制粉工艺形成的副产品之一，由糊粉层、胚乳及少量细麸组成。	淀粉 粗纤维
1.12.6	燕麦粉	燕麦经制粉工艺制成的以燕麦粉为主、含有少量细麦麸和胚的粉状产品。	淀粉 粗蛋白质
1.12.7	燕麦麸	以燕麦为原料碾磨制粉过程中所分离出的麦皮层。	粗纤维
1.12.8	燕麦壳	燕麦经脱皮工艺后脱下的外壳。	粗纤维
1.12.9	燕麦片	燕麦经汽蒸、碾压后的产品。可包括少部分燕麦壳。	淀粉 粗蛋白质

（续）

原料编号	原料名称	特征描述	强制性标识要求
1.13	**玉米及其加工产品**		
1.13.1	玉米	玉米（*Zea mays* L.）籽实。可经瘤胃保护。	
1.13.2	喷浆玉米皮	将玉米浸泡液喷到玉米皮上并经干燥获得的产品。	粗蛋白质 粗纤维
1.13.3	膨化玉米	玉米在一定温度和压力条件下，经膨化处理获得的产品。	淀粉 淀粉糊化度
1.13.4	去皮玉米	玉米籽实脱去种皮后的产品。	淀粉 粗蛋白质
1.13.5	压片玉米	去皮玉米经汽蒸、碾压后的产品。其中可含有少部分种皮。	淀粉 淀粉糊化度
1.13.6	玉米次粉	生产玉米粉、玉米碴过程中的副产品之一。主要由玉米皮和部分玉米碎粒组成。	淀粉 粗纤维
1.13.7	玉米蛋白粉	玉米经脱胚、粉碎、去渣、提取淀粉后的黄浆水，再经脱水制成的富含蛋白质的产品，粗蛋白质含量不低于50%（以干基计）。	粗蛋白质
1.13.8	玉米淀粉渣	生产柠檬酸等玉米深加工产品过程中，玉米经粉碎、液化、过滤获得的滤渣，再经干燥获得的产品。	淀粉 粗蛋白质 粗脂肪 水分
1.13.9	玉米粉	玉米经除杂、脱胚（或不脱胚）、碾磨获得的粉状产品。	淀粉 粗蛋白质
1.13.10	玉米浆干粉	玉米浸泡液经过滤、浓缩、低温喷雾干燥后获得的产品。	粗蛋白 二氧化硫
1.13.11	玉米酶解蛋白	玉米蛋白粉经酶水解、干燥后获得的产品。	酸溶蛋白（三氯乙酸可溶蛋白） 粗蛋白质 粗灰分 钙含量
1.13.12	玉米胚	玉米籽实加工时所提取的胚及混有少量玉米皮和胚乳的副产品。	粗蛋白质 粗脂肪
1.13.13	玉米胚芽饼	玉米胚经压榨取油后的副产品。	粗蛋白质 粗脂肪 粗纤维
1.13.14	玉米胚芽粕	玉米胚经浸提取油后的副产品。	粗蛋白质 粗纤维
1.13.15	玉米皮	玉米加工过程中分离出来的皮层。	粗纤维
1.13.16	玉米糁［玉米碴］	玉米经除杂、脱胚、碾磨和筛分等系列工序加工而成的颗粒状产品。	淀粉 粗蛋白质
1.13.17	玉米糖渣	玉米生产淀粉糖的副产品。	淀粉 粗蛋白质 粗脂肪 水分

（续）

原料编号	原料名称	特征描述	强制性标识要求
1.13.18	玉米芯粉	玉米的中心穗轴经研磨获得的粉状产品。	粗纤维
1.13.19	玉米油［玉米胚芽油］	由玉米胚经压榨或浸提制取的油。产品须由有资质的食品生产企业提供。	粗脂肪 酸价 过氧化值

2. 油料籽实及其加工产品

原料编号	原料名称	特征描述	强制性标识要求
2.1	**扁桃［杏］及其加工产品**		
2.1.1	扁桃［杏］仁饼	扁桃（*Amygdalus Communis* L.）仁或杏（*Armeniaca vulgaris* Lam.）仁经压榨取油后的副产品。	粗蛋白质 粗脂肪 粗纤维
2.1.2	扁桃［杏］仁粕	扁桃仁或杏仁饼经浸提取油后的副产品。	粗蛋白质 粗纤维
2.1.3	扁桃［杏］仁油	扁桃仁或杏仁经压榨或浸提制取的油脂。产品须由有资质的食品生产企业提供。	酸价 过氧化值
2.2	**菜籽及其加工产品**		
2.2.1	菜籽［油菜籽］	十字花科草本植物栽培油菜（*Brassica napus* L.），包括甘蓝型、白菜型、芥菜型油菜的小颗粒球形种子。可经瘤胃保护。	
2.2.2	菜籽饼［菜饼］	菜籽经压榨取油后的副产品。可经瘤胃保护。	粗蛋白质 粗脂肪
2.2.3	菜籽蛋白	利用菜籽或菜籽粕生产的蛋白质含量不低于50%（以干基计）的产品。	粗蛋白质
2.2.4	菜籽皮	油菜籽经脱皮工艺脱下的种皮。	粗脂肪 粗纤维
2.2.5	菜籽粕［菜粕］	油菜籽经预压浸提或直接溶剂浸提取油后获得的副产品，或由菜籽饼浸提取油后获得的副产品。可经瘤胃保护。	粗蛋白质 粗纤维
2.2.6	菜籽油［菜油］	菜籽经压榨或浸提制取的油。产品须由有资质的食品生产企业提供。	酸价 过氧化值
2.2.7	膨化菜籽	菜籽在一定温度和压力条件下，经膨化处理获得的产品。可经瘤胃保护。	粗蛋白质 粗脂肪
2.2.8	双低菜籽	油菜籽中油的脂肪酸中芥酸含量不高于5.0%，饼粕中硫甙含量不高于45.0μmol/g的油菜籽品种。可经瘤胃保护。	芥酸 硫甙
2.2.9	双低菜籽粕［双低菜粕］	双低菜籽预压浸提或直接溶剂浸提取油后获得的副产品，或由双低菜籽饼浸提取油后获得的副产品。可经瘤胃保护。	粗蛋白质 粗纤维 硫甙
2.3	**大豆及其加工产品**		
2.3.1	大豆	豆科草本植物栽培大豆（*Glycine max*. L. Merr.）的种子。	

（续）

原料编号	原料名称	特征描述	强制性标识要求
2.3.2	大豆分离蛋白	以低温大豆粕为原料，利用碱溶酸析原理，将蛋白质和其他可溶性成分萃取出来，再在等电点下析出蛋白质，蛋白质含量不低于90%（以干基计）的产品。	粗蛋白质
2.3.3	大豆磷脂油	在大豆原油脱胶过程中分离出的、经真空脱水获得的含油磷脂。	丙酮不溶物 粗脂肪 酸价 水分
2.3.4	大豆酶解蛋白	大豆或大豆加工产品（脱皮豆粕/大豆浓缩蛋白）经酶水解、干燥后获得的产品。	酸溶蛋白（三氯乙酸可溶蛋白） 粗蛋白质 粗灰分 钙
2.3.5	大豆浓缩蛋白	低温大豆粕除去其中的非蛋白质成分后获得的蛋白质含量不低于65%（以干基计）的产品。	粗蛋白质
2.3.6	大豆胚芽粕［大豆胚芽粉］	大豆胚芽脱油后的产品。	粗蛋白质 粗纤维
2.3.7	大豆胚芽油	大豆胚芽经压榨或浸提制取的油。产品须由有资质的食品生产企业提供。	酸价 过氧化值
2.3.8	大豆皮	大豆经脱皮工艺脱下的种皮。	粗蛋白质 粗纤维
2.3.9	大豆筛余物	大豆籽实清理过程中筛选出的瘪的或破碎的籽实、种皮和外壳。	粗纤维 粗灰分
2.3.10	大豆糖蜜	醇法大豆浓缩蛋白质生产中，萃取液经浓缩获得的总糖不低于55%、粗蛋白质不低于8%的黏稠物（以干基计）。	总糖 蔗糖 粗蛋白质 水分
2.3.11	大豆纤维	从大豆中提取的纤维物质。	粗纤维
2.3.12	大豆油［豆油］	大豆经压榨或浸提制取的油。产品须由有资质的食品生产企业提供。	酸价 过氧化值
2.3.13	豆饼	大豆籽粒经压榨取油后的副产品。可经瘤胃保护。	粗蛋白质 粗脂肪
2.3.14	豆粕	大豆经预压浸提或直接溶剂浸提取油后获得的副产品，或由大豆饼浸提取油后获得的副产品。可经瘤胃保护。	粗蛋白质 粗纤维
2.3.15	豆渣	大豆经浸泡、碾磨、加工成豆制品或提取蛋白质后的副产品。	粗蛋白质 粗纤维
2.3.16	烘烤大豆（粉）	烘烤的大豆或将其粉碎后的产品。可经瘤胃保护。	
2.3.17	膨化大豆［膨化大豆粉］	全脂大豆经清理、破碎（磨碎）、膨化处理获得的产品。	粗蛋白质 粗脂肪
2.3.18	膨化大豆蛋白［大豆组织蛋白］	大豆分离蛋白、大豆浓缩蛋白在一定温度和压力条件下，经膨化处理获得的产品。	粗蛋白质

（续）

原料编号	原料名称	特征描述	强制性标识要求
2.3.19	膨化豆粕	豆粕经膨化处理，或大豆胚片经膨胀豆粕制油工艺提油后获得的产品。	粗蛋白质 粗纤维
2.4	**番茄籽及其加工产品**		
2.4.1	番茄籽粕	番茄（*Lycopersicon esculentum* Mill.）籽经压榨或浸提取油后的副产品。	粗蛋白质 粗纤维
2.4.2	番茄籽油	番茄籽经压榨或浸提制取的油。产品须由有资质的食品生产企业提供。	酸价 过氧化值
2.5	**橄榄及其加工产品**		
2.5.1	橄榄饼［油橄榄饼］	木犀科常绿乔木油树的椭圆形或卵形黑果油橄榄（*Olea europaea* L.）果实经压榨取油后的副产品。	粗蛋白质 粗脂肪 粗纤维
2.5.2	橄榄粕［油橄榄粕］	油橄榄饼经浸提取油后获得的副产品。	粗蛋白质 粗纤维
2.5.3	橄榄油	橄榄经压榨或浸提制取的油。产品须由有资质的食品生产企业提供。	酸价 过氧化值
2.6	**核桃及其加工产品**		
2.6.1	核桃仁饼	脱壳或部分脱壳（含壳率≤30%）的核桃（*Juglans regia* L.）经压榨取油后的副产品。	粗蛋白质 粗脂肪 粗纤维
2.6.2	核桃仁粕	核桃仁经预压浸提或直接溶剂浸提取油后获得的副产品，或由核桃仁饼浸提取油后获得的副产品。	粗蛋白质 粗纤维
2.6.3	核桃仁油	核桃仁经压榨或浸提制取的油。产品须由有资质的食品生产企业提供。	酸价 过氧化值
2.7	**红花籽及其加工产品**		
2.7.1	红花籽	菊科植物红花（*Carthamus tinctorius* L.）的种子。	
2.7.2	红花籽饼	红花籽（仁）经压榨取油后的副产品。	粗蛋白质 粗脂肪 粗纤维
2.7.3	红花籽壳	红花籽脱壳取仁后的产品。	粗纤维
2.7.4	红花籽粕	红花籽（仁）经浸提取油后的副产品。	粗蛋白质 粗纤维
2.7.5	红花籽油	红花籽（仁）经压榨或浸提制取的油。产品须由有资质的食品生产企业提供。	酸价 过氧化值
2.8	**花椒籽及其加工产品**		
2.8.1	花椒籽	芸香科花椒属植物青花椒（*Zanthoxylun schinifolium* Sieb. et Zucc.）或花椒（*Zanthoxylum bungeanum* Maxim. var. *bungeanum*）的干燥成熟果实中的籽。	

（续）

原料编号	原料名称	特征描述	强制性标识要求
2.8.2	花椒籽饼［花椒饼］	花椒籽经压榨取油后的副产品。	粗蛋白质 粗脂肪 粗纤维
2.8.3	花椒籽粕［花椒粕］	花椒籽经预压浸提或直接溶剂浸提取油后获得的副产品，或由花椒饼浸提取油获得的副产品。	粗蛋白质 粗纤维
2.8.4	花椒籽油	花椒籽经压榨或浸提制取的油。产品须由有资质的食品生产企业提供。	酸价 过氧化值
2.9	**花生及其加工产品**		
2.9.1	花生	豆科草本植物栽培花生（*Arachis hypogaea* L.）荚果的种子，椭圆形，种皮有黑、白、紫红等色。	
2.9.2	花生饼［花生仁饼］	脱壳或部分脱壳（含壳率≤30%）的花生经压榨取油后的副产品。	粗蛋白质 粗脂肪 粗纤维
2.9.3	花生蛋白	由花生及花生粕生产的蛋白质含量不低于65%（以干基计）的产品。	粗蛋白质 粗纤维
2.9.4	花生红衣	花生仁外衣，含有丰富单宁和硫胺。	粗纤维
2.9.5	花生壳	花生的外壳。	粗纤维
2.9.6	花生粕［花生仁粕］	花生经预压浸提或直接溶剂浸提取油后获得的副产品，或由花生饼浸提取油获得的副产品。	粗蛋白质 粗脂肪 粗纤维
2.9.7	花生油	花生（仁）经压榨或浸提制取的油。产品须由有资质的食品生产企业提供。	酸价 过氧化值
2.10	**可可及其加工产品**		
2.10.1	可可饼（粉）	脱壳后的可可（*Theobroma cacao* L.）豆经压榨取油后的副产品，可经粉碎。	粗蛋白质 粗脂肪 粗纤维
2.10.2	可可油［可可脂］	可可豆经压榨或浸提制取的油。产品须由有资质的食品生产企业提供。	酸价 过氧化值
2.11	**葵花籽及其加工产品**		
2.11.1	葵花籽［向日葵籽］	菊科草本植物栽培向日葵（*Helianthus annuus* L.）短卵形瘦果的种子。可经瘤胃保护。	
2.11.2	葵花头粉［向日葵盘粉］	葵花盘脱除葵花籽后剩余物粉碎烘干的产品。	粗纤维 粗灰分
2.11.3	葵花籽壳［向日葵壳］	向日葵籽的外壳。	粗纤维
2.11.4	葵花籽仁饼［向日葵籽仁饼］	部分脱壳的向日葵籽经压榨取油后的副产品。	粗蛋白质 粗脂肪 粗纤维
2.11.5	葵花籽仁粕［向日葵籽仁粕］	部分脱壳的向日葵籽菜籽经预压浸提或直接溶剂浸提取油后获得的副产品。可经瘤胃保护。	粗蛋白质 粗纤维

（续）

原料编号	原料名称	特征描述	强制性标识要求
2.11.6	葵花籽油［向日葵籽油］	向日葵籽经压榨或浸提制取的油。产品须由有资质的食品生产企业提供。	酸价 过氧化值
2.12	**棉籽及其加工产品**		
2.12.1	棉籽	锦葵科草木或多年生灌木棉花（*Gossypium* spp.）蒴果的种子。不得用于水产饲料。可经瘤胃保护。	
2.12.2	棉仁饼	按脱壳程度，含壳量低的棉籽饼称为棉仁 饼。	粗蛋白质 粗脂肪 粗纤维
2.12.3	棉籽饼［棉饼］	棉籽经脱绒、脱壳和压榨取油后的副产品。	粗蛋白质 粗脂肪 粗纤维
2.12.4	棉籽蛋白	由棉籽或棉籽粕生产的粗蛋白质含量在50%（以干基计）以上的产品。	粗蛋白质 游离棉酚
2.12.5	棉籽壳	棉籽剥壳，以及仁壳分离后以壳为主的产品。	粗纤维
2.12.6	棉籽酶解蛋白	棉籽或棉籽蛋白粉经酶水解、干燥后获得的产品。	酸溶蛋白（三氯乙酸可溶蛋白） 粗蛋白质 粗灰分 游离棉酚 钙
2.12.7	棉籽粕［棉粕］	棉籽经脱绒、脱壳、仁壳分离后，经预压浸提或直接溶剂浸提取油后获得的副产品，或由棉籽饼浸提取油获得的副产品。可经瘤胃保护。	粗蛋白质 粗纤维
2.12.8	棉籽油［棉油］	棉籽经压榨或浸提制取的油。产品须由有资质的食品生产企业提供。	酸价 过氧化值
2.12.9	脱酚棉籽蛋白［脱毒棉籽蛋白］	以棉籽为原料，在低温条件下，经软化、轧胚、浸出提油后并将棉酚以游离状态萃取脱除后得到的粗蛋白质含量不低于50%、游离棉酚含量不高于400 mg/kg、氨基酸占粗蛋白质比例不低于87%的产品。	粗蛋白质 粗纤维 游离棉酚 氨基酸占粗蛋白质比例
2.13	**木棉籽及其加工产品**		
2.13.1	木棉籽饼	木棉（*Bombax malabaricum* DC.）籽经压榨取油后的副产品。	粗蛋白质 粗脂肪 粗纤维
2.13.2	木棉籽粕	木棉籽经预压浸提或直接溶剂浸提取油后获得的副产品，或由木棉籽饼浸提取油获得的副产品。	粗蛋白质 粗纤维
2.13.3	木棉籽油	木棉籽经压榨或浸提制取的油。产品须由有资质的食品生产企业提供。	酸价 过氧化值
2.14	**葡萄籽及其加工产品**		
2.14.1	葡萄籽粕	葡萄（*Vitis vinifera* L.）籽经浸提取油后的副产品。	粗蛋白质 粗纤维

（续）

原料编号	原料名称	特征描述	强制性标识要求
2.14.2	葡萄籽油	葡萄籽经浸提制取的油。产品须由有资质的食品生产企业提供。	酸价 过氧化值
2.15	**沙棘籽及其加工产品**		
2.15.1	沙棘籽饼	沙棘（*Hippophae rhamnoides* L.）籽经压榨取油后的副产品。	粗蛋白质 粗脂肪 粗纤维
2.15.2	沙棘籽粕	沙棘籽经浸提或超临界萃取取油后的副产品。	粗蛋白质 粗纤维
2.15.3	沙棘籽油	沙棘籽经压榨或浸提制取的油。产品须由有资质的食品生产企业提供。	酸价 过氧化值
2.16	**酸枣及其加工产品**		
2.16.1	酸枣粕	酸枣（*Ziziphus jujube* Mill. var. *spinosa*（Bunge）Hu ex H. F. Chou）果仁经浸提取油后的副产品。	粗蛋白质 粗纤维
2.16.2	酸枣油	酸枣果仁经浸提制取的油。产品须由有资质的食品生产企业提供。	酸价 过氧化值
2.17	**文冠果加工产品**		
2.17.1	文冠果粕	文冠果（*Xanthoceras sorbifolia* Bunge.）种子经压榨取油后的副产品。	粗蛋白质 粗纤维
2.17.2	文冠果油	文冠果种子经压榨制取的油。产品须由有资质的食品生产企业提供。	酸价 过氧化值
2.18	**亚麻籽及其加工产品**		
2.18.1	亚麻籽［胡麻籽］	亚麻（*Linum usitatissimum* L.）的种子。可经瘤胃保护。	
2.18.2	亚麻饼［亚麻籽饼，亚麻仁饼，胡麻饼］	亚麻籽经压榨取油后的副产品。	粗蛋白质 粗脂肪 粗纤维
2.18.3	亚麻粕［亚麻籽粕，亚麻仁粕，胡麻粕］	亚麻籽经浸提取油后的副产品。	粗蛋白质 粗纤维
2.18.4	亚麻籽油	亚麻籽经压榨或浸提制取的油。产品须由有资质的食品生产企业提供。	酸价 过氧化值
2.19	**椰子及其加工产品**		
2.19.1	椰子饼	以干燥的椰子（*Cocos nucifera* L.）胚乳（即椰肉）为原料，经压榨取油后的副产品。	粗蛋白质 粗脂肪 粗纤维
2.19.2	椰子粕	以干燥的椰子胚乳（即椰肉）为原料，经预榨以及溶剂浸提取油后的副产品。	粗蛋白质 粗纤维
2.19.3	椰子油	椰子胚乳（即椰肉）经压榨或浸提制取的油。产品须由有资质的食品生产企业提供。	酸价 过氧化值

（续）

原料编号	原料名称	特征描述	强制性标识要求
2.20	**油棕榈及其加工产品**		
2.20.1	棕榈果	棕榈（*Trachycarpus fortunei* Hook.）果穗上的含油未加工脱脂和未分离果核的果（肉）实。	粗脂肪 粗蛋白质 粗纤维
2.20.2	棕榈饼［棕榈仁饼］	棕榈仁经压榨取油后的副产品。	粗蛋白质 粗脂肪 粗纤维
2.20.3	棕榈粕［棕榈仁粕］	棕榈仁经浸提取油后的副产品。	粗蛋白质 粗纤维
2.20.4	棕榈仁	油棕榈果实脱壳后的果仁。	
2.20.5	棕榈仁油	棕榈仁经压榨或浸提制取的油。产品须由有资质的食品生产企业提供。	酸价 过氧化值
2.20.6	棕榈油	棕榈果肉经压榨或浸提制取的油。产品须由有资质的食品生产企业提供。	酸价 过氧化值
2.21	**月见草籽及其加工产品**		
2.21.1	月见草籽	月见草（*Oenothera biennis* L.）籽实。	
2.21.2	月见草籽粕	月见草籽经冷榨、浸提取油后的副产品。	粗蛋白质 粗纤维
2.21.3	月见草籽油	月见草籽经冷榨、浸提制取的油。产品须由有资质的食品生产企业提供。	酸价 过氧化值
2.22	**芝麻及其加工产品**		
2.22.1	芝麻籽	芝麻（*Sesamum indicum* L.）种子。	
2.22.2	芝麻饼［油麻饼］	芝麻籽经压榨取油后的副产品。	粗蛋白质 粗脂肪 粗纤维
2.22.3	芝麻粕	芝麻籽经预压浸提或直接溶剂浸提取油后的副产品，或芝麻籽饼浸提取油后的副产品。	粗蛋白质 粗纤维
2.22.4	芝麻油	芝麻籽经压榨或浸提制取的油。产品须由有资质的食品生产企业提供。	酸价 过氧化值
2.23	**紫苏及其加工产品**		
2.23.1	紫苏籽	紫苏（*Perilla frutescens* L.）的籽实。	
2.23.2	紫苏饼［紫苏籽饼］	紫苏籽经压榨取油后的副产品。	粗蛋白质 粗脂肪 粗纤维
2.23.3	紫苏粕［紫苏籽粕］	紫苏籽或紫苏籽饼经浸提取油后的副产品。	粗蛋白质 粗纤维
2.23.4	紫苏油	紫苏籽经压榨或浸提制取的油。产品须由有资质的食品生产企业提供。	酸价 过氧化值
2.24	**其他**		
2.24.1	氢化脂肪	植物油脂经氢化反应获得的产品。产品须由有资质的食品生产企业提供。	酸价 过氧化值

3. 豆科作物籽实及其加工产品（大豆及其加工产品见第 2 部分）

原料编号	原料名称	特征描述	强制性标识要求
3.1	**扁豆及其加工产品**		
3.1.1	扁豆	豆科蝶形花亚科扁豆属扁豆（*Lablab purpureus* L.）的籽实。	
3.1.2	去皮扁豆	扁豆籽实去皮后的产品。	粗蛋白质 粗纤维
3.2	**菜豆及其加工产品**		
3.2.1	菜豆［芸豆］	豆科菜豆属菜豆（*Phaseolus vulgaris* L.）的籽实。	
3.3	**蚕豆及其加工产品**		
3.3.1	蚕豆	豆科野豌豆属蚕豆（*Vicia faba* L.）的籽实。	
3.3.2	蚕豆粉浆蛋白粉	用蚕豆生产淀粉时，从其粉浆中分离出淀粉后经干燥获得的粉状副产品。	粗蛋白质
3.3.3	蚕豆皮	蚕豆籽实经去皮工艺脱下的种皮。	粗纤维 粗灰分
3.3.4	去皮蚕豆	蚕豆籽实去皮后的产品。	粗蛋白质 粗纤维
3.3.5	压片蚕豆	去皮蚕豆经汽蒸、碾压处理获得的产品。	粗蛋白质
3.4	**瓜尔豆及其加工产品**		
3.4.1	瓜尔豆胚芽粕	豆科瓜尔豆属瓜尔豆（*Cyamopsis tetragonoloba* L.）籽实的胚芽经浸提制取瓜尔豆胶后的副产品。	粗蛋白质
3.4.2	瓜尔豆粕	瓜尔豆籽实经浸提制取瓜尔豆胶后的副产品。	粗蛋白质
3.5	**红豆及其加工产品**		
3.5.1	红豆［赤豆、红小豆］	豆科豇豆属红豆（*Vigna angulari*（Willd.）Ohwi et H. Ohashi）的籽实。	
3.5.2	红豆皮	红豆籽实经脱皮工艺脱下的种皮。	粗纤维 粗灰分
3.5.3	红豆渣	红豆经湿法提取淀粉和蛋白质后所得的副产品。	粗纤维 粗灰分 水分
3.6	**角豆及其加工产品**		
3.6.1	角豆粉	豆科长角豆属长角豆（*Ceratonia siliqua* L.）的籽实和豆荚一起粉碎后获得的产品。	粗蛋白质 粗纤维 总糖
3.7	**绿豆及其加工产品**		
3.7.1	绿豆	豆科豇豆属绿豆（*Vigna radiata* L.）的籽实。	
3.7.2	绿豆粉浆蛋白粉	用绿豆生产淀粉时，从其粉浆中分离出淀粉后经干燥获得的粉状副产品。	粗蛋白质
3.7.3	绿豆皮	绿豆籽实经去皮工艺脱下的种皮。	粗纤维 粗灰分

（续）

原料编号	原料名称	特征描述	强制性标识要求
3.7.4	绿豆渣	绿豆经湿法提取淀粉和蛋白质后所得的副产品。	粗纤维 粗灰分 水分
3.8	**豌豆及其加工产品**		
3.8.1	豌豆	豆科豌豆属豌豆（*Pisum sativum* L.）的籽实。可经瘤胃保护。	
3.8.2	去皮豌豆	豌豆籽实去皮后的产品。	粗蛋白质 粗纤维
3.8.3	豌豆次粉	豌豆制粉过程中获得的副产品，主要由胚乳和少量豆皮组成。	粗蛋白质 粗纤维
3.8.4	豌豆粉	豌豆经粉碎所得的产品。	粗蛋白质 粗纤维
3.8.5	豌豆粉浆蛋白粉	用豌豆生产淀粉时，从其粉浆中分离出淀粉后经干燥获得的粉状副产品。	粗蛋白质
3.8.6	豌豆粉浆粉	豌豆经湿法提取淀粉和蛋白质后所得的液态副产物，经浓缩、干燥获得的粉状产品。主要由可溶性蛋白质和碳水化合物组成。	粗蛋白质 水分
3.8.7	豌豆皮	豌豆籽实经去皮工艺脱下的种皮。	粗纤维 粗灰分
3.8.8	豌豆纤维	从豌豆中提取的纤维物质。	粗纤维
3.8.9	豌豆渣	豌豆经湿法提取淀粉和蛋白质后所得的副产品。	粗纤维 粗灰分 水分
3.8.10	压片豌豆	去皮豌豆经汽蒸、碾压获得的产品。	粗蛋白质
3.9	**鹰嘴豆及其加工产品**		
3.9.1	鹰嘴豆	豆科鹰嘴豆属鹰嘴豆（*Cicer arietinum* L.）的籽实。	
3.10	**羽扇豆及其加工产品**		
3.10.1	羽扇豆	苦味物质含量低的豆科羽扇豆属多叶羽扇豆（*Lupinus polyphyllus* Lindl.）的籽实。	
3.10.2	去皮羽扇豆	羽扇豆籽实经去皮后的产品。	粗蛋白质 粗纤维
3.10.3	羽扇豆皮	羽扇豆籽实经去皮工艺脱下的种皮。	粗纤维 粗灰分
3.10.4	羽扇豆渣	羽扇豆提取蛋白质或寡糖组分后获得的副产品。	粗纤维 粗灰分 水分
3.11	**其他**		
3.11.1	豆荚	本目录所列豆科植物籽实的豆荚，产品名称应标明原料的来源，如：豌豆荚。	粗纤维

（续）

原料编号	原料名称	特征描述	强制性标识要求
3.11.2	豆荚粉	本目录所列豆科植物籽实的豆荚经粉碎获得的产品，产品名称应标明原料的来源，如：角豆荚粉。	粗纤维
3.11.3	烘烤豆	豆科菜豆属（*Phaseolus* L.）或豇豆属（*Vigna* Savi）植物的籽实经适当烘烤后的产品。产品名称应标明原料的来源，如：烘烤菜豆。可经瘤胃保护。	粗蛋白质

4. 块茎、块根及其加工产品

原料编号	原料名称	特征描述	强制性标识要求
4.1	**白萝卜及其加工产品**		
4.1.1	萝卜干（片、块、粉、颗粒）	萝卜（*Raphanus sativus* L.）经切块、干燥、粉碎工艺获得的不同形态的产品。产品名称应注明产品形态，如：白萝卜干。	水分
4.2	**大蒜及其加工产品**		
4.2.1	大蒜粉（片）	百合科葱属蒜（*Allium sativum* L.）经粉碎或切片获得的白色至黄色粉末或片状物。	
4.2.2	大蒜渣	大蒜取油后的副产品。	粗纤维 水分
4.3	**甘薯及其加工产品**		
4.3.1	甘薯［红薯、白薯、番薯、山芋、地瓜、红苕］干（片、块、粉、颗粒）	旋花科番薯属甘薯（*Ipomoea batatas* L.）植物的块根，经切块、干燥、粉碎工艺获得的不同形态的产品。产品名称应注明产品形态，如：甘薯干。	水分
4.3.2	甘薯渣	甘薯提取淀粉后的副产品。	粗纤维 粗灰分 水分
4.3.3	紫薯干（片、块、粉、颗粒）	旋花科番薯属紫薯（*Ipomoea batatas*（L.）Lam）的块根，经切块、干燥、粉碎工艺获得的不同形态的产品。产品名称应注明产品形态，如：紫薯干。	水分
4.4	**胡萝卜及其加工产品**		
4.4.1	胡萝卜干（片、块、粉、颗粒）	胡萝卜（*Daucus carota* L.）经切块、干燥、粉碎工艺获得的不同形态的产品。产品名称应注明产品形态，如：胡萝卜干。	水分
4.4.2	胡萝卜渣	胡萝卜经榨汁或提取胡萝卜素后获得的副产品。	粗纤维 粗灰分 水分
4.5	**菊苣及其加工产品**		
4.5.1	菊苣根干（片、块、粉、颗粒）	菊科菊苣属菊苣（*Cichorium intybus* L.）的块根，经干燥、粉碎工艺获得的不同形态的产品。产品名称应注明产品形态，如：菊苣根粉。	水分 总糖
4.5.2	菊苣渣	菊苣制取菊糖或香料后的副产品，由浸提或压榨后的菊苣片组成。	粗纤维 粗灰分 水分

（续）

原料编号	原料名称	特征描述	强制性标识要求
4.6	**菊芋及其加工产品**		
4.6.1	菊糖	菊科向日葵属菊芋（*Helianthus tuberosus* L.）的块根中提取的果聚糖。产品须由有资质的食品生产企业提供。	菊糖
4.6.2	菊芋渣	菊芋提取菊糖后的副产物。	粗纤维 粗灰分 水分
4.7	**马铃薯及其加工产品**		
4.7.1	马铃薯［土豆、洋芋、山药蛋］干（片、块、粉、颗粒）	马铃薯（*Solanum tuberosum* L.）经切块、切片、干燥、粉碎等工艺获得的不同形态的产品。产品名称应注明产品形态，如：马铃薯干。	水分
4.7.2	马铃薯蛋白粉	马铃薯提取淀粉后经干燥获得的粉状产品。主要成分为蛋白质。	粗蛋白质
4.7.3	马铃薯渣	马铃薯经提取淀粉和蛋白质后的副产物。	粗纤维 粗灰分 水分
4.8	**魔芋及其加工产品**		
4.8.1	魔芋干（片、块、粉、颗粒）	天南星科魔芋属魔芋（*Amorphophalms konjac*）的块根经切块、切片、干燥、粉碎等工艺获得的不同形态的产品。产品名称应注明产品形态，如：魔芋干。	水分
4.9	**木薯及其加工产品**		
4.9.1	木薯干（片、块、粉、颗粒）	木薯（*Manihot esculenta* Crantz.）经切块、切片、干燥、粉碎等工艺获得的不同形态的产品。产品名称应注明产品形态，如：木薯干。	水分
4.9.2	木薯渣	木薯提取淀粉后的副产物。	粗纤维 粗灰分 水分
4.10	**藕及其加工产品**		
4.10.1	藕［莲藕］干（片、块、粉、颗粒）	莲藕经切块、切片、干燥、粉碎等工艺获得的不同形态的产品。产品名称应注明产品形态，如：莲藕干。	水分
4.11	**甜菜及其加工产品**		
4.11.1	甜菜粕［渣］	藜科甜菜属甜菜（*Beta vulgaris* L.）的块根制糖后的副产品，由浸提或压榨后的甜菜片组成。	粗纤维 粗灰分 水分
4.11.2	甜菜粕颗粒	以甜菜粕为原料，添加废糖蜜等辅料经制粒形成的产品。	粗纤维 粗灰分 水分
4.11.3	甜菜糖蜜	从甜菜中提糖后获得的液体副产品。	总糖 粗灰分 水分
4.11.4	蔗糖	见 13.4.1	
4.12	**食用瓜类及其加工产品**		
4.12.1	____瓜	可食用瓜类或其去除瓜籽后的产品。可鲜用或对其进行干燥加工处理，产品名称应标明使用原料的来源，如：南瓜。	水分
4.12.2	____瓜籽	可食用瓜类的籽实经干燥等工艺加工获得的产品，产品名称应标明使用原料的来源，如：南瓜籽。	粗蛋白

5. 其他籽实、果实类产品及其加工产品

原料编号	原料名称	特征描述	强制性标识要求
5.1	**辣椒及其加工产品**		
5.1.1	辣椒（粉）	辣椒（*Capsicum annuum* L.）经干燥、粉碎后所得的产品。	粗蛋白 粗灰分
5.1.2	辣椒渣	辣椒皮提取红色素后的副产品。	粗蛋白质 粗灰分
5.1.3	辣椒籽粕	辣椒籽取油后的副产品。	粗蛋白质 粗纤维
5.2	**水果或坚果及其加工产品**		
5.2.1	鳄梨［牛油果］干（片、块、粉）	鳄梨（*Persea americana* Mill.）经切片、切块、干燥、粉碎等工艺获得的不同形态的产品。产品名称应注明产品形态，如：鳄梨干。	总糖 水分
5.2.2	鳄梨［牛油果］浓缩汁	鳄梨压榨后的汁液经浓缩后获得的产品。产品须由有资质的食品生产企业提供。	总糖 水分
5.2.3	果仁	可食用的坚果仁或水果仁，产品名称应标明使用原料的来源。	粗蛋白质 粗脂肪
5.2.4	果渣	可食用水果榨汁或果品加工过程中获得的副产品，产品名称应标明使用原料的来源，如：柑橘渣。	粗纤维 粗灰分 水分
5.3	**枣及其加工产品**		
5.3.1	枣	食用枣（*Ziziphus jujuba* Mill.）。	
5.3.2	枣粉	食用枣经干燥、粉碎获得的产品。	粗纤维 粗灰分

6. 饲草、粗饲料及其加工产品

原料编号	原料名称	特征描述	强制性标识要求
6.1	**干草及其加工产品**		
6.1.1	____草颗粒（块）	收割的牧草经自然干燥或烘干脱水、粉碎及制粒或压块后获得的产品。不得含有有毒有害草。产品名称应标明草的品种，如：苜蓿草颗粒，苜蓿草块。	粗蛋白质 中性洗涤纤维
6.1.2	____干草	收割的牧草经自然干燥或烘干脱水后获得的产品。不得含有有毒有害草。产品名称应标明草的品种，如：苜蓿干草。	粗蛋白质 中性洗涤纤维
6.1.3	____干草粉	收割的牧草经自然干燥或烘干脱水、粉碎后获得的产品。不得含有有毒有害草。产品名称应标明草的品种，如：苜蓿干草粉。	粗蛋白质 中性洗涤纤维
6.1.4	苜蓿渣	苜蓿干草粉用水提取苜蓿多糖等成分后获得的副产品。可经烘干、粉碎或挤压成颗粒状。	粗蛋白质 中性洗涤纤维

（续）

原料编号	原料名称	特征描述	强制性标识要求
6.2	**秸秆及其加工产品**		
6.2.1	氨化秸秆	以收获籽实后的玉米秸、麦秸、稻秸为原料，在密闭的条件下按一定比例喷洒液氨、尿素、碳铵等氨源，在适宜的温度下经一定时间的发酵而获得的产品。产品名称应标明作物的品种，如：玉米氨化秸秆。如原料为多种秸秆，产品名称直接标注氨化秸秆。	粗灰分 中性洗涤纤维 氨源种类
6.2.2	碱化秸秆	用烧碱（氢氧化钠）或石灰水（氢氧化钙）浸泡或喷洒玉米秸、麦秸、稻秸等粗饲料而获得的产品。产品名称应标明作物的品种，如：玉米碱化秸秆。如原料为多种秸秆，产品名称直接标注碱化秸秆。	粗灰分 中性洗涤纤维
6.2.3	秸秆	成熟农作物干的茎叶（穗）。产品名称应标明作物的品种，如：玉米秸秆。	粗灰分 中性洗涤纤维
6.2.4	秸秆粉	成熟农作物的茎叶（穗）经自然或人工干燥、粉碎后获得的产品。产品名称应标明作物的品种，如：玉米秸秆粉。	粗灰分 中性洗涤纤维
6.2.5	秸秆颗粒（块）	成熟农作物的茎叶（穗）经自然或人工干燥、粉碎、制粒或压块后获得的产品。产品名称应标明作物的品种，如：玉米秸秆颗粒、玉米秸秆块。	粗灰分 中性洗涤纤维
6.3	**青绿饲料**		
6.3.1	青绿粗饲料	指可饲用的植物新鲜茎叶，主要包括天然牧草、栽培牧草、田间杂草、菜叶类、水生植物。产品不得含有有毒有害草。产品名称应标明植物品种，如：苜蓿。	粗蛋白质 中性洗涤纤维水分
6.4	**青贮饲料**		
6.4.1	半干青贮饲料	又称低水分青贮饲料，是将青贮原料经过预干蒸发，使水分降低到40%～50%时进行青贮而获得的产品。有可能使用青贮添加剂。产品名称应标明青贮原料的品种，如：玉米半干青贮饲料。	粗灰分 中性洗涤纤维 青贮添加剂 品种及用量 水分
6.4.2	黄贮饲料	以收获籽实后的农作物秸秆为原料，通过添加微生物菌剂、酸化剂、酶制剂等添加剂，有可能添加适量水，在密闭缺氧的条件下，通过厌氧乳酸菌的发酵作用而获得的一类粗饲料产品。包括压袋装产品。产品名称应标明农作物的品种，如玉米黄贮饲料。	粗灰分 中性洗涤纤维青贮 添加剂品种及用量 水分
6.4.3	青贮饲料	将含水率65%～75%的青绿粗饲料切碎后，在密闭缺氧的条件下，通过厌氧乳酸菌的发酵作用而获得的一类粗饲料产品。产品名称应标明粗饲料的品种，如：玉米青贮饲料。	粗灰分 中性洗涤纤维 青贮添加剂 品种及用量 水分
6.5	**其他粗饲料**		
6.5.1	灌木或树木茎叶	指可饲用的3米以下的多年生木本植物的成熟植株及各种树木新鲜或干燥的茎叶。产品名称应标明灌木或树木的品种，如：大叶杨茎叶。	粗灰分 中性洗涤纤维水分
6.5.2	灌木或树木茎叶粉	指可饲用的3米以下的多年生木本植物的成熟植株及各种树木的茎叶经干燥、粉碎后获得的产品。产品名称应标明灌木与树木的品种，如：松针粉。	粗灰分 中性洗涤纤维水分

（续）

原料编号	原料名称	特征描述	强制性标识要求
6.5.3	灌木与树木茎叶颗粒（块）	指可饲用的 3 米以下的多年生木本植物的成熟植株及各种树木的茎叶经干燥、粉碎、制粒后获得的产品。产品名称应标明灌木与树木的品种，如：大叶杨茎叶颗粒。	粗灰分 中性洗涤纤维水分

7. 其他植物、藻类及其加工产品

原料编号	原料名称	特征描述	强制性标识要求
7.1	**甘蔗加工产品**		
7.1.1	甘蔗糖蜜	甘蔗（*Saccharum officinarum* L.）经制糖工艺提取糖后获得的黏稠液体或甘蔗糖蜜精炼提取糖后获得的液体副产品。	蔗糖 水分
7.1.2	甘蔗渣	甘蔗提取糖后剩余的植物部分，主要由纤维组成。	粗纤维 水分
7.1.3	蔗糖	见 13.4.1 和 13.4.3	
7.2	**丝兰及其加工产品**		
7.2.1	丝兰粉	丝兰（*Yucca schidigera* Roezl.）干燥、粉碎后得到的粉状产品。	吸氨量 水分
7.3	**甜叶菊及其加工产品**		
7.3.1	甜叶菊渣	甜叶菊（*Stevia rebaudiana*（Bertoni）Hemsl L.）提取甜菊糖后的副产物。	粗蛋白质 粗纤维 粗灰分 水分
7.4	**万寿菊及其加工产品**		
7.4.1	万寿菊渣	万寿菊（*Tagetes erecta* L.）提取叶黄素后的副产品。	粗蛋白质 粗纤维 粗灰分 水分
7.5	**藻类及其加工产品**		
7.5.1	藻	可食用大型海藻（如海带、巨藻、龙须藻）或食品企业加工食用大型海藻剩余的边角料，可经冷藏、冷冻、干燥、粉碎处理。产品名称应标明海藻品种和产品物理性状，如：海带粉。	粗蛋白质 粗灰分
7.5.2	藻渣	可食用大型海藻经提取活性成分后的副产品，产品名称应标明使用原料的来源，如：海带渣。	总糖 粗灰分 水分
7.5.3	裂壶藻粉	以裂壶藻（*Schizochytrium* sp.）种为原料，通过发酵、分离、干燥等工艺生产的富含 DHA 的藻粉。	粗脂肪 DHA
7.5.4	螺旋藻粉	螺旋藻（*Spirulina platensis*）干燥、粉碎后的产品。	粗蛋白质 粗灰分

（续）

原料编号	原料名称	特征描述	强制性标识要求
7.5.5	拟微绿球藻粉	以拟微绿球藻（*Nannochloropsis* sp.）种为原料，通过培养、浓缩、干燥等工艺生产的富含 EPA 的藻粉。	粗脂肪 EPA
7.5.6	微藻粕	裂壶藻粉、拟微绿球藻粉或小球藻粉浸提脂肪后，经干燥得到的副产品。	粗蛋白质 粗灰分
7.5.7	小球藻粉	以小球藻（*Chlorella* sp.）种为原料，通过培养、浓缩、干燥等工艺生产的富含 EPA 和 DHA 的藻粉。	粗脂肪 EPA DHA
7.6	**其他可饲用天然植物（仅指所称植物或植物的特定部位经干燥或干燥、粉碎获得的产品）**		
7.6.1	八角茴香	木兰科八角属植物八角（*Illicium verum* Hook.）的干燥成熟果实。	
7.6.2	白扁豆	豆科扁豆属（*Lablab* Adans.）植物的干燥成熟种子。	
7.6.3	百合	百合科百合属植物卷丹（*Lilium lancifolium* Thunb.）、百合（*Lilium brownii* F. E. Brown var. *viridulum* Baker）或细叶百合（*Lilium pumilum* DC.）的干燥肉质鳞叶。	
7.6.4	白芍	毛茛科芍药亚科芍药属植物芍药（*Paeonia lactiflora* Pall.）的干燥根。	
7.6.5	白术	菊科苍术属植物白术（*Atrctylodes macrocephala* Koidz.）的干燥根茎。	
7.6.6	柏子仁	柏科侧柏属植物侧柏（*Platycladus orientalis*（L.）Franco）的干燥成熟种仁。	
7.6.7	薄荷	唇形科薄荷属植物薄荷（*Mentha haplocalyx* Briq.）的干燥地上部分。	
7.6.8	补骨脂	豆科补骨脂属植物补骨脂（*Psoralea corylifolia* L.）的干燥成熟果实。	
7.6.9	苍术	菊科苍术属植物苍术（*Atractylodes lancea*（Thunb.）DC.）或北苍术（*Atractylodes chinensis*（DC.）Koidz）的干燥根茎。	
7.6.10	侧柏叶	柏科侧柏属植物侧柏（*Platycladus orientalis*（L.）Franco）的干燥枝梢和叶。	
7.6.11	车前草	车前科车前属植物车前（*Plantago asiatica* L.）或平车前（*Plantago depressa* Willd.）的干燥全草。	
7.6.12	车前子	车前科车前属植物车前（*Plantago asiatica* L.）或平车前（*Plantago depressa* Willd.）的干燥成熟种子。	
7.6.13	赤芍	毛茛科芍药亚科芍药属植物芍药（*Paeonia lactiflora* Pall.）或川赤芍（*Paeonia veitchii* Lynch）的干燥根。	
7.6.14	川芎	伞形科藁本属植物川芎（*Ligusticum chuanxiong* Hort.）的干燥根茎。	
7.6.15	刺五加	五加科五加属植物刺五加（*Acanthopanax senticosus*（Rupr. et Maxim.）Harms）的干燥根和根茎或茎。	

（续）

原料编号	原料名称	特征描述	强制性标识要求
7.6.16	大蓟	菊科蓟属植物蓟（*Cirsium japonicum* Fisch. ex DC.）的干燥地上部分。	
7.6.17	淡豆豉	豆科大豆属植物大豆（*Glycine max*（L.）Merr.）的成熟种子的发酵加工品。	
7.6.18	淡竹叶	禾本科淡竹叶属植物淡竹叶（*Lophatherum gracile* Brongn.）的干燥茎叶。	
7.6.19	当归	伞形科当归属植物当归（*Angelica sinensis*（Oliv.）Diels）的干燥根。	
7.6.20	党参	桔梗科党参属植物党参（*Codonopsis pilosula*（Franch.）Nannf.）、素花党参（*Codonopsis pilosula* Nannf. var. *modesta*（Nannf.）L. T. Shen）或川党参（*Codonopsis tangshen* Oliv.）的干燥根。	
7.6.21	地骨皮	茄科枸杞属植物枸杞（*Lycium chinense* Mill.）或宁夏枸杞（*Lycium barbarum* L.）的干燥根皮。	
7.6.22	丁香	桃金娘科蒲桃属植物丁香（*Syzygium aromaticum*（L.）Merr. et Perry）的干燥花蕾。	
7.6.23	杜仲	杜仲科杜仲属植物杜仲（*Eucommia ulmoides* Oliv.）的干燥树皮。	
7.6.24	杜仲叶	杜仲科杜仲属植物杜仲（*Eucommia ulmoides* Oliv.）的干燥叶。	
7.6.25	榧子	红豆杉科榧树属植物榧树（*Torreya grandis* Fort.）的干燥成熟种子。	
7.6.26	佛手	芸香科柑橘属植物佛手（*Citrus medica* L. var. *sarcodactylis*（Noot.）Swingle）的干燥果实。	
7.6.27	茯苓	多孔菌科茯苓属真菌茯苓（*Poria cocos*（Schw.）Wolf）的干燥菌核。	
7.6.28	甘草	豆科甘草属植物甘草（*Glycyrrhiza uralensis* Fisch.）、胀果甘草（*Glycyrrhiza inflata* Batal.）或洋甘草（*Glycyrrhiza glabra* L.）的干燥根和根茎。	
7.6.29	干姜	姜科姜属植物姜（*Zingiber officinale* Rosc.）的干燥根茎。	
7.6.30	高良姜	姜科山姜属植物高良姜（*Alpinia officinarum* Hance）的干燥根茎。	
7.6.31	葛根	豆科葛属植物葛（*Pueraria lobata*（Willd.）Ohwi）的干燥根。	
7.6.32	枸杞子	茄科枸杞属植物枸杞（*Lycium chinense* Mill.）或宁夏枸杞（*Lycium barbarum* L.）的干燥成熟果实。	
7.6.33	骨碎补	骨碎补科骨碎补属植物骨碎补（*Davallia mariesii* Moore ex Bak.）的干燥根茎。	
7.6.34	荷叶	睡莲科莲亚科莲属植物莲（*Nelumbo nucifera* Gaertn.）的干燥叶。	
7.6.35	诃子	使君子科诃子属植物诃子（*Terminalia chebula* Retz.）或微毛诃子（*Terminalia chebula* Retz. var. *tomentella*（Kurz）C. B. Clarke）的干燥成熟果实。	

（续）

原料编号	原料名称	特征描述	强制性标识要求
7.6.36	黑芝麻	胡麻科胡麻属植物芝麻（*Sesamum indicum* L.）的干燥成熟种子。	
7.6.37	红景天	景天科红景天属植物大花红景天（*Rhodiola crenulata*（Hook. F. et Thoms.）H. Ohba）的干燥根和根茎。	
7.6.38	厚朴	木兰科木兰属植物厚朴（*Magnolia officinalis* Rehd. et Wils.）或凹叶厚朴（*Magnolia officinalis* subsp. biloba（Rehd. et Wils.）Cheng.）的干燥干皮、根皮和枝皮。	
7.6.39	厚朴花	木兰科木兰属植物厚朴（*Magnolia officinalis* Rehd. et Wils.）或凹叶厚朴（*Magnolia officinalis* subsp. *biloba*（Rehd. et Wils.）Cheng.）的干燥花蕾。	
7.6.40	胡芦巴	豆科植物胡芦巴（*Trigonella foenum-graecum* L.）的干燥成熟种子。	
7.6.41	花椒	芸香科花椒属植物青花椒（*Zanthoxylum schinifolium* Sieb. et Zucc.）或花椒（*Zanthoxylum bungeanum* Maxim）的干燥成熟果皮。	
7.6.42	槐角［槐实］	豆科槐属植物槐（*Sophora japonica* L.）的干燥成熟果实。	
7.6.43	黄精	百合科黄精属植物滇黄精（*Polygonatum kingianum* Coll. et Hemsl.）、黄精（*Polygonatum sibiricum* Delar.）或多花黄精（*Polygonatum cyrtonema* Hua）的干燥根茎。	
7.6.44	黄芪	豆科植物蒙古黄芪（*Astragalus membranaceus*（Fisch.）Bge. var. *Mongholicus*（Bge.）Hsiao）或膜荚黄芪（*Astragalus membranaceus*（Fisch.）Bge.）的干燥根。	
7.6.45	藿香	唇形科藿香属植物藿香（*Agastache rugosa*（Fisch. et Mey.）O. Ktze）的干燥地上部分。	
7.6.46	积雪草	伞形科积雪草属植物积雪草（*Centella asiatica*（L.）Urb.）的干燥全草。	
7.6.47	姜黄	姜科姜黄属植物姜黄（*Curcuma longa* L.）的干燥根茎。	
7.6.48	绞股蓝	葫芦科绞股蓝属（*Gynostemma* Bl.）植物。	
7.6.49	桔梗	桔梗科桔梗属植物桔梗（*Platycodon grandiflorus*（Jacq.）A. DC.）的干燥根。	
7.6.50	金荞麦	蓼科荞麦属植物金荞麦（*Fagopyrum dibotrys*（D. Don）Hara）的干燥根茎。	
7.6.51	金银花	忍冬科忍冬属植物忍冬（*Lonicera japonica* Thunb.）的干燥花蕾或带初开的花。	
7.6.52	金樱子	蔷薇科蔷薇属植物金樱子（*Rosa laevigata* Michx.）的干燥成熟果实。	
7.6.53	韭菜子	百合科葱属植物韭菜（*Allium tuberosum* Rottl. ex Spreng.）的干燥成熟种子。	
7.6.54	菊花	菊科菊属植物菊花（*Dendranthema morifolium*（Ramat.）Tzvel.）的干燥头状花序。	

（续）

原料编号	原料名称	特征描述	强制性标识要求
7.6.55	橘皮	芸香科柑橘属植物橘（*Citrus Reticulata* Blanco）及其栽培变种的成熟果皮。	
7.6.56	决明子	豆科决明属植物决明（*Cassia tora* L.）的干燥成熟种子。	
7.6.57	莱菔子	十字花科萝卜属植物萝卜（*Raphanus sativus* L.）的干燥成熟种子。	
7.6.58	莲子	睡莲科莲亚科莲属植物莲（*Nelumbo nucifera* Gaertn.）的干燥成熟种子。	
7.6.59	芦荟	百合科芦荟属植物库拉索芦荟（*Aloe barbadensis* Miller）叶。也称“老芦荟”。	
7.6.60	罗汉果	葫芦科罗汉果属植物罗汉果（*Siraitia grosvenorii*（Swingle）C. Jeffrey ex Lu et Z. Y. Zhang）的干燥果实。	
7.6.61	马齿苋	马齿苋科马齿苋属植物马齿苋（*Portulaca oleracea* L.）的干燥地上部分。	
7.6.62	麦冬［麦门冬］	百合科沿阶草属植物麦冬（*Ophiopogon japonicus*（L. f）Ker-Gawl.）的干燥块根。	
7.6.63	玫瑰花	蔷薇科蔷薇属植物玫瑰（*Rosa rugosa* Thunb.）的干燥花蕾。	
7.6.64	木瓜	蔷薇科木瓜属植物皱皮木瓜（*Chaenomeles speciosa*（Sweet）Nakai.）的干燥近成熟果实。	
7.6.65	木香	菊科川木香属植物川木香（*Dolomiaea souliei*（Franch.）Shih）的干燥根。	
7.6.66	牛蒡子	菊科牛蒡属植物牛蒡（*Arctium lappa* L.）的干燥成熟果实。	
7.6.67	女贞子	木犀科女贞属植物女贞（*Ligustrum lucidum* Ait.）的干燥成熟果实。	
7.6.68	蒲公英	菊科植物蒲公英（*Taraxacum mongolicum* Hand. Mazz.）、碱地蒲公英（*Taraxacum borealisinense* Kitam.）或同属数种植物的干燥全草。	
7.6.69	蒲黄	香蒲科植物水烛香蒲（*Typha angustifolia* L.）、东方香蒲（*Typha orientalis* Presl）或同属植物的干燥花粉。	
7.6.70	茜草	茜草科茜草属植物茜草（*Rubia cordifolia* L.）的干燥根及根茎。	
7.6.71	青皮	芸香科柑橘属植物橘（*Citrus reticulata* Blanco）及其栽培变种的干燥幼果或未成熟果实的果皮。	
7.6.72	人参	五加科人参属植物人参（*Panax ginseng* C. A. Mey.）的干燥根及根茎。	
7.6.73	人参叶	五加科人参属植物人参（*Panax ginseng* C. A. Mey.）的干燥叶。	
7.6.74	肉豆蔻	肉豆蔻科肉豆蔻属植物肉豆蔻（*Myristica fragrans* Houtt.）的干燥种仁。	
7.6.75	桑白皮	桑科桑属植物桑（*Morus alba* L.）的干燥根皮。	
7.6.76	桑椹	桑科桑属植物桑（*Morus alba* L.）的干燥果穗。	

（续）

原料编号	原料名称	特征描述	强制性标识要求
7.6.77	桑叶	桑科桑属植物桑（*Morus alba* L.）的干燥叶。	
7.6.78	桑枝	桑科桑属植物桑（*Morus alba* L.）的干燥嫩枝。	
7.6.79	沙棘	胡颓子科沙棘属植物沙棘（*Hippophae rhamnoides* L.）的干燥成熟果实。	
7.6.80	山药	薯蓣科薯蓣属植物薯蓣（*Dioscorea opposita* Thunb.）的干燥根茎。	
7.6.81	山楂	蔷薇科山楂属植物山里红（*Crataegus pinnatifida* Bge. var. *major* N. E. Br.）或山楂（*Crataegus pinnatifida* Bge.）的干燥成熟果实。	
7.6.82	山茱萸	山茱萸科山茱萸属植物山茱萸（*Cornus officinalis* Sieb. et Zucc.）的干燥成熟果肉。	
7.6.83	生姜	姜科姜属植物姜（*Zingiber officinale* Rosc.）的新鲜根茎。	
7.6.84	升麻	毛茛科升麻属植物大三叶升麻（*Cimicifuga heracleifolia* Kom.）、兴安升麻（*Cimicifuga dahurica*（Turcz.）Maxim.）或升麻（*Cimicifuga foetida* L.）的干燥根茎。	
7.6.85	首乌藤	蓼科何首乌属植物何首乌（*Fallopia multiflora*（Thunb.）Harald.）的干燥藤茎。	
7.6.86	酸角	豆科酸豆属植物酸豆（*Tamarindus indica* L.）的果实。	
7.6.87	酸枣仁	鼠李科枣属植物酸枣（*Ziziphus jujuba* Mill. var. *spinosa* (Bunge) Hu ex H. F. Chow）的干燥成熟种子。	
7.6.88	天冬［天门冬］	百合科天门冬属植物天门冬（*Asparagus cochinchinensis*（Lour.）Merr.）的干燥块根。	
7.6.89	土茯苓	百合科菝葜属植物土茯苓（*Smilax glabra* Roxb.）的干燥根茎。	
7.6.90	菟丝子	旋花科菟丝子属植物南方菟丝子（*Cuscuta australis* R. Br.）或菟丝子（*Cuscuta chinensis* Lam.）的干燥成熟种子。	
7.6.91	五加皮	五加科五加属植物五加（*Acanthopanax gracilistylus* W. W. Smith）的干燥根皮。	
7.6.92	乌梅	蔷薇科杏属植物梅（*Armeniaca mume* Sieb.）的干燥近成熟果实。	
7.6.93	五味子	木兰科五味子属植物五味子（*Schisandra chinensis*（Turcz.）Baill.）的干燥成熟果实。	
7.6.94	鲜白茅根	禾本科白茅属植物白茅（*Imperata cylindrica*（L.）Beauv.）的新鲜根茎。	
7.6.95	香附	莎草科莎草属植物香附子（*Cyperus rotundus* L.）的干燥根茎。	
7.6.96	香薷	唇形科石荠苎属植物石香薷（*Mosla chinensis* Maxim.）或江香薷（*Mosla chinensis 'Jiangxiangru'*）的干燥地上部分。	
7.6.97	小蓟	菊科蓟属植物刺儿菜（*Cirsium setosum*（willd.）MB.）的干燥地上部分。	
7.6.98	薤白	百合葱属植物薤白（*Allium macrostemon* Bunge.）或藠头（*Allium chinense* G. Don）的干燥鳞茎。	

（续）

原料编号	原料名称	特征描述	强制性标识要求
7.6.99	洋槐花	豆科刺槐属植物刺槐（*Robinia pseudoacacia* L.）的花，可经干燥、粉碎。	
7.6.100	杨树花	杨柳科杨属（*Populus* L.）植物的花，可经干燥、粉碎。	
7.6.101	野菊花	菊科菊属植物野菊（*Dendranthema indicum* L.）的干燥头状花序。	
7.6.102	益母草	唇形科益母草属植物益母草（*Leonurus artemisia*（Lour.）S. Y. Hu）的新鲜或干燥地上部分。	
7.6.103	薏苡仁	禾本科薏苡属植物薏苡（*Coix lacryma-jobi* L.）的干燥成熟种仁。	
7.6.104	益智［益智仁］	姜科山姜属植物益智（*Alpinia oxyphylla* Miq.）的干燥成熟果实。	
7.6.105	银杏叶	银杏科银杏属植物银杏（*Ginkgo biloba* L.）的干燥叶。	
7.6.106	鱼腥草	三白草科蕺菜属植物蕺菜（*Houttuynia cordata* Thunb.）的新鲜全草或干燥地上部分。	
7.6.107	玉竹	百合科黄精属植物玉竹（*Polygonatum odoratum*（Mill.）Druce）的干燥根茎。	
7.6.108	远志	远志科远志属植物远志（*Polygala tenuifolia* Willd.）或西伯利亚远志（*Polygala sibirica* L.）的干燥根。	
7.6.109	越橘	杜鹃花科越橘属（*Vaccinium* L.）植物的果实或叶。	
7.6.110	泽兰	唇形科地笋属植物硬毛地笋（*Lycopus lucidus* Turcz. var. *hirtus* Regel）的干燥地上部分。	
7.6.111	泽泻	泽泻科泽泻属植物东方泽泻（*Alisma orinentale*（Samuel.）Juz.）的干燥块茎。	
7.6.112	制何首乌	何首乌（*Fallopia multiflora*（Thunb.）Harald.）的炮制加工品。	
7.6.113	枳壳	芸香科柑橘属植物酸橙（*Citrus aurantium* L.）及其栽培变种的干燥未成熟果实。	
7.6.114	知母	百合科知母属植物知母（*Anemarrhena asphodeloides* Bge.）的干燥根茎。	
7.6.115	紫苏叶	唇形科紫苏属植物紫苏（*Perilla frutescens*（L.）Britt.）的干燥叶（或带嫩枝）。	

8. 乳制品及其副产品

原料编号	原料名称	特征描述	强制性标识要求
8.1	**干酪及干酪制品**		
8.1.1	奶酪［干酪］	可食用的奶酪，根据使用要求可对其进行脱水干燥、碾磨粉碎等加工处理。产品须由有资质的乳制品生产企业提供。	蛋白质 脂肪 水分

（续）

原料编号	原料名称	特征描述	强制性标识要求
8.2	**酪蛋白及其加工制品**		
8.2.1	酪蛋白［干酪素］	以脱脂乳为原料，用酸、盐、凝乳酶等使乳中的酪蛋白凝集，再经脱水、干燥、粉碎获得的产品。该产品蛋白质含量不低于80%。产品须由有资质的乳制品生产企业提供。	蛋白质 赖氨酸
8.2.2	水解酪蛋白	将酪蛋白经酶水解、干燥获得的产品。该产品蛋白质含量不低于74%。产品须由有资质的乳制品生产企业提供。	蛋白质 赖氨酸
8.3	**奶油及其加工制品**		
8.3.1	奶油［黄油］	以乳和（或）稀奶油（经发酵或不发酵）为原料，添加或不添加其他原料、食品添加剂和营养强化剂，经加工制成的脂肪含量不低于80%的产品。产品须由有资质的乳制品生产企业提供。	脂肪 酸价 过氧化值 水分
8.3.2	稀奶油	从乳中分离出的含脂肪的部分，添加或不添加其他原料、食品添加剂和营养强化剂，经加工制成的脂肪含量在10%～80%的产品。产品须由有资质的乳制品生产企业提供。	脂肪 酸价 过氧化值 水分
8.4	**乳及乳粉**		
8.4.1	____乳	生牛乳或生羊乳，包括全脂乳、脱脂乳、部分脱脂乳。产品名称应标明具体的动物种类和产品类型，如：全脂牛乳、脱脂羊乳。产品须由有资质的乳制品生产企业提供。该产品仅限于宠物饲料（食品）使用。	蛋白质 脂肪 本产品仅限于宠物饲料（食品）使用
8.4.2	____初乳（粉）	产奶动物（牛或羊）在分娩后前5天内分泌的乳汁或将其加工制成的粉状产品，产品名称应标明具体的动物种类，如：牛初乳、羊初乳粉。产品须由有资质的乳制品生产企业提供。该产品仅限于宠物饲料（食品）使用。	蛋白质 脂肪 IgG 本产品仅限于宠物饲料（食品）使用
8.4.3	____乳粉［奶粉］	以生牛乳或羊乳为原料，经加工制成的粉状产品，包括全脂、脱脂、部分脱脂乳粉和调制乳粉。产品名称应标明具体的动物品种来源和产品类型，如：全脂牛乳粉、脱脂羊乳粉。产品须由有资质的乳制品生产企业提供。	蛋白质 脂肪
8.5	**乳清及其加工制品**		
8.5.1	乳清粉	以乳清为原料经干燥制成的粉末状产品。产品须由有资质的乳制品生产企业提供。	蛋白质 粗灰分 乳糖
8.5.2	分离乳清蛋白	乳清蛋白粉的一种，蛋白质含量不低于90%。产品须由有资质的乳制品生产企业提供。	蛋白质 粗灰分
8.5.3	浓缩乳清蛋白	乳清蛋白粉的一种，蛋白质含量不低于34%。产品须由有资质的乳制品生产企业提供。	蛋白质 粗灰分 乳糖

（续）

原料编号	原料名称	特征描述	强制性标识要求
8.5.4	乳钙［乳矿物盐］	从乳清液中分离出的高钙含量的产品。钙含量不低于22%。产品须由有资质的乳制品生产企业提供。	钙 磷 粗灰分
8.5.5	乳清蛋白粉	以乳清为原料，经分离、浓缩、干燥等工艺制成的蛋白质含量不低于25%的粉末状产品。产品须由有资质的乳制品生产企业提供。	蛋白质 粗灰分 乳糖
8.5.6	脱盐乳清粉	以乳清为原料，经脱盐、干燥制成的粉末状产品，乳糖含量不低于61%，粗灰分不高于3%。产品须由有资质的乳制品生产企业提供。	蛋白质 粗灰分 乳糖
8.6	**乳糖及其加工制品**		
8.6.1	乳糖	将乳清蒸发、结晶、干燥后获得的产品，乳糖含量不低于98%。产品须由有资质的乳制品生产企业提供。	乳糖

9. 陆生动物产品及其副产品

原料编号	原料名称	特征描述	强制性标识要求
9.1	**动物油脂类产品**		
9.1.1	油	分割可食用动物组织过程中获得的含脂肪部分，经熬油提炼获得的油脂。原料应来自单一动物种类，新鲜无变质或经冷藏、冷冻保鲜处理；不得使用发生疫病和含禁用物质的动物组织。本产品不得加入游离脂肪酸和其他非食用动物脂肪。产品中总脂肪酸不低于90%，不皂化物不高于2.5%，不溶杂质不高于1%。名称应标明具体的动物种类，如：猪油。	粗脂肪 不皂化物 酸价 丙二醛
9.1.2	油渣（饼）	屠宰、分割可食用动物组织过程中获得的含脂肪部分，经提炼油脂后获得的固体残渣。原料应来自单一动物种类，新鲜无变质或经冷藏、冷冻保鲜处理；不得使用发生疫病和含禁用物质的动物组织。产品名称应标明具体的动物种类，如：猪油渣。	粗蛋白质 粗脂肪
9.2	**昆虫加工产品**		
9.2.1	蚕蛹（粉）	蚕蛹经干燥获得的产品。可将其粉碎。	粗蛋白质 粗脂肪 酸价
9.2.2	蚕蛹粕［脱脂蚕蛹（粉）］	蚕蛹（粉）脱脂处理后获得的产品。	粗蛋白质 粗脂肪 酸价
9.2.3	蜂花粉	蜜蜂采集被子植物雄蕊花药或裸子植物小孢子囊内的花粉细胞，形成的团粒状物。产品须由有资质的食品生产企业提供。	总糖
9.2.4	蜂胶	蜜蜂科昆虫意大利蜂（*Apis mellifera* L.）等的干燥分泌物，可进行适当加工。产品须由有资质的食品生产企业提供。	总糖
9.2.5	蜂蜡	蜜蜂科昆虫中华蜜蜂（*Apis cerana* Fabricius）或意大利蜂分泌的蜡，可进行适当加工。产品须由有资质的食品生产企业提供。	粗脂肪

（续）

原料编号	原料名称	特征描述	强制性标识要求
9.2.6	蜂蜜	蜜蜂科昆虫中华蜜蜂或意大利蜂所酿的蜜，可进行适当加工。产品须由有资质的食品生产企业提供。	总糖
9.2.7	虫（粉）	昆虫经干燥获得的产品，可对其进行粉碎。此类昆虫在不影响公共健康和动物健康的前提下方可进行上述加工。产品名称应标明具体动物种类，如：黄粉虫（粉）。	粗蛋白质 粗脂肪 酸价
9.2.8	脱脂虫粉	对昆虫（粉）采用超临界萃取等方法进行脱脂后获得的产品。此类昆虫在不影响人类和动物健康的前提下方可进行上述加工。产品名称应标明具体动物种类，如：脱脂黄粉虫粉。	粗蛋白质 粗脂肪
9.3	**内脏、蹄、角、爪、羽毛及其加工产品**		
9.3.1	肠膜蛋白粉	食用动物的小肠黏膜提取肝素钠后的剩余部分，经除臭、脱盐、水解、干燥、粉碎获得的产品。不得使用发生疫病和含禁用物质的动物组织。	粗蛋白质 粗灰分 盐分
9.3.2	动物内脏	新鲜可食用动物的内脏。可以鲜用或对其进行冷藏、冷冻、蒸煮、干燥和烟熏处理。原料应来源于同一动物种类，不得使用发生疫病和含禁用物质的动物组织。产品名称需标注保鲜（加工）方法、具体动物种类和动物内脏名称，可在产品名称中标注物理形态。如：鲜猪肝、冻猪肺、熟猪心、烟熏猪大肠、脱水猪肝粒。该产品仅限于宠物饲料（食品）使用。	粗蛋白质 水分 本产品仅限于宠物饲料（食品）使用
9.3.3	动物内脏粉	新鲜或经冷藏、冷冻保鲜的食用动物内脏经高温蒸煮、干燥、粉碎获得的产品。原料应来源于同一动物种类，除不可避免的混杂外，不得含有蹄、角、牙齿、毛发、羽毛及消化道内容物，不得使用发生疫病和含禁用物质的动物组织。产品名称需标明具体动物种类，若能确定原料来源于何种动物内脏，产品名称可标明动物内脏名称，如：鸡内脏粉、猪内脏粉、猪肝脏粉。	粗蛋白质 粗脂肪 胃蛋白酶消化率
9.3.4	动物器官	新鲜可食用动物的器官，可以鲜用或对其进行冷藏、冷冻、蒸煮、干燥和烟熏处理。原料应来源于同一动物种类，不得使用发生疫病和含禁用物质的动物组织。产品名称需标明具体动物种类，如：羊蹄、猪耳。该产品仅限于宠物饲料（食品）使用。	本产品仅限于宠物饲料（食品）使用
9.3.5	动物水解物	洁净的可食用动物的肉、内脏和器官经研磨粉碎、水解获得的产品，可以是液态、半固态或经加工制成的固态粉末。原料应来源于同一动物种类，新鲜无变质或经冷藏、冷冻保鲜处理，除不可避免的混杂外，不得含有蹄、角、牙齿、毛发、羽毛及消化道内容物。不得使用发生疫病和含禁用物质的动物组织。产品名称需标明具体动物种类和物理形态，如：猪水解液、牛水解膏、鸡水解粉。该产品仅限于宠物饲料（食品）使用。	粗蛋白质 pH 值 水分 本产品仅限于宠物饲料（食品）使用
9.3.6	膨化羽毛粉	家禽羽毛经膨化、粉碎后获得的产品。原料不得使用发生疫病和变质家禽羽毛。	粗蛋白质 粗灰分 胃蛋白酶消化率
9.3.7	皮	新鲜可食用动物的皮，可以鲜用或对其进行冷藏、冷冻、蒸煮、干燥和烟熏处理。原料应来源于同一动物种类，不得使用发生疫病和变质的动物皮，不得使用皮革及鞣革副产品。产品名称需标注具体动物种类，如：水牛皮。该产品仅限于宠物饲料（食品）使用。	粗蛋白质 水分 本产品仅限于宠物饲料（食品）使用

（续）

原料编号	原料名称	特征描述	强制性标识要求
9.3.8	禽爪皮粉	加工禽爪过程中脱下的类角质外皮经干燥、粉碎获得的产品。原料应来源于同一动物种类，产品名称应标明具体动物种类，如：鸡爪皮粉。	粗蛋白质 粗脂肪 粗灰分
9.3.9	水解蹄角粉	动物的蹄、角经水解、干燥、粉碎获得的产品。若能确定原料来源为某一特定动物种类和部位，则产品名称应标明该动物种类和部位，如：水解猪蹄粉。	粗蛋白质 胃蛋白酶消化率
9.3.10	水解畜毛粉	未经提取氨基酸的清洁未变质的家畜毛发经水解、干燥、粉碎获得的产品。本产品胃蛋白酶消化率不低于75%。	粗蛋白质 粗灰分 胃蛋白酶消化率
9.3.11	水解羽毛粉	家禽羽毛经水解后，干燥、粉碎获得的产品。原料不得使用发生疫病和变质的家禽羽毛。本产品胃蛋白酶消化率不低于75%。产品名称应注明水解的方法（酶解、酸解、碱解、高温高压水解），如：酶解羽毛粉。	粗蛋白质 粗灰分 胃蛋白酶消化率
9.4	**禽蛋及其加工产品**		
9.4.1	蛋粉	食用鲜蛋的蛋液，经巴氏消毒、干燥、脱水获得的产品。产品不含蛋壳或其他非蛋原料。	粗蛋白质 粗灰分
9.4.2	蛋黄粉	食用鲜蛋的蛋黄，经巴氏消毒、干燥、脱水获得的产品。产品不含蛋壳或其他非蛋原料。	粗蛋白质 粗脂肪
9.4.3	蛋壳粉	禽蛋壳经灭菌、干燥、粉碎获得的产品。	粗灰分 钙
9.4.4	蛋清粉	食用鲜蛋的蛋清，经巴氏消毒、干燥、脱水获得的产品。产品不含蛋壳或其他非蛋原料。	粗蛋白质
9.5	**蚯蚓及其加工产品**		
9.5.1	蚯蚓粉	蚯蚓经干燥、粉碎的产品。	粗蛋白质 粗灰分
9.6	**肉、骨及其加工产品**		
9.6.1	骨	新鲜的食用动物的骨骼。可以鲜用或对其进行冷藏、冷冻、蒸煮、干燥处理。原料应来源于同一动物种类，不得使用发生疫病和变质的动物骨骼。产品名称需标明保鲜（加工）方法和具体动物种类。如：鲜牛骨、冻猪软骨。该产品仅限于宠物饲料（食品）使用。	钙 灰分 水分 本产品仅限于宠物饲料（食品）使用
9.6.2	骨粉（粒）	未变质的食用动物骨骼经灭菌、干燥、粉碎获得的产品。原料应来源于同一动物种类，不得使用发生疫病和变质的动物骨骼。产品名称需标明具体动物种类，如：猪骨粉、牛骨粒。	粗灰分 钙 总磷
9.6.3	骨胶	可食用动物骨骼经轧碎、脱油、水解获得的蛋白质类产品。原料不得使用发生疫病和变质的动物骨骼。	凝胶强度 勃氏黏度 粗灰分
9.6.4	骨髓	新鲜可食用动物骨腔内的软组织。可以鲜用或对其进行冷藏、冷冻、蒸煮、干燥处理。原料应来源于同一动物种类，不得使用发生疫病和变质的动物骨骼。产品名称需标明保鲜（加工）方法和动物种类。如：鲜牛骨髓。该产品仅限于宠物饲料（食品）使用。	粗蛋白质 粗脂肪 水分 本产品仅限于宠物饲料（食品）使用

（续）

原料编号	原料名称	特征描述	强制性标识要求
9.6.5	明胶	以来源于食用动物的皮、骨、韧带、肌腱中的胶原为原料，经水解获得的可溶性蛋白质类产品。原料不得使用发生疫病和变质的动物组织，不得使用皮革及鞣革副产品。产品须由有资质的食品或药品生产企业提供。	凝黏强度 勃氏粘度 粗灰分
9.6.6	肉	食用动物的鲜肉或带骨肉、带皮肉。可以鲜用或对其进行冷藏、冷冻、蒸煮、干燥或烟熏处理。原料应来源于同一动物种类，不得使用发生疫病和含禁用物质的动物组织。产品名称需标明保鲜（加工）方法和动物种类，如：鲜羊肉、冻猪肉、熟鸡肉、干牛肉、烟熏鸡肉。该产品仅限于宠物饲料（食品）使用。	粗蛋白质 粗脂肪 水分 本产品仅限于宠物饲料（食品）使用
9.6.7	肉粉	以分割可食用鲜肉过程中余下的部分为原料，经高温蒸煮、灭菌、脱脂、干燥、粉碎获得的产品。原料应来源于同一动物种类，除不可避免的混杂，不得添加蹄、角、畜毛、羽毛、皮革及消化道内容物；不得额外添加骨；不得使用发生疫病和含禁用物质的动物组织。产品中总磷含量不高于3.5%，钙含量不超过磷含量的2.2倍，胃蛋白酶消化率不低于85%。产品名称应标明具体动物种类，如：鸡肉粉。	粗蛋白质 粗脂肪 总磷 胃蛋白酶消化率 酸价
9.6.8	肉骨粉	以分割可食用鲜肉过程中余下的部分为原料，经高温蒸煮、灭菌、脱脂、干燥、粉碎获得的产品。原料应来源于同一动物种类，除不可避免的混杂，不得添加蹄、角、畜毛、羽毛、皮革及消化道内容物。不得使用发生疫病和含禁用物质的动物组织。产品中总磷含量不低于3.5%，钙含量不超过磷含量的2.2倍，胃蛋白酶消化率不低于85%。产品名称应标明具体动物种类，如：鸡肉骨粉。	粗蛋白质 粗脂肪 总磷 胃蛋白酶消化率 酸价
9.6.9	酸化骨粉［骨质磷酸氢钙］	脱胶骨粉经食品级或饲料级磷酸酸化、干燥、粉碎获得的产品。	粗灰分 总磷 钙
9.6.10	脱胶骨粉	食用动物骨骼经脱胶、干燥、粉碎获得的产品。原料不得使用发生疫病和变质的动物骨骼。	粗灰分 总磷 钙
9.7	**血液制品**		
9.7.1	喷雾干燥血浆蛋白粉	以屠宰食用动物得到的新鲜血液分离出的血浆为原料，经灭菌、喷雾干燥获得的产品。原料应来源于同一动物种类，不得使用发生疫病和变质的动物血液。产品名称应标明具体动物来源，如：喷雾干燥猪血浆蛋白粉。	粗蛋白质 免疫球蛋白 （IgG或IgY）
9.7.2	喷雾干燥血球蛋白粉	以屠宰食用动物得到的新鲜血液分离出的血细胞为原料，经灭菌、喷雾干燥获得的产品。原料应来源于同一动物种类，不得使用发生疫病和变质的动物血液。产品名称应标明具体动物来源，如：喷雾干燥猪血球蛋白粉。	粗蛋白质
9.7.3	水解血粉	以屠宰食用动物得到的新鲜血液为原料，经水解、干燥获得的产品。原料应来源于同一动物种类，不得使用发生疫病和变质的动物血液。产品名称应标明具体动物来源，如：水解猪血粉。	粗蛋白质 胃蛋白酶消化率

（续）

原料编号	原料名称	特征描述	强制性标识要求
9.7.4	水解血球蛋白粉	以屠宰食用动物得到的新鲜血液分离出的血球为原料，经破膜、灭菌、酶解、浓缩、喷雾干燥等一系列工序获得的产品。原料应来源于同一动物种类，不得使用发生疫病和变质的动物血液。产品名称应标明具体动物来源，如：水解猪血球蛋白粉。	粗蛋白质 胃蛋白酶消化率
9.7.5	水解珠蛋白粉	以屠宰食用动物获得的新鲜血液分离出的血球为原料，经破膜、灭菌、酶解、分离等工序得到的珠蛋白，再经浓缩、喷雾干燥获得的产品。粗蛋白质含量不低于90%。	粗蛋白质 赖氨酸
9.7.6	血粉	以屠宰食用动物得到的新鲜血液为原料，经干燥获得的产品。原料应来源于同一动物种类，不得使用发生疫病和变质的动物血液。产品粗蛋白质含量不低于85%。产品名称应标明具体动物来源，如：鸡血粉。	粗蛋白质
9.7.7	血红素蛋白粉	以屠宰食用动物得到的新鲜血液分离出的血球为原料，经破膜、灭菌、酶解、分离等工序获得血红素，再浓缩、喷雾干燥获得的产品。卟啉铁含量（以铁计）不低于1.2%。	粗蛋白质 卟啉铁（血红素铁）

10. 鱼、其他水生生物及其副产品

原料编号	原料名称	特征描述	强制性标识要求
10.1	**贝类及其副产品**		
10.1.1	贝	新鲜可食用的贝类，可以鲜用或根据使用要求对其进行冷藏、冷冻、蒸煮、干燥处理。产品名称中应标明贝的种类，如：扇贝、牡蛎。	
10.1.2	贝壳粉	贝类的壳经过干燥、粉碎获得的产品。	粗灰分 钙
10.1.3	干贝粉	食品企业加工食用干贝（扇贝柱）剩余的边角料（不包括壳），经干燥、粉碎获得的产品。	粗蛋白质 粗脂肪 组胺
10.2	**甲壳类动物及其副产品**		
10.2.1	虾	新鲜的虾。可以鲜用或根据使用要求对其进行冷藏、冷冻、蒸煮、干燥处理。	
10.2.2	磷虾粉	以磷虾（*Euphausia superba*）为原料，经干燥、粉碎获得的产品。	粗蛋白质 粗灰分 盐分 挥发性盐基氮
10.2.3	虾粉	虾经蒸煮、干燥、粉碎获得的产品。	粗蛋白质 粗灰分 盐分 挥发性盐基氮

（续）

原料编号	原料名称	特征描述	强制性标识要求
10.2.4	虾膏	以虾为原料，经油脂分离、酶解、浓缩获得的膏状物。	粗蛋白质 粗灰分 水分 挥发性盐基氮
10.2.5	虾壳粉	以食品企业加工虾仁过程中剥离出的虾头、虾壳为原料，经干燥、粉碎获得的产品。	粗灰分
10.2.6	虾油	以海洋虾类经蒸煮、压榨、分离获得的毛油为原料，再进行精炼获得的产品。	脂肪 酸价 碘价
10.2.7	蟹	新鲜的蟹。可以鲜用或根据使用要求对其进行冷藏、冷冻、蒸煮、干燥处理。	
10.2.8	蟹粉	以蟹或蟹的某一部分为原料，经蒸煮、压榨、干燥、粉碎获得的产品。产品中粗蛋白质含量不低于25%。	粗蛋白质 粗灰分 挥发性盐基氮
10.2.9	蟹壳粉	以蟹壳为原料，经烘干、粉碎获得的产品。	粗灰分
10.3	**水生软体动物及其副产品**		
10.3.1	乌贼	新鲜的乌贼。可以鲜用或根据使用要求对其进行冷藏、冷冻、蒸煮、干燥处理。	
10.3.2	乌贼粉	乌贼经蒸煮、压榨、干燥、粉碎获得的产品。	粗蛋白质 粗脂肪 粗灰分 挥发性盐基氮
10.3.3	乌贼膏	以乌贼内脏为原料，经油脂分离、酶解、浓缩获得的膏状物。	粗蛋白质 粗脂肪 粗灰分 挥发性盐基氮 水分
10.3.4	乌贼内脏粉	乌贼膏或与载体混合后，经过干燥获得的产品。使用的载体应为饲料法规中许可使用的原料，并在标签中注明载体名称。	粗蛋白质 粗灰分 载体名称 挥发性盐基氮
10.3.5	乌贼油	从乌贼内脏中分离出的油脂。	粗脂肪 酸价 碘价
10.3.6	鱿鱼	新鲜的鱿鱼。可以鲜用根据使用要求可对其进行冷藏、冷冻、蒸煮或干燥处理。	粗脂肪 酸价
10.3.7	鱿鱼粉	鱿鱼经蒸煮、压榨、干燥、粉碎获得的产品。	粗蛋白质 粗脂肪 挥发性盐基氮

（续）

原料编号	原料名称	特征描述	强制性标识要求
10.3.8	鱿鱼膏	以鱿鱼内脏为原料，经油脂分离、酶解、浓缩获得的膏状物。	粗蛋白质 粗脂肪 粗灰分 挥发性盐基氮 水分
10.3.9	鱿鱼内脏粉	鱿鱼膏或与载体混合后，经过干燥获得的产品。使用的载体应为饲料法规中许可使用的原料，并在标签中注明载体名称。	粗蛋白质 粗灰分 载体名称 挥发性盐基氮
10.3.10	鱿鱼油	从鱿鱼内脏中分离出的油脂。	粗脂肪 酸价 碘价
10.4	**鱼及其副产品**		
10.4.1	鱼	鲜鱼的全部或部分鱼体。可以鲜用或根据使用要求对其进行冷藏、冷冻、蒸煮、干燥处理。不得使用发生疫病和受污染的鱼。	粗蛋白质 水分
10.4.2	白鱼粉	鳕鱼、鲽鱼、鳌鱼等白肉鱼种的全鱼或其为原料加工水产品后剩余的鱼体部分（包括鱼骨、鱼内脏、鱼头、鱼尾、鱼皮、鱼眼、鱼鳞和鱼鳍），经蒸煮、压榨、脱脂、干燥、粉碎获得的产品。	粗蛋白质 粗脂肪 粗灰分 赖氨酸 组胺 挥发性盐基氮
10.4.3	水解鱼蛋白粉	以全鱼或鱼的某一部分为原料，经浓缩、水解、干燥获得的产品。产品中粗蛋白质含量不低于50%。	粗蛋白质 粗脂肪 粗灰分
10.4.4	鱼粉	全鱼或经分割的鱼体经蒸煮、压榨、脱脂、干燥、粉碎获得的产品。在干燥过程中可加入鱼溶浆。不得使用发生疫病和受污染的鱼。该产品原料若来源于淡水鱼，产品名称应标明“淡水鱼粉”。	粗蛋白质 粗脂肪 粗灰分 赖氨酸 挥发性盐基氮
10.4.5	鱼膏	以鲜鱼内脏等下杂物为原料，经油脂分离、酶解、浓缩获得的膏状物。	粗蛋白质 粗灰分 挥发性盐基氮 水分
10.4.6	鱼骨粉	鱼类的骨骼经粉碎、烘干获得的产品。	钙 磷 粗灰分
10.4.7	鱼排粉	加工鱼类水产品过程中剩余的鱼体部分（包括鱼骨、鱼内脏、鱼头、鱼尾、鱼皮、鱼眼、鱼鳞和鱼鳍）经蒸煮、烘干、粉碎获得的产品。	粗蛋白质 粗脂肪 粗灰分 挥发性盐基氮

（续）

原料编号	原料名称	特征描述	强制性标识要求
10.4.8	鱼溶浆	以鱼粉加工过程中得到的压榨液为原料，经脱脂、浓缩或水解后再浓缩获得的膏状产品。产品中水分含量不高于50%。	粗蛋白质 粗脂肪 挥发性盐基氮 水分
10.4.9	鱼溶浆粉	鱼溶浆或与载体混合后，经过喷雾干燥或低温干燥获得的产品。使用载体应为饲料法规中许可使用的原料，并在产品标签中标明载体名称。	粗蛋白质 盐分 挥发性盐基氮 载体名称
10.4.10	鱼虾粉	以鱼、虾、蟹等水产动物及其加工副产物为原料，经蒸煮、压榨、干燥、粉碎等工序获得的产品。不得使用发生疫病和受污染的鱼。	粗蛋白质 粗脂肪 挥发性盐基氮 粗灰分
10.4.11	鱼油	对全鱼或鱼的某一部分经蒸煮、压榨获得的毛油，再进行精炼获得的产品。	粗脂肪 酸价 碘价 丙二醛
10.5	**其他**		
10.5.1	卤虫卵	卤虫及其卵。	空壳率 孵化率

11. 矿物质

原料编号	原料名称	特征描述	强制性标识要求
11.1	**天然矿物质**		
11.1.1	凹凸棒石（粉）	天然水合镁铝硅酸盐矿物，可以是粒状或经粉碎后的粉。	镁 水分
11.1.2	贝壳粉	见10.1.2	
11.1.2	沸石粉	天然斜发沸石或丝光沸石经粉碎获得的产品。	钙 吸蓝量 吸氨值 水分
11.1.3	高岭土	以高岭石簇矿为主的含有矿物元素的天然矿物，水合硅铝酸盐含量不低于65%。在配合饲料中用量不得超过2.5%。不得含有石棉。	铅 水分
11.1.4	海泡石	一种水合富镁硅酸盐黏土矿物。	水分
11.1.5	滑石粉	天然硅酸镁盐类矿物滑石经精选、净化、粉碎、干燥获得的产品。	水分
11.1.6	麦饭石	天然的无机硅铝酸盐。	水分
11.1.7	蒙脱石	由颗粒极细的水合铝硅酸盐构成的矿物，一般为块状或土状。蒙脱石是膨润土的功能成分，需要从膨润土中提纯获得。	吸蓝量 吸氨值 水分

（续）

原料编号	原料名称	特征描述	强制性标识要求
11.1.8	膨润土［斑脱岩、膨土岩］	以蒙脱石为主要成分的黏土岩—蒙脱石黏土岩。	水分
11.1.9	石粉	用机械方法直接粉碎天然含碳酸钙的石灰石、方解石、白垩沉淀、白垩岩等而制得。钙含量不低于35%。	钙
11.1.10	蛭石	含有硅酸镁、铝、铁的天然矿物质经加热膨胀形成的产品。不得含有石棉。	水分 氟

12. 微生物发酵产品及副产品

原料编号	原料名称	特征描述	强制性标识要求
12.1	**饼粕、糟渣发酵产品**		
12.1.1	发酵豆粕	以豆粕为主要原料（≥95%），以麸皮、玉米皮等为辅助原料，使用农业部《饲料添加剂品种目录》中批准使用的饲用微生物菌种进行固态发酵，并经干燥制成的蛋白质饲料原料产品。	粗蛋白质 酸溶蛋白 水苏糖 水分
12.1.2	发酵果渣	以果渣为原料，使用农业部《饲料添加剂品种目录》中批准使用的饲用微生物进行固体发酵获得的产品。产品名称应标明具体原料来源，如：发酵苹果渣。	粗纤维 粗灰分 水分
12.1.3	发酵棉籽蛋白	以脱壳程度高的棉籽粕或棉籽蛋白质为主要原料（≥95%），以麸皮、玉米等为辅助原料，使用农业部《饲料添加剂品种目录》中批准使用的酵母菌和芽孢杆菌进行固态发酵，并经干燥制成的粗蛋白质含量在50%以上的产品。	粗蛋白质 酸溶蛋白 游离棉酚 水分
12.1.4	酿酒酵母发酵白酒糟	以鲜白酒糟为基质，经酿酒酵母固体发酵、自溶、干燥、粉碎后得到的产品。	粗蛋白质 粗纤维 酸溶蛋白 木质素
12.2	**单细胞蛋白**		
12.2.1	产朊假丝酵母蛋白	以玉米浸泡液、葡萄糖、葡萄糖母液等为培养基，利用产朊假丝酵母液体发酵，经喷雾干燥制成的粉末状产品。	粗蛋白质 粗灰分
12.2.2	啤酒酵母粉	啤酒发酵过程中产生的废弃酵母，以啤酒酵母细胞为主要组分，经干燥获得的产品。	粗蛋白质 粗灰分
12.2.3	啤酒酵母泥	啤酒发酵中产生的泥浆状废弃酵母，以啤酒酵母细胞为主且含有少量啤酒。	粗蛋白质 粗灰分
12.3	**利用特定微生物和特定培养基培养获得的菌体蛋白质类产品（微生物细胞经休眠或灭活）**		
12.3.1	谷氨酸渣［味精渣］	利用谷氨酸棒杆菌和由蔗糖、糖蜜、淀粉或其水解液等植物源成分及铵盐（或其他矿物质）组成的培养基发酵生产L-谷氨酸后剩余的固体残渣。菌体应灭活。可进行干燥处理。	粗蛋白质 粗灰分 铵盐 水分

（续）

原料编号	原料名称	特征描述	强制性标识要求
12.3.2	核苷酸渣	利用谷氨酸棒杆菌和由蔗糖、糖蜜、淀粉或其水解液等植物源成分及铵盐（或其他矿物质）组成的培养基发酵生产5'-肌苷酸二钠、5'-鸟苷酸二钠后剩余的固体残渣。菌体应灭活。可进行干燥处理。	粗蛋白质 粗灰分 铵盐 水分
12.3.3	赖氨酸渣	利用谷氨酸棒杆菌和由蔗糖、糖蜜、淀粉或其水解液等植物源成分及铵盐（或其他矿物质）组成的培养基发酵生产L-赖氨酸后剩余的固体副产物。菌体应灭活。可进行干燥处理。	粗蛋白质 粗灰分 铵盐 水分
12.4	**糟渣类发酵副产物**		
12.4.1	醋糟①糯米 ②高粱 ③ 麦麸 ④米糠 ⑤甘薯 ⑥水果 ⑦谷物	以所列物质为原料，经米曲霉、黑曲霉、啤酒酵母和醋杆菌发酵酿造提取食醋后所得的固体副产物。产品若来源于以单一原料，产品名称应标明其来源，如：糯米醋糟。	粗蛋白质 粗纤维 粗灰分 水分
12.4.2	谷物酒糟类产品	见第1.5	
12.4.2	酱油糟	以大豆、豌豆、蚕豆、豆饼、麦麸及食盐等为原料，经米曲霉、酵母菌及乳酸菌发酵酿制酱油后剩余的残渣经灭菌、干燥后获得的固体副产物。	粗蛋白质 粗脂肪 食盐
12.4.3	柠檬酸糟	以含有淀粉的植物性原料发酵生产柠檬酸的过程中，发酵液经过滤剩余的滤渣经脱水干燥获得的固体产品。产品可经粉碎。	粗蛋白质 粗灰分
12.4.4	葡萄酒糟（泥）	工业法生产葡萄汁的副产物，由分离发酵葡萄汁后的液体/糊状物组成。	粗蛋白质 粗灰分

13. 其他饲料原料

原料编号	原料名称	特征描述	强制性标识要求
13.1	**淀粉及其加工产品**		
13.1.1	淀粉	谷物、豆类、块根、块茎等食用植物性原料经淀粉制取工艺（提取、脱水和干燥）获得的产品。产品名称应标明植物性原料的来源，如：玉米淀粉。产品须由有资质的食品生产企业提供。	淀粉 水分
13.1.2	糊精	淀粉在酸或酶的作用下进行低度水解反应所获得的小分子的中间产物。产品须由有资质的食品生产企业提供。	还原糖 葡萄糖当量 水分
13.2	**食品类产品及副产品**		
13.2.1	果蔬加工产品及副产品	新鲜水果和蔬菜在食品工业加工过程中获得的干燥或冷冻的产品。该类产品在不影响公共健康和动物健康的前提下方可生产和使用。产品名称应标明相应的水果、蔬菜和调味料种类的具体名称，如：番茄皮渣。	粗纤维 酸不溶灰分 淀粉 粗脂肪

（续）

原料编号	原料名称	特征描述	强制性标识要求
13.2.2	食品工业产品及副产品	食品工业（方便面和挂面、饼干和糕点、面包、肉制品、巧克力和糖果）生产过程中获得的前食品注[1]和副产品（仅指上述食品在生产过程中因边角、不完整、散落、规格混杂原因而不能成为商品的部分）。可进行干燥处理。该类产品在不影响公共健康和动物健康的前提下方可生产和使用。产品名称应标明具体种类和来源，如：火腿肠粉。	粗蛋白质 粗脂肪 盐分 货架期 水分
13.3	**食用菌及其加工产品**		
13.3.1	白灵侧耳（白灵菇）	侧耳科侧耳属食用菌白灵侧耳（*Pleurotus eryngii* var. *tuoliensia*）及其干燥产品。	
13.3.2	刺芹侧耳（杏鲍菇）	侧耳科侧耳属食用菌刺芹侧耳（*Pleurotus eryngii*）及其干燥产品。	
13.4	**糖类**		
13.4.1	白糖［蔗糖］	以甘蔗或甜菜为原料经制糖工艺制取的精糖，主要成分为蔗糖。产品须由有资质的食品生产企业提供。	总糖
13.4.2	果糖	己酮糖，单糖的一种，是葡萄糖的同分异构体。产品须由有资质的食品生产企业提供。	果糖 比旋光度
13.4.3	红糖［蔗糖］	以甘蔗为原料，经榨汁、浓缩获得的带糖蜜的赤色晶体，主要成分为蔗糖。产品须由有资质的食品生产企业提供。	总糖
13.4.4	麦芽糖	两个葡萄糖分子以α-1，4-糖苷键连接构成的二糖。为淀粉经β-淀粉酶作用下不完全水解获得的产物。产品须由有资质的食品生产企业提供。	
13.4.5	木糖	戊糖，单糖的一种，以玉米芯为原料，在硫酸催化剂存在的条件下经水解、脱色、净化、蒸发、结晶、干燥等工艺加工生产。产品须由有资质的食品生产企业提供。	木糖 比旋光度
13.4.6	葡萄糖	己醛糖，单糖的一种，是果糖的同分异构体，可含有一个结晶水。产品须由有资质的食品生产企业提供。	葡萄糖 比旋光度
13.4.7	葡萄糖胺（氨基葡萄糖）	壳聚糖和壳质结构的一部分，由甲壳类动物和其他节肢动物的外骨骼经水解制备或由粮食（如玉米或小麦）发酵生产。	葡萄糖胺
13.4.8	葡萄糖浆	淀粉经水解获得的高纯度、浓缩的营养性糖类的水溶液。产品须由有资质的食品生产企业提供。	总糖 水分
13.5	**纤维素及其加工产品**		
13.5.1	纤维素	天然木材通过机械加工而获得的产品，其主要成分为纤维素。	粗纤维 粗灰分 水分

注[1] 前食品：以人类食品为目的生产的，因制造、包装以及其他缺陷不再用于人类消费，但对人类或动物不构成风险的产品。

第四部分　单一饲料品种

1.1.3　大麦蛋白粉
1.2.6　大米蛋白粉
1.2.8　大米酶解蛋白
1.5.1　干白酒糟
1.5.2　干黄酒糟
1.5.3　干酒精糟［DDG］
1.5.4　干酒精糟可溶物［DDS］
1.5.5　干啤酒糟
1.5.6　含可溶物的干酒精糟［干全酒精糟］［DDGS］
1.11.3　谷朊粉［活性小麦面筋粉］［小麦蛋白粉］
1.11.15　小麦水解蛋白
1.13.2　喷浆玉米皮
1.13.7　玉米蛋白粉
1.13.10　玉米浆干粉
1.13.11　玉米酶解蛋白
2.2.3　菜籽蛋白
2.2.5　菜籽粕［菜粕］
2.2.9　双低菜籽粕［双低菜粕］
2.3.2　大豆分离蛋白
2.3.4　大豆酶解蛋白
2.3.5　大豆浓缩蛋白
2.3.10　大豆糖蜜
2.3.14　豆粕
2.3.18　膨化大豆蛋白［大豆组织蛋白］
2.3.19　膨化豆粕
2.9.3　花生蛋白
2.9.6　花生粕［花生仁粕］
2.12.4　棉籽蛋白
2.12.6　棉籽酶解蛋白
2.12.7　棉籽粕［棉粕］
2.12.9　脱酚棉籽蛋白［脱毒棉籽蛋白］
3.3.2　蚕豆粉浆蛋白粉
3.7.2　绿豆粉浆蛋白粉
3.8.5　豌豆粉浆蛋白粉
4.7.2　马铃薯蛋白粉
7.5.2　藻渣
7.5.3　裂壶藻粉
7.5.4　螺旋藻粉
7.5.5　拟微绿球藻粉
7.5.6　微藻粕
7.5.7　小球藻粉
9.1.1　油
9.1.2　油渣（饼）
9.3.1　肠膜蛋白粉
9.3.3　动物内脏粉
9.3.5　动物水解物
9.3.6　膨化羽毛粉
9.3.9　水解蹄角粉
9.3.10　水解畜毛粉
9.3.11　水解羽毛粉
9.4.1　蛋粉
9.4.2　蛋黄粉
9.4.3　蛋壳粉
9.4.4　蛋清粉
9.6.2　骨粉（粒）
9.6.7　肉粉
9.6.8　肉骨粉
9.6.9　酸化骨粉［骨质磷酸氢钙］
9.6.10　脱胶骨粉
9.7.1　喷雾干燥血浆蛋白粉
9.7.2　喷雾干燥血球蛋白粉
9.7.3　水解血粉
9.7.4　水解血球蛋白粉
9.7.5　水解珠蛋白粉
9.7.6　血粉
9.7.7　血红素蛋白粉
10.2.2　磷虾粉
10.2.3　虾粉
10.4.2　白鱼粉
10.4.3　水解鱼蛋白粉
10.4.4　鱼粉
10.4.7　鱼排粉
10.4.8　鱼溶浆
10.4.9　鱼溶浆粉
10.4.10　鱼虾粉
10.4.11　鱼油
12.1.1　发酵豆粕
12.1.2　发酵果渣
12.1.3　发酵棉籽蛋白
12.1.4　酿酒酵母发酵白酒糟
12.2.1　产朊假丝酵母蛋白
12.2.2　啤酒酵母粉
12.3.1　谷氨酸渣
12.3.2　核苷酸渣
12.3.3　赖氨酸渣
12.4.3　柠檬酸糟

中华人民共和国农业部公告

第 1849 号

《饲料生产企业许可条件》和《混合型饲料添加剂生产企业许可条件》已经 2012 年 10 月 9 日农业部第 10 次常务会议审议通过，现予公布，自 2012 年 12 月 1 日起施行。

附件：1.《饲料生产企业许可条件》

2.《混合型饲料添加剂生产企业许可条件》

二〇一二年十月二十二日

附件 1

饲料生产企业许可条件

第一章 总 则

第一条 为加强饲料生产许可管理，保障饲料质量安全，根据《饲料和饲料添加剂管理条例》《饲料和饲料添加剂生产许可管理办法》，制定本条件。

第二条 设立添加剂预混合饲料、浓缩饲料、配合饲料和精料补充料生产企业，应当符合本条件。

第二章 机构与人员

第三条 企业应当设立技术、生产、质量、销售、采购等管理机构。技术、生产、质量机构应当配备专职负责人，并不得互相兼任。

第四条 技术机构负责人应当具备畜牧、兽医、水产等相关专业大专以上学历或中级以上技术职称，熟悉饲料法规、动物营养、产品配方设计等专业知识，并通过现场考核。

第五条 生产机构负责人应当具备畜牧、兽医、水产、食品、机械、化工与制药等相关专业大专以上学历或中级以上技术职称，熟悉饲料法规、饲料加工技术与设备、生产过程控制、生产管理等专业知识，并通过现场考核。

第六条 质量机构负责人应当具备畜牧、兽医、水产、食品、化工与制药、生物科学等相关专业大专以上学历或中级以上技术职称，熟悉饲料法规、原料与产品质量控制、原料与产品检验、产品质量管理等专业知识，并通过现场考核。

第七条 销售和采购机构负责人应当熟悉饲料法规，并通过现场考核。

第八条 企业应当配备 2 名以上专职饲料检验化验员。饲料检验化验员应当取得农业部职业技能鉴定机构颁发的职业资格证书，并通过现场操作技能考核。

企业的饲料厂中央控制室操作工、饲料加工设备维修工应当取得农业部职业技能鉴定机构颁发的职业资格证书。

第三章 厂区、布局与设施

第九条 企业应当独立设置厂区，厂区周围没有影响饲料产品质量安全的污染源。

厂区应当布局合理，生产区与生活、办公等区域分开。厂区整洁卫生，道路和作业场所应当采用混凝土或沥青硬化，生活、办公等区域有密闭式生活垃圾收集设施。

第十条 生产区应当按照生产工序合理布局，固态添加剂预混合饲料、浓缩饲料、配合饲料、精料补充料有相对独立的、与生产规模相匹配的生产车间、原料库、配料间和成品库。

液态添加剂预混合饲料有与生产规模相匹配的前处理间、配料间、生产车间、灌装间、外包装间、原料库、成品库。

固态添加剂预混合饲料生产区总使用面积不低于 $500m^2$；液态添加剂预混合饲料生产区总使用面积不低于 $350m^2$；浓缩饲料、配合饲料、精料补充料生产区总使用面积不低于 $1\ 000m^2$。

第十一条 添加剂预混合饲料生产线应当单独设立，生产设备不得与配合饲料、浓缩饲料、精料补充料生产线共用。

同时生产固态和液态添加剂预混合饲料的，生产车间应当分别设立。

同时生产添加剂预混合饲料和混合型饲料添加剂的，生产车间应当分别设立，且生产设备不得共用。

第十二条 生产区建筑物通风和采光良好，自然采光设施应当有防雨功能，人工采光灯具应当有防爆功能。

第十三条 厂区内应当配备必要的消防设施或设备。

第十四条 厂区内应当有完善的排水系统，排水系统入口处有防堵塞装置，出口处有防止动物侵入装置。

第十五条 存在安全风险的设备和设施，应当设置警示标识和防护设施：

（一）配电柜、配电箱有警示标识，生产区电源开关有防爆功能；

（二）高温设备和设施有隔热层和警示标识；

（三）压力容器有安全防护装置；

（四）设备传动装置有防护罩；

（五）投料地坑入口处有完整的栅栏，车间内吊物孔有坚固的盖板或四周有防护栏，所有设备维修平台、操作平台和爬梯有防护栏。

企业应当为生产区作业人员配备劳动保护用品。

第十六条 企业仓储设施应当符合以下条件：

（一）满足原料、成品、包装材料、备品备件贮存要求，并具有防霉、防潮、防鸟、防鼠等功能；

（二）存放维生素、微生物添加剂和酶制剂等热敏物质的贮存间密闭性能良好，并配备空调；

（三）亚硒酸钠等按危险化学品管理的饲料添加剂应当有独立的贮存间或贮存柜；

（四）药物饲料添加剂应当有独立的贮存间；

（五）具有立筒仓的生产企业，立筒仓应当配备通风系统和温度监测装置。

第四章 工艺与设备

第十七条 固态添加剂预混合饲料生产企业应当符合以下条件：

（一）复合预混合饲料和微量元素预混合饲料生产企业的设计生产能力不小于2.5t/h，混合机容积不小于0.5m^3；维生素预混合饲料生产企业的设计生产能力不小于1t/h，混合机容积不小于0.25 m^3；

（二）配备成套加工机组（包括原料提升、混合和自动包装等设备），并具有完整的除尘系统和电控系统；

（三）有两台以上混合机，混合机（含混合机缓冲仓）与物料接触部分使用不锈钢制造，混合机的混合均匀度变异系数不大于5%；

（四）生产线除尘系统使用脉冲式除尘器或性能更好的除尘设备，采用集中除尘和单点除尘相结合的方式，投料口和打包口采用单点除尘方式；

（五）小料配制和复核分别配置电子秤；

（六）粉碎机、空气压缩机采用隔音或消音装置；

（七）反刍动物添加剂预混合饲料生产线与其他含有动物源性成分的添加剂预混合饲料生产线应当分别设立。

第十八条 液态添加剂预混合饲料生产企业应当符合以下条件：

（一）生产线由包括原料前处理、称量、配液、过滤、灌装等工序的成套设备组成；

（二）生产设备、输送管道及管件使用不锈钢或性能更好的材料制造；

（三）有均质工序的，高压均质机的工作压力不小于50兆帕，并具有高压报警装置；

（四）配液罐具有加热保温功能和温度显示装置；

（五）有独立的灌装间。

第十九条 浓缩饲料、配合饲料、精料补充料生产企业应当符合以下条件：

（一）设计生产能力不小于10t/h，专业加工幼畜禽饲料、种畜禽饲料、水产育苗料、特种饲料、宠物饲料的企业设计生产能力不小于2.5t/h；

（二）配备成套加工机组（包括原料清理、粉碎、提升、配料、混合、自动包装等设备），并具有完整的除尘系统和电控系统；生产颗粒饲料产品的，还应当配备制粒或膨化、冷却、破碎、分级、干燥等后处理设备；

（三）配料、混合工段采用计算机自动化控制系统，配料动态精度不大于3‰，静态精度不大于1‰；

（四）反刍动物饲料的生产线应当单独设立，生产设备不得与其他非反刍动物饲料生产线共用；

（五）混合机的混合均匀度变异系数不大于7%；

（六）粉碎机、空气压缩机、高压风机采用隔音或消音装置，生产车间和作业场所噪音控制符合国家有关规定；

（七）生产线除尘系统使用脉冲式除尘器或性能更好的除尘设备，采用集中除尘和单点除尘相结合的方式，投料口采用单点除尘方式；作业区的粉尘浓度和排放浓度符合国家有关规定；

（八）小料配制和复核分别配置电子秤；

（九）有添加剂预混合工艺的，应当单独配备至少一台混合机，混合机（含混合机缓冲仓）与物料接触部分使用不锈钢制造，混合机的混合均匀度变异系数不大于5%。

第五章 质量检验和质量管理制度

第二十条 企业应当在厂区内独立设置检验化验室，并与生产车间和仓储区域分离。

第二十一条 添加剂预混合饲料生产企业检验化验室应当符合以下条件：

（一）除配备常规检验仪器外，还应当配备下列专用检验仪器：

1. 固态维生素预混合饲料生产企业配备万分之一分析天平、高效液相色谱仪（配备紫外检测器）、恒温干燥箱、样品粉碎机、标准筛；

2. 液态维生素预混合饲料生产企业配备万分之一分析天平、高效液相色谱仪（配备紫外检测器）、酸度计；

3. 微量元素预混合饲料生产企业配备万分之一分析天平、原子吸收分光光度计（配备火焰原子化器和被测项目的元素灯）、恒温干燥箱、样品粉碎机、标准筛；

4. 复合预混合饲料生产企业配备万分之一分析天平、高效液相色谱仪（配备紫外检测器）、原子吸收分光光度计（配备火焰原子化器和被测项目的元素灯）、恒温干燥箱、高温炉、样品粉碎机、标准筛。

（二）检验化验室应当包括天平室、前处理室、仪器室和留样观察室等功能室，使用面积应当满足仪器、设备、设施布局和检验化验工作需要：

1. 天平室有满足分析天平放置要求的天平台；

2. 前处理室有能够满足样品前处理和检验要求的通风柜、实验台、器皿柜、试剂柜、气瓶柜或气瓶固定装置以及避光、空调等设备设施；同时开展高温或明火操作和易燃试剂操作的，应当分别设立独立的操作区和通风柜；

3. 仪器室满足高效液相色谱仪、原子吸收分光光度计等仪器的使用要求，高效液相色谱仪和原子吸收分光光度计应当分室存放；

4. 留样观察室有满足原料和产品贮存要求的样品柜。

第二十二条 浓缩饲料、配合饲料、精料补充料生产企业检验化验室应当符合以下条件：

（一）除配备常规检验仪器外，还应当配备万分之一分析天平、可见光分光光度计、恒温干燥箱、高温炉、定氮装置或定氮仪、粗脂肪提取装置或粗脂肪测定仪、真空泵及抽滤装置或粗纤维测定仪、样品粉碎机、标准筛；

（二）检验化验室应当包括天平室、理化分析室、仪器室和留样观察室等功能室，使用面积应当满足仪器、设备、设施布局和检验化验工作需要：

1. 天平室有满足分析天平放置要求的天平台；

2. 理化分析室有能够满足样品理化分析和检验要求的通风柜、实验台、器皿柜、试剂柜；

3. 仪器室满足分光光度计等仪器的使用要求；

4. 留样观察室有满足原料和产品贮存要求的样品柜。

第二十三条 企业应当按照《饲料质量安全管理规范》的要求制定质量管理制度。

第六章 附 则

第二十四条 本条件自 2012 年 12 月 1 日起施行。

附件 2

混合型饲料添加剂生产企业许可条件

第一章 总 则

第一条 为加强混合型饲料添加剂生产许可管理，保障饲料质量安全，根据《饲料和饲料添加剂管理条例》《饲料和饲料添加剂生产许可管理办法》，制定本条件。

第二条 本条件所称混合型饲料添加剂，是指由一种或一种以上饲料添加剂与载体或稀释剂按一定比例混合，但不属于添加剂预混合饲料的饲料添加剂产品。

第三条 设立混合型饲料添加剂生产企业，应当符合本条件。

第二章 机构与人员

第四条 企业应当设立技术、生产、质量、销售、采购等管理机构。技术、生产、质量机构应当配备专职负责人，并不得互相兼任。

第五条 技术机构负责人应当具备畜牧、兽医、水产等相关专业大专以上学历或中级以上技术职称，熟悉饲料法规、动物营养、产品配方设计等专业知识，并通过现场考核。

第六条 生产机构负责人应当具备畜牧、兽医、水产、食品、机械、化工与制药等相关专业大专以上学历或中级以上技术职称，熟悉饲料法规、饲料加工技术与设备、生产过程控制、生产管理等专业知识，并通过现场考核。

第七条 质量机构负责人应当具备畜牧、兽医、水产、食品、化工与制药、生物科学等相关专业大专以上学历或中级以上技术职称，熟悉饲料法规、原料与产品质量控制、原料与产品检验、产品质量管理等专业知识，并通过现场考核。

第八条 销售和采购机构负责人应当熟悉饲料法规，并通过现场考核。

第九条 企业应当配备 2 名以上专职检验化验员。检验化验员应当取得农业部职业技能鉴定机构颁发的饲料检验化验员职业资格证书或与生产产品相关的省级以上医药、化工、食品行业管理部门核发的检验类职业资格证书，并通过现场操作技能考核。

企业加工设备维修工应当取得农业部职业技能鉴定机构颁发的职业资格证书。

第三章 厂区、布局与设施

第十条 企业应当独立设置厂区，厂区周围没有影响产品质量安全的污染源。厂区应当布局合理，生产区与生活、办公等区域分开。厂区整洁卫生，道路和作业场所应当采用混凝土或沥青硬化，生活、办公等区域有密闭式生活垃圾收集设施。

第十一条 生产区应当按照生产工序合理布局，有相对独立的、与生产规模相匹配的生产车间、原料库、配料间和成品库。同时生产混合型饲料添加剂和添加剂预混合饲料的，生产车间应当分别设立，且生产设备不得共用。生产区总使用面积不少于 400m^2。

第十二条 生产区建筑物通风和采光良好，自然采光设施应当有防雨功能，人工采光灯具应当有防爆功能。

第十三条 厂区内应当配备必要的消防设施或设备。

第十四条 厂区内应当有完善的排水系统，排水系统入口处有防堵塞装置，出口处有防止动物侵入装置。

第十五条 存在安全风险的设备和设施，应当设置警示标识和防护设施：

（一）配电柜、配电箱有警示标识，生产区电源开关有防爆功能；

（二）设备传动装置有防护罩；

（三）投料地坑入口处有完整的栅栏，车间内吊物孔有坚固的盖板或四周有防护栏，所有设备维修平台、操作平台和爬梯有防护栏。

企业应当为生产区作业人员配备劳动保护用品。

第十六条 企业仓储设施应当符合以下条件：

（一）满足原料、成品、包装材料、备品备件贮存要求，并具有防霉、防潮、防鸟、防鼠等功能；

（二）存放维生素、微生物添加剂和酶制剂等热敏物质的贮存间密闭性能良好，并配备空调；

（三）亚硒酸钠等按危险化学品管理的饲料添加剂应当有独立的贮存间或贮存柜。

第四章 工艺与设备

第十七条 企业的设计生产能力不小于 1t/h，混合机容积不小于 $0.25m^3$。

第十八条 企业应当配备一台以上混合机，混合机（含混合机缓冲仓）与物料接触部分使用不锈钢制造，混合机的混合均匀度变异系数不大于5%。

产品配方中有添加比例小于0.2%的原料的，应当单独配备一台符合前款规定的混合机，用于原料的预混合。

第十九条 生产线除尘系统使用脉冲式除尘器或性能更好的除尘设备，采用集中除尘和单点除尘相结合的方式，投料口和打包口采用单点除尘方式。

第二十条 原料配制、复核、产品包装分别配备电子秤。

第二十一条 使用粉碎机、空气压缩机的，采用隔音或消音装置。

第二十二条 液态混合型饲料添加剂生产企业应当符合以下条件：

（一）生产线由包括原料前处理、称量、配液、过滤、灌装等工序的成套设备组成；

（二）生产设备、输送管道及管件使用不锈钢或性能更好的材料制造；

（三）有均质工序的，高压均质机的工作压力不小于50兆帕，并具有高压报警装置；

（四）配液罐具有加热保温功能和温度显示装置；

（五）有独立的灌装间。

第五章 质量检验和质量管理制度

第二十三条 企业应当在厂区内独立设置检验化验室，并与生产车间和仓储区域分离。

第二十四条 检验化验室应当符合以下条件：

（一）除配备常规检验仪器外，还应当配备能够满足产品主成分检验需要的专用检验仪器；

（二）检验化验室应当包括天平室、理化分析室或前处理室、仪器室和留样观察室等功能室，使用面积应当满足仪器、设备、设施布局和检验化验工作需要：

1. 天平室有满足分析天平放置要求的天平台；

2. 理化分析室有能够满足样品理化分析和检验要求的通风柜、实验台、器皿柜、试剂柜；前处理室有能够满足样品前处理和检验要求的通风柜、实验台、器皿柜、试剂柜、气瓶柜或气瓶固定装置以及避光、空调等设备设施；同时开展高温或明火操作和易燃试剂操作的，应当分别设立独立的操作区和通风柜；

3. 配备高效液相色谱仪、原子吸收分光光度计、可见紫外分光光度计等仪器的，仪器室的面积和布局应当满足其使用要求。同时配备高效液相色谱仪和原子吸收分光光度计的，应当分室存放；

4. 留样观察室有满足原料和产品贮存要求的样品柜。

第二十五条 企业应当建立原料采购与管理、生产过程控制、产品质量控制、产品贮存与运输、产品召回、人员与卫生、文件与记录等管理制度。

第二十六条 企业应当为其生产的混合型饲料添加剂产品制定企业标准，混合型饲料添加剂产品的主成分指标检测方法应当经省级饲料管理部门指定的饲料检验机构验证。

第六章 附　　则

第二十七条 本条件自 2012 年 12 月 1 日起施行。

中华人民共和国农业部公告

第 1867 号

2012年5月1日，《饲料和饲料添加剂管理条例》（国务院令第609号，以下简称《条例》）经修订后正式施行。为深入贯彻落实《条例》制度和要求，规范饲料行业行政许可工作，指导饲料行政许可申请人正确理解审批要求，我部制定了《饲料添加剂生产许可申报材料要求》《混合型饲料添加剂生产许可申报材料要求》《添加剂预混合饲料生产许可申报材料要求》《浓缩饲料、配合饲料、精料补充料生产许可申报材料要求》和《单一饲料生产许可申报材料要求》，现予公布。农业部2006年2月28日发布的《饲料添加剂和添加剂预混合饲料生产许可证申报材料要求》同时废止。

特此公告。

二〇一二年十一月月二十九日

附件1

饲料添加剂生产许可申报材料要求

一、许可范围

（一）在中华人民共和国境内生产饲料添加剂的企业（以下简称企业）。

（二）饲料添加剂是指在饲料加工、制作、使用过程中添加的少量或者微量物质，包括营养性饲料添加剂和一般饲料添加剂。饲料添加剂品种见《饲料添加剂品种目录》。分为以下几种：

1. 利用有机制备、无机制备、生物发酵、提取等生产工艺直接生产获得的饲料添加剂产品；

2. 在上述生产工艺中同时得到的两种或两种以上饲料添加剂产品混合物；

3. 对上述饲料添加剂产品进行精制、脱水、包被等工艺处理而获得的饲料添加剂产品。

（三）本要求适用于以下情形：

1. 设立：指企业首次申请生产许可；

2. 续展：指企业生产许可有效期满继续生产；

3. 增加或更换生产线：增加生产线指企业在同一厂区增建已获得许可产品的生产线；更换生产线指企业对已有生产线的关键设备或生产工艺进行重大调整；

4. 增加产品品种：指企业申请增加生产许可范围以外的产品；

5. 迁址：指企业迁移出原生产地址，搬迁至新的生产地址；

6. 变更：指企业名称变更、法定代表人变更、注册地址或注册地址名称变更、生产地址名称变更。

二、申报材料格式要求

（一）企业应当按照《饲料添加剂生产许可申报材料一览表》的要求提供相关材料。

（二）申报材料应当使用A4规格纸、小四号宋体打印，按照《饲料添加剂生产许可申报材料一览表》顺序编制目录、装订成册并标注页码。表格不足时可加续表。申报材料应当清晰、干净、整洁。

（三）申报材料中企业提供的工商营业执照、组织机构代码证、劳动合同、职业资格证书、产品标准、环保证明、微生物菌种来源证明、产品主成分指标检测方法验证结论等证明材料的复印件应当加盖企业公章。

（四）申报材料一式两份（包括纸质文件和电子文档光盘），其中一份报送农业部，省级饲料管理部门留存一份。

（五）申报材料电子文档采用PDF格式，相关证明文件应为原件扫描件，文件名为企业全称。

（六）增加或更换生产线、增加产品品种的，仅提供与申请事项相关的资料。

三、申报材料内容要求

（一）企业承诺书

（二）饲料添加剂生产许可申请书

1. 封面

1.1　生产许可证编号：已获得生产许可证的企业填写原生产许可证编号，新设立的企业不填写。

1.2　企业名称：填写企业工商营业执照上的注册名称，并加盖企业公章。尚未取得工商注册的，按照企业名称预先核准通知书核准的名称填写。

1.3　联系人：填写企业负责办理生产许可的工作人员姓名。

1.4　联系方式：填写企业负责办理生产许可的联系人的手机、固定电话（注明区号）、传真等。

1.5　申请事项：根据企业具体情况分别在选项后面的“□”中打“√”。

1.6　申报日期：填写企业报出材料的日期。

2. 企业基本情况

各栏仅填写与申请事项相关的内容。

2.1　企业名称：填写企业工商营业执照上的注册名称。尚未取得工商注册的，按照企业名称预先核准通知书核准的名称填写。

2.2　生产地址：填写企业生产所在地详细地址，注明省（自治区、直辖市）、市（地）、县（市、区）、乡（镇、街道）、村（社区）、路（街）、号。

2.3　法定代表人、工商营业执照注册号、住所（注册地址）、企业类型、组织机构代码、注册资本：按照企业工商营业执照和组织机构代码证填写。尚未取得工商注册的，按照企业名称预先核准通知书填写。

2.4　固定资产：指厂房、设备和设施等资产总值。

2.5　所属法人机构信息：如企业为非法人单位，应当填写所属法人机构信息。

2.6　主要机构设置及人员组成

机构名称按照企业实际情况填写技术、生产、质量、销售、采购等机构。

人员总数填写与企业签订全日制用工劳动合同的人员数量。

专业技术人员填写企业的技术、生产、质量、销售、采购等机构中取得中专以上学历或初级以上技术职称的人员数量。

2.7　企业简介包括建立时间或变迁来源、隶属关系、所有权性质、生产产品、生产能力、技术水平、工艺装备、质量管理等内容（1 000字以内）。

3. 产品基本情况

3.1　产品名称：按照《饲料添加剂品种目录》中的名称填写；

在同一生产工艺中同时得到两种或两种以上饲料添加剂产品混合物的，应当逐一列出所得饲料添加剂的名称；

生产液态饲料添加剂的还应当在产品名称前注明“液态”字样。

3.2　生产能力：按照每个产品年生产能力填写并注明单位。

3.3　原料名称：填写使用的原料、辅料和加工助剂等的名称。

采用生物发酵生产工艺的，还应当填写采用的微生物菌种的中文学名和拉丁文学名以及主要培养基、包被材料、载体等原材料名称。

4. 生产设备明细表

4.1　企业应当以生产线为单位，填写与生产工艺流程图一致的原料贮存、预处理、反应、过滤、除杂、净化、浓缩、结晶、干燥、粉碎、过筛、计量、包装、除尘等主要生产设备。

采用生物发酵生产工艺的，还应当填写无菌控制系统、菌种保藏等生产辅助设备设施。

4.2　生产产品：填写本生产线生产的产品。

4.3　设备名称、型号规格、生产厂家、出厂日期：按照设备说明书或设备铭牌填写。

4.4　位号：指按照生产工艺确定的不同工段对设备及其具体安装位置确定的编号。该位号应当与生产工艺流程图、生产装置平立面布置图中的位号以及生产设备上所标明的位号一致。

4.5　材质：填写生产设备的制造材料名称。

4.6　技术性能指标：填写反映生产设备主要特征的技术性能参数。

5. 检验仪器明细表

5.1　填写能够满足产品主成分指标和执行标准中出厂检验规定的项目所需的检验仪器。

采用生物发酵工艺生产饲料添加剂的，还应当填写微生物检验所需的检验仪器。

5.2　仪器名称、型号规格、生产厂家、出厂日期、出厂编号：按照仪器说明书或仪器铭牌填写。

5.3　技术性能指标：填写检验仪器主要技术性能参数。

主要管理技术人员及特有工种人员登记表

填写与企业签订全日制用工劳动合同的人员，包括企业负责人、技术负责人、生产负责人、质量负责人、销售负责人、采购负责人、检验化验员、关键岗位生产工人等，其中检验化验员至少2名。尚未取得工商注册的，填写拟与本企业签订劳动合同的上述人员信息。

（三）工商营业执照

提供本企业的工商营业执照复印件，尚未取得工商注册的企业除外。非法人单位还应当提供所属法人单位的工商营业执照复印件。

（四）组织机构代码证

提供本企业的组织机构代码证复印件，尚未取得工商注册的企业除外。非法人单位还应当提供所属法人单位的组织机构代码证复印件。

（五）企业名称预先核准通知书

尚未取得工商注册的，提供有效期内的企业名称预先核准通知书复印件。

（六）企业组织机构图

提供包括技术、生产、质量、销售、采购等机构的企业组织机构框图。

（七）主要机构负责人和特有工种人员劳动合同

提供技术、生产、质量、销售、采购等机构负责人和检验化验员、关键岗位生产工人等的全日制用工劳动合同复印件。尚未取得工商注册的企业提供劳动合同草案文本。

（八）职业资格证书或鉴定合格证明

提供农业部职业技能鉴定机构颁发的饲料检验化验员职业资格证书复印件或与生产产品相关的省级以上医药、化工、食品行业管理部门核发的检验类职业资格证书复印件。已经参加鉴定且成绩合格，但尚未取得职业资格证书的，提供省级饲料职业技能鉴定机构出具的鉴定合格证明复印件。

（九）厂区平面布局图

按比例绘制厂区平面布局图，并注明生产、检化验、生活、办公等功能区，其中生产区应当标明生产车间、原料库、成品库的基本尺寸。

（十）生产装置工艺流程图、生产装置平立面布置图和工艺说明

按照企业实际生产线数量逐一提供生产装置工艺

流程图（管道仪表图）、生产装置平立面布置图和工艺说明；

生产装置工艺流程图和生产装置平立面布置图应当按照国家或行业相关的规范性要求绘制，并标明控制点；

工艺说明应当反映主要生产步骤、目的、原理、实施方式、实施效果等内容。使用同一套生产设备生产不同产品的，还应当提供防止交叉污染措施。

（十一）检验化验室平面布置图

按比例绘制检验化验室平面布置图，图中标明天平室、理化分析室或前处理室、仪器室和留样观察室等功能室以及功能室的基本尺寸和检验仪器的位置。

采用生物发酵工艺生产饲料添加剂的，还应当标明微生物检验室以及检验室的基本尺寸和检验仪器的位置。

（十二）检验仪器购置发票

有检验仪器购置发票的提供发票复印件。无法提供购置发票的，提供检验仪器已列入企业固定资产的证明材料。

（十三）产品标准

执行国家标准或者行业标准的，提供现行国家标准或者行业标准文本复印件。

执行企业标准的，提供有效的企业备案标准文本复印件；尚未取得工商注册的，提供企业标准草案文本。

（十四）产品主成分指标检测方法验证结论

企业应当提供省级饲料管理部门指定的饲料检验机构出具的产品主成分指标检测方法验证结论复印件，但产品有国家或行业标准的除外。

（十五）企业管理制度

提供企业制定的主要管理制度的名称、主要内容等。（1 500 字以内）

（十六）环保证明

提供由企业生产所在地县级以上人民政府环境保护部门出具的、与所申报产品相关的环保证明复印件。

（十七）微生物菌种来源证明

采用生物发酵工艺生产微生物、酶制剂饲料添加剂产品的，应当提供申请许可前 12 个月内由国家或省部级微生物菌种保藏机构出具的微生物菌种种属证明，种属证明应当包括菌种鉴定的主要实验原理、方法和结论等信息。

采用生物发酵工艺生产其他饲料添加剂产品的，且《饲料添加剂品种目录》对生产该产品使用的微生物菌种有明确规定的，也应当提供前款规定的证明。

采用基因工程菌生产饲料添加剂产品的，应当符合国家相关规定，并提供有关证明材料。

（十八）与生产新饲料添加剂有关的材料

申请生产新饲料添加剂的，提供新饲料添加剂证书复印件；新饲料添加剂证书持有者转让给其他企业生产的，还应当提供转让证明复印件。

（十九）有下列情形之一的，应当提供农业部允许该产品作为饲料添加剂生产和使用的公告：

1. 饲料添加剂含量规格低于饲料添加剂安全使用规范要求的；

2. 饲料添加剂生产工艺发生重大变化的；

3. 新饲料添加剂自获证之日起超过 3 年未投入生产，其他企业申请生产的。

（二十）企业生产许可证

已经取得生产许可证的企业，提供生产许可证复印件。

（二十一）相关证明材料

申报的产品受国家产业政策限制的，应当提供企业所在地相关管理部门出具的证明材料。

提出变更申请的，提供企业所在地相关管理部门出具的证明材料。

附件 2

混合型饲料添加剂生产许可申报材料要求

一、许可范围

（一）在中华人民共和国境内生产混合型饲料添加剂的企业（以下简称企业）。

（二）混合型饲料添加剂是指由一种或一种以上饲料添加剂与载体或稀释剂按一定比例混合，但不属于添加剂预混合饲料的饲料添加剂产品。

（三）本要求适用于以下情形：

1. 设立：指企业首次申请生产许可；

2. 续展：指企业生产许可有效期满继续生产；

3. 增加或更换生产线：增加生产线指企业在同一厂区增建已获得许可产品的生产线；更换生产线指企业对已有生产线的关键设备或生产工艺进行重大调整；

4. 增加产品品种：指企业申请增加生产许可范围以外的产品；

5. 迁址：指企业迁移出原生产地址，搬迁至新的生产地址；

6. 变更：指企业名称变更、法定代表人变更、注册地址或注册地址名称变更、生产地址名称变更。

二、申报材料格式要求

（一）企业应当按照《混合型饲料添加剂生产许

可申报材料一览表》的要求提供相关材料。

（二）申报材料应当使用A4规格纸、小四号宋体打印，按照《混合型饲料添加剂生产许可申报材料一览表》顺序编制目录、装订成册并标注页码。表格不足时可加续表。申报材料应当清晰、干净、整洁。

（三）申报材料中企业提供的工商营业执照、组织机构代码证、劳动合同、职业资格证书、产品标准、产品主成分指标检测方法验证结论等证明材料的复印件应当加盖企业公章。

（四）申报材料一式两份（包括纸质文件和电子文档光盘），其中一份报送农业部，省级饲料管理部门留存一份。

（五）申报材料电子文档采用PDF格式，相关证明文件应为原件扫描件，文件名为企业全称。

（六）增加或更换生产线、增加产品品种的，仅提供与申请事项相关的资料。

三、申报材料内容要求

（一）企业承诺书

（二）混合型饲料添加剂生产许可申请书

1. 封面

1.1 生产许可证编号：已获得生产许可证的企业填写原生产许可证编号，新设立的企业不填写。

1.2 企业名称：填写企业工商营业执照上的注册名称，并加盖企业公章。尚未取得工商注册的，按照企业名称预先核准通知书核准的名称填写。

1.3 联系人：填写企业负责办理生产许可的工作人员姓名。

1.4 联系方式：填写企业负责办理生产许可的联系人的手机、固定电话（注明区号）、传真等。

1.5 申请事项：根据企业具体情况分别在选项后面的“□”中打“√”。

1.6 申报日期：填写企业报出材料的日期。

2. 企业基本情况

各栏仅填写与申请事项相关的内容。

2.1 企业名称：填写企业工商营业执照上的注册名称。尚未取得工商注册的，按照企业名称预先核准通知书核准的名称填写。

2.2 生产地址：填写企业生产所在地详细地址，注明省（自治区、直辖市）、市（地）、县（市、区）、乡（镇、街道）、村（社区）、路（街）、号。

2.3 法定代表人、工商营业执照注册号、住所（注册地址）、企业类型、组织机构代码、注册资本：按照企业工商营业执照和组织机构代码证填写。尚未取得工商注册的，按照企业名称预先核准通知书填写。

2.4 固定资产：指厂房、设备和设施等资产总值。

2.5 所属法人机构信息：如企业为非法人单位，应当填写所属法人机构信息。

2.6 主要机构设置及人员组成

机构名称按照企业实际情况填写技术、生产、质量、销售、采购等机构。

人员总数填写与企业签订全日制用工劳动合同的人员数量。

专业技术人员填写企业的技术、生产、质量、销售、采购等机构中取得中专以上学历或初级以上技术职称的人员数量。

2.7 企业简介包括建立时间或变迁来源、隶属关系、所有权性质、生产产品、生产能力、技术水平、工艺装备、质量管理等内容。（1 000字以内）

3. 产品基本情况

3.1 产品名称：按照产品的主要组分或功能填写。

生产液态混合型饲料添加剂的还应当在产品名称前注明“液态”字样。

3.2 产品组分：逐一填写产品中所含饲料添加剂的名称，饲料添加剂名称按照《饲料添加剂品种目录》中的名称填写。

产品配方中有添加比例小于0.2%的原料的，应当注明该原料的具体添加比例。

产品中含有食品香料的，应当使用规范名称逐一填写。

3.3 载体或稀释剂：逐一填写使用的载体或稀释剂名称，名称按照《饲料原料目录》和《饲料添加剂品种目录》中的名称填写。

3.4 生产能力（t/h）：按照混合机有效容积×0.5（平均容重）×10（批/h）计算。

4. 生产设备明细表

4.1 企业应当以生产线为单位，填写与生产工艺流程图一致的配料、混合、成品包装等设备及除尘系统、液体添加等辅助设备。

液态混合型饲料添加剂生产设备填写与生产工艺流程图一致的原料前处理、称量、配液、过滤、灌装等设备，有均质工序的还应当填写高压均质设备。

4.2 设备名称、型号规格、生产厂家、出厂日期：按照设备说明书或设备铭牌填写。

4.3 材质：填写生产设备的制造材料名称。

4.4 技术性能指标：填写反映生产设备主要特征的技术性能参数。

5. 检验仪器明细表

5.1 除填写常规检验仪器外，还应当填写能够满足产品主成分检验需要的专用检验仪器。

5.2 仪器名称、型号规格、生产厂家、出厂日期、出厂编号：按照仪器说明书或仪器铭牌填写。

5.3 技术性能指标：填写检验仪器主要技术性

能参数。

6. 主要管理技术人员及特有工种人员登记表

填写与企业签订全日制用工劳动合同的人员，包括企业负责人、技术负责人、生产负责人、质量负责人、销售负责人、采购负责人、检验化验员、饲料加工设备维修工等，其中检验化验员至少2名。尚未取得工商注册的，填写拟与本企业签订劳动合同的上述人员信息。

（三）工商营业执照

提供本企业的工商营业执照复印件，尚未取得工商注册的企业除外。非法人单位还应当提供所属法人单位的工商营业执照复印件。

（四）组织机构代码证

提供本企业的组织机构代码证复印件，尚未取得工商注册的企业除外。非法人单位还应当提供所属法人单位的组织机构代码证复印件。

（五）企业名称预先核准通知书

尚未取得工商注册的，提供有效期内的企业名称预先核准通知书复印件。

（六）企业组织机构图

提供包括技术、生产、质量、销售、采购等机构的企业组织机构框图。

（七）主要机构负责人和特有工种人员劳动合同

提供技术、生产、质量、销售、采购等机构负责人和检验化验员、饲料加工设备维修工等的全日制用工劳动合同复印件。尚未取得工商注册的企业提供劳动合同草案文本。

（八）主要机构负责人毕业证书或职称证书

提供技术、生产和质量机构负责人的毕业证书或职称证书复印件。

（九）职业资格证书或鉴定合格证明

提供农业部职业技能鉴定机构颁发的饲料检验化验员、饲料加工设备维修工等职业资格证书复印件；已经参加鉴定且成绩合格，但尚未取得职业资格证书的，提供省级饲料职业技能鉴定机构出具的鉴定合格证明复印件。

饲料检验化验员也可提供与生产产品相关的省级以上医药、化工、食品行业管理部门核发的检验类职业资格证书复印件。

（十）厂区平面布局图

按比例绘制厂区平面布局图，并注明生产、检化验、生活、办公等功能区，其中生产区应当标明生产车间、原料库、成品库的基本尺寸。

（十一）生产工艺流程图和工艺说明

按照企业实际生产线数量逐一提供生产工艺流程图和工艺说明，生产工艺流程图应当使用规范的饲料加工设备图形符号绘制。

工艺说明应当反映主要生产步骤、目的、原理、实施方式、实施效果等内容。使用同一套生产设备生产不同产品的，还应当提供防止交叉污染措施。

（十二）混合机混合均匀度检测报告

提供本企业所有混合机的混合均匀度自检报告或专业检验机构出具的检验报告或供应商提供的技术参数证明复印件。液态混合型饲料添加剂企业除外。

（十三）检验化验室平面布置图

按比例绘制检验化验室平面布置图，图中标明天平室、理化分析室或前处理室、仪器室和留样观察室等功能室以及功能室的基本尺寸和检验仪器的位置。

产品中含有微生物添加剂的，还应当标明微生物检验室以及检验室的基本尺寸和检验仪器的位置。

（十四）检验仪器购置发票

有检验仪器购置发票的提供发票复印件。无法提供购置发票的，提供检验仪器已列入企业固定资产的证明材料。

（十五）产品标准

执行国家标准或者行业标准的，提供现行国家标准或者行业标准文本复印件。

执行企业标准的，提供有效的企业备案标准文本复印件；尚未取得工商注册的，提供企业标准草案文本。

（十六）产品主成分指标检测方法验证结论

企业应当提供省级饲料管理部门指定的饲料检验机构出具的产品主成分指标检测方法验证结论复印件，但产品有国家或行业标准的除外。

（十七）企业管理制度

提供企业制定的主要管理制度的名称、主要内容等。（1 500字以内）

（十八）企业生产许可证

已经取得生产许可证的企业，提供生产许可证复印件。

（十九）相关证明材料

提出变更申请的，提供企业所在地相关管理部门出具的证明材料。

附件3

添加剂预混合饲料生产许可申报材料要求

一、许可范围

（一）在中华人民共和国境内生产添加剂预混合饲料的企业（以下简称企业）。

（二）添加剂预混合饲料包括复合预混合饲料、

微量元素预混合饲料、维生素预混合饲料。

复合预混合饲料是指以矿物质微量元素、维生素、氨基酸中任何两类或两类以上的营养性饲料添加剂为主，与其他饲料添加剂、载体和（或）稀释剂按一定比例配制的均匀混合物，其中营养性饲料添加剂的含量能够满足其适用动物特定生理阶段的基本营养需求，在配合饲料、精料补充料或动物饮用水中的添加量不低于0.1%且不高于10%。

微量元素预混合饲料是指两种或两种以上矿物质微量元素与载体和（或）稀释剂按一定比例配制的均匀混合物，其中矿物质微量元素含量能够满足其适用动物特定生理阶段的微量元素需求，在配合饲料、精料补充料或动物饮用水中的添加量不低于0.1%且不高于10%。

维生素预混合饲料是指两种或两种以上维生素与载体和（或）稀释剂按一定比例配制的均匀混合物，其中维生素含量应当满足其适用动物特定生理阶段的维生素需求，在配合饲料、精料补充料或动物饮用水中的添加量不低于0.01%且不高于10%。

（三）本要求适用于以下情形：

1. 设立：指企业首次申请生产许可；

2. 续展：指企业生产许可有效期满继续生产；

3. 增加或更换生产线：增加生产线指企业在同一厂区增建已获得许可产品的生产线；更换生产线指企业对已有生产线的关键设备或生产工艺进行重大调整；

4. 增加产品品种或产品系列：指企业申请增加生产许可范围以外的产品；

5. 迁址：指企业迁移出原生产地址，搬迁至新的生产地址；

6. 变更：指企业名称变更、法定代表人变更、注册地址或注册地址名称变更、生产地址名称变更。

二、申报材料格式要求

（一）企业应当按照《添加剂预混合饲料生产许可申报材料一览表》的要求提供相关材料。

（二）申报材料应当使用A4规格纸、小四号宋体打印，按照《添加剂预混合饲料生产许可申报材料一览表》顺序编制目录、装订成册并标注页码。表格不足时可加续表。申报材料应当清晰、干净、整洁。

（三）申报材料中企业提供的工商营业执照、组织机构代码证、劳动合同、职业资格证书等证明材料的复印件应当加盖企业公章。

（四）申报材料一式两份（包括纸质文件和电子文档光盘），其中一份报送农业部，省级饲料管理部门留存一份。

（五）申报材料电子文档采用PDF格式，相关证明文件应为原件扫描件，文件名称为企业全称。

（六）增加或更换生产线、增加产品品种或产品系列的，仅提供与申请事项相关的资料。

三、申报材料内容要求

（一）企业承诺书

（二）添加剂预混合饲料生产许可申请书

1. 封面

1.1　生产许可证编号：已获得生产许可证的企业填写原生产许可证编号，新设立的企业不填写。

1.2　产品品种：根据企业申请生产的产品，在维生素预混合饲料、微量元素预混合饲料、复合预混合饲料后面的“□”中打“√”。

1.3　企业名称：填写企业工商营业执照上的注册名称，并加盖企业公章。尚未取得工商注册的，按照企业名称预先核准通知书核准的名称填写。

1.4　联系人：填写企业负责办理生产许可的工作人员姓名。

1.5　联系方式：填写企业负责办理生产许可的联系人的手机、固定电话（注明区号）、传真等。

1.6　申请事项：根据企业具体情况分别在选项后面的“□”中打“√”。

1.7　申报日期：填写企业报出材料的日期。

2. 企业基本情况

各栏仅填写与申请事项相关的内容。

2.1　企业名称：填写企业工商营业执照上的注册名称。尚未取得工商注册的，按照企业名称预先核准通知书核准的名称填写。

2.2　生产地址：填写企业生产所在地详细地址，注明省（自治区、直辖市）、市（地）、县（市、区）、乡（镇、街道）、村（社区）、路（街）、号。

2.3　法定代表人、工商营业执照注册号、住所（注册地址）、企业类型、组织机构代码、注册资本：按照企业工商营业执照和组织机构代码证填写。尚未取得工商注册的，按照企业名称预先核准通知书填写。

2.4　固定资产：指厂房、设备和设施等资产总值。

2.5　所属法人机构信息：如企业为非法人单位，应当填写所属法人机构信息。

2.6　主要机构设置及人员组成

机构名称按照企业实际情况填写技术、生产、质量、销售、采购等机构。

人员总数填写与企业签订全日制用工劳动合同的人员数量。

专业技术人员填写企业的技术、生产、质量、销售、采购等机构中取得中专以上学历或初级以上技术职称的人员数量。

2.7　企业简介包括建立时间或变迁来源、隶属关系、所有权性质、生产产品、生产能力、技术水

平、工艺装备、质量管理等内容。(1 000字以内)

3. 产品基本情况

3.1 生产线名称：按照产品品种进行命名，如维生素预混合饲料生产线、微量元素预混合饲料生产线、复合预混合饲料生产线、维生素和复合预混合饲料生产线等。

3.2 生产能力（t/h时）：按照混合机有效容积×0.5（平均容重）×10（批/h）计算。

3.3 产品品种：按照维生素预混合饲料、微量元素预混合饲料、复合预混合饲料填写。

生产液态添加剂预混合饲料的还应当在产品品种前注明“液态”字样。

3.4 产品系列：根据企业生产情况，按照饲喂动物划分并填写畜禽水产动物、反刍动物、宠物及特种动物。

4. 生产设备明细表

4.1 企业应当以生产线为单位，填写与生产工艺流程图一致的原料提升、混合、自动包装等设备及完整的除尘系统、电控系统等辅助设备。

液态添加剂预混合饲料生产设备填写与生产工艺流程图一致的原料前处理、称量、配液、过滤、灌装等设备，有均质工序的还应当填写高压均质设备。

4.2 生产线名称及序号：与3.1对应，并逐一填写。

4.3 设备名称、型号规格、生产厂家、出厂日期：按照设备说明书或设备铭牌填写。

4.4 材质：填写生产设备的制造材料名称。

4.5 技术性能指标：填写反映生产设备主要特征的技术性能参数。

5. 检验仪器明细表

5.1 按照饲料生产企业许可条件规定逐一列出。

5.2 仪器名称、型号规格、生产厂家、出厂日期、出厂编号：按照仪器说明书或仪器铭牌填写。

5.3 技术性能指标：填写检验仪器主要技术性能参数。

6. 主要管理技术人员及特有工种人员登记表

填写与企业签订全日制用工劳动合同的人员，包括企业负责人、技术负责人、生产负责人、质量负责人、销售负责人、采购负责人、检验化验员、饲料厂中央控制室操作工（配料、混合工段采用计算机自动化控制系统的企业）、饲料加工设备维修工等，其中检验化验员至少2名。尚未取得工商注册的，填写拟与本企业签订劳动合同的上述人员信息。

（三）工商营业执照

提供本企业的工商营业执照复印件，尚未取得工商注册的企业除外。非法人单位还应当提供所属法人单位的工商营业执照复印件。

（四）组织机构代码证

提供本企业的组织机构代码证复印件，尚未取得工商注册的企业除外。非法人单位还应当提供所属法人单位的组织机构代码证复印件。

（五）企业名称预先核准通知书

尚未取得工商注册的，提供有效期内的企业名称预先核准通知书复印件。

（六）企业组织机构图

提供包括技术、生产、质量、销售、采购等机构的企业组织机构框图。

（七）主要机构负责人和特有工种人员劳动合同

提供技术、生产、质量、销售、采购等机构负责人和检验化验员、饲料厂中央控制室操作工（配料、混合工段采用计算机自动化控制系统的企业）、饲料加工设备维修工等的全日制用工劳动合同复印件。尚未取得工商注册的企业提供劳动合同草案文本。

（八）主要机构负责人毕业证书或职称证书

提供技术、生产和质量机构负责人的毕业证书或职称证书复印件。

（九）职业资格证书或鉴定合格证明

提供农业部职业技能鉴定机构颁发的饲料检验化验员、饲料厂中央控制室操作工（配料、混合工段采用计算机自动化控制系统的企业）、饲料加工设备维修工等职业资格证书复印件；已经参加鉴定且成绩合格，但尚未取得职业资格证书的，提供省级饲料职业技能鉴定机构出具的鉴定合格证明复印件。

（十）厂区平面布局图

按比例绘制厂区平面布局图，并注明生产、检化验、生活、办公等功能区，其中生产区应当标明生产车间、原料库、成品库的基本尺寸。

（十一）生产工艺流程图和工艺说明

按照企业实际生产线数量逐一提供生产工艺流程图和工艺说明，生产工艺流程图应当使用规范的饲料加工设备图形符号绘制。

工艺说明应当反映主要生产步骤、目的、原理、实施方式、实施效果等内容。使用同一套生产设备生产不同产品的，还应当提供防止交叉污染措施。

（十二）计算机自动化控制系统配料精度证明（配料、混合工段采用计算机自动化控制系统的企业）

提供计算机自动化控制系统配料精度的自检报告或专业检验机构出具的检验报告或系统供应商提供的技术参数证明复印件。

（十三）混合机混合均匀度检测报告

提供本企业所有混合机的混合均匀度自检报告或专业检验机构出具的检验报告或供应商提供的技术参数证明复印件。液态添加剂预混合饲料生产企业除外。

（十四）检验化验室平面布置图

按比例绘制检验化验室平面布置图，图中标明天平室、前处理室、仪器室和留样观察室等功能室以及功能室的基本尺寸和检验仪器的位置。

（十五）检验仪器购置发票

有检验仪器购置发票的提供发票复印件。无法提供购置发票的，提供检验仪器已列入企业固定资产的证明材料。

（十六）企业管理制度

提供企业按照《饲料质量安全管理规范》制定的主要管理制度的名称、主要内容等。（1 500 字以内）

（十七）企业生产许可证

已经取得生产许可证的企业，提供生产许可证复印件。

（十八）相关证明材料

提出变更申请的，提供企业所在地相关管理部门出具的证明材料。

附件 4

浓缩饲料、配合饲料、精料补充料生产许可申报材料要求

一、许可范围

（一）在中华人民共和国境内生产浓缩饲料、配合饲料、精料补充料的企业（以下简称企业）。

（二）浓缩饲料是指主要由蛋白质、矿物质和饲料添加剂按照一定比例配制的饲料；配合饲料是指根据养殖动物营养需要，将多种饲料原料和饲料添加剂按照一定比例配制的饲料；精料补充料是指为补充草食动物的营养，将多种饲料原料和饲料添加剂按照一定比例配制的饲料。

（三）本要求适用于以下情形：

1. 设立：指企业首次申请生产许可；

2. 续展：指企业生产许可有效期满继续生产；

3. 增加或更换生产线：增加生产线指企业在同一厂区增建已获得许可产品的生产线；更换生产线指企业对已有生产线的关键设备或生产工艺进行重大调整；

4. 增加产品类别或产品系列：指企业申请增加生产许可范围以外的产品；

5. 迁址：指企业迁移出原生产地址，搬迁至新的生产地址；

6. 变更：指企业名称变更、法定代表人变更、注册地址或注册地址名称变更、生产地址名称变更。

二、申报材料格式要求

（一）企业应当按照《浓缩饲料、配合饲料、精料补充料生产许可申报材料一览表》的要求提供相关材料。

（二）申报材料应当使用 A4 规格纸、小四号宋体打印，按照《浓缩饲料、配合饲料、精料补充料生产许可申报材料一览表》顺序编制目录、装订成册并标注页码。表格不足时可加续表。申报材料应当清晰、干净、整洁。

（三）申报材料中企业提供的工商营业执照、组织机构代码证、劳动合同、职业资格证书等证明材料的复印件应当加盖企业公章。

（四）申报材料一式两份（包括纸质文件和电子文档光盘），其中一份报送省级饲料管理部门，承担受理工作的饲料管理部门留存一份。

（五）申报材料电子文档采用 PDF 格式，相关证明文件应为原件扫描件，文件名为企业全称。

（六）增加或更换生产线、增加产品类别或产品系列的，仅提供与申请事项相关的资料。

三、申报材料内容要求

（一）企业承诺书

（二）浓缩饲料、配合饲料、精料补充料生产许可申请书

1. 封面

1.1 生产许可证编号：已获得生产许可证的企业填写原生产许可证编号，新设立的企业不填写。

1.2 产品类别：根据企业申请生产的产品，在浓缩饲料、配合饲料、精料补充料后面的“□”中打“√”。

1.3 企业名称：填写企业工商营业执照上的注册名称，并加盖企业公章。尚未取得工商注册的，按照企业名称预先核准通知书核准的名称填写。

1.4 联系人：填写企业负责办理生产许可的工作人员姓名。

1.5 联系方式：填写企业负责办理生产许可的联系人的手机、固定电话（注明区号）、传真等。

1.6 申请事项：根据企业具体情况分别在选项后面的“□”中打“√”。

1.7 申报日期：填写企业报出材料的日期。

2. 企业基本情况

各栏仅填写与申请事项相关的内容。

2.1 企业名称：填写企业工商营业执照上的注册名称。尚未取得工商注册的，按照企业名称预先核准通知书核准的名称填写。

2.2 生产地址：填写企业生产所在地详细地址，注明省（自治区、直辖市）、市（地）、县（市、区）、乡（镇、街道）、村（社区）、路（街）、号。

2.3 法定代表人、工商营业执照注册号、住所（注册地址）、企业类型、组织机构代码、注册资本：

按照企业工商营业执照和组织机构代码证填写。尚未取得工商注册的，按照企业名称预先核准通知书填写。

2.4　固定资产：指厂房、设备和设施等资产总值。

2.5　所属法人机构信息：如企业为非法人单位，应当填写所属法人机构信息。

2.6　主要机构设置及人员组成

机构名称按照企业实际情况填写技术、生产、质量、销售、采购等机构。

人员总数填写与企业签订全日制用工劳动合同的人员数量。

专业技术人员填写企业的技术、生产、质量、销售、采购等机构中取得中专以上学历或初级以上技术职称的人员数量。

2.7　企业简介包括建立时间或变迁来源、隶属关系、所有权性质、生产产品、生产能力、技术水平、工艺装备、质量管理等内容（1 000字以内）。

3. 产品基本情况

3.1　生产线名称：按照产品类别进行命名，如配合饲料生产线、浓缩饲料生产线、配合饲料和浓缩饲料生产线、精料补充料生产线等。

3.2　生产能力（t/h）：按照混合机有效容积×0.5（平均容重）×10（批/h）计算。

3.3　产品类别：按照浓缩饲料、配合饲料、精料补充料填写。

3.4　产品系列：根据企业生产情况，按照饲喂动物划分并填写。浓缩饲料填写畜禽、水产、反刍、幼畜禽、种畜禽、水产育苗、宠物、特种动物等；配合饲料填写畜禽、水产、反刍、幼畜禽、种畜禽、水产育苗、宠物、特种动物等；精料补充料填写反刍动物、其他等。

4. 生产设备明细表

4.1　企业应当以生产线为单位，填写与生产工艺流程图一致的原料清理、粉碎、提升、配料、混合、自动包装等设备及完整的除尘系统、电控系统、液体添加等辅助设备。

生产颗粒饲料产品的，还应当填写制粒或膨化、冷却、破碎、分级、干燥等后处理设备。

4.2　生产线名称及序号：与3.1对应，并逐一填写。

4.3　设备名称、型号规格、生产厂家、出厂日期：按照设备说明书或设备铭牌填写。

4.4　技术性能指标：填写反映生产设备主要特征的技术性能参数。

5. 检验仪器明细表

5.1　按照饲料生产企业许可条件规定逐一列出。

5.2　仪器名称、型号规格、生产厂家、出厂日期、出厂编号：按照仪器说明书或仪器铭牌填写。

5.3　技术性能指标：填写检验仪器主要技术性能参数。

6. 主要管理技术人员及特有工种人员登记表

填写与企业签订全日制用工劳动合同的人员，包括企业负责人、技术负责人、生产负责人、质量负责人、销售负责人、采购负责人、检验化验员、饲料厂中央控制室操作工、饲料加工设备维修工等，其中检验化验员至少2名。尚未取得工商注册的，填写拟与本企业签订劳动合同的上述人员信息。

（三）工商营业执照

提供本企业的工商营业执照复印件，尚未取得工商注册的企业除外。非法人单位还应当提供所属法人单位的工商营业执照复印件。

（四）组织机构代码证

提供本企业的组织机构代码证复印件，尚未取得工商注册的企业除外。非法人单位还应当提供所属法人单位的组织机构代码证复印件。

（五）企业名称预先核准通知书

尚未取得工商注册的，提供有效期内的企业名称预先核准通知书复印件。

（六）企业组织机构图

提供包括技术、生产、质量、销售、采购等机构的企业组织机构框图。

（七）主要机构负责人和特有工种人员劳动合同

提供技术、生产、质量、销售、采购等机构负责人和检验化验员、饲料厂中央控制室操作工、饲料加工设备维修工等的全日制用工劳动合同复印件。尚未取得工商注册的企业提供劳动合同草案文本。

（八）主要机构负责人毕业证书或职称证书

提供技术、生产和质量机构负责人的毕业证书或职称证书复印件。

（九）职业资格证书或鉴定合格证明

提供农业部职业技能鉴定机构颁发的饲料检验化验员、饲料厂中央控制室操作工、饲料加工设备维修工等职业资格证书复印件；已经参加鉴定且成绩合格，但尚未取得职业资格证书的，提供省级饲料职业技能鉴定机构出具的鉴定合格证明复印件。

（十）厂区平面布局图

按比例绘制厂区平面布局图，并注明生产、检化验、生活、办公等功能区，其中生产区应当标明生产车间、原料库、成品库的基本尺寸。

（十一）生产工艺流程图和工艺说明

按照企业实际生产线数量逐一提供生产工艺流程图和工艺说明，生产工艺流程图应当使用规范的饲料加工设备图形符号绘制。

工艺说明应当反映主要生产步骤、目的、原理、实施方式、实施效果等内容。使用同一套生产设备生产不同产品的，还应当提供防止交叉污染措施。

（十二）计算机自动化控制系统配料精度证明

提供计算机自动化控制系统配料精度的自检报告或专业检验机构出具的检验报告或系统供应商提供的技术参数证明复印件。

（十三）混合机混合均匀度检测报告

提供本企业所有混合机的混合均匀度自检报告或专业检验机构出具的检验报告或供应商提供的技术参数证明复印件。

（十四）检验化验室平面布置图

按比例绘制检验化验室平面布置图，图中标明天平室、理化分析室、仪器室和留样观察室等功能室以及功能室的基本尺寸和检验仪器的位置。

（十五）检验仪器购置发票

有检验仪器购置发票的提供发票复印件。无法提供购置发票的，提供检验仪器已列入企业固定资产的证明材料。

（十六）企业管理制度

提供企业按照《饲料质量安全管理规范》制定的主要管理制度的名称、主要内容等。（1 500 字以内）

（十七）企业生产许可证

已经取得生产许可证的企业，提供生产许可证复印件。

（十八）相关证明材料

提出变更申请的，提供企业所在地相关管理部门出具的证明材料。

附件 5

单一饲料生产许可申报材料要求

一、许可范围

（一）在中华人民共和国境内生产单一饲料的企业（以下简称企业）。

（二）单一饲料是指来源于一种动物、植物、微生物或者矿物质，用于饲料产品生产的饲料。单一饲料品种见《饲料原料目录》。

（三）本要求适用于以下情形：

1. 设立：指企业首次申请生产许可；

2. 续展：指企业生产许可有效期满继续生产；

3. 增加或更换生产线：增加生产线指企业在同一厂区增建已获得许可产品的生产线；更换生产线指企业对已有生产线的关键设备或生产工艺进行重大调整；

4. 增加产品品种：指企业申请增加生产许可范围以外的产品；

5. 迁址：指企业迁移出原生产地址，搬迁至新的生产地址；

6. 变更：指企业名称变更、法定代表人变更、注册地址或注册地址名称变更、生产地址名称变更。

二、申报材料格式要求

（一）企业应当按照《单一饲料生产许可申报材料一览表》的要求提供相关材料。

（二）申报材料应当使用 A4 规格纸、小四号宋体打印，按照《单一饲料生产许可申报材料一览表》顺序编制目录、装订成册并标注页码。表格不足时可加续表。申报材料应当清晰、干净、整洁。

（三）申报材料中企业提供的工商营业执照、组织机构代码证、劳动合同、职业资格证书、产品标准、环保证明、微生物菌种来源证明等证明材料的复印件应当加盖企业公章。

（四）申报材料一式两份（包括纸质文件和电子文档光盘），其中一份报送省级饲料管理部门，承担受理工作的饲料管理部门留存一份。

（五）申报材料电子文档采用 PDF 格式，相关证明文件应为原件扫描件，文件名为企业全称。

（六）增加或更换生产线、增加产品品种的，仅提供与申请事项相关的资料。

三、申报材料内容要求

（一）企业承诺书

（二）单一饲料生产许可申请书

1. 封面

1.1 生产许可证编号：已获得生产许可证的企业填写原生产许可证编号，新设立的企业不填写。

1.2 企业名称：填写企业工商营业执照上的注册名称，并加盖企业公章。尚未取得工商注册的，按照企业名称预先核准通知书核准的名称填写。

1.3 联系人：填写企业负责办理生产许可的工作人员姓名。

1.4 联系方式：填写企业负责办理生产许可的联系人的手机、固定电话（注明区号）、传真等。

1.5 申请事项：根据企业具体情况分别在选项后面的“□”中打“√”。

1.6 申报日期：填写企业报出材料的日期。

2. 企业基本情况

各栏仅填写与申请事项相关的内容。

2.1 企业名称：填写企业工商营业执照上的注册名称。尚未取得工商注册的，按照企业名称预先核准通知书核准的名称填写。

2.2 生产地址：填写企业生产所在地详细地址，注明省（自治区、直辖市）、市（地）、县（市、区）、乡（镇、街道）、村（社区）、路（街）、号。

2.3　法定代表人、工商营业执照注册号、住所(注册地址)、企业类型、组织机构代码、注册资本：按照企业工商营业执照和组织机构代码证填写。尚未取得工商注册的，按照企业名称预先核准通知书填写。

2.4　固定资产：指厂房、设备和设施等资产总值。

2.5　所属法人机构信息：如企业为非法人单位，应当填写所属法人机构信息。

2.6　主要机构设置及人员组成

机构名称按照企业实际情况填写技术、生产、质量、销售、采购等机构。

人员总数填写与企业签订全日制用工劳动合同的人员数量。

专业技术人员填写企业的技术、生产、质量、销售、采购等机构中取得中专以上学历或初级以上技术职称的人员数量。

2.7　企业简介包括建立时间或变迁来源、隶属关系、所有权性质、生产产品、生产能力、技术水平、工艺装备、质量管理等内容。(1 000 字以内)

3. 产品基本情况

3.1　产品名称：按照《饲料原料目录》中的名称填写。

3.2　生产能力：按照每个产品年生产能力填写并注明单位。

4. 生产设备明细表

4.1　企业应当以生产线为单位，填写与生产工艺流程图一致的原料贮存、预处理、生产、计量、包装、除尘等主要生产设备。

4.2　生产产品：填写本生产线生产的产品。

4.3　设备名称、型号规格、生产厂家、出厂日期：按照设备说明书或设备铭牌填写。

4.4　技术性能指标：填写反映生产设备主要特征的技术性能参数。

5. 检验仪器明细表

5.1　填写能够满足产品主成分、《饲料原料目录》中强制性标识要求所列项目和执行标准中出厂检验规定的项目所需的检验仪器。

生产动物源性单一饲料和采用生物发酵工艺生产单一饲料的，还应当填写微生物检验所需的检验仪器。

5.2　仪器名称、型号规格、生产厂家、出厂日期、出厂编号：按照仪器说明书或仪器铭牌填写。

5.3　技术性能指标：填写检验仪器主要技术性能参数。

6. 主要管理技术人员及特有工种人员登记表

填写与企业签订全日制用工劳动合同的人员，包括企业负责人、技术负责人、生产负责人、质量负责人、销售负责人、采购负责人、检验化验员等，其中检验化验员至少 2 名。尚未取得工商注册的，填写拟与本企业签订劳动合同的上述人员信息。

（三）工商营业执照

提供本企业的工商营业执照复印件，尚未取得工商注册的企业除外。非法人单位还应当提供所属法人单位的工商营业执照复印件。

（四）组织机构代码证

提供本企业的组织机构代码证复印件，尚未取得工商注册的企业除外。非法人单位还应当提供所属法人单位的组织机构代码证复印件。

（五）企业名称预先核准通知书

尚未取得工商注册的，提供有效期内的企业名称预先核准通知书复印件。

（六）企业组织机构图

提供包括技术、生产、质量、销售、采购等机构的企业组织机构框图。

（七）主要机构负责人和特有工种人员劳动合同

提供技术、生产、质量、销售、采购等机构负责人和检验化验员的全日制用工劳动合同复印件。尚未取得工商注册的企业提供劳动合同文本草案。

（八）职业资格证书或鉴定合格证明

提供农业部职业技能鉴定机构颁发的饲料检验化验员职业资格证书复印件或与生产产品相关的省级以上医药、化工、食品行业管理部门核发的检验类职业资格证书复印件。已经参加鉴定且成绩合格，但尚未取得职业资格证书的，提供省级饲料职业技能鉴定机构出具的鉴定合格证明复印件。

（九）厂区平面布局图

按比例绘制厂区平面布局图，并注明生产、检化验、生活、办公等功能区，其中生产区应当标明生产车间、原料库、成品库的基本尺寸。

（十）生产工艺流程图和工艺说明

按照企业实际生产线数量逐一提供生产工艺流程图和工艺说明，生产工艺流程图应当按照国家或行业相关的规范性要求绘制。生产工艺流程应当符合《饲料原料目录》产品特征描述中的工艺要求。

工艺说明应当反映主要生产步骤、目的、原理、实施方式、实施效果等内容。使用同一套生产设备生产不同产品的，还应当提供防止交叉污染措施；生产动物源性单一饲料产品的，还应当提供生产设备清洗消毒措施；采用生物发酵生产工艺生产单一饲料产品的，还应当说明采用的微生物菌种的中文学名和拉丁文学名以及主要培养基、包被材料、载体等原材料名称。

（十一）检验化验室平面布置图

按比例绘制检验化验室平面布置图，图中标明天平室、理化分析室或前处理室、仪器室和留样观察室等功能室以及功能室的基本尺寸和检验仪器的位置。

动物源性单一饲料和采用生物发酵工艺生产单一饲料的，还应当标明微生物检验室以及检验室的基本尺寸和检验仪器的位置。

（十二）检验仪器购置发票

有检验仪器购置发票的提供发票复印件。无法提供购置发票的，提供检验仪器已列入企业固定资产的证明材料。

（十三）产品标准

执行国家标准或者行业标准的，提供现行国家标准或者行业标准文本复印件。

执行企业标准的，提供有效的企业备案标准文本复印件；尚未取得工商注册的，提供企业标准草案文本。

（十四）企业管理制度

提供企业制定的主要管理制度的名称、主要内容等。(1 500 字以内)

（十五）环保证明

提供由企业生产所在地县级以上人民政府环境保护部门出具的、与所申报产品相关的环保证明复印件。

（十六）微生物菌种来源证明

采用生物发酵工艺生产单一饲料产品的，应当提供申请许可前 12 个月内由国家或省部级微生物菌种保藏机构出具的微生物菌种种属证明，种属证明应当包括菌种鉴定的主要实验原理、方法和结论等信息。企业使用的微生物菌种应当符合《饲料原料目录》的规定。

（十七）动物源性原料来源证明

生产动物源性单一饲料产品的，提供与原料供应商签订的长期供货协议或合同等证明材料复印件。

（十八）与生产新饲料有关的材料

申请生产新饲料的，提供新饲料证书复印件；新饲料证书持有者转让给其他企业生产的，还应当提供转让证明复印件。

（十九）新饲料自获证之日起超过 3 年未投入生产，其他企业申请生产的，应当提供农业部允许该产品作为单一饲料生产和使用的公告。

（二十）企业生产许可证

已经取得生产许可证的企业，提供生产许可证复印件。

（二十一）相关证明材料

提出变更申请的，提供企业所在地相关管理部门出具的证明材料。

领 导 讲 话

全面贯彻实施新修订《条例》加快建设饲料工业强国

——在全国饲料工作会议上的讲话

高鸿宾
农业部副部长

（2012年4月11日）

时隔六年再次召开全国饲料工作会议，主要任务是总结“十一五”以来饲料工作的成绩与经验，分析当前面临的新形势新情况，明确今后一段时期饲料工业发展的思路与重点，部署《饲料和饲料添加剂管理条例》（以下简称《条例》）宣贯工作，加快推进饲料工业强国建设。

一、充分肯定成绩，认真总结经验，坚定做好饲料工作的信心

“十一五”以来，饲料工业抓住国民经济实力快速增长、城乡居民收入水平稳步提高、强农惠农政策体系不断完善的战略机遇，坚持扩大内需拓市场、规范企业强基础、转变方式促提升、加强监管保安全的发展方向，克服畜牧生产波动、国际金融危机、质量安全事件等不利因素冲击，继续保持稳定发展势头，饲料生产大国地位进一步巩固，饲料工业强国建设迈出了坚实的步伐。

一是产量持续较快增长。2011年，全国工业饲料总产量1.81亿t、总产值6 348亿元，分别是2005年的1.7倍和2.3倍，年均增长率分别达8.8%和13.5%，总体规模已位居全球第一位。其中，配合饲料、浓缩饲料和添加剂预混合饲料产量分别为1.49亿t、2 543万t和605万t，与2005年相比，分别增长91.5%、2.0%和26.3%。

二是产品质量稳步提升。各级饲料管理部门以严厉打击违禁添加物为重点，持续开展饲料质量安全专项整治，着力强化监督检测和日常监管，推动饲料产品质量稳步提高，安全状况不断改善。在监测指标不断增加的情况下，2011年全国饲料产品质量合格率达95.5%，比2005年提高3.1个百分点。饲料中违禁添加物检出率持续下降。

三是产业集中度明显提高。饲料行业联合、重组、兼并步伐加快，生产经营方式转变呈现新格局。2010年，全国饲料生产企业10 843家，比2005年减少近5 000家；年产50万t以上的饲料企业或企业集团30家，饲料产量占全国总产量的42%，分别比2005年增加13家和17个百分点。一批大型饲料企业向养殖、屠宰、加工等环节延伸产业链，成为养殖业产业化发展的骨干力量。

四是支撑产业自主优势明显。饲料添加剂是配合饲料的核心，赖氨酸、苏氨酸、色氨酸、植酸酶和14种维生素不仅满足国内市场需求，而且成为全球市场的重要供应国，蛋氨酸产品2012年也将规模投产。饲料机械制造业专业化发展，产品达数十个系列、200多种，成套机组销售到东南亚、俄罗斯、新西兰等数十个国家。

五是技术支撑能力不断增强。大量科技创新成果在饲料行业推广应用，配合饲料入户率和转化率继续提高，对养殖业技术进步的贡献率达50%以上，比2005年提高近10个百分点。全国饲料生产企业62万名员工中，近四成具有大专以上学历，比2005年提高11.2个百分点，成为普及推广现代养殖技术的中坚力量。

“十一五”以来的实践再次证明，饲料工业的稳

定发展为现代养殖业提供了坚实的物质基础，为粮食和粮油食品工业副产物高效转化提供了有效的途径，对促进农业增效、农民增收和农村发展具有不可替代的作用。由于饲料工业的稳定发展，我国近30年在粮食产量年递增率仅为1.7%的情况下，肉类、禽蛋、养殖水产品产量年增速分别达到6.6%、7.3%和9.1%，主要动物产品供求实现了总体平衡，市场不脱销、不断档。由于饲料工业的稳定发展，每年有上亿吨粮油食品工业副产物实现了高效转化、循环利用，每生产1kg动物产品的粮食消耗量减少了20%～30%。饲料工业的稳定发展，还为60多万人提供了就业岗位，为数百万农村剩余劳动力创造了经销致富机会，广大养殖户的年收入增加了近300亿元。可以说，饲料工业是农民最欢迎、农村最需要的产业，是发展现代农业不可或缺的产业。

回顾饲料工业发展历程，成绩来之不易，经验弥足珍贵。尤其是以下几个方面，值得充分总结，应该长期坚持。

（一）坚持市场化运行机制。饲料工业是最早向外资开放、最早出现民营企业、最早推行国有企业改制的行业之一。“十一五”以来，无论是出台法规政策、设置准入条件，还是履行监管职责，各级饲料管理部门都始终坚持公平公正和不过度干预市场的原则，努力营造不同类型、不同规模、不同地区企业公平竞争的市场环境。正是由于长期坚持市场化运行机制，饲料企业以市场为导向建立起各具特色的经营管理制度，饲料工业形成了百花齐放、百家争鸣的市场竞争格局。近年来面对养殖方式加速转型、畜牧生产频繁波动、饲料原料价格大幅上涨等各种复杂情况，大多数饲料企业都能及时调整、有效应对，一部分企业以此为契机实现了大发展、大扩张。

（二）坚持依法治饲。维护公平的市场环境，法制是基础。在前期工作的基础上，“十一五”期间，我们相继制定发布了《饲料生产企业审查办法》和《饲料添加剂安全使用规范》，形成了以《条例》为核心、配套规章和规范性文件为基础的饲料法规体系。饲料行业能够保持产品质量稳步提升、产业集中度不断提高的好势头，与我们坚持依法加强准入把关、强化日常监管、打击不法行为密不可分。针对近年来监管中遇到的突出问题，我们及时组织修订《条例》，国务院2011年发布并于2012年5月1日实施后，将为进一步明确责任、提高门槛、惩处违法、规范市场提供更有力的法律依据。

（三）坚持安全优先。安全问题是饲料行业的毒瘤，稍有不慎就会造成巨大危害。“十一五”以来，我们始终把加强饲料质量安全监管摆在最优先的位置，每年都以违禁添加物为重点组织开展饲料质量安全专项整治，实施饲料质量安全监测计划，严肃查处各种违法行为。2011年“瘦肉精”专项整治期间，我们与有关部门建立起部级联席会议制度，制定出台了“瘦肉精”违法案件行政执法与刑事司法衔接机制，进一步加大对不法分子的惩处力度，取得了良好效果。正是由于我们坚持加强监管不放松，绝大部分饲料企业提高了守法经营意识，加强了质量安全管控体系建设，经受住了近几年各种质量安全事件的冲击。

（四）坚持稳定政策。饲料工业是微利行业和支农产业，从起步阶段就得到了国家的政策扶持。在财政、税收等部门大力支持下，饲料生产企业免征增值税的政策一直延续下来，对增强饲料企业持续发展能力和稳定动物产品价格发挥了重要作用。2008年，国家及时出台政策，明确玉米优先满足饲料需求，缓解了饲用玉米供应趋紧的形势。“十一五”期间，国家针对畜牧生产出台一系列扶持政策，在促进畜牧业持续稳定发展的同时，也推动了饲料工业的发展。2012年3月，国务院发布了关于支持农业产业化龙头企业发展的意见，为广大饲料企业参与农业产业化进程提供了新的机遇。

（五）坚持依靠科技。工业饲料不仅是养殖业的物质基础，也是养殖业增产提质增效技术的载体。饲料工业起步发展以来，为改变核心技术和产品完全依靠进口的被动局面，国家持续加大对饲料科技创新的投入，采取各种措施提高饲料科技创新能力，推动全国各级饲料科研机构和饲料企业取得了近300项科研成果，其中60%得到推广应用，为行业发展提供了巨大的推动力。以赖氨酸为例，国内企业通过自主创新掌握生产技术后，产品价格降低了一半，每年使全行业节约成本60多亿元。从近几年行业发展的趋势看，产品的技术含量和企业的技术服务能力已成为决定饲料市场占有率的关键因素，只有坚持依靠科技，才能实现持续发展。

二、深入分析形势，牢牢把握机遇，加快推进饲料工业强国建设

“十二五”是我国全面建设小康社会的关键时期，也是建设现代养殖业的攻坚时期，饲料工业迎来了新的发展机遇，还有很大的发展潜力。一是动物产品需求刚性增长。根据国家有关规划，“十二五”期间国民经济将继续保持平稳较快增长。在人口增长、收入增加、城镇化发展等因素综合推动下，动物产品需求将继续刚性增长，肉蛋奶和养殖水产品产量每年分别要增加120万t、30万t、450万t和140万t。生产这些动物产品，每年需要增产800万t饲料。二

是现代畜牧业建设加速推进。“十一五”期间，国家以生猪和奶牛为重点、以推动转变畜牧业生产方式为目标，出台了一系列扶持政策，中央财政资金投入每年接近200亿元。当前，我们正会同有关部门研究扶持肉牛、肉羊养殖的政策措施。随着政策扶持力度进一步强化、覆盖畜种进一步增加，以规模化、标准化、产业化为特征的现代畜牧业建设将加速推进，这既为饲料增产提供了新的增长点，也为饲料企业多元发展提供了新的空间。三是参与国际市场的条件更好。我国饲料添加剂和饲料机械设备已达国际先进水平，部分产品在国际市场占据了优势地位。一批饲料企业在东南亚等新兴国家和地区投资兴办了近30家饲料加工企业，积累了成功的生产经营经验，树立了我国饲料工业的良好形象。同时，我国政府正积极推动与多个国家和地区建立更紧密的经贸关系，对外贸易和投资环境不断改善。这些有利因素和条件，将使饲料企业“走出去”发展的信心更充足、进程更顺畅。

看到机遇的同时，更要清醒地认识到，过去几年饲料工业虽然总体上保持了较快增长，但年度增速并不平稳，一年高一年低；企业效益也不平稳，一年好一年差。这两个“不平稳”说明饲料工业仍大而不强，面临着诸多问题和挑战，对复杂的内外环境还不具备充分的驾驭能力。

一是产业素质仍然较低。通过加强行政许可和获证企业监管，饲料生产企业数量与最高峰时相比减少了近1/3。但总体看，小企业还是太多。2010年排名前30位的企业集团拥有约1 000个饲料加工厂，饲料产量近7 000万t，每个加工厂年产7万t；其他近万个企业的饲料产量约9 000万t，单产不到1万t，低水平经营、低质量产品、低层次竞争等问题突出。饲料销售门店达数10万家，法律法规意识淡薄，拆包、分装、前店后厂等现象也十分普遍。

二是饲料资源制约趋紧。我国豆粕生产主要依靠进口大豆，2010年共进口5 480万t，对进口依存度达75%，鱼粉进口依存度也在70%以上。饲用玉米用量近1.2亿t，占国内玉米年产量的64%。由于玉米供应趋于紧平衡，价格不断攀升，小麦玉米价格倒挂，近两年饲料行业用小麦替代玉米的数量明显增加。根据相关规划提出的动物产品生产目标，到2015年要增加4 000万t配合饲料，大宗饲料原料的供求矛盾将进一步加剧。粮食安全压力将主要反映在饲料工业上，最终将影响畜产品供给和价格。

三是质量安全形势复杂。非法使用违禁添加物、制售假冒伪劣饲料等问题虽然有所遏制，但还没有从根本上解决。为规避监管，少数不法企业使用新型非法添加剂，花样翻新，防不胜防。受饲料资源紧缺影响，大量非粮饲料资源未经严格的评价就在饲料生产中使用，潜在风险不容忽视。饲料生产过程操作不当、饲料原料污染等非人为因素导致的质量安全问题也需要关注。与复杂的形势相比，无论是管理部门的监管能力，还是饲料企业的自我控制能力，仍有很大差距。

四是外部因素影响加大。养殖业波动频次增加，市场不确定性加大。大宗原料、能源、运输和劳动力等价格大幅上升，行业整体盈利水平下滑。饲料工业在工业门类中比较效益低，一线生产工人劳动强度大，用工越来越难。饲料企业流动资金需求大，但税收贡献少，难以得到地方政府和金融机构的支持。国外利用世贸规则对我国部分饲料添加剂产品开展“双反”调查，优势出口产品受到打压。

面对新形势、新机遇和新挑战，我们必须以转变发展方式为主线，以推动企业做大做强为核心，加强监督管理，强化科技支撑，着力构建企业管理规范、产品优质安全、资源高效利用的现代饲料工业，力争在“十二五”期间初步实现饲料工业强国建设目标。

（一）规范与引导相结合，推动企业做大做强。当前饲料行业面临的诸多困难、出现的诸多问题，一个很重要的原因是小企业太多，大企业不够。要提高准入门槛，淘汰不符合条件的企业，支持大企业统一标准、分区设厂、连锁经营。要推动提高行业集中度，鼓励饲料企业以资本、渠道和技术为纽带，采取兼并重组、合资合作、产业联盟等多种形式进行整合融合。要支持饲料企业向饲料原料生产、畜牧水产养殖、畜产品加工等领域延伸产业链，鼓励因地制宜发展全产业链，努力实现产供销一条龙、贸工农一体化；鼓励有条件的饲料企业到国外投资办厂、兼并收购，拓展发展空间，开拓国际市场。需要特别强调的是，培育大企业，不能只表现为规模扩张，更要重视产品质量提升；不能只表现为硬件改善，更要重视管理提升；不能只表现为效益增加，更要重视履行社会责任。否则，只是大而不是强。

（二）监管与自律相结合，保障产品质量安全。当前饲料质量安全最突出的问题仍是非法添加，这是利益驱使下明知故犯。各级饲料管理部门要始终保持高度警惕，不断完善监管制度，提高监督执法能力，继续以“瘦肉精”为重点组织开展专项整治和隐患排查，推进跨地区联动监管，加强行政执法与刑事司法衔接，深挖制售源头，严惩违法分子。保障饲料产品质量安全，企业必须承担主体责任。要加强普法宣传教育，督促企业牢固树立遵纪守法意识，国家明令禁止的物质绝不在饲料中添加。要指导饲料企业完善质量控制体系，按照要求配齐设备和技术人员，严格执行原料进厂把关、生产过程记录、产品出厂检验等基本制度。大企业尤其要加强对分支机构、下属企业和加盟企业的管理，统一制度要求，加强技术支持，强化监督检查，防止因一个小环节出问题毁掉整个企业。

（三）开源与节流相结合，保障饲料资源供应。应对饲料资源紧缺问题，要坚持大市场战略，统筹国际国内两个市场，拓展丰富采购渠道，努力保持大宗原料供应基本稳定；要坚持大原料战略，针对豆粕、玉米等大宗原料价格长期高位运行的情况，开发使用性价比高的替代原料，尤其是加强非粮饲料资源开发利用。应对饲料资源紧缺问题，更要依靠科技进步提高饲料利用效率，减少饲料粮消耗。我国畜牧生产中饲料转化率与国际先进水平的差距在10%以上，只要再提高5个百分点，就可节约2 000万t饲料粮。要以饲料资源高效利用基础数据库和非粮饲料资源加工处理技术为重点，进一步加强基础性、公益性技术研究与推广。要支持饲料企业建设高标准的技术研发基地，组建高素质的科研团队，围绕资源安全高效利用、产品科学配方与加工等问题进行技术攻关，形成成熟实用的配套技术体系。

（四）创新与改造相结合，增强持续发展能力。要认真研究规模化养殖加快发展进程中出现的新情况，创新服务方式和产销模式，与养殖户建立更加稳固的联系。针对养殖户缺技术的情况，建立专业化的技术服务队伍，提供细分服务，使养殖户的生产经营简单化、便捷化；针对养殖户缺资金的情况，提供融资担保帮助与支持，支持扩大养殖规模；针对大中型养殖场饲料消耗量大的情况，大力推进饲料厂与养殖场直接对接，减少中间环节，推广散装饲料，降低养殖户采购饲料的成本。针对劳动力成本不断上升和质量安全管理要求不断提高等新形势新要求，引导饲料企业加快进行技术改造，通过提高加工机组自动化水平降低劳动强度和加工能耗，通过提升检验检测装备水平提高质量安全控制能力。

三、认真学习《条例》，准确把握关键点，切实抓好宣传贯彻落实

《条例》1999年公布施行以来，对加强饲料行业管理、提高饲料产品质量、促进饲料工业发展发挥了重要作用。正是由于《条例》的公布施行，把饲料工业发展纳入了法制化、规范化轨道，推动饲料工业进入了整合提升的快车道。但是，随着经济社会全面发展，人民群众的食品安全意识日益增强、社会各方面对食品安全的要求不断提高，对饲料行业管理也提出了更高的要求。特别是农产品质量安全法和食品安全法相继颁布实施，将国内外食品质量安全管理的新理念和新制度法制化，要求饲料行业管理从立法层面对接和调整。同时，各级饲料管理部门在多年的执法实践中也遇到了很多实际问题，尤其是近年来发生的三聚氰胺事件和“瘦肉精”违法案件，暴露出监管方面存在法律漏洞，需要对现行《条例》进行修改完善。概括来讲，《条例》的修订是适应质量安全新形势、落实监督管理新要求的需要，是着眼饲料工业强国大目标、开创饲料工作新局面的需要。

2009年以来，农业部会同国务院法制办经过广泛调研和多方征求意见，历时三年完成《条例》修订工作。2011年11月3日，国务院发布了修订后的《条例》，2012年5月1日起正式施行。根据新修订《条例》有关规定，我们及时组织修订了《饲料和饲料添加剂生产许可管理办法》等配套规章，制定了《饲料原料目录》等规范性文件，已提请农业部常务会议审议。这次《条例》及配套规章、规范性文件制修订，贯彻的基本精神和遵循的基本原则是“提高门槛，减少数量；转变方式，增加效益；加强监管，保证安全”，主要变化体现在四个方面：一是明确了地方人民政府、饲料管理部门以及生产经营者的质量安全责任，建立起各负其责的责任机制；二是进一步完善生产和经营环节的质量安全控制制度，解决生产经营者不遵守质量安全规范、不建立全过程质量控制及追溯制度的问题；三是规范饲料的使用，对养殖户自配饲料和使用饲料提出明确要求，解决养殖者不按规定使用饲料、在养殖过程中擅自添加禁用物质的问题；四是完善监督管理措施，加大对违法行为的处罚力度。

各级饲料管理部门要认真学习新修订《条例》及配套规章和规范性文件，迅速行动起来，在全行业掀起宣传贯彻落实新修订《条例》的热潮。在这里，我重点强调三个方面：

（一）按照新公布的饲料生产企业设立条件，严把行业准入门槛。组织开展饲料行政许可培训，使从事饲料行政许可的人员尽快学习领会新的管理办法和新的企业设立条件要求，统一思想、统一认识、统一标准。严把新开办企业和到期换证企业准入关，不符合设立条件的一律不予许可。以省为单位组织开展配合饲料、浓缩饲料、单一饲料和动物源性饲料生产企业换证工作，统一换发有效期为5年的生产许可证。组织开展获证饲料生产企业大检查行动，督促尽快对照新的准入条件进行整改。

（二）实施饲料质量安全管理规范，推行生产全过程质量安全管理制度。保证产品质量安全关键在于生产过程控制，任何一个环节都不能出问题。发达国家已全面实施生产全过程质量安全管理制度，国内很多行业也在积极推广。这次公布的新修订《条例》把

饲料质量安全管理规范作为一项基本制度明确下来，就是要以此为抓手，全面提升饲料生产企业的管理水平。饲料质量安全管理规范的制定和首批试点工作已经完成，2012年将在全国扩大试点范围，时机成熟后全面强制实施。各地要做好试点企业遴选、培训和验收工作，以此为契机督促饲料生产企业建立健全各项质量安全管理制度。同时，新修订《条例》还明确提出要建立产品召回、企业信用记录等制度，要督促饲料企业加快建立并运行。

（三）以《饲料原料目录》公布为契机，打击饲料生产中滥用非食用物质的行为。部分饲料企业钻法律空子，打着原料的旗号，在饲料生产中滥用非食用物质或存在安全风险的物质，造成恶劣社会影响，必须坚决打击。新修订《条例》明确规定，禁止使用农业部公布的饲料原料目录、饲料添加剂品种目录和药物饲料添加剂品种目录以外的任何物质生产饲料。目前，《饲料原料目录》已经多次征求意见，很快将公布试行。如果正式施行后仍有企业擅自使用三个目录以外的物质生产饲料，各级饲料管理部门要依法从严查处，决不姑息。同时还要注意，进入三个目录的物质也不能随意使用，新修订《条例》明确规定饲料生产企业使用饲料原料和饲料添加剂，还应当遵守农业部出台的限制性规定。如果出现超剂量超范围使用问题，我们也将从严查处。

同志们！饲料工业的持续健康发展关系到动物产品安全稳定供应，关系到农业农村发展，我们一定要坚定信心，增强使命感和责任感，以贯彻实施好新修订《条例》为契机，加快推动饲料工业强国建设，在新的历史时期取得更大的成绩，做出更大的贡献！

畜牧技术推广体系 责任重大 使命光荣

——在全国畜牧站长工作会议上的讲话

高鸿宾
农业部副部长

（2012年6月6日）

值此全国畜牧总站成立30周年之际，我代表农业部党组向总站的全体干部职工表示热烈的祝贺！向长期奋战在畜牧生产第一线的广大畜牧技术推广人员表示诚挚的问候！过去的30年是改革开放的30年，是畜牧业持续快速发展的30年，也是全国畜牧业技术推广体系发展壮大做出突出贡献的30年。30年来，全国畜牧总站作为畜牧业技术推广的龙头，组织和带领各级畜牧技术推广机构，坚持以促进科技进步、推动产业发展为己任，锐意进取、奋力拼搏，做了大量卓有成效的工作，充分发挥了连接科技和生产的桥梁纽带作用，为促进畜牧业持续健康发展做出了突出的、卓越的贡献。下面我讲三点意见。

一、畜牧技术推广体系改革创新，推动产业发展贡献突出

30年来，各级畜牧技术推广体系坚持在改革中发展，在发展中完善，技术推广服务能力不断增强。特别是经过近三年的努力，县乡两级畜牧技术推广机构改革任务基本完成，基层体系改革取得新的阶段性成果。在不断推进改革的同时，各级畜牧技术推广机构协同行业管理部门认真贯彻落实党中央、国务院扶持畜牧业发展的各项政策措施，积极开展先进适用技术的示范和推广，畜牧业生产方式加快转变，科技贡献率显著提升，为实现保供给、保安全和保生态的目标做出了重要贡献。

（一）推广实用技术，推动畜牧业科技进步。技术推广是全国畜牧总站的基本职能，也是推动科技进步的重要手段。30年来，总站始终将畜牧技术推广作为首要任务，与全国各级畜牧技术推广机构一道，先后承担并出色地完成了中国—欧盟奶类项目、种草养畜家庭小草库伦建设等项目20余个，推广了生猪、家禽等优良品种及综合配套饲养技术、飞播种草和草原鼠虫害防治技术30余项。这些项目的推广实施，产生了良好的经济效益、生态效益和社会效益，得到了各级政府和畜牧行业管理部门的高度评价，多项技术还获得了国家级和省部级奖项。猪人工授精技术的推广，使生猪主产省人工授精的普及率达到60%，优秀种公猪利用率提高10倍以上；奶牛良补项目的推广实施，使全国奶牛平均单产水平提高40%，增幅近1 500kg；饲料配制技术推广，使肉鸡配合饲料转化率由“八五”时期的2.5∶1提高到目前的1.8∶1；飞播种草技术推广，使沙化草地植被盖度提高50%以上。随着科技推广工作的深入开展，大量新技术、新成果应用到生产第一线，畜牧业生产水平迅速提高，当前畜牧业科技贡献率为53.5%，比“六五”末期提高了近20个百分点。总站还充分发挥国家畜禽遗传资源委员会、国家草品种审定委员会、全国畜牧业和饲料工业标准化技术委员会、全国猪联合育种协作组等专家技术组织的优势，整合行业科技资源，凝聚专家学者智慧，形成了科技兴牧的合力。

（二）加强资源保护和良种繁育，提高畜禽生产能力。品种对畜牧业生产的贡献超过40%。各级畜

牧技术推广机构依据《中华人民共和国畜牧法》开展畜禽资源保护和良种繁育推广工作，在全国范围内组织进行了第2次畜禽遗传资源调查，摸清了我国现阶段畜禽遗传资源状况，编纂出版了《中国畜禽遗传资源志》，详细记录了我国畜禽品种的分布、特点、遗传优势等，堪称畜禽遗传资源方面的大百科全书。从我国畜禽遗传资源保护的需要出发，各级畜牧技术推广机构不断加强保种场、保护区及基因库建设，目前，国家畜禽遗传资源库收集保存牲畜优良品种精液16万剂、胚胎9 000余枚、血样等遗传物质1.5万份。30年来，各级畜牧技术推广机构在引进国外畜禽优良品种的同时，还组织和参与培育了京海黄鸡、夏南牛、苏太猪、巴美肉羊、中国美利奴细毛羊等90个畜禽新品种（配套系），推动了绍兴鸭、豁眼鹅、辽宁绒山羊等地方优良品种资源的开发利用，并且组织实施了生猪等遗传改良计划，推动了生猪联合育种。经过多年努力，畜禽良种供应能力明显提高、质量明显改善，由此带动整个面上牲畜出栏率、胴体重等指标大幅度提升，畜禽生产性能显著提高。

（三）切实履行职能，不断提高畜产品质量安全水平。多年来，各级畜牧技术推广机构密切配合政府和行业管理部门，加大投入品质量安全监管力度，配合修订了《饲料和饲料添加剂管理条例》及相关配套规章和规范性文件，严把饲料企业准入关，着力规范生产经营，加强饲料行业监管。总站积极牵头组织开展无公害畜产品认证工作，近两年无公害畜产品合格率为100%。“婴幼儿奶粉”事件发生后，各级畜牧技术推广机构迅速行动，全力以赴参与奶站清理整顿，加强对奶站的监管，配合制定《全国奶业发展规划》，大力推广奶牛养殖技术规范，稳定了奶业发展。在此后发生的“猪流感”事件、“瘦肉精”案件处置过程中，各级畜牧技术推广机构也都积极配合，主动参与，为妥善处置突发事件、保护产业健康发展发挥了积极作用。各级畜牧推广机构不断加强畜禽、牧草质量检测能力建设，为加强生产监管、保障畜产品质量安全提供了强有力的技术支撑。

（四）开展草原保护建设，促进可持续发展。各级草原技术推广机构开展全国草原生产力估算、草原保护与建设工程效益评价和草原生物灾害监测预警等工作，为政府决策和农牧民发展牧业生产提供了科学依据。充分利用现有力量和资金，做好草原鼠虫害防治工作，大力推行生物防治技术，草原鼠、虫害年度防治面积分别超过1亿亩*和8 000万亩，生物防治比例分别超过80%和50%，降低了因灾损失，保护了草原生态环境。建成了覆盖全国31个省（自治区、直辖市）的国家级草种质资源保存利用体系，累计保存种质材料3.6万份，审定草品种444个，成为世界牧草种质资源保护大国，扩大了我国牧草种质资源保护在区域和全球战略中的影响力，为我国草产业发展打下了坚实的基础。积极参加草原生态保护补助奖励机制和促进牧区又好又快发展等重大政策调研，为牧区新政策出台做了大量工作。建立并推广使用草原生态保护补助奖励机制管理信息系统，有力保障了补奖机制的顺利实施。

（五）指导服务生产，促进农牧民增收。30多年前，我国畜牧业基本上处于传统养殖状态，生产规模小而分散，基础薄弱，技术落后，经营管理水平低。改革开放开启了我国畜牧业由传统向现代化过渡的进程，广大畜牧技术推广人员顺应形势要求，对养殖户进行技术指导和服务，引导农牧民发展规模养殖。20世纪80年代，对农民开展畜禽良种供应、配合饲料使用、重大疫病防控、生产经营管理等综合服务。90年代，拓展到产前、产中和产后系列化服务。进入21世纪，各级畜牧技术推广机构大力推进畜牧业生产方式转变，积极指导农牧民发展标准化规模养殖。为应对生猪生产周期性波动，及时开展调研督导，强化信息统计和监测预警，为实施有效宏观调控发挥了不可替代的作用。各级畜牧技术推广人员常年深入基层，服务农民，将论文写在牧场里，成果留在千万家，为农牧民增产增收做出了巨大贡献。

二、加快畜牧业科技创新与推广，是推动现代畜牧业发展的决定力量

经过多年持续快速发展，我国畜牧业进入新的历史时期。党中央、国务院高度重视畜牧业发展，确立了支持畜牧业发展的政策框架体系，使我国畜牧业综合生产能力大幅度提高。但同时也应看到，我国畜牧业发展正发生深刻变化，面临诸多的困难和挑战。要在高基数、高起点上继续保障畜产品有效供给，要在整体推进我国农业现代化进程中，率先实现畜牧业现代化，最关键、最根本的措施是加快畜牧业科技创新与推广。

（一）突破资源环境制约瓶颈，保障畜产品有效供给，必须把畜牧业科技创新与推广作为根本出路。随着人口增长、收入增加、城镇化水平提高，畜产品消费需求呈现刚性增长，每年仅新增肉类较高的情况下，饲料资源和环境承载力更加紧张，豆粕和鱼粉进口依存度均已超过70%，饲用玉米缺口也在加大，养殖业用地难、粪污处理难等问题日益突出。21世纪头10年的肉类产量年均递增率与20世纪80年代

---

* 亩为非法定计量单位，1亩≈666.67平方米。——编者注

相比，已由9%降低到2.8%，增速明显放缓。通过传统养殖方式增加畜产品供给的难度进一步加大。尤其是牛羊肉生产，发展基础相对薄弱，生产效率不高，生产发展跟不上消费增长，矛盾较为突出。这迫切要求进一步加快科技创新与推广，开展优良特色畜禽品种培育和养殖技术集成研究，加强技术培训，制定实施畜禽遗传改良计划，重点推广适度规模养殖、优质饲草资源开发、粪污发酵处理综合利用技术等，用现代养殖技术突破资源和环境瓶颈，保持肉蛋奶增产势头，适应消费需求的增长。

（二）增强畜牧业抵御风险能力，保障农牧民增收，必须把畜牧业科技创新与推广作为首要选择。近年来，饲料、水电、土地等价格上涨较快，各地普遍出现了雇工贵和养殖技术人才短缺的情况。同时，畜禽养殖市场风险和疫病风险也在加大，畜产品价格波动的诱因明显增多，动物疫病形势更趋复杂。畜牧业进入了高成本、高风险的发展阶段，保持畜禽养殖业平稳健康发展的难度越来越大。这迫切要求进一步加强科技创新与推广，优化饲料配方，提高饲料转化率，大力推广科学养殖模式，提高机械化、自动化养殖水平，通过科技降低养殖成本，提高资源利用率和劳动生产率。加强动物疫病预防和市场监测预警研究，科学防控疫病，强化调控手段，降低疫病和市场风险，尽量避免生产大起大落、价格暴涨暴跌。

（三）保障畜产品质量安全，消除生产隐患，必须把畜牧业科技创新与推广作为关键支撑。随着经济发展社会进步，食品安全日益成为社会舆论和人民群众关注的热点问题，畜产品质量安全进入高度敏感时期。这些年连续发生的“婴幼儿奶粉事件”“猪流感事件”“瘦肉精案件”等，每一次都在社会上引起强烈反响，对我国畜牧业形成严重冲击。目前，全国有饲料生产企业1万多家、经销门店数十万个，畜禽养殖场户近1.8亿户，数量庞大，管理水平参差不齐，畜产品质量安全监管形势异常严峻。这就迫切要求加快科技创新与推广，重点在畜禽产品质量安全快速检测技术和健康养殖技术方面有所突破，在实施秸秆养畜示范项目、振兴奶业苜蓿发展行动和畜禽养殖标准化示范创建方面取得新的进展，以不断提高养殖水平，消除生产隐患，向全社会提供安全、优质、放心的畜产品。

（四）遏制草原退化，推动草原生态保护建设，必须把畜牧业科技创新与推广作为有效保障。目前，促进牧区又好又快发展的大政方针已经明确，政策支持力度前所未有，生态文明建设面临千载难逢的机遇。但是，由于历史欠账较多，草原退化、牲畜超载的局面仍然严峻，统筹草原牧区生态、生产、生活协调发展面临着诸多难题。如何把政策落实好，把生态保护好，把生产发展好，特别要实现“禁牧不禁养、减畜不减肉、减畜不减收”的目标，任务十分艰巨。这迫切需要加快科技创新与推广，力争在草畜平衡、草场改良、灾害防治、人工种草和牧草良种繁育等关键环节有所突破，重点推广优质牧草收获加工储存利用技术、家庭牧场和牧区标准化适度规模养殖模式，继续开展草原保护建设科技综合示范区建设，促进牧区草原畜牧业生产方式加快转变。

（五）应对经济全球化挑战，提高畜牧业竞争力，必须把畜牧业科技创新与推广作为核心依托。随着世界经济全球化进程日益加快，国际畜牧业竞争日益加剧，国内市场面临国外畜产品进口竞争压力空前加大，我国畜禽、蜂及皮毛产品出口形势日益严峻。同时，世界范围也正在孕育一场新的科技革命，目前，发达国家正在对畜牧科技和畜牧产业进行新的统筹部署，开始了新一轮抢占畜牧科技和畜牧产业发展制高点的竞争。面对国际新态势和新挑战，我们必须在战略性、前沿性畜牧业科技领域加强部署，尽快取得一批重大科技创新成果，在推动畜牧业可持续发展的科学技术领域，掌握一批核心技术，才能抢占科技制高点，始终把握我国畜牧业持续发展的主动权，不断提高我国畜牧业的国际竞争力。

2012年中央一号文件聚焦农业科技创新，把推进农业科技创新作为三农工作的重点，出台了一系列含金量高、打基础、管长远的政策措施，在我国农业科技发展史上具有里程碑意义。这是党中央国务院科学把握现代农业发展规律，立足当前、着眼长远做出的重大决策，十分及时，鼓舞人心，催人奋进。畜牧业技术推广体系要充分认识新形势下加快畜牧业科技创新与推广的重要性和紧迫性，抓住机遇，扎实工作，努力开创畜牧业技术推广工作的新局面。

三、加强队伍自身建设，创造畜牧业推广新业绩

过去30年，畜牧技术推广体系做出了巨大贡献，在未来畜牧业现代化建设中需要再创新业绩。面对新的形势和任务，我们必须看到还有许多不适应的地方，突出表现在管理体制没有完全理顺，公益性职能没有细化到每个岗位和人员；人员素质不高，年龄、知识同步老化，业务能力与实际需求有较大差距；缺乏稳定投入机制，基层人员工资待遇低，工作经费不足，设施设备缺乏，服务手段落后。2012年中央一号文件和2011年年底召开的中央农村工作会议、全国农业工作会议，对乡镇农业公共服务机构建设出台了新政策、提出了新要求、作出了新部署。各级畜牧技术推广机构要紧紧抓住这一重大历史机遇，坚定信

心，迎难而上，进一步加强自身建设，不断增强体系综合实力。

（一）做好深化改革的基础性工作。新一轮事业单位改革已经开始，中央对改革提出了新要求，各地一定要吃透文件精神，认真摸清畜牧技术机构设置、职能任务、人员状况、服务需求等基本情况，做好前期准备工作，为改革提供基础性材料。2012 年中央一号文件提出“一个衔接、两个覆盖”的要求。各地畜牧技术推广机构要主动配合行业管理部门，做好沟通协调工作，为解决推广队伍的实际问题创造条件，赢得主动，争取将各项政策落到实处。

（二）努力提高推广人员素质。全面推进人员聘用管理，完善用人机制，规范人员上岗条件，采取公开招聘、应聘上岗、择优聘用的方式，选拔有真才实学的专业技术人员，充实到基层畜牧技术推广机构中。建立人员培训长效机制，把基层推广人员知识更新培训作为体系建设的重要内容，突出培训重点，完善培训方式，切实增强培训的针对性和实效性。按照中央部署和要求，要在乡镇设置畜牧业公共服务特设岗位，吸纳专业素质高、作风踏实的农科大学生到基层站从事畜牧技术推广工作，切实解决基层队伍老化，专业素质不高的问题。

（三）切实提高服务效能。各级畜牧技术推广机构要根据产业发展实际，科学合理设置服务岗位，落实岗位责任，明确服务要求，做到有事必有岗，有岗必有责。要建立健全考核评价机制，将基层推广人员的工作量、工作业绩和农牧民满意度作为主要考核指标，将考核评价结果与工资报酬、职务晋升、职称评定紧密挂钩。要创新服务方式，立足农牧民实际需求，提高服务质量和效率，在做好常规技术推广服务的同时，还要充分利用广播、电视、网络、手机等现代手段，提高畜牧业技术推广服务信息化水平。

（四）加强条件能力建设。各级畜牧技术推广机构要以养殖规模和服务绩效为依据，积极争取推广经费投入，建立工作经费保障机制，确保工作正常运转。落实基层人员待遇，乡镇畜牧技术推广人员工资待遇要与当地事业单位人员工资收入平均水平相衔接。加大条件能力建设，中央一号文件确定技术推广机构条件建设覆盖全部乡镇。要积极争取建设配套资金和相关配套政策，加强各级畜牧技术推广机构基础设施建设，切实做到工作有场所、示范有基地、服务有手段、下乡有工具，不断提高服务能力。

（五）建立互动联动机制。各级畜牧技术推广机构要充分发挥畜牧业技术支撑与推广的主力军作用。对上，要主动当好参谋助手，充分发挥技术优势，为行业管理部门宏观决策提供科学依据和技术支持；对下，要加强科技推广，服务基层，指导生产，强化成果转化，提高服务质量；对内，要加大体系资源整合，优化资源配置，建立区域间推广机构的互动联动机制，充分发挥体系的整体功能；对外，要树立“大协作、大联合、大推广”理念，加强与畜牧科研、教育、产业化龙头企业及经济组织的合作，促进多部门联合，发挥联动效应，构建一主多元的畜牧业技术推广新格局。

同志们！回首过去，畜牧技术推广体系改革创新，奋力拼搏，走过了不平凡的 30 年，取得了非凡的成绩。展望未来，畜牧技术推广体系责任重大，使命光荣。希望你们再接再厉、开拓进取、扎实工作，推动畜牧业技术推广工作再上新台阶，为建设现代畜牧业做出新贡献！

致中国饲料工业协会第八届大型企业联谊会暨第六届理事会二次会议贺信

高鸿宾
农业部副部长

（2012 年 11 月 15 日）

中国饲料工业协会秘书处转各大型企业联谊会成员单位、全体理事同志们：

值此中国饲料工业协会第八届大型企业联谊会暨第六届理事会二次会议开幕之际，我代表农业部并以中国饲料工业协会理事长的名义对会议的召开表示热烈的祝贺，向各位理事、参会企业家和与会代表致以诚挚的问候！这次会议正值党的十八大胜利闭幕之际，为饲料行业认真学习领会十八大精神，共同谋划发展大计提供了难得的机遇，我因身体原因不能出席，非常遗憾，深表歉意！

在饲料工业快速发展的历史进程中，大企业始终是中坚力量，发挥着重要作用。近年来，各大企业着力完善现代经营管理制度，积极推进整合融合，努力打造全产业链，在新型工业化发展道路上迈出了坚实的步伐。2011 年，年产量超过 50 万 t 的大型饲料企业集团达 33 个，对全国饲料总产量的贡献达 43%。一大批饲料企业入选国家和省级农业产业化龙头企业，成为现代畜牧业建设的骨干力量。很多饲料企业着力统筹国内外两个市场、两种资源，国际化发展取得了明显成效。

党的十六大以来，饲料工业紧紧抓住全面建设小康社会和加快推进社会主义新农村建设的战略机遇，努力克服各种不利因素冲击，饲料总产量和总产值持续快速增长，产品质量稳步提升，产业集中度不断提高，饲料添加剂和饲料机械彻底改变依赖进口的局面，可谓成就斐然。饲料工业改革发展取得的历史性成就，不仅为建设饲料工业强国打下了坚实的基础，也为各大企业的发展创造了更好的环境。

年初以来，受复杂严峻的国内外宏观经济形势影响，饲料行业经营成本大幅攀升，整体赢利水平有所下滑，发展处于低谷。我们要看到，困难是暂时的，党的十八大报告清晰勾画了我国未来的经济社会发展蓝图，提出到2020年国内生产总值和城乡居民人均收入再翻一番的宏伟目标，作出了“四化”同步推进的战略部署，未来相当长的时期内饲料工业仍面临着难得的发展机遇。只要我们坚定信心，团结一致，坚持全面贯彻落实科学发展观，不断改革创新，加快转变发展方式，一定能够取得新的成绩，实现更高水平的发展！

预祝会议圆满成功！

贯彻落实十八大精神 推动实现科学发展

——在中国饲料工业协会第八届大型企业联谊会暨第六届理事会二次会议上的讲话

于康震
国家首席兽医师

（2012 年 11 月 15 日）

在党的十八大胜利闭幕之际，中国饲料工业协会召开第八届大型企业联谊会暨第六届理事会二次会议，非常及时、很有必要，为饲料行业认真学习领会十八大精神，科学谋划发展大计搭建了很好的平台。借此机会，我讲两点意见。

一、回顾十年辉煌成就，坚定发展信心

党的十六大以来的 10 年，是党和国家高度重视畜牧业发展的 10 年，是畜牧业综合生产能力持续增长、饲料工业大发展的 10 年。10 年来，饲料工业抓住国民经济实力快速增长、城乡居民收入水平稳步提高、强农惠农政策体系不断完善的战略机遇，克服畜牧生产波动、国际金融危机、质量安全事件等不利因素冲击，取得一系列历史性成就，饲料生产大国地位进一步巩固，饲料工业强国建设迈出了坚实的步伐。

一是饲料总产量跃居世界第一。2011 年工业饲料产量达到 1.81 亿 t，是 2002 年的 2.2 倍，年均增长 9%，占全球商品饲料总产量的 24.6%。饲料工业总产值达 6 348 亿元，是 2002 年的 3.3 倍，年均增长 14.3%。2005 年饲料产量首次突破 1 亿 t，2010 年起超过美国成为世界最大的饲料生产国。在产量持续快速增长的同时，饲料产品结构发生积极变化。2002 年，工业饲料中配合饲料、浓缩饲料和添加剂预混合饲料的比重分别为 75.0%、21.2%和 3.8%；随着标准化规模养殖的推进和散养户的退出，配合饲料逐步替代传统农家饲料，2011 年配合饲料比重达到 82.6%，浓缩饲料的比重下降至 14.1%。饲料工业的快速发展和结构调整，为畜牧业持续健康发展提供了坚实的物质基础。

二是饲料添加剂等支撑产业形成自主优势。10 年来，我国饲料添加剂工业发展迅速，品种大幅度增加，产量快速增长，彻底改变依赖进口的局面。2011 年我国各类饲料添加剂产量 629 万 t，是 2002 年的 118 倍。我国已经实现全部氨基酸类、维生素类饲料添加剂国产化，赖氨酸和维生素类饲料添加剂主导国际市场，产量分别达到 71.6 万 t 和 72.2 万 t，赖氨酸占世界同类产品产量的 43.4%，维生素类出口量占总产量的 46.4%。2011 年，我国饲料机械工业产值达 49 亿元。生产的 200 多种饲料机械设备不仅能够满足国内市场，还远销到多个国家和地区。

三是饲料产品质量稳步提升。饲料质量安全是保障养殖产品质量安全的重要关口，各级畜牧饲料管理部门把保安全作为促发展的重要前提，采取有效措施加大预警、监测、执法工作力度，取得了显著成效。2003 年以来，工业饲料产品总体合格率一直稳定保持在 90%以上。2011 年，饲料产品总体合格率达到 95.5 %，比 2002 年提高了 7.3 个百分点。养殖环节“瘦肉精”等违禁添加物检出率从 2002 年的 3.92%下降到 2011 年的 0.08%。2005 年以来，商品饲料“瘦肉精”一直保持零检出，安全优质饲料产品已经成为市场主流。

四是行业竞争力明显增强。2011 年，年产 10 万 t以上饲料企业数量达到 360 个，是 2002 年的 6 倍，平均每年增加 33 家企业。其中，年产量超过 50 万 t 的大型饲料企业集团发展到 33 个，产量占全国总产量的 43%。一大批饲料企业走上集饲料加工、畜禽养殖、屠宰加工于一体的产业化发展道路，综合竞争力和抵御风险能力明显提升。一些饲料企业在开拓国内市场的同时，在海外投资建厂，布局国际市场。大量科技创新成果在饲料行业推广应用，配合饲料入户率和转化率继续提高，对养殖业技术进步的贡献率达 50%以上。全国饲料生产企业 62 万名员工

中，近四成具有大专以上学历，是10年前的近两倍。

回顾饲料工业10年发展历程，成就来之不易，是政策有力、市场给力、监管得力、行业努力的结果。政策方面，饲料生产企业免征增值税的政策一直延续至今，对增强饲料企业持续发展能力发挥了重要作用；2008年国家明确玉米优先满足饲料需求，缓解了饲用玉米供应趋紧的形势；国家针对畜牧生产出台一系列扶持政策，在促进畜牧业持续稳定发展的同时，也推动了饲料工业的发展。市场方面，2011年，全国肉类、禽蛋和奶类产量分别达7 958万t、2 811万t和3 811万t，分别比2002年增长27.6%、24.1%和172.1%；生猪、蛋鸡和奶牛规模化养殖比重分别达到37%、80%和33%，分别比2002年提高27、27和21个百分点，为饲料增产提供了巨大空间。监管方面，过去10年农业部依据《饲料和饲料添加剂管理条例》出台了一系列配套规章和规范性文件，切实维护了公平的市场环境，保障了产品质量安全，推动饲料工业进入了整合提升的快车道。行业发展方面，饲料企业尤其是大企业以市场为导向建立起各具特色的经营管理制度，饲料工业形成百花齐放、百家争鸣的市场竞争格局，呈现出横向整合融合、纵向延伸链条、走出去引进来协同发展的良好趋势，为适应新形势、应对新情况奠定了坚实基础。这几个方面的协同作用，既是我们过去10年取得辉煌成就的动力所在，也是指导饲料工业未来发展的宝贵经验，应该充分总结，不断完善。

二、贯彻落实十八大精神，推动实现科学发展

党的十八大报告全面阐述了建设中国特色社会主义的总体思路，明确提出到2020年实现国内生产总值和城乡居民人均收入比2010年翻一番的宏伟目标，再次强调“三农”工作为重中之重的战略思想，全面论述了同步推进工业化、信息化、城镇化和农业现代化的战略部署，清晰地勾画出我国经济社会发展蓝图。在全面建设小康社会的关键时期和推进农业现代化的攻坚时期，饲料工业迎来了新的发展机遇。一是动物产品需求刚性增长。在国民经济总量增长、人均收入增加、人口增长和城镇化发展等因素综合推动下，动物产品需求将继续刚性增长，肉蛋奶和养殖水产品产量每年分别要增加120万t、30万t、450万t和140万t。生产这些动物产品，每年需要增产800万t饲料。二是现代畜牧业建设加速推进。随着国家扶持畜牧业发展的政策体系进一步完善，投入力度进一步加大，现代畜牧业建设将加速推进，既为饲料增产提供了新的增长点，也为饲料企业多元发展提供了新的空间。三是参与国际竞争的环境进一步改善。我国饲料添加剂和饲料机械设备已达国际先进水平，部分产品在国际市场占据了优势地位。一批企业在国外投资兴办饲料加工厂和饲料原料供应基地，积累了成功经验，树立了良好形象。十八大报告明确提出要加强双边、多边、区域、次区域等多种形式的国际合作，国际贸易和投资的环境将不断改善。

看到机遇的同时，更要清醒地认识到，与实现全面协调可持续发展的要求相比，与实现更有质量的增长目标相比，饲料工业还面临着诸多问题和挑战。产业素质仍然较低。全国一万多个饲料加工厂中，单产不到1万t的占90%，低水平经营、低质量产品、低层次竞争等问题突出。饲料资源制约趋紧。豆粕生产对进口大豆的依存度超过80%，玉米供应趋于紧平衡。根据相关规划提出的动物产品生产目标，到2015年要增加4 000万t配合饲料，大宗饲料原料的供求矛盾将进一步加剧。质量安全形势复杂。非法使用违禁添加物、制售假冒伪劣饲料等问题虽然得到扼制，但没有从根本上解决；非粮饲料资源未经严格评价就在饲料生产中使用，潜在风险不容忽视；饲料生产、经营和使用全程质量安全管理制度尚未建成，管理不当、环境污染等非人为因素导致的质量安全问题也需要密切关注。不确定因素增加。畜牧业波动频次增加，畜禽养殖方式转变加快，原料、能源、运输和劳动力等成本大幅攀升，国际市场波动和贸易保护措施对国内的传导影响加大，这些不确定因素对市场适应能力、管理变革能力、技术创新能力都是严峻考验。

面对新形势、新机遇和新挑战，高鸿宾副部长在2012年4月召开的全国饲料工作会议上明确提出，必须以转变发展方式为主线，以推动企业做大做强为核心，加强监督管理，强化科技支撑，着力构建管理规范、产品优质安全、资源高效利用的现代饲料工业。大企业是推动饲料工业发展的核心力量，要带头落实新时期饲料工作总要求，加快转变发展方式，推动实现科学发展。在这里，我重点提四点要求。

（一）以贯彻落实新条例为抓手，健全质量安全管理制度。国务院2011年颁布新修订《饲料和饲料添加剂管理条例》后，农业部2012年据此发布一系列配套规章和规范性文件，明确各项新制度、新要求的实施细则，根本出发点是推动饲料企业做大做强，规范饲料市场秩序。大企业要带好头，做学法懂法守法的典范。这次饲料法规修订，贯彻的基本理念是健全饲料生产、经营和使用等各环节的管理制度，饲料企业要以此为契机，推动形成涵盖全过程的饲料质量安全管控体系。

（二）以增强服务养殖能力为抓手，加快融入畜

牧产业链。建设现代畜牧业，规模化生产和产业化经营是必然选择。饲料工业既是自成体系的产业，也是畜牧产业链的关键环节之一，只有与其他环节协同衔接，才能实现自身发展目标。很多饲料企业致力于构建畜牧全产业链，难点在于养殖，离不开千家万户。一些饲料企业继续坚持专业化发展，市场营销思路也在变，需要靠服务带销售。当前，我国畜禽规模养殖仍处于初级阶段，养殖户在资金、技术、人才、市场等方面都有困难，饲料企业应抓住机遇发挥优势，通过为养殖户提供专业化服务，与养殖户在互惠互利基础上构建稳固的关系，加快融入畜牧产业链。

（三）以加快信息化建设步伐为抓手，推动转变产销运营模式。党的十八大报告提出“四化”同步，将信息化上升为国家战略，凸显了信息技术对现代生产生活无所不在的影响和不可替代的作用。无论是从自身发展出发，还是从引领带动畜牧业信息化出发，饲料生产企业都应积极主动加快信息化建设。应对用工难和推行生产全过程精准化管理，自动化生产线是主要选项。建设产品追溯体系，提高人财物管理体系运行效率，增强服务客户能力，现代网络、通讯等信息技术也是重要手段。长远看，物联网、云计算等新技术在饲料工业中也有很大的应用潜力。

（四）以增强技术创新能力为抓手，提高增长质量和效益。2012 年中央 1 号文件聚焦农业科技，明确提出确保粮食安全、突破资源环境约束、加快现代农业建设的根本出路都在于科技。解决当前畜牧饲料行业面临的困难和问题，也要紧紧依靠科技创新驱动。尤其是饲料资源高效利用、新型安全高效饲料添加剂、智能化饲料加工工艺设备、饲料质量安全快速检测等领域，要作为科技创新的重点。饲料企业增强科技创新能力，要着眼构建适应时代要求的饲料工业新体系，从引进消化吸收创新向自主创新转变，从单项技术创新向系统创新转变，从分散创新向协同创新转变，为提高质量和增长效益注入活力。

中国饲料工业协会作为企业与政府之间的桥梁和纽带，在推动饲料工业科学发展的历史进程中，要更加注重坚持以服务为宗旨和以企业为本的办会方向。服务是协会的根本属性，是协会的生命线和立足之本。服务的好坏直接关系到协会地位的巩固、职能的发挥以及协会的生存发展。协会必须以增强服务能力为核心，积极探索、不断创新，在服务中求发展，在服务中有新突破。协会是企业之家，在这样一个非常重要的转型期，企业对有效服务的需要尤为迫切，特别是诸如落实产业政策、咨询培训、信息服务、技术指导、促进贸易等方面。协会应坚持为行业服务和为企业服务并重，充分利用自身地位和优势，进一步转变服务理念，增强服务功能，拓展服务领域，提升服务本领，努力帮助企业排忧解难，促进行业健康发展。

同志们！回顾 10 年成就振奋人心，展望未来前景催人奋进。在新的历史时期，让我们以科学发展观为指导，全面贯彻十八大精神，抓住机遇、坚定信心、开拓创新、锐意进取，为努力促进畜牧业和饲料工业持续健康发展做出新的更大的贡献。

饲料工业是支撑现代畜牧业发展的大产业

——在全国饲料工作会议上的总结讲话

王智才
农业部畜牧业司司长
全国饲料工作办公室主任

（2012 年 4 月 11 日）

同志们：

经过一天的认真学习和热烈讨论，全国饲料工作会议圆满完成各项议程，就要结束了。这次会议是在饲料工业“十二五”发展规划（以下简称“规划”）实现良好开局、新修订的《饲料和饲料添加剂管理条例》（以下简称《条例》）即将实施的背景下召开的。今天上午，代表们认真聆听了高鸿宾副部长的重要讲话，集中学习了《条例》和“规划”；刚才，大家分组进行了讨论，围绕全面贯彻实施《条例》和加快推进饲料工业强国建设，提出了很多很好的意见和建议。这次会议内容充实，收效很大，开得很好。下面，我对会议作简要总结，讲两点意见。

一、这次会议的主要成效

全国饲料工作会议时隔六年后再次召开，各方面都高度重视，各省（区、市）饲料管理部门、饲料质检机构、饲料监督执法机构和饲料工业协会的负责同志都参加了会议，部分大型饲料企业代表列席了会议。高鸿宾副部长出席会议并作了重要讲话，国务院法制办、国务院食安办、公安部、质检总局、税务总局、工商总局等六个部委和部内相关同志也出席了会议。会议得到了福建省委省政府的大力支持，陈荣凯副省长出席会议并致辞。这次会议的主题是“全面贯彻实施新条例，加快建设饲料工业强国”，目标非常明确，就是要充分总结“十一五”以来饲料工作的成绩与经验，深入分析当前面临的形势与任务，明确今后一段时期的工作思路与重点，以全面贯彻实施《条例》为契机，推动饲料工业加快转变发展方式，实现从大到强的跨越提升。会议的成效主要体现在三个方面：

一是肯定了成绩，总结了经验。“十一五”以来，饲料工业抓住国民经济实力快速增长、城乡居民收入水平稳步提高、强农惠农政策体系不断完善的战略机遇，克服畜牧生产波动、国际金融危机、质量安全事件等不利因素冲击，饲料产量持续较快增长，产品质量稳步提升，产业集中度明显提高，为现代养殖业发展提供了坚实的物质基础，为粮食和粮油食品工业副产物高效转化提供了有效的途径，对促进农业增效、农民增收和农村发展具有不可替代的作用，成效十分显著，得到了农业部党组的充分肯定和各方面的广泛认可。各级畜牧饲料管理部门坚持市场化运行机制，大力支持不同类型企业共同发展；坚持依法治饲和安全优先，努力营造公平的市场环境；坚持稳定政策和依靠科技，不断增强持续发展能力，推动饲料工业大国地位进一步巩固，饲料工业强国建设迈出坚实步伐，经验弥足珍贵，应该长期坚持。

二是分析了形势，明确了任务。“十二五”是我国全面建设小康社会的关键时期，随着动物产品需求刚性增长，现代畜牧业建设加快推进，国际贸易和投资环境不断改善，饲料工业迎来了新的发展机遇。但也要清醒地认识到，我国饲料工业总体上仍大而不强，还面临着产业素质偏低、饲料资源制约趋紧、质量安全形势复杂、外部因素影响加大等诸多问题和挑战，对复杂的内外环境还不具备充分的驾驭能力。我们要以转变发展方式为主线，加强监督管理，强化科技支撑，着力构建企业管理规范、产品优质安全、资源高效利用的现代饲料工业。要通过规范与引导相结合，推动企业做大做强；通过监管与自律相结合，保障产品质量安全；通过开源与节流相结合，保障饲料资源供应；通过创新与改造相结合，增强持续发展能力。

三是学习了《条例》，明确了宣贯重点。《条例》的修订是饲料工业发展历程中的一件大事，既是适应质量安全新形势、落实监督管理新要求的需要，也是着眼饲料工业强国大目标、开创饲料工作新局面的需要。这次修订《条例》及配套规章和规范性文件，贯彻的基本精神和遵循的基本原则是“提高门槛，减少数量；转变方式，增加效益；加强监管，保证安全”，主要变化体现在明确各方责任、完善生产经营制度、规范饲料使用和加大违法惩处力度等四个方面，具体包括饲料原料目录发布、饲料原料采购查验、饲料质量安全管理规范、问题产品召回等十多项制度，既有对已有制度的完善，也有对新理念的吸收。我们一定要从长远和全局出发，充分认识《条例》修订的重大意义，准确把握实质和内涵，明确贯彻实施的关键点。

二、贯彻实施《条例》的具体要求

新修订《条例》将自5月1日起正式实施，配套规章和规范性文件草案已报请农业部常务会审议，将于5月1日前公布实施。各位与会代表要认真学习、深刻领会本次会议精神，回去及时向主要领导汇报，积极争取党委政府和有关部门支持，把贯彻实施《条例》作为2012年畜牧饲料各项工作的重点抓紧抓好。

一是统一思想认识。当前饲料行业出现诸多问题，一个很重要的原因就是小企业太多，大企业不够。只有企业做大做强了才会真正视质量安全为生命，才能真正践行先进的经营管理理念，才能在应对各种复杂局面时掌握主动。这次《条例》修订中，我们提高准入门槛，推行饲料质量安全管理规范，出台一系列新制度，根本出发点就是要推动饲料企业做大做强，这是农业部党组着眼大局作出的科学决策，高鸿宾副部长多次强调，要求有大举措、见大成效。各地要统一思想认识，统一行动步调，杜绝“重发展、轻监管”思想，坚决淘汰条件简陋、管理混乱的企业，规范生产经营秩序，落实质量安全责任，净化饲料市场。

二是抓好宣贯培训。贯彻实施好《条例》，宣传到位、培训到位是基础。2012年5～10月，我们分区域举办了5次培训班，对各省（区、市）重点地区的饲料管理人员进行培训；分系统举办了3次培训班，对省级饲料质检机构负责人、饲料行政许可人员和全国饲料评审委员会成员进行培训。各地既要积极参与我们举办的各类培训，也要在本辖区内开展各种类型、各种层次的培训，在全行业形成“学条例、抓落实、保安全”的良好氛围。

三是加强行政许可。加强行政许可是贯彻《条例》新要求的重要手段，各地要采取切实有效措施提高审核工作质量，履行好准入把关职责。要健全组织机构，以省为单位组建饲料生产许可证专家审核委员会，充分发挥专家技术把关作用，增强审核科学性、规范性。要保障行政许可的工作经费，没有经费的要向有关领导和有关部门讲明利害、积极争取，确保审核工作的独立性和公正性。要加大现场核查力度，防止企业弄虚作假。要提高行政许可效率，在饲料添加剂和添加剂预混合饲料批准文号审批过程中改“一品一检”为“同类抽检”，减轻企业负担。

四是做好新老制度衔接。在饲料企业设立许可方面，5 月 1 日以后新设立企业和到期换证企业必须按照新的准入条件审核，不达标的不予许可；老企业如果许可证还在有效期内，可以继续运行，但换证时必须达到新的准入条件。《饲料原料目录》作为一项新制度，试行期内各级畜牧饲料管理部门要广泛收集饲料企业的意见，及时上报增补或修改建议，我们将及时组织科学评估。

五是加强执法监管。对饲料中非法添加“瘦肉精”等禁用物质的违法行为要始终保持高压态势，不能有丝毫放松。要密切关注饲料生产中使用新型非法添加物的倾向，依据《条例》有关规定严肃查处，防止问题扩散。要组织开展饲料经营门市大检查，进一步掌握从事饲料、饲料添加剂经营门市数量，打击经营环节违法违规行为，净化饲料市场。要结合现有饲料企业集中换证工作，加大获证饲料企业现场检查力度，及时发现坚决淘汰条件落后、管理混乱的企业。

同志们！饲料工业是支撑现代畜牧水产养殖业发展的大产业，做好饲料工作是对我们大局意识、全局观念和工作责任心的重大考验。我们一定要按照高部长的要求，坚定信念、总结经验、奋发进取，把《条例》各项新制度新要求贯彻落实到位，推动饲料工业在新的历史时期取得新的成绩。

我国饲料行业监督管理工作进入新阶段

——在《饲料和饲料添加剂管理条例》贯彻执行工作座谈会上的讲话

王智才
农业部畜牧业司司长
全国饲料工作办公室主任

（2012 年 5 月 29 日）

同志们：

修订后的《饲料和饲料添加剂管理条例》（以下简称《条例》）已于5月1日起正式实施，《饲料和饲料添加剂生产许可管理办法》《饲料添加剂和添加剂预混合饲料产品批准文号管理办法》《新饲料和新饲料添加剂管理办法》等 3 个配套规章已经发布，并于 7 月 1 日起实施。《进口饲料和饲料添加剂登记管理办法》《饲料质量安全管理规范》等配套规章和《饲料原料目录》《饲料生产企业许可条件》等一系列规范性文件也将陆续出台。我们这个座谈会，就是要贯彻落实农业部副部长高鸿宾明确提出的“提高门槛，减少数量；转变方式，增加效益；加强监管，保证安全”原则要求，做好新旧条例衔接，保证各项工作有序、高效、顺利开展。同时，按照“谋发展、促转变、保安全”总体工作思路，与大家一起深入交流探讨。特别是针对各项行政许可的实施和监督执法工作开展可能存在的问题，提出建设性意见，以便统一认识、强化沟通、加深理解、有效解决，力争做到新旧条例无缝对接。下面，我就做好新修订《条例》贯彻执行工作讲三点意见：

一、切实加强调研和沟通协调，努力为各项工作顺利开展创造条件

第一，要加强与各级地方政府和相关部门的沟通协调，为实施监管创造有利条件。此次《条例》修订，很重要的一条就是增加了地方政府在饲料行业监督管理方面的职责，明确了各级政府要对饲料行业统一管理领导，保障监管工作的开展。从近几年发生的食品安全事件和案件看，除了一些管理部门和监管机构的个别人员未能认真履行职责原因外，当地政府能否为监管工作创造有利条件，直接影响到监管成效。“三鹿”奶粉事件和 2011 年“瘦肉精”案件都涉及地方政府失职问题，教训深刻。因此，同食品安全一样，饲料安全监管必须落实属地责任，遵循“地方政府负总责，相关部门各负其责”的责任分工原则，要将饲料质量安全存在的问题和加强监管的必要性向地方政府和相关部门讲清楚、说明白，在机构、人员、执法手段和经费保障等方面力争有所作为，为贯彻执行《条例》创造必要条件。同时，要加强与公安、工商、质检出入境检验检疫等部门的协调配合，按照《条例》有关规定履行好各自职责。第二，要深入开展行业发展状况和企业产销形势调研。此次《条例》及其配套规章的制修订，我们采取了“开门办学”的方式，多次向社会公开征求意见，目的就是为了保证《条例》及其配套规章既有一定的超前性，又有针对性和可操作性。因此，各级饲料管理部门还要进一步全面深入了解饲料企业在贯彻《条例》过程中面临的问题，认真听取企业提出的意见和建议。普遍性问题要及时反馈，争取及早采取对策。要善于发现一些饲料生产企业和经营者投机取巧、规避监管的苗头。对新发现的问题要及时作出监管预警，对明目张胆违规行为要坚决查处，真正做到令行禁止。第三，要坚持贯彻《条例》与执行国家产业政策和行业发展规划相结合。这次修订《条例》的核心目标是保证饲料质量

安全，但同时也要进一步促进饲料行业持续健康发展，这就需要正确处理好“保安全”与“促发展”的辩证关系。一方面要强调和落实饲料生产经营者第一责任人的责任。根据《条例》规定和饲料工业“十二五”规划要求，对饲料和混合型饲料添加剂生产企业设立条件和质量安全管理规范做出了详细具体的规定，要做到严格把关、严格监管。一些高污染、高能耗、市场竞争无序的饲料添加剂产品要根据国家产业政策加以限制；另一方面，要大力推动大企业做大做强可持续，小企业做细做专做精，坚决淘汰不符合设立条件和管理规范的企业，将依法管理和市场力量结合起来，促进企业管理水平的提升和生产方式转变。同时，考虑到行业发展现状，各项工作要稳步推进，配套规章和技术性规范在实施时间上都预留了过渡期，以便适应《条例》的新变化、新要求，保障饲料产品生产供应的稳定。

二、切实加强组织领导和宣传培训，努力营造知法、懂法、守法的良好氛围，促使企业诚信生产经营

各级畜牧饲料管理部门要在地方人民政府的统一领导下，站在保障养殖业持续健康发展和公众健康的高度，按照新《条例》要求，履职尽责，切实加强饲料行业监督管理工作。一是坚持制度建设和制度落实两手抓。要进一步完善监管工作机制和绩效考核指标体系，把任务和责任分解、细化、落实到每个部门和岗位。要像抓“瘦肉精”监管一样，每个饲料生产企业要有专人负责，并按规定建立监管档案，要做到监管不留死角、不留空白。同时，要创新工作思路，整合各方力量，真正做到日常监管到位，应急处置及时，案件查处坚决。二是全面开展宣传培训。宣传培训是知法、懂法的基础。要通过广播、电视、报纸、杂志、网络等各种媒体，加大新《条例》宣传力度，既要广泛深入，又要通俗易懂，使从业人员全面了解《条例》修订后的新规定、新变化、新要求，要把法律法规考核纳入生产企业审核验收时的一项重要指标；开展培训工作要分层次、分步骤、分内容进行。农业部畜牧业司制定了 2012 年下半年培训计划，将开展 5 次区域性培训和几次专题培训，培训到市级饲料管理部门。要通过培训使省市两级畜牧饲料管理部门详细了解《条例》及其配套规章的修改背景、具体内容和操作要求，统一认识、统一理解、统一要求。目前，多数省份也已开展了相关培训，培训工作不仅要培训管理部门人员，还要培训饲料企业从业人员、经营者和重点养殖户，要通过培训使管理者和管理对象共同做到知法、懂法、守法。

三、切实加强行政许可和监督执法，努力实现保障饲料产品质量安全的首要目标

行政许可和监督执法是饲料行业监督管理的两项重要工作，也是提高行业准入门槛、落实日常监管职责、及时查处违法违规行为的重要保证。几年来，这两项工作得到普遍重视和加强，工作条件不断改善，工作水平也在提高。在此我强调三点：一是行政许可要有组织。《饲料和饲料添加剂生产许可管理办法》提出了省级设立生产许可证审核委员会的要求，这是一项新的要求，也是关系到行政许可工作是否依法、科学、公正的大事，一定要组织好、落实好。没有生产许可证审核委员会的要尽快建立；已有审核委员会的，要充实人员，尤其是饲料添加剂和单一饲料的生产审核，要多吸收一些具备专业知识、有责任感、有事业心的专家。要改变几个人搞审核、什么都能审的现状。同时，要解决经费保障问题，坚决杜绝收费审核、人情审核。只有这样才能实现提高门槛、减少数量的目标，也避免在行政许可问题上出现这样那样的问题。二是监督执法要推进整合。畜牧兽医有多部法律法规，每部法律法规都建立一支专门的执法队伍是不现实的、不可能的，也是不必要的。2010 年起，农业部开始在全国推动畜牧兽医综合执法，就是要将动物防疫、畜牧生产、兽药、饲料等多项监督执法的职能整合到一起，充分发挥整体优势，解决长期存在的执法资源不足的问题。目前多数省份已经开展了这项工作，取得了一定成效。除个别省份具有独立的饲料执法体系外，将饲料纳入畜牧兽医综合执法是大势所趋，希望各级饲料管理部门进一步提高思想认识，加强协调配合，有力改善和推进饲料监督执法工作。同时，要注意监督执法的方式方法，要做到程序合法、证据充分、依法履职，既不能怕执法，也不能乱执法，不断提高监督执法水平。三是饲料质检体系建设要加强。行政许可和监督执法需要饲料质检机构提供有力的技术支撑，饲料质量安全监测计划要靠质检体系具体实施，要高度重视质检体系建设。各地近年来在这方面加大了投入力度，加强了检测队伍能力建设。要进一步争取支持，提升装备水平和检测能力。农产品质检体系建设规划已覆盖到县，2011 年“瘦肉精”整治过程中，农业部原则同意畜牧饲料重点市县将农产品质检机构建在畜牧兽医管理部门，这项工作还需要基层管理部门去争取、去落实。总之，要不断完善饲料管理部门、监督执法机构和检验监测机构“三位一体”的饲料监督管理体系，要通过集聚各方力量，形成监管工作合力。

在 2011 年年底的畜牧兽医专业会上，农业部领

导对饲料工作高度重视，提出了严格要求，主要强调“减少企业数量、加强监督管理”。在厦门举办的全国饲料工作会议上，高部长再次强调贯彻落实新《条例》，保证饲料质量安全的迫切性和重要性。我在会议总结时讲了“三严”，严打非法添加，严禁过量添加，严防变相添加。我认为这是保证饲料质量安全的关键点。

新条例、新制度的颁布实施，标志着我国饲料行业监督管理工作进入新的阶段，也是饲料行业发展的一个新起点。我们一定要高度统一思想，加强协调配合，扎实推进《条例》各项制度的落实，努力确保饲料行业不发生重大质量安全事件，保障畜牧水产养殖产品供应，推进饲料工业持续健康发展。

我国畜牧业已经进入由传统畜牧业向现代畜牧业转型的新阶段

——在全国畜牧站长工作会议上的工作报告

李希荣
全国畜牧总站站长
中国饲料工业协会秘书长

（2012 年 6 月 6 日）

今天，我们召开全国畜牧站长工作会议。会议的主要任务是，认真贯彻落实中央 1 号文件和中央农村工作会议、全国农业工作会议、全国畜牧兽医工作会议精神，总结工作成绩，分析当前形势，谋划今后一段时期工作。高鸿宾副部长亲临会议并作了重要讲话，充分肯定了畜牧业技术推广体系取得的成绩，着重强调了新形势下加快畜牧业科技创新与推广的重要性和紧迫性，对进一步加强畜牧业技术推广体系建设提出了明确要求。我们要认真学习领会，切实贯彻落实。

下面，我从三个方面报告工作。

一、肯定成绩，进一步坚定做好畜牧业技术推广工作的信心

2011 年，面对生产波动、成本上涨等不利因素，我国畜牧业保持了平稳发展。畜产品产量稳中有增，畜产品质量稳步提升，草原政策取得历史性突破。一年来，各级畜牧业技术推广机构，紧紧围绕“两个千方百计、两个努力确保”的目标任务，按照“保供给、保安全、保生态”工作要求，积极应对挑战，切实履行职责，突出重点，狠抓落实，为促进畜牧业持续稳定发展、实现“十二五”良好开局做出了重要贡献。

（一）体系改革基本完成，机制创新稳步推进。2011 年，是十七届三中全会确定的完成基层农业技术推广体系改革任务的最后一年。各地紧紧围绕改革目标，狠抓工作落实，基本完成了县、乡两级畜牧业技术推广体系改革任务，共设置县级畜牧业技术推广机构 5 297 个，乡镇或区域级机构 33 233 个。各地探索并推广了很多好的经验和模式，吉林省进一步明确畜牧业技术推广机构的职能定位，理顺了管理体制，省、市（州）畜牧站和 80％的县级畜牧站加挂畜产品质量安全中心的牌子，70％的乡镇畜牧兽医站实现了“三权”归县。辽宁省健全了省、市、县三级草原技术推广体系，全部纳入财政全额拨款或参公管理。天津市明确了体系的公益性职能，完成了岗位设置，将乡镇畜牧兽医站日常业务工作纳入市级信息管理系统，实行目标考核管理，细化乡镇站的工作责任，统一考核，确保了体系公益性职能全面履行。

（二）强化技术推广，推动生产方式转变。2011 年，各级畜牧业技术推广机构紧扣畜牧生产的关键环节和步骤，按照“可学、可看、可复制、可推广”的要求，强化技术集成与服务创新，重点推广了畜禽标准化养殖、粪污无害化治理、猪人工授精、农牧结合养殖模式、发酵床养殖等重大技术。河北、山西、广西、重庆等地加快推广了粪污沼气化实用技术和农牧结合生态养殖模式，实现了粪污无害化处理和资源化利用；陕西洛川、澄城、旬邑等地推广“以畜促果、果畜互动”模式，取得较好的效果。这些新技术、新品种的推广应用，为突破制约畜牧业发展的资源和环境瓶颈，保证畜产品有效供给，提高畜牧业效益，加快生产方式转变，建设现代畜牧业起到了引领、示范和推动作用。

（三）落实扶持政策，促进畜牧业生产发展。2011 年，各级畜牧业技术推广机构发挥参谋助手作用，积极参与生猪生产、苜蓿产业发展、畜牧良种补贴、生鲜乳质量安全监管等各项检查督导和调研工作，参与编制了畜牧业、奶牛产业带优质牧草基地建设等“十二五”规划。在畜牧部门的共同努力和相关部门的大力支持下，国家恢复和出台了一系列畜牧产业扶持政策，重新启动了能繁母猪补贴政策，牧区山羊和牦牛纳入良种补贴范围。在落实政策过程中，各级畜牧业技术推广机构主动参与实施方案制定，开展技术培训、质量监管、政策宣传等工作，确保惠民政策落到实处。全年完成改良生猪 1 625 万头、奶牛 902 万头、肉牛 200 万头、羊 200 万只，增收 230 亿

元。江苏省开展了生猪良种补贴授精站等级创建工作，制定了凭卡领精、登记签名、留瓶备查、核实拨款的操作流程。

（四）建设良繁体系，夯实畜牧业发展基础。一是生猪联合育种步伐进一步加快。制定了《国家生猪核心育种场管理办法（试行）》，规范了核心场的管理；全国种猪遗传评估中心累计收到种猪登记 550 万条，生长测定记录 106 万条，繁殖记录 82 万条；新增协作组成员单位 77 家，新遴选国家生猪核心育种场 13 家。二是种公牛站管理水平不断提高。深入开展奶牛、肉牛生产性能测定工作，完成了 18 个种公牛站的现场评审和 30 个种公牛站 800 余头新增种公牛外貌评定，评选出 1 854 头优秀种公牛。三是畜禽遗传资源保护工作取得新进展。出版了《中国畜禽遗传资源志》，志书系统论述了我国畜禽资源状况、品种形成、特征特性等，对产业发展、科学研究具有重要参考价值。验收通过了雷琼黄牛等国家级保种场（保护区）18 个，推动了国家级畜禽保种体系建设。各地也加大了畜禽资源保护力度，安徽省 2012 年安排近千万元资金专门用于畜禽保种，江苏、山东、广东等省也加大了专项资金扶持力度。四是畜禽品种选育进展顺利。全年审定通过了 11 个畜禽新品种（配套系）。其中，山西省牧草工作站联合省畜禽改良站、省生态畜牧产业管理站等单位，成功培育了晋岚绒山羊新品种，四川省畜牧总站、江苏省畜牧总站分别参与培育了天府肉猪、天府肉鹅和苏淮猪。

（五）发挥技术优势，推动草原牧区新政落实。2011 年，草原政策实现了新突破，出台了《国务院关于促进牧区又好又快发展的若干意见》（国发〔2011〕17 号），召开了牧区工作会议，实施了草原生态保护补助奖励政策，确立了生产生态有机结合、生态优先的指导方针。各级草原技术推广机构积极行动起来，配合行政部门，深入开展调研，加大督导检查力度，加强技术指导服务，确保政策落实到位。特别是在禁牧休牧、草畜平衡和人工种草技术指导方面，组织技术人员协助行政主管部门编制实施方案，进村入户帮助牧民制定减畜计划，指导牧民开展人工种草和家畜品种改良。全国畜牧总站开发的草原生态保护补助奖励机制管理信息系统和草原禁牧、草畜平衡、人工草地等三类地块上图软件，在项目区全面推广应用，录入牧户信息 450 万户，为实现补奖政策动态管理提供了保障，为实现补奖政策数字化管理积累了经验。

（六）依托体系力量，做好草原保护工作。各级草原技术推广机构承担了草原保护与建设及技术推广任务，协助行政主管部门，全面完成退牧还草等工程计划。种草改良草原 1.5 亿亩，建设草原围栏 1.2 亿亩，累计禁牧休牧轮牧草原 38.7 亿亩。认真组织草原有害生物防治，全年防治鼠害 1.05 亿亩、虫害 8 100余万亩，其中生物防治比例分别超过 80%和 50%。积极推进内蒙古达茂旗、江西吉州区、贵州威宁县等 10 个草原保护建设科技综合示范区的创建工作。牧草资源保护与草种管理工作日趋规范，收集入库牧草种质材料 2 900 份。完成了 71 个草品种区域试验任务，审定登记新草品种 10 个。北京、内蒙古等 7 省（市、区）开展了草业产品质量监督抽查工作，重点对进口草种质量进行抽检。实施飞播牧草示范 22.43 万亩，创建草原无鼠害示范区 29 个、生物防治示范区 26 个。江西、河南、重庆、贵州、云南等省在农区草地开发利用、种草养畜示范、秸草利用技术示范推广方面效果明显。

（七）加强监测预警，为宏观调控提供支撑。各地畜牧业技术推广机构在认真做好日常畜牧业生产数据统计与监测分析工作的基础上，重点对 450 个县、3 250 个村、9 750 个养殖户的生产及效益进行了逐月统计监测，涉及生猪、肉鸡、奶牛、肉牛等主要畜种。牛奶监测统计涵盖 13 300 多家奶站；采集汇总了 18 个省（区）近 1 700 家企业不同代次蛋鸡肉鸡生产监测数据，完成了蛋肉鸡生产企业监测任务；在 471 个畜产品及饲料产品价格监测点，实行周报统计；在 13 个生猪主产省的 39 个县启动了价格日报统计；高质量完成全国草原生产力监测、鼠虫害发生趋势预警及草原保护建设工程实施效果评价等工作，在全国 600 个县（旗）推广使用草原生物灾害监测与治理信息统计分析系统。这些都是行业管理的基本数据，为正确研判行业形势，出台调控政策，加强项目监管提供了重要依据。

（八）办实事解难题，让百姓得到实惠。“送良种惠百姓”活动被列为农业部 2011 年为农民办实事之一。总站联合安徽、河南、江苏等 10 个省（区、市）的畜牧业技术推广单位，组织开展了 10 次送良种、送科技下乡活动。通过赠送良种、举办讲座、派遣科技小分队等多种形式，推广良种良法，解决了养殖户生产实际问题。全年累计赠送畜禽良种 14 万头（只），价值 200 万元，直接受益农户 520 户，示范、带动农户 5 000 余户；发放养殖科技书刊、手册、光盘 5 000 册（套），宣传单和明白纸 10 万张；培训农户 2 900 人次。各地因地制宜，积极开展科技进村入户活动。河北省开展了“百千万”农业干部下基层解难题送服务活动，组织近千名畜牧专家进村入户，开辟专栏、开通专家热线，传授技术知识，解决生产难题。江苏省实施“挂县强农富民”工程，实现了“科技人员直接到场（户）、良种良法直接到畜（禽）、技术要领直接到人”。

在过去的一年里，全国畜牧业技术推广体系为实现“十二五”现代畜牧业建设开门红做出了应有贡献。在这里，我代表全国畜牧总站、中国饲料工业协会向长期奋战在畜牧业技术推广战线的广大干部职工致以崇高的敬意！向关心支持畜牧业技术推广工作的各部门、各单位和社会各界表示诚挚的感谢！

二、准确把握畜牧业技术推广工作中的几个重大问题

当前，我国畜牧业发展进入了一个新的发展时期。面对新形势、新特点，我们体系如何加快改革建设，调整工作思路，创新体制机制，做好技术推广，适应畜牧业发展的需要。这些问题事关全国畜牧业技术推广体系的生存与发展，事关我国现代畜牧业建设，必须认真思考、深入研究、准确把握。

（一）关于当前畜牧业发展形势。今天，高鸿宾副部长和陈伟生巡视员都对当前畜牧业发展形势进行了分析。从整体上看，我国畜牧业已经进入了由传统畜牧业向现代畜牧业加快转型的新阶段，这是在回顾我国畜牧业发展历程，借鉴发达国家经验和总结畜牧业发展规律的基础上得出的一个基本判断。在新的发展阶段里，生产方式发生重大变化，标准化规模养殖比例越来越高；生产区域布局发生很大变化，发展速度和畜禽产量“南减北增”的趋势越来越明显，南方的发展速度下降，北方的速度增加。受土地约束的影响，大企业纷纷到北方进行布局。另外，新的发展阶段还表现出人工费用成本增加、产业结构调整、产品质量提高、企业转型升级等特点。新阶段的内涵丰富、变化深刻、影响广泛，我们应当不断深化对新阶段发展特征和发展规律的认识。进入新阶段以后，以下几个方面需要我们高度重视：

第一，将长期面临保障供给的压力。随着人口的增加，城镇化建设步伐的推进，人民生活水平的提高，对畜产品需求的增长将快于畜产品生产的增长，所以，保障供给的压力会越来越大。

第二，将长期面临畜产品质量安全的压力。现在人们的消费观念在转变，过去讲吃饱，现在讲吃好，更要吃得安全。近几年发生的畜产品安全事件足以说明这个问题。人们对畜产品要求越来越高，但我们的安全生产水平还不能达到人们所希望的水平。

第三，将长期面临土地资源紧缺的制约。随着规模化养殖方式的发展，养殖业用地的矛盾越来越大。随着南方城市的发展和新农村建设，有些地方政府出台了限养、禁养的措施，南方缺少发展规模养殖的土地；此外，养殖业不能给地方增加税收，地方政府缺少积极性。

第四，将长期面临饲料原料偏紧的制约。随着畜牧业的发展，对饲料需求越来越大，饲料原料能不能保障供给是一个非常突出的问题。我国今后粮食安全的问题主要是饲料粮的安全问题，食品安全问题主要表现在畜产品安全方面。

第五，将长期面临环境保护的制约。现在环保部门提出的环保要求，大部分养殖场没有达到。今后环保门槛会越来越高，粪污处理问题将越来越突出，已成为畜牧业发展的最大难题。

第六，将长期面临市场波动的挑战。产量和价格波动是养殖业基本规律之一，受我国特殊国情和突发事件影响，波动幅度较大。今后，随着畜牧业转型升级，波动幅度会缩小，但波动频率会增加。

第七，将长期面临疫病防控的挑战。近几年，畜牧业生产的波动，特别是生猪的波动，疫病是多种因素当中的最主要因素。受养殖密度过大、品种单一、病毒变异等因素影响，动物疫病防控形势不容乐观。

作为畜牧业技术支撑机构，面对压力、制约和挑战，需要我们加倍努力，通过技术创新与推广，破解难题，加快畜牧业现代化进程。

（二）关于加强体系改革与建设。畜牧业技术推广机构是贯彻落实党和国家“三农”政策、实施科技兴牧战略、保障畜产品质量安全、为农牧民提供公共服务的公益性机构，是推进现代畜牧业发展、新农村建设的基本依靠力量。经过大家的共同努力，我们基本完成了十七届三中全会提出的“三年健全基层农技推广机构”的工作任务。但是，各地还不同程度地存在着工作进展不平衡、管理体制不顺、运行机制不活、经费投入不足、基础建设落后、人员素质不高等问题，一定程度上影响了我们体系作用的发挥。

2012年中央1号文件明确要求，“充分发挥各级农技推广机构的作用，着力增强基层农技推广服务能力，推动家庭经营向采用先进科技和生产手段的方向转变”。这是继十七届三中全会后又一个强化基层公益性农技推广服务体系建设的政策文件，是指导今后一个时期我们体系建设的纲领性文件。我们一定要认真学习，抓住机遇，实现跨越式发展。

首先要明确畜牧业技术推广机构的公益性定位和职能任务，这是体系改革的前提。随着畜牧业生产方式的转变，体系服务的主体发生了变化，我们要找准定位，调整职能，主动应对。从目前的情况看，畜牧业技术推广机构的主要职能应该包括畜禽品种改良、资源保护、适用养殖技术推广、草原生态保护与草业技术推广、生产统计监测、养殖档案管理、“三农”政策落实等。有条件的地方，要积极承担畜产品和草产品质量安全监管等职能。工作重心要由服务千家万

户为主向服务散养和规模养殖并重转变，由提供简单技术向集成配套技术转变，由单纯提供技术服务向全程提供技术、市场、信息、经济等综合服务转变。要根据不同生产主体、不同生产层次的需求，科学确定各级畜牧业技术推广机构工作职责。

同时，我们又面临着新一轮事业单位分类改革。所谓分类改革，即按照社会功能将现有事业单位划分为承担行政职能、从事生产经营活动和从事公益服务三个类别。对承担行政职能的，逐步将其行政职能划为行政机构或转为行政机构。对从事生产经营活动的，逐步将其转为企业。对从事公益服务的，继续将其保留在事业单位序列，强化其公益属性。从中央的新部署看，促进公益事业发展，满足人民群众公益服务需求是此次分类改革的主要目的。总的来看，体系改革与建设处于一个非常关键的时期，任务还十分艰巨。迫切要求我们既要巩固现有成绩，进一步完善提高，又要做好事业单位分类改革工作，贯彻落实《中共中央国务院关于分类推进事业单位改革指导意见》，全面推进现代畜牧业技术推广体系改革与建设。

（三）关于推进畜禽种业创新。科技兴牧，良种先行。畜禽种业是国家战略性、基础性核心产业。冷静分析我国畜禽种业发展现状，还存在一些亟待解决的问题，主要表现为：自主育种能力不强，主要畜种的优秀核心种源依然依赖进口；基础设施建设滞后，良种繁育规模小、推广难度大；畜禽遗传资源状况呈现总体恶化趋势；种畜禽生产经营监管薄弱，种畜禽质量总体不高等。尽快解决这些问题，已成为加快现代畜禽种业建设、促进现代畜牧业发展的主要任务。

推进畜禽种业创新是现代畜牧业发展的客观要求，是我们义不容辞的光荣职责。今后一个时期，我们要按照“保种打基础、育种上水平、供种提质量、引种强监管”的工作思路，加快推进现代畜禽种业建设，全面提升我国畜禽种业的发展水平。

一要进一步加强畜禽资源保护。畜禽资源保护，功在当代，利在千秋，是一项技术性和公益很强的工作，是畜牧业技术推广体系的重要职责之一，必须高度重视。我们应以《畜牧法》为依据，推动建立以国家投入为主的公益性保护机制。健全国家、地方上下联动、分级负责、各有侧重、结构合理的畜禽遗传资源保种体系，提升保种能力建设，使我国的珍稀、濒危畜禽资源得到有效保护，夯实畜禽种业发展基础。

二要进一步增强自主育种能力。推动畜禽良种繁育体系建设，推进现代种畜禽场、种公牛站、种公猪站、种畜禽测定中心和种畜禽遗传评估中心建设。实施畜禽遗传改良计划，开展种畜禽生产性能测定和遗传评估工作，提高种畜禽生产性能。联合种畜禽企业、科研院校，积极推进联合育种，加强畜禽新品种审定工作，以市场需求为导向，以企业为主体，选育一批高产、优质、高效、专用的种用畜禽。

三要进一步推进畜禽良种化。加强基层畜禽良种推广体系建设，更新和配套畜禽改良站点及基础设施和仪器设备，切实增强良种推广能力。全国畜牧总站与各地畜牧业推广机构分工协作，以种畜禽遗传评估中心为平台，结合畜牧良种补贴政策，对种畜禽的登记、性能测定、遗传评估、推广使用实施信息化管理。逐步建立种畜禽登记卡制度，由种畜禽遗传评估中心作为第三方权威机构发布，协作畜牧行政主管部门做好种畜禽市场监管工作。建立种畜禽场信息管理数据库，及时掌握种畜禽场生产经营的动态变化情况，科学指导种畜禽生产。协助行政部门做好畜牧良种补贴工作，以政策项目为抓手，加大推广力度。

（四）关于强化技术推广与服务。加快推进畜牧科技创新与推广，是确保畜产品有效供给的根本出路，是突破资源环境约束的必然选择，是加快现代畜牧业建设的决定性力量，具有显著的公共性、基础性、社会性。改革开放以来，我国畜牧业发展取得了举世瞩目的成就，实现了肉、蛋等主要畜产品的有效供给，我们体系做出了巨大贡献。同时，我们也认识到，我国畜牧业科技水平总体还不高，畜牧业技术推广体系提出的涉及行业的重大关键技术不多，技术集成综合配套的能力还不够高，不能完全满足现代畜牧业发展的需要。

2012 年中央 1 号文件聚焦农业科技创新，把推进农业科技创新作为三农工作的重点，出台了一系列含金量高、打基础、管长远的政策措施，我们畜牧业技术推广体系要充分认识新形势下加快畜牧业科技创新与推广的重要性和紧迫性，抓住机遇，扎实工作，努力开创畜牧业技术推广工作的新局面。

我认为，今后技术推广的总体思路是“技术配套、集成创新、分类指导、整体推进”，坚持“重大、重点、集成、集中”原则。紧紧围绕畜牧业生产方式转变，组织开展种畜禽遗传改良、健康养殖、草畜平衡、粪污处理、产品质量安全等重大关键技术的集成与推广工作。

一是粪污综合治理和资源有效利用技术研究。这是目前生产实践当中一个非常突出的问题，也是社会关注的问题。我们要分析不同养殖对象的粪污特点，深入研究，组织专家学者调查了解养殖场、养殖户，从技术和政策层面提出对策措施。

二是节粮高效养殖技术研究。与国外相比，我们的饲料报酬率较低。我们要从饲料配方、养殖方式、品种等技术层面入手，研究如何节粮增效。一旦在综合增效技术上取得突破，经过大范围示范推广，不仅节省了饲料粮，也为国家粮食安全做出了贡献。

三是秸秆转化利用技术。现在燃烧秸秆已经成为一个重要的污染源。但秸秆，尤其是玉米秸秆，是一个很好的饲料原料。我们要从优化收割期、研发秸秆发酵贮存技术等方面入手，科学利用秸秆，既减少了污染，又不同程度地缓解饲料原料短缺的问题。

此外，草畜平衡和肉羊增产技术、畜禽遗传资源保护技术、畜牧业动态监测技术、畜产品质量追溯技术等，这些问题都需要我们大家共同思考。

三、乘势而上，扎实做好2012年畜牧业技术推广工作

2012年是实施“十二五”规划承上启下的重要一年，中央强农惠农政策力度进一步加大，为推进畜牧业发展和畜牧业技术推广工作创造了更加良好的政策环境，也提出了更高的要求。现在是6月上旬，一年过半，完成2012年的目标任务时间已经非常紧迫。我们要以团结拼搏的精神和求真务实的作风，推动落实各项政策措施，圆满完成全年工作任务，为实现“保供给、保安全、保生态”任务、加快现代畜牧业建设做出新的贡献。2012年要重点做好五个方面的工作。

（一）加强体系改革建设。要深入学习领会中央1号文件精神，以促进落实“一个衔接、两个覆盖、三大政策”为重点，以“明确定位、理顺体制、创新机制”为目标，积极争取各级党委政府和有关部门的理解支持，努力推动体系改革建设再上新台阶、取得新进展。在职能定位方面，要始终坚持公益性定位，进一步理清各级畜牧业技术推广机构，特别是乡镇站的职能任务，合理设置机构，科学确定编制，有效解决职能任务不清、人员在编不在岗等现象。在管理体制方面，继续全面争取乡镇站人财物“三权归县”，由县畜牧局或畜牧站具体管理，真正实现管理在县、服务在乡。按照中央1号文件关于“实现在岗人员工资收入与基层事业单位人员工资收入水平相衔接”的要求，争取各方支持，推动出台具体措施，逐步提高基层推广人员的工资待遇水平。全面实行人员聘用制度，严格上岗条件，落实岗位责任，推行县主管部门、乡镇政府、农牧民三方考评办法。在条件能力建设方面，农业部2012年准备将基层农业技术推广体系改革与建设示范县延伸至畜牧体系，投资2.5亿元，建设500个基层畜牧业技术推广体系改革与建设示范县。示范县首先选择在完成基层畜牧业推广体系改革建设任务的畜牧生产大县建设，再逐步实现全覆盖。建设内容主要包括深化体制改革、筛选主推品种和主推技术、建设科技示范户、建设科技示范基地和培训基层技术骨干等五个方面。我们要以此为契机，提高县乡两级畜牧业技术推广机构能力建设水平，确保公益性服务职能有效履行。各地要创造条件，争取资金，加快基层畜牧业技术推广体系建设步伐。在工作机制方面，坚持“一主多元”，做好与畜牧业产业技术体系的对接，联合教学科研单位、农民合作组织和龙头企业，共同推进畜牧业技术推广服务工作。创新运行机制，紧密结合各地实际，要充分利用现代服务手段，不断探索行之有效的服务方式方法；要注意工作积累和经验交流，大力推行服务新模式，不断提高畜牧业技术推广服务质量。

（二）促进行业科技进步。2012年是全国农业科技促进年，农业部制定了《全国农业科技促进年活动方案》，总站也制定了科技促进年活动方案，明确了畜牧科技行动计划。畜牧业技术推广体系要充分发挥自身优势，在促进畜牧业科技进步中体现自身价值。一是组织实施畜禽标准化规模养殖综合配套技术示范推广行动。要对当前我国畜牧业有推广前景的养殖技术进行调研和集成配套，形成具有特色、效益明显、适宜推广的技术模式，编写出版标准化养殖技术图册和《适度规模养殖模式》丛书。层层举办标准化创建培训班，对畜牧管理人员、技术推广人员和规模养殖场的技术人员进行培训。运用电视、广播、期刊等媒体大力宣传推广先进技术和标准化示范创建典型经验。二是组织实施科技振兴奶业苜蓿发展行动。苜蓿主产区草原站要提出并推广苜蓿生产关键技术，实行专家包片技术指导和培训，跟踪监测苜蓿草产量、质量和饲喂效果，打造国产优质苜蓿品牌。推进生鲜乳收购站标准化建设与管理，开展生鲜乳质量安全督导检查，强化技术培训和指导，确保生鲜乳质量安全。三是组织实施科技助推草原牧区“转人、减畜、提效、增绿”行动。以推广应用“草原生态补助奖励机制管理信息系统”为抓手，确保生态补助奖励政策“任务落实到户、补助发放到户、服务指导到、监督管理到户、建档立卡到户”；以“百万牧鸡治蝗增收行动”为切入点，大力推广生物防治技术，达到治蝗、增收双赢目标；以创建草原保护建设科技综合示范区为契机，集成推广综合配套技术，推进草原科技创新和畜牧业生产方式加快转变。

（三）落实各项扶持政策。在落实畜牧良种补贴项目方面，要参与制定好技术规范，开展好项目实施效果评估和技术培训工作；要加强交流互动，做好信息反馈，准确掌握项目进展情况和资金使用情况，不断提高良补项目规范化管理水平。在落实政策过程中，要规范操作运行，做好政策宣讲，切实将扶持政策落实到基层、兑现到场户，充分调动各方面生产积极性，有效发挥政策的支持、引导作用；要注意总结工作应验，掌握情况，找准问题，为行政部门完善实

施方案、争取新的扶持政策提出合理化建议。另外，要大力弘扬“特别能吃苦、特别能战斗”的精神，不断提高分析预判和应急处置能力，全力协助行政部门开展好“瘦肉精”和生鲜乳专项整治，为构建畜产品质量安全监管长效机制发挥更大作用。

（四）加强草原保护建设。我们要坚持生产生态有机结合、生态优先的指导方针，围绕“保护草原生态、转变发展方式、促进草畜平衡、推动转移就业”调整工作思路。加强草原统计监测工作，做好草原生产力监测、牧区冷季草原载畜能力和鼠虫害监测预警，开展饲草生产监测统计和草业经济运行分析工作，完成退牧还草、京津风沙源治理等重大生态保护建设工程效益评价任务，为草原保护建设提供决策依据。加大草原鼠虫害防治力度，开展好无鼠害示范县、虫害生物防治示范县创建工作，加快推进专业化统防统治，推广生物制剂、天敌培育、牧鸡牧鸭、招引椋鸟等绿色防控措施，扩大生物防治比例，实现可持续治理；继续开展好飞播种草示范和人工种草指导，推广优良牧草品种和高效种植技术，努力提高草原植被覆盖度和载畜能力。加强牧草新品种审定和中间试验管理，强化草种质量监测，提高牧草种子质量。

（五）强化监测预警工作。继续完善监测手段，提升基层统计人员，特别是新增监测点统计人员的业务水平和能力素质，按时采集汇总各类报表数据，加强基本信息核查，提高统计数据质量，为行政部门强化监测预警、完善调控预案、启动响应机制，提供科学、准确的数据支持。要强化生产形势调研，及时掌握主要畜禽品种的生产实际和波动规律，为行政部门做好生产形势会商、完善调控预案、启动调控措施、抓好生猪牛羊等主要畜产品生产提供有力支撑。

同志们！面对畜牧业发展新形势，需要我们不断改进工作作风和工作方法，进一步增强“五个意识”，提高“五个能力”。

所谓增强“五个意识”，即一要增强宏观意识。把畜牧技术推广服务工作置于整个畜牧业的发展，甚至整个国民经济和社会的发展当中去思考、去研究，充分认识到畜牧技术支撑和服务工作的重要性。二要增强政策意识。系统全面地了解、熟悉、吃透中央出台的一系列政策措施，不仅是畜牧业政策，还包括整个“三农”政策，我们都要去了解。三要增强市场意识。要通过市场运作的办法来实施好政策，这样才有生命力。畜牧业技术推广的着眼点和服务的重点也要根据市场变化来调整。四要增强超前意识。们研究问题一定要超前。要一边干着现在的，一边想着今后的、长远的。五要增强服务意识。作为技术推广机构，落脚点应在服务上，服务于生产，服务于企业和农户，了解他们盼什么样的技术，千方百计提高服务效果。

所谓提高“五个能力”，即一要提高调查研究能力。要深入实际，了解情况、发现问题，提出解决办法。畜牧业技术推广方面有很多问题需要我们去研究，去破解难题，需要我们进一步提高调查研究能力。二要提高综合分析能力。用系统的观念来分析问题。一个问题的产生，原因一定是多方面的，是多种因素综合作用的结果，必须综合分析。三要提高谋划项目能力。要善于一边工作一边谋划项目，用项目带动工作。四要提高沟通协调能力。要主动与人沟通，把问题说清楚，争取支持。五要提高文稿起草能力。要把材料写好，把问题写明白，文稿要简练，让人看了后一目了然，引起重视。

同志们！做好2012年畜牧业技术推广工作，事关全局和长远。我们一定要抓住机遇，凝聚力量，扎实工作，确保高质量完成各项工作任务，为支撑现代畜牧业发展、加快畜牧业现代化进程做出新的、更大的贡献，以优异的成绩迎接党的十八大胜利召开。

加快促进畜牧业走上创新驱动科学发展的轨道

——在全国畜牧站长工作会议上的讲话

陈伟生

农业部畜牧业司巡视员

（2012年6月6日）

今天的全国畜牧站长会议是一次喜庆的盛会，我们共同庆贺全国畜牧总站成立30年来取得的辉煌成绩，作为总站曾经的一员，感到无比的自豪和激动。我从当前和今后一个时期畜牧业工作的重点任务，同时也是近来社会广泛关注的畜产品供给、质量安全、生态环境三个方面作以汇报。

一、关于保障畜产品有效供给问题

改革开放以来，特别是“十一五”以来，在中央强有力政策的推动和市场的拉动下，我国畜牧业牢牢抓住发展的重要机遇期，发展势头加快，区域布局不断深化，规模化、标准化水平大幅提升，综合生产能力显著增强。一是畜产品产量持续平稳增长。2011年，我国肉、蛋、奶总产量7 957万t、2 811万t、3 656万t，分别比2005年增长14.7%、15.3%、

27.6%，市场供给能力进一步提升。二是生产方式转变加快。标准化规模养殖快速发展，2011 年，全国年出栏 500 头以上生猪、存栏 500 只以上蛋鸡和存栏 20 头以上奶牛规模化养殖比重分别达 36.6%、80.0%、51.1%，标准化规模养殖已成为畜产品供给的重要来源。三是区域布局不断优化。畜牧业主产区产业优势明显，生猪、蛋鸡和奶牛优势省区猪肉、禽蛋和牛奶产量分别占全国总量的 92.0%、67.7%和 88.3%。四是产业地位进一步提升。据初步统计，2011 年，全国畜牧业总产值约 2.58 万亿元，比 2005 年的 1.33 万亿元增长 94%。部分畜牧业发达地区养殖业现金收入占农民现金收入 50%以上。

这些年来我国畜牧业持续健康发展，对于改善居民膳食结构，增加农民收入，促进经济社会平稳较快发展做出了积极的贡献。畜牧业发展首先要解决“吃”的问题。大家应该记得，20 世纪 70～80 年代，我国大多数城乡居民都经历过“吃肉难”的困难时期，在此后 30 多年改革发展的历程中，伴随着畜牧业的加快发展，丰富的畜产品基本满足了城乡居民的消费需求。但是最近几年，畜牧业发展的内外部环境发生了巨大的变化，新情况、新问题不断涌现，影响畜牧业发展的不确定因素增多，保障畜产品市场有效供给成为中央领导同志高度重视、社会广泛关注的焦点。2012 年中央一号文件明确指出，稳定发展农业生产，确保农产品有效供给，对推动全局工作、赢得战略主动至关重要。

畜产品是重要的菜篮子产品，与人民生活息息相关。随着我国城乡居民收入水平提高，畜产品消费需求不断增加，特别是工业化和城镇化步伐的加快推进，大量农村剩余劳动力从农业转向工业、从农村转向城镇，传统畜产品生产者成为消费者，保障畜产品供给面临新的挑战。而且畜产品供给一旦不足，会导致食品价格快速上涨，进而影响消费者价格指数，甚至可能会导致全面的通货膨胀，给经济社会平稳发展造成不利影响。2011 年生猪价格大幅上涨也证实了这一点。总的看，今后一个时期，畜牧业发展外部环境压力空前加大，产业内部矛盾和问题也越发凸显，保障畜产品市场有效供给任务十分艰巨。

一是畜禽养殖用地紧张。在土地资源日趋紧张的形势下，保障畜产品市场供给，发展畜牧业生产所需土地难以满足需求。当前各地用地需求持续增长，行业间争地现象日益突出，许多地方在土地利用总体规划中没有规划养殖用地，发展畜牧业生产用地无保障。二是饲料资源缺口大。从目前饲料资源状况看，发展畜牧业所需的蛋白质饲料，如大豆和鱼粉等需要从国外进口。2011 年大豆进口 5 264 万 t、鱼粉 121 万 t，对外依存度均达到 75%；近年来玉米甚至也开始净进口，2011 年进口 161.7 万 t。由于畜产品消费需求呈刚性增长态势，未来饲料资源需求仍将继续增加，饲料粮供需将处于紧平衡状态，发展畜牧业所需的饲料资源越发趋紧。三是发展生产融资难。发展畜牧业投入大，市场和疫病风险高，回报率低，从其他行业转入发展畜牧业的越来越少。另一方面，现有养殖企业贷款无渠道，圈舍和活畜禽不能作为有效抵押物，银行不予贷款，流动资金普遍缺乏，广大农户想发展规模养殖有心无力。四是废弃物污染隐患大。随着畜禽饲养量不断增加，废弃物污染问题越来越突出。尽管当前各地涌现出多种形式的粪污处理模式，但总体上技术成熟、成本低廉、操作简便的方法不多。一些地方也以此为由禁养、限养，畜牧业发展空间受限。五是养殖人员难雇佣。畜禽养殖业工作环境差、工资水平低、福利待遇差，难以留住人才，特别是年轻人不愿意从事畜牧业，相当一部分规模养殖企业不仅技术力量达不到要求，而且工作人员年龄大多偏高，畜牧业发展“后继无人”的状况令人担忧。

今后一个时期，现代畜牧业发展应坚持以转变发展方式为抓手，以解决产业发展“在哪养”“谁来养”和“怎么养”等关键问题为着力点，切实满足城乡居民不断增长的畜产品消费需求。

一是稳定发展生猪和牛羊肉生产。保障猪肉和牛羊肉市场稳定供给是当前畜牧业发展的重点。稳定生猪生产发展，关键就是要落实好中央稳定生猪生产发展的各项政策措施，不断夯实产业基础，实现生产平稳增长。实施好《缓解生猪市场价格周期性波动调控预案》，完善生猪数据监测和信息预警机制，提高生猪市场调控能力，防止生猪生产出现大起大落。稳定牛羊肉生产，要以制定实施《全国牛羊肉生产发展规划》为契机，进一步明确发展思路，积极争取政策扶持，提高牛羊生产大县生产能力，增强牛羊肉市场供给。

二是深入推进标准化规模养殖。发展标准化规模养殖是今后一个时期提高畜产品市场供给能力的根本举措。利用好各项政策措施和项目资金，加强规模养殖场的基础设施改造，建立健全畜禽标准化生产体系，不断提升规模化、标准化水平。深入开展畜禽养殖标准化示范创建活动，以“五化（畜禽良种化、养殖设施化、生产规范化、防疫制度化、粪污无害化）”为基础，创建一批标准化示范场，通过发挥示范效应，辐射带动全国标准化规模养殖水平的提升，不断增强标准化规模养殖场对畜产品市场供给的保障能力。

三是加快发展现代畜禽种业。种业是现代畜牧业发展的根本。借鉴发达国家经验，坚持把实施畜禽遗传改良计划作为一项长期的系统工程，稳步推进畜禽品种改良工作。以畜禽良种工程项目为抓手，提高原良种场装备水平，增强供种能力。通过组织实施畜牧良种补贴项目，扩大畜禽良种推广覆盖面，全面提高生产水平。逐步建立健全畜禽遗传资源监测和保护体系，维护资源多样性。坚持企业化育种，增强自主育种能力，为现代畜牧业发展提供种源保障。

四是切实解决影响产业持续发展的突出问题。总结地方提炼畜禽粪污处理的有效模式，逐步推广应用。督促地方畜牧兽医部门加强沟通协调，争取当地政府和土地管理等相关部门支持，切实把畜禽养殖用地纳入地方土地利用总体规划。加强与金融部门合作，逐步建立畜牧业融资平台，创新金融产品，探索担保贷款、产权抵押贷款新机制，解决畜牧业贷款难题。多渠道创造条件，加快培育畜牧兽医职业技术人才，营造爱岗敬业、乐于从事畜牧业生产的良好氛围。

二、关于保障畜产品质量安全问题

随着肉蛋奶生产供应日益丰富，群众从要求“吃饱”转向要求“吃好”，对质量安全的要求不断提高。保障畜产品质量安全，是关系到社会稳定和畜牧业持续健康发展的一件大事。首先，要从政治和大局角度认识畜产品质量安全问题。畜产品安全涉及群众生命健康，安全无小事，责任大如天。中央对包括畜产品在内的食品安全问题高度重视，2009 年专门成立了国务院食品安全委员会，大力开展专项整顿，组织查处典型案件，强化绩效考核和行政问责，推动各地持续加强监管工作。农业部也始终把努力确保不发生重大农产品质量安全问题作为农业农村工作的中心任务之一，在“两个千方百计、两个努力确保”的工作目标中把质量安全作为四项核心目标之一。畜产品质量安全一旦出事，都是大事，决不能掉以轻心。其次，要从维护畜牧业健康发展的角度认识畜产品质量安全问题。不讲质量安全，就谈不上产业发展。2008 年的“婴幼儿奶粉”事件，产业发展受到了严重冲击。2011 年“3·15”河南瘦肉精案件对生猪产业也造成了不小的影响，猪肉销量下降，散养户出现了卖猪难的情况。所以，保障畜产品质量安全，就是保护畜牧业的产业安全。

这几年，各级畜牧兽医部门按照中央和农业部党组的部署，针对饲料和养殖环节违法添加三聚氰胺、瘦肉精等行为，持续组织开展专项整治，不断强化监督监测，狠抓违法案件查处，始终保持高压严打态势，畜产品质量总体是安全的。2011 年对全国 31 个省（区、市）88 个大中城市猪牛羊禽蛋五大类产品进行监测，重点检测瘦肉精和兽药残留，畜产品总体合格率 99.6%，比 2010 年提高 0.3 个百分点，比 2001 年提高了 30 多个百分点。生鲜乳方面，2009 年以来，农业部全面开展奶站清理整顿，奶站数量从 2 万多个减少到 1.3 万多个，淘汰数超过 1/3。2011 年对各地的奶站进行了全覆盖监督抽查，重点检测三聚氰胺等非法添加物和霉菌毒素、重金属等，合格率达 100%。在 2011 年公布的各类产品抽检总体合格率中，食品 94%左右，蔬菜 97.4%，水产品 96.8%，而畜产品达到 99.6%，非常不容易。这些成绩的取得，是各级畜牧兽医部门迎难而上、艰苦奋战的结果，也是包括全国畜牧总站在内的各个事业单位和科研院所鼎力支持、密切协作的结果。

总的来看，当前畜产品质量安全是有保证的，这几年在监管体系建设、专项整治、高压严打等方面的工作取得了很大成效，相信大家也都有切身感受。但是，隐患仍然存在，问题仍然不少，形势仍然严峻。我们的压力主要来自于以下几个方面：一是肉蛋奶消费规模庞大。全国每天要吃掉 2.2 亿 kg 肉、7 700 万 kg鸡蛋、1 亿 kg 牛奶，保证一点问题不出，难度极大。二是畜禽生产群体庞大且组织化程度低。全国仅生猪养殖场户就有 5 900 万个，65.5%的生猪由年出栏 500 头以下的中小养殖户提供（美国分别为 7 万和 3.5%），生产水平参差不齐，质量安全追溯体系尚未建立。三是监管能力不足。尤其是在基层，很多地方还处于无机构、无队伍、无经费、无设备的“四无”状态，不适应监管要求。四是畜产品质量安全问题的敏感性增强。群众和媒体的关注度越来越高，出现的问题容易被舆论“发酵”，特别是在网络时代一些不实信息的炒作，比如“皮革奶”风波、圣元奶粉“雌激素”事件等，影响消费信心，冲击了畜牧业的健康发展。

努力提高畜产品质量安全水平，确保不发生重大畜产品质量安全事件，任重道远。从未来的努力方向上看，要做到四个“必须”：

一是必须加快转变畜牧业发展方式。安全的畜产品是生产出来的，而不是检测出来的。推进规模化标准化生产，是确保畜产品质量安全的根本途径。近年来查处的“瘦肉精”案件，主要发生在存栏规模 50～200头的养猪户。治理“瘦肉精”等畜产品质量安全问题，必须以转变发展方式为根本，大力推进规模养殖和标准化示范创建，彻底解决生产中“小散乱”的问题。

二是必须着力提高基层责任意识和监管能力。目前，“瘦肉精”定量检测和生鲜乳质量安全抽检主要集中于省级检测机构，多数处于超负荷工作状态，检测能力不足、时效性不强等问题与监管实际需求的矛盾十分突出。因此，必须提高基层的责任意识和监管能力，督促地方政府切实落实“瘦肉精”源头、养殖、收购贩运、屠宰、肉品加工和流通消费等各环节的监管职责分工，保证人员编制、工作经费和设施设备等条件。

三是必须尽最大努力保护好产业发展。我国是畜禽养殖大国，保证全国13亿多人口的消费，不能靠国际市场，只能靠我们自己。这不仅是经济问题，也是政治问题。现阶段，畜牧业发展资源环境制约日益趋紧，外部关联性显著增强，引发生产大起大落的诱因不断增多。因此，在处置畜产品质量安全事件上，一定要充分考虑保障产业安全的大前提，时刻关注、妥善处置，尽可能减少给产业发展带来的冲击，保证市场供给。

四是必须创造更加有利的部门协作机制和舆论氛围。我国食品安全监管体系涉及国务院食安办、农业部、卫生部、质检总局、工商总局等部门，实践证明，只有各部门通力协作，共同应对，才能妥善处置好食品安全事件。我们要继续加强与相关部门的沟通协作，增进理解，争取支持，凝聚共识，形成合力。广泛开展畜产品质量安全知识的科普宣传，把真实情况告知公众，增强公众对畜产品安全的信心，尽量避免信息误传误导引起社会恐慌，让政府管理决策得到广大消费者和企业的认同。

三、关于加强草原生态保护问题

说到草原生态的重要性，大家都很清楚，可以用四个词概括。一是“皮肤”，我国4亿ha草原占国土面积的41.7%，覆盖着全国高寒、高海拔、干旱、荒漠化等生态恶劣的土地，是中华大地的天然绿色屏障。二是“碳库”，大约每$25m^2$的良好草原可以吸收掉一个人呼出的二氧化碳，全国草原年产鲜草约10亿t，每年碳汇总计约1 300万t。三是“水塔”，黄河、长江、澜沧江等几大水系都发育于草原，青藏高寒草原是中华民族的水源和“水塔”，草原植被涵养水源的作用巨大。四是“基因库”，世界上各种草原类型在我国均有分布，草原上已知的饲用植物6 704种，野生动物2 000多种，牲畜品种253个，其中不少动植物品种是我国特有的资源。加强草原生态保护建设，合理利用草原资源，不仅是建设生态文明的需要，而且对于发展民族地区经济、促进农牧民脱贫致富、加强民族团结维护边疆稳定都具有十分重要的意义。

这些年，通过建立健全草原法规政策、实施退牧还草等重大工程项目、加强草原管护、强化科技支撑等一系列工作，草原生态保护建设工作取得了很大成效。一是草原生态加速恶化的势头得到遏制。自2001年以来，国家组织实施了京津风沙源草原治理、退牧还草、西南岩溶地区草原治理等重大生态保护建设工程，有效遏制了全国草原生态环境加速恶化的势头。目前，退牧还草工程区产草量比非工程区提高69.2%，京津风沙源工程区平均植被盖度比2001年项目实施前提高11个百分点，三江源地区植被盖度比2003年项目实施前提高了3个百分点。2011年全国发生沙尘暴8次，比2000年减少一半。二是草原承包等基本经营管理制度逐步落实。草原承包经营、基本草原保护、草畜平衡和禁牧休牧等草原保护基本制度逐步落实。截至2011年底，全国草原承包面积36.4亿亩，占全国草原总面积的60.7%。全国禁牧休牧轮牧草原面积累计达16.7亿亩，宁夏、陕西、黑龙江、河北、辽宁、吉林等省（区）已实施全面禁牧。三是草原执法监理工作步入正轨。草原执法监理体系初步形成，全国共有县级以上草原监理机构816个，草原执法人员9 500多人，初步形成了省、地、县三级草原执法联动机制。2011年，全国共依法查处开垦草原、非法征占用草原、非法采集草原野生植物等草原违法案件17 245起，有力打击了各种破坏草原的违法行为。四是草原防灾抗灾能力不断提升。全国有21个草原防火指挥中心，46座草原防火物资储备库，70个草原防火站，每年开设边境草原防火隔离带3 000km。草原鼠虫灾害防治面积逐年增加，2011年全国防治草原鼠害18 600万亩，防治草原虫害7 076万亩，挽回直接经济损失超过10亿元。五是依法治草的局面初步形成。修订后的新草原法施行后，《草原防火条例》《草原征占用审核审批管理办法》《草畜平衡管理办法》《草种管理办法》和草原植被恢复费征收管理办法等配套规章相继修订和出台，为依法治草、依法兴草奠定了法制基础。六是草原保护建设政策体系日益完善。除退牧还草、牧业机械纳入农机购置补贴范围等政策外，2011年开始又在8个主要草原省份实施草原生态保护补奖机制政策，年投入达136亿元。2011年6月，国务院出台了《关于促进牧区又好又快发展的若干意见》，提出了建设生态良好、生活宽裕、经济发展、民族团结、社会稳定新牧区的18项政策措施，并在8月份召开了全国牧区工作会议。国务院还批准了国家发改委、农业部、财政部《关于完善退牧还草政策的意见》，大幅提高了中央投资补助比例和标准，充实了工程建设内容，进一步调动了地方和牧民加强生态建设和发展草原畜牧业的积极性。

但是，也要看到，我国草原牧区面积大、底子薄、基础弱。这些年草原生态保护建设虽然取得了一些成绩，但仍存在很多问题。首先是全国草原生态“局部改善、总体恶化”的趋势尚未根本扭转，90%

的天然草原不同程度退化。其次是牧区畜牧业基础设施建设薄弱，牲畜超载和饲草料短缺成为制约牧业生产方式转变的瓶颈。第三是牧民收入偏低的状况亟待改善，持续稳定增收的任务十分艰巨。

下一步，草原工作上要做好六件事：一是落实补奖政策。建立草原生态保护补助奖励机制，是牧区政策的重大突破，是促进牧区又好又快发展的重要支撑，也是草原保护与建设千载难逢的机遇。2012 年，草原生态保护补奖政策从原来 8 省区扩大到河北、山西、辽宁、吉林、黑龙江五省的 36 个牧区半牧区县，实现了政策全覆盖。争取政策难，落实政策更难，认真总结实施经验，深入研究政策落实中的新问题，完善实施方案，加快落实进度，把好事办好。二是深化草原承包。截至 2012 年 2 月底，8 个主要牧区省份已签订草原承包合同的面积占可利用草原面积的 92.9%，还有一些老大难问题没有解决。加快推进草原承包工作，按照地块、面积、合同、证书“四到户”的要求，分区、分类深化草原承包工作，争取将可利用草原全部承包到户。三是推进工程实施。加大退牧还草等重大生态保护建设工程实施力度，推动实施草原自然保护区建设和南方草原保护建设工程，继续实施游牧民定居工程。四是转变生产方式。草原牧区是我国牛羊肉等草食畜产品重要生产基地，落实草原生态保护补奖政策的同时，一定要把发展草原畜牧业生产放在突出位置，努力做到牛羊肉市场供给不减少、农牧民收入不减少。支持有条件的地方发展节水灌溉人工草地，提高良种供种能力，发展舍饲圈养，重点扶持一批家庭牧场和养殖大户，大力发展牛羊适度规模养殖，继续推广牧区繁殖、农区育肥的产业模式。五是加强防灾减灾。建设牲畜棚圈和饲草料储备库，提高畜牧业防灾抗灾能力，防止白灾造成牲畜大量死亡。六是强化执法监管。通过加强草原监理机构执法监督条件和能力建设，认真做好草原保护各项制度的具体落实和管理工作，依法打击各种破坏草原、损害牧民合法利益行为，加大对草原禁牧休牧制度、草畜平衡制度落实情况的监督检查力度，完善禁牧管护和草畜平衡核查机制，确保草原各项政策措施落实到位。

同志们，在当前保障畜产品供给压力增大、资源环境约束加剧、质量安全事件频发的情况下，我国现代畜牧业发展必须以更小的资源消耗、更少的环境影响、更低的生态代价、更高效的劳动生产率，来生产出更充足、更安全、更健康、更多元化的畜产品，加快科技进步是根本出路。但总的看，当前我国畜牧业科技成果转化率仅为 30%～40%，远低于发达国家 65%～85%的水平，一些畜禽良种依赖国外引进，技术推广和服务体系建设滞后，经费不足，服务能力弱。

2012 年中央 1 号文件以科技为主题，紧紧围绕保障农产品供给这个中心任务，突出强调加快推进农业科技创新，大力推动农业科技跨越发展。为深入贯彻落实中央一号文件精神，现代畜牧业发展应着眼于满足产业科技需求、服务农牧民增效增收、推动产业发展、维护产业安全的核心，充分发挥科技支撑作用。一方面，要围绕“三保”核心任务，加快畜牧业科技创新和集成推广应用，提升畜牧生产技术水平。重点抓好畜禽种业创新，大力推进畜禽新品种培育和种质资源开发利用；加强高能量、高蛋白质等新型专用饲料资源开发和高效环保型饲料添加剂研制，努力提高饲料资源利用效率；深入开展高效健康养殖技术的组装集成，形成先进适用的标准化技术模式。另一方面，要抓住“一衔接、两覆盖”的契机，加快完善基层畜牧技术推广体系，不断提升服务能力和水平。切实落实好中央推进基层农业技术推广体系改革的各项政策和措施，因地制宜强化基层服务能力条件建设，重点要完善人工授精等品种改良基础设施设备，加强基层队伍知识更新和技能培训，加快推进标准化养殖技术的普及推广，为加快转变畜牧业发展方式提供有力支撑。

农业科技改革发展是 2012 年“三农”工作的重点，农业部把 2012 年确定为农业科技促进年，我们要紧抓机遇，进一步加快畜牧业科技进步，集中优势力量，把握关键环节，努力突破核心关键技术，广泛开展先进适用养殖技术的培训和示范指导，推动科技成果向现实生产力转化，使畜牧业走上创新驱动、科学发展的轨道。

求真务实　催人奋进　富有成果

——在全国畜牧站长工作会议上的总结讲话

何新天

全国畜牧总站党委书记、副站长

中国饲料工业协会副秘书长

（2012 年 6 月 6 日）

2012 年全国畜牧站长工作会议，是在 2012 年中央 1 号文件和国务院《现代农业发展规划》先后发布、新一轮事业单位分类改革正式启动、全国畜牧总站步入“三十而立”之年的背景下，召开的一次十分重要的会议。高鸿宾副部长亲自到会作了重要讲话，畜牧业司王智才司长、兽医局张仲秋局长等部司局领导和兄弟部属事业单位领导也莅临会议并做了热情洋溢的致辞。全国各省、自治区、直辖市及计划单列市，新疆生产建设兵团畜牧、草原、饲料、奶业技术推广部门主要负责同志共百余人参加了这次会议。畜牧业司陈伟生巡视员作了畜牧业生产形势报告，李希荣站长作了工作报告，北京、陕西、吉林、河北、河南5个省站作了典型经验交流发言。与会代表围绕高部长的讲话和李站长的工作报告，联系本地工作实际进行了认真讨论。会议系统回顾了总站30年发展历程，总结交流了2011年全国畜牧技术推广工作，深入分析了当前畜牧业发展和体系建设面临的新情况、新形势，研究部署了今后一段时期的工作。这次会议领导重视、规格较高、主题突出、内容丰富、意义重大、影响深远，是一次求真务实的会议、催人奋进的会议、富有成果的会议。下面，我受李希荣站长委托，对这次会议作总结，并就贯彻落实好会议精神提四点要求。

一、会议取得的成效

与会代表有一个共同的感受是：这次会议开得及时、开得成功，受鼓舞、受启发，受鞭策、收获大。具体为四个方面。

（一）肯定了成绩，鼓舞了士气。2011年，我国畜牧业保持持续稳定健康发展，草原政策取得历史性重大突破，出色完成了“保供给、保安全、保生态”的任务。各级畜牧业技术推广体系围绕中心、服务大局，锐意改革、求实创新，在促进畜牧业生产方式转变，推动畜牧业科技进步过程中作出了新贡献。农业部高鸿宾副部长在会议讲话中充分肯定了畜牧业技术推广体系取得的成绩，强调畜牧业技术推广体系在资源保护、良种繁育、技术推广、草原保护等方面“作用突出、贡献突出、成绩很大”。畜牧业司、兽医局等部机关主管部门领导在参加总站成立30周年庆典活动致辞中，都高度评价了全国畜牧总站及整个体系30年来取得的历史性成就、做出的历史性贡献。李希荣站长在工作报告中从基本完成基层体系改革、强化技术推广、落实扶持政策、推进品种改良、加强草原保护与建设、加强监测预警、服务农民办实事等八个方面系统总结了2011年畜牧技术推广体系所取得的成绩。各级领导对我们高度的评价、充分的肯定、热情的赞扬，是对我们工作最高的褒奖，使我们深受鼓舞和鞭策。

（二）分析了形势，强化了责任。我国畜牧业取得了举世瞩目的成绩，整体进入转型升级的历史新阶段。面对新时期的机遇和挑战，各级领导始终保持清醒的头脑和认识。高鸿宾副部长在讲话中客观、深入分析了当前和今后一个时期，我国畜牧业发展面临的困难和挑战，突出强调了保证畜产品有效供给、保障畜产品质量安全、保护草原生态的压力越来越大。陈伟生巡视员在生产形势报告中，用翔实的数据、动态的实例更深入、更具体地分析了畜牧业发展受到的制约和不利影响。李希荣站长在工作报告中以“七个长期面临”，归纳、梳理了我国畜牧业发展面临的困难和挑战，并对当前畜牧业技术推广体系改革与建设、推进畜禽种业创新、强化技术推广与服务以及促进饲料工业的健康发展四个重大问题进行了思考研究，深度剖析了问题成因，提出了对策建议。几位领导从不同角度，以不同方式对形势进行了深度的前瞻性分析，使大家能够更准确把握面临的形势和任务，有助于我们进一步深化对贯彻中央2012年中央1号文件重要性的认识和理解，有助于我们理清工作思路，超前谋划工作，提高工作主动性和创造性。对形势的深入分析，给我们最重要的启示是：面对困难和挑战，最具潜力、最可持续、最根本的措施还是科技，我国已到了必须更加依靠科技进步推动现代畜牧业发展的历史新阶段。作为畜牧技术推广工作者，我们肩负更加重大的责任。

（三）交流了经验，拓宽了思路。会议期间，北京、陕西、吉林、河北、河南5个省市的畜牧、草原站站长作了典型交流发言。44个省级畜牧、草原、饲料、奶业技术推广部门进行了书面交流，从深化基层体系改革、加强条件能力建设，到开办农民田间学校、创新推广服务机制；从加强技术集成、管理，运用现代生物技术、工程技术、信息技术改造、提升传统畜牧业，到培养新型职业农民；从加强草原保护建设，到积极开发利用优良地方畜禽品种资源；从积极参与畜产品质量安全监管，到主动适应产业发展需要拓展公益性职能。这些鲜活的典型、成功的经验，既给人以启示和引导，又值得学习、借鉴。在分组讨论过程中，与会代表围绕高鸿宾副部长讲话和李希荣站长的工作报告，联系本省（区、市）工作实际，进行了认真讨论，交流了工作情况，畅谈了学习收获体会，提出了工作建议，碰撞出了思想火花，形成了诸多共识。

（四）部署了工作，明确了任务。这次全国畜牧站长工作会议，对做好2012年技术推广工作进行了具体部署。高鸿宾副部长要求各级畜牧技术推广机构要以贯彻落实2012年中央1号文件为契机，紧紧抓住这一重大历史机遇，乘势而上，扎实工作，并从做好深入改革的基础性工作、努力提高推广人员素质、切实提高服务效能、全面提升服务保障水平、建立互动联动机制五个方面提出了明确的工作要求。李希荣站长在工作报告中，立足当前、着眼长远，从加强体系改革建设、促进行业科技进步、落实各项扶持政策、加强草原保护建设、深化监测预警工作五个方面做了进一步部署。要求全系统干部职工要增强宏观、政策、市场、超前、服务“五个意识”，提高调查研究、综合分析、谋划项目、沟通协调和文稿起草“五种能力”。通过学习、领会这次会议精神，使与会代表准确把握了农业部领导对全国畜牧技术推广工作的总体要求，准确把握了全国畜牧总站对 2012 年重点工作和重大任务的具体部署，明确了工作方向、工作重点和目标任务，增强了做好 2012 年畜牧技术推广工作的责任意识和必胜信心。

二、贯彻落实会议精神的四点要求

这次全国畜牧站长工作会议进一步部署了 2012 年畜牧业技术推广工作。今天上午大家围绕这次会议的主题、围绕高部长讲话和李站长的工作报告又进行了热烈讨论。为贯彻落实好这次会议精神，我提四点要求。

（一）强化技术推广，促进现代畜牧业健康发展。2012 年中央 1 号文件立足经济社会发展全局，科学把握现代农业发展规律，深刻阐明了农业科技的战略地位，明确了农业科技的公益性、基础性、社会性特点，对农业科技创新与推广作了全面部署，出台了一系列覆盖面广、针对性强、含金量高的政策措施。这是一个谋全局、打基础、管长远的纲领性文件。学习贯彻好中央 1 号文件精神，是当前各级畜牧技术推广服务机构一项重要任务。

一要认清发展形势，进一步明确科技推广思路。在当前畜产品需求持续增长、质量安全要求不断提升、资源环境约束不断加大的条件下，只能依靠科技创新和技术推广才能突破资源环境约束、完成持续稳定发展的艰巨任务。我们要以 2012 年农业部实施农业科技活动年为契机，把科技摆上更突出的位置，面向行业发展需求，切实解决畜牧科技与应用脱节问题，按照“技术配套、集成创新、分类指导、整体推进”的技术推广总体思路，坚持“重大、重点、集成、集中”原则，不断创新推广服务机制，提高服务效能。

二要结合产业实际，遴选集成适用技术。全国各地情况千差万别，必须因地制宜、量力而行，要做扎实细致的调查研究，深入了解制约畜牧业发展的关键问题、急需突破的畜牧业重大关键技术和科技成果的内在关系，切实解决好创新科技与现实需求的对接问题。要有效利用科技资源，建立协同推广机制，联合科研院所、高等院校、龙头企业、合作经济组织、协会学会等组织，以产业需求为导向，把保障畜产品安全供给作为首要任务，优先遴选提高资源利用率、劳动生产率、促进增产增效的科技成果，进行技术集成创新，构建不同层次类别的高产、优质、高效、生态、安全科技成果库，尽快把先进适用技术转化为现实生产力。

三要创新推广模式，加快科技成果转化。要充分发挥畜牧技术推广体系的主导作用，依托已有工程项目和落实强农惠农政策，通过试点示范、以点带面，积极探索推广服务模式。要重视运用现代信息技术，开通畜牧热线、畜牧业信息网站、广播电视节目、手机短信服务平台、报刊、杂志等现代传媒手段，宣传展示畜牧科技成果。要更加注重技术管理和集成，工作重心要由服务千家万户为主向服务散养和规模养殖并重转变，实现由传统的单向灌输推广模式逐步向双向互动的现代服务模式转变，实现从单项技术服务向集成技术服务转变、从单向提供技术服务向全程提供技术，提供市场、信息、经济等综合技术服务转变。

（二）抓住改革机遇，提升体系服务效能。按照 2012 年中央 1 号文件提出要“充分发挥各级农技推广机构的作用，着力增强基层农技推广服务能力”的部署和要求，我们要抓住当前各级政府高度重视农业科技发展的有利时机，巩固基层体制改革已取得的成果，加大运行机制创新力度。

李站长在工作报告中强调，明确体系公益性定位和职能任务仍是目前深化体系改革的重点。虽然畜牧业发展方式在不断变化，体系服务的对象和手段在不断变化，但畜牧业技术推广体系始终是国家面向广大农牧民提供技术服务的公益性机构、体现的是公益性性质、履行的是公益性职能，这一点要始终坚持不能动摇。畜牧业科技成果最终发挥作用，必须进场入户，要下大力气解决“最后一公里”问题。基层畜牧技术推广机构与农民联系最直接，为生产服务最具体，既承担畜牧业生产数据统计分析、推广先进适用畜牧业生产技术、家畜品种改良、种畜禽生产性能测定、畜禽遗传资源保护与利用、草原保护与建设和重大动物疫病防控等方面的具体工作，也承担着畜牧业科技成果转化利用和保障畜产品质量安全的任务。我们要积极争取、下大气力落实中央提出的“一衔接、两覆盖”政策。2012 年，“基层农业技术推广示范县”项目已经扩大到畜牧水产行业。我们将以 500 个畜牧生产大县为重点，每年每县安排 50 万资金，主要用于县、乡两级畜牧业技术推广。同时，2012 年每个乡镇畜牧兽医站从动物保健二期工程中安排 5 万元用于技术推广服务条件能力建设。我们要高度关注、主动参与，配合行政部门组织实施好这项工作。

新一轮事业单位分类改革已经启动，从中央工作部署看，此次改革更进一步强化了体系的公益属性，并明确了改革进度安排。我们应积极主动地参与改革，确保在事业单位分类改革中机制得到健全，职能得到加强，能力得到提升，扶持得到强化，使各级畜牧技术推广机构的服务能力和综合面貌有一个大的变化。

（三）提升人员素质，加强队伍建设。做好畜牧技术推广工作，关键在人。随着畜牧业生产方式转变，对技术推广人员的素质要求也越来越高。同时，随着农村劳动力大量转移，种植业、养殖业劳动力和生产技术人员短缺的问题日益突出。要以建设高素质人才队伍为目标，设置专业人员比例，规范人员上岗资格、建立长效培训机制、引进高校毕业生，打造一支精干高效的畜牧技术推广队伍。

一是改革用人制度，大力推进人员聘用制度。采取公开招聘、竞聘上岗、择优录取等方式，选拔各类专业技术人才，充实到各级畜牧技术推广机构。

二是推行资格准入制度，规范人员上岗资格。各地区应根据当地畜牧业生产发展实际，逐步推行资格准入制度，制定上岗条件，设置入行门槛，规范人员上岗资格。

三是建立人员培训长效机制，抓好技术人员的知识更新。以不断满足畜牧业发展和行业转型升级需要为出发点，建立畜牧技术推广人员培训机制，制订分层分类培训规划，通过短期培训、在职教育、脱产学习等多种方法，增强培训的针对性和实效性，提高在职在岗人员专业水平和服务能力。

四是鼓励支持专业对口大学生到基层服务，为基层体系引入新鲜血液。要抓紧推进农技服务特岗计划，2012 年中央 1 号文件明确要求，农业部、教育部已经做了具体安排，要启动特岗计划试点，出台扶持政策，鼓励引导高校涉农专业的毕业生到乡镇农业公共服务机构工作，要规范选拔程序，保证聘用人员素质和工作质量，落实工资待遇、社会保障、学费补偿，事业单位优先录用等优惠政策，确保特岗人员能够下得去、留得住、干得好，符合条件的逐步转为基层农业技术机构正式成员。

（四）狠抓工作落实，稳步抓好各项重点工作。一方面要抓好农业科技促进年活动。各级畜牧技术推广部门要将农业科技促进年活动作为 2012 年畜牧业科技推广体系的一项重点工作，精心组织，周密部署，按照方案要求，结合本地实际，明确工作重点和具体措施，责任层层落实到人，扎实做好畜牧业科技推广体系农业科技促进年活动的各项工作。

另一方面要注重做好当前各项重点工作。

一要做好畜牧技术推广工作，继续配合开展好畜禽养殖标准化示范创建活动，巩固扩大“六大技术”推广成效，扎实开展好“百万牧鸡治蝗增收行动”。

二要落实好各项扶持政策和监测预警，开展好畜牧良种补贴项目实施效果评估，建设好草原生态保护补奖机制管理信息系统。

三要参与建设现代畜禽种业，建立健全畜禽遗传评估系统，积极推进联合育种，进一步加强国家级畜禽遗传资源保种场、保护区和基因库管理。

四要加强草原保护建设，强化草原监测预警，加大草原鼠虫害防治力度，积极开展退牧还草等重大生态保护建设工程效益评价，继续开展好飞播种草示范和人工种草指导。

同志们！这次全国畜牧站长工作会议既是对一年来畜牧技术推广工作的全面总结，更是对今后一个时期工作的动员和部署。我们要把这次会议精神学习领会好、传达汇报好、贯彻落实好。畜牧技术推广体系工作的大政方针已经确定，目标任务已经明确，关键是狠抓落实。我们要以实施农业科技促进年活动为契机，按照高部长的重要讲话精神和这次会议的要求，坚定信心，振奋精神，开拓创新，扎实工作，为促进畜牧业经济又好又快发展做出新的贡献，以新的优异成绩迎接党的“十八大”胜利召开。

唱响行业宣传主旋律
服务现代畜牧大产业

——在《中国畜牧业》创刊20 周年座谈会上的讲话

沙玉圣
全国畜牧总站副站长
中国饲料工业协会副秘书长

（2012 年 9 月 23 日）

一、20 年辛勤耕耘，《中国畜牧业》已成为行业宣传的主流媒体

经过 20 年艰苦创业，《中国畜牧业》杂志实现了 5 次跨越。一是刊名从《牧业通讯》、《中国牧业通讯》直至《中国畜牧业》；二是印制从黑白内刊到全彩印刷；三是开本从正 16 开到国际流行大 16 开；四是刊期从月刊到半月刊；五是机构从最初的编辑部到独立的法人单位。20 年来，杂志经历了从蹒跚起步、摸索前行到稳打稳扎、健康成长的发展历程，在宣传行业政策法规和发展成就、交流发展成功经验、推广先进科技成果、探讨行业热点焦点、发布行业信息动

态、指导基层开展工作等方面做了大量工作，已成为行业宣传关键时刻用得上、时时刻刻离不开的重要阵地和主流媒体。

（一）可圈可点的出版发行业务。《牧业通讯》创刊于1992年，是农业部畜牧兽医司和全国畜牧总站创办的第一家综合指导类期刊。随着中牧集团的加入，杂志主办单位由原来两家增加到三家，并实行内部有偿订阅，逐步向公开发行过渡。1998年3月20日，《牧业通讯》杂志更名为《中国牧业通讯》，并正式在国内外公开发行。2002年1月，《中国牧业通讯》杂志由月刊改为半月刊。2006年，适应改革需要，杂志的三家主办方为全国畜牧总站、中国动物疫病预防控制中心和中牧集团。2011年1月，《中国牧业通讯》全面改版，全彩印刷，从版式和内容上提升了杂志的质量。2011年8月，经国家新闻出版总署批准，《中国牧业通讯》正式更名为《中国畜牧业》。20年来，《中国畜牧业》共计出版杂志369期，总发行量达700多万份，取得了可喜的出版发行业绩。

（二）实力较强的编辑队伍。1995年，《牧业通讯》编委会正式成立并开始运行，2011年，杂志社成立了新一届编委会，聘请部内机关司局、相关单位领导，权威部门专家及各省市区主管厅（局）负责同志担任杂志编委会委员，目前，编委会委员共50人，如此高规格的编委会，在行业杂志中少有。目前，杂志基本形成了编委—杂志社专职编辑人员—各地通联员三级编辑体系。在编委会的正确领导下，通过多年的培养，目前杂志社拥有了一支集新闻、畜牧、兽医、电子商务等多种专业知识背景的力量较强的编辑队伍，有7名专职编辑和多名特约编审。杂志实行责任编辑制度和期刊质量定期跟踪制度，是第一家在全国畜牧兽医行业期刊中实行聘请特约编审，建立期刊自身质量监测系统的媒体，对每一期的所有栏目、版面和文章进行质量跟踪并征求办刊建议和意见，帮助采编改进工作，对改进期刊质量起到了积极的促进作用。

（三）与时俱进的采编思路。从2003年开始，杂志确立了“期期有选题，篇篇有出处”的采编思路，加大对畜牧业典型经验的宣传力度，并据此开展行业宣传活动，得到了业界的广泛好评。如2004年杂志社和农业部草原监理中心举办的“‘中种杯’《草原法》有奖征文及知识竞赛”、行业新闻人物和新闻事件年度评选等。最近这两年，杂志结合行业重大事件，在行业专刊、封面专题和设置专栏等方面进行了有益尝试，效果不错。2011年8月，做了一期新疆专题，全面介绍了新疆畜牧业发展的情况，反响强烈；2012年9月又出版了一本北京专刊，集中展现了北京市发展都市畜牧业的成果；杂志连续多年与大企业合作，增设专栏。既关注了行业发展，又提升了杂志的社会影响力。2012年杂志在行业重点工作的宣传上加大了力度。围绕农业部对畜禽养殖标准化的推广要求，开设专栏，固定版面报道，截至目前，共宣传了72家典型企业。2011年，农业部将“送良种惠百姓”活动列为为农民办理的29件实事之一，本刊从2011年第7期开始，连续4期对“送良种 惠百姓”活动进行了跟踪报道。2012年3～5月期间，协助中国饲料工业协会组织开展了“大北农杯”《饲料和饲料添加剂管理条例》知识竞赛、“牧羊杯”饲料安全知识竞赛等活动，取得了很好的宣传效果。

（四）独具特色的通联体系。1995年8月29～31日，《牧业通讯》杂志社首次在广西北海举行了通联工作会议，会议完善了《牧业通讯》杂志发行代办人制，并建立了杂志的信息发布网络。随后，通联工作会议每年召开1次，迄今为止召开了18次通联工作会。各省市区畜牧厅（局）负责宣传工作的同志担任通联负责人，通联网络遍布全国，目前有通联员1 000多人，既拥有了行政主管部门和整个行业支撑体系的优势，又稳定了杂志发行数量和稿件来源，这种独特的通联发行体系，奠定了杂志在行业内的领先地位。

（五）行业宣传的主流媒体。近几年，行业重大突发事件接连不断，《中国畜牧业》充分发挥行业宣传主流媒体的作用，第一时间发出政府权威声音，正确引导舆论导向，从未发生过一起错误和失实报道，获得了较高的行业评价。自创刊以来，杂志就一直致力于追求卓越，提高办刊质量，不断强化服务意识，创造了许多的行业第一。1998年5月，《中国牧业通讯》杂志参加首届全国畜牧兽医优秀期刊评选，10项指标综合评分总分排名第一，荣获首届全国畜牧兽医优秀期刊评选一等奖。其后，连续多年荣获全国畜牧兽医优秀期刊一等奖、发行创新奖和广告创新奖。目前，杂志是畜牧行业发行量第一的综合指导类刊物，发行与传播范围已涵盖全国畜牧单位和广大养殖户，分布于11个国家和地区，个人读者分布于16个国家和地区，每年杂志文章网络下载量达5.06万篇次。杂志全文被中国核心期刊（遴选）数据库和中国学术期刊网络出版总库（CNKI）全文收录，成为了名副其实的行业主流媒体。

二、新时期任重道远，努力把《中国畜牧业》办得更好

《中国畜牧业》杂志要保持在行业媒体中的领军地位，不是空穴来风，需要我们下大工夫，花大力气，围绕行业发展的热点、重点、焦点，从政治水平、业务能力、团队建设、硬件设施等各个方面做好

准备。当前，我国畜牧业已经进入了由传统畜牧业向现代畜牧业加快转型的新阶段，畜牧业发展面临着保障供给的压力、畜产品质量安全的压力、土地资源紧缺的制约、饲料原料偏紧的制约、环境保护的制约、市场波动的挑战和疫病防控的挑战，作为行业的主流媒体，需要我们不断深化新形势下做好行业宣传工作重要性的认识，进一步抓住机遇，迎接挑战，理清思路，开拓进取，努力把杂志办得更好。具体讲，就是要坚持做到五个“三”：

第一个“三”是坚持做到三个主要面向。主要面向建设现代畜牧业主战场，唱响主旋律；主要面向畜牧业技术支撑体系，这是技术推广的主渠道、生力军；主要面向基层和规模养殖场（户），这是杂志生存和发展的源泉。

第二个“三”是坚持做到三个重点宣传。重点宣传行业发展政策法规；重点宣传行业发展成果模式和经验；重点宣传国内外最新行业技术信息。

第三个“三”是坚持做到三个第一时间。第一时间发布政府权威声音、正确引导舆论导向，严把舆论关，充分发挥行业宣传媒体关键时刻的重要作用；第一时间宣传行业政策法规和重点行动，要时刻保持新闻敏感性，利用半月刊的优势，快速传递上级要求；第一时间反映基层需求和行业声音，做好上下沟通的桥梁。

第四个“三”是坚持做到三个合力推进。合力推进行业宣传工作，要充分发挥行业主流媒体优势，联合行业中其他媒体形成宣传合力，共同为行业发展造势，使《中国畜牧业》真正成为行业宣传龙头；合力推进杂志通联工作，有效调动各地通联员的工作积极性，加强通联员业务素质培养，通过他们把杂志发行和宣传工作落实到基层；合力推进杂志内文编辑质量，增加杂志的信息量、实用性和指导性。

第五个“三”是坚持做到三个切实加强。切实加强杂志采编核心团队建设，在国外，编辑记者被称为“无冕之王”，办好杂志，高素质的编辑队伍是核心；切实加强杂志与中国畜牧兽医信息网的融合，形成行业宣传的互动优势；切实加强与位编委、通联员的沟通联系，进一步发挥好高层次、高规格编委会的优势，建立编委会长效沟通机制，杂志社确定固定部门、固定人员，以简报形式及时向大家通报杂志的有关工作，及时收集大家的意见、建议，实质性地加深与编委的沟通和联系。

饲料行业组织机构

全国各省、区、市、计划单列市饲料工业（工作）办公室组织机构一览表

单位	主任	副主任	编制	级别	成立时间	性质	经费来源	隶属关系	隶属关系变更及时间	办公地址	联系人	电话　传真	邮编
北京市畜牧管理处（畜牧管理办公室）	梅克义	王大山	8	处级	2000.06	行政	—	北京市农业局	2000.06	北京市西城裕民中路6号	王继彤	010－82031928 010－62044607（F）	100029
天津市饲料工业办公室（农业综合处）	李晓东	郭士明	2	处级	1989.03	行政	财政	天津市农村工作委员会	1989.03	天津市河西区黑牛城道177号市农委703室	郭士明	022－88290636 022－88290609（F）	300061
河北省饲料工作办公室	檀苍中	李建国	8	处级	1990.07	具有行政职能事业单位	财政拨款	河北省畜牧兽医局	2005.10	河北省石家庄市裕华东路88号	郭丽鲜	0311－85885036 0311－85885036（F）	050011
山西省饲料奶站办公室	陈宝珠	侯晋兰	与畜牧局合署办公	处级	1991.05	行政	—	山西省农业厅	1995.06与省农业厅畜牧兽医局合属	山西省太原市迎泽大街312号	张艳梅	0351－4123478 0351－4129732（F）	030001
内蒙古自治区饲料工作办公室（草原饲料处）	吴宝山 高雪松	—	7	正处	2000.05	行政	财政拨款	内蒙古自治区农牧业厅	2000.05.10由区经委划归区畜牧业厅草原处	内蒙古呼和浩特市乌兰察布东街70号	刘占喜	0471－6652179 0471－6652179（F）	010010
辽宁省饲料工作办公室	柏云江	张　鹏	6	处级	1983.06	行政	财政拨款	辽宁省动物卫生监督管理局	1990年前在省经委，1990年后在农村工作办，2004年5月在省动物卫生监督管理局	辽宁省沈阳市和平区太原北街2号	孟雅环	024－23448298 024－23448222（F）	110001
吉林省饲料工作办公室（草原饲料处）	丁日新	关百军	5	处级	2000.09	行政	财政拨款	吉林省牧业管理局	2000.09	吉林省长春市人民大街1486号	韩　铁	0431－88906664 0431－82713664（F）	130051
黑龙江饲料工业办公室	朱良坤	—	4	处级	1986.03	行政	省财政	黑龙江省畜牧兽医局	2000.06由省农委到省畜牧局	黑龙江省哈尔滨市动力区文府街4－1号	王向红	0451－82636147 0451－82650907（F）	150040

（续）

单位	主任	副主任	编制	级别	成立时间	性质	经费来源	隶属关系	隶属关系变更及时间	办公地址	联系人	电话　传真	邮编
上海市饲料工作办公室（上海市畜牧办公室）	李建颖	林卫东	2	处级	1986	行政	财政拨款	上海市农业委员会	2001.01 从市商到市农委	上海市大沽路 100 号 3006 室	何麒麟	021－23113098 021－63580987（F）	200003
江苏省饲料工作办公室（畜牧处）	宋晓春	严建刚	8	处级	2000.10	事业	全额拨款	江苏省畜牧兽医局	2000.10 月由省农业厅到省农林厅	江苏省南京市龙江小区月光广场 8 号农林大厦	严建刚	025－86263915 025－86222651（F）	210036
浙江省饲料工作办公室	张火法	范克强	8	处级	2000.09	事业	省财政	浙江省畜牧兽医局	2000.09 归属省农业厅，2004.03 归省畜牧局	浙江省杭州市凤起东路 29 号	葛莉莉	0571－86757937 0571－86757921（F）	310020
安徽省饲料工作办公室	董卫星	沈华理	1	处级	1996	行政	政府拨款	安徽省农业委员会	1995 年前属省粮食局，1996 年后属省农业厅	安徽省合肥市徽州大道 193 号省畜牧局	杨 林	0551－2616494 0551－2669100（F）	230001
福建省饲料工作办公室	兰坪亮	陈贵英	3	处级	1996.06	行政	财政	福建省农业厅	2000.12 月底属省农业厅	福建省福州市华林路 123 号	丘建华	0591－87851058 0591－87832712（F）	350003
江西省饲料工业办公室	王光明 余祥健	欧阳延生	10	正处	1986	全额事业	财政拨款	江西省农业厅	2002.02 由省计委划归到省农业厅主管	江西省南昌市北京西路省府大院农业厅	黄 潮	0791－6217341 0791－6211476（F）	330046
山东省饲料工作办公室（饲料处）	鲍 霞	孔凡德	—	处级	2000.04	行政	财政拨款	山东省畜牧兽医局	2000.04	山东省济南市槐树街 68 号	边 珉	0531－87198095 0531－87198095（F）	250022
河南省饲料工业办公室	赵化锋	张 雄 张玉霞	4	处级	1995.10	行政	财政拨款	河南省畜牧局	1993 年从省计委转畜牧局	河南省郑州市经三路 91 号	李灵平	0371－65778885 0371－65778981（F）	450008
湖北省饲料工作办公室	董文忠	刘恩勇	3	处级	1985.05	行政	财政拨款	湖北省农业厅	1995.12 从省经委到省农业厅	湖北省武汉市武昌区武珞路 519 号	黄仲才	027－87876982 027－87870641（F）	430070
湖南省饲料工业办公室	黄才高	赵 明 杨建武 欧阳龙	9	正处	1985.10	行政性事业单位	全额拨款	湖南省畜牧水产局	2003 年从省计委变更到省农业厅	长沙市韶山北路 112 号	陈旭高	0731－84423340 0731－84423340（F）	410011
广东省饲料工作办公室	罗道栩	张永发	3	处级	2000	行政	财政拨款	广东省农业厅	2000.08 从省经贸委划归到省农业厅	广州市先烈东路 135 号省农业厅	于秋楠	020－37288189 020－37288284（F）	510500

（续）

单位	主任	副主任	编制	级别	成立时间	性质	经费来源	隶属关系	隶属关系变更及时间	办公地址	联系人	电话　传真	邮编
海南省饲料工作办公室	王杏蕃	黄云青	2	处级	1992	行政	财政拨款	海南省农业厅	—	海口市海府大道省政府大楼11楼海南省农业厅	黎金莲	0898－65350395 0898－65362930（F）	570204
广西壮族自治区饲料工业办公室	闭　强	—	—	正厅级	2000.04	行政	财政拨款	广西壮族自治区水产畜牧兽医局	2000.08	广西南宁市青山路8－1号1416室	吴晓丹	0771－5829768 0771－2855536（F）	530021
重庆市饲料工业办公室	吕祖德	—	7	处级	1986.08	行政	财政拨款	重庆市农业委员会	97年由市农委划归市农业局	重庆市北部新区黄山大道中段186号	曹亚平	023－89133139 023－89133141（F）	401121
四川省饲料工业办公室	张履平	—	4	正处级	1987.02	行政	财政拨款	四川省畜牧食品局	1992年变更到省畜牧食品办公室（95年改为省畜牧食品局）	四川省成都市武侯祠大街3号	李宗明	028－85545641 028－85580420（F）	610041
贵州省饲料工作办公室	赵熙贵	向安霞	4	正处	1998	行政	全额拨款	贵州省农业厅（副厅级）	1996年从省经贸委变更到省畜牧局	贵州省贵阳市延安中路62号	廖云华	0851－5286424 0851－5288155（F）	550001
云南省饲料工作办公室	徐祖林	张存焕	6	处级	2000.11	行政	财政拨款	云南省农业厅	2000年11月（云南省饲料办原名为云南省食品饲料工业办公室，成立于1980年9月）	云南省昆明市万华路169号	高婷婷	0871－65749524 0871－65749524（F）	650224
陕西省饲料工业办公室	赵辉文	杨　帆 罗新安	17	处级	1986	事业	全额拨款	陕西省畜牧兽医局	2009年	陕西省西安市习武园27号	刘冬霞	029－87343729 029－87343729（F）	710003
甘肃省饲料工业办公室	姜　良	周生明	6	正处	1996.06	事业单位行政职能	财政拨款	甘肃省兽医局	1989年前归省计委，1989年后改挂省畜牧厅	兰州市城关区民主东路109号	王秋娟	0931－8418877 0931－8418877（F）	730000
青海省饲料工作办公室	巩爱岐	—	1	处级	1987.05	行政	财政拨款	青海省农牧厅	1995.05由省经贸委挂靠省畜牧厅，2003.05挂靠在省农牧厅	西宁市交通巷4号	唐国盛	0971－6136031 0971－6136031（F）	810008
宁夏回族自治区饲料工业办公室	王　华	姚伯平	5	处级	1986.11	事业	行政拨款	宁夏回族自治区农牧厅	2000年由区畜牧局划归区农牧厅	宁夏银川市金凤区北京中路159号	姚伯平	0951－5169885 0951－5169887（F）	750002

（续）

单位	主任	副主任	编制	级别	成立时间	性质	经费来源	隶属关系	隶属关系变更及时间	办公地址	联系人	电话　传真	邮编
新疆维吾尔自治区饲料工业领导小组办公室	杨建忠	艾克拜尔	5	处级	1989	行政	财政拨款	新疆维吾尔自治区畜牧厅	1992年末改为新疆区饲料工业领导小组办公室	乌鲁木齐市新华南路408号	刘君健	0991－8567730 0991－8567730（F）	830004
青岛市饲料工业办公室	陶明森	刘汉锋	5	正处	1990.02	事业	财政拨款	青岛市畜牧兽医局	2001.05.11主管部门由经委变更市畜牧服务中心后归市农委	青岛市南区东海中路2号环海大厦20楼E区	刘汉锋	0532－85068590 0532－82065211（F）	266071
大连市饲料工作办公室	隋信龙	刘远征	4	处级	2001.12	行政	财政拨款	大连市动物卫生监督管理局	2001.12前属市计委	大连市西岗区新开路87号金福大厦西门	刘成芳	0411－83689265 0411－83689265（F）	116011
宁波市饲料工业办公室	余全法	—	6	正处	—	行政事业	财政拨款	宁波市农业厅	—	宁波市环城西路南段920号	翁宇挺	0574－87483289 0574－87483286（F）	315012
深圳市饲料管理办公室	杨加慎	—	5	处级	2001.11	行政	财政全额	深圳市农业和渔业局	2001.11	深圳市福中三路市民中心西区一楼1075室	张碧华	0755－82001950 0755－82001957（F）	518035
厦门市饲料工业领导小组办公室	陈集生	—	3	正处	1999	行政	市财政局	厦门市农业局	2003年初归市农业局畜牧兽医处	厦门市长青路191号劳动大厦11楼1102房	陈思榕	0592－5351631 0592－5351632（F）	361012

全国各省、自治区、直辖市、计划单列市饲料工业协会组织机构一览表

省别	会长	秘书长	副秘书长	成立时间	换届时间	隶属关系	办公地址	邮编	联系人	电话	传真	E－mail
北京市	谢仲权	汪秀艳	李忠诚	1986.02	2010.04	农业局畜牧业	北京市朝阳区安外北苑路甲15号1号楼505（北京市饲料监察所内）	100107	黄建华	010－63543914 010－63518890	010－63512799	h.jh.cn@163.com bjslxh@126.com
天津市	王文杰	郭　宏	穆淑琴	1991.12	2006.11	畜牧兽医局	天津市西青区外环西路泰宁道天津市畜牧兽医研究所内	300112	刘景喜	022－27796837	022－27796837	anist@vip.com mushq@163.com
河北省	李建国	白亮亮	杨　冬 侯玉漂	1997.06	2009.02	农业厅	河北省石家庄市塔南路191号	050031	侯玉漂	0311－85888039 0311－85809066	0311－85888039	hbslxhbgs@sohu.com

（续）

省别	会长	秘书长	副秘书长	成立时间	换届时间	隶属关系	办公地址	邮编	联系人	电话	传真	E-mail
山西省	董希德（副厅长）	吕世秀	张艳梅	1997.04	2005.12	农业厅	山西省太原市迎泽大街312号	030001	张艳梅	0351-4129732 0351-4123478	0351-4129732	sxslb.zym8888@163.com
内蒙古自治区	纪大才	杨红东	张连义	2001.03	2008.03	农牧业厅	内蒙古呼和浩特市赛罕区昭乌达南路（饲料草种监督检验站内）	010020	张连义	0471-4961659 0471-4910905	0471-4911217	nmgslxh@126.com
辽宁省	朱国兴	徐国荣	吴　浩	1986.05	2010.12	畜牧兽医局	辽宁省沈阳市和平区南四经街143号	110003	吴　浩	024-23264599 024-83210242	024-83210242	a23264599@163.com xh23264033@163.com
吉林省	徐周文	柳思厚	—	1991.01	2010.04	畜牧业管理局	吉林省长春市西安大路4510号（吉林牧业大厦）	130062	柳思厚	0431-81908926 13604409888	0431-81908926	lsh4311@yahoo.cn
黑龙江省	赵　宇	刁新平	周顺来	1986.09	2006.11	畜牧兽医局	黑龙江省哈尔滨市南岗区宣德街38号1单元201室	150008	孙丽焕	0451-87525892 0451-87525519	0451-87525893	nefi@vip.163.com
上海市	赵子琴	张金龙	—	1984.12	2012.07	农业委员会	上海市常德路1265号712室	200060	姚依敏 赵建忠	021-62770093 021-62274334	021-62980344	972565790@qq.com
江苏省	王春喜	宋晓春	严建刚	1986	2008.06	农业委员会	江苏省南京市龙江小区月光广场8号农林大厦901	210036	沐俊峰	025-86263901 025-86263903	025-86263918	we.5668899@yahoo.com. cn yanjg99@163.com
浙江省	蒋晓岳	周仲儿	袁国华 唐国燕 吴新民	1999.11	2011.07	农业厅	浙江省杭州市彭埠镇御云路111号	310021	唐国燕	0571-86496189 0571-86757965	0571-86490906	zzer412@yahoo.com. cn ahp2005@126.com
安徽省	董卫星	季学枫	—	1999.09	2005.12	农业委员会	安徽省合肥市庐阳区徽州大道197号901室	230001	傅胡翠 吴皖榕	0551-2614993 0551-2626491	0551-2618130	siliaoxiehui8888@126. comjixuefeng04@sohu.com
福建省	曾丽莉	胡　春	陈贵英 汤忠民 陈婉如	1994.12	2008.04	农业厅	福建省福州市鼓屏路183号省农业厅1号楼	350003	洪　清	0591-87859740	0591-87859740	fjfeed@163.com
江西省	张忠平	兰永清	刘金根 周伟良 黄　潮 孙　新	1983.03	2003.08	农业厅	江西省南昌市省政府大院农业厅18楼	330046	孙　新	0791-86217341 0791-86218465	0791-86211476	sxsx813129@126.com

（续）

省别	会长	秘书长	副秘书长	成立时间	换届时间	隶属关系	办公地址	邮编	联系人	电话	传真	E-mail
山东省	杨在宾	李祥明	李桂华 李相树	2006.01	—	畜牧兽医局	山东省济南市槐村街68号	250022	康永利 姜良森	0531-87198966 0531-87198033	0531-87198588	sdfeeds@163.com
河南省	—	李水彦	赵化峰 张玉霞	1996.10	2006.10	畜牧局	河南省郑州市经三路91号	450008	李灵平	0371-65778519 0371-65778881	0371-65778981	65778885@163.com
湖北省	谢科生	彭安强	黄倩蓉 周少军 刘恩勇	1985.10	2009.03	农业厅	湖北省武汉市武珞路519号	430070	黄倩蓉 周少军	027-87870641	027-87876982 027-87870641	hb-wh-hqr@263.net hbslgz@163.com
湖南省	余英生	欧阳龙	陈旭高	1985.10	2010.12	农业厅	湖南省长沙市韶山北路112号电子大厦5楼	410011	尹华平 熊 宇	0731-82569227	0731-82238075 0731-84445743	ouyanglong-8888@sohu.com hnsiliao@vip.sina.com
广东省	张国杭	蔡玉珍	周 洪	1990.03	2011.06	农业厅	广东省广州市先烈东路135号2号楼604-606	510500	周凤珍 李 利	020-37288723	020-37289311	gdfeed@vip.163.com
海南省	—	张绍君	莫正群	1998.06	—	农业厅	海南省海口市海府路59号省政府办公大楼11层	570204	莫正群	0898-65343627 0898-65336798	0898-65382968	zsj65229996@163.com
广西壮族自治区	罗广烈	汤建榕	卢玉发 卢丽枝	1985.06	2006	水产畜牧兽医局	广西南宁市七星路135-1号	530022	卢丽枝	0771-2800023	0771-2855536	gxslb2800023@163.com
四川省	冯元蔚	张履平	周朝华 柏 凡 陈代文 邹成义	1987.09	2007.12	畜牧食品局	四川省成都市武侯祠大街3号	610041	吴 岚	028-85545641	028-85580420	wulan0804@yahoo.com.cn
重庆市	刘作华	骆 意	郑 群	1986.08	2006.07	畜牧科学院	重庆市渝中区人民路238-2号（重庆市畜牧科学院内）	400015	郑 群	023-68625302 023-46792361	023-68611351	zy7920@163.com liuzuohuz66@tom.com
贵州省	张剑勇	张 华	黄国明	1991	2009.08	农业委员会畜牧兽医管理办公室	贵州省贵阳市贵惠路62号（省饲料监察所2楼）	550003	张 华	0851-5968010 13608556336	0851-5967420	gzsl010850@163.com
云南省	徐祖林 杜建勋	陶 冶	成绍先	1987.05	2007.12	农业厅	云南省昆明市穿金路156号齐宝酒店8楼805-806室	650225	陶 冶	0871-65616557 0871-65749524	0871-65616557	ty521@126.com lwhy@sina.com

（续）

省别	会长	秘书长	副秘书长	成立时间	换届时间	隶属关系	办公地址	邮编	联系人	电话	传真	E-mail
陕西省	—	赵辉文	—	1989.11	2008	农业厅	陕西省西安市习武园 27 号	710003	陈亦兵	029-87345955 029-87323062	029-87321764	cyb307@126.com
甘肃省	周生明	李善堂	—	1991.12	未换届	农牧厅	甘肃省兰州市城关区平凉路 106 号	730030	王秋娟	0931-8179097	0931-8179097	Wangqiujuan8102@163.com
青海省	阿旺尖措	白凤奎	武秀云 刘书杰 韩增祥 唐国盛	1987.10	2003.11	农牧厅	青海省西宁市交通巷 4 号	810008	唐国盛 石玉生	0971-5511341 0971-6136031	0971-6136031	nmttgs0366@tom.com
宁夏回族自治区	郝廷藻	王　华	段克峰	1986.12	2009.12	农牧厅	宁夏银川市金凤区北京中路 159 号	750002	高新雯 郑　辉	0951-5169885 0951-5169661 13909510833	0951-5169885	nxslqylhh@yahoo.cn
新疆维吾尔自治区	巴特尔	熊　斌	刘君健 陈如春 郭晓瑛	1992.10	2011.03	饲料行业管理办公室	新疆维吾尔自治区乌鲁木齐市新华南路 408 号	830001	刘君健 郭晓瑛	0991-8567160 0991-8535583	0991-8567730	xjslbljj@163.com
大连市	刘忠权	刘成芳	龚淑清	2004.11	2010	农村经济委员会	大连市西岗区新起屯 133 号	116000	孙宝聪	0411-84501637	0411-84501637	blfia@163.com
厦门市	叶根宗	高翠红	—	2000	2011.10	市农业与林业局	厦门市思明区槟榔西里 148 号 B 座 16 楼	361004	高翠红 杨　立	0592-5062631 0592-3992048	0592-5062631	gch3@sina.com.cn
深圳市	黄邦银	金铁城	董塞新	1994.12	2006.03	民政局	深圳市上步中路 1039 号信托工贸大厦北座 502 室	518006	金铁城 董塞新	0755-83252125	0755-83252125	szxm0105@163.com

中国饲料工业年鉴

专题篇

饲料加工工业概况

2012年，是贯彻饲料工业“十二五”规划的推进年，也是新修订《饲料和饲料添加剂管理条例》(以下简称《条例》)的宣贯和实施年。中国饲料工业克服畜产品价格低迷，经营成本上涨及部分地区灾害天气等因素影响，保持稳定发展态势，饲料总产量稳步提高，质量合格率稳定在较高水平，饲料添加剂产量大幅增长，饲料生产装备、从业人员素质显著提高。

一、2012年饲料生产基本情况

1. 全国商品饲料总产量持续稳步增长。2012年全国商品饲料总产量19 449万t，同比增长7.7%，已连续8年过亿吨。其中，配合饲料产量为16 363万t，同比增长9.7%；浓缩饲料产量为2 467万t，同比下降3.0%；添加剂预混合饲料产量为619万t，同比增长2.3%（图1）。

其中，猪饲料产量7 722万t，同比增长13.1%；蛋禽饲料产量3 229万t，同比增长1.8%；肉禽饲料产量5 514万t，同比增长4.4%；水产饲料产量1 892万t，同比增长12.4%；反刍动物饲料产量775万t，同比持平；其他饲料产量317万t，同比增长0.3%（图2、3）。

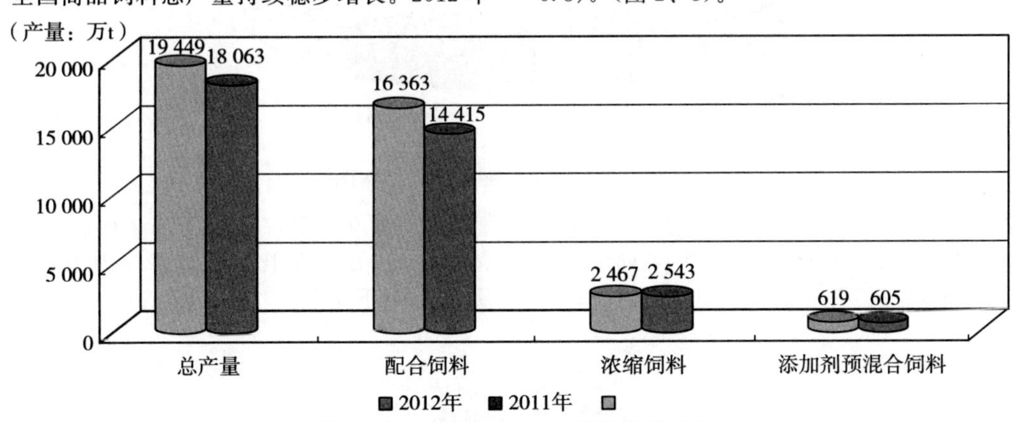

图1　2012年和2011年饲料产量对比

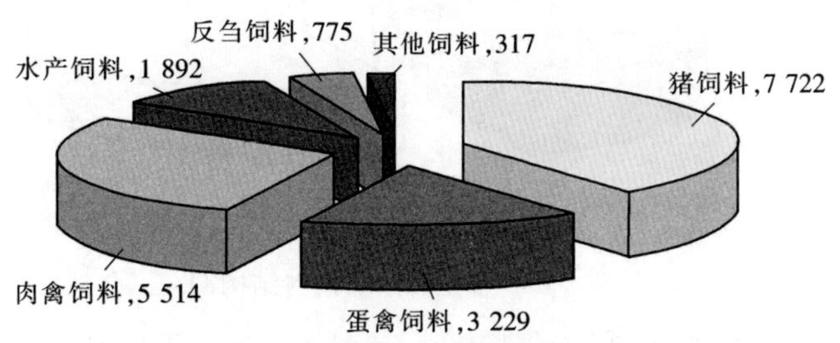

图2　2012年饲料品种结构图

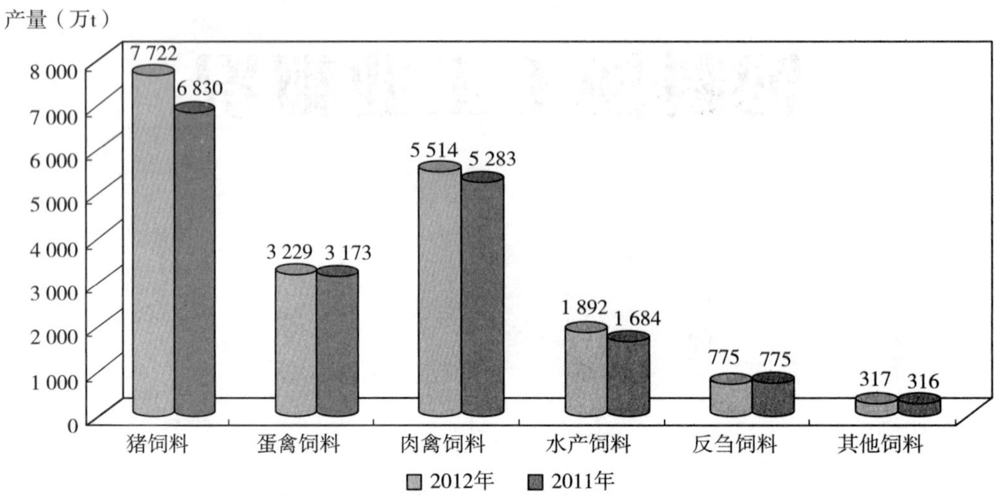

图 3　2012 年和 2011 年各品种饲料产量对比

在配合饲料中，猪配合饲料总产量 5 991 万 t，同比增长 18.6%；蛋禽配合饲料 2 604 万 t，同比增长 3.3%；肉禽配合饲料 5 116 万 t，同比增长 4.5%；水产配合饲料 1 857 万 t，同比增长 12.4%；精料补充料 532 万 t，同比下降 0.6%；其他配合饲料 264 万 t，同比增长 1.5%（图 4）。

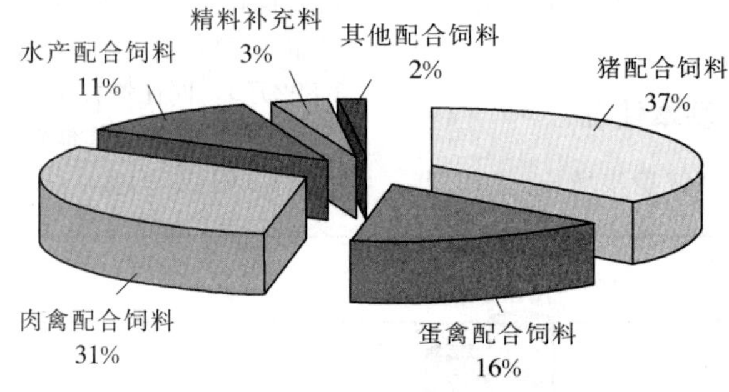

图 4　2012 年全国配合饲料结构图

在浓缩饲料中，猪浓缩饲料总产量 1 382 万 t，同比下降 4.2%；蛋禽浓缩饲料 491 万 t，同比下降 4.7%；肉禽浓缩饲料 343 万 t，同比增长 3.9%；水产浓缩饲料 9.8 万 t，同比下降 2.0%；反刍动物浓缩饲料 214 万 t，同比增长 1.4%；其他浓缩饲料 27 万 t，同比下降 20.6%（图 5）。

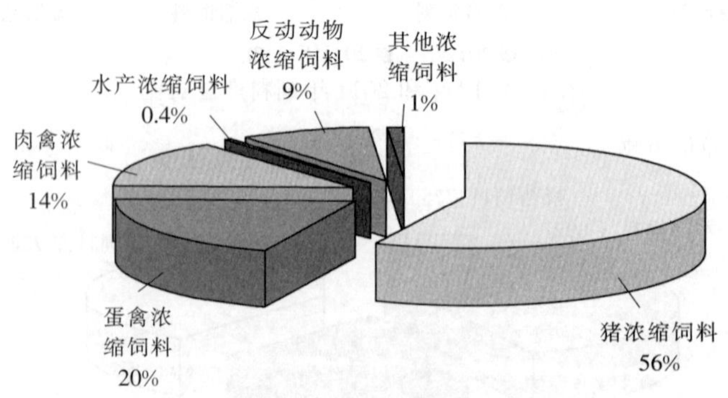

图 5　2012 年全国浓缩饲料结构图

在添加剂预混合饲料中，猪添加剂预混合饲料总产量 349 万 t，同比增长 3.6%；蛋禽添加剂预混合饲料134万t，同比下降2.9%；肉禽添加剂预混合饲料55万t，同比下降1.8%；水产添加剂预混合饲料26万t，同比增长18.2%；反刍动物添加剂预混合饲料29万t，同比下降3.3%；其他添加剂预混合饲料27万t，同比增长22.7%（图6）。

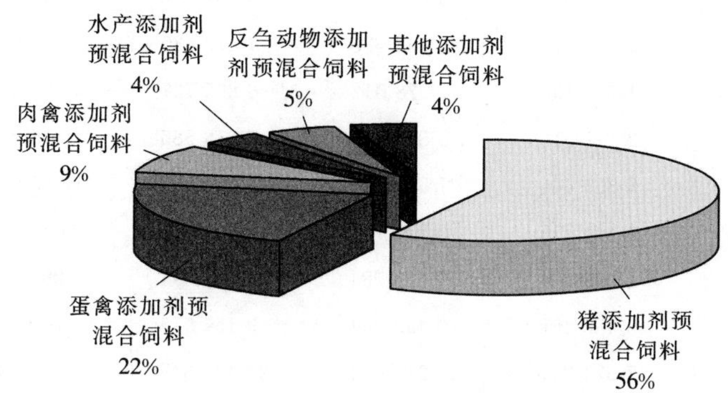

图6　2012年全国添加剂预混合饲料结构图

2. 各省饲料发展情况。2012年，东部地区（北京、天津、河北、上海、江苏、浙江、福建、山东、广东、海南、辽宁）饲料总产量为10 211万t，占全国饲料总产量的52.5%；中部地区（山西、安徽、江西、河南、湖北、湖南、黑龙江、吉林）饲料总产量为5 507万t，占全国饲料总产量的28.3%；西部地区（内蒙古、广西、重庆、四川、贵州、云南、陕西、甘肃、青海、宁夏、新疆）饲料总产量为3 731万t，占全国饲料总产量的19.2%；与2011年相比，东部地区增长8.4%，中部地区增长5.5%，西部地区增长9.0%。从增长幅度看，2012年增长速度最快的省份是安徽、福建、青海、广西、四川，分别增长20.6%、18.9%、15.5%、13.2%、13.2%；除重庆、山西、宁夏、北京、内蒙古等省份产量略有下降外，其他各省饲料产量均呈不同幅度增长。

2012年，四川省饲料总产量首次突破千万吨，中国超过千万吨省份已达7个。分别为：广东（2 332万t，同比增长11.3%）、山东（2 154万t，同比增长5.1%）、辽宁（1 326万t，同比增长9.0%）、河南（1 321万t，同比增长4.7%）、河北（1 185万t，同比增长3.0%）、湖南（1 045万t，同比增长3.9%）、四川（1 002万t，同比增长13.2%）。以上7省产量达10 365万t，占全国总产量53.3%。从增长幅度看，以上7省2012年同比平均增长幅度7.2%，略低于全国平均增长水平（表1）。

表1　2012年全国饲料加工企业生产综合情况

单位：万元、t

地　区	饲料产品总产值	饲料产品营业收入	总产量	配合饲料	浓缩饲料	添加剂预混合饲料
全国总计	64 631 220	62 771 953	194 485 327	163 626 247	24 665 086	6 193 994
北　京	2 292 972	2 344 631	3 392 539	2 501 027	277 399	614 113
天　津	909 178	879 096	2 732 899	1 775 569	669 825	287 504
河　北	3 492 001	3 335 008	11 849 078	10 022 209	1 686 841	140 028
山　西	900 170	883 410	3 054 106	2 041 384	956 246	56 476
内蒙古	891 228	768 890	3 131 684	2 144 973	929 601	57 109
辽　宁	4 115 956	3 987 529	13 262 833	9 493 345	3 562 466	207 022
吉　林	790 574	790 574	4 817 183	3 238 908	1 530 107	48 168
黑龙江	2 018 000	1 828 200	7 056 005	3 561 110	3 228 800	266 095
上　海	581 964	575 908	1 545 313	1 179 917	138 210	227 186
江　苏	3 256 568	2 805 868	9 289 899	8 681 797	289 875	318 227

（续）

地　区	饲料产品 总产值	饲料产品 营业收入	总产量	配合饲料	浓缩饲料	添加剂 预混合饲料
浙　江	1 739 947	1 704 079	5 754 425	5 531 242	56 271	166 912
安　徽	1 303 510	1 303 510	5 053 638	4 479 430	435 604	138 604
福　建	2 326 567	1 742 195	7 378 012	6 895 727	186 364	295 921
江　西	2 135 291	2 147 516	5 872 788	4 918 586	516 097	438 104
山　东	9 008 449	8 895 661	21 537 336	19 850 551	1 085 097	601 688
河　南	3 497 052	3 494 775	13 205 727	10 788 305	2 048 618	368 805
湖　北	2 009 911	2 006 804	5 556 784	5 132 494	299 844	124 446
湖　南	3 596 757	3 456 497	10 453 954	9 156 973	769 410	527 571
广　东	7 284 241	7 574 241	23 315 012	22 433 348	362 184	519 479
海　南	670 804	646 972	2 052 728	2 004 063	6 014	42 650
广　西	2 837 834	2 815 061	9 135 710	8 772 975	261 668	101 067
重　庆	696 466	629 884	2 009 571	1 563 926	362 566	83 079
四　川	3 689 971	3 690 565	10 018 527	8 713 643	1 021 491	283 393
贵　州	320 150	318 001	774 626	452 113	320 103	2 410
云　南	1 601 308	1 521 243	3 924 120	2 895 414	980 084	48 622
陕　西	1 504 172	1 499 851	4 467 394	2 579 526	1 716 393	171 475
甘　肃	484 750	470 000	1 472 598	921 604	542 652	8 342
青　海	25 396	22 935	100 555	99 092	65	1 399
宁　夏	135 928	129 901	710 329	433 714	260 918	15 696
新　疆	514 104	503 147	1 559 955	1 363 280	164 273	32 402

3. 饲料工业产值、营业收入快速增长。2012 年全国饲料工业总产值和总营业收入分别为 7 073 亿元、6 869 亿元，同比增长分别为 11.4%、11.9%。其中，商品饲料工业总产值 6 463 亿元，同比增长 12.2%；饲料添加剂总产值 553 亿元，同比增长 24.3%；饲料机械设备总产值 56 亿元，同比增长 14.3%。商品饲料工业总营业收入 6 277 亿元，同比增长 12.5%；饲料添加剂总营业收入 536 亿元，同比增长 24.4%；饲料机械设备总营业收入 56 亿元，同比增长 16.7%（图 7、8、9）。

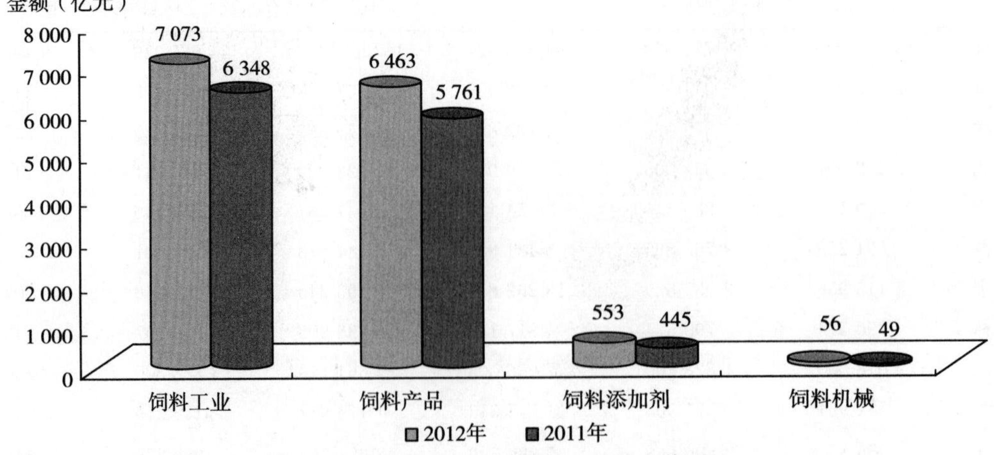

图 7　2012 年和 2011 年饲料工业总产值对比

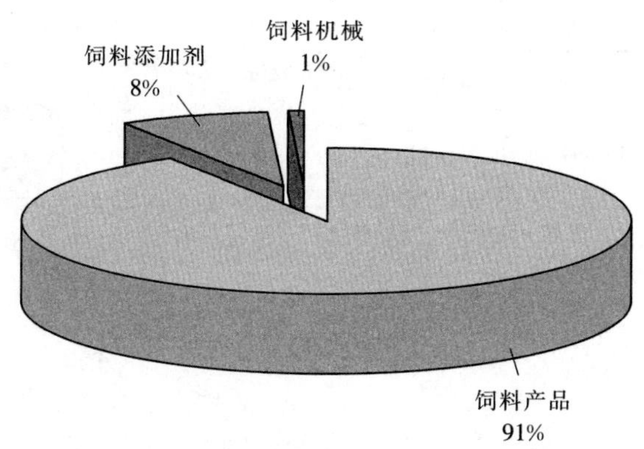

图 8 2012 年饲料工业总产值结构图

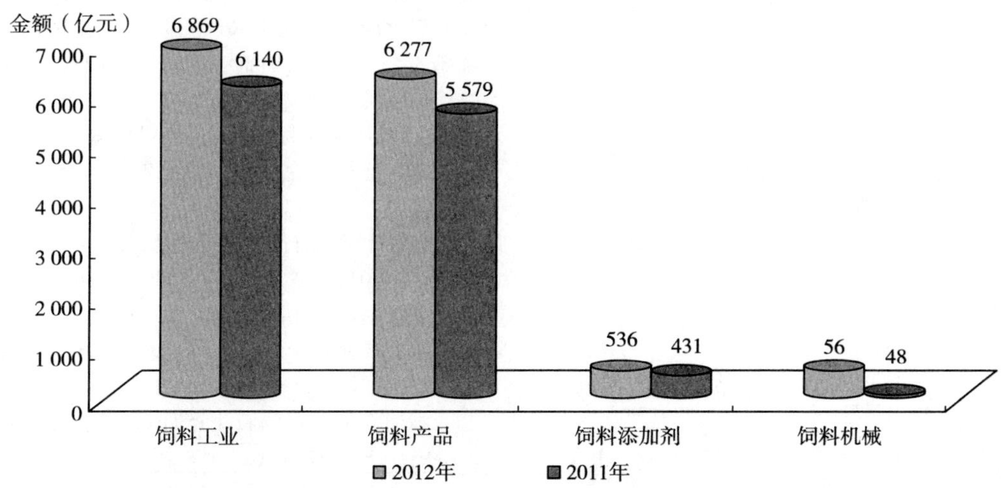

图 9 2012 年和 2011 年饲料工业营业收入对比

4. 饲料企业总数出现 3 年以来的首次下降。2012 年全国各经济类型饲料企业总数为 15 307 家，同比减少 47 家，下降幅度为 0.3%，近 3 年来首次出现下降。其中，国有企业 218 家，同比减少 3 家，下降幅度为 1.4%；集体企业 106 家，同比减少 16 家，下降幅度为 13.1%；私营企业 8 131家，同比增加 133 家，增长幅度为 1.7%；联营企业 292 家，同比减少 62 家，下降幅度为 17.5%；股份制企业5 831家，同比增加 30 家，增长幅度为 0.5%；港澳台企业 148 家，同比减少 25 家，下降幅度为 14.5%；外商企业 287 家，同比减少 45 家，下降幅度为 13.6%；其他企业 294 家，同比减少 59 家，下降幅度为 16.7%（表 2、3，图 10）。

表 2 2012 年按企业登记类型统计企业数量表

单位：家

年份	登记类型总数	其中					
		国有	集体	私营类	港澳台	外商	其他
2012	15 307	218	106	14 254	148	287	294

说明：表 2 中私营类是包括私营企业、联营企业、股份制企业的总数量。

表 3　2012 年与 2011 年全国饲料企业数量对比表

单位：家

地　　区	2012 年	2011 年	增减数量
全国总计	**15 307**	**15 354**	**−47**
北　京	341	341	0
天　津	247	265	−18
河　北	1 196	1 173	23
山　西	260	264	−4
内蒙古	576	587	−11
辽　宁	1 212	1 237	−25
吉　林	540	547	−7
黑龙江	956	862	94
上　海	155	164	−9
江　苏	667	758	−91
浙　江	565	542	23
安　徽	389	362	27
福　建	425	390	35
江　西	279	328	−49
山　东	1 495	1 487	8
河　南	1 078	922	156
湖　北	388	384	4
湖　南	619	659	−40
广　东	890	870	20
海　南	68	54	14
广　西	341	350	−9
重　庆	281	328	−47
四　川	628	784	−156
贵　州	158	156	2
云　南	430	410	20
陕　西	502	502	0
甘　肃	192	192	0
青　海	65	78	−13
宁　夏	71	72	−1
新　疆	293	286	7

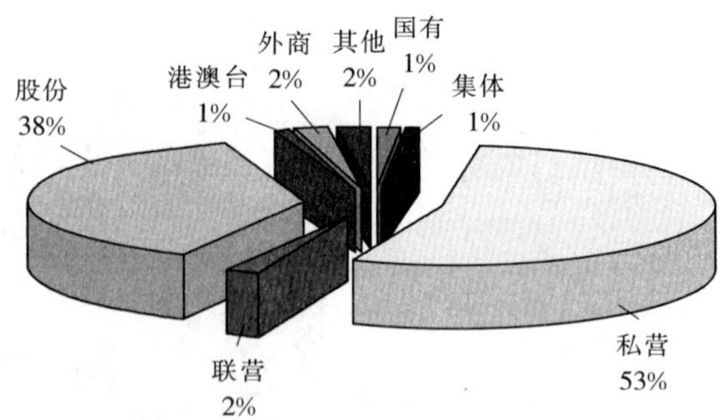

图 10　2012 年全国饲料加工企业结构图

按产品类型统计，全国饲料企业总数为 17 442 家。其中，饲料加工企业（包含精料补充料生产企业数量）数量 10 858 家，同比减少 57 家，下降 0.5%；添加剂预混合饲料 3 067 家，同比减少 106 家，下降 3.3%；饲料添加剂 1 440 家，同比增加 44 家，增长幅度为 3.2%；单一饲料 2 014 家，同比增加 14 家，增长幅度为 0.7%；饲料机械 63 家，同比增加 6 家，增长幅度为 10.5%。2012 年各类企业数量见表 4。

5. 饲料企业行政许可情况。饲料生产企业审查合格证：2012 年总数为 11 064 个，同比减少 10 个；新发 789 个，同比减少 235 个；换发 99 个，同比减少 171 个；变更 459 个，同比增加 28 个；注销 541 个，同比增加 123 个。

添加剂预混合饲料生产许可证：2012 年总数为 2 734个，同比减少 160 个；新发 249 个，同比减少 36 个；换发 323 个，同比减少 9 个；变更 63 个，同比增加 4 个；注销 192 个，同比增加 26 个。

饲料添加剂生产许可证：2012 年总数为 1 456 个，同比减少 14 个；新发 169 个，同比增加 7 个；换发 231 个，同比减少 7 个；变更 55 个，同比增加 1 个；注销 116 个，同比减少 7 个。

动物源性饲料产品生产企业安全卫生合格证：2012 年总数为 810 个，同比增加 1 个；新发 98 个，同比增加 2 个；换发 29 个，同比增加 14 个；变更 18 个，同比减少 16 个；注销 67 个，同比增加 24 个。

6. 大型集团企业及规模单产企业情况。2012 年，全国排前 30 位的饲料企业（集团）（包括该企业在国内分（子）公司），总产量为 8 858 万 t，占全国饲料总产量 45.5%，比 2011 年提高 2.3 个百分点。其中，年产百万吨的饲料企业（集团）从 2011 年的 18 家提高到 20 家。

2012 年，年产 10 万 t 以上的企业（指单厂）423 家，2011 年 360 家，增长 63 家。饲料产量 7 154 万 t，占全国饲料产量 37%，2011 年产量 6 171 万 t，占全国总产量的 34%，提高 3 个百分点（表 5）。

表 4　2012 年按企业产品类型统计企业数量表

单位：家

年份	其　中						
	企业总数	饲料加工企业	预混合饲料	饲料添加剂	单一饲料	动物源性饲料	饲料机械
2012	17 442	10 858	3 067	1 440	2 014	—	63

说明：在统计饲料加工、预混合饲料、饲料添加剂、单一饲料、饲料机械等企业数量时，如果一家企业同时生产 1 种或 1 种以上产品，允许重复计算该企业数量，故按产品类型统计的企业总数量有重复统计现象，因此，按产品类型统计的企业总数大于按经济类型饲料企业总数。

表 5　2003—2012 年产 10 万 t 以上的单个企业情况表

单位：家

年份	数量
2012	423
2011	360
2010	283
2009	249
2008	187
2007	157
2006	140
2005	157
2004	80
2003	67

7. 饲料添加剂产量增幅超 20%，饲料用氨基酸和矿物微量元素增幅最高。2012 年，饲料添加剂产品总量 768.1 万 t，同比增长 22.1%。其中，饲料添加剂（原Ⅰ型）706.3 万 t，同比增长 24.3%；Ⅱ型 61.7 万 t，同比增长 1.5%，主要饲料添加剂产品种见图 11。

氨基酸：2012 年总产量 133.4 万 t，同比增长 48.1%。其中，饲料添加剂（原Ⅰ型）133.0 万 t，同比增长 48.6%。主导氨基酸增长主要是吉林，赖氨酸产量达到 64.9 万 t，同比增长 29.8%。其次分别是山东（17.6 万 t，同比增长 430.9%）和宁夏（12.3 万 t，同比持平）。Ⅱ型 0.3 万 t，同比下降 50.0%。

蛋氨酸：2012 年产量为 1.6 万 t，同比增长 23.1%。

赖氨酸：2012 年产量为 117.0 万 t（含 65%赖氨酸），同比增长 63.4%。

苏氨酸：2012 年国内产量为 17.3 万 t，同比增长 4.8%。

色氨酸：2012 年国内产量为 2 523t，同比增长 131.7%。

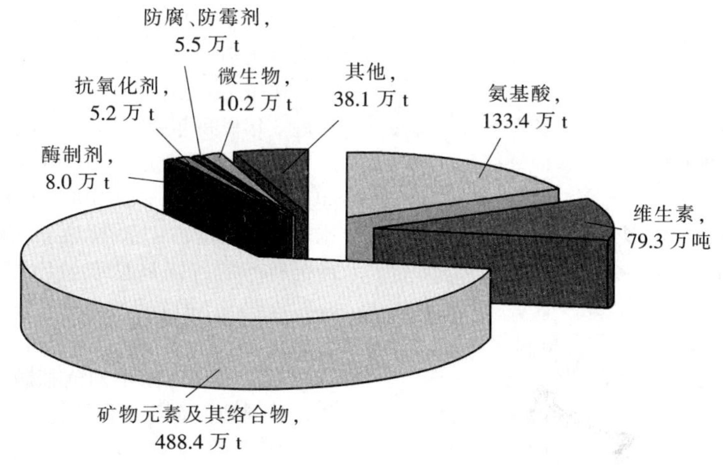

图 11　2012 年饲料添加剂产量结构图

维生素：2012 年总产量 79.3 万 t，同比增长 9.8%。饲料添加剂（原Ⅰ型）65.9 万 t，同比增长 7.7%；Ⅱ型 13.4 万 t，同比增长 21.8%。

从主要品种看，氯化胆碱：2012 年国内产量为

51.2万t，同比增长2.2%。维生素A 5 993t，同比增长32.4%；维生素E 4.4万t，同比增长25.7%；维生素B_{12} 652t，同比增长0.6%；维生素B_2 9 800t，同比增长12.8%。

矿物元素及其络合物：2012年总产量488.4万t，同比增长20.9%。饲料添加剂（原Ⅰ型）460.5万t，同比增长23.1%；Ⅱ型27.8万t，同比下降6.7%。其中，磷酸氢钙（含磷酸二氢钙）：产量为382.6万t，同比增长19.6%；硫酸铜3.8万t，同比增长46.2%；硫酸亚铁18.1万t，同比增长16.0%；硫酸锌12.6万t，同比增长12.5%；硫酸锰11.2万t，同比增长57.7%。

酶制剂：2012年总产量8.0万t，同比增长5.3%。其中，饲料添加剂（原Ⅰ型）6.1万t，同比持平；Ⅱ型1.9万t，同比增长35.7%。

抗氧化剂：2012年总产量5.2万t，同比增长2.0%。其中，饲料添加剂（原Ⅰ型）3.2万t，同比下降3.0%；Ⅱ型2.0万t，同比增长17.6%。

防腐、防霉剂：2012年总产量5.5万t，同比增长14.6%。其中，饲料添加剂（原Ⅰ型）1.9万t，同比增长11.8%；Ⅱ型3.6万t，同比增长16.1%。

微生物：2012年总产量10.2万t，同比增长24.4%。其中，饲料添加剂（原Ⅰ型）6.7万t，同比增长34.0%；Ⅱ型3.5万t，同比增长9.4%。

其他类添加剂：2012年总产量38.1万t，同比增长2.1%。其中，饲料添加剂（原Ⅰ型）29.0万t，同比增长6.6%；Ⅱ型9.2万t，同比下降8.0%。

8. 大宗饲料原料消费总量增长，小麦消费量同比增长达90%。2012年，大宗原料消费情况总计为18 422万t，同比增长12.6%。其中，玉米9 145万t，同比增长4.3%；小麦2 446万t，同比增长90.1%；豆粕3 447万t，同比下降0.1%；棉籽粕741万t，同比下降1.1%；菜籽粕609万t，同比增长5.9%；其他饼粕436万t，同比增长9.8%；磷酸氢钙244万t，同比增长26.4%；其他998万t，同比增长61.2%。

9. 饲料机械设备发展情况。2012年，饲料加工机械设备生产总量为26 826台套，同比增加4 415台套，增长19.7%。其中，成套机组1 906台套，同比增加32台套，增长幅度为1.7%；单机24 920台，同比增加4 383台，增长幅度为21.3%。

在成套机组中，时产≥10t设备966台套，时产<10t设备940台套。

在单机设备中，粉碎机8 539台，同比增加1 360台，增长幅度为18.9%；混合机7 237台，同比增加934台，增长幅度为14.8%；制粒机8 138台，同比增加1 206台，增长幅度为17.4%；单机其他1 006台，增加883台，增长幅度为717.9%。

10. 从业人员学历结构情况。2012年，饲料企业年末职工人数为66.8万人，同比下降2.1%。大专以上学历的职工数为27万人，占职工总人数的40.4%，其中，博士2 059人，同比增长11.1%；硕士8 306人，同比增长3.3%；大学本科84 647人，同比下降1.0%；大学专科170 723人，同比下降1.4%；其他学历402 701人，同比下降2.6%。技术工种69 196人，同比增长0.6%。

二、行业运行特点分析

2012年，饲料原料价格一路上扬，养殖产品价格起伏不定，又遇虫灾以及部分地区强降水引发的洪涝、热带风暴、强台风等灾害影响，但受城市化进程加快，养殖总量较大，饲料需求旺盛。饲料市场保持快速增长势头。

1. 配合饲料是总产量增速的主力。2012年，配合饲料、浓缩饲料、添加剂预混合饲料产量占总产量比重分别为84.1%、12.7%、3.2%，与2011年比，配合饲料占总产量比重提高1.5个百分点，浓缩饲料下降1.4个百分点，添加剂预混合饲料下降0.1个百分点。配合饲料、浓缩饲料、添加剂预混合饲料三者比例为26.4∶4.0∶1，2011年度为24.7∶4.2∶1。根据统计数据看，2010年（16 202万t），2011年（18 063万t）、2012年（19 449万t）饲料总产量同比增长分别为9.4%、11.5%、7.7%。其中，配合饲料所占的比重分别为2010年80.1%，2011年82.6%，2012年84.1%，平均每年增长幅度保持在2个百分点左右。

2. 猪饲料和水产饲料是2012年的亮点。2012年猪饲料和水产饲料增速分别为13.1%和12.4%，高于蛋禽饲料的1.8%、肉禽饲料的4.4%，与反刍饲料同比持平。猪饲料所占比重逐年小幅提升。猪饲料在近3年里每年提高1个百分点，2012年再度提高。2012年猪饲料产量占饲料总产量的比重为39.7%，2011年为37.8%，2010年为36.7%。水产饲料相对比较稳定，所占比重在2012年略有提升。2012年水产饲料产量占饲料总产量比重为9.7%；2011年为9.3%；2010年9.3%。

3. 大型、中型、小型企业呈梯度增长态势。2012年，从168家不同规模重点监测企业统计情况看，不同规模企业平均同比增长8.8%，增长速度比2011年下降10.6个百分点。具体表现为，平均月产量过10万t的企业增长13.6%；月产量1万～10万t的中型企业同比增长4.6%，月产1万t以下的同比下降1.5%，整体看，生产规模越大产量增长速度越快，而生产规模小的企业出现负增长（表6）。

表 6　2010—2012 年 168 家企业不同规模生产情况

单位：家、万 t、%

企业规模	企业数量	全年产量			同比		
		2012 年	2011 年	2010 年	2012 年	2011 年	2010 年
月产 10 万 t 以上	5	2 636	2 321	1 857	13.6	25	12.3
1 万～10 万 t	54	1 330	1 272	1 106	4.6	15	4.7
万 t 以下	109	536	544	503	−1.5	8.2	−5.6
合计/平均同比增长	168	4 502	4 137	3 466	8.8	19.4	6.9

4. 大宗饲料原料价格普涨。玉米、豆粕和鱼粉年内均呈现稳步上涨行情，特别是第 3 季度以来，受美国干旱影响，玉米、豆粕价格上涨速度加快，到 8 月价格已分别较 2012 年年初上涨 8.9%和 35.0%，鱼粉涨幅接近 20%。9 月份达到高点，进入第 4 季度随着美国玉米大豆产量预测数据的公布，加上国内的新粮上市而呈现振荡下行行情。1～12 月份，玉米、鱼粉、豆粕全国采购均价分别上涨 3.8%、28.0% 和 31.5%。

5. 上市饲料企业经营成绩斐然。据饲料板块上市公司 2012 年年度财报显示，新希望六和、广东海大、通威股份、大北农集团分别实现营业收入 484.09 亿元、146.83 亿元、125.7 亿元、96.12 分别比 2011 年同期增长 8.59%、9.3%、8.76% 和 18.52%。其他饲料板块上市公司经营情况也均呈不同程度增长。

6. 行业运行成本大幅度增加。随着人力及物价的不断上涨，饲料行业的运营成本大幅增加。从上市公司情况看，2012 年度企业的管理费用、销售费用及营业成本和 2011 年同期比增加幅度均在 20%以上。广东海大集团、四川通威股份、江西正邦、北京大北农和宁波天邦等 5 家 2012 年年度公告看，企业的管理费用分别上升 26.60%、24.36%、37.33%、40.59%和 30.82%；销售费用分别上升 28.72%、59.62%、35.02%、35.67%和 31.87%；营业成本分别上升 28.82%、14.60%、28.59%、34.96% 和 21.36%。

7. 城市化进程扩展了饲料需要空间。城市化进程推动了中国经济的发展，同时也为现代农业提供了带动。城市化的推进，促使分散饲养的快速萎缩和集约化规模饲养比重提升，从而加快了饲料产品结构的调整变化。与此同时，据国家统计局数据显示，2012 年中国肉、蛋、奶、水产的产量为：肉 8 384 万 t、禽蛋 2 861 万 t、牛奶 3 744 万 t，水产 5 906 万 t。10 年里，肉类产量从 2002 年的 6 590 万 t 增长到 2012 年的 8 000 多万 t，增长 27%；粮食从 4.6 亿 t 增长到 5.9 亿 t，增长 28%；而同期中国总人口只增长了 5.4%。可以看出，城市化和经济水平的提升，促使肉、蛋、奶供应食品的快速上升，扩大了饲料的需求空间。

8. 饲料行业法制化管理日臻完善。1999 年 5 月 29 日，国务院发布《条例》（中华人民共和国国务院令第 266 号），并于 2001 年 12 月 29 日发布了修订文本。2011 年 10 月 26 日国务院第 177 次常务会议再次修订通过《条例》。《条例》的 3 次修订发布，有效完善和补充了对饲料行业管理的法律框架。配合新修订《条例》的颁布，农业部先后出台了《饲料和饲料添加剂生产许可管理办法》《饲料添加剂和添加剂预混合饲料产品批准文号管理办法》《新饲料和新饲料添加剂管理办法》《进口饲料和饲料添加剂登记管理办法》。制定发布了《饲料原料目录》《饲料生产企业许可条件》《混合型饲料添加剂生产企业许可条件》《饲料质量安全管理规范》虽未正式发布，但已选择部分企业试点运行，成为饲料行业管理体系上的重大调整和新规，使饲料法律法规更加完善。

9. 产品质量逐年提高。经过连续 4 年的饲料质量安全整治行动，饲料执法体系不断健全，执法力度不断增强，饲料质量水平稳步提升，有力保障了饲料行业健康持续的发展。2012 年，各级饲料质检机构对全国 30 个省（区、市）、新疆生产建设兵团的 3 618个饲料生产、经营企业的饲料产品进行了抽检，抽查检测 6 616 批次，合格 6 332 批次，合格率 95.71%。与 2011 年相比上升 0.20 个百分点。其中：配合饲料的合格率为 95.95%，与 2011 年相比下降 2.11 个百分点；浓缩饲料的合格率为 96.98%，与 2011 年相比上升 0.47 个百分点。对全国 30 个省（区、市）17 039 个养殖场（户）育肥后期的生猪、肉牛和肉羊尿液中克仑特罗、莱克多巴胺和沙丁胺醇进行了抽检，抽查检测 45 293 批次，从肉牛尿液中检出 5 批次克仑特罗，检出率为 0.01%。

三、中国行业发展趋势

目前，中国饲料行业已进入一个新的转型时期和发展阶段。一是国家高度重视农业。中国政府实行一系列强农惠农政策措施，在宏观调控中不断加强农业的基础地位，有效保护了农民的积极性。二是在国民经济总量增长、人均收入增加，人口增长和城镇化发展等因素的综合推动下，对畜禽产品的需要刚性增长。三是行业出台一系列政策法规，规范行业管理，提高了行业门槛。四是下游养殖规模化进程加快和散养户快速退出。受以上宏观政策经济以及行业自身变化的影响，饲料产业发展呈现新的趋势，也是行业自身发展的必然规律。

1. 政策和市场的双重因素促使以配合饲料产量为主体的饲料总产量保持增长。从2010年开始由于受玉米为主的大宗原料价格持续高位以及规模化养殖进程的加快，导致中小规模养殖户和散户趋向购买配合饲料，从而使浓缩饲料和添加剂预混合饲料的市场份额逐渐缩小，配合饲料的市场份额逐渐增大。伴随着规模化养殖比例的提高，以及玉米等原料价格频繁波动，中小养殖户购买浓缩饲料、添加剂预混合饲料自配饲料失去优势。同时，新修订《条例》的相关规定，通过中间商自配饲料的方式将逐渐被配合饲料取代，也将再度增加配合饲料产量比重。

2. 添加剂预混合饲料将进一步向大型企业集聚。一是随着养殖规模化发展，相当一部分规模养殖户需要添加剂预混合饲料，作为核心部分配制饲料日粮；二是随着新修订《条例》及相关配套政策的出台，特别是对仪器、设备、生产线以及包括一系列管理细节的出台等均提高了行业门槛。这样，会有很大一部分不达标的企业淘汰出局，给有实力的企业腾出更大的市场空间。

3. 随着新修订《条例》的实施，饲料行业的整合进入实质快速转轨。新修订《条例》提高了饲料行业的准入门槛，将促使饲料企业联合、重组、兼并步伐加快，将对饲料企业的“散小乱多”进行一次实质性的整合；饲料加工企业数量将会减少，“并购重组＋产业链延伸”将成为大型企业发展的主要方式。

4. “饲料企业＋规模养殖户”模式将成为饲料养殖行业的重要格局之一。随着养殖规模化进程的加快，散养户的加速退出、加上新修订《条例》中对自配饲料的要求进一步收紧，中间商面临转型。饲料厂与养殖户结成合作伙伴，打通产业链条，将是中型饲料企业的选择和市场发展的必然趋势，饲料市场容量也将随着经营环节、质量、制度法规的实施而放大。

5. 不确定因素增加，主要饲料原料波动更加频繁。由于2011年养殖业行情好，不少高利润行业（如IT行业、采煤、采矿等企业）转向投资养殖领域，如丁磊养猪，2012年年初武钢集团声称投资300亿元养猪等，加剧了行业的不稳定性及不规律性，行业竞争会更加激烈。此外，受气候、运输条件和政策调整的影响，玉米产销区价格变化较为频繁，鱼粉受秘鲁等国外生产企业影响仍占主体，价格波动起落不均，对中国饲料行业的影响进一步加深。

6. 上市融资成为饲料行业企业谋求拓展发展空间的重要途径。中国饲料行业成熟度逐渐提升，其劳动密集型和资本密集型的产业特点也将逐渐显现并占据主导地位，饲料行业已进入资本时代。2012年，新希望集团实现了公司整体上市，是国内唯一一家农牧企业做到企业整体上市的公司。随着行业的发展，会有更多的饲料企业谋求上市，企业的社会资源也将更加集中，从而饲料行业面临的机遇和挑战也会越来越多。并且行业的准入条件也提高了饲料和饲料添加剂企业的门槛，有助于促进企业整合，鼓励企业兼并重组，为上市公司拓展发展空间。

7. 饲料企业一条龙化发展是目前至今后的一个共性方向。大企业横向扩张，纵向延伸，不断深化自身链条。一是纵向延伸和纵深扩展的战略选择是饲料企业今后发展的趋势。如饲料企业进入养殖、屠宰、食品加工等环节。二是大企业纷纷开始全国性产业布局，中小企业努力区域领先。企业管理扁平化，营销密集化，设备自动化，是中小企业逐步升级的有效方式。

8. 中小型企业面临前所未有的挑战。中国将加快推进现代饲料产业体系建设。按照“提高门槛、减少数量，转变方式、增加效益，加强监管、保证安全”的原则，将大力发展优质、安全、高效、环保饲料产品；鼓励饲料生产企业竞合，建立饲料行业诚信体系，推行生产全过程质量安全管理制度；产业政策调整的影响以及产业环境的变化，行业门槛提高，中小饲料企业面临的压力更大。

9. 精细化现代化管理已成为企业首要思考的课题。随着各种饲料原料价格的上涨，饲料企业面临越来越大的成本压力，如何有效控制成本必定成为大家共同关心的问题。精细化管理、提高产销量、在控制配方成本的基础上，降低四项费用成为企业经营管理者必须提到日程的首要问题。

总体看，未来饲料行业发展最大的趋势是行业集中度的提高。市场将主要集聚在有规模、有实力、有品牌、有特点的饲料企业中。这也是行业发展的必然。行业的抗风险能力随着企业规模实力的提升也将进一步提高。在新修订《条例》和配套规章办法的实施中，企业软实力进一步增强，机械化与自动化在畜牧养殖中将逐步应用，产业向原料、用工优势区域转移，提高生产效率等关键技术创新更加被企业重视。

四、存在的问题

饲料工业在快速发展的同时，也存在着伴随饲料工业发展的新老问题。突出表现为以下几点。

一是质量安全形势日趋复杂，社会关注度和媒体聚焦度不断加大。2012 年以来，行业不断曝出“健美猪”“南山奶粉”和最近的“速成鸡”事件，均不同程度对行业造成影响和冲击。质量安全形势日趋复杂，社会关注度和媒体聚焦度不断加大。

二是科技创新与生产转化不足。中国饲料企业总体规模偏小，缺乏技术创新型人才，跟现代化企业管理水平有很大差距。大部分企业的科技投入少，新产品开发能力差，饲料产品绝大多数属于同质低价产品，缺乏竞争力。此外，技术研发与生产转化对接不够。

三是产业整体素质仍然较低。全国饲料企业 1.5 万多家。饲料企业数量多，平均生产规模小，分布范围广，企业自身抗风险能力低，不利于做好监管工作。监管服务任务繁重，需要大量人员、经费。

四是饲料资源制约仍然是困扰因素。随着饲料产量持续增长，对饲料原料的需求大幅增加，原料资源紧缺更为突出。除豆粕、鱼粉等蛋白饲料原料长期依赖进口外，近几年玉米的供应也处于紧平衡状态。2012 年大豆进口 5 838 万 t。中国对进口大豆和进口鱼粉的依存度在 80%以上。能量饲料供应趋紧更加凸显，2012 年玉米的饲料消费约 1.2 亿 t，工业消费 5 000 万 t，淀粉消费 3 000 万 t，酒精及其他 2 000 万 t，合计约 2.2 亿 t。国家统计局发布 2012 年全国玉米产量为 20 812 万 t，玉米缺口仍在 1 100 万 t 左右，中国玉米处于供应紧平衡。2012 年进口玉米产品 520.8 万 t，同比增幅达 197.0%。

五、行业发展建议

饲料行业伴随改革开放 30 多年，已形成一个完整的饲料工业体系，成为全球第一饲料生产大国。中国饲料行业发展机遇与挑战并存，正处于养殖业现代化加速推进的重要时期和建设饲料强国的攻坚时期，全行业必须做好战略规划和部署，在全面提升农业现代化企业发展的同时，加大力度采取积极有效的措施应对制约因素。

1. 高度重视饲料原料资源的供给。中国幅员辽阔，资源极为丰富。为解决饲料工业的快速增长带来的饲料资源的紧张局面。一是要加强科技研发和人力资源配置，成立国家饲料原料资源开发利用专项组织。每年定量对全国各地的可利用原料资源效价进行搜集、评估、实验室检定和制定使用标准，并发布推广，从而大力开发和利用中国本土自有的丰富资源。二是要成立国际大宗原料信息工作组织。专门对全球的玉米、大豆、鱼粉等主要原料作物为主的市场供给、产量销售、国际贸易等信息进行深度研究对比，及时发布信息公告。从而充分利用国内、国际两种资源优势来有效弥补中国饲料原料供给的短缺问题。同时，避免由于信息不对称造成被国际贸易商操纵价格的被动局面。

2. 提高科技创新和应用能力，充分发挥饲料添加剂的主导作用。饲料添加剂在饲料工业发展的作用尤为重要，更是饲料科技的核心和基础。在欧洲，饲料添加剂使用很大程度解决了饲料效率问题。目前，各国都在进行现代前沿高技术发展研究的大形势下，在引进借鉴、应用相关技术的同时，更要突出自主创新和合理利用，大力培育饲料科研开发重大技术成果，切实做好新饲料原料资源开发，生物技术应用等核心关键技术的研究开发，破解饲料原料困局和饲料添加剂开发储备技术不足和滥用的难题。结合中国饲料加工工业发展情况，走实际应用、专业研发和高校培育相结合的路子，推进科研院所、大学等饲料研究科技成果向优势企业转移速度，有效利用市场机制与政府推动机制，加速中国饲料添加剂企业的资源融合和并购重组。

3. 严格执法，将新修订《条例》和配套政策落实到位。全面提升和规范行业监管水平，加强法律法规的宣传培训工作，使行业从业人员懂法知法并自觉遵守行业规章制度。新修订《条例》明确了饲料管理部门、生产经营者、养殖使用者的相应责任，增加了饲料生产企业为饲料质量安全的第一责任人，只有这样，才能强制性地提升企业现代化管理水平，增强企业抵御风险和威胁的能力。同时，新修订《条例》加大了对违法行为的处罚力度，这样更有利于行业的公平竞争，使行业管理更加规范，为在食品安全、农产品质量安全发挥更积极有效的作用。而严格执法，将新修订《条例》和配套政策落实到位，是保障行业公平公正严格自律的关键。

4. 鼓励支持饲料加工企业围绕整个畜牧产业进行一条龙全产业化运作。鼓励支持和引导饲料加工企业做大做强，延伸产业链条，实现饲料原料采购与储备、饲料加工、种苗供给、畜禽养殖、生鲜加工、熟食制作、储藏运输、入市分销等各环节的产业联结和产业承接，将相关单一环节的市场风险进行转移和嫁接，达到对市场能有效进行自我调控的目标，同时也发挥出各个环节的产能与需求，使大型企业具备一条龙全产业化运作的综合能力，充分积聚并发挥出在资金、技术、管理方面的优势，实现对饲料行业企业的引领和示范作用，淘汰落后饲料产能，真正体现饲料企业的科学化，现代化发展。研究推广已经成形或基本成形的以“公司＋协会＋农户＋基地”和“生产＋销售＋加工”为一体的全产业发展模式。鼓励支持饲料加工工业龙头企业与中小农户建立利益联结机制，利用龙头企业的拉动作用，支持扩大饲料加工企业规模和实力，树立产业品牌，实现产业品牌的巨大效用。以正大集团为例，设立了“从农场到餐桌”的战略规划，强调扩大养殖规模，重点放在深加工和品牌建设上。

（陆泳霖）

主要饲料产品概述

猪饲料

一、2012 年全国生猪生产情况

1. 生猪供应充足，生猪存栏及猪肉产量创历史新高。据国家统计局统计数据显示，2012 年肉类总产量 8 384 万 t，比 2011 年增长 5.4%。其中，猪肉产量 5 335 万 t，增长 5.6%，占肉类总产量的 63.6%（图 1）。年末生猪存栏 47 492 万头，增长 1.6%；生猪出栏 69 628 万头，增长 5.2%。生猪存栏量、出栏量、肉类总产量及猪肉产量创历史新高。

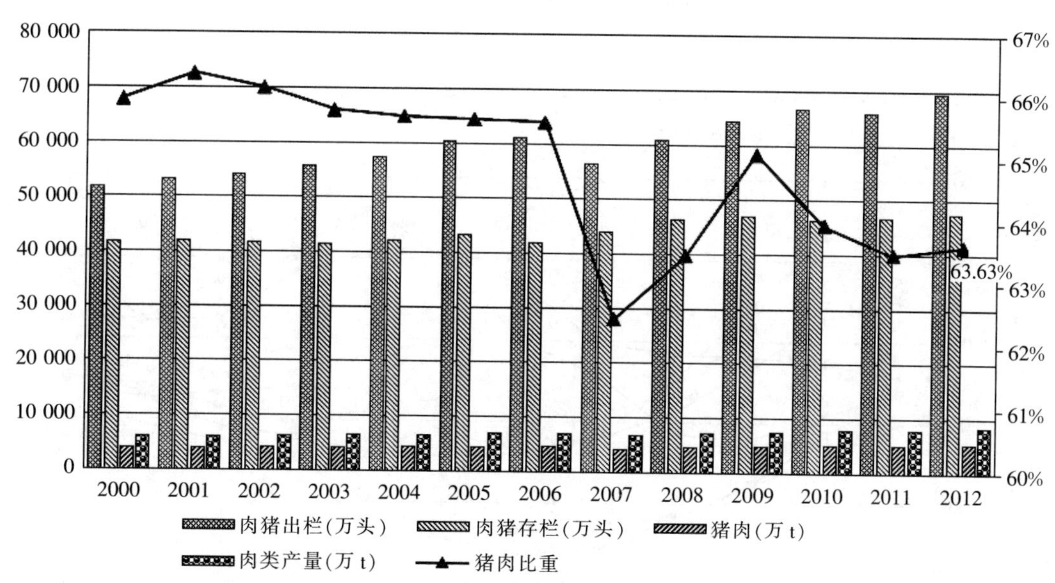

图 1　2000—2012 年生猪生产情况

2. 生猪存栏及能繁母猪存栏处于高位，存栏比重持续在 10%以上。从农业部畜牧司监测数据来看，2012 年全年平均生猪存栏和能繁母猪存栏分别为 4.7 亿头和 4 990 万头，同比增长 1.2%和 4.3%。由图 2 可见，生猪存栏前 3 季度总体稳中渐涨，第 4 季度略有下降。生猪存栏由 1 月的 4.7 亿头快速下降为 2 月的 4.6 亿头，之后有所回升，7 月以后快速增加，10 月增至 4.7 亿头，随后略微下降，12 月生猪存栏为 4.4 亿头，比 2011 年同期相比有所减少。能繁母猪存栏量与生猪存栏相似，2012 年第一二季度能繁母猪存栏变化不大，从第三季度快速增加，12 月能繁母猪存栏达 5 068 万头，同比有所增长。能繁母猪存栏比重持续增加，由 1 月的 10.7%增加到 12 月的 11.0%，持续在 10%以上。

3. 生猪养殖盈利较 2011 年有所下滑。2012 年全年猪粮比平均 6.23∶1，比 2011 年 7.35∶1 下降

15.2%，2012 年 5～10 月连续 6 个月猪粮比低于 6∶1的盈亏平衡点，生猪养殖处于亏损区（图 3）。2012 年饲料用粮价格持续上涨，玉米全年平均价格 2.45 元/kg，同比增长 6.8%，豆粕全年平均价格 3.89 元/kg，同比增长 8.6%。全年猪配合饲料平均价格 3.15 元/kg，同比增长 7.3%，增加了养殖成本。另外，油价上涨、雇工工资提高、水电费以及防疫费用增加等也增加养殖成本。因此，养殖收益较上年相比有所下降。

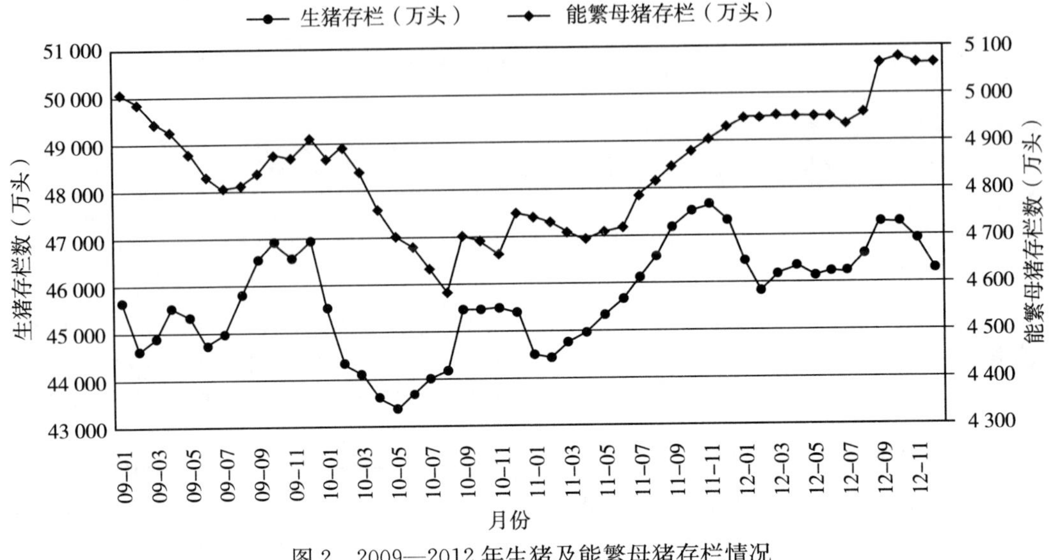

图 2　2009—2012 年生猪及能繁母猪存栏情况

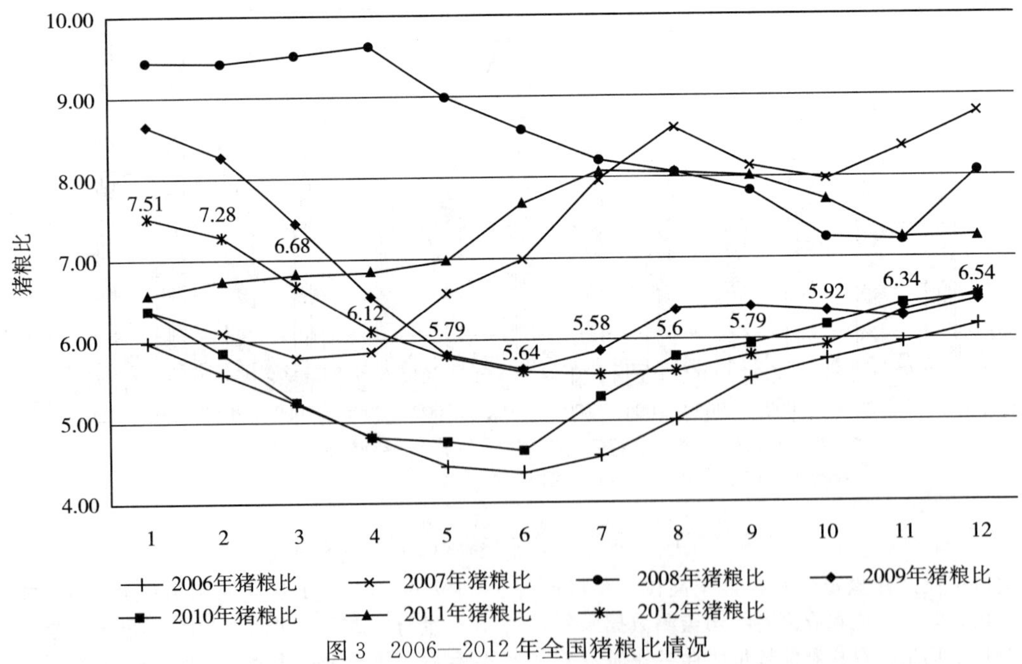

图 3　2006—2012 年全国猪粮比情况

二、2012 年全国猪饲料生产情况

1. 2012 年全国饲料总产量、产值继续增长。据全国饲料工业统计，2012 年全国商品饲料总产量 19 449 万 t，同比增长 7.7%，已连续 8 年过亿吨。其中，配合饲料产量为 16 363 万 t，同比增长 9.7%；浓缩饲料产量为 2 467 万 t，同比下降 3.0%；添加剂预混合饲料产量为 619 万 t，同比增长 2.3%。

2012 年全国饲料工业总产值和总营业收入分别为 7 073 亿元、6 869 亿元，同比增长分别为 11.4%、

11.9%。其中，商品饲料工业总产值 6 463 亿元，同比增长 12.2%；饲料添加剂总产值 553 亿元，同比增长 24.3%；饲料机械设备总产值 56 亿元，同比增长 14.3%。

2.2012 年猪饲料产量及比重增长。2012 年全国猪饲料总产量 7 722 万 t，同比增长 13.1%，占全国饲料总产量的比重 39.7%，产量及比重继续增长。其中，猪配合饲料总产量 5 991 万 t，同比增长 18.6%，占全国配合饲料比重为 36.6%；猪浓缩饲料产量 1 382 万 t，同比下降 4.3%，占全国浓缩饲料比重为 56.0%；猪添加剂预混合饲料产量 349 万 t，同比增长 3.6%，占全国添加剂预混合饲料比重为 56.4%。

表 1　2003—2012 年全国猪饲料生产情况

单位：万 t、%

年份	总产量	占饲料总产量比重	配合饲料	占猪饲料比重	浓缩饲料	占猪饲料比重	添加剂预混合饲料	占猪饲料比重
2003	3 415	39.2	2 130	62.4	1 124	32.9	161	4.7
2004	3 793	39.3	2 333	61.5	1 239	32.7	221	5.8
2005	4 250	39.6	2 561	60.3	1 434	33.7	254	6.0
2006	4 015	36.3	2 397	59.7	1 354	33.7	264	6.6
2007	4 001	32.5	2 411	60.3	1 312	32.8	278	7.0
2008	4 577	33.5	2 893	63.2	1 374	30.0	310	6.8
2009	5 243	35.4	3 363	64.2	1 542	29.4	337	6.4
2010	5 947	36.7	4 112	69.1	1 498	25.2	337	5.7
2011	6 830	37.8	5 050	73.9	1 440	21.1	337	4.9
2012	7 722	39.7	5 991	77.6	1 382	17.9	349	4.5

3. 猪饲料企业利润有所下滑。2012 年，全年猪配合饲料平均价格 3.15 元/kg，同比增长 7.3%，但猪粮比和猪料比分别为 6.23∶1 和 4.83∶1，同比分别下降 15.2%和 15.7%。主要是受复杂严峻的国际国内宏观经济形势影响，特别是国际金融危机的影响，同时饲料原料价格上涨，人力资源成本增加，经营成本大幅攀升等因素影响，企业利润有所下滑。

三、2012 年猪饲料主要发展特点

1. 猪饲料产品结构发生重大调整，生产方式转变加快。2006 年后，猪配合饲料占猪饲料比重稳步回升，从 59.7%上升到 2012 年的 77.6%，而浓缩饲料、添加剂预混合饲料比重不断下降，以浓缩饲料下降最为明显，从 33.7%下降到 2012 年的 17.9%，浓缩饲料和添加剂预混合饲料比重均跌至近 10 年最低点。可见，全国猪业生产方式正由极度分散、初步集中向规模化、标准化快速转变。

2. 饲料企业营销专业化、经营多样化、生产原料产区化明显。饲料加工企业生产设备越来越专一，有些企业提出了“一条生产线只生产一种饲料”，其营销也越来越专业。同时，为适应规模化养殖和健康理念，企业不断推出新的管理模式、技术模式、产品模式，如养殖担保公司、养殖合作社、一条龙企业终端产品品牌建设等多种创新模式。另外，大型饲料企业通过新建、改（扩）建、收购，使行业整合速度进一步加快，还通过向养殖业等下游产业链延伸，降低企业经营风险。正大、中粮、双胞胎、正邦、禾丰、通威、海大、恒兴、大北农等大型饲料企业在国内加快产业布局速度，纷纷从饲料原料销区向东北 3 省、中西部地区等饲料原料主产区扩张建厂。

3. 国家加强畜禽养殖污染防治，养殖成本将逐渐提高。2012 年 11 月，环保部、农业部联合印发《全国畜禽养殖污染防治“十二五”规划》。近年来，全国畜禽养殖业发展迅速，在保障城乡畜禽产品供应、促进农民增收、活跃农村经济方面发挥了重要作用。但随着畜禽养殖业不断发展，养殖废弃物产生量也大幅增加，由于全国畜禽养殖污染防治工作相对滞后，畜禽养殖污染日趋严重。在今后的几年国家将重点治理规模化养殖场（小区）、污染严重的养殖密集区域，及养殖总量大、污染负荷重、国家水污染防控重点流域和区域等。规划的出台意味着未来生猪养殖将支付更高的环保成本，生猪养殖土地的审批也将更难。

4. 采用自己的种猪、自己的饲料、自己的生产模式提升中国猪肉全球市场竞争力。据统计，2012 年中国大豆进口量共计 5 838.5 万 t，同比增加 10.9%。在近年国内玉米产量保持增长的情况下，2012 年中国玉米进口总量达到 520.8 万 t，同比增长 197.0%。随着中国生猪养殖的快速发展，对工业饲料需求不断加大，决定了玉米和豆粕需求也将增大。

纵观全国养猪产业链，从美国、加拿大、英国、法国、丹麦等国引进种猪，从美国和巴西买入大豆，从美国买进玉米和DDGS，从南美和东南亚等国买进鱼粉，从印度买进豆粕，此外还进口了各种各样的饲料添加剂、兽药、疫苗等，即使在生产效率相同的情况下生产出来的猪肉成本也势必较高，竞争力自然很弱。因此，需要培育自己的品种，提高生猪生产效率，控制饲料成本，减少对玉米和豆粕需求压力，加大新饲料资源的开发，应用自己的饲料，研究节粮型或低耗粮型等多种自己的生猪养殖模式，才能生产出在全球市场上具有竞争力的猪肉。

（唐湘方　张宏福）

家禽饲料

2012年，全国饲料总产量19 449万t，同比增长7.7%，照此增速，2013年就能实现《饲料工业“十二五”发展规划》中提出至2015年末饲料产量达到2亿t的目标。2012年因猪存栏增加，致豆粕价格屡创新高，达到4.70元/kg的历史高位，玉米因用途广泛、产量少，使得饲料成本显著升高。据统计，2012年玉米价格同比上涨8.6%，豆粕价格同比上涨16.5%，导致肉鸡配合饲料价格同比上涨5.5%，蛋鸡配合饲料价格同比上涨6.1%。人工、运输及免疫成本上涨明显，使得饲养成本上涨；近年来，饲料成本在家禽养殖总成本中的比重逐年提高，其中，肉鸡养殖中饲料成本占总成本的比重由2008年67.4%上涨到2012年71.9%；蛋鸡养殖中，这一数字则由2008年92.4%上涨到2012年94.0%。禽蛋年初低价、后来“火箭蛋”、肉禽的“速生鸡”事件等，减少了家禽消费，致使家禽养殖雪上加霜。2012年家禽饲料产量虽有增加，但占饲料总产量的比例创下新低。

一、2012年禽饲料生产特点

禽蛋被称为是“人类最好的营养源”“天然最接近母乳的蛋白质食品”“世界上最营养早餐”，又因禽蛋价格便宜，还被称为“最便宜的动物源蛋白质”。国内需要消费的禽蛋有鸡蛋、鸭蛋、鹌鹑蛋、鹅蛋、鸽子蛋等。2012年，中国禽蛋产量2 861万t，同比增长1.8%；蛋鸡存栏约14.5亿只，按每只存栏蛋鸡提供鸡蛋16.0kg/年，鸡蛋产量为2 320万t，占禽蛋总产量81.1%；按照13亿只产蛋鸡、85%产蛋率计算鸡蛋产量2 373万t，占82.9%。山东、河南和河北3省鸡蛋占全国禽蛋总产量的40%；辽宁、江苏和湖北禽蛋产量增幅较大，与2008年相比分别约增加11.0%、15.0%、13.0%。按照料蛋比2∶1计算，需要配合饲料5 922万t，加上育雏育成期间的耗料按2.6∶1计算，共需配合饲料7 439万t。

近年来，蛋禽饲料产量飞速增长（图1），从2001年1 615万t增长到2012年3 229万t，2011年实现了翻番；但是占饲料总产量的比例不断缩小，2002年最高约22.0%，之后直线降低，2005年（18.4%）是个低潮，2007年（19.5%）升到一个高点，迄今仍处于降低阶段，到2012年（16.6%）最低。

从蛋禽配合饲料产量来看（图2），20年来可明显分为三个阶段：1991（664万t）至—1996年（1 353万t）直线增长，用了6年时间实现了翻番；1996—2005年（1 429万t）增长缓慢，基本上处于平台期，10年时间仅增长了73万t；2006年（1 568万t）以来连续快速增长，到2012年达到2 604万t，7年增加了近1 100万t产量，同期禽蛋增量350万t，表明新增的蛋产量均来自配合饲料养殖，蛋禽养殖的规模化程度、配合饲料的普及率在不断提高，小型养殖户不断减少；但是因为蛋禽一般采食颗粒较大的粉状饲料、生产门槛仍然较低，中小型养殖户做自配饲料，加之猪、肉禽、水产等动物配合饲料增长更多，使得蛋禽配合饲料所占比例从1991年19.0%增加到1996年26.4%（高峰）后，迅速下降，2012年仅为当年配合饲料总量的15.9%，与最高峰时相比，降低了10多个百分点。蛋禽浓缩饲料（图3）产量在2007年之前处于持续增长阶段，从2001年254万t，到2007年596万t，6年的时间实现了翻番，之后产量缓慢减少，2012年仅有491万t，浓缩饲料减少主要是因为蛋白类原料（豆粕、棉粕、菜粕、玉米加工副产物）价格不确定因素、小型养殖户减少；从所占比例来看，2003年（19.4%）出现了最低点，随后不断增加，2007年（23.9%）达到最高，之后迅速降低，2011年仅为19.9%，平均每年降低1个百分点；因产蛋鸡饲料中需要添加大量石粉，养殖户更愿意选用自配饲料。蛋鸡添加剂预混合饲料产量稳步增长（图4），从2001年近40万t，增加到2011年138万t，10年增加了100万t，平均每年增长10万t，但是2012年（134万t）出现了降低，与当年蛋禽生产减少有较大关系；从所占比例来看，2002—2010年徘徊在20.0%左右，但是2011年（22.9%）有较大的提高，2012年（21.7%）微回调；蛋鸡添加剂预混合饲料得益于养殖户的自配饲料，随着生猪、肉鸡等畜禽集约化饲养，蛋禽用添加剂预混合饲料的比例可能还会提高。由于蛋禽饲料的工业化普及率较低，添加剂预混合饲料和浓缩饲料产量增加明显。

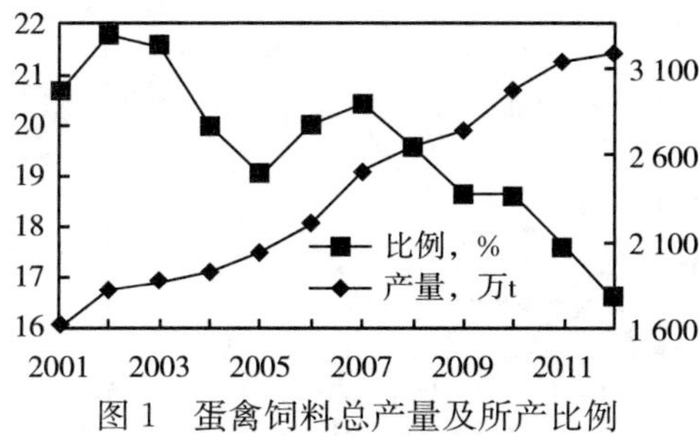

图 1　蛋禽饲料总产量及所产比例

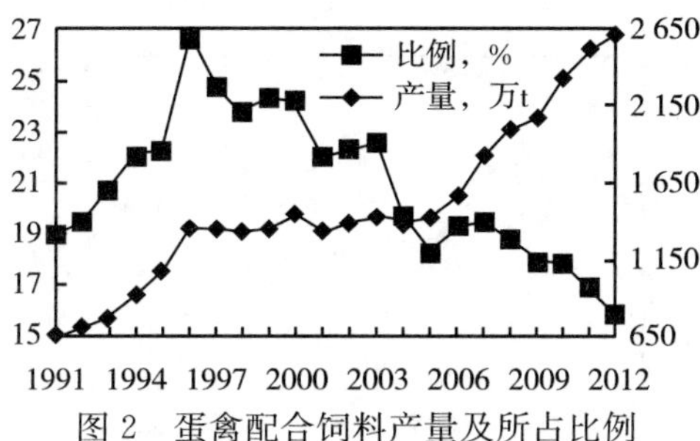

图 2　蛋禽配合饲料产量及所占比例

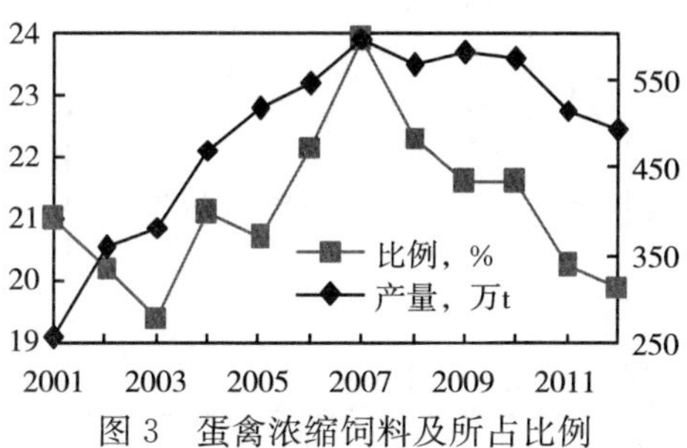

图 3　蛋禽浓缩饲料及所占比例

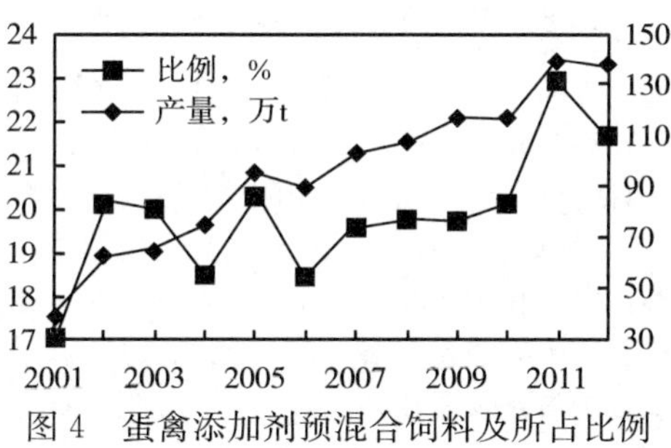

图 4　蛋禽添加剂预混合饲料及所占比例

国内鸡蛋价格忽高忽低，变化莫测，“蛋贱伤农”“蛋贵伤民”难题时有发生，2012 年尤为突出，表现为年初低价、之后的“火箭蛋”随后的平稳盈利。2011 年蛋鸡养殖利润较高，刺激养殖户建厂、扩容、补栏，提高了商品代蛋鸡存栏，2012 年 1 月份大量蛋鸡同时开产，3 月份达到高峰，饲料需求量大，再加上节后消费疲软，使得蛋价急速下行，至 4 月 18 日已降至 5.63 元/kg，为近 3 年来的历史低位，部分养殖户被迫开始淘汰在产蛋鸡；5 月中下旬端午节消费刺激，使得蛋价急速飙升，一度突破 10 元/kg，被戏称为“火箭蛋”。而经过 10 余天连续上涨之后，因高产蛋鸡存栏比例仍然较高；6 月初，蛋价再次回落。之后，夏季到来，产蛋减少、需求增加、蛋价升高，饲料成本增加，饲料产量稳定增长；9 月底小幅回落后稳步走高；10 月份后饲料原料价格回落、节日消费增加，鸡蛋价格升高，养殖户盈利。尽管有“火箭蛋”行情，但 2012 年上半年蛋价仍低于盈亏平衡线长达 6 个月，而后蛋价重回盈利区间。纵观 2012 年全年，蛋鸡养殖轻度亏损，是近年来蛋鸡养殖效益最差的年份。

禽蛋生产中，虽然鸭蛋（每年约生产 300 万 t，蛋鸭饲养量约 3 亿只）、鹌鹑蛋增加较快，但是因所占比例较小、养殖规模化程度不够，饲养方式落后（如蛋鸭多系水面放养、半牧饲，饲料消耗较少）、配合饲料普及率较低，消费方式不同（鸭蛋多加工成皮蛋、咸鸭蛋等食用）造成价格受市场影响较小，所以，一般情况下主要用鸡蛋生产代替禽蛋进行研究。随着适度规模化、标准化养殖进程的推进，蛋鸡产业发展将越来越规范，鸡蛋价格波动会越来越小。另外，鸡蛋期货自 2008 年末提出之后，即将上线，上线后养殖者可根据期货价格信号了解未来鸡蛋市场的价格走势，合理调整养殖规模、饲养周期，制定饲养管理策略，以减少经营的盲目性，提前锁定销售价格，稳定养殖收益，同时要求禽蛋企业不仅要在现货领域熟悉生产、运输和销售，还要善于利用相应的金融衍生品。

鸡蛋价格稳定后，蛋鸡养殖、饲料生产均会有较大改善。从市场供需规律判断，经过一年的调整，如不出现大型的流行病，2013 年蛋鸡产业的整体效益预期应比较好。

二、肉禽饲料生产特点

2012 年商品代白羽肉鸡亏存期达到 7 个月，第 2 季度亏损最深，5 月底亏损达 2.84 元/羽，全年肉鸡平均盈利 0.27 元/羽，创 3 年来新低。肉鸡养殖低迷导致鸡苗价格长期维持在 0.8～2.3 元/羽低位，商品代鸡苗亏损导致父母代鸡苗淘汰，祖代鸡养殖出现亏损。年末“速生鸡”事件，从山西开始，再到山东，造成肉鸡市场动荡不安，毛鸡、鸡苗价格接连受挫。该事件短期内对肉鸡行业带来巨大冲击，但长期来看，既有利于加快肉鸡养殖标准化进程，也有利于肉鸡产业一体化发展和相关部门提高肉鸡药残监管力度。

得益于一条龙企业的带动，近年来，肉禽饲料产量（图 5）稳步增长，从 2001 年的 1 882 万 t 增加到了 2012 年 5 514 万 t，增加了近两倍，2001—2006 年增长速度低于 2006—2012 年，后一段肉鸡产业发展速度更快；但是占当年配合饲料总产量的比例

2001—2006年变化较小，之后迅速增长，于2008年（30.8%）达到顶峰，近几年降低趋势明显，主要是因为家禽养殖业受到"禽流感""三聚氰胺"和"速生鸡"等事件影响较大，以及猪、水产和反刍动物饲料增长速度较快等。肉禽配合饲料产量（图6）持续增加，1991年以来可以分为两2个阶段，1991～2006年15年来直线增长，从1991年602万t增加到2006年2 509万t，增加了3倍，以每年130万t的产量增加；2006年以来连续加速增长，至2012年5 116万t，6年实现翻番，以每年近500万t的速度增加，支撑了肉禽产业的快速、规模化发展；肉禽配合饲料占配合饲料总量的比例在2008年以前持续增长，当年（36%）达到最高，之后因为猪、水产等动物配合饲料增长更多、肉禽养殖量增加减少、肉禽养殖业遇到的安全问题增多，使得肉禽配合饲料所占比例呈现降低的趋势，到2012年（31.3%）降低了4.8个百分点，几乎每年降低1个百分点。肉禽浓缩饲料产量（图7），2001年（159万t）至2004年（334万t）增长较快，增长1倍，之后徘徊在330万～350万t，2009以来总产量持续增加，但是增加幅度有限（2009年317万t增加到2012年的343.3万t）；所占当年全国浓缩饲料的比例也呈下降趋势，2009年（11.8%）降到最低，2009年以来总产量持续增加，增加到2012年13.9%，平均每年增加0.5个百分点；肉仔鸡和肉鸭养殖，多采用颗粒饲料，生产门槛较高，浓缩饲料的空间有限，但是近年来因为合同养殖的利润受限，非合同肉禽养殖量增加，造成了浓缩饲料提升。肉禽添加剂预混合饲料（图8）的情况与浓缩饲料类似，虽然2006年产量（50万t）较多，但是2004年以来基本稳定在55万t，2009年以来呈减少趋势；肉禽添加剂预混合饲料占添加剂预混合饲料总量的比例，自2002年（14.7%）达到最高，之后连续降低，2002—2006年快速降低，2006年（10.5%）以来降低比较缓慢，至2012年（8.9%）出现新低，肉禽添加剂预混合饲料比例持续降低，说明其他动物添加剂预混合饲料产量增加更快，而肉禽更适于集约化饲养，配合饲料普及率较高。

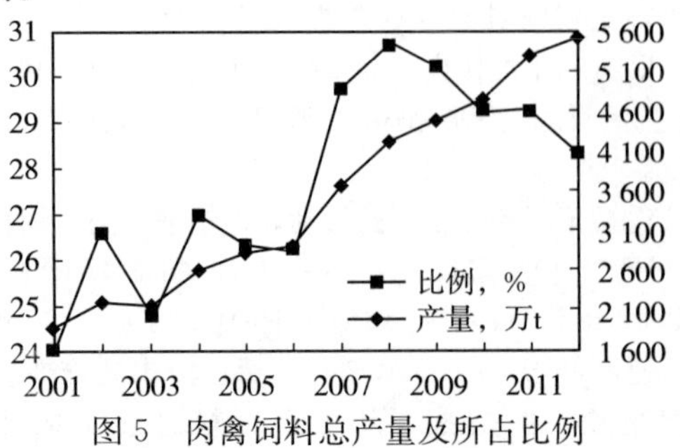

图5 肉禽饲料总产量及所占比例

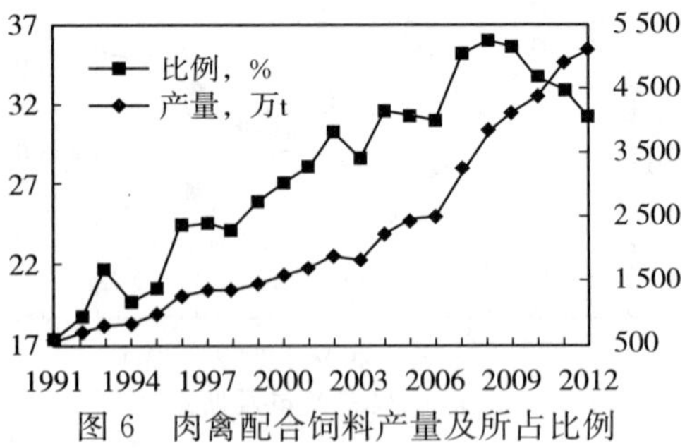

图6 肉禽配合饲料产量及所占比例

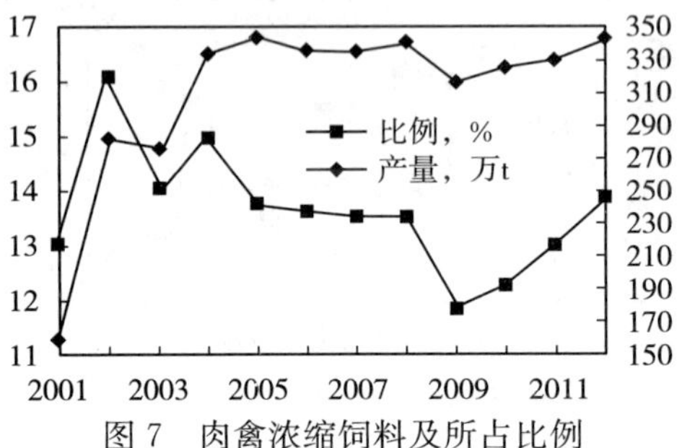

图7 肉禽浓缩饲料及所占比例

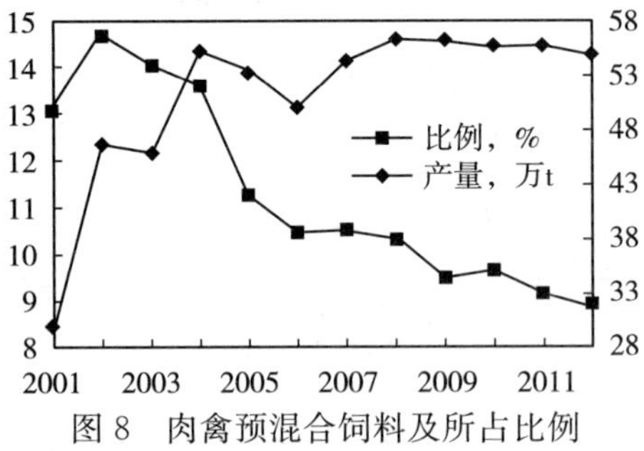

图8 肉禽预混合饲料及所占比例

国内禽肉（2012年产量1 823万t，增长6.7%）品种有肉鸡（65亿～70亿只）、肉鸭（22亿～25亿只）、肉鹅（6亿～7亿只）、淘汰产蛋鸡（约10亿只）、淘汰种鸡和种鸭等。肉禽主要指肉鸡、肉鸭和肉鹅等，肉鸡和肉鸭基本上是进口品种主导，采食颗粒饲料，适于集约化饲养，在一条龙企业的带动下，肉禽配合饲料普及率较高。

三、家禽饲料业发展趋势

2012年家禽养殖行业关键词有：国产蛋鸡普及、种鸡注重净化；禽病不能完全依靠疫苗；健康养殖深入人心、抗氧化营养调控应用、低碳养殖模式、蛋鸡脱毛与舍内环境参数引起重视；大笼饲养、标准化养殖和红外断喙处于研究和推广阶段；小麦日粮、环保饲料、功能饲料得到应用；调控鸡蛋、橡皮蛋、火箭蛋、速生鸡、鸡蛋期货概念层出；粪污处理得到养殖户认可。

家禽养殖行业标准化进程加速。养殖场的标准化，必然推进工业饲料的普及。2010 年中央 1 号文件关于推进菜篮子产品标准化生产明确要求，促进畜牧业生产方式的转变，深入推进畜禽标准化规模养殖。2012 年，全国新创建畜禽标准化示范场数量共计 1 069 个，其中蛋鸡场 143 个、肉鸡场 80 个，3 年来累计创建畜禽养殖标准化示范场总数已达 3 178 个，其中蛋鸡场 508 个、肉鸡场 329 个。2012 年农业部进一步明确了重点扶持蛋鸡存栏 1 万～10 万只、肉鸡出栏 5 万～100 万只标准化养殖场。随着标准化养殖场工程的开展，配合饲料所占比例提高。肉禽（肉鸡、肉鸭）企业一条龙化经营出现新方向，一体化经营成为趋势，这必然促进肉禽饲料的增长、禽类食品安全级别的提升。随着“三聚氰胺”“速生鸡”等事件曝光、国家提出“现代化农庄”政策，人们对食品安全提出了更高的要求，“公司＋农户”养殖模式中，农户养殖环节难以控制，一些新的企业，提出了所有养殖自有化，聘请饲养员养殖，从而避免养殖过程的不可控。

另外，家禽饲料业还有如下趋势：专业生产家禽饲料的企业或生产线逐年增多；饲料资源短缺、玉米多用途，使得小麦替代还有市场；养殖、饲料、加工一体化经营成为主要发展模式等。

（武书庚　齐广海）

水产饲料

一、产量与行业特点

2012 年，中国水产品总产量达到 5 906 万 t，同比增长 5.4%，得益于水产饲料近年来的快速发展，养殖产量达 4 305 万 t，同比增长 7.0%；国内捕捞产量 1 483 万 t，与 2011 年基本持平。水产品进出口总量 793 万 t，同比下降 2.9%；进出口总额 269.8 亿美元，同比增长 4.5%。其中，出口量 380 万 t，同比下降 2.8%；出口额 189.8 亿美元，同比增长 6.7%；进口量 412 万 t，同比下降 2.9%；进口额 80.0 亿美元，同比下降 0.2%。贸易顺差 109.9 亿美元，同比增加 12.1 亿美元，同比增长 12.4%。水产品继续位居大宗农产品出口首位，出口额占农产品出口总额 30.0%，较 2011 年提高 0.7 个百分点。

2012 年，水产饲料高开低走。上半年因 2011 年养殖效益理想，养殖户热情高涨，各种养殖品种存栏、存塘数量较大，对饲料需求稳定，饲料销量、利润都有较大增长。而下半年，因终端消费需求快速下滑，且原材料价格大幅上涨，养殖产品价格迅速走低，养殖量不断下降，出现典型的旺季不旺的局面，加上疫病时有发生，各种不利因素对饲料工业进行冲击，饲料工业面临了多年以来最为困难的局面。

2012 年，水产饲料总产量 1 892 万 t，整体来说稳健发展，水产饲料仍然是水产养殖产量提升的最重要支撑，2012 年全国不同省份水产饲料产量统计见表 1。21 家集团化公司水产饲料销售总量约 650 万 t，占全国总量的 43.0%左右，非集团化公司水产饲料总量约占 57.0%，反映出行业集中度低的特点。但部分水产饲料品种反馈出集中度进一步提升的局面，虾饲料行业表现尤为突出，已经形成海大、恒兴、粤海、通威 4 巨头竞争格局，四大集团饲料销量占 75.0%以上，高档膨化鱼料总产量达到 45 万 t，占 60.0%。众多中小企业在此品种上经营压力巨大。

普通淡水鱼饲料仍是中国市场的绝对主流，占水产饲料总量的 80.0%以上，且仍旧以沉水颗粒饲料为主，膨化水产饲料总产量突破 240 万 t，主要集中在普通淡水养殖和高档海水品种上，普通淡水品种如罗非、草鱼、青鱼等品种普及度进一步提升，占膨化饲料比例的 60.0%，高档淡水鱼品种（生鱼、黄鳝、鲟鱼等）及高档海水鱼品种（海鲈、石斑、金鲳、篮子鱼等）、两栖类品种（牛蛙、泰国虎纹蛙）总量将近 100 万 t，约占膨化饲料比例的 40.0%。膨化饲料逐渐由沿海地区向内陆地区过渡，且逐渐由特种品种向普通品种过渡。

随着行业的发展，传统赊销与客情竞争手段退居次要地位，部分优秀厂家对养殖模式与养殖技术方案高度关注，核心竞争力将表现在价值链的系统能力上，通过产业链条的延伸提高竞争力和市场占有率，部分企业开始尝试全产业模式。新的经营模式要得到健康发展和普及需要一个过程，目前单一经营水产饲料企业虽然占绝对主导地位，但发展速度相对较慢。

表 1　2012 年全国不同省份水产饲料产量统计

地　区	水产饲料（t）
全国总计	18 922 921
广　东	4 216 568
江　苏	2 770 264
湖　北	1 854 542
浙　江	1 165 220
湖　南	1 155 023
福　建	1 021 984
四　川	783 201
辽　宁	662 933
河　北	604 903
广　西	557 007

（续）

地　　区	水产饲料（t）
江　　西	526 273
山　　东	509 705
云　　南	448 463
天　　津	438 374
河　　南	434 741
海　　南	402 192
陕　　西	287 671
安　　徽	188 784
黑 龙 江	183 205
北　　京	173 045
新　　疆	133 087
重　　庆	96 571
宁　　夏	96 254
吉　　林	68 262
上　　海	62 693
贵　　州	34 155
甘　　肃	24 997
内 蒙 古	18 531
山　　西	4 274
青　　海	—

二、品种（鱼虾品种和加工料型）

传统淡水养殖品种中草鱼、鲤鱼、鲫鱼、罗非、鳊鱼、青鱼依然是使用饲料的主力军，约占水产饲料的80%市场，大部分厂家生产最多的还是这些常规品种，更容易上量，且资金风险相对较小，养殖效益相对稳定。

不同品种之间差异较大，2012年年初，因草鱼价格较好，部分地区养殖草鱼的积极性空前高涨，养殖量大面积增加，饲料总产量在上半年表现出良好的增长态势，下半年出现供过于求的现象，草鱼价格不断下滑，大量养殖户处在亏损和保本的边缘，到2012年年底时仍出现大量存塘的局面。北方以鲤鱼为主，得益于前几年良好的养殖行情，连云港，东营地区养殖面积不断加大，黑龙江、宁夏等新兴地区兴起养殖鲤鱼。伴随着养殖密度不断提高，鲤鱼市场出现供过于求的局面，在水产饲料产量增长的同时，也导致鲤鱼价格出现一定幅度下滑，加上一路高涨的鲤鱼饲料价格，养殖成本大幅上涨，新承包鱼塘的大多养殖户基本处在保本边缘，这样的背景下诸多养殖户也在变革养殖模式，出现鱼虾混养，部分鲤鱼养殖转为养殖草鱼。

2012年是罗非鱼养殖灾难的一年，全年鱼价萎靡不振。养殖户投喂积极性不高，加上高温季节链球菌等病害疫情不断，导致罗非鱼饲料总量下降比例较大，也造成诸多饲料厂中后期不得不调整销量，出现劣币驱逐良币的局面，鱼塘旁边养猪、养鸭的立体养殖模式抬头较为明显。主养罗非鱼的市场不同体现的差异较大，广西市场罗非鱼以内销为主，价格整体稳定，且相对盈利；海南、广东市场基本以出口为主，价格低迷，养殖效益处于盈亏边缘；福建漳州地区红罗非鱼养殖效益非常好，一方面得益于高产量，另一方面该品种价格较为理想，养殖模式和品种的适当改进有助于养殖效益提升。

对虾产业是中国渔业经济的重要组成部分，2012年全国虾类出口量为21.4万t，出口额为19.4亿美元，同比均有所下滑，产业遇到了困难和挑战。另外，内销价格的大幅波动和对虾病害也给产业带来了前所未有的冲击，使对虾产业长期处于亏损状态。养殖对虾中，只有福建、江苏有所增长，其他省份或持平或下降。华南大部分市场养殖成功率极低，珠三角地区更是普遍亏损，出现亩产200* 左右，甚至多次排塘的局面，不少浙江经销商及养殖户难以为继，纷纷撤离该行业，导致塘租小幅度降低，对虾饲料企业年底回款难度空前，出现进退两难的局面。穷则变，变则通。一些水产饲料企业结合不同地区的养殖情况研究并主推健康养殖配套模式，取得了良好的效益。鱼虾混养技术进一步得到快速发展，鱼虾混养由之前的单淡水鱼虾混养演进为海水鱼虾混养、淡水鱼虾混养等多种形式，其次小面积高位池的近工厂化养殖模式在多个市场取得成功，如福建漳浦、湛江东海岛及徐闻地区。

名特优品种价格变化比较大，生鱼行情如过天梯一样，2012年上半年鱼价超高，亩利润近5万元，暴利促使养殖户大量放养，出现一苗难求的局面，加上养殖周期比较短，下半年鱼价溃败，出现亩亏损2万元的局面。海鲈局面和生鱼比较相似，价格高开低走，养殖者需要保持理性，避免出现一窝蜂最终导致整体亏损的局面。

随着膨化饲料的进一步发展，全国上膨化线总量将近300条，接近600万t的产能，而在膨化饲料总产量有限的情况下大部分膨化线产能并没有吃饱。以华南4省（广东、广西、福建、海南）接近膨化线总量的70.0%，但目前膨化饲料总量有限，预示着常

* 斤为非法定计量单位，1斤=500克。——编者注

规养殖品种如草鱼、罗非鱼颗粒饲料下一步会成为膨化饲料增量的主要来源。北方、华中市场的膨化线方兴未艾，后期一些特殊品种和部分常规品种膨化饲料有较大的发展空间，但饲料厂家是否值得投资发展膨化饲料因地区和时机值得商榷。

养殖品种上，部分海水鱼和高档淡水鱼中的许多品种已全部实现了膨化饲料养殖（海鲈、金鲳、黄鳝、乌鳢、蛙、黄颡、白鱼）。海水鱼养殖除海鲈、金鲳、篮子鱼使用饲料外，其他大部分品种使用饲料比例仍然十分有限，许多地区目前仍以使用冰鲜为主。随着陆地养殖面积萎缩和国家对海洋资源的开发，一些大型的海水鱼养殖公司和深水网箱养殖的群体陆续出现，散养逐步会被淘汰，集中度进一步提高，海水鱼膨化饲料后期还有很大发展空间。受制于膨化饲料和冰鲜等天然不足因素，品质优异的水产浓缩饲料正好弥补这些不足，给一些高档名贵品种提供了很好的营养之源，同时也很好地避免对了水质的污染及饲料的浪费。粉料依然局限于鳗鱼、甲鱼、河豚为主，所占市场份额相对较小，且有进一步下滑的趋势，鳗鱼种苗繁育依然无法解决，主要销售市场以浙江、广东、华中等地区为主。

三、区域发展特点

相比畜禽饲料而言，水产饲料表现得更加节粮、高效，环保，在人类粮食日益紧张的情况下有更大的发展空间。从全国水产市场来看，水产饲料发展还有较大的空间，这一块竞争还不够激烈。首先华中市场养殖水面大，部分地区饲料普及率不够，在部分企业引导下，随着养殖模式和技术的提升，单位水面饲料投喂率仍有较大提升空间；其次，江苏、福建、广东等沿海省份有较大的发展空间，还有大量的滩涂可以有效利用起来，海水鱼和对虾饲料开发空间巨大；而北方的天津、河北、辽宁、山东等沿海省市水产饲料普及率较低，无论淡水、海水饲料开发空间都还很大，但需要一个过程。

连续多年，江苏、湖北、湖南、广东4省水产饲料总量高居排行前列。2012年，广东水产饲料总产量将近422万t，占全国水产饲料总量22.3%，依然是水产饲料企业重点发展的区域；江苏沿海一带滩涂面积大，有非常大的发展空间；安徽等地区养殖技术相对落后，后期也蕴藏着很大的机会。不同区域养殖品种和养殖特点均有一些差异，沿海地区养殖品种相对较多，石斑鱼、金鲳、海鲈、篮子鱼、大黄鱼、对虾、黄颡鱼等，内陆省份以淡水养殖为主，草鱼、鲤鱼、鲫鱼、鳊鱼养殖占70.0%以上。

水产品流通互通逾期频繁，近几年对虾和蛙基本是内销到国内的大中型城市，华中市场的草鱼常销售到西北区域，而华南、华中市场常规和名特优品种则远销西南市场。南方生鱼、海鲈、金鲳诸多品种销往北方及中国香港等地。内销市场的拉动可以很好地缓解一些单纯靠出口的企业压力，更有利于养殖品种价格的稳定。

四、技术特点与障碍

水产饲料行业不仅受到养殖和消费低迷的影响，同时还受到上游主要原材料价格飞涨的冲击，2012年豆粕、鱼粉全年均价同比大幅增长，其中豆粕价格从2012年年初3 000元/t最高上涨到4 500元/t，鱼粉价格从2012年年初8 000元/t最高上涨到14 000元/t，增长均超过50.0%，饲料产品成本全年居高不下，各种不利因素使饲料企业在2012年面临较大困难。

水产饲料企业不得不加紧修炼自己的内功，既要面对市场的激烈竞争，还要面对原料市场的起伏波动，最终还要回到产品竞争上面，企业的技术需要跟上，配方技术不仅要结合不同地区的实际养殖模式，还要对不同市场的水产饲料进行细分定位，充分结合不同品种的营养特性和生理特性，对不同原料的筛选和搭配优化也需要做得更加精细，提高企业技术竞争力。

水产养殖品种众多，水产育苗技术不断进步，养殖模式有很大的优化空间，渔业设施方面应用还很不够，对众多养殖品种饲料配方研究还不够深入，技术上还有很大的提升空间，未来真正的竞争也必将是技术的竞争。

五、水产饲料安全

饲料和水产品安全事关食品安全，事关百姓生活，也与农民增收和社会稳定密切相关，已成为全社会关注的热点和农产品出口贸易争端的焦点。因此，无论从满足国内消费者需求来说，还是从扩大国际贸易来说，认真负责地做好饲料和水产品安全工作，都是十分重要的任务和职能。唯有加大对水产饲料安全的督促检查，规范行业秩序，才有利于企业公平合理竞争，才有利于整个行业的健康发展。

（彭志东　杨　勇）

反刍动物饲料

长期以来，国内反刍动物生产除奶牛外，集约化程度和商品化程度一直较低，始终依赖靠天养畜、粗放经营的发展道路，反刍动物饲料的研制和生产仍然处于相当薄弱的局面。在饲料总产量中，反刍动物饲料仅占3.9%，远低于世界平均水平，反刍动物饲料市场仍有待培育和开发。随着中国农业发展进入新阶段，畜牧业结构调整力度不断加大，必将带动反刍动物饲料生产的快速增长，中国反刍动物饲料市场面临非常广阔的市场前景，发展潜力不可小视。

一、反刍动物饲料生产情况

2012年，全国工业饲料总产量19 449万t、饲料工业总产值7 073亿元，总体规模位居全球第一位。与此同时，反刍动物饲料生产一直呈现良好的发展势头。从图1可以看出，反刍动物饲料产量自“十一五”以来持续增长，其中2007—2009年增速略缓，从2010年起实现了较大的增长幅度，并且在进入“十二五”后基本呈现了稳定发展态势。

2012年，中国反刍动物饲料总产量775万t，与2011年持平。一是得益于饲料行业运行总体平稳，饲料产业集中度更加明显，行业整合速度进一步加快，饲料行业发展势头不减；二是得益于反刍动物生产的快速发展和饲料业结构的优化调整，双向拉动了反刍动物饲料的稳定发展（图1）。

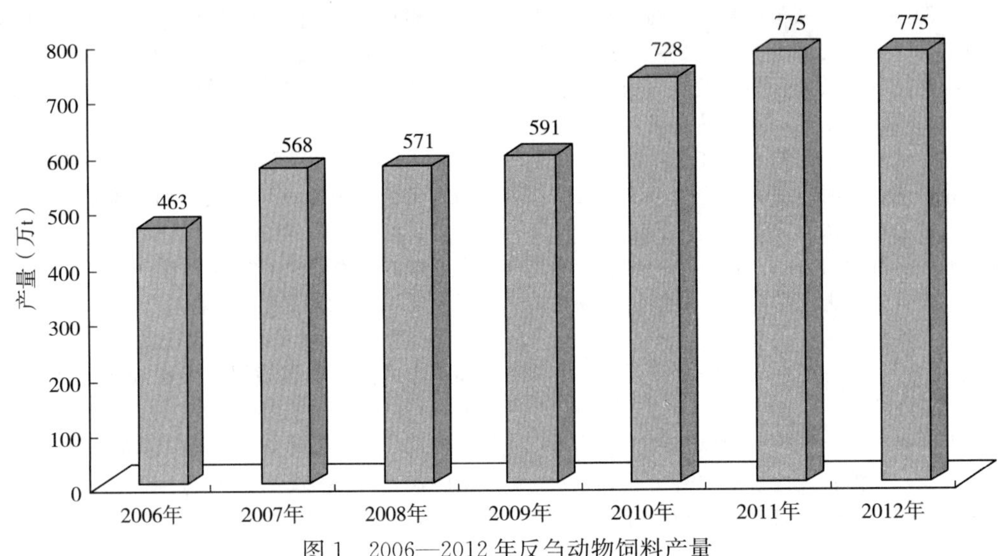

图1　2006—2012年反刍动物饲料产量

二、反刍动物饲料生产特点

1. 产业区域相对集中。从产业集中程度来看，反刍动物饲料产量与养殖量高度相关，反刍动物饲料产区进一步集中。饲料行业联合、重组、兼并步伐加快，生产经营方式转变呈现新格局。2012年，内蒙古、黑龙江、河北、山东、辽宁、新疆6省区反刍动物饲料产量507万t，占全国总产量的65.4%。

2. 产品结构保持稳定。从产品结构看，2012年反刍动物配合、浓缩、添加剂预混合饲料产量基本均与2011年持平，其中，反刍动物配合饲料产量为532万t，占配合饲料产量比重为3.3%；反刍动物浓缩饲料产量为214万t，占浓缩饲料产量比重为8.7%；反刍动物添加剂预混合饲料产量为29万t，占添加剂预混合饲料比重为4.7%。

3. 产品质量不断提高。主要有3个原因。一是反刍动物饲养标准的制定和应用，规范了反刍动物饲料生产；二是各级饲料管理部门以严厉打击违禁添加物为重点，持续开展饲料质量安全专项整治，着力强化监督检测和日常监管，推动饲料产品质量稳步提高，安全状况不断改善；三是市场竞争加剧使饲料企业质量安全意识提高，从而保证了产品质量。

三、反刍动物饲料的发展前景

“十二五”是全面建设小康社会的关键时期，也是建设现代养殖业的攻坚时期，反刍动物饲料迎来了新的发展机遇，具有很大的发展潜力。一是反刍动物产品需求刚性增长。根据国家有关规划，“十二五”期间国民经济将继续保持平稳较快增长。在人口增长、收入增加、城镇化发展等因素综合推动下，反刍动物产品需求将继续刚性增长；二是现代畜牧业建设加速推进。“十一五”期间，国家以奶牛为重点、以推动转变畜牧业生产方式为目标，出台了一系列扶持政策。“十二五期间”，国家研究部署扶持肉牛、肉羊养殖的政策措施。随着扶持力度进一步强化、覆盖畜种进一步增加，以规模化、标准化、产业化为特征的现代畜牧业建设将加速推进，这既为反刍动物饲料增产提供了新的增长点，也为饲料企业多元发展提供了新的空间；三是国际市场环境更加有利。中国部分产品已在国际市场占据了优势地位，一批饲料企业在东南亚等新兴国家和地区投资兴办了饲料加工企业，积累了成功的生产经营经验，树立了中国饲料工业的良好形象。同时，政府正积极推动与多个国家和地区建立更紧密的经贸关系，对外贸易和投资环境不断改善。这些有利因素和条件，将使饲料企业“走出去”发展的信心更充足、进程更顺畅。

（卢德勋　石　岩）

特种动物饲料

特种动物是指家畜、家禽以外的珍贵、稀有、能满足人们某些特殊需要和经济价值较高的人工驯养的陆生动物。其养殖业是中国大农业中畜牧业的重要组成部分，属于近几十年迅速崛起的新兴产业，已逐步成为广大农民脱贫致富、调整农村产业结构和发展特色经济的新亮点。2012 年度国内特种动物养殖业虽然受到饲料原料价格继续上涨和养殖成本偏高的不利影响，但养殖规模和经济效益均表现出强劲势头，致使广大养殖者对产业的发展前景普遍看好。

一、特种动物养殖概况及发展特点

1. 茸鹿。中国的茸鹿主要包括梅花鹿、马鹿、水鹿、坡鹿、白唇鹿、白臀鹿、驼鹿和驯鹿等鹿种，其中，进行较大规模商品化生产鹿茸的鹿种是梅花鹿和马鹿。目前，梅花鹿的主要产区在吉林、辽宁、黑龙江 3 省，其次是河北（含北京、天津）、山西、山东、内蒙古、安徽、广东、海南、广西等省份（自治区、直辖市）；马鹿主要产区在新疆、内蒙古和辽宁等省区。2012 年国内梅花鹿、马鹿鹿茸及其鹿副产品销售价格较 2011 年上涨 25%～30%，梅花鹿、马鹿的仔鹿和种鹿销售市场也较活跃，养鹿饲料成本虽比 2011 年提高 15%左右，但茸鹿总体养殖效益较 2011 年仍有提高，各养殖场（户）均提高后备种鹿和产茸仔鹿存栏量，基本上遏制了前几年各地因经营亏损或效益不佳而出现大量宰杀鹿的现象，与此同时，继续对劣质鹿进行淘汰和提高种群质量，繁殖中人工授精技术应用比例也有所提高。据行业部门统计，2012 年全国的茸鹿存栏数与 2011 年基本持平，约为 65 万只左右。国内茸鹿养殖业的格局仍为公司、基地和个体户并存，大型公司和基地技术力量较强、饲养管理较规范、产品开发能力较强和具有一定的抵御风险能力；但从养殖数量来看，国内茸鹿仍以个体养殖户为主体，其饲养量占养殖总量的 85%左右。

2. 毛皮兽。目前，中国饲养的毛皮兽主要包括水貂、獭兔、蓝狐、银狐和貉子等，其中水貂、蓝狐、银狐和貉子主要产区在山东、河北（含北京、天津）、辽宁、黑龙江、吉林、内蒙古、江苏、河南、甘肃、山西、宁夏、新疆等省区；獭兔主要产区在四川、山东、河北、河南、江苏、福建、重庆、浙江、山西、安徽、北京等省市。毛皮动物养殖业经过了 2007—2009 年的低谷期后，2012 年度的毛皮市场行情看好，毛皮兽养殖数量略有上涨。促使此次毛皮产业迅速复苏和发展的因素，既与国家经贸政策的调整有关，又与稳定的毛皮加工基地和消费需求有关。为适应国际经济贸易一体化的大局，自 2010 年后国家已将毛皮商品出口退税由过去 17%降至 5%，且毛皮动物生皮被列为禁止进出口产品；近几年各地陆续成型的毛皮加工产业基地是促进毛皮兽养殖的基础保障，诸如河北大营、肃宁、辛集、浙江桐乡、海宁、崇福、河南桑坡、辽宁佟二堡和黑龙江肇源等毛皮产业特色集群基地；人们对高档毛皮服饰的推崇和需求量大增是毛皮加工产业基地生存和发展的稳定消费终端。据有关信息资料和主要毛皮交易市场的调查，2012 年貂、狐和貉的生裘皮销售价格较 2011 年上涨 10.0%左右，而獭兔生裘皮销售价格与 2011 年基本持平。2012 年国内貂、狐、貉 3 种毛皮兽年初基础种兽存栏数为 940 万只左右，年末共生产商品毛皮约 4 950 万张；獭兔皮年产量稳定在 2 500 万张左右。2012 年毛皮兽养殖业的特点仍是加大提高种群品质力度、调整产品结构和科学降低饲养成本。养殖场（户）一是向良种化方面调整，二是生产市场销售对路的产品。如短毛黑貂、彩貂、彩狐留种量增加；蓝狐母狐与银狐公狐交配，生产银蓝杂交狐；潍坊大虞集团成立的良种狐产业技术创新战略联盟，达到了生产基地与大学和科研机构的联手合作、优势互补，促进了毛皮兽产业的发展。

3. 珍禽。2012 年国内养殖的主要珍禽包括鹌鹑、肉鸽、乌骨鸡、雉鸡、野鸭、番鸭、鹧鸪、珍珠鸡、火鸡、鸵鸟、孔雀和大雁等，其基础种群存栏数较 2011 年小幅增加，2012 年全年上市商品珍禽达到 2.6 亿只左右。2012 年国内珍禽产品市场售价较 2011 年上涨 15.0%左右，尽管饲料价格也随之上涨 8%左右，但养殖效益较 2011 年略有提高。珍禽养殖业的特点，一是养殖区域非常广泛，遍及全国各省区；二是养殖规模较小，多为个体农户饲养，大型龙头养殖企业较少；三是受市场供求关系的影响，其价格波动较大。珍禽的发展趋势应该走“公司＋农户”模式，以开辟稳定的消费市场来促进其养殖业的有序发展，以科学规范的技术提高其养殖业的生产水平，以产品质量和食用安全求生存，以产品深加工带动其养殖业的发展。

二、特种动物饲料生产情况及开发趋势

2012年，国内特种动物饲料加工企业随着其养殖业的迅速复苏和饲料原料价位较高而面临着新的挑战和压力。如何开辟新的饲料资源、加强经营管理、优化饲料配方、降低饲料成本和为养殖户让利，是摆在饲料加工企业面前刻不容缓的新课题。2012年茸鹿添加剂预混合饲料和浓缩饲料使用量与2011年基本持平；毛皮动物添加剂预混合饲料、浓缩饲料和全价配合饲料的利用比例占饲料总消耗55.0%左右，而自行调配鲜饲料的比例占饲料总消耗45%左右；珍禽添加剂预预混合饲料、浓缩饲料和全价配合饲料利用比例较2011年略有提高。目前，中国特种动物养殖中存在的主要问题仍是缺乏系统的营养需要标准和科学的饲料配方，导致其生产性能不能充分发挥和饲料转化效率较低。建议如下：第一，各级主管部门或业务部门应加强科研经费投入，使特种动物的营养标准化和高效化。国内特种动物养殖业起步较晚，属于新兴产业，其营养与饲料方面的研究广度和深度远远落后于家畜和家禽，应尽快设立相应的研究课题和组织科研力量开展工作，最终摆脱特种动物经验饲养的局面。首先应研究其营养素需要量和饲粮中适宜营养素水平，在此基础上，再进行优化饲料配方的筛选、饲料原料的开发、专用饲料添加剂的研制、饲料剂型和加工工艺等方面的研究工作。第二，特种动物养殖业必须走绿色环保之路，绿色安全饲料的开发势在必行。在配制特种动物饲粮时，首先要求合理搭配日粮营养和提高饲料转化效率，最大限度地降低营养物质排泄和避免造成对环境污染，减少或消除特种动物产品中的药物残留；其次要求饲料原料无污染和加工过程中有质量安全保证；采取切实可行的技术措施，有效地控制特种动物养殖场（尤其是肉食性毛皮动物养殖场）臭气排放。目前在畜禽上的研究表明，饲粮中添加β-葡聚糖酶、蛋白酶、植酸酶等可提高饲料转化率和氮、磷利用率，从而降低氮和磷的排放；饲用微生物制剂、活性多肽、寡聚糖、茶多酚、松针粉、大蒜素和中草药饲料添加剂等产品的应用，可有望替代抗生素。特种动物养殖，应吸取畜禽上的教训，不能只注意眼前的利益而出现铜、锌和磷等营养素过量而造成对环境的污染。第三，加强特种动物饲料的研制和市场开发力度。针对特种动物养殖规模小和养殖地分散的特点，应重点开发和推广浓缩饲料、添加剂预混合饲料，适度开发全价配合饲料，充分利用当地饲料资源，降低饲料运输成本。第四，特种动物养殖业及其饲料加工业的发展，应鼓励“公式＋农户”和“龙头企业＋基地”经营发展模式。这一方面有利于科技成果的尽快推广应用；另一方面也有利于产品统一加工和销售，继而打造出规格化的特种动物品牌产品。

（王　峰）

饲料原料工业概况

玉米生产、贸易与市场情况

一、总体情况

2012年，虽然玉米主产区遭受黏虫虫灾和台风灾害，但仍没能阻挡玉米产量一跃成为国内粮食品种首位，其内因在于价格屡创新高的持续推动作用。2012年，玉米产需格局由正转负，货币政策稳中有松，不断增高的玉米进口也使内外联动性提高，国储收购托底成为年内玉米上涨的底部支撑。2012年玉米价格整体上一路震荡上扬，9月份后随着新玉米增产的确认，前期进口订单陆续到港，玉米价格回调整理。

二、2012年国内玉米价格再上新台阶 玉米主导粮食价格走势凸显

据图1显示，2012年中国玉米均价延续2011年涨势，前3季度震荡上行，中间部分销区和港口价格回调整理，但整体价格走势向上，9月份前均价保持向上趋势。最高点2 470元/t，同比下跌8.4%（2011年9月出现的高价位成交量不多），但与2012年年初比上涨7.2%。5月末前玉米价格维持上行，6月份后价格分化，东北玉米涨幅偏低加上玉米播种面积大幅提高预期，产区玉米掉头向下，销区维持坚挺。9月份后新玉米再次增产确认，玉米价格应声回调。2012年年底玉米消费开始提升价格再次抬头，但上涨乏力。2012年，部分地区玉米均价为2 383元/t，远高于2011年的2 287元/t，同比上涨4.2%，与5年均值1 836元/t比上涨547元/t，为29.7%。

三、2012年玉米供需情况

1. 供应情况

（1）产区和非产区玉米播种面积均提升，非产区产量提高，产区持平略高。图2显示，2012年国内玉

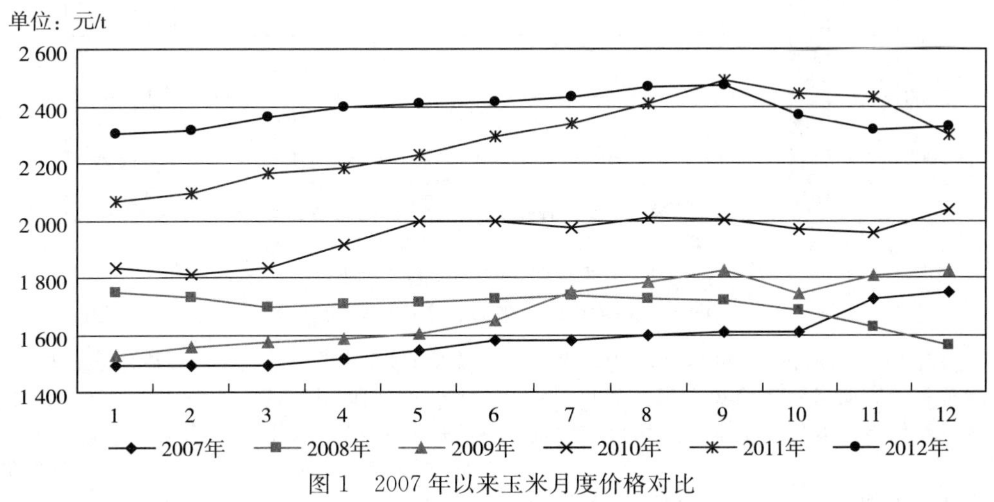

图1 2007年以来玉米月度价格对比

米播种面积3 495万 hm^2，同比提高141万 hm^2，增幅4.2%；玉米产量2.0812亿t，同比提高1 533万t，增幅7.9%。国内玉米产量首次超过稻谷产量，幅度为383万t。玉米播种面积继续扩大，小麦、大豆、花生、棉花等农产品转播仍是主流，增产主要来自黑龙江、内蒙古及吉林。值得注意的是，非产粮区玉米产量出现大的增幅，这也是2012年玉米单产出现下降而产量上升的主要原因。长远来看，玉米播种面积增幅越发收窄，产量增幅也呈逐年下降趋势。由于人工、种子、化肥、柴油、水电等费用不断攀升，2012年玉米种植成本较2011年明显提高，成本区间5 000～5 600元/km^2。

（2）2012年玉米进口创历史新高，闸门打开。图3显示，2012年玉米进口520.8万t，远远高于2011年的175.3万t和2010年的157万t。进口玉米主要来自美国，超过511.4万t。由于饲用玉米的刚性需求，中国正寻求更多产地的玉米，主要目标是乌克兰和阿根廷。2012年，中国在上述两国均有试探性采购。

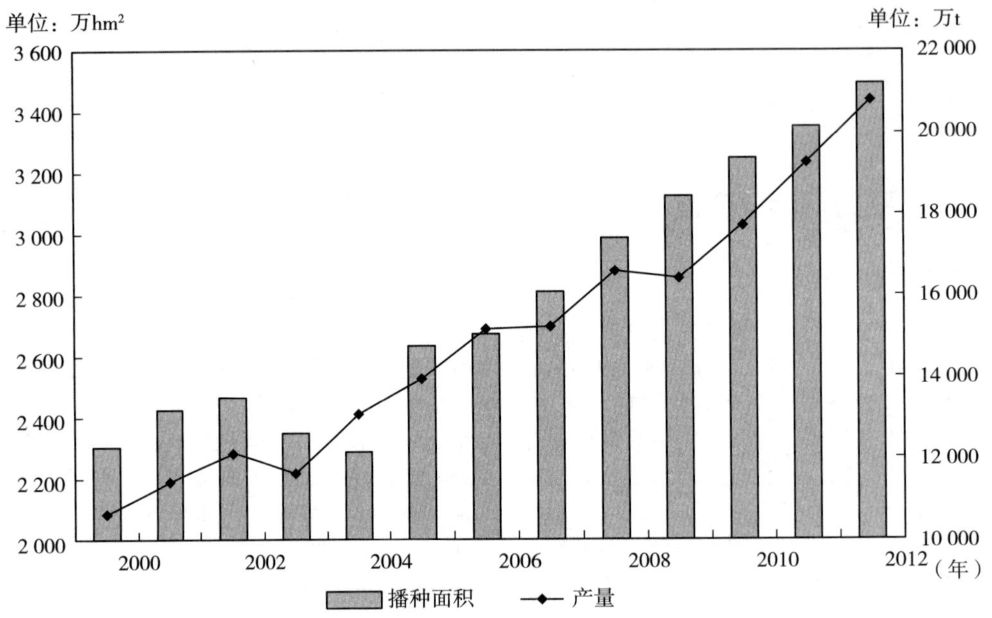

图2　2000年以来玉米播种面积及产量

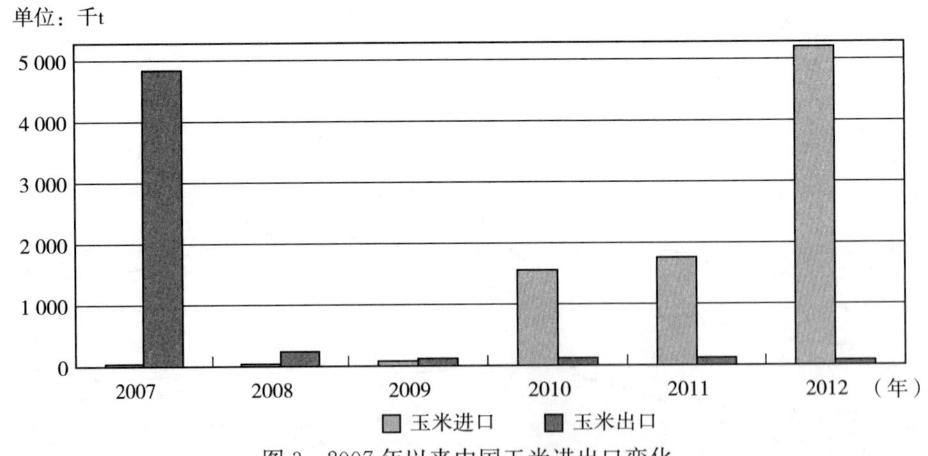

图3　2007年以来中国玉米进出口变化

（3）2012年国储玉米拍卖暂停。从2012年开始，国家储备和地方储备暂停拍卖玉米。至此，从2004年开始，持续将近8年的玉米及陈化粮拍卖宣告结束。

（4）收储力度加大，底部支撑明显。2012年，国家继续在内蒙古、辽宁、吉林、黑龙江等省治区实行玉米临时收储政策。11月15日，国家粮食局会同有关部门印发《关于2012年国家临时存储玉米收购等有关问题的通知》指出，此次国家临时存储玉米挂牌收购价格（国标三等质量标准，下同）为：内蒙古、辽宁 2 140 元/t，吉林 2 120 元/t，黑龙江 2 100 元/t；相邻等级之间差价按 20 元/t 元掌握。对实际水分含量高于标准规定的玉米，以标准中规定的指标为基础，每高 0.5 个百分点扣量 0.825%；低于或高于不足 0.5 个百分点的，不计增扣量。12 月份后，国家再次出台放宽临储玉米收购标准政策，允许高热损伤玉米进入国储，提高高水分玉米烘干入库。

（5）小麦在饲料中使用范围继续扩大。据国家统计局数据显示，2012 年小麦播种面积 24 139 万 hm^2，同比减少 131 万 hm^2，下降 0.54%（图 4）。2012 年全年小麦产量 1.2058 亿 t，同比增加 318 万 t，幅度为 2.7%。冬小麦播种面积虽然出现下降，但前期降雪充足雨水充足，小麦产量再次丰收，从 3 月份持续至 9 月份，小麦与玉米价差不断扩大，华北、华中地区饲用小麦不断增加。随着新玉米上市，小麦替代作用减弱，市场饲用小麦月均用量 250 万～300 万 t。2012 年用量为 2 100 万 t，远远高于 2011 年的 900 万 t，同比提高 1.3 倍。2012 年，小麦与玉米比价效应凸显，小麦价格区间上移更多的是玉米价格上涨的带动。

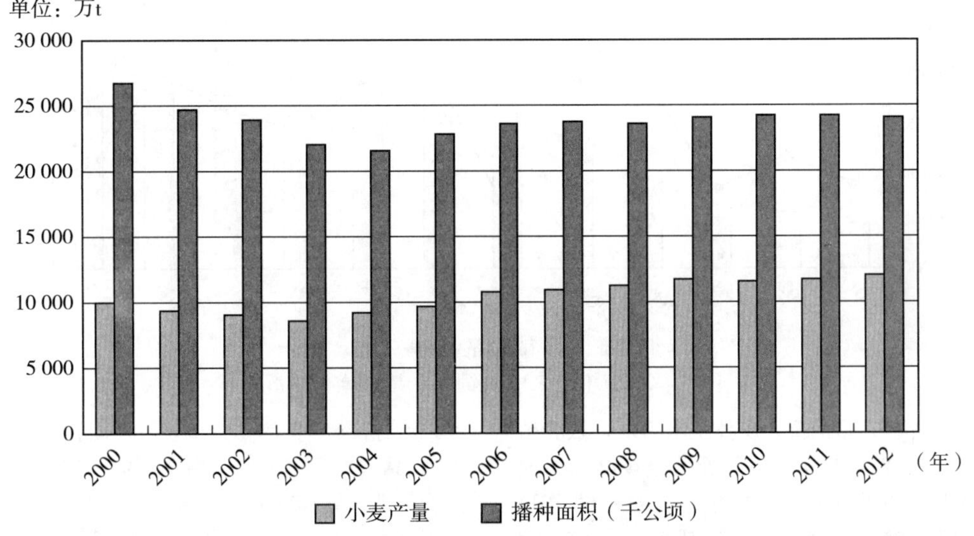

图 4　2000 年以来小麦产量和播种面积对比

（6）撤销反倾销，美国 DDGS 全年进口增加，国产供应稳定。图 5 显示，2012 年累计进口 DDGS 238.2 万 t，较 2011 年进口量 168.6 万 t 提高 41.3%。其中美国 DDGS 进口量为 281 万 t。6 月 21 日，商务部发布 2012 年第 31 号公告称，终止对美国 DDGS 的反倾销调查。从进口数据来看，只有 5～8 月偏高，第 4 季度进口量不增反降。2011 年美国 DDGS 出口 764 万 t，2012 年为 742 万 t，主要出口至中国和墨西哥。国产 DDGS 产量相对稳定，年供应量 360 万～380 万 t。

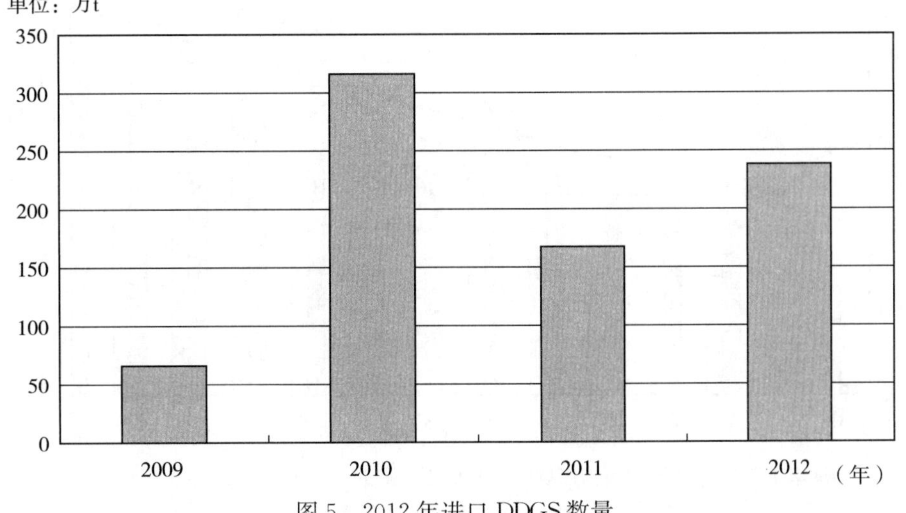

图 5　2012 年进口 DDGS 数量

2. 玉米需求

(1) 饲料产量提升推高饲用玉米需求。随着中国养殖规模化、集约化发展，饲料行业整合加速，大型饲料企业继续扩张，加上大豆、玉米价格快速上涨，浓缩饲料和添加剂预混合饲料因缺乏成本优势，逐渐失去竞争优势。图 6 显示，2011 年饲料产量为 1.81 亿 t，同比提高 11.5%；2012 年为 1.94 亿 t，同比提高 7.7%，产量增幅主要来自配合饲料的提升。2009 年开始，配合饲料增幅呈现右肩头型下降趋势，表明折算成配合饲料的总量增幅下降。按照饲料总产量测算，2011 年饲用玉米产量 1.16 亿 t，预计 2012 年将超过 1.25 亿 t，增幅为 7.8%。2012 年受玉米深加工利润缩水影响，玉米消费增幅有限，其需求增量主要来自饲料中配合饲料的增长。

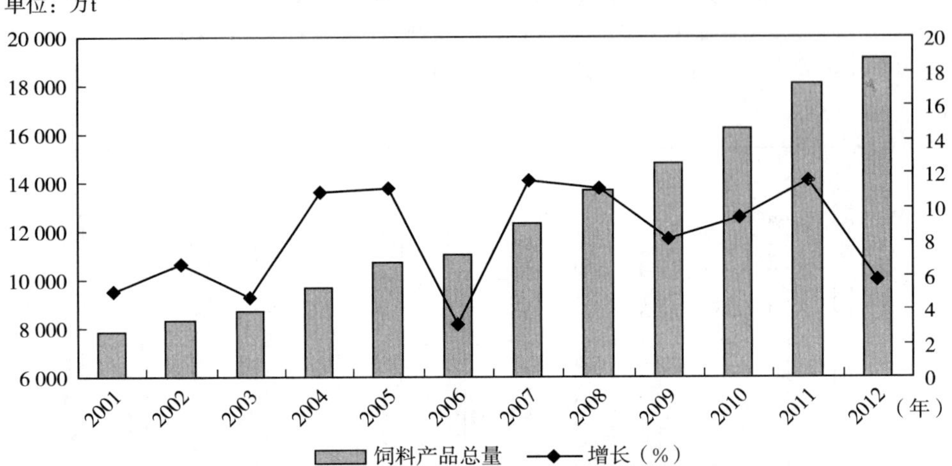

图 6　2001 年以来中国饲料产量及增长情况

(2) 生猪存栏总量居高，支撑玉米需求。从养殖情况上来看，2012 年大规模生猪养殖企业继续快速发展。由于生猪存栏维持高位，生猪养殖延续 2011 年下半年亏损行情，生猪均价在 2012 年 5 月前一直低于 22 元/kg。图 7 显示，2012 年年末生猪存栏为 47 492 万头，同比提高 0.3%，与 5 年均值比提高 2.1%；能繁母猪存栏为 5 075 万头，同比提高 2.9%，生猪和能繁母猪存栏为近年来次高点和高点；2012 年猪肉产量为 5 335 万 t，同比小幅上升 282 万 t，猪肉产量创下历史新高。中国居民长期以来的消费习惯是导致猪肉需求刚性的主要内因。随着居民收入提升、经济水平提高，猪肉消费将稳步上扬。鉴于猪价和其他肉蛋的比价效应，其他畜禽产品价格走势类似于猪价，2012 年畜禽存栏整体维持高位，支撑了饲用玉米需求。

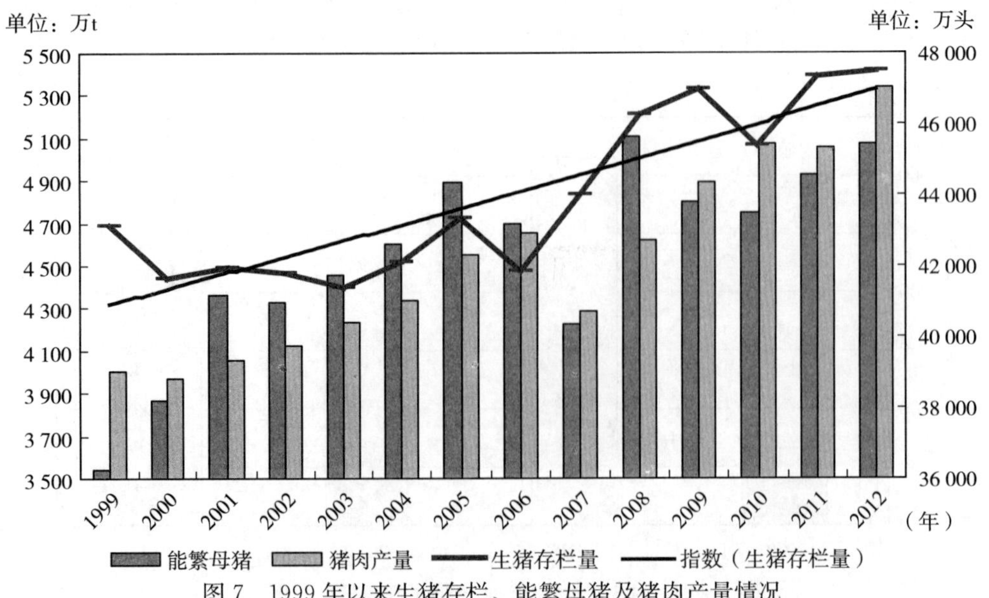

图 7　1999 年以来生猪存栏、能繁母猪及猪肉产量情况

（3）玉米深加工利润缩水，需求增速放缓。2012年，中国深加工玉米需求的增长继续放慢。4月中旬政府出台了针对玉米深加工的新一轮调控政策：一是下调生物燃料乙醇财政补贴标准，以粮食为原料的燃料乙醇，补助标准为500元/t，比2011年平均补助标准1 276元/t下调了776元/t；二是提高部分玉米深加工产品增值税税率，将玉米浆、玉米皮、玉米纤维和玉米蛋白粉等玉米深加工产品增值税税率由13%提高至17%。由此可见，国家意在对玉米深加工行业进行调控，为此，连续几年的玉米深加工行业的超额利润出现大幅缩减，在政策支撑大为减弱和利润低迷的双重打击下，玉米深加工需求失去了增长基础。图8显示，2012/13年度玉米加工企业消费玉米5 700万t，同比提高5.3%，与2011年比下降了1.2个百分点。不难发现，即使国家出台相关政策，但因深加工利润相对丰厚，深加工企业采购节奏并没有放缓。数据显示，玉米深加工业消费所占比例为27%，低于上一年度的29%。

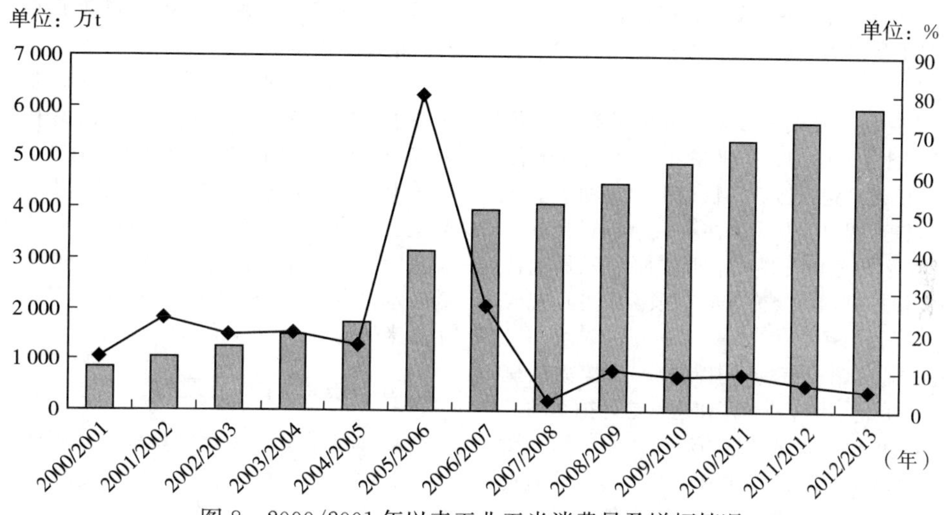

图8　2000/2001年以来工业玉米消费量及增幅情况

（4）玉米出口几乎停滞。2012年，中国玉米出口25.7万t，相比2011年的13.6万t提高89%，出口仍维持低量，主要是政策性出口至朝鲜，商业量基本停滞。

3. 全球饲料需求增速放缓，工业需求增速居高

（1）全球玉米供需情况。美国农业部（USDA）数据显示，2012/2013年度全球玉米产量8.49亿t，同比下降1 843万t，除了中国和阿根廷，全球玉米生产大国美国、巴西等均出现不同幅度回调，为2000年以来次高位。数据显示，连续挖掘了近10年的全球玉米产量潜力，近年来增速已出现放缓迹象；2012/13年度全球玉米消费总量为8.62亿t，同比小幅下降，但产量降幅较消费的要大。从饲用玉米消费来看，目前全球饲料消费缓慢增长，增量主要来自中国和欧盟，增速放缓；而美国工业玉米消费居高不下，导致全球库存消费比处于偏低水平。从全球玉米库存消费比数据分析，2011/2012年度为15.3%，2012/2013年度下降至13.76%，处于历史最低水平。2012/2013年度玉米供需缺口扩大至1 750万t，目前全球玉米供需紧张格局仍未得到有效缓解。

（2）美国供需情况。从USDA数据看，2012/2013年度美玉米产量为2.72亿t，同比下降了2 500万t，幅度为10%，饲用玉米需求下降，出口和工业消费均较上一年度提高。2012年，美国罕见的干旱天气是导致玉米产量下降的主因，受旱土地面积达总面积2/3。2012年，美国玉米单产连续4年低于趋势水平。目前来看，玉米价格高位整理有望刺激2013年美国玉米种植面积创纪录。由于美国玉米单产水平的不确定性，2013年美国玉米产量仍存在变数。

（3）阿根廷和巴西供需情况

① 阿根廷玉米出口强劲位，居全球第二。阿根廷玉米丰收与否，对全球玉米库存能否恢复有举足轻重的影响，尤其在全球部分地区干旱导致减产，库存处于低谷时期，阿根廷玉米能否以丰补歉至关重要。USDA数据显示，阿根廷2012/2013年度玉米产量为2 750万t，增长了400万t，幅度为17.5%；阿根廷玉米出口量1 850万t，同比提高15.6%，占总产量近67%。

②巴西玉米供应充裕，未来出口增加。USDA数据显示，2012/2013年度巴西玉米产量为7 000万t，同比上涨900万t。由于巴西饲料消费需求旺盛，玉米大多以自给自足为主。2012年，巴西出口玉米1 600万t，同比提高750万t，超一倍多。从趋势上来看有赶超阿根廷的“能量”。从供需数据来看，近

两年巴西玉米产量增幅较大，超过了其国内总消费的增幅，导致巴西玉米库存提高，这对中国未来多元化进口玉米具有一定的利好。

四、影响2012年玉米市场的因素

2012年，中国玉米市场价格稳步上涨，经济转型期的饲用玉米消费在未来5年内仍将维持高位。虽然深加工企业玉米消费增幅下降，但工业玉米用量对价格仍占据举足轻重的地位。目前来看，进口玉米和DDGS总量下降趋势暂时不会存在，多元化采购玉米将使未来玉米走势更为复杂，在玉米购销中仍有一些问题有待完善。

1. 规模效应和养殖模式改变，继续推高玉米价格。2012年，国内大型饲料企业的扩张步伐并未停止。养殖业规模化加速，散养户快速退出，助推了配合饲料的需求快速提升。从国内主要大型饲料企业获悉，2012年消费增速加快的一个重要原因就是配合饲料使用量大幅提高，而规模效应在采购中更具有成本优势。

2. 拍卖难退出调控市场，国储收购支撑力度显现。从2011年开始，不管是产区和还是销区拍卖的玉米成交量都不尽理想。即使参与的竞价企业也因手续费用过高、中间环节时间过长并影响玉米的正常消费而放弃。参与竞价交易企业偏少，对玉米价格指导作用不明显而逐渐失去市场。据国家粮食局统计，截至2012年12月31日，黑龙江、山东等11个主产区收购玉米3 308.6万t，同比增加108.5万t。从2010年开始，国储和地方储备在新玉米上市时入市大量收购玉米，并带动饲料和深加工企业不断提高收购量，这对新玉米上市初期的收购价格起到了底部支撑作用。

3. 极端天气频现助推部分主产区玉米单产下降，成本提升。2012年8～9月，在玉米生长的最后关键阶段，国内玉米主产区东北及华北部分地区遭受了十年一遇的黏虫灾害，而受台风“布拉万”入境影响，东北玉米大面积倒伏。据农业部门数据统计，截至9月2日，吉林、黑龙江、辽宁3省农作物受灾2 798万亩，尤其是玉米受灾较重，倒伏2 260万亩，占3省玉米面积的15%左右。而极端天气也为投机者在玉米期货市场大肆作多，从而为推高玉米价格提供了便利。另外，受国内物价整体上涨和人工费用增加的影响，2012年玉米整体种植成本明显增加，种子、化肥等农资价格稳中有涨，特别是玉米价格连年上涨也不断推高租地成本，这些都成为玉米成本上扬的重要因素。

4. 小麦成部分饲料企业常规替代产品，抑制玉米需求。2012年，小麦价格上涨速度明显慢于玉米。上半年小麦价格疲弱，饲料企业使用小麦替代玉米的用量不断提高，部分鸭料、猪料使用小麦的数量不断攀升，特别是育肥猪的替代比例已在70%～100%。下半年虽然小麦价格趋强，但部分饲料企业仍在使用小麦替代玉米。

5. 全球宽松货币刺激玉米上行。2012年，全球继续维持宽松货币政策，是促使玉米价格区间上移的另外一个推手。2012年“稳增长”成为中国宏观调控的首要目标，各类刺激政策开始重返，从而带动投资和消费出现较为强劲的反弹，部分资金充足的大型饲料和深加工企业继续扩张也刺激了玉米消费的增长，推动了价格上行。

6. 居民生活水平提高，消费升级推动中长期玉米需求总量缓升，增速放缓。目前，中国仍处于居民营养结构从口粮向蛋奶禽肉升级的时期，饲料需求会稳步上行，但增速或将有所减缓。而饲料转化率的提高也会对冲需求量的上涨。资料显示，中国玉米饲料消费增长速度落后于禽肉消费，一个重要的原因是随着技术进步，饲料转化率逐渐提高，从而降低了饲料中玉米的消费。

五、发展对策及建议

1. 继续推动多元化饲料配方，压低玉米消费增速。2012年，饲料小麦、稻谷、麦麸及DDGS在替代玉米的用量上均有所提高。小麦替代玉米在部分饲料企业中成为常态。另外，从平衡3大粮食品种上来看，部分饲料小麦的使用能有效优化粮食结构，有助于遏制玉米价格继续爬升的势头。进口和国产DDGS的使用能极大地平抑玉米+豆粕型配方对两大原料过度依赖，菜粕、棉粕及葵花粕部分替代豆粕的技术也基本成熟，这些因素的影响将使玉米+豆粕型日粮的主导结构发生变化，多元化饲料配方将成为常态。

2. 政策调控前瞻性和及时性。2012年，中央继续加大对粮食生产的扶持力度，继续开展全国粮食稳定增产行动，扩大农业补贴规模，提高并及早公布小麦、水稻、玉米最低收购价，这在一定程度上释放了鼓励粮食生产的强烈信号，极大地调动了各级政府和农民的生产积极性。2012年非主产区玉米种植面积增加，部分主产区转种玉米面积增多等现象即是政策效应的集中体现。

3. 对进口玉米和DDGS进行必要的调控。2004以来，国内每年玉米进口配额均为720万t。其中，国营贸易在进口配额中所占比重为60%；配额内关税为1%，配额外关税为65%。2012年，进口玉米和DDGS的总量均出现反弹并上调。虽然进口玉米总量不及国内产量的6%，但仍引起市场人士的关注。从玉米生产格局及饲料和深加工的发展趋势来看，未来中国进口玉米仍有增长空间；从粮食战略监督出发，多样性和多国家的采购策略已获得更多业内专家支持。

（王长梅）

大豆和豆粕生产、贸易与市场情况

2012年大豆、豆粕市场在天气恶劣、美国农业部（USDA）数次大幅调整美国大豆产量的双重因素提振下，从2012年初开始，大豆期货市场资金相对活跃迅速堆积，期价、持仓和成交量均上冲至接近历史高位。进口大豆从2012年年初3 545元/t，上涨至9月的年内高价5 050元/t；同时，2012年豆粕价格也跟随大豆飙升，从2012年年初低点涨至9月高点4 667元/t。随着美国干旱预期影响下降，豆类涨幅过多透支了天气利多的升水，第4季度USDA逐步上调大豆单产的利空打压下，资金开始撤离，价格见顶迅速回落。另外，全球经济增速略显疲态，蛋白质类和豆粕类消费增速放缓，油脂油料需求已从从高增长步入缓速增长期。

一、2012年大豆和豆粕市场回顾

1. 国内大豆种植面积、产量及产量。2012年，国内大豆产量1 280万t，同比下降11.6%。大豆播种面积675万hm^2，较2011年减少86.1万hm^2，减幅14.43%。表1显示，2005年起，国内大豆播种面积开始走下坡路。

表1　2005—2012年国内大豆种植面积、产量及产量同比增幅

单位：万hm^2、万t、%

年份	2005	2006	2007	2008	2009	2010	2011	2012
种植面积	959.1	928.0	875.4	912.7	919.0	851.6	788.9	675.0
产量	1 635	1 597	1 273	1 555	1 498	1 508	1 449	1 280
产量同比增幅	−6.03	−2.32	−20.29	22.15	−3.67	1.47	−3.91	−11.6

2. 大豆和豆粕进口情况及分析

（1）大豆进出口情况。2012年，国内进口大豆5 838万t，较2011年增加574万t，增幅10.9%（图1），约占全球大豆贸易总量的60%。大豆消费对外依存度提高至82%，大豆话语权基本消失。进口大豆主要来自美国、巴西、阿根廷，分别为2 597万t、2 389万t、590万t，占总进口量的比例依次为44.5%、40.9%和10.1%，其中巴西和阿根廷的进口比重呈现递增趋势（图2）。2012年，中国出口大豆32万t，同比增长51.67%，出口均价873美元/t。其中对韩国出口13.35万t，同比上涨30.23%；对日本出口4.23万t，同比下降1.34%。月度大豆进口量除了1月与11月低于2011年同期外，其余各月均明显提高。自2008年后，国内大豆月度进口量不断刷新历史纪录，进口量日益增加，2012年增幅更明显（图3）。

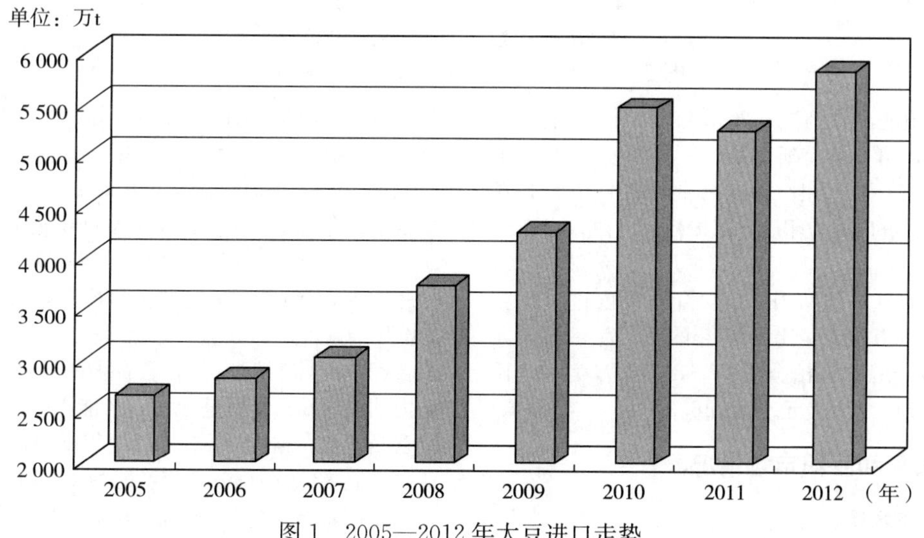

图1　2005—2012年大豆进口走势

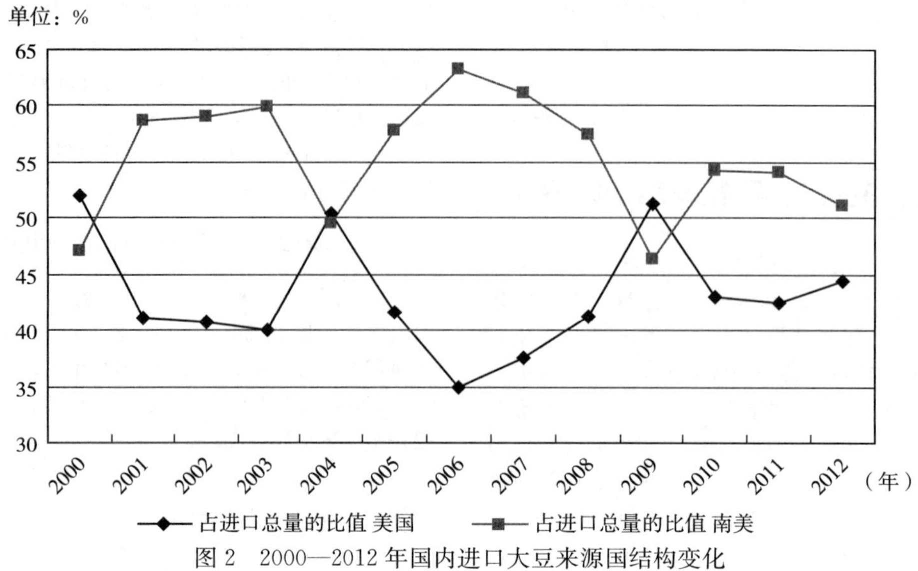

图 2　2000—2012 年国内进口大豆来源国结构变化

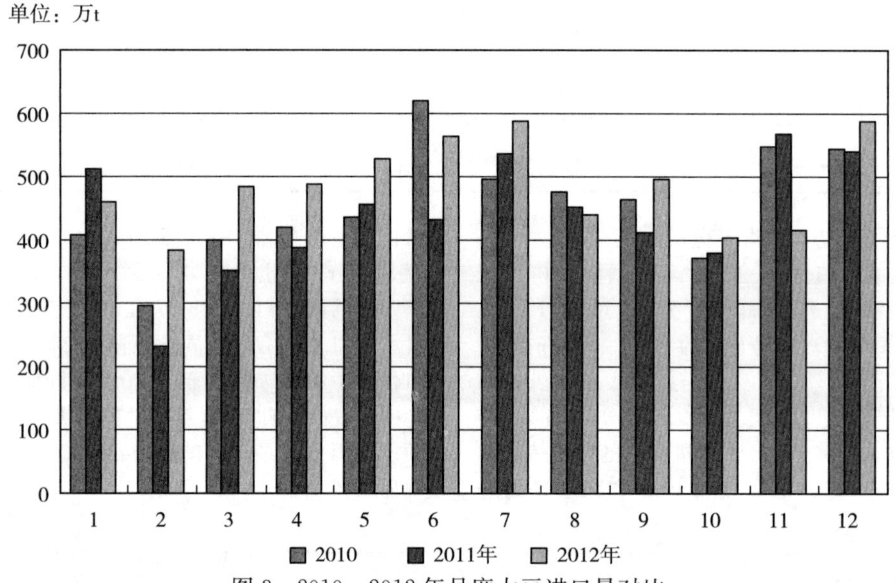

图 3　2010—2012 年月度大豆进口量对比

（2）豆粕进出口情况。2012 年，中国豆粕进口量明显回落，出口量有所增加。图 4 显示，2012 年进口豆粕 4.54 万 t，比 2011 年的 22.4 万 t 下降 79.7%，主要进口国为印度、阿根廷、巴西；出口豆粕 123.27 万 t，比 2011 年的 40.6 万 t 上涨 203.6%，主要出口国为日本和韩国。2012 年，国内进口豆粕金额 2 125.23 万美元，比 2011 年的 9 597.48 万美元降低 77.9%；出口豆粕金额 67 080.58 万美元，比 2011 年 19 371.35 万美元上涨 246.3%。

二、大豆和豆粕市场情况

1. 大豆市场情况

（1）供需情况。2012 年，中国大豆产量 1 280 万 t，进口 5 838 万 t。2012 年国内大豆期初库存 850 万 t，而国内大豆实际压榨量约 6 000 万 t，产能利用率低于 50%，总需求量 7 300 万 t，出口量 32 万 t。从基本面来看，2012 年国内大豆供需处于紧平衡。2012 年大豆港口库存从年内高点 690 万 t 以上回落至年底的 540 万 t 左右，全年港口库存较长时间维持在 500 万 t 以上。

（2）压榨利润亏损，食品豆受热捧。2012 年，国内油脂压榨产能增速放缓，产能扩张主要集中在大豆食品行业，据统计，2011/12 年度国内大豆压榨企业日产能 32.16 万 t，全年产能为 1.16 亿 t；2012/13 年度全国日产能为 34.65 万 t，全年产能为 1.26 亿 t。全年压榨企业开工率不足，产能严重过剩，利润出现

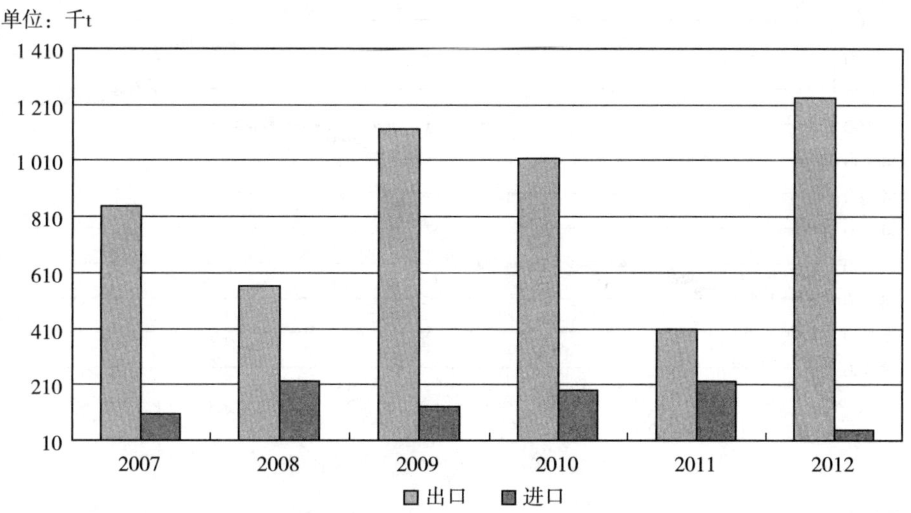

图 4　2007—2012 年豆粕进出口情况

大幅亏损，仅在第 3 季度出现好转，利润 200～300 元/t。

（3）进口大豆价格。2012 年，中国进口大豆到港完税成本整体上处于上涨趋势。进口大豆到港均价为 4 455 元/t，较 2011 年的 3 534 元/t 提高 921 元/t，涨幅为 26.1%。图 5 显示，进口大豆价格 1～4 月平稳上涨到 4 350 元/t 后小幅震荡回落，最低点出现在 5 月中旬，为 4 150 元/t。6 月份之后价格大幅上涨，2012 年全年最高点出现在 9 月份，为 5 050 元/t，之后平稳回落。

（4）国产大豆价格行情。2012 年，国产大豆收购价格波动较大，波动区间在 4 004～4 742 元/t（图 6），与往年比波差较大。1～6 月初国产大豆价格平稳，基本维持在 4 100 元/t 附近。6 月中旬由于美国干旱、大豆减产预期的刺激，在外盘提振下，国内大豆期货价格一路攀升。尤其是 9 月份，价格从 4 493元/t 涨至 4 724 元/t，之后高位运行。10 月末，大豆市场因国储传闻提振，价格小幅上涨，收购价格再创新高 4 742 元/t。11 月中旬国家大豆收储政策出台，收储价格为 4 600 元/t，同比上调 15%，这在一定程度上支撑了国产大豆价格。12 月以后，因需求转好，推动大豆价格小幅上升，国产大豆收购价格 4 562 元/t，较 1 月份 4 100 元/t 涨 462 元/t。

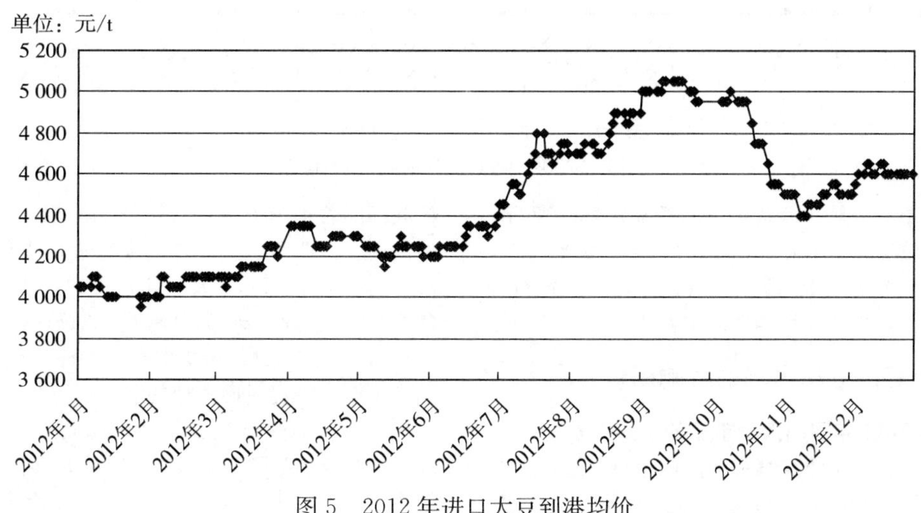

图 5　2012 年进口大豆到港均价

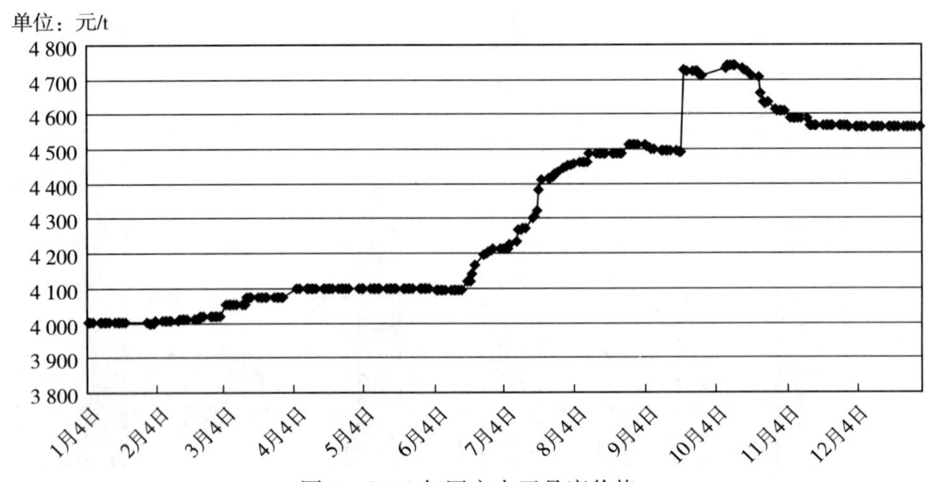

图 6 2012 年国产大豆月度价格

2. 豆粕市场情况

（1）豆粕价格行情。2012 年第 1 季度，豆粕价格低位运行，价格区间在 2 960～3 340 元/t。4 月份，豆粕价格涨至 3 521 元/t，之后震荡运行。6 月份后，豆粕价格从 3 282 元/t 开始持续大幅上涨。9 月份，豆粕价格出现年内最高点 4 667 元/t，比 2012 年年初最低点上涨 59.2%，随后缓步下跌到 12 月初。2012 年年末时由于节前备货等影响，豆粕价格小幅再次回升至 4 055 元/t，比年初上涨 37%。整体来看，2012 年前 8 个月豆粕价格表现为上升趋势，9 月份后震荡下行，年底时缓慢回升（图 7）。

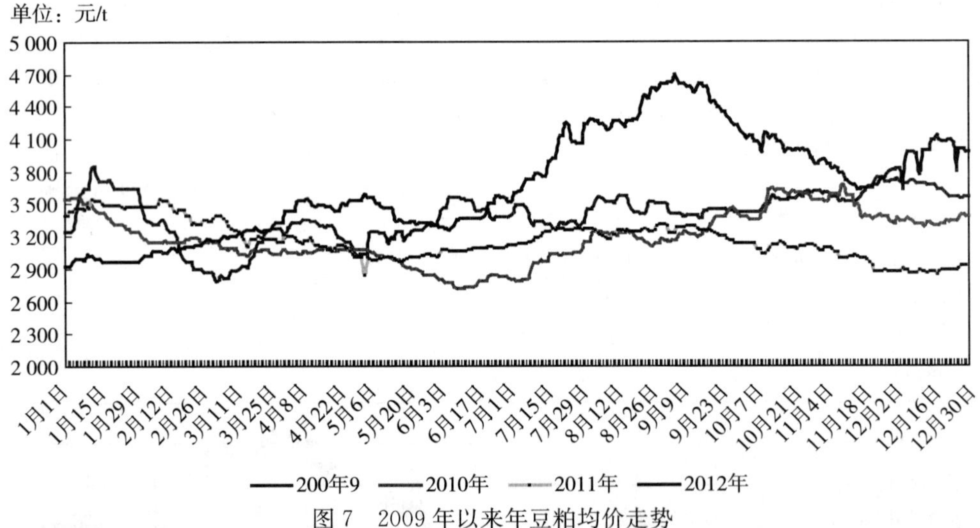

图 7 2009 年以来年豆粕均价走势

（2）豆粕供应量和消费量。图 8 显示，2012 年，国内豆粕供应量 5 184 万 t，比 2011 年上涨 28.7%；消费量为 4 800 万 t，比 2011 年增长 19.5%，饲料产量的持续增长是拉动豆粕消费的主要力量。

三、大豆、豆粕市场的影响因素

1. 影响 2012 年国内大豆市场的主要因素

（1）国际大豆走势继续主导国内市场。进口大豆的冲击仍是影响国内大豆市场的主要因素。2012 年，连豆指数和美豆指数走势一致性较高。油脂企业的压榨利润随着美国干旱、南美大豆减产预期信息的不断传出而上升明显，从而带动大豆进口步伐不断加快。2012 年 5 月，CBOT 大豆期货合约价格 1 509 美分/蒲式耳，远远高于年初最高点 1 242 美分/蒲式耳（1 月初），9 月 14 日以历史次高点 1 639.4 美分/蒲式耳结束了 3 个季度过山车似的涨跌行情。

（2）国内收储政策延续，抛储指导作用略有体现。2011 年 11 月份开始，国家临时存储大豆收储政策再次实行，大豆（国标三等）收储价格 4 000 元/t，较 2010 年提高 100 元/t，收储政策虽然连年提高，但

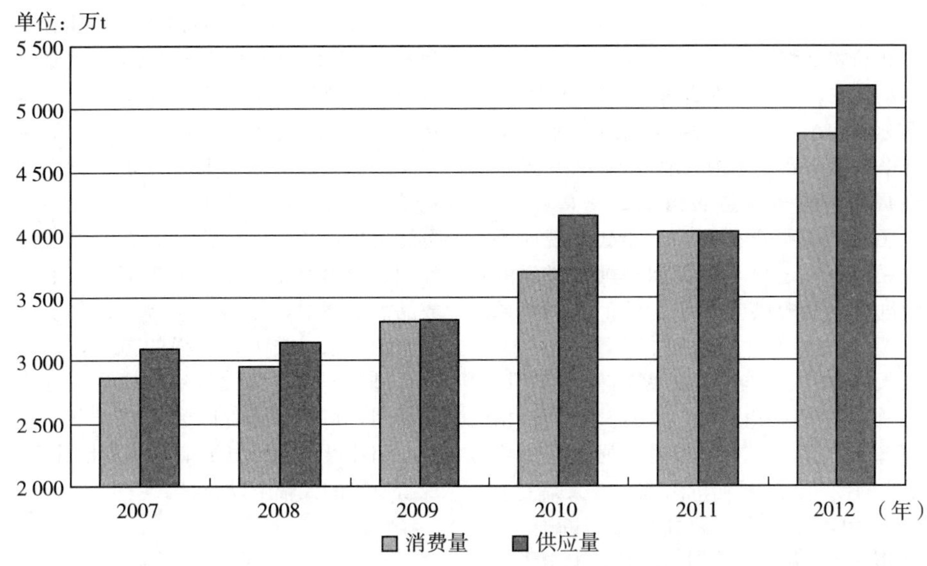

图 8　2007 年以来国内豆粕供应和消费情况

对大豆市场的支撑有限，国产大豆压榨企业开工率仍连年下降。2012 年收储价格为 4 500 元/t，但仍低于市场预期（5 000 元/t）。2008 年以来，收储已成为国产大豆主要的销售渠道，起到了一定的市场指导作用。

2009 年以来，国家开始进行临储大豆竞价销售政策，平均每两周向市场投放一次收储大豆，但成交相对低迷，对市场作用不大。2012 年 4 月前约 3 年时间，临储大豆竞拍累计成交 13 万 t，进口大豆的地理优势、出油率等一系列因素导致油厂采购国产大豆兴趣不佳。但 2012 年大豆供需相对偏紧，且进口大豆价格高企，油厂转向使用国产大豆，临储大豆竞拍成交率不断回升。特别是 7～9 月美国干旱炒作期间，临储大豆拍卖成交率达到了 100%。2012 年 4～11 月份临储大豆拍卖累计成交 368 万 t，成交量大幅上升，国家通过抛储的方式向市场投放了大量国产大豆缓解了国内大豆供需偏紧的局面。

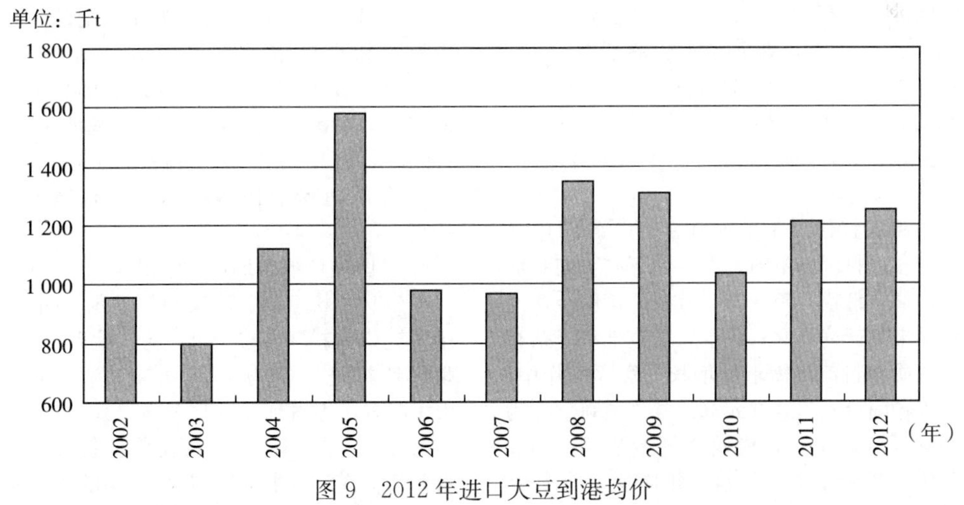

图 9　2012 年进口大豆到港均价

（3）大豆、玉米比价倾向于后者，大豆价格形成支撑。目前，国内大豆种植已经成为农民收入相对偏低的经济活动之一，部分地区因大豆质量偏差甚至有亏损可能。黑龙江为大豆主产区，数据显示，玉米种植效益是大豆的两倍以上。由于大豆与玉米一直就有着种植面积之争，又同为主要饲料原料，所以豆粕与玉米具有稳定的比价关系。2008 年以来，国内大豆种植面积连续 5 年下滑，产量也大幅减少，国内收储玉米的价格优势相对要高于大豆，使得国内大豆和玉米比值出现了一定的偏离。玉米价格整体仍在高位，从而带动了大豆价格上行以缓解两个品种种植面积之争。

2. 影响豆粕价格走势因素

（1）进口大豆主导豆粕价格走势。2012 年大豆、豆粕市场行情波澜壮阔，豆粕年内高点比年初低点上涨 59.2%，价格波动剧烈。国内大豆供应 80%来自进口，这一格局短期内难有逆转可能。图 9 可见，2012 年进口大豆行情继续震荡向上，年底出现回调整理；进口大豆与豆粕走势基本类似，具有极强的相关性，说明进口大豆的供应多寡主导了国内豆粕价格走势。

（2）极端天气加上炒作，提振豆粕价格飙升。2012 年天气炒作贯穿了豆粕市场，大豆、豆粕价格大幅飙升。2012 年年初至 4 月底，受拉尼娜现象导致南美大豆减产的推动，美豆期价出现一波大幅上涨行情。6～9 月中旬，美国干旱天气炒作不断升温，助推美豆期价走势再次大幅上涨创出新高，走出了一波自 2007 年以来的大牛市行情。2012 年前 3 季度大豆期价上涨主要是受南美和北美不利天气影响以及由此引起的大豆减产预期推动，天气因素在豆类期价走势中起到了非常重要的作用。

（3）2012 生猪存栏处于高位，支撑豆粕需求。2011 年畜禽养殖随着存栏下降，推动生猪价格屡创新高，仔猪、母猪价格纷纷创造历史新纪录。随着价格的飙升，推动生猪存栏屡创新高，特别是大型养殖场生猪存栏比重不断提升，禽蛋作为猪肉的替代品种也得到了带动，养殖利润进一步提高，畜禽养殖补栏不断攀升至历史高位。2012 年在畜禽存栏居于历史高位的背景下，即使畜禽价格震荡下行，但饲料养殖需求仍维持高位，这无疑支撑了 2012 年全年的豆粕消费。数据显示，2012 年饲料产量 1.9 亿 t，同比增长 7.7%，从侧面验证了豆粕需求的提升。

（4）豆粕相关替代品用量提升。2012 年国内豆粕、玉米等饲料原料价格不断走强，而下游养殖利润却持续低迷，部分畜牧养殖业深陷亏损，饲料企业通过采购替代品来降低饲料原料成本，这也推动了杂粕以及其他蛋白质原料市场需求的增长。实际操作中，一般豆粕与棉粕间价差为 800 元/t、与菜粕间价差为 1 000～1 200 元/t 以上，替代效应开始显现。2012 年豆粕现货价格过山车式的行情，年内均价较 2011 年大幅上涨 536 元/t，豆粕价格上涨幅度远高于杂粕，导致与其他蛋白质原料替代品的价差不断拉大，被替代效应明显。

（5）油厂大豆压榨利润亏损远多于盈利，第 4 季度油厂洗船频发。2012 年以来，国内油厂大豆压榨盈利水平也经历了过山车走势，无论产区还是沿海地区油脂企业的经营都出现亏损，盈利时间比较短暂。2012 年前 4 个月国内油厂压榨利润率先扭亏为盈。5 月份后天气方面利多题材匮乏，高企的原料成本和疲软的下游需求让中国油厂经历，了 2012 年第一次利润缩水。7 月份后，美国主产区出现历史罕见的旱情，CBOT 大豆价格创历史新高，国内豆粕、豆油价格受成本驱动而大幅飙升，油厂利润再度出现增长。9 月份美豆进入季节性收割压力调整期，国内豆粕、豆油跟盘下滑，油厂再度遭遇产成品需求下滑，原料成本高企的局面。油厂压榨利润急剧缩水。受大幅亏损的压力，2012 年底，中国大豆进口厂商持续批量洗船成为国际大豆市场最大的新闻，市场预计洗船数量 130 万～150 万 t，集中程度和数量均创历史纪录，也因此引发了美豆期价出现新一轮的大幅下跌行情。

（王长梅）

鱼粉生产、贸易与市场情况

一、2012 年国内鱼粉市场

2012 年，在国内刚性需求和国际鱼粉供应下降的推动下，鱼粉价格从年初萎靡不振到年末的疯狂上涨。上半年国内鱼粉市场一直围绕秘鲁配额、捕鱼进展起伏跌宕。8 月份后，由于新季鱼粉集中到港、国内水产养殖频繁遭受台风袭击，鱼粉价格逐步理性回归。10 月后秘鲁中北部配额降至低点，国内外鱼粉再度飙升并逼近历史高点。总体来看，2012 年，秘鲁捕鱼的配额与进展仍是鱼粉市场关注的重点，特别是下半年，秘鲁超低配额犹如一颗“炸弹”，拉开了国内外鱼粉市场大幅飙升的帷幕。2012 年度鱼粉消耗达到 150 万 t，整体与 2011 年持平。

1. 国内鱼粉市场供需情况

（1）鱼粉进口。海关数据显示（图 1），2012 年中国进口鱼粉 124.6 万 t，同期比略有增长。其中，秘鲁鱼粉进口量为 70.9 万 t 左右，同比减少 4.1 万 t 左右，仍占到总进口量 57%；美国鱼粉进口量 17.2 万 t，占 14.0%，在秘鲁鱼粉价格相对偏高的背景下，美国鱼粉成为市场采购的重要选择；智利鱼粉位列第三，进口量为 12.5 万 t，占 10.0%（图 2）。

目前，全球鱼粉主要供应国家为秘鲁、智利、美国等。秘鲁、智利鱼粉被视为主流鱼粉，美国、俄罗斯、阿根廷等国家鱼粉则为杂牌鱼粉。秘鲁作为全球最大鱼粉供应国家，其捕鱼政策、鱼粉价格

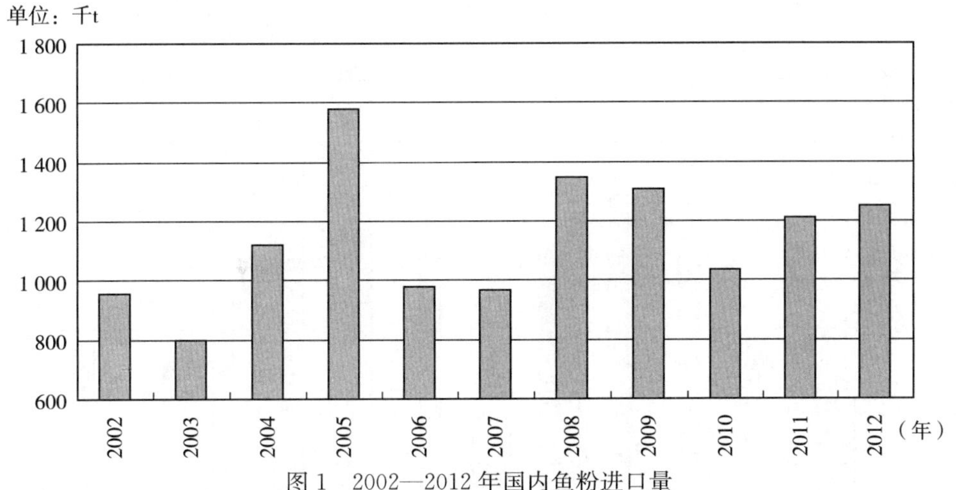

图1　2002—2012年国内鱼粉进口量

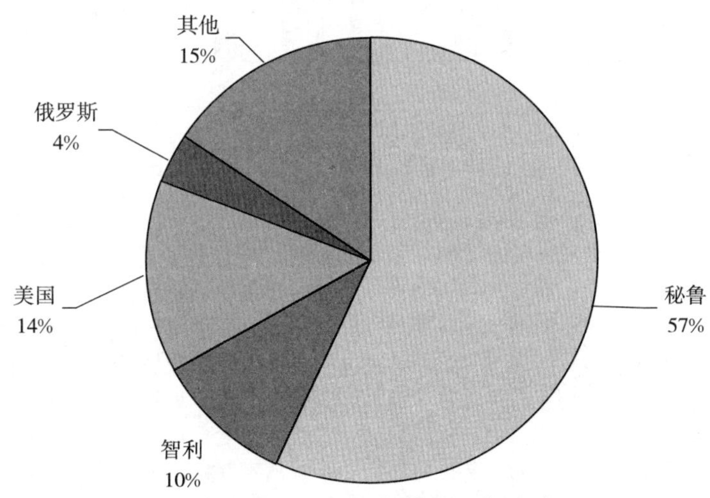

图2　2012年进口鱼粉数量（分国别）

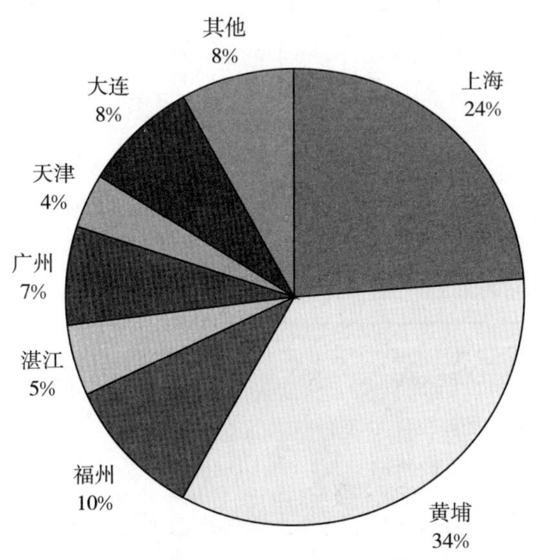

图3　2012年进口鱼粉比例（分港口）

对国际鱼粉市场具有直接的主导作用。鱼粉主要需求国家为中国、德国（欧洲主要国）、日本。中国作为全球最大鱼粉消费国家，对国际鱼粉市场也有至关重要的影响。

图3显示，黄埔、上海、福州、广州、大连和天津6大港口，共计占鱼粉总进口数量89%。其中，黄埔港仍是各港口到货量之首，2012年全年到货量达到42万t；上海港到货量31万t；福州港到货量13.9万t；天津港到货量5万t；大连港9.6万t。

（2）库存情况。图4显示，2012年上半年鱼粉库存呈现逐渐上升态势，并在4月份达到顶峰至20万t高位。6月份后随着到货减少及饲料企业集中备货，港口库存量逐月下降；尽管8～9月份是2012年鱼粉第二个到货高峰，饲料企业采购仍以随买随用为主，10月份后港口库存量下降，并在11月底降至10万t左右的低库存水平。

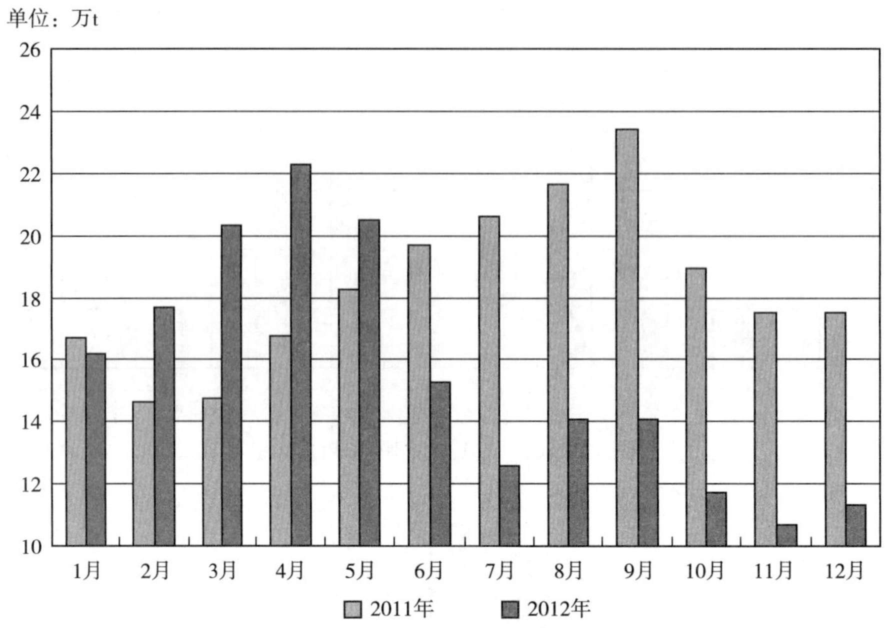

图 4　2010—2012 年国内鱼粉库存量对比

(3) 水产和生猪消费仍是鱼粉消费市场重点。2012 年 1～6 月水产饲料产量 192 万 t（农业部重点跟踪 159 家水产饲料企业数据），比 2011 年同期 138 万 t 增长 39.0%。1～6 月进口鱼粉消费了 62 万 t，比 2011 年同期 42.9 万 t，增长 45.0%。7 月份后，南方水产养殖频繁遭受台风袭击，造成虾病集中暴发。7～9 月进口鱼粉消耗 45.5 万 t，比 2011 年 52.1 万 t 减少了 14.5%。由此可见，水产养殖形势的好坏对鱼粉需求具有重要影响。10 月份后气温逐步下降，水产养殖由北向南进入传统的水产淡季。10～12 月，国内水产料进入淡季，鱼粉消耗 12 万 t。2012 年猪料增幅约 18%，乳猪饲料作为鱼粉消费的一个重要组成部分在一定程度上也支撑鱼粉的消费。

(4) 外盘秘鲁鱼粉价格仍为主导。图 5 显示，秘鲁外盘鱼粉一直是影响国内鱼粉价格的重要因素。随着秘鲁鱼粉厂对外盘操控能力的增强，中国鱼粉市场对其依赖度也愈发加深。2012 年，鱼粉市场两度反弹均离不开秘鲁鱼粉外盘的带动。外盘鱼粉价格走势同国内鱼粉价格走势基本类似，由此可见鱼粉外盘对国内现货强大的带动意义。

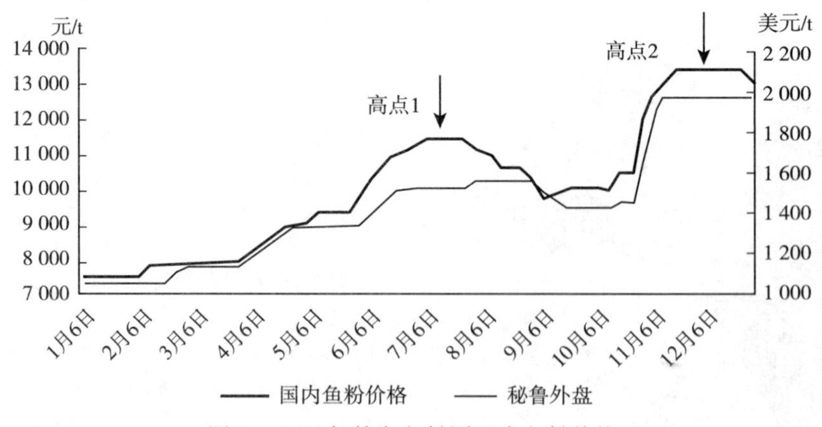

图 5　2012 年外盘鱼粉同国内鱼粉价格

(5) 其他饲料原料对鱼粉的比价支撑。2012 年春节后，饲料市场迎来一场饲料原料涨价大潮。豆粕、棉粕、菜粕、玉米等饲料原料均表现出强劲的上涨势头，鱼粉较 2011 年上涨幅度最大达 6 000 元/t，成为饲料原料中上涨最快的品种。得益于鱼粉与蛋白质原料具有的比价效应，饲料原料价格大幅上涨，对鱼粉价格起到一定的支撑作用。

2. 价格

（1）进口鱼粉价格。2012 年，国内进口鱼粉价格呈现先抑后扬的走势（图 6），前 3 个月鱼粉市场由于水产养殖冷淡，鱼粉消费主要依靠畜禽养殖业，再加上国内一直未出现利好因素推动，价格呈现出以稳为主缓慢上涨的态势，价格区间为 7 500～9 000 元/t；7 月份受国内水产养殖形势好转、秘鲁捕鱼情况不明影响，鱼粉价格上涨至 11 500 元/t；8 月份新季鱼粉到货，台风再次冲击水产养殖业，9 月份价格又回落至 10 000 元/t；10 月份受秘鲁捕鱼配额影响价格一路飙升，11 月份鱼粉价格达到顶峰至 13 500 元/t；12 月份以 13 000 元/t 的高价位结束了 2012 年的价格起伏之旅。

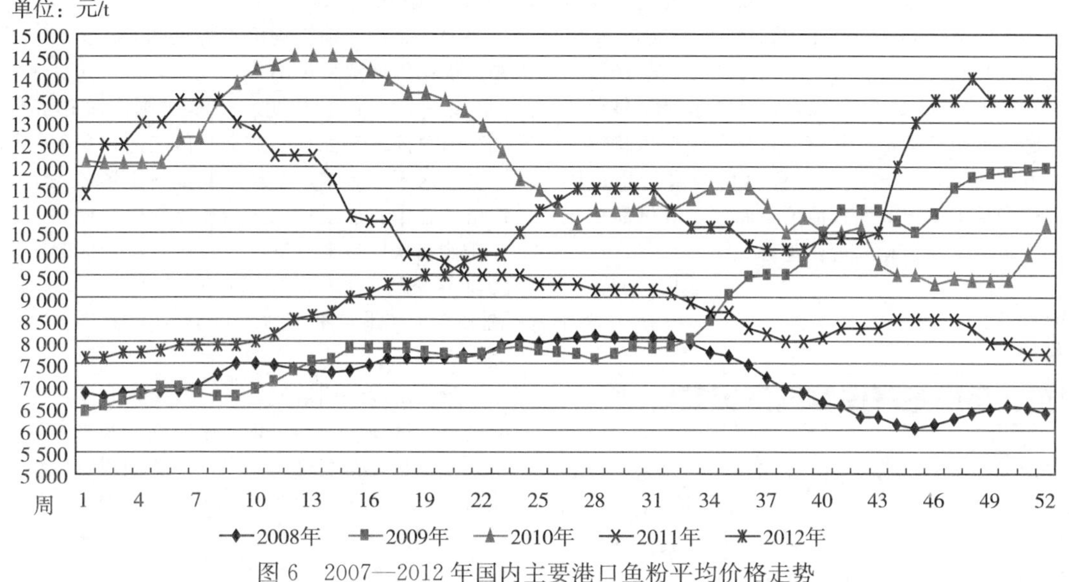

图 6　2007—2012 年国内主要港口鱼粉平均价格走势

（2）国产鱼粉价格。2012 年，在进口鱼粉市场的带动下，国产鱼粉市场也水涨船高。国产鱼粉由 6 500元/t 低位开始，逐步上扬至 10 500 元/t 高位。由于国产鱼粉的品质长期以来低于进口鱼粉，在同样指标的情况下，国产鱼粉与进口鱼粉价差在 2 000 元/t左右。但在进口鱼粉价格高涨的背景下，随着国产鱼粉质量逐渐提高，与进口鱼粉的价差也在逐渐减小，国产鱼粉越来越受到饲料企业的青睐。

近年来国内捕鱼业面临尴尬境地，近海无鱼可捕，远海存在安全因素的隐患，同时由于国内通货膨胀，石油、人工、物流等成本逐步上涨，在大部分饲料原料普涨的环境下，鱼粉成本也在逐步上涨。2012 年，国产鱼粉原料供应相比往年下降，渔业不景气造成原料鱼价格升高。

二、国际鱼粉市场回顾

1. 鱼粉原料鱼捕捞量

（1）秘鲁鱼粉市场。秘鲁中北部配额量一直是影响全球鱼粉市场行情的关键因素。2012 年上半年中北部配额量 270 万 t，较往年正常的 300 万～350 万 t 配额量偏低，秘鲁官员早在 3 月份已表示出于对秘鲁渔业资源的保护，2012 年总配额将减少 20.0%；而下半年 81 万 t 配额量，不仅远低于 200 万 t 的正常水平，也较前期市场预期的 150 万～180 万 t 相差甚远，秘鲁第二捕季明显偏低的配额创下了近 10 年来最低水平，同比减少 68.0%，如果不计算厄尔尼诺现象出现的年份，这一捕捞限额为近 25 年来的最低水平，这也是全球鱼粉价格出现飙升的主要原因。2012 年，秘鲁鱼粉出口 134.6 万 t，中国依旧是秘鲁鱼粉的最大出口市场，2012 年秘鲁出口到中国的鱼粉达 70.8 万 t。2012 年鱼粉出口高峰在 6～8 月份，而 2011 年鱼粉出口高峰在 5～7 月份，出口高峰的变化是由秘鲁捕鱼时间决定的。

（2）智利鱼粉市场。智利鱼粉虽然与秘鲁鱼粉一起归为主流鱼粉，但智利鱼粉出口量相对秘鲁偏少。2010 年以前，智利鱼粉出口量一直排在全球第二的位置。随着智利当地三文鱼养殖逐步发展，对鱼粉需求也日益增长，三文鱼对高档鱼粉的要求较为明显，2010 年以来智利进口秘鲁鱼粉有所增加。智利出口中国的鱼粉减少，2011 年由第二降至第三。据资料显示，2012 年 1～9 月智利鱼粉出口 23.35 万 t，相比 2011 年同期 23.46 万 t 大致持平。2012 年智利鱼粉出口均价一路扶摇直上，11 月份达 1 621 美元/t 的年度最高值，相比 2011 年 1 709 美元/t 的年度高点仅差 88 美元/t。12 月份智利进口鱼粉价格降为 1 568 美元/t，仍居高位。

2. 鱼粉消费和贸易。2012 年，中国消费鱼粉总量预计 150 万 t 左右，与 2011 年持平。在鱼粉价格上涨 80.0% 的背景下，鱼粉消费仍然表现强劲。2006—2012 年以来，中国年均鱼粉消费 140 万 t。2012 年，德国进口秘鲁鱼粉 19 万 t，相比 2011 年的 12 万 t 上涨 58%。这是由于 2012 年欧盟地区水产需求复苏，带动欧盟鱼粉进口量，也是推升鱼粉价格飙升的另一个原因。2012 年，日本水产养殖业从地震冲击中逐步恢复，鱼粉消费也随之增加。2012 年日本进口秘鲁鱼粉 10.86 万 t，相比 2011 年的 10 万 t 增长 8.0%。2005～2012 年以来，日本进口秘鲁鱼粉下降明显，表明日本水产养殖业对秘鲁鱼粉依赖逐步变小。由此可见，中国作为秘鲁鱼粉的最大出口国家，相对于日本、越南等其他国家而言，其供需格局的变化将影响国际鱼粉的价格走势。

（祝　博）

菜粕、棉粕生产消费与市场情况

2012 年，受美国大豆主产区干旱的影响，菜粕、棉粕市场需求居高不下。从市场行情来看，菜粕、棉粕价格走势经历了多次震荡，可谓“此起彼伏，一波三折”。据统计，2012 年大宗原料消费情况总计为 18 422 万 t，同比增长 12.6%。其中，棉粕 741 万 t，同比下降 1.1%；菜粕 609 万 t，同比增长 5.9%；其他饼粕 436 万 t，同比增长 9.8%。

一、总体情况

1. 2012 年菜粕、棉粕需求旺盛。2012 年，国内菜粕、棉粕需求总体呈现旺盛状态。与豆粕价格相比，一直具备较明显的性价比优势，使菜粕、棉粕在各种饲料中的添加比例有所上升。数据显示，2012 年中国水产饲料保持增长趋势，总产量 1 892 万 t，同比增长 12.4%，大大提升了菜粕、棉粕等杂粕的用量；2012 年国内生猪养殖业在结束近两年的盈利周期后步入亏损周期，直到第 4 季度才有所改善，使得饲料企业添加菜粕、棉粕等杂粕的比例有所上升。2012 年国内菜粕、棉粕市场行情可分为 3 个阶段，主要地区菜粕、棉粕均价走势见图 1，近 3 年全国菜粕、棉粕价格走势见图 2。

第一阶段：上升期。2012 年国内菜粕和棉粕市场行情总体气势如虹。在 9 月份之前，受美国与南美大豆产区干旱影响，全球油脂油料市场进入罕见的牛市格局之中，加之国内蛋白质原料供应偏紧，菜粕与棉粕价格扶摇直上。其中，全国主要地区菜粕均价从 2011 年末的 1 925 元/t 飙升至 2 746 元/t，涨幅高达 42.65%；棉粕均价从 1 907 元/t 上涨至 2 840 元/t，涨幅高达 48.93%。

第二阶段：回落期。从 9 月中旬开始，持续干旱的美豆产区在收获前出现集中降雨，新季大豆播种面积大幅增长，持续已久的全球油脂油料及植物蛋白质原料牛市行情告一段落，其中也包括国内菜粕、棉粕市场。国内菜粕均价从 2 746 元/t 滑落至 2 294 元/t，跌幅为 16.46%；棉粕均价则在回调 18.66%后，跌至 2 310 元/t。

第三阶段：反弹期。经过前两个阶段的调整后，国内菜粕及棉粕市场在自身供应能力不足、全球大豆供应紧张的背景下，在 11 月下旬开始反弹。国内菜粕均价从 2 294 元/t 上涨至 2 385 元/t，涨幅 3.97%；棉粕均价则从 2 310 元/t 上涨到 2 541 元/t，涨幅 10%。

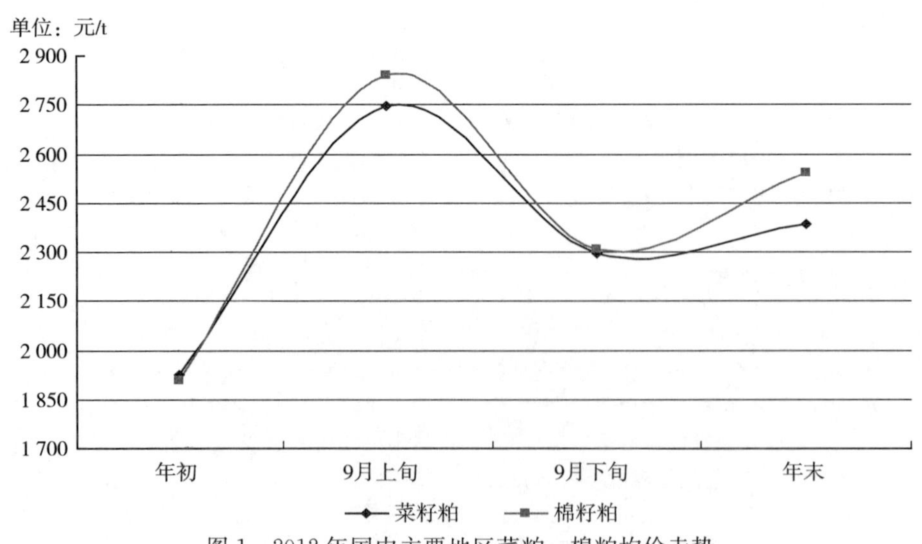

图 1　2012 年国内主要地区菜粕、棉粕均价走势

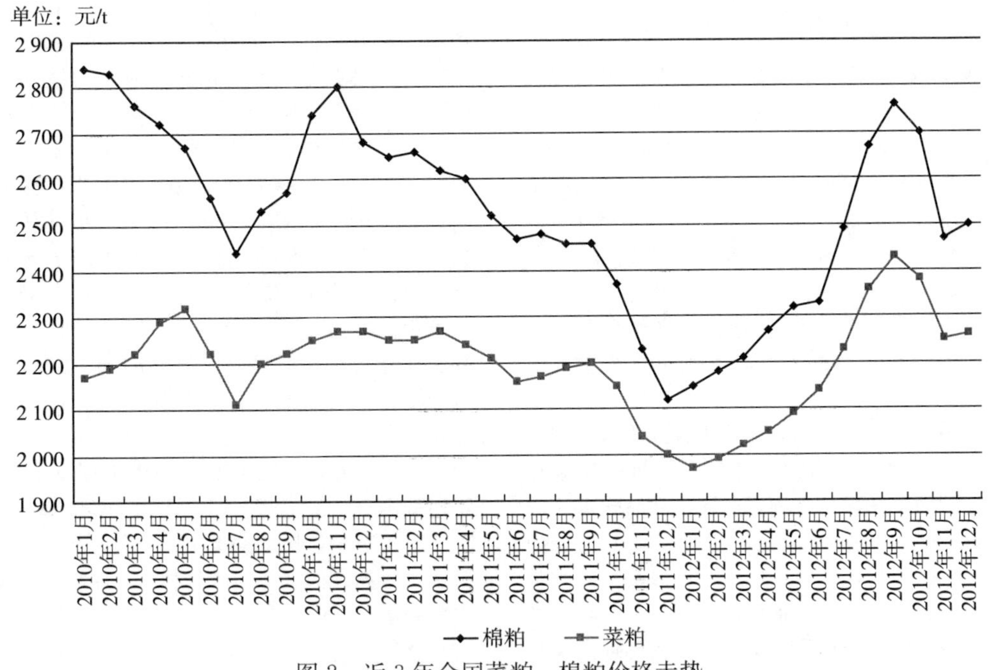

图 2　近 3 年全国菜粕、棉粕价格走势

2. 菜粕、棉粕进出口情况。相对于中国连年增长的饲料产量，国产菜粕、棉粕在供应上略显不足，因此，需依靠大量的进口原料或者成品来弥补自身的供应不足。据海关数据显示，2012 年中国共进口菜粕 50.0 万 t，其中低芥子酸菜籽粕 46.2 万 t、其他菜籽粕近 4.0 万 t，油菜籽、菜籽粕进口共计增加国内菜粕供应量 215 万 t。从进口国别来看，加拿大是中国菜粕主要进口国，原因在于加拿大菜粕价格较低，与国产菜粕相比，具备更优的性价比。菜粕进口情况见图 2。

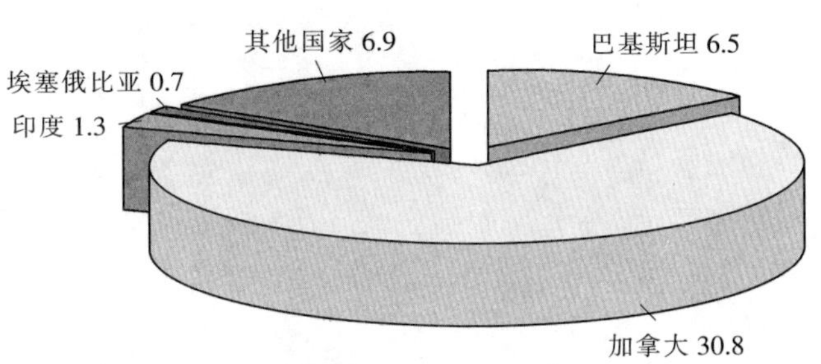

图 3　2012 年低芥子酸菜籽粕进口数量统计（分国别）

据海关数据显示，2012 年中国共进口棉籽 39 万 t，创下历史新高，较上年度小幅增长，增幅 4.5%，约为国内棉粕新增 20 万 t 左右的供应量。2012 年中国共出口棉粕 6.7 万 t，其中，青岛、南京是主要出口港（图 3)。

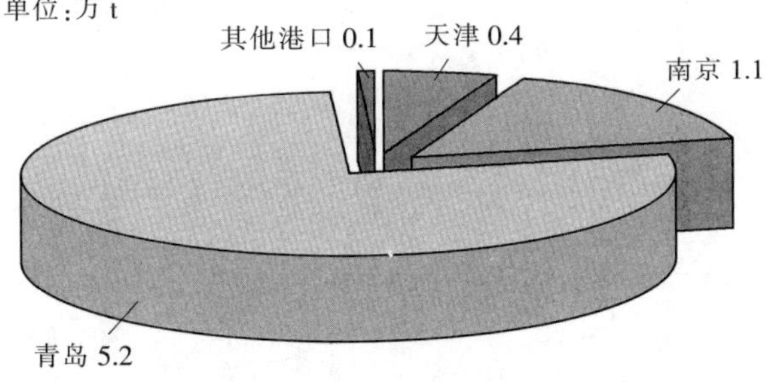

图 4　2012 年棉粕出口数量统计（分关别）

二、菜粕、棉粕消费与市场情况

1. 菜粕。菜粕是中国供需量第二大的蛋白粕品种，价格与豆粕价格关联性较强，菜籽粕价格走势亦受豆粕价格变化的影响较大。据国家粮油中心预测，2012/13年度中国油菜籽产量836万t，折合国产菜粕数量在500万t左右。2012年，美国大旱带动国内原料市场大涨，菜粕价格跟随豆粕连续两个月大幅上涨，直到9月初价格连续下跌，年末稍有缓和。此外，2012年12月28日，油菜籽、菜籽粕在郑州商品交易所挂牌上市，对菜粕市场起到了至关重要的作用。

由于国内菜粕生产区域较为集中，而消费区域广泛，国内贸易量相对较大，贸易量占产量的比重在98%以上。国内菜粕贸易在满足产区消费后全部流向销区，长江流域菜籽粕在满足自用外，主要销往山东、广东、广西和福建地区；内蒙古地区的菜籽粕主要销往黑龙江、吉林和辽宁地区；青海地区菜籽粕主要销往周边省份，部分销往华南地区；西南地区菜籽粕主要以当地消化为主。最近两年，国家政策性油菜籽收购价格是国内菜粕主要的影响因素，不断提高的原料价格抬高了国内菜籽粕的底部价格。相对而言，2012年菜粕市场的供需稍显紧张，菜粕行情主要看菜籽、菜粕进口量和库存量，如果没有进口作为补充，菜粕供应将出现紧张局面。

2. 棉粕。中国是世界上最大的棉花生产国和消费国，据农业部统计数据显示，国内棉花生产布局正在大规模调整，由分散向优势区域集中，目前主要的3大产棉区域为：西北内陆棉区、黄河流域棉区和长江流域棉区，主产区分布在新疆、湖北、湖南、河南、山东等地。棉籽、棉粕作为棉花的副产品，每年产量达上千万吨。据国家粮油信息中心数据显示，2009年中国棉籽产量达1 240万t，2010年棉籽产量为1 075万t，按60%得粕率，棉粕产量分别为744万t、645万t。由于棉粕在饲料应用中属于非常规蛋白质原料，氨基酸和色氨酸的含量相对较丰富，可与菜粕搭配使用，实际应用中是互补关系。

总体来看，2012年棉粕市场呈现高位震荡走势，年初就出现强势上涨行情，前期主要受季节性供需影响；除了豆粕行情上涨提振棉粕外，棉籽成本在春节后逐步走高，但涨势较为缓慢。5月中旬出现了一定幅度的下调，到了第三季度，价格再度反弹。9月开始，整体表现趋于弱势。10月份，棉粕市场跟随豆粕下行，价格也保持低迷状态。年底由于节前备货期的国内饲料企业看好棉粕产品的性价比优势，纷纷采购，推升棉粕价格逐步走高。

（刘忠秋）

饲料添加剂工业概况

中国主要饲料添加剂产量分布与概述

随着养殖业和饲料工业的迅速发展，饲料添加剂的使用越来越广泛，已成为配合饲料中不可缺少的组成部分，为饲料工业的发展起到了积极的推动作用。中国饲料添加剂生产始于20世纪80年代初，与国外先进国家饲料添加剂工业相比晚近20年。目前，饲料添加剂约有300多个品种，经常使用的有150多种。截至2012年年底，中国已有饲料添加剂生产企业1 440家，饲料添加剂产量逐年增长，产品质量稳步提高。

一、饲料添加剂主要品种产量快速增长

近5年，中国饲料添加剂工业发展很快，产量加速增长，产业布局进一步优化，国际竞争力不断增强，主要饲料添加剂实现国产化。由于国内饲料添加剂工业逐步与国际接轨，品种类别与科技含量都出现了新的突破，促进了饲料工业总体水平的提升。从近五年饲料添加剂主要品种产量来看，氨基酸、矿物质元素及其络合物、防腐防霉剂平均增幅较高，分别为74.7%、46.1%、34.0%（表1）。

表1　近5年国内饲料添加剂主要品种产量变化与增幅

单位：万t、%

年份	氨基酸	维生素	矿物元素及其络合物	酶制剂	抗氧化剂	防腐防霉剂	微生物
2012	133.4	79.3	488.4	8.0	5.2	5.5	10.2
2011	90.1	72.2	403.8	7.6	5.1	4.8	8.2
2010	71.3	62.5	384.5	8.2	3.9	3.7	7.3
2009	74.8	50.1	358.0	5.3	4.5	2.5	4.7
2008	22.7	51.8	142.7	3.9	4.0	1.7	4.5
平均增幅	74.7	11.7	46.1	22.1	7.8	34.0	24.6

2012年，全国饲料添加剂总产量768.1万t，同比增长22.1%。主要品种中，氨基酸、微生物、矿物质元素及其络合物同比增幅较大，分别为48.0%、25.1%、20.9%。

从全国分布情况来看，东部地区（北京、天津、河北、上海、江苏、浙江、福建、山东、广东、海南、辽宁）饲料添加剂产品总量182.5万t，占全国总产量的23.8%；中部地区（山西、安徽、江西、河南、湖北、湖南、黑龙江、吉林）饲料添加剂产品总量153.2万t，占全国总产量的19.9%；西部地区（内蒙古、广西、重庆、四川、贵州、云南、陕西、甘肃、青海、宁夏、新疆 西藏）饲料添加剂产品总量432.4万t，占全国总产量的56.3%。

二、氨基酸

从全球范围来看，动物饲料添加剂是氨基酸主要的终端市场，包括赖氨酸、蛋氨酸、色氨酸和苏氨酸在内的各种氨基酸都被用作饲料添加剂。2012年，

氨基酸产量为133.2万t，同比增长48.0%，占添加剂总产量的比重为17.3%。此外，中国饲料工业对氨基酸需求的不断增加进一步增强了亚洲在全球氨基酸市场上的主导地位。在氨基酸领域，赖氨酸是动物饲料生产中一种关键的饲料添加剂，因此赖氨酸的平均增长速度最快，中国正逐渐成长为赖氨酸生产的重要市场。

从全国分布情况来看，东部地区产量23.6万t，占全国总产量的17.7%；中部地区产量73.6万t，占全国总产量的55.3%；西部地区产量36.0万t，占全国总产量的27.0%。中部地区主导氨基酸增长主要是吉林，赖氨酸产量达到64.9万t，同比增长29.8%。其次分别是山东（17.6万t，同比增长430.9%）和宁夏（12.3万t，同比持平）。

三、维生素

维生素是饲料添加剂中最早使用和目前最常用的品种，在20世纪80年代，中国已制定了部分动物维生素饲养标准。维生素产业经历了2000～2007年的整合期和2006—2008年丰厚的利润回报期后，市场格局日趋合理，维生素生产企业也在风雨中逐渐成熟。随着世界范围内维生素产能不断向中国转移，产业已经进入了新一轮整合期。

2012年，维生素总产量79.3万t，同比增长9.8%，占添加剂总产量的比重为10.3%。从主要品种看，氯化胆碱51.2万t，同比增长2.3%；维生素A5 993t，同比增长32.4%；维生素E 4.4万t，同比增长27.3%；维生素B_{12} 652t，同比增长0.6%；维生素B_2 9 800t，同比增长12.8%。

从全国分布情况来看，东部地区总产量77.0万t，占全国总量97.1%；中部地区总产量1.4万t，占全国总量1.8%；西部地区总产量0.9万t，只占全国总量1.1%。

四、矿物元素及其络合物

矿物质元素在饲料添加剂中占有相当大的比例，矿物质种类很多，畜禽营养需要的有20多种，其中最易缺乏的是钙、磷、氯、钠4种元素。传统饲养条件下，畜禽对矿物质的需要常常不被重视，随着集约化饲养水平的提高，在舍饲条件下，家畜因矿物质元素缺乏或不足的症状明显地表现出来。

2012年矿物元素及其络合物总产量488.4万t，同比增长20.9%。主要品种中，磷酸氢钙382.6万t，同比增长19.5%；硫酸铜3.8万t，同比增长46.1%；硫酸亚铁18.1万t，同比增长15.7%；硫酸锌12.6万t，同比增长11.8%；硫酸锰11.2万吨，同比增长58.9%。

从全国分布情况来看，东部地区总产量35.8万t，占全国总量7.3%；中部地区总产量67.3万t，占全国总量13.8%，西部地区总产量385.2万t，占全国总量78.9%。

五、酶制剂

酶制剂是近年来在饲料中广泛应用的饲料添加剂，饲用酶研究起始于20世纪50年代，主要品种有植酸酶、木聚糖酶、纤维素酶、蛋白酶、葡聚糖酶等。目前，已发现的酶类有几千种，已能人工生产的有300多种，在饲料工业中应用的也有20多种。由于能有效提高饲料利用率，节约饲料原料资源，且无副作用，不存在药物添加剂的药物残留和耐药性，在畜牧业可持续发展战略中有着极为广阔的应用前景。调查显示，英国95%的禽类饲料添加酶制剂。

2012年，全国酶制剂总产量8.0万t，同比增长5.8%。从全国分布情况来看，东部地区总产量4.6万t，占全国总量57.5%；中部地区总产量2.3万t，占全国总量28.8%，西部地区总产量1.1万t，占全国总量13.7%。

六、抗氧化剂

抗氧化剂主要用于含有高脂肪的饲料，以防止脂肪氧化酸败变质，也常用于含维生素的预混料中，可防止维生素氧化失效。

2012年，全国抗氧化剂产量5.2万t，同比增长2.5%。从全国分布情况来看，东部地区总产量4.6万t，占全国总量88.8%；中部地区总产量1 198t，占全国总量2.3%；西部地区总产量4 312t，占全国总量8.3%。

七、防腐防霉剂

在饲料产品生产、加工、运输及贮存过程中，由于霉菌及霉菌毒素对饲料的污染，将造成巨大的经济损失。因此，饲料中添加防腐防霉剂是预防霉变的重要措施。

2012年防腐防霉剂总产量5.5万t，同比增长13.6%。从全国分布情况来看，东部地区总产量4.0万t，占全国总量72.7%；中部地区总产量0.4万t，占全国总量7.3%；西部地区总产量1.1万t，占全国总量20.0%。

八、饲用微生物制剂

发展绿色无公害饲料添加剂是21世纪饲料工业的重要研究方向。饲用微生物制剂是实现这一目标的主要途径。随着动物微生态学研究的不断深入，以有益微生物菌群研制开发的饲用微生物添加剂，作为一类新型无公害资源已被广泛应用，引起越来越多的饲料生产企业和养殖企业的高度重视，饲用微生物制剂近5年产量平均增幅保持在20.0%以上。2012年，微生物产量10.2万t，同比增长25.1%。

从全国分布情况来看，东部地区总产量7.3万t，占全国总量71.6%；中部地区总产量2.2万t，占全国总量21.6%；西部地区总产量0.7万t，占全国总量6.8%。

2012年，新修订《饲料和饲料添加剂管理条例》的实施以及相关配套规章的相继发布，为中国饲料添加剂工业发展带来了新的契机。未来10年，饲料添加剂将朝着低成本、高效率、低污染、无残留的方向发展。随着肉、蛋、奶等畜产品消费量与日俱增，养殖规模不断发展扩大，对配合饲料的需求量大幅度增加，必将有力地推动饲料添加剂工业发展，同时也进一步促进饲料工业的可持续发展。

（陆泳霖　刘忠秋）

饲料级氨基酸

中国是饲料级氨基酸消费大国，近几年来，国内饲料级氨基酸发展极其迅速，对饲料工业产生了重要的影响。2012年，国产蛋氨酸从产品结构、技术水平、开拓市场以及企业管理方面均都取得了极大的成绩。3月22日，国产蛋氨酸生产厂家重庆紫光在广州召开蛋氨酸推广会，宣布新增5万t产能，这将逐步打破中国长期以来蛋氨酸全部依赖进口的格局；不过短期几年内国产蛋氨酸产量相对较低，国外3大主流品牌蛋氨酸仍处于国内蛋氨酸市场的主导地位。2012年中国色氨酸国有厂家纷纷上马；苏氨酸产量不断扩大，中国正在成为世界上重要的饲料级氨基酸生产大国。2012年主流生产厂家供应格局的变化引领4大氨基酸产品价格走弱，作为氨基酸品种发酵原料的玉米价格维持高位，支撑了各产品的底部价格，同时高位的豆粕价格也增加了4大氨基酸的使用价值。近几年来，国内饲料级氨基酸需求呈现逐年递增的趋势，目前饲料级氨基酸主要包括：赖氨酸、蛋氨酸、苏氨酸和色氨酸等。

一、赖氨酸

在产业扩张的背景下，2012年中国赖氨酸市场竞争加剧，与往年相比，2012年赖氨酸主要供应厂家由6家增加至10家以上，除了之前的大成、伊品、丰原、希杰、金玉米和东方希望6家以外，还新增加了成福、华星、星湖、升华拜克4家赖氨酸生产厂家。2012年长春大成集团仍旧是全国赖氨酸产能和产量最大的生产厂家。据不完全统计，2012年长春大成集团98.5%赖氨酸产能为10万t/a，70%赖氨酸产能45万t/a左右，65%赖氨酸产能约为18万t/a，占据全国赖氨酸总产能的半壁江山。另外，韩国希杰集团、安徽丰原以及宁夏伊品在2012其产能和产量均有一定的提升。由表1可以看出，未来二三年内赖氨酸整体供大于求的局面或将更加严峻。据统计，2012年全球赖氨酸总产能超过200万t，国内赖氨酸产能在150万t左右，国内总需求为90万t左右，总体呈现供大于求的局面。2012年主流赖氨酸生产厂家的主要动向见表1。

表1　2012年主流赖氨酸生产厂家的主要动向

厂　家	时　间	具体事件
中国淀粉	2012年1月	中国淀粉公告，将山东寿光现有厂房及设施迁往寿光市政府所批授的新厂址。玉米淀粉及赖氨酸年产能分别维持45万t及5.5万t。
星湖科技	2012年3月	星湖科技发布2011年年度报告，黑龙江肇东公司年产3.5万t氨基酸产品生产线于2011年年底竣工试产，2012年4月开始有产品面市，主要是65%和70%低含量产品。
长春大成	2012年3月	大成生化发布2011年全年报告，称2011年赖氨酸产能达到60万t。
希杰	2012年5月	希杰生物美国公司耗费3.2亿美元，建设新的赖氨酸工厂。工厂位于爱荷华（Iowa）道奇堡（Fort Dodge）以西的农业工业园北部中心。计划2014年年初期投入生产，产能约10万t。
	2012年9月	2012年9月份，希杰第一制糖在中国沈阳耗资4亿美元建设的饲料用氨基酸工厂将于本月中旬竣工并投入生产。该工厂可年均生产赖氨酸10万t，由此，该厂家在中国的生产量将增加到赖氨酸20万t，在沈阳工厂的生产步入正轨后，希杰在全球赖氨酸总产量将达60万t。

2012年国内累计出口赖氨酸盐及酯（下同）17万t，同比增长59.3%。从图1可以看出，2012年国内累计出口赖氨酸总量是近10年中出口量最多的一年。受2008年、2009年世界金融危机影响，赖氨酸出口总量较2006年、2007年有所下降，从2010年开始国内赖氨酸出口从前两年的低谷中逐步恢复，然而2011年赖氨酸出口却再次陷入困局，2012年国内赖氨酸出口形势十分乐观，对缓解国内赖氨酸市场供大于求的局面起到了一定的利好。2012年长春大成集团赖氨酸主要产品不仅在国内市场占据主导地位，而且出口销售也呈现逐年增长的趋势，其产品远销欧美和东南亚等国家和地区。据统计，在国内赖氨酸出口市场中，长春大成集团赖氨酸产品的出口占据一半以上的市场份额。

2012年中国向荷兰和俄罗斯等国家出口赖氨酸总量较大，较上年出口总量出现明显增加态势，这直接使得2012年中国赖氨酸出口总量大幅增长。2012年中国赖氨酸出口国家主要有：俄罗斯（3.9万t）、荷兰（2.9万t）、美国（1.2万t）、立陶宛（0.6万t）、加拿大（0.5万t）、南非（0.5万t）、比利时（0.5万t）、越南（0.6万t）、泰国（0.3万t）。与2011年相比，向俄罗斯出口的赖氨酸数量占出口总量22.7%，同比增长97.7%；向荷兰出口赖氨酸数量占出口总量16.7%，同比增加204.0%。连续两年来，在众多的赖氨酸出口国家中，中国向俄罗斯出口的赖氨酸总量位居第一，比利时位居第二。

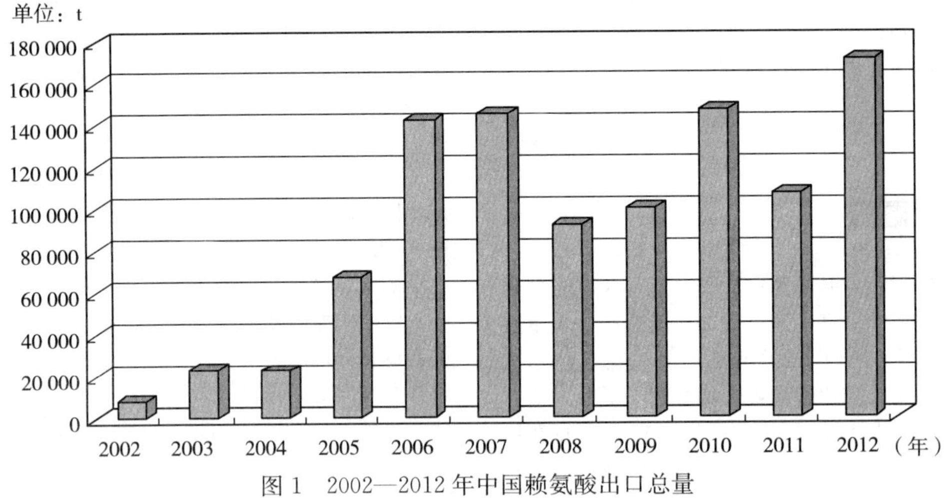

图1　2002—2012年中国赖氨酸出口总量

2012年中国赖氨酸出口总额为34 500万美元，同比增加51.0%，赖氨酸出口均价为2.01美元/kg，同比下降4.3%。近年国内赖氨酸进口总量呈现逐年递减趋势，2012年中国的赖氨酸进口量为1.1万t，同比增长20.0%，进口金额为2 251万美元，同比增加9.1%。2012年中国进口赖氨酸主要来源有美国（0.5万t）、泰国（0.3万t），其中2012年中国从美国进口赖氨酸数量较2011年增加了37.0%；从泰国进口的赖氨酸数量是2011年同期的2倍。

2012年赖氨酸进口均价为2.11美元/kg，同比下降8.7%。2012年中国赖氨酸进口和出口均价主要以震荡整理为主，其中上半年赖氨酸出口均价呈现明显的下滑态势，7月份有所上升，9月份赖氨酸出口价格大幅下挫，为1.73美元/kg，10、11月赖氨酸出口价格基本和进口价格相差无几，12月份进口和出口均价大幅走低，接近1.93美元/kg。

2012年中国赖氨酸市场在供大于求、生猪养殖效益欠佳以及终端饲料厂批量采购积极性较差等多重不利因素的影响下，价格呈现震荡下滑态势。总体来看，国内赖氨酸市场价格大体以左倾“V”型为主。进入第二季度，受国内畜禽养殖业景气度低迷、高档饲料添加剂库存消费时间有所延长以及2012年上半年饲料需求整体偏淡的影响，赖氨酸价格跌势加快，其中6月下滑幅度最大。6月底7月初，在赖氨酸价格持续了4个月的弱势后，赖氨酸价格已经降至成本线，鉴于此，国内主流赖氨酸生产厂家联合控货，赖氨酸价格出现大幅度反弹迹象。10月份在国内赖氨酸市场巨大的供大于求压力下，多数国内终端饲料厂批量采购意愿较差，在此大背景下国内赖氨酸市场再次理性下调，其弱势延续至年末，12月底98.5%含量的赖氨酸报价集中在13.2元/kg，较2012年年初报价下调4.0元/kg左右，下调幅度高达30.3%（图2）。与2012年年初相比，98.5%赖氨酸平均成交价格从年初的17.3元/kg下滑至12月底13.4元/kg，其中吉林地区年末98.5%赖氨酸市场价格较年初下滑了23.4%。2012年以来国内赖氨酸产能大幅扩张，赖氨酸市场供需失衡是其价格逐步下跌的根本原因。

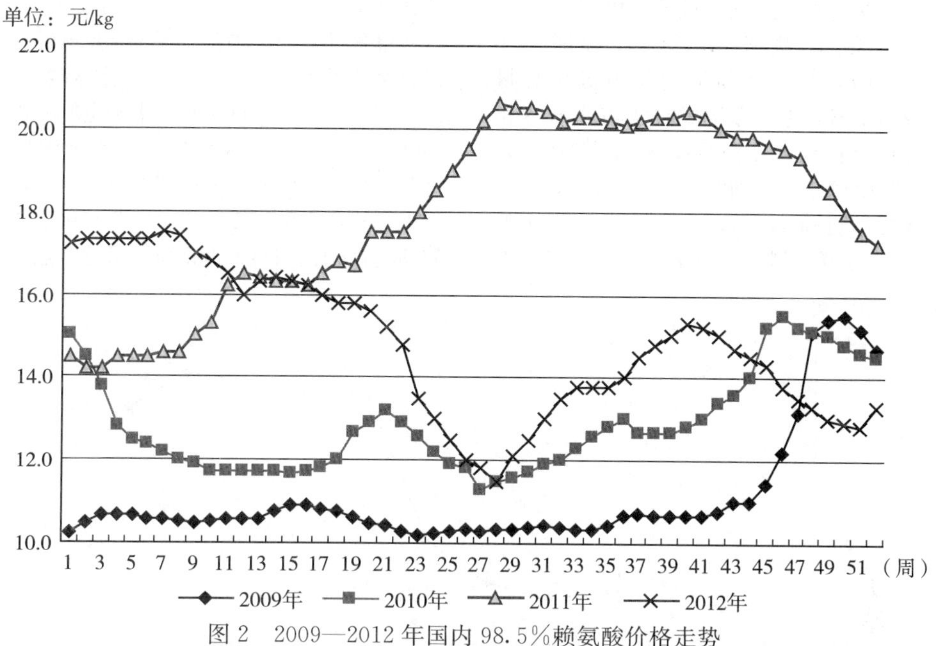

图 2　2009—2012 年国内 98.5%赖氨酸价格走势

2012 年国内 65%赖氨酸价格由年初 10.5 元/kg 一直下滑至 12 月份 8.5 元/kg，下滑幅度高达 19.0%；进口 98.5%赖氨酸价格走势和国产走势基本类似，1 月份进口（ADM）98.5%赖氨酸报价从 18.5 元/kg 跌至 2012 年年末 14.7 元/kg。

二、蛋氨酸

据统计，1993 年全球蛋氨酸产量仅为 26 万 t，2000 年产量达到 45 万 t，2005 年为 60 万 t，进入 2012 年，蛋氨酸市场格局在悄然发生变化。2012 年，赢创德固赛在美国新增 7 万 t 蛋氨酸产能，安迪苏也完成了 2.5 万 t 的扩产计划；在国内，蓝星安迪苏 14 万 t 液氮项目一期和重庆紫光生化 5 万 t 增产项目也对蛋氨酸整体供应格局产生了一定的影响。总体来看，2012 年国内外蛋氨酸锌增产能的释放将会逐步打破全球蛋氨酸供应和销售平衡，从而对区域间蛋氨酸市场竞争产生极其重要的影响，令各大蛋氨酸生产厂家的竞争局面更为激烈。业内多数人士预计，2012 年或将是国内蛋氨酸市场高位运行的转折点。

2012 年，国内蛋氨酸进口数量为 13.4 万 t，同比增长 12.8%，同时也是近 7 年来进口数量最多的一年（图 3），图 3 数据显示，近 7 年来国内蛋氨酸进口总量呈现逐年递增的趋势，其中 2006 年国内蛋氨酸进口总量 8.1 万 t，而 2012 年蛋氨酸进口总量较 2006 年增长 65.9%。

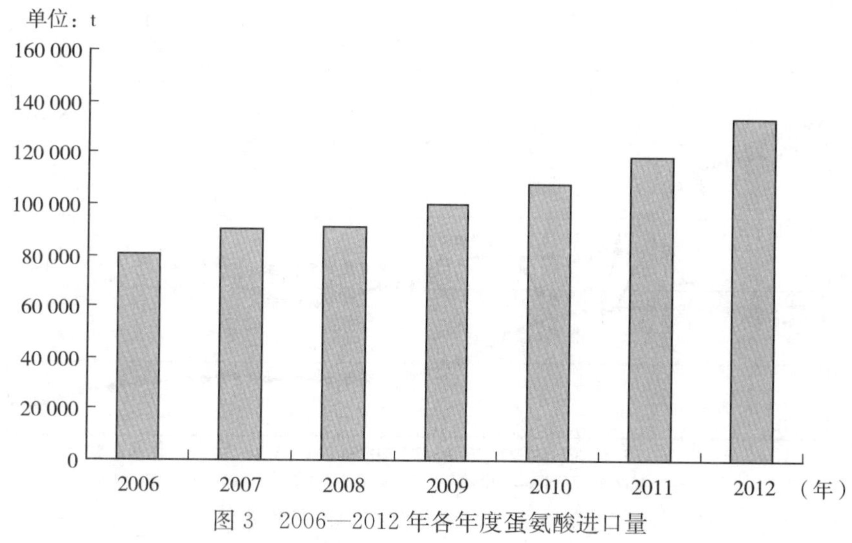

图 3　2006—2012 年各年度蛋氨酸进口量

2012年中国蛋氨酸主要进口国有：比利时（5.2万t）、日本（3.9万t）、法国（1.6万t）、美国（2.0万t），从这4个国家进口蛋氨酸的量占进口总量94.8%。从比利时、日本进口的蛋氨酸总量和2011年相比略有减少，而从美国和法国进口蛋氨酸总量均较2011年相比有较大幅度的增长，分别增长62.2%和41.6%。

2012年蛋氨酸进口均价3.80美元/kg，同比下降6.4%（图4）。从单月进口价格来看，2012年上半年各月价格主要以下行为主，均较2011年上半年蛋氨酸单月进口均价略低；下半年蛋氨酸进口均价主要以震荡整理为主，其中10月份蛋氨酸进口均价偏高，达5.42美元/kg。近十年来中国蛋氨酸进口均价呈现不断上涨趋势，其中尤以2008年上涨幅度较大，然而随着全球主流供货商产能的不断扩张，蛋氨酸长期以来价格高企的局面将会被逐步打破，图4显示的蛋氨酸进口均价明显下滑也验证了这一点。

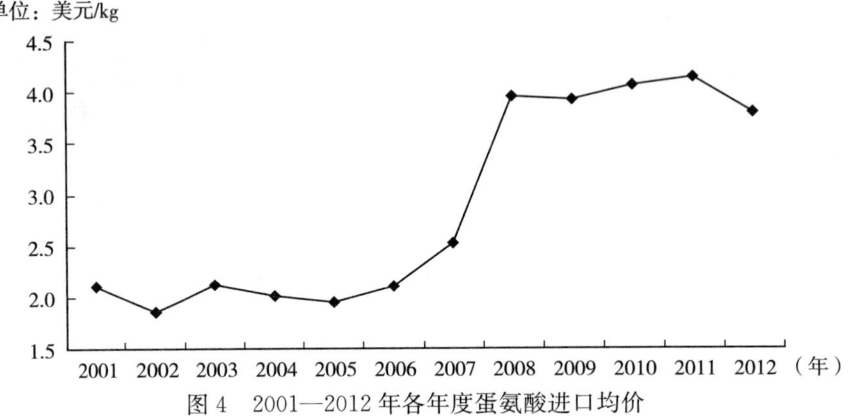

图4　2001—2012年各年度蛋氨酸进口均价

2012年年初国内固体蛋氨酸报价36.2元/kg，年末报价为29.8元/kg，跌幅为17.5%，期间最高价36.9元/kg，最低价29.8元/kg，全年平均价格为33.6元/kg。2012年第一季度蛋氨酸整体供应正常，主流生产厂家炒作因素使得其价格略显坚挺；对国内蛋氨酸市场起到一定的提振作用，市场价格微幅上涨。自第2季度开始欧债危机持续恶化，导致原油价格大幅下跌；此外，随着畜禽养殖业景气度的下降以及国内蛋氨酸进口总量偏高的影响，国内蛋氨酸市场价格承压大幅下跌；6月末，国内大部分地区固体蛋氨酸实际成交价低至31.5元/kg，跌至近5年以来的低点水平（图5）；2012年下半年受国内禽料增速缓慢和蛋氨酸进口总量居高不下的双重影响，国内蛋氨酸市场呈现弱势下滑状态，鉴于下半年蛋氨酸价格基本接近成本线内，其下调幅度有限。

总体来看，近几年来蛋氨酸市场价格波动幅度越来越小，且2012年蛋氨酸价格是近5年来波动最小的一年（图5），其价格走势也可侧面反映出2012年蛋氨酸供大于求的局面极其严峻。

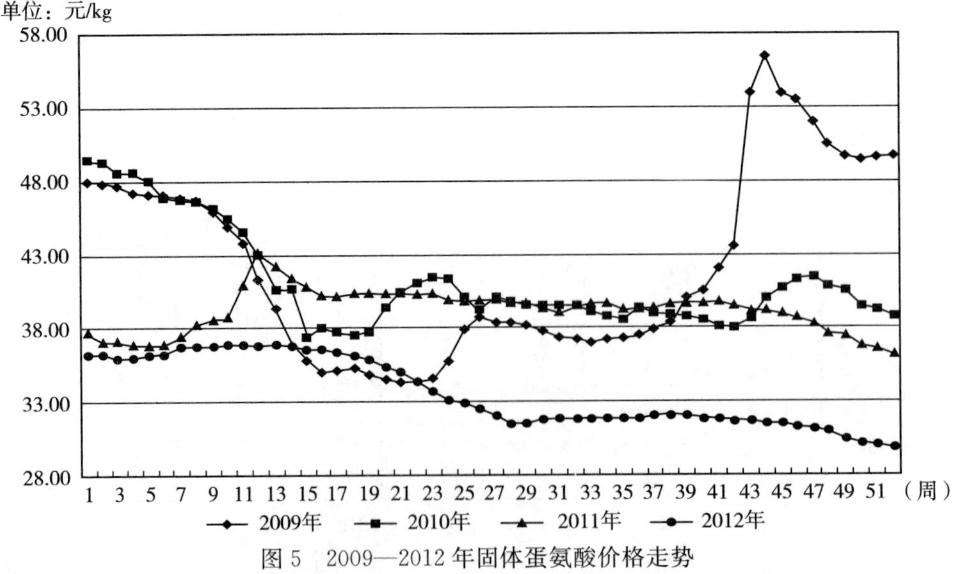

图5　2009—2012年固体蛋氨酸价格走势

三、苏氨酸

目前全球苏氨酸的主要生产厂商有德国德固赛，日本味之素、田边制药公司、协和发酵及美国ADM；国内主要苏氨酸生产企业主要有吉林大成、广东肇庆星湖、浙江国光生化、山东恩贝、梅花生物、宁夏伊品、阜丰集团、广西金麦克等。

2012年苏氨酸整体呈现供大于求的格局，梅花和伊品产量优势明显，开工相对正常，而其他工厂开工不足，也有停产现象。据统计，2012年国内苏氨酸产量17.3万t，出口量约9万t，国内需求在8万t左右，没有进口情况。由于汇率的变化对价格影响较大，苏氨酸出口企业压力较大，且由于国内供大于求的状况极其严峻性，苏氨酸生产厂家不得不尽量紧缩利润开拓海外市场。2012年上半年，国内苏氨酸价格基本处于振荡下行态势，第三季度受饲料需求好转所影响，苏氨酸价格触底小幅反弹；第四季度苏氨酸价格基本处于弱势下滑态势。2012年年初，国产苏氨酸价格为12.5元/kg，年末为13.3元/kg（图6）。

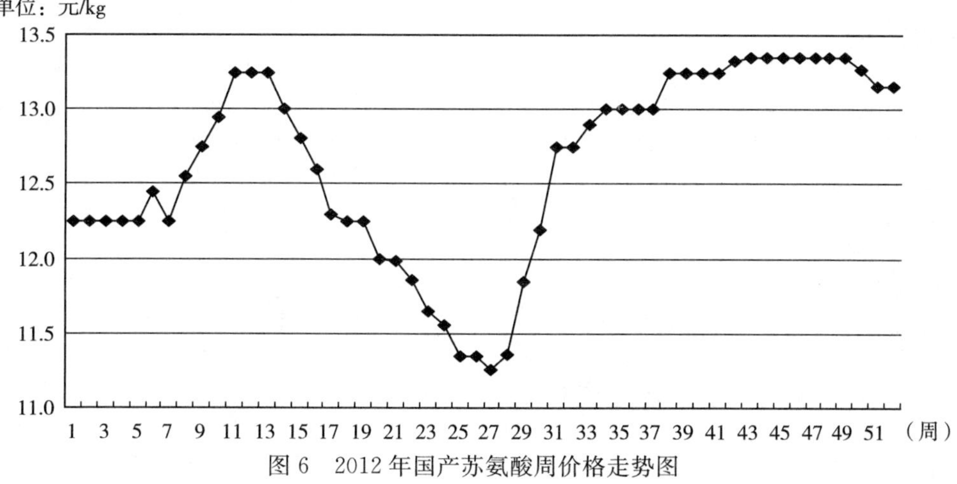

图6　2012年国产苏氨酸周价格走势图

四、色氨酸

近几年来，全球色氨酸需求呈现逐步增加的态势，2003年全球色氨酸需求1 180t，2009年达到3 500 t，2010年全球色氨酸需求为5 000 t。当前色氨酸市场主要掌握在味之素、德固赛等几个国际氨基酸巨头手中，价格一直居高不下。2012年国内色氨酸生产厂家整体开工率不稳定。上半年国内供大于求现象严峻，大多数厂家逐步停产消化库存；下半年受到海外需求紧缺影响，多数厂家开工，主要以出口为主，国内供应也稍显紧张。

2012年，色氨酸产量2 523 t，1～7月国产色氨酸市场均价115元/kg，价格为历史最低点，上半年局部地区厂家出货价格低至80元/kg；8月色氨酸价格启动上涨，经历了短短两月后，价格重返200元/kg以上。

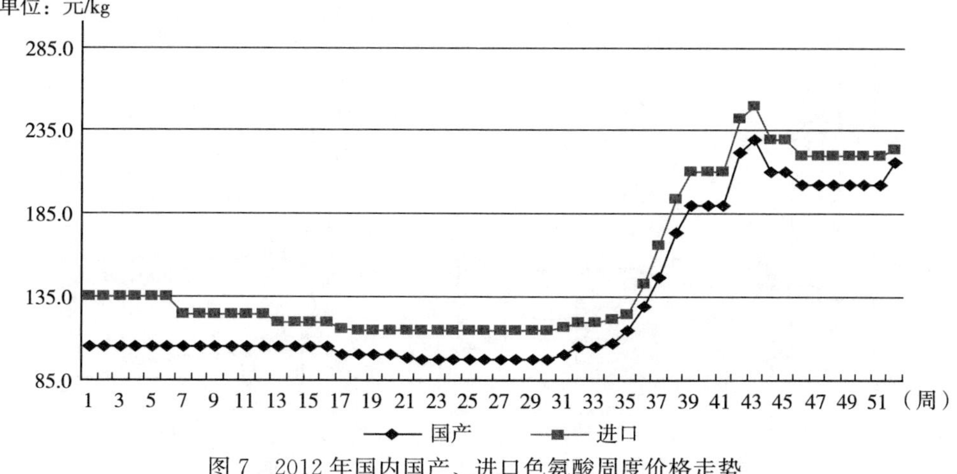

图7　2012年国内国产、进口色氨酸周度价格走势

8月前国产色氨酸和进口色氨酸价格一直处于历史同期低点，且价格一直较为稳定，8月份色氨酸市场价格的快速上涨吸引了众多厂家陆续开工，另外国内10%或20%等低含量色氨酸产品生产和应用仅限国内，少量厂家在从事生产，实际应用有待关注。图7显示，2012年国产色氨酸和进口色氨酸的总体走势基本类似；另外，低位价格促进饲料厂增加色氨酸添加量，色氨酸后期需求将会逐步扩大，市场前景看好。

（马桂燕）

饲料级维生素

2012年，中国维生素产能严重过剩，且2012年海外对维生素的需求大幅萎缩，维生素出口量急剧下滑，出口形势不容乐观。加上国内需求疲软所导致的供应压力相对较大，2012年年多数维生素品种价格下滑，个别品种价格下滑幅度极大。总体来看，2012年维生素市场整体呈现疲软态势，行情以弱势为主；多数B族维生素市场萎靡不振，下游需求疲软。部分生产厂家尽管有挺价意愿，但受下游养殖户盈利甚微所影响，维生素整体需求不佳，部分时期价格虽有小幅上调，但上调幅度不高。从2000年开始，全球维生素产业向中国转移，维生素产业经历了6～7年的整合，各品种维生素市场集中度提高。

2012年2月9日，农业部办公厅通报2011年全国饲料质量安全检测结果，结果显示，维生素预混合饲料合格率为81.6%。饲料添加剂不合格产品主要有氯化胆碱和甜菜碱，进口饲料不合格产品包括维生素A等。5月1日开始，新《饲料和饲料添加剂管理条例》（以下简称《条例》）实施，其相关配套管理办法也相继出台，对企业从硬件、软件提出了更高要求。尤其是对于多维、添加剂预混合饲料生产企业来说，《条例》的实施有利于饲料企业更加规范的运行，有利于提高食品安全水平；但另一方面，《条例》的实施意味着企业需要在检测程序、设备、人员方面有更大的投入，在一定程度上增加了企业的经营成本。

受国际经济大环境持续低迷的影响，自2011年9月份起，中国维生素类商品出口增速放缓，单个品种出口数量普遍下降。2012年全国维生素类产品出口总量为21.7万t，同比增加6.4%；其中维生素C出口数量和2011年相比下降了2.4%，而维生素A、维生素E的出口量和2011年基本持平；在出口维生素类产品中，维生素C和维生素E是两大支柱产品，占维生素类产品出口额的68.3%；B族维生素占5.2%；胆碱及其盐从2011年的9.9%上升至18.2%。

产能过剩与市场竞争是中国维生素近几年来所面临的愈来愈严峻的主题。2009年以来，维生素B_2、维生素C、叶酸、烟酰胺、维生素B_{12}价格持续回落，部分品种在2012年跌无可跌，在沉默中挣扎等待机会。2012年上市公司中，华北制药、东北药业、广济业上半年亏损，其中东北制药连续5个季度亏损，广济药业连续3个季度亏损，华北药业连续2个季度亏损；从兄弟科技公布的2012年上半年报可以看到，其烟酰胺业务也处于亏损状态。2012年上半年，维生素B_1、维生素B_6、维生素D_3高位回落，究其根本原因主要有以下几点：进入门槛偏低、产能过剩、暴涨带来的利润诱惑无可抵挡等。

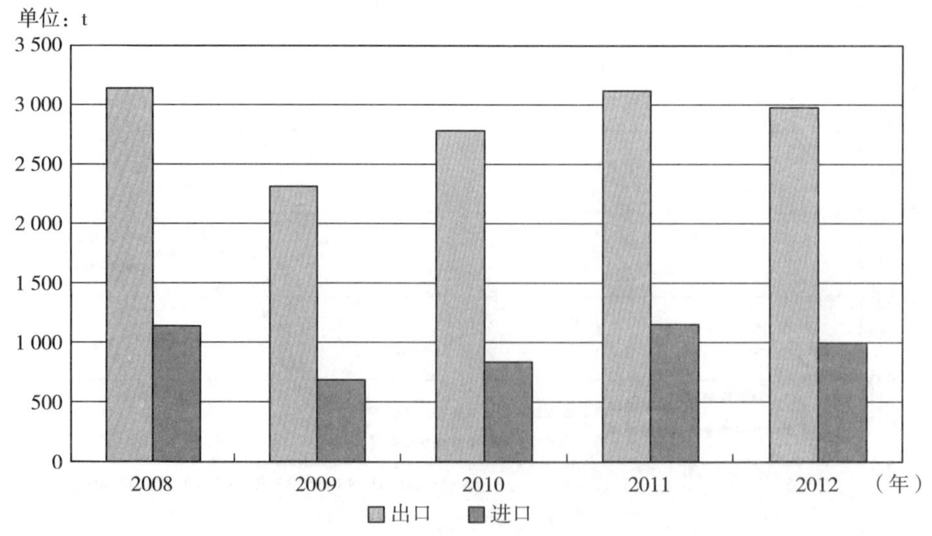

图1　2008—2012年国内维生素A进出口总量对比

一、维生素 A

由于目前国内维生素 A 市场定价权仍掌握在帝斯曼、巴斯夫等国际公司手中，国内维生素 A 生产企业尚处于被动跟风地位。2012 年初维生素 A 产业巨头安迪苏停产，一度造成市场供需紧张，且随着一季度国内维生素 A 出口数量的急增，维生素 A 价格上涨只是昙花一现，之后 VA 的价格萎靡不振，一直延续到年末。

2012 年，国内维生素 A 及其衍生物累计出口 2 973t（图 1），同比下降了 4.7%，出口金额为 6 657 万美元，同比下降了 7.2%。维生素 A 主要出口国家有德国（978t）和美国（1 071t），占出口总量 70.0%。2012 年维生素 A 出口均价为 22.4 美元/kg，同比下降了 2.6%（图 2）。

2012 年国内维生素 A 及其衍生物累计进口 998t，同比下降 13.3%，进口金额为 2 168 万美元，同比下降 32.6%。维生素 A 进口均价为 21.7 美元/ kg，较 2011 年下降 6.2 美元/ kg，下降幅度高达 22.3%（图 2）。

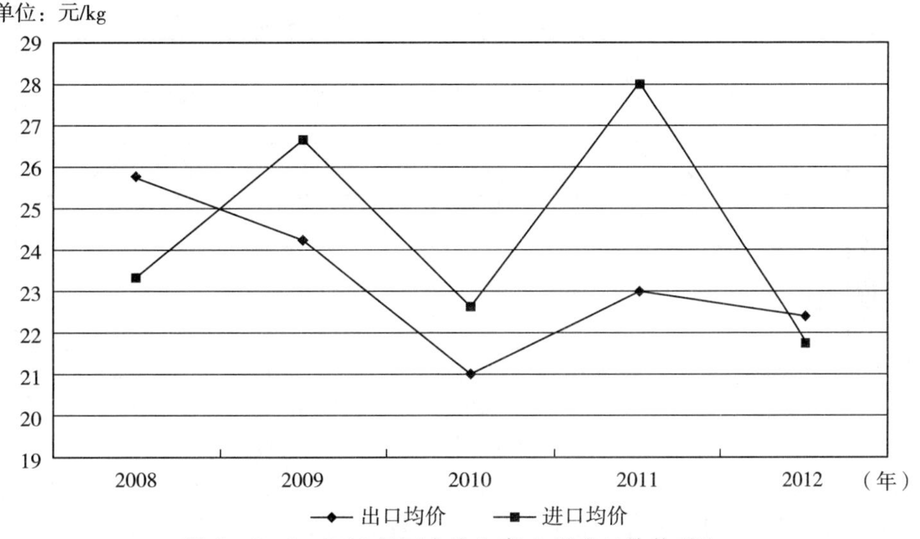

图 2　2008—2012 年国内维生素 A 进出口均价对比

二、维生素 E

当前全球 100%维生素 E 油供应商为帝斯曼、巴斯夫、新和成、浙江医药 4 家。维生素 E 是中国继维生素 C 后第 2 大维生素类出口产品。2012 年山东新发药业、海喜诺药业均投资建设万吨级以上的生产项目；而国内两大生产厂家浙江医药、新和成也在进行扩产改造工程。新和成公布 2012 年年报显示，2012 年营业收入 36.31 亿元，同比减少 4.5%；利润总额 10.2 亿元，同比下滑 24.6%。报告称，受全球经济不景气、市场需求低迷的影响，公司主导产品的市场销售价格下降导致销售额未增而降，公司主营业务收入下降主要是维生素 E 价格下跌所致；2012 年度浙江新和成药业有限公司的维生素 E 油产量为 0.7 万 t。

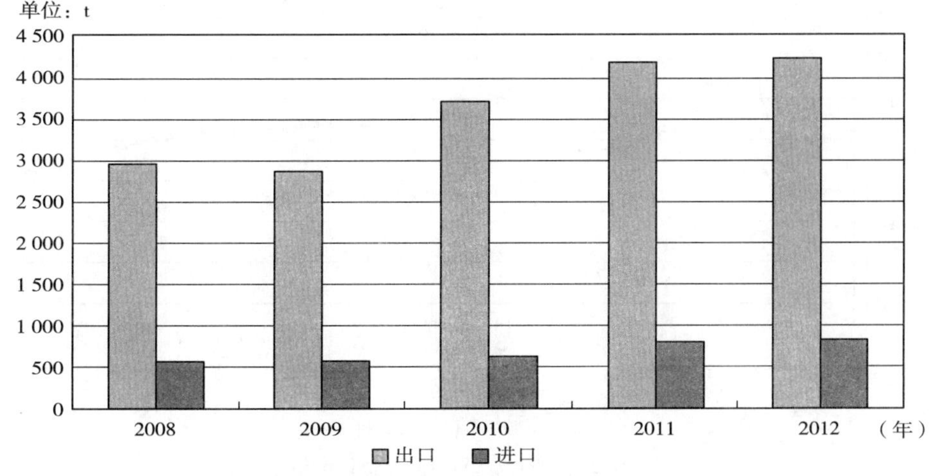

图 3　2008—2012 年国内维生素 E 进出口总量对比

2012年，中国维生素E及其衍生物累计出口0.4万t，同比增加0.4%，出口金额72 308万美元，同比下降5.8%（图3）。国内维生素E主要出口国家有美国（1.3万t）、德国（0.9万t）、荷兰（0.4万t）、日本（0.3万t）、比利时（0.2万t）、泰国（0.2万t），其中向上述几个国家出口的维生素E占出口总量76.7%。

2012年，中国维生素E及其衍生物累计进口0.8万t，同比增加4.0%，进口金额为2 168万美元，同比下降32.6%。维生素E进口均价为21.7美元/kg；2012年国内维生素E出口均价为17.6美元/kg，同比下降5.0%（图4）。

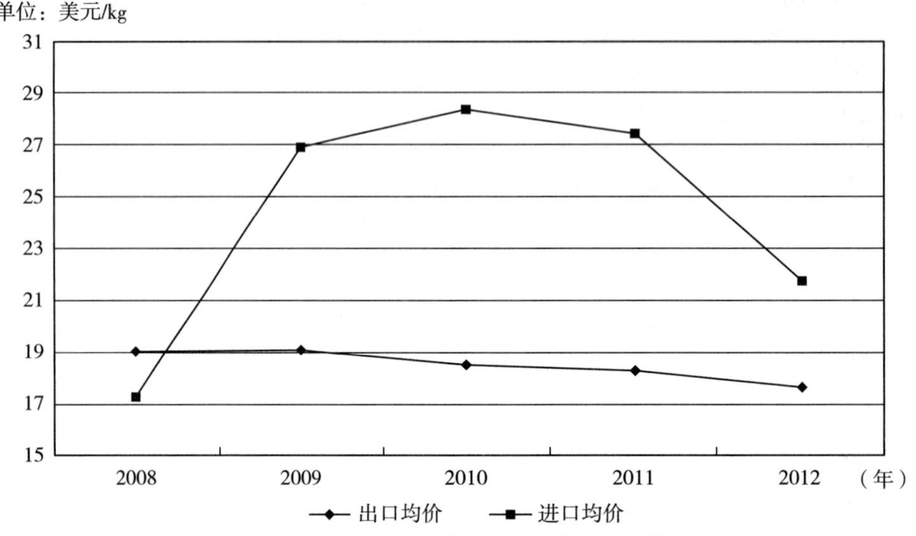

图4　2008—2012年国内维生素E进出口均价对比

2012年国内维生素A和维生素E走势整体处于逐步下跌状态。从月度来看，2月上旬新和成对维生素A和维生素E提价；2月底受德国BASF在其官网上发布全球范围内提高维生素E价格所影响，国内维生素E价格大幅上涨，在维生素E价格上涨的带动下，维生素A市场购销积极性明显提高，其价格也明显上涨；3月份以来，国内维生素A市场价格不断走低，西南某化工厂事故令市场高度紧张，维生素A、维生素E价格小幅上涨；在此期间，国内终端批量采购较为普遍，部分大、中型饲料厂将维生素A、维生素E库存备至6月底；从4月份直至年底开始，受终端饲料厂采购积极性欠佳以及畜禽料消费增速缓慢等影响，国内维生素E和维生素A的价格一直处于震荡下行态势；12月末，国内维生素A和维生素E的价格分别低至130元/kg、108元/kg。从图5可以看出，2012年维生素A和维生素E价格走势基本一致。

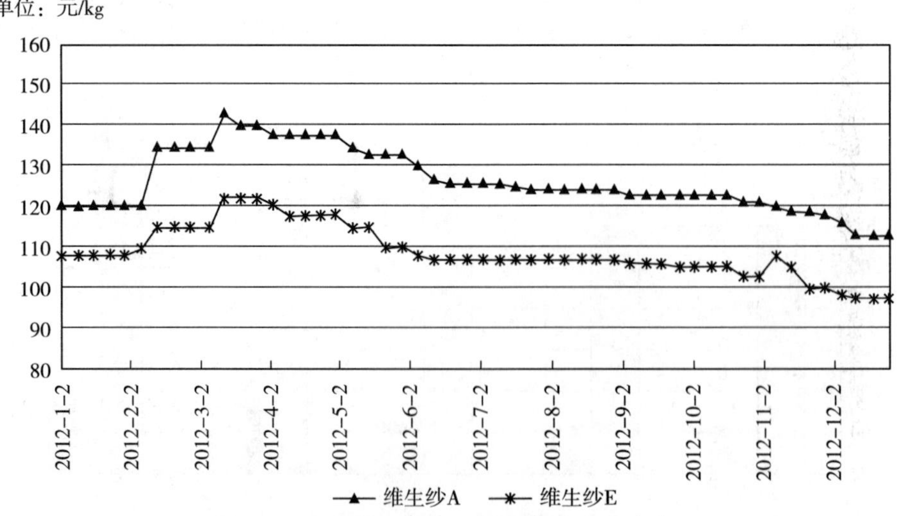

图5　2012年维生素A、维生素E价格走势

三、维生素C

维生素C是目前全世界产销量最大，应用范围最广泛的维生素产品。作为维生素C生产大国，中国拥有全球90%的生产能力。目前，业内公认的维生素C“五大家族”分别是东北制药、华北制药、石药集团、江山制药和后起之秀山东鲁维制药。维生素C是目前全世界产销量最大，应用范围最广泛的维生素产品。中国维生素C全球产量和出口量第一。从发改委此前发起的维生素C产能过剩调查情况看，国内维生素C原料药之所以能够占有全球大部分市场份额，具有较高的市场话语权，主要因为产业集中度高、装置规模大、技术先进。但如果违规审批和建设新增维生素C产能的项目发展下去，中国维生素C产能将超出全球需求近一倍，势必引发市场恶性竞争。正是基于这一考虑，发改委已经将维生素C列为限制发展的项目。

2012年维生素C出口较2011年有所下滑，全年出口总量为10.6万t，同比下降2.4%，出口总额为40 770万美元，同比下降27.4%。2012年维生素C是国内维生素价格持续低价位运行最典型的代表品种。当前维生素C市场面临两个风险：一是上游企业向下延伸产业链条进入竞争；另一个是新进入者的威胁。据统计，2008年中国维生素C出口最高价达每140元/kg左右，生产企业利润大增，然而从2010年3月维生素C价格开始下跌，随后跌至3美元/kg左右，低迷的市场颓势难改。2012年国产维生素C报价一直保持在25～28元/kg的低点，各企业的维生素C业务基本处于亏损状态，维生素C低价运行是国内产业竞争的直接结果。

四、维生素D_3

维生素D_3在经历了2009年的暴涨之后，具备生产能力的厂家纷纷投产，市场上维生素D_3产量大幅上升。2011年下半年以来，国内维生素D_3生产企业在维生素D_3原料胆固醇来源方面积极寻找渠道，上马维生素D_3厂家迅速增多，据不完全统计国内大大小小维生素D_3工厂有10家之多，另外原有闲置产能也重返市场，各大生产厂家积极开拓国内和国外市场。鉴于此，随着维生素D_3产能暴增，其价格在2012年开始大幅下滑。

2012年国内维生素D_3仍旧面临着产能持续扩大、供应增多的严峻局面。2月下旬，在花园和金达威大幅提价以及多数终端饲料厂批量采购积极性较强的影响下，国内维生素D_3大幅上扬，局部地区成交价格高达250元/kg；4月份伊始，国内二线品牌生产厂家不断下调维生素D_3出厂价，使得国内维生素D_3价格出现下滑，6月末国内多数地区维生素D_3价格回归至2012年年初的报价水平，其报价为150元/kg；2012年下半年供大于求的压力下，国内维生素D_3价格持续下跌，年末跌至68元/kg（图6）。

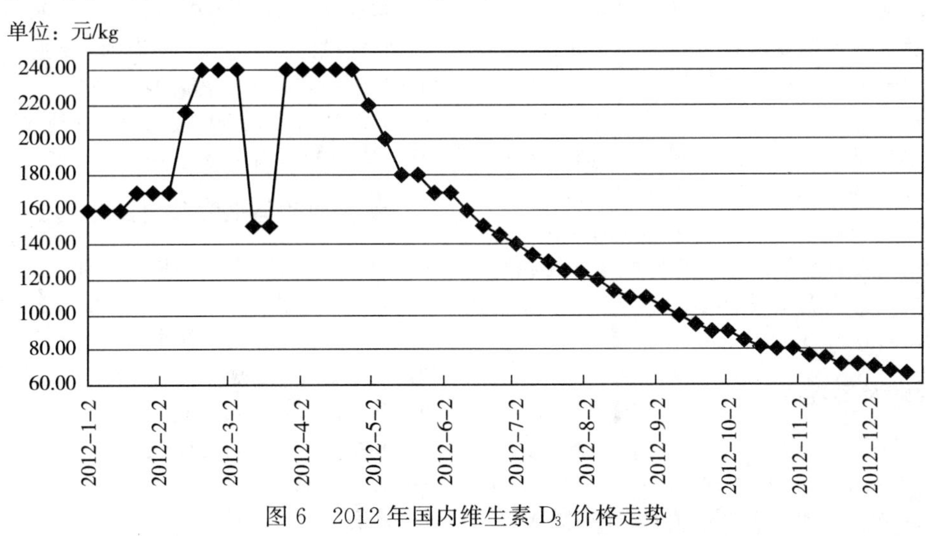

图6　2012年国内维生素D_3价格走势

五、维生素B_1、维生素B_6、维生素K_3

2012年中国维生素B_1出口总量为5 261t，同比增加3.7%，出口金额11 877万美元，同比增加15.7%；维生素B_6出口总量为4 484t，同比增加26.5%，出口金额11 654万美元，同比增加26.5%。

2012年上半年国内个别维生素维生素B_6、维生素B_1、维生素K_3市场价格主要呈现弱势下滑态势，下半年维生素B_6、维生素K_3下滑速度变缓，以弱势震荡为主，维生素B_1市场价格下半年下跌增速。截至年底，国内维生素B_1、维生素B_6、维生素K_3报价分别从2012年年初195元/kg、250元/kg、115

元/kg降至年底 105 元/kg、145 元/kg、95 元/kg。

六、生物素

饲料市场上主要有 2%饲料级生物素（VH）。近几年市场需求增长相对较快，年增长率达 10%。浙江医药、新和成及圣达是国内生物素主要生产厂家，其中浙江医药旗下新昌制药厂是全球最大的生物素生产企业。2012 年上半年国内生物素生产厂家提价次数较多，价格主要以温和上涨为主。4 月末到 5 月初，受浙江圣达、新和成等生产商停报以及上海海嘉诺将 2%产品报价上调至 210 元/kg 的影响，国内生物素市场受到提振，价格开始走高，不过由于市场尚有一定库存，业内对生物素能否持续走强存有担忧，市场价格涨幅受到明显牵制；截至 12 月末，国内生物素报价低至 95 元/kg，较 2012 年年初报价下降 28.6%（图 7）。

图 7　2012 年国内生物素价格走势

七、泛酸钙、叶酸

国内泛酸钙产能最大的是杭州鑫富药业，该公司在全国出口数量中占比高达 60%以上，其世界排名也是首位，占全球 40%的市场份额。2012 年，泛酸钙全球需求量约 1.6 万 t。其中 80%用于饲料生产，只有 20%用于医药和食品。2012 年泛酸钙整体市场缺乏变化，市场弱势整理，因产能过剩导致价格难以维持高位，价格一直在 55～60 元/kg 之间震荡。和泛酸钙市场价格走势相似，2012 年叶酸市场也相对较为稳定，全年价格主要集中在 165～175 元/kg 之间震荡运行。

八、胆碱及其盐

2012 年中国氯化胆碱出口形势良好。胆碱及其盐累计出口 3.9 万 t，同比增加 96.7%，出口金额 3 210万美元，同比增加 59.0%；主要出口国家有美国（5 710t）、俄罗斯（2 070t）、菲律宾（7 533 t）、印度尼西亚（3 691t）等。据海关数据显示，2012 年中国向美国、俄罗斯出口胆碱及其盐均较 2011 年同期有较大幅度提高，向菲律宾、印度尼西亚等地区出口的量分别是 2011 年 4 倍、2 倍；向巴基斯坦、沙特的出口量也出现较高的涨幅。总体来看，2012 年中国向东南亚以及中东地区出口的胆碱及其盐数量激增，这对国内胆碱市场也会产生一定的积极作用。

尽管 2012 年上游原料环氧乙烷价格波动较大，但氯化胆碱的变化总体相对温和，临近年末氯化胆碱价格出现一定幅度上涨，涨幅 200～300 元/t。总体来看，2012 年国内 50%含量河北产胆碱价格区间在 5 500～6 100 元/t。

九、烟酸与烟酰胺（维生素 PP）

全球生产烟酸与烟酰胺的企业主要有瑞士龙沙、吉友联、迪高沙等，国内生产企业较多，主要有广州龙沙、浙江爱迪亚、天津亨天利等。近几年，烟酰胺产能不断扩张，产业竞争逐渐激烈，5 月 30 日，广州南沙龙沙有限公司新的年产能 1.5 万 t 烟酰胺项目已顺利封顶，该项目建成投产后，龙沙在中国将年产约 3 万 t 烟酰胺，加上瑞士总部年产约 2 万 t 烟酸，龙沙约有 5 万 t 产能。

总体来看，2012 年维生素产能严重过剩，导致维生素 B_3（99%烟酰胺）价格频频下滑，年初维生素 B_3（99%烟酰胺）均价为 52 元/kg，年末均价为 39 元/kg，低端价格可低至 37 元/kg，同比下降 29.2%。

（马桂燕）

微量元素氨基酸螯合物的应用研究

微量元素氨基酸螯合物是近年来国内外发展较快的新型微量元素饲料添加剂，它是动物生长所必需的微量元素金属离子与氨基酸发生配位反应生成的具有环状结构的化合物。微量元素添加剂经历了无机盐类、简单有机物和微量元素氨基酸螯合物3个发展阶段，克服了无机盐和简单有机酸盐微量元素的缺点，可以同时补给动物必需的高效微量元素和限制性氨基酸，且由于其接近于动物体内天然形态微量元素的存在形式，具有易消化吸收、溶解度高、良好的稳定性、较高的生物学效价、无毒害作用等特点，对提高畜禽生产性能和抗应激能力等具有重要作用，目前被认为是一种较理想的新型高效绿色饲料添加剂。

一、微量元素氨基酸螯合物的基本概念

微量元素螯合物饲料添加剂开发源于美国，最早是利用动植物蛋白质和铁元素制备蛋白铁，用于产前母猪以预防哺乳仔猪贫血，此后，其他国家对微量元素氨基酸螯合物进行了一系列研究和开发应用。美国饲料管理协会（AAFCO）于1998年正式确定了微量元素氨基酸螯合物的概念：由某种可溶性金属盐中的金属离子同氨基酸按一定摩尔比（1摩尔金属对应1～3摩尔氨基酸）以共价键结合而成，水解氨基酸平均分子量必须为150左右，生成的螯合物分子量不得超过800。常用来作为螯合物中心离子的金属元素有铜、铁、锌、锰、铬和钴等金属离子，作为配位体的氨基酸主要有蛋氨酸、赖氨酸和甘氨酸等。

二、微量元素氨基酸螯合物的特点

1. 化学结构稳定。微量元素氨基酸螯合物的结构和无机盐有很大区别，由于金属原子与氨基酸形成稳定的螯合离子，能防止金属原子在消化道内与胃酸作用形成不溶化合物，避免与饲料中植酸、草酸等形成难以应用的螯合物，受其他无机离子和拮抗物的影响较小；另外由于这种离子键和配位键共存的独特结构，分子内电荷趋于中性，因此微量元素氨基酸螯合物不易与其他物质结合成不溶性化合物或被吸附在不溶性胶体上，具有良好的化学稳定性。

2. 生物利用率高。在生物体内的金属离子绝大部分是以螯合物形式存在，如血红素、叶绿素、维生素B_{12}分别是铁、镁、钴的螯合物。螯合物的化学性质很稳定，这种结构和性质在生物体内的作用极为重要。微量元素氨基酸螯合物既是机体吸收金属离子的主要形式，又是动物体内合成蛋白质的中间物质，因此不仅吸收快，而且可以减少许多生化过程，节约体内能量，具有较高的生物学效价。

3. 维持体内恒定的环境。添加无机盐、简单有机盐形式的微量元素会影响机体肠道内pH和体内酸碱平衡，对机体产生不良刺激作用；而金属离子和有机配位体的反应则形成了一个缓冲体系，机体通过控制肠道及组织中pH来控制缓冲体系的反应，保证金属离子浓度的恒定。另外，氨基酸螯合物为机体正常中间产物，很少对机体产生不良刺激，有利于动物采食和胃肠吸收，促进动物生长。

4. 增强免疫力。微量元素氨基酸螯合物被吸收进入动物体后，被直接运输到特定靶组织和酶系统中，以满足机体需要。微量元素氨基酸螯合物具有增强杀菌的能力，提高免疫应答反应。

5. 适口性好。微量元素氨基酸螯合物作为体内生化过程的中间产物，适口性好，有利于动物采食和胃肠吸收利用，同时可以增强体内酶的活性，提高蛋白质、脂肪和维生素的利用率，从而促进动物生长性能的发挥。

6. 氨基酸螯合物的特殊营养作用。在动物生长发育、繁殖等特殊时期，代谢速率及模式将发生变化。氨基酸螯合物不但能大大降低植酸盐络合排出微量元素的作用，并相对改善微量元素在机体内贮存和释放，使吸收速率提高，从而保证动物机体的特殊需求。

三、微量元素氨基酸螯合物在动物生产中的应用

1. 微量元素氨基酸螯合物在禽生产上的研究。多数研究表明，在家禽日粮中添加微量元素氨基酸螯合物可明显提高家禽的生产性能，且可提高其免疫、抗病能力。Pimentel等（1991）的研究表明，不同来源的锌对鸡免疫功能有同等的影响效果，但饲喂蛋氨酸锌能增加锌在鸡胰腺中的含量。Wedeking等（1990）在肉仔鸡日粮中添加蛋氨酸锌，如果以生长作为评定指标，蛋氨酸锌与硫酸锌差异不显著；如以胫骨锌浓度作为评定指标，蛋氨酸锌明显优于硫酸锌。周锦兰等（2002）用合成的氨基酸锌与矿物锌和外购蛋氨酸锌进行了肉鸡饲喂对比试验，并分析了3种锌源的生物学效价，结果表明：用氨基酸锌螯合物作用锌源添加剂饲喂肉鸡时，其生物学利用率较无机锌源高。易立冬（2005）研究结果表明，氨基酸锌、铜、锰部分替代无机盐对产蛋鸡产蛋性能、蛋品质、牛血清白蛋白（BSA）抗体反应没有显著影响（$P>0.05$），但显著提高了45周龄蛋鸡血液淋巴细胞对有丝分裂源（ConA和LPS）的增殖反应及皮肤嗜碱性过敏反应（$P<0.05$），显著增加了45周龄蛋鸡肝脏组织总抗氧化力（$P<0.05$），降低了脂质过氧化物

丙二醛（MDA）的含量（P＜0.05）。李玉清等（2008）对45周龄海兰父母代种鸡进行3个月的试验，结果表明添加微量元素氨基酸螯合物使蛋种鸡的产蛋率、受精蛋孵化率和入孵蛋孵化率显著提高，破蛋率显著降低，经济效益明显提高。孙秋娟等（2011）研究了日粮中羟基蛋氨酸螯合铜、锰和锌等量替代其硫酸盐对产蛋高峰期蛋鸡的影响，结果显示，羟基蛋氨酸螯合铜、锰、锌能够更快的提高肝脏碳酸酐酶、铜蓝蛋白活性，提高肝脏、胰脏、脾脏、蛋黄中铜沉积，提高脾脏锰沉积，提高肝脏、蛋黄中锌含量，但降低脾脏、胫骨中锌沉积量。陆娟娟等（2011）分别用蛋氨酸螯合铁、铜、锰、锌12.5%、25.0%、37.5%和50.0%替代基础饲粮各相应无机微量元素的25%、50%、75%和100%，试验结果表明，与对照组相比，用不同水平的蛋氨酸螯合物（铁、铜、锌、锰）替代相应无机盐可提高肉鸡的生产性能，改善饲粮养分利用率，降低粪中微量元素的排泄量，以37.5%的蛋氨酸微量元素螯合物替代饲粮中75%的相应无机微量元素的效果良好。周友明等（2009）选用40周龄樱桃谷Sm2型父母代种鸭1 680只，随机分到12个圈，每圈140只种鸭（母公比例6∶1）。按每组4个圈将12个圈随机分为3组，其中1个对照组、2个试验组。各组饲喂的基础日粮及赖氨酸、维生素添加剂用量相同，对照组按樱桃谷sm2型父母代种鸭推荐标准添加无机微量元素和每吨日粮添加1.1kg蛋氨酸添加剂；试验1组每1t日粮添加1.5kg微量元素蛋氨酸螯合物和0.5kg蛋氨酸添加剂；试验2组每1t日粮添加2.0kg微量元素氨基酸螯合物。结果表明，微量元素氨基酸螯合物可显著提高肉用种鸭的产蛋率和种蛋孵化率（P＜0.05），显著降低破蛋率（P＜0.05）；添加相当于60%无机态微量元素的微量元素氨基酸螯合物就能满足种鸭生产需要。

2. 微量元素氨基酸螯合物在养猪生产上的研究。众多试验表明，猪生长各阶段中使用微量元素氨基酸螯合物可以提高生产性能和抗病力。

（1）微量元素氨基酸螯合物对生长猪的影响。刘丹等（2007）以氨基酸螯合铁、铜、锰、锌12.5%、25%、37.5%替代生长猪饲粮中的25%、50%、75%的相应无机元素，结果表明，粪中铁含量分别降低了6.85%、1.84%和11.89%，锌含量分别降低了7.95%、10.84%和12.32%，铜含量分别降低了17.41%、27.53%和13.31%，锰含量也分别降低了4.75%、1.80%和0.76%。夏中生等（2007）用0、12.5%、25.0%和37.5%的氨基酸螯合铁、铜、锌、锰分别替代基础日粮中的相应无机元素0、25%、50%和75%，结果表明，添加微量元素氨基酸螯合物对生长猪的生长性能有一定的改善作用，与对照组相比，试验组平均日增重分别提高9.85%（P＜0.05）、7.51%（P＞0.05）、1.34（P＞0.05），饲料增重比分别比对照组降低6.74%（P＜0.05）、7.45%（P＜0.05）、1.42%（P＞0.05），血清中铁、锌、铜、锰含量均比对照组有所增加，且微量元素螯合物替代无机元素的适宜比例为25%。

（2）微量元素氨基酸螯合物对母猪的影响。黄国清等（1999）在初产母猪日粮中添加蛋氨酸铁，结果与添加硫酸铁的对照组比较，初产母猪受胎率平均提高7.2%，产活仔数增加0.37头，死胎率降低2.1%，断奶至产后发情间隔平均缩短1.35天。张照喜等（2002）研究发现，饲喂赖氨酸螯合铁组母猪所产仔猪，比对照组母猪所产仔猪断奶成活率高9.2%，平均断奶窝重高18.8%；比饲喂硫酸亚铁组母猪所产仔猪断奶成活率高3.1%。谭会泽（2004）等研究表明，蛋氨酸螯合微量元素显著提高母猪配后期血清中孕酮水平（P＜0.05），提高了窝产活仔数、合格仔数以及窝重，减少了死仔和干尸的数量，返情率和乏情率均有所降低。王纪亭等（2005）在产前1个月的母猪日粮中添加甘氨酸铁500mg/kg，所产仔猪初生重比对照组提高42.4%，死亡率降低6.4%，血液中铁含量提高24.9%。Ashmead（1996）、Gudel（1998年）在母猪日粮中添加氨基酸螯合铁，使穿过胎盘进入胎儿的铁大量增加，使初生仔猪死亡率降低，母猪窝产仔数、仔猪初生重和断奶重显著增加。

（3）微量元素氨基酸螯合物对仔猪的影响。Ward（1997）报道，添加250mg/kg蛋氨酸锌可使断奶仔猪生长速度、采食量与饲料转化效率分别改善5%～8%、3%～4%和1%～11%，保育期末体重增加0.63～0.90kg。韩友文等（2000）用赖氨酸螯合物饲喂断奶仔猪，结果日增重提高6.4%，饲料转化率提高7.8%。卢玉发等（2002）研究表明，微量元素氨基酸螯合物可提高断奶仔猪平均日增重8.3%，提高饲料效率8.1%。纪孙瑞（2002）试验结果表明，有机微量元素显著提高了断奶仔猪的日增重、饲料利用率（P＜0.05），且采食添加有机微量元素日粮猪只在试验过程中没有出现腹泻。吴玉臣（2008）研究指出，氨基酸螯合锌能显著提高断奶仔猪血清中总蛋白、白蛋白、球蛋白和免疫球蛋白IgA、IgM、IgG的含量；并可提高仔猪的细胞免疫和体液免疫功能。刘卫东等（2008）研究发现在断奶仔猪日粮中添加甘氨酸螯合铁能明显提高断奶仔猪生产性能，提高经济效益。李江涛等（2010）研究发现，在高铜日粮添加甘氨酸铁、锌，断奶仔猪平均日增重提高了4.4%，料肉比降低了5.4%；铜锌超氧化物歧化酶、谷胱甘肽过氧化物酶、铜蓝蛋白活性提高；血清铁、锌的含量增加，且随螯合物添加量的增加呈上升趋势；铁、锌元素排泄量降低，且粪铜的含量随着甘氨酸铁、锌添加量的增加呈下降趋势。蔡菊（2011）在断奶仔猪日粮中添加不同纯度甘氨酸铁（甘氨酸铁络合物的含量分别为0.029%、0.033%和0.028%），试验结果显示，不同纯度甘氨酸铁处理组均可明显改善仔猪的生产性能，且以日粮中添加甘氨酸铁络合物0.029%效果最佳。

（4）微量元素氨基酸螯合物对猪肉品质的影响。近些年来，人们对于猪的肉质日益重视。为此，探讨各种营养因素同猪肉质间的关系已经成为当前营养界的研究重点。Van Heugten等（2003）研究表明，氨基酸螯合有机铁、铜、锌替代无机铁、铜、锌，可改善肉色、降低滴水损失、提高嫩度和肌内脂肪含量。邓志刚等（2011）报道，用微量元素氨基酸螯合物代替无机微量元素对猪肉的肉色、pH、滴水损失、嫩度、肌内脂肪均有良好效果。

3. 微量元素氨基酸螯合物在反刍动物生产上的研究。国内外多数研究表明，氨基酸微量元素螯合物可提高瘤胃氨基酸和微量元素的利用率，改善胴体品质，提高日增重和饲料转化率；对泌乳动物可提高产奶量，降低乳房炎发病率，降低奶中体细胞数量，减少腐蹄病的发生。

（1）微量元素氨基酸螯合物对羊的影响。王洪荣等（1994，1998）究用蛋氨酸螯合物饲喂绵羊，结果发现，绵羊体氮沉积率显著高于对照组和氧化锌组（$P<0.05$），提高了进入十二指肠内微生物氮和蛋氨酸流量，并有助于增加回肠对氮的吸收率和沉积率，对进入十二指肠内的氨基酸组成有较大影响。李丽立（1994，1998）研究了蛋氨酸锌在山羊体内相对生物利用率的测定和存留分布情况，发现蛋氨锌组锌表现吸收率显著高于氧化锌组。Puchamla等（1999）用蛋氨酸锌饲喂安哥拉山羊，结果表明，蛋氨酸锌可避免反刍动物瘤胃微生物的降解，提高蛋氨酸在血液中的浓度，蛋氨酸锌组的山羊日增质量高于对照组。

（2）微量元素氨基酸螯合物对牛的影响。李建国（1990）报道，在育肥牛饲料中补充蛋氨酸锌，使其日增重饲料转化率分别比对照组提高3.54%和3.50%。Kellogg（1990）在泌乳牛日粮中添加蛋氨酸锌与等量锌加蛋氨酸的12次对比试验中，有8次试验显示，添加蛋氨酸锌（20mg/kg或40mg/kg）时，乳牛产奶量比对照组平均提高4.8%～6.0%，体细胞数下降22%或50%，蹄质量也明显优于对照组；其余4次差异不显著。Speavs等（1991，1992）报道，生长期肉用型小母牛饲喂蛋氨酸锰，日增重提高0.67kg，改善饲料效率11.2%，饲喂蛋氨酸锌，犊牛和杂种肉牛断奶重提高5%，母牛受胎率提高15%。张照熙等（1996）在混合精料中添加蛋氨酸锌300、500和700mg/kg饲喂育肥黄牛60天，使日增重分别提高8.6%、20.7%和10.3%，经济效益均有提高，500mg/kg组比对照组提高饲料利用率10%以上。李成会等（2004）报道，氨基酸微量元素螯合物铁、锌、猛、铜对提高产奶量、改善奶品质量具有重要作用，试验组奶牛产奶量与对照组相比提高10.34%，乳蛋白含量提高3.4%，奶料比、乳脂率和非脂固形物含量无明显变化。禹爱兵等（2006）在泌乳中期（154d）的荷斯坦奶牛日粮中分别添加不同水平的赖氨酸铬，结果表明，热应激期奶牛日粮添加适量的赖氨酸铬，可以改善奶牛生产性能和生理状态，增强抗热应激的能力，铬的补充量为9～12 mg/头·d，热应激条件下奶牛补充赖氨酸铬对干物质采食量、乳蛋白率、血清胰岛素和胆固醇素含量及乳中铬含量没有显著影响（$P>0.05$）。黄恒新（2010）研究指出，氨基酸螯合锌能提高锌在机体内的吸收率、贮存效率和生物利用率，能满足奶牛在应激或特殊条件下对锌的高峰营养需求，对提高奶牛繁殖性能、减少乳腺炎和降低体细胞以及减少蹄病方面有显著功效。

4. 微量元素氨基酸螯合物在其他动物生产上的研究

（1）微量元素氨基酸螯合物对梅花鹿的影响。鲍坤（2011）在生茸期梅花鹿日粮中添加不同含量的蛋氨酸螯合铜。结果显示，梅花鹿生茸期日粮中添加40mg/kg蛋氨酸螯合铜对其生产性能和鹿茸质量均有明显的有利效果。

（2）蛋氨酸螯合铜对水貂生长及营养素消化代谢的影响。水貂是一种经济价值极高的毛皮动物，铜作为动物必需微量元素，对水貂生长发育尤为重要。李延鹏（2011）以蛋氨酸螯合铜为铜源在6组86～146日龄雄性水貂基础日粮中添加不同水平的铜，采用全收粪尿法进行消化代谢试验。通过对脂肪代谢率、氮消化率、氮沉积率和氮生物学效价的测定，结果表明，基础日粮中铜添加量为239～249 mg/kg时，可显著提高水貂氮和铜消化率（$P<0.05$），但对氮沉积率、氮生物学效价和脂肪代谢率均无显著影响（$P>0.05$）。李延鹏（2012）以蛋氨酸螯合铜为铜源在86日龄雄性美国短毛黑水貂基础日粮（含铜26.68mg/kg）中添加不同水平的铜（0、210、220、230、240、250、300mg/kg）进行60d的饲养试验和消化代谢试验。结果表明，添加量为210～240 mg/kg，可明显促进水貂生长发育和血清酶活性，在240mg/kg时，体增重和平均日增重最高（$P<0.05$）；超过240mg/kg可明显抑制水貂的生长发育和血清酶活性。

（3）氨基酸螯合物在水产动物上的研究。李爱杰等（1994）认为，鱼的中肠呈碱性，无机态矿物盐进入消化道后，在碱性条件下溶解度很低，极大地限制了无机盐的消化吸收，而氨基酸螯合盐具有特殊螯合结构，化学性质稳定，在鱼中肠碱性条件下溶解性很好，易于释放金属离子，从而更有利于螯合盐被中肠吸收。有学者认为，常用无机盐摄入体内以后，必须借助于辅酶的作用，与氨基酸和其他物质形成螯合盐，才能被机体吸收，吸收后微量元素在血液中与某些蛋白质结合后才能被运输到机体所需的部位；而氨基酸螯合物的结构接近鱼虾吸收微量元素的天然形态，也是鱼虾合成蛋白质的中间物质形态，需要时释放出微量元素供机体利用，从而减少了很多生化过程和能量消耗，提高了饲料效率。具有五元环或六元环的螯合物中心金属离子可通过小肠绒毛刷状缘，所有氨基酸螯合物都可以以肽的形式被动物机体所吸收。

四、氨基酸螯合物存在问题及展望

国内外大量研究表明，微量元素氨基酸螯合物具有改善动物生长性能、增强免疫力与抗应激力、改善繁殖性能的作用，是一种很有发展前景的饲料添加剂。但是，对于它的作用机理，特别是在动物体内消化吸收的部位、其吸收后的代谢途径及其在体内对免疫功能的影响等有待于更深一步的研究，另外，无论单一氨基酸螯合物或是混合氨基酸螯合物产品大多存在价格高的问题，这是限制应微量元素氨基酸螯合物使用的最大原因之一，所以改进产品配方、工艺设计、产品的检测技术，选择合适的生产工艺路线，降低生产成本也是极为重要的问题。

氨基酸螯合物作为一个高科技产品，发展前景十分广阔，但要推广普及应用，首要是提高产品质量，要在产品螯合度上作进一步研究与改进工作，只有是真正的螯合物产品，才能充分发现它的独特功能与效果。随着人们对其性质与机理的进一步探索，氨基酸螯合物必定会应用在更广阔的领域。

（马桂燕）

着色剂

根据心理学家的分析结果，人们凭感觉接受的外界信息中，83%的印象来自视觉。产品外观的重要性，特别是外观颜色尤为重要。对畜、禽、水产品而言，特别是禽类产品，消费者是否乐于购买食用，胴体表皮的颜色、禽蛋的卵黄颜色都是极主要的因素。畜禽、水产品外观颜色取决于所采食饲料的色素含量和累积。传统的粗养方式由于饲养期较长，动物机体内累积色素、味素较多，产品的外观色泽非常宜人，消费者乐于接受，产品价格也高；相反，由于现代育种及饲养技术的迅速发展，畜禽、鱼虾等生长速度加快，饲养期变短，因而从天然饲料中获得的色素累积很少，产品显得苍白，失去对消费者的吸引力，价格亦低。由此，着色剂的使用在现代饲料工业和畜牧水产养殖业中日益普遍。

目前国内批准使用的着色剂有：β-胡萝卜素、辣椒红、β-阿朴-8’-胡萝卜素醛、β-阿朴-8’-胡萝卜素酸乙酯、β，β-胡萝卜素-4，4-二酮（斑蝥黄）、叶黄素、天然叶黄素（源自万寿菊）和虾青素，主要用于家禽和水产饲料及宠物饲料。其中用量较大的品种有斑蝥黄、叶黄素和虾青素。

由于着色剂的使用基本不能改进畜产品营养价值，而且如不能严格按国家规定添加允许使用的着色剂，而用一些工业染料或颜料，还会带来不良后果，因此国家不鼓励在配合饲料中大量添加着色剂。但为了满足消费者的视觉需求，着色剂的使用仍在逐年增加，特别是禽蛋、水产、宠物和工业用毛皮动物饲料等。自“苏丹红”事件以来，着色剂在饲料生产中的使用受到了更加严格的管理，而且随消费者食品安全意识的提高，畜禽产品颜色已逐渐被放弃为食物营养价值的判断依据，因此2012年色素消费量增幅不足5%，低于饲料总体增长水平，消费量约225t，主要用于水产料、家禽及宠物饲料，其中虾青素、叶黄素和斑蝥黄等是主要产品。

目前着色剂的主要供应商有：天津市恒泽化工科技有限公司、天津市盛辉化工新技术有限公司、山东威福思特生物技术有限公司、武汉九辰生物工程有限公司、石家庄市绿川生物科技有限公司、浙江巴什曼生物科技有限公司、德国巴斯夫公司、河北大天食品添加剂有限公司、四川神州奥特农业科技有限公司、青岛同兴天然色素有限公司、诸城龙云天然食品色素有限公及广州威尔斯饲料集团有限公司等企业。中国目前是全球最大的食用色素生产国，天然提取和生物法生产的色素占有很高的比例，在满足食品工业需要的同时，可以满足饲料工业的需要。2012年包括饲料用在内的食用色素生产量接近40万t，其中化学合成色素产量超过5万t，

由于人们对合成色素的安全性存在一定质疑，特别是“红心鸭蛋”事件的出现，对合成色素的使用产生了较大的负面影响，因此天然色素和用生物方法生产的半天然色素更受欢迎，如虾青素、β-胡萝卜素和叶黄素等，此类产品安全性比较高，不仅具有染色作用，还具有抗氧化作用，有利于动物的健康，但价格偏高。

2012年，全国合成食用色素产量达1万余t，天

然色素产量 48 万 t（以实物剂量，其中焦糖色 41 万 t），天然色素除国内消费外，还供应国际市场，年出口量 2 万 t 左右。

（韩秋燕）

黏结剂

黏结剂也称赋型剂，生产颗粒饲料时，在原料中添加少量黏结剂有助于颗粒黏结，便于饲料储运和动物食用，是水产饲料必不可少的加工助剂。根据来源不同，黏结剂分天然和人工合成两大类。根据中国的规定，饲料中允许使用的黏结剂有：α-淀粉（也称预糊化淀粉）、海藻酸钠、海藻酸钾、海藻酸铵、琼脂、瓜尔胶、阿拉伯树胶、黄原胶、羧甲基纤维素钠（CMC）、木质素磺酸盐及聚丙烯酸钠等。

在允许使用的黏结剂中，α-淀粉最安全、经济的黏结剂，其不仅具有黏结作用，而且还可为动物提供能量，因此是使用量最大的黏结剂。20 世纪 80 年代末由于水产养殖业的需要，广东佛山溶剂厂（现更名为佛山市华昊淀粉有限公司）等单位建设了小规模生产线。中国目前是全球最大的水产养殖国，随水产养殖业的不断发展，α-淀粉生产规模越来越大，全国现有生产单位 50 余家，主要有佛山市华昊淀粉有限公司、聚祥（厦门）淀粉有限公司、广西明阳淀粉厂、佛山市南海区金沙高豪淀粉厂、广西百色华侨实业有限责任公司淀粉厂、山东瑞华精细化工有限公司、东莞市田园淀粉有限公司、河南建杰实业有限公司等，总计生产能力 80 万 t/年左右，2012 年全国产量 38 万～40 万 t，主要生产企业情况见表 1。

表 1　2012 年国内主要 α-淀粉生产企业情况

企业名称	生产能力（t/a）
佛山市华昊淀粉有限公司	20 000
佛山市南海金沙高豪淀粉厂	10 000
聚祥（厦门）淀粉有限公司	25 000
福建怡昌公司	10 000
山西沅达公司	10 000
无锡金陵塔淀粉有限公司	20 000
广西明阳淀粉厂	20 000
江苏省东台港淀粉饲料厂	5 000
河南建杰实业有限公司	10 000
北京权丰淀粉有限公司	5 000
东西百色华侨实业有限责任公司淀粉厂	5 000

羧甲基纤维素钠（CMC）是用量第二大的黏结剂。中国是世界第一大 CMC 生产国，现有 40 余家生产企业，总生产能力在 20 万 t/年以上，2012 年产量为 17 万 t，除用于饲料生产外，大量用于建筑和食品工业中，此外还供应国际市场，2012 年出口量为 9.6 万 t。2012 年主要 CMC 生产企业情况见表 2。

表 2　2012 年国内 CMC 主要生产企业情况

企业名称	生产能力（t/a）	2012 年产量（t）
威怡化工（苏州）有限公司	10 000	6 000
丹尼斯克（张家港）亲水胶体有限公司	10 000	7 500
赫克力士化工（江门）有限公司	10 000	6 800
诺旺特种化学品（泰兴）有限公司	10 000	7 500
江苏宜兴市通达化学有限公司	4 000	2 000
上海青东化工厂	5 400	2 600
安丘市雄鹰纤维素有限责任公司	3 000	1 400
上海鹤善实业有限公司	4 000	2 500
江苏张家港三惠化工有限公司	3 000	2 600
山东赫达股份有限公司	6 000	4 200

海藻酸钠是一种性能优良的黏结剂，但受原料来源的限制，其产量低于 α-淀粉，但价格高于 α-淀粉，中国是世界上海藻酸钠主要生产国，2012 年出口量约 1 500t。国内现有海藻酸钠生产企业 20 余家，但生产规模均比较小，主要分布在山东、福建、浙江等沿海地带，2012 年全国海藻酸钠总产量约 1.3 万 t，

除出口外，国内主要用于食品、医药及日化工业，饲料生产用量非常有限。主要生产企业生产情况见表3。

表3　2012年国内海藻酸钠主要生产企业情况

企业名称	生产能力（t/a）	2012年产量（t）
青岛黄海海藻工业公司	3 500	1 200
青岛胶南明月海藻集团有限责任公司	3 000	1 250
青岛南洋海藻工业公司	2 000	900
青岛鹰飞化工有限公司	2 000	800
山东日照洁晶（集团）股份有限公司	2 000	1 100
山东乳山市黄海化工厂	500	200
江苏赣榆县七二化工厂	1 500	1 100
连云港天天海藻工业有限公司	1 000	600
达柯拉海藻工业（连云港）有限公司	2 000	1 300

黄原胶、瓜尔胶等也是性能优良的黏结剂，但其价格远高于α-淀粉，因此主要用于食品和医药工业。此外，中国木质素磺酸盐、聚丙烯酸钠生产能力也比较强，可为饲料生产提供充足的产品。

（韩秋燕）

抗结块剂

为防止加工和贮存过程因水分变化而造成饲料结块，影响饲料质量而使用的添加剂为抗结块剂。此外，一些添加剂或添加剂预混料也将这类物质用作载体，以防止添加剂变性和结块。目前国内批准使用的抗结块剂有二氧化硅、三氧化二铝、硅酸钠和硅酸钙等。

中国长江以南地区由于气候原因，常年湿度较大，如不对饲料进行适当处理，极易结块，给饲喂带来困难。而长江以南的广东、四川、江西、湖南和湖北等省区又是配合饲料和养殖业比较发达的地区，因此对抗结块剂需求量较大。国内允许使用的抗结块剂国内都有生产，现有数百家工厂可生产抗结块剂产品，年产量上百万吨，完全可以满足饲料行业的需要，国内抗结块剂代表企业见表1。

表1　国内主要抗结块剂生产企业情况

企业名称	产品	生产能力（t/a）
上海牙膏厂有限公司	二氧化硅	3 000
茂名高岭土工业有限公司	二氧化硅	150 000
江苏兰陵化工（集团）公司	二氧化硅	1 500
广东海化化工有限公司	二氧化硅	30 000
山东寿光宝特化工有限公司	二氧化硅	—
山东省寿光市昌泰微纳化工厂	二氧化硅	18 000
山东辛化硅胶有限公司	硅酸钠	120 000
廊坊永清县聚利得化工有限公司	硅酸钠	30 000
唐山大唐化工有限公司	硅酸钠	150 000
内蒙古乌海化工厂	硅酸钠	20 000
锦州化工三厂	硅酸钠	20 000
上海星火化工厂	硅酸钠	72 000
南京合一化工有限责任公司	硅酸钠	15 000
江苏德邦化学工业集团有限公司	硅酸钠	10 000

抗结块剂不属于必需的添加剂，其是否添加完全根据饲料生产和储存条件所定，其中长江以南地区饲料生产企业使用相对偏多，但数量不详。

（韩秋燕）

稳定剂

为了使两种或两种以上互不相容物质制成混合均匀的单一相物质时所用的助剂称为稳定剂。由于维生素等饲料添加剂为油溶性产品，因此在配制人工乳时难以与其他饲料成分混合。此外一些以饮水方式投料的添加剂难溶于水中，也必须通过乳化剂将其配制成可溶于水的乳液，以便动物采食。

中国现批准使用的稳定剂有：可食脂肪酸钙盐、卵磷脂、可食用脂肪酸单/双甘油酯、甘油脂肪酸酯、蔗糖脂肪酸酯、山梨醇酐单油酸酯、丙二醇、山梨醇酐脂肪酸酯和单硬脂酸甘油酯等产品，主要用于人工乳生产。

国内现有稳定剂生产企业百余家，产品除用于饲料工业外，大量用于食品工业中。2012 年全国稳定剂产量在 14 万 t 左右，主要用于食品工业，其中作为饲料稳定剂的 15%～20%，国内稳定剂生产企业见表 1。

表 1　国内主要稳定剂生产企业产品名称

企业名称	产品名称
大连中兴有机化工厂	蔗糖脂肪酸酯
上海伊凡尔精细化工有限公司	蔗糖脂肪酸酯
金华市迪耳糖酯化工有限公司	蔗糖脂肪酸酯
杭州市桐庐化工公司	蔗糖脂肪酸酯
山西颐泰恒精细化学有限公司	甘油脂肪酸酯
广州市天河美嘉食品科技实业有限公司	甘油脂肪酸酯
重庆市侨丰化工厂	甘油脂肪酸酯
上海油脂二厂	甘油脂肪酸酯
丹东市科海有机化工厂	甘油脂肪酸酯
辽宁旅顺化工厂	山梨醇酐脂肪酸酯
山东寿光市助剂厂	山梨醇酐脂肪酸酯
南宁化工集团公司	山梨醇酐脂肪酸酯
温州清明化工有限公司	山梨醇酐脂肪酸酯
广州市凯闻食品发展有限公司	单硬脂酸甘油酯
杭州富春食品添加剂有限公司	单硬脂酸甘油酯

随着饲养水平的提高和饲养规模的扩大，饲养业对配合饲料的质量要求将不断提高，因此对于稳定剂的需要量会不断增加。

（韩秋燕）

抗氧化剂

抗氧化剂是饲料工业生产中不可缺少的一种添加剂。所谓抗氧化剂就是能阻止或延迟饲料中易氧化物质的氧化，提高饲料的卫生安全性和延长贮存期。饲料中的易氧化物质如维生素 A、维生素 D、胡萝卜素和脂肪等由于氧化而变质，严重影响饲料营养成分的利用。而且变质产生的气味和有害物质还能引起家禽厌食，甚至中毒死亡。在饲料中添加少量或微量抗氧剂，可有效地避免上述不利因因素，延长饲料保存期，提高饲料利用率。

中国已批准使用的抗氧化剂是乙氧基喹啉（乙氧喹）、二丁基羟基甲苯（BHT）、丁基羟基茴香醚（BHA）和没食子酸丙酯（PC）和特丁基对苯酚（TBHQ）五个品种。由于价格原因，主要使用乙氧喹，它不仅用于配合饲料，还大量地用于鱼粉生产中。中国乙氧喹主要用作饲料抗氧化剂，少量用作水果保鲜及其他，BHT、PC 和 TBHQ 主要用作食品抗氧化剂，饲料中应用量不大。主要乙氧喹生产企业情况见表1，BHT生产企业情况见表2。

表1 国内乙氧喹主要生产企业情况

企业名称	生产能力（t/a）
上海云昕化工有限公司（上海市长征第二化工厂）	2 000
上海福达精细化工有限公司	3 000
江苏中丹化工集团股份有限公司	3 000
南通利田化工有限公司	2 000
江苏瑞星化工有限公司	—
沧州大丰牧业有限公司	—
珠海和丰精细化工有限公司	—
河南三门峡峡威化工股份有限公司	—

表2 国内二丁基羟基甲苯（BHT）主要生产企业情况

企业名称	生产能力（t/a）
上海华原精细化工有限公司（原向阳化工厂）	1 700
辽宁滨河化有限公司（原滨河化工厂）	2 000
烟台通世化工有限公司	—
南京宁康化工有限公司	4 000
岳阳兴岳石油化工有限责任公司	—
武汉银河化工科技有限公司	—
辽阳鼎鑫化工有限公司	—
山东瑞普生化有限公司	3 000

近年来，饲料安全卫生日益受到重视，因此抗氧剂的标准化使用得到不断加强。2012年用量为1.2万t左右，其中乙氧喹使用量占80%以上，由于BHT价格较高，因此用量非常有限，通常是与其他产品配合使用。

复合型抗氧化剂的各组分可发挥协同作用，达到最佳抗氧化效果。目前批准使用的复合抗氧剂有：鲜灵、保乐鲜、抗氧安、克氧、速氧服、金抗氧、抗氧灵、克霉等，这些复合抗氧剂一般由乙氧喹、BHT、BHA、PC和柠檬酸等按一定比例混合而成。

（韩秋燕）

防腐剂

饲料中含有丰富的蛋白质、淀粉、维生素等营养成分，在高湿高温条件下，容易因微生物繁殖而产生腐败霉变。霉变的饲料不仅影响适口性、降低采食量，还会影响饲料营养价值，而且霉菌分泌的毒素还会引起畜禽拒食、呕吐、腹泻、生长停滞以至死亡。因此，在雨季和夏季生产和贮存配合饲料都需加入防腐防霉剂。

饲料防腐剂是指能抑制微生物生长繁殖，防止饲料发霉变质和延长贮存时间的饲料添加剂。中国已正式批准使用的防腐剂共有6类15个产品，即丙酸类包括丙酸、丙酸钠、丙酸钙及丙酸胺；甲酸类包括甲酸、甲酸钠和甲酸钙；山梨酸类包括山梨酸、山梨酸钠和山梨酸钾；苯甲酸及苯甲酸钠；乙酸及双乙酸钠；富马酸。目前配合饲料主要使用丙酸类，青贮饲料主要使用甲酸类，山梨酸类、苯甲酸类及双乙酸和富马酸产品也都有使用，但数量比较少，基本作为复合型防腐剂组分之一。中国是防腐剂生产大国，甲酸、山梨酸及苯甲酸产量位居世界第一，丙酸生产也位居世界前列，国内防腐剂主要生产企业见表1。

表1 国内防腐剂主要生产企业

产品	生产单位
丙酸盐类	山东青岛宝泰精制化工有限公司
	江苏泰县食品化工厂
	杭州群力营养源厂
	连云港格兰特化工有限公司
	福建泰宁县精细化工厂
	上海新浦化工厂
	山东滕州市腾龙化工有限责任公司
	河南兴源化工产品有限公司
	武汉兴银河化工有限公司
甲酸钠和甲酸钙	浙江巨化集团公司
	山东淄川精细化工厂
	青岛荣天化工有限公司
	淮安防霉剂厂
	山东肥城阿斯德化工有限公司
	山西阳城县亨盛化工有限公司
	山东康特伟业化工有限公司
柠檬酸和柠檬酸钠	安徽丰原生化有限公司
	山东柠檬生化有限公司
	日照鲁信金禾生化有限公司
	山东潍坊英轩实业有限公司
	湖南洞庭柠檬酸化学股份有限公司
	宁夏宁馨儿生物工程有限公司

（续）

产　品	生产单位
乳酸及乳酸钙	河南金丹乳酸有限公司 江西武藏野生物化学有限公司 湖北广水市民族化工厂 安徽丰原格拉特有限公司
富马酸及其酯类	苏州泰瑞格生物贸易有限公司 苏州合成化工有限公司 上海峰鹤化工有限公司 陕西渭南化学工业有限责任公司 宁夏正元精细化工有限公司 广东增城康达斯化工有限公司 天津溶剂厂
山梨酸及其盐	南通醋酸化工厂 宁波王龙科技股份有限公司
苯甲酸及其盐	武汉有机实业有限公司 天津东大化工集团 青岛丰泰化工有限公司
双乙酸钠	济南元通化工有限公司 连云港市通源化工有限公司 滕州市东信精细化工厂

2012 年，饲料工业中防腐剂用丙酸及其盐类估计为 2.7 万 t；甲酸及其盐 0.5 万 t，富马酸 300t，双乙酸钠约 0.5 万 t，其他 0.2 万 t，总计 3.6 万 t。国内丙酸盐已具备出口能力，2012 出口 1.0 万 t 丙酸盐及酯类产品。

复合性防腐剂各组分可发挥协同作用，拓展抗抑菌谱，增强防腐防霉效果。近年来，国内多家厂商已开发多种配合饲料用复合型防腐蚀剂，如深圳市永鲜精细化工有限公司“永鲜宝”和“霉天敌”，重庆威士化工有限公司“克霉灵”，北京桑普生物化学技术公司“除霉净”，上海邦成饲料科技有限公司“霉克净”挨特亚（广州）饲料添加剂有限公司“克霉”等。

（韩秋燕）

酸度调节剂

酸度调节剂或 pH 控制剂，是用来调整或保持 pH（酸或碱）的一种添加剂。酸度调节剂可以是有机酸或无机酸、碱、中和剂或缓冲剂。国内批准使用的酸度调节剂有柠檬酸、柠檬酸钠、柠檬酸钾、乳酸、酒石酸、苹果酸、磷酸、氢氧化钠、碳酸氢钠、氯化钾和碳酸钠等产品。饲料中添加酸度调节剂目的是改善饲料适口性、降低雏禽幼畜胃肠道中 pH，减少消化道内细菌对营养物质的竞争，提高消化吸收能力。

中国作为全球化工生产大国，上述批准使用的酸度调节剂均有足够的生产能力，完全可以满足饲料工业生产需求。以柠檬酸为例，中国柠檬酸生产位列世界第一，2012 年产量约 105.0 万 t，其中出口柠檬酸及酯 87.0 万 t。乳酸生产近年来也取得了较大的进步，现有生产企业 10 余家，最大装置生产能力已达到 4 万 t/a，总生产能力 10 万 t/a 左右，产品除用于国内消费外，每年还有一定数量的产品出口，2012 年出口量为 4.4 万 t，并且可以生产 L-型乳酸；中国酒石酸和苹果酸长期出口国际市场，

此外，磷酸、碳酸氢钠、氢氧化钠和碳酸钠作为酸度调节剂，国内的供应能力十分充足，年总产量在千万 t 以上，可满足配合饲料工业的生产需要。

（韩秋燕）

药物饲料添加剂

按照国务院加强食品安全管理的统一部署，农业部组织各级畜牧兽医管理部门，积极履行兽药监管职责，不断加大工作力度，强化日常监管，深入开展专项整治，严格监督执法。一是继续实施兽药监督抽检与执法联动机制，做到一地查处，系统通报，全国清缴，先后 4 次发布兽药抽检通报，组织 8 次查处假劣兽药活动，进一步净化兽药环境。二是组织开展《中国兽药典》宣贯活动，并对已有兽用化学药品的标准进行清理，组织兽药典委员对一些有安全隐患的品种进行再评价，废止一批有安全隐患的产品标准。三是强化标签说明书的监管，组织专家制定兽药标签说明书范本，并分 4 批进行网上公示。四是强化企业准入监管，组织专家起草《兽药 GMP 检查验收评定标准补充要求（征求意见稿）》，并在网上公开征求社会各方意见。五是强化产品准入，组织专家制定了兽药补充公告，拟对有关产品实施仿制药管理措施，提高准入门槛。为规范兽药使用活动，保证动物产品安全，结合现阶段我国动物养殖模式和用药水平状况，暂不予受理对乙酰胺基酚等解热镇痛类药物动物群体性用药方式的预混剂和粉散剂产品、抗生素类药物（包括合成抗菌药）与解热镇痛类药物复方制剂以及抗生素类药物（包括合成抗菌药）复方药物饲料添加剂等新兽药、进口兽药的注册申请进行了网上公示；为规范

新兽药生产行为，组织起草《关于新兽药监测期管理有关问题的公告（征求意见稿）》，并上报公示，明确新兽药监测期的时限。六是对兽药产品注册和文号申报中有关专利产品进行界定，明确在国内拥有专利且需兽医管理部门履行保护的兽药，专利权属人应当向中国兽医药品监察所提供其已获专利权的证明性文件及相关说明，并在中国兽药信息网发布专利声明，其他兽药生产企业申请生产监测期届满但有知识产权保护的兽药产品时，应当提交与专利权属人签订的转让合同或对他人的专利不构成侵权的声明；兽药产品发生专利权纠纷的，由当事人按照有关专利法律法规解决。专利管理部门或人民法院最终依法认定侵权行为成立的，兽医管理部门依法注销已核发的产品批准文号。此外，为保证动物源食品安全，农业部正在组织专家制定处方药使用目录和修订药物添加剂允许使用目录。

一、兽用化学药品研发概况

1. 吡喹酮硅胶棒，抗蠕虫药，由吡喹酮制备的灭菌硅胶棒，为乳白色圆柱状硅胶棒，具有弹性，内容物为白色或类白色粉末。吡喹酮可引起绦虫肌肉系统挛缩，使之不能固着于肠道内而被驱出；可作用于绦虫的皮层造成损害，形成空泡，影响虫体的吸收、排泄和离子渗透功能，并使虫体皮层抗原暴露，有利于宿主免疫系统对虫体的识别和攻击，导致虫体组织溶解以及影响虫体糖代谢等作用，导致虫体死亡。用于预防和控制以犬为终宿主的绦虫感染（包括棘球绦虫、多头绦虫和泡状带绦虫等）。使用时在犬上腹部体侧选择 $4cm^2$ 左右皮肤，剪毛，消毒，局部麻醉下切 1cm 左右切口，用专用植入器紧贴皮下进入后，将药棒呈扇形植入犬皮下，创口缝合即可。使用剂量为吡喹酮 100mg～200mg/kg 体重，一般使用可按犬体重在 10kg 以下者，埋 2 支，10kg 以上者埋 4 支，20kg 以上者埋 5 支。不推荐用于 4 周龄以内的幼犬。埋植 1 次后驱虫作用可维持两年。但要注意该品必须由经过培训的人员进行埋植，埋植时要保证严格的无菌操作，禁用于有皮肤及全身疾病的犬。由丹东市绿丹和华动物药业有限公司、新疆维吾尔自治区疾病预防控制中心联合申请注册获得批准。

2. 头孢噻呋注射液，头孢菌素类抗生素，由头孢噻呋、大豆油和硬脂酸铝制成的无菌混悬液，为细微颗粒的混悬液，静置后细微颗粒下沉，振摇后成均匀的灰白色至灰褐色的混悬液。具有广谱杀菌作用，对革兰氏阳性菌、革兰氏阴性菌（包括产β一内酰胺酶菌）均有效。敏感菌主要有多杀性巴氏杆菌、溶血性巴氏杆菌、胸膜肺炎放线杆菌、沙门氏菌、大肠杆菌、链球菌、葡萄球菌等，某些绿脓杆菌、肠球菌耐药。用于治疗猪呼吸道细菌性感染，如猪副嗜血杆菌病。以头孢噻呋计，肌内注射，每 1kg 体重猪 5mg，3 日 1 次，连用 2 次。肾功能不全的动物慎用。使用前充分摇匀。猪休药期为 5 日。由华南农业大学、洛阳惠中兽药有限公司、瑞普（天津）生物药业有限公司、广西天荣生物科技有限公司联合申请注册获得批准。

3. 盐酸头孢噻呋注射液，头孢类菌素类畜禽专用抗生素，由盐酸头孢噻呋与油酸山梨坦、卵磷脂、大豆油等制成的无菌混悬液，为微细颗粒的混悬液，静置后微细颗粒下沉，振摇后成均匀的乳白色至乳黄色混悬液。具有广谱杀菌作用，对革兰氏阳性菌、革兰氏阴性菌（包括产β-内酰胺酶菌）均有效。敏感菌主要有多杀性巴氏杆菌、溶血性巴氏杆菌、胸膜肺炎放线杆菌、沙门氏菌、大肠杆菌、链球菌、葡萄球菌等，某些绿脓杆菌、肠球菌耐药。兽药临床常用于治疗牛的急性呼吸系统感染（如巴氏杆菌引起的支气管肺炎）、牛乳腺炎、猪放线杆菌性胸膜肺炎等。用于治疗猪呼吸道细菌性疾病，如放线杆菌引起的猪胸膜肺炎。以头孢噻呋计，肌内注射，每 1kg 体重 5mg，3 日 1 次，连续给药 2 次。但要注意肾功能不全动物调整剂量，使用前应充分摇匀。休药期为猪 5 日。由上海市兽药饲料检测所、华南农业大学、上海公谊兽药厂、挑战（天津）动物药业有限公司、广东大华农动物保健品股份有限公司动物保健品厂联合申请注册获得批准。

4. 复方达克罗宁滴耳液，为止痛消炎药，由盐酸达克罗宁、盐酸小檗碱、丙二醇和水配制而成的溶液，为黄绿色澄明液体。达克罗宁能阻断各种神经冲动或刺激的传导，抑制触觉、压觉和痛觉，可改善局部循环，对皮肤有止痛止痒作用。盐酸小檗碱对细菌、真菌有抑杀作用。本品穿透力强，可通过皮肤及粘膜吸收，具有止痒和抗炎的作用，也可改善耳内环境，从而更好发挥治疗耳病的作用。用于治疗犬由细菌、真菌等引起的各种耳道炎症。提起耳尖，挤压本品 2～4 次，使药液充满耳道，轻轻揉按垂直耳道数次，以能听到液体声响为佳，然后用柔软纸张轻轻吸取上浮的液体及污物，每日 1 次，至少连用 7d。但要注意使用应清理耳道，禁用与于敏犬。对全身性皮肤病可作为辅助用药。勿喷入眼睛。由北京康牧兽医药械中心制药厂申请注册获得批准。

5. 注射用头孢维星钠，为抗生素类药，由头孢维星钠和枸橼酸钠二水合物等经冷冻干燥制成的无菌制品，为类白色至黄色冻干块状物，每瓶加注射用水 10mL 溶解后，应为淡黄色至棕红色的澄明溶液。头孢维星钠是半合成的第三代头孢菌素类广谱抗菌药，与其他β-内酰胺类抗菌药一样，通过与细菌细胞壁上的青霉素结合蛋白结合而抑制细菌细胞壁的合成，导致细菌死亡。对革兰氏阴性菌有较广的抗菌活性，其对β-内酰胺酶有更强的抵抗力。用于治疗犬由葡萄球菌和链球菌敏感菌株引起的皮肤感染（如继发性浅表脓皮病、脓肿和创伤），由大肠杆菌和/或变形杆菌引起的尿道感染；治疗猫由多杀性巴氏杆菌和葡萄球菌敏感菌株引起的皮肤感染（如创伤和脓肿），由大肠杆菌引起的尿道感染。皮下注射每 1kg 体重，犬、猫 8mg，最多可维持 14 日。个别犬或猫在给药后可能出现过敏反应、昏睡、食欲不振、呕吐和腹泻，但应注意禁用于已知对β-内酰胺类药物过敏的犬、猫。由美国辉瑞法玛西亚-普强公司申请进口注册获得批准。

6. 亚甲基水杨酸杆菌肽预混剂，为抗生素类药物添加剂，由杆菌肽发酵液与亚甲基水杨酸反应后的喷雾干燥粉与碳酸钙等配制而成，为浅黄色至淡褐色粉末或微粒。杆菌肽通过非特异性的阻断磷酸化酶反应，抑制细菌的黏肽合成而产生抗菌作用。杆菌肽对大多数革兰氏阳性菌如金黄色葡萄球菌、链球菌、肠球菌、梭状芽孢杆菌和棒状杆菌等具有良好的抗菌活性，对放线菌和螺旋体亦有效。敏感菌对其很少产生耐药现象。本品与青霉素、链霉素、新霉素和黏菌素等合用有协同作用；与黏菌素组成的复方制剂与土霉素、金霉素、吉他霉素、恩拉霉素、维吉尼霉素和喹乙醇等有拮抗作用。用于促进肉鸡生长，混饲，以杆菌肽计，每 1 000kg 饲料加 5g～40g。注射给药可引起较强的肾脏毒性，禁止用于种禽。由浦城绿康生化有限公司申请注册获得批准。

7. 注射用黄连，由黄连提取制成，具有清热燥湿、泻火解毒之功能，主治鸡大肠杆菌病。肌内注射，一次量，鸡，0.01g～0.02g，一日 2 次，连用 2～3d。由江西中成药业集团有限公司、江西中成中药原料有限公司联合申请注册获得批准。

8. 防己合剂，由防己、黄芪等药味制备而成，具有补肾健脾、利尿除湿之功能，主治腹水综合征。每只鸡 0.1～0.2mL，连用 5 日。由江西中成药业集团有限公司申请注册获得批准。

9. 注射用黄芩，由黄芩提取制成，具有清热燥湿、泻火解毒之功能，主治咳喘证，用于缓解鸡传染性支气管炎引起的呼吸道症状。肌内注射，一次量，鸡，10～20mg，一日 2 次，连用 3 日。由江西中成药业集团有限公司、江西中成中药原料有限公司联合申请注册获得批准。

10. 苦参苍术口服液，由苍术、苦参等制备而成，具有清热、燥湿、止痢之功能，主治鸡大肠杆菌病。每 1L 水，鸡 1mL，连用 3～5d。由洛阳惠中兽药有限公司、中国兽医药品监察所联合申请注册获得批准。

11. 蜘蛛香散，由蜘蛛香粉碎制成，具有镇静安神之功能，主治猪转群等因素引起的应激，临床表现为躁动不安，互嗅、咬尾、咬耳、相互攻击等。每 1kg 体重，猪 0.8g，连用 7 日。由通威股份有限公司申请注册获得批准。

12. 紫锥菊口服液与紫锥菊末，由菊科植物紫锥菊干燥地上部分提取或粉碎制备而成，为棕红色澄清液体或黄绿色至灰绿色的粉末，具有促进免疫功能，用于提高新城疫疫苗的免疫效果。由青岛康地恩药业股份有限公司、齐鲁动物保健品有限公司、青岛六和药业有限公司、潍坊诺达药业有限公司、齐鲁动物保健品（临邑）有限公司联合申请注册获得批准。

13. 蛇床子溶液，为蛇床子经提取制成的溶液，具有杀虫之功能，主治指环虫、拟指环虫、三代虫等单殖吸虫病。全池泼洒：每 $1m^3$ 水体，鳗鲡、鲫鱼、金鱼、鳜鱼，0.83mL，连用 2～3 日。由常州市武进动物药品有限公司申请注册获得批准。

14. 柴葛解肌颗粒，由柴胡、葛根等药味组成，具有解肌清热之功能，主治感冒发热。每 1kg 体重，鸡，0.6g，连用 5 日。由天津生机集团股份有限公司申请注册获得批准。

15. 参芪粉，由党参、黄芪等药味组成，具有补中益气、扶正祛邪之功能，用于提高机体免疫力，增强猪、鸡抗病力，配合疫苗使用提高疫苗保护率。混饲：每 1kg 饲料，猪，2g，疫苗免疫后连用 7 日；混饮：每 1kg 水，鸡，1g，疫苗免疫后连用 7 日。由无锡正大畜禽有限公司动物保健品厂申请注册获得批准。

16. 香芪颗粒，由黄芪、香附等药味组成，具有理气活血、清热解毒之功能，主治鸡大肠杆菌病。每 1L 水，鸡，3g，连用 5 日。由吉林大学、江西中成中药原料有限公司联合申请注册获得批准。

17. 人参叶口服液，由人身叶等提取制成，具有增强动物免疫机能，提高疫苗免疫效果，用于鸡免疫机能低下。每 1 kg 体重，鸡，0.125mL，疫苗免疫前连用 7 日。由浙江大学、江西中成中药原料有限公司联合申请注册获得批准。

18. 芩藤注射液，由黄芩提取物、黄藤素等配制而成，具有清热解毒、燥湿止痢之功能，主治仔猪大肠杆菌病。肌内注射：一次量，每 1kg 体重，仔猪，1ml，一日 2 次，连用 3～5d。由通威股份有限公司、成都通威三新药业有限公司联合申请注册获得批准。

二、兽用化学药品应用前景

从产品研制情况可以看出，近年来用于饲料药物添加剂的药物呈减少趋势，治疗药物研制除研制开发一些新产品外，对老产品研制开发逐渐增多，如开发一些长效制剂、复方制剂或者增加剂型、增加靶动物应用等品种。农业部对国内抗生素全发酵液采用喷雾干燥制备药物添加剂的抗生素品种进行评价，以保证动物源产品的安全。开发用于犬、猫等经济动物应用也呈增长趋势。采用中药药味配伍组成中药复方制剂或从天然中草药中提取有效部位防治动物疾病的热潮不减，新产品申报逐渐增多。近年来开发生化制品治疗动物疾病也呈增多趋势，将会展现其在动物疫病预防与治疗中的独特作用。

（段文龙　冯忠武）

饲料酶制剂

“速生鸡”“地沟油”事件的爆发，引发公众对畜产品安全的质疑，食品安全关系到每个人的健康。饲用酶制剂作为“绿色、环保、高效”的饲料添加剂产品，在保障畜禽健康生长，提高饲料利用率，促进畜禽快速生产，提高生产率方面发挥着重要作用。同时，使用酶制剂也是逐渐取代抗生素，确保畜产品安全的重要手段。

一、2012 年饲用酶制剂生产情况

2012 年中央一号文件的发布，对畜牧业的发展指明了方向。国家通过加大资金扶持，扩大养殖规模、提高养殖产出率等方式手段，促进畜牧行业全面发展。就饲料工业而言，2012 年全国饲料总产量 19 449万 t，同比增长 7.7%。其中，配合饲料产量为 16 363 万 t，同比增长 9.7%。随着饲料产量增长，酶制剂产销量也大幅提高。据统计，2012 年全国酶制剂产销量达 8.0 万 t，同比增长 5.3%。由于酶制剂产品功效已经被广大饲料企业认可，酶制剂的接受程度大幅提高，因此，酶制剂产量增速与饲料产量增速不相上下。

二、饲用酶制剂行业发展动态

经过多年的发展，国内专门从事饲用酶制剂的生产企业快速发展壮大。酶制剂行业属于生物高新科技领域，因此，很多企业在基础研究、新产品开发、工艺改进、生产规模等方面加大投入，促进行业整体快速发展。

广东溢多利生物科技股份有限公司 2012 年投资 3 000 万元，兴建科研开发中心，购进先进设备仪器，吸引高端科技人员，创建国际一流、国内重点实验室。同时投资 1.2 亿元，兴建溢多利内蒙古二期发酵工程；武汉新华扬 2012 年 11 月新型酶制剂基地正式动工，生物酶研究院也正式揭牌。由新华扬和越南胡志明农林大学合作建设的越南第一家饲用酶制剂检测实验室，经过双方一年多的共同努力，已正式建设完成并投入使用；山东蔚蓝生物科技有限公司于 4 月在滨州惠民县投资新建年产 5 000t 新型饲用木聚糖酶项目，项目总投资 2.2 亿元；潍坊康地恩生物科技有限公司承担的“年产 5 000t 碱性果胶酶高技术产业化示范工程”项目完成了国家发展改革委批复的任务目标，经济、社会效益显著，已通过验收。

饲用酶制剂行业还吸引大批工业酶制剂制造厂家，如山东省隆大生物工程有限责任公司、张家港市金源生物化工有限公司、宁夏夏盛实业集团有限公司、湖南尤特尔生化有限公司、湖南洪鹰翔生物工程有限公司、深圳绿微康生物工程有限公司等企业，也推出相应的饲用复合酶产品，扩充了饲用酶制剂的队伍。

三、2012 年饲用酶制剂产品的技术特点

1. 小麦专用复合酶制剂成倍增长。由于 2012 年原料价格上涨，特别是玉米、豆粕价格涨幅巨大。在安徽、河南、江苏等小麦主产地，玉米价格远远超过小麦价格，小麦被饲料厂大量使用。小麦中抗营养因子的存在，使得以木聚糖酶为主的小麦专用酶制剂得以充分的发挥其作用。市场上对小麦酶制剂的需求大幅增加。各酶制剂厂家纷纷推出小麦酶制剂产品，鉴于各饲用酶制剂厂家对小麦使用的认识、不同畜禽之间的使用的差异以及酶的生物学特性的差异，致使市场上小麦酶制剂酶活、酶谱千差万别，使用效果也不同。广东溢多利公司推出小麦酶系列产品，采用独特的固体、液体发酵两种生产方式，充分考虑小麦原料的抗营养因子、小麦在不同畜禽体内消化代谢的差异以及小麦日粮中其他原料的因素，受到了广大用户的认可。小麦专用酶制剂成为 2012 年最为关注的酶制剂产品。

2. 中性植酸酶的研究及其推广。继酸性植酸酶及耐高温植酸酶之后，新的“中性植酸酶”产品问世。中性植酸酶产品解决了植酸酶在水产动物消化肠道呈中性环境下难以发挥作用的问题。通过水产动物试验，达到了降解植酸磷的作用，减少磷酸二氢钙使用量以及减少水体污染的效果。

广东溢多利公司 2009 年率先推出水产中性植酸酶，近几年来不断改进，取得了很好的效果；武汉新华扬公司“一种中性植酸酶 PHYMJ11 及其基因和应用”荣获 2012 年度武汉市发明专利银奖，“水产植酸酶的研究与开发”项目荣获武汉市科技进步三等奖；北京昕大洋科技发展有限公司推出水产专用中性植酸酶，该植酸酶通过菌种改良及优异后加工技术，可在

15℃～30℃及中性 pH 范围下发挥作用，经过95℃湿热法评测及实际制粒试验存留率达到85%以上，该植酸酶经过了青岛海洋大学水产养殖试验并获得了理想效果。

3. 酸性脂肪酶的研发突破。过去脂肪酶一直未能在饲料中使用，是由于只有碱性脂肪酶，而一般碱性脂肪酶只能在碱性环境中发挥作用，不适于在畜禽胃肠道环境发挥作用。广东溢多利公司经过多年的技术研发，构建脂肪酶基因库，并从该基因库中筛选得到一酸性脂肪酶基因，通过基因重组及改造技术，将该基因在毕氏酵母中异源表达，酶活表达水平达到国内一流、国际领先水平。该酶在 pH＝6.5 条件下，酶活活性最高，该酶在 pH4～9 范围内，具有很好的稳定性。该项目“一种脂肪酶 LIP 及其基因和应用”已申报国家专利。酸性脂肪酶在肉鸡饲养试验中表现出明显的效果，随着酸性脂肪酶开发成功并推向市场，将为养殖业产生巨大的经济效益，并为饲料企业节省大量的成本。

4. 水产淬灭酶的研发及其推广。“淬灭酶”又称N-酰基高丝氨酸内酯酶，是一类特异性降解 N-酰基高丝氨酸内酯类信号分子（AHLs）的金属蛋白水解酶，广泛存在于多种微生物中。传统水产养殖过程中会使用大量抗生素杀死病原菌，这也必然导致抗药性突变株的出现。N-酰基高丝氨酸内酯酶制剂—“淬灭酶”的出现，为水产养殖业的疾病防治提供了全新的策略。其作用机制是通过干扰微生物细胞间的群体感应来减弱致病毒性并阻止微生物感染，利用N-酰基高丝氨酸内酯酶抑制 QS 系统不会对病原菌产生选择压力，因此，不会导致抗药性突变株的出现。利用淬灭酶可以替代水产养殖业的抗生素的使用，以及减少水产品中抗生素残留。对保障水产品质量安全、促进水产养殖业可持续发展具有重要意义。

5. 水产复合酶制剂的研究。酶制剂在水产动物日粮中的使用，也取得比较好的效果。众所周知，水产饲料要经过高温高压制粒等工序，对酶制剂本身影响较大。科研人员通过筛选耐热性能高的酶制剂以及采用后处理工艺，保证酶制剂在水产饲料加工过程中损失最小。通过鲫鱼养殖试验，添加水产复合酶制剂，使鲫鱼生长性能提高 11.8%，饵料系数降低 0.11，能量、蛋白质、纤维素、赖氨酸等表观消化率明显提高。水产复合酶的成功开发，对促进国内水产健康养殖提供了新的方法。

四、酶制剂行业更加规范

2012年5月1日，修订后的《饲料和饲料添加剂管理条例》正式实施，与此相关的配套规章和规范性文件也相继发布。新条例的实施，提高了饲料添加剂企业准入门槛，将对饲料添加剂企业和产业格局发生显著性影响，会导致不少饲料添加剂企业难以适应、被迫退出。溢多利公司作为饲用酶制剂生产厂家，主动参与行业规范管理，与国家相关部门一起制定行业标准，是植酸酶、木聚糖酶国家标准的主要起草单位，参与纤维素酶、甘露聚糖酶标准的制定工作。

五、行业发展方向和趋势

饲用酶制剂在饲料工业中占很小的一部分，随着酶制剂研究的深入，饲用酶制剂发挥着越来越重要的作用。虽然国内酶制剂发展迅猛，取得了部分成绩，但还要清楚认识到与国外先进国家的差距。国内部分酶制剂厂家见饲用酶制剂发展空间大，便风起云涌般的开展饲料酶项目，简单地将工业酶制剂产品直接转化饲用酶产品，在市场上大打价格战。饲用酶制剂具有其特殊性，无论从技术、资金、人才、市场方面需要投入大量的精力。这对于国内任何一个酶制剂厂家来说，都是重大的挑战。酶制剂厂家只有联合起来，发挥自身优势，才能做好、研透酶制剂产品，为饲料工业健康发展做出应有的贡献。

（周镇锋　冯新雨）

饲用酵母

饲料酵母蛋白质含量高，氨基酸组分齐全，富含多种维生素，对畜禽有很高的营养价值，世界各国对发展饲料酵母非常重视。饲料酵母经过 100 多年的发展，特别是最近 10 多年，从传统意义上的单细胞蛋白饲料原料基础上开发出功效更好的新型功能性酵母源生物饲料系列产品，在饲料酵母中扮演越来越重要的角色，在动物营养发展起到越来越重要的作用。

一、传统意义上的饲料酵母

1910 年最先用啤酒生产中的酵母泥作为补充饲料，并定名为饲料酵母。1967 年，在美国举行的第一次国际单细胞蛋白会议上，决定所有用单细胞微生物生产的蛋白质统称为单细胞蛋白。饲料酵母利用酵母菌体作饲料，亦称为单细胞蛋白。饲料酵母按照来源和生产工艺可分为石油酵母、糖蜜酵母、纸浆酵母、酒精酵母和啤酒酵母等。饲料酵母富含动物生长所需的多种营养物质，如蛋白质、脂肪、碳水化合物、矿物质、维生素和激素等。蛋白质中赖氨酸、色氨酸、苏氨酸、异亮氨酸等必需氨基酸含量较高，B 族维生素如烟酸、胆碱、核黄素、泛酸、叶酸含量高，此外尚含有未知生长因子。饲料酵母适口性好，在动物饲料中适当添加，可改善食欲，增加进食量和提高饲料转化效率，是目前较为理想的廉价蛋白质饲料之一。

二、新型功能性酵母源生物饲料

活性干酵母（Active Dry Yeast，ADY）；

酵母培养物（Yeast Culture，YC）；

酵母细胞壁多糖（Yeast cell wall）；

酵母酶解物（Yeast Autolysate）；

酵母硒（Yeast Selenium）；

酵母微量元素螯合物：酵母锌、酵母铬、酵母锰等；

海洋红酵母；

酵母复合菌；

霉菌毒素吸附剂（Mould toxin binder）；

利用酵母发酵而得到的酵母饲料；

酵母菌相关衍生物

三、酵母饲料的应用

1. 单一蛋白质饲料原料—啤酒酵母粉。中国是饲料生产大国，蛋白质饲料供应远远不足，每年需要进口大量的鱼粉和大豆以满足需求。发展酵母单细胞蛋白产业，既可以充分利用糟渣资源，改善现有蛋白质原料的营养品质，又可以节省部分豆粕和鱼粉的使用，从而满足生产需求。开发生产酵母单细胞饲料被世界公认为是解决饲料蛋白质紧缺的重要途径之一。

2. 新型功能性酵母源生物饲料。随着动物微生态学和动物营养学的发展，酵母源生物饲料在动物上的研究越来越多，除了作为单细胞蛋白原料外，已经开发出作为益生菌的活性干酵母产品、增强动物免疫力的酵母细胞壁免疫多糖、提高采食量和动物生产性能的酵母酶解物产品、微量元素酵母产品，如酵母硒、酵母铬等，大大减少微量元素的毒性和提高了微量元素的利用率，表现出更广阔的应用前景。

3. 酵母酶解物。该类产品富含天然核苷酸、活性肽 GSH、多种游离氨基酸和 B 族维生素等，能补充动物快速生长时期内源核苷酸合成不足，加快机体肠上皮细胞、肝脏细胞、淋巴细胞等复制、分裂增殖，提高免疫力，改善肝功能及脂质代谢，促进生长发育，激发动物生产潜能。特别在后血浆、后抗生素时代，酵母水解物在仔猪饲料中替代血浆蛋白粉经过多次试验验证，达到了预期的理想效果，是血浆蛋白粉的理想替代品。目前普通酵母酶解物粗蛋白质含量在 42%～45%，反映酵母酶解程度的指标游离氨基氮含量为 1.5%～2.0%，而广东雅琪生产的雅康宝 450（酵母核酸）通过菌种选育及特殊工艺，其蛋白质含量达到 48%以上，游离氨基氮也提高到 2.5%～3.0%，在国内外同类产品中属于领先水平。

4. 酵母细胞壁多糖。随着对抗生素的限制使用和人们对绿色无残留食品的需求，功能性绿色添加剂成为近几年养殖行业的热点。作为一种免疫增强剂，酵母细胞壁免疫多糖在水产畜禽养殖上的应用获得了令人满意的效果，积累了丰富经验。该类产品具有增强非特异性和特异性免疫功能，减少消化道疾病，提高生产性能，降低霉菌毒素对免疫系统的抑制作用，提高仔猪日增重、采食量，降低料肉比，对控制仔猪腹泻的效果非常明显。

5. 活性干酵母。活性干酵母作为酵母源生物饲料中唯一的一种益生菌，对动物肠道内分泌的蛋白酶等消化酶、生物耗氧夺氧、产生抗菌肽、调节动物肠道微生态平衡起到良好的作用。活性干酵母具有较强的发酵能力，可明显提高饲料消化率和饲料适口性，改善仔猪腹泻和母猪便秘等问题，由于酵母菌是单核真菌，对一般的抗生素具有较强的耐受性。

6. 酵母硒。酵母硒是动物补充硒源最佳来源，酵母硒可明显提高动物对硒的生物利用率，减少硒的毒害作用，对提高动物的繁殖性能和改善畜禽肉质等具有明显的作用。但由于酵母细胞壁非常之厚，酵母外壁包裹着厚厚的一层甘露寡糖，内壁是一层厚厚的葡聚糖，而动物肠道几乎没有分泌破壁酶，所以纵使是有机酵母硒，也很难被动物肠道吸收利用。广东雅琪生物科技有限公司生产的雅希宝破壁型酵母硒，有效提高了有机硒利用率和使用安全性。

7. 酵母培养物。酵母培养物是指在特定工艺条件控制下由酵母菌在特定培养基上经过充分厌氧发酵后形成的酵母培养物，它主要由酵母细胞外代谢产物、经过发酵后变异的培养基和少量已无活性的酵母细胞构成，该类产品能够促进瘤胃发酵使氨细菌、蛋白质合成细菌及纤维细菌等大量繁殖和生长，从而提高饲料粗纤维消化率及细菌利用非蛋白氮（NPN）合成菌体蛋白的效率。

四、2012 年饲料酵母市场需求增加，行业发展迅猛

啤酒酵母泥是啤酒生产的重要副产物，约占啤酒产量的 0.2%（干固物）。2012 年中国啤酒产量为 4 902万 t，据此计算，啤酒废酵母干固物总量为 7.4 万 t（图 1）。随着人们对酵母在各方面的认知，酵母的应用也越来越广泛，将啤酒酵母直接干燥做成单细胞蛋白饲料原料的需求越来越大，已达到了供不应求的局面；也有将啤酒酵母经过生物化学方法破壁处理，制成啤酒酵母浸膏或啤酒酵母浸粉等，大量应用于食品调味料、生物医药、生物发酵培养基、休闲食品等领域，而制备酵母浸膏或酵母浸粉的副产物酵母

细胞壁也应用于饲料保健产品，得到了非常好的应用效果；还有将酵母细胞壁大量出口，进行深加工制成保健品和美容品，也出现供不应求。

随着酵母的深发掘，其经济价值越来越高，而全国啤酒产销量基本达到饱和状态，啤酒酵母作为啤酒生产加工的副产物已经是一个资源性产品，产量没有很大的提高，由于受到市场价格的制约，从酵母接种发酵加工而来的酵母产品大量应用更是有限。目前，其他行业正侵吞用于饲料工业的酵母用量，饲料酵母也出现供不应求和价格高企，导致其简单干燥加工的酵母粉由于附加值低，生产意愿越来越低，进而转到利用价值和附加值更高的破壁型酵母和酵母细胞壁产品。

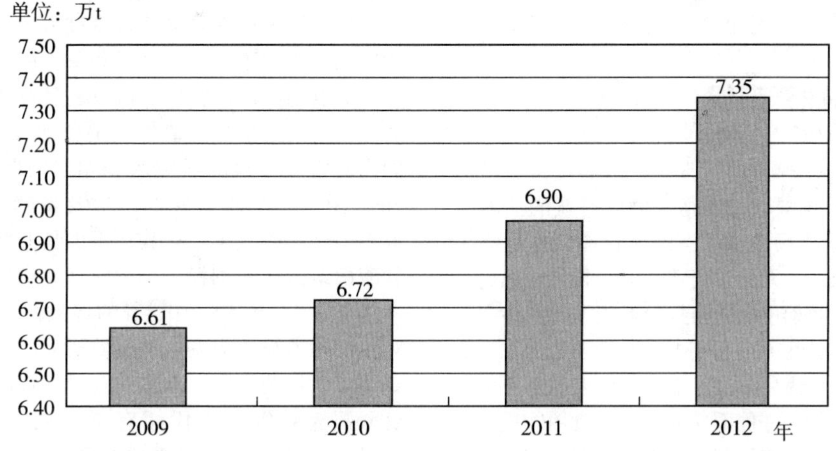

图 1　2009—2012 年全国啤酒酵母产量

目前国内啤酒酵母 50%～55%作为饲料使用，20%～35%用于加工酵母抽提物，提取物应用于生物医药、食品调味料、休闲食品及生物培养基等领域；5%～10%被加工成营养功能食品等。2012 年应用于农牧水产饲料的酵母产品大约在 6.9 万 t，同比增长 14.8%。其中啤酒酵母蛋白粉约 4.6 万 t，同比增长 10.2%；酵母酶解物 0.9t（源于啤酒副产物、糖蜜酵母及酵母厂不合格的活酵母加工），同比增长 53.4%；酵母细胞壁多糖 0.7 万 t，同比增长 15.0%；活性干酵母 0.5 万 t，同比增长 13.8%；富硒酵母 0.3 万 t，同比增长 6.0%（表 1）。

表 1　2012 年国内主要酵母源生物饲料产品结构表

单位：万 t

产品名称	2012 年产销量	2011 年产销量	同比（%）
酵母蛋白粉	4.6	4.2	10.2
活性干酵母	0.5	0.4	13.8
酵母酶解物	0.9	0.6	53.4
酵母细胞壁多糖	0.7	0.6	15.0
富硒酵母	0.3	0.3	6.0
合计	6.9	6.0	14.8

2012 年，中国畜牧业逐步由传统散养生产方式向规模化、集约化、专业化、现代化生产方式深入转变，饲料工业已经由数量型转向数量和质量并重型，全行业“安全、环保”生产意识得到进一步增强，酵母饲料产品由于其高效安全性的优势发展迅猛。目前，新型功能性酵母源生物饲料在饲料工业中的应用以每年 20%以上的速度增长。随着国家对食品安全和饲料添加剂的规范管理，饲料酵母的增长表现出更宽广的空间。

从表 1 可看出，2012 年由于受到中国畜牧业整体不景气的影响，饲料酵母产销量没有出现较明显增长，酵母酶解物增长率达到 53.4%。酵母酶解物在畜禽水产饲料中受到动物营养师的认可，在乳猪教槽料上得到广泛应用。血浆蛋白粉由于价格高昂、货源紧缺，加上血浆蛋白粉由于同源性蛋白和生物安全性问题，以及国产血浆质量不稳定，而进口血浆蛋白粉中多批次检出莱克多巴胺等激素 30～80mg/kg，很多营养师已经减少血浆蛋白粉用量或不再使用，转而大量使用酵母产品，以达到预期的效果。

五、行业产能扩大，行业竞争日趋激烈

由于普通酵母粉受到资源和利润限制，导致越来越多的企业开始转变思路，将酵母粉进一步深加工成利用价值和附加值更高的新型酵母生物饲料，涌现了一批涉足酵母源生物饲料企业，包括部分从事于食品酵母的外资企业，目前具有市场竞争力的主要集中在国产酵母企业，比如广东雅琪生物科技有限公司、安琪酵母股份有限公司等企业。广东雅琪生物科技有限

公司随市场需求和发展的需要，在浙江省和云南省等地投资1.6亿元兴建了两个发酵生产基地，产能将达到2万t/a，成为最具成长性的专业酵母源生物饲料企业，近3年来年产销量一直保持在100%以上递增率，成为酵母源生物饲料领军企业，积极推动了行业快速发展。

（陈训银　董爱华　徐春洪）

益生素应用研究进展

益生素（Probiotics）即通常所说的益生菌、活菌制剂，是指可直接饲喂动物对宿主健康有益的活的微生物，能够改善宿主肠道微生态平衡从而促进动物生长，具有无不良反应、无化学药残、促生长、增强免疫力和保健的作用。目前市场上与益生素相关的产品主要有3类：益生素、益生元（Prebiotics）和合生元（Synbiotics）。益生元又称为化学益生素，主要来源于不可消化的低聚糖，被认为是一种不易消化的可食用物质，通过选择性地刺激肠道中有益细菌生长，从而对宿主产生有益的影响。合生元又称合生素，是益生素和益生元的混合物，能够同时发挥益生菌和益生元的作用。在饲料中添加的益生素主要有乳酸菌、双歧杆菌、芽孢杆菌和酵母菌等。中国关于益生素的研究应用涉及家禽、生猪、反刍和水产养殖领域，并取得了一批成果，复合微生态制剂的报道仍以应用性研究为主。

一、乳酸菌

乳酸菌是一群形态、代谢性能和生理学特征不完全相同的革兰氏阳性菌的统称。乳酸菌为动物肠道正常菌群中的优势菌，是益生素中研究最早、应用最广、效果最好的一类。

乳酸菌可直接饲喂动物，在动物消化道内起有益作用，以活菌形式在动物消化道中与病原菌通过竞争性抑制，并直接调控胃肠道微生物平衡，调节胃肠道功能，增强动物免疫力。李旺（2012）向肉鸡灌服乳酸菌菌液100μL、200μL、400μL，结果表明添加乳酸菌菌液能够显著影响粗蛋白质和粗纤维含量。这是由于乳酸菌能分解糖产生乳酸，降低环境pH，在酸性环境下蛋白酶活性被进一步增强，使得日粮粗蛋白质消化率得到提高。在酸性环境以及大量细菌和其他微生物的寄生下，纤维素结构更容易被破坏，进而被动物消化吸收。刘加合（2012）研究表明，向AA肉鸡日粮中添加不同浓度（100、200、400 mg）的乳酸菌制剂能够有效提高鸡每周龄活重、降低料肉比，提高日增重，增强鸡的免疫能力，降低死亡率，提高屠宰性能。赵倩（2012年）将乳酸菌按1×10^5、1×10^6、1×10^7、1×10^8、1×10^9 cfu/kg添加到草鱼日粮中，发现添加乳酸菌可以显著提高草鱼生长性能，提高免疫器官指数、溶菌酶活性从而提高免疫力。黄良策（2012）在中国荷斯坦奶牛日粮中添加1 g/（头·d）乳酸菌，结果表明乳酸菌显著提高了泌乳后期奶牛产奶量，改善了乳品质，显著降低了电导率，有降低体细胞数趋势，改善奶牛乳腺健康。

乳酸菌素是在乳酸菌代谢过程中合成并分泌到环境中的一类对革兰氏阳性菌和革兰氏阴性菌具有抑制作用的杀菌蛋白或多肽，可以通过有效抑制消化道内病原微生物的生长提高饲料消化率和改善畜禽健康。国内对乳酸菌素的研究起步相对较晚，主要集中在Nisin和产乳酸素菌株的筛选及发酵条件的研究上，取得了一定的成果，也获得不少具有广谱抗菌功能的乳酸菌素菌株的饲粮。孙汝江（2012）在蛋鸡饲料中添加0.1%、0.2%、0.4%的乳酸菌素，结果表明蛋鸡生产性能显著提高，蛋品质明显改善，血浆谷丙转氨酶活性显著提高，总蛋白含量有提高的趋势，说明乳酸菌素对蛋白质代谢有正向调控作用。王全溪（2012）将复合诱变筛选的高产乳酸菌突变株分泌合成的一类新型多肽类乳酸菌素以50、100、200mg/kg添加到肉鸡日粮中，结果表明饲粮中添加乳酸菌素可改善肉鸡生长性能，提高其抗氧化功能，以添加100mg/kg乳酸菌素效果最佳。

借鉴乳酸菌在反刍动物饲料青贮中添加的成功经验，结合传统的湿拌料，乳酸菌也可用来发酵单胃动物日粮。王俊（2012）研究表明，乳酸菌发酵饲料能明显降低料肉比，增加平均日增重（日增重最高达到48 g），并且两条生产线猪舍氨含量分别降低了约38%和50%，尿中总氮和氨氮降低25%左右。巩德球（2012）在热带地区75～100 kg育肥猪日粮中添加20%、30%、50%乳酸菌发酵饲料（占干粉料的百分比），使得育肥猪平均日增重分别比对照组提高了1.2%、7.0%和11.6%，平均日采食量分别提高了1.0%、1.1%和2.7%，平均料肉比分别降低了1.3%、6.4%和9.0%，且添加50%乳酸菌发酵饲料时能最大限度地提高生产性能和收益。

二、芽孢杆菌

乳酸菌在动物生产中的应用效果得到了广泛认可，但其培养条件严格，抗逆性差，生产中需要采用特殊的保藏工艺，这就增加了生产成本。而芽孢杆菌在极端环境中可形成芽孢，耐受饲料加工的条件，适应动物消化道中的复杂环境，最终可到达作用位点萌发，发挥益生作用。目前农业部允许饲用的芽孢杆菌菌种有枯草芽孢杆菌、纳豆芽孢杆菌、蜡样芽孢杆菌、地衣芽孢杆菌等12种。

1. 枯草芽孢杆菌。枯草芽孢杆菌可提高动物生产性能，提高营养物质利用率。林维雄（2012）研究表明，枯草芽孢杆菌对仔猪增重有一定效果，对生长猪和肥育猪阶段添加枯草芽孢杆菌效果不明显，有降低育肥猪饲料转化效率的趋势，从全期结果比较，添加枯草芽孢杆菌对试验猪的增重有提高趋势。程志斌（2012）分别在地面平养和笼养的肉仔鸡日粮中添加 5×10^{11} cfu/kg 枯草芽孢杆菌来替代抗生素。结果表明：枯草芽孢杆菌对肉鸡生长性能的改善具有良好的效果，其作用机理与提高饲料蛋白质的利用率有关。无论是传统的肉鸡地面平养方式还是规模化肉鸡笼养方式，添加优质枯草芽孢杆菌饲用微生态制剂都可以有效替代饲用抗生素。周立强（2012）在黄羽肉鸡的日粮中添加 0.05、0.1、0.15、0.2g/kg 的枯草芽孢杆菌制剂（活菌数为 10^8 cfu/kg），结果表明，添加枯草芽孢杆菌可极显著提高粗蛋白质代谢率，粗脂肪、钙、磷及表观代谢能的代谢率均有提高，且在黄羽肉鸡日粮中枯草芽孢杆菌制剂适宜的添加量为 0.15 g/kg。丁洪涛（2012）采用体外发酵技术探讨枯草芽孢杆菌对奶牛瘤胃发酵参数及日粮营养物质消化率的影响。结果表明：添加枯草芽孢杆菌不影响瘤胃 pH，会不同程度提高瘤胃氨态氮，显著提高总挥发性脂肪酸、丙酸及丁酸含量，能显著降低乙酸：丙酸，显著提高产气量及干物质、中性洗涤纤维和酸性洗涤纤维消化率。表明枯草芽孢杆菌能促使瘤胃发酵类型向丙酸型转变，提高日粮利用率，促进瘤胃纤维降解。

枯草芽孢杆菌可改善动物肠道微生态区系结构。李卫芬（2012）研究表明：在肉鸡日粮中添加 10^5 cfu/g 枯草芽孢杆菌制剂能够显著提高十二指肠内容物中消化酶活性；增加十二指肠、空肠和回肠绒毛高度；增加空肠和盲肠内容物中乳酸菌数量，大肠杆菌数量显著降低，改善肉鸡肠黏膜结构及菌群组成，从而提高肉鸡的生长性能。李卫芬（2012）在草鱼日粮中添加 1°8 cfu/kg 饲料的枯草芽孢杆菌，结果表明肠道内容物和肝胰脏中绝大多数消化酶含量显著增加。肠道乳酸菌数量显著降低，致病性弧菌和大肠杆菌数量极显著降低，但芽孢杆菌和假单胞菌数量却极显著提高。陈国营（2012）的研究表明在海兰褐蛋鸡日粮中添加 0.05%枯草芽孢杆菌菌粉和 2.5%枯草芽孢杆菌发酵豆粕后可减少大肠杆菌等有害菌群数量，增加枯草芽孢杆菌和乳酸菌等有益菌群数量，降低其 pH。同时枯草芽孢杆菌能降低自然放置的粪便 pH，减少其 N、S 损失，从而降低鸡舍中 NH_3 和 H_2S 等有害气体的浓度，改善饲养环境。周映华（2012）在仔猪日粮中添加 0.05%和 0.1%枯草芽孢杆菌，结果表明：添加枯草芽孢杆菌 0.05%，日增重提高 23.8%，饲料转化率提高 5.5%，腹泻率显著降低。粪便中乳酸菌和双歧杆菌显著增加，大肠杆菌显著降低。以 0.05%添加量对仔猪的生产性能及肠道微生物区系的影响最为有利，说明芽孢杆菌的使用剂量并非越高越好，不同芽孢杆菌应有一个最合适的添加剂量。

2. 地衣芽孢杆菌。董爱华（2012）为探究地衣芽孢杆菌对断奶仔猪生产性能及腹泻率的影响，在 25 日龄断奶杜长大仔猪日粮中添加 0.02%地衣芽孢杆菌，结果表明，芽孢杆菌组提高仔猪增重 12.3%、平均日增重提高 13.9%、料肉比降低 15.5%；地衣芽孢杆菌对腹泻有明显的预防作用，可以降低腹泻率 17%，具有很好的经济效益。景翠（2012）研究表明：在蛋鸡日粮中添加 1×10^9、2×10^9、3×10^9 cfu/kg 地衣芽孢杆菌有促进乳酸菌、双歧杆菌增殖、抑制大肠杆菌数量、改善肠道微生态区系的功能。有提高蛋鸡十二指肠、空肠的肠绒毛高度，降低肠黏膜厚度，改善肠道形态结构趋势。在饲料中添加 3×10^9 cfu/kg 地衣芽孢杆菌对平衡肠道菌群、改善肠道形态结构效果最明显。

3. 芽孢杆菌的复合使用及其与抗生素的配伍。在生产中，几种芽孢杆菌常混合使用，可显著提高生产性能（表 1）。张海平（2012）在仔猪日粮中添加枯草芽孢杆菌后仔猪黄白痢发病率下降 4.0%。结果表明：微生态制剂可以替代传统抗生素来防治仔猪黄白痢。常超（2012）在樱桃谷肉鸭日粮中添加枯草芽孢杆菌、地衣芽孢杆菌和混合益生菌。结果表明：3 个益生菌组对肉鸭胴体和肌肉品质均无不良影响，添加地衣芽孢杆菌和混合益生菌显著提高鸭肌肉中氨基酸总量、必需氨基酸和鲜味氨基酸含量，增加了鸭肉的鲜味。

表 1 复合芽孢杆菌在畜禽生产的使用效果

动物	组 成	添加剂量（cfu/g）	日增重	料重/蛋比	产蛋率	蛋重	文献
肉鸡	植物乳杆菌＋枯草芽孢杆菌，载体为葡萄糖	1.0‰	+2.47%*	−4.71%*			谢全喜等
		2.0‰	+5.85%*	−7.04%*			
		4.0‰	+16.17%*	−4.71%*			

（续）

动物	组　成	添加剂量(cfu/g)	日增重	料重/蛋比	产蛋率	蛋重	文献
鸭	枯草芽孢杆菌＋地衣芽孢杆菌	3.5×10^9	1.59%	－1.70%			孔令勇等
	枯草芽孢杆菌＋地衣芽孢杆菌＋寡糖	2×10^9	＋5.51%*	－6.27%			
	枯草芽孢杆菌＋地衣芽孢杆菌＋链球菌	7×10^9	＋7.48%*	－11.15%*			
蛋鸡	地衣芽孢杆菌＋枯草芽孢杆菌	2×10^7		－1.59%	＋1.75%*	0.11%	吕尊周等
		4×10^7		－1.22%	－0.43%	2.53%	
		6×10^7		－0.54%	－0.98%*	1.76%	
仔猪	乳酸菌＋芽孢杆菌，载体为葡萄糖	2.0‰	＋11.42%*	－10.23%*			张建梅等

注：＋表示与未添加益生素组相比提高的百分数；－表示与未添加益生素组相比降低的百分数；*表示显著提高或降低。下同。

三、复合益生素

在饲料中多采用多菌种混合或以合生素形式添加，不同菌种之间可起到协同作用来增强使用效果，建立和维持消化道微生物的多样性。但实际应用前应反复验证复合菌种的效果，以免削弱个别菌种效果或是产生有害变异。产酶益生素是益生素产品的升级换代产品，主要成分为高酶活特性的枯草芽孢杆菌、乳酸菌、丁酸梭菌及载体等。饲料中添加产酶益生素不仅能够促进畜禽肠道有益菌群生长繁殖，有效补充消化道有益微生物，改善肠道菌群平衡，并且产酶益生素在肠道内能分泌蛋白酶、淀粉酶和半纤维素酶等多种饲料分解酶，从而提高肠道消化酶活性，增强肠道消化能力。其作用机理，一是益生素尤其是乳酸菌进入肠道后产生乳酸，降低肠道pH，抑制致病菌生长，激活酸性蛋白酶活性；二是产生各种消化酶，从而提高饲料转化率；三是有益微生物在肠道内生长繁殖，能产生营养物质如维生素、氨基酸、未知促进生长因子等，参与机体新陈代谢，促进动物生长；四是产生一些抗菌物质，如嗜酸菌素、乳糖菌素、杆菌肽等，抑制病源菌在肠道内生长繁殖。

1. 复合益生素在猪生产中的应用。仔猪断奶应激是生产中的一大难题，其主要原因是微生物区系遭到破坏。益生素能够协助仔猪重建微生物区系，提高生产性能（表2）。张建梅（2012）研究表明复合微生态制剂可以提高仔猪血清总蛋白的含量，降低血清尿素氮，同时也可促进红细胞生成，增加血红蛋白含量，提高机体血液运输能力，提高血清IgA和IgM的浓度，提高仔猪免疫水平。

表2　复合益生素在猪生产中的应用

动物	试验阶段	菌种组成	剂量	采食量	日增重	料重比	腹泻率	文献
断奶仔猪	21～42d	纳豆芽孢杆菌＋酪酸菌＋嗜酸乳杆菌	0.15%	＋12.85%*	＋22.78%*	－8.64%*	－8.6%*	孙占田等
	25～57d	酵母菌＋乳酸菌＋芽孢杆菌	0.35%		＋35.56%*	－21.75%		李武等
	25～67d	乳酸菌＋芽孢杆菌	0.35%		＋11.42%*	－10.23%*		张建梅等
	30～60d	加酶益生素	0.20%		23.45%	－17.87%	－58.50%	郭冬升等
生长育肥猪	40～108kg	酵母菌＋乳酸菌＋芽孢杆菌	0.32%		＋14.67%*	－15.93%		李武等

2. 复合益生素在家禽生产的应用。复合益生素对家禽的作用主要表现为改善肠道微生物菌群（表

3）及免疫功能（表4），提高肠道功能和营养物质代谢率，从而提高其生产性能。金鹿（2012）在蛋种鸡日粮中加入50、100、200g/t复合微生态制剂（枯草芽孢杆菌＋地衣芽孢杆菌＋酪酸菌），结果表明，日粮中添加复合微生态制剂能够显著提高蛋种鸡日增重及跖长日增长，降低料肉比。在本试验中，以100g/t添加量综合效果最佳。

表3 复合益生素对鸡肠道微生物菌群的影响

动物	菌种组成	剂量	大肠杆菌	乳酸菌	沙门氏菌	文献
蛋鸡	地衣芽孢杆菌＋枯草芽孢杆菌＋啤酒酵母菌	3％	－4.79％	6.26％		王芳等
		5％	－6.18％	6.52％		
青脚麻鸡	1％BS3＋2％（BC2＋BC1）＋3％SC5＋1％BL4		－30.56％	＋350％*	＋62.16％*	白云飞等
	1％BS3＋2％（BC2＋BC1）＋3％SC5＋1％BL4＋0.2％超细茶粉		－61.11％*	＋400％*	＋122.97％*	
	1％BS3＋2％（BC2＋BC1）＋1％BL4		－43.06％	＋700％*	＋1.35％*	
	1％BS3＋2％（BC2＋BC1）＋1％BL4＋0.2％超细茶粉		－10.42％	＋1500％*	＋143.24％*	

注：青脚麻鸡菌种组成为：蜡样芽孢杆菌BC1、蜡样芽孢杆菌BC2、枯草芽孢杆菌BS3、地衣芽孢杆菌BL4、啤酒酵母SC5。

表4 复合益生素对鸡淋巴器官指数的影响

动物	试验阶段/d	菌种组成	免疫指数			文献
			胸腺	脾脏	法氏囊	
AA肉鸡		0.1％（芽孢杆菌、乳酸菌、酵母菌）	＋15.38％*	＋13.82％*	＋17.49％*	李万军
		0.2％（芽孢杆菌、乳酸菌、酵母菌）	＋15.16％*	＋17.51％*	＋17.11％*	
海兰褐蛋鸡	10	10^9cfu/g（芽孢杆菌、乳酸杆菌、双歧杆菌）	＋18.52％*	194.12％	4.17％	廉新慧
	20		＋10.00％*	＋79.31％*	13.04％	
	30		15.79％	136.36％	＋6.12％*	
	40		50％	＋89.21％*	＋26.19％*	

3. 复合益生素在反刍动物生产的研究。研究表明益生素能够明显提高奶牛对粗饲料的消化吸收，提高产奶量和改善奶成分。添加活酵母细胞能够刺激瘤胃中某些细菌繁殖并且改变瘤胃功能，其中两个重要的功能是乳酸利用和纤维消化，使日粮纤维消化率提高，可提高产奶量、改变乳成分、增加奶牛采食量。

符运勤（2012）在新生荷斯坦犊牛的日粮中分别添加地衣芽孢杆菌，地衣芽孢杆菌与枯草芽孢杆菌的复合菌，地衣芽孢杆菌、枯草芽孢杆菌和植物乳酸杆菌的复合菌。每头牛食入益生菌总数为2×10^{10} cfu/d。结果表明，饲粮中添加地衣芽孢杆菌单菌提高了犊牛0～8周龄平均日增重和8周龄体躯指数，添加地衣芽孢杆菌枯草芽孢杆菌和植物乳酸杆菌的复合菌提高了犊牛8周龄的体躯指数。李新（2012）在研究产酶益生素（添加量为0、10、20、30 g/d）对西门塔尔牛瘤胃液pH及氨态氮浓度的影响时发现，日粮添加产酶益生素后，瘤胃pH在采食后3、6 h以及平均值随着添加量的增加有提高的趋势；添加20、30 g/d产酶益生素显著降低瘤胃液氨态氮，且产酶益生素适宜添加水平为20 g/d。刘星（2012年）在荷斯坦奶牛日粮中添加复合益生素制剂（乳酸菌＋酵母菌），结果显示：产奶量提高了4.67％，乳干物质和乳脂率分别提高了12.8％、13.8％；体细胞数明显下降并且趋于稳定；在整个试验期间，乳蛋白率均趋于稳定。结果表明，直接饲喂复合益生菌制剂能够明显提高奶牛产奶量，并能有效改善乳品质。

4. 复合益生素在水产生产的研究。潘雷（2012）在大菱鲆日粮中分别添加枯草芽孢杆菌、地衣芽孢杆菌、枯草芽孢杆菌＋地衣芽孢杆菌、嗜酸乳酸菌、双歧杆菌、嗜酸乳酸菌＋双歧杆菌、枯草芽孢杆菌＋地衣芽孢杆菌＋嗜酸乳酸菌＋双歧杆菌。结果显示，饲料中添加益生菌显著降低了肠道弧菌数，显著提高了大菱鲆酚氧化酶活力、溶菌酶活性和总抗氧化力。与添加单一益生菌相比，在饲料中添加复合益生菌对降低大菱鲆肠道弧菌总数，提高机体免疫力具有更好的促进作用。为了研究复合微生态制剂对异育银鲫肠道菌群和消化机能的影响，宦海琳（2012）在饲料中添加不同水平酿酒酵母（0.04%、0.06%、0.08%）、嗜酸乳酸菌（0.01%、0.02%、0.03%）以及枯草芽孢杆菌（0.01%、0.03%、0.05%）3种益生菌制剂制成的9种复合微生态制剂。结果表明：酿酒酵母能够显著影响肠道乳酸菌和芽孢杆菌含量，显著影响肠道消化酶、营养物质及干物质表观消化率。说明3个菌种适当搭配可改善异育银鲫肠道微生态环境，有益于消化酶分泌和饲料养分的消化，较优的组合为酿酒酵母0.08%、嗜酸乳杆菌0.03%、枯草芽孢杆菌0.01%。

四、小结

对于益生素的研究尚需进一步深入，益生素在使用时应注意以下几点：选择安全的益生菌；确保益生素效价；益生素的使用要有针对性；把握好益生素的作用时间和剂量。综合分析益生素研究现状，今后可从以下几个方面进行研究：

1. 应进一步加强对益生素作用机理及其应用方式的研究，以保证其发挥最佳功效。

2. 益生素制剂一般都具有协同作用，应研究益生素和其他添加剂的配合使用。

3. 采用转基因技术，提高益生菌的作用效果。

4. 寻找新的高效益生素。

5. 开发益生素新制剂和新技术。

6. 在微生物添加和加工工艺方面，提高常用微生物的耐热性。

（吴亚男　王　恬）

寡　糖

食品安全问题日益受到人们关注，这不仅是一项系统工程，更关系到人类健康和生存。其中饲料安全是关键环节，饲料有问题就可能直接造成动物性食品不安全。而随着动物源性食品在人民食品消费结构中的比例越来越高，动物源性食品的安全问题也随之越来越凸显，成为影响人们生活的一个严重的社会问题。

饲料问题中人们最关注的是抗生素问题，因此寻求更为安全有效的动物饲料添加剂是进一步发展饲料和畜牧业的当务之急。寡糖由于其良好的理化特性和对人体、动物的积极有效作用，近10年来已成为重要的微生态制剂，不仅可以大幅度替代饲用抗生素的使用，而且能够显著改善和提高畜产品质量，已引起全世界广泛的关注，是近年来增长最快的微生态饲料添加剂。

一、寡糖的分类

现在已有研究的寡糖种类很多，按照其作用可分为营养性寡糖和功能性寡糖两大类。营养性寡糖包括蔗糖、麦芽糖、乳酸糖、海藻糖和麦芽三糖等，它们可被机体消化吸收；功能性寡糖包括聚异麦芽糖、大豆寡糖、果寡糖、寡半乳糖、壳聚糖、壳寡糖、寡木糖等，因在动物体肠道内不具备分解消化的酶系统，不能被动物体胃酸和酶所降解，故不能被消化吸收，而是直接进入后肠内为有益菌如双歧杆菌等所利用，对动物体发挥独特的生理功能。

功能性寡糖的分类标准很多，主要是根据组成的单糖不同进行分类。还可以根据分子是否存在半缩醛羟基分为还原性寡糖和非还原性寡糖。根据寡糖组成糖单位的连接方式可把寡糖区分成不同的组别，如棉籽糖族、蔗果三糖族都含有蔗糖单位，它们成为以蔗糖为基础的寡糖。根据糖苷键类型的不同分为N-糖苷键型和O-糖苷键型，N-糖苷键型：寡糖链与多肽上Asn的氨基相连，这类寡糖链有3种主要类型：高甘露糖型、杂合型和复杂型；O-糖苷键型：寡糖链与多肽链上Ser或Thr的羟基相连，或与膜脂的羟基相连。常见寡糖的基本特性见表1。

表1　常见寡糖基本特性

名　称	结　　构	聚合度	甜度（与蔗糖相比）	能量（Kcal/g）	进入大肠比例
寡果糖 FOS	蔗糖与1-3果糖以β-2，1糖苷键连接在蔗糖的D-果糖基	3月5日	30～60	1.5	>90
寡异麦芽糖 IMO	葡萄糖以a-1，6糖苷键连接为异麦芽三糖、异麦芽四糖、潘糖，含有少量a-1，4糖苷键的麦芽糖	2月8日	30～55	—	≤50

（续）

名　称	结　　构	聚合度	甜度（与蔗糖相比）	能量（Kcal/g）	进入大肠比例
寡木糖 XOS	2～7 个木糖分子以 β-1，4 糖苷键结合	食品应用最佳聚合度：2月4日	30～40	木二糖、三糖：2 木四糖约：0	>90
寡半乳糖 GOS	半乳糖或葡萄糖与 1～7 个半乳糖基以 β-1，4 或 β-1，6 糖苷键连接	2月8日	20～40	1.5	>90

二、寡糖的作用机理

营养性寡糖一般作为甜味剂或其他养分补充，可被机体通过不同途径进行吸收利用。但是功能性寡糖经过肠道不被消化直接进入大肠，优先被肠道益生菌利用，具有促进肠道双歧杆菌增殖，调节肠道菌群平衡，改善肠道功能；调节消化功能，防治便秘和腹泻；促进维生素合成；降低血清胆固醇，降低血脂和血压等功能。

1. 调节肠道菌群平衡、改善肠道功能。通常状态下，碳水化合物很难进入大肠，因此一旦有碳水化合物进入大肠就会对肠道菌群代谢产生重要影响。而大肠微生物对寡糖的利用程度也是不同的。体外试验表明，双歧杆菌对各种寡糖几乎都可以利用，而一些有害细菌则不能利用或很难利用大多数寡糖。肠道中细菌的种类和数量是一个相互协调、相互制约的平衡体系，摄入寡糖，双歧杆菌、乳酸菌等有益菌的优势生长可以抑制病原菌生长，从而调节肠道菌群平衡，起到改善肠道功能的作用。有益菌利用寡糖后产生的有机酸多数为小分子酸，其中乙酸占 95%，这些有机酸降低了肠道食糜的 pH，抑制了肠道腐败产物的生成，并促进肠道蠕动，增加粪便湿润度并保持一定渗透压，从而促进排便、防治便秘。

2. 结合致病菌、降低发病率。病原菌一般都是通过细胞表面或绒毛上特异性凝集素与动物肠壁黏膜上皮细胞上相应的糖受体结合，黏附在肠壁上发育繁殖，达到一定数量时导致疾病。而功能性寡糖具有与此糖受体相似的结构，并与糖受体竞争结合病原菌的特异性凝集素，前者结合力更强，阻碍了病原菌在黏膜上黏附，从而失去致病能力。同时，由于功能性寡糖具有非可消化性，使得它与病原菌形成的复合物可经肠道顺利排出体外，防止病原菌在体内繁殖。因而，采食寡糖可降低由致病菌导致的疾病发生。

3. 激活免疫、延缓衰老和抗肿瘤。动物体摄入寡糖可以激活非特异性免疫系统中巨噬细胞自然杀伤细胞和补体，调节特异性免疫系统中 B 细胞和 T 细胞，提高机体免疫能力，能够抑制肿瘤细胞增殖。甘露寡糖与毒素、病毒、真核生物结合后可妨碍抗原的吸收，增强机体的细胞免疫和体液免疫，还可刺激肝脏甘露结合蛋白的分泌，识别结合甘露糖，在动物免疫力降低时，发挥天然抗感染免疫功能。

4. 抑制内毒素、保护肝脏功能。寡糖促进双歧杆菌生长，产生抗生素类物质，抑制外源致病菌和肠内腐败菌增殖及毒素产生，从而降低了肠道内毒素和尿素酶的含量，减轻肝脏分解毒素的压力。

5. 促进维生素合成、矿物质元素的吸收。功能性寡糖不仅可以被双歧杆菌利用，生成烟酸、叶酸及多种维生素，而且还可促进 Zn、Mg、Fe、Ca 等多种微量元素的吸收。功能性寡糖促进微量元素吸收的机理为：寡糖在肠道被双歧杆菌发酵为短链脂肪酸，短链脂肪酸通过降低肠道 pH 并与微量元素结合，增加了矿物质溶解度。此外，功能性寡糖还能通过对结肠膜细胞的刺激作用，提高肠道对矿物质的吸收能力。

三、功能性寡糖应用的研究进展

1. 功能性寡糖在饲料中的应用进展

（1）寡糖对动物免疫的影响。现有的关于寡糖在动物和人体中的研究最多的是对于机体免疫方面的影响。在新生仔猪饲料中添加寡果糖（3g/kg 体重），结果发现仔猪盲肠上皮细胞密度、标记细胞数、边缘增殖区增加。不同剂量的寡木糖均可显著提高断奶仔猪血清中 IgG 浓度，而甘露寡糖可明显提高 60 日龄时仔猪 E-玫瑰花环率和 PHA 淋巴细胞转化率。

胸腺、脾脏、法氏囊是禽类主要免疫器官，参与机体体液免疫和细胞免疫。胸腺和法氏囊属于中枢免疫器官，对雏鸡的免疫能力起着决定作用，脾脏属于外周免疫器官可以产生大量的 B 细胞和特殊抗体。因而免疫器官指数是衡量禽类机体免疫水平的重要指标，一般认为免疫器官增加为免疫增强的结果。王中华和黄修奇（2012）报道，在肉仔鸡饲料中添加 1.2%大枣寡糖，动物脾脏指数提高了 18.4%（$P<0.05$），胸腺指数提高 22.4%（$P<0.05$），空肠和盲肠中乳酸杆菌显著提高（$P<0.05$），大肠杆菌显著降低（$P<0.05$）。由此可见，大枣寡糖提高了肉鸡

免疫功能，有益于肠道微生物区系平衡。

(2) 寡糖对动物肠道微生物的影响。寡糖的另一重要作用就是调节动物肠道微生物菌群平衡，促进有益菌生长繁殖，抑制有害菌增殖，并与有害菌结合后将其排出体外。试验表明，在雏鸡饲料中添加寡果糖(0.5%)，沙门氏菌检出率下降 12.0%。饲料中同时添加寡果糖和饲用微生物，沙门氏菌感染鸡的百分率比单独添加饲用微生物明显降低，这可能是由于两者同时使用，延长了饲用微生物的保存时间，促进其在肠内的生长繁殖，表明功能寡糖和饲用微生物的联用有协同效应。在断奶仔猪日粮中添加寡异麦芽糖，盲肠、结肠的大肠杆菌含量比对照组显著降低。0.4%果寡糖使肉鸡盲肠中双歧杆菌和总厌氧菌数分别显著增加 257.7%和 100.1%；0.02%寡木糖使肉鸡空肠乳酸菌数量较对照组显著提高。在肉鸭试验中添加大蒜素基础上再添加 100 g/t 寡木糖仍能明显降低肠道大肠杆菌的数量，增加乳酸菌的数量。在断奶仔猪饲料中添加寡木糖，可使乳酸杆菌数量提高 12.6%，大肠杆菌数量降低 2.5%。周庆民等 (2012) 试验证明，寡糖通过降低肠道 pH 并作为有益菌（双歧杆菌和乳酸杆菌）的底物促进其生长，以寡异麦芽糖、寡果糖效果最佳，但对大肠杆菌促生长作用不明显。

2. 功能性寡糖在食品中的应用进展

(1) 寡异麦芽糖。寡异麦芽糖是一种支链、非发酵性寡糖，又称分枝寡糖或称寡聚葡萄糖 (IMO)。寡异麦芽糖的主要成分为异麦芽糖、潘糖、异麦芽三糖和异麦芽四糖，占总糖的 50%以上。这类寡糖在酱油、清酒、酱类、蜂蜜及果葡糖浆中少量存在，广泛存在于大麦、小麦和马铃薯等植物性饲料中，极少以游离状态存在于自然界。

IMO 甜度温和，可代替部分蔗糖以降低食品甜度及改善食品风味。异麦芽三糖、四糖、五糖等随着聚合度的增加甜度降低甚至消失。其黏度介于相同浓度的蔗糖与麦芽糖之间。其黏度比蔗糖高，更易于保持结构稳定，其黏度比麦芽糖低，食品加工时操作方便，且对糖果、糕点等的组织与物理性质无不良影响。同时，寡异麦芽糖对酸和热的稳定性极强。将 IMO 添加到饮料、罐头及高温处理或低 pH 食品中，其特性和生理功能不受影响。IMO 具有良好的保湿性，对食品的湿润和品质的维持有较好的效果。它还能抑制蔗糖结晶、防止淀粉类食品回生，从而延长货架期。

(2) 寡果糖。果糖寡糖是指在蔗糖分子的果糖残基上结合 1～3 个果糖分子的寡糖的总称。主要由蔗果三糖、蔗果四糖和蔗果五糖组成。日常食用的蔬菜水果中含有此类寡糖，尤其在洋葱、菊芋、芦笋、香蕉和麦类中含量较高。寡果糖在微酸到中性 pH5～7 时稳定，加热到 150℃也不分解；而在酸性 pH4 以下时，高温加热会引起分解。当使用在乳酸饮料、冷饮、果汁、果酱、水果罐头等作为甜味剂。冷藏 可保存 1～6 个月仍很稳定，故可以广泛使用于各种食品的制造。

3. 功能性寡糖在医药保健中的研究进展。寡糖普遍具有难消化、甜度低及热量低的特性，所以不易转化为脂肪和胆固醇。有研究者将寡异麦芽糖用于血液透析患者高血脂并发症的治疗，取得了良好效果。研究较早和较深入的是寡果糖，很久以前，国外学者就发现寡果糖有降血脂和胆固醇的功效。研究资料表明，对于血脂水平正常的个体而言，寡果糖的功能主要是降低血清中甘油三酯 水平，其主要机理是通过降低肝脏中脂肪酸合成 实现的。对于高血脂症 个体而言，寡果糖的主要效应是降低胆固醇含量。这些与寡果糖发酵产物丙酸对肝脏胆固醇合成的抑制有关。

功能性寡糖因其具有较高的稳定性可以直达大肠，被双歧杆菌等有益菌利用，而不能被有害菌所利用。这种选择性增殖作用不仅使得肠道菌得到优化，而且使肠道微环境得到改善。功能性寡糖由双歧杆菌引起的间接功能。

(1) 生物屏障作用与抗衰老功能。寡糖可以被双歧杆菌发酵利用而产生某些抗菌素，这些抗菌素能有效抑制有害细菌的生长代谢，减少其产生的有毒物质对机体的损伤。由于功能性寡糖的生物屏障作用，有害物质向血液 转移受到阻止，心、肝、肾等脏器受损的可能性减少。已有研究证明，功能性寡糖对肝病患者可以起到良好的辅助治疗作用。另外，也有专家认为，双歧杆菌能增强超氧化物歧化酶 (SOD) 活性，减少自由基、活性氧，因而可以抗衰老。

(2) 营养作用。功能性寡糖不仅可以被双歧杆菌利用，生成烟酸、叶酸及多种维生素，还可促进 Zn、Mg、Fe、Ca 等多种微量元素吸收。大量研究表明服用功能性寡糖有利于 Ca 的吸收，促进儿童生长，防止老年骨质疏松症，其中寡果糖的此项功效较为突出。此外，寡木糖具有良好的食物配伍性，与 Ca 同时摄入效果更好。

功能性寡糖因具有独特的生理功能而成为重要的功能性食品基料，已引起全世界广泛关注，是近年来增长最快的健康食品配料。随着经济的快速发展和人们生活水平的提高，对营养保健食品的需求量日益增加，而功能性食品研发被认为是 21 世纪重要的课题，这些都将为功能性寡糖的研发创造良好的机遇。

四、影响寡糖在饲料中应用效果的因素

功能性寡糖早在 1960 年就已经作为食品辅料进行深入研究，而作为饲料添加剂应用是从近几年开始

的。因而有必要对寡糖在动物饲料中的合理应用进行深入研究。功能性寡糖因其用量少、纯天然、无残留、稳定性好开始在饲料中添加与应用，其应用效果的好坏直接受添加量、寡糖的结构、饲喂条件和方法、动物健康状况及年龄、日粮类型所影响。

在实际应用中常常会忽略上述因素对于使用效果的影响。首先，任何一种添加剂的使用，饲料厂和养殖户一般首先关注的是成本。大多数功能性寡糖价格较高又必须添加到一定量才能起到其应有的效果，这势必会增加饲料生产成本，成本的增加高于所带来的经济效益时会降低畜牧业的整体利润，不利于其在畜牧业中的推广应用。其次，饲料用功能性寡糖不能等同于食品、医药行业所用寡糖。在食品、医药行业，功能性寡糖的添加可明显提高产品质量及知名度，而且产品的功用也会在短期内显现出来，因而即便产品售价提高，销售量也不会受到影响，因而寡糖产品在这一方面的使用会有不菲的利润。

然而，有研究证明，饲料专用功能性寡糖添加过度会引起后段消化道的过度发酵，引起肠道尤其是乳酸杆菌等过度繁殖，抑制双歧杆菌增加，甚至引起动物轻微腹泻，抑制动物的生长。因此正确的添加量是合理应用饲料用功能性寡糖的关键因素之一。

五、展望

已经有很多报道证实在动物饲料中添加功能性寡糖可全部或者部分替代抗生素，从而减少或者不用抗生素，保证动物源性食品的安全。有报道认为，甘露寡糖与抗生素合用对仔猪的体增重、饲料报酬的改善优于单一使用抗生素，显示出较好的互作性。功能性寡糖与饲用微生物及抗生素发挥最佳效果的比例及如何协调好它们之间的关系也是今后畜牧业研究的方向之一。

（陈旭东）

饲料酸化剂对沙门氏菌污染的控制

自 1885 年 Daniel E. Salmon 发现了猪肠道内第一株沙门氏菌菌株至今，目前已有超过 2 500 个血清型被确定。国内已报道的血清型达 240 种以上（焦新安，1998）。长期以来，家禽育种企业一直致力于从种禽中净化鸡白痢沙门氏菌，在生产中控制沙门氏菌属污染，主要依靠使用抗生素，但抗生素的长期使用，不仅能引起动物内源性感染和二重感染，沙门氏菌等病原微生物也可产生耐药性，降低家禽免疫功能，而且残留在禽蛋、肉中，直接危害人的健康和安全。随着人们对食品卫生安全以及药物残留等方面的高度重视，饲料中添加酸化剂成为控制沙门氏菌危害减少药物残留的有效措施。

一、沙门氏菌的危害与控制

1. 沙门氏菌的基本特性。沙门氏菌广泛存在于自然界，在温度 7℃～45℃条件下均可生长，以 35℃～37℃最为适宜，但对高热、直接阳光照射及常用消毒药均敏感，60℃时 15min 可将其杀灭。许多血清型沙门氏菌都可产生毒素，尤其是肠类沙门氏菌、鼠伤寒沙门氏菌和猪霍乱沙门氏菌，毒素具有耐热能力，75℃经 1h 仍有毒力，可使人发生食物中毒。沙门氏菌的细菌依据其对宿主的感染范围可分为宿主适应血清型和非宿主适应血清型两大类，前者除对其适应的宿主有致病性外，很少使其他宿主发病。如马流产沙门氏菌、羊流产沙门氏菌、猪霍乱沙门氏菌、鸡沙门氏菌、鸡白痢沙门氏菌；后者则对多种宿主有致病性，如鸭沙门氏菌、纽波特沙门氏菌、田纳西沙门氏菌、鼠伤寒沙门氏菌等。沙门氏菌主要来源于患病的人和动物及其带菌者。沙门氏菌主要由粪便、尿、乳汁以及流产胎儿、胎衣和羊水排出病菌污染水源、土壤和饲料等，特别是因宰杀患病及带菌的牲畜导致病菌散布，经消化道感染健畜，也有人认为鼠类可传播该病菌。

2. 沙门氏菌的危害特点

（1）对家禽的危害。沙门氏菌属的细菌都有一定程度的致病性（表 1）。主要通过消化道途径感染。沙门氏菌菌体裂解后释放的内毒素是致病的主要因子。

表 1　人和家禽常见沙门氏菌的致病性与生化特性

项　　目	致病性	生化特性
鼠伤寒沙门氏菌	鸡白痢已控制，地区鸡群中最多见，经卵巢传染，有一变种可对家鸽致病	分解糖不产气
肠炎沙门氏菌	人和禽中分离率高，主要引起畜禽的胃肠炎和人类肠炎和食物中毒	不发酵肌醇

（续）

项　目	致病性	生化特性
鸭沙门氏菌	具有广泛寄生种类，能致多种畜禽和人发病	初次分离菌株不发酵木胶糖
雏沙门氏菌 （鸡白痢沙门氏菌）	多侵害20日龄以内幼禽，成年鸡主要感染生殖器官，降低繁殖性能，可感染火鸡	大多数不发酵麦芽糖，不能利用枸橼酸作为碳源
鸡沙门氏菌 （鸡伤寒沙门氏菌）	鸡与火鸡都能感染，可致产蛋前各种日龄鸡的败血伤寒症和成年母鸡卵巢炎	能发酵卫矛醇与麦芽糖但不产气，不对鸟氨酸脱羧基

资料来源：陆承平等（2001）。

（2）沙门氏菌对鸡肉的污染。Shackelford（1988）报道，肉鸡在生产加工线上连续被电晕、屠宰、放血、烫洗和拔毛。烫毛和电流浸没式烫洗过程，已被证实是鸡肉中沙门氏菌污染和交叉污染的主要来源。在肉鸡运输过程中，由于其脚、羽毛、皮肤很容易沾上粪便。因此，沙门氏菌能存在于鸡笼中并在加工操作开始时传染给鸡群。

（3）沙门氏菌对鸡蛋的污染。沙门氏菌对禽蛋的污染首先作用于蛋壳表面，或者通过其他途径进入禽蛋内部而造成污染。Cox报道（2000）沙门氏菌既可以通过被感染的母鸡水平传播，又可以通过产蛋进行垂直传播。卫生状况差的环境是造成鸡蛋表面沙门氏菌污染的最重要因素。如果产蛋鸡体内携带有沙门氏菌，当鸡下蛋时，鸡蛋表面已被感染了，因此孵化室会得到受感染的鸡蛋。被污染的种蛋在孵化过程中，一部分中途死亡，一部分孵出病雏。而病雏通过与健雏接触，使沙门氏菌在整个鸡群中传播。

（4）其他产品的污染。沙门氏菌病属于畜禽常见病，发病率较高，危害很大。特别是泛嗜性沙门氏菌，其宿主专一性不强，能使人和牲畜致病，这一类型占沙门氏菌属的大多数，如鼠伤寒沙门氏菌、猪霍乱沙门氏菌、肠炎沙门氏菌等。人如果吃下含有大量此类菌的食物（肉品、蛋品、牛奶等），则可引起食物中毒。

3. 沙门氏菌的传播途径。在自然界中，沙门氏菌有广泛的动物寄主。鸡、鸭、鹅等家禽和猪、牛、羊、马等家畜，以及各种兽类、鱼类、鼠类均可带菌，甚至从蝉及某些昆虫中也可分离出沙门氏菌。此菌存在于这些动物的肠腔内，因此在家禽家畜屠宰、加工过程中其肉均可染菌，患病动物屠宰后直接出售更易传播病菌。蛋类或蛋制品同样可遭受污染，污染沙门氏菌的禽蛋至少需煮沸3min才能将其杀灭。若沙门氏菌侵入血液循环，可随血流运往身体任何部位，如骨、关节、心、肺、肝、脾、肾、胸腹膜、脑膜及皮肤等处，引起败血症和局部感染性病灶。另外，沙门氏菌各血清型侵袭力极不相同，有些除引起胃肠炎外，很少引起其他症状，而猪霍乱沙门氏菌常侵入血流造成播散性感染。

4. 养殖生产对沙门氏菌的控制。饲料常常是一种重要的污染源，在近年来，由于许多菌株的沙门氏菌对动物和人传统使用的某些抗生素已经产生耐药性，因此如何有效预防沙门氏菌的传播与污染对养殖企业而言尤为重要，有必要对饲料、人员，设备，供水，害虫进行监测。当使用抗生素而担心产生耐药性增加的情况下，疫苗接种也是有效的选择（Hoszowski Waysl，2002）。

二、饲料中添加酸化剂对沙门氏菌的控制

Wary（2001）报道，可采取不同的策略来控制饲料中的沙门氏菌。通过制粒的热处理（高于70℃）与粉状饲料相比降低了沙门氏菌风险，但在饲喂动物前饲料的再次污染也可能发生。使用发酵液体饲料可减少饲料污染，但这种技术有很大的局限性，到目前为止还没有在养殖企业广泛地推广，因此，在饲料中使用酸化剂为控制沙门氏菌提供了一个有效的解决方案。

1. 饲料酸化剂的分子抑菌机制

（1）无机酸化剂。在饲料中使用的酸化剂有两种作用模式。第一种是降低消化道pH，在酸化剂溶解时，可释放H+。无机酸可完全分解并对降低pH有显著的影响。而沙门氏菌生存pH4～9，适宜生长的最佳范围为6.5～7.5，或高或低的环境pH均会抑制细菌的生长。在低pH（例如pH 3）情况下，质子（H +）穿过细菌细胞膜的速度更快，因而会导致细胞内酸化，降低病原菌渗透压体系，阻止了病原菌的正常繁殖，从而抑制病原菌沙门氏菌等生长发育。当然一味降低饲料中pH并不可行，因为无机酸具有腐蚀性，对人和动物具有危险性，并可导饲料加工处理

设备受损。此外，由于饲料中原料对酸化剂具有缓冲作用，饲料进入动物消化道后并不能显著改变肠道pH。并且有数据证明某些沙门氏菌长期处于较低pH环境也可产生耐酸性（Foster，1991；Bearson，1998）。

（2）有机酸化剂。有机酸一般作为弱酸，对沙门氏菌等病原菌有不同的作用模式，常见的有机酸产品是微生物新陈代谢的产物，因其有良好的抗菌性能，有机酸作为食品防腐剂已有悠久的应用历史。在溶液中，有机酸存在有解离的平衡常数pK（例如乙酸/乙酸盐），其作用的关键是在非解离（非离子化）状态下，它们可以渗透通过细菌的细胞壁细胞膜进入细胞质，由于解离的酸的比例随着pH值升高而增加，一旦进入细胞内，有机酸即可进行解离，在近中性pH值的细菌内环境，细胞质中酸即可释放阴离子A－和质子H＋（Russell等，1998），进而导致胞内pH值降低，对pH敏感的细菌而言，不能耐受细菌内外环境的pH值存在较大差异性，进一步激活H＋—ATP酶泵机制，促使细菌内pH值达到正常水平，在此过程导致能量消耗，细菌生长受阻，并最终杀死细菌。

由于有机酸只能以非解离状态自由扩散进入细胞膜，而解离酸的阴离子部分被滞留在细菌细胞内，这种累积的阴离子因其抑制代谢反应（Krebs等，1983），即对细菌产生毒性（Russell，1992），减少了大分子物质的合成（Cherrington等，1991）。非pH敏感菌如乳酸杆菌可耐受细菌内外pH的较大变化，

表2　不同酸化剂对沙门氏菌的最小抑菌浓度（MIC）

试验材料	沙门氏菌MIC（%）
乙酸	0.058 6
甲酸	0.029 3
乳酸	0.117 2
正磷酸	0.117 2
柠檬酸	0.117 2
丙酸	0.058 6
富马酸	0.058 6
乙酸铵	>1
甲酸铵	>1
甲酸钙	>1
乙酸/甲酸组合	0.058 6
甲酸/正磷酸组合	0.029 3
甲酸/乳酸组合	0.029 3

如果细菌内pH值处于较低的状态，有机酸可通过进入时相同的方式重新形成非解离状态，另外，革兰氏阳性菌细胞内还具有较高浓度的K＋，也可为阴离子酸提供大量阳离子（Russell，1998）。有机酸的抗菌效果也与有机酸浓度较高及较长的羧酸碳链有关，革兰氏阴性菌不能耐受长链和中链的有机酸（Canbie等，2001）。

2. 不同酸化剂在动物生产中对抑制沙门氏菌的功效。Sadler和Binder（1996）为了研究不同有机酸对沙门氏菌的抑菌效果进行了最小抑菌浓度（MIC）试验，结果见表2。

由表2可见，不同有机酸其作用效果不同，其中甲酸以及甲酸组合（例如，甲酸酸＋正磷酸）对沙门氏菌的抑菌效果最好。

Waldroup等（1995）研究在肉鸡饲料中添加1%的柠檬酸效果，观察到受感染的鸡只数量较对照组相比有所增加，同时他们发现肉鸡饲料中添加富马酸（0.5%、1.0%、2.0%）并未有效控制粪便或胴体沙门氏菌污染。添加乳酸（0.25%、0.5%、1.0%和2.0%）也未控制粪便或胴体沙门氏菌污染。

在其他试验中，如Jorgensen（2001）报道，断奶仔猪饲料中添加2.8%乳酸减少了粪便中沙门氏菌的数量。Byrd等（2001）在屠宰前的肉鸡饮水中添加0.5%乳酸可有效减少沙门氏菌污染。Izat等（1990）在肉鸡饲料中对添加甲酸和甲酸钙进行了研究，添加0.36%甲酸钙和0.3%甲酸，显著降低了胴体沙门氏菌的水平。日粮添加0.36%甲酸钙或0.5%的甲酸粪便中沙门氏菌有所降低。Kovarik和Lojda（2000）报道肉鸡日粮中添加0.5%甲酸，可成功用于降低沙门氏菌对饲料、粪便与鸡群的再次污染。Byrd等（2001）报道添加甲酸0.5%于屠宰前的肉鸡饮水中也可控制沙门氏菌。Canibe等（2001）体外评估了pH值为4时胃内容物添加有机酸对鼠伤寒沙门氏菌的有效性，其顺序依次为乙酸＜甲酸＜丙酸＜乳酸＜山梨酸＜苯甲酸。Walsh等（2003）报道日粮中添加有机酸组合0.4%或有机酸无机酸组合0.2%或0.4%可成功减少仔猪粪便中沙门氏菌，而添加0.2%无机酸无任何效果。

王冉等（2001）选用不同酸化剂对肉鸡肠道菌群进行研究，在试验日粮中添加富马酸和乳酸宝（乳酸为主）均不同程度地抑制了肉鸡肠道大肠杆菌和沙门氏菌增殖，促进了乳酸杆菌的增殖，维持了肉鸡肠道微生物菌群平衡，提高了肉鸡的免疫力，降低了肉鸡的死亡率（表3、表4），这与Hinton等（1988）和Waldroup等（1995）的报道基本一致。这说明，乳酸宝和富马酸应用于肉鸡日粮中均能抑制肠道内大肠杆菌和沙门氏菌增殖，促进乳酸杆菌增殖。

不同酸化剂对饲料中沙门氏菌污染控制的效果不同，单独或几种酸化剂联合使用的效果也不一致。Winsen（2002）试验表明，当乳酸和乙酸共同使用时对沙门氏菌繁殖、传播、生存表现更强的抑制效应。Hardorn（2001）在肉鸡日粮中分别加入0.3%、0.6%和0.9%混合有机酸（甲酸和丙酸），对鼠伤寒沙门氏菌同样表现出较强的抑菌效果。酸化剂对饲料中存在的沙门氏菌也有一定的杀菌效果。

表3 21日龄肉鸡肠道内大肠杆菌沙门氏菌和乳酸菌浓度

单位：logCFU/g

项	目	对照组	富马酸（0.125%）	乳酸宝（0.125%）	乳酸宝（0.25%）	乳酸宝（0.5%）
空肠	大肠杆菌	8.612±0.12a	7.748±0.25b	7.383±1.11b	7.105±0.39b	6.672±0.23c
	乳酸杆菌	6.322±0.17a	7.544±0.35ab	7.602±0.39ab	7.716±0.17b	7.863±0.21b
	沙门氏菌	7.079±0.34a	很少	—	—	—
盲肠	大肠杆菌	9.346±0.23a	8.959±0.34b	8.643±0.12b	8.301±0.32bc	7.477±0.28c
	乳酸杆菌	8.386.±0.14a	8.491±0.25a	9.529±0.15a	8.949±0.12ab	9.055±034b
	沙门氏菌	7.365±0.59	很少	—	±	±

表4 42日龄肉鸡肠道内大肠杆菌沙门氏菌和乳酸菌

单位：logCFU/g

项	目	对照组	富马酸0.125%	乳酸宝0.125%	乳酸宝0.25%	乳酸宝0.5%
空肠	大肠杆菌	6.748±0.21a	6.519±0.23a	6.505±0.28a	6.302±0.23a	6.230±0.45b
	乳酸杆菌	8.505±0.62a	8.580±0.16a	8.591±0.19a	8.698±0.41a	8.996±0.38a
	沙门氏菌	5.845±0.37a	很少	—	—	—
盲肠	大肠杆菌	9.255±0.41a	8.833±0.29b	8.176±0.68bc	7.892±0.17c	7.544±0.12c
	乳酸杆菌	8.914±0.35a	9.0±0.24a	9.247±0.17ab	9.322±0.28b	10.041±0.24c
	沙门氏菌	7.398±0.20a	很少	—	—	—

三、结论

应用酸化剂降低肠道pH，可抑制肠道有害菌如沙门氏菌的繁殖，但不抑制有益菌如乳酸杆菌等的繁殖（Kirchgessner和Roth，1988），饲料中添加酸化剂以及防霉剂可有效降低沙门氏菌等微生物，从而避免饲料污染保证饲料安全（Eidelsburger，1997），有机酸对沙门氏菌的控制效果依赖于有机酸浓度、pK值以及分子大小，可通过与某些成分（如醛类、天然萜烯和表面活性剂）组合，达到控制沙门氏菌提高食品安全的协同效果。通过对有机酸化剂进行深入研究，对控制养殖现场、饲料产品以及食品中沙门氏菌污染，使用饲料级酸化剂将是一个可行的选择。

（李 祥）

饲料机械制造工业概况

饲料机械制造工业

2012年，受国内城镇化进度加快、规模养殖持续推进和饲料产品结构调整的推动，全国饲料产量继续保持快速增长势头，工业饲料总产量达19 449万t，同比增长7.7%，为畜牧业发展提供了坚实的物质基础。其中，饲料加工企业数量与2011年的10 915家相比减少了57家，同比下降0.5%。饲料总产量和饲料企业数量的变化，表明饲料产业在保持快速发展的同时，集中度更加明显，企业整合速度加快，饲料生产企业规模与模式进一步调整。这些变化也直接影响着饲料机械制造工业。由饲料加工成套机组数量和单机设备数量的变化可以看出，国内饲料生产企业继续加快进行技术改造、设备更新，呈现出大型集约化与小中型的精细化、个性化发展并存的趋势。

一、饲料加工成套机组生产情况

近3年饲料加工成套机组生产情况见表1。由表1中可以看出，2012年共生产饲料加工成套机组1 906套，生产总数与2011年相比增加32套，同比增长1.7%，但与2010年相比有较大增长，增加了274套，同比增长16.8%。其中，时产10t以上的大型饲料加工成套机组966套，与2011年、2010年相比增长较快，分别增加了97套、364套，同比增长11.2%和60.5%；时产10t以下的饲料加工成套机组940套，与2011年、2010年相比都有所下降，分别减少了65套、90套，同比减少6.5%和8.7%。2012年，饲料加工成套机组保持了稳定增长势头，其中大型成套设备数量增加较快，促进了配合饲料产量的快速增长，这也与饲料行业整合速度加快、生产企业两极分化向大型化规模化方向发展相适应；中小型成套设备数量大幅下降，与《饲料生产企业许可条件》实施提高了饲料及饲料添加剂企业门槛，中小饲料企业面临的市场风险加大、生存空间变小有很大关系。

表1　饲料加工成套机组产量

单位：套

年份	≥10t/h	<10t/h		合计
		5～10t/h	1～5t/h	
2010	602	246	784	1 632
2011	869	300	705	1 874
2012	966	940	1 906	

二、2012年饲料加工机械生产情况

2012年，饲料加工机械设备生产总量为26 826台套，同比增加4 415台套，增长19.7%。其中，成套机组1 906台套，同比增加32台套，增长幅度为1.7%；单机24 920台，同比增加4 383台，增长幅度为21.3%。在成套机组中，时产≥10t设备966台套，时产<10t设备940台套。在单机设备中，粉碎机8 539台，同比增加1 360台，增长幅度为18.9%；混合机7 237台，同比增加934台，增长幅度为14.8%；制粒机8 138台，同比增加1 206台，增长幅度为17.4%；单机其他1 006台，增加883台，增长幅度为717.9%。

三、配合饲料加工设备发展特点

饲料行业已进入高成本、微利化、规模化时代，2012年面临的高成本压力有增无减，行业平均利润水平有所下降，加快了饲料企业向集团化、大型化方向发展的步伐，使得大型饲料加工成套设备在快速发展的同时，机械化、自运动化程度进一步提高。配合

饲料加工成套设备的发展继续以大型成套设备生产线＋节能高效单机设备＋智能机器人技术、产能与产品优化同步发展的道路，同时加快了对旧有饲料生产线的改造，以提高单班产量。具体发展特点如下：

1. 大型成套饲料加工设备生产线建设继续受到青睐。面对饲料企业集团化发展趋势，有实力、有品牌的大型饲料企业（集团）依托雄厚资金实力、采购成本优势和规模化经营优势，加大大型饲料生产线投资力度，企业规模进一步扩大。同时，饲料生产企业更加注重产品质量及安全，向规模、向先进管理技术要效益的意识越来越强，对生产线在饲料产品的质量与安全控制、设备性能及工艺先进性等方面要求越来越高。饲料机械设备企业积极研究和跟进饲料企业需求，不断完善不同类型、不同规模饲料加工生产线的工艺和单机设备质量，饲料机械及成套设备自动控制水平显著提高。

2. 配合饲料加工生产线逐渐向“专一化”方向发展。中国饲料工业已经发展到了第二个阶段——调整与产品优化阶段，专业化生产线方向已为众多饲料企业所接受，专业加工幼畜禽饲料、种畜禽饲料、水产育苗料、特种饲料、宠物饲料的生产线越来越多，生产线专业化程度不断提高。

3. 配合饲料加工设备自动化及智能化程度不断提升。随着饲料企业微利化时代的到来，制粒机和膨化机自动控制系统、全自动化成品包装设备及自动码垛机在饲料生产线的应用越来越多，人力投入较多的包装工序、码垛工序实现机械化、自动化已是大势所趋。

4. 注重制粒、膨化等关键设备的大型化、智能化、节能化研制。随着中国饲料工业向规模化、集约化、国际化发展趋势越来越明显，饲料机械也将步入大中规模时代，单机设备的大型化是必然趋势，目前与先进国家的差距还是显而易见的。

5. 重视微量组分自动配料系统的开发与应用。小料称量配料、投料环节是饲料生产线上人力投入较多、最容易出错的工序，实现自动计量配料是大势所趋。随着技术进步，微量组分自动配料系统的配料精度、配料准确度逐步提高，基本可以满足饲料企业对小料称量精度的要求，应用企业逐渐增多，将是饲料加工装备企业的一个发展亮点。

6. 饲料机械产品出口量大幅提升。随着国内饲料机械行业竞争程度的增加，国内饲料机械生产企业更加注重自主品牌和自主创新产品的研发，积极拓展国际市场，出口数量逐年增加，出口比例大幅提高。2012年出口12 330台套，比2011年增加2 577台套，占生产总量的比例由2011年的35.50%提高到49.5%。说明国内饲料机械制造水平已达到或接近国际先进水平，制造产能已远远超出国内需求。

7. 饲料加工设备的更新换代产品及新产品不断推出。作为国内大型饲料机械生产企业，江苏牧羊集团和正昌集团十分注重产品创新和技术研发，每年都推出一些新产品，并组织专家进行鉴定。2012年牧羊集团通过鉴定的产品包括SFSP132×65C/G锤片式粉碎机、SLHSJ12双轴桨叶式高效混合机和高油脂宠物料双螺杆挤压膨化技术与设备等；正昌集团通过鉴定的饲料机械产品包括SZLH880X虾料制粒机、SZLH678环模制粒机、SDHJ12b单轴桨叶高效混合机、SPZL338N牛羊料膨胀器等，部分产品技术达到同类产品国际领先水平。

8. 生产形式变化，散装饲料将实现快速发展。随着养殖行业由农户分散饲养型向自动化、产业化方向发展，袋装饲料已经无法满足大型养殖场对饲料的储存需求，且袋装饲料增加了包装成本、人力成本，因此推广配合饲料散装运输和储存技术，实现饲料产品“厂场对接”专业化配送是未来发展的方向。

（李军国　王红英）

牧草机械与秸秆饲料加工机械发展概况

随着国务院《关于促进牧区又好又快发展若干意见》（国发〔2011〕17号）的实施，牧区加强了草原围栏和棚圈建设，在具备条件的地区稳步开展牧区水利建设、发展节水高效灌溉饲草基地，加大了牧区牧业机械购置补贴支持力度。中国牧草产业已经步入快速发展的新时期，初步形成了集种子繁育、牧草种植、产品加工、储运、销售等各环节连接的产业链条。为了提高牧草良种繁育和标准化、规模化、机械化生产水平，农业部于2009年组建了国家牧草产业技术体系，确定了优质牧草产品标准化生产关键技术、草地稳产与持续利用关键技术等研究任务和目标，建立了22个牧草产业经济数据库，并在全国设置139个牧草生产示范基地，示范面积已达13万亩，对中国草原保护建设和牧草产业发展起着积极的推动作用。

“十二五”期间，奶业是中国农牧业领域优先发展的产业，确定了奶类产量年均提高5.9%的发展目标，将跨越4 000万t和5 000万t两个大台阶。近年来，国内牛奶质量不尽如人意，受到人们的普遍关注。解决牛奶质量安全问题的关键在于发展优质饲草产业，增加优质蛋白质饲料。苜蓿为多年生豆科牧草，蛋白质含量高达18.0%以上，富含多种维生素，具有防风固沙、保持水土、改良土壤、提高地力等作用，被誉为“牧草之王”，是发展畜牧业特别是奶牛业的重要蛋白质饲料。近年来，甘肃、新疆、内蒙古等西部地区开始大规模种植和生产商品化苜蓿草，期望建立奶业的第一优质“车间”，以解决原料奶质量安全问题。发展苜蓿草，让奶牛吃好草产好奶。国家对奶牛优质牧草的扶持政策取得历史性突破，从2012年开始，实施“振兴奶业苜蓿发展行动”，中央财政每年安排5.25亿元，建设50万亩高产优质牧草基地。

2012年，黑龙江省政府讨论通过了《黑龙江省苜蓿产业“十二五”发展规划》(以下简称《规划》)。《规划》提出，到2015年，建立苜蓿良种培育体系，将黑龙江省建设成为北方苜蓿种子生产研发基地。建立良种扩繁基地10万亩，达产后年产苜蓿优良种子2 000t，实现优质苜蓿种子的有效供给。建成苜蓿生产田1 000万亩，苜蓿年产量达到500万t，年产值达到100亿元，基本实现每头产奶牛每年饲喂2t苜蓿干草的目标，将黑龙江省发展成为“苜蓿奶”生产基地。发展苜蓿专业合作社300个，龙头企业、规模养殖企业、专业合作社苜蓿种植面积达到总面积的80.0%。“十一五”期间，黑龙江省苜蓿产业发展速度较快，出现了一批以种植苜蓿为主的草业企业和农民牧草合作社，建立了养殖企业+农户、草业企业+农户、草业合作社等生产模式，推动了苜蓿产业化发展。近年来苜蓿保有面积50万亩，年产干草25万t左右，主要集中在奶牛产业带杜尔伯特蒙古族自治县、富裕、大庆和齐齐哈尔郊区等地，以及富锦、穆棱和部分农场。

鄂托克旗经过不断地探索和科学试验，统筹土地、水源、技术、设施等，把苜蓿草产业作为改善草原生态环境、转变农牧业发展方式、加快农牧区经济发展、增加农牧民收入的重要抓手，2006—2011年，共种植苜蓿10万多亩，成为名副其实的“苜蓿草基地”。旗委、旗政府兼顾企业、农牧户双方利益，制定了一系列扶持政策，鼓励扶持本土龙头企业参与苜蓿产业发展，并按照一定标准对苜蓿种植企业第一年给予每亩150元补贴，第二年给予每亩100元补贴。在产品销售中，鄂托克旗投资600多万元，新建了3万多m^2产品交易市场，由政府和苜蓿种植企业双向对接，积极接洽大型草业、奶业公司，在苜蓿籽种、产品销售方面形成支撑。苜蓿草规模化、集中化种植有效缓解了鄂旗禁休牧期间的饲草料的需求缺口。鄂托克旗2012年计划新增苜蓿种植5.2万亩，到“十二五”末，苜蓿种植将达到30万亩以上，力争紫花苜蓿鲜草每亩产量达到4 000～5 000kg、干草每亩产量达到1 000～1 300kg，实现产值3.6亿元。

目前，宁夏苜蓿留床面积570万亩以上，加工方法主要以调制青干草为主。紫花苜蓿适宜的收获期短，受天气影响极易腐烂变质，成为困扰种植户和养殖户的一大难题。为了解决苜蓿收储难题，提高饲草品质，从2009年开始，宁夏着手研究苜蓿包膜青贮方法和苜蓿半干青贮方法。目前，这两项技术不仅为宁夏乃至全国大面积推广苜蓿青贮技术提供了可靠依据，填补了国内技术空白。适时收获的苜蓿经过40多天贮存可完成发酵，优质率100%，蛋白质含量18%～22%，较传统收获方式高出6～10个百分点。用青贮苜蓿饲喂的奶牛，日均牛奶增产1.8kg，头均年增收650元。目前，苜蓿青贮技术已在全区13个市、县（区）推广应用。

近年来甘肃省农垦集团大力发展草产业，利用河西走廊的优质商品苜蓿生产优势，将黄花农场、饮马农场、临泽农场、生地湾农场、八一农场5个国有农场组建成甘肃亚盛田园牧歌草业集团公司，专门从事紫花苜蓿种植、加工、销售，以及紫花苜蓿种子生产、批发、零售和饲料销售。甘肃农垦着力“建设大基地、培育大企业、形成大产业”，力争把亚盛田园牧歌草业集团公司建成全国最大的草业生产企业，“十二五”末建成12万亩商品苜蓿草标准化生产示范基地，成为中国最大的优质商品苜蓿草生产区。农垦集团还投资1 700万元，在黄花农场等地建成美国2200S规格的5万t二次加密生产、3万t苜蓿草块、草颗粒生产线，实现了年生产8万t优质苜蓿草产品加工能力，并引进欧美二次加工生产线，使草捆密度提高一倍，运输成本降低50.0%左右。

一、牧草种植与管理机械化

近年来，国内科研人员针对羊草类草原的状况提出了破土切根复壮促生改良草地的方法，在不破坏原植被和土壤环境的前提下，通过机械手段划开土壤板结层，切断牧草横向根茎，不翻动土壤，不扰动草根，在地表形成极小切缝并伴随局部疏松，改善土壤的透气与蓄水环境，促进牧草复壮及无性更新，提高并长时间保持牧草产量。同时，在深入研究国内羊草类草场退化状况和机械化草地改良工艺，以驱动型土壤耕作机械设计理论为基础，辅以从动型土壤耕作机械设计理论，结合草原土壤动力学，研制开发适用于中国羊草类牧区普通牧民适用的牧草破土切根（复壮促生机），并取得了成效和进展。

草地切根机是一种竖向切断退化板结草场上牧草须根的草地改良机械，其主要工作过程是旋转的切刀在草地上切出一条较窄的缝隙。切刀作为机具的重要作业部件，疲劳断裂是其主要的失效方式，其疲劳寿命直接决定了整机的工作效率、使用寿命和可靠性。因此，分析影响其疲劳寿命的因素，准确预测其疲劳寿命，对提高整机可靠性具有较大的意义。高东明等对草地切根机切刀的疲劳寿命进行了分析。

二、收获机械化

2012 年 5 月 29 日，在宁夏回族自治区彭阳县新集乡马洼万亩紫花苜蓿种植示范点举行了全国苜蓿小型机械收获加工现场会。彭阳县从 2000 年开始种植紫花苜蓿，目前，该县种植紫花苜蓿总面积达 104.6 万亩，苜蓿种植户使用的收割机械主要为背负式割草机，由于收割后不能及时压扁，导致苜蓿中粗蛋白质损失 5.7%，而现场演示的自走式苜蓿刈割压扁机，由于其收割、压扁一次完成，粗蛋白质损失率仅为 2.4%。这次现场会是国内第一次针对苜蓿机械化生产举办的现场会，现场演示国内第一台自主研发的自走式苜蓿刈割压扁机。

山西省运城市农机局张立功研制了 4ATZ－200 型牧草调制收获机，该机经过不断地试制、试验和改进，最后通过性能试验和测试，表明该牧草调制收获机可一次完成牧草收割、调制和集条，能够满足牧草收获的农艺要求。

黑龙江省畜牧机械化研究所张海琨研制了“92GL2.1 型牵引式牧草收获作业机”，该设备与小型拖拉机直接配套，集割草、搂草联合作业于一体，它不但适合中国农牧区实际需求，而且具有较高的作业效率。

中国农业机械化科学研究院呼和浩特分院设计、内蒙古华德牧草机械有限责任公司制造的 9YFS－2.0 型三道捆绳方草捆捡拾压捆机，主要由捡拾输送台、拔草叉、压缩活塞、压缩腔、自动打结器、发动机、传动系统、液压系统、控制系统、过载安全保护装置等组成，该机捡拾器内侧幅宽 1 970mm，草捆尺寸（高×宽×长）380×560×（350～1300）mm，成捆率 ≥98%，草捆密度 130～230 kg/m^3（牧草含水率为 17%～23%）。

新乡市花溪机械制造有限公司生产的花溪玉田 4ZD－236 型收获打捆机，收获打捆一次性完成。籽粒收获归仓，秸秆回收打捆。其收获机构与打捆装置与一体，结构独特，采用中央传动专利技术，动力输出更科学，传动设计更合理，采用了德国捆扎绕绳技术装置，捆扎密实，成捆率高。

上海世达尔现代农机有限公司生产的 THB3060 方捆机可用于捡拾各类牧草及水稻、小麦、芦苇等农作物秸秆。能自动连续作业，打成方草捆，便于运输贮存和深加工。适合在农场、草场条件下作业，可根据作物条件、运输和贮存要求，调整草捆长度和密度。截面尺寸 360×480mm^2，草捆长度 300～1 200mm（可调）。

针对目前人工捡拾、装载草捆的劳动强度大、装载高度受限制、作业成本高等现状，中国农业机械化科学研究院呼和浩特分院研制了“9JK－2.7 型小方草捆捡拾车”，既能适应天然草场，也能适应人工种植草场和大块平地田间作业的小方草捆捡拾。“9JK－2.7 型小方草捆捡拾车”属于侧牵引式、采用地轮装置驱动、立式升运草捆的结构，挂接在拖拉机或拖车、卡车的侧面，作业时机器从地面捡起小方草捆，并升运至一定装载高度后进入装载车，然后采用人工在车上进行码垛。

三、青饲料收获处理机械化

青贮饲料是奶牛养殖最主要的饲料，对提高牛奶产量和质量具有不可替代的巨大作用。中国生产的草产品数量和质量均不能满足国内奶牛业的需要，其主要原因在于中国草业机械化程度还较低。

河南省济源市畜牧局立足丰富的农作物秸秆资源，以奶牛产业为主导，以规模场区建设为载体，采取龙头拉动、政策扶持、技术服务等措施，积极开发利用秸秆资源。现有青贮池 363 个，其中奶牛场占 215 个，容积 17 万 m^3，占总容积 77%。特别是去年以来新建的青贮池，全部为 1 000m^3 以上大池，长宽高比例恰当，坚实耐用，排水通畅，更便于机械化作业。为保证贮草数量、质量和饲喂效果，该市奶牛场花大量资金购买了机械设备，铡草机、青贮联合收割机、TMR 全日粮混合机一应俱全。截至目前，济源市共有各种铡草机 360 台、青贮联合收割机 4 台、TMR 全日粮混合机 6 台，为青贮加工利用提供了坚强保障。从 2012 年起，连续 3 年，该市财政每年列支 2 000 万元奶牛发展专项资金，对奶牛场标准化建设、引进良种奶牛、购置秸秆综合利用设施设备等进行奖补。同时还将铡草机、青贮联合收割机、TMR 全日粮混合机等畜牧机械列入农机补贴范围。2010 年，济源市引进推广饲用玉米，当年试种 558 亩，2011 年种植 2 600 多亩，2012 年种植规模扩大到 1.8 万亩，饲用玉米全部用于全株青贮，不但为秸秆青贮争取了时间和资源，更重要的是提高了饲草质量。一些奶牛场与农机合作社联系，找来大型青贮联合收割机帮助收割，按照 130 元/亩支付收割费用。一些奶牛小区则采取统一建池、统一青贮的方式，以成本价供应饲养户饲草，既减少了饲养户的劳动量，又提高了青贮草质量，而且集中使用还有效杜绝了青贮草二次发酵。

近年国内青饲收获机和青贮型穗茎兼收玉米联合收获的研究开发比较活跃。河北中农博远农业装备有限公司生产的 4QZ－8 青贮饲料收获机，主要用于玉米、高粱、牧草、甘蔗等饲料作物的青、黄贮收获。该机设计新颖，配有两套驾驶操纵机构可双向前进。

收获机由高速旋转的甩刀与机壳的多排定刀对打切割揉搓物料，加工出的饲料为丝、段、末，是不等长的丝状纤维，绵软适中，适合作为牛、羊等反刍动物饲料。实现了收割、粉碎、收集为一体的无行距机械化青贮作业。作业幅宽 1 800mm，割茬高度≤120mm，配套动力 70kw。4QZ－2800 自走式青饲料收获机，适用于玉米、高粱、牧草、燕麦、芦苇等作物的不分行收割及切碎作业；该机对倒伏作物适应性好；先进的喂入装置，集喂入压扁于一体，使饲料具良好的适口性；全液压控制，转弯半径小，操作轻便灵活；配有正反转变速箱，在割台堵塞时能够及时反吐，作业效率高。工作幅宽 2 800mm，割茬高度≤100mm，切碎长度 10～30mm（可调），发动机功率 220kw，收获效率≥10kg。

山东巨明机械有限公司生产的 4QS－2500 青贮饲料收获机，结构形式为自走式不分行全喂入，可用于玉米等高秆作物的青贮收获，能够一次完成作物的收割、输送、切碎、装运作业。主要特点表现为：切碎刀片双面设计，交叉排列，切碎更平稳，降低能耗，避免堵塞；可收获倒伏作物，并实现不对行收获；高速抛送风扇可在 180 角度内随意调整；机器自带料箱，也可装入随机的运输车，方便快捷。

山东省莱西市农机销售商于跃成针对当地玉米秸秆综合利用的实际，对玉米收割机进行革新，研发出既能收割玉米，又能同时制作秸秆饲料的新式茎穗兼收型自走式三行玉米收割机。这种收割机在对秸秆进行切碎的同时，能实现玉米秸秆部分直接收集、部分还田利用的目的，并可以灵活确定秸秆回收与还田的比例，提高玉米秸秆综合利用率。不仅如此，用这种机械收割后的玉米地割茬低，农民可以直接进行深耕、旋耕作业，适合国家推广的保护性耕作。

新疆机械研究院股份有限公司研制的 4YZB－8 型自走式穗茎兼收玉米联合收获机，可挂接 S－2200 型青贮割台，收割青贮玉米，实现茎秆收割、切碎、揉搓、抛送装车作业，一机两用。发动机功率 117.6kw（160 马力），作业幅宽 2.6m，自走式、不对行收获（收割行距 450—600mm），茎秆揉搓及切碎长度≤150mm，作业速度≤6 千米/h。

四、粗饲料加工机械

2008 年 7 月，国务院办公厅颁发了《关于加快推进农作物秸秆综合利用的意见》，提出力争到 2015 年基本建立秸秆收集体系，基本形成布局合理、多元利用的秸秆综合利用产业化格局，秸秆综合利用率超过 80%。为了实现上述目标，制定了一系列政策措施，如将秸秆青贮等相关机具纳入农机购置补贴范围。国家发展改革委、农业部、财政部联合印发的《“十二五”农作物秸秆综合利用实施方案》明确“十二五”时期国家将加大政策扶持，围绕秸秆肥料化、饲料化、基料化、原料化、燃料化等 5 个领域开展秸秆综合利用，到 2013 年秸秆综合利用率达到 75.0%，到 2015 年力争超过 80.0%，基本建立较完善的秸秆田间处理、收集、储运体系，形成布局合理、多元利用的综合利用产业化格局。

农业部印发的《全国畜牧业发展第十二个五年规划（2011—2015)》指出：继续实施秸秆养畜项目，在秸秆资源丰富和牛羊养殖量较大的粮食主产区，扶持开展秸秆养畜联户示范、示范场和青贮饲料专业化生产示范建设，重点支持建设秸秆青贮氨化池、购置秸秆处理机械和加工设备、畜禽养殖和秸秆饲料加工基础设施改造以及畜禽品种改良，增强秸秆处理饲用能力，加快推进农作物秸秆资源化利用进程。《饲料工业“十二五”发展规划》也指出：继续推进秸秆养畜，改善秸秆收贮设备设施条件，推广青贮、氨化、微贮等处理技术，培育农作物秸秆商业化处理利用模式，提高秸秆饲用量和饲用效率。鼓励发展全株青贮玉米，推广以优质青贮饲料为基础的优质高效饲养模式。“十二五”期间继续把“秸秆养畜示范工程”“蛋白质饲料资源开发利用工程”等作为重点建设工程。

2012 年 6 月 4 日，陕西省秸秆机械化综合利用工作现场会在宝鸡市陈仓区虢镇西堡村召开。会议展示了近年来建立的具有代表性的秸秆机械化综合利用专业合作社、通过机械加工的玉米秸秆袋装微贮饲草，以及试验、示范、推广的秸秆综合利用适用的新机具。参展合作社 35 家，制作宣传展板 56 块。参展的省内外农机生产企业 21 家，展示机具 43 台，其中玉米青贮收获机 3 台、小麦收获打捆机 3 台。全省秸秆机械化综合利用项目涉及 55 个县区，建立秸秆机械化综合利用万亩示范田 28 个、千亩示范田 27 个；建设秸秆机械化综合利用专业合作社 83 个；大力推广玉米免耕播种、小麦宽幅带状旋耕播种、小麦秸秆捡拾打捆、饲草加工、玉米收获、秸秆还田和水稻秸秆编织等 7 项机械化技术；扶持 20 个万吨秸秆商品饲草加工、秸秆收贮利用和秸秆深加工合作社（示范基地）。实现全省农作物秸秆机械化综合利用率达到 65.0%，项目区农作物秸秆机械化综合利用率达到 95.0%，秸秆机械化综合利用面积达到 2 250 万亩，秸秆饲草加工能力达到 900 万 t 目标。力争到 2015 年本省秸秆综合利用率达到 85.0%以上。

黑龙江省畜牧机械化研究所王亚波研制设计了 93FC56－66 型粗饲料粉碎机。该机设计为双变径粉碎室，配合斜齿板导向，从而破坏环流，配备多组定刀增加剪切作用，可完成秸秆和牧草粉碎、排风、收集作业。试验结果表明：该机粉碎含水率在 14%以下的干秸秆和牧草，粉碎效果符合设计要求。

农业部规划设计研究院农产品加工工程研究所师建芳等研制了一种适用于农作物秸秆的连续式秸秆发酵饲料制备机，该机操作简单、使用方便，发酵过程中能耗低，周期短，可实现秸秆发酵饲料的连续批次生产，生产效率高。

新疆农业大学机械交通学院郭辉、韩长杰研制了SKJ-100型秸秆饲料制粒机，该机以秸秆为主要原料，能够对含水率20%～25%的粉碎后秸秆进行颗粒压制，压制后的颗粒有较大的密度，经过饲喂试验，秸秆颗粒采食率可以达到99%以上。农户可以根据饲喂的需求适当添加或不添加精饲料，压制出的颗粒直径10～15mm（根据不同模板的孔径），比较适合于大牲畜采食。

黑龙江省农业机械工程科学研究院张凤菊等设计了9KLP—380型秸秆饲料压块机，该机主要用于将农作物秸秆等物料加工成饲料块，便于秸秆饲料的贮藏、运输，又可改善秸秆饲料品质，提高秸秆饲料适口性，并使采食率得以提高。主要技术指标为配套动力22kw，生产率300kg/h，秸秆块截面积为32×32mm^2，密度600～800kg/m^3，含水率<14%，成形率>90%。

辽宁省农业机械化研究所刘欣设计了一种玉米秸秆饲料压块机，该机在秸秆含水量降到20%左右开始生产。首先通过揉搓机将玉米秸秆揉搓粉碎成20～30mm长的秸秆长丝，按压块质量10%（即1t压块加入100kg添加剂）加入营养转化剂（膨润土45%、生石灰粉30%、尿素22%、食盐3%），进行充分搅拌；搅拌均匀后，将物料通过带有搅龙的喂入系统喂入，然后在压块机内经挤压轮和环模压盘的高强度挤压形成块状饲料。

五、烘干与储存机械

随着舍饲养畜增多，干草需求量也日益增长，加上抗灾储备的需要，使牧草产业化生产加工的重要性凸显出来，但新鲜牧草加工贮存面临的最大问题是青饲料水分含量高。田间晾晒、草架晾晒风干牧草等自然干燥法耗费时间长，牧草营养成分流失较多，且虫害、尘埃及阴雨等恶劣天气又会引起牧草品质降低，不能满足企业大规模生产优质干草的需要，低成本、高效率牧草干燥方法和设备需求凸显。

黑龙江八一农垦大学工程学院车刚等研制了5HC-1型牧草保质干燥机。该机采用钢丝带水平输送式结构，混流、余热回收加热、高温连续、气流翻铺干燥的工艺，具有降水幅度大（一次降至安全含水率14%），牧草干燥品质好，色泽翠绿，营养成分保存率高，适合干燥苜蓿等豆科牧草及其他植物性物料。与国内外同类产品相比，其制造成本和干燥成本较低。在5HC-1型牧草保质干燥机上进行苜蓿干燥生产，并分析工艺参数对单位热耗及生产率等的影响规律。结果表明降低单位热耗可采用较高热介质温度和较低风量，提高生产率可采用较高温度和较大风量。分析苜蓿初始水分对干燥机性能的影响，初始水分越高，其单位热耗值越大。验证了翻铺工艺对干燥均匀性的影响，风量越大，干燥均匀性越好，草铺厚度对干燥均匀度影响不显著。

三门峡中天实业有限公司研制的牧草干燥生产线采用国际最新的高温快速烘干技术，使牧草在干燥机中迅速完成传热传质的干燥过程，较好地保持了鲜牧草的营养成分，干燥后牧草气味芳香，色泽深绿，适宜储藏和运输。采用沉降式分离出料，旋风式除尘，有效降低牧草干燥后含尘量，获得更洁净的产品。

（杨宝玲　郭佩玉）

秸 秆 养 畜

中国人均农业资源短缺，充分开发利用有效资源，努力提高现有资源利用率，是保障农业可持续发展的战略性措施。农作物秸秆总量大、分布广，适合草食动物消化利用，是养殖业发展重要的可再生资源。实践证明，利用秸秆饲养牲畜（秸秆养畜）对于促进秸秆综合利用、推进农牧一体化生产、发展草食动物养殖业、保障畜产品有效供给、降低畜牧业粮食消耗、减少秸秆焚烧、促进农民增收等诸多方面具有十分重要的意义。

党中央、国务院高度重视秸秆饲料化利用和秸秆养畜工作。1992 年，国务院将秸秆养畜示范推广项目列入国家农业综合开发农业部专项项目之一，给予专门的扶持资金。各级农业综合开发部门和农业部门把发展秸秆养畜作为一项重点工作任务常抓不懈，通过科技创新、技术示范、项目带动，秸秆养畜工作很快在全国范围展开。

回顾 20 年秸秆养畜项目实施历程，大致可以分为 3 个阶段：

第一阶段是启动推广阶段（1992—2000 年）：这一阶段项目实施主体为基层畜牧技术推广部门，通过把分散的养殖户组织起来学习制作、使用青贮饲料，使青贮饲料的理念和技术深入人心，高效地实现了“做给农民看、带着农民干”的示范推广目的。这一时期，中央财政共投入农业综合开发资金 3.67 亿元，地方财政配套 2.19 亿元，全国秸秆养畜示范县迅速发展到 323 个。项目建成后，示范县实现年青贮秸秆 3 504.9 万 t，氨化秸秆 1 931.5 万 t。

第二阶段是巩固发展阶段（2001—2010 年）：随着标准化规模养殖持续推进，养殖企业蓬勃发展，企业承担项目建设时机日趋成熟。项目实施主体从之前单一的基层畜牧技术推广部门扩展到有条件的养殖企业，极大调动了企业积极性，为推广青贮饲料注入了新的动力。这一时期中央财政投入 6.64 亿元，地方财政配套 3.38 亿元，全国建成 8 个国家级秸秆养畜示范区，秸秆养畜示范县发展到 697 个，中原、东北、华北等 3 大秸秆养畜示范带初具规模。这期间利用项目直接投资，共完成青贮氨化池建设 748.3 万 m^3，建设氨化站 165 个，购置秸秆处理机械和小型饲料加工机械 5.23 万台（套），建设品种改良站点 3 529个，改扩建畜舍 245.93 万 m^3，培训养殖户 157.6 万人次。全国秸秆饲用量进一步扩大，秸秆青贮、氨化技术得到全面普及。

第三阶段是提升增效阶段（2010—2012 年）：近年来，随着农民专业合作组织的蓬勃发展，养殖业合作社不断发展壮大，越来越多的合作社具备了承担项目的条件。项目实施单位进一步拓展为畜牧推广部门、企业和合作社，并将农民合作组织作为新兴力量重点扶持，取得了良好的成效。与此同时，中央财政对秸秆养畜的支持力度进一步加大，在 2011 年项目资金突破 1 亿元的基础上，2012 年资金规模进一步扩大到 1.44 亿元，立项建设示范项目 138 个，项目支持重点根据养殖业结构调整和规模化标准化的发展趋势，向规模化养殖场、适度规模化养殖户和秸秆饲料专业加工厂倾斜，引导带动秸秆饲料加工由分散的一家一户自产自用向工业化生产、商品化流通、产业化经营转变。

当前，中国经济进入了调结构、促增长的新阶段，畜牧业和农业正处于从传统向现代转型提升的关键时期。与新时期各方面的要求对照，进一步推进秸秆养畜工作，还有一些关键问题亟待解决。一是秸秆处理基础设施和装备不足。目前仍有很多秸秆资源大县和养畜大县没有实施过示范项目，已开展秸秆养畜的示范县中，多数也面临着设施老化、设备亟待更新和技术升级的问题。随着畜牧业标准化规模养殖的推进，养殖场户秸秆饲料收储规模扩大，青贮、氨化设施和秸秆收集处理装备缺乏的矛盾日益突出。二是秸秆饲料商品化发展滞后。随着生产力水平的提高，种、养、加专业化分工趋势明显。秸秆饲料加工基础投资大、单位效益低，与家家户户分散加工相比，更加适于企业大规模集中生产后分销养殖户的商品化利用模式。但秸秆饲料商品化利用方式还处于起步探索阶段，建成运转的秸秆饲料加工企业数量少、规模小，尚无法满足市场需求。三是青贮专用作物种植后劲不足。虽然种植青贮专用作物的产量和效益高于一般粮食种植，但受传统观念影响和饲用作物与粮食生产争地的担忧，地方相关部门和农民种植专用青贮作物品种的积极性仍然不高，青贮专用作物种植面积常年徘徊不前。四是技术集成配套不足。从处理环节看，青贮、氨化、压块、膨化、制粒、裹包等单项技术相对成熟，但集成创新不够，各示范点都面临着技术不配套的问题。从饲用环节看，对秸秆饲料与其他饲料的组合效应研究不足，以秸秆为单一粗饲料的低水平养殖方式还十分普遍。

针对这些问题，“十二五”期间，秸秆养畜项目建设将以科学发展观为指导，认真落实资源节约和环境保护基本国策，按照中央加快推进农作物秸秆综合利用的总体部署，把发展秸秆养畜与建设现代畜牧业、发展循环农业、促进农民增收结合起来，以提高秸秆饲用率和处理利用率为主要发展目标，以技术集成创新为动力，以模式和机制创新为保障，逐步加大项目支持力度，扩大项目实施范围，充分发挥秸秆养畜在农牧结合中的关键节点作用，推动粮食主产区实现牛羊增产、农业增效、农牧增收、环境友好的可持续发展目标。

（李大鹏）

饲料添加剂和预混合饲料生产许可证管理

2012年，按照农业部提出的“提高门槛，减少数量；转变方式，增加效益；加强监管，保证安全”总体要求，农业部饲料添加剂和添加剂预混合饲料生产许可证专家审核委员会严把企业准入关，按照有关行政许可和审核技术规范要求，审核饲料添加剂和添加剂预混合饲料生产许可证申报材料1 761份，年发放生产许可证1 273张，注销243张。2012年继续组织获证企业跨省检查，对20个省、市、区的100家饲料添加剂生产企业进行了实地检查。具体情况如下：

表1　饲料添加剂生产许可证名单

生产许可证编号	企业名称	产品名称
饲添（2012）3080	岳阳亚王精细化工有限公司	维生素（Ⅰ）：L-肉碱、L-肉碱盐酸盐
饲添（2012）3081	厦门惠盈动物科技有限公司	氨基酸（Ⅱ）：L-赖氨酸、甘氨酸、L-丙氨酸、天（门）冬氨酸、L-亮氨酸、缬氨酸、牛磺酸 维生素（Ⅱ）：维生素C、维生素E 酸度调节剂（Ⅱ）：甲酸、甲酸铵、乙酸、丙酸、乳酸、山梨酸、柠檬酸 大蒜素（Ⅱ）
饲添（2012）3082	湖州博信生物科技有限公司	维生素（Ⅱ）：维生素C 微生物（Ⅱ）：枯草芽孢杆菌 酸度调节剂（Ⅱ）：乳酸 调味剂（Ⅱ）：糖精钠
饲添（2012）3083	岳阳市云溪区文桥化学助剂厂添加剂分厂	矿物元素（Ⅰ）：磷酸氢钙
饲添（2012）3084	湖南省五季风生物科技有限责任公司	苜草素（Ⅰ）（Ⅱ） 杜仲叶提取物（Ⅰ）（Ⅱ）
饲添（2012）3085	呼伦贝尔东北阜丰生物科技有限公司	氨基酸（Ⅰ）：L-苏氨酸
饲添（2012）3086	广州先至饲料添加剂有限公司	氨基酸（Ⅱ）：牛磺酸 维生素（Ⅱ）：L-肉碱 矿物元素（Ⅱ）：氯化锌 酸度调节剂（Ⅱ）：柠檬酸 着色剂（Ⅱ）：β-胡萝卜素 调味剂和香料（Ⅱ）：糖精钠、谷氨酸钠、食品用香料 寡糖（Ⅱ）：甘露寡糖 大蒜素（Ⅱ）

（续）

生产许可证编号	企业名称	产品名称
饲添（2012）3087	赤峰瑞阳化工有限公司	甲酸钙（Ⅰ）
饲添（2012）3088	钟祥市德富化工厂	矿物元素（Ⅰ）：磷酸二氢钙
饲添（2012）3089	山东奥翔化工有限公司	丙酸钠（Ⅰ）丙酸钙（Ⅰ）苯甲酸（Ⅰ）
饲添（2012）3090	济南罗亚盈生物工程有限公司	维生素（Ⅱ）：维生素 B_1、维生素 B_2、维生素 C、维生素 E、维生素 K_3
饲添（2012）3091	化学工业（全国）饲料添加剂工程技术中心山东科技公司	氨基酸（Ⅰ）：N-羟甲基蛋氨酸钙 矿物元素及其络（螯）合物（Ⅰ）：富马酸亚铁、甘氨酸铁络（螯）合物烟酸铬 矿物元素及其络（螯）合物（Ⅰ）（Ⅱ）：蛋氨酸铜络（螯）合物、蛋氨酸铁络（螯）合物、蛋氨酸锰络（螯）合物、蛋氨酸锌络（螯）合物、甘氨酸铜络（螯）合物、烟酸铬、吡啶甲酸铬
饲添（2012）3092	青岛汉河生物技术有限公司	维生素（Ⅱ）：维生素 B_2、维生素 C、维生素 E 氯化钾（Ⅱ）
饲添（2012）3093	山东鲁维制药有限公司	维生素（Ⅰ）：维生素 C、L-抗坏血酸钙、L-抗坏血酸钠、L-抗坏血酸-2-磷酸酯 维生素（Ⅱ）：维生素 C
饲添（2012）3094	潍坊加易加生物科技有限公司	微生物（Ⅱ）：枯草芽孢杆菌、嗜酸乳杆菌、酿酒酵母 抗氧化剂（Ⅱ）：乙氧基喹啉 防霉剂（Ⅱ）：丙酸钙 酸度调节剂（Ⅱ）：乳酸、富马酸、柠檬酸、磷酸 调味剂和香料（Ⅱ）：糖精钠、食品用香料 甜菜碱（Ⅱ） 大蒜素（Ⅱ）
饲添（2012）3095	山东天力药业有限公司维生素分公司	维生素（Ⅰ）：维生素 C
饲添（2012）3096	禄丰天宝磷化工有限公司	矿物元素（Ⅰ）：磷酸氢钙、磷酸二氢钙
饲添（2012）3097	罗地亚精细化工添加剂（青岛）有限公司	二氧化硅（Ⅰ）
饲添（2012）3098	青岛安普动物营养品制造有限公司	微生物（Ⅰ）（Ⅱ）：枯草芽孢杆菌、粪肠球菌、产朊假丝酵母
饲添（2012）3099	江苏南农高科动物药业有限公司	微生物（Ⅱ）：枯草芽孢杆菌
饲添（2012）3100	河南省瑞特利生物技术有限公司	酶制剂（Ⅰ）（Ⅱ）：纤维素酶（产自长柄木霉）、β-葡聚糖酶（产自长柄木霉）、植酸酶（产自黑曲霉）、蛋白酶（产自黑曲霉）、木聚糖酶（产自枯草芽孢杆菌） 微生物（Ⅰ）：枯草芽孢杆菌、嗜酸乳杆菌、酿酒酵母、沼泽红假单胞菌 低聚木糖（Ⅰ） 抗氧化剂（Ⅱ）：乙氧基喹啉 防霉剂（Ⅱ）：丙酸 酸度调节剂（Ⅱ）：乳酸、富马酸、柠檬酸、磷酸

（续）

生产许可证编号	企业名称	产品名称
饲添（2012）3101	哈尔滨市强丰动物保健品厂	维生素（Ⅱ）：维生素 B_1、维生素 B_2、维生素 C、维生素 E、维生素 K_3 微生物（Ⅱ）：枯草芽孢杆菌、嗜酸乳杆菌、产朊假丝酵母
饲添（2012）3102	九三集团北安大豆制品有限公司	大豆磷脂（Ⅰ）
饲添（2012）3103	牡丹江佰佳信生物科技有限公司	微生物（Ⅰ）（Ⅱ）：枯草芽孢杆菌、植物乳杆菌、酿酒酵母
饲添（2012）3104	临城县亨达利饲料有限责任公司	维生素（Ⅰ）：肌醇
饲添（2012）3105	黑龙江海博瑞特科技有限公司	维生素（Ⅱ）：维生素 B_1、维生素 B_2、维生素 C、维生素 E、维生素 K_3 微生物（Ⅱ）：枯草芽孢杆菌、嗜酸乳杆菌、产朊假丝酵母
饲添（2012）3106	奥玛（唐山）生物工程有限公司	微生物（Ⅰ）（Ⅱ）：枯草芽孢杆菌、粪肠球菌、嗜酸乳杆菌、植物乳杆菌、产朊假丝酵母、酿酒酵母
饲添（2012）3134	营口丰达硼镁制品有限公司	矿物元素（Ⅰ）：硫酸镁、氧化镁
饲添（2012）3135	希杰（沈阳）生物科技有限公司	氨基酸（Ⅰ）：L-赖氨酸盐酸盐、L-苏氨酸
饲添（2012）3136	重庆建峰工业集团有限公司	二氧化硅（Ⅰ）
饲添（2012）3137	连云港祥云化工有限公司	矿物元素（Ⅰ）：磷酸氢钙
饲添（2012）3138	翁源县新南都饲料科技有限公司	矿物元素及其络（螯）合物（Ⅰ）：富马酸亚铁、蛋氨酸铜络（螯）合物、蛋氨酸铁络（螯）合物、蛋氨酸锰络（螯）合物、蛋氨酸锌络（螯）合物、赖氨酸铜络（螯）合物、赖氨酸锌络（螯）合物、甘氨酸铜络（螯）合物、甘氨酸铁络（螯）合物
饲添（2012）3139	佛山市正典生物技术有限公司	酸度调节剂（Ⅱ）：甲酸、乙酸、丙酸钠、柠檬酸 溶菌酶（Ⅱ）
饲添（2012）3140	河南省岳氏精忠科技有限公司	微生物（Ⅰ）：枯草芽孢杆菌、嗜酸乳杆菌、酿酒酵母
饲添（2012）3141	山东金利丰生物科技股份有限公司	微生物（Ⅰ）（Ⅱ）：枯草芽孢杆菌、嗜酸乳杆菌、酿酒酵母 酶制剂（Ⅰ）（Ⅱ）：淀粉酶（产自黑曲霉）、纤维素酶（产自长柄木霉）、β-葡聚糖酶（产自黑曲霉）、甘露聚糖酶（产自迟缓芽孢杆菌）、植酸酶（产自黑曲霉）、蛋白酶（产自黑曲霉）、木聚糖酶（产自米曲霉）
饲添（2012）3142	北京普仁生态技术有限公司	微生物（Ⅰ）：植物乳杆菌、乳酸片球菌 微生物（Ⅱ）：枯草芽孢杆菌、酿酒酵母
饲添（2012）3143	北京创新高农饲料有限公司	微生物（Ⅱ）：枯草芽孢杆菌 多糖和寡糖（Ⅱ）：低聚木糖
饲添（2012）3144	大连中科格莱克生物科技有限公司	壳寡糖（Ⅰ）（Ⅱ）果寡糖（Ⅱ）
饲添（2012）3145	武汉博世达科技开发有限公司	微生物（Ⅱ）：枯草芽孢杆菌、粪肠球菌
饲添（2012）3146	广州格雷特生物科技有限公司	着色剂（Ⅱ）：β，β-胡萝卜素-4，4-二酮（斑蝥黄）、叶黄素
饲添（2012）3147	深圳市永鲜宝实业有限公司	防霉剂（Ⅱ）：丙酸、丙酸铵、苯甲酸
饲添（2012）3148	山东隆科特酶制剂有限公司	酶制剂（Ⅰ）：淀粉酶（产自枯草芽孢杆菌）、纤维素酶（产自长柄木霉）、β-葡聚糖酶（产自长柄木霉）、甘露聚糖酶（产自迟缓芽孢杆菌）、果胶酶（产自黑曲霉）、植酸酶（产自黑曲霉）、蛋白酶（产自黑曲霉）、木聚糖酶（产自米曲霉）

（续）

生产许可证编号	企业名称	产品名称
饲添（2012）3149	江苏赛奥生化有限公司	维生素（Ⅰ）：烟酰胺
饲添（2012）3150	雨润慕德生物科技（连云港）有限公司	微生物（Ⅰ）（Ⅱ）：枯草芽孢杆菌、嗜酸乳杆菌、酿酒酵母
饲添（2012）3151	镇江牧苑动物科技开发有限公司	酸度调节剂（Ⅱ）：氯化钾、碳酸钠
饲添（2012）3152	无锡捷成宝生物科技有限公司	微生物（Ⅰ）：枯草芽孢杆菌、嗜酸乳杆菌
饲添（2012）3153	广西渤海农业发展有限公司	大豆磷脂（Ⅰ）
饲添（2012）3154	中粮油脂（钦州）有限公司	大豆磷脂（Ⅰ）
饲添（2012）3155	钦州怡丰蓝天化工有限公司	矿物元素（Ⅰ）：硫酸锰
饲添（2012）3156	广西百色华侨实业有限责任公司淀粉厂	α-淀粉（Ⅰ）
饲添（2012）3157	广西湘桂福莱顺酵母有限公司	微生物（Ⅰ）：酿酒酵母
饲添（2012）3158	桂林微邦生物技术有限公司	酶制剂（Ⅰ）（Ⅱ）：甘露聚糖酶（产自迟缓芽孢杆菌）、木聚糖酶（产自枯草芽孢杆菌）
饲添（2012）3159	郴州金怡泰锰业有限公司	矿物元素（Ⅰ）：硫酸锰
饲添（2012）3160	河南亿万中元生物技术有限公司	微生物（Ⅰ）：枯草芽孢杆菌
饲添（2012）3161	河北远大动物药业有限公司	矿物元素（Ⅰ）：硫酸亚铁、硫酸铜、硫酸锌、硫酸锰 矿物元素（Ⅱ）：氯化钴、碘化钾、碘酸钙、亚硒酸钠
饲添（2012）3162	衡水鑫明科技有限公司	微生物（Ⅰ）（Ⅱ）：嗜酸乳杆菌、植物乳杆菌、酿酒酵母
饲添（2012）3163	陕西美原生物科技有限公司	矿物元素及其络（螯）合物（Ⅰ）：甘氨酸铜络（螯）合物、甘氨酸铁络（螯）合物、吡啶甲酸铬 矿物元素（Ⅱ）：烟酸铬 调味剂（Ⅱ）：糖精钠
饲添（2012）3164	西安青松生物科技有限公司	微生物（Ⅰ）（Ⅱ）：枯草芽孢杆菌、植物乳杆菌、产朊假丝酵母、沼泽红假单胞菌
饲添（2012）3165	无锡大江中盛生物科技有限公司	抗氧化剂（Ⅱ）：乙氧基喹啉、二丁基羟基甲苯 防霉剂（Ⅱ）：双乙酸钠、丙酸、富马酸 酸度调节剂（Ⅱ）：乙酸、乳酸、柠檬酸、磷酸
饲添（2012）3166	石家庄北科盛安生物科技有限责任公司	微生物（Ⅰ）（Ⅱ）：枯草芽孢杆菌、嗜酸乳杆菌、产朊假丝酵母、沼泽红假单胞菌
饲添（2012）3167	哈尔滨弗曼德生物科技有限公司	酶制剂（Ⅱ）：淀粉酶、纤维素酶、β-葡聚糖酶、甘露聚糖酶、果胶酶、蛋白酶、木聚糖酶 微生物（Ⅱ）：枯草芽孢杆菌、嗜酸乳杆菌、产朊假丝酵母
饲添（2012）3168	海盐调味品（福州）有限公司津市分公司	矿物元素（Ⅰ）：氯化钠 调味剂（Ⅱ）：谷氨酸钠、食品用香料
饲添（2012）3169	哈尔滨众利饲料有限公司	微生物（Ⅱ）：枯草芽孢杆菌、嗜酸乳杆菌、产朊假丝酵母
饲添（2012）3170	哈尔滨龙益成牧业有限公司	微生物（Ⅱ）：枯草芽孢杆菌、嗜酸乳杆菌、产朊假丝酵母
饲添（2012）3171	沂南盛皓饲料添加剂有限公司	维生素（Ⅱ）：维生素C、维生素K3 微生物（Ⅱ）：枯草芽孢杆菌

（续）

生产许可证编号	企业名称	产品名称
饲添（2012）3172	山东省大鸡制药有限公司平阴分公司	维生素（Ⅱ）：维生素 B_1、维生素 B_2、维生素 D_3、维生素 E、维生素 K_3 双乙酸钠（Ⅱ）柠檬酸（Ⅱ） 着色剂（Ⅱ）：叶黄素 调味剂（Ⅱ）：谷氨酸钠 多糖和寡糖（Ⅱ）：低聚木糖
饲添（2012）3173	菏泽普恩药业有限公司	维生素（Ⅱ）：维生素 C
饲添（2012）3174	济南国丰生物科技有限公司	维生素（Ⅱ）：维生素 B_1、维生素 B_2、维生素 B_{12}、维生素 C、维生素 E、维生素 K_3 微生物（Ⅱ）：枯草芽孢杆菌、产朊假丝酵母
饲添（2012）3175	济宁和实生物科技有限公司	氨基酸（Ⅰ）：N-羟甲基蛋氨酸钙 矿物元素及其络（螯）合物（Ⅰ）：富马酸亚铁、甘氨酸铁络（螯）合物 矿物元素及其络（螯）合物（Ⅰ）（Ⅱ）：蛋氨酸铜络（螯）合物、蛋氨酸铁络（螯）合物、蛋氨酸锰络（螯）合物、蛋氨酸锌络（螯）合物、甘氨酸铜络（螯）合物、烟酸铬、吡啶甲酸铬
饲添（2012）3176	齐河绿之源动物保健品有限公司	防霉剂（Ⅱ）：双乙酸钠、丙酸、丙酸钙 酸度调节剂（Ⅱ）：甲酸、乳酸、柠檬酸、磷酸 抗结块剂（Ⅱ）：二氧化硅 乙酰氧肟酸（Ⅱ）
饲添（2012）3177	山东百德生物科技有限公司	维生素（Ⅱ）：维生素 B_1、维生素 E
饲添（2012）3178	泰安世锦生物科技有限公司	微生物（Ⅱ）：枯草芽孢杆菌、粪肠球菌、酿酒酵母
饲添（2012）3179	哈尔滨禾心预混料添加剂厂	维生素（Ⅱ）：维生素 A、维生素 B_1、维生素 B_2、维生素 C、维生素 D_3、维生素 E、维生素 K_3 微生物（Ⅱ）：枯草芽孢杆菌、嗜酸乳杆菌、产朊假丝酵母
饲添（2012）3180	黑龙江惠丰牧业有限公司	微生物（Ⅱ）：枯草芽孢杆菌、嗜酸乳杆菌、产朊假丝酵母
饲添（2012）3181	哈尔滨市香坊区恩萌饲料厂	微生物（Ⅱ）：枯草芽孢杆菌、嗜酸乳杆菌、产朊假丝酵母、酿酒酵母
饲添（2012）3182	乐清田丰生物科技有限公司	微生物（Ⅰ）：枯草芽孢杆菌
饲添（2012）3183	武汉三高生物科技有限公司	酶制剂（Ⅰ）：淀粉酶（产自黑曲霉）、纤维素酶（产自长柄木霉）、果胶酶（产自黑曲霉）、蛋白酶（产自黑曲霉） 矿物元素及其络（螯）合物（Ⅰ）：蛋氨酸铜络（螯）合物、蛋氨酸铁络（螯）合物、蛋氨酸锰络（螯）合物、蛋氨酸锌络（螯）合物、甘氨酸铁络合物
饲添（2012）3184	卜蜂水产（阳江）有限公司	微生物（Ⅰ）（Ⅱ）：枯草芽孢杆菌、沼泽红假单胞菌
饲添（2012）3185	肇庆博正科技有限公司	调味剂和香料（Ⅱ）：糖精钠、食品用香料
饲添（2012）3186	广州中琦硅业有限公司	二氧化硅（Ⅱ）

（续）

生产许可证编号	企业名称	产品名称
饲添（2012）3187	鹤山市南华动物药业有限公司	维生素（Ⅱ）：维生素 C、维生素 E 防霉剂（Ⅱ）：丙酸 酸度调节剂（Ⅱ）：丙酸、乳酸、富马酸、柠檬酸
饲添（2012）3188	青冈立达尔生物科技有限公司	着色剂（Ⅰ）：辣椒红、天然叶黄素
饲添（2012）3189	哈尔滨信宇动物药品厂	维生素（Ⅱ）：维生素 B_1、维生素 B_2、维生素 C、维生素 E、维生素 K_3
饲添（2012）3190	石家庄市麦尔维牧业有限公司	维生素（Ⅱ）：维生素 E 矿物元素（Ⅱ）：氧化镁
饲添（2012）3191	罗地亚白炭黑（青岛）有限公司	二氧化硅（Ⅰ）
饲添（2012）3192	泰安市泰山神药业有限公司	维生素（Ⅱ）：维生素 C、氯化胆碱 微生物（Ⅱ）：枯草芽孢杆菌、嗜酸乳杆菌
饲添（2012）3193	大连住化金港化工有限公司	氨基酸（Ⅰ）：蛋氨酸羟基类似物
饲添（2012）3194	郑州市浩恩动物保健品有限公司	酶制剂（Ⅰ）（Ⅱ）：纤维素酶（产自长柄木霉）、蛋白酶（产自黑曲霉、米曲霉）、木聚糖酶（产自米曲霉、长柄木霉） 微生物（Ⅰ）：枯草芽孢杆菌、植物乳杆菌、酿酒酵母
饲添（2012）3195	偏关县穗宝乳酸有限公司	矿物元素（Ⅰ）：乳酸钙
饲添（2012）3196	太原市威尔潞威动物保健品有限公司	微生物（Ⅰ）（Ⅱ）：嗜酸乳杆菌、粪肠球菌 酸度调节剂（Ⅱ）：柠檬酸、乳酸、富马酸、苹果酸
饲添（2012）3197	大石桥市长虹耐火材料有限公司	矿物元素（Ⅰ）：硫酸镁
饲添（2012）3198	天津市挑战生物技术有限公司	维生素（Ⅱ）：维生素 B_{12} 矿物元素（Ⅱ）：碘化钾、碘酸钙、氯化钴、亚硒酸钠 多糖和寡糖（Ⅱ）：果寡糖
饲添（2012）3199	项城市恒祥有限公司	甜菜碱（Ⅱ）大蒜素（Ⅱ）
饲添（2012）3200	德清县康正面筋厂	α-淀粉（Ⅰ）
饲添（2012）3201	德清麦特生物有限公司	大豆磷脂（Ⅰ）
饲添（2012）3202	大庆市华茂饲料有限公司	微生物（Ⅱ）：枯草芽孢杆菌、嗜酸乳杆菌、产朊假丝酵母
饲添（2012）3203	黑龙江天予生物科技有限责任公司	微生物（Ⅱ）：枯草芽孢杆菌、嗜酸乳杆菌、产朊假丝酵母
饲添（2012）3204	石家庄乾丰生物科技有限公司	微生物（Ⅰ）：沼泽红假单胞菌
饲添（2012）3205	泰安市泰山区孚瑞饲料厂	大豆磷脂（Ⅱ）
饲添（2012）3206	济南品佳科技发展有限公司	防霉剂（Ⅱ）：丙酸、丙酸钙 酸度调节剂（Ⅱ）：乳酸、柠檬酸 调味剂和香料（Ⅱ）：糖精钠、食品用香料
饲添（2012）3207	中纺粮油（沈阳）有限公司	大豆磷脂（Ⅰ）
饲添（2012）3208	哈尔滨市农博饲料添加剂厂	矿物元素（Ⅱ）：碘化钾、氯化钴、亚硒酸钠

（续）

生产许可证编号	企业名称	产品名称
饲添（2012）3209	青岛根源生物技术集团有限公司	酶制剂（Ⅰ）（Ⅱ）：淀粉酶（产自枯草芽孢杆菌）、α-半乳糖苷酶（产自黑曲霉）、纤维素酶（产自长柄木霉）、β-葡聚糖酶（产自长柄木霉）、脂肪酶（产自黑曲霉）、麦芽糖酶（产自枯草芽孢杆菌）、甘露聚糖酶（产自迟缓芽孢杆菌）、果胶酶（产自黑曲霉）、植酸酶（产自黑曲霉）、蛋白酶（产自枯草芽孢杆菌）、木聚糖酶（产自枯草芽孢杆菌） 微生物（Ⅰ）（Ⅱ）：枯草芽孢杆菌、嗜酸乳杆菌、粪肠球菌、屎肠球菌、干酪乳杆菌、植物乳杆菌、乳酸片球菌、产朊假丝酵母、酿酒酵母、沼泽红假单胞菌
饲添（2012）3210	金泰得恒业（天津）生物科技有限公司	微生物（Ⅰ）：枯草芽孢杆菌、粪肠球菌、屎肠球菌、酿酒酵母 微生物（Ⅱ）：枯草芽孢杆菌、粪肠球菌、屎肠球菌、酿酒酵母、丁酸梭菌
饲添（2012）3211	德清县天丰磷脂饲料厂	大豆磷脂（Ⅰ）
饲添（2012）3212	郑州欧科拜克生物技术有限公司	微生物（Ⅰ）：枯草芽孢杆菌、粪肠球菌
饲添（2012）3213	安徽天浩生物技术有限责任公司	抗氧化剂（Ⅱ）：乙氧基喹啉、丁基羟基茴香醚、二丁基羟基甲苯 防霉剂（Ⅱ）：双乙酸钠、丙酸钙 酸度调节剂（Ⅱ）：甲酸钙、富马酸、柠檬酸、苹果酸 调味剂（Ⅱ）：糖精钠
饲添（2012）3214	广东宏隆生物科技有限公司	微生物（Ⅰ）：沼泽红假单胞菌
饲添（2012）3215	山东鲁抗生物制造有限公司	氨基酸（Ⅰ）：L-色氨酸
饲添（2012）3216	江苏博立生物制品有限公司	酶制剂（Ⅰ）：淀粉酶（产自黑曲霉、地衣芽孢杆菌、枯草芽孢杆菌）、纤维素酶（产自长柄木霉）、β-葡聚糖酶（产自枯草芽孢杆菌）、果胶酶（产自黑曲霉）、蛋白酶（产自黑曲霉、枯草芽孢杆菌）、木聚糖酶（产自米曲霉）
饲添（2012）3217	江苏永峰饲料有限公司	矿物元素（Ⅰ）：磷酸氢钙
饲添（2012）3218	南通市华达饲料有限公司	矿物元素（Ⅰ）：硫酸锌、氧化锌
饲添（2012）3219	无锡英尔特生物科技有限公司	矿物元素及其络（螯）合物（Ⅱ）：甘氨酸铁络合物 酶制剂（Ⅱ）：淀粉酶、纤维素酶、β-葡聚糖酶、脂肪酶、甘露聚糖酶、果胶酶、蛋白酶、木聚糖酶 微生物（Ⅱ）：枯草芽孢杆菌、酿酒酵母 调味剂（Ⅱ）：糖精钠、谷氨酸钠、5′-肌苷酸二钠、5′-鸟苷酸二钠 多糖和寡糖（Ⅱ）：果寡糖、甘露寡糖
饲添（2012）3220	哈尔滨英瑞斯饲料有限责任公司	酶制剂（Ⅱ）：淀粉酶、纤维素酶、β-葡聚糖酶、甘露聚糖酶、果胶酶、蛋白酶、木聚糖酶 微生物（Ⅱ）：枯草芽孢杆菌、嗜酸乳杆菌、产朊假丝酵母

（续）

生产许可证编号	企业名称	产品名称
饲添（2012）3221	哈尔滨博善联合生物饲料有限公司	微生物（Ⅱ）：枯草芽孢杆菌、酿酒酵母
饲添（2012）3222	沧州海通生物饲料有限公司	大豆磷脂（Ⅱ）
饲添（2012）3223	广州市华元生物科技有限公司	微生物（Ⅰ）：枯草芽孢杆菌、嗜酸乳杆菌、植物乳杆菌、产朊假丝酵母
饲添（2012）3224	广州市天王农牧发展有限公司	微生物（Ⅱ）：枯草芽孢杆菌、嗜酸乳杆菌、酿酒酵母
饲添（2012）3225	泾阳赛乐威生物科技有限公司	矿物元素及其络（螯）合物（Ⅰ）：蛋氨酸锌络（螯）合物、甘氨酸铁络（螯）合物
饲添（2012）3226	西安源业维尔康生物科技有限责任公司	微生物（Ⅰ）：枯草芽孢杆菌、嗜酸乳杆菌、酿酒酵母
饲添（2012）3227	内蒙古金达威药业有限公司	二十二碳六烯酸（DHA）（Ⅰ）
饲添（2012）3228	江门市天成生物科技有限公司	酶制剂（Ⅱ）：纤维素酶、β-葡聚糖酶、蛋白酶
饲添（2012）3229	江西兴鼎科技有限公司	维生素（Ⅱ）：维生素 E 矿物元素（Ⅱ）：氧化锌、吡啶甲酸铬 酶制剂（Ⅱ）：脂肪酶 微生物（Ⅱ）：枯草芽孢杆菌 防霉剂（Ⅱ）：丙酸钙 酸度调节剂（Ⅱ）：富马酸、柠檬酸、苹果酸、磷酸 调味剂和香料（Ⅱ）：糖精钠、谷氨酸钠、5′-肌苷酸二钠、5′-鸟苷酸二钠、食品用香料 抗结块剂（Ⅱ）：硅铝酸钠 多糖和寡糖（Ⅱ）：低聚壳聚糖
饲添（2012）3230	晋江富联化工有限公司	二氧化硅（Ⅰ）
饲添（2012）3231	济南华牧饲料有限公司	微生物（Ⅱ）：枯草芽孢杆菌、嗜酸乳杆菌
饲添（2012）3232	福建省三明同晟化工有限公司	二氧化硅（Ⅰ）
饲添（2012）3233	湖北雄峰生物科技有限公司	微生物（Ⅱ）：地衣芽孢杆菌、枯草芽孢杆菌、植物乳杆菌、酿酒酵母、沼泽红假单胞菌
饲添（2012）3234	哈尔滨宝德生物技术开发有限公司	微生物（Ⅱ）：枯草芽孢杆菌、嗜酸乳杆菌、产朊假丝酵母 着色剂（Ⅰ）：辣椒红、天然叶黄素 着色剂（Ⅱ）：虾青素
饲添（2012）3235	北京中加保罗酵素菌有限公司	微生物（Ⅱ）：枯草芽孢杆菌、植物乳杆菌
饲添（2012）3236	广西隆安银丰淀粉有限公司	α-淀粉（Ⅰ）
饲添（2012）3237	山东方舟生物科技有限公司	维生素（Ⅱ）：维生素 A、维生素 B_1、维生素 B_2、维生素 C、维生素 E、维生素 K_3
饲添（2012）3238	广西藤县永丰化工制品有限公司	矿物元素（Ⅰ）：硫酸锰 矿物元素（Ⅱ）：硫酸亚铁
饲添（2012）3239	福建奥姆龙动物药业有限公司	微生物（Ⅰ）：枯草芽孢杆菌
饲添（2012）3240	上海时祺生物科技有限公司长清分公司	微生物（Ⅱ）：枯草芽孢杆菌、嗜酸乳杆菌

（续）

生产许可证编号	企业名称	产品名称
饲添（2012）3241	邹平泰康生物饲料有限公司	微生物（Ⅰ）（Ⅱ）：枯草芽孢杆菌、嗜酸乳杆菌、酿酒酵母
饲添（2012）3242	哈尔滨健康牧业有限公司	微生物（Ⅱ）：枯草芽孢杆菌、嗜酸乳杆菌、产朊假丝酵母
饲添（2012）3243	安达市维安泰生物制品有限责任公司	酶制剂（Ⅱ）：蛋白酶 微生物（Ⅱ）：嗜酸乳杆菌
饲添（2012）3244	承德博亚农牧发展有限责任公司	微生物（Ⅰ）：屎肠球菌 微生物（Ⅱ）：枯草芽孢杆菌、屎肠球菌、酿酒酵母
饲添（2012）3245	杨凌壹之农微生物工程技术研究院有限公司	微生物（Ⅰ）：枯草芽孢杆菌、嗜酸乳杆菌、粪肠球菌、屎肠球菌、植物乳杆菌、乳酸片球菌、酿酒酵母 微生物（Ⅱ）：枯草芽孢杆菌、植物乳杆菌、酿酒酵母
饲添（2012）3246	山东大德维恩生物科技有限公司	酶制剂（Ⅱ）：甘露聚糖酶、植酸酶、木聚糖酶 微生物（Ⅱ）：枯草芽孢杆菌、嗜酸乳杆菌、酿酒酵母
饲添（2012）3247	泰安牧升生物制品有限公司	矿物元素（Ⅰ）：磷酸氢钙
饲添（2012）3248	临沂康盛海润德生物科技有限公司	微生物（Ⅰ）（Ⅱ）：枯草芽孢杆菌 酸度调节剂（Ⅱ）：丁酸钠 乳酸 稳定剂（Ⅱ）：单硬脂酸甘油酯 多糖和寡糖（Ⅱ）：甘露寡糖
饲添（2012）3249	山东鲁抗舍里乐药业有限公司高新区分公司	氨基酸（Ⅱ）：L-色氨酸 维生素（Ⅱ）：D-生物素
饲添（2012）3250	营口格瑞矿产有限公司	矿物元素（Ⅰ）：硫酸镁、氧化镁
饲添（2012）3251	辽宁科硕营养科技有限公司	维生素（Ⅰ）：L-肉碱 、L-肉碱盐酸盐 维生素（Ⅱ）：L-肉碱
饲添（2012）3252	河北亚诺化工有限公司	维生素（Ⅰ）：烟酸、烟酰胺
饲添（2012）3253	蓝星安迪苏南京有限公司	氨基酸（Ⅰ）：蛋氨酸羟基类似物
饲添（2012）3254	靖江市恒通生物工程有限公司	维生素（Ⅰ）：L-抗坏血酸-2-磷酸酯 维生素（Ⅱ）：维生素C
饲添（2012）3255	天津必佳生物科技有限公司	维生素（Ⅱ）：氯化胆碱
饲添（2012）3256	安徽绿源生物科技有限公司	酸度调节剂（Ⅱ）：甲酸钙、乳酸、富马酸、柠檬酸、磷酸 调味剂和香料（Ⅱ）：糖精钠、食品用香料
饲添（2012）3257	湖北惠生药业有限公司	维生素（Ⅰ）：维生素 B_6
饲添（2012）3258	黑龙江奥伯锋生物科技有限公司	着色剂（Ⅰ）：天然叶黄素
饲添（2012）3259	哈尔滨春宇生物科技有限公司	着色剂（Ⅰ）：辣椒红、天然叶黄素
饲添（2012）3260	株洲市霞湾绿环有限公司	矿物元素（Ⅰ）：氧化锌、碘化钾、氯化钴 矿物元素（Ⅱ）：硫酸镁、硫酸亚铁、硫酸铜、硫酸锌、硫酸锰
饲添（2012）3261	沧州市华丰兽药有限公司	维生素（Ⅰ）：氯化胆碱
饲添（2012）3262	石家庄正大氯化胆碱有限公司	维生素（Ⅱ）：氯化胆碱

（续）

生产许可证编号	企业名称	产品名称
饲添（2012）3263	安琪酵母（崇左）有限公司	矿物元素（Ⅰ）：酵母硒 微生物（Ⅰ）：酿酒酵母 多糖和寡糖（Ⅰ）：甘露寡糖
饲添（2012）3264	廊坊东信生物科技有限公司	微生物（Ⅰ）：枯草芽孢杆菌、乳酸片球菌、产朊假丝酵母

表 2　添加剂预混合饲料生产许可证名单

生产许可证编号	企业名称
饲预（2012）6503	廊坊九鼎牧业有限公司
饲预（2012）6504	石家庄绿欣康动物药业有限公司
饲预（2012）6505	河北华星药业有限公司生物饲料厂
饲预（2012）6506	江西新世纪民星动物保健品有限公司
饲预（2012）6507	北京谷昌牧科贸有限公司
饲预（2012）6508	北京劲能生物科技股份公司
饲预（2012）6509	北京京成天宝饲料有限公司
饲预（2012）6510	重庆泰通动物药业有限公司
饲预（2012）6511	上海增跃泰丰饲料科技有限公司
饲预（2012）6512	北京中科万联科技有限公司
饲预（2012）6513	诸城金鸡饲料有限公司
饲预（2012）6514	南昌傲农生物科技有限公司
饲预（2012）6515	东莞市友生饲料有限公司
饲预（2012）6516	福州东坤饲料有限公司
饲预（2012）6517	莱芜市博牧饲料有限公司
饲预（2012）6518	泰安市欣悦饲料科技有限公司
饲预（2012）6519	山东胜利生物工程有限公司
饲预（2012）6520	潍坊大成生物工程有限公司
饲预（2012）6521	莘县金正生物科技有限公司
饲预（2012）6522	莱阳禾嘉生物饲料有限公司
饲预（2012）6523	沂南盛皓饲料添加剂有限公司
饲预（2012）6524	临沂市乐慧饲料厂
饲预（2012）6525	山东省健牧生物药业有限公司
饲预（2012）6526	德州中大饲料有限公司
饲预（2012）6527	莱州市海福饲料有限公司
饲预（2012）6528	中国农业科学院中兽医研究所药厂
饲预（2012）6529	河北金达福药业有限公司
饲预（2012）6530	无锡捷成宝生物科技有限公司
饲预（2012）6531	徐州市天地人饲料科技有限公司
饲预（2012）6532	江苏南农高科动物药业有限公司

（续）

生产许可证编号	企业名称
饲预（2012）6533	新疆永泰光大饲料有限责任公司
饲预（2012）6534	沧州市三冠动物保健品有限公司
饲预（2012）6535	江西永惠实业有限公司
饲预（2012）6536	牡丹江佰佳信生物科技有限公司
饲预（2012）6537	黑龙江省荣海诚生物科技发展有限公司
饲预（2012）6538	哈尔滨明德饲料有限公司
饲预（2012）6539	哈尔滨龙跃牧业有限公司
饲预（2012）6540	广州驱动力饲料有限公司
饲预（2012）6541	石家庄市铭达饲料有限公司
饲预（2012）6542	河北富隆饲料有限公司
饲预（2012）6543	沧州市天然牧业发展有限公司
饲预（2012）6544	河北奥菲饲料科技有限公司
饲预（2012）6545	山东佑润生物技术有限公司
饲预（2012）6611	济南曼普动物营养品有限公司
饲预（2012）6612	沈阳久强农牧有限责任公司
饲预（2012）6613	广东新理想生物制药有限公司
饲预（2012）6614	长沙大唐牧业科技有限公司
饲预（2012）6615	广东正大康地动物保健有限公司
饲预（2012）6616	南通兵哥哥生物饲料有限公司
饲预（2012）6617	韶关市番灵饲料有限公司
饲预（2012）6618	奥格生物技术（六安）有限公司
饲预（2012）6619	广州金恩贝生物科技有限公司
饲预（2012）6620	韶关市大盛农营养饲料有限公司
饲预（2012）6621	广东粤星实业发展有限公司
饲预（2012）6622	成都正好饲料科技有限公司
饲预（2012）6623	河南省金鑫饲料工业有限公司
饲预（2012）6624	莆田市康华饲料有限公司
饲预（2012）6625	北京中博特生物技术工程有限公司
饲预（2012）6626	沈阳泰尔兰牧业有限公司
饲预（2012）6627	苏州绿康元生物科技有限公司
饲预（2012）6628	广州格拉姆生物科技有限公司
饲预（2012）6629	台山市华昌饲料厂
饲预（2012）6630	新昌县康一生物技术有限公司
饲预（2012）6631	济南罗亚盈生物工程有限公司
饲预（2012）6632	雨润慕德生物科技（连云港）有限公司
饲预（2012）6633	徐州市立华畜禽有限公司
饲预（2012）6634	徐州市方圆饲料科技有限公司

（续）

生产许可证编号	企业名称
饲预（2012）6635	广西华港农牧发展有限公司
饲预（2012）6636	防城港市康大饲料厂
饲预（2012）6637	防城港为大畜牧饲料有限公司
饲预（2012）6638	武威新正大饲料有限公司
饲预（2012）6639	湖南大北农农业科技有限公司
饲预（2012）6640	长沙市奥泰林科技有限公司
饲预（2012）6641	安徽养正饲料有限公司
饲预（2012）6642	河北新龙饲料有限公司
饲预（2012）6643	河北紫金药业有限公司
饲预（2012）6644	石家庄牧冠饲料有限公司
饲预（2012）6645	淮安普瑞纳饲料有限公司
饲预（2012）6646	太仓广东温氏家禽有限公司
饲预（2012）6647	宿迁大北农饲料有限责任公司
饲预（2012）6648	兰州永正饲料有限公司
饲预（2012）6649	黑龙江禾丰牧业有限公司
饲预（2012）6650	广东顶业农牧饲料有限公司
饲预（2012）6651	安徽申亚农牧科技股份有限公司
饲预（2012）6652	石家庄华仁饲料有限公司
饲预（2012）6653	厦门绿新发生物科技有限公司
饲预（2012）6654	福建福大百特科技发展有限公司
饲预（2012）6655	厦门百穗行科技股份有限公司
饲预（2012）6656	漳州市桂龙生物技术有限公司
饲预（2012）6657	焦作美博士饲料有限公司
饲预（2012）6658	郑州欧科拜克生物技术有限公司
饲预（2012）6659	湖州博信生物科技有限公司
饲预（2012）6660	诸暨万欣生物科技有限公司
饲预（2012）6661	哈尔滨福来德饲料有限责任公司
饲预（2012）6662	哈尔滨龙达饲料有限公司
饲预（2012）6663	湖南湘正野生物饲料有限公司
饲预（2012）6664	岳阳市屈原管理区强神饲料有限公司
饲预（2012）6665	岳阳市天勤饲料科技有限公司
饲预（2012）6667	华北制药集团动物保健品有限责任公司
饲预（2012）6668	沈阳新希望六和饲料有限公司
饲预（2012）6670	柳州华源动植宝有限公司
饲预（2012）6671	广西武鸣立大饲料厂
饲预（2012）6672	北京华谷生物营养科技发展有限公司廊坊分公司
饲预（2012）6673	哈尔滨富邦饲料有限责任公司

（续）

生产许可证编号	企业名称
饲预（2012）6674	哈尔滨市南岗区宏盛天成饲料厂
饲预（2012）6675	哈尔滨市普大饲料有限责任公司
饲预（2012）6676	上海汇楠生物科技有限公司
饲预（2012）6677	哈尔滨弗曼德生物科技有限公司
饲预（2012）6678	西安绿之源生物技术有限公司
饲预（2012）6679	山东省大鸡制药有限公司平阴分公司
饲预（2012）6680	江门市天成生物科技有限公司
饲预（2012）6681	山东郎氏虫业有限公司
饲预（2012）6682	济宁和实生物科技有限公司
饲预（2012）6683	长沙金凯农生物科技有限公司
饲预（2012）6684	黑龙江惠丰牧业有限公司
饲预（2012）6685	宝清县龙杰饲料有限责任公司
饲预（2012）6686	黑龙江省龙滨饲料有限公司
饲预（2012）6687	泰安佳牧饲料有限公司
饲预（2012）6688	山东龙海生物科技有限公司
饲预（2012）6689	广州市诚大饲料有限公司
饲预（2012）6690	上海华亭化工厂有限公司
饲预（2012）6691	湖北雄峰生物科技有限公司
饲预（2012）6692	石家庄市丰强动物药业有限公司
饲预（2012）6693	河北万东生物科技有限公司
饲预（2012）6694	故城县佳宝化工有限公司
饲预（2012）6695	保定市满城长天饲料厂
饲预（2012）6696	石家庄市恒特饲料添加剂厂
饲预（2012）6697	青岛市畜牧研究所饲料公司
饲预（2012）6698	重庆综艺营养科技有限责任公司
饲预（2012）6699	广西武鸣城东浓缩饲料厂
饲预（2012）6700	广西南宁北粮饲料有限公司
饲预（2012）6701	江西众望饲料有限公司
饲预（2012）6702	江西省火红动物保健品有限公司
饲预（2012）6703	鞍山天盛牧业有限公司
饲预（2012）6704	太原市威尔潞威动物保健品有限公司
饲预（2012）6705	江西兴鼎科技有限公司
饲预（2012）6706	保定市海宝饲料厂
饲预（2012）6707	山川生物科技（武汉）有限公司
饲预（2012）6708	郑州农家乐饲料有限公司
饲预（2012）6709	郑州市荥阳娜尔生物饲料厂
饲预（2012）6710	浙江皇冠科技有限公司

（续）

生产许可证编号	企业名称
饲预（2012）6711	浙江汇丰世邦生物工程有限公司
饲预（2012）6712	青岛汉河生物技术有限公司
饲预（2012）6713	青岛富康源饲料有限公司
饲预（2012）6714	上海洪菲生物技术有限公司
饲预（2012）6715	江西省科学院生物保健品厂
饲预（2012）6716	江西省特邦动物药业有限公司
饲预（2012）6717	哈尔滨盛禾饲料有限公司
饲预（2012）6718	哈尔滨科尔动物保健品有限公司
饲预（2012）6719	大庆市华茂饲料有限公司
饲预（2012）6720	济南科苑牧业发展有限公司
饲预（2012）6721	青岛根源生物技术集团有限公司
饲预（2012）6722	山东中信凯丰饲料有限公司
饲预（2012）6723	济南华牧饲料有限公司
饲预（2012）6724	昌乐富阳饲料有限公司
饲预（2012）6725	佛山市兴牧有限公司动物保健品分公司
饲预（2012）6726	江门市新会区新力饲料有限公司
饲预（2012）6727	广州傲农生物科技有限公司
饲预（2012）6728	大连奥肽动物营养有限公司
饲预（2012）6729	天津市永昌饲料添加剂厂
饲预（2012）6730	沈阳成农饲料有限公司
饲预（2012）6731	哈尔滨市农博饲料添加剂厂
饲预（2012）6732	沧州市鸿鹄饲料有限公司
饲预（2012）6733	河北诚康药业有限公司
饲预（2012）6734	石家庄广威农牧有限公司
饲预（2012）6735	滑县宏发饲料有限责任公司
饲预（2012）6736	郑州惠农牧业有限公司
饲预（2012）6737	福州宇昌实业有限公司
饲预（2012）6738	厦门好润生物科技有限公司
饲预（2012）6739	厦门百维康生物科技有限公司
饲预（2012）6740	安徽天浩生物技术有限责任公司
饲预（2012）6741	恩施市法大饲料有限公司
饲预（2012）6742	恩施州宇亮生物技术有限公司
饲预（2012）6743	重庆市信心农牧科技有限公司
饲预（2012）6744	北京市金闰牧丰生物营养科技有限公司
饲预（2012）6745	广州喜多丰饲料有限公司
饲预（2012）6746	广东天山药业有限公司
饲预（2012）6747	广州格雷特生物科技有限公司

（续）

生产许可证编号	企业名称
饲预（2012）6748	乌鲁木齐博恩绿色生物科技有限公司
饲预（2012）6749	山东聊城兴农饲料有限公司
饲预（2012）6750	诸城市杰人生物工程有限公司
饲预（2012）6751	江西大北农科技有限责任公司
饲预（2012）6752	南昌市火炬新技术开发研究所
饲预（2012）6753	九江大成制药有限公司
饲预（2012）6754	陕西美原生物科技有限公司
饲预（2012）6755	乐清田丰生物科技有限公司
饲预（2012）6756	海南青牧原实业有限公司
饲预（2012）6757	山西明一牧业有限公司
饲预（2012）6758	江油市巨力饲料有限公司
饲预（2012）6759	哈尔滨博善联合生物饲料有限公司
饲预（2012）6760	广州市冠泰饲料有限公司
饲预（2012）6761	广州市天王农牧发展有限公司
饲预（2012）6762	西安同丰生物技术有限公司
饲预（2012）6763	石家庄市一诺动物药业有限公司
饲预（2012）6764	沧州临港春盛牧业有限公司
饲预（2012）6765	威艾彼（北京）农牧科技有限公司
饲预（2012）6766	湛江粤海预混料科技有限公司
饲预（2012）6767	安琪酵母股份有限公司
饲预（2012）6768	合肥立华畜禽有限公司
饲预（2012）6769	郑州华农富坤动物药业有限公司
饲预（2012）6770	广州新睿诚动物饲料有限公司
饲预（2012）6771	佛山市顺德区海坤生物技术有限公司台山分公司
饲预（2012）6772	广东瑞泰生物药业有限公司
饲预（2012）6773	佛山八维生物科技有限公司
饲预（2012）6774	北京康尔佳科技发展有限公司
饲预（2012）6775	北京华益源科技发展有限公司
饲预（2012）6776	山东省农科苑畜牧发展中心
饲预（2012）6777	济南兴基饲料有限公司
饲预（2012）6778	济南金三沅饲料有限公司
饲预（2012）6779	郓城县虹大饲料有限公司
饲预（2012）6780	济宁菁华饲料有限责任公司
饲预（2012）6781	菏泽金赛饲料有限公司
饲预（2012）6782	济南品佳科技发展有限公司
饲预（2012）6783	宇星饲料（德州）有限公司
饲预（2012）6784	哈尔滨宝德生物技术开发有限公司

（续）

生产许可证编号	企业名称
饲预（2012）6785	防城港耀辉饲料开发有限公司
饲预（2012）6786	广西南宁市圣农科技开发有限公司
饲预（2012）6787	内蒙古塞飞亚农业科技发展股份有限公司
饲预（2012）6788	金宝（无锡）添加剂科技有限公司
饲预（2012）6789	安徽丰原发酵技术工程研究有限公司
饲预（2012）6790	河北万雉园农牧科技有限公司
饲预（2012）6791	沧州市合众生物科技有限公司
饲预（2012）6792	沧州欣德威兽药有限公司
饲预（2012）6793	沧州宏伟饲料有限公司
饲预（2012）6794	沧州市中信生物科技有限公司
饲预（2012）6795	临沭县康达饲料厂
饲预（2012）6796	山东格兰德生物科技有限公司
饲预（2012）6797	山东百德生物科技有限公司
饲预（2012）6798	山东力德饲料有限公司
饲预（2012）6799	广州市苡锋饲料有限公司
饲预（2012）6800	安达市维安泰生物制品有限责任公司
饲预（2012）6801	黑龙江省贝多利生物科技有限公司
饲预（2012）6802	西安禾牧生物科技有限公司
饲预（2012）6803	北京市富英生物高技术公司
饲预（2012）6804	潍坊市华大饲料厂
饲预（2012）6805	青岛北海兽药有限公司
饲预（2012）6806	山东超跃动物保健品有限公司
饲预（2012）6807	潍坊富邦药业有限公司
饲预（2012）6808	潍坊诚鹿生物科技有限公司
饲预（2012）6809	山东天源饲料有限公司
饲预（2012）6810	广州锋之牧生物科技有限公司
饲预（2012）6811	湖南佳和生物饲料有限公司
饲预（2012）6812	湖南新发展农牧科技有限公司
饲预（2012）6813	藁城市四海药业有限公司
饲预（2012）6814	安徽丰佑生物科技有限公司
饲预（2012）6815	武汉澳华农牧科技有限公司
饲预（2012）6816	鄂州海贝生物技术有限公司
饲预（2012）6817	安徽青青饲料有限公司
饲预（2012）6818	昌吉市新川饲料科技有限公司
饲预（2012）6819	哈尔滨健康牧业有限公司
饲预（2012）6820	山东江信动物保健科技有限公司
饲预（2012）6821	固安君德同创生物工程有限公司

（续）

生产许可证编号	企业名称
饲预（2012）6822	廊坊瑞康饲料有限公司
饲预（2012）6823	廊坊市稷东农业开发有限公司饲料分公司
饲预（2012）6824	安徽省领航动物保健品有限责任公司
饲预（2012）6825	北京浩邈汇丰医药科技有限公司

表 3 换发饲料添加剂和添加剂预混合饲料生产可证名单

生产许可证编号	企业名称	变更内容
饲添（2007）0536	潍坊祥维斯化学品有限公司	企业注册地址变更为：山东省潍坊高新区高新二路 36 号（生物医药园孵化器 206 室）
饲添（2008）1460	德清县家乐舒生物科技有限公司	原企业名称：德清县家乐舒塑化有限责任公司
饲添（2008）1600	上海三智生物科技有限公司	增加产品： 微生物（Ⅱ）：枯草芽孢杆菌、粪肠球菌 注册地址变更为：上海市青浦工业园区崧华路 1458 号
饲添（2008）2290	佛山市顺德区博大生物科技有限公司	增加产品： 矿物元素（Ⅱ）：吡啶甲酸铬 酶制剂（Ⅱ）：纤维素酶、β-葡聚糖酶、木聚糖酶 微生物（Ⅱ）：枯草芽孢杆菌 酸度调节剂（Ⅱ）：乳酸、磷酸
饲添（2008）2322 饲预（2008）5241	山东易合源制药科技有限公司	原企业名称：青州易合源科技制药有限公司
饲添（2008）2373	天津市思科福生物工程有限公司	减少产品： 甜菜碱（Ⅱ）
饲添（2008）2381	通辽梅花生物科技有限公司	增加产品： 氨基酸（Ⅱ）：L-苏氨酸、L-色氨酸
饲添（2008）2390 饲预（2008）5334	济南赛拜斯生物工程有限公司	企业注册地址名称变更为：山东省济南市天桥区济洛路 170 号 426 室
饲添（2008）2408	确成硅化学股份有限公司	原企业名称：无锡确成硅化学有限公司
饲添（2008）2435	山东华辰生物化学有限公司	企业注册地址名称和生产地址名称变更为：山东省潍坊市潍坊滨海经济技术开发区先进制造业产业园海丰路 15 号
饲添（2008）2452	上海欧耐施生物技术有限公司	增加产品： 酶制剂（Ⅱ）：α-半乳糖苷酶、甘露聚糖酶
饲添（2008）2478	滨州市惠尔佳生物有限公司	原企业名称：滨州同创畜牧发展有限公司 企业注册地址名称和生产地址名称变更为：山东省滨州市滨城区杨柳雪工业园
饲添（2008）2507	山东思诺拜特生物科技有限公司	增加产品： 酶制剂（Ⅰ）：α-半乳糖苷酶（产自黑曲霉）

（续）

生产许可证编号	企业名称	变更内容
饲添（2009）1252	乐斯福（明光）有限公司	增加产品： 微生物（Ⅱ）：酿酒酵母
饲添（2009）1259	量子高科（中国）生物股份有限公司	原企业名称：江门量子高科生物股份有限公司
饲添（2009）1629	广东绿百多生物科技有限公司	增加产品： 微生物（Ⅰ）：嗜酸乳杆菌、粪肠球菌、酿酒酵母
饲添（2009）1712	广东肇庆星湖生物科技股份有限公司生物工程基地	增加产品： 氨基酸（Ⅰ）：L-赖氨酸硫酸盐、缬氨酸
饲添（2009）1730	山东龙昌动物保健品有限公司	增加产品： 杜仲叶提取物（Ⅱ）
饲添（2009）1753	河南新乡华星药厂	增加产品： 氨基酸（Ⅰ）：L-赖氨酸硫酸盐及其发酵副产物
饲添（2009）2333	广州市白云区康顺饲料添加剂厂	企业注册地址和生产地址名称变更为：广东省广州市白云区钟落潭镇大罗村广从四路72号之一号
饲预（2009）5259 饲添（2009）2523	厦门汇盛生物有限公司	增加产品： 二十二碳六烯酸（DHA）（Ⅰ）
饲添（2009）2570 饲预（2009）3975	厦门兴牧威动物保健品有限公司	企业注册地址变更为：福建省厦门市湖里区仙岳路47号第五层507室
饲添（2009）2581	晟隆农业科技有限公司	原企业名称：山东晟隆精化高科技有限公司
饲添（2009）2592	宜昌三峡制药有限公司	增加产品： 氨基酸（Ⅰ）：L-色氨酸、异亮氨酸
饲添（2009）2600	江苏奕农生物工程有限公司	增加产品： 酶制剂（Ⅰ）：α-半乳糖苷酶（产自黑曲霉）、纤维素酶（产自长柄木霉）、蛋白酶（产自黑曲霉） 酶制剂（Ⅱ）：淀粉酶、α-半乳糖苷酶、纤维素酶、β-葡聚糖酶、甘露聚糖酶、植酸酶、蛋白酶、木聚糖酶
饲添（2009）2605	湖南省绿衡化工有限公司	增加产品： 矿物元素（Ⅱ）：磷酸氢钙
饲添（2009）2632	张家界恒兴生物科技有限公司	企业注册地址名称和生产地址名称变更为：湖南省张家界市经济开发区（永定区阳湖坪）
饲添（2009）2648	潍坊康地恩生物科技有限公司	增加产品： 酶制剂（Ⅰ）：淀粉酶（产自黑曲霉）、α-半乳糖苷酶（产自黑曲霉）、β-葡聚糖酶（产自长柄木霉）、脂肪酶（产自黑曲霉）、果胶酶（产自黑曲霉）、蛋白酶（产自米曲霉）酶制剂（Ⅱ）：淀粉酶、α-半乳糖苷酶、纤维素酶、β-葡聚糖酶、脂肪酶、甘露聚糖酶、果胶酶、植酸酶、蛋白酶、木聚糖酶 微生物（Ⅰ）：屎肠球菌、干酪乳杆菌、植物乳杆菌、乳酸片球菌、产朊假丝酵母、沼泽红假单胞菌

（续）

生产许可证编号	企业名称	变更内容
饲添（2009）2648	潍坊康地恩生物科技有限公司	微生物（Ⅱ）：枯草芽孢杆菌、嗜酸乳杆菌、粪肠球菌、屎肠球菌、干酪乳杆菌、植物乳杆菌、乳酸片球菌、产朊假丝酵母、酿酒酵母、沼泽红假单胞菌 稳定剂（Ⅱ）：蔗糖脂肪酸酯、单硬脂酸甘油酯 大豆磷脂（Ⅱ）
饲添（2009）2659	广西惠禹粮油工业有限公司	原企业名称：惠禹饲料蛋白（防城港）有限公司 企业注册地址名称和生产地址名称变更为：广西壮族自治区防城港粮油食品产业园
饲添（2009）2676 饲预（2009）5757	沈阳华威药业有限公司	原企业名称：沈阳顺旺动物药业有限公司
饲添（2009）2686 饲预（2010）5866	济南中农昊正生物技术有限公司	原企业名称：济南绿康奥生物科技有限公司
饲添（2010）0052	上海福达精细材料有限公司	原企业名称：上海福达精细化工有限公司
饲添（2010）0103	江苏利田科技股份有限公司	原企业名称：江苏利田科技有限公司
饲添（2010）0308	江西华兴保鲜剂有限公司	增加产品： 甲酸钙（Ⅱ）丁酸钠（Ⅱ）甘露寡糖（Ⅱ）
饲添（2010）0466	西安易发饲料科技有限公司	增加产品： 矿物元素（Ⅱ）：亚硒酸钠
饲添（2010）0712	广州智特奇生物科技有限公司	增加产品： 维生素（Ⅱ）：β-胡萝卜素
饲添（2010）0714	乐达（广州）香味剂有限公司	增加产品： 防霉剂（Ⅱ）：甲酸铵、甲酸钙、乙酸、丙酸钠、丁酸钠、苯甲酸、苯甲酸钠 酸度调节剂（Ⅱ）：甲酸、丁酸、乳酸、富马酸、酒石酸、苹果酸 调味剂（Ⅱ）：谷氨酸钠、5′-肌苷酸二钠、5′-鸟苷酸二钠
饲添（2010）0726	广州天科生物科技有限公司	增加产品： 维生素（Ⅱ）：维生素 E 矿物元素及其络（螯）合物（Ⅰ）：赖氨酸铜络合物、赖氨酸锌络合物 柠檬酸钙（Ⅰ）
饲添（2010）0783	生物源生物技术（深圳）有限公司	增加产品： 矿物元素（Ⅱ）：氯化钙 防霉剂（Ⅱ）：丙酸钠、山梨酸钾 酸度调节剂（Ⅱ）：甲酸、甲酸钙、柠檬酸钠
饲添（2010）0920	无锡正大畜禽有限公司	增加产品： 调味剂（Ⅱ）：谷氨酸钠、5′-肌苷酸二钠、5′-鸟苷酸二钠 半胱胺盐酸盐（Ⅱ）

（续）

生产许可证编号	企业名称	变更内容
饲添（2010）1494	四川爱丽美科技有限公司	增加产品： 酶制剂（Ⅱ）：淀粉酶、葡萄糖氧化酶 调味剂（Ⅱ）：谷氨酸钠、5′-肌苷酸二钠、5′-鸟苷酸二钠
饲添（2010）1859	湖北绿天地生物科技有限公司	增加产品： 微生物（Ⅰ）：产朊假丝酵母 微生物（Ⅱ）：地衣芽孢杆菌
饲添（2010）2705	商丘嘉美化工有限公司	减少产品： 维生素（Ⅰ）：氯化胆碱 矿物元素（Ⅱ）：硫酸铜 防腐剂、防霉剂和酸度调节剂（Ⅱ）：富马酸 调味剂（Ⅰ）：糖精钠
饲添（2010）2732	杭州科帝生物科技有限公司	增加产品： 矿物元素（Ⅱ）：吡啶甲酸铬 酸度调节剂（Ⅱ）：乳酸、柠檬酸、磷酸 多糖和寡糖（Ⅱ）：甘露寡糖 大蒜素（Ⅱ）
饲添（2010）2756	天津奥特奇生物制品有限公司	增加产品： 非蛋白氮（Ⅱ）：尿素
饲添（2010）2781	山东金瑞生物科技有限公司	原企业名称：潍坊金瑞生物科技有限公司
饲添（2010）2788	华中药业股份有限公司饲料添加剂分公司	原企业名称：湖北制药有限公司 企业注册地址和生产地址名称变更为：湖北省襄阳市襄城区岘山路46号
饲添（2010）2795	四川尚元精细化工有限责任公司	企业注册地址变更为：四川省成都市彭州工业开发区银厂沟南路79号
饲添（2010）2802 饲预（2010）6037	广州科润生物科技有限公司	原企业名称：广州红今农饲料有限公司
饲添（2010）2814	东莞泛亚太生物科技有限公司	增加产品： 酶制剂（Ⅰ）：甘露聚糖酶（产自迟缓芽孢杆菌）
饲添（2010）2861	武汉施瑞福生物技术有限公司	增加产品： 微生物（Ⅰ）：粪肠球菌、酿酒酵母、沼泽红假单胞菌
饲添（2010）2890	广州美瑞泰科生物工程技术有限公司	增加产品： 酶制剂（Ⅱ）：淀粉酶、纤维素酶、β-葡聚糖酶、植酸酶、木聚糖酶 微生物（Ⅱ）：枯草芽孢杆菌、嗜酸乳杆菌、酿酒酵母 防霉剂（Ⅱ）：丙酸、丙酸铵、丙酸钙、苯甲酸
饲添（2011）0153	沧州市天宇牧业有限公司	增加产品： 大蒜素（Ⅱ）
饲添（2011）0275	长沙金立矿冶化工有限公司	增加产品： 矿物元素（Ⅰ）：氧化锌

（续）

生产许可证编号	企业名称	变更内容
饲添（2011）0328	成都蜀星饲料有限公司	增加产品： 矿物元素（Ⅱ）：亚硒酸钠
饲添（2011）0417 饲预（2011）1217	桂林市万康生物科技有限公司	原企业名称：桂林市万康生物化工有限公司
饲添（2011）0826	北京英惠尔生物技术有限公司	增加产品： 酶制剂（Ⅱ）：淀粉酶、纤维素酶、β-葡聚糖酶、甘露聚糖酶、植酸酶、木聚糖酶 甜菜碱盐酸盐（Ⅱ）
饲添（2011）0907	杭州康德权饲料有限公司	增加产品： 氨基酸（Ⅱ）：L-精氨酸 维生素（Ⅱ）：烟酸 多糖和寡糖（Ⅱ）：甘露寡糖 半胱胺盐酸盐（Ⅱ）
饲添（2011）1033	广州市博仕奥生化技术研究有限公司	增加产品： 矿物元素（Ⅱ）：酵母硒 微生物（Ⅱ）：枯草芽孢杆菌
饲添（2011）1438	上海华亭化工厂有限公司	增加产品： 矿物元素（Ⅰ）：乙酸钴、硫酸钴 矿物元素（Ⅱ）：碘化钾、碘酸钙、氯化钴、硫酸钴
饲添（2011）1745	清远容大生物工程有限公司	增加产品： 维生素（Ⅱ）：维生素 B_2 矿物元素（Ⅱ）：乳酸钙、吡啶甲酸铬 双乙酸钠（Ⅱ） 甜菜碱（Ⅱ）糖萜素（Ⅱ）
饲添（2011）2196	合肥迈可罗生物工程有限公司	增加产品： 地顶孢霉培养物（Ⅱ）
饲添（2011）2503	厦门美尔吉生物科技有限公司	增加产品： 微生物（Ⅱ）：枯草芽孢杆菌
饲添（2011）2912	北京好实沃生物技术有限公司	企业注册地址变更为：北京市海淀区高粱桥斜街 59 号院 1 号楼 9 层 903
饲添（2011）2915	湛江肽源生物工程有限公司	增加产品： 维生素（Ⅱ）：维生素 C 微生物（Ⅱ）：枯草芽孢杆菌、粪肠球菌 多糖和寡糖（Ⅱ）：甘露寡糖
饲添（2011）2947	绿康生化股份有限公司	原企业名称：浦城绿康生化有限公司
饲添（2011）2974 饲预（2010）5899	山东诺邦特生物工程有限公司	企业注册地址变更为：山东省济南市历下区环山路 55 号裕华园公建 2 号北楼 2-502 室

（续）

生产许可证编号	企业名称	变更内容
饲添（2011）2991 饲预（2011）6288	青岛康地恩动物药业有限公司	原企业名称：青岛六和药业有限公司
饲添（2011）3019	南宁瑞致生物工程有限公司	原企业名称：南宁市河杨生物科技有限公司
饲添（2011）3055	辽宁荣轩生物工程有限公司	原企业名称：辽宁荣轩科技发展有限公司 企业注册地址变更为：辽宁省东戴河新区A区腾达路西段9号海韵馨园9号楼 企业生产地址名称变更为：辽宁省东戴河新区高岭工业园
饲添（2012）1388	安徽泰格生物技术股份有限公司	增加产品： 维生素（Ⅱ）：维生素E
饲添（2012）2165	中化云龙有限公司	原企业名称：寻甸龙蟒磷化工有限责任公司
饲添（2012）2204	希杰（聊城）生物科技有限公司	增加产品： 氨基酸（Ⅰ）：L-赖氨酸
饲添（2012）3085	呼伦贝尔东北阜丰生物科技有限公司	增加产品： 氨基酸（Ⅰ）：L-赖氨酸盐酸盐、L-赖氨酸硫酸盐
饲添（2012）3153	广西渤海农业发展有限公司	企业注册地址变更为：广西壮族自治区北海市铁山港区兴港镇四号路1号
饲预（2007）0234	上海西默农生物科技有限公司	原企业名称：上海亚广生物科技有限公司 企业注册地址变更为：上海市青浦区西庆路109号-1幢
饲预（2008）2915	青州市天泰发达饲料有限公司	原企业名称：青州市发达饲料有限公司
饲预（2008）3071	云南神农农业产业集团有限公司	原企业名称：云南东方红农牧科技发展有限公司
饲预（2008）3331	广西康佳龙农牧集团有限公司	原企业名称：广西南宁康佳龙饲料有限公司
饲预（2008）3411	新希望六和饲料股份有限公司北京分公司	原企业名称：六和饲料股份有限公司北京分公司
饲预（2008）3524	长沙市雨花区特新饲料有限公司	原企业名称：长沙市雨花区特新佳饲料厂 企业注册地址变更为：湖南省长沙市雨花区黎托乡大桥村陈家巷组
饲预（2008）5343	广州海因特生物技术有限公司	企业注册地址变更为：广东省广州市高新技术产业开发区科学城新桂路KXC-N1-1
饲预（2008）5384	山东宜生生物科技集团有限公司	原企业名称：山东宜生生物科技有限公司
饲预（2008）5397	福建旺大生物科技有限公司	原企业名称：漳州旺大饲料有限公司
饲预（2008）5458	欧维力生（山东）动物营养品有限公司	企业注册地址名称和生产地址名称变更为：山东省青岛高新技术产业开发区科韵路北侧、思源路以东
饲预（2009）4014	重庆市福旺达饲料有限公司	企业注册地址变更为：重庆市中国（荣昌）畜牧产品交易市场第7栋2号
饲预（2009）4116	上海飞帆饲料有限公司	企业注册地址变更为：上海市金山工业区烟漕路75号 企业生产地址名称变更为：上海市金山工业区烟漕路75号
饲预（2009）4392	徐州远方中汇生物科技有限公司	原企业名称：徐州远东饲料有限公司
饲预（2009）5553	江西加大集团有限公司	原企业名称：江西加大科技饲料有限公司

（续）

生产许可证编号	企业名称	变更内容
饲预（2009）5564	山东泉道农业科技集团有限公司	原企业名称：临沂市金泉农业科技开发有限公司
饲预（2009）5567	湖南赛福资源饲料科技有限公司	企业注册地址和生产地址名称变更为：湖南省长沙市宁乡县经济开发区资源大道 8 号
饲预（2009）5590	赤峰九州饲料有限公司	原企业名称：赤峰九州大地饲料有限公司
饲预（2009）5629	广州亿泽动物保健品有限公司	原企业名称：广州市大地动物保健品有限公司
饲预（2009）5630	江门大动保生物科技有限公司	原企业名称：江门市裕宝生物科技有限公司
饲预（2009）5659	厦门朝粤生物科技有限公司	原企业名称：厦门北普生物科技有限公司
饲预（2010）0092	太原康牧科技有限公司	原企业名称：山西华牧饲料生物技术有限公司 企业注册地址名称和生产地址名称变更为：山西省太原市小店区平阳南路 150 号旧锅炉房 2 排 3 号
饲预（2010）0275	哈尔滨富康牧业有限公司	企业生产地址名称变更为：黑龙江省哈尔滨开发区哈平路集中区新疆东路 29 号
饲预（2010）0509	嘉吉饲料（连云港）有限公司	原企业名称：普乐维美（赣榆）饲料发展有限公司 企业注册地址名称和生产地址名称变更为：江苏省赣榆县青口镇金海路 19 号
饲预（2010）1168	四川恒丰饲料有限公司	原企业名称：眉山统一企业有限公司
饲预（2010）1453	郑州维康科技有限公司	原企业名称：郑州豫康饲料科技有限公司
饲预（2010）1745	宁夏正旺农牧科技有限公司	原企业名称：宁夏正旺生物技术有限公司 企业注册地址变更为：宁夏回族自治区中卫市沙坡头区美利工业园区（宁钢大道西侧）
饲预（2010）1755	鹤壁大用牧业有限公司	原企业名称：淇县兴业工贸有限公司
饲预（2010）4078	广州旺大饲料科技有限公司	原企业名称：广东旺大生物科技有限公司 企业注册地址变更为：广东省广州市白云区广从三路 303 号 401 房
饲预（2010）4103	新希望六和饲料股份有限公司哈尔滨分公司	原企业名称：六和饲料股份有限公司哈尔滨分公司
饲预（2010）5762	广东雅琪生物科技有限公司	原企业名称：广州雅琪生物科技有限公司
饲预（2010）5793	江苏立华牧业有限公司	原企业名称：常州市立华畜禽有限公司
饲预（2010）5869	周口市黄泛区万事兴饲料有限公司	原企业名称：河南省黄泛区鑫欣牧业有限公司
饲预（2010）6027	四川省环亚生物科技有限公司	企业注册地址名称和生产地址名称变更为：四川省遂宁市创新工业园区南环路 40 号
饲预（2010）6036	广州市博仕奥水产饲料科技有限公司	企业注册地址名称和生产地址名称变更为：广东省广州市天河区大灵山路 190 号 B 栋
饲预（2011）0060	北京天颐丰牧业科技发展有限公司	原企业名称：北京天颐丰牧业科技发展中心
饲预（2011）0103	重庆川牧饲料有限公司	原企业名称：重庆西南农大川牧饲料总厂
饲预（2011）0503	南通天源饲料有限公司	原企业名称：海安县农家乐饲料有限公司

（续）

生产许可证编号	企业名称	变更内容
饲预（2011）0567	江苏正康饲料有限公司	原企业名称：东台市虎埠饲料厂
饲预（2011）1151	四川渴望生物科技有限公司	企业注册地址变更为：四川省遂宁市经济开发区玉龙路500号
饲预（2011）1638	淄博美龙安佑饲料有限公司	原企业名称：淄博三洋牧业有限公司
饲预（2011）1719	青州市和顺六丰农牧有限公司	原企业名称：青州市六丰牧业有限公司
饲预（2011）2283	广州优维生物技术有限公司	原企业名称：广东金品动物营养有限公司 企业注册地址变更为：广东省广州市天河区先烈东路135号二号楼1309房
饲预（2011）2662	广州市博仕奥生化技术研究有限公司	企业注册地址名称和生产地址名称变更为：广东省广州市天河区大灵山路190号A栋
饲预（2011）2984	江西省元昌工业有限公司	增加产品： 矿物元素及其络（螯）合物（Ⅰ）：甘氨酸铜络（螯）合物 丙酸钙（Ⅰ）、乳酸（Ⅱ） 半胱胺盐酸盐（Ⅰ）
饲预（2011）3482	江苏六和饲料有限公司	企业注册地址名称和生产地址名称变更为：江苏省徐州经济技术开发区大黄山镇坡里村
饲预（2011）4447	宿州泽农饲料有限公司	原企业名称：宿州市国大兴农饲料科技有限责任公司
饲预（2011）4660	徐州正正饲料有限公司	原企业名称：徐州正强饲料有限公司
饲预（2011）5759	济南聚成生物科技有限公司	企业注册地址变更为：山东省济南市市中区大庙屯工业园
饲预（2011）6129	南通科盛海辰饲料有限公司	原企业名称：江苏海辰科技集团有限公司 企业注册地址名称和生产地址名称变更为：江苏省南通市海安县海安镇长江西路88号
饲预（2011）6159	湖州兴腾科生物科技有限公司	原企业名称：湖州纽得赛生物科技有限公司
饲预（2011）6184	廊坊聚慧饲料有限公司	原企业名称：河北瑞丰惠农饲料有限公司
饲预（2011）6206	湖北恩施楚王牧业有限公司	原企业名称：湖北省恩施州正康农牧饲料有限公司
饲预（2011）6214	长春博瑞饲料集团有限公司	原企业名称：长春博瑞饲料有限公司
饲预（2011）6320	无锡中水渔药有限公司	企业注册地址变更为：江苏省无锡市鹅湖镇甘北路40号
饲预（2011）6328	爱迪森（北京）生物科技有限公司	企业生产地址名称变更为：北京市昌平区百善镇上东廓村王庄工业园
饲预（2011）6371	上海申炎饲料有限公司	企业注册地址变更为：上海市青浦区重固镇横泾村398号
饲预（2011）6382	广东康达尔农牧科技有限公司	原企业名称：东莞市康达尔饲料有限公司
饲预（2011）6420	广州威邦得生物科技有限公司	企业注册地址名称和生产地址名称变更为：广东省广州市天河区长福路198号自编之八101至106房
饲预（2011）6450	合肥康乐美饲料科技有限公司	原企业名称：合肥家和饲料加工有限公司
饲预（2012）2425	欧克江苏饲料有限公司	原企业名称：江苏欧克动物药业有限公司
饲预（2012）4818	扬州瑞尔生物技术有限公司	企业注册地址变更为：江苏省扬州市沙头镇创业路9号
饲预（2012）5159	蒙阴万事兴饲料有限公司	原企业名称：蒙阴县昕盛旺饲料有限公司

（续）

生产许可证编号	企业名称	变更内容
饲预（2012）6513	诸城金鸡饲料有限公司	企业注册地址名称和生产地址名称变更为：山东省诸城市站前街28号
饲预（2012）6524	河东区乐慧饲料厂	原企业名称：临沂市乐慧饲料厂
饲预（2012）6590	广西参皇养殖集团有限公司	原企业名称：广西参皇养殖集团有限公司永祺分公司 企业注册地址名称和生产地址名称变更为：广西壮族自治区玉林市城西塘步岭立交桥南岭背垌
饲预（2012）6640	长沙佰福生物科技有限责任公司	原企业名称：长沙市奥泰林科技有限公司

表 4　期满换发饲料添加剂生产许可证名单

生产许可证编号	企业名称	产品名称
饲添（2012）0017	北京昕大洋科技发展有限公司	酶制剂（Ⅱ）：淀粉酶、α-半乳糖苷酶、纤维素酶、β-葡聚糖酶、脂肪酶、甘露聚糖酶、果胶酶、植酸酶、蛋白酶、木聚糖酶 调味剂（Ⅱ）：糖精钠 甜菜碱（Ⅱ）、甜菜碱盐酸盐（Ⅱ）
饲添（2012）0068	哈尔滨天丰动物保健品有限公司	微生物（Ⅰ）：枯草芽孢杆菌、嗜酸乳杆菌、产朊假丝酵母、酿酒酵母
饲添（2012）0071	杭州民生生物科技有限公司	维生素（Ⅱ）：维生素C、L-抗坏血酸-2-磷酸酯
饲添（2012）0132	泰兴瑞泰化工有限公司	抗氧化剂（Ⅰ）：乙氧基喹啉 抗氧化剂（Ⅱ）：乙氧基喹啉、丁基羟基茴香醚、二丁基羟基甲苯 酸度调节剂（Ⅱ）：甲酸、丙酸、乳酸、富马酸
饲添（2012）0160	沧州市大地草业中心	微生物（Ⅱ）：枯草芽孢杆菌、植物乳杆菌、产朊假丝酵母 大蒜素（Ⅱ）
饲添（2012）0214	黄骅市渤海兽药有限公司	维生素（Ⅱ）：维生素 B_1、维生素 B_2、维生素C 微生物（Ⅰ）：枯草芽孢杆菌、粪肠球菌、嗜酸乳杆菌、产朊假丝酵母 大蒜素（Ⅱ）
饲添（2012）0216	河北华神药业科技有限公司	酶制剂（Ⅱ）：淀粉酶、纤维素酶、植酸酶、蛋白酶 微生物（Ⅱ）：枯草芽孢杆菌、植物乳杆菌、产朊假丝酵母、沼泽红假单胞菌
饲添（2012）0230	厦门牡丹饲料科技发展有限公司	抗氧化剂（Ⅱ）：乙氧基喹啉 防霉剂（Ⅱ）：丙酸、丙酸钙 酸度调节剂（Ⅱ）：丁酸、乳酸、柠檬酸、磷酸 调味剂和香料（Ⅱ）：糖精钠、食品用香料 大蒜素（Ⅱ）
饲添（2012）0284	株洲市芦淞区大围山饲料原料厂	矿物元素（Ⅰ）：硫酸亚铁、硫酸铜 碱式氯化铜（Ⅰ）

（续）

生产许可证编号	企业名称	产品名称
饲添（2012）0536	潍坊祥维斯化学品有限公司	维生素（Ⅰ）：烟酸、烟酰胺 矿物元素及其络（螯）合物（Ⅰ）：蛋氨酸铜络（螯）合物、蛋氨酸铁络（螯）合物、蛋氨酸锰络（螯）合物、蛋氨酸锌络（螯）合物、甘氨酸铁络（螯）合物、烟酸铬、吡啶甲酸铬 甜菜碱（Ⅰ）（Ⅱ）甜菜碱盐酸盐（Ⅰ）
饲添（2012）0645	肥城阿斯德化工有限公司	甲酸（Ⅰ）甲酸铵（Ⅰ）甲酸钙（Ⅰ）
饲添（2012）0662	青岛兴业生物工程有限公司	微生物（Ⅰ）（Ⅱ）：枯草芽孢杆菌、植物乳杆菌、产朊假丝酵母
饲添（2012）0734	广州东荣天然色素有限公司	着色剂（Ⅱ）：天然叶黄素、辣椒红
饲添（2012）0776	成都康贝尔饲料有限公司	矿物元素（Ⅰ）：富马酸亚铁 矿物元素（Ⅱ）：硫酸镁、硫酸亚铁、硫酸铜、氧化锌、硫酸锌、硫酸锰、碘化钾、碘酸钾、碘酸钙、氯化钴、亚硒酸钠
饲添（2012）0888	广州立达尔生物科技股份有限公司	维生素（Ⅱ）：L-肉碱盐酸盐 矿物元素（Ⅱ）：富马酸亚铁、氧化锰 抗氧化剂（Ⅱ）：乙氧基喹啉、二丁基羟基甲苯 防霉剂（Ⅱ）：丙酸钙 酸度调节剂（Ⅱ）：丁酸钠、乳酸 着色剂（Ⅱ）：β-胡萝卜素、辣椒红、β，β-胡萝卜素-4，4-二酮（斑蝥黄）、天然叶黄素、虾青素 调味剂（Ⅱ）：糖精钠
饲添（2012）0890	云南新龙矿物质饲料有限公司	矿物元素（Ⅰ）：磷酸氢钙、磷酸二氢钙
饲添（2012）0923	哈尔滨市罗曼饲料添加剂厂	矿物元素（Ⅱ）：碘化钾、氯化钴、亚硒酸钠
饲添（2012）0933	江西省天意生物技术开发有限公司	微生物（Ⅰ）：嗜酸乳杆菌
饲添（2012）0935	山东奥克特化工有限公司	维生素（Ⅰ）：氯化胆碱 甲酸钙（Ⅰ） 甜菜碱（Ⅰ）甜菜碱盐酸盐（Ⅰ） 大蒜素（Ⅰ）（Ⅱ）
饲添（2012）0980	江西天和生物科技有限公司	矿物元素（Ⅱ）：碘化钾、碘酸钙、氯化钴、亚硒酸钠
饲添（2012）0987	新乐亨通锌业有限公司	矿物元素（Ⅰ）：硫酸锌
饲添（2012）0996	湖南中成化工有限公司	矿物元素（Ⅰ）：氧化锌
饲添（2012）1003	安琪酵母股份有限公司	矿物元素（Ⅰ）：酵母硒 微生物（Ⅰ）：枯草芽孢杆菌、酿酒酵母 甘露寡糖（Ⅰ）
饲添（2012）1029	海宁凤鸣叶绿素有限公司	着色剂（Ⅰ）（Ⅱ）：天然叶黄素
饲添（2012）1032	衡阳市珠晖区京成天宝饲料厂	矿物元素（Ⅰ）：硫酸镁、氧化镁、硫酸铜 矿物元素（Ⅱ）：硫酸亚铁、碘化钾、碘酸钙、氯化钴、亚硒酸钠

（续）

生产许可证编号	企业名称	产品名称
饲添（2012）1055	江苏省东泰精细化工有限责任公司	矿物元素（Ⅰ）：氧化锌
饲添（2012）1056	无锡泰花淀粉有限公司	α-淀粉（Ⅰ）
饲添（2012）1057	哈尔滨德邦鼎立生物科技有限公司	矿物元素及其络（螯）合物（Ⅰ）：蛋氨酸铜螯合物、蛋氨酸铁螯合物、蛋氨酸锰螯合物、蛋氨酸锌螯合物、甘氨酸铁螯合物、甘氨酸铜螯合物、吡啶甲酸铬、稀土（铈和镧）壳糖胺螯合盐 碱式氯化铜（Ⅰ）碱式氯化锌（Ⅰ）
饲添（2012）1062	湖南尤特尔生化有限公司	酶制剂（Ⅰ）：淀粉酶（产自黑曲霉）、α-半乳糖苷酶（产自黑曲霉）、纤维素酶（产自长柄木霉）、β-葡聚糖酶（产自黑曲霉）、脂肪酶（产自黑曲霉）、甘露聚糖酶（产自迟缓芽孢杆菌）、果胶酶（产自黑曲霉）、植酸酶（产自黑曲霉）、蛋白酶（产自黑曲霉）、木聚糖酶（产自米曲霉） 酶制剂（Ⅱ）：淀粉酶、α-半乳糖苷酶、纤维素酶、β-葡聚糖酶、甘露聚糖酶、蛋白酶、木聚糖酶
饲添（2012）1063	北京大北农科技集团股份有限公司	酸度调节剂（Ⅱ）：乙酸、丙酸、丙酸钠、丁酸、丁酸钠、乳酸、富马酸、柠檬酸、苹果酸、磷酸 防霉剂（Ⅱ）：山梨酸、富马酸、柠檬酸 微生物（Ⅱ）：枯草芽孢杆菌、酿酒酵母 多糖和寡糖（Ⅱ）：低聚壳聚糖、甘露寡糖
饲添（2012）1071	河北维尔康制药有限公司	维生素（Ⅰ）：维生素C、L-抗坏血酸钙、L-抗坏血酸钠、L-抗坏血酸-2-磷酸酯 维生素（Ⅱ）：维生素C
饲添（2012）1075	哈尔滨兽研利思达生物制药厂	维生素（Ⅱ）：维生素A、维生素B_1、维生素B_2、维生素B_6、维生素C、维生素D_3、维生素E、维生素K_3 微生物（Ⅱ）：枯草芽孢杆菌、嗜酸乳杆菌、产朊假丝酵母
饲添（2012）1087	威海顺安饲料厂	维生素（Ⅱ）：维生素B_1、维生素C、维生素E 微生物（Ⅱ）：枯草芽孢杆菌、嗜酸乳杆菌、产朊假丝酵母
饲添（2012）1093	上海天昌饲料科技有限公司	抗氧化剂（Ⅱ）：乙氧基喹啉、二丁基羟基甲苯 防霉剂（Ⅱ）：丙酸、丙酸铵、丙酸钙 酸度调节剂（Ⅱ）：乳酸、富马酸、柠檬酸、磷酸 调味剂（Ⅱ）：糖精钠
饲添（2012）1099	广州市萝岗联丰饲料材料有限公司	矿物元素（Ⅰ）：硫酸铜、硫酸钴 矿物元素（Ⅱ）：硫酸锰、硫酸锌、硫酸亚铁、碘酸钙、亚硒酸钠、氯化钴
饲添（2012）1105	四川省宜宾五粮液环保产业有限公司	酸度调节剂（Ⅰ）：乳酸 二氧化硅（Ⅰ）
饲添（2012）1130	常州市牛塘化工厂有限公司	维生素（Ⅰ）：叶酸
饲添（2012）1135	广东省前沿动物保健有限公司	矿物元素（Ⅱ）：富马酸亚铁 微生物（Ⅱ）：嗜酸乳杆菌

（续）

生产许可证编号	企业名称	产品名称
饲添（2012）1136	广州三泓实业有限公司	矿物元素（Ⅱ）：富马酸亚铁、吡啶甲酸铬 防腐剂（Ⅱ）：丙酸 富马酸（Ⅱ） 调味剂和香料（Ⅱ）：糖精钠、食品用香料 大蒜素（Ⅱ）
饲添（2012）1161	华北制药威可达有限公司	维生素（Ⅰ）（Ⅱ）：维生素 B_{12}
饲添（2012）1167	无锡阿尔宝尔生物工程有限公司	微生物（Ⅰ）（Ⅱ）：枯草芽孢杆菌
饲添（2012）1174	华中药业股份有限公司	维生素（Ⅰ）：维生素 B_1（盐酸硫胺）、维生素 B_1（硝酸硫胺）
饲添（2012）1176	武汉泛华生物技术有限公司	酸度调节剂（Ⅱ）：乳酸、柠檬酸、磷酸 调味剂和香料（Ⅱ）：糖精钠、食品用香料 寡糖（Ⅱ）：甘露寡糖
饲添（2012）1186	浙江省仙居亚细亚肌醇厂	维生素（Ⅰ）：肌醇
饲添（2012）1209	中粮生物化学（安徽）股份有限公司	氨基酸（Ⅰ）：L-赖氨酸盐酸盐、L-赖氨酸硫酸盐及其发酵副产物
饲添（2012）1214	长沙县黄兴镇奇世饲料颗粒加工厂	矿物元素（Ⅱ）：硫酸亚铁、硫酸锌、硫酸锰
饲添（2012）1220	衡阳天信化工实业有限公司	矿物元素（Ⅱ）：硫酸亚铁
饲添（2012）1230	固安桑普生化技术有限公司	维生素（Ⅰ）（Ⅱ）：L-抗坏血酸-2-磷酸酯 维生素（Ⅱ）：L-肉碱盐酸盐 丙酸（Ⅱ） 大蒜素（Ⅰ）
饲添（2012）1236	浙江欣欣生化科技有限公司	α-淀粉（Ⅰ）
饲添（2012）1239	济南德高生物科技有限公司	大蒜素（Ⅱ）
饲添（2012）1279	恩贝集团有限公司	维生素（Ⅰ）（Ⅱ）：氯化胆碱
饲添（2012）1322	浙江医药股份有限公司维生素厂	维生素（Ⅰ）：维生素A乙酸酯、维生素 D_3、维生素E 维生素（Ⅱ）：维生素A、维生素A乙酸酯、维生素 D_3、维生素E、D-生物素 着色剂（Ⅱ）：虾青素
饲添（2012）1342	湖南经仕集团实业有限公司	矿物元素（Ⅰ）：硫酸锌
饲添（2012）1375	广东绿生源饲料科技有限公司	酸度调节剂（Ⅱ）：甲酸、甲酸钙、乙酸、丙酸、丙酸铵、丁酸钠、乳酸、富马酸、柠檬酸、磷酸、氯化钾
饲添（2012）1499	沧州市百分百生物科技有限公司	大蒜素（Ⅱ）
饲添（2012）1691	山东高唐奥星科技有限公司	维生素（Ⅱ）：氯化胆碱
饲添（2012）1801	浙江国光生化股份有限公司	氨基酸（Ⅰ）：L-苏氨酸
饲添（2012）1856	上海纽瑞茵生物技术有限公司	酶制剂（Ⅱ）：植酸酶、β-葡聚糖酶、木聚糖酶 维生素（Ⅱ）：α-生育酚乙酸酯
饲添（2012）1983	山东龙力生物科技股份有限公司	多糖和寡糖（Ⅰ）：低聚木糖

（续）

生产许可证编号	企业名称	产品名称
饲添（2012）2085	广西武鸣泰源食品有限公司	α-淀粉（Ⅰ）
饲添（2012）2087	金华市佳乐乳业有限公司香料厂	防霉剂（Ⅱ）：丙酸钙、双乙酸钠
饲添（2012）2096	莱州市莱玉化工有限公司	矿物元素（Ⅰ）：硫酸镁
饲添（2012）2101	深圳东江华瑞科技有限公司	碱式氯化铜（α-晶型）（Ⅰ）
饲添（2012）2137	福泉市洪亮化工有限责任公司	矿物元素（Ⅰ）：磷酸氢钙、磷酸二氢钙
饲添（2012）2141	济南亿民动物药业有限公司	微生物（Ⅰ）：枯草芽孢杆菌、嗜酸乳杆菌、产朊假丝酵母
饲添（2012）2160	萍乡宝海饲料添加剂有限公司	矿物元素（Ⅰ）：硫酸锌
饲添（2012）2164	南宁华侨投资区华兴变性淀粉有限公司	α-淀粉（Ⅰ）
饲添（2012）2176	山东超跃动物保健品有限公司	维生素（Ⅱ）：维生素 E
饲添（2012）2179	哈尔滨飞达饲料添加剂厂	微生物（Ⅱ）：枯草芽孢杆菌、嗜酸乳杆菌、产朊假丝酵母
饲添（2012）2180	哈尔滨市安佑饲料有限公司	维生素（Ⅱ）：维生素 C、维生素 E
饲添（2012）2182	长沙拜特生物科技研究所有限公司	防霉剂（Ⅱ）：丙酸钙
饲添（2012）2183	湖南润邦生物工程有限公司	微生物（Ⅰ）（Ⅱ）：枯草芽孢杆菌、产朊假丝酵母
饲添（2012）2186	中信大锰矿业有限责任公司	矿物元素（Ⅰ）：硫酸锰
饲添（2012）2189	邯郸市中进天然色素有限公司	着色剂（Ⅰ）：辣椒红、天然叶黄素 着色剂（Ⅱ）：天然叶黄素
饲添（2012）2204	希杰（聊城）生物科技有限公司	氨基酸（Ⅰ）：L-赖氨酸盐酸盐、L-赖氨酸硫酸盐
饲添（2012）2212	桂阳杰鹏金牧发展有限公司	矿物元素（Ⅰ）：硫酸镁、硫酸铜、硫酸锌、硫酸锰
饲添（2012）2214	泰州市丰润生物科技有限公司	防霉剂（Ⅱ）：双乙酸钠、丙酸、丙酸钙、苯甲酸钠、富马酸 抗氧化剂（Ⅱ）：乙氧基喹啉、二丁基羟基甲苯
饲添（2012）2215	广州市大江饲料有限公司	维生素（Ⅱ）：维生素 C 调味剂（Ⅱ）：谷氨酸钠
饲添（2012）2219	昆明川金诺化工股份有限公司	矿物元素（Ⅰ）：磷酸氢钙、磷酸二氢钙
饲添（2012）2220	浙江升华拜克生物股份有限公司	氨基酸（Ⅰ）（Ⅱ）：L-色氨酸 氨基酸（Ⅰ）：L-赖氨酸硫酸盐
饲添（2012）2222	宝鸡博迪生物科技有限责任公司	微生物（Ⅰ）（Ⅱ）：枯草芽孢杆菌、植物乳杆菌、酿酒酵母
饲添（2012）2227	沧州市益宏动物保健品有限公司	维生素（Ⅱ）：维生素 B_1、维生素 B_2、维生素 B_{12}、维生素 C、维生素 K_3 微生物（Ⅱ）：枯草芽孢杆菌、植物乳杆菌、产朊假丝酵母、沼泽红假单胞菌 大蒜素（Ⅱ）
饲添（2012）2228	沧州市中信生物科技有限公司	酶制剂（Ⅰ）（Ⅱ）：淀粉酶（产自解淀粉芽孢杆菌）、纤维素酶（产自长柄木霉）、植酸酶（产自黑曲霉）、蛋白酶（产自枯草芽孢杆菌） 微生物（Ⅰ）（Ⅱ）：枯草芽孢杆菌、植物乳杆菌、产朊假丝酵母、沼泽红假单胞菌 大蒜素（Ⅱ）

（续）

生产许可证编号	企业名称	产品名称
饲添（2012）2241	山东恩贝生物工程有限公司	维生素（Ⅰ）：维生素 B_2 氨基酸（Ⅰ）：L-赖氨酸硫酸盐、L-苏氨酸、L-色氨酸、缬氨酸
饲添（2012）2246	连云港新磷矿化有限责任公司	矿物元素（Ⅰ）：磷酸氢钙
饲添（2012）2251	杰能科（中国）生物工程有限公司	酶制剂（Ⅰ）：淀粉酶（产自解淀粉芽孢杆菌）、纤维素酶（产自长柄木霉）
饲添（2012）2254	北京昕地美饲料科技有限公司	酶制剂（Ⅱ）：淀粉酶、α-半乳糖苷酶、纤维素酶、β-葡聚糖酶、脂肪酶、甘露聚糖酶、果胶酶、植酸酶、蛋白酶、木聚糖酶 微生物（Ⅱ）：地衣芽孢杆菌、枯草芽孢杆菌、粪肠球菌、酿酒酵母 抗氧化剂（Ⅱ）：乙氧基喹啉 双乙酸钠（Ⅱ）乳酸（Ⅱ）柠檬酸（Ⅱ）调味剂（Ⅱ）：糖精钠 甜菜碱（Ⅱ）、甜菜碱盐酸盐（Ⅱ）
饲添（2012）2258	泰安生力源生物工程有限公司	酶制剂（Ⅰ）（Ⅱ）：淀粉酶（产自黑曲霉）、纤维素酶（产自长柄木霉）、β-葡聚糖酶（产自枯草芽孢杆菌）、蛋白酶（产自米曲霉）、木聚糖酶（产自枯草芽孢杆菌） 微生物（Ⅰ）（Ⅱ）：枯草芽孢杆菌、嗜酸乳杆菌
饲添（2012）2261	诸城市浩天药业有限公司	维生素（Ⅰ）：肌醇 矿物元素（Ⅰ）：磷酸三钙
饲添（2012）2262	潍坊市东方海洋生物科技研发中心	微生物（Ⅰ）（Ⅱ）：枯草芽孢杆菌、嗜酸乳杆菌、酿酒酵母
饲添（2012）2263	泸溪县经达化工有限公司	矿物元素（Ⅰ）：硫酸锌
饲添（2012）2264	哈尔滨农垦香坊兴业饲料厂	维生素（Ⅱ）：维生素 C 微生物（Ⅱ）：枯草芽孢杆菌、嗜酸乳杆菌、产朊假丝酵母
饲添（2012）2270	禄丰县妥安琅井硭硝厂	矿物元素（Ⅰ）：硫酸钠
饲添（2012）2272	广东省天宝生物制药有限公司	大蒜素（Ⅰ）（Ⅱ）
饲添（2012）2274	黑龙江省嘉宝生物技术开发有限公司	着色剂（Ⅰ）：辣椒红、天然叶黄素 着色剂（Ⅱ）：虾青素
饲添（2012）2280	广州市利健药业有限公司	维生素（Ⅱ）：维生素 C、L-抗坏血酸-2-磷酸酯 微生物（Ⅱ）：枯草芽孢杆菌 多糖和寡糖（Ⅱ）：果寡糖
饲添（2012）2283	济南海华生物科技有限公司	调味剂（Ⅱ）：糖精钠
饲添（2012）2284	山东鲁抗医药股份有限公司	氨基酸（Ⅰ）：L-色氨酸
饲添（2012）2285	广东瑞生科技有限公司	抗氧化剂（Ⅱ）：乙氧基喹啉、没食子酸丙酯 防霉剂（Ⅱ）：丙酸、丙酸铵 酸度调节剂（Ⅱ）：乳酸、柠檬酸、磷酸 调味剂和香料（Ⅱ）：糖精钠、谷氨酸钠、食品用香料
饲添（2012）2287	赤峰制药股份有限公司	维生素（Ⅰ）（Ⅱ）：维生素 B_2 维生素（Ⅱ）：D-生物素

（续）

生产许可证编号	企业名称	产品名称
饲添（2012）2289	安徽省瑞森生物科技有限责任公司	防霉剂（Ⅱ）：丙酸、丙酸钙、柠檬酸 调味剂和香料（Ⅱ）：糖精钠、食品用香料 大蒜素（Ⅱ）
饲添（2012）2291	哈尔滨捷农科技有限公司	微生物（Ⅱ）：枯草芽孢杆菌、嗜酸乳杆菌、产朊假丝酵母
饲添（2012）2296	江西天新药业有限公司	维生素（Ⅰ）：维生素 B_1（盐酸硫胺）、维生素 B_1（硝酸硫胺）、维生素 B_6
饲添（2012）2297	哈尔滨健源生物科技有限公司	微生物（Ⅱ）：枯草芽孢杆菌、嗜酸乳杆菌、产朊假丝酵母
饲添（2012）2306	湖南金田锌业有限公司	矿物元素（Ⅰ）：硫酸锌
饲添（2012）2307	湘潭市雨湖区响水饲料原料厂	矿物元素（Ⅱ）：磷酸氢钙、硫酸亚铁、硫酸铜、硫酸锌
饲添（2012）2310	广州市和生堂生物科技有限公司	微生物（Ⅱ）：枯草芽孢杆菌、植物乳杆菌 大蒜素（Ⅱ）
饲添（2012）2311	广州正和生物科技有限公司	矿物元素（Ⅱ）：吡啶甲酸铬 抗结块剂（Ⅱ）：三氧化二铝、二氧化硅 半胱胺盐酸盐（Ⅱ）
饲添（2012）2312	南宁泰联淀粉有限公司	α-淀粉（Ⅰ）
饲添（2012）2313	泗县天力生物科技有限公司	维生素（Ⅱ）：维生素 B_2、维生素 C 抗结块剂（Ⅱ）：三氧化二铝、二氧化硅
饲添（2012）2331	科金（珠海）生物科技有限公司	防霉剂（Ⅱ）：乙酸、丙酸、苯甲酸、山梨酸
饲添（2012）2332	广东广牧动物保健品有限公司	酶制剂（Ⅱ）：淀粉酶、蛋白酶 微生物（Ⅱ）：枯草芽孢杆菌、嗜酸乳杆菌 防霉剂（Ⅱ）：丙酸、山梨酸
饲添（2012）2334	珠海市康益达生物科技有限公司	氨基酸（Ⅱ）：DL-蛋氨酸 维生素（Ⅱ）：维生素 A、维生素 D_3 微生物（Ⅱ）：枯草芽孢杆菌、粪肠球菌、嗜酸乳杆菌、酿酒酵母、沼泽红假单胞菌 着色剂（Ⅱ）：天然叶黄素 调味剂和香料（Ⅱ）：糖精钠、谷氨酸钠、食品用香料 多糖和寡糖（Ⅱ）：低聚壳聚糖、果寡糖、甘露寡糖 大蒜素（Ⅱ）
饲添（2012）2347	株洲金程实业有限公司	矿物元素（Ⅰ）：氧化锌、硫酸锌
饲添（2012）2352	哈尔滨金福来科技开发有限公司	矿物元素及其络（螯）合物（Ⅰ）：蛋氨酸锌络（螯）合物、甘氨酸铁络合物 双乙酸钠（Ⅰ） 乙酰氧肟酸（Ⅰ）
饲添（2012）2364	诺伟司饲料添加剂（上海）有限公司	酶制剂（Ⅱ）：纤维素酶、β-葡聚糖酶、甘露聚糖酶、植酸酶、蛋白酶、木聚糖酶 抗氧化剂（Ⅱ）：乙氧基喹啉、二丁基羟基甲苯、没食子酸丙酯 防霉剂（Ⅱ）：甲酸、甲酸铵、丙酸、丙酸铵、乳酸 酸度调节剂（Ⅱ）：甲酸、甲酸铵、甲酸钙、丙酸、丙酸铵、乳酸、苯甲酸、山梨酸、富马酸、柠檬酸、磷酸

（续）

生产许可证编号	企业名称	产品名称
饲添（2012）2375	黑龙江成福食品集团有限公司	氨基酸（Ⅰ）：L-赖氨酸盐酸盐、L-赖氨酸硫酸盐、L-苏氨酸
饲添（2012）2383	南阳科生生物化工有限公司	大蒜素（Ⅰ）
饲添（2012）2423	哈尔滨市宏晟圆饲料添加剂厂	微生物（Ⅱ）：枯草芽孢杆菌、嗜酸乳杆菌、产朊假丝酵母
饲添（2012）2472	哈尔滨福莱德动物保健品有限公司	维生素（Ⅱ）：维生素 B_1、维生素 B_2、维生素 C、维生素 E 微生物（Ⅱ）：枯草芽孢杆菌、嗜酸乳杆菌、产朊假丝酵母
饲添（2012）2499	哈尔滨华农曙光饲料有限公司	微生物（Ⅱ）：枯草芽孢杆菌、嗜酸乳杆菌、产朊假丝酵母
饲添（2012）2520	哈尔滨百加生物科技有限公司	微生物（Ⅱ）：枯草芽孢杆菌、嗜酸乳杆菌、产朊假丝酵母
饲添（2012）2589	湖南泰谷生物兽药有限公司	微生物（Ⅰ）（Ⅱ）：枯草芽孢杆菌、粪肠球菌、乳酸肠球菌、嗜酸乳杆菌、干酪乳杆菌、植物乳杆菌、产朊假丝酵母、酿酒酵母、沼泽红假单胞菌、保加利亚乳杆菌
饲添（2012）2634	黑龙江花亭生物技术有限公司	酶制剂（Ⅰ）：α-半乳糖苷酶（产自黑曲霉）、纤维素酶（产自长柄木霉）、β-葡聚糖酶（产自黑曲霉）、葡萄糖氧化酶（产自特异青霉）、甘露聚糖酶（产自迟缓芽孢杆菌）、植酸酶（产自黑曲霉）、木聚糖酶（产自米曲霉）
饲添（2012）2658	广州至圣饲料有限公司	防霉剂（Ⅱ）：双乙酸钠、丙酸钙
饲添（2012）2800	广西南宁润农饲料有限责任公司	矿物元素（Ⅰ）：硫酸锌
饲添（2012）2858	广州广佳生物科技有限公司	矿物元素（Ⅱ）：硫酸铜、硫酸锰 大蒜素（Ⅱ）
饲添（2012）2944	沈阳科瑞思科技有限公司	微生物（Ⅱ）：枯草芽孢杆菌、嗜酸乳杆菌、产朊假丝酵母 防腐剂（Ⅱ）：山梨酸钾、丙酸钙、柠檬酸

表 5 期满换发添加剂预混合饲料生产许可证名单

生产许可证编号	企业名称
饲预（2012）0278	哈尔滨市凯弘饲料厂
饲预（2012）0283	黑龙江省农垦佳南佳友福饲料供销中心
饲预（2012）0312	杭州民生生物科技有限公司
饲预（2012）0526	江苏华威农牧发展有限公司
饲预（2012）0660	沧州市大地草业中心
饲预（2012）0695	石家庄石牧动物药业有限公司
饲预（2012）0762	大成农牧（铁岭）有限公司沈阳分公司
饲预（2012）0857	湖南晶天科技实业有限公司
饲预（2012）0863	唐人神集团股份有限公司
饲预（2012）1373	陕西华秦农牧科技有限公司
饲预（2012）1454	河南雄峰科技有限公司新郑分公司
饲预（2012）1457	河南农大饲料科技有限公司
饲预（2012）1526	哈尔滨大雨科技饲料开发有限公司

（续）

生产许可证编号	企业名称
饲预（2012）1576	潍坊集成科技饲料有限公司
饲预（2012）1602	上海红马饲料有限公司
饲预（2012）1617	临沂乾元饲料有限公司
饲预（2012）1622	山东中牧兽药有限公司
饲预（2012）1914	烟台绿叶动物保健品有限公司
饲预（2012）2089	宁城华东饲料有限责任公司
饲预（2012）2171	中山市冠泰饲料有限公司
饲预（2012）2209	广州惠华动物保健品有限公司
饲预（2012）2224	广州智特奇生物科技有限公司
饲预（2012）2292	衢州市大南农动物保健品有限公司
饲预（2012）2307	黑龙江北农大农牧科技有限公司
饲预（2012）2350	山东天易科技有限公司
饲预（2012）2370	河北衡水老白干酒业股份有限公司兴亚饲料分公司
饲预（2012）2425	江苏欧克动物药业有限公司
饲预（2012）2440	平顶山市湛河区理想饲料厂
饲预（2012）2444	永城市翼丰饲料有限公司
饲预（2012）2446	恩施市燎原饲料有限责任公司
饲预（2012）2456	哈尔滨市罗曼饲料添加剂厂
饲预（2012）2463	黑龙江省宏望饲料有限责任公司
饲预（2012）2473	南通市第二兽药厂有限公司
饲预（2012）2500	上海都灵饲料有限公司
饲预（2012）2507	成都市全新饲料有限公司
饲预（2012）2512	哈尔滨动物药品有限公司
饲预（2012）2520	湖南荣宁饲料有限公司
饲预（2012）2523	广州三泓实业有限公司
饲预（2012）2529	佛山市顺德区大良粤宝饲料有限公司
饲预（2012）2544	赣州市康王科技饲料发展有限公司
饲预（2012）2550	江西华达牧业有限公司
饲预（2012）2551	赣州大地饲料添加剂厂
饲预（2012）2554	北京三好伟业饲料有限公司
饲预（2012）2563	衡阳市富矿饲料添加剂有限公司
饲预（2012）2583	安佑（漳州）饲料科技有限公司
饲预（2012）2589	南宁市久山浓缩饲料有限责任公司
饲预（2012）2626	昆明三汇饲料有限公司
饲预（2012）2628	昆明饲宝饲料有限责任公司
饲预（2012）2652	金华市双鹏生物技术有限公司
饲预（2012）2659	长沙旺森畜牧实业有限公司

（续）

生产许可证编号	企业名称
饲预（2012）2664	深圳安佑康牧科技有限公司
饲预（2012）2667	广东新粮实业有限公司新粮饲料厂
饲预（2012）2678	青岛和美饲料有限公司
饲预（2012）2723	齐齐哈尔市天圣动物营养饲料厂
饲预（2012）2727	北京南海汇川饲料有限公司
饲预（2012）2730	北京川新佳牧饲料有限公司
饲预（2012）2753	石家庄沃福生物科技有限公司
饲预（2012）2756	哈尔滨兽研利思达生物制药厂
饲预（2012）2758	北京荣达兴饲料技术有限公司
饲预（2012）2764	北京协美爱农饲料有限公司
饲预（2012）2765	北京科丰益源科技有限公司
饲预（2012）2766	北京康华远景科技有限公司
饲预（2012）2771	天津全药动物保健品有限公司
饲预（2012）2786	东莞兴业生物科技有限公司
饲预（2012）2791	山东金鸡生物科技有限公司
饲预（2012）2793	山东省临沂市兰山区亿大利饲料厂
饲预（2012）2800	青岛金久生物技术有限公司
饲预（2012）2805	上海富捷饲料有限公司
饲预（2012）2812	安徽省康地新技术有限公司
饲预（2012）2817	福州恒力达饲料有限公司
饲预（2012）2820	杭州宁电新瑞生物技术有限公司
饲预（2012）2821	杭州天虹饲料技术开发有限公司
饲预（2012）2828	北京申跃饲料有限责任公司
饲预（2012）2830	北京嘉禾利华饲料有限公司
饲预（2012）2842	哈尔滨市强丰动物保健品厂
饲预（2012）2848	永城市利平饲料有限公司
饲预（2012）2852	昌吉市疆博饲料有限责任公司
饲预（2012）2853	上海澳全饲料有限公司
饲预（2012）2855	上海金童饲料有限公司
饲预（2012）2857	上海保斯利饲料有限公司
饲预（2012）2876	佛山市德宁生物技术有限公司
饲预（2012）2890	河北一兽药业有限公司
饲预（2012）2917	岳阳宏泰饲料科技有限公司
饲预（2012）2921	广州绿安康饲料科技有限公司
饲预（2012）2923	佛山市华洋动物营养品有限公司
饲预（2012）2938	武汉泛华生物技术有限公司
饲预（2012）2939	南昌市自然风生物技术有限公司

（续）

生产许可证编号	企业名称
饲预（2012）2940	南昌市明佳科技有限公司
饲预（2012）2954	济南现代同茂饲料有限公司
饲预（2012）2970	北京绿普信科生物科技有限责任公司
饲预（2012）2990	天津市泰康饲料厂
饲预（2012）2994	唐山中红三融畜禽有限公司饲料分公司
饲预（2012）3016	厦门市大百利农牧有限公司
饲预（2012）3038	武汉艾立动物营养有限公司
饲预（2012）3048	重庆九重天科技饲料有限公司
饲预（2012）3054	石家庄正道动物药业有限公司
饲预（2012）3058	深圳市绿康实业有限公司
饲预（2012）3064	广东温氏食品集团有限公司
饲预（2012）3092	哈尔滨天丰动物保健品有限公司
饲预（2012）3094	哈尔滨信宇动物药品厂
饲预（2012）3100	哈尔滨鸿璐饲料有限公司
饲预（2012）3102	黑龙江天翼生物科技有限公司
饲预（2012）3104	上海金百瑞特生物科技有限公司
饲预（2012）3110	厦门市凤来仪农牧技术有限公司
饲预（2012）3111	龙岩市益发畜牧发展有限公司
饲预（2012）3175	龙岩市卓创动物营养有限公司
饲预（2012）3197	长沙美日生物科技有限公司
饲预（2012）3230	武汉天元饲料有限公司
饲预（2012）3270	金朝生物科技（上海）有限公司
饲预（2012）3323	龙岩市百特饲料科技有限公司
饲预（2012）3330	广州市诚一水产科技有限公司
饲预（2012）3343	长沙美龙生物科技有限公司
饲预（2012）3365	河南六和饲料有限公司郑州分公司
饲预（2012）3397	山东华尔康生物技术有限公司
饲预（2012）3467	沧州市百分百生物科技有限公司
饲预（2012）3532	杨凌旺德福生物技术有限公司
饲预（2012）3768	厦门德百特生物科技有限公司
饲预（2012）3783	保定冀中动物保健品有限公司
饲预（2012）3793	郑州沃尔伯特饲料有限公司
饲预（2012）3803	沈阳华年饲料有限公司
饲预（2012）3940	重庆佳运饲料有限公司
饲预（2012）3970	无锡天竞高科生物技术有限公司
饲预（2012）4001	上海新中牧饲料有限公司北京分公司
饲预（2012）4085	哈尔滨兴民丰牧业有限公司

（续）

生产许可证编号	企业名称
饲预（2012）4120	广东碧德生物科技有限公司
饲预（2012）4170	乌鲁木齐市金蟾兽药有限公司
饲预（2012）4180	潍坊天普阳光饲料科技有限公司
饲预（2012）4196	上海纽瑞茵生物技术有限公司
饲预（2012）4414	科左后旗辽海牧业饲料有限责任公司
饲预（2012）4422	黑龙江大牧人牧业有限公司
饲预（2012）4469	哈尔滨光威牧业有限公司
饲预（2012）4501	龙口市凯发饲料有限公司
饲预（2012）4763	吉林省德泰饲料科技发展有限公司
饲预（2012）4785	大连亿农饲料科技有限公司
饲预（2012）4818	扬州瑞尔生物技术有限公司
饲预（2012）4840	天津市元亨生物饲料添加剂有限公司
饲预（2012）4862	广州粤丰动物保健有限公司
饲预（2012）4872	济南亿民动物药业有限公司
饲预（2012）4874	潍坊诺达药业有限公司
饲预（2012）4886	南阳高新区琛华饲料有限公司
饲预（2012）4898	鹤山市南华动物药业有限公司
饲预（2012）4911	菏泽普恩药业有限公司
饲预（2012）4915	乌鲁木齐高新技术产业开发区方正动物药品厂
饲预（2012）4930	联合万家（北京）生物科技有限公司
饲预（2012）4941	济南挑战饲料科技有限公司
饲预（2012）4945	青州市天和饲料有限公司
饲预（2012）4950	哈尔滨飞达饲料添加剂厂
饲预（2012）4955	长沙拜特生物科技研究所有限公司
饲预（2012）4968	郑州通洲饲料有限公司
饲预（2012）4977	石家庄维尔利动物药业有限公司
饲预（2012）4982	湖南威亚牧业科技有限公司
饲预（2012）4983	湖南飞力格科技有限公司
饲预（2012）4992	广州大台农饲料有限公司
饲预（2012）4994	武汉市天辰生物科技有限公司
饲预（2012）4997	合肥东升牧业有限公司
饲预（2012）4998	合肥大西农生物科技有限公司
饲预（2012）5001	福州大福有限公司
饲预（2012）5006	漳州市国寿饲料有限公司
饲预（2012）5011	诸城市江龙动物保健品厂
饲预（2012）5016	山西晋龙集团饲料有限公司
饲预（2012）5017	河南克郎康地饲料有限公司

（续）

生产许可证编号	企业名称
饲预（2012）5019	黑龙江省春达牧业有限公司
饲预（2012）5030	长沙百联饲料科技有限责任公司
饲预（2012）5041	佛山市高明谷维饲料生物科技有限公司
饲预（2012）5044	东莞市万江兴大饲料工业公司
饲预（2012）5046	广州智星无抗饲料发展有限公司
饲预（2012）5047	广州华农大实验兽药有限公司
饲预（2012）5048	广州市大江饲料有限公司
饲预（2012）5051	衢州贝尔动物保健品有限公司
饲预（2012）5055	江西新干三径饲料有限公司
饲预（2012）5056	赣州市利华兽药有限公司
饲预（2012）5064	长沙天阳生物科技有限公司
饲预（2012）5065	长沙昂牧饲料有限公司
饲预（2012）5066	唐山福心饲料有限公司
饲预（2012）5067	玉田县绿源饲料厂
饲预（2012）5071	沧州市益宏动物保健品有限公司
饲预（2012）5077	固安桑普生化技术有限公司
饲预（2012）5081	河北润普兽药有限公司
饲预（2012）5083	河北中贝佳美生物科技有限公司
饲预（2012）5084	河北正大鸿福动物药业有限公司
饲预（2012）5091	徐州三农生物科技有限公司
饲预（2012）5096	昆明百福得饲料科技有限公司
饲预（2012）5098	建德市红都饲料有限公司
饲预（2012）5099	重庆优宝生物技术有限公司
饲预（2012）5100	埃富恩饲料科技（上海）有限公司
饲预（2012）5104	北京科恩柯生物科技有限公司
饲预（2012）5109	徐州普天饲料有限公司
饲预（2012）5110	哈尔滨众诚牧业有限公司
饲预（2012）5114	淮北市江友饲料有限公司
饲预（2012）5118	广州快大饲料有限公司
饲预（2012）5120	湖南湘天科技发展有限公司
饲预（2012）5123	南平市辉日牧业有限公司
饲预（2012）5130	四川红金宝饲料有限公司
饲预（2012）5138	海兴优艾特生物制品有限公司
饲预（2012）5142	杨凌普瑞邦牧业科技有限公司
饲预（2012）5147	安徽科尔药业有限公司
饲预（2012）5151	厦门味莱饲料科技有限公司
饲预（2012）5154	广州市利健药业有限公司

（续）

生产许可证编号	企业名称
饲预（2012）5155	佛山市南华新龙药业有限公司
饲预（2012）5157	广州拓普思动物药业有限公司
饲预（2012）5159	蒙阴县昕盛旺饲料有限公司
饲预（2012）5162	济南海华生物科技有限公司
饲预（2012）5164	石家庄市天元药业有限公司
饲预（2012）5168	广东瑞生科技有限公司
饲预（2012）5171	广州市优百特饲料科技有限公司
饲预（2012）5174	眉山市力祥饲料厂
饲预（2012）5175	江西创导动物保健品有限公司
饲预（2012）5177	长沙旺牧饲料有限公司
饲预（2012）5178	湖南丹维生物科技有限公司
饲预（2012）5179	西安鑫诚大唐畜牧有限公司
饲预（2012）5180	新疆骄龙饲料有限责任公司
饲预（2012）5181	南通新新动物营养保健品有限公司
饲预（2012）5191	山西奥信动物药业有限公司
饲预（2012）5192	山西闻喜开隆兽药有限公司
饲预（2012）5193	武汉家家乐饲料有限公司
饲预（2012）5195	杭州硕丰饲料科技有限公司
饲预（2012）5201	石家庄市东森生物药业有限公司
饲预（2012）5202	哈尔滨捷农科技有限公司
饲预（2012）5204	长沙市开福区壮大饲料有限公司
饲预（2012）5206	江西中生联合生物技术有限公司
饲预（2012）5210	菏泽农歌饲料有限公司
饲预（2012）5223	江西中成人药业有限公司
饲预（2012）5224	泗县天力生物科技有限公司
饲预（2012）5226	河北华强动物药业有限公司
饲预（2012）5227	哈尔滨健源生物科技有限公司
饲预（2012）5229	广州正和生物科技有限公司
饲预（2012）5230	广东安佑饲料科技有限公司
饲预（2012）5233	北京联成天下农牧科技有限公司
饲预（2012）5249	广丰县上上生物科技有限公司
饲预（2012）5252	深圳市嘉联艾生物科技有限公司
饲预（2012）5254	珠海市康益达生物科技有限公司
饲预（2012）5255	广东通威饲料有限公司
饲预（2012）5258	广东广牧动物保健品有限公司
饲预（2012）5263	高碑店市世纪毅佳饲料有限责任公司
饲预（2012）5269	新昌县顺丰生物科技有限公司

（续）

生产许可证编号	企业名称
饲预（2012）5270	鹤岗市兴山区金和饲料厂
饲预（2012）5281	广州白云山宝神动物保健品有限公司
饲预（2012）5297	安佑（河南）科技饲料有限公司
饲预（2012）5305	鹿泉市德昌饲料有限公司
饲预（2012）5315	哈尔滨华泰牧业有限公司
饲预（2012）5335	化学工业（全国）饲料添加剂工程技术中心山东科技公司
饲预（2012）5342	广州冠佳生物科技有限公司
饲预（2012）5343	广州海因特生物技术有限公司
饲预（2012）5344	佛山市南海禅泰动物药业有限公司
饲预（2012）5352	哈尔滨众利饲料有限公司
饲预（2012）5395	南宁市大盈生物饲料有限公司
饲预（2012）5401	哈尔滨市宏晟圆饲料添加剂厂
饲预（2012）5425	莆田日升昌盛饲料有限公司
饲预（2012）5477	哈尔滨康成饲料有限公司
饲预（2012）5485	哈尔滨福莱德动物保健品有限公司
饲预（2012）5524	哈尔滨普凡饲料有限公司
饲预（2012）5525	哈尔滨华农曙光饲料有限公司
饲预（2012）5543	哈尔滨百加生物科技有限公司
饲预（2012）5662	广州保大饲料有限公司
饲预（2012）5718	中农高科（天津）饲料有限公司
饲预（2012）5729	广州至圣饲料有限公司
饲预（2012）5734	广州广佳生物科技有限公司
饲预（2012）5803	张掖市甘州区金农源生物科技有限公司
饲预（2012）5815	石家庄向阳生物制品有限公司
饲预（2012）6015	哈尔滨鹏程饲料科技有限公司
饲预（2012）6056	沈阳科瑞思科技有限公司
饲预（2012）6164	哈尔滨德邦鼎立生物科技有限公司
饲预（2012）6265	武汉明天生物科技有限公司

表 6　注销饲料添加剂和添加剂预混合饲料生产许可证名单

生产许可证号	企业名称	注销原因	所在省市
饲添（2006）0006	济南得呈科技有限公司	有效期届满未延续	山东省
饲添（2006）0154	沧州市鑫源饲料科技有限公司	停产一年以上	河北省
饲添（2006）0156	沧州市天然牧业发展有限公司	停产一年以上	河北省
饲添（2006）0163	沧州千禧饲料有限公司	停产一年以上	河北省
饲添（2006）0167	沧州市三冠动物保健品有限公司	停产一年以上	河北省

（续）

生产许可证号	企业名称	注销原因	所在省市
饲添（2006）0203	石家庄正大同德饲料厂	停产一年以上	河北省
饲添（2006）0204	石家庄市康建饲料厂	停产一年以上	河北省
饲添（2006）0446	济南仁泰动物保健品有限公司	有效期届满未延续	山东省
饲添（2006）0584	青岛青禾饲料添加剂厂	有效期届满未延续	山东省
饲添（2006）0614	淄博微青农业新技术有限公司	有效期届满未延续	山东省
饲添（2006）0663	青岛黄海兽药厂	有效期届满未延续	山东省
饲添（2006）0756	汕头市爱迪康生物工程有限公司	连续两年未上报备案材料	广东省
饲添（2006）0833	山东天达采禾动物保健品有限公司	有效期届满未延续	山东省
饲添（2006）0962	汕头市先南化工有限公司	连续两年未上报备案材料	广东省
饲添（2006）1034	广州市智胜生物工程有限公司	有效期届满未延续	广东省
饲添（2006）1967	天津市佳益酶制剂新技术有限公司	企业基本情况发生较大变化，已不具备基本生产条件	天津市
饲添（2006）1974	沧州华夏牧业有限公司	停产一年以上	河北省
饲添（2006）1982	威海正山动物保健品有限公司	有效期届满未延续	山东省
饲添（2006）2004	山东邹平兴隆科技有限公司	有效期届满未延续	山东省
饲添（2006）2005	山东正大菱花生物科技有限公司	有效期届满未延续	山东省
饲添（2006）2006	潍坊市天宝兽药有限公司	有效期届满未延续	山东省
饲添（2006）2010	化学工业（全国）饲料添加剂工程技术中心实验厂	有效期届满未延续	山东省
饲添（2006）2012	华北制药集团动物保健品有限责任公司	有效期届满未延续	河北省
饲添（2006）2022	泰安市泰山区中天饲料厂	有效期届满未延续	山东省
饲添（2006）2023	山东华辰生物科技有限公司	有效期届满未延续	山东省
饲添（2006）2026	泰安市泰山区白玉饲料厂	有效期届满未延续	山东省
饲添（2006）2028	河北京科动物药业有限公司	有效期届满未延续	河北省
饲添（2006）2029	吴桥县天业饲料厂	停产一年以上	河北省
饲添（2006）2031	津市市千力生物制品厂	连续两年未上报备案材料	湖南省
饲添（2006）2046	上海晨富化工有限公司	企业申请注销	上海市
饲添（2006）2070	山东绿生生化科技有限公司	有效期届满未延续	山东省
饲添（2006）2072	山东生源牧业科技有限公司	有效期届满未延续	山东省
饲添（2006）2094	济南泰飞科技有限公司	有效期届满未延续	山东省
饲添（2006）2095	莱州市光明饲料有限公司	有效期届满未延续	山东省
饲添（2006）2117	定州万佳动物科技营养有限公司	连续两年未上报备案材料	河北省
饲添（2006）2127	淄博高新区石桥平川饲料原料厂	有效期届满未延续	山东省
饲添（2006）2128	青岛东方药业有限公司	有效期届满未延续	山东省
饲添（2007）0922	山西新立源生物科技有限公司	迁址	山西省
饲添（2007）0927	上海康鑫化工有限公司	企业申请注销	上海市
饲添（2007）0970	天津市正格轻工发展有限公司兽药厂	企业基本情况发生较大变化，已不具备基本生产条件	天津市

（续）

生产许可证号	企业名称	注销原因	所在省市
饲添（2007）0977	湖南农大哥科技开发有限公司	企业申请注销	湖南省
饲添（2007）1041	济南华佳化工有限公司	有效期届满未延续	山东省
饲添（2007）1066	沧州市恒昌饲料有限公司	停产一年以上	河北省
饲添（2007）1172	咸宁京汇药业有限公司	停产且不具备基本生产条件	湖北省
饲添（2007）1194	太谷生康动物保健品有限公司	停产一年以上	山西省
饲添（2007）2113	石家庄市九洲兽药有限公司	有效期届满未延续	河北省
饲添（2007）2126	山东正旺工贸有限公司	企业搬迁，停产一年以上	山东省
饲添（2007）2140	济南德超生物科技有限公司	已搬迁，不具备生产条件	山东省
饲添（2007）2143	济南静远科技有限公司	已搬迁，不具备生产条件	山东省
饲添（2007）2152	石家庄维牧动物保健品有限公司	有效期届满未延续	河北省
饲添（2007）2153	天津领飞饲料科技有限公司	停产一年以上	天津市
饲添（2007）2157	山东大华广济生化工程有限公司	企业停产关闭	山东省
饲添（2007）2159	济南英大生物科技有限公司	企业申请注销	山东省
饲添（2007）2185	西安春讯生物工程有限公司	有效期届满未延续	陕西省
饲添（2007）2226	玉田县绿源饲料厂	企业申请注销	河北省
饲添（2007）2237	鄄城菱花味精有限责任公司	企业停产关闭	山东省
饲添（2007）2242	金华民康动物保健品有限公司	停产	浙江省
饲添（2007）2252	河北博睿动物药业有限公司	停产一年以上	河北省
饲添（2007）2282	山东德海生物科技有限公司	企业申请注销	山东省
饲添（2007）2298	天津市三盛祥科技有限公司	停产一年以上	天津市
饲添（2007）2299	株洲鑫正有色金属有限公司	连续两年未上报备案材料	湖南省
饲添（2007）2356	浙江普洛医药科技有限公司	企业停产一年以上	浙江省
饲添（2008）1378	西安乐民反刍动物研究所	企业申请注销	陕西省
饲添（2008）1426	江门西粤天然色素有限公司	企业停产、连续两年未上报备案材料	广东省
饲添（2008）2353	山东天惠源生物科技有限公司	企业停产关闭	山东省
饲添（2008）2363	上海徐行药厂	企业申请注销	上海市
饲添（2008）2372	广州诺德农牧科技有限公司	企业停产	广东省
饲添（2008）2374	湛江市麻章康农生物科技有限公司	企业停产、连续两年未上报备案材料	广东省
饲添（2008）2386	夏津鲁衡化工有限公司	连续两年未上报备案材料	山东省
饲添（2008）2421	西安威可特饲料技术有限公司	企业申请注销	陕西省
饲添（2008）2426	浙江巨化新联化工有限公司	停产	浙江省
饲添（2008）2433	湘潭红燕化工有限公司	连续两年未上报备案材料	湖南省
饲添（2008）2445	上海纳施达生物工程有限公司	企业申请注销	上海市
饲添（2008）2447	广州裕立宝生物技术有限公司	企业停产	广东省
饲添（2008）2448	广州汉坤生物科技有限公司	企业停产关闭	广东省
饲添（2008）2475	天津澳科龙磷脂工业有限责任公司	停产一年以上	天津市
饲添（2008）2500	章丘市青山饲料添加剂加工厂	企业基本情况发生较大变化，已不具备基本生产条件	山东省

（续）

生产许可证号	企业名称	注销原因	所在省市
饲添（2008）2504 饲预（2008）5493	河南大华生物技术有限公司	企业基本情况发生较大变化，不具备基本生产条件	河南省
饲添（2009）1581	邵阳市新兴矿物化工厂	连续两年未上报备案材料	湖南省
饲添（2009）2559	海阳海富生物科技有限公司	企业转产，不具备基本生产条件	山东省
饲添（2009）2594	邵阳市神舟化工有限公司	连续两年未上报备案材料	湖南省
饲添（2009）2603	陕西益稼生态科技有限公司	企业申请注销	陕西省
饲添（2010）0207	河北远征药业有限公司	企业申请注销	河北省
饲添（2010）0381	乐山市沙湾金叶饲料有限公司	依法终止	四川省
饲添（2010）1680	石家庄盛联赫动物保健品有限公司	企业申请注销	河北省
饲添（2010）1735	邵阳市鸿基化工有限责任公司	连续两年未上报备案材料	湖南省
饲添（2010）2724	泰安市宝丰牧业科技有限公司	企业基本情况发生较大变化，已不具备基本生产条件	山东省
饲添（2011）0520	广西柳城县川东磷化工有限公司	停产一年以上	广西壮族自治区
饲预（2005）4234	上海康威饲料工业有限公司	有效期届满未延续	上海市
饲预（2006）0620	邯郸市容德生物饲料有限公司	有效期届满未延续	河北省
饲预（2006）0621	河北省大名县三强饲料添加剂厂	有效期届满未延续	河北省
饲预（2006）0626	邢台市桥东富尔康营养科技饲料厂	有效期届满未延续	河北省
饲预（2006）0627	杭州预混合饲料厂邢台分厂	有效期届满未延续	河北省
饲预（2006）0639	华北制药华盈有限公司	有效期届满未延续	河北省
饲预（2006）0654	沧州市鑫源饲料科技有限公司	停产一年以上	河北省
饲预（2006）0658	沧州天利饲料有限公司	停产一年以上	河北省
饲预（2006）0673	沧州兴业生物技术有限公司	停产一年以上	河北省
饲预（2006）0675	沧县旧州饲料有限公司	停产一年以上	河北省
饲预（2006）0704	栾城县兴凯猪业有限公司	有效期届满未延续	河北省
饲预（2006）0757	莘县天地人科技饲料有限公司	有效期届满未延续	山东省
饲预（2006）0866	衡阳市科利民饲料有限公司	有效期届满未延续	湖南省
饲预（2006）1311	山东九合堂生物技术有限公司	有效期届满未延续	山东省
饲预（2006）1317	济宁大山农生物工程有限公司	有效期届满未延续	山东省
饲预（2006）1601	上海嘉农饲料有限公司	有效期届满未延续	上海市
饲预（2006）1629	泰安市牧星动物保健品厂	有效期届满未延续	山东省
饲预（2006）1631	泰安市荣大畜产科技开发有限公司	有效期届满未延续	山东省
饲预（2006）1633	淄博齐兴饲料有限公司	有效期届满未延续	山东省
饲预（2006）1646	天津市美农动物科技有限公司	企业基本情况发生较大变化，已不具备基本生产条件	天津市
饲预（2006）1652	天津市君和生物技术开发有限公司	企业转产	天津市
饲预（2006）1673	潍坊凯吉食品有限公司	有效期届满未延续	山东省
饲预（2006）1681	诸城市巨龙饲料厂	有效期届满未延续	山东省

（续）

生产许可证号	企业名称	注销原因	所在省市
饲预（2006）1684	山东九洲农牧发展有限公司	有效期届满未延续	山东省
饲预（2006）1703	潍坊六兴饲料有限公司	有效期届满未延续	山东省
饲预（2006）1709	昌邑市顺达饲料有限责任公司	有效期届满未延续	山东省
饲预（2006）1712	潍坊丰华饲料有限公司	有效期届满未延续	山东省
饲预（2006）1714	潍坊市华大饲料厂	有效期届满未延续	山东省
饲预（2006）1803	济南鲁丰动物保健品有限公司	有效期届满未延续	山东省
饲预（2006）1810	青岛动物药业有限公司	有效期届满未延续	山东省
饲预（2006）1815	青岛万维动物营养品有限公司	有效期届满未延续	山东省
饲预（2006）1820	青岛青禾饲料添加剂厂	有效期届满未延续	山东省
饲预（2006）1920	青州市利龙饲料有限公司	有效期届满未延续	山东省
饲预（2006）1930	山东鲁南牧工商联合公司浓缩饲料厂	有效期届满未延续	山东省
饲预（2006）1992	山东科瑞特生物工程有限公司	有效期届满未延续	山东省
饲预（2006）2029	济南科苑牧业发展有限公司	有效期届满未延续	山东省
饲预（2006）2036	青岛市平度同力饲料添加剂厂	有效期届满未延续	山东省
饲预（2006）2038	青岛黄海兽药厂	有效期届满未延续	山东省
饲预（2006）2112	山东寿光慈伦饲料有限公司	有效期届满未延续	山东省
饲预（2006）2219	华南农业大学饲料添加剂厂	企业停产关闭	广东省
饲预（2006）2348	淄博泰华饲料有限公司	有效期届满未延续	山东省
饲预（2006）2355	济南华菱药业有限公司	有效期届满未延续	山东省
饲预（2006）2448	湖南正地饲料有限公司	有效期届满未延续	湖南省
饲预（2006）2474	山西新立源生物科技有限公司	有效期届满未延续	山西省
饲预（2006）2502	上海豪孚科技发展有限公司	有效期届满未延续	上海市
饲预（2006）2543	郓城县虹大饲料有限公司	有效期届满未延续	山东省
饲预（2006）2703	烟台佳世德饲料有限公司	有效期届满未延续	山东省
饲预（2006）4235	上海民远牧业科技有限公司	有效期届满未延续	上海市
饲预（2006）4541	烟台益东饲料有限公司	有效期届满未延续	山东省
饲预（2006）4543	济南世纪光大饲料有限公司	有效期届满未延续	山东省
饲预（2006）4544	潍坊市天宝兽药有限公司	有效期届满未延续	山东省
饲预（2006）4545	山东惠康饲料有限公司	有效期届满未延续	山东省
饲预（2006）4549	河北金盛达动物保健品有限公司	有效期届满未延续	河北省
饲预（2006）4551	石家庄市十方源饲料添加剂有限公司	有效期届满未延续	河北省
饲预（2006）4559	岳阳市星光饲料有限公司	有效期届满未延续	湖南省
饲预（2006）4560	岳阳市高阳科技有限公司	有效期届满未延续	湖南省
饲预（2006）4589	济宁恒泰动物饲料研究所	有效期届满未延续	山东省
饲预（2006）4607	长沙笑哈哈生物科技有限公司	有效期届满未延续	湖南省
饲预（2006）4609	岳阳鑫泰饲料有限公司	连续两年未上报备案材料	湖南省
饲预（2006）4610	太原市奥福莱动物药业有限公司	有效期届满未延续	山西省

（续）

生产许可证号	企业名称	注销原因	所在省市
饲预（2006）4617	湖南长沙远达牧业科技有限公司	有效期届满未延续	湖南省
饲预（2006）4681	广东盛世牧风动物药业有限公司	有效期届满未延续	广东省
饲预（2006）4692	长沙惠昌饲料有限公司	有效期届满未延续	湖南省
饲预（2006）4707	海阳市和兴饲料有限公司	有效期届满未延续	山东省
饲预（2006）4709	烟台百富饲料科技有限公司	有效期届满未延续	山东省
饲预（2006）4711	济南西格玛生物工程有限公司	有效期届满未延续	山东省
饲预（2006）4713	山东生源牧业科技有限公司	有效期届满未延续	山东省
饲预（2006）4714	山东力德饲料有限公司	有效期届满未延续	山东省
饲预（2006）4715	临沂盛隆牧业有限公司	有效期届满未延续	山东省
饲预（2006）4717	山东正旺工贸有限公司	有效期届满未延续	山东省
饲预（2006）4729	石家庄麦迪森达动物保健品有限公司	有效期届满未延续	河北省
饲预（2006）4735	肇庆博正科技有限公司	企业申请注销	广东省
饲预（2006）4757	济南金三沅饲料有限公司	有效期届满未延续	山东省
饲预（2006）4758	莱州市光明饲料有限公司	有效期届满未延续	山东省
饲预（2006）4793	定州万佳动物科技营养有限公司	连续两年未上报备案材料	河北省
饲预（2006）4798	黄骅市建新预混料厂	停产一年以上	河北省
饲预（2006）4821	临沭县康达饲料厂	有效期届满未延续	山东省
饲预（2006）4822	莱芜市万佳畜牧科技开发有限公司	有效期届满未延续	山东省
饲预（2006）4824	潍坊鑫通饲料有限公司	有效期届满未延续	山东省
饲预（2006）4826	青岛东方药业有限公司	有效期届满未延续	山东省
饲预（2006）4828	青岛爱基饲料有限公司	有效期届满未延续	山东省
饲预（2006）4835	上海天昌饲料科技有限公司	有效期届满未延续	上海市
饲预（2006）4870	济南泰丰药业有限公司	有效期届满未延续	山东省
饲预（2006）4871	山东省农科苑畜牧发展中心	有效期届满未延续	山东省
饲预（2006）4873	济南品佳科技发展有限公司	有效期届满未延续	山东省
饲预（2006）4889	岳阳县心系饲料有限公司	连续两年未上报备案材料	湖南省
饲预（2007）1683	诸城市三丰农业发展有限公司	企业破产	山东省
饲预（2007）2359	青岛宝依特生物制药有限公司	停产一年以上	山东省
饲预（2007）2542	山东泗水恭发添加剂饲料有限公司	停产一年以上	山东省
饲预（2007）2592	浙江义乌华统饲料有限公司	停产	浙江省
饲预（2007）2724	上海鸿川饲料有限公司	有效期届满未延续	上海市
饲预（2007）2741	郴州九鼎饲料有限公司	企业申请注销	湖南省
饲预（2007）2747	沧州市恒昌饲料有限公司	停产一年以上	河北省
饲预（2007）2750	沧州市华丰兽药有限公司	停产一年以上	河北省
饲预（2007）2772	天津市正格轻工发展有限公司兽药厂	企业基本情况发生较大变化，已不具备基本生产条件	天津市
饲预（2007）2775	河北伯瑞科技有限公司	有效期届满未延续	河北省

（续）

生产许可证号	企业名称	注销原因	所在省市
饲预（2007）2776	深州金粮饲料科技有限公司	企业申请注销	河北省
饲预（2007）2949	长沙国雄饲料有限公司	企业申请注销	湖南省
饲预（2007）3056	广州市兴腾科生物饲料有限公司	企业停产关闭	广东省
饲预（2007）3222	上海大力饲料发展有限公司	企业申请注销	上海市
饲预（2007）4733	广州天王动物保健品有限公司	有效期届满未延续	广东省
饲预（2007）4902	衡阳市科多饲料有限公司	企业申请注销	湖南省
饲预（2007）4909	济南英大生物科技有限公司	企业申请注销	山东省
饲预（2007）4937	山西省河津市康丰实业有限公司	停产一年以上	山西省
饲预（2007）4943	潍坊金地饲料厂	企业停产	山东省
饲预（2007）4963	西安春讯生物工程有限公司	有效期届满未延续	陕西省
饲预（2007）4973	河北仁德动物药业有限公司	停产一年以上	河北省
饲预（2007）4976	南皮县三立预混料有限公司	企业基本情况发生较大变化，已不具备基本生产条件	河北省
饲预（2007）4981	衡阳市仕成饲料有限责任公司	企业申请注销	湖南省
饲预（2007）4986	山西新开元动物药业有限公司	停产一年以上	山西省
饲预（2007）4987	上海巨农生物技术有限公司	有效期届满未延续	上海市
饲预（2007）5005	新疆万丰饲料有限公司	企业申请注销	新疆维吾尔自治区
饲预（2007）5045	广州市麦维饲料科技有限公司	企业停产关闭	广东省
饲预（2007）5069	河北盛华高科饲料有限公司	停产一年以上	河北省
饲预（2007）5076	廊坊市伯新农牧科技有限公司	停产一年以上	河北省
饲预（2007）5078	石家庄市科达饲料有限公司	停产一年以上	河北省
饲预（2007）5094	西安同丰生物技术有限公司	有效期届满未延续	陕西省
饲预（2007）5152	湘潭达文生物科技有限公司	连续两年未上报备案材料	湖南省
饲预（2007）5160	山东德海生物科技有限公司	企业申请注销	山东省
饲预（2007）5161	济南科尔众兴饲料有限公司	已搬迁，不具备生产条件	山东省
饲预（2007）5242	潍坊瑞康饲料有限公司	停产一年以上	山东省
饲预（2007）5276	天津市博微饲料厂	企业基本情况发生较大变化，不具备基本生产条件	天津市
饲预（2007）5288	山东天惠源生物科技有限公司	企业停产	山东省
饲预（2008）2220	广州市维康佳饲料有限公司	连续两年未上报备案材料	广东省
饲预（2008）2823	金华市天福饲料有限公司	企业申请注销	浙江省
饲预（2008）2878	汨罗市乐泰饲料厂	连续两年未上报备案材料	湖南省
饲预（2008）3286	潍坊兰花饲料有限公司	企业停产	山东省
饲预（2008）3344	长沙正野饲料有限公司	企业基本情况发生较大变化，已不具备基本生产条件	湖南省
饲预（2008）3629	长沙巨丰饲料科技开发有限公司	连续两年未上报备案材料	湖南省
饲预（2008）3701	长沙大华人生物新技术有限公司	企业基本情况发生较大变化，已不具备基本生产条件	湖南省

（续）

生产许可证号	企业名称	注销原因	所在省市
饲预（2009）5314	河南绿佳饲料有限公司	破产倒闭	河南省
饲预（2008）5389	北京金富泰生物科技有限公司	企业基本情况发生较大变化，已不具备基本生产条件	北京市
		生产企业迁址未通知主管部门	
饲预（2008）5423	上海三智生物科技有限公司	企业申请注销	上海市
饲预（2008）5436	广州汉坤生物科技有限公司	企业申请注销	广东省
饲预（2008）5504	河北益民牧业有限公司	停产一年以上	河北省
饲预（2009）3486	永州市惠康科技有限公司	企业申请注销	湖南省
饲预（2009）3770	郑州明珠饲料科技有限公司	企业已不存在	河南省
饲预（2009）3775	长沙东立饲料有限公司	连续两年未上报备案材料	湖南省
饲预（2009）3778	浙江省江山市景明科技饲料有限公司	停产	浙江省
饲预（2009）3977	长沙贝雅特科技有限公司	企业基本情况发生较大变化，已不具备基本生产条件	湖南省
饲预（2009）5558	新疆浩祥饲料有限公司	企业申请注销	新疆维吾尔自治区
饲预（2009）5588	天津众凯维科技有限公司	迁址未通知主管部门	天津市
饲预（2009）5615	陕西易奇生物科技有限责任公司	企业申请注销	陕西省
饲预（2009）5631	肇庆超凡生物科技有限公司	企业申请注销	广东省
饲预（2009）5685	济南隆盛罗迪牧业发展有限公司	已搬迁，不具备基本生产条件	山东省
饲预（2009）5690	安阳市正大名仕生物科技有限公司	停产一年以上	河南省
饲预（2010）0832	湖南省天心牧业预混料有限责任公司	企业申请注销	湖南省
饲预（2010）4032	岳阳双羊饲料有限公司	企业申请注销	湖南省
饲预（2010）4358	河北海纳动物保健品有限公司	停产一年以上	河北省
饲预（2011）4538	上海思倍易动物营养科技有限公司	企业申请注销	上海市
饲预（2011）6125	曲沃县牧翼饲料有限公司	停产一年以上	山西省
饲预（2011）6165	柳州恒丰生物技术有限公司	企业申请注销	广西壮族自治区
饲预（2011）6274	河南省科迪饲料技术有限公司	企业已不存在	河南省

（李大鹏）

进口饲料和饲料添加剂管理

根据《进口饲料和饲料添加剂登记管理办法》有关规定，批准俄罗斯 OJSC“NBAMR”公司等 258 家公司生产的 454 种饲料和饲料添加剂产品在中国登记或续展登记，并发给进口登记证（附件 1）。批准秘鲁 Pesquera Exalmar S. A. A. 公司等 11 家生产的产品变更生产厂家或产品名称，并换发进口登记证（附件 2）。所登记产品的监督检验按中华人民共和国国家标准或农业部发布的质量标准执行。

附件 1

进口饲料和饲料添加剂产品登记证目录（2012—01）

登记证号	通用名称	商品名称	产品类别	使用范围	生产厂家	有效期限	备注
（2012）外饲准字001号	白鱼粉 White Fishmeal	白鱼粉（一级） White Fishmeal（Ⅰ）	蛋白质饲料 Protein Feed	畜禽和水产动物 Livestock, Poultry and Aquaculture	俄罗斯 OJSC "NBAMR" 公司（工船加工 f/v Nikolay Chepik, CH 39K） OJSC "NBAMR" f/v Nikolay Chepik, CH 39K	2012.01—2017.01	
（2012）外饲准字002号	白鱼粉 White Fishmeal	白鱼粉（一级） White Fishmeal（Ⅰ）	蛋白质饲料 Protein Feed	畜禽和水产动物 Livestock, Poultry and Aquaculture	俄罗斯 OJSC "NBAMR" 公司（工船加工 f/v Alxander Belyakov, CH-57K） OJSC " NBAMR " f/v Alxander Belyakov, CH-57K	2012.01—2017.01	
（2012）外饲准字003号	白鱼粉 White Fishmeal	白鱼粉（一级） White Fishmeal（Ⅰ）	蛋白质饲料 Protein Feed	畜禽和水产动物 Livestock, Poultry and Aquaculture	俄罗斯 OJSC "NBAMR" 公司（工船加工 f/v Aeronavt, CH-80A） OJSC "NBAMR" f/v Aeronavt, CH-80A	2012.01—2017.01	
（2012）外饲准字004号	白鱼粉 White Fishmeal	白鱼粉（一级） White Fishmeal（Ⅰ）	蛋白质饲料 Protein Feed	畜禽和水产动物 Livestock, Poultry and Aquaculture	俄罗斯 OJSC "NBAMR" 公司（工船加工 f/v Ilya Konovalov, CH-65K） OJSC "NBAMR" f/v Ilya Konovalov, CH-65K	2012.01—2017.01	
（2012）外饲准字005号	白鱼粉 White Fishmeal	白鱼粉（一级） White Fishmeal（Ⅰ）	蛋白质饲料 Protein Feed	畜禽和水产动物 Livestock, Poultry and Aquaculture	俄罗斯 OJSC "NBAMR" 公司（工船加工 f/v Pelagial, CH-82A） OJSC "NBAMR" f/v Pelagial, CH-82A	2012.01—2017.01	
（2012）外饲准字006号	白鱼粉 White Fishmeal	白鱼粉（一级） White Fishmeal（Ⅰ）	蛋白质饲料 Protein Feed	畜禽和水产动物 Livestock, Poultry and Aquaculture	俄罗斯 OJSC "NBAMR" 公司（工船加工 f/v Kremen, CH-37L） OJSC "NBAMR" f/v Kremen, CH-37L	2012.01—2017.01	
（2012）外饲准字007号	白鱼粉 White Fishmeal	白鱼粉（一级） White Fishmeal（Ⅰ）	蛋白质饲料 Protein Feed	畜禽和水产动物 Livestock, Poultry and Aquaculture	俄罗斯 OJSC "NBAMR" 公司（工船加工 f/v Klimovo, CH-24K） OJSC "NBAMR" f/v Klimovo, CH-24K	2012.01—2017.01	
（2012）外饲准字008号	白鱼粉 White Fishmeal	白鱼粉（一级） White Fishmeal（Ⅰ）	蛋白质饲料 Protein Feed	畜禽和水产动物 Livestock, Poultry and Aquaculture	俄罗斯 OJSC "NBAMR" 公司（工船加工 f/v Kapitan Maslovets, CH-26K） OJSC "NBAMR" f/v Kapitan Maslovets, CH-26K	2012.01—2017.01	

（续）

登记证号	通用名称	商品名称	产品类别	使用范围	生产厂家	有效期限	备注
（2012）外饲准字 009 号	白鱼粉 White Fishmeal	白鱼粉（一级） White Fishmeal（Ⅰ）	蛋白质饲料 Protein Feed	畜禽和水产动物 Livestock, Poultry and Aquaculture	俄罗斯 OJSC "NBAMR" 公司（工船加工 f/v Kapitan Faleev，CH-58K） OJSC "NBAMR" f/v Kapitan Faleev，CH-58K	2012.01—2017.01	
（2012）外饲准字 010 号	白鱼粉 White Fishmeal	白鱼粉（一级） White Fishmeal（Ⅰ）	蛋白质饲料 Protein Feed	畜禽和水产动物 Livestock, Poultry and Aquaculture	俄罗斯 OJSC "NBAMR" 公司（工船加工 f/v Mekhanik Bryzgalin，CH-77A） OJSC "NBAMR" f/v Mekhanik Bryzgalin，CH-77A	2012.01—2017.01	
（2012）外饲准字 011 号	白鱼粉 White Fishmeal	白鱼粉（一级） White Fishmeal（Ⅰ）	蛋白质饲料 Protein Feed	畜禽和水产动物 Livestock, Poultry and Aquaculture	俄罗斯 OJSC "NBAMR" 公司（工船加工 f/v Astronom，CH-81A） OJSC "NBAMR" f/v Astronom，CH-81A	2012.01—2017.01	

进口饲料和饲料添加剂产品登记证目录（2012—02）

登记证号	通用名称	商品名称	产品类别	使用范围	生产厂家	有效期限	备注
（2012）外饲准字 012 号	富马酸、甲酸钙、丙酸钙、山梨酸钾 Fumaric Acid Calcium Formate Calcium Propionate Potassium Sorbate	欧乐酸 Galliacid	饲料酸化剂 Feed Acidifier	家禽 Poultry	加拿大 Jefagro 科技有限公司 Jegagro Technologies Ltd.，Canada	2012.01—2017.01	
（2012）外饲准字 013 号	β-甘露聚糖酶（产自迟缓芽孢杆菌） β-Mannanase（by *Bacillus lentus*）	和美酵素-HTC Hemicell-HTC	饲料级酶制剂 Enzyme Feed Grade	家禽和猪 Poultry and Swine	美国 ChemGen 公司印第安纳工厂 ChemGen Corp.，Plant Indiana，USA	2012.01—2017.01	

（续）

登记证号	通用名称	商品名称	产品类别	使用范围	生产厂家	有效期限	备注
（2012）外饲准字 014 号	枯草芽孢杆菌 *Bacillus subtilis* 嗜酸乳杆菌 *Lactobacillus acidophilus* 产朊假丝酵母 *Candida utilis*	绿宝华 BLCS Multi	微生物饲料添加剂 Microbial Feed Additive	畜禽和水产动物 Livestock, Poultry and Aquaculture	日本 Emeral 株式会社 Emeral Japan Co. Ltd.，Japan	2012.01—2017.01	
（2012）外饲准字 015 号	多种维生素和矿物质 Multi Vitamins and Minerals	粒克溶 MutilSol-G	添加剂预混合饲料 Additive Premix	养殖动物 All species or categories of animals	韩国第一化学株式会社 Cheil Bio Co.，Ltd.，Korea	2012.01—2017.01	
（2012）外饲准字 016 号	嗜酸乳杆菌、植物乳杆菌、屎肠球菌 *Lactobacillus acidophilus*, *Lactobacillus plantarum* and *Enterococcus faecium*	芯来旺Ⅲ饲用益生素 SYN LAC FP	微生物饲料添加剂 Microbial Feed Additive	畜禽 Livestock and Poultry	台湾生合生物科技股份有限公司 Synbio Tech Inc.	2012.01—2017.01	
（2012）外饲准字 017 号	枯草芽孢杆菌 *Bacillus subtills*	优康特 Aqua-Plus	微生物饲料添加剂 Microbial Feed Additive	水产动物 Aquaculture	韩国 UBT 株式会社 UBT Korea Co.，Ltd	2012.01—2017.01	
（2012）外饲准字 018 号	枯草芽孢杆菌 *Bacillus subtills*	赐免 Spomune	微生物饲料添加剂 Microbial Feed Additive	猪 Swine	韩国 Woogene 株式会社 Woogene B&G Co.，Ltd, Korea	2012.01—2017.01	
（2012）外饲准字 019 号	氨基酸铁络合物 Iron Amino Acid Complex	氨维乐-铁 90 Availa-Fe 90	矿物质饲料添加剂 Mineral Feed Additive	养殖动物 All species or categories of animals	美国金宝动物营养国际有限公司 Zinpro Animal Nutrition (International) Inc.，USA	2012.01—2017.01	
（2012）外饲准字 020 号	氨基酸锌络合物 Zinc Amino Acid Complex	氨维乐-锌 120 Availa-Zn 120	矿物质饲料添加剂 Mineral Feed Additive	养殖动物 All species or categories of animals	美国金宝动物营养国际有限公司 Zinpro Animal Nutrition (International) Inc.，USA	2012.01—2017.01	
（2012）外饲准字 021 号	大蒜油和维生素 C Garlic Oleoresin and Vitamin C	艾可特康预水剂 Alquernat Immuplus L	饲料添加剂 Feed Additive	养殖动物 All species or categories of animals	西班牙百卫公司 Biovet, S. A.，Spain	2012.01—2017.01	

（续）

登记证号	通用名称	商品名称	产品类别	使用范围	生产厂家	有效期限	备注
（2012）外饲准字 022 号	罗勒油和柠檬酸 Basil Oil and Citric Acid	艾可美天然粉剂 Alquernat Natural	饲料添加剂 Feed Additive	养殖动物 All species or categories of animals	西班牙百卫公司 Biovet，S. A.，Spain	2012. 01—2017. 01	
（2012）外饲准字 023 号	屎肠球菌 *Enterococcus faecium* 维生素 C 和维生素 D_3 Vitamin C and Vitamin D3	水得益 Ovilac WA	添加剂预混合饲料 Feed Additive Premix	猪和肉鸡 Swine and Chicken	奥地利力多生有限责任公司 Lactosan GmbH & Co. KG，Austria	2012. 01—2017. 01	
（2012）外饲准字 024 号	高岭石、硅藻土、干酵母和丙酸钙 Kaolinitic Clay，Kieselgur，Dried Yeast and Calcium Propionate	新霉净 Neutox	饲料添加剂 Feed Additive	养殖动物 All species or categories of animals	英国 Kiotechagil 公司 Kiotechagil，England	2012. 01—2017. 01	
（2012）外饲准字 025 号	肉桂醛和大蒜油 Cinnamic Aldehyde Garlic Oil	恩益 300 IQF Next Enhance 300	饲料添加剂 Feed Additive	牛、羊、鱼、虾 Cattle，Ship，Fish，Shrimp	西班牙科泰色素有限公司 Carotenoid Technologies，S. A.，Spain	2012. 01—2017. 01	
（2012）外饲准字 026 号	多种维生素和微量元素 Multi-Vitamin and Microelement	爱力佳 Arcavit P Forte	添加剂预混合饲料 Feed Additive Premix	养殖动物 All species or categories of animals	意大利阿卡公司 Prodotti Arca S. R. L.，Italy	2012. 01—2017. 01	
（2012）外饲准字 027 号	核心料 Module	易离乳 1% Module Easywean 1%C	饲料添加剂 Feed Additive	乳猪 Piglet	比利时维他麦公司 Vitamex N. V.，Belgium	2012. 01—2017. 01	
（2012）外饲准字 028 号	钙质-蒙脱土 Calcium-Montmorillonite Clay	加利百灵-Z Calibrin-Z	饲料添加剂 Feed Additive	养殖动物 All species or categories of animals	美国安然国际公司 Amlan Internation，USA	2012. 01—2017. 01	
（2012）外饲准字 029 号	代乳粉 Milk Replacer	维他奶 Vitamilk	配合饲料 Compound Feed	猪 Swine	荷兰 P. C. Van Tuijl Kesteren 公司 P. C. Van Tuijl Kesteren，the Netherlands	2012. 01—2017. 01	

（续）

登记证号	通用名称	商品名称	产品类别	使用范围	生产厂家	有效期限	备注
（2012）外饲准字 030 号	代乳粉 Milk Replacer	维他乐 Vitalac	配合饲料 Compound Feed	仔猪 Piglet	荷兰 P. C. Van Tuij1 Kesteren 公司 P. C. Van Tuij1 Kesteren, the Netherlands	2012. 01—2017. 01	
（2012）外饲准字 031 号	乳清粉、维生素和矿物质 Whey Powder, Vitamins and Minerals	猪宝壮 Pig Strong	配合饲料 Compound Feed	仔猪 Piglet	台湾新元发实业股份有限公司 Shin Yuan Fa Enterprises Co.	2012. 01—2017. 01	
（2012）外饲准字 032 号	低蛋白乳清粉 Whey Permeate Powder	司令牌饲料级低蛋白乳清粉 SL Whey Permeate Powder Feed Grade	能量饲料 Energy Feed	仔猪 Piglet	美国苏伦多拉克塔利斯公司 Sorrento Lactalis Inc., USA	2012. 01—2017. 01	
（2012）外饲准字 033 号	犬干粮 Dry Food for Dog	满足中型犬成犬粮 Satisfacition	配合饲料 Compound Feed	犬 Dogs	西班牙 Biología Y Nutrición S. A. U. 公司 Biología Y Nutrición S. A. U., Spain	2012. 01—2017. 01	
（2012）外饲准字 034 号	红鱼粉 Red Fishmeal	红鱼粉（一级） Red Fishmeal（Ⅰ）	蛋白质饲料 Protein Feed	畜禽和水产动物 Livestock, Poultry and Aquaculture	毛里塔尼亚 Beveri Shipping Company Limited 公司（工船加工，船名：Nordic） Beveri Shipping Company Limited, Cyprus (Produced at Sea, F/V: Nordic)	2012. 01—2017. 01	
（2012）外饲准字 035 号	红鱼粉 Red Fishmeal	秘鲁红鱼粉（一级） Peruvian Red Fishmeal（Ⅰ）	蛋白质饲料 Protein Feed	畜禽和水产动物 Livestock, Poultry and Aquaculture	秘鲁 Pesquera Capricornio S. A. 公司 Callao 工厂 Pesquera Capricornio S. A., Plant Callao, Peru	2012. 01—2017. 01	
（2012）外饲准字 036 号	红鱼粉 Red Fishmeal	秘鲁红鱼粉（一级） Peruvian Red Fishmeal（Ⅰ）	蛋白质饲料 Protein Feed	畜禽和水产动物 Livestock, Poultry and Aquaculture	秘鲁 Epesca Pisco S. A. C. 公司 Paracas 工厂 Epesca Pisco S. A. C., Plant Paracas, Peru	2012. 01—2017. 01	

（续）

登记证号	通用名称	商品名称	产品类别	使用范围	生产厂家	有效期限	备注
（2012）外饲准字 037 号	红鱼粉 Red Fishmeal	秘鲁红鱼粉（一级） Peruvian Red Fishmeal（Ⅰ）	蛋白质饲料 Protein Feed	畜禽和水产动物 Livestock, Poultry and Aquaculture	秘鲁 CFG Investment S. A. C. 公司 Tambo de Mora 工厂 CFG Investment S. A. C.，Plant Tambo de Mora, Peru	2012. 01—2017. 01	
（2012）外饲准字 038 号	白鱼粉 White Fishmeal	白鱼粉（一级） White Fishmeal（Ⅰ）	蛋白质饲料 Protein Feed	畜禽和水产动物 Livestock, Poultry and Aquaculture	美国海岸乡村鳕鱼公司（工船加工，工船名 F/T Northern Hawk，工船号 4063） Coastal Villages Pollock LLC.，Produced on Board at Vessel "F/T Northern Hawk"（Fisheries Permit No. 4063），USA	2012. 01—2017. 01	
（2012）外饲准字 039 号	乌贼粉 Squid Meal	乌贼粉 Squid Meal	蛋白质饲料 Protein Feed	畜禽和水产动物 Livestock, Poultry and Aquaculture	智利 Landes 渔业股份有限公司 Sociedad Pesquera Landes S. A.，Chile	2012. 01—2017. 01	
（2012）外饲准字 040 号	虾粉 Shrimp Meal	虾粉 Shrimp Meal	蛋白质饲料 Protein Feed	水产动物 Aquaculture	厄瓜多尔 Fortidex S. A. 公司 Duran Tambo 工厂 Fortidex S. A.，Plant Duran Tambo，Ecuador	2012. 01—2017. 01	
（2012）外饲准字 041 号	牛肉骨粉 Cow Meat and Bone Meal	牛肉骨粉 Cow Meat and Bone Meal	蛋白质饲料 Protein Feed	猪、家禽、水产动物和宠物 Swine, Poultry, Aquaculture and Pet	澳大利亚洁百士集团有限公司 JBS Australia Pty Limited, Australia	2012. 01—2017. 01	
（2012）外饲准字 042 号	动植物油脂 Mixed Animal & Vegitable Fat	饲料级混合油 Feed Mixed Grease Residue	能量饲料 Energy Feed	猪、家禽和水产动物 Swine, Poultry and Aquaculture	美国贝克公司 Baker Commodities Inc.，USA	2012. 01—2017. 01	续展

（续）

登记证号	通用名称	商品名称	产品类别	使用范围	生产厂家	有效期限	备注
（2012）外饲准字043号	多种有机酸 Multi Organic Acid	纽埃特霉敌抗 TOXY-NIL® Plus Liquid	饲料防霉剂 Feed Mold Inhibitor	养殖动物 All species or categories of animals	比利时 NUTRI-AD 国际有限公司 NUTRI-AD International N. V.，Bel-gium	2012.01—2017.01	续展
（2012）外饲准字044号	乳清制品 Whey Product	乳宝80 DairyLac® 80	能量饲料 Energy Feed	乳猪 Piglet	美国国际原料公司 International Ingredient Corp.，USA	2012.01—2017.01	续展
（2012）外饲准字045号	植物乳杆菌 *Lactobacillus acidophilus* 乳酸肠球菌 *Streptococcus faecalis*	酪多精 Lactozyme	微生物饲料添加剂 Microbial Feed Addi-tive	养殖动物 All species or categories of animals	台湾酪多精生物科技股份有限公司 Lactozyme Biotechnology Co.，Ltd.	2012.01—2017.01	续展
（2012）外饲准字046号	植物乳杆菌 *Lactobacillus acidophilus* 乳酸肠球菌 *Streptococcus faecalis*	富畜美 Ferozyme	微生物饲料添加剂 Microbial Feed Addi-tive	养殖动物 All species or categories of animals	台湾酪多精生物科技股份有限公司 Lactozyme Biotechnology Co.，Ltd.	2012.01—2017.01	续展
（2012）外饲准字047号	植物乳杆菌 *Lactobacillus acidophilus* 乳酸肠球菌 *Streptococcus faecalis*	育佳 YOCA	微生物饲料添加剂 Microbial Feed Addi-tive	养殖动物 All species or categories of animals	台湾酪多精生物科技股份有限公司 Lactozyme Biotechnology Co.，Ltd.	2012.01—2017.01	续展
（2012）外饲准字048号	酿酒酵母培养物 Yeast Culture	赛克灵 Saccharo Culture	微生物饲料添加剂 Microbial Feed Addi-tive	养殖动物 All species or categories of animals	韩国第一化学株式会社 Cheil Bio Co.，Ltd.，Korea	2012.01—2017.01	续展
（2012）外饲准字049号	乌贼粉 Squid Meal	乌贼粉 Squid Meal	蛋白质饲料 Protein Feed	畜禽和水产动物 Livestock，Poultry and Aq-uaculture	智利 Lota Protein 股份有限公司 Lota Protein S. A.，Chile	2012.01—2017.01	续展

（续）

登记证号	通用名称	商品名称	产品类别	使用范围	生产厂家	有效期限	备注
（2012）外饲准字 050 号	鱿鱼肝 Squid Liver 大豆粉 Soybean Meal	现代鱿鱼肝粉 Hyundai Squid Liver Powder	蛋白质饲料 Protein Feed	虾和鱼 Shrimp and Fish	韩国现代特殊饲料株式会社 Hyundai Special Feed Ind. Co.，Ltd.，Korea	2012.01—2017.01	续展
（2012）外饲准字 051 号	白鱼粉 White Fishmeal	G. L. S. 牌阿拉斯加低温白鱼粉（一级） G. L. S. Brand Alaskan L/T White Fishmeal (I)	蛋白质饲料 Protein Feed	畜禽和水产动物 Livestock, Poultry and Aquaculture	美国 UniSea 有限公司 Dutch Harbor 工厂 UniSea, Inc., Dutch Harbor Plant, USA	2012.01—2017.01	续展
（2012）外饲准字 052 号	红鱼粉 Red Fishmeal	秘鲁红鱼粉（一级） Peruvian Red Fishmeal (Ⅰ)	蛋白质饲料 Protein Feed	畜禽和水产动物 Livestock, Poultry and Aquaculture	秘鲁 Tecnologica De Alimentos S. A. 公司 Callao 工厂 Tecnologica De Alimentos S. A.，Plant Callao, Peru	2012.01—2017.01	续展
（2012）外饲准字 053 号	红鱼粉 Red Fishmeal	秘鲁红鱼粉（一级） Peruvian Red Fishmeal (Ⅰ)	蛋白质饲料 Protein Feed	畜禽和水产动物 Livestock, Poultry and Aquaculture	秘鲁 Tecnologica De Alimentos S. A. 公司 Paita 工厂 Tecnologica De Alimentos S. A.，Plant Paita, Peru	2012.01—2017.01	续展
（2012）外饲准字 054 号	白鱼粉 White Fishmeal	北太平洋白鱼粉（三级） North Pacific White Fishmeal (Ⅲ)	蛋白质饲料 Protein Feed	畜禽和水产动物 Livestock, Poultry and Aquaculture	美国 Westward Seafoods, Inc 公司 Dutch Harbor 工厂 Westward Seafoods Inc.，Dutch Harbor Plant, USA	2012.01—2017.01	续展
（2012）外饲准字 055 号	红鱼粉 Red Fishmeal	双豚牌红鱼粉（三级） Double Dolphin Brand Red Fishmeal (Ⅲ)	蛋白质饲料 Protein Feed	畜禽和水产动物 Livestock, Poultry and Aquaculture	马来西亚新集发鱼粉厂有限公司 Sin Chip Huat Fishmeal SDN. BHD, Malaysia	2012.01—2017.01	续展
（2012）外饲准字 056 号	红鱼粉 Red Fishmeal	智利红鱼粉（一级） Chile Red Fishmeal (Ⅰ)	蛋白质饲料 Protein Feed	畜禽和水产动物 Livestock, Poultry and Aquaculture	智利 Foodcorp 公司 Foodcorp Chile S. A.，Chile	2012.01—2017.01	续展

（续）

登记证号	通用名称	商品名称	产品类别	使用范围	生产厂家	有效期限	备注
（2012）外饲准字 056 号	红鱼粉 Red Fishmeal	智利红鱼粉（一级） Chile Red Fishmeal（Ⅰ）	蛋白质饲料 Protein Feed	畜禽和水产动物 Livestock，Poultry and Aquaculture	智利 Foodcorp 公司 Foodcorp Chile S. A.，Chile	2012. 01—2017. 01	续展
（2012）外饲准字 057 号	犬干粮 Dry Food for Dog	贝王成犬粮（鸡肉米饭口味） Pet One Adult Dog Food Maintenance	配合饲料 Compound Feed	畜禽和水产动物 Livestock，Poultry and Aquaculture	菲律宾贝王国际有限公司 Pet One，Inc.，Philippines	2012. 01—2017. 01	续展

进口饲料和饲料添加剂产品登记证目录（2012—03）

登记证号	通用名称	商品名称	产品类别	使用范围	生产厂家	有效期限	备注
（2012）外饲准字 058 号	干酿酒酵母 Saccharomyces cerevisiae	普乐微 DEMP	饲料添加剂 Feed Additive	反刍动物 Ruminants	美国奥特奇公司 Alltech Inc.，USA	2012. 02—2017. 02	
（2012）外饲准字 059 号	干酿酒酵母 Saccharomyces cerevisiae	普乐微 DEMP	饲料添加剂 Feed Additive	反刍动物 Ruminants	巴西奥特奇公司（Sao Pedro do Ivai 工厂） Alltech do Brasil Agroindustrial Ltda.，Plant Sao Pedro do Ivai，Parana	2012. 02—2017. 02	
（2012）外饲准字 060 号	糖精钠，新橙皮甙二氢查耳酮 Sodium Saccahrin，Neohesperidine Dihydrochalcone	罗曼甜-401 Cuxarom Sweet 401	饲料调味剂 Feed Flavors Enhancement	仔猪 Piglet	德国罗曼动物保健有限公司 Lohmann Animal Health，Gmb	2012. 02—2017. 02	
（2012）外饲准字 061 号	猪肠膜蛋白 Porcine Mucosa	百乐宝 62 SP Palbio 62 SP	蛋白质饲料 Protein Feed	猪 Swine	西班牙 Bioiberica 公司 Bioiberica，Spain	2012. 02—2017. 02	

（续）

登记证号	通用名称	商品名称	产品类别	使用范围	生产厂家	有效期限	备注
（2012）外饲准字062号	猪肠膜蛋白 Porcine Mucosa	百乐宝50 RD Palbio 50 RD	蛋白质饲料 Protein Feed	猪 Swine	西班牙Bioiberica公司 Bioiberica，Spain	2012.02—2017.02	
（2012）外饲准字063号	酿酒酵母 Saccharomyces cerevisiae	百福菌 Actisaf® Sc47	微生物饲料添加剂 Microbial Feed Additive	养殖动物 All species or categories of animals	法国乐施福工业公司 Societe Industrielle Lesaffre，France	2012.02—2017.02	续展
（2012）外饲准字064号	牛羊肉骨粉 Beef and Sheep Meat & Bone Meal	牛羊肉骨粉 Beef and Sheep Meat & Bone Meal	蛋白质饲料 Protein Feed	猪、家禽、水产和宠物 Swine，Poultry，Aquaculture and Pet	澳大利亚Ragaralti有限责任公司 Ragaralti Pty Ltd.，Australia	2012.02—2017.02	续展
（2012）外饲准字065号	犬干粮 Dry Food for Dog	贝王幼犬粮（鸡肉米饭口味） Pet One Puppy Dog Food Maintenance	配合饲料 Compound Feed	畜禽和水产动物 Livestock，Poultry and Aquaculture	菲律宾贝王国际有限公司 Pet One，Inc.，Philippines	2012.02—2017.02	续展

进口饲料和饲料添加剂产品登记证目录（2012—04）

登记证号	通用名称	商品名称	产品类别	使用范围	生产厂家	有效期限	备注
（2012）外饲准字066号	红鱼粉 Red Fishmeal	Special Select™牌鲱鱼红鱼粉（一级） Special Select™ Brand Menhaden Red Fishmeal（Ⅰ）	蛋白质饲料 Protein Feed	畜禽和水产动物 Livestock，Poultry and Aquaculture	美国欧米茄蛋白质公司 Omega Protein，Inc.，USA	2012.03—2017.03	
（2012）外饲准字067号	红鱼粉 Red Fishmeal	秘鲁红鱼粉（一级） Peruvian Red Fishmeal（Ⅰ）	蛋白质饲料 Protein Feed	畜禽和水产动物 Livestock，Poultry and Aquaculture	秘鲁Compañia Pesquera Del Pacifico Centro S. A.公司Chimbote工厂 Compañia Pesquera Del Pacifico Centro S. A.，Chimbote Plant，Peru	2012.03—2017.03	

（续）

登记证号	通用名称	商品名称	产品类别	使用范围	生产厂家	有效期限	备注
（2012）外饲准字068号	红鱼粉 Red Fishmeal	秘鲁红鱼粉（一级） Peruvian Red Fishmeal（Ⅰ）	蛋白质饲料 Protein Feed	畜禽和水产动物 Livestock, Poultry and Aquaculture	秘鲁 Compañia Pesquera Del Pacifico Centro S. A. 公司 Supe 工厂 Compañia Pesquera Del Pacifico Centro S. A., Plant Supe, Peru	2012.03—2017.03	
（2012）外饲准字069号	红鱼粉 Red Fishmeal	秘鲁红鱼粉（三级） Peruvian Red Fishmeal（Ⅲ）	蛋白质饲料 Protein Feed	畜禽和水产动物 Livestock, Poultry and Aquaculture	秘鲁 Austral Group S. A. A. 公司 ILO 工厂 Austral Group S. A. A., Plant ILO, Peru	2012.03—2017.03	
（2012）外饲准字070号	红鱼粉 Red Fishmeal	秘鲁红鱼粉（一级） Peruvian Red Fishmeal（Ⅰ）	蛋白质饲料 Protein Feed	畜禽和水产动物 Livestock, Poultry and Aquaculture	秘鲁 Triarc S. A. 公司 Quilca 工厂 Triarc S. A., Plant Quilca, Peru	2012.03—2017.03	
（2012）外饲准字071号	红鱼粉 Red Fishmeal	红鱼粉（二级） Red Fishmeal（Ⅱ）	蛋白质饲料 Protein Feed	畜禽和水产动物 Livestock, Poultry and Aquaculture	秘鲁 Corporacion Pfg Centinela S. A. C. 公司 Chimbote 工厂 Corporacion Pfg Centinela S. A. C., Plant Chimbote, Peru	2012.03—2017.03	
（2012）外饲准字072号	红鱼粉 Red Fishmeal	红鱼粉（二级） Red Fishmeal（Ⅱ）	蛋白质饲料 Protein Feed	畜禽和水产动物 Livestock, Poultry and Aquaculture	秘鲁纳塔莉亚渔业公司 OCOÑ A 工厂 Pesquera Natalia S. A. C., Plant OCOÑ-A, Peru	2012.03—2017.03	
（2012）外饲准字073号	红鱼粉 Red Fishmeal	红鱼粉（二级） Red Fishmeal（Ⅱ）	蛋白质饲料 Protein Feed	畜禽和水产动物 Livestock, Poultry and Aquaculture	厄瓜多尔 Pescasur 公司 Procesadora Y Pesquera Del Sur C. A.（Pescasur），Ecuador	2012.03—2017.03	
（2012）外饲准字074号	红鱼粉 Red Fishmeal	红鱼粉（二级） Red Fishmeal（Ⅱ）	蛋白质饲料 Protein Feed	畜禽和水产动物 Livestock, Poultry and Aquaculture	泰国 Krungdhepmahakij 有限公司 Krungdhepmahakij Co., Ltd., Thailand	2012.03—2017.03	
（2012）外饲准字075号	红鱼粉 Red Fishmeal	红鱼粉（三级） Red Fishmeal（Ⅲ）	蛋白质饲料 Protein Feed	畜禽和水产动物 Livestock, Poultry and Aquaculture	巴基斯坦 Cordial 贸易有限公司 M/s Cordial Trading Corporation, Pakistan	2012.03—2017.03	

（续）

登记证号	通用名称	商品名称	产品类别	使用范围	生产厂家	有效期限	备注
（2012）外饲准字 076 号	红鱼粉 Red Fishmeal	红鱼粉（二级） Red Fishmeal（Ⅱ）	蛋白质饲料 Protein Feed	畜禽和水产动物 Livestock，Poultry and Aquaculture	墨西哥 Guaymas Protein Company，S. A. de C. V. Guaymas Protein Company，S. A. de C. V.，Mexico	2012.03—2017.03	
（2012）外饲准字 077 号	白鱼粉 White Fishmeal	白鱼粉（一级） White Fishmeal（Ⅰ）	蛋白质饲料 Protein Feed	畜禽和水产动物 Livestock，Poultry and Aquaculture	俄罗斯 Pilenga 有限公司（工船加工，工船名：Pilenga-2，工船号：CH-16H） Pilenga Closed Joint-stock Company，Produced on Board at Vessel "Pilenga-2，CH-16H"	2012.03—2017.03	
（2012）外饲准字 078 号	白鱼粉 White Fishmeal	白鱼粉（一级） White Fishmeal（Ⅰ）	蛋白质饲料 Protein Feed	畜禽和水产动物 Livestock，Poultry and Aquaculture	俄罗斯 Pilenga 有限公司（工船加工，工船名：Pilenga，工船号：CH-01H） Pilenga Closed Joint-stock Company，Produced on Board at Vessel "Pilenga，CH-01H"	2012.03—2017.03	
（2012）外饲准字 079 号	犬干粮 Dry Dog Food	约克夏幼犬粮 Breed Health Nutrition Yorkshire Junior	配合饲料 Compound Feed	犬 Dog	法国皇家宠物食品有限公司 Royal Canin S. A. S.，France	2012.03—2017.03	
（2012）外饲准字 080 号	犬干粮 Dry Dog Food	吉娃娃幼犬粮 Breed Health Nutrition Chihuahua Junior	配合饲料 Compound Feed	犬 Dog	法国皇家宠物食品有限公司 Royal Canin S. A. S.，France	2012.03—2017.03	
（2012）外饲准字 081 号	犬干粮 Dry Dog Food	可卡成犬粮 Breed Health Nutrition Cocker	配合饲料 Compound Feed	犬 Dog	法国皇家宠物食品有限公司 Royal Canin S. A. S.，France	2012.03—2017.03	
（2012）外饲准字 082 号	犬干粮 Dry Dog Food	西高地成犬粮 Breed Health Nutrition Westie	配合饲料 Compound Feed	犬 Dog	法国皇家宠物食品有限公司 Royal Canin S. A. S.，France	2012.03—2017.03	
（2012）外饲准字 083 号	犬干粮 Dry Dog Food	巨型犬成犬粮 Size Health Nutrition Giant Adult	配合饲料 Compound Feed	犬 Dog	法国皇家宠物食品有限公司 Royal Canin S. A. S.，France	2012.03—2017.03	
（2012）外饲准字 084 号	犬干粮 Dry Dog Food	高能量 4300 成犬粮 Cynotechnic Health Nutrition Energy 4300	配合饲料 Compound Feed	犬 Dog	法国皇家宠物食品有限公司 Royal Canin S. A. S.，France	2012.03—2017.03	

（续）

登记证号	通用名称	商品名称	产品类别	使用范围	生产厂家	有效期限	备注
(2012) 外饲准字 085 号	犬干粮 Dry Dog Food	极佳适口性训犬专用食品 Nutritional Supplement Educ	配合饲料 Compound Feed	犬 Dog	法国皇家宠物食品有限公司 Royal Canin S. A. S. , France	2012. 03—2017. 03	
(2012) 外饲准字 086 号	犬干粮 Dry Dog Food	小型犬皮肤舒护犬粮 Size Health Nutrition Mini Dermacomfort	配合饲料 Compound Feed	犬 Dog	法国皇家宠物食品有限公司 Royal Canin S. A. S. , France	2012. 03—2017. 03	
(2012) 外饲准字 087 号	犬干粮 Dry Dog Food	中型犬皮肤舒护犬粮 Size Health Nutrition Medium Dermacomfort	配合饲料 Compound Feed	犬 Dog	法国皇家宠物食品有限公司 Royal Canin S. A. S. , France	2012. 03—2017. 03	
(2012) 外饲准字 088 号	犬干粮 Dry Dog Food	大型犬皮肤舒护犬粮 Size Health Nutrition Maxi Dermacomfort	配合饲料 Compound Feed	犬 Dog	法国皇家宠物食品有限公司 Royal Canin S. A. S. , France	2012. 03—2017. 03	
(2012) 外饲准字 089 号	犬干粮 Dry Dog Food	绝育犬大型幼犬处方粮 Vet Care Nutrition Neutered Junior Large Dog	配合饲料 Compound Feed	犬 Dog	法国皇家宠物食品有限公司 Royal Canin S. A. S. , France	2012. 03—2017. 03	
(2012) 外饲准字 090 号	犬干粮 Dry Dog Food	绝育犬中型幼犬处方粮 Vet Care Nutrition Neutered Junior	配合饲料 Compound Feed	犬 Dog	法国皇家宠物食品有限公司 Royal Canin S. A. S. , France	2012. 03—2017. 03	
(2012) 外饲准字 091 号	犬干粮 Dry Dog Food	绝育犬中型成犬处方粮 Vet Care Nutrition Neutered Adult	配合饲料 Compound Feed	犬 Dog	法国皇家宠物食品有限公司 Royal Canin S. A. S. , France	2012. 03—2017. 03	
(2012) 外饲准字 092 号	犬干粮 Dry Dog Food	犬减肥Ⅱ期处方粮 Veterinary Diet Weight Control Canine	配合饲料 Compound Feed	犬 Dog	法国皇家宠物食品有限公司 Royal Canin S. A. S. , France	2012. 03—2017. 03	
(2012) 外饲准字 093 号	犬干粮 Dry Dog Food	犬低过敏性处方粮 Veterinary Diet Hypoallergenic Canine	配合饲料 Compound Feed	犬 Dog	法国皇家宠物食品有限公司 Royal Canin S. A. S. , France	2012. 03—2017. 03	

（续）

登记证号	通用名称	商品名称	产品类别	使用范围	生产厂家	有效期限	备注
（2012）外饲准字 094 号	犬干粮 Dry Dog Food	大型犬关节保护处方粮 Veterinary Diet Mobility Larger Dogs	配合饲料 Compound Feed	犬 Dog	法国皇家宠物食品有限公司 Royal Canin S. A. S.，France	2012.03—2017.03	
（2012）外饲准字 095 号	犬干粮 Dry Dog Food	犬皮肤疾病处方粮 Veterinary Diet Skin Support Canine	配合饲料 Compound Feed	犬 Dog	法国皇家宠物食品有限公司 Royal Canin S. A. S.，France	2012.03—2017.03	
（2012）外饲准字 096 号	猫干粮 Cat Dry Food	波斯猫幼猫粮 Feline Breed Nutrition Kitten Persian 32	配合饲料 Compound Feed	猫 Cat	法国皇家宠物食品有限公司 Royal Canin S. A. S.，France	2012.03—2017.03	
（2012）外饲准字 097 号	猫干粮 Cat Dry Food	英国短毛猫成猫粮 Feline Breed Nutrition British Shorthair 34	配合饲料 Compound Feed	猫 Cat	法国皇家宠物食品有限公司 Royal Canin S. A. S.，France	2012.03—2017.03	
（2012）外饲准字 098 号	猫干粮 Cat Dry Food	暹罗猫成猫粮 Feline Breed Nutrition Siamese 38	配合饲料 Compound Feed	猫 Cat	法国皇家宠物食品有限公司 Royal Canin S. A. S.，France	2012.03—2017.03	
（2012）外饲准字 099 号	猫干粮 Cat Dry Food	减肥成猫粮 Feline Care Nutrition Light 40	配合饲料 Compound Feed	猫 Cat	法国皇家宠物食品有限公司 Royal Canin S. A. S.，France	2012.03—2017.03	
（2012）外饲准字 100 号	猫干粮 Cat Dry Food	猫低过敏性处方粮 Veterinary Diet Hypoallergenic Feline	配合饲料 Compound Feed	猫 Cat	法国皇家宠物食品有限公司 Royal Canin S. A. S.，France	2012.03—2017.03	
（2012）外饲准字 101 号	猫干粮 Cat Dry Food	猫肥胖症处方粮 Veterinary Diet Obesity Feline	配合饲料 Compound Feed	猫 Cat	法国皇家宠物食品有限公司 Royal Canin S. A. S.，France	2012.03—2017.03	
（2012）外饲准字 102 号	猫干粮 Cat Dry Food	猫肝脏处方粮 Veterinary Diet Hepatic Feline	配合饲料 Compound Feed	猫 Cat	法国皇家宠物食品有限公司 Royal Canin S. A. S.，France	2012.03—2017.03	
（2012）外饲准字 103 号	猫干粮 Cat Dry Food	猫糖尿病处方粮 Veterinary Diet Diabetic Feline	配合饲料 Compound Feed	猫 Cat	法国皇家宠物食品有限公司 Royal Canin S. A. S.，France	2012.03—2017.03	
（2012）外饲准字 104 号	猫干粮 Cat Dry Food	猫肠道处方粮 Veterinary Diet Gastro Intestinal Feline	配合饲料 Compound Feed	猫 Cat	法国皇家宠物食品有限公司 Royal Canin S. A. S.，France	2012.03—2017.03	

（续）

登记证号	通用名称	商品名称	产品类别	使用范围	生产厂家	有效期限	备注
（2012）外饲准字105号	犬干粮 Dogs Dry Food	优卡小型高龄犬犬粮 Eukanuba Senior Small Breed	配合饲料 Compound Feed	犬 Dog	宝洁阿根廷有限公司 Procter & Gamble Argentina S. R. L., Argentina	2012.03—2017.03	
（2012）外饲准字106号	犬干粮 Dogs Dry Food	优卡小型犬幼犬犬粮 Eukanuba Puppy Small Breed	配合饲料 Compound Feed	犬 Dog	宝洁阿根廷有限公司 Procter & Gamble Argentina S. R. L., Argentina	2012.03—2017.03	
（2012）外饲准字107号	犬干粮 Dry Dog Food	优卡中型犬成犬犬粮 Eukanuba Adult Medium Breed	配合饲料 Compound Feed	犬 Dog	宝洁阿根廷有限公司 Procter & Gamble Argentina S. R. L., Argentina	2012.03—2017.03	
（2012）外饲准字108号	犬干粮 Dry Dog Food	优卡赛级犬粮 Eukanuba Adult Premium Performance	配合饲料 Compound Feed	犬 Dog	宝洁阿根廷有限公司 Procter & Gamble Argentina S. R. L., Argentina	2012.03—2017.03	
（2012）外饲准字109号	犬干粮 Dry Dog Food	优卡德国牧羊犬专用犬粮 Eukanuba German Shepherd	配合饲料 Compound Feed	犬 Dog	宝洁阿根廷有限公司 Procter & Gamble Argentina S. R. L., Argentina	2012.03—2017.03	
（2012）外饲准字110号	犬干粮 Dry Dog Food	优卡玩具贵宾犬专用犬粮 Eukanuba Toy Poodle	配合饲料 Compound Feed	犬 Dog	宝洁阿根廷有限公司 Procter & Gamble Argentina S. R. L., Argentina	2012.03—2017.03	
（2012）外饲准字111号	犬干粮 Dry Dog Food	优卡大型犬幼犬犬粮 Eukanuba Puppy Large Breed	配合饲料 Compound Feed	犬 Dog	宝洁阿根廷有限公司 Procter & Gamble Argentina S. R. L., Argentina	2012.03—2017.03	
（2012）外饲准字112号	犬干粮 Dry Dog Food	优卡中型犬幼犬犬粮 Eukanuba Puppy Medium Breed	配合饲料 Compound Feed	犬 Dog	宝洁阿根廷有限公司 Procter & Gamble Argentina S. R. L., Argentina	2012.03—2017.03	
（2012）外饲准字113号	犬干粮 Dry Dog Food	优卡拉不拉多寻回猎犬专用犬粮 Eukanuba Labrador Retriever	配合饲料 Compound Feed	犬 Dog	宝洁阿根廷有限公司 Procter & Gamble Argentina S. R. L., Argentina	2012.03—2017.03	
（2012）外饲准字114号	犬干粮 Dry Dog Food	优卡西施犬专用犬粮 Eukanuba Shih Tzu	配合饲料 Compound Feed	犬 Dog	宝洁阿根廷有限公司 Procter & Gamble Argentina S. R. L., Argentina	2012.03—2017.03	

进口饲料和饲料添加剂产品登记证目录（2012—05）

登记证号	通用名称	商品名称	产品类别	使用范围	生产厂家	有效期限	备注
(2012）外饲准字 115 号	食品用香料 Approve Food Flavoring Agents	百奥明® 百健宝 MGE 500 Biomin® P. E. P. MGE 500	饲料调味剂 Feed Flavor Enhancement	猪、禽和水产动物 Swine，Poultry and Aquaculture	百奥明新加坡私人有限公司 Biomin Singapore Pte. Ltd.，Singapore	2012. 03—2017. 03	
(2012）外饲准字 116 号	食品用香料 Approve Food Flavoring Agents	百奥明® 百健宝 MGE 150 Biomin® P. E. P. MGE 150	饲料调味剂 Feed Flavor Enhancement	猪、禽和水产动物 Swine，Poultry and Aquaculture	百奥明新加坡私人有限公司 Biomin Singapore Pte. Ltd.，Singapore	2012. 03—2017. 03	
(2012）外饲准字 117 号	食品用香料 Approve Food Flavoring Agents	百奥明® 百健宝 MGE 500 Biomin P. E. P. MGE 500	饲料调味剂 Feed Flavor Enhancement	猪、禽和水产动物 Swine，Poultry and Aquaculture	奥地利百奥明工业公司 Biomin GmbH，Austria	2012. 03—2017. 03	
(2012）外饲准字 118 号	食品用香料 Approve Food Flavoring Agents	百奥明® 百健宝 MGE 150 Biomin P. E. P. MGE 150	饲料调味剂 Feed Flavor Enhancement	猪、禽和水产动物 Swine，Poultry and Aquaculture	奥地利百奥明工业公司 Biomin GmbH，Austria	2012. 03—2017. 03	
(2012）外饲准字 119 号	食品用香料 Approve Food Flavoring Agents	你好香 1 号 Nihao Vanilla Caramel Base	饲料调味剂 Feed Flavor Enhancement	猪 Swine	法国潘可士玛公司 Pancosma France S. A. S.，France	2012. 03—2017. 03	
(2012）外饲准字 120 号	食品用香料 Approve Food Flavoring Agents	你好香 2 号 Nihao Spicy Base	饲料调味剂 Feed Flavor Enhancement	猪 Swine	法国潘可士玛公司 Pancosma France S. A. S.，France	2012. 03—2017. 03	
(2012）外饲准字 121 号	食品用香料 Approve Food Flavoring Agents	你好香 3 号 Nihao Fruity Base	饲料调味剂 Feed Flavor Enhancement	猪 Swine	法国潘可士玛公司 Pancosma France S. A. S.，France	2012. 03—2017. 03	
(2012）外饲准字 122 号	食品用香料 Approve Food Flavoring Agents	你好香 4 号 Nihao Booster Base	饲料调味剂 Feed Flavor Enhancement	猪 Swine	法国潘可士玛公司 Pancosma France S. A. S.，France	2012. 03—2017. 03	

（续）

登记证号	通用名称	商品名称	产品类别	使用范围	生产厂家	有效期限	备注
（2012）外饲准字 123 号	食品用香料 Approve Food Flavoring Agents	你好香 5 号 Nihao Green Base	饲料调味剂 Feed Flavor Enhancement	猪 Swine	法国潘可士玛公司 Pancosma France S. A. S.，France	2012.03—2017.03	
（2012）外饲准字 124 号	食品用香料 Approve Food Flavoring Agents	新德吉 CINERGY	饲料调味剂 Feed Flavor Enhancement	猪 Swine	法国普乐维美公司 Provimi France	2012.03—2017.03	
（2012）外饲准字 125 号	木聚糖酶（源自长柄木酶 MTCC2052） Xylanse（by *Trichoderma longibrachiatum* MTCC 2052）	卢美斯木聚糖酶 Lumi Xylanase Super Conc	饲料级酶制剂 Enzyme Feed Grade	家禽和猪 Poultry and Swine	印度卢美斯生物科技有限公司 Lumis Biotech Pvt. Ltd.，India	2012.03—2017.03	
（2012）外饲准字 126 号	屎肠球菌 NCIMB10415 *Enterococcus faecium* NCIMB 10415	财来成 LBC ME20 PLUS Cylactin LBC ME20 PLUS	微生物饲料添加剂 Microbial Feed Additive	养殖动物 All species or categories of animals	瑞士百福公司 Cerbios-Pharma S. A.，Switzerland	2012.03—2017.03	
（2012）外饲准字 127 号	酿酒酵母 *Saccharomyces cerevisiae*	猪宝健 Immu Pro	微生物饲料添加剂 Microbial Feed Additive	猪 Swine	台湾慕德生物科技股份有限公司 Merit Biotech Inc Central Laboratory	2012.03—2017.03	
（2012）外饲准字 128 号	核心料 Module	易离乳 0.1%（核） Module Easywean 0.1% C	饲料添加剂 Feed Additive	乳猪 Piglet	比利时唯他麦公司 Vitamex. N. V.，Belgium	2012.03—2017.03	
（2012）外饲准字 129 号	核心料 Module	宝贝特 10%（核） Module Babito 10%	饲料添加剂 Feed Additive	乳猪 Piglet	比利时唯他麦公司 Vitamex. N. V.，Belgium	2012.03—2017.03	
（2012）外饲准字 130 号	水合硅铝酸盐 Hydrated Sodium Calcium Aluminosilicate	脱霉素 NovaSil Plus	饲料添加剂 Feed Additive	养殖动物 All species or categories of animals	美国巴斯夫有限公司 BASF Corporation，USA	2012.03—2017.03	

（续）

登记证号	通用名称	商品名称	产品类别	使用范围	生产厂家	有效期限	备注
（2012）外饲准字131号	多种维生素、矿物质、微量元素 Multi Vitamins, Minerals and Microelement	活力多 PRO 22：SIX	添加剂预混合饲料 Feed Additive Premix	公猪 Boar	加拿大盈泰营养公司 InnoTech Nutrition Solutions，Canada	2012.03—2017.03	
（2012）外饲准字132号	多种维生素、矿物质、微量元素 Multi Vitamins, Minerals and Microelement	促情多 PBT 4-WAY®	添加剂预混合饲料 Feed Additive Premix	母猪 Sow	加拿大盈泰营养公司 InnoTech Nutrition Solutions，Canada	2012.03—2017.03	
（2012）外饲准字133号	多种维生素、矿物质、微量元素 Multi Vitamins, Minerals and Microelement	壮仔多 Gesta-Lac 110	添加剂预混合饲料 Feed Additive Premix	母猪 Sow	加拿大盈泰营养公司 InnoTech Nutrition Solutions，Canada	2012.03—2017.03	
（2012）外饲准字134号	低蛋白乳清粉 Whey Powder	顶好牌低蛋白乳清粉 Foremost Feed Grade Whey Permeate	能量饲料 Energy Feed	仔猪 Piglet	美国顶好乳业公司 Foremost Farm USA	2012.03—2017.03	
（2012）外饲准字135号	甜乳清粉 Sweet Whey Powder	甜乳清粉 Sweet Whey Powder	能量饲料 Energy Feed	乳猪 Piglet	美国爱丽丝合作奶业有限公司 Ellsworth Cooperative Creamery，USA	2012.03—2017.03	
（2012）外饲准字136号	乳清及其制品、奶酪制品、乳糖和浓缩乳清蛋白 Dried Whey and Whey Product, Cheese Product, Lactose and Whey Protein Concentrate	乳亲宝 CW-11	能量饲料 Energy Feed	乳猪、宠物和水产动物 Piglet, Pet and Aquaculture	美国国际原料公司 International Ingredient Corp.，USA	2012.03—2017.03	

（续）

登记证号	通用名称	商品名称	产品类别	使用范围	生产厂家	有效期限	备注
（2012）外饲准字137号	鸡肉粉 Poultry By-product Meal	鸡肉粉 Poultry By-product Meal	蛋白质饲料 Protein Feed	畜禽和水产动物 Livestock, Poultry and Aquaculture	美国蛋白公司 American Proteins Inc.，USA	2012.03—2017.03	
（2012）外饲准字138号	虾苗饲料 Shrimp Feed	凡纳 PZ Vanna PZ	配合饲料 Compound Feed	虾苗 Shrimp	英伟（泰国）饲料有限公司 INVE（Thailand）Ltd.，Thailand	2012.03—2017.03	
（2012）外饲准字139号	虾苗饲料 Shrimp Feed	凡纳 ZM Vanna ZM	配合饲料 Compound Feed	虾苗 Shrimp	英伟（泰国）饲料有限公司 INVE（Thailand）Ltd.，Thailand	2012.03—2017.03	
（2012）外饲准字140号	虾苗饲料 Shrimp Feed	凡纳 PL Vanna PL	配合饲料 Compound Feed	虾苗 Shrimp	英伟（泰国）饲料有限公司 INVE（Thailand）Ltd.，Thailand	2012.03—2017.03	
（2012）外饲准字141号	虾苗饲料 Shrimp Feed	凡纳 MPL Vanna MPL	配合饲料 Compound Feed	虾苗 Shrimp	英伟（泰国）饲料有限公司 INVE（Thailand）Ltd.，Thailand	2012.03—2017.03	
（2012）外饲准字142号	虾苗饲料 Shrimp Feed	兰西红虾片 Lansy-Shrimp Red Flake	配合饲料 Compound Feed	虾苗 Shrimp	英伟（泰国）饲料有限公司 INVE（Thailand）Ltd.，Thailand	2012.03—2017.03	
（2012）外饲准字143号	虾苗饲料 Shrimp Feed	凡纳黑虾片 Vanna Black Flake	配合饲料 Compound Feed	虾苗 Shrimp	英伟（泰国）饲料有限公司 INVE（Thailand）Ltd.，Thailand	2012.03—2017.03	
（2012）外饲准字144号	轮虫饲料 Rotifers Concent-rate	赛尔科-斯帕克 SELCO S. parkle	浓缩饲料 Concentrate Feed	轮虫 Rotifers	英伟（泰国）饲料有限公司 INVE（Thailand）Ltd.，Thailand	2012.03—2017.03	
（2012）外饲准字145号	轮虫和丰年虾饲料 Rotifers and Artemia Concentrate	赛尔科-斯派索 SELCO S. presso	浓缩饲料 Concentrate Feed	轮虫和丰年虾 Rotifers and Artemia	英伟（泰国）饲料有限公司 INVE（Thailand）Ltd.，Thailand	2012.03—2017.03	
（2012）外饲准字146号	轮虫浓缩饲料 Rotifers Concentrate	赛尔科-蛋白 DHA DHA Protein SELCO	浓缩饲料 Concentrate Feed	轮虫 Rotifers	英伟（泰国）饲料有限公司 INVE（Thailand）Ltd.，Thailand	2012.03—2017.03	
（2012）外饲准字147号	L-苏氨酸 L-Threonine	饲料级 L-苏氨酸 L-Threonine Feed Grade	饲料级氨基酸 Amino Acid Feed Grade	养殖动物 All species or categories of animals	印度尼西亚 PT. Cheil Jedang 公司 PT. Cheil Jedang.，Indonesia	2012.03—2017.03	续展

（续）

登记证号	通用名称	商品名称	产品类别	使用范围	生产厂家	有效期限	备注
（2012）外饲准字148号	植酸酶（源自黑曲霉） Phytase (by *Aspergillus niger*)	酶他富® 5000 Natuphos® 5000	饲料级酶制剂 Enzyme Feed Grade	猪和家禽 Swine and Poultry	巴斯夫欧洲公司 BASF SE, Germany	2012.03—2017.03	续展
（2012）外饲准字149号	马骨骨粉 Horse Bone Meal	马骨骨粉 Horse Bone Meal	矿物质饲料添加剂 Mineral Feed Additive	猪 Swine	蒙古马哈-音普斯有限责任公司 Makh Impex Co., Ltd, Mongolia	2012.03—2017.03	续展
（2012）外饲准字150号	虾苗饲料 Shrimp Fry Feed	江口牌草虾虾苗前期用饲料 EGUCHI BP Shrimp Fry Prophase Feed	配合饲料 Compound Feed	虾苗 Shrimp	台湾合盛饲料厂 Her Sun Feeds Factory	2012.03—2017.03	续展
（2012）外饲准字151号	白鱼粉 White Fishmeal	白鱼粉（三级） White Fishmeal (Ⅲ)	蛋白质饲料 Protein Feed	畜禽和水产动物 Livestock, Poultry and Aquaculture	美国Premier太平洋海鲜公司（工船加工，工船名：S. S. Ocean Phoenix，许可编号：3703） Premier Pacific Seafoods Inc., USA (Product on Board atVessel S. S. Ocean Phoenix, Official No. 3703)	2012.03—2017.03	续展
（2012）外饲准字152号	白鱼粉 White Fishmeal	北太平洋白鱼粉（三级） North Pacific White Fishmeal (Ⅲ)	蛋白质饲料 Protein Feed	畜禽和水产动物 Livestock, Poultry and Aquaculture	美国Alyeska海鲜公司 Alyeska Seafoods Inc., USA	2012.03—2017.03	续展
（2012）外饲准字153号	白鱼粉 White Fishmeal	阿拉斯加低温白鱼粉（一级） Alaska L/T White Fishmeal (Ⅰ)	蛋白质饲料 Protein Feed	畜禽和水产动物 Livestock, Poultry and Aquaculture	美国彼得潘海鲜公司King Cove工厂 Peter Pan Seafoods Inc., Plant King Cover, USA	2012.03—2017.03	续展
（2012）外饲准字154号	红鱼粉 Red Fishmeal	秘鲁红鱼粉（一级） Peruvian Red Fishmeal (Ⅰ)	蛋白质饲料 Protein Feed	畜禽和水产动物 Livestock, Poultry and Aquaculture	秘鲁Compañia Pesquera Del Pacifico Centro S. A. 公司Tambo De Mora工厂 Compañia Pesquera Del Pacifico Centro S. A., Plant Tambo De Mora, Peru	2012.03—2017.03	续展

（续）

登记证号	通用名称	商品名称	产品类别	使用范围	生产厂家	有效期限	备注
（2012）外饲准字155号	红鱼粉 Red Fishmeal	秘鲁红鱼粉（一级） Peruvian Red Fishmeal（Ⅰ）	蛋白质饲料 Protein Feed	畜禽和水产动物 Livestock，Poultry and Aquaculture	秘鲁 Compañia Pesquera Del Pacifico Centro S. A. 公司 Razuri 工厂 Compañia Pesquera Del Pacifico Centro S. A.，Plant Razuri，Peru	2012.03—2017.03	续展
（2012）外饲准字156号	红鱼粉 Red Fishmeal	秘鲁红鱼粉（一级） Peruvian Red Fishmeal（Ⅰ）	蛋白质饲料 Protein Feed	畜禽和水产动物 Livestock，Poultry and Aquaculture	秘鲁 Pesquera Exalmar S. A. A. 公司 Callao 工厂 Pesquera Exalmar S. A. A.，Plant Callao，Peru	2012.03—2017.03	续展
（2012）外饲准字157号	红鱼粉 Red Fishmeal	金枪鱼鱼粉（三级） Tuna Fishmeal（Ⅲ）	蛋白质饲料 Protein Feed	畜禽和水产动物 Livestock，Poultry and Aquaculture	美国萨摩亚斯塔基斯特公司 StarKist Samoa，Inc.，USA	2012.03—2017.03	续展

进口饲料和饲料添加剂产品登记证目录（2012—06）

登记证号	通用名称	商品名称	产品类别	使用范围	生产厂家	有效期限	备注
（2012）外饲准字158号	羟基蛋氨酸类似物螯合锰 Manganese Methionine Hydroxy Analogue Chelate	明微矿®锰 Mintrex® Mn	饲料添加剂 Feed Additive	奶牛和肉牛 Dairy and Beef Cattle 家禽 Poultry 猪 Swine 水产 Aquaculture	美国诺伟司国际公司 Novus International Inc.，USA	2012.04—2017.04	
（2012）外饲准字159号	羟基蛋氨酸类似物螯合铜 Copper Methionine Hydroxy Analogue Chelate	明微矿®铜 Mintrex® Cu	饲料添加剂 Feed Additive	奶牛和肉牛 Dairy and Beef Cattle 家禽 Poultry 猪 Swine 水产 Aquaculture	美国诺伟司国际公司 Novus International Inc.，USA	2012.04—2017.04	
（2012）外饲准字160号	羟基蛋氨酸类似物螯合锌 Zinc Methionine Hydroxy Analogue Chelate	明微矿®锌 Mintrex® Zn	饲料添加剂 Feed Additive	奶牛和肉牛 Dairy and Beef Cattle 家禽 Poultry 猪 Swine 水产 Aquaculture	美国诺伟司国际公司 Novus International Inc.，USA	2012.04—2017.04	

（续）

登记证号	通用名称	商品名称	产品类别	使用范围	生产厂家	有效期限	备注
（2012）外饲准字161号	吡啶甲酸铬 Chromium Picolinate	铬精0.1% Picolean- Chromium Picolinate	饲料添加剂 Feed Additive	家禽 Poultry 猪 Swine 水产 Aquaculture	意大利阿卡公司 Prodotti Arca S. R. L. , Italy	2012.04— 2017.04	
（2012）外饲准字162号	维生素A醋酸酯油剂 Vitamin A Acetate Oil	维生素A醋酸 酯油剂 Vitamin A Acetate Oil	饲料级维生素 Vitamin Feed Grade	养殖动物 All Species or Categories of Animals	巴斯夫欧洲公司 BASF SE, Germany	2012.04— 2017.04	
（2012）外饲准字163号	丙酸 Propionic Acid 丙酸铵 Ammonium Propio- nate	露保康® Lupro-Grain®	饲料防腐剂 Feed Preservative	养殖动物 All Species or Categories of Animals	巴斯夫欧洲公司 BASF SE, Germany	2012.04— 2017.04	
（2012）外饲准字164号	枯草芽孢杆菌 *Bacillus subtills*	百泰牌饲壮Ⅱ Strong®	微生物饲料添加剂 Microbial Feed Ad- ditive	猪 Swine 家禽 Poultry 水产 Aquaculture	台湾百泰生物科技股份有限公司 新竹科学园区分公司 Bion Tech Inc. , HSIP Branch Of- fice	2012.04— 2017.04	
（2012）外饲准字165号	斑蝥黄 Canthaxanthin	坎特 IQF Canthacol	饲料着色剂 Feed Coloring A- gent	蛋鸡 Layers 肉鸡 Broilers	西班牙科泰色素有限公司 Carotenoid Technologies, S. A. , Spain	2012.04— 2017.04	
（2012）外饲准字166号	豆粉和碳酸钙 Soybean Meal and Calcium Carbonate	益美素 Emupack	饲料添加剂 Feed Additive	猪 Swine 家禽 Poultry 水产 Aquaculture	台湾信逢股份有限公司 New Well Power Co. , Ltd.	2012.04— 2017.04	
（2012）外饲准字167号	乳清粉 Dried Whey Permeate	低蛋白乳清粉 Dried Whey Permeate	能量饲料 Energy Feed	猪 Swine	美国 Milk Specialties 公司 Milk Specialties Company, USA	2012.04— 2017.04	
（2012）外饲准字168号	多种维生素 Vitamins 酿酒酵母 *Saccharomyces cere- visiae*	维可脱 OSP 20200-WEST-PAK	添加剂预混合饲料 Feed Additive Premix	猪 Swine 奶牛 Cow	加拿大奥斯珀有限公司 Oshawa Specialty Products Ltd. , Canada	2012.04— 2017.04	

（续）

登记证号	通用名称	商品名称	产品类别	使用范围	生产厂家	有效期限	备注
（2012）外饲准字169号	灭活啤酒酵母 Inactivated *Saccharomyces cerevisiae*	莱博啤酒酵母-BTR Leiber Brewer′ S Yeast	蛋白质饲料 Protein Feed	猪 Swine 家禽 Poultry 宠物 Pet	德国莱博有限公司 Leiber GmbH，Germany	2012.04—2017.04	
（2012）外饲准字170号	灭活啤酒酵母 Inactivated *Saccharomyces cerevisiae*	莱博啤酒酵母-W60 Leiber Brewer′ S Yeast W60	蛋白质饲料 Protein Feed	猪 Swine 家禽 Poultry 宠物 Pet	德国莱博有限公司 Leiber GmbH，Germany	2012.04—2017.04	
（2012）外饲准字171号	灭活啤酒酵母 Inactivated *Saccharomyces cerevisiae*	莱博非萃取啤酒酵母 Leiber Brewer′ S Yeast Unextracted	蛋白质饲料 Protein Feed	猪 Swine 家禽 Poultry 宠物 Pet	德国莱博有限公司 Leiber GmbH，Germany	2012.04—2017.04	
（2012）外饲准字172号	猪血浆蛋白粉 Procine Plasma Powder	Innomax® 猪血浆蛋白粉 Innomax® Procine Plasma	蛋白质饲料 Protein Feed	猪 Swine 家禽 Poultry 水产 Aquaculture	美国索纳克有限公司 Sonac USA LLC	2012.04—2017.04	
（2012）外饲准字173号	鱼骨粉 Fish Bone Meal	鱼骨粉 Fish Bone Meal	蛋白质饲料 Protein Feed	猪 Swine 家禽 Poultry 水产 Aquaculture	美国 Alyeska 海鲜公司 Alyeska Seafoods，Inc.，USA	2012.04—2017.04	
（2012）外饲准字174号	鼠饲料 Rodent Diet	5CJL 优质鼠类饲料 5CJL JL Rat & Mouse Auto 6F C	配合饲料 Compound Feed	实验鼠 Rodent	美国 PMI 营养国际有限责任公司 PMI Nutrition International，LLC，USA	2012.04—2017.04	
（2012）外饲准字175号	鼠饲料 Rodent Diet	5CC4 CR 14% C 优质鼠类饲料 5CC4 Certified CR 14% Protein C	配合饲料 Compound Feed	实验鼠 Rodent	美国 PMI 营养国际有限责任公司 PMI Nutrition International，LLC，USA	2012.04—2017.04	
（2012）外饲准字176号	猫干粮 Dry Cat Food	高级猫用干粮—全猫 Premium Cat Food for All Life Stage	配合饲料 Compound Feed	猫 Cat	台湾保生实业股份有限公司 Pomp Shine Enterprise Corp	2012.04—2017.04	

（续）

登记证号	通用名称	商品名称	产品类别	使用范围	生产厂家	有效期限	备注
（2012）外饲准字 177 号	犬干粮 Dry Dog Food	高级犬用干粮—幼犬 Premium Dog Food for Puppies	配合饲料 Compound Feed	犬 Dog	台湾保生实业股份有限公司 Pomp Shine Enterprise Corp	2012. 04—2017. 04	
（2012）外饲准字 178 号	犬干粮 Dry Dog Food	高级犬用干粮—成犬 Premium Dog Food for Adults	配合饲料 Compound Feed	犬 Dog	台湾保生实业股份有限公司 Pomp Shine Enterprise Corp	2012. 04—2017. 04	
（2012）外饲准字 179 号	斑节虾饲料 Prawn Feed	福星斑节虾饲料（粒度约为 2. 5mm） Lucky Star P. Japonicus Prawn Feed（Size about 2. 5 mm）	配合饲料 Compound Feed	斑节虾 Prawn	台湾洪国实业股份有限公司 Hung Kuo Industrial Co.，Ltd.	2012. 04—2017. 04	
（2012）外饲准字 180 号	比目鱼饲料 Hirame Fish Feed	福星比目鱼饲料（粒度约为 3. 2mm） Lucky Star Hirame Fish Feed（Size about 3. 2 mm）	配合饲料 Compound Feed	比目鱼 Hirame Fish	台湾洪国实业股份有限公司 Hung Kuo Industrial Co.，Ltd.	2012. 04—2017. 04	
（2012）外饲准字 181 号	草虾虾苗饲料 Shrimp Flakes Feed	Top 顶好牌草虾虾苗前期用饲料 Top Shrimp Flakes Feed	配合饲料 Compound Feed	草虾虾苗 Shrimp Flakes	台湾淯晖企业股份有限公司新园分公司 Yuh-Huei Enterprise Co.，Ltd.	2012. 04—2017. 04	续展
（2012）外饲准字 182 号	多种矿物质 Multi-mineral	电解质 Colombine Recup-LYT	矿物质饲料添加剂 Mineral Feed Additive	赛鸽 Pigeon	比利时凡塞尔公司 Versele-Large N. V.，Belgium	2012. 04—2017. 04	续展
（2012）外饲准字 183 号	β-木聚糖酶和β-葡聚糖酶（源自长柄木霉） β-Xylanase and β-Glucanase（by *Trichoderma longibrachiatum*）	钻石强力酶 BX+BG Nopcozyme Ⅱ BX+BG	饲料级酶制剂 Enzyme Feed Grade	养殖动物 All species or categories of animals	新加坡大祥资源有限公司 Diasham Resources Pte Ltd.，Singapore	2012. 04—2017. 04	续展

（续）

登记证号	通用名称	商品名称	产品类别	使用范围	生产厂家	有效期限	备注
（2012）外饲准字 184 号	磷酸盐（镁、钠、锰、锌、铜、钴和钙） Salt Diacid Phosphate（Magnesium、Sodium、Manganese、Zinc、Copper、Cobalt & Calcium）	可得福® Calgophos®	添加剂预混合饲料 Feed Additive Premix	家禽 Poultry	维克越南有限公司 Virbac Vietnam Co. Ltd，Vietnam	2012.04—2017.04	续展

进口饲料和饲料添加剂产品登记证目录（2012—07）

登记证号	通用名称	商品名称	产品类别	使用范围	生产厂家	有效期限	备注
（2012）外饲准字 185 号	β-甘露聚糖酶（源自枯草芽孢杆菌） β-Mannanase（by *Bacillus subtilis*）	西梯酶 CTCZYME	饲料级酶制剂 Enzyme Feed Grade	猪和鸡 Swine and Chicken	韩国西梯茜公司 CTCBIO INC.，Korea	2012.05—2017.05	
（2012）外饲准字 186 号	植酸酶（源自李氏木酶） Phytase（by *Trichhyoderma reesei*）	量子酶 Quantum Blue 5G	饲料级酶制剂 Enzyme Feed Grade	单胃动物 Monogastric	芬兰罗尔公司 Roal Oy，Finland	2012.05—2017.05	
（2012）外饲准字 187 号	DL-羟基蛋氨酸类似物 DL-Methionine Hydroxyl Analogue	艾维酸 US WD Max Activate® US WD Max	饲料添加剂 Feed Additive	养殖动物 All species or categories of animals	诺伟司国际有限公司 Novus International Inc.，USA	2012.05—2017.05	
（2012）外饲准字 188 号	班脱土-蒙脱石 Bentonite-Montmorillonite	抗毒 008 Mia-Bond® Trophy	饲料添加剂 Feed Additive	养殖动物 All species or categories of animals	德国麦尔威股份有限公司 Miavit GmbH，Germany	2012.05—2017.05	
（2012）外饲准字 189 号	家禽内脏、磷酸和山梨酸钾 Poultry Offal，Phosphoric Acid，Potassium Sorbate	迪澳高级液体口味增强剂 D' TECH 4L	饲料添加剂 Feed Additive	宠物 Pet	澳大利亚 SPF DIANA 有限公司 SPF DIANA Australia Pty Ltd，Australia	2012.05—2017.05	

（续）

登记证号	通用名称	商品名称	产品类别	使用范围	生产厂家	有效期限	备注
(2012) 外饲准字 190 号	甘露寡糖 Manno-oligosaccharides	赛福寡糖 SAFMANNAN	饲料添加剂 Feed Additive	养殖动物 All species or categories of animals	法国乐斯福集团 Biospringer 生物技术公司 Biospringer, France-Lesaffre Group	2012. 05—2017. 05	
(2012) 外饲准字 191 号	蒙脱土 Montmorillonite Clay	艾佐福 Azo-Feed	饲料添加剂 Feed Additive	养殖动物 All species or categories of animals	美国艾佐迈矿产公司 Azomite Mineral Products, Inc., USA	2012. 05—2017. 05	
(2012) 外饲准字 192 号	酵母细胞壁和水合硅铝酸盐 Yeast cell wall and Complexed Hydrated Aluminium Silicate	克毒素 OPTIMOS	饲料添加剂 Feed Additive	养殖动物 All species or categories of animals	英国 Optivite 有限公司 Optivite Ltd, UK	2012. 05—2017. 05	
(2012) 外饲准字 193 号	磷虾粉 Krill Meal	磷虾粉 Krill Meal	蛋白质饲料 Protein Feed	畜禽和水产动物 Livestock, Poultry and Aquaculture	中国水产总公司（自捕生产） China National Fisheries Corp	2012. 05—2017. 05	
(2012) 外饲准字 194 号	红鱼粉 Red Fishmeal	红鱼粉（二级） Red Fishmeal (Ⅱ)	蛋白质饲料 Protein Feed	畜禽和水产动物 Livestock, Poultry and Aquaculture	秘鲁渔业捕鱼 1313 公司 Corporacion Pesquera 1313 S. A., Peru	2012. 05—2017. 05	
(2012) 外饲准字 195 号	红鱼粉 Red Fishmeal	红鱼粉（三级） Red Fishmeal (Ⅲ)	蛋白质饲料 Protein Feed	畜禽和水产动物 Livestock, Poultry and Aquaculture	秘鲁鱼粉商业贸易公司 Trading Fishmeal Corporation S. A. C., Peru	2012. 05—2017. 05	
(2012) 外饲准字 196 号	红鱼粉 Red Fishmeal	红鱼粉（二级） Red Fishmeal (Ⅱ)	蛋白质饲料 Protein Feed	畜禽和水产动物 Livestock, Poultry and Aquaculture	毛里塔尼亚 OMAURCI 有限公司 OMAURCI S. A., Mauritania	2012. 05—2017. 05	
(2012) 外饲准字 197 号	羽毛粉 Feather Meal	羽毛粉 Feather Meal	蛋白质饲料 Protein Feed	鸡、猪和水产饲料 Chicken, Swine and Aquaculture	美国卡罗莱纳副产品公司 费耶特维尔工厂 Carolina By-products, Inc., Plant Fayetteville, USA	2012. 05—2017. 05	

（续）

登记证号	通用名称	商品名称	产品类别	使用范围	生产厂家	有效期限	备注
（2012）外饲准字198号	羽毛粉 Feather Meal	羽毛粉 Feather Meal	蛋白质饲料 Protein Feed	鸡、猪和水产饲料 Chicken, Swine and Aquaculture	美国卡罗莱纳副产品公司玫瑰岭工厂 Carolina By-products, Inc., Plant Rose Hill, USA	2012.05—2017.05	
（2012）外饲准字199号	鸡肉粉 Poultry By-product Meal	鸡肉粉 Poultry By-product Meal	蛋白质饲料 Protein Feed	鸡、猪和水产饲料 Chicken, Swine and Aquaculture	美国卡罗莱纳副产品公司费耶特维尔工厂 Carolina By-products, Inc., Plant Fayetteville, USA	2012.05—2017.05	
（2012）外饲准字200号	鸡肉粉 Poultry By-product Meal	鸡肉粉 Poultry By-product Meal	蛋白质饲料 Protein Feed	鸡、猪和水产饲料 Chicken, Swine and Aquaculture	美国卡罗莱纳副产品公司玫瑰岭工厂 Carolina By-products, Inc., Plant Rose Hill, USA	2012.05—2017.05	
（2012）外饲准字201号	棕榈酸 Palmitic Acid	爱能佳-RP10 Energizer- RP10	能量饲料 Energy Feed	奶牛、母羊和山羊 Cow, Ewe and Goat	IFFCO（马来西亚）有限公司 IFFCO (Malaysian) Sdn Bhd., Malaysia	2012.05—2017.05	
（2012）外饲准字202号	鱼饲料 Fish Feed	爱乐 福达 Aller Futura	配合饲料 Compound Feed	鱼 Fish	爱乐水产有限公司 Aller Aqua A/S, Denmark	2012.05—2017.05	
（2012）外饲准字203号	犬干粮 Dog Dry Food	百博幼犬粮 Big Boss Junior SR	配合饲料 Compound Feed	犬 Dog	巴西达拓宠物食品公司 Total Alimentos S/A., Brazil	2012.05—2017.05	
（2012）外饲准字204号	犬干粮 Dog Dry Food	百博成犬粮 Big Boss Maximo Desempenho SR	配合饲料 Compound Feed	犬 Dog	巴西达拓宠物食品公司 Total Alimentos S/A., Brazil	2012.05—2017.05	
（2012）外饲准字205号	犬干粮 Dog Dry Food	领先犬粮 Lider Chips SR	配合饲料 Compound Feed	犬 Dog	巴西达拓宠物食品公司 Total Alimentos S/A., Brazil	2012.05—2017.05	
（2012）外饲准字206号	猫干粮 Cat Dry Food	力派幼猫粮 Equilibrio Gatos Filhotes	配合饲料 Compound Feed	猫 Cat	巴西达拓宠物食品公司 Total Alimentos S/A., Brazil	2012.05—2017.05	

（续）

登记证号	通用名称	商品名称	产品类别	使用范围	生产厂家	有效期限	备注
（2012）外饲准字207号	猫干粮 Cat Dry Food	力派成猫粮 Equilibrio Gatos Adultos	配合饲料 Compound Feed	猫 Cat	巴西达拓宠物食品公司 Total Alimentos S/A.，Brazil	2012.05—2017.05	
（2012）外饲准字208号	犬干粮 Dog Dry Food	力派（中大型犬）幼犬配方 Equilibrio Caes Filhotes	配合饲料 Compound Feed	犬 Dog	巴西达拓宠物食品公司 Total Alimentos S/A.，Brazil	2012.05—2017.05	
（2012）外饲准字209号	犬干粮 Dog Dry Food	力派（中大型犬）成犬配方 Equilibrio Caes Adultos	配合饲料 Compound Feed	犬 Dog	巴西达拓宠物食品公司 Total Alimentos S/A.，Brazil	2012.05—2017.05	
（2012）外饲准字210号	犬干粮 Dog Dry Food	力派小型犬老年犬活力配方 Equilibrio Mature Active Racas Pequenas	配合饲料 Compound Feed	犬 Dog	巴西达拓宠物食品公司 Total Alimentos S/A.，Brazil	2012.05—2017.05	
（2012）外饲准字211号	犬干粮 Dog Dry Food	力派小型犬幼犬配方 Equilibrio Caes Filhotes Racas Pequenas	配合饲料 Compound Feed	犬 Dog	巴西达拓宠物食品公司 Total Alimentos S/A.，Brazil	2012.05—2017.05	
（2012）外饲准字212号	犬干粮 Dog Dry Food	力派小型犬成犬配方 Equilibrio Caes Adultos Racas Pequenas	配合饲料 Compound Feed	犬 Dog	巴西达拓宠物食品公司 Total Alimentos S/A.，Brazil	2012.05—2017.05	
（2012）外饲准字213号	犬干粮 Dog Dry Food	真果中大型犬幼犬配方 Naturalis Caes Filhotes	配合饲料 Compound Feed	犬 Dog	巴西达拓宠物食品公司 Total Alimentos S/A.，Brazil	2012.05—2017.05	
（2012）外饲准字214号	犬干粮 Dog Dry Food	真果中大型犬成犬配方 Naturalist Caes Adultos	配合饲料 Compound Feed	犬 Dog	巴西达拓宠物食品公司 Total Alimentos S/A.，Brazil	2012.05—2017.05	
（2012）外饲准字215号	犬干粮 Dog Dry Food	真果小型犬成犬配方 Naturalis Case Adultos Pequeno Porte	配合饲料 Compound Feed	犬 Dog	巴西达拓宠物食品公司 Total Alimentos S/A.，Brazil	2012.05—2017.05	

（续）

登记证号	通用名称	商品名称	产品类别	使用范围	生产厂家	有效期限	备注
（2012）外饲准字216号	犬干粮 Dog Dry Food	新百博小型犬 肉酱配方 Big Boss Strogonoff SR	配合饲料 Compound Feed	犬 Dog	巴西达拓宠物食品公司 Total Alimentos S/A.，Brazil	2012.05—2017.05	
（2012）外饲准字217号	犬干粮 Dog Dry Food	新百博猫粮 Big Boss Gatos 6 Sabores	配合饲料 Compound Feed	犬 Dog	巴西达拓宠物食品公司 Total Alimentos S/A.，Brazil	2012.05—2017.05	
（2012）外饲准字218号	犬干粮 Dog Dry Food	新百博小型犬 天然配方 Big Boss Cereais E Legumes Cozidos Pequeno Porte SR	配合饲料 Compound Feed	犬 Dog	巴西达拓宠物食品公司 Total Alimentos S/A.，Brazil	2012.05—2017.05	
（2012）外饲准字219号	猫干粮 Cat Dry Food	狄拜克 猫粮 DIBAQ Adult Marine	配合饲料 Compound Feed	猫 Cat	西班牙狄拜克有限公司 DIBAQ-DIPROTEG，S. A.，Spain	2012.05—2017.05	
（2012）外饲准字220号	犬干粮 Dog Dry Food	狄拜克 小型犬狗粮 DIBAQ Puppy Mini	配合饲料 Compound Feed	犬 Dog	西班牙狄拜克有限公司 DIBAQ-DIPROTEG，S. A.，Spain	2012.05—2017.05	
（2012）外饲准字221号	犬干粮 Dog Dry Food	狄拜克 中型犬狗粮 DIBAQ Maintenance Medium	配合饲料 Compound Feed	犬 Dog	西班牙狄拜克有限公司 DIBAQ-DIPROTEG，S. A.，Spain	2012.05—2017.05	
（2012）外饲准字222号	亚硫酸氢钠甲奈醌 Menadione Sodium Bisulfite	MSB99 （饲料级维生素 K_3） MSB99 （Vitamin K_3 Feed Grade）	饲料级维生素 Vitamin Feed Grade	单胃动物和牛 Monogastric Animals and Calves	乌拉圭帝沃斯公司 Dirox S. A.，Uruguay	2012.05—2017.05	续展
（2012）外饲准字223号	亚硫酸氢烟酰胺甲奈醌 Menadione Nicotinamide Bisulfite	MNB96 （饲料级维生素 K_3） MNB96 （Vitamin K_3 Feed Grade）	饲料级维生素 Vitamin Feed Grade	单胃动物和牛 Monogastric Animals and Calves	乌拉圭帝沃斯公司 Dirox S. A.，Uruguay	2012.05—2017.05	续展
（2012）外饲准字224号	浓缩猪肉蛋白 Porcine Protein Concentrate	多美蛋白粉 Pro-Pep F	蛋白质饲料 Protein Feed	猪和畜禽 Swine，Poultry and Livestock	美国国际营养公司 International Nutrition Inc.，USA	2012.05—2017.05	续展

（续）

登记证号	通用名称	商品名称	产品类别	使用范围	生产厂家	有效期限	备注
（2012）外饲准字 225 号	鸡肉粉 Poultry Meal	鸡肉粉 Poultry Meal	蛋白质饲料 Protein Feed	宠物和鱼 Pet and Fish	澳大利亚 Camilleri 动物饲料有限公司 Camilleri Stockfeeds Pty Ltd，Australia	2012.05—2017.05	续展
（2012）外饲准字 226 号	水合硅铝酸钠钙 Hydrated Sodium Calcium Aluminosilicate	霉可脱-AZ MYCO-AD A-Z	饲料添加剂 Feed Additive	猪 Swine 鸡 Chicken 奶牛 Cow	美国南方矿产品公司 Southern Clay Products，Inc.，USA	2012.05—2017.05	续展
（2012）外饲准字 227 号	L-赖氨酸盐酸盐 L-Lysine Monohydrochloride	饲料级 L-赖氨酸盐酸盐 L-Lysine Monohydrochloride Feed Grade	饲料级氨基酸 Amino Acid Feed Additive	养殖动物 All species or categories of animals	味之素（美国）哈特兰德公司 Ajinomoto Heartland Inc.，USA	2012.05—2017.05	续展
（2012）外饲准字 228 号	牛肉骨粉 Bovine Meat and Bone Meal	牛肉骨粉 Bovine Meat and Bone Meal	蛋白质饲料 Protein Feed	家禽 Poultry 猪 Swine 水产 Aquaculture 宠物 Pet	乌拉圭 Grinsol 公司 Grinsol S. A.，Uruguay	2012.05—2017.05	续展
（2012）外饲准字 229 号	虾苗饲料 Shrimp Fry Feed	美国 B. P. 粉饲料 American B. P.	配合饲料 Compound Feed	虾苗 Shrimp	海星国际有限公司 Ocean Star International，Inc.，USA	2012.05—2017.05	续展
（2012）外饲准字 230 号	虾苗饲料 Shrimp Fry Feed	丰年虾片 Brine Shrimp Flake	配合饲料 Compound Feed	虾苗 Shrimp	海星国际有限公司 Ocean Star International，Inc.，USA	2012.05—2017.05	续展
（2012）外饲准字 231 号	红鱼粉 Red Fishmeal	智利红鱼粉（特级） Chilean Red Fishmeal（Superfine）	蛋白质饲料 Protein Feed	畜禽和水产动物 Livestock，Poultry and Aquaculture	智利 Landes 渔业公司 Sociedad Pesquera Landes S. A.，Chile	2012.05—2017.05	续展

进口饲料和饲料添加剂产品登记证目录（2012—08）

登记证号	通用名称	商品名称	产品类别	使用范围	生产厂家	有效期限	备注
（2012）外饲准字 232 号	苯甲酸 Benzoic Acid	护酸美 Provenia™	饲料酸化剂 Feed Acidifier	仔猪 Piglet 生长猪 Growing Pigs 育肥猪 Sows	诺伟司德国公司 Novus Deutschland GmbH，Germany	2012.06—2017.06	

（续）

登记证号	通用名称	商品名称	产品类别	使用范围	生产厂家	有效期限	备注
（2012）外饲准字 233 号	嗜酸乳杆菌 *Lactobacillus acidophilus* 枯草芽孢杆菌 *Bacillus subtilis* 粪肠球菌 *Enteroccus faecium*	后秘 Q-Lac	微生物饲料添加剂 Microbial Feed Additive	畜禽 Livestock and Poultry	韩国农协饲料公司 NHbio Nonghyup Feed Inc.，NHbio，Korea	2012. 06—2017. 06	
（2012）外饲准字 234 号	纤维素、维生素和矿物质 Cellulose，Vitamins and Mineral	妈咪乐 Mamafeed	添加剂预混合饲料 Additive Premix	哺乳猪 Sow	日本新水株式会社 Sinsui Inc.，Japan	2012. 06—2017. 06	
（2012）外饲准字 235 号	嗜酸乳杆菌 *Lactobacillus acidophilus* 枯草芽孢杆菌 *Bacillus subtilis*	菌乐多 Litrefeed	微生物饲料添加剂 Microbial Feed Additive	家畜 Livestock	日本新水株式会社 Sinsui Inc.，Japan	2012. 06—2017. 06	
（2012）外饲准字 236 号	苯甲酸 Benzoic Acid	维乐妥® VevoVitall®	饲料添加剂 Feed Additive	猪 Swine	荷兰艾默卡公司 Emerald Kalama Chemical B. V.，The Netherlands	2012. 06—2017. 06	
（2012）外饲准字 237 号	鱼油 Fish Oil	鱼油（饲料级） Fish Oil（Feed Grade）	能量饲料 Energy Feed	猪和水产动物 Swine and Aquaculture	丹麦 FF Skagen 公司 FF Skagen，Denmark	2012. 06—2017. 06	
（2012）外饲准字 238 号	红鱼粉 Red Fishmeal	秘鲁红鱼粉（一级） Peruvian Red Fishmeal（Ⅰ）	蛋白质饲料 Protein Feed	畜禽和水产动物 Livestock，Poultry and Aquaculture	秘鲁 Pesquera 2020 S. A. C. 公司 Supe 工厂 Pesquera 2020 S. A. C.，Plant Supe，Peru	2012. 06—2017. 06	
（2012）外饲准字 239 号	红鱼粉 Red Fishmeal	红鱼粉（二级） Red Fishmeal（Ⅱ）	蛋白质饲料 Protein Feed	畜禽和水产动物 Livestock，Poultry and Aquaculture	泰诚信鱼粉厂有限公司 Teppama Fishmeal Co.，Ltd.，Thailand	2012. 06—2017. 06	
（2012）外饲准字 240 号	红鱼粉 Red Fishmeal	红鱼粉（二级） Red Fishmeal（Ⅱ）	蛋白质饲料 Protein Feed	畜禽和水产动物 Livestock，Poultry and Aquaculture	泰国开发鱼粉企业有限公司 Fishmeal Marketing Development Co.，Ltd.，Thailand	2012. 06—2017. 06	续展

（续）

登记证号	通用名称	商品名称	产品类别	使用范围	生产厂家	有效期限	备注
（2012）外饲准字241号	红鱼粉 Red Fishmeal	红鱼粉（二级） Red Fishmeal（Ⅱ）	蛋白质饲料 Protein Feed	畜禽和水产动物 Livestock, Poultry and Aquaculture	秘鲁 Inversiones Farallon S. A. C. 公司 Inversiones Farallon S. A. C.，Peru	2012.06—2017.06	续展
（2012）外饲准字242号	奶粉 Dried Milk Powder	营养金奶粉® Nutri-Gold® Dried Milk	能量饲料 Energy Feed	水产动物 Aquaculture 宠物 Pet 家畜 Livestock	美国国际原料公司 International Ingredient Corp.，USA	2012.06—2017.06	续展
（2012）外饲准字243号	长链脂肪酸钙皂（棕榈油） Calcium Salt of Long Chain Fatty Acids (Palm Oil)	万力补 Magnapac	饲料添加剂 Feed Additive	反刍动物 Ruminates	西班牙 Norel 公司 Norel S. A.，Spain	2012.06—2017.06	续展
（2012）外饲准字244号	氯化胆碱 Choline	瑞信氯化胆碱® Reashure® Choline	饲料级维生素 Vitamin Feed Grade	奶牛 Cow	美国博思培原料有限公司 BCP Ingredients, Inc.，USA	2012.06—2017.06	续展
（2012）外饲准字245号	水合硅铝酸钠钙 Hydrated Sodium Calcium Aluminosilicate	百霉净® Elisorb®	饲料添加剂 Feed Additive	养殖动物 All species or categories of animals	新加坡威发药业有限公司 Vetpharm Laboratories（S）Pte. Ltd.，Singapore	2012.06—2017.06	续展

进口饲料和饲料添加剂产品登记证目录（2012—09）

登记证号	通用名称	商品名称	产品类别	使用范围	生产厂家	有效期限	备注
（2012）外饲准字246号	植物乳杆菌 *Lactobacillus plantarum* 乳酸片球菌 *Pediococcus acidilactici*	鲜得利® CL LALSIL® CL	微生物饲料添加剂 Microbial Feed Additive	牧草青贮 Forage Preservation	法国拉曼股份公司 Lallemand S. A. S.，France	2012.07—2017.07	

（续）

登记证号	通用名称	商品名称	产品类别	使用范围	生产厂家	有效期限	备注
（2012）外饲准字 247 号	枯草芽孢杆菌 *Bacillus subtilis*	畜禽黄金 Bio Plus	微生物饲料添加剂 Microbial Feed Additive	猪、家禽、牛、鱼、狗 Swine，Poultry，Cattle，Fish，Dog	韩国 AD 生物科技有限公司 ADbiotech Co.，Ltd.，Korea	2012.07—2017.07	
（2012）外饲准字 248 号	木聚糖酶 （产自长柄木酶） Xylanase（by *Trichoderma longibrachiatum*）	赛毕菲木聚糖酶 Sebfeed Xylanase	饲料级酶制剂 Enzyme Feed Grade	家禽、猪、火鸡、牛 Poultry，Swine，Turkey，Cattle	印度先进酶制剂技术有限公司 Advanced Enzyme Technologies Ltd.，India	2012.07—2017.07	
（2012）外饲准字 249 号	木质素磺酸钙盐 Calcium Lignosulphonate	木质素磺酸钙盐 PellTech	饲料粘结剂 Feed Binder	畜禽 Livestock，Poultry	挪威鲍利葛工业有限公司 Borregaard Ligno Tech Ltd，Norway	2012.07—2017.07	
（2012）外饲准字 250 号	甲酸 Formic 乳酸 Lactic Acid 柠檬酸 Citric Acid	胃肠益生剂 Kemira Pro GIT SF3	饲料酸化剂 Feed Acidifier	猪 Swine 家禽 Poultry	荷兰凯米拉化学品有限公司 Kemira ChemSolutions BV.，the Netherlands	2012.07—2017.07	
（2012）外饲准字 251 号	包被丁酸钠 Coated Sodium Butyrate	包被健肠宝 Adimix® 30 Coated	饲料添加剂 Feed Additive	仔猪 Piglet 鸡 Chicken 宠物 Pet	比利时英伟-纽埃特国际营养公司 Nutri-AD International N.V.，Belgium	2012.07—2017.07	
（2012）外饲准字 252 号	蒙脱石 Montmorillonite	伊莱特 Ilite	饲料添加剂 Feed Additive	猪、牛、鸡、鱼 Swine，Cattle，Chicken，Fish	韩国龙宫伊莱特株式会社 South Korea Yong Koong Illite Co.，Ltd	2012.07—2017.07	
（2012）外饲准字 253 号	氯化胆碱 Chorine Chloride	晶体型饲料级氯化胆碱 Taminizer C	饲料添加剂 Feed Additive	猪、家禽、牛、鱼、狗 Swine，Poultry，Cattle，Fish，Dog	比利时特胺有限公司 Taminco N.V.，Belgium	2012.07—2017.07	
（2012）外饲准字 254 号	抗坏血酸 Ascorbic Acids 柠檬酸 Citric Acid 乳酸 Lactic Acid	赛斯特液剂 I Citrex Liquid I	饲料添加剂 Feed Additive	家禽 Poultry 猪 Swine 鱼 Fish	西班牙 Anextia 添加剂有限公司 Anextia Aditicos S.L.，Spain	2012.07—2017.07	

（续）

登记证号	通用名称	商品名称	产品类别	使用范围	生产厂家	有效期限	备注
（2012）外饲准字255号	抗坏血酸 Ascorbic Acids 柠檬酸 Citric Acid 乳酸 Lactic Acid	赛斯特粉剂 I Citrex Liquid I	饲料添加剂 Feed Additive	家禽 Poultry 猪 Swine 鱼 Fish	西班牙 Anextia 添加剂有限公司 Anextia Aditicos S. L.，Spain	2012.07—2017.07	
（2012）外饲准字256号	多种维生素 Multi Vitamins	鳗多维 Vitamin Premix for Eel Feeds	维生素预混料 Vitamin Premix	鳗鱼 Eel	台湾全兴国际水产股份有限公司桃园工厂 Ye Cherng Industrial Products Co.，Ltd.，Tao-Yuan Factory	2012.07—2017.07	
（2012）外饲准字257号	肉骨粉 Meat and Bone Meal	混合肉骨粉（牛和羊） Mixed Meat and Bone Meal	蛋白质饲料 Protein Feed	家禽 Poultry 猪 Swine 水产动物 Aquaculture	新西兰 South Canterbury By-product（2009）有限公司 South Canterbury By-product（2009）Limited，New Zealand	2012.07—2017.07	
（2012）外饲准字258号	肉骨粉 Meat and Bone Meal	肉骨粉（牛和绵羊） Bovine and Ovine Meat and Bone Meal	蛋白质饲料 Protein Feed	家禽 Poultry 猪 Swine 水产动物 Aquaculture 宠物 Pet	澳大利亚 T&R（Murry Bridge）Pty 有限公司 T&R（Murry Bridge）Pty Ltd，Australia	2012.07—2017.07	
（2012）外饲准字259号	红鱼粉 Red Fishmeal	红鱼粉（一级） Red Fishmeal（Ⅰ）	蛋白质饲料 Protein Feed	家禽 Poultry 猪 Swine 水产动物 Aquaculture	秘鲁 Protefish S. A. C. 公司 Chimbote 工厂 Protefish S. A. C.，Plant in Chimbote，Peru	2012.07—2017.07	
（2012）外饲准字260号	鱼油 Fish Oil	秘鲁鱼油（饲料级） Peruvian Fish Oil（Feed Grade）	能量饲料 Energy Feed	水产动物 Aquaculture 猪 Swine 鹌鹑 Quail	秘鲁 Pesquera Capricornio S. A. 公司（Callao 工厂） Pesquera Capricornio S. A.，Plant Callao，Peru	2012.07—2017.07	
（2012）外饲准字261号	犊牛代乳粉 Calf Milk Replacer	嘉康利 Elevage Extra	配合饲料 Compound Feed	犊牛 Calf	法国雷提耶-弗洛米乳业公司 Societe Laitiere de Retiers，France	2012.07—2017.07	
（2012）外饲准字262号	犊牛代乳粉 Calf Milk Replacer	优加 Calfilac	配合饲料 Compound Feed	犊牛 Calf	法国雷提耶-弗洛米乳业公司 Societe Laitiere de Retiers，France	2012.07—2017.07	

（续）

登记证号	通用名称	商品名称	产品类别	使用范围	生产厂家	有效期限	备注
（2012）外饲准字263号	饲料原料 Feed Material 多种矿物质和维生素 Multi-Minerals and Vitamins	安佑牌 人工乳（好好离奶） ANS Artificial Milk	配合饲料 Compound Feed	猪 Swine	台湾昆昌企业股份有限公司 Kung Victory Co.，Ltd	2012.07—2017.07	
（2012）外饲准字264号	饲料原料 Feed Material 多种矿物质和维生素 Multi-Minerals and Vitamins	安佑牌 哺乳猪100 ANS Piglet 100	配合饲料 Compound Feed	猪 Swine	台湾昆昌企业股份有限公司 Kung Victory Co.，Ltd	2012.07—2017.07	
（2012）外饲准字265号	猫干粮 Cat Dry Food	繁育期母猫粮 Felinotechnic Health Nutrition Queen 34	配合饲料 Compound Feed	猫 Cat	法国皇家宠物食品有限公司 Royal Canin S. A. S.，France	2012.07—2017.07	
（2012）外饲准字266号	猫干粮 Cat Dry Food	犬皮肤瘙痒处方粮 Veternary Diet Skin Care Canine	配合饲料 Compound Feed	猫 Cat	法国皇家宠物食品有限公司 Royal Canin S. A. S.，France	2012.07—2017.07	
（2012）外饲准字267号	狗干粮 Dog Dry Food	犬糖尿病处方粮 Veterinary Diet Diabetic Canine	配合饲料 Compound Feed	犬 Dog	法国皇家宠物食品有限公司 Royal Canin S. A. S.，France	2012.07—2017.07	
（2012）外饲准字268号	狗干粮 Dog Dry Food	幼犬肠道处方粮 Veterinary Diet Gastro Intestinal Junior Canine	配合饲料 Compound Feed	犬 Dog	法国皇家宠物食品有限公司 Royal Canin S. A. S.，France	2012.07—2017.07	
（2012）外饲准字269号	狗干粮 Dog Dry Food	犬低脂易消化处方粮 Veterinary Diet Gastro Intestinal Low Fat Canine	配合饲料 Compound Feed	犬 Dog	法国皇家宠物食品有限公司 Royal Canin S. A. S.，France	2012.07—2017.07	
（2012）外饲准字270号	狗干粮 Dog Dry Food	室内小型犬老年犬粮（适合8岁以上） Size Health Nutrition Mini Indoor Mature +8	配合饲料 Compound Feed	犬 Dog	法国皇家宠物食品有限公司 Royal Canin S. A. S.，France	2012.07—2017.07	
（2012）外饲准字271号	狗干粮 Dog Dry Food	室内小型犬老年犬粮（适合12岁以上） Size Health Nutrition Mini Indoor Mature +12	配合饲料 Compound Feed	犬 Dog	法国皇家宠物食品有限公司 Royal Canin S. A. S.，France	2012.07—2017.07	

（续）

登记证号	通用名称	商品名称	产品类别	使用范围	生产厂家	有效期限	备注
（2012）外饲准字272号	狗干粮 Dog Dry Food	小型犬老年犬粮（适合12岁以上）Size Health Nutrition Mini Ageing +12	配合饲料 Compound Feed	犬 Dog	法国皇家宠物食品有限公司 Royal Canin S. A. S.，France	2012.07—2017.07	
（2012）外饲准字273号	狗干粮 Dog Dry Food	迷你犬老年犬粮（适合12岁以上）Size Health Nutrition X Small Ageing +12	配合饲料 Compound Feed	犬 Dog	法国皇家宠物食品有限公司 Royal Canin S. A. S.，France	2012.07—2017.07	
（2012）外饲准字274号	猫罐头 Cat Can	希宝®吞拿鱼及水晶蟹柳猫粮罐头海鲜浓汤汁煮系列 Sheba Deli Crap	配合饲料 Compound Feed	猫 Cat	帕塔亚普因卡诗德里公司 Pataya Food Indutries Ltd.，Thailand	2012.07—2017.07	
（2012）外饲准字275号	猫罐头 Cat Can	希宝®吞拿鱼及鲜香银鱼猫粮罐头 海鲜浓汤汁煮系列 Sheba Deli Shiruasu	配合饲料 Compound Feed	猫 Cat	帕塔亚普因卡诗德里公司 Pataya Food Indutries Ltd.，Thailand	2012.07—2017.07	
（2012）外饲准字276号	猫罐头 Cat Can	希宝®吞拿鱼及翡翠明虾猫粮罐头 海鲜浓汤汁煮系列 Sheba Deli Shrimp	配合饲料 Compound Feed	猫 Cat	帕塔亚普因卡诗德里公司 Pataya Food Indutries Ltd.，Thailand	2012.07—2017.07	
（2012）外饲准字277号	猫罐头 Cat Can	希宝®白身吞拿鱼及美味鲷鱼猫粮罐头 海鲜浓汤汁煮系列 Sheba Deli Snapper	配合饲料 Compound Feed	猫 Cat	帕塔亚普因卡诗德里公司 Pataya Food Indutries Ltd.，Thailand	2012.07—2017.07	
（2012）外饲准字278号	猫罐头 Cat Can	希宝®白身吞拿鱼清汤薄片猫粮罐头 海鲜浓汤汁煮系列 Sheba Deli Tuna Slice	配合饲料 Compound Feed	猫 Cat	帕塔亚普因卡诗德里公司 Pataya Food Indutries Ltd.，Thailand	2012.07—2017.07	

（续）

登记证号	通用名称	商品名称	产品类别	使用范围	生产厂家	有效期限	备注
（2012）外饲准字 279 号	牛肉骨粉 Meat and Bone Meal	牛肉骨粉（二级） Bovine Meat and Bone Meal（Ⅱ）	蛋白质饲料 Protein Feed	家禽 Poultry 猪 Swine 水产动物 Aquaculture	乌拉圭 YARUS S. A. 公司 YARUS S. A.，Uruguay	2012.07—2017.07	续展
（2012）外饲准字 280 号	多种维生素 Multi Vitamins	福德维 Fortevit	维生素预混料 Vitamin Premix	鸡 Chicken	印度尼西亚美迪安公司 PT. Medion，Indonesia	2012.07—2017.07	续展
（2012）外饲准字 281 号	斑脱土-高岭石 Bentonite-Montm-orillonite，丙酸 Ammonium propionate 卵磷脂 Lecithin 海泡石 Sepiolite	毒去完 Toxiban	饲料添加剂 Feed Additive	养殖动物 All species or categories of animals	西班牙宜可富化学及药品开发有限公司 Investigaciones Quimicas Y Farmaceuticas，S. A.，Spain	2012.07—2017.07	续展

进口饲料和饲料添加剂产品登记证目录（2012—10）

登记证号	通用名称	商品名称	产品类别	使用范围	生产厂家	有效期限	备注
（2012）外饲准字 282 号	甲酸、甲酸铵、丙酸、丙酸铵 Formic Acid，Ammonium Formate，Propionic Acid，Ammonium Propionate	露保美 NC Lupro-Mix® NC	饲料酸化剂 Feed Acidifier	猪 Swine 鸡 Chicken	巴斯夫欧洲公司 BASF SE，Germany	2012.08—2017.08	
（2012）外饲准字 283 号	水合硅铝酸钠钙 Hydrated Sodium Calcium Aluminosilicate	益饲宝 Myxin-Bond	饲料抗结块剂 Feed Anticaking Agent	猪、家禽、牛、鱼、狗 Swine，Poultry，Cattle，Fish，Dog	美国国际生物营养公司 Bio-Nutrition International，Inc，USA	2012.08—2017.08	
（2012）外饲准字 284 号	蛋白酶 （源自枯草芽孢杆菌） Protease（By *Bacillus subtilis*）	昕酶宝 XinMeiBao	饲料级酶制剂 Enzyme Feed Grade	家禽 Poultry 猪 Swine 水产动物 Aquaculture 反刍动物 Ruminant	韩国英赛得科技有限公司 Insect Biotech Co.，Ltd，Korea	2012.08—2017.08	

（续）

登记证号	通用名称	商品名称	产品类别	使用范围	生产厂家	有效期限	备注
（2012）外饲准字 285 号	酵母提取物 Yeast Extract 酵母培养物 Yeast Culture	益宁易 NC Celmanax NC	饲料添加剂 Feed Additive	畜禽和水产动物 Poultry，Livestock，Aquaculture	美国伟克公司 Varied Industries Corporation，USA	2012.08—2017.08	
（2012）外饲准字 286 号	乳酸片球菌 *Pediococcus acidilactici* 枯草芽孢杆菌 *Bacillus subtilis*	依润-300 PLA	微生物饲料添加剂 Microbial Feed Additive	畜禽 Livestock and Poultry	韩国 Biotopia 株式会社 Korea Biotopia Co.，Ltd.，Korea	2012.08—2017.08	
（2012）外饲准字 287 号	乳酸片球菌 *Pediococcus acidilactici* 酿酒酵母 *Saccharomyces cerevisiae*	依润-100 TAM-100	微生物饲料添加剂 Microbial Feed Additive	反刍动物 Ruminant	韩国 Biotopia 株式会社 Korea Biotopia Co.，Ltd.，Korea	2012.08—2017.08	
（2012）外饲准字 288 号	枯草芽孢杆菌 *Bacillus subtilis*	爱肠生 Ai Chang Sheng	微生物饲料添加剂 Microbial Feed Additive	猪 Swine 牛 Cattle 家禽 Poultry	韩国 Uni Biotech 株式会社 Uni Biotech Co.，Ltd.，Korea	2012.08—2017.08	
（2012）外饲准字 289 号	乳酸片球菌 *Pediococcus acidilactice*	宇进 V6 V6	微生物饲料添加剂 Microbial Feed Additive	母猪 Sow 乳猪 Piglet	韩国 Woogene 株式会社 Woogene B&G Co.，Ltd，Korea	2012.08—2017.08	
（2012）外饲准字 290 号	枯草芽孢杆菌 *Bacillus subtilis*	班克-A 鱼虾素 Aqua-photo	微生物饲料添加剂 Microbial Feed Additive	水产动物 Aquaculture	韩国 Woogene 株式会社 Woogene B&G Co.，Ltd，Korea	2012.08—2017.08	
（2012）外饲准字 291 号	棕榈油脂肪粉 Palm Fatty Powder	乳美肥 Rumifat R100	能量饲料 Energy Feed	乳牛 Cow	马来西亚 Ecolex SDN. BHD. 公司 Ecolex SDN. BHD.，Malaysia	2012.08—2017.08	
（2012）外饲准字 292 号	反刍动物用棕榈脂肪粉 By-pass Fat Powder	帕美克乳牛棕榈脂肪粉 Palmac80-16	能量饲料 Energy Feed	乳牛 Cow	马来西亚泛世纪油脂化学有限公司 Pan Century Oleochemicals SDN BHD，Malaysia	2012.08—2017.08	

（续）

登记证号	通用名称	商品名称	产品类别	使用范围	生产厂家	有效期限	备注
（2012）外饲准字 293 号	含可溶物干玉米酒糟 DDGS	爱国者 DDGS Patriot DDGS	蛋白质饲料 Protein Feed	畜禽 Livestock and Poultry	美国爱国者可再生燃料有限公司 Patriot Renewable Fuels，LLC.，USA	2012.08—2017.08	
（2012）外饲准字 294 号	鳗鱼饲料 Feed for Glass Eel	细鳗鲡饲料 Feed for Glass Eel	配合饲料 Compound Feed	鳗鱼 Glass Eel	韩国日东产业 Ildong Industry Co.，Korea	2012.08—2017.08	
（2012）外饲准字 295 号	实验鼠用饲料 Laboratory Rodent Diet MF-18	美福－18 MF－18	配合饲料 Compound Feed	实验鼠 Laboratory Rodent	日本东方酵母工业株式会社 Oriental Yeast Co.，Ltd.，Japan	2012.08—2017.08	
（2012）外饲准字 296 号	狗干粮 Dog Dry Food	美迈 18%成年犬干粮 Tommy 18%	配合饲料 Compound Feed	狗 Dog	巴西宠物食品有限公司 Brazilian Pet Foods LTDA，Brazil	2012.08—2017.08	
（2012）外饲准字 297 号	猫干粮 Cat Dry Food	美迈猫粮 Tommy Cats	配合饲料 Compound Feed	猫 Cat	巴西宠物食品有限公司 Brazilian Pet Foods LTDA，Brazil	2012.08—2017.08	
（2012）外饲准字 298 号	狗干粮 Dog Dry Food	福露天然成犬干粮 Floop Adulto Original 18%	配合饲料 Compound Feed	狗 Dog	巴西宠物食品有限公司 Brazilian Pet Foods LTDA，Brazil	2012.08—2017.08	
（2012）外饲准字 299 号	狗干粮 Dog Dry Food	优及幼犬粮 Huggy Small and Medium Breeds Puppy	配合饲料 Compound Feed	狗 Dog	巴西宠物食品有限公司 Brazilian Pet Foods LTDA，Brazil	2012.08—2017.08	
（2012）外饲准字 300 号	狗干粮 Dog Dry Food	优及成犬粮 Huggy Small and Medium Breeds Adult	配合饲料 Compound Feed	狗 Dog	巴西宠物食品有限公司 Brazilian Pet Foods LTDA，Brazil	2012.08—2017.08	
（2012）外饲准字 301 号	猫干粮 Cat Dry Food	优及猫粮 Huggy Cats	配合饲料 Compound Feed	猫 Cat	巴西宠物食品有限公司 Brazilian Pet Foods LTDA，Brazil	2012.08—2017.08	

（续）

登记证号	通用名称	商品名称	产品类别	使用范围	生产厂家	有效期限	备注
（2012）外饲准字 302 号	狗干粮 Dog Dry Food	中型犬老年犬粮 （适合 10 岁以上） Size Health Nutrition Medium Adult 10＋	配合饲料 Compound Feed	狗 Dog	法国皇家宠物食品有限公司 Royal Canin S. A. S.，France	2012. 08—2017. 08	
（2012）外饲准字 303 号	狗干粮 Dog Dry Food	中型犬老年犬粮 （适合 7 岁以上） Size Health Nutrition Medium Adult 7＋	配合饲料 Compound Feed	狗 Dog	法国皇家宠物食品有限公司 Royal Canin S. A. S.，France	2012. 08—2017. 08	
（2012）外饲准字 304 号	狗干粮 Dog Dry Food	大型犬老年犬粮 （适合 8 岁以上） Size Health Nutrition Maxi Ageing 8＋	配合饲料 Compound Feed	狗 Dog	法国皇家宠物食品有限公司 Royal Canin S. A. S.，France	2012. 08—2017. 08	
（2012）外饲准字 305 号	狗干粮 Dog Dry Food	大型犬老年犬粮 （适合 5 岁以上） Size Health Nutrition Maxi Adult 5＋	配合饲料 Compound Feed	狗 Dog	法国皇家宠物食品有限公司 Royal Canin S. A. S.，France	2012. 08—2017. 08	
（2012）外饲准字 306 号	喷雾干燥鸡蛋粉 Spray Dried Egg Powder	老哈默牌乳畜宝 Wise Harmon Baby Animal Love	蛋白质饲料 Protein Feed	幼小养殖动物 Yong Animals	美国 Rose Acre Farm Inc. 公司 Rose Acre Farm Inc.，USA	2012. 08—2017. 08	
（2012）外饲准字 307 号	牛肉骨粉 Bovine Meat and Bone Meal	牛肉骨粉（饲料级） Bovine Meat and Bone Meal (Feed Grade)	蛋白质饲料 Protein Feed	猪 Swine 家禽 Poultry 鱼 Fish	澳大利亚 JBS Australia Pty 有限公司（Purrawunda 工厂） JBS Australia Pty，Purrawunda Plant，Australia	2012. 08—2017. 08	
（2012）外饲准字 308 号	红鱼粉 Red Fishmeal	秘鲁红鱼粉（三级） Peruvian Red Fishmeal	蛋白质饲料 Protein Feed	畜禽、水产动物 Livestock and Poultry，Aquaculture	秘鲁 Procesadora de Productos Marinos S. A. 公司 ILO 工厂 Procesadora de Productos Marinos S. A.，Plant ILO，Peru	2012. 08—2017. 08	

（续）

登记证号	通用名称	商品名称	产品类别	使用范围	生产厂家	有效期限	备注
（2012）外饲准字 309 号	红鱼粉 Red Fishmeal	海鱼素牌红鱼粉（三级） OFE Red Fishmeal（Ⅲ）	蛋白质饲料 Protein Feed	畜禽、水产动物 Livestock and Poultry, Aquaculture	美国华达生化科技有限公司 Vitech Bio-Chem Corporation, USA	2012. 08—2017. 08	
（2012）外饲准字 310 号	红鱼粉 Red Fishmeal	红鱼粉（二级） Red Fishmeal（Ⅱ）	蛋白质饲料 Protein Feed	畜禽、水产动物 Livestock and Poultry, Aquaculture	摩洛哥 Sepomer Sahara 有限公司 Sepomer Sahara S. A. , Morocca	2012. 08—2017. 08	
（2012）外饲准字 311 号	红鱼粉 Red Fishmeal	红鱼粉（二级） Red Fishmeal（Ⅱ）	蛋白质饲料 Protein Feed	畜禽、水产动物 Livestock and Poultry, Aquaculture	摩洛哥 Sovapec 有限公司 Sovapec S. A. R. L. , Morocca	2012. 08—2017. 08	
（2012）外饲准字 312 号	白鱼粉 White Fishmeal	白鱼粉（一级） White Fishmeal（Ⅰ）	蛋白质饲料 Protein Feed	畜禽、水产动物 Livestock and Poultry, Aquaculture	新西兰 Sanford 有限公司（海上生产，工船编号：PH464） Sanford Limited, New Zealand (Product on Vessel, No. PH464)	2012. 08—2017. 08	
（2012）外饲准字 313 号	白鱼粉 White Fishmeal	白鱼粉（一级） White Fishmeal（Ⅰ）	蛋白质饲料 Protein Feed	畜禽、水产动物 Livestock and Poultry, Aquaculture	新西兰 Sanford 有限公司（海上生产，工船编号：PH512） Sanford Limited, New Zealand (Product on Vessel, No. PH512)	2012. 08—2017. 08	
（2012）外饲准字 314 号	白鱼粉 White Fishmeal	白鱼粉（一级） White Fishmeal（Ⅰ）	蛋白质饲料 Protein Feed	畜禽、水产动物 Livestock and Poultry, Aquaculture	俄罗斯 BMTR 公司（海上生产，“布赫塔·普列奥布拉热尼”工船，编号：CH-63G） BMTR, Buhta Preobrazheniya, CH-63G	2012. 08—2017. 08	
（2012）外饲准字 315 号	白鱼粉 White Fishmeal	白鱼粉（一级） White Fishmeal（Ⅰ）	蛋白质饲料 Protein Feed	畜禽、水产动物 Livestock and Poultry, Aquaculture	俄罗斯 RKTS 公司（海上生产，“杰米鸠科船长”工船，编号：CH-219） BMTR, Capitan Demidyuk, CH-219	2012. 08—2017. 08	

（续）

登记证号	通用名称	商品名称	产品类别	使用范围	生产厂家	有效期限	备注
（2012）外饲准字316号	白鱼粉 White Fishmeal	白鱼粉（一级） White Fishmeal（Ⅰ）	蛋白质饲料 Protein Feed	畜禽、水产动物 Livestock and Poultry，Aquaculture	俄罗斯RKTS公司（海上生产，“克列斯尼科夫船长”工船，编号：CH-220） BMTR，Kapitan Kolesnikov，CH-220	2012.08—2017.08	
（2012）外饲准字317号	白鱼粉 White Fishmeal	白鱼粉（一级） White Fishmeal（Ⅰ）	蛋白质饲料 Protein Feed	畜禽、水产动物 Livestock and Poultry，Aquaculture	俄罗斯BMTR公司（海上生产，“科卡恩德”工船，编号：CH-094） BMTR，Kokand，CH-094	2012.08—2017.08	
（2012）外饲准字318号	白鱼粉 White Fishmeal	阿根廷白鱼粉（一级） Argentina White Fishmeal（Ⅰ）	蛋白质饲料 Protein Feed	畜禽、水产动物 Livestock and Poultry，Aquaculture	阿根廷Marplatense工业合作有限公司Nr-4044工厂 Cooperativa Marplatense de Pesca e Industrializacion Limitada，Plant Nr-4044，Argentine	2012.08—2017.08	续展

进口饲料和饲料添加剂产品登记证目录（2012—11）

登记证号	通用名称	商品名称	产品类别	使用范围	生产厂家	有效期限	备注
（2012）外饲准字319号	丙酸 Propinonic Acid	霉敌霸® Aw液剂 Myco CURB™ Aw Liquid	饲料防霉剂 Feed Mould Inhibitor	养殖动物 All species or categories of animals	建明工业（亚洲）私人有限公司 Kemin Industries（Asia）Pte Ltd，Singapore	2012.09—2017.09	
（2012）外饲准字320号	硫酸钾和硫酸镁 Potassium Sulfate and Magnesium Sulfate	速畅 SOW-GRO	矿物质饲料添加剂 Mineral Feed Additive	猪、牛和家禽 Swine，Cattle and Poultry	美国国际矿物质公司 International Mineral Sales LLC，USA	2012.09—2017.09	
（2012）外饲准字321号	磷酸氢钙 Monocalcium Phosphate	百福® BIOFOS®	矿物质饲料添加剂 Mineral Feed Additive	猪、家禽和水产动物 Swine Aquaculture and Poultry	美盛作物营养有限公司美盛饲料添加剂部 Mosaic Feed Ingredients，a Division of Mosaic Corp Nutrition，LLC	2012.09—2017.09	

（续）

登记证号	通用名称	商品名称	产品类别	使用范围	生产厂家	有效期限	备注
（2012）外饲准字 322 号	酿酒酵母 *Saccharomyces cerevisiae*	瘤胃康-铁达 10 号 Levucell SC 10ME Titan	微生物饲料添加剂 Microbial Feed Additive	牛、羊和马 Cattle, Sheep and Horse	F. X. Wieninger 有限责任公司 F. X. Wieninger GmbH, Germany	2012.09—2017.09	
（2012）外饲准字 323 号	酿酒酵母 *Saccharomyces cerevisiae*	布拉迪-铁达 10 号 Levucell SB 10ME Titan	微生物饲料添加剂 Microbial Feed Additive	母猪和仔猪 Sow and Piglet	F. X. Wieninger 有限责任公司 F. X. Wieninger GmbH, Germany	2012.09—2017.09	
（2012）外饲准字 324 号	希腊牛至油粉 Greek Essential Origanum Oil Powder	保比粉 5% Ecodiar Powder 5%	饲料香味剂 Feed Flavouring Enhancement	猪、牛和家禽 Swine, Cattle and Poultry	希腊-依可发公司 Ecopharm Hellas S. A., Greece	2012.09—2017.09	
（2012）外饲准字 325 号	希腊牛至油液 Greek Essential Origanum Oil	保比液 5% Ecodiar Liquid 5%	饲料香味剂 Feed Flavouring Enhancement	猪、牛和家禽 Swine, Cattle and Poultry	希腊-依可发公司 Ecopharm Hellas S. A., Greece	2012.09—2017.09	
（2012）外饲准字 326 号	DL-蛋氨酸 DL-Methionine	罗迪美® NP99 Rhodimet® NP99	饲料级氨基酸 Amino Acid Feed Additive	养殖动物 All species or categories of animals	安迪苏法国公司 ROR 工厂 Adisseo France S. A. S., Plant ROR, France	2012.09—2017.09	
（2012）外饲准字 327 号	维生素 A 醋酸酯 Vitamin A Acetate	麦可维® A 水分散型 500 Microvi® A Prosol 500	饲料级维生素 Vitamin Feed Grade	养殖动物 All species or categories of animals	安迪苏法国公司 Adisseo France S. A. S., France	2012.09—2017.09	
（2012）外饲准字 328 号	维生素 A 醋酸酯 Vitamin A Acetate	麦可维® A 超性能 1000 Microvi® A Supra 1000	饲料级维生素 Vitamin Feed Grade	养殖动物 All species or categories of animals	安迪苏法国公司 Adisseo France S. A. S., France	2012.09—2017.09	
（2012）外饲准字 329 号	红鱼粉 Red Fishmeal	红鱼粉（二级） Red Fishmeal（Ⅱ）	蛋白质饲料 Protein Feed	畜禽、水产动物 Livestock and Poultry, Aquaculture	厄瓜多尔 Productos Pesqueros S. A. 公司 Productos Pesqueros S. A., Ecuador	2012.09—2017.09	

（续）

登记证号	通用名称	商品名称	产品类别	使用范围	生产厂家	有效期限	备注
（2012）外饲准字330号	家禽肝脏和磷酸 Poultry Liver and Phosphoric Acid	迪巴高级狗粮口味增强剂 D® Tech 10L Poultry	饲料添加剂 Feed Additive	犬 Dog	巴西SPF工业贸易有限公司 SPF do Brasil Industria e Comercio., Limitada, Brazil	2012.09—2017.09	
（2012）外饲准字331号	家禽肝脏和磷酸 Poultry Liver and Phosphoric Acid	快巴高级液体狗粮口味增强剂 K_3	饲料添加剂 Feed Additive	犬 Dog	巴西SPF工业贸易有限公司 SPF do Brasil Industria e Comercio., Limitada, Brazil	2012.09—2017.09	
（2012）外饲准字332号	家禽肝脏和磷酸 Poultry Liver and Phosphoric Acid	纳福高级干猫粮口味增强剂 NACPF2N	饲料添加剂 Feed Additive	猫 Cat	巴西SPF工业贸易有限公司 SPF do Brasil Industria e Comercio., Limitada, Brazil	2012.09—2017.09	
（2012）外饲准字333号	金枪鱼加工副产品和磷酸 Tuna By-products and Phosphoric Acid	森泰高级液体猫粮口味增强剂 C® Sens 9L Marine	饲料添加剂 Feed Additive	猫 Cat	SPF Diana（泰国）有限公司 SPF Diana (Thailand) Co., Ltd., Brazil	2012.09—2017.09	
（2012）外饲准字334号	家禽肝脏，金枪鱼加工副产品和磷酸 Poultry Liver, Tuna By-products and Phosphoric Acid	迪泰高级液体狗粮口味增强剂 D® Tech 8L	饲料添加剂 Feed Additive	犬 Dog	SPF Diana（泰国）有限公司 SPF Diana (Thailand) Co., Ltd., Brazil	2012.09—2017.09	
（2012）外饲准字335号	犬干粮 Dog Dry Food	优卡大型犬体重控制犬粮 Eukanuba Weight Control Large Breed	配合饲料 Compound Feed	犬 Dog	宝洁阿根廷有限公司 Procter & Gamble Argentina S. R. L., Argentina	2012.09—2017.09	
（2012）外饲准字336号	犬干粮 Dog Dry Food	优卡约克夏梗犬专用犬粮 Eukanuba Yorkshire Terrier	配合饲料 Compound Feed	犬 Dog	宝洁阿根廷有限公司 Procter & Gamble Argentina S. R. L., Argentina	2012.09—2017.09	

（续）

登记证号	通用名称	商品名称	产品类别	使用范围	生产厂家	有效期限	备注
（2012）外饲准字337号	犬干粮 Dog Dry Food	优卡大型犬高龄犬犬粮 Eukanuba Senior Larger Breed	配合饲料 Compound Feed	犬 Dog	宝洁阿根廷有限公司 Procter & Gamble Argentina S. R. L.，Argentina	2012.09—2017.09	
（2012）外饲准字338号	犬干粮 Dog Dry Food	优卡大型犬成犬犬粮 Eukanuba Adult Larger Breed	配合饲料 Compound Feed	犬 Dog	宝洁阿根廷有限公司 Procter & Gamble Argentina S. R. L.，Argentina	2012.09—2017.09	
（2012）外饲准字339号	犬干粮 Dry Dog Food	沛力 优美均衡幼犬食品 Briskii Essential Junior	配合饲料 Compound Feed	犬 Dog	巴西爱味阿利斯动物营养股份有限公司 Evialis do Brasil Nutricao Animal Ltda，Brazil	2012.09—2017.09	
（2012）外饲准字340号	犬干粮 Dry Dog Food	沛力 优聪均衡幼犬食品（小型犬） Briskii Junior Small Breed	配合饲料 Compound Feed	犬 Dog	巴西爱味阿利斯动物营养股份有限公司 Evialis do Brasil Nutricao Animal Ltda，Brazil	2012.09—2017.09	
（2012）外饲准字341号	犬干粮 Dry Dog Food	沛力 优聪均衡成犬食品（小型犬） Briskii Adult Small Breed	配合饲料 Compound Feed	犬 Dog	巴西爱味阿利斯动物营养股份有限公司 Evialis do Brasil Nutricao Animal Ltda，Brazil	2012.09—2017.09	
（2012）外饲准字342号	犬干粮 Dry Dog Food	沛力 优美均衡成犬食品 Briskii Essential Adult	配合饲料 Compound Feed	犬 Dog	巴西爱味阿利斯动物营养股份有限公司 Evialis do Brasil Nutricao Animal Ltda，Brazil	2012.09—2017.09	
（2012）外饲准字343号	犬干粮 Dry Dog Food	骏奇 均衡幼犬食品（通用型） Zoukii Puppy	配合饲料 Compound Feed	犬 Dog	巴西爱味阿利斯动物营养股份有限公司 Evialis do Brasil Nutricao Animal Ltda，Brazil	2012.09—2017.09	

（续）

登记证号	通用名称	商品名称	产品类别	使用范围	生产厂家	有效期限	备注
（2012）外饲准字344号	犬干粮 Dry Dog Food	骏奇 均衡成犬食品（通用型） Zoukii Adult	配合饲料 Compound Feed	犬 Dog	巴西爱味阿利斯动物营养股份有限公司 Evialis do Brasil Nutricao Animal Ltda，Brazil	2012.09—2017.09	
（2012）外饲准字345号	红鱼粉 Red Fishmeal	红鱼粉（特级） Red Fishmeal (Super)	蛋白质饲料 Protein Feed	畜禽、水产动物 Livestock and Poultry，Aquaculture	智利LOTA蛋白质有限公司 LOTA Protein S. A.，Chile	2012.09—2017.09	续展
（2012）外饲准字346号	维生素和电解质 Vitamins and Electrolyte	美迪施 Medistress	添加剂预混料 Additive Premix	家禽 Poultry	印度尼西亚美迪安有限公司 PT. Medion，Indonesia	2012.09—2017.09	续展
（2012）外饲准字347号	蛋氨酸羟基类似物 Hydroxy Analogue of Methionine	罗迪美® AT88 Rhodimet® AT88	饲料级氨基酸 Amino Acid Feed Additive	养殖动物 All species or categories of animals	安迪苏西班牙公司 Adisseo Espana S. A.，Spain	2012.09—2017.09	续展
（2012）外饲准字348号	DL-蛋氨酸 DL-Methionine	罗迪美® NP99 Rhodimet® NP99	饲料级氨基酸 Amino Acid Feed Additive	养殖动物 All species or categories of animals	安迪苏法国公司Commentry工厂 Adisseo France S. A. S.，Plant Commentry，France	2012.09—2017.09	续展

进口饲料和饲料添加剂产品登记证目录（2012—12）

登记证号	通用名称	商品名称	产品类别	使用范围	生产厂家	有效期限	备注
（2012）外饲准字349号	氨基酸铁络合物 Iron Amino Acid Complex	氨维乐-铁 150 Availa-Fe 150	矿物质饲料添加剂 Mineral Feed Additive	猪、家禽、牛羊、马 Swine，Poultry，Cattle，Sheep，Horse	美国金宝动物营养国际有限公司 Zinpro Animal Nutrition Internation Inc.，USA	2012.10—2017.10	

（续）

登记证号	通用名称	商品名称	产品类别	使用范围	生产厂家	有效期限	备注
（2012）外饲准字 350 号	氨基酸锌络合物 ZincAmino Acid Complex	氨维乐-锌 170 Availa-Zn 170	矿物质饲料添加剂 Mineral Feed Additive	猪、家禽、牛羊、马 Swine，Poultry，Cattle，Sheep，Horse	美国金宝动物营养国际有限公司 Zinpro Animal Nutrition Internation Inc.，USA	2012. 10—2017. 10	
（2012）外饲准字 351 号	烟酰胺 Niacinamide	饲料级烟酰胺 Feed Grade Niacinamide	饲料级维生素 Vitamin Feed Grade	养殖动物 All species or categories of animals	吉友联有机合成化学有限公司 Jubilant Life Sciences Limited，India	2012. 10—2017. 10	
（2012）外饲准字 352 号	β-葡聚糖酶 β-Glucanase（by *Trichoderma longibrachiatum*）	好特美 Suis 2000 Hostazym Suis 2000	饲料级酶制剂 Enzymes Feed Grade	猪 Pig	保加利亚标伟特股份有限公司 Biovet Joint Stock Company，Bulgaria	2012. 10—2017. 10	
（2012）外饲准字 353 号	d-柠檬烯和香芹酚 D-Limonene，Carvacrol	奥利欧（反刍专用）常规型 LX 185 P4 Oleobiotec® Ruminant LX 185 P4	饲料香味剂 Feed Flavouring Enhancement	反刍动物 Ruminant	法国馥蒂公司 Laboratoires Phode S. A. S.，France	2012. 10—2017. 10	
（2012）外饲准字 354 号	d-柠檬烯，大茴香脑和香芹酚 D-Limonene，Trans-anethole Carvacrol	奥利欧（反刍专用）ns LX 185 P12 Oleobiotec® Ruminant ns LX 185 P12	饲料香味剂 Feed Flavouring Enhancement	反刍动物 Ruminant	法国馥蒂公司 Laboratoires Phode S. A. S.，France	2012. 10—2017. 10	
（2012）外饲准字 355 号	丁香酚、乙酸香叶酯和芫荽籽油 Eugnol，Geranyl acetate and Coriander Oil	亚各灵（反刍） Agolin Ruminant	饲料香味剂 Feed Flavouring Enhancement	牛 Cattle	瑞士 Agolin 股份有限公司 Agolin SA，Switzerland	2012. 10—2017. 10	
（2012）外饲准字 356 号	丁香酚、橙花叔醇和丁香花蕾油 Eugenol，Nerolidol and Clove Oil	亚各灵（家禽） Agolin Poultry	饲料香味剂 Feed Flavouring Enhancement	家禽 Poultry	瑞士 Agolin 股份有限公司 Agolin SA，Switzerland	2012. 10—2017. 10	

（续）

登记证号	通用名称	商品名称	产品类别	使用范围	生产厂家	有效期限	备注
(2012) 外饲准字 357 号	丁香醇、百里香酚和香柠檬油 Geraniol, Thymol and Barganot Oil	亚各灵（猪） Agolin Pig	饲料香味剂 Feed Flavouring Enhancement	猪 Swine	瑞士 Agolin 股份有限公司 Agolin SA, Switzerland	2012.10—2017.10	
(2012) 外饲准字 358 号	灭活干酵母 Inacitivated Dry Yeast	百泰达 Biotide	饲料添加剂 Feed Additive	养殖动物 All species or categories of animals	巴西库塔糖业公司（Quata 工厂） Acucareira Quata S. A. plant Quata, Brazil	2012.10—2017.10	
(2012) 外饲准字 359 号	灭活干酵母 Inacitivated Dry Yeast	百泰达 Biotide	饲料添加剂 Feed Additive	养殖动物 All species or categories of animals	巴西库塔糖业公司（Macatuba 工厂） Acucareira Quata S. A. Plant Macatuba, Brazil	2012.10—2017.10	
(2012) 外饲准字 360 号	灭活干酵母 Inacitivated Dry Yeast	优科酵母 Nutricell Yeast	饲料添加剂 Feed Additive	养殖动物 All species or categories of animals	巴西库塔糖业公司（Quata 工厂） Acucareira Quata S. A. Plant Quata, Brazil	2012.10—2017.10	
(2012) 外饲准字 361 号	灭活干酵母 Inacitivated Dry Yeast	优科酵母 Nutricell Yeast	饲料添加剂 Feed Additive	养殖动物 All species or categories of animals	巴西库塔糖业公司（Macatuba 工厂） Acucareira Quata S. A. Plant Macatuba, Brazil	2012.10—2017.10	
(2012) 外饲准字 362 号	灭活干酵母（自溶） Inacitivated Dry Yeast (Autolysis)	恒赛尔 Hicell	饲料添加剂 Feed Additive	养殖动物 All species or categories of animals	巴西库塔糖业公司（Quata 工厂） Acucareira Quata S. A. Plant Quata, Brazil	2012.10—2017.10	
(2012) 外饲准字 363 号	灭活干酵母（自溶） Inacitivated Dry Yeast (Autolysis)	恒赛尔 Hicell	饲料添加剂 Feed Additive	养殖动物 All species or categories of animals	巴西库塔糖业公司（Macatuba 工厂） Acucareira Quata S. A. Plant Macatuba, Brazil	2012.10—2017.10	

（续）

登记证号	通用名称	商品名称	产品类别	使用范围	生产厂家	有效期限	备注
（2012）外饲准字364号	焦磷酸钠，氨基酸，葡萄糖和乳糖 Sodium Pyrophosphate, Amino Acid, Dextrose, Lactose	森巴高级湿猫粮口味增强剂 C'SENS W9P	饲料添加剂 Feed Additive	猫 Cat	巴西SPF工业贸易有限公司 SPF do Brasil Industria E Comercio, Limitada	2012.10—2017.10	
（2012）外饲准字365号	浓缩糖蜜发酵物 Condensed Molasses Fermentation Solubles	味丹蜜 Vedafeed	精料补充料 Concentrate Supplement	乳牛、肉牛 Milk Cow and Beef Cow	味丹（越南）企业股份有限公司 Vedan（Vietnam）Enterprise Corporation Limited	2012.10—2017.10	
（2012）外饲准字366号	多种维生素、氨基酸和矿物质 Multi-Vitamin, Amino Acid and Minerals	爱米特 Amivit	添加剂预混合饲料 Additive Premix	家禽和猪 Poultry and Swine	德国麦尔威股份有限公司 Miavit GmbH, Germany	2012.10—2017.10	
（2012）外饲准字367号	多种矿物质和磷酸 Multi-Minerals and Phosphoris Acid	麦尔磷 Miaphos	添加剂预混合饲料 Additive Premix	家禽 Poultry	德国麦尔威股份有限公司 Miavit GmbH, Germany	2012.10—2017.10	
（2012）外饲准字368号	乳清粉、小麦蛋白和精炼植物油 Whey Powder, Wheat Protein and Refined Palm Oil	优乳21 Serolat P 21	能量饲料 Energy Feed	仔猪 Piglet	荷兰纽维德公司 Nutrifeed, the Netherlands	2012.10—2017.10	
（2012）外饲准字369号	肉骨粉 Meat and Bone Meal	PVL肉骨粉 PVL Meat and Bone Meal	蛋白质饲料 Protein Feed	反刍动物 Ruminant	新西兰PVL蛋白有限公司 PVL Protein Limited, New Zealand	2012.10—2017.10	
（2012）外饲准字370号	马饲料 Horse Feed	速易三号系列 EasiFeed Three	配合饲料 Compound Feed	马 Horse	普莱德斯速易饲料有限公司 Pryde's Easifeed Pty Ltd, Australia	2012.10—2017.10	
（2012）外饲准字371号	马饲料 Horse Feed	生物母马饲料 BioMare Cubes	配合饲料 Compound Feed	马 Horse	普莱德斯速易饲料有限公司 Pryde's Easifeed Pty Ltd, Australia	2012.10—2017.10	

（续）

登记证号	通用名称	商品名称	产品类别	使用范围	生产厂家	有效期限	备注
（2012）外饲准字 372 号	马饲料 Horse Feed	速易策骑系列 EasiRide	配合饲料 Compound Feed	马 Horse	普莱德斯速易饲料有限公司 Pryde's Easifeed Pty Ltd，Australia	2012.10—2017.10	
（2012）外饲准字 373 号	马饲料 Horse Feed	速易 300 系列 EasiFeed 300 Pellet	配合饲料 Compound Feed	马 Horse	普莱德斯速易饲料有限公司 Pryde's Easifeed Pty Ltd，Australia	2012.10—2017.10	
（2012）外饲准字 374 号	马饲料 Horse Feed	速易高纤维补充系列 EasiFibre	配合饲料 Compound Feed	马 Horse	普莱德斯速易饲料有限公司 Pryde's Easifeed Pty Ltd，Australia	2012.10—2017.10	
（2012）外饲准字 375 号	马饲料 Horse Feed	速易运动系列 EasiSport	配合饲料 Compound Feed	马 Horse	普莱德斯速易饲料有限公司 Pryde's Easifeed Pty Ltd，Australia	2012.10—2017.10	
（2012）外饲准字 376 号	马饲料 Horse Feed	速易成效系列 EasiResult	配合饲料 Compound Feed	马 Horse	普莱德斯速易饲料有限公司 Pryde's Easifeed Pty Ltd，Australia	2012.10—2017.10	
（2012）外饲准字 377 号	马饲料 Horse Feed	速易精甜系列 EasiPrep Concentrate	配合饲料 Compound Feed	马 Horse	普莱德斯速易饲料有限公司 Pryde's Easifeed Pty Ltd，Australia	2012.10—2017.10	
（2012）外饲准字 378 号	鱼饲料 Fish Feed	爱乐铜牌 Aller Bronze	配合饲料 Compound Feed	鱼 Fish	丹麦爱乐水产有限公司 Aller Aqua A/S，Denmark	2012.10—2017.10	
（2012）外饲准字 379 号	鱼饲料 Fish Feed	爱乐银牌 Aller Silver	配合饲料 Compound Feed	鱼 Fish	丹麦爱乐水产有限公司 Aller Aqua A/S，Denmark	2012.10—2017.10	
（2012）外饲准字 380 号	鱼饲料 Fish Feed	口关锦鲤饲料色扬用 Hikari Saki-Hikari Color Enhancing	配合饲料 Compound Feed	鱼 Fish	共磷食品工业株式会社—福崎工厂 Kyorin Food Ind. Ltd.，Japan-Fukusaki Factory	2012.10—2017.10	
（2012）外饲准字 381 号	鱼饲料 Fish Feed	口关锦鲤饲料朱雀 Hikari Saki-Hikari Deep Red	配合饲料 Compound Feed	鱼 Fish	共磷食品工业株式会社—福崎工厂 Kyorin Food Ind. Ltd.，Japan-Fukusaki Factory	2012.10—2017.10	

（续）

登记证号	通用名称	商品名称	产品类别	使用范围	生产厂家	有效期限	备注
（2012）外饲准字 382 号	鱼饲料 Fish Feed	口关锦鲤饲料白虎 Hikari Saki-Hikari Pure White	配合饲料 Compound Feed	鱼 Fish	共磷食品工业株式会社—福崎工厂 Kyorin Food Ind. Ltd., Japan-Fukusaki Factory	2012.10—2017.10	
（2012）外饲准字 383 号	鱼饲料 Fish Feed	口关锦鲤饲料增体用 Hikari Saki-Hikari Growth	配合饲料 Compound Feed	鱼 Fish	共磷食品工业株式会社—福崎工厂 Kyorin Food Ind. Ltd., Japan-Fukusaki Factory	2012.10—2017.10	
（2012）外饲准字 384 号	鱼饲料 Fish Feed	口关锦鲤饲料低水温用 Hikari Saki-Hikari Multi Season	配合饲料 Compound Feed	鱼 Fish	共磷食品工业株式会社—福崎工厂 Kyorin Food Ind. Ltd., Japan - Fukusaki Factory	2012.10—2017.10	
（2012）外饲准字 385 号	鱼饲料 Fish Feed	口关锦鲤饲料育成用 Hikari Saki-Hikari Balance	配合饲料 Compound Feed	鱼 Fish	共磷食品工业株式会社—福崎工厂 Kyorin Food Ind. Ltd., Japan - Fukusaki Factory	2012.10—2017.10	
（2012）外饲准字 386 号	白鱼粉 White Fishmeal	白鱼粉（一级） White Fishmeal（Ⅰ）	蛋白质饲料 Protein Feed	畜禽、水产动物 Livestock and Poultry, Aquaculture	俄罗斯《Okeanrybflot》Ojsc 公司（海上生产，工船名称 F/V "Irtyshsk"，编号 CH-77G） 《Okeanrybflot》Ojsc, F/V "Irtyshsk" CH-77G	2012.10—2017.10	
（2012）外饲准字 387 号	红鱼粉 Red Fishmeal	红鱼粉（一级） Red Fishmeal（Ⅰ）	蛋白质饲料 Protein Feed	畜禽、水产动物 Livestock and Poultry, Aquaculture	中国水产总公司（自捕生产） China National Fisheries Corp	2012.10—2017.10	
（2012）外饲准字 388 号	白鱼粉 White Fishmeal	Lucky 88 牌 白鱼粉（三级） White Fishmeal（Ⅲ）	蛋白质饲料 Protein Feed	畜禽、水产动物 Livestock and Poultry, Aquaculture	新西兰 Sealord 集团有限公司（海上生产，工船编号 L62858） Sealord Group Limited, New Zealand（Product in the Vessel, No. L62858）	2012.10—2017.10	

（续）

登记证号	通用名称	商品名称	产品类别	使用范围	生产厂家	有效期限	备注
（2012）外饲准字389号	白鱼粉 White Fishmeal	Lucky 88 牌 白鱼粉（三级） White Fishmeal（Ⅲ）	蛋白质饲料 Protein Feed	畜禽、水产动物 Livestock and Poultry, Aquaculture	新西兰 Sealord 集团有限公司（海上生产，工船编号 PD429） Sealord Group Limited, New Zealand（Product in the Vessel, No. PD429）	2012.10—2017.10	
（2012）外饲准字390号	白鱼粉 White Fishmeal	Lucky 88 牌 白鱼粉（三级） White Fishmeal（Ⅲ）	蛋白质饲料 Protein Feed	畜禽、水产动物 Livestock and Poultry, Aquaculture	新西兰 Sealord 集团有限公司（海上生产，工船编号 L63635） Sealord Group Limited, New Zealand（Product in the Vessel, No. L63635）	2012.10—2017.10	
（2012）外饲准字391号	白鱼粉 White Fishmeal	Lucky 88 牌 白鱼粉（三级） White Fishmeal（Ⅲ）	蛋白质饲料 Protein Feed	畜禽、水产动物 Livestock and Poultry, Aquaculture	新西兰 Sealord 集团有限公司（海上生产，工船编号 L62713） Sealord Group Limited, New Zealand（Product in the Vessel, No. L62713）	2012.10—2017.10	
（2012）外饲准字392号	白鱼粉 White Fishmeal	Lucky 88 牌 白鱼粉（三级） White Fishmeal（Ⅲ）	蛋白质饲料 Protein Feed	畜禽、水产动物 Livestock and Poultry, Aquaculture	新西兰 Sealord 集团有限公司（海上生产，工船编号 L64051） Sealord Group Limited, New Zealand（Product in the Vessel, No. L64051）	2012.10—2017.10	
（2012）外饲准字393号	白鱼粉 White Fishmeal	Lucky 88 牌 白鱼粉（三级） White Fishmeal（Ⅲ）	蛋白质饲料 Protein Feed	畜禽、水产动物 Livestock and Poultry, Aquaculture	新西兰 Sealord 集团有限公司（工厂 PH12） Sealord Group Limited, New Zealand（Plant PH12）	2012.10—2017.10	
（2012）外饲准字394号	白鱼粉 White Fishmeal	Lucky 88 牌 白鱼粉（三级） White Fishmeal（Ⅲ）	蛋白质饲料 Protein Feed	畜禽、水产动物 Livestock and Poultry, Aquaculture	新西兰 Sealord 集团有限公司（海上生产，工船编号 PH472） Sealord Group Limited, New Zealand（Product in the Vessel, No. PH472）	2012.10—2017.10	

（续）

登记证号	通用名称	商品名称	产品类别	使用范围	生产厂家	有效期限	备注
（2012）外饲准字395号	白鱼粉 White Fishmeal	Lucky 88 牌 白鱼粉（三级） White Fishmeal（Ⅲ）	蛋白质饲料 Protein Feed	畜禽、水产动物 Livestock and Poultry，Aquaculture	新西兰 Sealord 集团有限公司（海上生产，工船编号 OD64） Sealord Group Limited，New Zealand（Product in the Vessel，No. OD64））	2012.10—2017.10	
（2012）外饲准字396号	肉骨粉 Meat and Bone Meal	牛羊肉骨粉 Bovine and Ovine Meat and Bone Meal	蛋白质饲料 Protein Feed	非反刍动物 Unruminant	澳大利亚 A. J. Bush & Sons（生产者）有限公司 A. J. Bush & Sons（Manufacture）Pty. Ltd.，Australia	2012.10—2017.10	续展
（2012）外饲准字397号	卡罗布豆角树粉 Cerationia Siliqua. L	可利美 105 Caromic 105	能量饲料 Energy Feed	猪和犊牛 Swine and Calf	西班牙 G. A. Torres 公司 G. A. Torres S. L.，Spain	2012.10—2017.10	续展
（2012）外饲准字398号	水合硅铝酸钠钙 丙酸钙和丙酸钠 Hydrated Sodium-Calcium Aluminosilicate，Calcium and Sodium Propionate	克菌宝 Fintox Mold	饲料防霉剂 Feed Mould Inhibiter	养殖动物 All species or categories of animals	西班牙 Lipidos Toledo 有限公司 Lipidos Toledo S. A.，Spain	2012.10—2017.10	续展
（2012）外饲准字399号	牛至香酚 Oregano	好力高 5%粉剂 Orego-Stim 5% Powder	饲料添加剂 Feed Additive	猪和家禽 Swine and Poultry	英国美力盾动物健康有限公司 Meriden Animal Health Ltd. UK	2012.10—2017.10	续展
（2012）外饲准字400号	内切－1，4-β-木聚糖酶（产自长柄木霉） Endo-1，4-β-Xylanase（By *Trichoderma longibrachiatum*）	好特美 X6000 微颗粒剂 Hostazym X6000 Microgranulate	饲料级酶制剂 Enzymes Feed Grade	猪和家禽 Swine and Poultry	保加利亚标伟特股份有限公司 Biovet Joint Stock Company，Bulgaria	2012.10—2017.10	续展
（2012）外饲准字401号	红鱼粉 Red Fishmeal	红鱼粉（一级） Red Fishmeal（Ⅰ）	蛋白质饲料 Protein Feed	畜禽、水产动物 Livestock and Poultry，Aquaculture	秘鲁 Nemesis 公司 Pesquera Nemesis S. A. C.，Peru	2012.10—2017.10	续展

（续）

登记证号	通用名称	商品名称	产品类别	使用范围	生产厂家	有效期限	备注
（2012）外饲准字402号	维生素A、维生素E，大蒜素和谷氨酸钠 VA，VE，Garlic Oil and Sodium Glutamate	补乐健 Promotor	添加剂预混合饲料 Additive Premix	猪、家禽和牛 Swine Poultry and Cattle	法国阿缇蒙公司 Artimomn，France	2012.10—2017.10	续展
（2012）外饲准字403号	酿酒酵母、枯草芽孢杆菌、β-葡聚糖酶（源自黑曲霉）和木聚糖酶（源自米曲霉） *Saccharomyces cereviisiae* Yeast，Bacillus Subtilis，β-Glucanase（by *Aspergillus niger*），Xylanase（by *Aspergillus oryzae*）	先牧素 PioMos	饲料添加剂 Feed Additive	猪和家禽 Swine and Poultry	美国先拓生物科技有限公司 PioTech Company，USA	2012.10—2017.10	续展
（2012）外饲准字404号	酿酒酵母、枯草芽孢杆菌、β-葡聚糖酶（源自黑曲霉）和木聚糖酶（源自米曲霉） *Saccharomyces Cereviisiae* Yeast，Bacillus Subtilis，β-Glucanase（by *Aspergillus niger*），Xylanase（by *Aspergillus oryzae*）	先多棒 Piobond	饲料添加剂 Feed Additive	养殖动物 All species or categories of animals	美国先拓生物科技有限公司 PioTech Company，USA	2012.10—2017.10	续展

进口饲料和饲料添加剂产品登记证目录（2012—13）

登记证号	通用名称	商品名称	产品类别	使用范围	生产厂家	有效期限	备注
（2012）外饲准字405号	羟基蛋氨酸钙 Methionine Hydroxy Calcium	罗迪美®钙盐A Rhodimet® A-Dry	矿物质饲料添加剂 Mineral Feed Additive	养殖动物 All species or categories of animals	法国Innocaps公司 Innocaps Company Limited, France	2012.11—2017.11	
（2012）外饲准字406号	屎肠球菌 Enterococcus Faecium	普乐康 Protexin Concentrate	微生物饲料添加剂 Microbial Feed Additive	家禽、猪、牛和羊 Poultry, Pig, Cattle and Sheep	英国普碧欧堤丝国际有限公司 Probiotics International Ltd, UK	2012.11—2017.11	
（2012）外饲准字407号	多种有机酸 Multi Organic Acids	活力酸-S（固体） Vitacidex Dry	饲料酸化剂 Feed Acidifier	猪 Pig	法国科勒蒙萨顿公司 CCA Nutrition, France	2012.11—2017.11	
（2012）外饲准字408号	多种有机酸 Multi Organic Acids	活力酸-L（液体） Liquid Vitacid	饲料酸化剂 Feed Acidifier	猪和鸡 Pig and Chicken	法国科勒蒙萨顿公司 CCA Nutrition, France	2012.11—2017.11	
（2012）外饲准字409号	牛肝脏和磷酸 Beef Liver and Phosphoric Acid	得望高级狗粮口味增强剂 D'Tech 8L	饲料添加剂 Feed Additive	狗 Dog	澳大利亚SPF Diana有限公司 SPF Diana Australia Pty Ltd	2012.11—2017.11	
（2012）外饲准字410号	天然类固醇萨洒皂角苷（源自丝兰） YUCCA（Yucca Schidigera Exact）	丝兰宝 Biopowder	饲料添加剂 Feed Additive	家禽、猪、牛和宠物 Poultry, Pig, Cattle and Pet	墨西哥BAJA Agro International, S. A. de C. V. 公司 BAJA Agro International, S. A. de C. V., Mexico	2012.11—2017.11	
（2012）外饲准字411号	木质纤维素 Lignocelluloses	万利纤 Opticell	饲料添加剂 Feed Additive	猪、鸡、兔子、小牛和宠物 Pig, Chicken, Rabbit, Calf and Pet	奥地利艾吉美公司 Agromed Austria GmbH	2012.11—2017.11	
（2012）外饲准字412号	麦麸和碳酸钙 Wheat Flour and Calcium Carbonate	育幼保 Baby Guard	饲料添加剂 Feed Additive	家禽 Poultry	台湾信逢股份有限公司 New Well Powder Co., Ltd.	2012.11—2017.11	

（续）

登记证号	通用名称	商品名称	产品类别	使用范围	生产厂家	有效期限	备注
（2012）外饲准字 413 号	水解植物油 Hydrolyzed Vegetable Oil	朋洛弥 Palomys	能量饲料 Energy Feed	家禽和猪 Poultry and Pig	美国哈迪动物营养公司 Hardy Animal Nutrition，USA	2012.11—2017.11	
（2012）外饲准字 414 号	鱼油 Fish Oil	鱼油（饲料级） Fish Oil（Feed Grade）	能量饲料 Energy Feed	养殖动物 All species or categories of animals	墨西哥 Maz Industrial S. A. de C. V. 公司 Maz Industrial S. A. de C. V.，Mexico	2012.11—2017.11	
（2012）外饲准字 415 号	发酵豆粕 Fermentation of Defatted Soybean meal	速益泰 Soytide	蛋白质饲料 Protein Feed	猪、家禽、水产、反刍动物 Swine，Poultry，Aquaculture Ruminant	希杰第一制糖 仁川 2 工厂 CJ Cheiljedang Corporation，Incheon 2 Plant，Korea	2012.11—2017.11	
（2012）外饲准字 416 号	含可溶物干玉米酒糟 Dried Corn Distillers Grains With Solubles	玛吉斯 DDGS Marquis DDGS	蛋白质饲料 Protein Feed	家禽、猪和水产 Poultry，Swine and Aquaculture	玛吉斯能源有限公司 Marquis Energy LLC，USA	2012.11—2017.11	
（2012）外饲准字 417 号	肉骨粉 Meat and Bone Meal	牛羊肉骨粉 Bovine Ovine Meat and Bone Meal	蛋白质饲料 Protein Feed	家禽、猪和水产 Poultry，Swine and Aquaculture	乌拉圭 Yarus S. A. 公司 Yarus S. A.，Uruguay	2012.11—2017.11	
（2012）外饲准字 418 号	肉骨粉 Meat and Bone Meal	鸡肉粉 Poultry By-Product Meal	蛋白质饲料 Protein Feed	家禽、猪和水产 Poultry，Swine and Aquaculture	美国温泽世家公司 G. A. Wintzer & Son Co.，USA	2012.11—2017.11	
（2012）外饲准字 419 号	肉骨粉 Meat and Bone Meal	羽毛粉 Wapak Feather Meal	蛋白质饲料 Protein Feed	家禽、猪和水产 Poultry，Swine and Aquaculture	美国温泽世家公司 G. A. Wintzer & Son Co.，USA	2012.11—2017.11	
（2012）外饲准字 420 号	鱼骨粉 Fish Bone Meal	鱼骨粉 Fish Bone Meal	蛋白质饲料 Protein Feed	家禽、猪和水产 Poultry，Swine and Aquaculture	美国 Westward Seafoods Inc. 公司 Westward Seafoods Inc.，USA	2012.11—2017.11	

（续）

登记证号	通用名称	商品名称	产品类别	使用范围	生产厂家	有效期限	备注
（2012）外饲准字 421 号	红鱼粉 Red Fishmeal	红鱼粉（三级） Red Fishmeal（Ⅲ）	蛋白质饲料 Protein Feed	家禽、猪和水产 Poultry，Swine and Aquaculture	毛里塔尼亚 ALFA Services Limited 公司 ALFA Services Limited，Mauritania	2012. 11—2017. 11	
（2012）外饲准字 422 号	红鱼粉 Red Fishmeal	智利红鱼粉（一级） Chilean Red Fishmeal（Ⅰ）	蛋白质饲料 Protein Feed	家禽、猪和水产 Poultry，Swine and Aquaculture	智利 Orizon S. A. 公司 Orizon S. A.，Chile	2012. 11—2017. 11	
（2012）外饲准字 423 号	白鱼粉 White Fishmeal	白鱼粉（一级） White Fishmeal（Ⅰ）	蛋白质饲料 Protein Feed	家禽、猪和水产 Poultry，Swine and Aquaculture	列宁集体渔庄（工船加工 Seroglazka CH-036） Lenin Kolkhoz Fishing Company（Produced on Board Seroglazka CH-036）	2012. 11—2017. 11	
（2012）外饲准字 424 号	白鱼粉 White Fishmeal	白鱼粉（一级） White Fishmeal（Ⅰ）	蛋白质饲料 Protein Feed	家禽、猪和水产 Poultry，Swine and Aquaculture	列宁集体渔庄（工船加工 Sergey Novosyolov CH-038） Lenin Kolkhoz Fishing Company（Produced on Board Serggey Novosyolov CH-038）	2012. 11—2017. 11	
（2012）外饲准字 425 号	白鱼粉 White Fishmeal	白鱼粉（一级） White Fishmeal（Ⅰ）	蛋白质饲料 Protein Feed	家禽、猪和水产 Poultry，Swine and Aquaculture	列宁集体渔庄（工船加工 Mikhail Staritsyn CH-037） Lenin Kolkhoz Fishing Company（Produced on Board Mikhail Staritsyn CH-037）	2012. 11—2017. 11	
（2012）外饲准字 426 号	白鱼粉 White Fishmeal	白鱼粉（一级） White Fishmeal（Ⅰ）	蛋白质饲料 Protein Feed	家禽、猪和水产 Poultry，Swine and Aquaculture	列宁集体渔庄（工船加工 UMS Victor Gavrilov CH-106） Lenin Kolkhoz Fishing Company（Produced on Board UMS Victor Gavrilov CH-106）	2012. 11—2017. 11	

（续）

登记证号	通用名称	商品名称	产品类别	使用范围	生产厂家	有效期限	备注
（2012）外饲准字427号	白鱼粉 White Fishmeal	白鱼粉（三级） White Fishmeal (Ⅲ)	蛋白质饲料 Protein Feed	家禽、猪和水产 Poultry, Swine and Aquaculture	塔里斯集团有限公司PH384渔船 Talley's Group Limited, Product on Vessel, No. PH384	2012.11—2017.11	
（2012）外饲准字428号	白鱼粉 White Fishmeal	白鱼粉（三级） White Fishmeal (Ⅲ)	蛋白质饲料 Protein Feed	家禽、猪和水产 Poultry, Swine and Aquaculture	塔里斯集团有限公司PH622渔船 Talley's Group Limited, Product on Vessel, No. PH622	2012.11—2017.11	
（2012）外饲准字429号	白鱼粉 White Fishmeal	白鱼粉（三级） White Fishmeal (Ⅲ)	蛋白质饲料 Protein Feed	家禽、猪和水产 Poultry, Swine and Aquaculture	塔里斯集团有限公司PH475渔船 Talley's Group Limited, Product on Vessel, No. PH475	2012.11—2017.11	
（2012）外饲准字430号	狗干粮 Dog Dry Food	优卡小型犬成犬犬粮 Eukanuba Adult Small Breed	配合饲料 Compound Feed	狗 Dog	宝洁阿根廷有限公司 Procter Gamble Argentina S. R. L., Argentina	2012.11—2017.11	
（2012）外饲准字431号	狗干粮 Dog Dry Food	优卡迷你雪纳瑞犬专用犬粮 Eukanuba Miniature Schnauzer	配合饲料 Compound Feed	狗 Dog	宝洁阿根廷有限公司 Procter Gamble Argentina S. R. L., Argentina	2012.11—2017.11	
（2012）外饲准字432号	狗干粮 Dog Dry Food	优卡小型犬体重控制犬粮 Eukanuba Weight Control Small Breed	配合饲料 Compound Feed	狗 Dog	宝洁阿根廷有限公司 Procter Gamble Argentina S. R. L., Argentina	2012.11—2017.11	
（2012）外饲准字433号	狗干粮 Dog Dry Food	优卡中型犬体重控制犬粮 Eukanuba Weight Control Medium Breed	配合饲料 Compound Feed	狗 Dog	宝洁阿根廷有限公司 Procter Gamble Argentina S. R. L., Argentina	2012.11—2017.11	

（续）

登记证号	通用名称	商品名称	产品类别	使用范围	生产厂家	有效期限	备注
(2012) 外饲准字 434 号	狗干粮 Dog Dry Food	幼犬用软性饲料 Dr. Soft Food (Puppy)	配合饲料 Compound Feed	狗 Dog	韩国巴乌哇呜公司 BOWWOW, Korea	2012.11—2017.11	
(2012) 外饲准字 435 号	丙酸、甲酸、乙酸和丙酸铵 Propionic Acid, Formic Acid, Acetic Acid and Ammonium Propionate	菲乐斯（液体） FYLAX® -Liquid	饲料防霉剂 Feed Mould Inhibitor	养殖动物 All species or categories of animals	荷兰赛尔可公司 Selko B. V., the Netherlands	2012.11—2017.11	续展
(2012) 外饲准字 436 号	丙酸、甲酸、乙酸和甲酸铵 Propionic Acid, Formic Acid, Acetic Acid and Ammonium Formate	肥酸宝 Selacid® -Dry	饲料酸化剂 Feed Acidifier	养殖动物 All species or categories of animals	荷兰赛尔可公司 Selko B. V., the Netherlands	2012.11—2017.11	续展
(2012) 外饲准字 437 号	维生素 D_3 VD_3	罗维素® D3 500 Rovimix® D3 500	饲料级维生素 Vitamin Feed Grade	养殖动物 All species or categories of animals	帝斯曼营养产品法国有限公司 DSM Nutritional Products France SAS, France	2012.11—2017.11	续展
(2012) 外饲准字 438 号	维生素 A 乙酸酯 Vitamin A Acetate	露他维 A500S Lutavit A500S	饲料级维生素 Vitamin Feed Grade	养殖动物 All species or categories of animals	巴斯夫欧洲公司 BASF SE, Germany	2012.11—2017.11	续展
(2012) 外饲准字 439 号	维生素 E 乙酸酯 Vitamin E Acetate	露他维 E50S Lutavit E50S	饲料级维生素 Vitamin Feed Grade	养殖动物 All species or categories of animals	巴斯夫欧洲公司 BASF SE, Germany	2012.11—2017.11	续展
(2012) 外饲准字 440 号	98.5%L-赖氨酸盐酸盐 L-Lysine Monohydrochloride 98.5%	饲料级 98.5%L-赖氨酸盐酸盐 L-Lysine Monohydrochloride 98.5% Feed Grade	饲料级氨基酸 Amino Acid Feed Grade	养殖动物 All species or categories of animals	味之素（泰国）有限公司 Ajinomoto Co., (Thailand) Ltd.	2012.11—2017.11	续展
(2012) 外饲准字 441 号	维生素 E Vitamin E	维生素 E® 混合型 50 Microvit® E Promix	饲料级维生素 Vitamin Feed Grade	养殖动物 All species or categories of animals	安迪苏法国公司 Rue Marcel Lingot, France	2012.11—2017.11	续展

（续）

登记证号	通用名称	商品名称	产品类别	使用范围	生产厂家	有效期限	备注
（2012）外饲准字 442 号	蛋氨酸羟基类似物 Methionine Hydroxy Analogue	粉状美斯特® 蛋氨酸羟基类似物 MetaSmart®	饲料级氨基酸 Amino Acid Feed Grade	奶牛 Cow	安迪苏法国公司 Rue Marcel Lingot，France	2012.11—2017.11	续展
（2012）外饲准字 443 号	灭活酿酒酵母 Inactivated *Saccharomyces cerevisiae*	莱克素 Biolex® MB40	饲料添加剂 Feed Additive	养殖动物 All species or categories of animals	德国莱博有限公司 Leiber GmbH，Germany	2012.11—2017.11	续展
（2012）外饲准字 444 号	水合硅铝酸钠钙 Hydrated Sodium-Calcium Aluminosilicate	克毒宝 Fintox	饲料添加剂 Feed Additive	养殖动物 All species or categories of animals	西班牙 Lipidos Toledo 有限公司 Lipidos Toledo S. A. C.，Spain	2012.11—2017.11	续展
（2012）外饲准字 445 号	多种维生素、氨基酸、大豆蛋白 Multi Vitamin，Amino Acid，Soybean Protein	爱胺补 Arcavit Amino	添加剂预混合饲料 Feed Additive Premix	畜禽 Livestock and Poultry	意大利阿卡公司 Prodotti Arca S. R. L.，Italia	2012.11—2017.11	续展
（2012）外饲准字 446 号	多种维生素、氨基酸、矿物元素 Multi Vitamin，Amino Acid，Minerals	爱固壮 Arcavit WP	添加剂预混合饲料 Feed Additive Premix	家禽和猪 Swine and Poultry	意大利阿卡公司 Prodotti Arca S. R. L.，Italia	2012.11—2017.11	续展
（2012）外饲准字 447 号	多种维生素、氨基酸、矿物元素 Multi Vitamin，Amino Acid，Minerals	爱金维 Arcavit Forte	添加剂预混合饲料 Feed Additive Premix	家禽和猪 Swine and Poultry	意大利阿卡公司 Prodotti Arca S. R. L.，Italia	2012.11—2017.11	续展
（2012）外饲准字 448 号	白鱼粉 White Fishmeal	Ramoen 牌白鱼粉（一级） Ramoen Brand White Fishmeal（Ⅰ）	蛋白质饲料 Protein Feed	家禽、猪和水产 Poultry，Swine and Aquaculture	挪威沃达海产品公司（工船加工 F/T Ramoen） Vartdal Seafood AS，Produced In Factory Trawler F/T Ramoen Norway	2012.11—2017.11	续展

（续）

登记证号	通用名称	商品名称	产品类别	使用范围	生产厂家	有效期限	备注
（2012）外饲准字 449 号	鱼油 Fish Oil	鱼油（饲料级） Fish Oil （Feed Grade）	能量饲料 Energy Feed	家禽、猪和水产 Poultry，Swine and Aquaculture	厄瓜多尔 Fortidex S. A. 公司 Data de Posorja 工厂 Fortidex S. A.，Data de Posorja Plant	2012.11—2017.11	续展
（2012）外饲准字 450 号	白鱼粉 White Fishmeal	ICICLE® 白鱼粉（特级） ICICLE Brand White Fishmeal	蛋白质饲料 Protein Feed	家禽、猪和水产 Poultry，Swine and Aquaculture	美国 ICICLE 海鲜公司 （工船加工：M/V Northern Victor，工船编号 4078） ICICLE Seafoods，Inc.，Product on Vessel M/V Northern Victor，No. 4078	2012.11—2017.11	续展
（2012）外饲准字 451 号	乳清粉 Whey Permeate Powder	饲料级乳清粉 Feed Grade Whey Permeate Powder	能量饲料 Energy Feed	家畜、仔猪和犊牛 Livestock，Piglet and Cattle	美国国际生物营养有限公司 Bio-Nutrirtiong International，Inc.，USA	2012.11—2017.11	
（2012）外饲准字 452 号	乳清粉 Whey Permeate Powder	加士能低蛋白乳清粉 Milk Permeate Powder	能量饲料 Energy Feed	猪 Pig	美国绿草地乳制品公司 Grassland Dairy Products Inc.，USA	2012.11—2017.11	
（2012）外饲准字 453 号	美国栗树叶提取物 Chestnut Leaves Extract	福美酚 Farmatan LE	饲料香味剂 Feed Flavoring Enhancement	养殖动物 All species or categories of animals	斯洛文尼亚天菱有限公司 Tanin Sevnica D. D.，Slovenija	2012.11—2017.11	
（2012）外饲准字 454 号	蛋白酶（源自米曲霉） Protease（by *Aspergillusniger oryzae*）	六畜安®（粉末） Toxi-end®（Powder）	饲料酶制剂 Feed Enzymes	畜禽 Livestock and Poultry	台湾生百兴业有限公司 Life Rainbow Biotech Co.，Ltd	2012.11—2017.11	

附件 2：

换发进口饲料和饲料添加剂产品登记证目录（2012—01）

登记证号	商品名称	通用名称	变更内容	原名称	变更名称
（2011）外饲准字 276 号	红鱼粉（一级） Red Fishmeal（Ⅰ）	红鱼粉 Red Fishmeal	生产厂家和 申请单位名称	秘鲁 Pesquera Exalmar S. A. 公司 Pesquera Exalmar S. A.，Peru	秘鲁 Pesquera Exalmar S. A. A. 公司 Tambo De Mora 工厂 Pesquera Exalmar S. A. A.，Tambo De Mora Plant，Peru
（2011）外饲准字 318 号	高效 脂肪派 100 Advance FAT PAK100	精炼棕榈油 Refined Palm Oi	生产厂家和 申请单位名称	马来西亚 Ecofeed Sdn. Bhd. 公司 Ecofeed Sdn. Bhd.，Malaysia	马来西亚 Ecolex Sdn. Bhd. 公司 Ecolex Sdn. Bhd.，Malaysia
（2011）外饲准字 234 号	红鱼粉（一级） Red Fishmeal（Ⅰ）	红鱼粉 Red Fishmeal	生产厂家和 申请单位名称	智利 Pesquera E1 Golfo S. A. 公司 Pesquera E1 Golfo S. A.，Chile	智利 Blumar S. A. 公司 Talcahuano 工厂 Blumar S. A.，Plant in Talcahuano，Chile
（2010）外饲准字 357 号	鱼油（饲料级） Fish Oil（Feed Grade）	鱼油 Fish Oil	生产厂家和 申请单位名称	智利 Pesquera Itata S. A. 公司 Pesquera Itata S. A.，Chile	智利 Blumar S. A. 公司 Talcahuano 工厂 Blumar S. A.，Plant in Talcahuano，Chile
（2011）外饲准字 050 号	红鱼粉（一级） Red Fishmeal（Ⅰ）	红鱼粉 Red Fishmeal	生产厂家和 申请单位名称	智利 Pesquera Itata S. A. 公司 Coronel 工厂 Pesquera Itata S. A. Plant Coronel，Chile	智利 Blumar S. A 公司 Coronel 工厂 Blumar S. A.，Plant in Coronel，Chile
（2011）外饲准字 104 号	红鱼粉（一级） Red Fishmeal（Ⅰ）	红鱼粉 Red Fishmeal	生产厂家和 申请单位名称	智利 Pesquera Itata S. A. 公司 Talcahuano 工厂 Pesquera Itata S. A.，Plant Talcahuano Chile	智利 Blumar S. A. 公司 Talcahuano 工厂 Blumar S. A.，Plant inTalcahuano，Chile

换发进口饲料和饲料添加剂产品登记证目录（2012—02）

登记证号	生产厂家	变更内容	原名称	变更名称
（2008）外饲准字074号	保加利亚标伟特股份有限公司 Biovet Joint Stock Company，Bulgaria	商品名称	好特美 X 100 微颗粒剂 Hostazym X 100 Microgranulate	好特美 X15000 微颗粒剂 Hostazym X 15000 Microgranulate
（2008）外饲准字002号	保加利亚标伟特股份有限公司 Biovet Joint Stock Company，Bulgaria	商品名称	好特美 X 250 微颗粒剂 Hostazym X 250 Microgranulate	好特美 X 6000 微颗粒剂 Hostazym X 6000 Microgranulate

换发进口饲料和饲料添加剂产品登记证目录（2012—03）

登记证号	商品名称	生产厂家	变更内容	原名称	变更名称
（2010）外饲准字271号	贵族狗干粮（羊肉味） Natures Gift Lamb and Rice Dry Dog Food	狗干粮 Dry Dog Food	生产厂家和 申请单位名称	澳大利亚 Bestcare Petfoods Pty Ltd 公司 Bestcare Petfoods Pty Ltd.，Australia	澳大利亚 Pet Brands Pty Ltd. 公司 Pet Brands Pty Ltd.，Australia

换发进口饲料和饲料添加剂产品登记证目录（2012—04）

登记证号	商品名称	通用名称	变更内容	原名称	变更名称
（2011）外饲准字401号	鱼油（饲料级） Fish Oil （Feed Grade）	鱼油（饲料级） Fish Oil （Feed Grade）	生产厂家和 申请单位名称	智利 Pesquera Itata S. A. 渔业有限公司 Pesquera Itata S. A.，Chile	智利 Blumar S. A. 公司 Blumar S. A.，Chile
（2010）外饲准字118号	红鱼粉（一级） Red Fishmeal（Ⅰ）	红鱼粉（一级） Red Fishmeal（Ⅰ）	生产厂家和 申请单位名称	智利 Foodcorp Chile S. A. 渔业有限公司 Foodcorp Chile S. A.，Chile	智利 Fiordo Austral 公司 Pesquera Fiordo Austral S. A.，Chile
（2012）外饲准字034号	红鱼粉（一级） Red Fishmeal（Ⅰ）	红鱼粉（一级） Red Fishmeal（Ⅰ）	生产厂家和 申请单位名称	毛里塔尼亚 Beverli Shipping Company Limited 公司 （船名：Nordic，船号：8908105） Beverli Shipping Company Limited，Mauritania	毛里塔尼亚 Atlantic Hermes Company Limited 公司（船名：Atlantic，船号：8908105） Atlantic Hermes Company Limited，Mauritania

换发进口饲料和饲料添加剂产品登记证目录（2012—05）

登记证号	通用名称	生产厂家	变更内容	原名称	变更名称
（2011）外饲准字 313 号	实验鼠用饲料 Laboratory Diet For Rodents to Rear and to Breed	东方酵母工业株式会社千叶工厂 Oriental Yeast Co., Ltd. Chiba Factory, Japan	商品名称	奥联美福 粉末 MF Mash	奥联美福 粉末 MFG Mash
（2011）外饲准字 373 号	鱼饲料 Fish Feed	爱乐水产有限公司 Aller Aqua A/S, Denmark	商品名称	爱乐 576EX Aller 576 EX	爱乐 金牌 Aller Glod
（2010）外饲准字 342 号	红鱼粉（一级） Red Fish（Ⅰ）	智利 Camanchaca S. A. 渔业公司 Coronel 工厂 Compania Pesquera Camanchaca S. A., Coronel Plant, Chile	生产厂家和工厂名称	智利 Camanchaca S. A. 渔业公司 Coronel 工厂 Compania Pesquera Camanchaca S. A., Coronel Plant, Chile	智利 Camanchaca Pesca Sur S. A. 渔业公司 Coronel 工厂（No. 08351） Camanchaca Pesca Sur S. A., Coronel Plant（No. 08351）, Chile
（2010）外饲准字 312 号	鱼油（饲料级） Fish Oil（Feed Grade）	智利 Camanchaca S. A. 渔业公司 Coronel 工厂 Compania Pesquera Camanchaca S. A., Coronel Plant, Chile	生产厂家和工厂名称	智利 Camanchaca S. A. 渔业公司 Coronel 工厂 Compania Pesquera Camanchaca S. A., Coronel Plant, Chile	智利 Camanchaca Pesca Sur S. A. 渔业公司 Coronel 工厂（No. 08351） Camanchaca Pesca Sur S. A., Coronel Plant（No. 08351）, Chile

换发进口饲料和饲料添加剂产品登记证目录（2012—06）

登记证号	通用名称	生产厂家	变更内容	原名称	变更名称
（2012）外饲准字 164 号	枯草芽孢杆菌 *Bacillus Subtilis*	台湾百泰生物科技股份有限公司 Biondo Tech Inc.	商品名称	百泰牌饲壮Ⅱ Strong	饲勇 Strong

换发进口饲料和饲料添加剂产品登记证目录（2012—07）

登记证号	商品名称	通用名称	变更内容	原名称	变更名称
（2010）外饲准字272号	贵族猫干粮 Natures Gift Dry Cat Food	猫干粮 Dry Cat Food	生产厂家和 申请单位名称	澳大利亚 Bestcare Petfoods Pty Ltd 公司 Bestcare Petfoods Pty Ltd.，Australia	澳大利亚 Pet Brands Pty Ltd. 公司 Pet Brands Pty Ltd.，Australia
（2011）外饲准字009号	日曹美宝 Met-Plus	DL-蛋氨酸，长链脂肪酸、月桂酸 DL-Methionine，Long Chain Fatty Acid，Lauric Acid	生产厂家和 申请单位名称	日本 Nisso Jushi 公司 Nisso Jushi Co.，Ltd	日本曹达 Fine 株式会社 Nisso Fine Co.，Ltd，Japan
（2010）外饲准字004号	奥利欧 LX221 P2 Oleobiotec® LX221 P2	食用香料 Edible Spices	生产厂家和 申请单位名称	法国馥蒂公司 Phode S. A.，France	法国馥蒂公司 Laboratoires Phode S. A. S.，Franc
（2009）外饲准字185号	奥利欧 LX189 P2 Oleobiotec® LX189 P2	食用香料 Edible Spices	生产厂家和 申请单位名称	法国馥蒂公司 Phode S. A.，France	法国馥蒂公司 Laboratoires Phode S. A. S.，Franc
（2008）外饲准字116号	馥蒂香 ST232 P2 Cristalfeed Intech ST 232 P2	食用香料 Edible Spices	生产厂家和 申请单位、产品名称名称	法国馥蒂公司 Phode S. A.，France 馥蒂香 ST232 P2 Cristalfeed Intech ST 232 P2	法国馥蒂公司 Laboratoires Phode S. A. S.，Franc 诱食源 VEO VEO Premium

换发进口饲料和饲料添加剂产品登记证目录（2012—08）

登记证号	产品类别	生产厂家名称	变更内容	原名称	变更名称
（2010）外饲准字150号	微生物饲料添加剂 Microbial Feed Additive	美国科汉森有限公司 Chr. Hansen，Inc. USA	商品英文名称	百奥宝 强力宝 BioPlus 2B	百奥宝 强力宝 BioPlus YC
（2012）外饲准字113号	配合饲料 Compound Feed	宝洁阿根廷有限公司 Procter& Gamble Argentina S. R. L.	商品中文名称	优卡拉不拉多寻回猎犬专用犬粮 Eukanuba Labrador Retriever	优卡拉布拉多寻回猎犬专用犬粮 Eukanuba Labrador Retriever

换发进口饲料和饲料添加剂产品登记证目录（2012—09）

登记证号	产品类别	生产厂家名称	变更内容	原名称	变更名称
(2012) 外饲准字 168号	添加剂预混料 Additive Premix	加拿大奥斯珀有限公司 Oshawa Specialty Products Ltd.，Canada	商品中文名称	维可脱 OSP 20200	乐毒清 OSP 20200

饲料质量监督与检验

为加强饲料产品质量安全监督管理，提高饲料和养殖产品质量安全水平，根据《农业部办公厅关于下达2012年饲料质量安全监测计划的通知》（农办牧［2012］2号）和《2012年养殖环节“瘦肉精”专项监测计划》（农办牧［2012］3号）的要求，国家饲料质量监督检验中心（北京）等35个饲料质检机构根据农业部统一安排，在农业部畜牧业司的指导下，在各省（区、市）畜牧饲料主管部门的支持下，2012年全年对全国30个省（区、市）、新疆生产建设兵团的饲料生产、经营和使用环节的饲料产品质量、“瘦肉精”“三聚氰胺”等违禁添加物、养殖环节“瘦肉精”等进行了监测，并对饲料标签进行了检查。

一、监测计划完成情况

2012年，全年计划监测68 500批次，实际完成了69 497批次，超额完成任务（占全年计划101.5%）。其中全国饲料产品质量安全监测完成6 616批次，占计划6 200批次的106.7%；养殖环节饲料中违禁添加物监测完成6 950批次，占计划6 600批次的105.3%；养殖环节“瘦肉精”专项监测中监督抽检17 039个养殖场（户）45 293批次动物尿液，占计划45 000批次动物尿液的100.7%；重点省养殖场（户）β-兴奋剂类违禁物质排查监测完成3 082批次，占计划3 300批次的93.4%；饲料中苯乙醇胺A、可乐定、赛庚啶专项监测完成1 011批次，占计划1 000批次的101.1%；三聚氰胺监测（含奶牛养殖集中区域奶牛饲料和全国蛋白质饲料）共完成2 428批次，占计划2 300批次的105.6%，等等。

二、监测结果总体情况

1. 饲料产品质量监测。各级饲料质检机构对全国30个省（区、市）、新疆生产建设兵团3 618个饲料生产、经营企业的饲料产品进行了抽检，抽查检测6 616批次，合格6 332批次，合格率95.7%。与2011年（95.5%）相比上升0.2个百分点。其中：

（1）配合饲料合格率为96.0%，与2011年（98.1%）相比下降2.1个百分点，浓缩饲料合格率为97.0%，与2011年（96.5%）相比上升0.5个百分点。

（2）3类添加剂预混合饲料产品的监测结果为：复合预混合饲料合格率为90.1%，与2011年（89.7%）相比上升0.4个百分点；微量元素预混合饲料合格率为85.1%，与2011年（80.2%）相比上升4.9个百分点；维生素预混合饲料合格率为74.6%，与2011年（81.6%）相比下降7.1个百分点。

（3）国产饲料添加剂合格率为97.8%，与2011年（96.68%）相比上升1.2个百分点。

（4）饲料原料的监测结果表明：动物源性饲料合格率为95.3%，与2011年（90.4%）相比上升4.94个百分点；植物性饲料合格率为99.4%，与2011年（98.5%）相比上升0.8个百分点。

（5）针对进口饲料产品开展的监测结果表明，进口饲料添加剂合格率为95.90%，与2011年（91.1%）相比上升3.9个百分点。

（6）针对宠物饲料开展的监测结果表明，进口宠物饲料合格率为100%，与2011年（99.5%）相比上升0.5个百分点；国产宠物饲料合格率为66.7%，与2011年（90.0%）相比下降22.2个百分点。不同饲料产品合格率见图1。

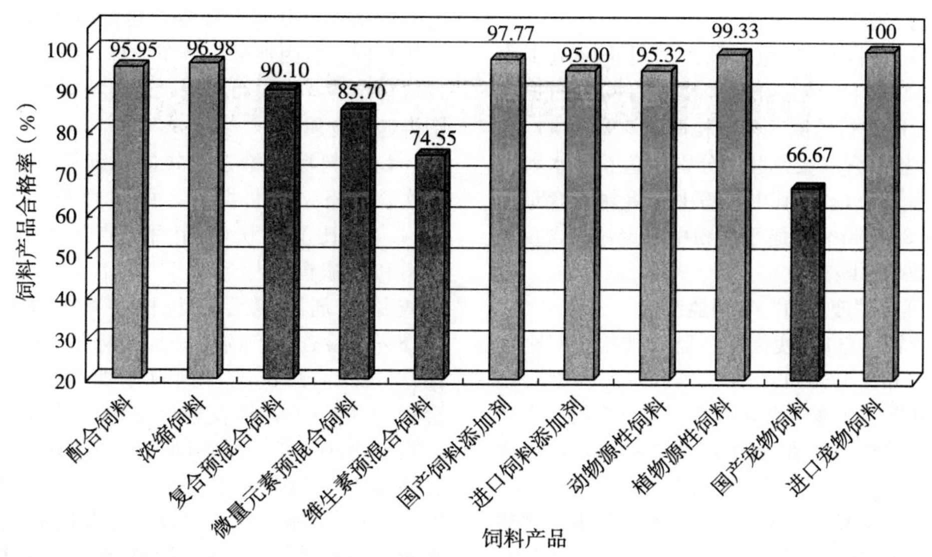

图 1　不同饲料产品合格率

2. 饲料安全专项监测

（1）饲料使用环节违禁添加物专项监测。对全国 30 个省（区、市）、新疆生产建设兵团 5 999 个养殖场（户）的商品饲料和自配饲料进行了抽检，抽查检测 6 950 批次，违禁添加物检出 2 批次，检出率为 0.03%。与 2011 年（0.06%）相比，盐酸克仑特罗、苏丹红等违禁添加物检出率下降 0.03 个百分点。其中：抽检猪用饲料 2 684 批次，家禽饲料 1 649 批次，水产饲料 799 批次，肉牛料 1 098 批次，肉羊料 393 批次，均未检出违禁添加物，检出率为 0；抽检鱼粉 327 批次，检出率 0.6%，与 2011 年（1.2%）同比下降 0.6 个百分点。各类饲料产品中违禁添加物的检出率见图 2。

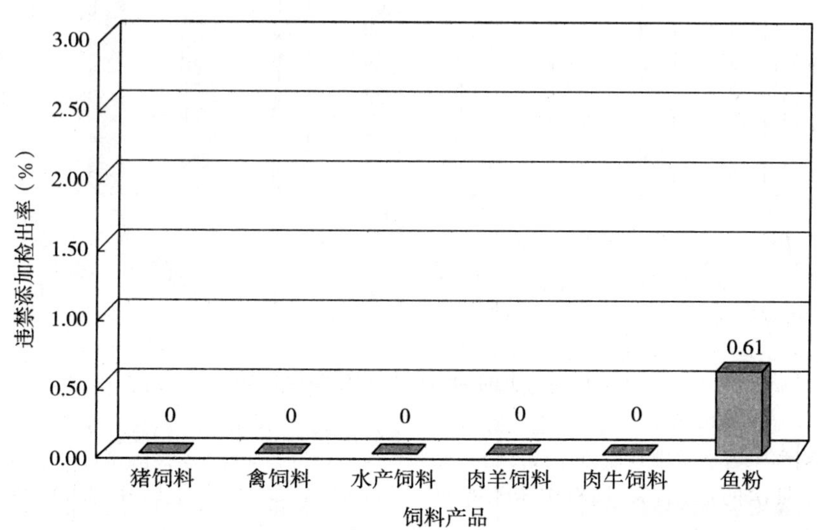

图 2　饲料中违禁添加物检出率

（2）饲料中苯乙醇胺 A、可乐定、赛庚啶专项监测。2012 年对河北、浙江、安徽、福建、江西、河南、湖北、湖南、广东、四川等 10 省 780 个饲料生产和使用企业的育肥猪添加剂预混合饲料、浓缩饲料和配合饲料进行苯乙醇胺 A、可乐定、赛庚啶等违禁添加物的专项监测，抽查检测苯乙醇胺 A 等违禁添加物 1 011 批次，其中 1 批次样品中检出赛庚啶，检出率为 0.1%，未检出苯乙醇胺 A 和可乐定。

（3）饲料中三聚氰胺专项监测

①奶牛养殖集中区域奶牛饲料中三聚氰胺监测。2012 年，对北京、河北、内蒙古、黑龙江、山东、河南、陕西、甘肃、新疆 9 省（区、市）528 个奶牛养殖场（户）奶牛饲料中三聚氰胺进行专项监测。抽检 826 批次奶牛精料补充料、全混合日粮和自配饲

料，均未检出三聚氰胺。

②蛋白质饲料中三聚氰胺监测。对全国范围内1 136个蛋白质饲料生产、经营和使用者的蛋白饲料原料中三聚氰胺进行监测。抽查检测1 602批次，有2批次样品中检出含三聚氰胺，分别为鱼粉、水解羽毛粉，检出率为0.1%。其中鱼粉中三聚氰胺含量检测结果为20.8mg/kg；水解羽毛粉中三聚氰胺含量检测结果为11.6mg/kg。

3. 养殖环节"瘦肉精"专项监测

（1）养殖场（户）"瘦肉精"监督抽检。对全国30个省（区、市）17 039个养殖场（户）育肥后期生猪、肉牛和肉羊尿液中克仑特罗、莱克多巴胺和沙丁胺醇进行了抽检，抽查检测45 293批次，从肉牛尿液中检出5批次克仑特罗，检出率为0.01%。

（2）重点省养殖场（户）β-兴奋剂类违禁物质排查监测。2012年，对河北、辽宁、江西、河南、山东、江苏、浙江、湖北、湖南、四川10省18县市1 043个养殖场（户）进行监测，抽检猪尿样品3 082批次，均未检出克仑特罗、莱克多巴胺、沙丁胺醇、齐帕特罗、氯丙那林、特布他林、西马特罗、西布特罗、马布特罗、溴布特罗、班布特罗等11种β-兴奋剂类违禁物质。

4. 饲料标签检查。共抽查饲料产品标签8 329批次，合格7 829批次，标签合格率94.0%，与2011年相比上升0.04个百分点。其中，检查配合饲料和浓缩饲料标签3 542批次，合格率94.5%；检查添加剂预混合饲料标签859批次，合格率95.8%；检查国产饲料添加剂标签547批次，合格率97.3%；检查进口饲料添加剂标签200批次，合格率92.5%；检查进口宠物饲料标签190批次，合格率为100%；检查国产宠物饲料标签12批次，合格率为75.0%；检查精料补充料标签1 341批次，合格率98.3%；检查动物源性饲料标签1 078批次，合格率84.7%；检查植物性饲料标签560批次，合格率92.3%。不同饲料产品的标签合格率见图3。

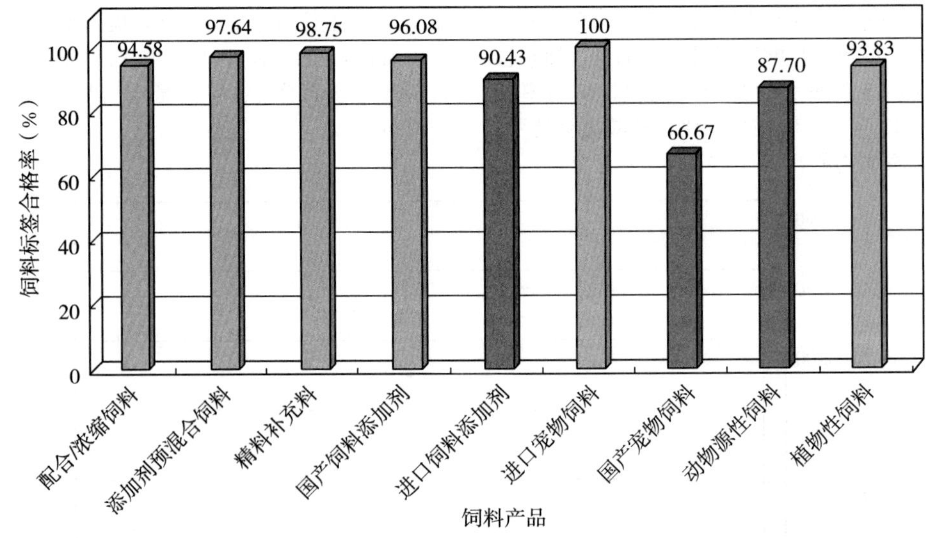

图3　不同饲料产品的标签合格率

三、监测结果分析

1. 饲料产品质量安全监测结果分析

（1）不同饲料产品质量状况比较。对2012年全国饲料产品质量监测的结果进行分类统计和分析如下：

①配合饲料和浓缩饲料。共监测3 685批次配合饲料和浓缩饲料产品，不合格产品138批次，不合格率为3.7%。不合格产品中有79批次饲料粗蛋白质不合格，占不合格配合饲料和浓缩饲料产品57.3%，与2011年（80.5%）相比下降23.25个百分点。粗蛋白质不合格是配合饲料和浓缩饲料产品不合格的主要原因，经分析，与蛋白质饲料原料价格上涨、饲料产品生产厂家质量控制能力差存在一定的相关性。

从配合饲料和浓缩饲料的卫生指标检测结果看，主要是铅、黄曲霉毒素B_1和沙门氏菌超标。配合饲料和浓缩饲料卫生指标的不合格率见图4。

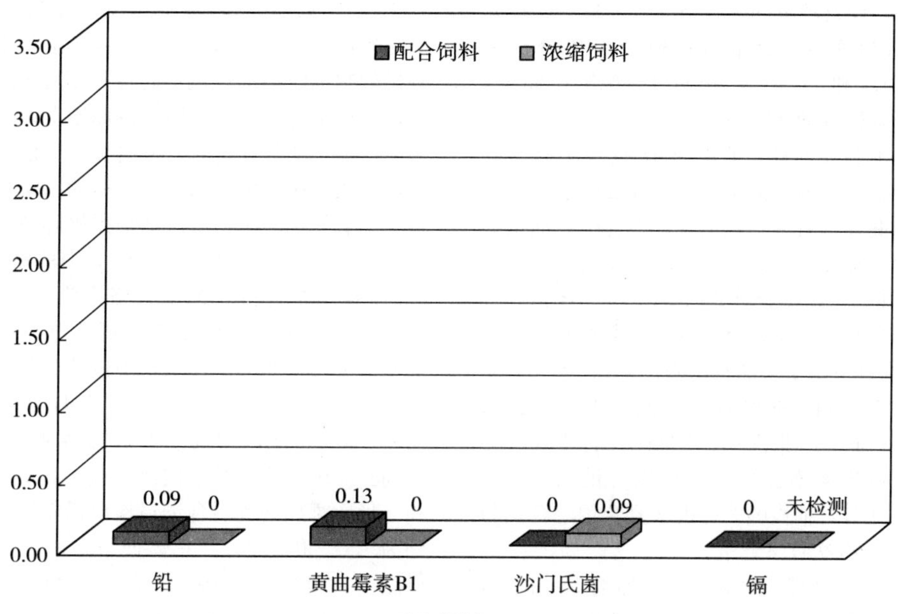

图 4 配合饲料和浓缩饲料主要卫生指标不合格率

②动物源性饲料。共抽查 654 个生产、经营企业的动物源性饲料产品 705 批次，合格 672 批次，合格率为 95.3%，比 2011 年（90.4%）合格率上升了约 5.0%。在 33 批次不合格动物源性饲料产品中，其中有 19 批次鱼粉（合格率 94.7%，2011 年合格率 87.9%）、2 批次肉骨粉（合格率 91.3%，2011 年合格率 66.7%）、1 批次血粉（合格率 96.2%，2011 年合格率 96.6%）、2 批次骨粉（合格率 85.7%，2011 年合格率 77.8%）、4 批次肉粉（合格率 87.1%，2011 年合格率 100%）、5 批次混合油（合格率 97.9%，2011 年合格率 96.9%）。

从鱼粉的质量指标检测结果看，砂分超标是主要问题，不合格率 3.4%（比 2011 年的 5.92%下降了约 2.5 个百分点）；其次是粗蛋白质，不合格率为 2.0%（比 2011 年的 5.6%下降了 3.6%）；再次是铬超标，不合格率 1.4%（比 2011 年的 0.3%上升了 1.1%）；最后是沙门氏菌超标，不合格率 0.3%（比 2011 年的 0.9%略好）。砂分超标和粗蛋白质不足与生产鱼粉所用原料质量低劣和人为掺杂相关。鱼粉质量指标不合格率见图 5。

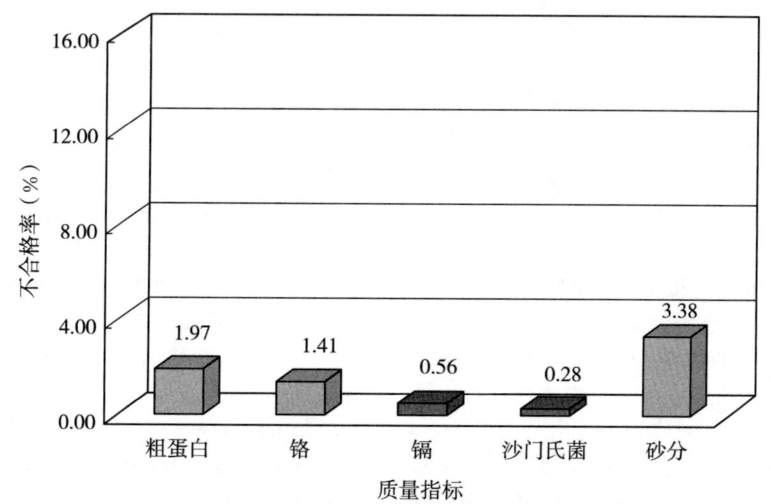

图 5 鱼粉主要质量指标不合格率

③添加剂预混合饲料。抽检添加剂预混合饲料 738 批次，合格 653 批次，合格率为 88.5%。其中，复合预混合饲料合格率为 90.1%，微量元素预混合饲料合格率为 85.1%，维生素预混合饲料合格率为

74.6%。其中，经营环节的复合预混合饲料、微量元素预混合饲料和维生素预混合饲料合格率分别为85.15%、72.4%和36.8%，相对于2011年而言，合格率均有一定程度的下降。

微量元素预混合饲料，抽检的67批次中有9批次铜、锌不合格，其中3批次铜、锌含量几乎为0。

维生素预混合饲料主要是主含量不合格，抽检的55批次中有14批次维生素A不合格，10批次含量低于方法检出限；有12批次维生素D3不合格，10批次含量低于方法检出限；有12批次维生素E不合格，有11批次含量低于方法检出限。

复合预混合饲料，抽检的616批次中有43批次铜、锌不合格，其中2批次铜、4批次锌含量几乎为0。有46批次维生素不合格，12批次含量低于方法检出限。经营环节，抽检的202批次复合预混合饲料中11批次铜、6批次锌不合格。

④国产饲料添加剂。抽检饲料添加剂584批次，合格571批次，合格率97.8%。其中矿物质添加剂合格率为98.5%，维生素添加剂合格率为98.0%，其他添加剂合格率为96.3%。饲料添加剂主含量指标不合格或不达标主要是生产企业造假所致。

抽检维生素添加剂410批次，其中氯化胆碱372批次，合格366批次，氯化胆碱合格率98.4%；抽检107批次甜菜碱，合格101批次，合格率为94.4%。

⑤进口饲料添加剂。共抽查来自24个国家、69家生产企业的进口饲料添加剂200批次，合格190批次，合格率为95.0%，其中抽查氨基酸类产品63批次、维生素类产品18批次，合格率均为100%；其他添加剂产品81批次，合格73批次，合格率为71.1%。检查200个产品标签，标签合格185批次，合格率92.5%。

⑥进口宠物饲料。共抽查北京、上海、天津、重庆4个直辖市45家宠物饲料经销单位的进口宠物饲料产品190批次。其中，狗、猫干粮167批次、罐头23批次。检测了宠物饲料粗蛋白质、粗脂肪、沙门氏菌，产品合格190批次，合格率为100%；检查190个产品标签，合格190批次，合格率100%。

（2）主要卫生指标监测结果比较。2012年，对饲料产品中主要卫生指标：砷、铅、镉、铬、黄曲霉毒素B_1和沙门氏菌等指标进行了监测。对监测结果分析如下：

①砷：对781批次样品（683批次添加剂预混合饲料和98批次饲料添加剂）中砷超标情况进行了监测，19批次添加剂预混合饲料样品砷超标，不合格率为2.8%，饲料添加剂样品全部合格。总体不合格率为2.4%，与2011年（4.3%）相比下降1.9个百分点，但仍是2012年所监测的卫生指标中不合格率最为严重的一项指标。分析原因，主要原因有：一是有机砷制剂使用不规范，超标示量添加有机砷制剂；二是添加了有机砷制剂而不再标签上说明；三是交叉污染，生产加砷饲料后，未清洗加工设备或清洗不到位，造成对接着生产的其他饲料的污染；四是个别饲料生产业使用的矿物质添加剂无机砷超标。

②铬：对355批次鱼粉样品中的铬进行了监测，5批次样品中的铬超标不合格率为1.47%，与2011年（3.7%）相比下降2.3个百分点，但鱼粉安全隐患依然突出，原因是在鱼粉中掺杂皮革粉所致。

③铅：对2 282批次配合饲料、1 091批次浓缩饲料、611批次添加剂预混合饲料和98批次饲料添加剂样品中的铅进行了监测，其中，2批次配合饲料和2批次添加剂预混合饲料检出铅超标，不合格率分别为1.0%和0.3%。总体而言，所监测4 082批次样品中4批次不合格，不合格率为0.1%，与2011年（0.3%）相比下降0.2个百分点。

④黄曲霉毒素B_1：对2 301批次配合饲料和1 090批次浓缩饲料中的黄曲霉毒素B_1进行了监测，浓缩饲料中未发现黄曲霉毒素B_1超标，从3批次配合饲料中检出黄曲霉毒素B_1超标，超标率为0.1%，3 391批次样品总体不合格率为0.1%。

⑤沙门氏菌：对2 495批次配合饲料、1 091批次浓缩饲料和355批次鱼粉中的沙门氏菌进行了监测，结果1批次浓缩饲料（不合格率为0.1%）和1批次鱼粉（不合格率为0.3%）超标，3 941批次样品总体不合格率为0.1%。分析原因，沙门氏菌超标主要与采用了不新鲜原料、成品水分超标有关。

⑥镉：对2 197批次配合饲料和355批次鱼粉中的镉进行了监测，结果从2批次鱼粉样品中检出镉超标，鱼粉中镉超标率为0.6%，2 552批次样品总体镉超标率为0.1%。

（3）配合饲料中铜、锌监测结果。为进一步了解农业部1224号公告的执行情况，2012年在猪、禽和水产配合饲料中新增了铜和锌两项指标，依据1224号公告的限量规定作单项判定，且计入产品综合判定。共检测2 451批配合饲料中铜和锌含量，其中：猪配合料1 235批，禽配合饲料945批，水产配合饲料271批。从检测结果看，铜合格率为98.7%，锌合格率98.4%。2011年，铜、锌合格率分别为96.5%、89.1%。

按配合饲料的种类统计，铜合格率最高的是禽配合饲料（99.5%）；其次是水产配合饲料（99.3%）；猪配合饲料最低，为97.9%。锌合格率最高的是禽和水产配合饲料，均为100%；其次是猪配合饲料（96.8%）。

（4）生产环节和经营环节的饲料产品质量对比。2012 年，共抽查生产环节配合饲料、浓缩饲料、饲料添加剂、添加剂预混合饲料和动物源性饲料 2 775 批次，合格 2 681 批次，合格率 96.6%，与 2011 年（97.2%）相比下降 0.6 个百分点。抽查经营环节的配合饲料、浓缩饲料、饲料添加剂、添加剂预混合饲料和动物源性饲料 1 864 批次，合格 1 737 批次，合格率 93.2%，与 2011 年（94.1%）相比下降 0.9 个百分点。生产企业产品合格率比经营企业高 3.4 个百分点（图 6）。

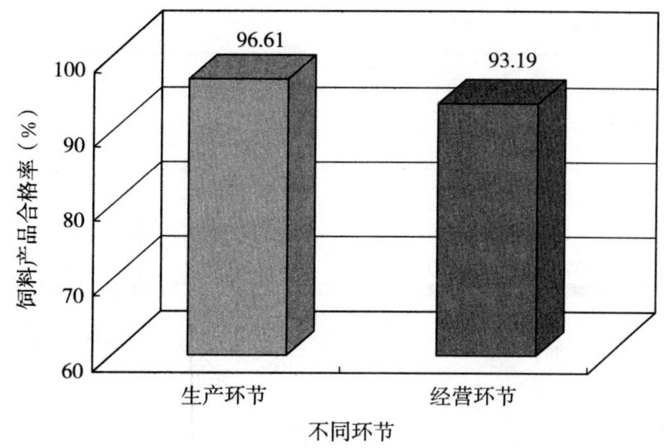

图 6　生产环节和经营环节的饲料产品质量对比

分析经营环节产品质量低于生产环节的原因，主要是由于饲料经营门槛低，投入少、经营主体迅速扩张，在活跃了饲料市场的同时，也存在鱼目混珠、良莠不齐的现象。主要存在的问题：一是掺假使杂。一些不法商贩在饲料中掺入劣质饲料，重新缝包销售，比如鱼粉中掺入泥土、羽毛粉等，豆粕中掺入杂粕、二次粕等；二是收购、仿制名牌饲料包装袋，装入自己加工的劣质饲料假冒名牌饲料进行销售；三是销售“三无”产品。市场上一些动物源性饲料、单一大宗原料存在着“白皮袋”现象；四是饲料经营企业数量大、分布广，管理难度较大，无法杜绝违法违规经营现象。

2. 饲料安全专项监测结果分析

（1）饲料使用环节违禁添加物监测结果分析。育肥猪饲料。抽检育肥猪饲料 2 684 批次，未检出克仑特罗、莱克多巴胺、沙丁胺醇等违禁药物，违禁添加物检出率为 0。

肉牛饲料：抽检肉牛饲料 1 098 批次，未检出盐酸克仑特罗、莱克多巴胺、沙丁胺醇。

肉羊饲料：抽检肉牛饲料 393 批次，未检出盐酸克仑特罗、莱克多巴胺、沙丁胺醇。

禽饲料：抽检肉禽和蛋禽饲料 1 649 批次，未检出呋喃唑酮、氯霉素和苏丹红。

水产饲料：抽检 109 批次大菱鲆、鳗鱼、甲鱼等特种水产饲料，未检出呋喃唑酮；抽检 434 批次草鱼、鲤鱼、河蟹和罗氏沼虾等水产饲料，未检出氯霉素、己烯雌酚；抽检 256 批次其他水产饲料，均合格。

鱼粉：抽检 327 批次鱼粉，检出 2 批次隐性孔雀石绿，未检出孔雀石绿。

（2）饲料中苯乙醇胺 A、可乐定、赛庚啶专项监测。2012 年对河北、浙江、安徽、福建、江西、河南、湖北、湖南、广东、四川 10 省的 780 个饲料生产和使用企业的育肥猪添加剂预混合饲料、浓缩饲料和配合饲料进行苯乙醇胺 A、可乐定、赛庚啶等违禁添加物的专项监测，抽查检测苯乙醇胺 A 等违禁添加物 1 011 批次，检出 1 批次赛庚啶，检出率为 0.10%；没有检出苯乙醇胺 A 和可乐定。

（3）饲料中三聚氰胺专项监测

①奶牛养殖集中区域奶牛饲料中三聚氰胺监测。2012 年对北京、河北、内蒙古、黑龙江、山东、河南、陕西、甘肃、新疆 9 省（市、区）528 个奶牛养殖场（户）的奶牛饲料中三聚氰胺进行专项监测。抽查检测 826 批次奶牛精料补充料、全混合日粮和自配饲料，没有检出三聚氰胺。

②蛋白饲料中三聚氰胺监测。对全国范围内 1 136个蛋白饲料生产、经营和使用者的蛋白饲料原料中三聚氰胺进行监测。抽查检测 1 602 批次，检出率 0.12%。与 2011 年（0.06%）相比，上升 0.06 个百分点。2012 年检出的 1 批次鱼粉的三聚氰胺含量 20.8mg/kg；检出的 1 批次水解羽毛粉的三聚氰胺含量 11.6mg/kg。

③饲料中不同违禁添加物检出情况对比。对 4 173批次饲料检测克仑特罗、莱克多巴胺、沙丁胺醇，均未检出；检测苏丹红 964 批次、呋喃唑酮 1 757批次、氯霉素 2 447 批次、己烯雌酚 434 批次，

也均未检出；检测孔雀石绿与隐性孔雀石绿 327 批次，检出 2 批次隐性孔雀石绿，隐性孔雀石绿检出率 0.6%。由此可见，饲料中克仑特罗、克多巴胺、沙丁胺醇、苏丹红、呋喃唑酮、氯霉素、己烯雌酚等违规使用已经基本得到了抑制。饲料中不同违禁添加物检出率对比见图 7。

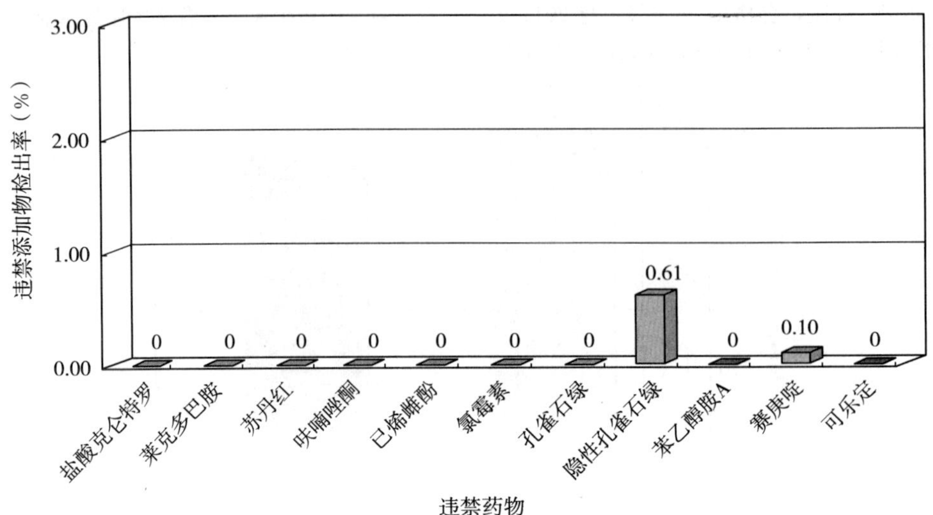

图 7　饲料中不同违禁添加物检出率（%）

3. 养殖环节"瘦肉精"专项监测

（1）养殖场（户）"瘦肉精"监督抽检。对全国 30 个省（区、市）17 039 个养殖场（户）育肥后期的生猪、肉牛和肉羊尿液中的克仑特罗、莱克多巴胺和沙丁胺醇进行了抽检。共抽取 45 293 批次动物尿液样品进行检测，有 5 批次肉牛尿液中检出克仑特罗，检出率为 0.01%。

（2）重点省养殖场（户）β-兴奋剂类违禁物质排查监测。2012 年，对河北、辽宁、江西、河南、山东、江苏、浙江、湖北、湖南、四川 10 省 18 县市 1 041 个生猪、肉羊和肉羊养殖场（户）进行了监测。共排查监测 963 个生猪养殖场（户），2 851 批次猪尿；58 个肉牛养殖场（户），174 批次牛尿；20 个肉羊养殖场（户），57 批次牛尿。

共抽取了动物尿液样品 3 082 批次，现场筛查克仑特罗、莱克多巴胺和沙丁胺醇 3 种 β-兴奋剂类违禁物质；除现场筛查呈阳性的样品外，每个养殖场（户）选 1 份尿液样品，使用确证方法进行克仑特罗、莱克多巴胺、沙丁胺醇、齐帕特罗、氯丙那林、特布他林、西马特罗、西布特罗、马布特罗、溴布特罗、班布特罗 11 种 β-兴奋剂类违禁物质的检测。没有检出克仑特罗等 11 种 β-兴奋剂类违禁物质。

4. 饲料标签专项检查结果分析。除进口饲料添加剂外，2012 年共抽查饲料标签 8 129 批次，合格 7 644批次，合格率为 94.0%。

从饲料标签 20 个单项检查结果看，不合格项主要是"产品成分分析保证值（应标注项目）"、"产品成分分析保证值（标准一致性）"、"原料组成"和"净重（或净含量）"。其中，产品成分分析保证值（标准一致性）最突出，有 283 批次与所执行的标准不一致，占不合格总数的 15.3%；其次，有 265 批次样品产品成分分析保证值（应标注项目）没有按《饲料标签》5.3 表中列出应标注的项目，占不合格总数的 14.3%；有 172 批次没有标明主要原料名称以及添加剂、载体和稀释剂名称，占全部单项指标不合格总数的 9.3%；有 172 批次没有使用法定计量单位标明，占全部单项指标不合格总数的 9.3%。有 155 批次产品标准编号没有标注齐全或标注不准确，占不合格总数的 8.4%。

四、存在的问题

1. 粗蛋白质等质量指标制约提高饲料合格率。随着近年来饲料监测和处罚力度的加大，质量指标合格率逐年提高，但合格率平均值仍低于卫生指标合格率。2012 年共抽检 3 685 批次配合饲料和浓缩饲料产品，不合格产品 138 批次，不合格率为 3.7%。不合格产品中有 79 批次饲料粗蛋白质不合格，占不合格配合饲料和浓缩饲料产品 57.3%。造成饲料粗蛋白质不达标的原因主要是人为因素，饲料原料价格、劳动力价格上涨，造成企业生产成本增加，在此情况下，少数中小企业任意调低配方中蛋白质原料用量或选用低质原料，从而降低了饲料产品质量。部分企业缺少必要的检化验设备，生产过程控制能力较差，没有对原料进厂和产品出厂进行有效控制。

2. 维生素剂预混合饲料存在严重造假问题。抽检添加剂预混合饲料 738 批次，合格 653 批次，合格率为88.5%。其中复合预混合饲料合格率为90.1%，微量元素预混合饲料合格率为85.1%，维生素预混合饲料合格率为74.6%。其中，经营环节的复合预混合饲料、微量元素预混合饲料和维生素预混合饲料合格率分别为85.2%、72.4%和36.8%，同比都有不同程度下降。维生素预混合饲料同比下降44.8个百分点。维生素预混合饲料主要是含量不合格，抽检55批次中有14批次维生素A不合格，其中10批次含量为0；有12批次维生素D_3不合格，10批次含量为0；有12批次维生素E不合格，11批次含量为0。经营销售环节的添加剂预混合饲料屡次出现不合格产品，问题较为严重。一是由于销售主体和流通环节较多，监管困难，尤其是边远地区；二是生产企业出产的产品质量参差不齐，或同一产品质量不同，加之经营企业辨别假劣饲料的能力不强，造成经销环节产品严重不合格。三是维生素预混合饲料贮藏条件要求较高，保质期短，产品一经开封后，需尽快用完，而经营环节往往贮藏条件达不到要求，造成维生素预混合饲料合格率低下。

3. 添加剂预混合饲料中砷超标问题突出。抽检683批次添加剂预混合饲料中的砷，砷超标率为2.8%。在检测的饲料卫生指标中，砷的问题最突出。砷超标的原因：一是由于有机砷制剂使用不规范，超标示量添加有机砷制剂；二是添加了有机砷制剂而不在标签上说明；三是交叉污染，生产加砷饲料后，未清洗加工设备或清洗不到位，造成对接着生产的其他饲料的污染；四是个别饲料生产业使用的矿物质添加剂无机砷超标。

4. 养殖环节非法添加违禁添加物问题依然存在。在养殖环节检测45 293批次育肥后期的生猪、肉牛和肉羊尿液中克仑特罗、莱克多巴胺和沙丁胺醇，从肉牛尿液中检出5批次克仑特罗，检出率为0.01%。连续多年开展的瘦肉精等违禁添加物专项整治行动取得了明显的成效，非法使用克仑特罗的势头已基本遏制，但非法添加违禁添加物的问题依然存在，且有向牛、羊等其他养殖动物转移的苗头。

5. 反刍动物自配饲料和动物源性饲料原料中牛羊源性成分仍有检出。2012年抽检4 117批次反刍动物饲料和动物源性饲料中牛羊源性成分，检出含有牛羊源性成分9批次，检出率0.2%，与2011年（0.2%）同比上升0.03个百分点。反刍动物自配饲料和动物源性饲料原料中牛羊源性成分检出率分别为0.3%和0.5%，同比都略有上升。从历年例行监测结果看，反刍动物饲料和动物源性饲料原料中牛羊源性成分的检出率总体呈逐年下降趋势，但有部分省市存在养殖场户在自配饲料中添加鱼粉、骨粉等动物源性饲料的现象。

6. 饲料用油专项监测工作需进一步规范。考虑到饲料用油来源广，如“地沟油”“下脚料”等，安全隐患较大，2012年第2次将饲料用油纳入专项监测，2012年抽检混合油236批次样品，合格231批次，合格率为97.9%。从本次监测情况看，油脂在抽样和检测方面存在一些问题，需进一步规范。一是抽取的饲料用油大部分是植物油，还有不明成分的油脂，而反映问题较大的混合油抽样量较小，样品代表性不强；二是监测计划指定的油脂中苯丙芘的检测方法（GB/T 5009.27—2003）繁琐，可能会带来一定的误差；三是饲料用油种类繁多，但除混合油（NY/T 913－2004）和鱼油（SC/T 3504－2006）有标准外，其余则均无产品标准。

五、对策措施和建议

1. 提高门槛，严格执行饲料相关法律法规。近年来，随着监测工作进一步加强，饲料产品质量安全水平有了很大的提高，但由于饲料行业整体水平不高，受生产条件、管理水平、人员素质、市场因素等方面的影响，饲料质量不稳定，合格率波动较大的问题仍然存在，饲料质量安全事件偶有发生，一些潜在安全隐患依然存在。因此，需要提高门槛，严格执行《饲料生产企业许可条件》《混合型饲料添加剂生产企业许可条件》和《饲料质量安全管理规范》。

2. 严查严打，逐步建立“黑名单”制度。要严格按照《饲料和饲料添加剂管理条例》规定，对不合格产品的企业实施处罚并曝光，使监督检查取得成效。彻底改变部分地区“重查轻处或只查不处”状况。通过建立“黑名单”制度，对饲料产品质量指标严重不合格的劣质产品及企业进行公开通报，引起了企业和社会的广泛关注，起到社会舆论的监督作用，同时让市场淘汰制售不合格产品和违法添加违禁物的企业。

3. 高度重视，尽快完善饲料标准体系。针对现行的卫生标准缺乏一些重要产品、重要指标规定的问题，建议参照NY5072《无公害食品 渔用配合饲料安全限量》，制定水产饲料卫生标准；制定水禽配合饲料、浓缩饲料和添加剂预混合饲料中镉限量标准；制定微量元素预混合饲料铅限量标准；增加添加剂预混合饲料和浓缩饲料中镉限量标准；制定完善饲料用油标准，以规范饲料企业用油；逐步完善《禁止在饲料和动物饮水中使用的药物品种目录》（农业部第176号公告）中所涉及的违禁药物的检测方法标准。

4. 全面宣贯，促进饲料行业和畜牧业健康发展。新的饲料管理条例已经颁布实施，对饲料生产、经营企业和从业人员都提出了更高要求，目前，仍然有个别饲料生产、经营企业的部分人员对本行业的法律法规、饲料安全、畜产品安全方面知识缺乏全面了解。因此，要以新出台的饲料管理条例为契机，加强对生产、经营企业和养殖场（户）的饲料法律法规培训，特别是对新出台的法律法规应及时进行宣贯，提高从业人员的法律意识、质量意识和责任意识，以规范饲料企业的生产经营活动，规范养殖行为。

5. 开展评估，提高饲料质量安全监测工作质量。 随着饲料监管工作的深入，各饲料质检机构承担的任务逐年增加，需要检测的新项目也不断增加，为确保饲料质量安全监测工作质量，应加强抽样人员、检测人员、结果处置和数据录入人员的培训，提高业务水平，增强工作责任心。依据《农业部饲料质量安全监测工作规范（修订）》，对监测工作质量进行评估。

（樊　霞　李　俊）

科 技 与 推 广

2012年是实施“十二五”科技攻关的关键之年，由饲料产业技术创新战略联盟组织实施的“十二五”饲料科技支撑计划项目进展顺利，获得鉴定成果1项，奖励1项；取得专利12项、申请专利29项；研制国家/行业标准7项，地方标准1项，完成地方标准1项；研发新产品15项，新材料2项，新工艺2项，新装置1项；技术集成2套；技术研制5个；发表论文85篇，其中SCI、EI收录42篇；出版著作7部。饲料资源开发与高效利用关键技术研发，集成示范课题开展了白酒糟混菌固态发酵工艺和后处理工艺研究、柑橘渣增殖发酵的适宜菌种筛选及多菌种混合发酵工艺参数研究、苹果渣的发酵菌株、发酵辅料配方以及多菌种混合发酵工艺及发酵产品后处理研究；研究了棉籽蛋白质的高效脱毒技术，优化了棉籽蛋白质固态发酵工艺参数，开发了发酵棉籽蛋白质并进行了产品初步评价；研究了酶解棉籽蛋白质生产浓缩蛋白质饲料的深加工关键技术；研究了菜籽粕固态发酵的工艺参数和高效脱毒技术，开发了发酵菜籽粕产品并研究其在肉仔鸡上的应用技术；筛选了木薯渣、马铃薯渣和甘薯固态发酵菌种，研究了优化微生物发酵时间等工艺参数。安全高效饲料添加剂研发与产业化示范课题开展了专效饲用抗菌肽产品研制与产业化、新型饲用酶制剂的研制与产业化、生态型饲料添加剂关键技术研究与开发、饲用微生态制剂研制、饲用活性肽和防御肽的研制等方面的研究，课题研制的饲用天蚕素抗菌肽、鸡用合生元维生素预混合饲料、猪用芽孢杆菌维生素预混合饲料、乳酸杆菌饲料添加剂、猪用酿酒酵母维生素预混合饲料、猪用乳酸片球菌维生素预混合饲料、纤维寡糖等技术和产品已经成功实现产业化。生态环保饲料生产关键技术研发与集成示范课题开展了猪、蛋鸡、肉鸡、水禽低氮、磷、微量元素和反刍动物甲烷排放的营养调控技术，研制出了一系列环保饲料添加剂产品并在生产中得到推广应用。安全优质饲料生产关键技术研发与集成示范开展了饲料加工过程质量安全防控技术研究，产业化示范、新型饲料熟化工艺技术研究与产业化示范、优质动物产品生产饲料配制关键技术研究、产业化示范等方面的研究。还开展了饲料原料及添加剂品控无损检测新技术研究、饲料质量安全快速检测技术研究及设备研发等。

2012年由中国农业大学李德发教授主持的“猪肌纤维发育与肌内脂肪沉积的机制与营养调控”项目由国家重点基础研究发展计划立项支持。

由中国农业科学院北京畜牧兽医研究所、浙江大学、河南农业大学等7个单位历时10余年开展的“优质乳生产的奶牛营养调控与规范化饲养技术及应用”，该项目针对国内牛奶质量普遍偏低、优质乳生产严重不足的困扰，围绕提高牛奶品质的关键技术开展了系统研究，获发明专利11项、实用新型专利5项、计算机软件著作权3项，制定标准11项，实现3大技术突破：第一，在调研和评价中国奶牛饲料资源和养殖实际情况的基础上，运用人工瘤胃、三位点瘘管和营养持续灌注等研究方法，研究揭示了中国奶牛生产实际中乳脂肪和乳蛋白偏低的内在机理，开发了粗饲料利用优化组合、蛋白质饲料高效利用等奶牛营养调控关键技术，使得生鲜乳中乳脂肪和乳蛋白含量显著提高，分别达到3.5%和3.1%。第二，系统研究了奶牛合成共轭亚油酸（CLA）和活性乳蛋白的调控机理，开发了提高生鲜乳中CLA、免疫球蛋白（IgG）和乳铁蛋白（Lf）含量的调控技术，并实现CLA乳制品和活性蛋白乳制品的产业化生产。第三，针对奶牛围产期、泌乳高峰期、热应激期这3个关键时期牛奶品质下降的问题，研发了系列营养调控技术和专用饲料产品，建立了奶牛生产优质乳的规范化饲养技术，制定了优质乳生产全过程控制的《良好农业规范奶牛控制点与符合性规范》（GAP）等国家、行业和地方标准 11 项，为规范奶牛养殖过程管理提供了指南。目前，该成果的核心技术已经作为全国奶牛科技入户示范工程和中国奶业协会的主推技术得到应用，在全国 20 多个市（县）累计举办各类培训班 2 470余期，培训奶农超过 27 万人次，提升了奶牛养殖水平和从业人员素质，提高了牛奶品质和饲料转化效率，增加了养殖户收益；开发的 CLA 牛奶等系列乳制品丰富了市场特色乳制品供给，经济效益和社会效益显著，具有广阔的应用前景。

2012 年度，农业科技成果转化资金项目支持了 15 个饲料相关技术的中试与推广，国家星火计划立项了 25 个饲料相关项目（表 1、表 2）。

表 1　2012 年度农业科技成果转化资金支持的饲料项目

序号	项目名称	承担单位
1	高效复合微生态制剂制备中试	北京龙科方舟生物工程技术有限公司
2	多基因共表达饲用非淀粉多糖复合酶产品中试	北京挑战生物技术有限公司
3	高活性生物饲料及添加剂关键技术与产业化示范	内蒙古粮食科学研究设计院有限责任公司
4	玉米秸秆饲料防腐营养加工技术示范与推广	通辽市润旺生物质加工有限责任公司
5	植物源性仔猪诱食配合饲料中试转化与产业化	辽宁禾丰牧业股份有限公司
6	饲料添加剂—高比活木聚糖酶的研发及产业化	江苏奕农生物工程有限公司
7	饲料添加剂维生素 B_2（核黄素）的生产技术集成与产业化示范	广济药业（孟州）有限公司
8	规模猪场活性生物饲料制造与饲养新技术集成示范	湖北省农业科学院畜牧兽医研究所
9	饲用合生元的生产技术及在肉鸭养殖中应用的中试示范	武汉工业学院
10	国产饲料级 DL-蛋氨酸工业合成技术转化与生产示范	重庆紫光天化蛋氨酸有限责任公司
11	生物免疫调节型桑黄复合饲料添加剂中试及试验示范	重庆正通药业有限公司
12	饲料霉菌毒素体内解毒技术的开发与应用	四川农业大学
13	肉鸡复方中草药饲料添加剂生产技术中试与示范	丹凤县华茂牧业科技发展有限责任公司
14	节粮环保型生长育肥猪饲料应用中试及推广	青岛金久生物技术有限公司
15	抗蛋白酶降解的高比活饲用 α-半乳糖苷酶的中试与示范	中国农业科学院饲料研究所

表 2　2012 年度国家星火计划立项的饲料项目

序号	项目名称	承担单位
1	鲍鱼、海参健康养殖专用微生态制剂研发及应用示范	大连太平洋海珍品有限公司
2	鳙鱼高产生物饲料研制与推广应用	南京帅丰饲料有限公司
3	新型畜禽饲用免疫增强剂的研制与产业化开发	连云港荣盛生物科技有限公司
4	新型饲用生物除臭剂的研制及开发应用	灌云县生猪发展总公司
5	异育银鲫高效环保型配合饲料的研制及示范推广	盐城工学院
6	梭鱼高效环保型配合饲料的研制及示范推广	盐城恒兴饲料有限公司
7	银杏叶生物饲料添加剂制备的关键技术及其产品的应用	徐州正昌饲料有限公司
8	高效保健环保型河蟹饲料产业化开发	宿迁洪祥饲料科技有限公司
9	一种畜禽复合微生态制剂的研究及产业化	江苏三色源生物工程有限公司
10	新型霉菌毒素吸附处理剂的研制与开发	南京禾嘉牧业有限公司
11	仔猪高档生态型饲料产品中试生产与推广	江苏食品职业技术学院
12	高效中草药饲料添加剂在肉猪生产中的中试示范	绍兴市辉达生态养殖有限公司
13	氨基酸高效利用关键技术及其在水产健康养殖中的应用	杭州康德权饲料有限公司
14	新型饲用酶制剂创制关键技术研发与应用推广	杭州多汇科技有限公司

（续）

序号	项目名称	承担单位
15	新型膨化甲鱼饲料关键技术研究和示范	浙江欣欣饲料股份有限公司
16	年产3万吨蝇蛆蛋白饲料生产线项目	浙江天乐天生物科技有限公司
17	生物发酵海藻饲料添加剂的应用开发	浙江赛尔金生物科技有限公司
18	完整型小直径水产硬颗粒饲料开发与产业化	海盐县金利达饲料有限公司
19	海水养殖对虾专用益生菌的开发与应用	浙江工商大学
20	中草药酵母硒在蛋鸡健康养殖中的关键技术示范与推广	安徽科技学院
21	生长猪环保型饲料的研究与应用	福建省亿生农业开发有限公司
22	年产10万吨新型复合微生物饲料关键技术产业化示范	夏津加伟生物科技有限公司
23	α-半乳糖苷酶研发应用	青岛根源生物技术集团有限公司
24	抗菌肽绿色饲料添加剂的研发和产业化	广州格拉姆生物科技有限公司
25	新型仔猪“脓状无抗生素教槽料”的优化及产业化	深圳安佑康牧科技有限公司

（吴子林）

饲料行业职业技能鉴定

2012年，畜牧（饲料）行业职业技能鉴定指导站紧紧围绕行业重点工作，大力推进职业技能培训与鉴定工作，加强对鉴定站技术指导与服务。全年各饲料鉴定站总计开展培训鉴定73批次，培训5 600多人，有5 503人经考试合格取得国家职业资格证书。

一、继续做好国家职业分类大典修订工作

按照农业部职业技能鉴定指导中心的要求和部署，继续做好国家职业大典涉及饲料职业的修订工作。组织行业内有关专家对新增职业进行了研究讨论，对原有职业从定义、工作内容、从业情况等方面分别进行了填报。于2012年11月5～7日在石家庄组织召开饲料职业工种修订研讨会，邀请河北、安徽两省饲料办、饲料协会、检测机构、饲料企业、大专院校的专家参加了研讨会。会上对饲料检验化验员、饲料厂中央控制室操作工和新增职业饲料配方师等各个职业的定义、工作活动的内容和形式以及工作活动的范围等具体描述再次进行了认真讨论和修订，形成上报意见后已报农业部鉴定指导中心。

二、饲料行业职业技能鉴定工作座谈会在福州召开

2012年3月28～30日在福州召开了饲料行业职业技能鉴定工作座谈会。来自28个鉴定站的52名负责人或代表参加了会议。会议主要内容：一是总结交流2011年鉴定工作开展情况，部署下一步工作任务；二是配合新修订《饲料和饲料添加剂管理条例》的实施工作，组织与会人员就如何做好有关职业工种的培训与鉴定进行了座谈，还邀请了国家饲料质量监督检验中心总工程顾君华师解读了《饲料检验化验员国家职业标准》，并讲解了饲料安全检测技术，为《饲料和饲料添加剂管理条例》实施后开展有关职业的技能鉴定做好了准备工作。

三、抓考评员队伍建设

畜牧饲料行业指导站为提升考评员队伍素质，保证鉴定质量，2012年5月12～14日在西安举办了畜牧饲料行业职业技能鉴定考评员培训班。来自行政部门、畜牧技术推广机构和科研院所等单位164人参加了培训，并进行了考评员资格认证考试。通过培训，及时补充了个别鉴定站考评人员的不足，并对已到期考评员进行了培训，为开展鉴定以及保证鉴定质量打下了坚实基础。

四、申报农业职业技能鉴定站建设项目

根据农业部职业技能鉴定指导中心部署，组织各鉴定站申报建设项目。经报农业部鉴定指导中心审核，有10家鉴定站批准通过，取得了该项目支持。分别是：北京市饲料工业协会、河北省饲料工业协会、新疆维吾尔自治区饲料工业协会、湖南省饲料工业协会、宁夏饲料工业办公室、内蒙古饲料草种监督检验站、吉林省饲料工业协会、江西省饲料工业协会、黑龙江省畜牧兽医局、广西饲料工业协会。配置的仪器设备也将于2013年5月底前全部到站。项目的取得将使这些鉴定站进一步改善培训和鉴定硬件条件，提高了鉴定工作效率，为培训和鉴定顺利开展奠定了基础。

（杜凤杰）

饲料工业标准化

2012年，全国饲料工业标准化技术委员会（以下简称“饲料标委会”）在国家标准化管理委员会和农业部主管部门的领导下，以保安全、促发展为目标，配合《饲料和饲料添加剂管理条例》实施，大力推进饲料标准化工作，重要标准的制修订工作取得较大进展，为保障饲料工业健康有序发展提供技术支撑。

一、重点做好《饲料卫生标准》和《饲料标签》标准修订工作

1. 完成《饲料标签》修订。为保证《饲料标签》与新修订《饲料和饲料添加剂管理条例》等相关法律法规的一致性，6月，饲料标委会组织专家对《饲料标签》（报批稿）进行了审查，补充了《饲料原料目录》中有关强制性标识要求的相关内容，增加了对委托加工产品和定制产品的标明规定。9月，将《饲料标签》（报批稿）报送到国家标准化管理委员会。

2.《饲料卫生标准》修订取得较大进展。2月，饲料标委会组织专家在北京召开《饲料卫生标准》（征求意见稿）意见汇总处理研讨会，对《饲料卫生标准》（征求意见稿）的意见和建议进行了汇总分析和研讨，并根据有关意见建议进一步修改完善了标准本文。

二、认真落实质检公益专项项目——饲料添加剂重要产品标准研究项目的研究工作

饲料添加剂重要产品标准研究项目是国家质检总局2010年下达中国饲料工业协会的质检公益专项。中国饲料工业协会与协作单位共同努力，集中力量，致力于该项目研究，开展了目标任务中饲料加剂产品生产工艺调研、国内外标准查询和比较研究、国内代表性样品收集、部分技术指标及相应检验方法的确定、国家标准立项和编制等工作，形成了国家标准草案45项，其中获得国家标准立项33项。

三、积极开展饲料工业标准编制培训

为进一步提高饲料工业标准编制质量和标准项目完成率，3月27～29日，饲料标委会在山东济南举办了一期饲料工业标准编制培训班。聘请有关专家就《标准化工作导则》《标准化工作指南》和饲料产品标准及方法标准的编制要点等内容进行了详细讲授，对新承担标准制修订任务和尚未完成标准制修订任务的标准编制专家80余人进行了培训，与会专家就标准制修订工作进行了交流。通过培训与交流，提高了标准编制专家对标准化工作的认识和业务技能，促进了标准制修订工作。

四、认真做好饲料标准的申报、审查、报批工作

为做好饲料工业国家标准、行业标准项目的申报工作。2012年年初，饲料标委会秘书处研究拟定了《2012年饲料工业申报项目指南》。7月，将论证确定的农业行业标准项目建议上报农业部，将国家标准项目在中国饲料工业信息网上进行公开征集承担单位。根据国标与行标的申报情况和技术评审结果，饲料标委会研究确定项目建议83项，其中国标38项，行标45项。2012年，饲料标委会共组织召开5次饲料工业标准审查会，共审查报批饲料工业国家标准、行业标准39项，其中审查25项，报批标准14项。国家标准化管理部门和农业部共颁布实施饲料工业国家标准、行业标准16项（表1）。

表 1　2012 年颁布或实施的饲料工业国家标准和行业标准

序号	标准编号	标准名称
1	GB/T 28642—2012	饲料中沙门氏菌的快速检测方法 聚合酶链式反应（PCR）法
2	GB/T 28643—2012	饲料中二噁英及二噁英类多氯联苯的测定同位素稀释-高分辨气相色谱/高分辨质谱法
3	GB/T 28715—2012	饲料添加剂酸性、中性蛋白酶活力的测定 分光光度法
4	GB/T 28718—2012	饲料中 T-2 毒素的测定 免疫亲和柱净化—高效液相色谱法
5	GB/T 28717—2012	饲料中丙二醛的测定 高效液相色谱法
6	GB/T 28716—2012	饲料中玉米赤霉烯酮的测定 免疫亲和柱净化—高效液相色谱法
7	农业部 1730 号公告-1-2012	饲料中 8 种苯并咪唑类药物的测定 液相色谱—串联质谱法和液相色谱法
8	农业部 1862 号公告-1-2012	饲料中巴氯芬的测定 液相色谱—串联质谱法
9	农业部 1862 号公告-2-2012	饲料中唑吡旦的测定 高效液相色谱法/液相色谱—串联质谱法
10	农业部 1862 号公告-3-2012	饲料中万古霉素的测定 液相色谱—串联质谱法
11	农业部 1862 号公告-4-2012	饲料中 5 种聚醚类药物的测定 液相色谱—串联质谱法
12	农业部 1862 号公告-5-2012	饲料中地克珠利的测定 液相色谱—串联质谱法
13	农业部 1862 号公告-6-2012	饲料中噁喹酸的测定 高效液相色谱法
14	NY/T 2218—2012	饲料原料 发酵豆粕
15	NY/T 2131—2012	饲料添加剂 枯草芽孢杆菌
16	NY/T 2130—2012	饲料中烟酰胺的测定 高效液相色谱法

（粟胜兰）

国际交流与合作

一、参加国际饲料工业联合会（IFIF）/联合国粮农组织（FAO）年度工作会议报告

国际饲料工业联合会（IFIF，以下称国饲联）和联合国粮农组织（FAO，以下简称粮农组织）于2012年10月3～5日在意大利罗马粮农组织总部召开了年度工作会议，包括国饲联理事会常务理事会、会员大会和与粮农组织双方合作项目工作会议。国饲联会长、理事会常务理事、会员代表以及粮农组织相关人员共计46位代表参加了这次会议。

1. 国饲联理事会常务理事会、会员大会讨论并审议批准事项。国饲联理事会常务执行理事 Alexandra de Athayde 女士主持会议，国饲联理事会主席 Mario Sergio Cutait 先生首先致辞欢迎并感谢国饲联理事会各位常务理事、会员代表如期参加本次会议，宣布审议并批准通过本次会议日程。理事会主席 Mario 先生和常务执行理事 Alexandra 女士先后作工作报告。同时签署执行互守信任声明，批准和通过2012年亚特兰大常务理事会会议纪要。报告回顾自亚特兰大会议以来，开展了很多富有成效的工作，如加强了与粮农组织的合作关系、与世界兽医组织合作协议得到其2012年批准、参与食品法典会议等主要工作。

国饲联理事会常务理事会、会员大会还审议并批准通过2012年度财务执行预决算报告：总收入为340 000美元，总支出337 070美元，预计赢利2 930美元（2011年亏损17 057美元）；2013年财务预算计划：预计总收入为353 000美元，总支出348 272美元，赢利4 728美元。

讨论审议国饲联机构的管理问题。由于产生增值税（VAT）负担趋重缘故，商定将目前在卢森堡的国饲联银行账户改迁转到荷兰合作银行（Rabobank），同时，将目前国饲联注册地卢森堡改迁移到美国。妥善解决 FeedLatina 拖欠2012年度会费和确定其会员地位问题。拓展今后会员发展新思路，规范会员权力，正式会员有投票权，其他非正式会员无投票权。各位会员应担当起国饲联大使的责任，有义务积极推荐发展国饲联新会员，尤其是荐举发展优秀的新会员，扩大国饲联在全球饲料行业的影响。

听取政策委员会主任纽曼先生负责的“饲料成分比较项目2阶段和3阶段项目建议”，此项目已得到中国、日本、巴西、南非的支持；教育委员会主任德威特博肖夫先生负责的关于“全球饲料暨食品大会”的最新准备工作情况；技术委员会主任亚历山大 DÖRING 先生“饲料质量安全评估项目”进展情况和3个委员会主任提出的2013年继续执行项目工作计划。

决定2013年4月在南非太阳城由南非饲料协会承办“国际饲料展会”期间召开下次“国饲联常务理事会”“饲料法规论坛”“全球饲料暨食品大会”，各会员积极组织相关人员参加国饲联举办的这3项重大活动。通报批准 Impextraco、Monsanto M. Cassab 和 ABIOVE 等企业成为国饲联新会员，着手减轻会员会费，积极撰写刊发国饲联成立25周年纪念文章等事宜。还审定了2013年国饲联与粮农组织合作共同开展的17项有关活动。

2. 国饲联与粮农组织双方合作年度工作会议情况。国饲联理事会常务执行理事 Alexandra 女士和粮农组织畜牧项目官员 Daniela 女士先后做了国饲联和粮农组织合作项目回顾以及2013年合作展望。政策委员会主任纽曼先生主持负责与粮农合作项目回顾。食品法典委员会主任助理 Eve Reinhard 先生和秘书 Annamaria Bruno 先生介绍动物饲料原料标准制定进展情况，法典制定动物饲料的新重点工作；粮农组织畜牧项目官员 Daniela 女士主持，由南非饲料协会执行秘书长德威特博肖夫先生介绍国饲联和粮农组织合作于2013年4月在南非太阳城由南非饲料协会承办的“全球饲料暨食品大会”日程和大会主题、资助组织和机

构，参与演讲者，承办费用、信息发布等情况。纽曼先生介绍召开第六届“饲料法规论坛”的筹备工作。

Ajinomoto HT 公司总裁 Daniel 先生主持家畜环保可持续发展项目：粮农畜牧专家 Jeroen 先生、Pierre 先生、Harider 先生介绍了世界畜牧可持续发展行动，畜牧养殖环境保护，家畜可利用日粮（资源）；欧盟饲料协会秘书长 Alexander 先生、欧盟饲料原料协会动物卫生营养专家 Michaal 先生介绍情况，请欧盟、美饲协、国饲联共同遵守执行动物饲料良好规范。还邀请有关专家就牧场合作行动和展望、饲料生产量统计和市场展望、2013 年粮食谷物展望、食品市场价格分析和粮农组织行动、利用粮农数据库信息共享、世界饲料产量统计分析等主题作了演讲。

会上粮农组织官员赠送了《饲料工业良好生产规范手册》2010 版（修订版、尚未正式印刷出版），执行食品法典良好动物饲养规范准则。该手册分 5 章，制定了：动物饲料有关的健康危害；一般原则要求；良好生产规范；饲料和饲料成分的农场生产与使用；抽样与分析方法。3 个附录：良好动物饲养规程法典；国家规范；国家饲料协会的作用及建立。

3. 2013 年国际饲料工业联合会将开展的有关活动（表 1）。

表 1　2013 年国际饲料工业联合会开展的有关活动

日　期	内　容	地　点
1 月 21 日	粮农组织开展全球行动启动	肯尼亚内罗毕
1 月 29～31 日	国际饲料展会	美国亚特兰大
1 月 4～8 日	第六次食品法典动物饲料特别工作组会议	瑞士伯尔尼
1 月 26～28 日	中东粮食大会	迪拜
4 月 4～5 日	ANAC 年会和大会	加拿大多伦多
4 月 8 日	第六次（IFIF）国际饲料法规研讨会	南非太阳城
4 月 8 日	国饲联理事会	南非太阳城
4 月 9～12 日	第四次全球食品/饲料大会	南非太阳城
6 月 5～8 日	欧盟饲料协会第六次大会	波兰克拉科
6 月 18～20 日	农业 2013	荷兰 Noordwijk am Zee
7 月 1～6 日	法典委员会第 36 次会议	瑞士日内瓦
7 月 24～26 日	澳大利亚国际牧场研讨会	澳大利亚墨尔本
7 月 2～7 日	35 次法典委员会会议	意大利罗马
9 月 10～12 日	液体饲料研讨会	美国 St. Louis，MO
10 月 2 日	国饲联常务理事会会议	意大利罗马
10 月 3～4 日	国饲联/粮农组织年会	意大利罗马
10 月 4 日	第 26 届国饲联年会	意大利罗马

二、中国饲料工业协会邀请国际饲料联合会主席马里奥·库特先生出席 2012 中国饲料工业展览会

应中国饲料工业协会秘书长李希荣邀请，国际饲料工业联合会主席马里奥·库特先生一行 5 人于 4 月 12 日来华参观在厦门国际会展中心举办的“2012 中国饲料工业展览会”，并与李希荣秘书长进行了工作会谈；双方就国际饲料工业联合会与中国饲料工业协会的合作事项坦诚地交换了意见。

马里奥·库特先生表示，面对世界人口增长带来的对食品、特别是对动物蛋白质需求的成倍增长，只有通过与中国饲料工业协会通力合作，才可以应对挑战。国际饲料工业联合会的工作缺少占有全球饲料产量第一位（占全球饲料产量 20%）的中国的积极参与是不可想象的，希望中国饲料工业协会能够积极参与国际饲料联合会的活动。

李希荣秘书长明确表示，中国饲料工业协会愿意积极参与国际饲料工业联合会的活动，为全球饲料工业的健康发展、为饲料产品的安全进而对动物性食品的安全生产做出积极的贡献。希望双方加强信息沟通，通力协作，共同为饲料行业的发展而努力。

会谈期间，国际饲料工业联合会执行理事亚里克桑德女士还以“国际饲料工业联合会与中国饲料工业协会携手合作”为题进行了专题演讲，内容包括国际饲料工业联合会的构成、与各相关国际组织的协作、与各成员间的合作以及全球饲料生产情况等。

（张贞奇　刘士杰）

饲料行业质量认证

2012年，是中国认证认可事业发展进程中具有重要意义的一年。为贯彻和落实《中华人民共和国认证认可条例》和《认证机构管理办法》，规范第三方认证市场，国家质量技术监督检验总局要求各地质量管理部门加强对第三方认证机构的管理。各地质量管理部门通过网络查询、现场检查等手段，有效保证了第三方认证机构按照要求完成认证工作，对提升认证质量起到了显著作用。

2012年，畜牧、饲料行业企业在资本市场表现活跃，多家畜牧饲料企业上市成功，充沛的资金保证了上市企业的加速发展，在大型企业技术、资金、品牌等多方面优势压力下，中小型饲料企业生存愈发艰难。同期，饲料行业开展了饲料质量安全管理规范的试点工作。因饲料质量安全管理规范与ISO9001、ISO22000等质量标准原则相同、手段相近，因此，大中型饲料企业开始重视第三方认证工作，而中小企业受限于能力，对第三方认证工作存在为难情绪。

一、持续开展饲料行业质量认证宣传推广工作

2012年，北京华思联认证中心在多个省、市、自治区开展质量认证培训工作。对ISO9001、ISO22000（HACCP）在饲料行业的应用进行针对性讲解，促进企业管理人员对过程控制、可追溯等理论的理解。

二、加强审核人员培训工作，提升第三方审核质量

2012年，北京华思联认证中心为提升认证质量，多次组织审核人员培训，从动物营养学、饲料加工工艺等专业学科，到CC18等审核要求。通过培训，审核员专业素质得到提升，保证了认证质量。

三、开展国际合作，接触发达国家先进管理体系

2012年，北京华思联认证中心继续推进FEMIQS认证，保证饲料添加剂和添加剂预混合饲料生产企业出口欧盟需要。为促进行业管理水平，中心先后与国外机构接触，对荷兰GMP+、英国FEMAS等饲料认证标准进行了跟踪研究，拟吸收其先进经验，为中国饲料行业管理提供借鉴。

四、饲料行业质量认证工作中存在的问题

当前，饲料行业企业对质量认证工作已有基本认识，但不少企业缺乏正确态度，为宣传而认证的企业为数不少。另外，部分企业缺乏管理体系文件与原有管理体系的深入整合，造成管理体系与企业原有管理体系脱节，第三方认证成为负担，相关工作人员应付了事的局面。部分行业内大型企业存在此类问题。第三，中小型饲料企业生存困难，企业在经营中更多考虑经济利益，忽略了风险控制。以上原因造成第三方认证工作在饲料行业进展相对较慢。

五、建议

质量安全管理规范工作与第三方认证工作有机结合，提升饲料行业管理水平，提高产品质量。

质量安全管理规范是行政管理部门实施的强制性行业准则，是行业从业企业从事生产所必须遵从的要求。而第三方认证借助专业性服务机构的技术能力帮助企业提升管理水准，提高产品质量，是企业自愿性行为。质量安全管理规范规定了企业在生产经营中所应注意的关键事项，ISO9001、ISO22000认证则以提高产品质量为最终目标，基于系统的管理理念，覆盖了企业生产、经营中财务管理的各个环节。质量安全管理规范工作与第三方质量认证有机结合，可促进企业改变经营思路，摒弃价格竞争，规范日常生产经营，提高产品质量，保障畜产品及饲料产品安全。

附表：

2012年北京华思联认证中心获证企业名单

序号	企业名称
1	AKZO NOBEL SURFACE CHEMISTRY PTE LTD
2	GFC ASIA LTD
3	GLOBAL NATURAL PIGMENTS LIMITED
4	埃富恩饲料科技（上海）有限公司
5	爱科（三河）饲料有限公司
6	安徽朗坤技术发展有限公司
7	保定波尔莱特农牧有限公司
8	北大国际医院集团西南合成制药股份有限公司
9	北海恒兴特种饲料有限公司
10	北京艾微佳生物技术有限公司
11	北京邦世生物技术有限公司
12	北京北农大动物科技有限责任公司
13	北京德青源农业科技股份有限公司
14	北京都润科技有限公司
15	北京菲迪饲料科技有限责任公司
16	北京福乐维生物技术有限公司
17	北京富士饲料有限公司
18	北京华藤示范米业有限公司
19	北京华裕食品有限公司
20	北京佳佳美饲料科技有限公司
21	北京金泰得生物科技股份有限公司
22	北京金泰得生物科技股份有限公司北京分公司
23	北京劲能生物科技股份公司
24	北京九州大地生物技术集团股份有限公司
25	北京康华远景科技有限公司
26	北京科为博生物科技有限公司
27	北京科兴大地饲料有限公司
28	北京绿海之舟饲料科技有限公司
29	北京奶牛中心
30	北京强大浓缩饲料有限责任公司
31	北京三元禾丰牧业有限公司
32	北京三元绿荷奶牛养殖中心
33	北京三元种业科技股份有限公司滦平饲料分公司
34	北京桑普生物化学技术有限公司
35	北京市爱德利都饲料科技开发有限公司

（续）

序号	企业名称
36	北京市华都峪口禽业有限责任公司
37	北京市三元绿荷饲料厂
38	北京双娃乳业有限公司滦县奶牛养殖场
39	北京四方红饲料科技有限公司
40	北京挑战牧业科技股份有限公司
41	北京挑战生物技术有限公司
42	北京伟嘉人生物技术有限公司
43	北京新希望农牧科技有限公司
44	北京亚禾营养高新技术有限责任公司
45	北京益农饲料中心
46	北京英惠尔生物技术有限公司
47	北京中科牧丰生物技术有限公司
48	北京中农博特生物工程技术有限公司
49	滨州六和饲料有限公司
50	博尚生化饲料（湛江）有限公司
51	沧州欣德威兽药有限公司
52	朝阳华星生物工程有限公司
53	成都枫澜科技有限公司
54	成都菊乐生态养殖有限公司
55	诚达药业股份有限公司
56	大安市军辉牧业养殖农民专业合作社
57	大成蓝雷营养科技（天津）有限公司
58	大成万达（天津）有限公司
59	德州六和国力饲料有限公司
60	德州六和金珊食品有限公司
61	东莞市康达尔饲料有限公司
62	恩贝集团有限公司
63	肥城阿斯德化工有限公司
64	费县六和化海食品有限公司
65	佛山立达尔生物科技有限公司
66	佛山市海航饲料有限公司
67	佛山市华洋动物营养品有限公司
68	佛山市顺德区全兴水产饲料有限公司
69	福建恒兴饲料有限公司
70	富阳科兴生物化工有限公司
71	广东海大集团股份有限公司
72	广东海大集团股份有限公司广州海因特生物技术分公司

（续）

序号	企业名称
73	广东恒兴饲料实业股份有限公司
74	广东华红饲料科技有限公司
75	广东康达尔农牧科技有限公司
76	广东科邦饲料科技有限公司
77	广东南海中宏饲料厂
78	广东双湖饲料有限公司
79	广东泰峰膨化饲料有限公司
80	广东天邦饲料科技有限公司
81	广东希普生物科技股份有限公司
82	广东新南都饲料科技有限公司
83	广东兴腾科生物科技有限公司
84	广东雅琪生物科技有限公司
85	广东溢多利生物科技股份有限公司
86	广汉隆达饲料有限公司
87	广汉正大饲料科技有限公司
88	广西皇氏甲天下乳业股份有限公司来宾分公司
89	广西旺大饲料有限公司
90	广州爱保农饲料有限公司
91	广州保大饲料有限公司
92	广州大台农饲料有限公司
93	广州东荣天然色素有限公司
94	广州海因特生物技术有限公司
95	广州矿威饲料有限公司
96	广州力智农业有限公司
97	广州绿安康饲料科技有限公司
98	广州南宝饲料有限公司
99	广州市百兴畜牧饲料有限公司
100	广州市博仕奥生化技术研究有限公司
101	广州市诚一水产科技有限公司
102	广州市番禺区大川饲料有限公司
103	广州市海维饲料有限公司
104	广州市骏宝饲料有限公司
105	广州市容川饲料有限公司
106	广州市威司特生物科技有限公司花都工厂
107	广州市正百饲料科技有限公司
108	广州市正农饲料有限公司
109	广州市众望饲料有限公司

（续）

序号	企业名称
110	广州天科生物科技有限公司
111	广州旺大饲料科技有限公司
112	广州兆华金丰农牧实业有限公司
113	广州中琦硅业有限公司
114	贵阳单宁科技有限公司
115	贵阳三联乳业有限公司
116	哈尔滨青禾科技有限公司
117	哈尔滨市联丰饲料有限公司
118	海南海壹水产饲料有限公司
119	海南恒兴饲料实业有限公司
120	含山县昭关鹰皇油脂有限公司
121	杭州富阳新兴实业有限公司
122	杭州海尔希畜牧科技有限公司
123	杭州民生生物科技有限公司
124	杭州亿万饲料科技有限公司
125	河北碧隆饲料添加剂有限公司
126	河北大正饲料科技有限公司
127	河北东华冀衡精细化工有限公司
128	河北环球饲料添加剂有限公司
129	河北冀丰动物营养科技有限责任公司
130	河北冀衡（集团）药业有限公司
131	河北天寅生物技术有限公司
132	河北威尔化工有限公司
133	河北信得利电器设备有限公司
134	河北兴达集团邢台食品有限公司
135	河北玉星生物工程有限公司
136	河南大陆农牧技术有限公司
137	河南泛亚农大饲料科技有限公司
138	河南广安生物科技股份有限公司
139	河南金丹乳酸科技股份有限公司
140	河南巨龙生物工程股份有限公司
141	河南聚丰饲料科技有限公司
142	河南盂成生物药业股份有限公司
143	河南普爱饲料股份有限公司
144	河南通威饲料有限公司
145	河南峡威化工股份有限公司
146	河南雄峰科技有限公司新郑分公司

（续）

序号	企业名称
147	河南阳光饲料有限公司
148	菏泽六和饲料有限责任公司
149	菏泽天普阳光食品有限公司
150	黑龙江成福食品集团有限公司
151	黑龙江华藤粮油制品有限公司
152	黑龙江省富裕牧场
153	黑龙江省巨浪牧场
154	黑龙江省绿色草原牧场
155	黑龙江省荣耀牧业有限公司
156	洪湖市天一饲料有限公司
157	洪雅现代牧场有限公司
158	湖北武汉正达饲料有限公司
159	湖南大成科技饲料有限公司
160	湖南海大生物饲料有限公司
161	湖南汉清生物技术有限公司
162	湖南鸿鹰祥生物工程股份有限公司
163	湖南旺大生物科技有限公司
164	湖南盈成油脂工业有限公司
165	湖南正虹科技发展股份有限公司
166	湖南正虹科技发展股份有限公司健乳宝分公司
167	华邦（天津）生物科技有限公司
168	华北制药威可达有限公司
169	淮安通威饲料有限公司
170	黄骅市津骅添加剂有限公司
171	济南天天香有限公司
172	江门海大饲料有限公司
173	江门珊瑚饲料有限公司
174	江苏比利美英伟营养饲料有限公司
175	江苏春之谷生物制品有限公司
176	江苏三元双宝乳业有限公司
177	江苏天成科技集团有限公司
178	江苏万瑞达生物科技股份有限公司
179	江苏兄弟维生素有限公司
180	江苏雅博动物保健品有限责任公司
181	江苏奕农生物工程有限公司
182	江西部祥实业发展有限公司
183	江西森泰药业有限公司

（续）

序号	企业名称
184	江西旺大动物科技有限公司
185	焦作多尔克司示范乳业有限公司
186	揭阳通威饲料有限公司
187	金朝生物科技（河北）有限公司
188	金朝生物科技（上海）有限公司
189	金钱（湛江）有限公司
190	金泰得恒业（天津）生物科技有限公司
191	莒南新希望六和食品有限公司
192	康地饲料（银川）有限公司
193	康地饲料（中国）有限公司
194	科菲特饲料（齐齐哈尔）有限公司
195	科菲特饲料（长春）有限公司
196	莱阳六和饲料有限公司
197	廊坊通威饲料有限公司
198	乐达（广州）香味剂有限公司
199	连云港通威饲料有限公司
200	联英饲料（天津）有限公司
201	辽宁波尔莱特农牧实业有限公司
202	辽宁波尔莱特农牧实业有限公司哈尔滨分公司
203	辽宁华达牧业有限公司
204	辽宁科硕营养科技有限公司
205	临沂先锋科技有限公司
206	柳州亿万饲料科技有限公司
207	南昌比利美英伟营养饲料有限公司
208	南京彩虹饲料有限公司
209	南京卫岗乳业有限公司
210	内蒙古草原天邦饲料有限公司
211	内蒙古恒兴饲料科技有限公司
212	宁波王龙科技股份有限公司
213	宁夏夏盛实业集团有限公司
214	宁夏伊品生物科技股份有限公司
215	诺伟司饲料添加剂（上海）有限公司
216	蒲城兴盛饲料有限公司
217	潜江永安药业股份有限公司
218	青岛彩虹饲料有限公司
219	青岛根源生物技术集团有限公司
220	青岛和美饲料有限公司

（续）

序号	企业名称
221	青岛六和饲料有限公司
222	青岛田润食品有限公司
223	青海西部铟业有限责任公司
224	庆云六和饲料有限公司
225	邱县六和康远食品有限公司
226	全能生物科技（天津）有限公司
227	确成硅化学股份有限公司
228	三明市丰润化工有限公司
229	厦门汇盛生物有限公司
230	厦门正大农牧有限公司
231	山东宝源化工股份有限公司
232	山东恩贝科技有限公司
233	山东恩贝生物工程有限公司
234	山东海能生物工程有限公司
235	山东洪方精细化工有限公司
236	山东华辰生物化学有限公司
237	山东华升化工科技有限公司
238	山东巨佳胆碱有限公司
239	山东康和畜牧有限公司
240	山东龙氏食品有限公司
241	山东鲁抗生物制造有限公司
242	山东鲁维素饲料有限公司
243	山东鲁维制药有限公司
244	山东明达兽药饲料有限公司
245	山东诺邦特生物工程有限公司
246	山东升索渔用饲料研究中心
247	山东寿光巨能金玉米开发有限公司
248	山东思诺拜特生物科技有限公司
249	山东天音生物科技有限公司
250	山东通威饲料有限公司
251	山东仙坛股份有限公司
252	山东新希望六和集团有限公司临沂分公司
253	山东新希望六和集团有限公司平邑冷藏厂
254	山东邹平亚太中慧食品有限公司
255	山西汇福科技发展有限公司
256	山西同德化工股份有限公司
257	陕西大农饲料科技有限责任公司

（续）

序号	企业名称
258	陕西金冠牧业有限公司
259	陕西石羊（集团）农牧有限公司
260	陕西石羊（集团）农牧有限公司杨凌分公司
261	陕西石羊集团饲料发展有限公司蒲城分公司
262	陕西西荆实业集团有限公司
263	陕西正大食品有限公司
264	陕西正大有限公司
265	上海艾格菲饲料有限公司
266	上海澳斯菲德牧业科技有限公司
267	上海邦成生物科技有限公司
268	上海创博生态工程有限公司
269	上海大冠饲料科技有限公司
270	上海东方希望动物营养食品有限公司
271	上海飞帆饲料有限公司
272	上海福达精细材料有限公司
273	上海富邦饲料有限公司
274	上海富朗特动物保健有限公司
275	上海光明荷斯坦牧业有限公司
276	上海光明荷斯坦牧业有限公司富裕分公司
277	上海黑马饲料有限公司
278	上海红马饲料有限公司
279	上海华扩达生化科技有限公司
280	上海华亭化工厂有限公司
281	上海杰隆生物制品股份有限公司
282	上海励成食品工业有限公司普陀分公司
283	上海美乐瑞饲料原料有限公司
284	上海美农生物科技股份有限公司
285	上海牧迪饲料有限公司
286	上海牛奶集团（大丰）海丰奶牛场有限公司
287	上海农好饲料有限公司
288	上海三维同力生物科技有限公司
289	上海申浦家禽育种有限公司
290	上海思想者饲料科技有限公司
291	上海同仁药业有限公司上海兽药厂
292	上海旺园家禽养殖专业合作社
293	上海香川饲料有限公司
294	上海湘大新杨兽药有限公司

（续）

序号	企业名称
295	上海新牧动物保健品有限公司
296	上海新农饲料有限公司
297	上海新杨饲料工业有限公司
298	上海延华生物科技有限公司
299	上海延华饲料有限公司
300	上海优仕饲料科技有限公司
301	上海源耀生物科技有限公司
302	上虞新和成生物化工有限公司
303	尚志现代牧场有限公司
304	深圳比利美英伟营养饲料有限公司
305	深圳东江华瑞科技有限公司
306	深圳康达尔（邵阳）饲料有限公司
307	深圳康达尔高陵饲料有限公司
308	沈阳波音饲料有限公司
309	沈阳谷实饲料有限公司
310	沈阳亿万饲料科技有限公司
311	沈阳正大畜牧有限公司
312	石家庄东华舰氨基酸有限公司
313	石家庄广威农牧有限公司
314	石家庄市谷实鸿发农牧科技有限公司
315	寿光天成饲料有限公司
316	四川普爱饲料有限公司
317	四川神州奥特农业科技有限公司
318	四川新希望生态牧业有限公司
319	四川雪宝乳业有限公司
320	苏州函数集团有限责任公司
321	泰州海大生物饲料有限公司
322	唐人神集团股份有限公司
323	唐山禾丰反刍动物饲料有限公司
324	唐山天康饲料有限公司
325	天津奥特奇生物制品有限公司
326	天津北英伟生物技术饲料有限公司
327	天津彩虹饲料有限公司
328	天津吉亚牧业集团有限公司
329	天津金康宝动物医药保健品有限公司
330	天津牧丰饲料有限公司
331	天津全药动物保健品有限公司

（续）

序号	企业名称
332	天津瑞孚饲料有限公司
333	天津市爱都饲料有限公司
334	天津市大洋饲料有限公司
335	天津市吉杰肉制食品有限公司
336	天津市圆鼎饲料有限公司
337	天津市正元饲料科技有限公司
338	天津通威饲料有限公司
339	天津正大饲料科技有限公司
340	通威（大丰）饲料有限公司
341	通威股份有限公司海南分公司
342	通威股份有限公司茂名分公司
343	通威股份有限公司沈阳分公司
344	通威股份有限公司四川分公司
345	通威股份有限公司无锡分公司
346	潍坊和盛园食品有限公司
347	潍坊六和饲料有限公司昌邑分公司
348	潍坊六和饲料有限公司寿光分公司
349	潍坊田汇食品有限公司
350	武汉艾立动物营养有限公司
351	武汉艾立美饲料科技有限公司
352	武汉天龙饲料有限公司
353	武汉天元饲料有限公司
354	西安通威饲料有限公司
355	现代牧业（宝鸡）有限公司
356	现代牧业（肥东）有限公司
357	现代牧业（集团）有限公司
358	现代牧业（通辽）有限公司
359	现代牧业（通山）有限公司
360	新希望六和饲料股份有限公司临沂分公司
361	新郑市金利饲料厂
362	新郑市银丰饲料厂
363	信杰（北京）饲料调味剂有限公司
364	兄弟科技股份有限公司
365	徐州汉威饲料有限公司
366	徐州云雪面粉有限公司
367	烟台大韩饲料有限公司
368	烟台大乐饲料有限公司

（续）

序号	企业名称
369	烟台枫林食品有限公司
370	烟台市晟成食品有限公司
371	扬州通威饲料有限公司
372	沂水六和凯立达食品有限公司
373	宜兴市天石饲料有限公司
374	银川银丰食品有限公司
375	英德市横石水镇蒙牛第二十牧场
376	英德市九龙镇安兴奶牛场
377	英联饲料（辽宁）有限公司
378	英联饲料（辽宁）有限公司哈尔滨分公司
379	英联饲料（上海）有限公司
380	英联饲料（上海）有限公司新乡工厂
381	英联饲料（上海）有限公司驻马店厂
382	应城市恒天药业包装有限公司
383	宇星饲料（德州）有限公司
384	云南新龙矿物质饲料有限公司
385	云南优耐特动物食品有限公司
386	湛江东腾饲料有限公司
387	湛江国大饲料有限公司
388	湛江恒兴珊瑚饲料有限公司
389	湛江恒兴特种饲料有限公司
390	湛江腾飞实业有限公司
391	湛江粤华水产饲料有限公司
392	张家界奥威科技有限公司
393	长春宝成生化发展有限公司
394	长春谷实饲料有限公司
395	长沙埃索凯化工有限公司
396	长沙市沙龙畜牧有限公司
397	长沙兴加生物技术有限公司
398	长沙兴嘉生物工程股份有限公司
399	浙江爱迪亚营养科技开发有限公司
400	浙江保圣科技有限公司
401	浙江大北农农牧科技有限公司
402	浙江国光生化股份有限公司
403	浙江恒兴饲料有限公司
404	浙江兰博生物科技有限公司
405	浙江梦家园生物科技股份有限公司

（续）

序号	企业名称
406	浙江新和成药业有限公司
407	正大康地（澄海）有限公司
408	正大康地（蛇口）有限公司
409	正大康地（蛇口）有限公司番禺厂
410	正大康地一汕头有限公司
411	正大康地珠海有限公司
412	中化（青岛）生物技术有限公司
413	中化云龙有限公司
414	中粮（北京）饲料科技有限公司
415	中粮生化（荷兰）有限公司
416	中粮生物化学（安徽）股份有限公司
417	中粮饲料（茂名）有限公司
418	中粮天科生物工程（天津）有限公司
419	中山市比克生物科技有限公司
420	中山市大海饲料有限公司
421	中山市泰山饲料有限公司
422	重庆光大（集团）有限公司
423	重庆紫光天化蛋氨酸有限责任公司
424	珠海恒兴饲料实业有限公司
425	珠海经济特区大海水产饲料有限公司
426	淄博格润恩精细化工有限公司
427	邹平巨佳胆碱有限公司

（李燕松）

中国饲料工业年鉴

地方篇

北京市饲料工业

2012年，是北京市饲料行业发展与管理卓有成效的一年。全市各级畜牧饲料管理部门以贯彻实施新《饲料和饲料添加剂管理条例》（以下简称《条例》）为重点，着力强化饲料质量安全监管，规范饲料生产经营秩序，推动全行业呈现出产量稳定增长、质量稳步提高、素质不断提升的良好态势。

【发展概况】

1. 生产情况。目前，全市共有饲料生产企业341家，其中大兴区77家，通州区75家，占全市饲料企业44.6%。全市兼营添加剂预混合饲料、饲料添加剂和配合饲料、浓缩饲料、单一饲料的生产企业9家，兼营添加剂预混合饲料、饲料添加剂生产企业30家，兼营添加剂预混合饲料和配合饲料、浓缩饲料、单一饲料的生产企业105家，单独生产添加剂预混合饲料企业97家，单独生产饲料添加剂企业14家，单独生产配合饲料、浓缩饲料、单一饲料的企业86家。2012年，北京市饲料总产量339.3万t，同比下降0.7%；总产值229.0亿元，同比增长1.2%。各类饲料中，配合饲料总产量250.1万t；浓缩饲料总产量27.7万t；添加剂预混合饲料总产量61.4万t。排名前30位的饲料企业产量占全市总产量70.0%左右。饲料生产企业兼并重组步伐明显加快，产业集中度明显提升，综合生产能力明显增强，整个行业进入加快转型的关键时期。

2. 监管情况。2012年全市共开展监督执法检查2 770次，出动执法人员7 653人次，联合执法68次，纠正违法违规行为63起，下发责令改正通知书95份，查处案件39起，罚没款255万元，其中，超万元案件14起，没收不合格饲料36t，完成本市饲料行业一次性罚没金额最大案件，罚没款达204万余元。开展宠物日粮专项整治行动3次，对百余家宠物诊疗机构和宠物用品店进行了突击检查和治理；针对12个区县138家饲料生产企业采集饲料样品620份，监测合格率达99.7%；开展了养殖领域专项监督监测，涉及11个区县400个生猪、肉牛和肉羊养殖场（户）2 750份尿液样本，并将“瘦肉精”等违禁药品监测情况纳入动物检疫合格证明出具的条件。养殖和屠宰环节抽检“瘦肉精”近74.8万份，其中，养殖领域“瘦肉精”官方抽检动物尿液、动物内脏及肉类等样品1.6万余份；全市18家猪、牛定点屠宰厂自检样品达56.5万余份，市区两级官方监测样品16.7万余份，检测结果全部为阴性。

【主要工作】

1. 加强《条例》贯彻实施工作的组织领导。全市各级饲料管理部门在地方人民政府的统一领导下，坚持制度建设和工作落实两手抓，完善监管工作机制和绩效考核指标体系，把任务和责任分解、细化、落实到部门和岗位。在监管机构建设、监测经费争取、执法装备改善等方面创新思路、整合力量、取得突破。

（1）北京市农业局。承担全市饲料管理的协调组织、指导和行政许可工作。

（2）北京市动物卫生监督所。承担全市饲料和饲料添加剂生产、经营、使用活动执法监督的组织实施、监督和指导；负责饲料方面大案、要案和跨区域案件的查处工作；监督、指导区县违法案件的查处。相关区县主管部门负责协调、配合开展饲料日常监管工作。

（3）北京市饲料监察所。承担全市饲料和饲料添加剂生产、经营和使用环节的安全检测、监测和预警工作；指导饲料生产企业及养殖企业实验室建设，为饲料企业质检人员提供专业培训。

（4）北京市畜牧兽医总站。为全市饲料行业发展提供有关技术保障，开展饲草饲料技术的研究、推广等工作。

（5）各区县行业主管部门。在地方政府的统一领导下，具体承担本辖区饲料和饲料添加剂生产、经营和使用环节的日常监管、执法监督和质量监测，并配合市级主管部门进行饲料和饲料添加剂生产许可工作。

（6）企业及经营者。饲料生产企业、经营者树立社会责任意识，健全质量安全控制体系，规范生产经营行为，建立产业链间的责任约定、承诺和追溯制度。饲料生产企业、经营者对其生产、经营的饲料、饲料添加剂的质量安全承担主体责任。

2. 明确饲料生产企业、经营者和使用者责任。

（1）生产企业。饲料生产质量安全控制是饲料质量安全的第一道防线，一是建立采购原料查验和记录制度。按照有关规定和标准对采购的原料进行查验或者检验，并如实记录原料名称、产地、数量、保质期等；二是完善生产过程的质量安全管理措施。生产企业按照产品质量标准、质量安全管理规范和饲料添加剂安全使用规范，对生产过程实施有效控制并实行生产记录和产品留样观察制度；禁止使用饲料原料目录、饲料添加剂品种目录和药物饲料添加剂品种目录以外的任何物质生产饲料；三是出厂销售的饲料、饲料添加剂应当包装。包装上应当附具标签，标明产品名称、原料组成、贮存条件、使用说明、注意事项等内容；四是建立企业自检制度。企业至少每周对5个成品中维生素、矿物质、粗蛋白质指标进行检测，每月对5种原料的卫生指标进行检测，每年定期对每类产品进行一次全项目安全性检测；五是不合格产品召回制度。生产企业发现其产品对养殖动物、人体健康有害或者存在其他安全隐患的，应当立即停止生产、经营，通知经营者、使用者，向饲料管理部门报告，主动召回产品，并记录召回和通知情况。召回产品应当在饲料管理部门监督下予以无害化处理或者销毁。

（2）经营者。一是要有与经营饲料、饲料添加剂相适应的经营场所，必要的安全管理制度，进货时应查验相应的许可证明文件；二是禁止用农业部公布的饲料原料目录、饲料添加剂品种目录和药物饲料添加剂品种目录以外的任何物质生产的饲料；三是不得对饲料、饲料添加剂进行拆包、分装，不得对饲料、饲料添加剂进行再加工或者添加任何物质；四是建立产品购销台账，如实记录购销产品的名称、许可证明文件编号、规格、数量、保质期、生产企业名称或者供货者名称及其联系方式、购销时间等，购销台账保存期限不得少于2年；五是不合格产品召回制度，发现经营的产品对养殖动物、人体健康有害或者存在其他安全隐患的，应当立即停止经营，通知生产者、使用者，向饲料管理部门报告，主动召回产品，并记录召回和通知情况，召回产品应当在饲料管理部门监督下予以无害化处理或者销毁。

（3）使用者。一是应当按照产品使用说明和注意事项使用饲料，饲料添加剂使用应遵守农业部制定的饲料添加剂安全使用规范；二是养殖者使用自行配制的饲料，应当遵守农业部制定的自行配制饲料使用规范，并不得对外提供自行配制的饲料；三是使用限制使用的饲料应当遵守农业部的限制性规定，禁止在饲料、动物饮用水中添加农业部公布禁用的物质以及对人体具有直接或者潜在危害的其他物质，或者直接使用上述物质养殖动物，禁止在反刍动物饲料中添加乳和乳制品以外的动物源性成分。

3. 提高许可门槛，确保企业质量。

（1）调整行政许可事项。依据《条例》及相关配套文件，确定了《饲料添加剂和添加剂预混合饲料生产许可证审核》《饲料添加剂和添加剂预混合饲料产品批准文号核发》和《配合饲料、浓缩饲料、精料补充料和单一饲料生产许可证审批》等3项行政许可事项，取消《饲料企业审查合格证》审查，生产企业统一领取生产许可证生产，其中饲料添加剂、添加剂预混合饲料由农业部颁发，其他饲料由省级饲料管理部门颁发；许可证有效期统一为5年。

（2）规范行政许可的程序和时间。建立新的许可程序，一是饲料生产企业向市农业局提出设立申请后，市农业局自受理申请之日起10个工作日内进行书面审查，审查合格的，组织进行现场审核，并根据审核结果在10个工作日内作出决定；二是简化批准文号申请材料，取消饲喂报告，申请添加剂预混合饲料产品批准文号的，同一产品类别中，相同适用动物品种和添加比例的不同产品，只需提交一个产品的样品；三是增加产品自检项目内容，除企业规定的出厂检验项目外，自检项目还应包括维生素、矿物质含量等产品主成分指标。

（3）完善企业设立条件，制定审核标准。按照农业部相关规定，一是企业应具备相应专业背景、学历要求的专职管理及技术人员，并进行现场考核；二是具备独立厂区、厂房条件、仓储条件符合相关要求，生产区面积添加剂预混合饲料应达到500m²，配合饲料1 000m²；三是企业添加剂预混合饲料生产能力不小于2.5t/h、配合饲料生产能力不小于10t/h，添加剂预混合饲料具备成套机组，配合饲料采用自动化控制系统，反刍饲料单线生产；四是应具备独立设置检化验室，专用检测设备（高效液相色谱仪、原子吸收分光光度计），检化验室功能分区；五是提高生产企业现场审核验收通过标准，旧版现场审核标准将审核项目分为“A、B、C”3类，新标准将审核项目取消了“A、B、C”项分类，所有项目均为必过项，一票否决。

（4）建立饲料许可专家评审委员会。一是成立饲料生产许可证专家审核委员会，其成员由科研单位、大专院校、畜牧饲料行业协会和大型养殖企业等单位人员组成。二是组建饲料评审专家库。专家库由饲料生产许可证专家审核委员会中的专家和区县饲料评审专家两方面组成。市农业局每次在专家库中随机抽取3～5名专家对企业进行现场审核，并由专家组给出现场评审意见。

（5）饲料许可现场评审工作由静态验收转变为动态验收。按照新的饲料准入条件严格把关，在做好企业现场评审工作的同时，对已通过企业进行事后检查，对在抽查过程中发现企业在生产设备、化验仪器以及人员等方面与现场审核时不一致的，取消其申报资格。对于提供虚假资料、样品或者采取其他欺骗方式取得许可证明文件的，由发证机关撤销相关许可证明文件，处5万元以上10万元以下罚款，申请人3年内不得就同一事项申请行政许可。

4. 强化监管力度，深入开展执法工作。

（1）夯实基础，科学管理，建立长效监管机制。依据《条例》，调整完善执法程序，丰富执法手段，增加执法内容，确定执法重点，加大执法力度，定期开展巡查和不定期开展抽查工作。一是细致梳理《条例》中新“变化”和新“特点”，完善现有监督执法内容和程序，有针对性地开展执法人员培训、考核和管理，提高执法人员对《条例》的认识、理解和运用水平，依法全面开展饲料监管工作；二是以《条例》及其配套文件宣传和贯彻工作为主线，创新形式、转变方法，加大宣贯力度，通过发放宣传材料、开展集中培训和入厂入店实地指导等形式，积极引导辖区内饲料生产企业和经营单位的主要负责人、质量控制负责人和关键岗位人员学习、了解、掌握和执行新《条例》相关规定，规范依法建立健全各项制度、完善并如实填写相关记录、切实保证质量安全管理措施到位；三是深入推进“风险分级、量化监督、档案管理”的监管模式，根据监管对象的生产规模、社会影响和诚信状况等因素，进行分类分级管理，科学划定监管频次和监管力度，提高监管效能；四是建立健全监督管理档案制度，收集、整理和保存并实时更新监管对象信息、日常监督检查和违法行为查处等情况资料，实行“一企一档”；五是在加强日常监管力度的同时，充分运用市区联动、部门联合执法的优势，对于情节恶劣、涉案金额大和社会影响严重的案件及相关风险点，迅速开展全面排查和联动协查，确保彻查源头、消除危害，预防和杜绝“屡犯屡罚、屡罚屡犯”的情况，对构成犯罪的，依法移送司法机关处理；六是以违禁添加物为监管重点，加强技术支撑和检测结果的应用，依法快速、准确和有效地打击非法添加、过量添加和变相添加等违法行为。

（2）狠抓源头，突出重点，严厉打击生产环节违法行为。以确保饲料和饲料添加剂质量安全为目标，结合《条例》及其配套规章相关要求，对辖区生产企业展开拉网式专项检查和隐患排查，围绕原料进厂把关、生产质量控制和成品出厂检验等质量关键控制点，着力解决影响质量安全的突出问题，从源头上杜绝不合格产品，重点监管和依法打击如下行为：无证生产、超期限未换证和超范围生产等违法行为；不具备法定生产条件继续生产的行为；不遵守相关限制性规定添加和使用添加剂；未依法对原料和成品进行检验化验；饲料、饲料添加剂包装、标签不符合相关规定；未建立或保存相关法定记录。

（3）摸清底数，分类管理，加大经营环节监管力度。一是开展饲料经营环节摸底调查，清楚掌握辖区监管对象基础信息和现状，结合辖区监管重点，对饲料经营实体店、农资经营店、动物诊疗机构和宠物用品经营店进行分类管理；二是饲料经营实体店和农资经营店重点监管和依法打击拆包、分装、再加工或添加等违法行为；三是动物诊疗机构和宠物用品经营店重点监管和依法打击经营无产品标签、无生产许可证、无产品质量标准、无产品质量检验合格证、无产品批准文号、无进口登记证等的饲料、饲料添加剂违法行为；四是深入开展法律法规的宣传、培训，引导、督促经营者依法履行职责并建立、健全购销台账制度和相关记录；五是积极争取市场管理、工商行政管理等相关部门的支持和配合，构建长效监管机制，发挥联合执法的优势，规范经营行为，净化首都饲料市场。

（4）全面调查，强化监管，规范饲料使用行为。一是开展辖区内养殖场（户）饲料使用情况调查，及时掌握饲料来源情况和自配饲料使用情况，监督指导养殖场（户）依法规范填写养殖档案，全面、详细记录饲料购入、使用情况；二是对使用自配饲料的养殖场（户）重点监管和依法打击违反规范使用饲料添加剂、在反刍动物饲料中添加乳和乳制品以外的动物源性成分、添加违禁物质和销售自配饲料等违法行为；三是对使用配合饲料的养殖场（户）重点监管和依法打击无产品标签、无生产许可证、无产品质量标准、无产品质量检验合格证、无产品批准文号、无进口登记证等的饲料、饲料添加剂违法行为。

5. 加强抽查检测，确保产品安全。

（1）制订年度计划，调整监测重点。一是对饲料生产企业，扩大监测范围，在抽检数量不减少的基础上，重心侧重中小型企业，检测项目以违禁添加物、重金属和卫生指标为主；二是加大经营环节抽检力度，检测项目以重金属、违禁添加物为主；三是增加使用环节抽检数量，重点对养殖场自配饲料、食槽饲料进行监测，项目以违禁添加物为主。

（2）建立预警机制，提前应对突发事件。结合饲料行业最新动态，制定全市风险预警方案，对日常监测未涉及的，可能影响食品质量安全的物质进行监测，并通过数据分析，发现存在的隐患，为主管部门判断行业形势提供数据支撑，调整监管重点，有效应对可能发生的食品质量安全事件。

（3）明确监测任务，建立结果上报制度。一是制订全市监测计划，市级检测部门负责全市范围内饲料生产、经营和使用环节的监测，以违禁物质确证、重金属和卫生指标检测为重点；二是按照属地管理原则，各区县主管部门负责本辖区内饲料生产、经营和使用环节的监测，建立监测制度，以违禁物质初筛、常规营养指标检测为主；三是建立抽检结果上报制度。区县每季度将监测结果报送市饲料监察所，将对质量不合格饲料产品处理及相关案情情况报送市动物卫生监督所。

6. 做好技术支撑，提高产品科技含量。一是帮助企业做好对新饲料、新饲料添加剂的饲喂效果、残留消解动态以及毒理学安全性进行科学评价工作；二是结合行业发展动态，由市级相关部门组织申报新饲料、新饲料添加剂研发相关科技项目，研发出符合市场要求、饲喂效果良好、安全性高的新型产品，并进行推广应用；三是针对新条例要求，对需要进行生产设备、生产工艺技术升级的饲料企业进行科学指导，提出改进指导意见，帮助企业完成生产升级。

（北京市农业局）

天津市饲料工业

【发展概况】

天津现有各类饲料企业 247 家，年产量 2 万 t 以上企业不足 50 家，但产量达到 190.9 万 t，占 69.9%。2012 年工业饲料总产量 273.3 万 t，同比提高 7.4%；产值达到 90.9 亿元，同比提高 31.6%。其中，配合饲料 177.6 万 t，占总产量 65.0%；浓缩饲料 67.0 万 t，占 24.5%；添加剂预混合饲料 28.8 万 t，占 10.5%。

2012 年，全市饲料质量安全监管工作以新修订《饲料和饲料添加剂管理条例》（以下简称《条例》）及其配套规章制度颁布实施为契机，遵循农业部“提高门槛，减少数量；转变方式，增加效益，加强监管，保证安全”的基本原则，按照天津市畜牧兽医局“抓规范、增效益，强监管、保安全”的总体思路，着力开展以“精细化、长效化”为主题的实施规范年整治行动。

全市各级饲料管理部门以强化饲料生产企业规范化管理为抓手，以非法添加为重点，紧扣“加强宣传、规范管理、强化监测、落实责任”4 项重点任务，强化日常监管，深入开展专项整治。一是饲料质量安全维持较高水平。天津市 2012 年年初下达监测任务 3 600 批，是 2011 年 3 倍。实际完成监测 3 860 批次，检测合格率为 99.8%。根据监测结果，落实检打联动机制，对 4 批次不合格产品进行了查处。二是对饲料生产经营企业进行规范治理。建立健全监管月巡查制度和企业生产报表制度，以规范新制定的 15 张记录表为抓手，严格检查企业各项记录和制度落实情况。对记录不全、检化验不到位、制度落实不好的企业限期整改；对不符合条件的企业进行了注销，注销许可证明文件 13 个。三是违禁添加得到进一步遏制。各级饲料管理部门继续加大对“瘦肉精”、三聚氰胺等违禁添加物和无生产许可证、无批准文号、无标签的“三无”产品的打击力度，消除了饲料质量安全隐患。

【主要工作】

1. 制订方案，召开动员会。按照农业部总体要求和市农委的安排部署，在总结 2011 年整治行动经验的基础上，制定并下发了实施规范年整治行动实施方案，通过“实施规范、强化执法、查处违禁”，进一步严格准入门槛，提高人员素质，提高执法能力，提高饲料质量安全水平。4 月 27 日，天津市畜牧兽医局召开全市饲料实施规范年整治行动暨条例宣贯动员大会，安排部署 2012 年饲料监管工作。会上，宝坻区进行了经验交流，通威集团做了典型发言。农业区县饲料管理部门分管领导、监管部门负责人、执法机构负责人，市兽药饲料监察所、市动物卫生监督所、饲料协会等部门负责同志和本市全部饲料生产企业负责人约 350 人参加了会议。

2. 签订责任书，严格日常监管。根据天津市畜牧兽医局实施方案要求，各区县也都制定了相应的实施方案，成立了领导小组，依据属地管理的原则，区县饲料管理部门，严格落实月巡查制度，对辖区内饲料企业的资质、原料采购、生产销售、违禁添加等情况进行重点跟踪检查，督促企业落实记录表和各项管理制度。目前，共出动执法人员 4 960 人次，检查饲料生产经营企业 2 700 个次，签订饲料质量安全监管责任书 45 套，签订企业承诺书 260 套，落实了饲料质量安全监管责任制。通过检查对饲料生产主体进行了清理、整顿和规范。检查中没有发现非法添加和使用三聚氰胺、“瘦肉精”等违禁添加物的行为。

3. 认真审查材料，组织年度备案。在完成企业符合性检查的基础上，按照《关于开展 2012 年饲料和饲料添加剂生产企业年度备案工作的通知》要求，组织开展年度备案工作，对 23 家备案不合格企业进行了整改。

4. 有条不紊，推进试点工作。《饲料质量安全管理规范（试行）》是与新《条例》配套的规章，为推进规范实施，按照农业部安排部署，本市先期遴选正大、牧丰和大成3家试点企业，于1月16～17日，参加了农业部举办的规范试点培训班。工作人员善始敬终，试点企业大力配合，利用不足2个月的时间，严格按照规范要求，从软件和硬件两个方面进行改造。3月初，农业部专家组对本市3家规范试点企业进行了审查，并通过验收。10月中旬，遴选了正大农牧、通威、华罗、海大、普瑞纳5家企业作为规范示范企业，严格按照规范和条例规定的许可条件开展示范工作。

5. 全面了解进展，组织督导检查。7月中旬～8月中旬，天津市畜牧局兽医局组成3个检查组，在全市组织开展饲料实施规范年整治行动督导检查。从检查结果看，饲料企业能够持证上岗，各项制度和记录落实较好，个别企业存在原料采购合同条款简单、记录不完善、检化验不及时等问题，检查组现场进行了纠正和指导，并责令区县管理部门跟踪整改情况。

6. 依据《条例》，摸底经营门店。根据新《条例》和农业部有关文件及本市饲料规范年实施方案要求，强化经营环节监管，保证饲料质量安全。广泛调动各方面力量，对全市经营门店进行摸底调查和检查。目前，初步摸底经营门店300余家。10月23～30日，组织区县开展了全市经营门店大检查。根据检查情况，有的经营企业制度及购销台账还有待健全，有关管理部门已对其提出整改要求。

7. 增强行业自律意识，开展法规技术培训。全市各级饲料主管部门充分利用媒体宣传报道饲料相关政策、法规。其中媒体报道4次，印发宣传单、明白纸、书册5 300份。全市共举办法规宣贯培训28场次，培训人员1 510人次（包括举办全市集中宣贯培训4场次，培训人员800人次；各区县举办培训班24场次，培训人员710人次）。12月下旬，举办了饲料检化验员和中控工培训班，培训人数220余人次。

【存在问题】

1. 产业整体素质有待提高。近几年，监管力度不断加强，相继注销了70余家企业，但目前还有近270家生产企业，小规模生产经营占2/3，水平参差不齐，管理人员学历不高、安全意识不强，极个别企业仍然存在非法代加工现象，全市范围内黑窝点还没有彻底根除，依然存在安全隐患。

2. 经营门店监管难度较大。虽然采取向工商查询执照、利用村级防疫员巡查等措施对经营门店进行了摸底，但受人员、业务和经营者素质不高等原因，真正监管存在较大困难。

3. 执法队伍有待健全。目前，部分区县畜牧兽医综合执法工作还没有整体推进，缺乏饲料执法队伍，监管和执法工作很难落到实处。一些区县虽然指定了专门的监督执法机构，但人员还需进一步充实、业务素质还需进一步提高、工作条件还需进一步改善。

（天津市饲料工业办公室）

河北省饲料工业

【发展概况】

2012年，河北省共有各经济类型饲料生产企业1 196家，比2011年增加23家，同比增长2.0%。全省饲料生产能力达3 000t/h。饲料产品总产量1 184.9万t，比2011年增加34.8万t，同比增长3.0%。其中，配合饲料1 002.2万t，同比增长3.6%；浓缩饲料168.7万t，同比下降0.2%；添加剂预混合饲料14.0万t，同比增长2.7%。饲料总产值349.2亿元，比2011年增加39.2亿元，同比增长12.6%。饲料添加剂总产量26.1万t，其中维生素类（包括氯化胆碱）17.7万t、矿物元素及其络合物6.8万t、酶制剂0.2万t、微生物1.2万t、其他类0.1万t。全省共有饲料机械制造专业和兼业厂家5家，共生产饲料机械309台（套）。

【主要工作】

1. 全面开展新《饲料和饲料添加剂管理条例》（以下简称《条例》）的宣贯和培训。2012年5月1日，新修订《条例》正式实施，相继出台了一些配套规章。为及时宣贯新《条例》及配套规章，3月29日，在石家庄平山组织召开《条例》培训暨新闻发布会，邀请了省内专家和农业部有关领导对新《条例》进行解读，全省11个市饲料办主任和89个重点县饲料办主任以及890家企业负责人参加了培训。本次法规培训参加会议人数之多、规模之大、效果之好，创历届之最。为进一步扩大新《条例》及配套规章宣传，提高法律意识，依法加强饲料管理，确定4月份为新《条例》宣传月。各市高度重视，认真组织，积极行动。全省通过举办培训班、印发明白纸、编制宣传手册等方式广泛进行宣传。2012年全年开展了不同形式的培训活动，在平山、正定举办了两期《饲料质量安全管理规范》（以下简称《规范》）试点企业培训班。在石家庄、沧州举办了两期饲料添加剂和添加剂预混合饲料企业证号培训班。

2. 积极应对蒙牛饲料招标，保护了本土企业利益。2012年年初，蒙牛（集团）强制性要求其奶源基地必须使用蒙牛招标推荐的饲料，本省企业反响很大。针对此事，省饲料办为维护饲料企业合法利益，积极采取应对措施。一是及时向省局领导汇报，争取领导重视和支持。二是立即对本省供应蒙牛收奶的养殖场（小区）饲料使用情况进行摸底调查，掌握一手资料。三是多次约谈蒙牛企业代表，反复沟通和协商。经过努力，3月初，重新研究制定了蒙牛奶源基地饲料生产企业的入选标准。3月27日，召开了全省奶牛饲料生产企业与蒙牛集团奶源中部事业中心经理见面会，最终，全省1/3多的奶牛饲料生产企业与蒙牛开展合作，实现了共赢。

3. 加大日常监管和执法力度。一是强化对氯化胆碱企业生产营销全过程监管，建立追溯体系，加大抽检力度，合格率显著提高。2012年农业部对本省氯化胆碱产品抽检合格率首次实现100%。二是建立饲料统计与年度备案相结合工作机制，提高了饲料企业基层年报上报率，确保统计数据上报及时，上报率首次达到100%。三是加大对鱼粉生产企业整治力度。依据农业部对饲料质量安全监测结果的通报，省饲料办迅速行动，联合市、县饲料主管部门对存在问题的生产企业3次督导检查，对不合格产品追根溯源，对涉案企业进行高限处罚，并将查处情况及时上报农业部。针对沧州市海兴县鱼粉企业多、规模小、监管难度大等问题，经过多次调研、督导、协商，沧州市局积极配合，争取海兴县公安、工商、质检等部门全力配合，克服重重阻力，对海兴县28家鱼粉生产企业逐一进行整治，注销3家，整合重组25家，最后保留了11家，从源头上解决了一些小散乱鱼粉生产企业的质量问题。四是对举报案件从严从快处置，查证属实的举报全部进行立案查处，性质严重的案件移交公安部门处置。

4. 加大执法力度，狠抓专项整治。为进一步加强饲料监督管理，2012年全年开展了3项饲料专项整治行动。一是动物源性饲料专项整治行动。4月份和9月份，开展了春季、秋季动物源性饲料专项整治行动，市、县饲料主管部门对辖区内所有动物源性饲料生产、经营、使用单位进行了拉网式检查。河北省畜牧兽医局派出督导组对各市和重点县进行了督导检查。二是开展了清查整顿无证生产饲料和饲料添加剂专项整治行动。为严厉打击无证生产行为，规范饲料市场，切实保证饲料产品质量安全，下发了《关于清查整顿无证生产饲料和饲料添加剂行为的通知》。5月中下旬，对重点市、县清查整顿工作进行了督导检查。三是全面开展植物源性蛋白质饲料原料专项整治行动。为杜绝生产销售和使用无生产许可证、无饲料标签、无质量安全合格证的“三无”植物源性蛋白质饲料原料。6月份在全省开展了植物源性蛋白质饲料原料专项整治行动。重点检查植物蛋白饲料生产企业和规模养殖场（户）所使用的蛋白质饲料原料是否添加和使用三聚氰胺等有害物质。检查饲料生产和经营企业供应商档案，进货记录等。

5. 开展了饲料百日执法大检查活动。为全面贯彻落实新《条例》及其配套规章，进一步加强对饲料和饲料添加剂生产、经营、使用企业的规范化管理，净化饲料市场，保障饲料产品质量安全，河北省于2012年9～12月，在全省范围内开展了饲料百日执法大检查活动。活动期间，各市饲料办均成立了“饲料百日执法大检查活动”领导小组，制订了工作方案，举办了“百日饲料执法大检查活动”启动仪式，对大检查活动进行了周密安排。全省共出动执法人员11 543人次，执法车辆2 370辆次，检查饲料生产企业1 349个次，饲料经营单位2 536个次，养殖场4 632个次。查出问题企业142个，取缔非法生产企业9个，抽检样品1 324批次，检出不合格产品3批次，立案查处违法饲料生产企业7个、经营单位3个，移交公安机关1个，对违法行为起到了较大震慑作用。

6. 大力推行饲料质量安全管理制度，为企业规范化管理创造条件。一是配合农业部开展《规范》试点工作。2012年年初，全省有3家饲料生产企业列为农业部《规范》首批试点单位，为确保试点工作顺利进行，严格按照有关要求，对试点企业全程规范。3月份，农业部组织专家对试点企业进行验收，本省3家企业全部一次通过。二是开展了《规范》示范企业创建活动。按照农业部有关要求，推选6家饲料生产企业为农业部《规范》示范创建企业，组织示范企业参加了农业部举办的培训班，并指导试点企业按照《规范》要求建立和运行各项管理制度，为《规范》全面施行建立标杆、积累经验。三是积极推进省级《规范》试点工作。为顺利开展《规范》试点工作，率先在奶牛饲料生产企业推行《规范》，选定了46家奶牛饲料生产企业作为省级首批试点企业，为保证《规范》在试点企业顺利实施，制定了饲料质量安全管理规范模版（是唯一一个制订模版的省份），得到了饲料生产企业的一致好评。四是落实饲料生产、经营企业警示牌制度。在饲料生产经营企业推行饲料安全警示牌制度，共印制生产企业警示牌2 500块，经营企业警示牌4 000块，要求生产企业在不同位置悬挂3块，经营企业悬挂1块。并结合百日执法检查，对警示牌悬挂情况进行了督导检查，悬挂情况和效果很好。

【存在问题】

1. 技术人才少，科技贡献率低。河北省饲料企业总体规模都偏小，技术人才少，管理水平低。由于科技投入少，新产品开发能力差，饲料产品绝大多数属于同质低价产品，缺乏竞争力。

2. 知名企业、知名品牌少，市场占有率低。本省饲料企业由于规模小，科技含量低，市场占有率低，没有全国知名品牌，在行业竞争中处于劣势。

（河北省饲料工作办公室）

山西省饲料工业

【发展概况】

2012年是新《饲料和饲料添加剂管理条例》（以下简称《条例》）颁布实施第一年，对推动山西省饲料行业持续健康发展具有重大意义。一年来，全省饲料行业积极应对饲料原料持续波动、企业生产成本不断上升等困难，克服了“速成鸡”等安全事件不利因素的影响，采取有效措施，促生产、保安全，有力地保障了饲料供给和质量安全，整体表现出饲料总产量小幅增长，饲料产品结构进一步调整，产品质量安全水平保持95%的总体目标。饲料企业规模化明显提高，经营管理进一步规范，行业整合速度不断加快。

【组织机构】

原山西省饲料工业办公室挂靠在山西省畜牧兽医局，负责全省饲料管理工作。2009年9月4日山西省人民政府办公厅批准设立饲料奶站管理办公室，作为山西省农业厅的内设机构，负责饲料生产经营的监督管理，2009年12月底机构正式成立，人员由内部调整，没有编制，饲料管理日常工作由两名借调人员完成。现有10个市设立饲料办，17个县级饲料办，市级饲料管理机构普遍处于有机构却无人员编制和无工作经费的状态，多数县级没有专门的饲料管理机构和人员，饲料监管工作责任很难落实。

【主要特点】

1. 饲料总产量略有下降。2012年全省饲料总产量305.4万t，同比下降2.4%。其中，配合饲料204.1万t，同比下降2.7%；浓缩饲料95.6万t，同比下降1.7%；添加剂预混合饲料5.6万t，同比下降1.0%。配合饲料所占比重为66.8%，浓缩饲料为31.3%，添加剂预混合饲料1.9%。

2. 产品类别变化明显，产业结构不断调整。按饲料产品类别来看，2012年生产猪饲料108.1万t，同比增长1.7%；蛋禽饲料98.1万t，同比增长2.2%；肉禽饲料72.3万t，同比下降14.0%；水产饲料0.4万t，同比下降58.8%；反刍动物饲料26.2万t，同比增长4.0%；其他饲料0.3万t，同比增长83.6%。

3. 饲料加工企业总数减少，产能增加，企业规模不断提高。2012年全省共有饲料生产企业260家（持证企业），比2011年减少4家。其中，单一饲料企业29家，添加剂预混合饲料企业30家，饲料添加剂企业10家。企业数量虽有所减少，但产能有所提升。生产能力由2011年的2 050t/h增加到2 163 t/h，涨幅为5.5%。时产5t以上企业116家，比2011年增加9家。2012年新发饲料生产企业审查合格证13个，新增企业无论是生产规模、设备条件，还是人员素质、厂区环境以及管理水平都有了较大提高。

4. 饲料原料利弊共存，市场波动较大，对饲料行业的影响不容忽视。玉米作为主要饲料原料，是本省秋粮的主产品种，全省玉米种植面积达到2 503.6万亩，比2011年增加33.5万亩，占粮食作物面积50.7%，特别是高产作物玉米种植面积持续增长，使玉米单产不断提高，保证了饲料玉米的供应。虽然玉米价格比往年有所上涨，但整体价格比较平稳。而蛋白质饲料原料缺口较大，成为制约饲料成本的重要因素。为了缓解蛋白质饲料供应紧张，企业还通过调整配方和合理利用饲料添加剂等技术，加大了对菜粕、棉粕、胡麻粕、葵粕等杂粕类资源的利用率。饲料企业正在积极探索改变玉米豆粕类型日粮，更加关注小麦、DDGS开发和利用，使用新型饲料酶制剂等来提高饲料利用效率。

5. 行业发展压力加大，整合力度不断加强，优胜劣汰趋势凸显。当前饲料行业总体呈现成本加大，利润压缩的特点。一是成本增加。由于原料价格波动频繁，工人工资不断上涨，饲料业面临的高成本低利润压力有增无减。二是竞争加大。企业为了扩大市场份额，不断让利抢占市场，成本消化难度增大。三是经营成本上涨。工业用地成本、劳动力成本、物流成本、环保压力等综合生产成本不断增加，使得企业发展面临更大的压力。

【主要工作】

1. 加强新《条例》及其配套规章的宣贯工作。把新《条例》及其配套规章培训工作作为年度工作的重中之重来抓，帮助从业人员知法、懂法、守法。为了把《条例》确定的各项管理制度落到实处，及时印制可以张贴的新《条例》宣传图 1 000 张，发送给饲料生产经营和养殖场（户），要求张贴在醒目位置。为了加大宣传力度，提高宣传质量，达到落实责任主体的效果，从新《条例》确定的多项禁止性规定中，分别辑选出针对饲料生产、饲料经营及自配饲料养殖场（户）3 种类型的禁止性规定（每类 8 项），制作不锈钢材料责任牌，并在责任牌上标明市、县、乡监管人及企业责任人，发放给饲料生产企业和经营店（户）。

2. 层层签订饲料安全监管责任状。为全面贯彻落实各负其责的安全责任制度，2012 年年初，省饲料办继续与各市饲料管理部门签订《饲料安全监管责任状》，市与县饲料管理部门，县级饲料管理部门与辖区内饲料企业也相继签订了《饲料安全管理责任状》。逐级签订的责任状将作为年终考核的一项重要内容接受上级、同级以及社会各界的监督检查。

3. 实施饲料质量安全监测计划和饲料生产企业监督检查工作。根据农业部统一部署，组织开展《饲料产品质量安全监测》《饲料安全专项监测》及《反刍动物饲料中牛羊源性成分专项监测》3 项监测工作。根据“扩大监测范围，增加监测频率”的要求，在农业部监测计划基础上，增加了监测量，总监测量达到 642 批次。为了使企业尽快与《条例》及其配套规章确立的生产条件对接，2012 年 10 月 10～20 日，由各市农委、畜牧局分管饲料的负责人带队，组成 10 个检查组，采取随机抽样、异地交叉检查方式，对 50 个饲料和饲料添加剂生产企业的生产条件和质量控制两大部分 68 个项目进行现场检查，并且对受查企业所在市、县饲料管理部门履行行业日常管理的情况进行检查。

4. 建立健全“责任到人、监管到位”的工作机制。2012 年 5 月 7 日，在多方调查反复核实的基础上，编制了《全省饲料和生鲜乳质量安全监管责任分解表》，明确规定了监管目标、重点内容、主要措施，逐级联系人和责任人，使全省 266 个饲料生产企业、4 800 家饲料经营门店和自配饲料养殖（场）户全部落实了监管责任人，实现了监管无缝隙、全覆盖。

5. 开展饲料行业特有工种职业技能鉴定工作。为进一步提高饲料从业人员专业素质，规范饲料生产企业行为，2012 年 8 月开展饲料检化验员、饲料厂中央控制室操作工、饲料加工设备维修工职业技能鉴定。

6. 积极推行《饲料质量安全管理规范》（以下简称《规范》）。《规范》是新《条例》确定的一项基本制度，对此，省饲料办选派基础条件好、积极性高的 5 家企业作为全国饲料质量安全管理规范试点企业，并接受农业部专家组现场指导。

【存在问题】

1. 对新《条例》宣传力度仍需加大。尽管各级饲料管理部门采取多种方式履行了宣传责任，但由于企业重视程度和人员素质不同，部分企业关键岗位的人员对新《条例》和配套规章的内容不了解或认识程度有限，不能很好地落实在具体工作中。

2. 建立健全饲料监督管理机制的工作仍很艰巨。建立健全包括管理机构、执法机构及监测机构在内的监督管理机制是县级以上人民政府的职责所在。但多数市县在机构、人员、经费等方面尚未得到有效解决，尤其是饲料质量监测机构，全省只有山西省饲料兽药监察所有较完备的检测能力，11 个市中除临汾市可进行常规检测外，其余 10 个市均无质量检测能力，面对日益繁重的检测任务，现有检测体系实属无能为力。

3. 饲料质量安全问题依然存在。2012 年年底“白羽鸡”事件，从发生原因上看，是个别违法企业非法添加药物引起的，但全省在开展异地饲料交叉检查、饲料质量安全专项整治、饲料兽药质量安全专项整治回头看期间，也发现在生产、经营、使用各个环节，饲料企业都不同程度存在这样或那样的问题，有些甚至存在严重违法违规行为，超范围生产、条件不达标、记录不全面、操作不规范等问题普遍存在，饲料质量安全隐患依然存在，保证饲料质量安全任重道远。

（山西省农业厅饲料奶站管理办公室）

内蒙古自治区饲料工业

【发展概况】

2012年内蒙古自治区紧紧围绕畜产品质量安全，以行政许可、专项整治和案件查处等工作为抓手，强化源头管理，加强市场整顿，规范使用环节，扎实做好饲料监管工作，圆满完成了2012年饲料行业发展和质量安全监管的各项目标任务。2012年，全区有饲料加工企业576家，年度备案企业452家。饲料总产量313.2万t，同比下降0.6%。其中，配合饲料214.5万t，同比下降1.0%；浓缩饲料93.0万t，同比下降0.5%；添加剂预混合饲料5.7万t，同比增长16.5%。从品种来看，猪饲料49.4万t，同比下降1.8%；蛋禽饲料54.3万t，同比增长11.5%；肉禽饲料30.1万t，同比下降8.5%；反刍饲料166.1万t，同比增长7.8%。饲料总产值89.1亿元，同比增长25.1%。

【主要工作】

1. 饲料质量安全大检查活动深入细致。为全面贯彻落实新《饲料和饲料添加剂管理条例》（以下简称《条例》）及其配套规章，保障饲料质量安全，规范饲料生产、经营、使用企业行为，严防添加、经营、使用瘦肉精等违禁药品的违法行为，促进畜牧业健康发展，妥善应对处置饲料安全突发事件发生。从2012年5月份开始组织开展能力建设、应急建设、许可备案、企业监管等方面的全区饲料质量安全大检查行动，检查范围涉及各级饲料安全监管机构，饲料生产、经营企业和规模化养殖企业。并按月按季派出督查组对各盟市的大检查活动进行普遍督查。

2. 饲料质量安全监督检测合格率稳健提升。2012年，全区饲料质量安全监督抽检任务3 755批次，其中，饲料产品质量安全监测抽检样品730批次，养殖环节违禁添加物专项监测抽检样品290批次，饲料和蛋白质饲料原料中三聚氰胺专项监测抽检样品695批次，反刍动物饲料中牛羊源性成分例行监测抽检样品240批次，养殖场（户）“瘦肉精”专项监测600家1 800批次。2012年完成饲料质量安全监督抽检3 755批次任务，为100%以上，合格率达到94.8%，较2011年提高0.5个百分点。饲料产品质量安全监测合格率为90.9%（其中饲料产品标签抽查合格率为91.26%，同比提高了9个百分点）；反刍动物饲料牛羊源性成分例行监测合格率为100%；饲料安全专项监测合格率为100%（养殖环节配合饲料中违禁添加物监测合格率为100%，蛋白质饲料原料中三聚氰胺监测合格率为100%）；养殖场（户）“瘦肉精”专项监测合格率为100%。

3. 饲料质量安全应急机制完善。根据新《条例》《农业部瘦肉精等违禁药品中毒事件应急预案》以及农业部有关规定和要求，为有效预防和及时控制因在饲料或动物饮用水中添加瘦肉精、三聚氰胺等违禁品所引起的饲料质量安全突发事件，提高饲料质量安全突发事件处置能力，指导和规范应急处置工作，确保公共卫生安全和群众身体健康，重新修订并下发《内蒙古自治区饲料质量安全突发事件应急预案》（内农牧饲发［2012］190号），各盟市、旗县结合本地区实际情况进一步完善了预案，加强了应急机制建设。

4. 及时召开饲料工作会议。为进一步明确2012年饲料工业发展的思路与重点，分析当前面临的新形势新情况，部署《条例》宣贯工作，加快推进饲料工业强区建设，6月2～4日在包头市召开由全区各盟市农牧局分管饲料监管工作副局长、饲料科长、饲料监督检测站站长参加的全区饲料工作会议。

5. 新《条例》和配套法规宣传贯彻扎实有效。2012年7月，分东西部区举办了两期全区12个盟市和101个旗县主管局长、监管监测人员280多人参加的全区饲料法规宣传贯彻培训班，邀请农业部专家委员会专家进行主题讲解，并印发了《条例》和饲料质量安全警示宣传挂图3万余份，收到了良好效果。同时按照农业部的相关要求，组织指导各盟市旗县在本辖区内开展了各种不同类型、不同层次、不同形式的培训班 38 期，对旗县监管和生产经营企业负责人 5 600多人进行了培训。在全行业形成“学条例、抓落实、保安全”的良好氛围，通过培训各级饲料管理部门负责人对新的饲料法律法规有了统一、全面、深入的理解和把握，有利于强化饲料执法监督工作，不断提高饲料行业管理工作水平。

6. “瘦肉精”专项整治成效显著。按照《农业部关于深入推进“瘦肉精”专项整治工作的意见》（农牧发［2011］12 号）《内蒙古自治区 2012 年农畜产品质量安全专项整治方案》（内农牧质发［2012］105 号）的要求，制定下发《2012 年“瘦肉精”等违禁药品专项整治工作方案》，开展饲料生产、经营、使用环节“瘦肉精”专项整治行动。累计出动监督执法人员 7.5 万人次，检查饲料生产经营企业 8.9 万个次，检查养殖场户 2.3 万个次，饲料质量安全监督抽检 3 755 批次，合格率为 94.8%；通过电视、报刊等媒体宣传 3 166 次，发放普法宣传材料近 19.9 万份；抽检饲料生产、经营和养殖企业 3 972 个；抽检样品 3.4 万个，均未检查出“瘦肉精”等违禁添加物；组织全区各级监管监测人员、生产经营养殖企业负责人等开展相关培训 38 场次，5 639 人次。同时，按照农业部等 8 部委“两通知一公告”要求，组织开展了“瘦肉精”清查收缴工作，全区累计出动清查收缴工作人员 11.7 万人次，清查饲料企业 1 317 家，清查养殖场（户）6 262 户，张贴宣传材料 10.3 万份，媒体宣传 141 次，完成“瘦肉精”抽检任务 2.0 万批次，抽检结果全部为阴性。

7. 秸秆养畜项目工作进展顺利。组织相关部门对 2011 年农业部批准立项建设的 4 个秸秆养畜项目进行了省级验收，经考评验收该项目的实施对当地畜牧业养殖发展起到了明显的带动作用。2012 年通过实地调研、推荐评审，组织上报了 8 个 2012 年农业综合开发农业部秸秆养畜专项项目，6 月份农业部已批复全部立项建设，全部项目争取财政投资 1 134 万元，其中中央财政投资 810 万元，地方财政配套资金投资 324 万元。目前项目财政资金已经全部落实到项目旗县，项目单位已全部开工建设，各级农牧业主管部门对项目建设进行了全程跟踪监管。

【存在问题】

1. 饲料监管检测装备薄弱。全区 12 个盟市虽然都建立了饲料监督检测机构，有 10 个盟市已通过了双认证，2 个盟市正在认证之中，但检化验设施科技含量任然较低，致使独立开展检测项目认定程度弱、检测频率低，检测队伍业务水平有待进一步提高；旗县级饲政监管队伍装备薄弱，饲政监管执法设施和快速监测、取证、信息管理设备一直未予配备，严重制约着饲料质量安全监管水平的提高。

2. 饲料监管经费不足。各盟市都成立了饲料科或饲料办，明确了固定的机构和人员。大部分旗县相应设立了饲料管理部门，配备了专职或兼职饲料管理人员，但饲料监管正常工作经费未纳入各级财政预算，特别是旗县级饲政监管工作是全区饲料质量安全的关键环节，经费严重不足，基础条件差，监管手段落后，严重影响到经常性监督管理工作的开展。

3. 个别饲料生产经营企业质量安全意识不强。虽然全区饲料质量安全状况有较大改善，但质量安全隐患依然存在。部分中小饲料生产企业质量安全意识不强，生产过程质量安全控制不到位、管理粗放，多数企业检化验设备简单，技术装备水平较低，安全卫生指标几乎不做检测，一些小型企业的检化验室形同虚设，产品质量不稳定导致品牌诚信度不高，从原料到成品，生产环节、流通环节和使用环节的产品质量安全溯源问题尚未得到根本解决，特别是一些动物源性饲料生产和饲料添加剂生产尤为突出。使用和饲养环节滥用添加剂、随意添加药物的现象时有发生。饲料经营市场散、乱、无序竞争的现象依然存在。

4. 各项统计材料报送时效性、准确性不强。受“大而全、小而全”传统统计观念影响，少数部门统计材料工作只考虑自身便利，缺乏统计材料成本意识和全局整体观念，各项材料报表随意增加，简单重复统计，数据严肃性受到质疑。管理体制不健全，岗位责任不明，造成报表编报不够顺畅。报送不及时，数据质量无法得到保证。

（内蒙古自治区饲料工作办公室）

辽宁省饲料工业

【发展概况】

2012 年辽宁省饲料工业在饲料质量安全监管体系不断完善，监管能力和水平不断提升的基础上继续保持快速增长势头。

1. 饲料工业。饲料工业生产持续稳步增长。2012 年饲料总产量 1 326.3 万 t，同比增长 9.1%。其中，配合饲料 949.3 万 t，同比增长 15.5%；浓缩饲料 356.2 万 t，同比下降 3.7%；添加剂预混合饲料 20.7 万 t，同比下降 15.2%。2012 年饲料产品总产值 411.6 亿元，同比增长 16.2%。

2. 饲料原料。饲料原料工业稳步发展。2012 年饲料原料总产量 360.6 万 t，饲料原料总产值 152.5 亿元。植物原料产量为 338.0 万 t。其中，豆粕产量 302.1 万 t，同比增长 72.6%。动物饲料原料产量 16.3 万 t，同比增长 4.5%。其中，鱼粉 11.1 万 t，同比增长 13.3%。

3. 饲料添加剂工业。饲料添加剂产量增长幅度较大。2012 年饲料添加剂总产量 7.9 万 t，同比增长 204.4%。其中，维生素 2.0 万 t，同比增长 37.2%；矿物元素及其络合物 1.5 万 t，同比增长 71.4%；酶制剂 0.2 万 t，同比增长 23.5%。实现产值 16.5 亿元，同比增长 192.7%。

4. 饲料机械。饲料机械成套设备产量有所下降。据统计，2012 年全省饲料机械企业生产饲料加工成套设备为 138 套，同比下降 6.1%。其中，时产 10t 以上成套机组 50 套，同比增长 16.3%；时产 10t 以下成套机组 88 套，同比下降 15.4%。生产单机台数为 281 台，同比下降 17.1%。其中粉碎机 119 台，同比下降 11.9%；混合机 95 台，同比下降 21.5%；制粒机 67 台，同比下降 19.3%。实现产值 6 327 万元，同比增长 12.1%。

【主要工作】

1. 开展饲料质量安全培训年活动。开展了全方位、多层次的以新《饲料和饲料添加剂管理条例》（以下简称《条例》）及配套规章为主线的兽药饲料质量安全培训年活动。一是饲料监管、检测人员培训。省级先后组织了《条例》宣贯培训班和饲料行政审批暨饲料统计工作培训班。各市参加培训后对辖区饲料监管人员进行分批培训，全省共 1 220 余人参加培训。同时，开展市级兽药饲料质检机构饲料营养指标、卫生指标、违禁药物、抗生素等检测技术的系统培训，并进行了现场考核。二是饲料生产企业有关人员进行饲料法规培训。分层次、分片区对全省 1 200 多家饲料生产企业负责人进行法规知识培训。三是开展饲料生产企业检化验能力培训和饲料生产企业化验技能大比武。制定下发《饲料生产企业检验技能大比武活动实施方案》，971 家饲料生产企业参加了饲料中粗蛋白质和总磷检测大比武活动，全面提升了饲料生产企业检测技术水平和产品质量安全保障能力。四是开展法规知识竞赛。由省饲料协会牵头，举办了“禾丰杯”《条例》知识竞赛，有效调动了广大饲料生产经营者学习饲料法规的热情，起到了很好的宣传培训效果。五是充分开展调研工作。2012 年先后组织 4 次专题调研活动，推动《条例》贯彻落实。5 月 23 日，在沈阳召开贯彻新《条例》座谈会，30 多家饲料和饲料添加剂生产企业负责人参会。围绕贯彻落实新条例，对政策把握、执法尺度、监管环节、技术升级、设备更新、质量管理等方面提出建议和咨询。

2. 严格行政审批，严把准入关。为进一步规范饲料行政审批工作，本省出台了《辽宁省饲料生产企业审批工作程序》和《辽宁省饲料生产企业现场审核工作纪律》，成立了辽宁省饲料评审专家委员会，并定期对饲料企业评审专家库的检查员开展培训，严格按照新《条例》规定，按照“公平、公正、公开”的原则和“高效、严格、规范”的要求对企业进行现场审核，提高准入门槛。

3. 开展饲料质量安全专项整治。一是积极开展专项整治行动。先后制定下发了《2012年辽宁省饲料监管工作要点》和《2012年全省饲料打假专项治理行动实施方案》等文件，对全省饲料质量安全整治和饲料监管工作进行部署，进一步加强饲料质量安全监管，整顿和规范饲料市场秩序。二是结合饲料生产企业年度备案和日常监管工作，开展饲料生产企业清理行动。对小企业生产、检验条件达不到要求，注销其生产资格。2012年依法注销76家不符合要求的饲料生产企业审查合格证或动物源性饲料产品生产企业安全卫生合格证。23家饲料添加剂和添加剂预混合饲料企业未申请备案或备案不合格不予备案，注销15家不具备生产条件的饲料添加剂和添加剂预混合饲料企业饲料添加剂生产许可证或添加剂预混合饲料生产许可证。三是开展“3·15饲料打假月”活动。各地组织专家深入基层、深入企业，全面开展饲料法规宣传培训，提高其质量安全和责任意识。共印发宣传材料20.5万份，在市级以上新闻媒体宣传28次，开办各种现场咨询活动35场次。全省出动执法人员6 520人次，取得显著成效。四是开展饲料生产企业饲料质量安全管理规范示范创建活动。按照农业部统一部署，积极推进饲料生产企业饲料质量安全管理规范示范创建工作，积极引导饲料企业开展饲料质量管理规范认证准备工作。2012年沈阳波音等9家饲料生产企业通过了农业部组织的饲料质量安全管理规范认证。五是饲料生产企业大检查。下发《关于开展饲料生产企业大检查活动通知》，各地对辖区内所有饲料生产企业实施全面检查，全面摸清底数和基本情况，建立了饲料生产企业基础数据库。对检查中发现的问题，监督企业进行整改；对发现的违法行为，依法查处。六是开展饲料监管工作督察。2012年10月8～28日，分7个督察组对全省饲料监管工作进行专项督察。督察结束后召开了专题汇报会，下发了督察工作通报，对检查中发现的问题，责成当地监管部门依法查处。

4. 贯彻落实饲料监管制度，强化饲料生产企业证后监管。一是以市级质检机构实验室考核为抓手，进一步提升检测能力。结合实际情况，修订了《辽宁省饲料安全检测实验室管理规范》（试行）和《辽宁省饲料安全检测实验室考核验收管理办法》（试行），从实验室面积、机构设置、硬件设施、人员资质、软件管理等方面，对市级质检机构实验室提出了更高的要求，进一步提升了检化验能力，规范了检测工作。二是规范开展饲料质量安全监测工作。结合实际制定并组织实施了2012年辽宁省饲料质量安全监测计划，突出了对饲料安全卫生指标检测，发挥监测工作的风险排查和预警预报功能。全省共完成饲料产品监测7 417批次，发现不合格产品103批次。三是在全国率先开展饲料中抗生素监测工作。制定实施了饲料中抗生素检测计划，对饲料生产、经营企业环节中猪、禽配合饲料和浓缩饲料中常用的喹乙醇、金霉素进行监督检测，对水产配合饲料中喹乙醇进行监督检测。完成饲料中抗生素检测528批次，发现不合格14批次。四是完善饲料检打联动制度，加强监测与执法联动。制定实施了《辽宁省饲料质量安全检打联动管理制度》，明确了工作职责和程序，加强结果分析与利用，对于监测结果不合格的，及时下发督办函，责成属地监管机构查处，并由省畜产品安全监察所进行全程督办，实现了一地查处、系统通报、全省清缴饲料打假工作运行模式，有效震慑了违法行为。五是落实不合格产品及企业网上公示制度。对经检测不合格的假劣饲料及其生产企业，均在“畜牧兽医在线网”进行公示，督促企业不断提高质量安全意识和管理水平。

【主要问题】

1. 饲料质量安全问题依然不容忽视。非粮饲料原料的安全特别是动物源性饲料安全不容忽视，如沙门氏菌污染、圆环病毒污染；饲料中抗生素使用有待进一步规范。

2. 监管工作不平衡。基层监管能力仍需加强，适应日益变化的监管工作需要。

3. 监督执法有待进一步加强。一是违法企业或产品查处不及时；二是监督执法区域互动性不强，不能及时进行。一些地区查处的违法企业产品信息，上报不及时，延误全省清缴的最佳时期。有的上报省局后，没有按照要求统一进行查处，导致违法企业产品继续在市场流通。

（辽宁省饲料工作办公室）

吉林省饲料工业

【发展概况】

2012年，吉林省共有各类型饲料生产企业540家。其中，添加剂预混合饲料生产企业19家，饲料添加剂生产企业13家。全省饲料工业产品总产量481.7万t，同比增长4.6%。其中，配合饲料产量323.8万t，同比增长8.2%；浓缩饲料产量153.0万t，同比下降2.1%；添加剂预混合饲料产量4.8万t，同比增长0.3%；饲料添加剂产量66.9万t，同比增长29.5%；2012年饲料工业总产值157.0亿元，创历史新高。

【组织机构】

吉林省饲料工作办公室隶属于吉林省畜牧业管理局，与草原饲料处合署办公。在全省各市（州）、县（市、区）政府畜牧业管理部门中，都设立了饲料工业行政管理部门。在质量检验上，有3个具有省级资质的饲料质量检验机构，分别隶属于省畜牧业管理部门、省质量监督管理部门和省商检管理部门；有12个市级饲料质量检验机构，其中3个隶属于畜牧业管理部门，9个隶属于质量监督管理部门。目前，县级还没有设立饲料质量监督检验机构。

【主要工作】

1. 为全面贯彻新修订《饲料和饲料添加剂管理条例》（以下简称《条例》）精神，进一步提升全省饲料产品质量安全水平，确保2012年不发生重大饲料安全事故，推进全省饲料工业总体水平不断提升，吉林省饲料工作办公室先后两次召开全省各市（州）饲料工作办公室主任会议，对企业整合、整治及安全生产做出具体部署，使全省各级饲料行政主管部门，都切实把饲料行业整合规范和安全整治提到2012年工作的重要日程上来。

2. 2012年，根据农业部《关于开展2012年饲料及畜产品质量安全监测工作的通知》要求，实行了月检验制度，每月监测200批次。对监测中发现的违法违规行为，及时通报，及时查处。全省各市（州）、县（市、区）饲料管理部门，严格按照吉林省畜牧业管理局《关于下达2012年饲料质量安全监测任务的通知》要求，保证监测区域、抽样数量、检测时间，从而保证了2012年检测2 500批次任务的完成，安全性指标达到98.0%以上。

3. 2012年，按照《条例》规定，在全省范围内，开展了饲料生产企业年度备案工作。在这次备案工作中，加大了对饲料企业的检查力度，全省共备案企业540家，同时，对不具备生产条件、不符合《条例》要求的10家企业不予备案。通过企业备案，不仅净化了饲料企业市场环境，也有力地推动了饲料企业整合重组。

4. 继续规范行政审批程序，严格行业准入制度。为了严格饲料生产企业申报程序，吉林省所有申报设立生产企业的单位，必须首先到省政务大厅备案，经初审合格后，再转送饲料管理部门履行审批程序。对于不具备条件的，一律不予审批，在不违背《条例》规定的前提下，严格把住申报进入饲料生产企业的关口。

5. 组织饲料生产企业参加“中国饲料工业展览会暨畜牧业科技成果推介会”。2012年，组成20人的吉林省饲料工业代表团，参加了在福建省厦门市举办的展览会。同时，还参观了福建漳州大北农集团，扩大与外省饲料企业的交流，有力地推动了全省饲料产业水平提升。

6. 充分发挥协会的作用，积极为企业发展服务。2012年，吉林省饲料工业协会根据全省饲料工业生产发展需要，多次与有关部门合作，有针对性地举办各类科技与技术讲座，帮助企业分析形势，捕捉机遇，化解困难，节本增效，受到了企业的欢迎。同时，为了进一步强化对吉林省饲料工业协会工作的领导，2012年4月，在吉林省饲料工业协会三届一次常务理事会上，选举吉林省饲料工作办公室主任丁日新担任省饲料工业协会秘书长。

7. 坚持开展饲料行业职业技能培训、鉴定工作，提高饲料生产企业专业素质。2012年，根据农业部部署和企业实际需要，有计划地开展了饲料检验化验员职业技能培训鉴定工作。先后举办了4期中级饲料检验化验员培训班，共有310名学员通过了鉴定考试、考核。获得了农业部颁发的《职业资格证书》。

【存在问题】

1. 饲料原料价格过高，企业经营利润下滑。小型饲料企业面临贷款难、回款难的问题，影响正常生产运营。甚至有些企业出现严重亏损。即使是有一定产品销量做支撑的大中型规模企业，也同样面临着饲料原料价格上涨、利润下滑的压力，严重影响了饲料工业的健康发展。

2. 饲料工业竞争激烈，许多小型饲料生产企业都存在资金周转不畅，产品销量减少等重重困难；而大型饲料生产企业在资金、技术、人力资源、信息等方面优势凸显。在这种形势下，各级饲料行业管理部门必须积极引导，确保饲料企业在整合、兼并、重组中实现平稳过渡。

（吉林省饲料工作办公室）

黑龙江省饲料工业

【发展概况】

2012年，黑龙江省饲料总产量705.6万t，同比增长3.3%；实现饲料工业总产值205.9亿元，同比增长2.7%；饲料产品中未发生三聚氰胺、“瘦肉精”等重大饲料污染事件。饲料工业直接转化粮食600.0万t，增加农民收入30.0亿元，吸纳就业人员4.0万多人。

【主要特点】

1. 产品结构不断调整优化、配合饲料继续增长。2012年以来，玉米价格不断攀升，养殖规模逐渐规模化，使得很多散户或小养殖场丧失了玉米的采购优势。以前部分使用自购玉米、浓缩饲料、添加剂预混合饲料的养殖场（户），受养殖成本影响，纷纷转向直接使用配合饲料，配合饲料代替浓缩饲料和添加剂预混合饲料已成为2012年的销售趋势。由于农民纷纷将玉米高价卖给粮库或烘干塔，散户或小养殖场能够采购到的玉米数量很少，养殖户储存玉米量不足，且价格贵，玉米质量也一般，不得不放弃浓缩饲料和复合预混合饲料改用配合饲料，以节约饲料成本。

2. 养殖效益日趋向好、饲料产量相应增加。随着生猪价格持续上涨，生猪养殖效益增加，养殖户和规模养殖企业补栏积极性高涨，生猪生产和饲料产量延续了增长势头。

3. 规模化程度快速提升、不同地区饲料生产均稳步增长。2012年各地畜牧业规模化、标准化快速发展，致使全省13个市（地）中，有8个市（地）总产量呈稳步增长态势，齐齐哈尔、大庆等市饲料总产量上升10%，佳木斯、绥化等市饲料总产量上升5%，牡丹江、鸡西、双鸭山、七台河等市饲料总产量上升4.0%，哈尔滨等其他5个市地饲料产量同比基本持平。

【主要工作】

1. 认真组织开展新《饲料和饲料添加剂管理条例》（以下简称《条例》）宣贯工作。一是组织开展新《条例》学习宣传月活动。为切实做好新修订《条例》的宣贯工作，黑龙江省确定2012年5月份为新《条例》宣传月，下发了宣传月活动实施方案（黑牧饲［2012］98号）。通过宣传月活动，全省上下掀起学习新《条例》、贯彻新《条例》的热潮，使广大饲料生产经营使用者提高了学法守法的自觉性。二是广泛开展法律法规宣传。在《黑龙江农村报》《黑龙江畜牧兽医政务网》《东北饲料信息网》《东北饲料信息杂志》等整篇刊载新《条例》，共计印发20多万份；利用《黑龙江卫视新闻联播节目》《黑龙江乡村广播》《龙广新闻一行风热线》等节目专题解读《条例》，并现场回答听众提问；在《黑龙江日报》《东北网-黑龙江》等媒体上以“黑龙江严格监管饲料行业”为题报道新《条例》和全省饲料行业发展及监管措施。三是组织开展新《条例》及配套规章培训。利用全省饲料形势分析会议和农业部在本省举办“东北三省饲料法规宣传培训班”之机，对市（地）饲料管理人员进行了新《条例》培训。全省举办各类培训班50多个，培训各类人员2 100多人次。

2. 组织开展饲料质量安全及“瘦肉精”专项整治行动。一是组织开展了饲料质量安全专项整治行动。起草制订饲料质量安全“瘦肉精”专项整治实施方案（黑牧安监［2012］92），对整治工作内容进行具体部署，整治工作取得显著成效。二是组织开展放心饲料下乡活动。按照农业部农资打假的有关要求，省畜牧局开展“2012年放心饲料下乡进村宣传周”活动（黑饲便函［2012］2号），强化对饲料生产、经营、使用者的指导服务。省饲料办还在安达市先锋乡举办了放心饲料下乡现场活动，印发饲料法规及安全知识资料1 000多份，同时，邀请省内规模大、标准高、质量好、有信誉的大型饲料企业参与现场活动，收到了很好的社会效果。据统计，全省共举办放心饲料下乡进村活动 70 余次，参与养殖场户 7 000 余人次。三是组织开展饲料质量安全执法巡查行动。为确保以“瘦肉精”“地沟油”和饲料经营店等为重点的执法检查取得实效，相继下发了有关专项整治方案和明传电报，制订了执法检查行动和督导工作方案，并成立了 4 个督导检查组，对各地整治工作进行督导巡检。全省共下达《整改通知书》345 份，注销企业生产许可证 7 个。全省共出动饲料执法人员 3 500 多人次，检查饲料生产经营企业 7 000 多家，立案查处企业 150 多个，没收违法产品 37t，罚款 30 万余元。

3. 组织开展饲料产品质量安全监督抽检工作。通过实施农业部和省级饲料监测任务，对全省各类饲料生产企业实行了全覆盖监测。农业部下达饲料例行抽检任务 920 批，实际完成 945 批，检验合格率 97.5%；饲料产品中“瘦肉精”、三聚氰胺等违禁品检验合格率为 100%。

4. 组织开展申（换）证饲料企业审核及年度备案审查工作。严格行业准入条件，按照许可审批程序，全省共审核发放饲料审查合格证 24 个。组织开展并完成了备案审查工作，共计年度备案审查不合格企业 156 家，注销企业 7 家，并予以公告。通过年度备案审查，整顿一批、注销一批、整合提升一批，进一步提高了饲料工业整体素质和标准化生产水平。

5. 组织开展饲料质量安全规范试点工作。按照农业部要求，开展了饲料质量安全规范试点工作，并选取了哈尔滨青禾科技等 4 家企业进行规范试点。目前试点工作正在按计划有序开展，将从饲料生产源头上保证饲料质量安全。

6. 积极开展行业服务，推进饲料企业改造及整合提升。

（1）积极帮助企业协调落实产业扶持政策。帮助企业协调落实饲料产品免征增值税政策；帮助齐齐哈尔谷实公司落实省重大产业结构调整项目；积极与省财政沟通并落实了省粮油和饲料精深加工专项扶持政策，部分饲料企业有望得到财政资金扶持。

（2）积极推进企业改造升级和“五化”进程。表现为“三个一批”：一是设备改造提升一批。如哈尔滨青禾、远大牧业、大北农、东大、双胞胎、富裕阳光等一批企业改造扩建，单厂新增产能 6 万 t 以上，全省年内饲料产能新增近 100 万 t，饲料企业规模化、标准化生产水平有了大幅提升。二是外延扩张一批。如谷实集团在齐齐哈尔市、佳木斯市和绥化市，禾丰集团在平房开发区，哈农标普瑞纳在齐齐哈尔市，大北农在佳木斯市和绥化市，哈大牧人在五常市，哈富康在沈阳市，正邦集团在肇东市，六和集团在肇州县投资建设新厂，年设计产能均在 12 万 t 以上。2012 年，齐齐哈尔谷实、肇州六合、大牧人等已经投产，黑龙江禾丰、佳木斯大北农、佳木斯谷实等正在施工建设。三是产业链延伸一批。如桦南新曙光牧业新上了肉鸡养殖场、扩建了屠宰车间和肉食品加工车间；哈尔滨新中旭、哈尔滨新胜分别在方正、延寿投资上亿元新建饲料生产、肉鸡养殖和屠宰加工一条龙产业链项目，现已开始屠宰加工，饲料企业正在施工建设；哈尔滨富康在建设了种鸡场基础上，在哈尔滨新开设了绿色肉食店 15 个；黑河中兴牧业建成年产 18 万 t 饲料厂，新建奶牛场一处，已从澳大利亚、新西兰引进奶牛 6 000 头。饲料产业链条的延伸，进一步构建了企业竞争新优势，极大增强了牵动养殖业发展的能力，已经成为全省饲料企业发展的新趋势、新亮点。饲料企业规模化、标准化、现代化、产业化、集团化水平有了大幅提升。

（3）积极服务饲料企业。帮助企业制定完善产品质量标准 56 项；组织开展 3 次技术交流和参观考察活动；为企业和养殖场户办实事办好事，热心帮助企业和养殖场户协调解决质量纠纷案件 3 起，认真受理群众来信来电举报和群众咨询 40 多个，做到热情接待，件件有着落。

（黑龙江省饲料工业办公室）

上海市饲料工业

【发展概况】

2012年，上海市各级畜牧兽医部门、监督、监测机构和行业协会采取有效措施，围绕投入品安全监管和畜产品质量安全，贯彻落实饲料新政，加强市场整治和监管，强化行业自律和诚信建设，保障了饲料质量安全。本市饲料工业呈现持续、平稳、优化发展趋势。2012年本市共有饲料、饲料加工企业155家。饲料总产量154.5万t，同比增长1.6%；饲料工业总产值73.7亿元，同比增长3.8%。

【主要工作】

1. 加强学习宣传，全面贯彻《饲料和饲料添加剂管理条例》（以下简称《条例》）。为全面贯彻新《条例》，本市制定并下发《上海市学习宣传新修订＜饲料和饲料添加剂管理条例实施方案＞》，开展了一系列形式多样的学习宣传活动。一是组织召开全市范围新《条例》学习宣传动员会，印发学习宣传材料2 000份，并对饲料生产企业开展新《条例》市级培训学习；二是组织开展《条例》知识竞赛，全市饲料企业、相关单位、畜禽养殖场（户）广泛参与，共有825人参加了竞赛活动，并评选出11名个人奖和3个优秀组织奖；三是组织各区县畜牧兽医主管部门，通过集中培训、资料发放和告知承诺等方式，对辖区内饲料生产企业、经营企业和畜禽养殖场负责人开展全方位新《条例》学习宣传和培训活动，累计开办培训班21期，参加人员1 370人次，进一步提高了从业者守法意识、安全意识和责任意识，也为新法实施后饲料监管各项工作的顺利开展创造了良好的环境。

2. 强化准入监管，清理企业资质。一是严格年度备案审核制度，强化属地化管理职能，对备案企业组织开展集中审核、评定和现场督察，并将备案审核判定与日常监管情况相结合，全年注销了18家生产许可证、审查合格证和动物源性安全卫生合格证企业；二是积极推进《饲料质量安全管理规范》（以下简称《规范》）示范创建工作，2012年3月本市推荐了3家饲料生产企业参加全国首批试点评审工作，10月推荐了5家饲料企业和相关技术专家参加《规范》示范创建工作，均得到农业部充分肯定；三是按照农业部新公布《饲料生产企业许可条件》，严把新开办企业准入关，并对过渡期范围内的企业宣传告知新的许可条件，督促其按期整改；四是加强饲料经营门店监管力度，对全市范围内244家饲料经营门店开展大检查行动，不断规范本市饲料经营市场秩序。

3. 强化监测力度，严格生产监控。为确保畜产品质量安全，本市不断加强源头管理和生产监控，强化监测监控力度。一是制订了《2012年饲料质量安全监测计划》，全年共完成饲料质量安全监测任务3 100批次，饲料安全状况处于可控状态；二是部署了《2012年度“瘦肉精”等违禁药物专项整治监测计划》，重点加强出栏前生猪检测，及时掌控本市出栏生猪的质量情况，实行全市瘦肉精监测月报制度，2012年共完成对生猪出栏前瘦肉精等违禁药物监测7.7万批次，结果均为阴性；三是为切实掌握万羽以上蛋鸡场的养殖生产和饲料原料使用情况，解惑市民所关心的“橡皮蛋”问题，本市对全市所有万羽蛋鸡场进行了全覆盖的监督检查和样品抽检，检测结果所有样品均符合国家卫生标准；四是为掌握本市“黄梅”季节中饲料产品质量，了解各反刍动物饲养场在潮湿季节对饲料的储存情况，组织对全市反刍动物养殖场进行了摸底检查，并开展了反刍饲料中黄曲霉素B_1的抽样检测，结果均为阴性。

4. 强化安全责任，实行责任承诺。本市饲料监督执法机构按照新修订《条例》要求，向全市饲料生产、经营、养殖企业推行告知和承诺制度，签订了质量安全承诺书，明确企业作为饲料质量安全第一责任人的义务，督促企业进一步加强生产、经营环节质量安全控制，督促养殖者规范饲料、饲料添加剂的使用；为强化饲料生产者和养殖者的法律和责任意识，本市印发了《关于要求本市兽药饲料生产经营企业、养殖企业主动上缴“瘦肉精”和含“瘦肉精”饲料的通知》，告知违法添加“瘦肉精”的危害性和所承担的法律责任，并发放承诺书和告知书2 443份。

5. 强化执法力度，严格市场整治。为规范行业生产，维护市场秩序，本市依托行政审批、质量安全监测、案件查处3方联动机制，不断加强获证企业监督检查和日常监管，加大企业资质清理力度，严肃查处违法违规饲料企业，坚决查扣销毁“三无”饲料产品，严厉打击在饲料中添加“瘦肉精”等违禁药物的违法行为，督查养殖单位用药记录制度执行情况，核查兽药用药情况及相关记录，严查违禁药物、假劣兽药，严厉打击超剂量、超范围、不执行休药期等滥用抗生素和激素的违法行为，发现违规的严厉查处，决不姑息。

（上海市饲料工作办公室）

江苏省饲料工业

【发展概况】

2012年，江苏省饲料加工企业突出科技创新，提升产品质量，优化规模结构，强化营销服务，饲料工业取得了持续快速增长的发展成效。据统计，全省饲料总产量929.0万t，同比增长12.8%；饲料产品产值325.7亿元，同比增长17.5%，均再创历史新高。饲料添加剂产值25.4亿元，同比增长3.0%。饲料机械产值48.3亿元，同比增长23.0%；生产各类饼粕蛋白质饲料788.0万t。实现饲料工业总产值(不含原料产值）399.4亿元，同比增长16.2%。

【主要特点】

2012年饲料产业顺应养殖业变化，调整结构，产业发展呈现以下特点：

1. 饲料工业产量年增超百万。2012年，全省饲料工业总产量在2011年增加136.0万t的基础上再增105.0万t，增幅高出全国平均水平约5个百分点。

2. 骨干企业产量份额占6成。2012年，全省年饲料产销量5万t以上饲料企业共65家，比2011年增加15家，累计产量582.0万t，同比增长29.0%，占全省饲料工业总产量61.0%。其中，中粮、正大、通威、海大、希望、六和、立华、温氏、天成、正昌、益客等集团型企业饲料产量约占全省总量50%。

3. 饲料产品结构调整优化。饲料企业适应规模养殖的发展变化，不断优化产品结构。2012年配合饲料产量868.2万t，同比增长13.2%，占饲料总产量93.4%；浓缩饲料和添加剂预混合饲料增速放缓，浓缩饲料29.0万t，同比增长5.1%；添加剂预混合料31.8万t，同比增长8.8%。各类畜禽饲料中，猪饲料231.9万t，同比增长35.0%；蛋禽饲料131.7万t，同比增长6.8%，肉禽饲料265.1万t，同比下降1.9%，水产饲料277.0万t，同比增长15.5%，反刍饲料10.9万t，同比增长69.9%；受禽产品市场影响，蛋禽料增长趋缓，肉禽料有所下降，猪饲料增长趋势明显。

4. 质量安全水平稳步提高。2012年全省加强饲料企业质量安全监督管理，组织实施饲料质量专项整治行动，严厉打击“瘦肉精”等违禁药物，有效提高了饲料质量安全水平。2012年，饲料生产企业抽检产品中违禁药物和牛羊源因子的检出率继续保持零纪录；饲料质量安全监测合格率为93%，抽检饲料标签合格率为98.4%。

【主要工作】

2012年省饲料管理工作围绕加快产业发展和饲料质量安全这条主线，加强饲料法规培训，提高行业人员素质，严格饲料生产准入管理，强化市场监督管理，主要开展了以下工作：

1. 加强法规培训，全面提高从业人员素质。按照农业部统一部署，结合日常监督和专项整治等工作的开展，利用多种形式和各类新闻媒体开展新法规宣传。全省累计在各类信息平台发表新闻信息128篇，印发宣传资料2万余份，印制宣传横幅和标语1 500多条；组织饲料及畜产品现场咨询活动6次；针对饲料生产、经营、使用环节发放《告知书》3万余份。同时，围绕新《饲料和饲料添加剂管理条例》（以下简称《条例》）的实施，省农委先后开展了3个方面的培训活动，全面提升了饲料执法监管人员的技能水平和饲料生产、经营、使用者的质量安全知识。一是积极组织全省饲料法规宣贯培训班。2012年6～7月间，省饲料法规宣贯培训班分4期举办，对全省780家饲料生产企业负责人进行了培训。培训内容涵盖了饲料行业法律法规、饲料质量安全管理规范要求、饲料生产许可条件要求、饲料生产企业行政许可申报要求等多个方面。二是积极组织基层饲料监管人员开展新《条例》培训学习活动。对各市186位饲料监管人员进行了培训，主要学习了饲料生产企业许可条件实施、许可材料申报、饲料质量安全管理规范、饲料添加剂和添加剂预混合饲料产品批准文号管理办法等内容，并结合实际，讲解了《条例》贯彻实施的重点以及监管工作中的注意事项。三是对部分饲料经营户、规模养殖户，进行了饲料质量安全和使用知识培训。全省通过讲座、印发学习资料等形式，加大了对生产企业、经营门店和规模养殖户的培训力度，累计培训5 600多人次。

2. 加强监督检查，全面提升饲料质量安全水平。 加强饲料安全监测。2012年，饲料质量安全监测共抽检了244份饲料产品，合格227份，合格率93.0%；抽检标签231份，合格225份，合格率97.4%；共抽检了128份牛羊饲料和动物源性饲料，检测结果全部为阴性；检验标签62份，合格61份，合格率98.4%。饲料质量安全养殖环节违禁添加物监测共抽检181份样品，合格181份，合格率100%。蛋白质饲料原料中三聚氰胺监测共抽检52份样品，合格52份，合格率100%。检测盐酸克伦特罗、莱克多巴胺和沙丁胺醇3种“瘦肉精”类物质21.6万份，其中养殖环节9.4万份，屠宰环节9.4万份，流通环节2.9万份。切实增加监测经费投入，保障监测工作有序开展。据统计，2012年全省共安排“瘦肉精”监测经费2 715万元，其中农业部安排115万元，省农委安排1 600万元，市县两级安排1 000万元。

3. 严格饲料生产准入管理。 对生产企业按照《饲料添加剂和添加剂预混合饲料生产许可证管理办法》和现场考核表，加强饲料生产企业现场审核，严格生产条件，把好审核关。在核发饲料产品批准文号过程中，加强产品标准和标签审核工作，严格执行《饲料添加剂安全使用规范》，把好饲料添加剂和饲料药物添加剂使用关，确保产品质量安全。2012年年底，全省共有生产企业820家，持证950个，其中配合饲料、浓缩饲料、单一饲料、精料补充料生产企业持证599个，饲料添加剂生产企业持证91个，预混合饲料生产企业持证228个，动物源性饲料生产企业持证32个。

4. 开展《饲料质量安全管理规范》（以下简称《规范》）试点。 按照“全程控制、标本兼治，管帮结合、典型示范”原则，2012年继续在全省范围内选择了基础条件好、生产管理规范、综合效益显著的5家饲料企业作为《规范》试点单位，通过对原料采购与管理、生产过程控制、产品检验、产品贮存及运输、产品追溯与召回7方面130条具体要求逐一落实，全面规范了饲料企业生产行为，实现饲料生产全过程监控，对保障饲料产品质量安全、促进饲料行业发展壮大、提高企业管理水平和综合竞争力起到了重要的指导作用。

5. 启动质量信得过饲料企业创建。 根据省政府关于加快推进畜牧业转型升级的意见，2012年，在全省范围内组织开展畜牧业转型升级“六项创建”活动。作为“六项创建”的内容之一，2012年共有150余家饲料生产企业参加了质量信得过饲料生产企业的创建活动，通过加强对饲料生产企业原辅料质量控制、生产过程控制和产品质量控制，进一步加强对影响饲料和畜产品质量安全关键危害点的控制，有效防范畜产品质量安全风险。

【存在问题】

饲料产业在转型升级过程中面临新的机遇和挑战。养殖业增长为饲料工业提供了发展空间；规模化养殖水平提高为调优饲料结构创造了有利条件；法规化管理营造了良好的市场秩序；企业内部活力增强为饲料工业发展增添了后劲。但资源紧缺越来越成为产业发展的瓶颈；安全隐患依然存在，盲目和过量使用饲料添加剂、抗生素现象依然存在；养殖业及原料市场波动频繁，直接影响了产业的健康发展；企业数量多规模小，市场竞争能力低，产业总体水平有待提高。

（江苏省饲料工作办公室）

浙江省饲料工业

【发展概况】

2012年，浙江省饲料和饲料添加剂产业发展紧紧围绕“保安全、保质量、保供给”总体目标，依托畜牧业新型产业体系建设这一主线，加快推进饲料产业转型升级，克服了大宗原料价格上涨、养殖业效益较低和自然灾害等因素影响，饲料和饲料添加剂生产继续保持稳步发展态势，为全省养殖业发展和农民增收提供了有力的物质保障。2012年，全省共有饲料加工企业565家，其中配合饲料生产企业433家，饲料添加剂和添加剂预混合饲料生产企业299家。饲料总产量575.4万t，同比增长11.4%。其中，配合饲料553.1万t、浓缩饲料5.6万t，添加剂预混合饲料16.7万t，同比分别增长12.4%、3.1%和下降11.5%；各类饲料添加剂产量23.3万t，同比增长12.8%。全省饲料工业总产值299.5亿元，同比增长14.3%。

【主要特点】

1. 配合饲料总产量增长，各品种有增有减。全省配合饲料生产形势较好，2012年配合饲料产量553.1万t，同比增长12.4%。首家企业实际年产突破30万t，年产10万t企业9家。

(1) 猪配合饲料小幅增长。猪配合饲料产量262.9万t，同比增长9.5%。猪配合饲料增长的主要原因：一是2012年全省生猪存栏量和出栏量较2011年继续增加，饲养量增加带动饲料量增长；二是随着本省猪用散装饲料配送推广力度继续加大，养殖企业使用自配饲料比例持续下降，商品猪饲料产量增加；三是省内主要饲料生产企业兼并扩产和大北农、双胞胎等省外饲料生产企业在本省建厂、扩产。

(2) 家禽配合饲料稳步增长。2012年禽饲料产量166.1万t，同比增长14.0%。肉禽饲料增长原因是全省肉禽养殖订单生产模式继续壮大，如嘉兴仅立华、群大两公司肉鸡出栏量就占嘉兴市肉鸡出栏总量76.8%。订单模式使公司承担了大部分养殖风险，养殖户获益相对较为稳定，养殖量增加，带动禽饲料增产。

(3) 水产配合饲料持续增长。2012年的气候颇为适合水产养殖，红火的水产养殖使得水产饲料需求较往年有较大幅度增长。虽然后来遭遇了台风“秋葵”，损失较大，但随着台风过后对虾的补充养殖，水产饲料需求反而更旺盛。2012年水产配合饲料继续保持增长态势，总产量114.9万t，同比增长15.3%。

2. 以维生素为主的饲料添加剂产品产量增长，但利润下降。据统计，全省现有各类饲料添加剂生产企业92家，总产量23.3万t，同比增长12.8%，总产值124.5亿元，同比增长23.1%。其中，维生素类产品专业生产企业30余家，产量达16.5万t，同比增长23.6%；出口量8.0万t，同比增长2.6%；出口额73.4亿元，同比下降2.9%。虽然维生素类添加剂产量增幅较大，但由于国内维生素产能持续扩大，造成部分产品产能过剩，价格下滑，因此产品产值和出口额均有所下降，企业利润下降。

3. 在全省饲料和饲料添加剂产业稳步发展的同时，也面临着一些挑战。一是大宗原料价格长期保持上涨且短期波动较大，行情难以把握。2012年，饲料生产大宗原料玉米、豆粕等产品价格均保持长期上涨态势，并在年内创下历史新高。同时，这些大宗原料短期价格均和国际市场接轨，现货市场和期货市场价格紧密相关，波动较大，给饲料行业采购及经营提出了很高要求；二是饲料生产用工成本增加，用工难度加大。用工成本的持续增加也是企业面临的新难题，饲料企业一线员工月工资已提高至4 000元左右，还不包括社保支出。同时，企业用工难度也在加大，一线操作工招聘难、使用难的问题已经显现。这些情况的出现，都要求企业要不断增加投入，提高生产自动化水平，降低劳动强度，改善劳动环境；三是中小规模企业技术装备落后，面临生存危机。配合饲料、添加剂预混合饲料和浓缩饲料生产企业中，中小规模企业居多，大部分企业生产能力、检验装备、人员技术力量达不到农业部新发布的《饲料生产企业许可条件》要求，面临生存危机；四是外省大型饲料集团进驻本省市场，市场竞争加剧。2012 年，外省饲料生产企业如双胞胎、大北农、东方希望等陆续进驻浙江省市场，这些大集团、大企业的到来，必将分流部分客户，加剧市场竞争，给浙江省企业发展带来新的挑战，浙江省企业既要抢占市场，稳住根基，还要对外拓展，保持可持续发展。

【主要工作】

全省各级饲料管理部门继续克服人员少、监管压力大的困难，认真履行饲料行政许可事项管理和监管职责，组织开展监督检查和专项整治工作，维护正常生产经营秩序，保障全省饲料行业持续健康地发展。

1. 积极开展法规宣贯培训工作，努力提升从业人员整体素质。新《饲料和饲料添加剂管理条例》（以下简称《条例》）发布后，立即在省农村信息报上全文刊登了新《条例》，并将新《条例》和配套规章在省畜牧兽医信息网上发布。同时，利用农民信箱的有利条件，迅速将新《条例》及配套规章内容发送至各级饲料管理部门、饲料生产经营企业和养殖场（户）。全省各地充分利用报刊、网络、横幅、标语等多种形式，开展广泛深入地宣传，努力营造浓厚氛围，为贯彻实施新《条例》打好基础。据统计，全省共进行了 119 次新闻媒体报道、发放宣传资料 3.5 万份。同时，于 5 月中旬和 8 月下旬分别举办了两次培训班，对全省各级饲料管理人员和部分饲料生产经营企业负责人进行了培训。培训班邀请了农业部畜牧业司饲料处有关领导和专家，对新《条例》及配套规章进行了解读，对饲料原料质量控制和饲料原料行情进行分析与讲解。全省各地结合本地实际，采取集中培训、送法下乡、现场咨询解答等方式，开展了形式多样的培训，将新《条例》及配套规章的精神及具体要求告知到位、培训到人。据统计，全省共开展了 141 场次培训，培训管理人员 1 234 人次、企业人员5 456 人次。

2. 做好生产许可事项管理，确保饲料行业规范化发展。一是成立专家审核委员会。按新《条例》和《饲料和饲料添加剂生产许可管理办法》有关要求，成立了饲料生产许可专家审核委员会和专家库，并以省农业厅文下发至各地，进一步完善了饲料行政许可机制，并为饲料行政许可工作的开展提供了条件保障。二是严把许可证审核关。在新旧管理办法交替的关键时期，积极引导企业按新要求进行技改或整改，严把准入关，不搞突击审批。据统计，2012 年共上报农业部饲料生产许可申请 29 件，已核发生产许可证 26 件。三是强化服务意识，做好服务工作。企业在申请办厂、报批文号等方面总会碰到这样那样的问题，在坚持原则的基础上，尽可能为企业做好沟通、协调等工作。同时，缩减办事程序，提高工作效率，切切实实为企业发展多办实事，尽量为企业创造一个高效、和谐的创业环境，帮助企业更快更好地发展。

3. 加强对获证企业的监管，促进饲料行业健康发展。一是建立健全监管责任制。为进一步明确省和市、县饲料、兽药监管职责，强化饲料和兽药质量安全监管工作，省农业厅印发了《关于进一步加强饲料和兽药质量安全监管工作的通知》，严把企业准入关；广泛宣传告知，落实主体责任；加强质量监测，及时查处违法行为；落实监管人员，开展监督检查；建立质量安全信用制度，依法公布具有不良记录的企业名单等 5 方面，落实了各级主管部门监管职责，完善了饲料质量安全监管机制。二是开展监督检查。从 2010 年起，每年都开展一次全省性的获证企业监督检查活动，通过监督检查，取缔少数生产条件不符合要求企业、督促企业整改不规范行为、增加企业质量安全意识。全省各级饲料管理部门，按照职责要求，进一步加强对辖区内饲料生产企业的监管，加大执法检查力度，确保饲料生产环节监管覆盖率达到 100%，保证饲料监管工作不留死角。据统计，全省现场检查饲料生产企业数量为 818 家次。三是掌握企业动态。省饲料办从企业生产报表和年度备案报表的上报情况、日常监督检查情况反馈、产品监督抽检结果通报等多方面、多渠道地了解企业信息，掌握企业动态，督促各级饲料管理部门加强对辖区内饲料生产企业监管，对生产条件发生重大变化已不具备生产能力的或长时间停产企业及时上报注销其生产许可证，维护合法企业利益，创造公平合理、持续发展的创业空间。据统计，2012 年上报农业部注销了 5 家企业。四是加大处罚力度。结合全省“绿剑行动”和“农产品质量安全大整治百日行动”，对饲料企业违法或违规生产、经营行及时查处，并加大对生产环节违法行为的处罚力度，进一步规范了饲料生产秩序。

（浙江省饲料工作办公室）

安徽省饲料工业

【发展概况】

2012年，安徽省饲料共有加工企业389家，其中配合饲料生产企业193家，饲料添加剂和添加剂预混合饲料生产企业134家。2012年饲料产品总产量505.4万t，同比增长20.6%。其中，配合饲料447.9万t，同比增长24.4%；浓缩饲料43.6万t，同比增长1.1%；添加剂预混合饲料13.9万t，同比下降12.0%；全省饲料工业总产值131.6亿元，同比增长3.4%。在高速增长的同时，代表商品率水平的配合饲料入户率，首次出现7.5%的上升，饲料养殖的商品化、专业化、标准化进一步提升。

【组织机构】

在省畜牧兽医局领导下，省饲料工作办公室负责行政审批工作，省兽药监察所负责饲料监管工作。安徽省饲料工业协会配合省饲料办和省兽药监察所，拾遗补缺辅助行业管理，负责行业发展引导工作，饲料工业协会挂靠安徽省畜牧技术推广总站。

【主要工作】

1. 行政审批工作。2012年共收到省政务服务中心转来材料101件，其中上报农业部申请颁发饲料添加剂、添加剂预混合饲料生产企业31件，办理批件55件，审核不符合要求的退回15件，2012年各市、县饲料管理行政部门共检查获证企业260家。

2. 饲料监管主要工作。一是强化对获证企业的监管。获证企业年度备案现场检查为100%，经审查和现场检查，同意备案企业223家，不同意备案企业37家，年度备案合格达85.8%。对监督检查和备案审查不符合要求的企业限期整改，经整改仍达不到要求的饲料生产企业，坚决依法予以取缔。2012年上报农业部申请注销饲料添加剂及添加剂预混合饲料生产企业6家，上报省农委申请注销饲料生产企业6家，进一步树立了饲料生产企业的饲料质量安全意识，强化了企业规范化管理。二是加强流通环节监管，严厉打击饲料“三无”产品，2012年各级饲料监管部门，共出动执法人员1.1万人次，检查饲料经营企业4 644家次，查处问题28起，涉案金额24万元，坚决打击无生产许可证、无产品批准文号、无产品标签的“三无”饲料产品，并进行追根溯源，一查到底，规范和净化了饲料市场经营行为。三是落实监管责任，推行饲料质量安全管理规范。安徽省饲料监管工作，在省畜牧兽医局统一部署和领导下，省饲料工业办、省兽药饲料监察所、省饲料工业协会为省级责任单位，分工负责，逐步建立了全省饲料安全监管责任体系、饲料安全监管工作体系、饲料安全预警防范体系、饲料产品质量安全信用体系。规范了程序，制定了标准，明确了责任，建立了制度。四是确定安徽正大源饲料有限公司等4家企业为农业部饲料安全质量规范试点企业，逐步推行实施《饲料质量安全管理规范》。五是全面贯彻落实饲料行政许可新要求，成立了“安徽省饲料行政许可专家审查委员会”，严格实施专家现场审核，规范了饲料生产许可制度。

3. 行业协会主要工作。

（1）规范企业标准，促进产品开发。在省质量技术监督局帮助下，制订了《常用饲料产品营养成分变幅值》等5个地方标准，其中《常用饲料产品营养成分指标标示》将转化为国家标准。审定备案300多家企业产品标准、标准修改单和产品标签近千本。

（2）建立职业技能鉴定站。鉴定站现有考评员、督导员、培训老师、数据录入员等共57人，培训鉴定基地4个。目前鉴定站申报的《农业技能人才鉴定站标准化建设》项目得到农业部批准，调入了一批高科技设备，将进一步提升鉴定站的鉴定能力。

（3）开展培训研讨会。在合肥、宿州、阜阳、淮南等地进行基层巡回培训。把农业部“金蓝领”项目与5家企业人才培养计划结合起来，探索协会、饲料企业、养殖企业3级体系人才培训机制，2012年

"金蓝领"项目培训数量达500场、2.3万人次以上。

(4) 维护企业和行业利益。与安徽农业大学合作举办"畜牧饲料行业人才供需见面会",建立企业与求职人员数据库,以杂志、网站开展常年服务。针对企业不能自检的产品指标,协会牵线搭桥,使企业与检测单位开展委托检验,或者帮助代为送检。常年开展技术咨询,协调办理技术案件。

(5) 做好媒体宣传工作。一是《饲料与饲养》双月刊刊物出版。二是设立短信服务平台,每周发布3次行业短信。三是与省畜牧推广总站合作创办《饲料与饲养网》。

(6) 为政府部门服务。一是做好全省饲料行业统计工作,每年发布《安徽省饲料行业分析报告》。二是发布行业年度报告和生猪、饲料专项调查报告。三是参与农业部《饲料添加剂安全使用规范》等公告的制修订,开展进口添加剂使用情况调查,起草《安徽省名牌农产品(饲料)评选细则》草案等,协助饲料办和兽药饲料监察所,实施"饲料安全专项整治"工作。

【存在问题】

财力、人力和物力投入不足,饲料企业自主科技创新速度较慢,适应畜牧业市场变化的饲料产品开发和调整速度偏慢,非常规饲料资源开发利用不足。与畜牧养殖融合和发展一条龙企业的饲料企业发展偏慢,需要更新经营管理理念,出台相关政策扶持本省大中型饲料企业,向畜牧养殖业融合,促进全省由畜牧大省向畜牧业强省跨越。

(安徽省饲料工作办公室)

福建省饲料工业

【发展概况】

2012年，福建省各经济类型饲料企业425家。饲料总产量737.8万t，同比增长18.9%。其中，配合饲料689.6万t，浓缩饲料18.6万t，添加剂预混合饲料29.6万t。猪饲料363.8万t，蛋禽饲料65.2万t，肉禽饲料198.0万t，水产饲料102.2万t。饲料添加剂产量5.7万t，总产值15.4亿元，出口额1.8亿元，主要饲料添加剂产品有α-淀粉、二氧化硅、维生素A、维生素D_3以及酶制剂等，其中维生素A产量2 377.0t。

【组织机构】

福建省农业厅和各市、县、区农业局为饲料主管部门，省农业厅内设饲料兽药管理处，负责全省饲料行政管理的日常工作，饲料行政执法职能由福建省动物卫生监督所承担。福建省农业厅内设单位福建省农产品质量安全检验检测中心（福建省兽药饲料监察所）负责饲料质量检测工作。

【主要工作】

1. 饲料和饲料添加剂生产企业审核发证。2012年严格按照新《饲料和饲料添加剂管理条例》（以下简称《条例》）开展行政许可工作，5～9月，由于农业部饲料生产设立条件未公布，暂停了新设立饲料生产企业的审核发证工作。10月起重新开始严格按照新要求受理饲料生产企业设立申请。2012年获省农业厅颁发《生产企业审查合格证》企业13家；获农业厅颁发《动物源性饲料产品安全卫生合格证》企业2家；获得农业部颁发或换发《添加剂生产许可证》企业6家；获得农业部颁发或换发《添加剂预混料生产许可证》企业29家。

2. 饲料和饲料添加剂产品批准文号核发。2012年，省农业厅向7家饲料添加剂生产企业共核发了14个饲料添加剂产品批准文号；向36家添加剂预混合饲料生产企业共核发了438个添加剂预混合饲料产品批准文号。

3. 饲料质量安全监测。全省以饲料生产经营企业和养殖场为重点开展监督检查，并开展饲料产品抽检，抽检品种涵盖生猪和禽类不同生长阶段所需的饲料样品以及鱼粉等蛋白质饲原料。2012年共抽检饲料产品486批，合格474批，合格率为97.5%。

4. 饲料违法案件查处。2012年省农业厅报请农业部吊销龙海市海新饲料预混有限公司和厦门百拓生物工程有限公司《添加剂预混合饲料生产许可证》，农业部依法吊销了以上两家公司的许可证。2012年全省共立案查处饲料案件44起，没收违法所得14.1万元，罚款19.1万元，罚没款共计33.2万元，严厉打击了制售假劣饲料等违法行为。

5. 饲料和饲料添加剂生产企业年度备案。全省共有157家饲料添加剂和添加剂预混合饲料生产企业持有农业部颁发的《饲料添加剂生产许可证》或《添加剂预混合饲料生产许可证》，135家饲料添加剂和添加剂预混合饲料生产企业通过年度备案，22家饲料添加剂和添加剂预混合饲料生产企业未通过年度备案；全省共有331家饲料生产企业持有省农业厅颁发的《饲料生产企业审查合格证》，302家饲料生产企业通过年度备案，29家饲料生产企业未通过年度备案。上报农业部注销了3家添加剂预混合饲料生产企业，省农业厅注销了2家动物源性饲料生产企业和3家配合饲料生产企业。

6. 《条例》宣传贯彻。一是广泛宣传培训新《条例》。将新《条例》及其配套规章汇编成《饲料管理新规选编》《饲料原料及饲料添加剂使用手册》发放至全省饲料管理部门、生产企业，以便于随时查阅学习。印发了《饲料、饲料添加剂生产企业应当遵守、禁止事项及法律责任》《致广大畜禽养殖者公开信》《致广大饲料经营者公开信》等各类宣传材料2万余份，下发至饲料生产、经营和使用人员。积极开展新

《条例》培训工作。对全省市、县、区饲料管理人员开展了一期饲料法规培训班；对全省所有饲料和饲料添加剂企业负责人开展一期新《条例》及其配套规章培训班。二是规范《饲料生产许可证》审核发证工作。根据新修订《条例》以及《饲料和饲料添加剂生产许可管理办法》，省农业厅委托市、县农业（畜牧兽医）局承担单一饲料、浓缩饲料、配合饲料以及精料补充料生产许可申请材料的接收、受理和现场审核工作，制定了《单一饲料、浓缩饲料、配合饲料、精料补充料生产许可审核要求》，进一步明确《饲料生产许可证》审核发证事宜。

7. 实施《饲料安全质量管理规范》（以下简称《规范》）试点工作。选择了3家生产条件较好的配合饲料企业和1家预混料生产企业，按照农业部制定的《规范》进行试点工作，及时组织专家对企业进行指导。

8. 开展饲料工业职业技能培训鉴定工作。全年举办了饲料加工设备维修工、饲料检验化验员、饲料厂中央控制室操作工等饲料特有工种培训鉴定班5次，近350人参加了培训鉴定，其中首次举办了一期高级检验化验员培训鉴定班，培训鉴定43人，合格42人。

（福建省农业厅饲料兽药管理处）

江西省饲料工业

【发展概况】

2012年，江西省各级饲料管理部门认真宣传贯彻新《饲料和饲料添加剂管理条例》（以下简称《条例》），落实《饲料生产安全规范》，加强市场监管，确保饲料使用的产品质量。生产企业加大投入、扩能增效、提升科技含量、争创品牌，全行业步入产销良性竞争循环。全省共有各经济类型饲料企业279家，饲料总产量587.3万t，同比增长6.7%。其中，配合饲料491.9万t，同比增长14.2%；浓缩料51.6万t，同比下降33.5%；添加剂预混合料43.8万t，同比增长5.0%。饲料工业总产值213.5亿元，同比增长14.2%。

【主要特点】

1. 企业产品质量明显提升。据农业部全国饲料产品质量安全监测结果显示，2012年全省共有153家企业接受监督检测，企业合格144家，合格率为94.1%，抽样检测产品267批次，合格256批次，产品合格率96.6%，与2011年相比，企业合格率上升1.9%，产品合格率上升3.2%。

2. 领军企业蒸蒸日上，实力不断壮大。一是扩能增产。江西双胞胎集团，2012年新增赣南、新余厂两条生产线，扩大产能37.2万t；科恩公司完成赣州、南昌厂两条年产15万t生产线升级改造，2012年实现省内生产50万t的目标，同时又在广西南宁投资兴建产能18万t龙湾（鱼料）新厂；赣州朱师傅有限公司2012年投资3 000万元，完成了年产10万t、国内领先的自动化生产线。二是向科技进军。面对原料、人工、水电费用全面上涨的局面，领军企业把眼光投向高科技，加大投入。朱师傅引进国外先进饲料生产中控操作系统设备，培训员工，实现生产全自动、配料精准安全的“袋鼠”生产工程，保障了产品的高产、稳产、优质；双胞胎审定验收“双胞胎膨化猪场乳猪配合饲料”“小猪配合饲料”两个新产品。

3. 生产原料价格上涨，企业税利锐减。2012年本省企业采购原料成本增加，玉米每吨价格上涨100元左右，价位在2 700元/t左右，豆粕上涨200元/t，价位在4 200元/t。其他原料如大豆、麦麸价格也同比上涨。生产用电每度上涨2分，员工工资上涨30.0%左右，大大压缩企业利润空间。迫使企业改进原料配方，以小麦部分替代玉米，加强生产、销售环节管理，挤压水分，要么停产歇业。南昌市所辖企业170家，正常生产135家，关停23家，暂停生产12家。

【主要工作】

1. 积极开展宣传与调研。为认真贯彻落实2012年中央一号文件《中共中央国务院关于加快推进农业科技创新持续增强农产品供给保障能力的若干意见》的精神，深入饲料企业开展宣传调研。一是就科技创新工作进行宣传调研。通过宣传调研，鼓励和引导企业加大科技投入，增强自主研发能力。如赣州八维生物科技有限公司加大科技投入，在检化验设备上增加液相仪，推进1～2个新产品开发，包装采用条码标示，建立可追溯系统，设备改造，投料自动化，技术改造资金投入600万元；双胞胎集团、南昌大佑农生物科技有限公司等企业不断加大科技创新能力和企业自主研发能力建设，双胞胎集团研发的“一种有效增强免疫功能和改善猪肉品质的饲料添加剂”和南昌大佑农研发的“保育猪浓缩饲料”分别授予了国家发明专利。二是就《条例》进行宣传调研。《条例》及其配套规章的制修订，农业部采取了“开门办学”的方式，多次向社会公开征求意见，为进一步全面深入了解饲料企业在贯彻《条例》过程中面临的问题，多次组织人员深入企业，认真听取企业提出的意见和建议。及时向农业部反馈，争取及早采取对策。三是开展了鄱阳湖生态经济区饲料产业调研。据对鄱阳湖生态经济区 38 个市（县、区）统计，区域内饲料企业数量 226 家，占全省 63.0%。

2. 开展饲料质量安全行。一是认真查处违规企业和不合格产品。对 2011 年监测发现的违规企业和不合格产品开展了查处工作并将查处结果上报农业部。二是对养殖环节开展“瘦肉精”排查。配合农业部对东乡县开展生猪尿液“瘦肉精”拉网监测，共监测尿液 300 余份，均呈阴性。三是“瘦肉精”和含“瘦肉精”饲料清查收缴工作。按照农业部办公厅关于《开展“瘦肉精”和含“瘦肉精”饲料清查收缴联合督查的通知》要求，配合由国家食品药品监管局领队的联合督察组开展清查收缴工作。

3. 加大新《条例》宣传和培训力度。2012 年 5 月 1 日，新《条例》正式实施，把学习宣传《条例》作为重点工作，抓紧抓好，在全省形成了“学条例、抓落实、保安全”的良好氛围。配合中国饲料工业协会组织开展了“大北农杯《条例》知识竞赛”活动。

（江西省饲料工作办公室）

山东省饲料工业

【发展概况】

2012年，在畜产品价格波动频繁、消费拉动不足，养殖形势疲软的严峻形势下，山东省饲料工业依然保持了增长的势头。全省饲料总产量2 153.7万t，同比增长5.0%。从饲料产品结构看，配合饲料1 985.1万t，同比增长5.0%；浓缩饲料108.5万t，同比增长18.1%；添加剂预混合饲料60.2万t，同比下降10.7%。从畜种来看，蛋禽饲料172.5万t，同比下降6.3%。肉禽饲料1 239.1万t，同比下降0.4%；猪料涨势明显，总产量达到588.3万t，较2011年涨幅达到19.1%；水产饲料总产达到51.0万t，同比增长25.6%；反刍饲料56.3万t，同比增长55.4%。总体来说，经过2011年过热形势之后，家禽养殖量回落，对禽饲料生产影响较大，加之禽饲料在全省饲料生产结构中所占比重较大，因此对产量增长放缓影响巨大；2012年7～10月，全省猪存栏量有了较大的增长，猪肉价格虽有波动但是相对稳定，牛羊产品价格稳涨，全省相关饲料产品增长较为迅速，说明全省饲料生产企业适应性强、产品类型丰富，调整迅速。

【组织机构】

根据中共中央、国务院批准的《山东省人民政府机构改革方案》（厅字〔2009〕22号）和《中共山东省委山东省人民政府关于山东省人民政府机构改革的实施意见》（鲁发〔2009〕14号），设立山东省畜牧兽医局，由省农业厅管理，内设7个职能处室。饲料处负责拟定饲料、饲料添加剂管理及草原（场）保护、建设政策并组织实施；负责饲料、饲料添加剂、草原（场）和草种监督管理工作；负责饲料、饲料添加剂生产企业设立条件审查和动物源性饲料生产企业安全卫生审查；负责饲草资源的保护及开发利用；负责草种生产经营、草原（场）征占用审核审批；按规定负责有关饲料及饲料添加剂、牧草项目的筛选、实施和管理；承担省草场防火办公室的具体工作。

【主要工作】

1. 加强宣传培训。2012年，积极与新华网、人民网、大众网、农业部网站、中国饲料工业信息网、山东畜牧网等媒体联系，加大对新修订《饲料和饲料添加剂管理条例》（以下简称《条例》）等法规及日常工作的宣传，报道了全省秸秆青贮及苜蓿生产现场观摩会、全省饲料执法大检查活动等。为强化新法规宣传效果，通过印发宣传材料，在网站、广播电视、报刊等开辟专栏等多种形式，在各类新闻媒体发布报道120余次，印发宣传材料29万张（册），组织9 300多人参加了新《条例》法规知识竞赛答题活动，取得了传播快、全覆盖的良好效果。为切实提高从业人员对新《条例》及有关法规的理解和运用，山东省先后在济南、临沂、青岛、烟台举办了由各级饲料管理人员、企业负责人等参加的"饲料法律法规培训班"，并邀请部有关领导、专家做现场讲解。又于2012年10月份举办了饲料行政许可现场审核专家培训班；11月份举办了全省草业法规培训班暨草种检验员培训班，经过考核鉴定，有38名同志成为本省第一批草种检验员。2012年，全省各级饲料管理部门共组织人员法规培训232场次，培训饲料管理人员2 126人，培训企业从业人员1.3万人。

2. 强化规范建设。进一步建立健全了工作制度和程序，实现了工作规范化、制度化、程序化。先后制定下发了《山东省饲料生产许可工作程序》《关于规范动物油脂生产企业行政审批工作的通知》《动物油脂生产企业现场评审检查要求》《山东省草种生产、经营企业现场审核工作要求和考核细则》《山东省草种生产、经营企业许可申报材料要求》，编制了《山东省草场防火应急预案操作手册》，完善修订了《饲料添加剂、添加剂预混合饲料批准文号申报表》和申报程序等；成立了由相关行业专家和带头人、各级管理骨干、检化验人员等组成的“山东省饲料生产许可证专家审核委员会”。积极组织企业开展《饲料质量安全管理规范》（以下简称《规范》）试点工作。在2011年3家《规范》试点企业的基础上，2012年又指定6家企业，继续实施全国《规范》试点工作。

3. 狠抓行业准入。全省认真贯彻落实农业部提出的“提高门槛，减少数量；转变方式，增加效益；加强监管，保证安全”要求，在日常许可工作中，严格行政许可标准，杜绝条件不达标企业进入。2012年，共核（换）发各类饲料生产资质证书394家；核发饲料产品批准文号1 050个；核（换）发草种生产许可证2个，经营许可证7个。及时淘汰不再具备基本生产条件和管理混乱的企业，2012年，共注销各类饲料生产企业277家。

4. 严把饲料质量安全关。一是组织开展监督抽检。依托省饲料质量检验所，2012年共监督抽查11个市、32个县（市、区）、437家生产企业的饲料产品和饲料原料，合格653批，合格率为97.9%，比2011年提高5个百分点。其中，抽检饲料产品190批，配合饲料合格率为90.9%，浓缩饲料合格率为92.6%，添加剂预混合饲料合格率为77.8%，其他饲料添加剂和单一饲料合格率全部为100%，饲料标签合格率为91%。对监督抽检不合格的14家企业产品进行了依法严肃查处。二是组织开展了执法大检查和秸秆青贮督导活动。2012年10月份，启动了全省饲料质量安全检查和秸秆青贮督导活动，抽调省、市饲料管理人员，分8个组开展了全省饲料质量安全检查和秸秆青贮督导活动，共检查17个市、32个县（市、区）饲料管理部门，检查饲料生产企业70家、经营企业42家、养殖企业43家、秸秆青贮企业40家。对检查过程中发现的22家存在问题的饲料生产企业进行了全省通报，并下达了限期整改或责令停产、限期整改通知，同时公布了106家“山东省2012年度饲料生产示范开放企业”名单。三是组织开展饲料中非法添加违禁物质专项整治行动。四是强化了日常监管和违法案件查处。通过年度备案和日常监管，督促企业建立健全原料采购、生产销售等各项制度和记录。全省累计检查饲料生产企业1 460家，饲料经营门店4 617个，对发现的各类违法违规行为依法严肃查处，全年共督办查处各类违法违规案件50余件，有力打击了违法违规行为，确保了全省饲料质量安全。

5. 加大信息化建设力度。为充分发挥信息技术在管理工作中的作用，探索开发了“山东省饲料生产与经营管理系统”，计划系统建成后，全省饲料生产企业生产许可证、产品批准文号、群众投诉、日常监管以及质量监测、企业诚信档案等内容全部纳入饲料监管信息平台，实现监管信息化。目前，该系统已投入运行，初步实现了企业信息网上监管。全省实现了草原防火综合管理信息系统联网运行，山东草业网正在开发建设中。按照本省政务公开和科技防腐工作安排部署，抽调专职人员具体负责相关行政许可受理工作，实现了审批工作大厅化，自2012年10月份行政审批大厅运行以来，共受理饲料相关许可140余项。

（山东省饲料工作办公室）

河南省饲料工业

【发展概况】

2012年，河南省各经济类型饲料企业1 078家。其中，配合饲料、浓缩饲料生产企业759家，添加剂预混合饲料生产企业168家，单一饲料生产企业181家。饲料总产量1 320.6万t，同比增长4.6%；饲料产品总产值349.7亿元，同比增加了6.3%。从产品类别来看，配合饲料1 078.8万t，约占饲料总产量81.7%，同比增长10.3%；浓缩料204.9万t，约占饲料总产量15.5%，同比下降17.2%；添加剂预混合饲料产量达到36.9万t，同比增长0.6%。省级饲料产品抽检合格率达到94.5%，养殖环节"瘦肉精"检测合格率达到100%。

【主要工作】

1. 饲料行业发展和饲料监管方面：

（1）筹备召开全省加快饲料业发展现场会议。会议在周口召开，各省辖市、省直管试点县（市）分管副市长、副县（市）长、畜牧局长和分管副局长，省发展改革委等15个省直相关单位负责同志和20多家大型饲料企业代表参加了会议。会议对全省饲料业发展和监管工作提出明确要求，对国务院新出台实施《饲料和饲料添加剂管理条例》（以下简称《条例》）的宣传贯彻进行了安排部署。

（2）深入开展法律法规培训。在驻马店举办了全省饲料管理人员和相关推荐审核专家法律法规培训班，在洛阳举办了洛阳、新乡、焦作、平顶山、三门峡和济源6个省辖市饲料生产企业法律法规等培训班，重点培训新《条例》及其配套规章。据统计，2012年全省举办饲料法律法规培训班138场次，累计培训人员7 841名，其中，培训行政管理人员1 150名，培训企业人员6 691名，为新《条例》在全省贯彻落实打下了良好基础。

（3）举办饲料企业和养殖企业对接高层论坛。为认真贯彻落实全省加快饲料业发展现场会精神，促进饲料业发展，6月7～8日，积极联合养猪业协会在郑州召开了由10家大型饲料企业和50家养猪企业参加的对接论坛会，得到了各企业高度赞扬。

（4）严格饲料行政审批。按照新《条例》和相关配套法规的要求，及时成立了河南省饲料生产许可证专家评审委员会，制定了河南省饲料生产行政许可审核（批）工作程序和河南省饲料生产许可证专家审核委员会审核专家管理办法，实行专家审核负责制，严格按照条件进行申报资料审核和现场审查，不符合条件的不予许可。2012年共核发《饲料生产企业审查合格证》74个，《动物源性饲料产品生产企业安全卫生合格证》2个，《饲料添加剂、添加剂预混合饲料产品批准文号》272个，报请农业部核发《饲料添加剂、添加剂预混合饲料生产许可证》29个。同时，注销了25家不符合生产条件企业《饲料生产企业审查合格证》，另有39家饲料生产许可证到期自动注销。

（5）积极开展饲料企业年度备案工作。2012年共完成了727家饲料企业年度备案检查工作，对不再具备生产条件的企业，按照审批权限，依法予以注销。同时，根据新《条例》及其配套规章要求，及时修改了河南省畜牧系统行政处罚裁量标准（饲料部分），已报有关单位，为规范饲料行政执法奠定了基础。

（6）积极推行《饲料质量安全管理规范》（以下简称《规范》）试点工作。加强对饲料生产经营企业的培训和现场指导，督促规范企业硬、软件改造，有3家企业通过了农业部20多位专家组的严格检查，顺利完成《规范》试点工作，为全面实施《规范》积累了经验。2012年10月，全国《规范》示范企业创建工作培训班在郑州举办，选取6家饲料企业作为试点参加会议；12月份，组织召开了6家饲料企业《规范》示范创建工作推进会，从汇报情况和实地查看情况看，工作进展顺利。

（7）加大饲料产品监督抽检力度。制定下达2012年饲料产品监督抽检计划，对各类饲料产品开展了监督监测。2012年部、省级共抽检饲料样品1 432批次，抽检合格率94.5%。同时，各地也加大了监测力度，截至10月底，全省各地共抽样品5 950批次，抽检合格率98.0%。监测面覆盖猪、禽、水产配合饲料、浓缩饲料、饲料添加剂、添加剂预混合饲料和饲料原料（动物源性、植物性），并对不合格企业进行跟踪检查，督促企业进行整改，确保饲料产品质量。

（8）深入开展了动物源性饲料生产使用监管整治工作。重点对动物源性饲料生产企业、反刍饲料生产企业、牛羊养殖场（户）开展全面排查和宣传教育。对在农业部反刍动物饲料和动物源性饲料例行监测中发现问题的饲料厂和奶牛养殖户进行了查处。

（9）做好饲料质量安全专项整治工作。在2011年饲料质量安全专项整治的基础上，继续按照农业部要求做好专项整治工作。全省共出动执法人员2.1万人次，检查饲料生产经营企业2.4万家次，整治重点场所469个，查处问题199起，立案72起。在整治过程中各地共开展了556场次指导培训，发放宣传材料8.2万份。

（10）积极组织开展职业技能鉴定工作。依托河南省饲料产品质检站、河南农业大学畜牧兽医工程学院、河南工业大学生物工程学院，积极开展饲料生产企业特有工种职业技能鉴定工作。2012年举办鉴定班3期，鉴定饲料企业化验员、中控工、维修工共556人，鉴定合格率88.0%。通过鉴定工作开展，不断提高从业人员素质。

（11）河南省饲料工业协会第四届理事会成立。2012年12月28～29日，河南省饲料工业协会第四届会员代表大会在郑州召开。大会审议通过了协会第三届理事会工作报告、会费收支财务报告，选举河南省畜牧局副局长王全周为理事会名誉会长、河南省畜牧局饲料处处长赵化峰任理事会会长。

2.“瘦肉精”监管方面：

（1）筹备召开了一系列会议。2012年1月16日，召开了“瘦肉精”和含“瘦肉精”饲料清查收缴工作视频会议；2月22日，召开了春季“瘦肉精”严打行动视频会议；3月30日，召开了加强屠宰环节“瘦肉精”监管视频会议；1月16日和3月28日，分别牵头召开了由8个相关厅（局）参加的“瘦肉精”监管工作联席会议。10月25日，召开了全省深化“瘦肉精”专项整治工作视频会议。

（2）下发一系列相关文件。先后制定下发《关于深入推进“瘦肉精”专项整治工作的意见》《2012年全省饲料管理和“瘦肉精”监管工作要点》《关于严厉打击在饲料中添加违禁物和滥用药物添加剂行为的通知》《2012年全省“瘦肉精”监测计划》《关于深化“瘦肉精”专项整治工作的通知》等一系列文件。

（3）深入开展以“五个一”为主要内容的宣传教育活动。全省开展宣讲活动发放宣讲材料143万份，举办培训会4 046场次，培训养殖场（户）等相关人员累计34.9万人次，电视、报纸等媒体宣传1 782次，展示宣传版面2 792块，悬挂宣传条幅5 468条，发送手机短信135万条，共刷制警示标语41.9万条，制作警示栏22万个，公布举报电话328个。特别是通过全省畜牧系统建立手机短信平台，定期或不定期向监管对象发送警示信息，起到了警示作用和教育效果，深化了教育，提高了防范意识。

（4）深入开展了“瘦肉精”和含“瘦肉精”饲料清查收缴工作。在清缴工作中，全省共送达、发放收缴通告56.5万份；累计出动清查收缴工作人员5.9万人次，举办各层次培训会386场次，培训相关人员2.8万人次。通过清缴活动的有效开展，有力地震慑了不法分子，深化了对广大养殖场（户）的教育，企业主责、政府领导、属地管理、部门监管、社会监督的“瘦肉精”监管整治体制得到不断完善。

（5）严把“三关”措施。全省“三关”共抽检样品181.5万批次，其中，产地出栏抽检105.5万批次，屠宰环节抽检42.82万批次，出省境环节抽检33.2万批次。立案查处“瘦肉精”案件10起，移送司法机关2起。由于严把“三关”措施的有效实施，确保了全省生猪产品质量安全，确保在南阳举办的第七届全国农民运动会期间的畜产品质量安全。

（6）深入开展了以“瘦肉精”和饲料质量安全监管为重点的春季严打行动。重点对饲料生产经营和使用环节滥用抗生素、非法使用药渣、违禁药品的现象进行了排查，对养殖环节、收购贩运环节、屠宰环节非法添加“瘦肉精”等违禁药物的行为开展了全面排查和整治工作。

（7）深入开展了“瘦肉精”监测工作。全省畜牧部门养殖环节“瘦肉精”累计监测养殖场（户）7.3万户，共抽检样品15.9万批次，检测合格率100%。其中生猪养殖场（户）6.2万个，肉牛养殖场（户）3 559个，肉羊养殖场（户）4 575个。

（8）深入开展“瘦肉精”专项整治督导工作。牵头组织相关部门成立联合督查组对全省18个省辖市、22县（区）、36个饲料生产企业、20个医药生产企业、17个兽药生产企业、19个化工生产企业、37个生猪养殖企业、35个饲料兽药经营门市部、36个医药经营门市部、21个化工经营门市部及24个生猪贩运经纪人进行了随机现场检查。先后抽调省级和部分省辖市质检、执法机构人员对新乡、漯河两市部分生猪养殖场户和饲料生产经营企业进行了抽检，对商城县、固始县、新野县等生猪、肉牛、肉羊养殖场（户）开展了“瘦肉精”飞行监测。同时，还积极配合农业部对郑州、新乡、鹤壁进行了4次例行监测，对正阳县开展了专项监测，对全省50个屠宰厂进行监督抽检。在农业部例行监测和本省飞行监测、各地监督抽检中，所有样品经现场盐酸克伦特罗、莱克多巴胺、沙丁胺醇3种试纸卡快速检测，结果均为阴性，合格率均达到100%。

（9）认真落实部门联席会议制度。先后牵头组织召开了3次由畜牧、卫生、公安、工商、食品药品监管、商务、质监、出入境检验检疫等9个部门参加的部门联席会议。及时沟通工作情况，总结经验，交流工作信息，会商有关问题，联合开展督查，研究解决工作中存在的问题，有力地促进了“瘦肉精”专项整治工作的深入开展。

（河南省饲料工业办公室）

湖北省饲料工业

【发展概况】

2012年，湖北省饲料总产量为555.7万t，同比增长5.2%；饲料产品总产值201.0亿元，同比增长4.8%，饲料业实现连续10年增产。从品种上分析，猪饲料236.0万t，同比下降5.7%；蛋禽饲料68.9万t，同比增长21.8%；肉禽饲料64.8万t，同比增长33.3%；水产饲料185.5万t，同比增长7.7%。从类别上分析，配合饲料513.2万t，同比增长10.0%；浓缩饲料30.0万t，同比下降37.6%；添加剂预混合饲料12.4万t，同比下降7.7%。全省饲料产品质量抽检合格率97.9%，同比提高0.6个百分点。

【发展特点】

1. 产业集中度提高。产量前30位（5.5万t以上）企业饲料总产量400万t，占企业总数不足8%的企业生产了60%的产品。

2. 规模企业发展较快。一批饲料企业集团进军湖北，饲料企业的联合重组进程加快，促进了饲料产业规模经营，万吨级以上企业扩大到100多家，占总数约1/3。

3. 企业质量安全意识增强。通过学习贯彻新《饲料和饲料添加剂管理条例》（以下简称《条例》）及配套规章制度，饲料企业进一步强化了质量安全意识，原料采购、饲料生产加工与流通销售的管理更趋规范，产品质量稳步提升，2012年没有出现重大质量安全事件。

4. 产业化发展加快。一批先行先试、发展产业化的企业取得了成功经验，吸引更多企业向上下游产业链延伸，通过订单农业、终端直销、精深加工、投资入股等形式，走出一条机制灵活、股权明晰、合作共赢的多元化产业化发展道路。

【主要工作】

1. 组织《条例》宣贯培训。2012年7月9日～8月29日，全省开展为期两个月的《条例》宣贯培训工作。这次培训工作体现了4个特点：一是领导重视。省农业厅厅长祝金水、厅党组书记戴贵洲先后对《条例》宣贯工作作出重要批示，省农业厅制发了培训方案。二是组织周密。培训一共分10期，省里统一参训人员、统一培训内容、统一划区、统一商定时间，市州具体组织实施。三是参训面广。参训者近千人，包括全省所有县市区饲料行政管理、监督执法人员，饲料生产企业生产、技术和质量管理负责人。四是内容丰富。涉及饲料发展形势、饲料法规体系与饲料质量安全监督管理，《饲料质量安全管理规范》及检查工作要点，《饲料原料目录》释义、饲料生产许可条件及饲料生产企业申报材料要求，饲料厂实验室条件设置及主要检测技术、饲料生产工艺流程概要等。

2. 抓好企业年度备案关。2012年有106家饲料添加剂和添加剂预混合饲料生产企业、263家饲料生产企业通过了年度备案，有37家饲料和饲料添加剂企业检验不合格。不合格原因大部分是重金属超标。对不合格企业省饲料办下达了整改通知书，要求查明造成质量不合格原因，有针对性地开展整顿，完善制度，在此基础上进行复检。同时，对各地饲料主管部门提出要做到“三个严格”，即形式检验严格按标准和要求抽样送检、形式检验不合格企业严格按有关文件规定加强整改并依法查处、对备案材料严格审查和到企业进行现场审核，保证备案工作收到实效，监督不走过场。

3. 严格饲料行政许可。加强对新设立企业的把关，对现场审核不合要求的坚决不发证，对不再符合要求的已获证企业坚决注销。2012年，全省新增饲料生产企业审查合格证46个，核发饲料添加剂批产品准文号71个，核发添加剂预混合饲料产品批准文号810个，核发动物源性饲料生产企业安全卫生合格证 1 个，注销饲料生产企业审查合格证 2 个，拟注销生产许可证 52 个。为了规范行政审批行为，优化审批流程，省农业厅采取了许多措施。一是建立“一个窗口对外”制度，实行“一站式”服务。二是规范行政审批程序，向社会提供范本，严格落实首问负责制，一次性告知申请人所需材料并提供帮助，确保做到廉洁、高效、公开、透明。三是强化行政审批的监督考评。将饲料行政审批工作纳入年度目标考核，设定考评分值。

4. 开展饲料经营门店专项整治行动。2012 年 10 月 19 日，省农业厅发出通知，决定在全省范围内开展为期一个月的饲料经营门店专项整治行动。整治内容包括全面摸清底数、查验营业资格、查看管理制度、检查违禁物质、检查饲料标签等 5 个方面。通知要求各级农业（畜牧兽医）、饲料管理部门要充分认识开展饲料经营门店专项整治行动的重要性和重大意义，高度重视，加强组织领导，成立工作专班，落实责任，开展集中整治，确保取得实效。专项整治共出动执法人员 5 000 人次，检查饲料经营门店 6 000 多次，查出、关闭一部分不合要求的经营门店，查出“三无”产品 160t，初步核实全省现有饲料经营门店 5 000 多家。饲料经营环节存在的主要问题是“前店后厂”现象比较普遍，从业人员素质偏低等。

5. 制定了《全省饲料生产管理制度（记录表）》。根据新《条例》及配套规章，组织有关专家制定了《全省饲料生产管理制度（记录表）》共 52 个，涵盖了饲料生产全过程的质量监控和信息追溯。

6. 加强饲料质量安全监测。按照农办牧［2012］3 号文件精神和湖北省农业厅鄂农饲发［2012］14 号文件要求，2012 年，全省对 17 个市（州、林区）生产、经营企业和使用环节 810 批次的饲料产品进行了监督抽检，合格 793 批次，产品合格率 97.9%，没有发现违禁添加物质，饲料质量继续维持较高水平。发现的主要问题是：配合饲料和浓缩饲料产品粗蛋白质不合格现象依然存在；添加剂预混合饲料合格率偏低，铜、锌、砷、维生素 A 等含量不合格。

7. 推行行业绩效管理。出台了《湖北省饲料工作绩效管理量化考核办法》，把市州饲料办和省饲料办紧密连接在一起，共同担当，形成合力，解决监管力量薄弱带来的缺位、失位；把业务工作具体量化为“三横十六纵”指标管理体系，各负其责，形成制度，解决权责不清带来的错位、越位。充分调动了市州饲料办工作积极性，提高了工作效能，形成了每逢重大工作任务，省、市州饲料办整体联动、快速应对的工作格局。

8. 开展职业技能鉴定工作。按照《饲料工业行业检验化验员等 3 个职业实行就业准入制度方案》要求，根据实施《饲料生产企业审办法》有关精神，2012 年 4 月 11～12 日、4 月 28～29 日、5 月 18～19 日，在华中农业大学动物科学院及湖北省饲料质量监督检验站、武汉工业学院饲料科学系，开展了饲料检验化验员、饲料厂中央控制室操作工和饲料加工设备维修工培训。参加职业技能鉴定培训人数共 347 人（其中检化员 182 人，中控工 116 人、维修工 49 人），合格人员 306 人（其中检化员 152 人、中控工 106 人、维修工 48 人），总合格率为 88.2%（其中检化员 83.5%、中控工 91.4%、维修工 98.0%）。这次职业技能鉴定成绩合格率比 2011 年有所提高，尤其是中控工和维修工合格率大幅提高，这主要是因为饲料管理部门加大对中控工和维修工持证上岗的监管，同时饲料企业对这两个工种的认识逐步提高、更加注重人才培养。但检化员合格率较 2011 年有所下降，与检化验员试题难度有关。

【存在问题】

全省饲料行业小企业占绝大多数，低水平经营、低质量生产、低层次竞争等问题突出；原料价格和人工费用大幅上涨，饲料生产成本上升，企业利润空间明显压缩，一些中小企业生存十分困难；饲料企业贷款难、用地难、用工难、技改难问题日益凸显，企业发展受制因素越来越多，面临的压力也越来越大。饲料销售门店多，还没完全纳入管理范围。无证加工作坊还相当普遍，没有有效的管理办法，这些都构成了饲料质量安全隐患。

（湖北省饲料工作办公室）

湖南省饲料工业

【发展概况】

2012年，湖南省饲料行业克服了饲料原料上涨、猪价下跌等不利因素影响，保持了饲料产量产值双增长态势。2012年全省饲料总产量1 045.4万t，同比增长3.9%。其中，配合饲料915.7万t，同比增长5.8%；浓缩饲料76.9万t，同比减少14.9%；添加剂预混合饲料52.8万t，同比增长5.5%。全省饲料工业总产值359.7亿元，同比增长11.8%。

【组织机构】

全省饲料工业办公室、饲料工业协会两块牌子一套人马，编制14人，正处级，参照公务员法管理事业单位，隶属于省畜牧水产局。

【主要工作】

1. 主任会议，别开生面。2012年9月11～13日，召开了全省市州饲料办主任工作会议。一是邀请了部分当地饲料企业较多的县饲料办主任参加；二是在湖南百宜饲料有限公司举办了饲料生产企业现场审核技术培训，邀请农业部专家来湘讲课，课后进行了理论考试，并组织饲料知识抢答赛；三是对如何宣传贯彻饲料新政进行了初步探讨。

2. 年度备案，重点检查。2～3月上旬，省饲料办会同当地市县饲料办对怀化、湘西等11个市州共118家持证企业进行了年度备案前综合检查。通过检查，下达了80多份整改通知书，有20多家企业明确注销其证，所有检查企业都填写了饲料行政执法检查记录表。各市州饲料办对本辖区内所有持证企业进行了全面检查。自3月起，对全省854个饲料添加剂和添加剂预混合饲料生产许可证、饲料生产企业审查合格证、动物源性饲料产品生产企业安全卫生合格证进行年度备案审查（年检）工作。结果显示，有689家通过年度备案审查，65家未进行备案，有100家未通过年度备案审查予以注销。

3. 安全监管，毫不松懈。2012年年初，省饲料办制定了《2012年全省饲料专项整治行动实施方案》及《2012年全省饲料质量安全监测方案》并下发全省。各市州饲料办开展了形式多样的饲料质量安全整治行动。南山奶粉事件发生后，省饲料办在省畜牧水产局部署下迅速行动，开展全省奶牛精料补充料生产企业的清理检查，邵阳市饲料办还组织对全市牛用饲料生产企业进行抽样检测。全省共完成饲料监测1 611批次，其中国家安检715批次，省里安检896批次，国家安检饲料产品质量监测216批次，合格209批次，合格率96.8%，违禁药物监测376批次，合格376批次，合格率100%，牛羊源性监测123批次，合格率100%，省里抽检896批次，合格896批次，合格率100%。年内各类饲料总体合格率为98.4%。

4. 违法案件，及时查处。全省共出动执法人员2.2万人次，检查饲料生产经营企业10 456家，整顿市场207个，查处问题317起，立案查处85起，查获违法违规饲料386t，涉案金额145万元，捣毁制假窝点3个，挽回经济损失56万元。通过对违法违规饲料案件的查处，确保了饲料产品质量安全。

5. 行政许可，操作规范。5月底开始筹建网上政务服务系统，参加省农业厅、省畜牧水产局组织的行政审批网上操作培训。6月份正式受理许可事项，并按照程序开展审核工作。同时严格执行厅局制定的行政许可办结事项回访制度，对已办结的行政许可事项进行了电话回访和现场回访，回访满意率达100%。省饲料办对已办结的行政许可事项全程建立了档案。8月初和9月中旬，先后迎来了省委书记周强和省长徐守盛率团视察检查，抽查了省饲料办行政许可事项办理流程及资料档案，当场获得了省委省政府领导及有关部门的称赞与好评。

6. 证号审核，严格准入。一是明确要求。要求申证企业首先要按规定准备好齐全的申报材料，其次要按申证有关规定准备好现场，有满足生产工艺要求的生产场地、生产设备、检化验设施、生产技术人员等。二是严格审核。为进一步做好申证企业现场评审，以省畜牧水产局正式文件（湘牧渔发［2012］118号）重新成立全省饲料生产许可证专家审核委员会及技术评审专家库，明确评审纪律，统一评审标准，严格按饲料法规和农业部现场审核综合考核的规定要求，逐项进行现场审核。年内共受理申请行政许可企业78家（包括申请新证和换证），其中申请农业部生产许可证的饲料添加剂和添加剂预混合饲料企业43家，现场评审验收43家；申请审查合格证的配合、浓缩饲料企业33家，现场评审验收33家；安全卫生合格证2家，现场评审验收2家。三是规范文号核发。根据农业部令2012年第5号的要求，省畜牧水产局特别下发了湘牧渔发［2012］113号《关于进一步做好饲料添加剂和添加剂预混合饲料产品批准文号样品复核检测工作的通知》规范性文件。省饲料办2012年共受理饲料添加剂和添加剂预混合饲料产品批准文号46家，共计450个批准文号，基本完成了新旧条例及其配套规章实施的平稳过渡。

7. 分期分批，宣贯《饲料和饲料添加剂管理条例》（以下简称《条例》）。一是认真备课。修改后《条例》及其配套规章陆续出台后，省饲料办根据本省实际，制作了新《条例》解读、饲料许可及原料目录解读、批准文号许可条件申报要求、饲料质量安全管理规范解读4套幻灯片讲稿。二是印发资料。为了把饲料法规宣传到饲料行业的生产、经营、使用、管理者，省饲料办先后印制了《新〈条例〉单行本及挂图》等挂图共计5万多份（册）。三是组团宣讲。为了把饲料法规宣贯到整个行业，由省饲料工业协会组成饲料法规宣讲团。团长由协会会长余英生担任，宣讲团成员主要为省饲料办讲课人员。四是分级培训。2012年年初，省饲料办制订了饲料法规培训计划。按照计划，省饲料办在8月1～3日举办了全省饲料法规宣贯培训班，各市州、县（区）饲料办负责同志共180余人参加了此次培训。随后宣讲团奔赴全省各市州举办的饲料法规宣贯培训班上进行培训，培训对象主要为本地区饲料生产企业法人、品控、生产、销售部门负责人，参培人员共计1 600多人。

8. 试点工作，有序推进。2012年9月，按照农业部部署，全省立即启动了《饲料质量安全管理规范》试点企业创建工作，通过初步筛选，明确了岳阳九鼎、湖南百宜、湖南帝亿、衡阳泰源昇4家企业为全省饲料质量安全管理规范试点企业。为此做了以下几项工作：一是成立领导小组。二是参加农业部培训。10月农业部在郑州主办了规范培训班，全省4个试点企业全部派员参加。三是上门指导培训。对试点企业中层管理人员进行《饲料质量安全管理规范》专题培训，同时对照管理规范要求，逐条梳理检查了企业现有管理系统文件和各项记录表单，查漏补缺，完善整改。有效推进了企业规范实施力度，提升了企业内部管理水平。

9. 职业培训，有新尝试。2012年6月初，省饲料办委托湖南农业大学连续举办了“饲料检验化验员”“饲料厂中央控制室操作工”两期职业技能培训与鉴定，共有359名从业人员通过了理论考试和实际操作考核，其中检验化验员174人，中控工185人。10月份，再次连续举办了初中级“机械设备维修工”两期培训与鉴定，共有192名从业人员通过了考核，其中初级90人，中级102人。

10. 其他工作，出色完成。一是湖南名牌产品评审。有17家猪用系列饲料生产企业申报湖南名牌产品，有14家企业14个产品评定为“湖南名牌产品”。二是制订地方标准。省饲料工业标准化技术委员会承担并完成了“饲料级麦饭石”“富马酸亚铁”地方标准制订工作。三是组织信息采集工作。按照省农业厅《关于做好12316农业信息综合服务平台语音知识库信息采集工作的通知》要求，省饲料办承担并完成了饲料基础知识、健康养殖与安全饲料、饲料安全管理、饲料执法管理等项目200余个问题解答信息采集工作。四是承办“全国质检机构饲料法规宣贯培训班”。该班于10月24～26日在长沙举办，全国有180余人参加了培训。五是协会开展了一系列活动。如组团参加厦门展会、开展对外交流与考察、协助唐人神集团举办“大型饲料企业联谊会”、《湖南饲料》杂志和湖南饲料工业信息网密集开展新《条例》及其配套政策宣传，2012年12月17日召开省饲料工业协会年，参会人员达600多人，创历史新高。

【存在问题】

企业整体竞争力弱；省内原料资源缺乏；饲料安全隐患犹存；科技发展投入偏少；环境污染问题凸显。

（湖南省饲料工业办公室）

广东省饲料工业

【发展概况】

2012年，在广东省委、省政府的正确领导下，在农业部支持指导下，全省各级饲料管理部门按照“强监管、保安全、促发展”的原则，认真学习宣传贯彻新《饲料和饲料添加剂管理条例》（以下简称《条例》）及配套法规，结合全省“三打两建”工作部署，严厉打击生产、销售和使用“瘦肉精”违法犯罪行为，完善监管机制，强化全程监管，扎实开展“瘦肉精”等违禁添加物专项整治工作；积极推进技术创新、管理创新和产业升级，克服饲料主原料价格大幅上涨等困难，保障了饲料和畜产品质量安全，推进了广东饲料业健康发展。2012年全省饲料总产量2 331.5万t，同比增长11.3%；饲料工业总产值728.4亿元，同比增长9.3%。总产量连续9年稳居全国首位。其中，配合饲料2 243.3万t，同比增长11.6%；浓缩饲料36.2万t，同比增长12.1%；添加剂预混合饲料51.9万t，同比下降1.5%。配合饲料中，猪饲料、蛋禽饲料、肉禽饲料、水产饲料、精料补充料、其他饲料产量分别为880.3万t、149.2万t、783.8万t、415.3万t、1.9万t、12.8万t，同比分别增长25.9%、－7.1%、3.0%、9.6%、58.3%、41.9%。饲料添加剂8.7万t，同比下降17.6%。

【组织结构】

广东省畜牧兽医局为省农业厅内设副厅级行政管理机构，负责全省畜牧、兽医防疫、饲料、兽药管理工作。内设3个处室：综合处、畜牧处（加挂省饲料工作办公室牌子）、兽医处。广东省饲料工作办公室具体负责饲料管理工作。

【主要特点】

1. 发展势头良好，产量增幅大。2012年，全省畜牧业持续健康发展，在规模养殖持续和饲料产品结构调整的推动下，全省饲料产量继续保持良好发展态势，饲料总产量再创新高、增幅大，企业规模化现代化水平进一步提高。

2. 生产成本增加，效益下降。饲料主原料价格大幅上涨，饲料主原料玉米、豆粕，同比上涨约4.5%和25.0%，综合生产成本约上涨11.0%左右，部分企业虽小幅调高饲料出厂价格，但无法抵消原料成本增加的压力，饲料企业利润总体下降，个别饲料企业甚至出现亏损。成本大幅上升，需求增长放缓，中小饲料企业生存环境更加严峻。

3. 产业加快转型升级。行业整合加速，饲料行业联合、重组、兼并步伐明显加快。2012年全省共有各类型饲料企业890家（按持证数），其中饲料产量达10万t以上企业有69家，产量达1 370万t，占全省饲料总量58.7%，行业集中度明显提高、竞争力明显增强，行业发展主体力量正在不断壮大。

4. 产品质量稳步提升。全省各级饲料管理部门以严厉打击“瘦肉精”等违禁添加物为重点，持续开展饲料质量安全专项整治，着力强化监督检测和日常监管，饲料产品质量安全水平稳步提高。在监测指标不断增加的情况下，按全国及省例行饲料质量安全监测结果，全省饲料产品质量抽检合格率达99.6%，饲料中“瘦肉精”违禁添加物保持零检出。

【主要工作】

1. 强化新《条例》宣贯，依法行政许可管理。一是采取多种方式，强化宣传《条例》。通过编印《饲料行业管理法规文件汇编》和单行本、行业杂志、农业厅信息网、省饲料行业协会信息网等媒体向基层饲料管理部门、饲料生产经营企业及养殖场（户）进行宣传，力求使每个饲料管理人员及从业个体熟知法规，提高遵纪守法意识，督促生产经营者落实主体责任。累计全省开展饲料法规宣贯培训场次142次，其中由省组织开展有影响的宣贯培训7次，全省共培训行政管理人员人数2 141名，企业人员5 731名，新闻媒体报道80次，印发宣传资料5.6万份（册）。二是严把生产行政许可关。在饲料和饲料添加剂许可申证、换证及审查中，严格依法行政许可。2012年全省共有饲料和饲料添加剂生产企业890家（按持证数），比2011年增加20家。其中，获《饲料添加剂生产许可证》企业164家、《添加剂预混合饲料生产许可证》企业310家、《饲料生产企业审查合格证》企业670家、获《动物源性饲料产品生产企业安全卫生合格证》企业46家。全省新设立饲料和饲料添加生产企业70家，变更换证企业95家，核发饲料添加剂和添加剂预混合饲料产品批准文号1 891个，注销饲料企业审查合格证和动物源性卫生合格证28个，上报农业部建议注销36家《饲料添加剂和添加剂预混合饲料生产许可证》。

2. 狠抓“瘦肉精”等违禁添加物整治工作。一是精心组织，狠抓落实。牵头建立了全省“瘦肉精”监管工作联席制度。明确了农业、工商、经信、质检等有关部门的职责和权限。按照《广东省“三打两建”行动中打击制假售假工作方案》，制定了广东省“瘦肉精”等违禁添加物整治工作方案、重点地区四会市小规模生猪养殖“瘦肉精”整治方案等，细化整治目标，落实监管责任。二是强化饲料生产经营及生猪养殖环节“瘦肉精”等违禁添加物专项整治。按照《广东省“瘦肉精”等违禁添加物整治工作方案》《广东省2012年养殖场（户）“瘦肉精”专项监测工作实施方案》和《重点地区四会市小规模生猪养殖“瘦肉精”整治方案》，认真开展饲料生产经营、生猪养殖、屠宰环节“瘦肉精”专项整治。严把饲料生产经营、生猪养殖和屠宰等关口，以点带面，扩大检测覆盖面，增加检测频次，确保畜产品质量安全。三是强化饲料市场监管体系建设。根据《广东省市场监管体系建设工作方案》要求，制定了《2012年广东省饲料和饲料添加剂市场监管体系建设试点工作方案》，以广州市、湛江市、惠州市、珠海市、顺德区作试点，探索饲料市场监管体系，规范饲料和饲料添加剂生产经营市场秩序，保障饲料质量安全，促进畜牧业健康发展。

3. 加大监督管理力度，确保畜产品质量安全。一是强化日常监管，确保饲料生产、经营、使用秩序良好。健全日常监督检查制度，将监管责任落实到基层，按照责任分工强化企业日常监管。以产品标签、企业标准、产品批准文号等为重点，督促企业落实生产、经营记录、原料进厂检验和产品出厂检验等制度，完善各类档案，实现可追溯体系监管；突出重点检查薄弱环节。着重加强原料仓库、成品库、药物库的重复检查，及早及时发现问题消除质量安全隐患，通过强化日常监管，坚决杜绝问题产品流入市场；利用年度备案的有利时机，对“瘦肉精”等违禁药物进行了拉网式排查，并不定期派出检查组对部分地市进行了“瘦肉精”等违禁添加物飞行检查和抽样检测。二是强化监督检测，严格落实质量安全检测计划，确保饲料和畜产品质量安全。按照《农业部办公厅关于下达2012年饲料质量安全监测计划的通知》和《关于印发＜广东省2012年养殖场（户）“瘦肉精”专项监测工作实施方案＞的通知》等饲料及畜产品中违禁添加物专项监测计划，扩大检测覆盖面，增加检测频次。督促检测机构认真完成各项质量安全监测计划，做到检测方法要科学，快速检测与确认检测方法相结合，力争判断要合理科学。同时，扩大对饲料、经营企业和养殖环节监管检测，加大对饲料、经营企业不定期抽样检测，做到“三个坚持”：坚持不定期监督检查、坚持不定期抽样检测、坚持不定期巡回抽检，确保商品饲料无“瘦肉精”的记录。加强对生猪生产环节的监督监测。据统计，全省累计出动执法117.1万人员人次，检查养殖场7.2万个次、饲料生产经营企业5 188个次，抽取饲料产品11 291批次，合格率99.6%，饲料样品“瘦肉精”检出率均为0%。三是强化案件查处，确保非法添加违禁添加物行为得到有效遏制。加大对抽查检测中问题产品企业及对举报案件的查处力度，高度重视新闻报道的问题产品企业检查。在监管中不放过任何环节，对发现涉嫌犯罪的案件，按规定及时通报公安机关，移交案件全部材料，并密切配合公安机关查处。全省产案查处19起，移送司法机关12起，移案金额141万元，取缔无证照企业12家，吊销证照企业1个。

4. 强化服务意识，提升为企业办事质效。一是积极推进网络信息化管理。组织开发《广东省畜牧饲料行政管理信息系统》，为企业提供更快捷的远程服务，进一步提高了办事效率，同时，该系统对全省畜牧业和饲料业生产情况可进行动态统计、动态更新和远程查询，逐步实现畜牧饲料行业网络化管理。二是扎实开展职业技能鉴定培训工作。认真开展特有工种职业技能鉴定培训，严格考评制度。2012年共组织举办饲料行业特有工种检化验员、维修工、中控工培训鉴定班5期，共466人通过鉴定；复核培训3期，225人通过鉴定。通过此项工作，有效地推动了就业准入制度的实施，确保饲料生产企业特有工种职业技能鉴定工作落到实处。

5. 认真做好饲料统计，注重数据客观分析。一是强化饲料统计分析工作。全省各级饲料管理部门高度重视饲料统计工作，安排专人负责，把饲料统计工作作为日常工作重点，常抓不懈，认真做好统计报表信息分析工作，自上而下形成认识到位、工作到位的良好工作局面。二是注重统计数据的准确性。由于现在的手段和所处的经济环境等方面的限制，统计数据难以做到完全准确，饲料办坚持实事求是原则，尽最大可能地接近实际，体现真实性、及时性、准确性。三是注重统计数据客观分析。要求各市饲料管理部门及饲料企业不夸大成绩，不缩小问题，通过数据做出客观分析，得出一个比较科学和正确的结论，对市场运行起到监测、反馈和预警作用，准确反映饲料产业经济发展的趋势，引导行业健康发展。

6. 发挥饲料协会作用，建立行业自律机制。全省积极发挥协会桥梁纽带作用，组织专题调研工作、评审饲料企业标准、做好饲料统计分析等服务工作。充分利用《广东饲料》、广东省饲料行业信息网、饲料论坛、饲料行业年会等平台，及时高效地宣传饲料法律法规、有关政策和行业动态等，发挥行业舆论导向作用，引导行业自律，规范行业自我管理行为，维护市场正常秩序，建立饲料市场诚信生产经营体系。

【存在问题】

1. 饲料原料资源制约日益趋紧。大宗饲料原料供求矛盾将进一步加剧，影响畜产品供给及价格。

2. 产业素质参差不齐。饲料产业发展不均衡，企业仍存在小、散、乱情况，同时，生产经营者素质参差不齐，部分养殖者质量安全意识淡薄，守法意识不强，质量安全存在隐患。

3. 实施饲料行业管理新规对中、小饲料生产企业带来了较大压力。部分小企业生产条件、人员素质等难以适应新形势的要求，有待于全面转型升级，生产硬件及人员要求提高，增大了资金投入，压力急剧增大。

（广东省饲料工作办公室）

广西壮族自治区饲料工业

【发展概况】

2012年，广西壮族自治区饲料工业面对原料价格上涨、畜产品市场疲软、养殖效益回落等不利因素，积极挖掘潜力，继续保持良好的发展势头。2012年全区获证饲料和饲料添加剂生产企业341家，同比下降2.6%。饲料总产量913.6万t，同比增长13.2%；饲料产品总产值283.8亿元，同比增长17.0%。全区饲料产品合格率98.5%，同比提高0.6个百分点，商品饲料已连续8年未检出违禁药物，生猪尿样中“瘦肉精”等违禁药物检出率为0。

【主要特点】

1. 饲料产量增长较快，产品结构不断优化。由于2012年养殖业发展模式调整继续明显，散养户逐步萎缩，标准化规模养殖发展加快，专业添加剂预混合饲料企业销售更倾向于直接对接养殖场。配合饲料、浓缩饲料、添加剂预混合饲料产量分别为877.3万t、26.17万t、10.11万t，同比分别增长14.5%、下降18.6%、增长23.3%。在产品结构上，猪饲料451.2万t、蛋禽饲料52.0万t、肉禽饲料354.4万t、水产饲料55.7万t，同比分别增长19.3%、2.0%、7.4%、19.1%。

2. 饲料生产集中度提高，集团企业扩张步伐加快。2012年，全区各经济类型饲料企业341家，同比下降2.6%。全区年产量10万t以上企业有32家，比2011年增加5家，产量610.9万t，同比增长26.1%，占全区饲料总产量67.0%，同比提高6.8个百分点，大型企业、集团企业所占份额越来越大。全区年产量50万t以上集团企业有4家，产量478.2万t，占全区饲料总产量52.3%。如桂林力源粮油食品公司属下区内饲料企业由2011年10家增加到11家，饲料产量达233.2万t，同比增长20.8%，占全区总产量25.5%，同比提高1.6个百分点。

3. 一体化经营趋势明显，产业化带动能力提升。大型饲料企业充分利用资金、技术、品牌、管理等优势，向饲料生产、养殖、屠宰加工一体化方向发展，走“公司＋基地＋农户”产业化经营道路，有力推动了养殖业向规模化、标准化、产业化发展，相应促进了饲料产业的发展，同时提高了自身应对市场变化的能力。目前全区有广西扬翔饲料有限公司、桂林力源粮油有限责任公司等4家饲料企业被评为“国家级农业产业化龙头企业”，广西华港农牧发展有限公司等12家饲料企业被评为“自治区级农业产业化龙头企业”。广西百洋集团公司成为区内第一家含饲料生产、罗非鱼生产加工出口业务板块的上市公司。

4. 发展前景看好，饲料原料及产品产能不断提升。2012年新增贵港汇海、来宾东方希望等大型企业；广西扬翔、桂林力源、广东温氏等继续扩大战线，在南宁、桂林、贵港、贺州等地投资办厂。2012年全区饲料生产能力达2 486t/h，同比增长17.8%。部分大型粮油加工企业看好广西沿海港口的区位优势和海运成本低廉优势，相继落户钦州、北海和防城港，全区豆粕、菜粕生产企业达7家。植物蛋白质饲料原料生产再创新高，豆粕、菜粕、大豆浓缩蛋白质产量达476.2万t，同比增长20.9%。

5. 地方特色资源优势凸显，出口创汇能力提高。广西是全国10个重点有色金属产区之一，也是全国木薯产量最多的省区。以丰富的资源优势为依托，全区矿物元素添加剂、预糊化淀粉生产发展快速。2012年全区有预糊化淀粉生产企业8家，产量2.0万t，占饲料添加剂产量8.1%；矿物元素生产企业25家，产量21.4万t，同比增长45.4%，占饲料添加剂产量88.3%，比2011年同期增加11.5个百分点，产品除供应国内使用外，还出口到东南亚及欧美等地，出口量为3.7万t、出口额达13.0亿元，同比分别增长71.9%、138.0%。

【主要工作】

1. 积极争取支持，落实监管资金。2012年已落实饲料质量安全监管经费373.4万元（其中自治区财政321.0万元、农业部52.4万元），用于全区饲料质量监测体系建设，饲料生产、经营、使用环节的质量监督抽查，饲料执法等工作，有效确保了饲料及畜产品质量安全监测计划等各项任务顺利完成。

2. 加强新《饲料和饲料添加剂管理条例》（以下简称《条例》）宣传及培训，着重提高守法意识、监管能力和水平。强化对投入品生产经营环节、养殖环节的从业人员及执法、质检人员和审核专家的饲料法规培训和宣贯，确保上述人员全面了解掌握行业管理新要求，企业按照新要求规范生产经营行为，执法人员和审核专家严格遵守职业道德、提高执法水平和现场审核质量。2012年累计共开展饲料法规宣贯培训班140场次，培训人数7 236人次，印发宣传资料9.3万份，在新闻媒体报道67次，张贴标语、横幅1.9万条，签订承诺书、责任状9 708份。

3. 及时修改、出台配套制度，有序衔接执行新旧条例。一是根据新《条例》及配套规章的要求，及时修订广西饲料添加剂和添加剂预混合饲料产品批准文号申请表、饲料行政许可项目的标准化操作流程；二是成立广西饲料生产许可证专家审核委员会，负责饲料生产企业的技术评审工作，为现场审核提供坚实的技术支撑；三是开展广西扬翔、南宁漓源、广西华港、广西商大4家饲料生产企业质量安全管理规范的示范创建前期工作。

4. 抓住关键环节，突出监管重点，确保饲料质量安全。一是严格资格审核，从源头把关，加强饲料和饲料添加剂生产企业的准入管理。二是加大对饲料和饲料添加剂生产企业日常监管，结合年度备案工作，各市对辖区内饲料生产企业实行全覆盖现场检查，2012年共有284家企业通过备案、20家企业未通过备案，注销或建议农业部注销31家饲料生产企业。三是开展全区饲料执法交叉监督检查工作，对饲料生产、经营、使用环节进行突击检查，并对检查情况进行通报，落实对不合格企业的整改查处。

5. 强化检打联动，落实对被举报企业及不合格品的追踪溯源。一是规范抽检工作，对市级饲料监测机构执行《广西饲料和饲料添加剂质量安全监测工作规范》情况进行检查，督促质检机构规范监测程序，确保监测数据的合法性和不合格报告的及时送达；二是加大对饲料和饲料添加剂、生猪“瘦肉精”等违禁药物的抽检力度，共检查饲料生产企业、经营单位和养殖场（户）2 236个次，监测饲料和饲料添加剂样品1 769批次，合格率98.5%；抽检生猪尿样检测盐酸克伦特罗、莱克多巴胺等违禁药物4 119份次，合格率100%；三是向自治区食安办、各市级政府通报监测结果，督促各级政府进一步加强监管，落实责任；四是加强对不合格产品的追踪溯源，及时组织相关单位进行溯源查处，消除隐患；五是将监测不合格及被投诉、被举报企业作为重点监控对象进行认真排查，重点突击检查核心原料库房，企业质量安全制度的落实。

【存在问题】

1. 企业主体责任仍然难以落实到位。养殖户、饲料和饲料添加剂经营企业生产经营档案普遍存在不规范、不健全的情况，自我管理能力不足，发生产品质量安全问题后难以追溯，养殖环节违规使用违禁物品、流通环节制售假冒伪劣饲料、无证生产饲料等问题依然无法杜绝。

2. 畜牧兽医综合执法工作还没有全部整体推进，执法人员依法监管的能力和水平仍然有待提高。部分市的畜牧兽医综合执法工作还没有全部整体推进，饲料执法仅靠几个行政管理人员，监管工作难以落到实处。一些市虽然将饲料执法委托给动物卫生监督所，但对委托执法情况未加强指导和监管，执法人员仍需充实，对相关法律法规和专业知识的掌握仍需提高，工作条件仍需改善。

3. 新《条例》实施后存在的问题。一是自配饲料的监管。自配饲料是饲料质量安全监管的难点和薄弱环节，特别是对养殖合作社自配饲料的监管，由于《条例》对自配饲料侧重于对违禁品和限制性物质的使用管理，没有出台自配饲料使用规范，仍是产品质量安全隐患。二是饲料生产企业委托加工的备案，特别是涉及跨省的企业委托加工时，由于没有出台统一的表格、程序和要求，极易出现受托方单方备案自行生产的漏洞。三是经营环节不能拆包分装，监督抽样时难以获取标签。建议在《饲料标签》标准修订时，明确标签的张贴方式，应张贴在包装袋外，并确保标签在运输储存中的完整和清晰。

（广西壮族自治区饲料工业办公室）

海南省饲料工业

【发展概况】

2012年，海南省认真开展饲料行业政策服务指导，积极应对市场形势，有效克服原料价格上涨，养殖效益周期性变化、食品安全事件多发等不利因素的影响，努力转变增长方式，实现全省饲料产量、产值同步增长，为支撑海南养殖业持续稳定发展，促进农民增产增收发挥了重要作用。2012年全省共有饲料生产企业68家，全年饲料总产量205.3万t，同比增长4.2%；饲料工业总产值67.1亿元，，同比增长14.1%。其中，配合饲料200.4万t，同比增长4.6%；浓缩饲料0.6万t，同比下降29.3%；添加剂预混合饲料4.3万t，同比下降5.7%。从不同品种看，猪饲料78.7万t，同比下降0.4%；蛋禽类饲料17.6万t，同比增长5.9%；肉禽饲料68.5万t，同比增长5.2%；水产饲料40.2万t，同比增长12.6%。

【组织机构】

2006年海南省农业厅内设海南省畜牧兽医局，分设畜牧兽医局内设兽医处、畜牧处，海南省饲料工作办公室附属于畜牧处，2009年7月份经海南省编委批准，海南省农业厅增设饲料兽药管理处（加挂"海南省饲料工作办公室"牌子)，现定编人员4人，主要承担全省饲料兽药、畜产品质量及饲料兽药行业监督管理职能。海南省兽药饲料监察所主要承担农业部和省农业厅下达的各类产品抽样监测计划和本省兽药饲料产品质量安全监督、检验、委托检验、技术仲裁及提供监管技术支撑等工作职能。全省18个市县畜牧兽医局分别负责辖区内的违禁药物，兽药饲料生产、经营和使用环节的监督执法管理和配合省饲料检测机构做好各类产品抽样送样等工作。

【主要特点】

1. 饲料产量稳中有升。从2012年情况看，第1季度受全省持续低温阴雨、畜禽存栏减少及处于节后调整时期等因素影响，饲料市场总体需求有所下降，特别是水产养殖受2011年洪灾和持续低温气候的双重影响，冬季放苗成功率低成本风险高，罗非鱼价低，养殖户积极性不高，水产饲料产量明显下滑；同时全球经济低迷，资金周转短缺，行业竞争激烈，海南恒兴、通威、新希望、裕泰、歌颂等大企业增长速度明显放缓，导致饲料产量增幅不大。第2、3季度，全国畜禽产品消费需求增加，价格明显回升，有力带动行业扩大生产和稳定市场供应。2、3季度全省饲料产量同比增长18.0%，年生产能力达10万t以上中大型企业饲料产量同比均增长35.0%以上。第4季度是畜禽生产的重要季度，大批量畜禽产品都在元旦、春节期间集中出栏，全省猪及禽类饲料产量有较大的增长。

2. 大中型规模饲料企业增长幅度明显。从生产情况来看，年产3万t以下小型企业，年产量同比基本持平；年产3万～10万t中型企业，年产量同比增长6%～10%；年产10万t以上大型企业，年产量同比增长15%～20%；海南恒兴、裕泰、通威、新希望等企业年产量均达20万t以上，产值均超6亿元，成为带动行业发展的主力军。

3. 饲料原料价格上涨制约企业发展。海南没有原料生产基地，大宗原料主要依赖内地市场供给。由于受国际粮食价格上涨及国内农产品价格持续高位运行影响，大宗饲料原料价格继续走强，玉米、豆粕等大宗饲料原料口岸价分别为2 630元/t和3 800元/t，同比分别增长5.2%和8.8%，原料价格上涨直接增加生产成本，企业利润空间已被压缩到10.0%以下，有些饲料品种甚至出现亏本，中小企业发展面临越来越大的压力。

4. 饲料产品质量明显提高。2012年持续开展以严厉打击违禁添加物为重点的饲料质量安全专项整治，着力强化监督检测和日常监管，促进企业采取措施自加压力，确保产品质量可追溯性，推动饲料产品质量稳步提高，安全状况不断改善。2012年全省抽检各类饲料样品509批次，总体合格率达97.6%，同比提高0.7个百分点。

5. 新饲料企业增添新的活力。在中央和海南省政府关于加快生猪生产政策的强力推动下，海南畜牧业快速发展为饲料工业发展提供广阔的前景。一批投资商看好海南市场，先后投资建厂，加盟海南饲料业。2012年新建3家大中型饲料厂已全部投产，累计总投资额达1.2亿元，新增年生产能力32万t。禾丰集团也在澄迈老城投资兴建集研发与生产为一体的年产50万t大型饲料厂，计划2013年建成投产。大型企业的进入为提高行业整体水平，确保饲料总量增加，促进畜牧业快速发展和稳定市场供应发挥了重要作用。

【主要工作】

1. 认真做好饲料兽药生产企业监管工作。一是对新设立的饲料和饲料添加剂生产企业，严格执行《饲料和饲料添加剂管理条例》（以下简称《条例》）规定和行政许可审批程序，认真组织有关专家对企业申报材审核和实施企业生产现场核查工作。通过严格把关，提高行业准入门槛，限制不符合条件的企业进入，确保全行业的整体素质。2012年审核新设立饲料企业3家。二是加强对获证企业的后续管理。坚持落实备案制度。2012年3月份前印发全省饲料生产企业年度备案工作的通知，提出饲料企业落实备案工作的具体要求，对企业备案材料进行认真审查，并按备案企业30%抽取企业作现场核查，及时发现和纠正企业存在的问题，促进企业加强管理，进一步提高企业素质和竞争力。同时针对企业证后放松管理的情况，组织开展飞行检查，进一步规范企业生产行为，不断提高企业管理和产品质量安全水平。三是加强行业服务指导。针对市场形势，5月份组织召开行业形势分析会，研判市场和经济预测等，协调企业解决有关问题，引导优化品种结构，扩大优势产品生产，加快企业自主创新，推动企业建立诚信守法机制，提升饲料企业的社会信誉度和满意度，进一步提高企业素质和市场竞争力。四是依法查处无证饲料生产企业。2012年依法取缔两家非法鱼粉加工企业和10多家违规经营不合格饲料产品的企业，进一步规范市场秩序。

2. 扎实抓好饲料质量安全监督监测工作。为顺利完成2012年饲料兽药及畜产品质量安全监测任务，制定下发了《海南省农业厅办公室关于下达2012年饲料兽药及畜产品质量安全监测计划的通知》（琼农办［2012］41号），将各项检测任务分解到各市县，全覆盖生产、经营、养殖等各个环节。2012年共完成饲料产品质量（含违禁药物）监测701批次，总合格率97.6%，比2011年同期的96.9%提高0.7个百分点；饲料中“瘦肉精”等违禁药物检出率为0，同时做好饲料质量安全抽样检测情况通报工作。

3. 持续开展“瘦肉精”专项整治工作。为深入推进“瘦肉精”专项整治工作，2012年年初先后下发了《海南省农业厅转发农业部关于深入推进“瘦肉精”专项整治工作意见的通知》（琼农字［2012］12号）和《关于开展“瘦肉精”和含“瘦肉精”饲料清查收缴工作的通知》（琼农字［2012］24号），并于2月上旬派出两个执法检查组赴三亚、东方、昌江、白沙、屯昌、琼中、乐东、澄迈8个市县进行“瘦肉精”等违禁物品收缴清查，共检查了78家企业，其中19家规模养猪场、23家饲料店与1家饲料生产企业；并抽检大猪尿61头份，现场快速检测盐酸克伦特罗、莱克多巴胺、沙丁胺醇，均为阴性，进一步推进全省在经营、养殖、收购、屠宰等重要环节开展“瘦肉精”整治工作，严厉打击使用“瘦肉精”违法行为。各市县按照省农业厅总体工作部署，在辖区内深入开展“瘦肉精”专项整治工作，全省“瘦肉精”专项整治取得了良好成效。开展“瘦肉精”专项整治以来，全省出动执法人员4.3万人次，检查养猪场（户）1 838家、饲料兽药经营企业（户）1 651家、定点屠宰场462个；抽检猪尿取样1.9万份，各类样品“瘦肉精”检测结果合格率100%；抽检猪肉经营点4.5万次，清查收购贩运企业（合作社、经纪人）216个；张贴宣传公告1.5万份；媒体宣传5 000次；开展“瘦肉精”抽样及执法人员培训54场次；整治重点区域118个；立案查处违规经营饲料兽药案件96家；收缴假劣饲料兽药59.9t；涉案金额23万元。

4. 积极抓好饲料法规培训工作。为使全省饲料行业人员熟悉掌握新《条例》及配套法规，增强学法用法意识，按照《全省饲料法规贯彻工作实施方案》要求，从2012年6月份开始，按类别分阶段地组织实施培训，全省共举办两期省级培训班，培训各级行政执法人员、生产企业管理人员和经营使用企业负责人共计200多人。通过新《条例》等饲料法规知识的学习培训，使各级饲料行政管理部门，饲料质量安全监督执法部门，饲料生产者、经营者和使用者了解新《条例》实施目的、意义和主要内容，尤其是充分学习和掌握《条例》新规定、新变化和新要求，进一步强化了饲料行政主管部门行政服务能力、饲料监督执法队伍执法办案能力和全省饲料行业坚决执行《条例》的能力。

5. 强化饲料执法监管工作。为加快推进新《条例》宣传贯彻工作，结合全省畜产品质量监管工作实际，2012年先后组织了3次全省饲料质量大检查活动，全省共出动执法人员 2 300 多人次，共监督检查饲料生产企业 50 家、经营门店 3 288 家、养殖场（户）453 家，抽样检查各类饲料产品及原料样品 438 个，均未发现饲料含有“瘦肉精”等违禁添加物质。共查办违法违规行为 15 起，提出整改意见 39 条，查封假劣饲料 16t，净化了市场环境，化解了安全隐患，提升了饲料质量安全水平。

【存在问题】

1. 市场不确定因素增多，饲料原料短缺，价格不断上涨，企业压力增大。

2. 饲料经营环节人员素质低，拆装、分装现象存在，市场监管有待进一步加强。

3. 非法添加行为屡禁不止，饲料产品质量安全隐患风险增大，依法打击力度有待进一步加大。

4. 监管经费严重不足，饲料质检机构技术落后，很难适应日益繁重的监管形势。

（海南省饲料工作办公室）

重庆市饲料工业

【发展概况】

2012年，重庆市进一步强化对饲料质量安全的监管，积极引导饲料生产企业转变生产和经营方式，并引进多家综合实力强、管理规范的饲料生产先进企业入渝，努力提高饲料工业综合生产能力，大力推广优质工业饲料，全市饲料工业得到健康有序发展。2012年，全市饲料产品总产值69.6亿元，同比增长1.1%。全市饲料总产量201.0万t。其中，配合饲料156.4万t；浓缩饲料36.3万t；添加剂预混合饲料8.3万t。

【组织机构】

重庆市饲料工业办公室于1986年正式成立，挂靠市农办。1996年转到市农业局后改为市农业局内设机构。2000年机构改革时不再是市农业局单独内设机构，改为挂靠重庆市农业局畜牧兽医处。2005年重庆畜牧兽医体制改革，畜牧兽医处分为畜牧处和兽医处，重庆市饲料工业办公室挂靠在畜牧处。2008年成立市农委后，又挂靠在重庆市农委畜牧业发展处。

【主要工作】

1. 严格审核确保许可质量。按照《饲料和饲料添加剂管理条例》（以下简称《条例》）《饲料生产企业许可条件》和《混合型饲料添加剂生产企业许可条件》相关要求，对新设饲料生产企业逐条逐项严格审核审查，不符合条件的一律不予通过发证。2012年，市农委成立专项检查组，对全市饲料生产企业进行拉网式排查，重点对已获证饲料生产企业的生产条件变化情况进行核查，对超出许可范围生产饲料和饲料添加剂、对生产许可证有效期届满后，未依法续展继续生产饲料、饲料添加剂等不法行为，严格按照《条例》相关规定从严从重处罚，注销不合格饲料生产企业两家。

2. 全程监管确保饲料质量安全。2012年4～9月，在全市范围内开展以查处在饲料中添加“瘦肉精”等违禁物品的专项整治行动，重点检查饲料生产企业采购的饲料原料、饲料添加剂、药物饲料添加剂等，是否遵守国务院农业行政主管部门有关规定组织生产。同时严厉查处使用饲料原料目录、饲料添加剂品种目录和药物饲料添加剂品种目录以外物质生产的不法行为，从而实现对饲料生产企业从原材料采购到生产、销售过程的全程监管，确保上市销售的饲料产品质量安全。专项整治行动共检查饲料生产企业323家，未发现使用违禁物品生产的行为。

3. 严厉打击饲料经营使用违法行为。对饲料、经营使用进行常态化监管，严厉打击生产、销售和使用问题饲料的违法行为，各级饲料管理部门以打击三聚氰胺源头作为工作重中之重，加大检查频率和打击违法行为的力度。加强对经营使用“瘦肉精”等违禁药品相关人员责任追究，构成犯罪的送司法机关依法追究其刑事责任，严厉打击了一批生产和经营不合格饲料和兽药的违法行为。全市共检查饲料经销商7 627家，157家养殖场（户）的220批次饲料产品，检测违禁添加物678项次，其中瘦肉精380项次（抽检盐酸克仑特罗、莱克多巴胺、特布他林、沙丁胺醇各95项次），结果均未检出瘦肉精等违禁添加物。

4. 强化饲料统计数据使用分析。高度重视饲料生产数据统计工作，举办培训班对所有区县饲料管理人员进行培训，同时普及信息统计系统应用，实行专人负责上报，实现数据报送网络化。目前，通过网络上报农业部生产数据的饲料企业占总企业数76%，其中包括农业部重点跟踪的6家企业。2012年4月，市农委组织召开全市饲料工业统计工作会、饲料行业发展研讨会和统计工作培训会，研讨当前饲料养殖行业发展情况和预测分析，系统学习统计专业基础知识。同时，要求各级加强统计数据分析，深入发掘数据后的行业发展规律，多方收集整理与行业密切相关的各种信息，为管理部门和企业提供科学决策依据。

5. 强化饲料法规的宣贯工作。2012 年 9 月，重庆市饲料工业办公室采取以会代训的方式，对全市饲料行政管理人员进行集中培训，并邀请中国饲料工业协会领导对《条例》及相关配套规章的新规定、新要求进行着重讲解。同时，通过发放宣传资料，现场咨询、答疑，播放影像资料等多种形式，大力宣传《农产品质量安全法》《条例》等法律法规；并张贴《告广大养殖场（户）严禁使用“瘦肉精”书》，宣传饲料质量安全的重要性、饲料及畜产品安全知识、饲料及畜产品质量安全生产技术。印发各类宣传资料 7.6 万份，现场咨询 2.3 万人次，媒体宣传报道 456 次，有效地增强了养殖户畜产品生产安全意识。

【存在问题】

1. 管理部门机构设置不健全，缺人、缺经费、缺手段，造成部分地方、部分环节管理“真空”，监督、服务不到位，造成工作主动积极性不高，管理连续性脱节。

2. 工作经费不足，饲料质量监管难以为继。对饲料生产、经营、使用环节的大量产品进行检测，需要经费巨大，特别是三聚氰胺、瘦肉精等化学物质的检测费用特别高。而从目前的情况看，各级财政特别是区县一级对饲料检测的经费投入严重不足，从而影响饲料质量安全监管工作的效果。

3. 投入品监管难度较大。散户和小规模场还占有很大比例，养殖水平普遍不高，认识不到位，投入品质量安全意识薄弱，经营和使用过期兽药、人药兽用、添加违禁药品的现象时有发生，监管难度大。

（重庆市饲料工业办公室）

四川省饲料工业

【发展概况】

2012年，四川省饲料行业克服畜产品价格波动和大宗原料价格居高不下等诸多不利因素，继续保持又好又快的发展态势。全省工业饲料产量首次突破1 000万t，达到1001.9万t，同比增长13.2%。从饲料种类来看，全省饲料产品结构调整力度进一步加大，配合饲料871.4万t，同比增长15.8%，配合饲料产量占全省总产量87.0%；浓缩饲料产量102.1万t，同比下降1.1%；添加剂预混合饲料产量28.3万t，同比下降3.7%。从饲料品种来看，猪饲料592.6万t，同比增长17.8%，猪饲料产量占全省总产量59.2%，比2011年上升2.4个百分点；禽饲料312.2万t，同比增长3.7%，禽饲料占全省总产量31.2%，比2011年下降2.8个百分点；水产饲料78.3万t，同比增长23.9%；反刍饲料11.5万t，同比增长2.6%。全省共有各经济类型饲料企业628家，其中国有企业3家，集体企业3家，私营企业467家，联营企业4家，股份公司121家，港澳台企业5家，外商企业14家，其他11家。

【主要工作】

1. 抓培训，促宣传。2012年2月，在全省饲料工作会议上，专题对新《饲料和饲料添加剂管理条例》（以下简称《条例》）及其配套规章的宣贯培训工作作了安排部署。又于7月印发《关于组织开展饲料法规规章培训工作的通知》（川畜食函［2012］266号），进一步细化宣贯培训计划，按照“六统一”原则，即统一负责组织、统一安排培训经费、统一培训内容、统一授课老师、统一印发培训资料、统一安排培训时间，采取分期分片方式，举办10期培训班。2012年7～9月，先在宜宾举办了1期“师资”培训班，对全省21个市（州）畜牧局分管饲料工作的局领导和饲料管理部门主要负责人进行培训；后又在成都、自贡、德阳、绵阳、广元、内江、南充、眉山、凉山举办了9期片区培训班，分别对全省181个县（市、区）畜牧局负责饲料工作的人员和全省763家饲料生产企业的法人代表、质量管理负责人进行培训。全省共举办培训754场次，培训行政管理人员501人次、企业人员7.0万人次，印发宣传培训教材40.5万份（册）。与此同时，还现场检查饲料生产企业2 328个次、注销生产许可证37个，饲料经营门店5.0万个次，查处违法行为237起。

2. 抓督导，促规范。2012年，在广泛开展饲料法规宣传培训工作的同时，有计划组织开展一系列饲料政策法规贯彻落实活动。一是开展药物饲料添加剂使用情况专项检查。6月和10月，省局先后组织开展了两次“饲料中药物使用情况”专项检查，旨在促进饲料生产企业自觉履行和承担“质量安全第一责任人”职责。在两次检查中，检查组共检查了成都、绵阳、德阳、乐山、眉山、内江、资阳7个市31家饲料生产企业，现场抽取饲料样品63个，监测药物品种7种，共计173项次。从监测情况看，饲料中药物饲料添加剂使用情况良好，未发现使用禁用药物的情况，但同时也发现了一些不可忽视的问题，诸如超范围使用药物饲料添加剂、违规使用兽药原药、药物饲料添加剂标识不规范、使用记录不符合要求等。针对这些问题，省局分别对问题企业下达《关于饲料质量安全问题予以警示的函》；并按照“属地管理”原则，分别对问题企业所在地市级畜牧饲料管理部门下发《关于对饲料企业违法行为予以查处的意见》。二是注重现场评审与现场执法检查相结合。为了规范饲料和饲料添加剂生产许可技术评审工作，保障技术评审的科学性、公正性。2012年6月，省局成立了四川省饲料生产许可证专家审核委员会，并于8月印发《饲料和饲料添加剂生产许可技术评审规程》（川畜食发［2012］35号）（以下简称《规程》）。《规程》除对生产许可技术评审有关程序、内容、时效等作了明确规定和具体要求外，还规定评审组在开展生产许可现场评审时，要同时检查申请企业是否存在违反饲料法规的行为，一旦发现违法行为，必须及时如实填写《饲料企业现场审查发现涉嫌违法行为处理单》作为立案依据，并在案件未办结前停止或不予受理该企业许可申请。据统计，2012 年“专家审核委员会”共组织现场审核各类饲料生产企业 75 个次，其中 22 个次未获得通过，有效把住了饲料行业准入关。三是加强日常监管中违法行为的查处力度。2012 年，省局先后印发《关于依法查处 2012 年 1～8 月全省饲料监测不合格产品的通知》（川畜食函［2012］326 号）和《关于依法查处 2012 年 9～11 月全省饲料监测不合格产品的通知》（川畜食函［2012］439 号），对涉及违法行为的 28 家省内饲料生产企业的 38 个不合格产品、4 家省外饲料生产企业的 4 个不合格产品、1 家省外和 1 家国外企业的不合格鱼粉，各有关饲料行政执法主体依法分别做出罚款、没收违法所得、责令召回不合格产品并监督销毁、责令停止生产、限期整改、全面开展溯源排查、公布不合格产品标示生产企业和经营者名单、跟踪抽样监测、列入重点监控名单、限制不合格产品市场准入等行政处罚、处理决定。据统计，上述违法行为罚没金额 86.4 万元，有力打击了违法违规行为，维护了饲料市场秩序。四是切实加强获证生产企业的后续监管。多年来，省局始终坚持以饲料生产企业年度备案审查为抓手，加强获证生产企业的后续监管，严格规范和执行年度备案审查工作制度，对不符合条件的饲料生产企业坚决依法予以注销。

3. 抓标准，促质量。2012 年，省饲料标准化技术委员会先后召开 8 次饲料产品企业标准专家审查会议，对 150 多家企业委托的 600 余份饲料产品企业标准文本进行专家会审，有效促进了饲料行业标准化发展，为保证饲料产品质量奠定基础。

4. 抓统计，促服务。自 2008 年起，要求所有已建饲料和饲料添加剂生产企业完成《中国饲料工业统计信息系统》注册，并实现统计信息 100％网上直报。为及时分析和了解影响生猪以及猪肉价格波动的各种因素，开展定点统计分析，选择了 5 家（通威、正大、双胞胎、三旺、旺达）大型饲料集团公司，作为调研玉米、豆粕等大宗饲料原料的来源、价格情况，以及同一饲料公司同一饲料产品在不同省份生产成本比较的固定观测点，充分发挥统计服务于畜牧经济的重要作用。

5. 抓项目，促发展。2012 年，按照农业部和国家农发办的规定要求，先后对富顺、西充、内江东兴区、绵阳涪城区、攀枝花仁和区 5 个承担的国家级秸秆养畜示范项目进行竣工验收；对叙永、营山、华蓥、达县、南江 5 个在建项目进行专项检查；继续采取“市（州）推荐，省局比选”办法，新增上报北川、汶川、南充嘉陵区、渠县、岳池、射洪、筠连、荣县 8 个新建项目。

6. 认真做好协会工作。一是积极组织会员参加中国饲料工业协会主办的“大北农杯”《条例》知识竞赛。经过 2012 年年初试卷答题（初赛），旺达、新希望六和两家饲料企业脱颖而出进入了全国前 8 名，同时取得了参加全国总决赛的资格。4 月 11 日，在厦门市举行的全国总决赛中，旺达公司再接再厉，勇夺总决赛第二名，同时该公司的任守国还获得“全国最佳选手”称号，为四川饲料行业斩获荣誉。二是成功举办第七届四川饲料与动物保健品展览交易会。5 月 23～24 日，来自全国 150 多家企业和单位参加本届展览交易会。为会员充分展示新成就、交流新经验、沟通新信息、推广新技术、促进新合作，搭建平台，提升服务。三是积极组织对外学习交流。4 月 8～13日，协会组织 30 多名会员单位代表参加由中国饲料工业协会在厦门主办的“2012 中国饲料工业展览会暨畜牧业科技成果推介会”，同时参观考察福建闽科等当地知名饲料企业，并围绕“饲料企业如何延伸产业链条，拓展产业化经营”等热点问题，与福建同行进行广泛深入的研讨，拓展协会服务领域。四是协会换届筹备工作进展顺利。

【存在问题】

2012 年，全省饲料行业发展虽然成绩斐然，但也存在一些问题，主要表现在：一是个别饲料企业存在不规范使用药物饲料添加剂现象；二是个别饲料企业质量安全意识淡薄，存在对原料进厂把关不严，对产品质量全程管控措施不到位等情况。

（四川省饲料工业办公室）

贵州省饲料工业

【发展概况】

2012年，贵州省饲料工业行业整体水平持续提升，产销量稳步增长，产品质量稳步上升，为全省畜牧业“保安全、保供给”提供良好的保障。全省现有配合饲料、浓缩饲料生产企业157家，但年产万t以上的企业不超过30家，80%企业达不到新修订《饲料和饲料添加剂管理条例》(以下简称《条例》)的设立条件。全省有饲料添加剂生产企业11家，添加剂预混合饲料生产企业3家。全省饲料总产量77.5万t，同比增长7.8%；饲料产品总产值32.0亿元。其中，配合饲料45.2万t，同比增长17.6%；浓缩饲料32.0万t；添加剂预混合饲料0.2万t。

【组织机构】

贵州省饲料工作办公室设在贵州省农业委员会，与草业饲料处合署办公，正处级行政单位。编制5人，现有3人。贵州省饲料工业协会现由贵州省饲料监察所承担日常工作，经省编委批准、省民政厅注册登记，有3个事业编制和3个社团编制。贵州省饲料行业职业技能鉴定站挂靠贵州省饲料工业协会，与协会合署办公。

【主要工作】

1. 积极开展“学条例、抓落实、保安全”行动。新修订《条例》施行后，全省明确由分管畜牧的委领导亲自抓，由省饲料工作办公室牵头组织开展培训、宣传，并于9月6～9日举办了两期省级饲料法规规章培训班，培训各市、州及部分县级农委、畜牧局分管领导、饲料管理、行政执法部门负责人，以及全省饲料和饲料添加剂生产企业负责人共330人。同时要求各市、州逐级培训，要求宣传到位、培训到位，饲料管理、生产、经营、使用各环节都要求覆盖，全省共举办各级培训班75次，培训行政管理人员600人次、企业人员2 690人次，发放宣传资料2万余份。

2. 进一步规范行政管理。严格执行“提高门槛、减少数量”批示，按照行政审批规定，加强饲料行业行政管理。一是把好企业准入关。在企业设立时，全部由省级饲料管理部门组织专家进行现场审核，保证全省饲料生产企业准入门槛和企业管理、技术水平的一致。而在饲料生产企业日常监管中，则主要是以市、县饲料监管为主。二是把好年度备案关。为保证企业在获证之后能按要求组织生产，每年年度备案工作，要求各市、县饲料行政管理部门进行现场检查，不合格企业一律限时整改，甚至上报注销。2012年，全省严格按照行政审批程序，按时完成了贵阳天府川江生物科技有限公司等12家企业核发《饲料生产企业审查合格证》，黔东南新希望农牧科技有限公司等2家企业核发《饲料生产许可证》，贵州川恒化工有限责任公司初审，核发福泉市洪亮化工有限责任公司等两家企业3个产品批准文号，贵阳新希望农业科技有限公司等14家企业变更企业名称、法定代表人、生产(注册)地址、生产品种、迁址等申请，并根据企业生产现状、企业申请及有关规定注销贵州家益升饲料有限公司等8家企业。

3. 积极开展“瘦肉精”专项整治工作。

(1) 开展“瘦肉精”和含“瘦肉精”饲料清查收缴。一是要求各地采取印发、张贴、宣传等方法，使每一个清缴对象都了解并知道第1682号公告相关内容；二是对全省饲料、兽药生产企业和销售网点，生猪、肉牛和肉羊养殖场(户)进行重点检查；三是与每一个清查收缴对象签定承诺书，承诺不藏匿、生产、销售和使用“瘦肉精”和含“瘦肉精”的饲料；四是加大对“瘦肉精”的抽检力度；五是加强部门协调配合。在清查收缴工作开展期间，省饲料办组织9个督查组对全省清缴工作开展情况进行督查。全省未发现“瘦肉精”和含“瘦肉精”饲料。

(2) 开展生猪养殖、屠宰等重点环节监督检查。一是强化养殖环节兽药、饲料和饲料添加剂使用监管，督促养殖场严格依法落实查验和养殖档案制度，建立活畜出栏无“瘦肉精”承诺书制度，强化活畜销售前质量安全监督抽查。二是开展生猪屠宰检疫和“瘦肉精”同步检验，严格按照农业部进场生猪“瘦肉精”检验和检疫同步的规定，按比例进行“瘦肉精”快检工作。2012年省生猪定点屠宰场共抽检盐酸克伦特罗3.4万份、莱克多巴胺3.0万份、沙丁胺醇1.7万份，运输环节方面，主要由14个检查站开展收购贩运环节监管工作，未发现“瘦肉精”生猪。

4. 加强质量安全监管。全省检验各类饲料产品1 877批，合格率94.4%。其中省饲料监察所检验773批（国家监督检验407批，饲料免税检验366批）。9个市（州）饲料监察所完成1 104批。完成了全国饲料产品质量安全监督检测工作。

(1) 饲料产品质量安全监测：检查饲料生产、经营企业和养殖场户425家，抽检饲料样品165批，合格136批，合格率82.5%。为预警监测黄曲霉毒素M_1生鲜乳，对奶牛场饲料及原料进行黄曲霉毒素B_1监测，抽取饲料及原料34批，合格29批，合格率85.3%。

(2) 饲料中违禁添加物专项监测：抽查饲料生产、养殖场户138家，抽检饲料样品159批，检测克伦特罗、沙丁胺醇、苏丹红、氯霉素、呋喃唑酮等12个检测项目，合格率100%。

(3) 蛋白质饲料中三聚氰胺专项监测：抽检各类蛋白质饲料样品40批，合格40批，合格率100%。

5. 认真开展全省饲料生产企业年度备案现场检查。按照《条例》等相关规定和农业部要求，对全省饲料生产企业年度备案全部进行现场检查。其中121家企业备案合格，13家企业备案不合格，15家企业因停办等原因注销。

6. 贵州省饲料工业协会积极开展各类服务工作。

(1) 开展饲料生产企业标准审核和饲料标签审查。为了帮助饲料生产企业完善饲料标准，提高饲料产品质量水平，组织成立饲料标签标准审查专家组，负责对饲料企业标准和饲料标签进行审查。

(2) 协调全省饲料生产企业免征增值税等工作。积极协助饲料管理部门、国家税务部门和饲料产品质量检测部门，服务全省饲料生产企业，协调免税检验及免税备案等工作，为企业免征增值税提供便利。

(3) 加强培训和鉴定工作，提升职业技能考评水平。2012年5月，推荐5人参加畜牧饲料行业职业技能鉴定考评人员培训，经培训及资格认证考试，两人获职业技能鉴定高级考评员资格证书，3人获考评员资格证书。

(4) 加强行业内交流，促进行业健康发展。新修订《条例》以及配套法规施行后，为规范饲料和饲料添加剂生产、经营和使用行为，在贵阳开展了“2012年饲料经济研究报告白皮书”调研会。邀请中国农业科学院、中国饲料工业协会和饲料经济专业委员会相关专家出席，10余家省内具有代表性的饲料生产企业受邀参会，共商贵州饲料工业发展方向。

（贵州省饲料工作办公室）

云南省饲料工业

【发展概况】

2012年，面对生猪养殖效益不尽如人意的形势，以及饲料原料大幅波动、动物疫病等不利因素影响，云南省畜牧饲料管理部门严格按照新《饲料和饲料添加剂管理条例》（以下简称《条例》）要求进一步加强行业管理，积极引导饲料企业做大做强，进一步加强质量和经营管理，强化调整销售策略，产销量保持平稳增长，全省饲料工业生产保持稳定持续发展。

【主要特点】

1. 生产经营情况。2012年全省饲料总产量392.4万t，同比增长6.0%。其中，配合饲料289.5万t，同比增长7.0%；浓缩饲料98.0万t，同比增长2.8%；添加剂预混合饲料4.9万t，同比增16.1%。各品种饲料中，猪饲料171.8万t，同比增长4.7%；蛋禽饲料61.2万t，同比增长8.0%；肉禽饲料111.1万t，同比增长6.6%；水产饲料44.8万t，同比增长7.1%；反刍饲料1.3万t，同比增长16.3%。虽然2012年生猪行情相对低迷，但受益于能繁母猪和生猪存栏量大幅回升，猪饲料增速依然迅猛；家禽市场行情波动较大，肉禽饲料增速有所放缓；虽然水产品价格普遍低迷，加之受干旱天气影响，但水产饲料依然保持平稳增长；反刍饲料增速主要得利于云南省加快发展草食畜牧业的政策。

2. 行业运行特点。

（1）玉米等饲料原料价格大幅上涨，企业成本增加，盈利下降。2012年，国内原料市场总体呈现高位上扬的基本态势。玉米、豆粕、鱼粉等原材料价格大幅上涨，在畜产品价格低迷的情况下，饲料行业成本压力较难传给下游养殖业，使得因原材料成本上升的经营压力有增无减，加之部分企业为了抢占市场让利，成本消化难度增大，另外工业用地成本、劳动力成本、物流成本、环保压力等综合生产成本攀升，从而直接导致企业经营成本上涨。居高不下的成本价格，挤压了企业的利润空间，加大了企业生产压力，饲料企业盈利下降，维持微利状况。

（2）企业竞争激烈，大型企业产业化优势明显。2012年5月1日，新修订《条例》正式实施，农业部一系列配套法规也相继出台，全省饲料工业竞争更加激烈，优胜劣汰更加明显，一批小规模的落后企业面临被淘汰的格局，而大企业凭借在技术、产品、人才、资金、市场等方面优势，在原料价格上涨或急剧波动的不利形势下，仍然表现出较快的发展速度，尤其是实行产业化经营的大企业，在竞争中有效地规避了市场风险，稳定地占有市场，体现了强者越强的状态。更多企业逐步考虑采取多种经营方式，向公司加农户、一条龙经营、加强售后服务等方面发展。昆明市为鼓励大型企业发展，在宜良县支持建设了饲料生产工业园区，吸引大中型饲料企业入驻。目前已有7家企业建成投产，总设计生产能力达180t/h。

【主要工作】

1. 加强领导，认真部署饲料、瘦肉精整治工作。按照农业部总体部署和要求，结合实际，对全省饲料安全、瘦肉精整治工作进行统筹安排和部署，明确工作目标、工作任务和重点，提出工作要求。各州市根据要求，积极组织开展饲料和瘦肉精专项整治的各项工作，确保全省饲料和瘦肉精整治工作顺利完成。

2. 组织抽检，加强监督。为保证饲料和畜产品质量安全，全省进一步加大力度，狠抓饲料产品质量安全监督抽检，并结合抽检情况，采取抽检与执法联动，加强对不合格企业的查处，严厉打击违法违规行为。以饲料和饲料原料中违禁药物、卫生指标等为重点，在全省组织饲料产品抽检1 523批，猪尿中“瘦肉精”等违禁药物检测3 052批，饲料原料中三聚氰胺违禁添加物检测51批，抽检饲料432批进行违禁药物专项检测。饲料质量安全合格率为93.7%，“瘦肉精”检出率为0。

3. 加大宣传培训，舆论监督。各级畜牧饲料主管部门进一步加大宣传，利用网络、报刊、印发宣传资料等各种形式，加大对饲料法律法规、饲料安全、饲料配制技术等的宣传及培训力度，提高饲料生产者、经营者和使用者的安全意识和守法意识，并动员全社会参与饲料安全监督，震慑不法行为。为贯彻落实新《条例》及配套规章，分两次组织了畜牧兽医饲料管理部门及饲料生产企业人员进行培训，参训人员达 840 人，培训取得了良好效果。对提高行业管理都和广大从业人员的饲料质量安全意识起到了重要作用。

4. 实施许可，严格准入。为从生产源头加强对饲料产品质量的控制和监督，全省进一步加强对饲料和饲料添加剂生产企业的行政许可工作。对申报饲料、饲料添加剂的企业，严格按照农业部相关管理规定的要求，对企业条件进行逐项审核，达不到要求的坚决不予审批，杜绝达不到条件的企业进入饲料行业。

【存在问题】

1. 监管手段落后，州市级饲料检测基础设施设备仍然不足。

2. 饲料使用环节情况复杂，监管难度大，主要表现在对自配饲料监管、药物添加剂规范使用等方面。

3. 饲料原料价格上涨，饲料生产效益受原料价格、企业原料采购、库存、畜产品价格等多方面影响和制约，饲料工业生产面临严峻考验。

（云南省饲料工作办公室）

陕西省饲料工业

【发展概况】

2012年，陕西省饲料工业面临饲料经营成本大幅攀升，畜产品价格低迷，原料价格上涨等不利因素，继续保持平稳发展势头，呈现出产量稳定增长，质量稳步提高，素质不断提升的态势。

【主要特点】

1. 饲料总产量增长。2012年全省饲料工业总产量446.7万t，同比增长8.9%；饲料产品总产值150.4亿元，同比增长8.6%。其中，配合饲料258.0万t，浓缩饲料产量171.6万t，添加剂预混合饲料17.1万t，同比分别增长13.7%、1.6%和18.5%。主要饲料品种中，猪饲料193.1万t，同比增长10.6%；肉禽饲料53.4万t，同比增长36.0%；蛋禽饲料113.3万t，同比下降4.3%；水产饲料28.8万t，同比下降6.6%；反刍饲料44.4万t，同比增长15.2%；其他饲料13.8万t，同比增长58.4%。

2. 规模企业产量增长。全省年产2万～53万t企业22家，总产量173.8万t，占全省饲料工业总产量38.9%，成为全省行业领军企业。全省单企月产销量0.1万～2万t的企业达58家，总产量达215.6万t，比2011年同期181.9万t增长18.5%，高出全省增长率9.6%，占全省总产量48.3%。特别是猪饲料、蛋禽饲料、肉禽饲料、反刍饲料和水产饲料分别占全省猪饲料50.5%、蛋禽饲料58.6%、肉禽饲料41.1%、反刍饲料40.0%和水产饲料25.0%。全省规模领军企业强劲发展，市场占有率显著加快提高。

3. 社会效益显著。2012年全省共抽检饲料样品3 586批次，合格3 556批次，合格率99.2%，饲料中“瘦肉精”连续13年未检出，确保了畜产品质量安全。2012年全省饲料工业直接拉动社会效益近60亿元。推广配合饲料1 000万t，为农民增加养殖收入20亿元，节约粮食250万t，节约养殖成本55亿元。2012年转化玉米460万t，小麦135万t，粕类、麸皮和矿物等副产品近390万t。无偿培训行业从业人员和养殖技术人员达160多万人次。安排农村剩余劳动力近22万人次。

【主要工作】

1. 加强条例宣贯。新《饲料和饲料添加剂管理条例》（以下简称《条例》）及其配套规章颁布后，为做好宣贯工作，全省印发《条例》宣传单行本、挂图和《饲料行业法律法规汇编》3 600册（张），利用《陕西饲料报》宣贯《条例》，印发报刊3万多份，下发到各级饲料管理部门和企业；先后组织省市行业管理部门参加《条例》和配套法规的宣贯培训会。利用多种会议就《条例》以及配套的法规进行重点专题解读和宣贯，培训人数达到1 00多人次；配合农业部完成了《饲料质量安全管理规范》（以下简称《规范》）试点工作，3家企业顺利通过农业部试点验收。2012年12月16日在西安组织召开《规范》示范创建企业座谈会。

2. 加强行业监管。一是制定《2012年饲料质量安全专项整治行动实施方案》。加强饲料原料、违禁添加品、企业检化验室、产品标签、执行标准和经营企业6个专项整治工作的推进力度。二是省饲料工业办公室与11个市（区）行业管理部门签订了《饲料质量安全监管责任书》，与265家饲料生产企业签订了《饲料生产质量安全责任书》，夯实了属地管理责任和企业法人是产品质量第一责任人的责任。向全省行业管理部门和生产经营企业印发了《致全省饲料生产经营企业的一封信》，要求全行业自觉提高知法、懂法、守法意识。三是10月下旬，组织召开全省饲料质量安全管理推进工作座谈会。分析全省饲料质量安全工作面临的形势，再次部署饲料质量安全监管和专项整治工作。2012年全省饲料产品质量安全监管工作共出动执法人员4 994人次，出动督查人员1 863

人次，检查饲料企业 868 个次，检查经营企业 5 159 个次，检查养殖场（户）6 100 个次，培训科学养殖和饲料科技方面人员 1.2 万人次，印发宣传单（图册）16.2 万份，查处违法饲料产品 0.6 万 t，饲料产品市场得到不断净化。

3. 加强行业准入。认真做好企业的准入和年度备案工作。一是强化准入门槛。严格对申报《审查合格证》《生产许可证》和《卫生合格证》的企业，按照规定进行现场审核。二是强化产品文号和标签管理。受理审批 1 119 个饲料添加剂和添加剂预混合饲料产品批准文号和标签认可号，受理审批 742 个单一饲料、配合饲料和浓缩饲料标签认可号，同时对 2011～2012 年核发的产品批准文号和标签认可号进行公告。三是细化年度备案。组织召开“三证”饲料企业年度备案工作会议。2012 年《审查合格证》备案企业 394 家，备案合格 336 家，备案合格率 85.3%。受理 93 份《生产许可证》备案材料，90 个许可证通过备案，备案合格率 88%，较 2011 年提升 8 个百分点。受理 20 家《卫生合格证》年度备案，通过 20 家，占应备案企业 83.3%。四是强化后续监管。对年度备案和各级管理部门日常检查中发现的生产条件发生严重变化、管理体系存在突出问题、质量安全存在较大隐患等不符合生产要求的企业，严格按规定要求取缔生产资质，全年共注销 34 家饲料生产企业的 35 个资质证和 21 个产品批准文号。

4. 加强行业创评。一是制定《陕西省饲料行业 2012 年精神文明建设工作要点》，开展诚信宣誓。组织开展全省饲料工业行业诚信建设年活动，制定《关于继续开展饲料行业诚信建设年活动，发布“饲料行业诚信宣誓”誓词的通知》，由陕西华秦农牧科技有限公司等 100 家企业代表全省饲料行业向全社会进行庄严宣誓。二是确定试点企业。选择陕西正大有限公司等 40 家企业，作为 2012 年全省饲料工业行业文明示范企业。三是开展质量信得过企业评选。连续两年市级以上产品质量监督抽查无不合格产品的企业通过自愿申报、各市饲料管理部门把关推荐、申报企业投票联评、候选企业上网公示等，陕西正大有限公司等 49 家企业评为“2012 全省饲料行业质量信得过企业”。

5. 加强学习交流。一是组织 41 家企业参加 4 月份在厦门举办的“2012 中国饲料工业展览会暨畜牧业科技成果推介会”，增进全省企业同国内外企业间的沟通和交流。二是组织 21 家企业 39 个展位参加第四届西部（杨凌）农资交流会暨信息交流会等活动，向社会充分展示了全省饲料工业发展成就。三是组织 15 家大中型饲料企业 30 名代表赴宁夏参加全国大中型饲料企业观摩交流会。

6. 加强宣传培训。一是以《陕西饲料报》为载体，宣传饲料行业“法规政策”“行业动态”“综合信息”“企业管理”等，2012 年共出版发行《陕西饲料报》24 期，报道饲料宣传材料 200 余篇。二是加强饲料信息网建设，发布网上信息近 30 万字，点击量超过 12 万次，为企业制作宣传版面，充实“三证”申报指南和材料下载功能，方便基层工作。三是完成农业部 2012 年职业技能鉴定问卷调查，发布 2012 年职业技能鉴定公告，完成 2012 年职业技能鉴定报名和资格审核工作，对 94 人进行职业技能培训和鉴定。

7. 加强信息统计。组织 50 家饲料生产企业开展饲料原料及饲料产品价格调查月报工作。深入了解掌握饲料原料价格动向，对 60 家饲料企业进行跟踪信息调查，每季度形成饲料生产情况调查，并对相关数据进行分析，及时掌握行业发展动态。组织召开饲料统计培训会，对新的统计报表制度进行讲解，强化各市办着力抓好统计数据上报，严格工作规范。

【存在问题】

1. 大宗饲料原料价格普涨，中小企业运营进入“瓶颈期”。2012 年，面对玉米、小麦、豆粕、鱼粉、磷酸氢钙稳步上涨行情，小麦使用比重不断提高。大宗原料价格上涨，导致行业毛利率走低，在成本压力和激烈市场竞争中，部分中小企业失去持续增长动力，运营愈发艰难，小企业退出市场速度加快。2012 年，全省 34 家饲料生产企业已被行业淘汰出局。

2. 从产业基础来看，全省饲料工业基础仍比较薄弱，饲料企业“小、散”现象存在，管理水平参差不齐，饲料行业和养殖环节从业人员素质不高，给监管工作带来一定困难。从工作基础来看，各地管理工作进展不平衡，饲料管理机构、监测机构不健全，执法手段落后，缺乏对饲料生产、经营和使用监管的有效性。

（陕西省饲料工业办公室）

甘肃省饲料工业

【发展概况】

1. 饲料产量稳中有增。2012 年甘肃省共有饲料生产企业 192 家，其中，新增 14 家，依法注销 12 家。配合饲料、浓缩饲料生产企业 237 家，饲料添加剂和添加剂预混合饲料企业 26 家。全省饲料总产量 147.3 万 t，同比增长 9.1%。其中，配合饲料 92.2 万 t，同比增长 16.8%，占总量 62.6%；浓缩饲料 54.3 万 t，同比下降 1.8%，占总量 36.9%；添加剂预混合饲料 0.8 万 t，同比下降 5.5%，占总量 0.5%。饲料总产值达 48.5 亿元，同比增长 5.6%。

2. 产品结构持续调整，配合饲料继续增长。2012 年，玉米价格继续攀升，6 月份已达 2.4 元/kg，加之河西等地玉米种植减少，工业酒精生产玉米用量增加，造成原料玉米紧缺，养殖户购买玉米较为困难，对配合饲料需求量增加。2012 年配合饲料产量 92.2 万 t，占饲料总量 62.6%；浓缩饲料产量下降。由于玉米价格居高不下，加之工人工资增高，许多大中型养殖场改用直接可饲喂的配合饲料，减少了浓缩饲料用量。2012 年浓缩饲料产量 54.3 万 t，占总量 36.9%；添加剂预混合饲料产量基本持平。5 月 1 日新《饲料和饲料添加剂管理条例》（以下简称《条例》）实施后，添加剂预混合饲料生产企业门槛大大提高。添加剂预混合饲料产量 0.8 万 t，占总量 0.5%。

3. 产品质量进一步提高。随着全省饲料质量安全专项整治工作的不断深入，饲料产品质量进一步提高。2012 年饲料质量安全监测合格率 96.0%，比 2011 年同期提高 3 个百分点；反刍动物饲料中牛羊源性成分例行监测合格率 100%；"瘦肉精"、三聚氰胺等违禁药物专项监测合格率 100%。

4. 企业数量增速放缓。2012 年，受饲料原料价格和生猪养殖量下降影响，部分规模小，设备落后的小企业已被淘汰出局。从各地年度备案情况看，由于停产、连续两年未通过年度备案等原因，注销张掖、金昌、庆阳、兰州、陇南等地饲料生产企业 12 家。

【主要工作】

1. 认真开展新《条例》及其配套法规办法的学习宣传和贯彻落实。新《条例》发布后，组织开展新《条例》宣贯工作。4 月 27 日，在《甘肃日报》刊登了省农牧厅武文斌厅长署名文章《深入学习贯彻新＜饲料和饲料添加剂管理条例＞，促进全省饲料业持续稳定健康发展》，拉开了全省饲料法规宣贯的帷幕。根据农业部安排，组织省兽药饲料监察所、武威、张掖、平凉等饲料管理部门负责人参加了全国饲料法规培训班，为全省宣贯新《条例》培训师资。全省各地结合实际，充分利用各种媒体，采用多种形式广泛宣传，通过编发宣传资料、组织开展法律咨询、张贴宣传标语等活动，把新《条例》宣传到饲料生产、经营、使用每个环节，做到行业内人人知法、懂法、守法。全省 14 个市州各举办了 1 期新《条例》宣贯培训班，对饲料生产、经营企业负责人和市州监管人员进行了培训，把新的管理办法和新的企业设立条件等要求宣传到监管人员和生产、经营企业。张掖市在《张掖日报》刊登新《条例》释义，在《张掖动物卫生监督网》刊登解读文章 4 篇，通过信息平台发布宣传信息 420 条。白银市在 5 月利用一周时间，在白银电视台制作宣传新《条例》专题节目，并通过广播电台对饲料生产、经营、使用各环节应具备的条件进行了详细讲解，并印制 500 份《饲料和饲料添加剂经营须知》发放到全市每个经营企业。天水市举行了以"放心农资下乡，保障春耕生产"为主题的放心农资下乡进村活动，发放饲料法规宣传资料 1 500 余份，接受饲料经营和养殖咨询 600 多人次。全省各地共培训行政管理和饲料企业 2 000 多人（次），在新闻媒体报道 120 次，印发宣传单（图）10 万余份。

2. 不断加强饲料企业生产监管。

（1）开展获证饲料生产企业监督检查。按照新《条例》及配套法规公布的饲料生产企业设立条件，各地组织开展获证饲料生产企业大检查行动，督促尽快对照新的准入条件进行整改，逐步整合、淘汰部分生产能力低下、设备简陋、管理粗放的企业，规范生产经营秩序，并与工商部门协商，联合对未取得生产许可证企业及其产品进行查处。全省共出动执法人员400余人，检查饲料生产企业192家，查处违规饲料生产企业28家。

（2）严格实施行政许可。按照“抬高门槛、严格准入”的要求，根据《条例》有关规定，加大饲料生产条件审核力度，2012年核发饲料生产条件审查合格证9家，上报农业部核发饲料添加剂和添加剂预混合饲料生产企业5家，核发产品批准文号20个。

（3）组织开展年度备案工作。按照《饲料和饲料添加剂生产许可管理办法》有关规定，组织开展2012年饲料和饲料添加剂生产许可年度备案工作，对全省178家饲料生产企业进行年度备案现场检查。其中通过备案审查的企业159家，未通过审查的企业19家，依法注销饲料生产企业12家。并对检查中发现的违法行为进行依法查处，对不合格项目和存在安全卫生隐患的企业进行督促整改，提高企业生产管理水平。

（4）加大对饲料使用环节的监督。重点对各类添加剂，尤其对饲料药物添加剂使用情况进行检查，保证饲料和饲料药物添加剂在动物产品生产过程中的规范使用，并督促养殖场（户）建立用药用料使用记录，做到“用料合格、记录齐全”。全省各地检查养殖场（户）5 000余家。

（5）大力推进饲料生产经营质量承诺制。为保障饲料质量安全，全省对饲料生产、经营、养殖企业实行质量安全承诺制，制定《饲料质量安全承诺书》样本，明确规定饲料企业是饲料质量安全的第一责任人，强调企业在饲料安全中的主体作用。各地积极行动，同5 700个养殖场（户）、190家饲料生产企业、2 000家饲料经营企业签订承诺书，进一步落实饲料安全主体责任，提高全省饲料质量安全水平。

（6）举办饲料检验化验员职业技能培训班。举办饲料检验化验员培训班1期，培训饲料企业化验员65名，进一步提高饲料生产企业检验化验水平，保证饲料产品质量安全。

3. 组织开展饲料监督抽检，严厉查处假劣饲料。

（1）按照农业部《关于下达2012年饲料质量安全监测计划的通知》，制定下发了《甘肃省2012年饲料质量安全监测及监督检查实施方案》，下达农业部饲料监测任务540批，省级配套任务100批。2012年完成监测任务640批，其中饲料质量安全样品165批，合格率为96.0%；牛羊源性成分例行监测150批，合格率100%；违禁药物监测任务325批，合格率100%。

（2）制定下发《2012年养殖环节“瘦肉精”专项监测计划》，下达农业部抽检养殖场（户）400个，样品1 200批 其中：猪场100个，猪尿300批；牛场270个，牛尿810批；羊场30个，羊尿90批。省级配套饲料产品中“瘦肉精”专项监测任务280批，其中：饲料生产、经营环节140批，养殖环节140批。全年完成1 480批，合格率100%。

（3）在抽样过程中紧密结合现场实际，有效开展饲料监督抽检与行政执法联动。对抽检中不合格产品现场查封，对企业安全隐患督促整改。同时，对市、县200余名执法人员进行现场执法培训，进一步提高监督执法水平。

（4）认真组织开展饲料经营企业的日常监管。主要检查饲料经营门店的购销台帐，重点对饲料经营企业的拆分包装行为和无生产许可证、无产品批准文号、无产品标签的“三无”饲料产品进行查处。全省共出动饲料监督执法人员600余人次，通过听汇报、查资料、看现场的形式，监督检查饲料经营门店2 000多家，查处假劣饲料65种，共计100余t，查处经营环节违法行为50起，取缔非法饲料加工点23处，杜绝了安全隐患，有效地净化了饲料经营市场。

（5）积极开展饲料质量安全管理规范试点。根据农业部安排，组织筛选3家饲料生产企业作为试点，安排企业生产和质量负责人参加农业部举办的《饲料质量安全管理规范》（以下简称《规范》）培训班，并安排两名饲料加工和动物营养专家深入企业，对企业员工进行《规范》现场培训，指导企业按照规范要求，建立并实施生产全过程质量安全管理制度，争取达到《规范》要求，为在全省推行《规范》建立了标杆，积累了经验。

（6）组织饲料行业调研和相互交流，推进全省饲料工业健康发展。一是按照农业部安排，陪同中国饲料工业西部调研组，历时5天，在兰州、武威、酒泉3市开展调研工作，并在武威市召开30家饲料生产企业负责人座谈会。二是组织全省35家大中型饲料生产企业，参加由中国饲料经济委员会、宁夏饲料工业办公室和甘肃饲料办联合举办的“相约西部 共谋发展”西部饲料产业发展论坛。三是组织10家饲料企业参加美国大豆协会组织的南北饲料交流活动。通过调研和交流，开阔了眼界，进一步理清全省饲料工业发展思路，明确发展方向。

（7）认真开展饲料统计工作，为生产和管理提供服务。饲料统计是行业管理部门决策的一项重要基础性工作，统计数据对饲料工业发展具有重要的指导作用。安排专人负责统计报表汇总、审核及上报工作，并层层分解任务，把信息统计工作深入到市（州）、县两级。各市、县饲料管理部门确定信息统计员，专门负责统计工作，直接接触企业。严把各类报表质量关，确保统计数据的时效性和准确性，保质保量完成饲料统计月报、季报和年报上报工作。同时，结合饲料行业和养殖业形势，作出统计分析报告，进一步指导饲料和养殖生产，并逐步与全省畜牧养殖分析相结合，形成饲料业、畜牧养殖业会商分析机制，为制定全省饲料工业发展规划及相关政策提供重要依据。

【存在问题】

1. 企业改造换证难度大。本省大部分饲料生产企业规模小、设备落后、人员素质低，与《饲料生企业许可条件》要求还有较大差距，小企业改造缺乏大量资金，换发生产许可证工作难度大。

2. 经营环节监管难度大。由于饲料经营企业不实行行政许可，部分经营户缺乏饲料安全知识，对不合格产品识别能力差，存在拆包、分装等现象，致使假劣饲料流入养殖场（户），成为食品安全隐患，饲料经营企业数量多，规模小，监管难度大。

3. 饲料管理工作经费不足。饲料监督抽检量小、面窄，不能有效打击假劣饲料。各地饲料监督检查和违法案件办案设施缺乏，执法人员检查手段落后，严重影响了饲料产品质量和畜产品质量安全监管工作。

4. 自配饲料存在安全隐患。由于甘肃省养殖水平相对落后，部分养殖户为了降低饲养成本，利用浓缩饲料和添加剂预混合饲料自行配料，饲料营养成分不足，品质低下，不但影响养殖业整体水平，同时也存在严重的饲料质量安全隐患，养殖场（户）分布广，数量多，检查和抽样难度大。

（甘肃省饲料工业办公室）

青海省饲料工业

【发展概况】

2012年，青海省各经济类型企业总计65家。其中，配合饲料生产企业46家，浓缩饲料生产企业2家，添加剂预混合饲料生产企业2家。全省饲料工业总产量为10.1万t。其中，配合饲料9.9万t，添加剂预混合饲料1 399t，饲料添加剂7 643t。实现饲料工业总产值达2.8亿元。

【组织机构】

青海省饲料工作办公室隶属于青海省农牧厅，与厅草原处合署办公，草原处处长兼任饲料办主任。

【主要工作】

1. 强化饲料企业监管，建立获证企业日常巡查制度。2012年年初召开的全省饲料监管及饲料检测工作会议，对全省饲草料监管和检测工作进行了安排布置。各级农牧部门进一步建立和完善获证饲料企业日常监督检查工作制度，定期或不定期开展巡查工作，重点检查饲草料企业原料采购、生产过程记录、企业内部各项管理制度执行情况及产品销售去向进行溯源检查，对企业存在的质量安全隐患及时提出整改建议，限期整改。

2. 加强饲料生产企业年检备案工作，提高饲料监管水平。采取企业申报资料审查与实地抽查相结合的办法，完成了72家饲草料生产企业年度审查备案工作，合格率为90.5%，通过年检备案工作，进一步加强饲料企业的监管力度，规范了企业的生产经营行为。

3. 加大“瘦肉精”专项整治力度。按照农业部安排部署，全省加强“瘦肉精”整治工作，举办了4州（地、市）16县“瘦肉精”专项整治及样品采集培训班，安排落实“瘦肉精”监管经费6.6万元，抽查养殖场（户）169个，尿样检测600批次。同时组织各级农牧部门开展“瘦肉精”整治行动。2012年全省共出动“瘦肉精”专项整治执法人员238人次，检查饲料生产企业115家次、饲料兽药经营门店202家次、检查养殖企业（户）220家、检查屠宰场（点）65个。开展相关培训215人次，印制宣传材料1.3万份。

4. 扩大监测范围，确保饲料质量安全。全省在全面完成农业部下达的抽检任务的基础上，配套下达抽检任务100批次，制定下发《关于开展2012年青海省饲料产品质量及养殖环节“瘦肉精”专项监测工作的通知》，对省内饲料生产、经营和养殖场（户）开展抽样检测。完成5州（地、市）13县323家饲料生产、经营企业，877个养殖企业（户）的抽检任务。全年共完成饲料抽检任务591批次，完成计划任务的100%，检测合格率为99.5%，比2011年度提高1.6个百分点。同时在养殖场（户）生猪和牛羊尿液中未检出“瘦肉精”等违禁药品。

5. 举办饲料法规培训。组织各级农牧部门饲料监管人员、饲料生产企业责任人约180人次，举办饲料法律培训班。各州、地、市农牧部门组织辖区内饲料、经营企业分别开展了不同培训内容、不同层次的法规宣传培训班。2012年，全省共举办各类饲料法律法规班6期，培训人员703人次。通过培训，从业人员了解掌握了饲料法律法规和饲料企业设立条件，为全省饲料生产企业换发证工作奠定了良好的基础，同时，进一步规范饲料生产、经营企业行为。

【存在问题】

1. 饲料企业监管尚需加强。部分饲料企业生产管理不规范，档案资料不健全，尚未建立健全饲料生产企业原料接收、生产过程及饲料销售记录。

2. 饲料监管经费无保障。目前各级财政部门将饲料监管经费未能列入地方预算，工作经费缺乏，日常监管工作不到位，伪劣饲料的生产、经营仍有死角，特别是对流入到本省的省外饲料企业的饲料产品质量监管不力，饲料安全质量存在较大隐患，饲料监管工作处于被动应付的工作局面。

（青海省饲料工作办公室）

宁夏回族自治区饲料工业

【发展概况】

2012年，国务院重新颁布了《饲料和饲料添加剂管理条例》（以下简称《条例》），农业部出台了一系列配套规章和规范性文件；宁夏回族自治区开展《条例》及其配套规章的宣传贯彻活动；连续3次举办全国性和地区性促进饲料工业发展的大型活动；全区饲料执法监管工作稳步推进，饲料质量安全水平持续稳定，饲料产量和产值稳步增加，市场运行秩序持续良好。2012年全区有饲料生产企业71家，包括添加剂、添加剂预混合饲料、动物源性、原料型及配合饲料生产企业。年产量2万t以上企业16家，国家级龙头企业2家，自治区级龙头企业6家，国家级企业技术中心1个。2012年饲料总产量71.0万t，同比下降1.5%；饲料产品总产值13.6亿元，同比持平。饲料产品质量安全检测合格率连续5年稳定在99.0%以上，达99.7%。牛羊养殖场（户）“瘦肉精”专项检测合格率100%。肉牛养殖场（户）β-兴奋剂类违禁物质排查监测100%合格。连续多年没有发生重大饲料质量安全事件。

【组织机构】

宁夏回族自治区饲料工业办公室，最早成立于1986年1月，成立之初隶属于自治区经济委员会，1996年3月划归自治区畜牧局，2000年合并到农牧厅。为正处级事业单位，经费为全额拨款，人员编制5人。2002年，依照国家公务员制度进行管理。

【主要工作】

一是制定年度工作计划，提出工作考核目标，将各项工作进行量化，与市县签订目标责任书；二是加强督导与目标责任考核；三是加强生产企业与经营企业的监督检查；四是加强饲料法规宣传；五是工业整体建设；六是大力开展行业服务。

1. 2012年在农业部例行监测中，全区饲料产品质量合格率达99.7%，已连续5年稳定在99%以上，高于全国平均合格率5个百分点。

2. 新修订《条例》于5月1日起实施。农业部制定的配套规章于2012年7月1日起实施。全区开展了一系列宣传培训活动。一是邀请全国饲料工作办公室领导来宁与农牧厅座谈饲料执法监管工作；二是开展饲料法规“宣传月”活动，举办“宣传月”活动启动仪式；三是举办饲料法规培训班。自治区饲料办于8月底举办1期饲料法规培训班，邀请农业部全国饲料工作办公室和中国饲料工业协会领导到会解读饲料法规，各市县饲料行政执法监管单位负责人与监管人员、饲料生产企业法人共180余人参加。四是邀请全国饲料工作办公室领导来宁座谈宁夏饲料执法监管工作与宁夏饲料行业发展策略。五是组织各市县饲料行政执法监管人员与饲料生产企业参加中国饲料工业协会举办的《条例》知识竞赛。获得竞赛组织奖和4个竞赛个人优秀奖。

3. 举办系列宣传活动。举办了全国饲料行业西夏行暨大型饲料生产企业宁夏现场观摩交流会。7月20～23日，邀请全国16个省区饲料办与饲料生产企业，共130余人来银川市进行观摩交流；举办西部饲料产业发展论坛。8月20～23日，邀请西部各省区饲料办、饲料协会和饲料生产企业，共160余人来中卫市开展合作交流。

4. 组织培训活动。全区共举办各类培训办观摩会950场次，共培训饲料行政执法监管人员、饲料生产企业、经营企业和养殖场户6.3万余人。

5. 组建3个专家委员会。一是饲料生产企业设立审查专家委员会，由来自区市县农业行政、饲料执法监管、饲料质量监测和科研院所近30名专家、领导组成。二是饲料生产企业标准评审委员会，由来自科研院所、饲料执法监管、饲料质量监测和技术标准方面的20多名专家、领导组成。三是饲料职业技能培训、鉴定考评员、督导员队伍，由来自饲料生产企业、科研院所和各市县饲料行政执法监管单位的 26 名专家、学者组成。

6. 承担牛羊养殖环节“瘦肉精”监管工作。组织人员深入各市县进行调研，与各市县座谈如何开展工作，制定监管工作实施方案，培训基层监管人员、多次组织人员深入到各市县进行督导检查。2012 年全区在 400 多个养殖场采集牛羊尿液 1 500 多份进行“瘦肉精”快速检测，检查样品全部呈阴性（合格），没有发现违法添加“瘦肉精”的现象。

7. 加强政治业务学习，开展行业廉政监督。制定廉政建设和作风建设工作计划，先后组织全体党员、职工认真学习了十七届五中、六中全会精神，深入基层调查研究，开展“三服务一推进”“结对共建”等主题实践活动，推行政务党务公开；签订廉政建设目标责任书，制定饲料办内部廉政风险防控办法和廉政风险防范流程图。承担全区饲料行业廉政督查任务；制定“六五普法”计划，在全行业开展“六五”普法宣传工作，组织各市县、各生产企业、经营企业和养殖场户系统地学习饲料法律法规，并将有关法律法规上传到宁夏农业信息网上，登载到《宁夏饲料通讯》上进行广泛宣传。

【主要问题】

1. 部分市县饲料监管人员不足、监管队伍不稳定。

2. 区市县各级监管部门基本没有执法监管装备和执法监管工作经费，执法监管能力难以提升，执法监管工作难以深入。

3. 多数饲料生产企业规模小效益差，企业内部管理制度不健全，质量控制能力难以提高，安全隐患依然存在。

4. 饲料经营网点多，流动性大，监管难度很大。

5. 饲料原料来源广泛复杂，影响安全因素多。

（宁夏回族自治区饲料工业办公室）

新疆维吾尔自治区饲料工业

【发展概况】 2012年，新疆维吾尔自治区有各类饲料生产企业293家，比2011年增加7家。其中，饲料添加剂和添加剂预混合饲料生产企业40家；配合饲料、浓缩饲料企业145家，单一饲料生产企业189家。2012年新疆饲料总产量156.0万t，比2011年同期增长10.8%。其中，配合饲料136.3万t，同比增长14.7%；浓缩饲料16.4万t，同比下降10.2%；添加剂预混合饲料3.2万t，同比下降10.5%。饲料工业总产值51.4亿元。

【发展特点】

1. 从产品结构看，配合饲料猪饲料占14.1%，蛋禽饲料占23.5%，肉禽饲料占29.8%，反刍饲料占21.8%，水产饲料占9.6%，其他饲料所占比例1.2%；浓缩饲料猪饲料占43.3%，蛋禽饲料占32.3%，肉禽饲料占12.0%，反刍饲料占12.1%，水产饲料所占比例0.03%，其他饲料所占比例很小；添加剂预混合饲料猪饲料占34.4%，蛋禽饲料占18.8%，肉禽饲料占6.4%，反刍饲料占30.1%，水产饲料占6.3%，其他饲料占6.3%。

2. 从畜禽品种看，2012年全区猪饲料产量27.4万t，比2011年增长21.8%。其中猪配合饲料、浓缩饲料有所增长，同比增长24.3%和25.0%，添加剂预混合饲料同比下降19.8%。蛋禽饲料产量37.9万t，同比增长19.6%。其中，蛋禽配合饲料32.0万t，同比增长32.3%；浓缩饲料5.3万t，同比下降22.3%；添加剂预混合饲料0.6万t，同比下降9.9%。2012年肉禽饲料产量42.8万t，同比下降6.9%。其中。肉禽配合饲料40.6万t，同比下降5.6%；浓缩饲料2.0万t，同比下降28.1%；添加剂预混合饲料0.2万t，同比下降10.1%。2012年水产饲料产量13.3万t，同比增长12.0%。其中，水产配合饲料13.1万t，同比增长11.7%；浓缩饲料产量很小，稍有变化增减幅度就较明显；水产添加剂预混合饲料0.2万t，同比增长9.9%。2012年新疆牛羊肉市场需求一直处于旺季，整体出现淡季不淡、旺季更旺的势头，全年价格高位运行。2012年，反刍料产量32.7万t，同比增长19.2%。其中，反刍动物精料补充料29.7万t，同比增长26.3%；浓缩饲料2.0万t，同比降低34.3%；添加剂预混合饲料1.0万t，同比增长11.4%。

【组织机构】

自治区饲料工业领导小组办公室（自治区饲料行业管理办公室）挂靠新疆维吾尔自治区畜牧厅，负责全疆饲料工业管理工作，是依照公务员管理全额拨款的事业单位，定编5人，领导职数2人。2012年全区15个地州市均有饲料管理机构，并开展了工业管理的各项工作。自治区兽药饲料监察所（加挂新疆饲料质量监督监测站）负责全区饲料监督监测工作，石河子市、阿克苏地区、喀什地区3个地州的饲料监（检）测站（所）通过计量认证，3所农业院校均设置饲料营养专业，新疆畜牧科学院设有饲料研究所。

【主要工作】

1. 开展饲料工业法律法规宣贯工作。 2012年是农业部确定的饲料法律法规“宣传贯彻年”，根据农业部安排，组织各地州（市）饲料管理部门20多人前往北京、厦门、天津、郑州等地参加农业部举办的各类饲料法规培训班。同时，各地州饲料管理部门采取集中培训、入户讲解、设立咨询站（台）、悬挂横幅、印制宣传册、出动宣传车、利用广播电台等积极开展饲料法规宣传。据统计，全区共举办各类饲料法规培训班20多期，培训各类人员近2 000人次，发放各类宣传册、材料3.5万份。

2. 积极组织开展饲料质量安全监测工作。 按照

《农业部关于下达2012年饲料质量安全监测计划的通知》，及时制定下发《2012年新疆饲料质量安全监测计划实施细则》和《关于做好2012年饲料安全监管工作的通知》，积极开展饲料质量监督抽样检测工作，全年共完成饲料检测任务6 817批次。其中饲料质量安全监测任务2 321批次（计划检测2 245批次，其中农业部任务890批次）。一是对饲料生产、经营企业进行监督抽查，完成饲料质量安全监测样品431批次，合格率为98.8%，不合格原因主要是粗蛋白质结果偏低、维生素结果不达标；二是对养殖场（户）进行违禁药物（包括盐酸克伦特罗、莱克多巴胺、氯霉素、苏丹红、三聚氰胺等）专项监测样品1 108批次（包括蛋白质饲料中三聚氰胺监测121批次，农业部下达的异地奶牛饲料（含自配饲料）中三聚氰胺监测任务80批次，全国饲料质量安全预警监测，抽取奶牛饲料20批次），合格率为100%；三是完成反刍动物饲料中牛羊源性成分监督检测782批次（农业部任务220批次），合格率100%。完成了饲料中三聚氰胺专项监测样品1 080批次，盐酸克伦特罗专项监测样品800批次，合格率100%。饲料报批复核检验63批次，免税检验64批次，其他委托检验680批次。同时，检查饲料标签349个，合格率100%。完成现场监测生猪、肉牛（羊）尿液1 809批次（计划检测1 800批次，其中农业部任务1 200批次）。其中生猪“瘦肉精”检测966头；肉牛“瘦肉精”检测633头；肉羊“瘦肉精”检测210只，监测结果全部合格。

3. 完成2012年度生产企业年度备案工作。2012年组织完成了《饲料添加剂生产许可证》有效期内的生产企业备案7家，其中合格5家，基本合格2家；《添加剂预混合饲料生产许可证》有效期内生产企业备案30家，其中合格23家，基本合格5家，不合格2家；《饲料生产企业审查合格证》饲料生产企业备案268家，其中合格企业200家，基本合格企业52家，不合格企业16家。对不合格的两家添加剂预混合饲料生产企业已上报农业部给予注销，16家不合格饲料生产企业由自治区畜牧厅公告予以注销。

4. 强化企业管理，严格饲料生产企业审核标准。根据新《饲料和饲料添加剂管理条例》和《饲料和饲料添加剂生产许可管理办法》等规章，本着“提高门槛、减少数量、转变方式、增加效益、加强监管、保证安全”原则，严格审核饲料生产企业，2012年对10家添加剂预混合饲料生产企业申证、换证工作进行了前期审核；审核发放74个产品批准文号，对23家饲料生产企业审核发放了《饲料生产企业审查合格证》，备案产品文号468个，审查备案73家企业的158个企业产品标准。

5. 加大执法力度，严厉查处违法违规企业及行为。2012年结合新《饲料和饲料添加剂管理条例》及配套法规的实施，全区开展了饲料生产企业产品质量抽查行动，严厉打击在饲料中添加和养殖环节中使用“瘦肉精”等违禁化学物品等违法行为，着力强化饲料质量安全日常监管为主要内容的饲料安全执法工作。据统计，全区共出动执法人员1 800多人次，检查饲料生产企业875家次，饲料经营门店1 742家次，查处违法违规企业3家，涉案金额4.7万元。

6. 加强饲料工业特有工种职业技能鉴定站建设，重视饲料工业特有工种职业技能培训及考核鉴定工作。2012年积极向农业部职业技能鉴定指导中心申请了30万元仪器设备，强化了鉴定站的硬件建设。11月12～25日自治区饲料工业协会特有工种职业技能鉴定农业220站与自治区兽药饲料监察所联合在乌鲁木齐举办全区第13期饲料行业特有工种职业技能鉴定培训，全区饲料企业134名化验员（初级57人、中级60人、高级17人）、43名中控室操作工（初级4人、中级39人）参加了技能培训鉴定。其中115人检验化验员、36名中控工分别通过考核鉴定。

7. 利用资源优势，狠抓秸秆养畜工作。一是组织召开2012年度自治区农业综合开发秸秆养畜示范县建设项目管理工作会议，就农业综合开发项目管理、资金管理、验收等问题进行专题培训，组织项目完成县市与新立项项目县市进行工作经验交流；二是组织自治区农业开发办公室、厅计财处等专家对2010年秸秆养畜示范项目5县市进行项目检查和验收。对2011年秸秆养畜示范5个项目县市执行情况进行督导和检查；三是向农业部争取了2012年5个国家级秸秆养畜示范项目；四是经与农业部争取，完成2013年10个国家级秸秆养畜示范项目县市的评审上报工作。

8. 向农业部申报了“2012年新疆养殖环节‘瘦肉精’专管项目”“2012年新疆饲料质量安全监管项目”和“新疆高寒及极端环境下新型保畜饲料研发及利用项目”，累计资金227.2万元，目前这3个项目已全部得到批复并在实施中。

9. 完成全区2011年度新疆饲料工业统计综合汇总以及2012年度各季度饲料统计报表上报工作。

【主要问题】

1. 饲料管理部门特别是县级管理部门机构不健全，缺乏强有力的专业执法队伍。

2. 饲料产品安全监测体系不完善，检测设施设备差，检测能力、水平和手段不高。

3. 饲料生产企业、经营门店、养殖（场）户等相关人员饲料法律法规意识不够强，还需进一步加大培训力度。

4. 饲料生产企业规模小，工艺落后，化验设备陈旧，饲料产品安全隐患较多。

（新疆维吾尔自治区饲料行业管理办公室）

青岛市饲料工业

【发展概况】

2012年，青岛市饲料工业立足科学发展，坚持世界眼光、国际标准、本土优势，以产业化为支撑，标准化为基础，积极发展和推广高新技术产品，狠抓饲料质量安全和规范市场秩序，强化行业管理，饲料行业持续健康发展，经济、社会、环保效益提高。截至2012年年底，全市共有饲料生产企业146家，全年各类饲料总产量近180.0万t，同比增长11.1%，总产值达到68.7亿元，同比增加28.0%，出口总额达1.86亿元，同比增长26.5%。

【组织机构】

2012年12月，经青岛市编办批准，市畜牧兽医局撤销原药政药械处和原饲料处，合并成立药政饲料处，编制成员4人。

【发展特点】

1. 饲料工业发展稳中有增。饲料工业是畜牧养殖业发展的基础和保障，随着畜禽养殖规模的不断发展，特别是规模养殖逐步代替散养，配合饲料逐步取代自配饲料，全市饲料工业发展也呈现出稳中有增的势头，2012年全市共有饲料生产企业达146家，比2011年增加20家，总产量同比增长11.1%，总产值同比增加28.0%。

2. 饲料产品质量逐步提高。2012年，按季度对全市饲料生产、经营、养殖环节365个批次饲料产品进行抽检，上半年检测合格率为98.3%，下半年检测合格率达到100%，2012年检测合格率99.2%，同比提高2.3%。通过此数据可以看出，各企业普遍重视饲料产品质量安全。

3. 饲料质量安全和行业管理得到了空前重视和加强。全市各级畜牧兽医主管部门以新《饲料和饲料添加剂管理条》（以下简称《条例》）及其配套法规颁布实施为契机，强化人员培训、贯彻落实，增加地方政府在饲料工业监督管理方面的职责，保障监管执法工作更加有序开展。各区市进一步建立健全饲料监管、执法机构，配齐配强了饲料监管执法人员，增加检测设备，为下一步饲料行业管理工作奠定良好基础。

4. 饲料企业发展参差不齐。全市146家企业中，3家属国有，90家私营，港澳台或外资23家，股份有限公司、股份有限责任公司、股份合作制企业26家，其他类型4家，私营企业占62%，全国重点企业只有5家，占3.4%。从产品和许可证类型分，配合饲料料、浓缩饲料、精料补充料审查合格证等87个，饲料添加剂生产许可证26个，预混合饲料生产许可证47个，共计180个生产许可证。年产量超过1万t的共有33家，超过10万t的只有7家，超过100万t的只有渤海和六和两家。

5. 饲料产品结构变化。一是产品结构变化明显，配合饲料产品快速增长，浓缩饲料急剧萎缩，添加剂预混合饲料相对稳定；二是不同规模或综合经营的添加剂预混合饲料企业产量呈现上升趋势；三是随着未来规模养殖场用户不断增多，猪饲料、水产饲料发展不断扩大等利好因素，会促进市场需求增长。

【主要工作】

2012年，全市饲料管理工作通过全市各级饲料管理人员的共同努力，克服了国内畜产品消费乏力、市场销售疲软、养殖成本刚性上涨等不力因素，加强组织领导，积极开展饲料质量安全专项整治，加强饲料生产、经营、使用环节监管，加大饲料产品质量安全的检测力度，新《条例》及其配套法规的学习和宣传，圆满地完成了年度工作任务，实现了饲料工业效益和质量安全“双提高”，确保了全市畜产品质量安全，促进了畜牧业健康发展。

1. 组织领导有力，确保饲料监管工作扎实有效。各区市高度重视饲料质量安全管理工作，扎实开展饲料生产经营使用环节的监管、监测和专项整治等活动。各区市组织严密、措施得力，责任明确，形成了地方政府负总责、企业是第一责任人、监管部门各负其责的良好局面。主要领导亲自抓、分管领导靠上抓、监管部门具体抓，确保各项工作落到实处。

2. 教育宣传到位，饲料工业遵纪守法意识得到加强。各区市通过举办培训班、张贴公告、发放明白纸等媒介宣传、咨询活动，强化对饲料生产、经营和养殖环节的指导，使生产企业、经销商、养殖户都能了解、熟悉、掌握饲料工业有关政策、法律法规。2012 年平均组织大规模现场宣传 4 次，张贴及发放各类宣传资料 2 万多份，宣传告知率达到 100%。培训执法人员 3 期 163 人次。监管部门同生产、经营企业、养殖场（户）逐个签定责任书、承诺书，签定率达到 100%，从而使饲料生产、经营和养殖环节能够合法生产、守法经营、规范使用。

3. 监管措施得力，饲料质量安全隐患持续降低。各区市采取日常监管和专项整治相结合、监督检查和飞行抽查相结合等方式，积极开展对饲料生产、经营、使用环节违法添加“三聚氰胺”“瘦肉精”等违禁药品和有毒有害化合物以及在反刍动物饲料中添加牛羊源性产品的违法行为，开展饲料用油脂专项检查整治。饲料监督抽检工作不断深入和加强，抽检合格率普遍高于往年，2012 年检测合格率分别达到 99.2%，同比提高 2.3%。对抽检不合格产品进行了扣押、销毁，对违法法规企业依法进行了从重从严处罚。

4. 行政执法严明，不法行为得到有效遏制。各区市严格落实监管责任制，明确职责分工，全面推行网格化监管，划片包干，不漏厂、不漏店、不漏户，达到无缝隙全覆盖监管。在全市组织开展了饲料打假整治行动、饲料质量安全集中整治等 4 个大的专项行动以及 2012 年年末开展的“三打一整顿”行动。各区市采取组织基层自查、交互检查、飞行检查、监督检测、重点执法、驻厂监督等措施，对重点区域、重点环节、重点企业开展重点整治，重点加大饲料用动物油脂企业监管力度。对发现的违规行为依法予以处罚，有效地规范了青岛市饲料市场秩序。2012 年共出动执法人员 8 825 人次，检查生产、经营、使用单位 11 123 个次，查处“三无”产品两个，责令停业整顿 4 家，吊销饲料生产许可证 2 个。

5. 认真做好饲料行政许可工作。严把行业准入门槛，加强对获证企业年度备案和日常监管。严格按照新的法律法规和许可条件提高初审条件，依法退回青岛隆和生物技术有限公司申请新建浓缩、配合饲料生产项目，青岛同兴天然色素有限公司申请新建饲料添加剂生产项目和青岛百川达精细化学有限公司申请新建饲料添加剂甲酸生产项目。依法取缔青岛大福成动物药业有限公司违规生产企业，吊销生产许可证。紧紧围绕“四个一批”（关闭一批、提升一批、整合一批、新建一批）的指导思想，加大对新建企业的初审力度，2012 年新增加企业 20 家。同时完成全市 132 家饲料生产企业审查、验收、年度备案工作，并按规定的时限办结。

6. 秸秆青贮工作全面完成。全市农作物秸秆青贮 171 万 t，超过 170 万 t 的计划指标。2012 年年初与各区市畜牧兽医局签订《目标考核责任书》，并将秸秆青贮任务分解到县区，纳入年终目标考核。各区市也将任务指标层层分解落实到镇、办、村、养殖场，层层抓落实，同时组织人员到各区市巡查督导，配合区市技术人员深入企业农户进行技术帮扶，保证青贮质量。针对秸秆青贮工作中出现的一些问题，邀请专家教授、区市主管部门、养殖企业代表召开座谈会，研究制定解决目前面临问题的方法，探讨进一步加快秸秆青贮工作发展的思路和措施。

【存在问题】

1. 产业素质仍然较低。全市大型企业较少，小型企业偏多，低水平经营、低质量产品、低层次竞争等问题突出。

2. 产品质量安全形势复杂。非法使用违禁添加物、制售假冒伪劣饲料等问题虽然有所遏制，但还没有从根本上解决。为规避监管，极个别不法企业仍在使用新型非法添加剂，花样翻新，防不胜防，甚至还有无证生产行为。

3. 外部影响因素加大。养殖业波动频次增加，市场不确定性加大。大宗原料、能源、运输和劳动力等价格大幅上升，行业整体盈利水平下滑。饲料企业流动资金需求大，但税收贡献少，难以得到地方政府和金融机构支持。

4. 缺乏有效的监管手段。由于受监管执法人员编制所限加之企业还没有足够强的自律意识，法制观念淡薄，缺乏有效的监管手段，违法违规问题时有发生。

5. 信息化管理意识不强。无论是饲料生产经营企业，还是监管部门，信息化管理意识普遍不够强。信息管理系统得不到足够的重视和应用。录入信息不全、数据不准、统计不及时，甚至虚报、瞒报、缓报、不报等现象时有发生，所报数据没有经过监管部门细致地核对，易使上级机关得不到十分准确的信息。

（青岛市饲料工作办公室）

宁波市饲料工业

【发展概况】

2012年，宁波市各类饲料加工产品产量94.5万t，累计工业产值34.5亿元。其中配合饲料27.2万t，同比增长3.2%；浓缩饲料产量2 216t，同比下降5.18%；添加剂预混合饲料产量3 018t，同比下降3.2%；鱼粉产量3.3万t，豆粕产量62.6万t。全市共有饲料和饲料添加剂持证生产企业30家。其中，配合饲料生产加工企业16家，鱼粉等单一饲料生产企业6家，饲料添加剂和添加剂预混合饲料生产企业8家，产品遍及畜禽、水产系列，饲料种类较为齐全。

【组织机构】

2006年年初，在宁波市畜牧兽医总站基础上，组建宁波市畜牧兽医局，挂宁波市饲料工作办公室牌子，具体负责全市饲料和饲料添加剂管理工作。

【主要特点】

1. 猪饲料产量稳步增长。2012年全市猪料生产总体稳定，产量10.0万t，同比增长8.2%。其中，猪配合饲料9.5万t，同比增长8.3%；浓缩饲料2 216t，同比下降5.2%；添加剂预混合饲料2 595t，同比增长22.6%。主要原因分析：一是生猪生产平稳增长。到2012年年末全市生猪存栏120.4万头，同比增长2.0%。其中，母猪存栏11.8万头，同比增长3.6%；2012年生猪出栏169.4万头，同比基本持平。随着近年来新建扩建的规模化猪场已投入生产，全市母猪自繁自育比例和规模化饲养比例显著提高，生猪养殖规模化程度达到98.0%，肉类自给率已达51.0%。二是生猪养殖效益呈"V"型走势。据调查，2012年前3季度猪肉平均价格22.2元/kg，比2011年同期下降14.6%。毛猪价格1月在17.8元/kg左右，进入2月中旬后逐步下滑，4月下跌至14.3元/kg左右后一直在盈亏点徘徊，8月下旬生猪价格开始逐步回升，10月、11月达到15.6元/kg，受元旦、春节双节刺激影响，猪价继续呈上升趋势，一直维持在16元/kg。纵观2012年全年，每头出栏肉猪可获利150元左右。

2. 禽饲料产量小幅回落。全市禽饲料总产量9.4万t，同比下降12.3%。其中，蛋禽饲料1.7万t，同比增长11.5%；肉禽饲料7.7万t，同比增长16.4%。主要原因分析：一是受强台风"海葵"影响，家禽养殖损失严重。全市家禽存栏1 282.5万只，同比下降14.6%。其中，鸡存栏617.2万只，鸭存栏567.1万只，鹅存栏90.6万只，同比分别下降11.6%、19.3%和9.7%；家禽出栏2 469.6万只，同比下降10.9%。其中，鸡出栏1 183.9万只，鸭出栏939.5万只，鹅出栏335.5万只，同比分别下降9.9%、15.7%、2.3%。二是禽蛋价格稳中有升，扣除饲料价格上涨因素，蛋鸡养殖仍产生了较好的利润。白羽鸡受央视曝光的"速生鸡"事件影响，价格大跌，养殖空间进一步缩小。

【主要工作】

1. 深入推进畜产品质量安全专项整治和百日行动。制订"瘦肉精"、生鲜乳和兽用抗菌药专项整治方案，加强巡查监管和隐患排查，加大抽样监督力度和频度，全市共开展部、省、市3级畜产品质量安全例行监测12批次，共抽检样品1 260批次，抽检合格率99.9%。组织开展畜牧业专项整治百日行动，抽取生猪尿样和饲料样品510批次，经检测全部合格。同时加强畜牧养殖投入品监管，以兽药GSP改造和新《饲料和饲料添加剂管理条例》（以下简称《条例》）施行为契机，深入开展投入品监管和兽药经营清理规范行动。

2. 严把饲料生产企业审查关。市饲料办严格按照《条例》等法律法规的有关规定，对申请《饲料生产企业审查合格证》的企业进行认真审查、分类指导，严格把好准入审查关。2012年全市共有两家饲料生产企业通过审核，并获得合格证。

3. 做好饲料和饲料添加剂生产企业年度备案及案卷审查工作。一是按照省饲料办开展饲料和饲料添加剂生产企业年度备案工作的要求，市饲料办督促生产企业如实、规范填写备案表，并要求企业认真开展自查自纠，对发现的问题及时进行整改，全市2012年度饲料生产企业备案工作有序推进。二是根据市法制办行政许可案卷和行政处罚案卷评审工作要求，对4家饲料企业设立初审案卷梳理装订，上报市农业局备查，其中《宁波中瑞生物科技有限公司申请饲料生产企业设立初审卷》被市法制办评为2012年度“十佳行政许可案卷”。

4. 加强宣传培训，提高饲料生产经营者的法制意识。为深入学习新修订《条例》，举办了《条例》培训班，各县（市）、区饲料工作分管领导、饲料和饲料添加剂生产和经营企业代表等50余人参加培训。培训班邀请了省畜牧兽医局高级畜牧师葛莉莉主讲，从《条例》修订背景、适用范围、管理体制，以及违法责任和处罚原则等方面进行深入解读。培训班还就即将出台的《饲料生产企业许可条件》和《饲料添加剂（预混剂）生产企业许可条件》等相关配套法规进行了介绍。

【存在问题】

1. 监督监测体系不够完善。目前只有宁波市本级设有饲料工作办公室，县（市）、区级没有专门的饲料管理机构，而且管理人员大多数是兼职的，使得饲料安全监管工作处于心有余而力不足的尴尬局面。同时市、县两级畜牧兽医局（站）尚未建立专门的饲料化验和检测实验室，严重制约了饲料和饲料添加剂监管工作的开展。

2. 饲料产品质量安全风险因素依然存在。由于部分饲料生产企业存在经济实力不足、创新能力不强、经营规模较小、技术水平相对落后、管理方式粗放等原因，使得产品质量仍然有许多不可控因素，在饲料安全上存在不少隐患。

（宁波市饲料工作办公室）

厦门市饲料工业

【发展概况】

2012年，厦门市饲料工业实现总产值34.6亿元，总产量达82.9万t。其中配合饲料68.0万t，同比下降6.4%；浓缩饲料4.7万t，同比增长139.1%；添加剂预混合饲料5.6万t，同比增长18.0%；饲料添加剂3.8万t，同比增长6.1%；全市共有各类饲料生产企业69家。其中，配合饲料、浓缩饲料、单一饲料企业43家，添加剂预混合饲料企业30家，饲料添加剂企业9家。

【组织机构】

厦门市农业局负责全市饲料工业管理和监督协调工作，行业日常管理工作由厦门市农产品质量安全检验测试中心及各区动物卫生监督所负责，厦门市饲料工业协会协助。饲料违法违规案件由市、区两级农业行政执法部门负责。

【主要工作】

1. 加强日常巡查，落实属地责任。2012年厦门市继续发挥市指导、区主管的分级管理原则，上下联动、齐抓共管，对饲料生产企业实行常态化巡查，重点监管有不良记录的违法违规企业、监督抽检中出现产品不合格的企业，同时加大对其抽检频次。全年市、区两级共出动督查人员810人次，实现了对饲料生产企业全覆盖巡查。

2. 规范台账记录，落实管理制度。在2011年台账规范化试点成功的基础上，全市2012年新增加10家台账规范化试点企业，重点督促企业落实各项管理制度，推行统一记录台账，规范原料记录、生产记录、销售记录及检化验记录4项记录。

3. 加强法规宣贯，提高守法意识。为全面贯彻新修订的《饲料和饲料添加剂管理条例》（以下简称《条例》），进一步加强厦门市饲料企业规范化管理，切实做好饲料和饲料添加剂质量安全监管工作，厦门市农业部门紧抓契机，确定了“抓培训、促规范；广宣传、促发展；严把关、提质量”的总体要求，积极开展新《条例》及其配套法规的宣传贯彻，于7月18日举办了全市新《条例》培训班，有效提高了饲料工业从业人员的法律意识。于9月14日举办“全市规范饲料行业管理技术培训班”，参会人员达95人。

4. 严把企业审核关，加强规范管理。对新建饲料生产企业，厦门市按照《饲料生产企业审查办法》要求，对企业预申请材料严格审核把关，对饲料生产企业申报情况坚持到现场进行逐项核实、逐项验收，做到宁缺毋滥，通过一家规范一家，对不符合条件和要求的，坚决不予上报。全年共现场审核浓缩料设立申请1家，陪同福建省农业厅饲料兽药管理处现场审核各类企业14家（包括新设立、到期换证、迁址、增项）。

5. 加强检验监测，提高产品质量。为加强饲料产品质量安全监控，厦门市农业局印发了2012年厦门市饲料质量安全监测工作方案（厦农林［2012］73号）。2012年上半年分3批对35家饲料企业申报免税产品实施抽检，重点检测饲料常规质量指标，另外还抽检了50份饲料样品，重点监测黄曲霉毒素B_1，镉、铅，监测结果合格率为100%。2012年下半年重点组织进行违禁物专项抽检，抽检合格率为100%。

6. 严格执行备案制度，加强证后监管。按照《福建省农业厅办公室关于开展2012年度饲料和饲料添加剂生产企业备案工作的通知》（闽农厅办［2012］6号）要求，严格执行审查工作程序，逐项审查验收，完成备案饲料企业69家。其中，配合饲料、浓缩饲料、单一饲料企业43家，添加剂预混合饲料企业30家，饲料添加剂企业9家。

【存在问题】

个别饲料经营者和养殖户法律法规意识淡薄，行业管理工作人员不足，多数中小企业生产条件和检验条件相对落后。

（厦门市农产品质量安全检验测试中心）

企业篇

重点企业经验介绍

科教兴农　共同发展

——北京大北农科技集团股份有限公司

大北农集团自 1994 年创建以来，大北农始终秉承“报国兴农、争创第一、共同发展”的企业理念，致力于以高科技发展中国的现代农业事业。如今，大北农已发展成为以饲料、动保、种业、植保为主体的农业高科技企业，拥有 80 名博士、350 名硕士，1.7 万名员工、50 多家生产基地、80 多家子公司、500 多家专营店、1 000 多个县级科普服务站的农业高科技企业集团。

大北农是农业产业化国家重点龙头企业、国家级高新技术企业、国家认定企业技术中心、国家创新型企业，是中国农学会农业产业分会理事长单位、中国畜牧业协会副会长单位、中国饲料工业协会副会长单位、中国兽药协会副会长单位、中国种业协会副会长单位、中关村农业生物技术产业联盟理事长单位、中关村经济 20 强企业。2010 年 4 月 9 日，大北农在深圳证券交易所挂牌上市，成功登陆资本市场，一举成为中国农业行业融资数额最大、市值最高的农牧企业之一

大北农从两间租来的小平房开始创业，不但取得了瞩目的成绩，也摸索出一套独有的管理思想、经营模式和企业文化。摊开大北农的战略图，中国 30 个行政区内，处处可以看到大北农金色的火焰。现在，大北农已形成以饲料、动保、种业、植保科技为基础，以信息、教育为延伸的立体产业体系……

一、大北农文化与团队建设

公司自成立以来，一直致力于建设具有行业竞争力的企业文化。大北农以报国兴农为企业使命、以创建世界级农业科技企业为战略目标、以共同发展为根本途径。经过 10 多年的宣贯、执行和提炼，企业文化已形成一套完整的系统，其建设成果和宣贯能力得到行业的普遍认可和尊重。2006 年荣获“中国十大企业文化价值品牌”。在企业文化的感召和影响下，公司的人才优势和团队竞争力居于行业领先地位。

“企业无‘人’则‘止’，“人”是大北农发展的唯一资源。”邵根伙博士一句话点明了大北农发展的经验。正是对“人”的充分挖掘与使用，以及在这个基础上进行的科技创新与管理创新，是大北农的发展密码。大北农的宗旨是“以科技为主题，知识创新农业”。从科研到生产，从销售到服务，从管理到执行，从教育到学习，大北农在不同岗位凝聚相应的专业英才，通过互动，形成一个良好的企业生态。

二、大北农的科技创新

20 年来，大北农始终坚持以“科技创新”作为立企之本，依托中关村科技资源和创新环境，致力于以高科技发展中国的农业事业。公司通过自主研发、技术引进、科技成果转化或产学研合作等途径，形成了国内一流的企业技术创新体系与核心竞争力。公司被科技部、国家发改委、北京市科委等多家权威部门认定为国家企业技术中心、国家创新型试点企业、中关村科技园区海淀园博士后工作站分站、高新技术企业等。

科研上，大北农与国内权威农业机构合作，组成了强大的专家团队。通过与行业专家们的充分合作，大北农掌握和转化了最尖端的农业科技成果，而且也成为大北农在同各地农业高校进行人才培养合作中的一个最大亮点。由大北农集团和“两优培九”的育成单位江苏省农科院共同组建，产业化推广国家“863

计划”重大科研成果——中国超级稻“两优培九”的专业化公司，南京两优培九种业有限公司成立。如今，“两优培九”种植面积已突破6 000万亩，为农民带来直接效益数十亿元，成为全国水稻单一品种全国销售额之最。

在各级员工的招聘与客户培养上，大北农一直实行学院战略，与各地农业高校合作，相继成立了“大北农学院”“大北农班”。1995年起，每年出资50万元在全国30所农业高校设立大北农奖学金。经过培训的这些学员，有的成为大北农员工，有的成为大北农的客户。专家、院校、莘莘学子，大北农形成了一个奇妙的结合体。在互动中，大北农既为自己创造了品牌，也使自己在人才竞争中抢先一步，创造了不断成长的企业生态链。

三、营销服务体系的创新

大北农根据饲料和种子产品营销的特点建立了覆盖全国重点养殖和种植区域的营销网络，制订并实施独具特色的营销策略，营销效率和产品服务能力得以不断提高。

饲料业务方面，注重精细化营销网络体系的建设，其饲料业务营销网络分为相辅相成的两大体系，一是子公司体系，在全国重点区域设立了专业销售子公司，负责其所在地区的饲料产品物流、产品销售、技术推广和服务、市场信息反馈以及客户管理等工作。二是经销商体系，在全国首创“县级服务站”营销模式，建立起始于县终止于户的全国科普推广网络，其中包括超过500个县级经销商网络，1万个二级经销商，并将经销商纳入到本公司的营销队伍中来，对其进行规范化管理，形成本公司与经销商双赢的局面，有效地推动了公司饲料产品的销售。

种子业务方面，已经建立稳定的种子销售网络和科技推广体系，分别在河北、山东、湖北、河南、安徽、江苏、四川、湖南、江西、新疆等省区市设立了分支机构，设立了近30个配送中心，3 000个种子专营店，并配有近500名专职科普人员在各市场区域进行科普技术服务。

大北农以技术和服务营销为主要手段，构建总部、省级子公司、服务站三级服务支撑体系，并由超过2 000多人的科普人员对客户进行全方位的技术服务，通过每年超过500次的技术推广会、月发行超过80万份的《大北农技术服务报》等全国性的农民技术培训等手段，持续地对经销商、养殖户、种植户进行培训、指导和服务，提升公司产品的影响力和网络的竞争力。

夯实基础　稳步发展

——北京三元禾丰牧业有限公司

2012年国内外经济形势愈加复杂，是中国经济“在持续回落中逐步放缓”的一年，也是十分艰难的一年，食品安全再次成为关注的焦点，作为饲料行业中的一员，禾丰继续坚持履行饲料质量安全第一责任人的职责，严格质量管理，保证产品品质，夯实基础，稳步发展。

一、锐意进取，开拓创新

面对严峻的市场状况，三元禾丰销售团队积极应对，提出“走出去，沉下来，做终端，上销量”的业务拓展模式，收效显著，还被评为“2011年度北京市饲料行业优秀创新团队”。坚持推行“吸纳人才、培育人才、善用人才、善待人才”的人力资源策略，不断地寻求人才、发现人才、创造人才发展空间，按绩取酬、公平公正，永远致力于员工的发展进步与价值提升，帮助员工创建幸福人生，营造“关心人、重视人”的良好氛围，努力为优秀人才提供富有挑战性的事业机会，为他们成长与进步创造优越的条件。这支团队已经成为一支开拓创新、不断进取的队伍，每一名销售人员都将在饲料销售的过程中得到洗礼，他们迅速转变观念，能力在不断学习中得到提升，服务客户得心应手，经常作为养殖户的教练员，帮助解决养殖场里出现的一系列问题。禾丰致力于为目标客户提供全面的解决方案，始终秉承“客户至上”的根本原则，坚持“五会制度”（研讨会、招商会、实证会、参观会、培训会）。未来行业的竞争，市场的变幻，都对他们提出了更高的要求，三元禾丰销售团队将继续传承禾丰文化，集成团队精神，不断突破，锐意进取，充分发挥集团技术优势，不断提升产品品质，迎接未来挑战。

二、技术创新，品质保障

要实现产品的自我超越，要保持产品的长久领先，就要不断汲取国内外研究精华，企业就必须重视技术创新，推动产品不断升级换代，推动养殖业向规模化、集约化和现代化发展。在生产中引进标准化生产、检验程序，严格把控产品质量。禾丰在研发、创新之路上，已经结下累累硕果，既有理论深厚的专家，把科技前沿技术应用于实践，也有现场资深专家一个个认真验证，更有这两支队伍相互不断的争论、探索和总结，还有集团采购、技术、市场、管理层等多个系统对研发的鼎力支持。在企业发展的过程中，以客户为中心，以市场为导向，把技术服务和产品质量放在最重要的地位。应用世界顶尖级的配方软件，结合市场的需求，不断开发新产品来满足客户。建立了一支专业能力强、反应速度快、适应客户需求的技术服务队伍，服务于终端客户。

“质量是企业的生命”，禾丰有一套完整原料、成品验收制度和科技领先的品控化验系统，按照ISO9001质量管理体系和ISO22000食品安全管理体系标准严格要求，利用世界一流的检测设备保证了产品质量稳定、高效。禾丰始终坚持用最优质原料生产产品，严控原料、成品质量关，加大原料进厂、产品生产环节和质量监控力度。通过感观检测、化验室精密仪器的检验方法，使原料有了强有力的保证，把住了原料的质量从而有效保证了产品的质量。三元禾丰一直以食品安全为己任，严格遵守国家法律法规和执行行业标准，保证出厂的每批产品都能达到营养标准，做到批批产品有检验、可追溯，在市场上的美誉度逐年提高，也被评为“2011 年度北京市饲料行业影响力品牌”。

三、精细化生产管理，提高生产效率

中国饲料企业精细化生产管理的时代已经拉开序幕，忽视内部精细化管理必将落后于他人。

精细化生产管理核心就是确保安全、提高效率、降低成本、提高产品品质。生产管理的科学性和精细化管理程度是企业最大部分的增值。2012 年公司生产团队通过精细化管理，规范了生产流程，优化生产工艺，完善品控体系，建立条形码生产系统，从而实现产品质量全程可追溯，防范质量隐患，精益求精，严把质量关，保证产品质量稳定。通过提高员工素质、加强岗位培训、打造职业化生产一线团队，关注细节，控制企业漏洞，强化链接协作管理，并将精细的思想和作风贯彻到企业的生产管理环节，提高生产效率。不断地深化精细化生产管理，改进和创新，才是企业稳步发展壮大的保障。

四、择优采购，保证货源

随着饲料市场竞争加剧，利润率下滑，服务成本增加，饲料企业产品经营同质化的现象越来越突出，饲料原料的采购管理越来越受到企业的高度重视，禾丰集团通过强化饲料原料采购的科学管理，成功地使禾丰品牌在市场上占有主导地位。

面对瞬息万变的原料市场行情，禾丰采用三级采购的策略，择优采购，货比三家，寻找质优价廉的货源，不断开发新的、更有实力的供应商来保证货源。建立合格供应商评价制度，每年都评出优秀供应商，来为企业提供稳定、优质的原料。

依靠集团、区域的采购优势，采购信息的广泛收集来科学合理的采购原料，加之采购人员良好的协调和沟通，从而避免出现过量采购，造成资金积压、占用库存和库存不足的现象，市场短缺而面临高价打压的危险。合理的采购使公司的原料成本有所下降，也带来了较好的收益。

秉承禾丰企业宗旨，以先进的技术，完善的服务，优秀的产品促进中国畜牧业的发展。节省资源，致力于环境保护。实现食品安全，造福人类社会。公司将以科技服务于农业，夯实基础，稳步发展，全身心致力于行业先进技术的研究，成为中国饲料行业最优秀的公司，提高企业品牌在市场上的美誉度，使禾丰产品走进千家万户，能让广大农民脱贫致富。在为整个饲料行业做出贡献的同时，也得到了行业内的认可，公司先后获得“北京市高新技术企业”、北京市饲料协会“优秀企业”、北京市饲料协会“首都标杆企业”、北京市饲料协会“优秀创新团队”、北京市饲料协会“有影响力品牌”“禾丰”中国驰名商标、禾丰集团“价值贡献奖”等殊荣。

“无边落木萧萧下，不尽长江滚滚来。”在这个优胜劣汰、弱肉强食的时代里，我们无法回避残酷的竞争；在这个吉凶未卜、险夷难测的商场上，我们必须保持高昂的斗志；我们绝不放弃道德的准则。相信付出必有回报，决心要做就做最好。

专注发酵　谋求有为

——北京昕大洋科技发展有限公司

北京昕大洋公司经过 10 多年的高速发展，已经从单一的植酸酶发酵企业发展到饲用酶制剂、微生态制剂、动保产品以及生物饲料等多产品的综合型企业。21 世纪将是生物技术飞速发展的时代，国家已将生物产业列入支柱产业发展，生物农牧业的发展前景广阔。公司将紧紧围绕“立足于生物发酵，崛起在农牧行业”的发展战略，依靠雄厚的研发和高科技技术支持，专注于公司的稳定与持续发展，坚持将产品做大、做强、做精的企业追求，贯通“稳定、恒远、达天下”的产品理念，注重与国内外大型饲料企业、养殖企业、规模代理商和全球跨国公司的战略联盟与共同发展，为走向世界而努力奋斗。

一、勇于探索，追求创新

昕大洋公司能在国内饲料酶领域有今天的发展，关键取决于公司一直以来的技术进步和创新。就是有敢为人先的精神，敢于在技术创新、产品创新、管理创新、销售模式创新等方面下功夫，敢于突破自己，超越自己。从最早的奇磷强化植酸酶到后来的微丸、包衣植酸酶，再到后来的耐高温植酸酶升级，一步一步推进着事业的进步和发展。重点突破，多点延伸。通过植酸酶产品市场主导地位的确立，通过95℃耐高温植酸酶技术取得突破，以及拥有自主菌种专利、酶制剂稳定化后处理专利等多项专利技术的掌握，逐步向饲用酶制剂、微生态制剂、动保产品以及生物预混合饲料、生物饲料等多点发展，形成了昕大洋公司在饲料添加剂发酵领域，较为完整的核心竞争优势。

公司紧跟行业发展新趋势，敏锐捕捉前沿技术，立足自主，关注市场，稳步推进。实行需求导向、市场驱动的研发模式，努力保持公司研发能力处在饲料酶、微生态领域的创新、领先地位。从企业战略选择出发，充分发挥现有资源的开发利用，以及体制机制上不断优化与创新，提升自主创新的软、硬能力，推动技术创新与市场需求的紧密结合。从饲料行业的发展、产品升级换代对技术创新的需求出发，提出明确的科研发展目标和主攻方向，并持之以恒地开展应用研发。科技为生产一线服务，科技为客户需求服务，边磨边练，边升级，边创新，解决了许多生产中、客户方的难点甚至是瓶颈问题。注重发挥生物发酵能力的优势，结合产品的发展方向，内外结合开发新产品。

随着饲料酶制剂竞争的加剧，公司坚持走专业化发展之路，努力创造市场优秀品牌，持续加强研发和资金投入，不断进行产品的升级换代，调整产品结构，确保了公司持续发展。公司投入大额资金建成了国内先进的发酵菌种研究开发实验室、酶工程技术研究实验室、应用技术研究实验室以及实验基地；购置了研究需要的各类高端仪器设备，生产需要的先进机器设备，为研发、生产的创新提供了可靠的物质条件。

二、专注发酵，谋求有为

公司已经在农牧行业的生物发酵领域专心发展了十几年，始终遵循以“创造价值，造福社会”为使命，积极响应国家产业政策和行业发展方向，在生物类饲料添加剂、动保产品、添加剂预混合饲料和饲料的研究、生产、推广上发挥着先导和推动作用，被中国生物发酵产业协会评为“全国酶制剂行业重点生产企业”。

公司着眼未来，努力在打牢专业技术基础上下功夫。坚持科学研究、产品研发、生产经营协调发展，形成完整的科研、生产、营销体系；以研究员、博士、硕士等具有丰富理论和实践经验的专业人员为核心，打造出一支科技研发和技术服务队伍；致力于高科技、节能增效、绿色环保型饲料产品的研究和应用，与多个国家级、省级科研院所及国内外知名专家、学者建立了紧密的技术合作、技术交流与技术支持关系。

公司在人才、技术、科研上的优势为产品设计思路的创新奠定了基础，为开发出高科技含量的产品提供强有力的保证。经过产品结构的不断调整和创新，已经从单一的植酸酶发展到引领中国饲用酶、微生态领域发展的重要力量。公司在以生物饲料添加剂、生物动保产品为龙头的系列产品为主导，逐步向生物预混合饲料、生物全价饲料的研发、生产和销售方面延伸。公司在生物发酵及延伸产品方面已成为行业内公认的重要制造商之一。

公司历经十几年的发展，在人才结构、组织管理、产品组合、市场布局、主产品市场占有率、生产硬件、品牌形象等诸多方面，已形成自己独特的优势，为公司在国内和国际饲料行业的发酵产品的生产、销售奠定了坚实的基础，并已逐步形成了企业的综合优势。厚积期待着薄发，昕大洋公司依托业已形成的深厚基础，将努力在农牧生物发酵领域实现更大的作为。

三、质量为本，稳定恒远

昕大洋公司牢固树立质量意识，强化过程管理，抓品控队伍建设，持证上岗，滚动培训，外派交流，内推体系，培养了一支适合公司精细化管理需要的，具有专业水平的品控队伍。建立了系统的质量监控体系，不在品质上打折扣，进行全方位的质量监控。通过精细化管理，规范生产流程，优化生产工艺，完善品控体系，坚持产品追溯制度，防范质量隐患，精益求精，严密把关，保证了产品稳定的品质。

强化质量意识，严格质量标准。公司已通过ISO9001质量体系、HACCP食品安全体系认证和FAMI－QS体系认证，并不断随生产流程、产品工艺、组织结构变化调整，持续改进，完善体系。公司还注重提高产品品质，通过外商评估，提升国际竞争力，努力创造产品高附加值，加速进入国际市场的进程。

沿着健康的轨道前行是昕大洋的发展之道。公司高度重视贯彻新《饲料和饲料添加剂管理条例》（以下简称《条例》）工作，将此项工作作为重要的基础工作来抓，修订、完善相应的管理制度、操作规程，制定完善相应的对接措施，确保新《条例》在企业落地。并将新《条例》学习纳入公司员工培训的常规内容。

严格执行国家法律法规，培养规范的工作习惯是昕大洋公司追求的管理之道。日常工作中自觉遵守国家法规、标准和行业规程，坚持技术上的科学精神，严格制度标准，重视培养全员的法规意识。经过长期的坚持，公司逐步形成了按质量标准行事的工作作风。近年在农业部组织的全国性饲料添加剂产品质量大检查中受到高度评价。

昕大洋公司在不断的发展过程中，以客户为中心，把技术服务质量放在重要的地位。通过强化培训提升技术服务水平；有效的沟通交流，深化产品技术对接；完善服务网络，建立区域管理责任制，消除服务盲区；坚持产品追溯制度，及时反馈、改进，防范质量隐患；持续关注客户需求，为客户提供全方位服务，受到客户的广泛好评。

四、聚集能量，再展雄风

昕大洋公司十分重视企业文化等基础建设，提出了从企业文化核心到做事规则，从政治素养到职业修养等方面明确企业文化理念。建立全方位的企业文化体系，提升企业的软实力，夯实企业发展的人文基础。公司以演讲、知识竞赛、专题大讨论、联欢晚会、旅游活动、拓展训练、先进事迹视频等各种有形的活动为载体，注入积极向上的理念，弘扬企业文化精神，聚集员工的正能量。

公司还努力创建知识型、学习型企业。学以致用，分层分类培训，强化知识的适用性；提升员工的岗位技能和专业水平；请大学教授上企业讲台，注重管理层管理能力的快速提升；送核心骨干进大学学习，提升管理层视野、视角，为增强企业发展后劲储备力量。经过多年坚持不懈的努力，已经打造了一支坚强忠诚的管理团队，涌现了一批职业经理人。

公司已逐步形成了尊重人才，充分发挥技术、科研人员各自的专业优势，倡导学科互补的团队协作的工作氛围，为开发出高科技含量的产品提供了强有力的组织保证。重大的技术、研发事项，组织研讨，集思广益，制订计划方案；定期召开技术专题会议，交流各个业务条线的情况，凝聚智慧，解决重点问题。在多年的工作实践工作中，已逐步形成了努力发挥专业优势，共同追求协作合力的团队氛围。

公司坚持靠产品品质树立品牌、赢得客户、确立市场地位的经营理念。多年来，公司已经建立了两个具有稳定生产能力的生产基地，成为中国饲用酶和微生态生产企业中发酵条件最具竞争优势的企业；已在全国建立了十几个营销分公司，形成了贴近客户快速反应的直销、经销相结合的经营模式。陆续得到“中国质量、服务诚信示范单位”“中国饲料市场十佳畅销品牌、影响力品牌”“中国饲料工业协会优秀会员单位”“北京饲料工业协会年度优秀企业”“北京市饲料行业标杆企业”等评价和荣誉。市场培育了昕大洋，昕大洋将继续以优质的产品回馈市场，聚集能量，再展雄风。

中国饲料行业仍处于发展期，企业将经历激烈的变革。昕大洋公司作为饲料产业链上的一员，定会牢记使命，面向未来；坚定信心，直面挑战，将与中国饲料界的企业一道，全力提升创新能力，立足于生物发酵，崛起在农牧行业，为创造中国名牌、世界名牌，为实现伟大的“中国梦”而努力奋斗！

企业文化是企业发展壮大的基础

——石家庄飞龙饲料有限公司

石家庄飞龙饲料有限公司，是河北省最早、最大的预混料专业化生产和销售企业，十多年来，飞龙饲料在河北省内预混料产业一直保持着领导者的地位，在激烈的市场竞争中连续多年保持稳步增长，在行业内有着重要的影响力。飞龙公司的发展坚持专业化、职业化的队伍建设，坚持制度化、程序化的管理结果，更是企业文化结出的硕果。企业文化的建立，是领导层最关注的事，是人力资源管理的核心任务，它关系到整个企业的运行和发展。在企业文化建设中，每一位管理者能否把握好自身的管理角色，关系到优秀的企业文化建设的成败。

一、飞龙企业文化形成

1995年江泽民总书记向全党提出“讲学习、讲政治、讲正气”的“三讲”党风建设。飞龙饲料有限公司发展正处于团伙经营向正规化管理的转型时期，经营中聘用制度、分配制度等等的不合理，困扰着企业的发展。2001年前后，以董事长安电进博士为核心的领导层逐渐提出了企业三讲即“讲业绩、讲态度、讲能力”员工评价标准；三情即“感情、激情、真情”的做人思想；“检查、沟通、总结、政策、策略”“各就各位、各尽其责、各展所能、各取所得”的管理理念；以及“给时间、不听说、看结果”的人才评价标准。这些逐渐成为飞龙企业文化的重要组成部分。

二、"讲业绩、讲态度、讲能力"的文化内涵

讲业绩就是讲结果，是工作能力的衡量标准。在企业，决定命运的是业绩，而不是历史。一个员工如果没有业绩，就没有好的薪酬；一个企业如果没有业绩，在市场竞争中就没有立锥之地。飞龙有句话，"给时间、不听说、看结果"就是对业绩重要性的概括。

讲态度是三讲的核心，态度决定高度，态度决定一切，当然也决定业绩，态度包括积极性、协作性、责任性和纪律性。

讲能力：能力是一切工作的基础，包括知识、技能、理解力和判断力。

三、"检查、沟通、总结、政策、策略"的过程管理理念

在经营实践中，管理者、企业的一切工作都要遵循检查、沟通、总结、政策、策略5个步骤循环，螺旋式发展和提高。简单地讲，就是通过检查发现问题，与相关人员沟通，总结落实中出现的问题，制定出发展的政策，提出新的策略，循环往复，不断提高。

在企业文化建设和推行过程中，高层与基层员工的观念不一定一致，企业文化的推行可能会损害一些人的利益，会遇到各种阻碍。这就需要企业领导者打造一个信奉本企业文化的坚强团队，坚决果断推行，提倡"执行文化"或者"管理文化"，比如推行"精细化管理、人性化管理"等，这是企业文化与企业管理的有机结合，难度最大，但收获也最大。企业文化是企业永续发展的动力，是现代企业经营管理的重要组成部分，企业文化的本质是企业的价值观和企业精神。建设先进、现代的企业文化，永远是企业面临的课题。

四、"事前预算、事中控制、事后考核"预算管理原则

这是安电进董事长一贯倡导的以预算管理为核心的管理原则。公司在后勤员工中试行了效益工资制度，每个公司、每个部门、每个人都定出一个切实可行的、可操作的、可考核的目标，要求分解到季度、月度、天。把企业当月计划的实现和个人当月效益工资挂钩，起到了一定的效果。而不是要弄一个空架子，完不成找借口。只有把当月计划落实完成，公司年度目标才能实现。

五、"定基数、定任务、定工资、定费用、定奖励"精细化管理制度

在销售管理过程中，飞龙饲料一直坚持全员营销观念，创建营销理论，先后提出、执行了"不赊欠""定基数、定任务、定工资、定费用、定奖励"等政策，取代了过时的放帐赊销、按量提成的销售政策。公平、真实地体现了员工对企业的经济贡献，使员工收益更加合理，是"讲业绩"在销售中的具体体现。

在公司新旧人员更替、形势不断变化的发展过程中，塑造能够适应动态环境的文化，才能维持企业与个人的共同目标与方向，达到企业发展、个人价值增值。

六、长远的发展目标

飞龙人根据对市场的理解和把握结合自身的条件制定实施了"5100"和"888"公司发展计划（"5100"即5年内打造100位收入100万元的员工；"888"即建立8个分公司，每个分公司8个销售经理，每个经理配有8名销售精英），到十二五末，添加剂预混合饲料实现年销量5万t，销售额突破2亿元；防霉剂年销售达5 000t，实现销售额1亿元；微生态类饲料年实现1万t，销售额达到1.5亿元；配合饲料年生产50万t，销售额15亿元；兽药公司实现年销额1亿元。

面对饲料工业业激烈的市场竞争，飞龙饲料将继续加强品牌建设，加强内部建设与外部联合，走出一条"产业规模化、资本股份化、管理规范化、决策民主化、技术创新化、队伍职业化"适合飞龙事业发展的道路。

坚持走品牌化道路

——河北万雉园农牧科技有限公司

河北万雉园农牧科技有限公司坐落于泊头市工业区，是一家集种鸡饲养、鸡苗孵化、饲料生产、无公害鸡蛋产销和技术服务于一体的农业产业化省级重点龙头企业。公司始建于1999年，注册资本1 800万元，总资产1.68亿元。2012年实现销售收入3.2亿元。公司总占地面积1 300亩，其中养殖基地1 100亩。公司现有员工256人，其中管理人员60名，技术人员80名，技术研发人员15名，拥有高级职称人员和硕士研究生12名，大中专毕业生139名。

公司常年饲养父母代种鸡3.8万只，年孵化能力

700万羽，居沧州市第一位；拥有国内先进的饲料加工流水线两条，年产各种饲料40万t，居河北省前3位；公司下属五谷蛋鸡优养基地现已存栏无公害蛋鸡54万只，项目全部竣工后可养殖无公害蛋鸡120万只，年产无公害鲜蛋9 000t，年产值1.2亿元，将成为华北地区规模最大、设施最先进、标准化程度最高的蛋鸡养殖示范基地。同时公司服务农户饲养普通蛋鸡400万只，年产普通鲜蛋7万t，平均日产200t。2009年公司启动了“科技共享”服务计划，邀请中国农业大学、河北省畜牧兽医研究所、北京市食品研究所等高校和科研部门的讲师教授定期为养殖户培训养殖技术，传播养殖讯息，发放技术资料，促进了农户养殖技术的提高和新品种、新设备的普及与推广。

公司实行现代企业管理制度，生产、销售、仓库、财务等主要部门均实行计算机管理，生产全程闭路电视监控。公司已通过ISO9001和HACCP质量管理体系认证。公司多次获得“守合同重信用企业”“AAA级信用企业”“饲料优秀企业”“青年文明号”等荣誉称号，同时还是河北省著名商标企业。“万雉园五谷蛋”是河北省首家获得国家正式认证的无公害农产品，被国家认监委认定为“中国有机产品”并荣获首届河北省新特优农产品推介会金质奖、中国农产品交易会名优农产品奖，2008年被河北省技术质量监督局评为河北省名牌产品，“万雉园”商标被评为河北省著名商标。

万雉园公司与河北省畜牧兽医研究所、中国农科院中农公司合作研发，通过在饲料中添加金银花、石斛、迷迭香等中草药和有机硒等，使“万雉园五谷蛋”不仅蛋白质含量高、胆固醇低，而且具有“生命之花”“抗癌之王”美称的硒元素比普通鸡蛋提高了21.6%，达到每公斤鲜蛋400μg。公司起草并发布了国内第一个富硒蛋企业标准，为国内富硒蛋的生产和推广发挥了积极的作用。

几年来，公司坚持走“公司+基地+农户”的产业化经营之路，实行紧密结合型“六统一”管理，即统一建设、统一供种、统一供料、统一防疫、统一销售、统一保险，通过公司的带动，广大农民养殖积极性空前高涨，直接带动6 600个农户走标准化养殖道路，为养殖户增收1.24亿元，户均增收2.7万元。

为进一步发挥龙头企业的带动作用，2009年10月公司在交河镇投资1.08亿元扩建一座存栏100万只的无公害蛋鸡养殖基地，泊头市和沧州市人民政府把该项目列为2009年重点项目，并被河北省发改委列为“河北省重点项目”。基地占地288亩，生产工艺实行四层层叠式笼养，分育雏育成期和产蛋期两阶段饲养，实行全自动化管理，即自动上料、自动饮水、自动通风、自动清粪、自动集蛋。采用封闭饲养，纵向通风工艺，夏季使用湿帘降湿系统进行降温；饮水采用世界上最先进的“露冰”牌乳头式饮水系统，光照控制使用自动控光仪，清粪使用自动刮粪机，集蛋系统自动把鸡蛋从鸡舍运至蛋库，保证了蛋品卫生；蛋品加工设备采用荷兰MOBA公司生产的蛋品加工流水线，从上蛋、清洗、烘干、涂油、检测、打码、包装全部自动化操作。基地按“公司+合作社+基地+农户”的模式进行运作，万雉园公司负责基地建设、蛋品销售以及对基地农户进行技术培训，农户负责饲养管理。公司与基地农户之间的鸡苗、饲料和蛋品购销协议由公司、基地农户和合作社3方签字，保证协议公平公正、按约履行，保证农户利益不受损害。公司与农户以合作社为平台，形成一种风险共担、利益共享的联合体。公司将基地生产的鸡蛋按每斤高于市场价0.3元全部回收，统一销售。基地建成后，可日产无公害鸡蛋50t，年产值1.8亿元，农户新增收益4 000万元，必将对推动无公害标准化养殖发挥更大的示范带动作用。

公司坚持走品牌化道路，与北京CBCT、济南博思特两家国内知名营销策划公司合作，进行整体策划，打造“万雉园五谷蛋”品牌，并于2009年3月在泊头宾馆召开了五谷蛋品牌推进与农超对接洽谈会，200余名客户参会。公司已在石家庄、北京、天津、广州、深圳等城市设立6家办事处，并与石家庄北国超市、北京易初莲花、天津易买得、深圳加乐福、新一佳等大型连锁超市签定了蛋品购销合同，产品深受消费者喜爱。

延伸产业链条
加强产业化服务体系建设

——内蒙古正大有限公司

内蒙古正大有限公司位于呼和浩特市东郊，是泰国正大集团与内蒙古收益饲料有限责任公司合作创办的现代化农牧企业。公司注册成立于1994年，于1995年8月正式投产。总投资为9 000万元，总占地300亩。公司引进世界一流的管理技术、成套设备和良种，拥有年设计生产能力20万t的大型饲料厂、年饲养20万只青年鸡的现代化青年鸡场、存栏20万只的蛋鸡养殖场，下设8部室、2个养殖场，拥有员工近800人。公司主要生产、销售畜禽、水产饲料，并开展畜禽疫病防治、配种技术咨询及售前、售中、售后服务等，同时投资设立食品公司，专业从事养殖、食品新事业的经营，逐步完成“发展安全食品、倡导健康消费、促进社会和谐”的企业使命，践行

“成为世界厨房，做人类能源的供应者”的企业愿景。公司投资规模与累计产销量均为自治区同行企业首位。

内蒙古正大成立十几年以来，始终坚持“利国、利民、利企业”的企业经营准则，追求“顾客、企业、社会”3满意，已成为内蒙古自治区饲料工业的龙头企业。企业的发展提升了内蒙古自治区饲料工业的科技水平，推动了畜牧养殖业的发展，帮助农牧民走上致富之路，为自治区经济和社会发展作出了积极的贡献，取得了经济效益和社会效益的双丰收。

公司曾多次被行业、自治区、市授予“先进技术企业”“年度全市工业经济快速发展显著成绩奖”“农牧产业化重点龙头企业”“农牧企业十强”“农牧业产业化先进集体”等称号。在自治区民营企业50强评选暨排行榜活动中名列第26位。猪饲料还被授予“中国名牌产品”的荣誉称号。公司被评为内蒙古自治区“诚信联盟诚信单位”“自治区公益事业优秀单位”，连续荣获年度“纳税先进企业”“环境保护工作先进单位”“自治区重点人才培养基地”“自治区扶贫重点龙头企业”等荣誉，2012年公司被认定为企业技术中心。

一、严抓产品质量关不放松

多年以来，内蒙古正大的发展依靠国际领先技术和生产设备、现代化的经营管理模式和专业化精英团队的持久打造，重视质量管理，完善售后服务，保证并不断提高产品质量，赢得了广大客户的信任与支持。

为保证向农牧民提供一流的产品，内蒙正大饲料生产线全部由美国豪孚公司设计，选用了世界上最先进的WEM F－3000自动配料系统，原料清理、粉碎以及半成品制粒设备全部采用CPM公司生产的先进设备，为生产高质量的产品提供了保证。公司化验室从美国、德国、日本等国家引进先进的检测设备，对进厂原料进行100％抽检，严把原料质量关，坚决杜绝不合格的原料进厂，对生产的全过程实施监控，严防不合格产品出厂。公司实施全面质量管理，顺利通过HACCP及ISO9001管理体系认证和评审工作，提升了品牌影响力。

公司充分利用正大集团的技术和人才优势，聘请多位知名专家组成专家组，对内蒙古自治区畜牧业资源环境、农牧民饲养习惯、畜禽品种特点、生产性能等进行全面细致的调研后，研发出了最为适合家畜生长发育和能充分发挥其生产性能的多种饲料配方。到目前为止，公司共生产9大系列、70多个品种的产品，产品历年抽检合格，并多次在全国及自治区农业博览会获奖。良好的产品质量保证了家畜高生产能力的发挥，提高了农牧民的养殖收益，销量快速增长，2012年饲料销量达17.8万t，再次刷新历史纪录，延续历年的增长势头，税前利润预算4 700万元。

为进一步发挥产品品牌优势，正大集团隆重推出了代乳宝、乳猪宝、仔猪宝统称正大三宝的高品质乳猪料，在市场上取得了广泛好评，受到养殖户热烈欢迎。内蒙古正大依托饲料产品和强大的技术支撑，正成为农牧民致富的好帮手。

二、大力加强产业化服务体系建设

农牧民渴望富裕，但传统落后的生产经营思想和粗放的饲养方式束缚着家畜生产能力的正常发挥，养殖业效益低下，农牧民养殖积极性不高，产业化发展速度缓慢。公司针对现状，推出服务营销、顾问式营销方式，实施客户满意工程。公司充分利用正大的人才、技术、资金优势，投入大量的人力、物力、财力，深入田间地头、农牧户养殖场，为农牧民无偿举办养殖技术讲座，发放配套产品养殖技术指南，传授科学饲养技术，进行现场疫病诊断防治，针对疾病及时给予手术、输液、开置处方等治疗。公司累计举办奶牛、猪、鸡、羊、鱼各类养殖培训班接近1.8万期，培训人数达到百万人次。公司在有条件的乡村建立疾病防治服务点，进行全方位的售后服务和技术培训，开通客户服务咨询热线，售后服务得到强化和完善。专家、科技人员和营销人员发扬团队精神，经过艰苦细致的努力，不断推广，社会化服务体系逐步成网。

通过正大养殖技术培训，极大地提高了养殖户饲养水平，降低了养殖风险，直接服务近百万农户，帮助他们提升了养殖效益，对于解决“三农”问题发挥了切实的促进作用。同时公司实施重点扶困计划，先后筛选500多个重点养殖村，实施一帮一扶助计划，通过聚焦重点村、重点户进行帮扶，以点带面，大力推进养殖技术。最大限度地帮扶还在贫困中的养殖户，伸出爱心援助之手，帮助他们转变观念、传授现代养殖技术、代销农产品等，让他们尽快找到致富之路，营造团结、友爱、和谐的良好社会环境。

此外，多年来公司一直热心于社会公益事业，先后为汶川地震、青海玉树地震灾区捐款捐物。在内蒙古公益之星评选中荣获“公益事业优秀单位”称号。每年春节前夕举行“心系贫困户、正大送温暖”春节慰问活动，对自治区内各地区旗县重点贫困户进行节日慰问，送去正大的温暖与关爱，受到社会各界的一致好评。

三、延伸产业链，进军食品养殖新事业

公司正逐步扩大养殖规模，未来的重点将是产品深加工和品牌建设。从饲料到食品，从养殖场到消费者餐桌，整合品牌，构建完整产业链，切实保障了食品安全。内蒙古正大借鉴国内外先进养殖技术，大力推广标准化养殖，先后在内蒙古地区建设标准化养殖示范场达 50 多个，推动养殖快速发展，改善养殖环境，提高养殖效率，降低饲养成本。

为进一步通过全产业链控制，2010 年 1 月适时注册成立内蒙古正大食品有限公司，2010 年 2 月“正大蛋品”顺利正式上市，以优质的质量和良好的服务受到消费者的欢迎与好评，公司生产的每一枚蛋品都有生日，并建立可追溯机制。目前品牌蛋月销量保持在 100t 以上，为呼包鄂 3 地市民提供安全健康食品。公司已建成 18 万只标准化蛋鸡示范场，为社会每年提供安全优质鸡蛋 3 600t；正在建设 32 万只青年鸡场、46 万只蛋鸡场、1 200 头祖代猪场和 5 000头父母代猪场。在未来 5 年内打造青年鸡年出栏 500 万只，蛋鸡养殖存栏 300 万只，每年为社会提供 10 万 t 安全优质的鸡蛋，育肥猪年出栏 50 万头，为社会提供 3.5 万 t 安全优质的猪肉。

未来 5 年，公司新项目投资总额累计 14 亿元，其中鸡事业生产规模 300 万只，投资 3.8 亿元；猪事业生产规模 100 万头，投资 4.4 亿元；肉羊事业生产规模 100 万只，投资 3.5 亿元；饲料事业生产规模 50 万 t，投资 2.5 亿元。

作为市、区级重点龙头企业、农牧产业化 10 强的内蒙正大有限公司，将继续把做最具竞争力、最具创新力、管理水平最佳、持续增长最快最久作为经营目标，始终不忘“利国、利民、利企业”的经营准则，并继续以追求“顾客、企业、社会”的三满意为公司目标。

引领行业　再铸辉煌

——内蒙古牧泉元兴饲料有限责任公司

内蒙古牧泉元兴饲料有限责任公司成立于 2000 年 7 月，属于伊利集团控股子公司。总部位于内蒙古呼和浩特市赛罕区河西路 13 公里北 169 号，下属呼市、临河、杜蒙、乌兰察布、廊坊 5 大分公司，产品覆盖 12 个省市，主销地为内蒙古、宁夏、黑龙江、山东、河北、京津地区，共有员工 600 余人，年生产能力 30 万 t，年工业产值 5 亿元，是国内专业生产奶牛饲料的大型加工企业。

元兴饲料公司遵循集团愿景，以“服务奶农，提高地区科学饲养水平，保证原奶的优质安全”为不变的经营宗旨。研制开发了“元兴”系列奶牛饲料——精料补充料、浓缩饲料、添加剂预混合饲料、添加剂、微生态制剂、有机饲料 6 大系列 50 多个品种，畅销伊利集团所有奶源基地，深受广大奶牛养殖户的青睐。伴随着奶牛养殖模式的转型，公司为更好地服务广大奶牛养殖户，开始打造饲料、原料贸易、奶牛用品超市全方位、一站式的服务平台，从 2011 年起在全国奶源基地范围内开设奶牛用品超市。

元兴饲料公司技术力量雄厚，其中动物营养博士 2 人，硕士 12 人，微生物专家 5 人，畜牧兽医本科学历 290 人，而且在不断引进技术研发、牧场服务的专家和技术人员。公司与加拿大国际奶牛开发署、中国农科院畜牧所、内蒙古农业大学、黑龙江八一农垦大学等多家科研院所建立了长期技术合作关系，不断引进国内外最新科研成果，研制开发符合市场需求的新产品。产品质量是企业发展的先决条件，2006 年公司取得有机饲料产品认证证书；2010 年 8 月顺利通过了 ISO9001、HACCP 食品安全管理体系、OHSAS18001 - 2007 职业健康安全管理体系、ISO14001 - 2004 环境管理体系等 4 大质量管理体系认证，标志着公司质量管理以及产品质量控制已完全符合现代化企业管理的标准要求。

2012 年面对激烈的市场竞争形势，公司严格贯彻“强化质量管理，深化基础建设，推进精确管理，提升公司盈利能力”的经营方针，通过持续打造“全员、全过程、全方位”质量管理体系，不断强化产品质量管理；伴随着奶牛养殖模式转型的逐步推进，规模化养殖成为趋势。元兴饲料公司在优化营销模式的同时加强服务团队建设，积极推进整体服务水平，打造“顾问式”服务团队；配备了修蹄车、兽用 B 超、TMR 日粮分析筛和消化分析筛等服务工具为牧场、小区提供全方位服务，帮助客户实现养殖利益最大化。

2012 年元兴饲料实现全年销量 30 万 t，销售收入 10.6 亿元，在全国奶牛饲料企业中销量处于第一，在不断跟进和满足伊利奶源基地的饲料需求外，随着养殖业对奶牛料需求的变化，公司正向着添加剂预混合饲料销售发展，逐步开发全国预混料销售市场。2013 年，元兴公司继续遵循集团愿景，在质量管理、产品创新、基础管理和人才培养、服务营销等方面持续、健康、稳定发展。

质量管理体系日臻完善，继续深入推进“全员、全过程、全方位”质量管理体系，不断推进和运行覆盖全链条的产品质量保证体系，从原辅材料质量管理

入手，全过程提升质量管理能力，通过加强员工技能培训、质量意识培养和质量文化宣传等工作，进一步完善质量管理体系，切实为客户提供优质安全产品。创新是企业发展的不竭源泉，公司将继续推进产品创新，在提升原有产品品质的基础上，进一步加快研发进度，将推出 TMR 牧场专用料及添加剂预混合饲料系列产品。

品牌影响力进一步扩大，元兴饲料系列产品深受养殖户的喜爱，公司继续以此为动力，积聚品牌价值，扩大品牌影响力。公司始终坚持“开源”与“节流”并重的基础管理思想，重视效率和效益的双向提升，将精确管理的思想落实到方方面面，确保每项资源投入得到最佳效果；与此同时，公司拓宽人才引进渠道，加强人才梯队建设、畅通人才成长渠道。渠道制胜，服务先行。公司将继续保持并推进服务型营销的优势地位和“顾问式”团队建设，坚持对客户的全方位服务，制定牧场、小区的标准化服务流程，提升服务水平。

展望未来，信心满满。公司立足奶源基地，实现“为养殖户提供高品质的产品，专注奶牛养殖服务，成为奶牛综合服务专家”。在元兴饲料未来 5 年规划中，将逐步打造商务网络平台、散装料配送中心、原辅料检查检验中心，同时实现年产销量 69 万 t 的宏伟目标。

雄关漫道真如铁，而今迈步从头越。元兴饲料公司继续以“安全、优质、高效”为产品特色，以“服务奶农，提高地区科学饲养水平，保证原奶的优质安全”为不变的经营宗旨。伴随着伊利集团的不断开拓与进取，内蒙古牧泉元兴饲料有限责任公司将以一流的产品和服务，努力提高奶牛养殖业的科学饲养水平，为中国乳业发展做出更加辉煌的贡献。

成为最有价值的添加剂预混合饲料供应商

——沈阳波音饲料有限公司

沈阳波音饲料有限公司是东北地区最早的添加剂预混合饲料专业研究者和生产商。1990 年沈阳饲料科学研究所与美国波音饲料公司合资组建，1999 年完成民营股份制改造。专业生产制造各种比例的维生素、微量元素、复合预混合饲料。2012 年公司添加剂预混合料销售量 3.3 万 t，销售收入 3.6 亿元，利税 1 866 万元。公司是国家农业科技成果转化资金项目单位、国家饲料科技进步先进集体、辽宁省添加剂预混合饲料技术中心、辽宁省预混合饲料工程技术研究中心、辽宁省添加剂预混合饲料工程实验室、辽宁省农业产业化重点龙头企业、辽宁省高新技术企业、辽宁省海外学子创业企业、沈阳市博士后科研工作站。

公司不断提高添加剂预混合饲料的设计水平，在添加剂预混合饲料产品的设计方面创造性提出了“无缝营养技术概念”。无缝营养技术概念中营养配方的设计目标不是为动物提供最佳的营养水平，而是帮助不同的养殖者设计、生产适合特定条件的添加剂预混合饲料，在满足动物营养需要的同时，帮助客户实现持续稳定的经济效益。公司运用无缝营养技术概念研发的“百赢”牌预混合饲料被评为“中国饲料行业信得过产品”“沈阳市名牌产品”“辽宁省著名商标”“中国驰名商标”。

公司拥有控温、控湿的专业添加剂预混合饲料生产车间和布勒公司制造的目前世界最先进的添加剂预混合饲料生产设备；拥有维生素、微量元素和氨基酸分析实验室；建立了独立的猪、肉鸡、蛋鸡营养试验中心；技术部门通过动物营养方案设计、饲料原料和饲料质量评价为东北地区 1 000 多家饲料和养殖企业服务。公司拥有科学完备的质量管理体系，通过了 ISO9001 质量管理体系认证和 ISO22000 食品安全管理体系认证。通过 20 多年连续不断的添加剂预混合饲料专业研究，专业能力得到同行的广泛认可，许多知名饲料企业和养殖企业与公司建立了稳定的合作关系，成为东北地区市场占有率最高的添加剂预混合饲料供应商。

一、以价值体系影响员工，塑造客户至上的企业文化

塑造客户至上的企业文化是一个系统工程，公司不仅通过宣传、培训把客户至上的企业文化传递给员工，还从具体生产经营活动入手，从产品、服务到流程设计，事事以满足客户需求为衡量标准。

在添加剂预混合饲料产品设计技术方面，技术团队运用无缝营养技术概念，有针对性地为客户设计添加剂预混合饲料和饲料产品，提高产品与客户需求的匹配水平。

在添加剂预混合饲料原料选择技术方面，公司根据添加剂预混合饲料原料的复杂性，坚持采用战略合作方式，添加剂预混合饲料原料必须严格进行原料描述、第二方审计，只与最好的原料供应商合作，而不是“货比三家”，确保添加剂预混合饲料原料质量的高度稳定。公司建立了建筑面积 2 100m^2 的独立添加剂预混合饲料技术中心，设立维生素、微量元素、氨基酸等实验室，对每批添加剂预混合饲料原料都进行分析评价，目前公司的技术中心已被批准为辽宁省企

业技术中心、辽宁省工程技术中心、辽宁省工程实验室。

在添加剂预混合饲料生产控制技术方面，公司为了保证产品避免交叉污染、保证产品的精度、稳定性，公司选用布勒集团全套设备，应用5套配料系统，2套混合系统，运用先进W控制系统，避免误投入，保证产品全程回溯。

公司清楚客户至上不是规章制度，而是信念和行动，只有公司不断把钱花在客户身上，努力提高产品和服务品质，通过价值体系影响全体员工提高对客户的忠诚度，才能赢得客户的满意。

二、以个性服务赢得客户，推动无缝营养技术概念的实施

中国陆地领土面积有960万平方公里，地理环境复杂，养殖集约化程度较低，在动物育种、畜舍设备、保健方案、饲养管理、上市日龄、畜产品质量要求等诸多方面的差异很大，这些条件在较长的时间内又很难得到统一。因此，公司为不同条件的养殖者提供适合客户条件的添加剂预混合饲料，帮助客户设计适合的饲料产品，将推动畜牧业安全、健康、持续、高效发展作为公司的使命。由于养殖业的多样性，饲料厂情况就更为复杂，除了技术因素，饲料厂的使命、目标、企业家精神、战略、优势、劣势、机会、威胁、地域的差异，都需要认真解读，并作为产品设计要素加以运用。公司坚持精耕细作，只在东北地区开展添加剂预混合饲料业务，深入了解、服务每一个客户，而不是目标客户群。

为此，公司技术团队提出了“无缝营养技术概念”作为技术思想，指导公司各项业务工作。所谓“无缝营养技术概念”是指在设计动物营养方案时，把动物营养作为动物生产要素之一，使设计水平与实际动物育种、动物保健、畜舍设备、饲料生产、饲养管理等要素相匹配，并考虑畜产品质量与市场需求的关系，通过科学的动物营养方案为持续的畜牧业效益最大化服务。

公司运用各种联系方式，由业务人员、市场观察人员、试验人员、技术人员共同来收集关于每个客户的准确信息。综合社会化媒体数据，交易数据和其他信息来为每一个客户画一幅生动的画像，再基于对客户的深入了解，提供适应该客户的一整套方案，努力使服务的饲料厂、养殖场获得成功。

三、以伙伴关系促进成长，实现共赢发展

添加剂预混合饲料是饲料的重要组成部分，饲料在现代畜牧业发展中起着不可或缺的重要作用。在一个有机的整体中，添加剂预混合饲料企业与动物育种、畜舍设备、动物保健、动物饲养等相关企业达成伙伴关系，实现共赢发展是非常重要的。公司先后主动与罗氏、德固赛、辉瑞、海兰、安伟杰等畜牧行业中优秀的国际企业集团达成战略伙伴关系，共同服务东北地区的饲料企业和养殖企业，促进整个行业的共同成长。

为应对企业发展过程中不断提高的复杂性，公司不仅与传统意义上的合作伙伴开展各种活动，还不断开阔视野，打破协作界限，寻找新领域的战略合作伙伴。组织行业基金会，与招商银行、永安银行达成合作，帮助客户解决资金问题。与同源律师事务所合作，帮助客户保证资金、资产安全，实现了更广泛的共赢发展。

用实力打造品牌
以事实诚信用户

——鞍山东来饲料有限公司

鞍山东来饲料有限公司是以饲料生产加工、兽药、添加剂、添加剂预混合饲料销售为主的省级农业产业化龙头企业。公司成立于1997年，企业类型为有限责任公司，注册资本2 380万元，占地面积2.6万m^2，建筑面积1.4万m^2，年产量8万余t，销售额1.7亿，设计生产能力12万t。公司现有员工100余人，大专以上学历占公司员工总数60%。东来饲料位于鞍山市千山区鞍海路边，交通便利，环境优美，被农业部专家组称为“行业标杆企业”。

置身于全国饲料工业优秀之列的东来饲料公司，在发展过程中，以“科学、规范、有序、快捷”的工作标准推动公司快速健康发展，培养和造就了一大批优秀的企业营销、技术、管理等人才。公司一贯秉承“珍爱服务、铸就健康”的人性化经营理念，凭借强劲的综合实力推动畜牧业的健康发展，“用实力打造品牌、以事实诚信用户”已成为公司公然承诺。

公司与农业部饲料研究所、中国农业大学等多家国家重点科研机构及农业院校联合，以新加坡著名营养学博士俞文成为核心的多名专家组成技术队伍，使用国际最先进的美国Brill配方软件有效地将饲料合理转化，使养殖户最大程度受益，确保产品质量的稳定。东来饲料以其适口性好、料肉比低、营养均衡而著名，在广大用户心中成为优质高档饲料的突出代表产品。世界顶级同行美国嘉吉公司曾多次与公司洽谈

合作；韩国希杰公司的技术总监金龙求博士就公司在技术管理和整体环境上曾这样评价，“包括韩国最有名的公司在内的饲料企业中，东来饲料也是堪称饲料业中的五星级企业”。东来饲料公司在发展经济的同时，不忘记建设良好的人文环境和地理环境，搞厂区绿化和环保建设，使厂区成为名副其实的花园式企业，成为鞍山地区靓丽的风景，且其产品为绿色生物环保饲料，无废气、废渣、废液排放，环保完全符合国家政策。

东来饲料为国家农业部标杆企业，历年来被评为“省饲料30强企业”“质量信得过企业”“工商免检单位”“省级农业产业化重点龙头企业”“辽宁省无公害畜禽产地”“大连养猪协会指定饲料生产企业”“沈阳农业大学实习生就业基地”被省农业发展银行评定授信“AAA级企业”。

公司拥有“东来”“牧艾斯”两大知名品牌，并已荣获辽宁省“著名商标”称号。“东来”标识含意是东方升腾红日、巨龙乘风破浪迎着朝霞开创未来，更寓意着中华民族龙的图腾。“牧艾斯”标识则以两片绿叶代表追求绿色，图案构造了科技的力量，展现了真诚服务于农民的伟大愿望。两大知名品牌大大提高和促进了养殖户的饲养水平，给广大用户带来最大的经济效益。

公司拥有大型全自动综合性饲料生产机组、独立粉料机组、膨化机组，生产能力极强、而且精度高、稳定性好，为东来饲料产品加工提供坚强的设备保障。公司主要生产猪饲料、蛋鸡饲料、肉鸡饲料、牛羊饲料系列100多个品种。产品远销到东北三省、内蒙古、河北等地，月销量5 000多t。公司现拥有800余户一级经销商，215家专营店，覆盖养殖户16万余户，与其签定长期供货合同，建立稳定完善的供销一体化链条。在原料采购方面，公司与中国最大的黑龙江农垦九三油脂集团等国家重点龙头农业企业建立长期合作关系，相互建立了长期的合作关系。从原料采购到加工都有相互合作，因此东来饲料被行业称为发展最稳定、最快的行业龙头。

东来公司从成立之日起，就追求饲料科技革命。东来人视质量为生命，拥有专家、专业技术人员参与产品的研究开发，从产品的质量提升到服务的完善，东来公司力求满足用户更多的个性化需求，对待顾客像亲人般全程关爱，在东来，服务的背后是关爱，关爱的背后是用心。

21世纪是全球经济信息时代，是与国际接轨的科技时代，东来公司始终站在时代前沿，在董事长彭刚先生的带领下，不断挑战自我，以发展新型高效民族饲料工业为己任，以“爱国、诚信、务实、创新、奋进”为发展理念，用开拓见证未来！

依靠产品质量和企业信誉赢得市场

——长春博瑞饲料集团有限公司

长春博瑞饲料集团有限公司创建于2005年，是集科技研发、原料贸易为一体的专业化、现代化股份制企业。集团分为饲料、生物、贸易3大板块，拥有博瑞、佳农、茏益和正诚4个品牌，7家全资及控股（子）公司。先后与“蒙牛”“伊利”“完达山”“贝因美”“光明”等国内知名乳品企业建立了长期战略合作关系。荣获“中国著名品牌”“全国改革创新百佳单位”“高新技术产业”“农业产业化重点龙头企业”“吉林省诚信示范企业”等荣誉，并通过了ISO9001质量管理体系认证、ISO22000食品安全管理体系认证和有机产品管理体系认证等多项权威认证。集团现有员工400余名，产品畅销黑龙江、吉林、辽宁、内蒙古、河南、河北、山东、北京、天津等20多个省、市、自治区，企业从无到有、由弱到强，在全国饲料工业快速发展时期创造了业界的一个神话，现已发展成为奶牛饲料行业的知名企业。

一、注重人才培养与开发

自博瑞成立以来，公司非常注重选人、用人、育人。公司于2005年1月17日注册成立，2005年2月15日“博瑞第一期黄埔培训班”正式开班。公司在“育人”方面加大力度的同时也非常谨慎的“选人”，“有德有才者，重用；有德无才者，育用；有才无德者，禁用；无德无才者，远离”，公司始终将人品放在第一位，对于能力业务水平较差者，可以慢慢培养，但对于“有才无德者”公司是坚决不会与其合作的，做产品、做事业要先立人，无论做管理还是做市场，公司上下始终以此为根本，只有这样才能加深人与人之间的彼此信任、才能做出优质的产品，才能赢得客户的信赖。

将适合的人才摆在适合的岗位，才能发挥其最大的才能、创造最大的价值，否则就是“谋财害命”。公司通过考核、培训发掘与培养人才的同时还在不断调整，努力做到“两个适合”以达到“最佳利用率”，为员工负责，为企业负责。企业的管理，简单讲就是“人”的管理，兴大业、成大事，离不开一个优秀的团队，公司始终提倡“以人为本”，熟悉“博瑞使命”的应该了解，其中第一条就是“帮助员工实现梦想”。

二、严格生产管理与品控

自建厂之初，公司就已经完成质量管理体系的认证工作。公司一直坚持走质量效益型之路，将质量管理放在首位，在思想上牢固树立质量是企业的生命、是竞争的核心，并把这种思想矢志不渝的贯彻给集团所有员工。公司制定了质量管理方针及质量管理目标，并依据年度质量目标及主要工作指标对质量管理工作展开具体落实，使质量管理工作得到有效开展，同时公司注重对人员的质量管理培训，增强全员质量意识，确保每个人参与到公司的质量管理过程中来。

2009 年，公司从江苏正昌集团引进先进的饲料生产设备，这为确保生产稳定质量的饲料产品提供了先决条件，随后，公司在质量管理部门开展了一系列质量管理培训，并做了岗位人才储备计划，建立了一系列质量管理制度、程序及标准，为公司提供合格的质量管理人员、质量管理工作有序开展奠定坚实基础，为贯彻全员的质量意识打下良好基石。

公司具备健全的产品研发机构，2012 年与吉林农业大学动物科技学院共同成立了“吉农博瑞奶牛科技研发中心”，以先进的行业水平为目标，积极采用新的工艺、设备、技术，研制新产品，不断满足市场对产品的需求变化，保证产品质量的不断提升。

在饲料产品生产过程中，公司严控物料关，依据质量管理体系的要求，对供货厂家、供货产品、原料质量的稳定性等信息都建立相关的数据库并进行分析，建立合格供方名录，确保采购合格生产用原料，同时采购部门也在积极地寻求市场新兴原料，为不断提升产品质量做前期的准备工作；物料管理过程中，公司依据原料特性制定采购量，控制库存条件及库存量，在库存原料的管理过程中，公司秉承先进先出的原则，避免物料长时间搁置对自身产品质量造成影响。

生产过程管理过程中，公司人员严格执行公司的规章制度及质量控制程序，并对关键设备或软件制订维修保养计划，保证设备正常稳定的运行；同时对现场卫生建立清理制度，确保人员在良好的氛围下工作，保证生产效率和生产安全。

在产品检测方面，公司建立有检查中心，并配备相应具有检测资质的人员完成检测化验工作，同时制定了检测设备的校准和维护标准，公司不仅具备对饲料常规营养成分的检验能力，同时依托吉农研发中心的硬件设备优势，完成了对饲料原料及成品主要的卫生指标检测，在食品安全日益被重视的今天，饲料产品的卫生安全也被重视起来，保证饲料产品的卫生指标符合国家要求显得尤为重要。

三、优化销售模式与服务

随着中国奶牛业的发展，尤其在 2009 年“三聚氰胺”事件之后，整个行业结构发生了明显变化。散户整体减少，当前比例占据整体 20%左右，而从散户流转出的奶牛和养殖者逐渐向小区饲养模式转变，小区数量增多且逐渐规模化占据 50%左右的比例。食品安全级别进一步提高和民众对高端牛奶的认识程度上升，推进了奶牛饲养牧场化的整体进程。疾病控制和饲养精度直接影响整个奶牛饲养行业的发展，把握当前行业规律扩大博瑞的品牌影响力成为集团营销运营的核心方向。依据目前渐趋明朗的形势，博瑞推出了特有模式策略：

DSI（Dairy SOP Introduce）—博瑞奶牛场标准化运营体系导入方案。博瑞 DSI 方案整合部分行业资源，建立专业化的团队，让本就稀缺的牧场专业人员充分发挥技术优势，把科学的、更加适合管理理念和程序导入牧场，带动更多牧场进行标准化养殖，培养更多的牧场人员进行标准化管理，真正实现牧场服务“接地气”。DSI 方案包括 7 大系统：（1）日粮配方设计与定制系统；（2）TMR 技术管理与牛群管理系统；（3）奶牛高效繁殖管理系统；（4）牧场设计与优化系统；（5）精、粗饲料采购支持系统；（6）奶牛保健管理系统；（7）牧场人资培训系统。

培养牧场相关技术和专业人才，解决牧场的人才急需问题。2012 年，博瑞建立了“百万优才基金”，每年在为行业培养营养配方师、畜牧兽医师等方面投入 100 万元，得到了行业相关人士的高度认可，真正为奶牛行业缔造了一个解决人才供应有效通路。

GFP（Feeding Garden Farmization Plan）—博瑞小区牧场化管理方案。博瑞 GFP 服务为客户做到了最大程度的支持。将小区按照牧场的方式进行管理是这一中国特色养殖方式的重大突破，博瑞技术服务人员通过小区前期调研，与小区业主的有效沟通，人员驻场服务，TMR 配方指导，饲料制作及统一配送，数据标准化统一管理等方式，真正实现向“散户的牛，牧场的奶”的方向有效转变，得到各大乳业集团赞扬和大力支持，也成为内行业实现奶牛小区牧场管理的优秀服务团队。

PDM（Personnel training & market Development Mode）—人才培养及市场开发模式。博瑞技术指导、实证演示、会议培训、现场操作等服务手段是针对散养客户的有效方法。与此同时，博瑞新入营销服务人员也需要在基层平台进行锻炼，因此，博瑞成立了 PDM 支持部，在帮助客户提高养殖水平的同时，也做到了公司人才的锻炼提高。服务客户、产品和程序推广和人才培养在这一模式中得到了全面满足，实现了饲料营销的一个新的模式突破。

“路漫漫其修远兮，吾将上下而求索”。博瑞没有太多的历史与丰富的经验，未来要走的路还很漫长，但博瑞始终相信，诚信至上，以人为本，用心做事，不断完善，提升自我，打造精英团队，博瑞的明天一定会更加美好！

厚德载物　泽被同仁

——哈尔滨富康牧业有限公司

哈尔滨富康牧业有限公司成立于1996年10月，目前已有17年发展历程，历经了中国饲料工业快速发展阶段，是专业致力于动物饲料的研发、生产、销售为主的大型现代化的民营股份制高新技术企业。

公司本着“厚德载物、泽被同仁”的发展理念，从饲料技术研发、技术推广、产品营销、市场推进等多方面取得了丰硕的成果，2006年位于哈尔滨经济技术开发区的哈尔滨富康基地落成，年产饲料能力20万t，饲料全自动生产线2条；2012年位于沈阳沈北开发区的沈阳福康农牧科技有限公司正式注册，并于8月份奠基动工，预计2013年8月开工投产，采用机械手进行生产操作，全面实现自动化的生产作业，极大程度保证了生产效率、减少人工，是目前国内较为先进的饲料生产基地之一。

公司现拥有省内最先进的添加剂预混合饲料、浓缩饲料、高档颗粒、膨化饲料等几套现代化设备，并配备有进口设备的化验室，设立专门的品控部门，从原料入厂到产成品出厂都严把质量关，严格按照ISO9001质量管理体系要求执行。以勇于创新的意识，打造优异的产品，无公害肉品造福于百姓。公司多年来形成了庞大、忠诚、稳定的客户网络，社会效益显著。

人才是企业立于不败之本，富康的成功源于几位在行业的各个方面处于顶级水平的核心人员的精诚合作，也源于富康公司长期实施人才招募、培养战略，以及内部的动态用人原则“能者上，平者让，庸者下，竞聘上岗”。在“发展吸引人才，文化凝聚人心，制度驾驭人性，品牌成就人生”的用人氛围下，员工60%都是大学以上学历。同时公司还十分注重人员素质与技能的提升，处处体现做事之前先做人的原则，有德有才破格重用。

2012年，也是富康公司迈开产业链发展的开局之年，黑龙江福康肉业公司成立，并在一年间迅速建立14家商超门店，注册“东北年猪”“哼哼笨”两个自有猪肉品牌，并成功引进终端可追溯系统，在肉店的现场通过终端计算机可以迅速查到所购买的肉品来自哪个牧场、什么时间开始饲养、什么时间屠宰、检疫状况、上架时间等信息，真正实现“全程可追溯，安全看得见”的经营理念。为了提供安全健康的品牌猪肉，实现可持续的产业链发展，富康公司养殖基地于2013年4月即将落成，拥有原种猪场1个、标准化商品猪示范场3个，全部符合绿色猪肉生产条件和管理程序，为肉业提供安全猪源。

2011—2013年，短短3年富康公司坚定地迈出了集团化发展、产业链经营的一步，是连续6年在省内同行业中保持销量、利润增长率遥遥领先的成绩给予富康人不断进取的信心，是行业主管领导和行业同仁给予富康不断地关注与支持，是广大合作伙伴对于富康公司发展规划的认同和携手共赢的厚望给予富康人以使命！

公司成立17年来，一直本着“致力于中国农牧业的发展，为民族饲料工业而努力”的发展愿景有序规范经营，在产品理念上坚持“永远高品质高效益”，在技术团队建设、产品研发、实验室建设、质量管理标准化建设、行业法律法规落实、营销模式创新、培训模式打造、人才队伍建设、服务推广体系等诸多方面取得了显著的成绩，“苦练才能有内功、成功一定有方法”，公司连续10年获黑龙江省及哈尔滨市“十强饲料企业”“协会副会长级单位”等荣誉，现已成为黑龙江省龙头企业之一。

公司以稳健的步伐开始迈向集畜禽养殖、饲料生产、畜产加工、综合服务于一体的集团化上市企业这一宏伟目标，公司以“铸百年富康品牌，强民族饲料工业”为己任，以志成为世界顶级的饲料制造商为目标，以艰苦创业为原则，以团结奋斗为基础，以造福社会为理想，以诚信经营、全面服务求发展。在富康公司第4个五年计划中，发展为具有2个现代化生产基地、5个卫星厂，肉业门店100个，固定资产3亿元，年单产饲料50万t，以猪产业为主产业，大力进行产业链发展，争取在5～8年进入国内30强饲料企业。为行业健康发展而努力，为人类提供健康食品为目标！

强化管理创新
打造企业核心竞争力

——黑龙江新中旭牧业（集团）股份有限公司

黑龙江新中旭牧业（集团）股份有限公司是集饲料研发、生产、销售、动物养殖、屠宰加工及动物科技推广服务于一体的综合性农牧业企业集团，集团下属企业有哈尔滨中旭光大牧业有限公司、齐齐哈尔新中旭饲料有限公司、牡丹江新中旭牧业有限公司、佳木斯新中旭饲料有限公司、葫芦岛新中旭饲料有限公司、哈尔滨大昌实业有限公司、黑龙江新中旭农民专业合作社联合社、哈尔滨新中旭农民养殖专业合作社。

2007年饲料企业经历了市场疲软和经营困境的双重压力，2008年通货膨胀、原材料价格暴涨无异于雪上加霜。很多优秀企业在危机到来之前就审时度势，纷纷开始探索新的发展模式，从新希望与六合合并到绿色伟农、到广盟牧业联合组织、到华唐饲料企业联盟等，国内一些大型饲料企业已经成功展示了多种合作模式，实现了快速发展。饲料工业发展到今天已经进入整合期，企业之间的合作已经成为主旋律，黑龙江新中旭牧业（集团）有限公司就是在这种背景下诞生的。

从2006年3月份哈尔滨中旭科技开发有限责任公司与哈尔滨光大农牧科技有限公司重组开始，到2007年与齐齐哈尔牧源饲料有限公司合并以及与佳木斯硕亚饲料有限公司再合并，在不到两年时间里，4个公司通过资源整合、资产重组诞生了黑龙江新中旭牧业（集团）有限公司，并选举出了新的董事长、总经理，通过了新的公司章程，拉开了集团化经营的序幕。现今公司技术力量雄厚、生产设备齐全、质检手段先进，拥有专业的饲料配方师、营养师、兽医服务专家和专业的销售、服务队伍，并聘请国内资深专家作技术顾问，专门从事高品质、高附加值、绿色环保饲料产品的开发与研究。

面对竞争日趋激烈的国内饲料市场，集团在解决了合并初期原企业的各种瓶颈后，进行了资金、技术、人才等全方位的合理配置及优化，确定了集团的战略定位和发展目标，在集团内部完善各项经营机制、强化管理创新，加快完成集团公司从单一生产型企业向“集团化、规模化、产业链条化”的大型农牧企业转变，遵循“企业发展、用户致富”的经营方针，坚持公司“由小变大”“由大变强”“靠新出强”“持续发展”的发展战略，打造企业核心竞争力、实现企业的可持续发展。集团将以更好的服务、更新的技术、更高的质量来继续服务畜牧业，开发一流的产品、铸造一流的品牌、争做东北最有生命力与竞争力的农牧企业集团。

公司遵循高技术、高起点、高效率的发展思想，广泛加强各大科研院所的技术合作，致力于提供高质量的饲料产品，公司通过并执行ISO9001国际质量管理体系认证标准和HACCP国际通用的食品安全管理体系，生产多种经济动物系列饲料产品，年生产加工能力达30万t。

公司拥有覆盖黑龙江、吉林、辽宁、河南、河北、山东、江苏、内蒙古等省份成熟的市场营销网络，拥有知识化、年轻化、职业化的员工队伍，拥有现代化的管理模式和管理手段。总资产5亿元，职工500余人，年销售额超亿元。

公司产品是不可多得的绿色环保饲料产品，被授予哈尔滨市“明星企业”“农资经营信得过单位”“哈尔滨市饲料行业理事会副会长单位”“黑龙江省饲料行业二十强企业”“生产企业综合实力考评十强企业”“质量、信誉、服务AAA级会员单位”“重质量、守信誉先进单位”等光荣称号。

2011年集团在方正成立了哈尔滨大昌实业有限公司，专业从事肉鸡养殖、屠宰及深加工，进一步打造完整的产业链条。公司位于方正县经济技术开发区，是集饲料工业、畜禽业、肉食品加工业为一体的牧工商一体化、产供销一条龙现代化农牧企业。公司主要产品“大昌”牌系列分割鸡肉，“大昌”牌系列肉鸡精加工熟食品，为进一步扩大规模让广大客户食用更放心，公司正在进行国家级双标认证。

哈尔滨大昌实业有限公司，现有员工200余人，目前公司已拥有强大技术队伍和较高管理水平。科技阵容庞大整齐，技术先进，实力雄厚。公司以新中旭集团技术总部东北高寒地区特殊饲料配方为依托，采用国际先进生产设备及肉鸡屠宰、食品加工设备进行生产，经过转化和深加工直至一条龙终端——系列食品，都具有极高的科技含量，也符合省委、省政府提出的“科学规划，合理布局”，为方正县经济发展起到了带头作用。

提高产品质量
服务整个饲料行业

——帝斯曼维生素（上海）有限公司

帝斯曼维生素（上海）有限公司成立于1995年12月18日，前身是罗氏（上海）维生素有限公司，公司于2003年被帝斯曼集团收购，归属于帝斯曼营养产品业务集团。帝斯曼维生素（上海）有限公司注册资本为3 590万美元，为荷兰帝斯曼集团在中国的外商合资企业，帝斯曼维生素（上海）有限公司坐落于上海市奉贤区星火开发区白沙路118号，是专业生产各类医药级、食品级和饲料级维生素生产厂家。主要饲料产品有罗维素A－500，罗维素E－50以及维生素预混合饲料和复合预混合饲料等。帝斯曼维生素（上海）有限公司引进了全球最大的维生素生产供应商帝斯曼营养产品部的生产技术和管理模式，所有运作将完全符合ISO22000、ISO14000以及HACCP体系，尤其是在安全、健康、环保方面将严格遵守中国当地的法规和帝斯曼集团的要求。

公司添加剂预混合饲料年生产能力超过1.9万t，配备了符合生产工艺要求的生产设备，在添加剂预混合饲料生产中合理配备了原料接收、称量配料、混合包装、电气控制、除尘、标签打印设施，大型原料接收有机械接收和气力输送两部分组成，有效防止了交叉污染和物料损耗。自动配料系统能自动修正称量落差，有效地提高了称量准确性。人工配料系统配备了系统复核设施，从根本上杜绝了出错的机会。生产中原料通过载体得到均匀地分散和混合，确保了最终产品的均匀性，同时按照饲料法规和总部要求每年进行产品混合均匀度验证，并形成文件用于指导生产工艺参数的设定。

在质量保证体系方面，由企业负责人直接领导的质量管理部门负责生产全过程的质量控制，对产品质量具有否决权。在硬件方面，公司场地上建立的亚太地区实验室，配备了与生产规模相适应的13台高效液相色谱仪用于维生素原料和成品的含量检测，1台电感耦合等离子光谱发生仪用于矿物质和重金属指标的监控。实验室还设立了仪器室、检验操作室，留样观察室和微生物检验室，按照饲料法规要求和客户要求对整个生产过程进行监控。公司还配备具有一定资质的培训合格上岗的检验人员，并定期和帝斯曼总部进行实验室数据比对。在软件方面，不仅制定了管理人员质量职责、内部审核和质量管理评审等质量管理文件，还分别制定了原材料、成品的质量标准和检验操作指示，取样和留样操作指示，检验用设备、仪器、试剂、试液、标准品（或对照品）滴定液等管理操作指示，按照法规要求对添加剂预混合饲料制定了企业标准用于指导整个生产过程。

在企业管理方面，采用7大计算机管理系统：企业资源管理（SAP）系统、过程控制及条形码系统（PCS & barcoding system）、环境安全健康系统（EH&S）、客户投诉系统（CCR）、Trackwise系统，新原料代码申请系统（New Raw Material code application system）和文件控制系统（Vitashare system）。

企业资源管理（SAP）系统，不仅从客户订单、物料采购、生产、仓储、检验、放行、发放、销售等全过程进行计算机系统管理，还对设备预防性和纠正性维修等方面也进行了计算机系统管理，从系统上确保了客户订单得到及时的生产安排，确保提供给客户最新鲜的产品。

过程控制及条形码系统的运用（PCS & barcoding system），使每个配方中各个组分的配料和加料重量精确无误。在原料收货、配料、投料、包装、标签和成品发货中运用到条形码系统，确保不同剂型物料都能准确地加到客户要求的配方中，所有生产异常都能及早的报警并由权限人员进行调查和处理，系统能实100%双向追溯，即从某个供应商、某个批次的原料，可追溯到其使用到多少批成品中并发给了哪些客户，反之从某个成品批次可以追溯出所有使用到的原料包括使用的批次和供应商，同时每年进行了产品模拟召回的演练。每天生产的产品必须由中控人员进行合理排序，同时需在PCS系统中得到核对确认才能实施，否则系统要求重新排序或安排必要的冲洗才能通过系统验证，按照总部要求进行交叉污染验证，确保批和批产品间的交叉污染能得到有效的控制。

环境安全健康系统（EH&S），能够保证在帝斯曼全球范围内对原料和标签的统一。EH&S在中国数据库中除了收集了帝斯曼对原料的要求，收集了农业部1224公告和168公告等等相关法律法规。在创建配方进入系统的时候，系统就会对配方的符合性提供审核。如果配方不符合相关规定，系统就会提醒做出修改。配方完成后，EH&S系统会生成标签样张，便于质量管理人员进行符合性检查。

客户投诉系统（CCR），对于任何客户反馈或投诉，均可通过CCR系统进行接收并将调查情况反馈给客户。客户投诉系统为帝斯曼全球范围内的系统，通过系统及时了解各区域各国家发起的投诉，进行案例分享，避免类似的问题再发生，系统为客户提供最优质的服务，保证客户满意，并持续改进的工具。

Trackwise系统，记录了帝斯曼全球范围内发生的质量/生产异常事件，内部、外部及第三方审核，质量和安全检查，管理变更，行动计划的跟进和供应商管理。通过Trackwise系统，相关责任人员能随时跟进和批准相关的记录，使得每步的行动都更加的有效，并且能随时了解到帝斯曼全球范围内发生的事件，方便各员工学习和分享，此系统将有助于整个质量管理系统的持续改进。

新原料代码申请系统，对于每一个新原料都会首先进行样品评估，并在得到区域质量批准和总部质量批准后，才能创立一个唯一的代码，并且系统会保存所有新原料的样品评估单，安全数据说明书，新原料供应商相关资质等材料，只有在新原料被审核通过后，此供应商的新原料才能被采购并用于生产过程中。

文件控制系统（Vitashare system），记录了帝斯曼总部的最新文件，方便了全球各帝斯曼工厂员工浏览和学习相关SOP，并且也是指导各工厂更新当地SOP的根据。帝斯曼将继续努力提高产品质量，更好地服务于整个饲料工业！

精于营养 让动物更安全

——上海富朗特动物保健有限公司

上海富朗特动物保健有限公司总部位于上海，2004年由中澳合资创建，是一家专业从事动物营养与动物保健产品研发、制造与经营的现代型企业。2011年底，公司搬迁至上海市金山经济技术开发区新厂区。新址占地近2万 m^2，拥有总建筑面积1.1万 m^2 的多个独立标准生产车间、质检研发与办公大楼，总投资6 000多万元。

富朗特公司新建3个全新的生产车间。动物营养产品线拥有一条现代化全自动的复合维生素生产线，全套工艺设备由瑞士布勒公司设计、制造和安装，采用全球领先的自动配料系统、混合系统以及中央控制系统。主车间层高34m，生产流程采取从上至下垂直递进、全程从原料筒仓开始直到制成品出流水线为止，全程采取封闭的自动化生产管路，由中控室进行自动化操作，仅有原料进入筒仓和成品出流水线为人工介入操作点。所有维生素均进入独立料仓，工艺流程设计上充分消除任何交叉污染风险。该线年设计产能高达1.5万t复合维生素。动物保健产品线是兽药车间，包括粉剂、预混剂、中药散剂生产线，口服液剂生产线。该GMP车间拥有十万级洁净车间、二级反渗透纯水制造和分配系统，以及温控搅拌反应罐和全自动罐装系统。每条生产线配置中央空调送风系统进行温度与湿度控制，另有饲料添加剂生产线独立车间。

富朗特公司率先采用先进的无线射频识别技术(RFID)，并将该技术和生产软件系统以及ERP管理系统相结合，应用在公司生产全过程当中，做到全过程自动记录，建立准确可靠的信息库，实现采购、生产、质检、储运、销售全过程的信息化管理。其图形化的生产控制，与ERP无缝连接、数据实时交换，体现了高效灵活、精确无误、预警、全程可追溯的富朗特SCT系统，为产品的过程追溯性提供可靠的技术保证。

富朗特公司拥有独立的质检研发大楼，安全设施齐全，有全套的通风净化系统，拥有理化实验室、精密仪器实验室、生物实验室、校检室等多个实验室，配备了自动进样器的高压液相（HPLC）色谱仪、紫外一可见分光光度计、旋光仪、薄层色谱设备、熔点仪、永恒滴定仪、减压干燥箱、超净工作台等先进的检测设备。在维生素检测方面，采用岛津高压液相色谱仪不仅可以检测单维，而且可以检测多维中的各种维生素含量，从而保证富朗特复合维生素产品的质量稳定与精确性。在兽药检测方面，公司不仅可以进行常规的理化检测，更能进行微生物检测及中药检测。质检研发工作人员分别毕业于药学、应用化学、食品营养及动物营养等专业。凭借严格的管理体系，富朗特在整个生产过程中多个控制点进行全程质量监控，以确保产品的优异品质。

富朗特公司的核心产品是复合维生素（标准配方包括通用、畜、禽、水产和宠物用等五大系列）。富朗特多维是公司动物营养专家充分考虑当今国内外养殖业发展趋势，根据动物不同品种和生长阶段对维生素营养水平的需要而精心设计的不同系列配方，以充分满足不同的市场需求。产品畅销全国，深受广大用户的信赖与好评。复合维生素产销量现已跻身于行业前列。在以过程为导向、以质量为目标的思想带领下，富朗特公司以满足客户需求为起点、以客户满意为目标、传递阳光式服务，把优质的产品与革新的技术，及时地提供给客户、保障客户的利益最大化，为企业品牌增添最美的亮色。

富朗特公司拥有以美国MBA为后盾的现代管理人才，以及动物营养、畜牧兽医及生物化学等专业背景的博士、硕士等高素质创新型人才，是一支富有团结协作和开拓创新精神的优秀团队。富朗特人认真、勤奋、团结，把工作融入快乐生活，立志将美好的产品和服务送往世界每一个需要的角落。富朗特公司“以人为本”的管理理念，使得企业永远保持着激情与活力，为公司的成长创造优质的竞争力。公司技术力量雄厚，建立了一套全新的技术服务体系，开展全方位和深层次的产品应用技术研究，随时为客户提供配方优化、技术咨询、生产指导和销售培训等全方位的服务、踏着成功的步伐，成为中国动物营养行业的领先者。

富朗特公司已有8项实用新型专利获得国家专利证书，与国内外大中院校及研究机构建立技术合作渠道。在中国维生素产业发展高层论坛、中国畜牧业展览会、泰国VIV展会上，富朗特代表发表了专题演讲，介绍公司科技新成果，深得专家好评。

经过不断地创新拓展，富朗特公司已在全国范围内建立了完善的销售和服务网络。与此同时，富朗特一直致力于开拓国际市场。富朗特公司以中国经济发达的上海为中心，通过现代化物流途径，快速准确地为客户提供优质新鲜的富朗特产品和服务。

富朗特公司，以“精于营养，让动物更健康”为经营理念；秉承“尊重、积极、奉献”的企业精神；坚定“诚信、守法、安全”的价值观；为股东创造利润、为员工创造利益，更为社会创造价值；专业执着，勇于创新，致力于成为全球化发展的动物营养与保健公司！

让民族品牌走向全世界

——江苏牧羊集团有限公司

江苏牧羊集团有限公司是国家商务部最早定点专业生产粮食饲料机械的厂家，是全国饲料机械标准化委员会秘书处单位，也是行业内唯一一家同时拥有"中国驰名商标"和"中国名牌称号"的企业。公司主要产品有饲料工程、养殖工程、油脂工程、仓储工程、钢结构工程、农业机械等，具有提供农牧全产业链系统解决方案的能力。2012 年生产 10t 以上成套机组共 585 套，混合机 3 459 台，粉碎机 5 449 台，制粒机 2 774 台，实现产值 33.0 亿元，出口各类机械总额约 16.0 亿元，成为中国饲料机械企业之最。

近年来，牧羊先后 3 次获得"国家科技进步二等奖"，是国家重点高新技术企业、中国民营企业 500 强、中国科技名牌 500 强。2012 年，集团先后获得"中国最佳人才企业""中国优质民营企业""江苏省企业创新技术奖""江苏省首批工业设计中心"等荣誉。2008 年，全国饲料机械标准化技术委员会落户牧羊。

牧羊集团一直重视技术研发投入，先后与无锡粮科院、武汉粮科院、江南大学、中国农大等单位建立了合作关系，不断做强主打业务，加大自主研发力度，在饲料机械前端和后端技术等方面进行了数十项重大技术创新。牧羊每年开发新产品 30 多项，提升老产品 60 多项，累计申请专利近 700 件。牧羊长期从事饲料机械领域的技术研究开发工作，具有雄厚的科研开发实力，牧羊在粉碎技术、混合技术、膨化技术、制粒技术代表了国内饲料机械领域的最高水平，平均每年有 6～8 个新产品通过省级科技成果鉴定，技术水平均达到或赶超国际先进水平。截至目前，公司已开发研制了性能优越的饲料机械产品 100 多个系列、600 多个品种，能够承接从普通畜禽饲料到高档水产膨化料的各类饲料成套"交钥匙"工程。同时，牧羊水产饲料加工设备和工艺水平、混合机 CV 值全球领先；粉碎系统能耗全球最低；工程色彩体系采用日本工业设计理念。

牧羊拥有 4 个生产基地和 1 个实验中心。牧羊近 500 亩的世界级饲料机械研发和制造基地将于 2013 年 4 月投产使用，牧羊新产业园严格按照国际一流标准规划，采用德国、日本全进口加工设备，全球第一家率先采用流水线作业，建成投产后，产品品质完全可与世界一流标准媲美。

牧羊现有员工近 4 000 名，大专以上学历占员工总数 70%，其中各类研发、设计人员近 600 人；外籍员工 25 人；公司员工平均年龄 28 岁，经理级以上干部平均年龄 36 岁。集团每年安排优秀员工出国考察、学习。牧羊的企业文化是"军队＋学校"，2009 年集团专门成立了商学院，从集团战略发展需要和各岗位人员胜任力素质要求出发，定制人才培养路径，综合运用多样的培训手段，并普及员工学分制，取得了显著的人才培养效果，为了适合集团发展之路，2011 年集团新招收新员工 1 000 名，2012 年新招 1 407名员工，人力资源部将人才分配到相应岗位上，商学院则进行卓有成效的培训提升人员的成才率，从而促进集团整体绩效的提升。

近年来，牧羊始终围绕"为客户创造价值 成就员工梦想"的历史使命，坚持走"国际化、全球化"之路，制定了 2015 年战略目标：力争到 2015 年至少实现一个企业上市；销售收入突破 200 亿元，饲料机械销售全球第一，其他成长型业务，一半业务在国外，一半业务在国内；同时，通过兼并、重组、整合等手段，在国外建立分公司 4～6 家，在全球范围内整合资源，达到国际化水平。

肩负着振兴民族工业的重任，牧羊将继续围绕"为客户创造价值成就员工梦想"的历史使命，始终保持"创新驱动"的理念，依托在农机领域建立起的强大品牌力量，实现农牧全产业链加工设备的快发展、大发展，全力做好快增长、促转变、调结构各项工作，为中国打造出一个强势的国际品牌，探索出一条适合中国民族产业振兴的发展之路！

诚信务实　用心服务

——徐州正昌饲料有限公司

2012 年，徐州正昌饲料有限公司引进精益生产管理模式，提升企业内部管理水平，先后投入数百万元进行设备的改造提升，加强企业的基础建设，并加大对产品的研发投入，提升产品科技含量；同时强化营销模式和服务模式创新，取得了令人瞩目的成绩。公司现有 7 条现代化饲料生产线，年生产能力 35 万 t。2012 年销售各种饲料 20 万 t，年销售额 6 亿元，年创利税 1 000 万元，产品包括全价饲料、浓缩饲料、添加剂预混合饲料，涵盖畜、禽、水产 3 大系列 100 多个品种，产品畅销苏鲁豫皖 4 省几十个地区，深受广大用户的欢迎。

一、精益管理成效显著

2012年，公司与深圳华昊联合企业管理顾问公司正式签定了“LTPM精益管理”项目，聘请曾在韩国三星集团做过多年精益生产管理的欧阳华昌先生带领的管理团队进行现场指导，经过近半年的推行已取得明显成效，并在有序推进。成为全价料企业导入精益生产管理的先行者。

LTPM精益管理导入及推行旨在通过前期的整理、整顿、清扫、清洁、素养、安全等工作使公司厂容厂貌发生彻底变化，创造一个干净清爽、标准化、可视化、零故障、零浪费、零危险的生产工作环境，提高员工素养和精益管理意识，并为后期各阶段工作打好基础。

精益生产管理活动通过“样板区打造”“班前会”和“红牌作战”等多项措施的逐渐深入，教会员工科学的工作方法，最后的提案改善活动及看板管理，围绕企业目前最值得关注的问题及员工生产、工作、生活中需要改善的地方，大家站在主人翁的角度，积极建言献策，从员工的本工序或岗位中存在的问题入手，提出合理可行的提案，目的是美化环境，改善工作，降低成本，提高效率，提升品质，为公司进一步发展跨越打好基础。通过近半年的LTPM精益生产管理活动，公司的厂容厂貌和员工的思想意识、素质都发生了巨大的变化，自觉主动执行精益管理工作的意识已深入人心，精益生产管理活动使企业的内部管理水平又上升了一个新的台阶。

二、大力实施技改工程 促进产品质量再提升

年初以来，为了进一步提升质量，提高产能，满足市场需求，公司先后投入数百万元进行设备的改造提升，目前各项改造已基本完成。

1. 锅炉升级，节能环保。投入30万元将锅炉更换成4t，改造后可以更好保证蒸气质量的稳定性，特别是能够有效地改善蒸气中含水蒸气的问题，进一步保证了饲料的熟化。同时响应国家节能环保要求，对锅炉烟尘采用水膜脱硫除尘，减少对大气的污染。与此同时，公司还投入数十万元对锅炉烟气余热进行回收再利用，即利用超导管传热效果好的特性，将锅炉烟余热充分传递到软水池，从而将水温提高。仅此项改进每年可节约十几万元，从而降低了生产成本，更好地让利于广大养殖户。

2. 对制粒机进行升级改造，提升产能和质量。公司还投入数万元对现有的一台制粒机升级改造，使单条线产能提高10%以上，班产量提高20t以上，保证了旺季饲料的供应；同时，无论是产品的内在质量还是感官整齐度都得到大幅度提高，含粉率可大大降低。

3. 冷却器更新，提高产品稳定性。2011年公司投入几十万元对水产车间粉碎机和调质器进行改造，水产饲料全年在市场反映很好，没有出现含粉等市场投诉。为了进一步提高产品质量和产能，2012年公司对水产车间现有冷却器进行更新换代。改造后，水产饲料冷却更充分，特别是大颗粒水产饲料每小时产量可以提高1t左右。

4. 输送设备升级改造，减少残留。车间输送刮板改造成最新型的U型刮板，大大减少了物料在输送过程中的残留，从而保证产品质量，还可以彻底杜绝跑冒滴漏现象的发生。

三、市场开拓及品牌建设

面对饲料工业激烈的竞争，公司在总结传统销售模式的基础上，摸索出了具有徐州正昌特色的“传统经销商营销模式+开发队终端营销模式+猪场开发营销模式”组合销售模式，销售网络体系更加完善，形成了以经销商经销为主体，以开辟乡村养殖户为示范，帮助经销商扩大销售范围 ，稳定客户，避开了同行对手集中在经销商手里争市场的直接交锋，采取产品市场经销与猪场直销结合的方法，把触角伸到每一个养殖场，将销售平台直接搭在乡村级，正是这种组合式销售模式使公司在市场竞争中成为了百姓首选的品牌。

2012年4月公司与江苏雨润肉类产业集团有限公司签署猪场饲料合作项目，雨润集团养殖公司组成了专门考察小组在进行多家饲料厂的考察比较后，最后选择与公司进行猪场饲料的合作，高端教槽饲料、公猪饲料产品已经入围了雨润下属养殖公司的采购目录。雨润与正昌的合作，充分证明了公司在饲料产品质量上和品牌上的优势。

公司在做好内部管理的同时，狠抓产品质量，注重品牌建设。继“世昌”牌畜禽和水产饲料分别获得“徐州市名牌产品”后，2012年“世昌”牌畜禽配合饲料又获得“江苏省名牌产品”，世昌”牌商标还被江苏省工商局命名为“省级著名商标”。世昌牌饲料产品已畅销苏、鲁、豫、皖4省几十个地区，给养殖户带来了可观的效益，深受广大养殖朋友的信赖。

四、树立技术创新理念 强化技术研发力度

公司与南京农业大学动物科学院签署了产学研合作协议，全体研发人员依托省级技术中心优势，与南

京农业大学动科学院专家教授一起针对饲料消化率低及畜禽健康养殖和环境污染等多方面的问题，组织产学研联合攻关，并加大对饲料研发的科研投入，引进美国百瑞尔“BRILL”配方软件设计系统，应用氨基酸平衡理论、钙磷平衡理论、离子平衡理论的3大营养平衡技术，并兼顾营养与免疫、配方与生产工艺等多方因素，科学设计猪的日粮配方，改变过去猪饲料单纯追求高粗蛋白质的状况。科学运用低残留、少污染的功能性添加剂，减少抗生素、微量元素使用量，提高饲料利用率，实现蛋白质、氨基酸、能量的平衡，减少粗蛋白质、无机磷使用量，从而有效地减少粪便中氮、磷、铜、锌等排泄量，并减少畜产品中抗生素残留，提出了关注动物全程健康的环保生态型饲料的研发方向，设计了畜禽水产3大系列的研发方案，并组织攻关。其中，猪系列提出了猪八宝系列产品研发方案，并取得了阶段性成果，徐淮公司共组织申报发明专利27项目，实用新型专利65项，申报市级高新技术产品3项。

五、打造特色文化

企业的发展，一年靠产品，十年靠人才，百年靠文化。塑造先进的企业文化，是徐州正昌取得市场竞争优势的关键。在推进企业快速发展的过程中，通过十多年的探索和积淀，公司已建立了具有正昌特色、富有原创性的正昌文化理念体系，取得了多项企业文化建设成果。2012年，公司经过多年的沉淀积累提出了“利他”文化，即“利客户、利员工、利社会、利政府、利股东”。

面对当前激烈的市场竞争和企业飞速发展的需要，徐州正昌的决策者审时度势，提出一切工作都要“高起点规划，高水平运作，高速度发展，高用户回报”，致力生产“质量好、服务好、信誉好、抗病强、效益高”的五好饲料。

以科技求发展　以市场为导向

——大北农（福建）集团

一、大北农（福建）集团成长历程

大北农（福建）集团是大北农集团在福建重点投资的独资企业，成立于2000年7月。在各级领导、广大事业伙伴和社会各界朋友的关心与支持下，经过12年耕耘发展，现已成为福建省最大的添加剂预混合饲料和保育饲料生产企业。目前集团总部下设漳州大北农、漳州绿色巨农、龙岩大北农、福州大北农、三明大北农、厦门泰枫牧业6家子公司。2012年年销售额23亿元，上交税金2 134万元。其中漳州大北农2010年荣获国家级高新技术企业称号、农业产业化省级龙头企业、福建省饲料工业协会副会长单位等。年产100万t的大北农（漳州）科技园是全球最大的猪饲料生产基地。集团目前拥有2 000多名员工，23支专业服务队伍，专业从事添加剂预混合饲料、高档乳猪浓缩料以及水产、猪全价饲料研发、生产、营销与服务，是集团向农牧产业跨越式发展的重要组成部分。长期以来，大北农（福建）集团始终坚持“以科技求发展、以市场为导向”的经营理念，以开发安全、环保、优质、高效的饲料产品为主导，以追求一流的产品质量为宗旨，自始致力于福建畜牧业的长远发展。

二、大北农（福建）集团人才培养

大北农十分重视人才培养，提出“人是大北农发展的唯一资源”人才发展理念，大北农致力于打造学习型团队，每年为员工提供丰富的培训与学习机会，帮助员工持续成长。大北农的人才培训计划从大北农班（大学精英培训）、新员工培训、员工在岗培训到干部提升研修，涵盖了文化、领导能力、专业技能等全方位内容。为抢占市场制高点，谋求快速、持续发展，公司大力推进人才强企战略，建立完善科学的引进培育体系、合理的用人体系、绩效考评体系、人才整合体系的四大工作体系。公司通过充分信任和充分授权来激发团队的创业激情，在公司文化与愿景的统领下提供广阔的创业空间并实现人生价值。公司还积极落实“智资股份化”的人才发展机制，充分激发员工积极性，不断地造就更多百万、千万和亿万员工。

三、大北农（福建）集团科研创新

大北农（福建）集团一方面依托集团总部雄厚的科研实力，一方面组建自己的科研团队，目前公司拥有大专以上科技人员196人，专门从事研发活动92人，其中博士及高级以上职称3人，硕士及中级以上职称7人。集团每年投入的研发经费超过5 000多万元，有力保证了研发工作的顺利开展。大北农（福建）集团技术中心拥有一栋建筑面积4 000m^2的4层科研大楼。中心配备了包括原子吸收光谱、高效液相色谱、近红外分析仪、生化培养箱等化验设备，研发设备原值达1 790万元，有效确保了公司产品处于国内领先地位。

四、大北农（福建）集团信息化管理

2008年大北农（福建）集团建立起基于信息化条件下的组织体系和业务管理流程，同时，公司有针对性地在关键业务领域制定了信息化解决方案，在财务方面，统一安装了用友的U860，并通过citrix框架实现了各公司数据的互联；在办公自动化方面，公司自行开发的OA系统正在成为大多数员工日常工作的必备平台；在技术领域，大部分单位引用了美国BRILL公司的技术配方管理软件；在研发领域，正在考虑引进国外成熟的PDM软件（产品数据管理系统）。此外，在硬件投入方面，大北农（福建）集团信息数据中心已经成立，数台高性能的服务器、交换机系统、安全设备及其他网络设备陆续安装使用为信息化进一步实施提供了必要条件。

下属的漳州科技园率先在国内引进智能信息化管理系统，与集团客服网-OA系统进行对接。来厂区拉货的司机在入场登记之后，启动信息化管理系统，每一步操作都由系统做指引，公司在出货口、服务大厅等地方设有信息提示电子屏，提货人员可根据提货提示到指定的地点提货结账，直至出场之前，信息化管理系统会一直进行跟踪服务。高效的信息化管理使科技园流程更加便捷，服务更为周到，让客户更加满意。

集团自行开发了大北农客服服务网，包含了订货系统、业务系统、报价平台、行业资讯、疾病诊断360全方面服务，服务范围涵盖全省。客户直接可以通过网络以及手机终端实现业务往来的便捷高效办理，集团信息化建设还在不断深化。

五、大北农（福建）集团质量管理

公司始终秉承“品质第一，第一品质”的产品质量理念。集团主要从以下几方面狠抓质量管理。

1. 建立完善的质量保证体系。一是原料品质控制（QC）。对进厂原料进行全方位检查，保证原料100%符合公司标准。二是饲料生产品质保证（QA）。从原料进仓开始直至生产出成品，对质量关键控制点进行巡回检查，发现问题及时处理；对于一些质量隐患，填写《纠正预防措施》报告，避免重复发生；每周召开生产质量培训会议，对汇总的质量问题进行讲解。每月进行质量事故统计，综合分析发生原因，形成产品一次性合格率报告，产品一次性合格率99.8%以上。三是化验室（LAB），大北农（福建）集团斥资兴建了行业一流的综合化验中心，化验中心引进了一套价值45万人民币的瑞士FOSS公司产近红外分析仪，可以短时间分析出原料、饲料产品的各项营养指标，大幅度提高了化验分析人员的效率，实现对生产过程质量的实时监控。另外，公司还于2011年引进了美国产高压液相分析仪、澳大利亚产原子吸收仪等高科技分析仪器，对配合饲料、浓缩饲料及添加剂预混合饲料中的维生素、矿物质元素进行分析，保障出厂产品质量。此外，大力开展化验技能培训，每月在福建集团内部和国家级化验室间进行比对分析，力争权威、公正、快速。

2. 建立完善的品质管理制度，经过近10年的积淀，大北农（福建）集团形成了一套《品质管理手册》，为新员工培训、员工日常学习提供了一套行之有效的教科书式手册。

3. 重点抓好原料控制。一是品管前置，比如，集团建立了东北玉米采供中心，在东北优质粮源产地，驻点常年收购，自行存储，保证了大宗原料玉米的品质；当地产原料如米糠、米糠粕，给供应商讲透大北农品质标准，对口采购，保障源头品质。二是加强供应商评价工作，对每个供应商，从供货能力、资金实力、合作信誉等级、质量与价格性价比等方面进行综合评价，层层把关，选取最优质的供货厂商合作。

六、大北农（福建）集团优势产品

集团“贝贝乳”和“宝宝壮”两个产品获得2011年国家科技进步大奖，大北农（福建）集团推出“仔猪早起料”“乳猪宝”、S5011等产品效果也十分优异。乳猪宝原料选用精挑细选，适口性好，有效缓解仔猪的断奶应激，防止仔猪断奶掉膘。S5011仔猪早期浓缩饲料精选优质乳清粉、膨化大豆、进口鱼粉、去皮豆粕等优质原料，能够有效保证仔猪平均日增重达550g，料肉比仅为1.37∶1，仔猪体型圆润饱满，健康度好。哺乳母猪浓缩料S2016T选用优质蛋白质原料（进口鱼粉等），添加高比例氨基酸，并强化维生素和微量元素，具有营养全面、氨基酸平衡、适口性好、消化吸收率高等特点，S2016T试验证明，在猪场管理较好的情况下，仔猪21日龄均重可达7kg以上，25日龄断奶时可达8kg，且仔猪均匀度好，腹泻少；母猪断奶时体况好，断奶后3～5d即可发情。

大北农（福建）集团一直秉持着科教兴农、服务三农的理念，推出优质安全高效的产品，推广高效养殖。目前产品遍布全省，仅乳猪教槽料市场份额就达到20%，猪用添加剂预混合饲料所占市场份额达到15%以上。

凝心聚力谋发展 天马扬鞭“二次创业”

——福建天马集团有限公司

福建天马集团有限公司成立于2001年，是一家应用现代生物工程技术研发、生产高端水产饲料的国家级高新技术企业，经营业务涉及高端特种水产饲料、生物工程等领域。集团的鳗鲡配合饲料产销量居世界首位，主营的水产动物幼体、鳗鲡、大黄鱼、石斑鱼、鲆鲽鳎、鲟鱼、甲鱼等饲料产销量位居全国前列，是目前亚洲生产能力最大、品种最齐的高端特种水产饲料企业之一。天马集团荣获了“中国驰名商标”“中国名牌产品”“国家火炬计划重点高新技术企业”“全国五十强饲料企业”“福建点农业产业化重点龙头企业”等荣誉称号。

通过人才战略的全面推进，天马建立了拥有院士和一批水产动物营养与饲料学、水产养殖学、水产病害学等领域国内知名专家学者的强大研发队伍，形成了搭配合理、稳定高效的核心管理团队，核心人员2/3以上具有中高级技术职称，在水产饲料领域具有多年产品研发、运营管理及市场经验，既是技术专家又是管理专家，在行业内具有较强的影响力与号召力。在人才优势的基础上，集团不断建立与完善科学化管理模式。集团导入CIS和网络化、数字化管理，按照国内外先进质量管理标准体系的要求，对生产全过程中的关键点进行分析、确定关键控制值与检测手段、建立验证方法等，确保不合格产品不流入下道工序，保证不合格产品不出厂。

过硬的产品质量让集团生产的高端特种水产饲料率先通过了ISO9001国际质量管理体系认证、ISO14000环境管理体系认证、无公害农产品认证、中国饲料产品认证、CIQ和HACCP认证，荣获了“中国名牌产品”称号，健马商标被评为“中国驰名商标”。集团获得了“国家火炬计划重点高新技术企业”“全国五十强饲料企业”“全国饲料行业履行社会责任先进企业”等诸多荣誉，为天马集团全球化发展奠定了坚实的基础，成功迈出了朝世界一流企业进发的第一步。

一、科研引领、自主创新

天马能够从当初名不经传的公司蜕变为目前亚洲生产能力最大、品种最齐全的高端水产饲料集团股份制企业，与天马坚持科技发展战略、致力于产品研发是分不开的。

天马投入巨资建立企业技术中心，不但成立了以中国工程院雷霁霖院士为主任委员，由国内知名水产动物营养与饲料学、水产养殖学、水产病害学等专家学者组成的科技委员会，还与上海海洋大学合作建立了“博士后科研流动站工作基地”和“国家水生动物病原库研究生培养基地”，与中国农业科学研究院饲料研究所、浙江大学、厦门大学、集美大学等达成战略合作，博采国内外最新科技成果，结合中国水产养殖业的实际，研发高新产品。目前，天马集团共申请发明专利45项，获得授权专利26项，并以每年9个以上的速度递增，产品开发做到了“生产一代，储备一代，研制一代，设想一代”，研发的具有自主知识产权的玻璃鳗配合饲料和鳗鲡无公害系列膨化颗粒饲料等填补了多项国内技术空白。

天马集团玻璃鳗配合饲料的成功研发结束了鳗鲡开口饵料只能依靠进口的历史，彻底解决了困扰业界已久的红虫喂养问题，实现了鳗鲡养殖全程配合饲料化，进一步推进了鳗鱼健康养殖；“无公害鳗鲡膨化颗粒配合饲料”饲料转化率高、绿色无公害、原料源广、使用方便，其推广应用有效地抵御国外厂商对鳗鲡饲料业的威胁，每年可为鳗鲡饲料业节约生产成本亿元以上，达到了降低养殖成本、改善养殖环境的目的；大黄鱼中成鱼慢沉膨化颗粒配合饲料、超概念微粒子配合饲料等具有国内水产饲料先进水平，促进了中国水产养殖业的快速发展，满足了养殖户对配合饲料的需求。

强大的研发创新能力形成了天马的持久竞争力，使天马站上行业竞争制高点，顺理成章地成为了“国家重点高新技术企业”，承担“国家级重点火炬计划项目”，发展成为农业科技创新基地。

二、贴心服务、热心公益

优质的服务是企业形象的一种表现。天马情系客户，建立了全方位技术服务体系，集团贴心的服务成为其他企业难以复制的核心竞争力。集团每年均组织多场鳗鱼、甲鱼、大黄鱼等大型产业发展论坛，聘请大批全国知名水产行业专家对养殖户进行技术指导，并打造了一支高素质、专业化、技术力量强、实践经验足、充满活力的售后服务团队，专门设立天马鱼病防治中心，为养殖户提供种苗、养殖技术、病害防治等全方位的技术支持。

为了更好地服务客户，天马还主编了《天马信息》，每个月收集、整理当前养殖户最关心、最敏感的技术问题和科研成果，编译成册赠送给广大养殖户，帮助养殖户把握市场动向，创造最佳的经济效益。天马正带动着全国沿海大量水产养殖户发展致富，创造了良好的经济效益和社会效益。

如今的天马正凝心聚力进行“二次创业”，全面推进集团“五大一中心，九大事业部”的战略规划，积极构建从渤海湾到南海海域的强大海洋区域战略销售网络。天马必将引领更多人发展致富，发展成为中国高端特种水产饲料领域航母型集团股份企业，为中国水产业的健康可持续发展树立典范。

从创业到事业不断发展，已经走过整整10年的光辉历程。10年取得的成绩来之不易，积累的经验弥足珍贵，创造的精神财富影响深远。在新的宏伟征程上，巨佳人正以全新的姿态、饱满的热情破浪前行，创造更加美好的明天！

自强不息　追求卓越

——山东巨佳胆碱有限公司

山东巨佳胆碱有限公司最初为邹平巨佳生物科技有限公司，始建于2003年，公司占地面积4万m^2，2004年10月份产品正式投放氯化胆碱市场。

公司在2005年与英国碧隆集团合资成立中英合资山东碧隆巨佳胆碱有限公司，2005年6月通过ISO9001质量管理体系认证，2005年12月通过HACCP食品安全管理体系认证；2006年12月通过欧盟FAMI-QS体系认证；2007年公司投资1 000万元进行二期工程扩建和改造，同年年底改造完成后已达到年产8万t氯化胆碱的生产规模，跻身国内同行业前列。与此同时，公司通过多种渠道与努力，组建了一支实力雄厚的科研队伍，拥有了同行业最先进的科研开发设备，手段生产设备和工艺在同行业中处于领先水平。氯化胆碱产品质量指标中控制三甲胺残留量（TMA）极为重要，在发达国家尤其是欧洲，要求产品TMA含量低于300 mg/kg，而本公司产品TMA含量已可稳定控制在100 mg/kg以下。

公司始终贯彻“创精品、树形象、赢市场”的质量管理理念，激发员工发扬“自强不息，追求卓越”的企业精神，树立强烈的责任感和使命感。大力开拓市场，采取“走出去，请进来”的战略方针，与国内各大知名经销商及大集团建立了良好的合作关系，并尝试着去国外参展。从2009年到2010年先后去泰国、墨西哥、巴西、德国参加了国际大型饲料展会，并且去美国、巴基斯坦等国家进行市场调研，让巨佳走向世界，让世界认识巨佳。2010年，新开发国外客户30多位，建立了稳定的客户群体和优质的合作伙伴。2010年巨佳胆碱成为中国饲料工业协会会员，这在公司的发展史具有里程碑意义的一页。在国内，已经建立了覆盖全国各地20多个省的销售网络，成为正大集团、大北农集团、山东六和集团等多家知名饲料企业的氯化胆碱战略合作供应商。在国外，公司已经建立了覆盖全球的销售网络，公司产品畅销欧盟、南美、北美、中东、东南亚、非洲、大洋洲等40多个国家和地区。市场之广阔，前景之美好，信心之崛起，巨佳胆碱实现了又一次腾飞。

2012年公司正式更名为山东巨佳胆碱有限公司，

质量求生存　创新谋发展

——河南联合英伟饲料有限公司

河南联合英伟饲料有限公司成立于2006年9月，总部位于郑州新郑综合保税区，是郑州后羿企业集团旗下饲料养殖事业部核心企业。目前公司下辖郑州、济源、驻马店3个生产基地和1个万头试验猪场——郑州后羿养殖有限公司，注册资金合计6 500万元。郑州后羿企业集团是一家集兽用生物制品、兽用药物制剂、兽用生物发酵、化工合成原料药、饲料及饲料添加剂研发、生产、国内外贸易和技术服务为一体的多元化高新科技企业集团。集团3大事业部板块：医药动保事业部、饲料养殖事业部、商贸物流事业部协同作战、共同发展。

作为饲料养殖事业部核心，河南联合英伟饲料有限公司凭借地理位置优势，以郑州为中心辐射省内多个地区，不断开拓省内市场。2012年3月份公司新建驻马店18万t现代化工厂，2012年6月份并购济源金裕饲料有限公司，洛阳、安阳、商丘等地建厂事宜正在洽谈中，2016年之前，将在河南形成郑州、济源、豫东、豫南、豫西、豫北6个工厂的布局，产能实现100万t，年销售突破40亿元的市场格局。

在不断发展壮大的同时，公司先后被评为“郑州市现代农业科技型龙头企业”“郑州市农业产业化经营重点龙头企业”“河南省饲料工业协会副会长单位”“河南省饲料行业科技创新十佳企业”，通过了ISO9001—2008国际质量管理体系认证，在业界内起到了一定的带头示范作用。

一、科学技术是第一生产力

立志为动物饲养提供先进的解决方案，打造最具实力的畜牧龙头企业。公司建有先进的实验室，配备有近红外线扫描仪（NIRS）、原子吸收分光光度计（AAS）、红外光度分析仪等先进的检测仪器，为科研数据的分析和原料成分的检测提供了强有力的保证。

公司的先进技术源自畜牧强国荷兰INVE（英伟）集团，并拥有一支国内一流的营养师和技术团队。目前，公司通过自主研发、对外合作等方式不断提升科研能力、紧抓科技创新，建有郑州市乳猪教槽料工程技术研究中心等多个科研部门，并拥有600头母猪规模的试验场地，先后承担省、市、区级科研项目十余项，其中，“抗生素替代类饲料添加剂在猪系列饲料中的研究与应用”“微生态制剂在生长育肥猪饲料中的应用研究”“氨基酸在母猪系统营养产品中的研究与开发”等项目，在业界产生了深远的影响。

2012年7月25日，后羿集团与美国堪萨斯大学强强联合，在美国堪萨斯州建立了联合实验室。河南省委常委、郑州市委书记同堪萨斯州州长共同出席了签字仪式。项目由后羿集团出资100万美元，堪萨斯大学动科院出资50万美元，致力于新型兽药、生物技术以及营养饲料等方面的前沿科技研发工作，标志着后羿集团生物科技及饲料研发迈进了世界领先行列！

经过多年的市场检验，公司产品凭借“微粉＋二次制粒”先进工艺，以其“抗应激、适口性好、可消化利用率高”等优点得到了用户的广泛认可。

二、加强管理严把质量关

饲料是发展畜牧业的基础，作为畜牧业的重要投入品，对畜产品安全起着极其重要的作用。品质决胜未来，公司在饲料生产领域始终坚持品质领先的原则。公司于2008年通过了ISO9001质量管理体系认证，建立了严格的质量保障规程，公司下属各部门始终视品质安全为企业发展的生命线，严把质量关，从供应商的选拔、审核，到所有进厂原辅料、包材检验，再到半成品、成品的控制，都严格按照国家标准规定层层把关，不合格的坚决不流入下一环节，确保安全、合格的产品出厂。除正常检验程序外，另外成立专项抽检小组，对入库原辅料、产品等进行再次不定期随机抽检，从各个环节进一步确保产品质量。从我做起，杜绝擅自改变配方、违禁添加禁用添加剂、套用批准文号等违法行为。

同时，配方系统与原料采购相结合，使公司从原料入厂就能做到保证产品的品质，通过配方系统评估与优化，使产品具有成本与质量双重优势，精确全面的原料数据库能保证产品质量的稳定、减少浪费，避免营养过剩给动物代谢带来危害。

三、服务至上龙头带动

公司全面贯彻后羿集团“全心全意为人民服务”的企业宗旨，以“创新求变谋发展，实事求是铸伟业”为大政方针，一贯坚持“高起点、高科技、高品质、创一流”的发展战略，在自身发展的同时，更加专注于多领域、多渠道、多方位为客户提供服务。

1. 利用自身优势，为客户提供更多融资渠道。作为郑州银行股东之一，公司通过努力多方协调，成功授信2亿元，用于支持下游企业发展，同时依靠省内金融行业的优势，为信誉良好、发展规范的养殖场提供融资服务，最大程度上缓解客户资金周转的困难，渡过难关。

2. 借鉴先进模式，实现双赢。公司借鉴国外成功的先进案例，采取与省内知名养殖企业联合建厂的共赢模式，大家通过抱团取暖、互通有无的互补合作，大大地提高市场占有率，同时，养殖企业也大大降低饲料成本投入，并从根本上杜绝不安全饲料外购，从而保证猪肉类安全。养殖公司通过较少的资金投入，也可以获得公司发展带来的盈利及营养研究、采购、化验等先进平台资源的共享。

3. 提高服务意识，为客户提供更全面的服务。培养技术服务人员、不断提高服务意识，为客户提供更全面的技术服务，做好疾病防治等工作；同时，注重培养销售服务团队，为养殖户提供技术支持，指导养殖户科学养殖、安全养殖，防止因滥用药物导致药物残留超标发生畜产品安全事件。树立对企业负责、行业负责、对公共卫生安全负责的社会责任。

4. 从客户利益出发，为客户解决难题。为方便客户就近能买到放心、安全的饲料产品，公司在全省范围内开设了多家中转库，以郑州为核心形成了一个强大的销售网络；另外，公司还联合国内知名屠宰企业众品、雨润、双汇等，为客户解决生猪交付等难题，将为客户服务落到实处。

目前，国内畜牧业正面临着新的发展形势，一个事件会影响一个行业，对畜牧企业来说这是挑战，更是新的发展机遇；作为畜牧业中的一员，定当积极应对，注重培养创新能力，不断提高自身生产技术，加强企业竞争优势，全面把握行业内市场运行态势，不断学习最新的生产技术，了解国家政策法规走向，只有如此才能使公司充分了解本行业的发展动态及自身在行业中所处地位，从而实现迅速、平稳的发展，也为中国畜牧业的稳定繁荣贡献自己的力量。

打造畜牧产业链
树立农牧行业典范

——河南宏展农牧集团

河南宏展农牧集团成立于1998年，是一家集畜禽和水产饲料研发、生产、营销、贸易、畜牧业投资担保、生猪产业化、食品深加工为一体的集团化企业。河南宏展农牧集团是河南省高新技术企业、农业产业化河南省重点龙头企业、河南省饲料行业综合实力十强企业、全国饲料行业综合实力三十强企业，是河南省首家上市饲料企业。企业及产品获“河南省驰名商标”“河南省名牌产品”“全国饲料工业科技进步奖”等荣誉称号。

河南宏展农牧集团近几年在企业转型、产品结构调整、工艺改进、精细化管理、营销模式转变、产业链建设等方面取得了长足发展，市场基础进一步稳固，御险应变能力进一步增强，品牌效应进一步提升，两个效益显著。

一、适时进行企业转型，实现企业华丽转身

河南本土饲料企业起步较晚，大都从事浓缩饲料生产与销售，产品结构单一，生产工艺简单，行业发展水平与山东、南部沿海地区相比差距甚远。2008年前，河南宏展农牧集团与省内同行一样，浓缩饲料产品结构几乎是一统天下。虽然那时行业内饲料企业都做得风生水起，但是格局差距已明显凸现，宏展集团敏锐地意识到，饲料工业的变革时代已经来临，未来将是配合饲料的天下。于是，宏展集团在2009年初正式提出企业战略转型，由过去的浓缩饲料企业全力转型为配合饲料企业，产品结构由原来配合饲料占比不到10%，达到今天的95%以上。企业的成功转型，带动了生产工艺、采购战略、营销模式、内控管理的转变，企业管理由原来的粗放模式顺利过渡到精细化状态，企业从内到外发生了天翻地覆的蜕变。

二、先行一步产品转型，着力打造宏展猪全价料饲喂模式

宏展集团成功转型为配合饲料企业后，又将战略眼光投放于产品结构的调整上。过去的宏展，主打产品是禽料。由于肉禽养殖周期短、行情波动频繁，产品市场竞争惨烈，利润率低，加之没有产业链的拉动，宏展的经营发展掣肘于市场行情及产品结构，企业长期稳定发展及产业规模突破遭遇瓶颈。基于此，宏展集团在完成企业转型的同时，决定对现有产品结构进行快速调整，着力进军猪料市场。在白手起家的基础上，以蚂蚁啃骨头的精气神，通过近3年的猪饲料实证营销，积累了一套适销对路的猪全价料推广经验。今天的宏展集团，不仅在猪饲料生产销售方面走在了河南同行的前列，而且探索形成了自己独到的“5405”商品猪饲喂模式，为降低养殖成本、提高养殖效益（每头商品猪净增利润50元以上）、推动行业健康快速发展，起到了积极示范作用。由点到面，“百吨乡”“千吨县”的规划蓝图业已形成燎原之势，在业界掀起宏展风暴。同时宏展集团猪饲料产品比例也一跃达到80%以上，彻底完成了由禽料向猪料产品格局的转变。

三、设备升级改造，提升生产自动化程度，降低人力成本

打铁尚需自身硬。在宏展集团的发展史上，原有设备简单而简陋，跑冒滴漏现象突出，各类产品共用一条生产线，交叉污染严重，整体就一“小米加步枪”水平，与企业生产现代化、标准化的要求相距甚远，生产科学化、精细化管理更是无从谈起。2008年以来，宏展集团痛下决心，坚决淘汰落后的生产设备，全力打造封闭式专业化配合料生产线。集团投资3亿多元，先后引进牧羊、正昌、布勒全套现代化生产线，对宏展实业、开创公司生产线进行改造，新建宏展预混剂核心公司，新建信阳、驻马店公司，对商丘、许昌公司现有生产线进行全部升级。改造完成后，宏展集团生产能力、生产效率、集约化水平、生产自动化程度明显提高，人力成本明显下降，工作条件进一步改善，员工满意度进一步提升，为企业良性快速发展奠定了坚实的基础。

四、瞄准行业趋势，打造龙头农牧企业产业链

完整产业链的建设，是规模化农牧行业发展的必由之路，也是农牧行业多条腿走路、闭合式运营、稳健发展的必然趋势。在完成企业、产品转型、生产线升级改造后，宏展集团又将眼光投向如何纵深打造产业链上。自2010年起，集团经过深度调研，决定设立畜牧业投资担保公司，着力解决养殖户资金短缺、融资“高长大”难题（融资成本高、融资周期长、融资难度大），全力助推畜牧业健康快速发展和良性循环。宏展畜牧业投资担保工程的实施，在为养殖户解决融资和发展难题的同时，也有力带动了饲料企业的飞速健康发展。目前，河南宏展畜牧投资担保公司运营稳健，担保优势明显凸显，畜牧投资担保业务系统化、专业化建设日臻完善。

为进一步解决养殖户对种畜及配套技术的需求，河南宏展投资1.5亿元与美国华多种猪公司合作，建立宏展华多原种猪场及年出栏50万头商品猪基地。美国华多种猪公司是美系杜洛克全球首屈一指的育种公司，享有极高的声誉及品系技术优势。宏展集团与美国华多的深度合作，视同美国华多将核心技术实验室及技术团队移师宏展，将为广大养殖户全方位提供

育种管理及系统的技术咨询服务，促进生猪养殖业集约、安全、健康、快速发展。

五、推动服务型行销模式，进军规模化养殖场

随着社会的发展，传统养殖户规模小、生产效率低，养殖成本居高不下，市场抵御风险能力差，资金缺乏，产成品安全性无法保障。尤其是近几年，传统、散养模式已逐渐退出历史舞台，取而代之的是养殖集约化、规模化，专业化程度越来越高的养殖小区、牧场。这些规模化养殖场规模大、工艺先进、分工明确、抵御市场风能力强、养殖存续周期长，养殖场除了对饲料产品质量的关注外，更多的是对全程养殖服务技术的依赖。

在这种大的行业背景下，河南宏展农牧集团在营销策略上由传统的产品策略转向立体养殖技术服务，提出“服务型营销”理念，并重视客户渠道由散养户、经销商向规模化养殖场过渡，使得集团的客户更加稳定，规模效益更加突出，客户结构更加优化，互助共赢、细水长流的经营模式使企业经济效益更加明显。

六、精细化经营管理，树立行业典范

未来的河南宏展农牧集团，将更清晰地进行战略定位。立足于饲料产销，拓宽畜牧业投资担保渠道，完善规模化养殖配套技术服务，建设规模化原种及商品代养殖基地和食品深加工基地，打造完整的农牧产业链；围绕精细化管理，着力提升企业抗风险水平及盈利能力，依靠科技进步和经营创新，领军农牧行业发展方向，打造农牧行业企业典范，创造丰富健康生活。

抢占科技制高点　打造中国微生物饲料添加剂第一品牌

——安琪酵母股份有限公司

安琪酵母股份公司成立于1986年，是研究天然酵母并进行规模化制造的专业化公司，酵母产业化水平在国内处于领先地位，是酵母行业唯一的高科技上市公司。公司于21世纪初投入大量的人力财力组建动物营养事业部，致力于动物营养产品的研究、开发和推广。从2001年获得饲料添加剂生产和经营许可开始，动物营养事业从无到有、从小到大，市场逐步扩大，走向成熟。2012年，实现国内销售收入1.6亿元，出口额7 200万元，2012年饲料添加剂业务销售收入3.2亿元。

安琪酵母股份有限公司之所以能取得如此快速的发展，可以概括为一句话，秉承“发展生物高科技，服务大众百姓的”经营宗旨，以“员工为本，用户为源，技术质量是生命”为经营方针，以“追求满意、永不满足”的工作和创业精神，凭借“鼠标＋生物技术”，努力将“福邦”打造成国内微生物饲料添加剂第一品牌。

作为国内酵母行业的排头兵，科学技术一直是公司的生命力所在。“发展生物高科技，服务大众百姓”是公司恪守不变的经营宗旨。公司拥有雄厚的科研开发力量，设有酵母技术研究推广中心、国家级博士后科研工作站，并聘请多名外籍专家为高级技术顾问；拥有世界上最大的单条酵母生产线，实现了全集成自动化生产和管理，以确保酵母产品的高质量、低成本优势；拥有占员工总数76%以上的专业技术人员，他们是公司持续、快速、健康发展的有力支撑。在酵母技术与畜牧业结合方面，公司动物营养事业部与中国农业大学、华中农业大学、四川农业大学等知名高校进行项目合作，对酵母源生物饲料产品的应用技术进行研究开发。

以员工为本。人力资源是公司最宝贵的财富，公司坚持德才兼备的用人标准，倡导员工把个人目标和公司目标相结合，和企业共同成长。公司非常注重对员工自身素质的培养，经常组织知识讲座和培训活动，组织外语学习班、普通话培训班和技术知识研讨班等。尊重员工的首创精神，帮助员工在实现公司目标的同时，实现个人发展目标。

以用户为源。没有用户，就没有市场；没有市场，就没有安琪的现在和未来。真诚礼貌地对待每一个客户，接受并认真处理客户的每一个投诉，帮助每一个有困难的客户解决所遇到的每一个技术难题，真正做到想客户之所想、急客户之所急。

技术质量是生命。企业名望再大，市场做得再好，产品如果没有质量保证，公司也很难赢得持续的发展，所以技术质量是公司的生命。公司通过了ISO9001质量认证体系认证和HACCP卫生体系认证，建立了从原材料到加工成品一系列产品标准体系，建立了被国家认可的质量检测中心（CNAL），按照原材料标准接收每一件原料，按照产品内控标准规范每一个生产环节，按照产品成品标准检验每一批出厂产品，确保客户收到的每一件产品都是经过确认合格的产品。安琪还建立了产品留样管理制度，方便客户查询每一批产品的质量情况。

信息技术正改变着人类的生产方式和生活方式，为了方便企业管理和员工交流，公司运用了SAP管理系统，建立了OA工作平台，为每一个有工作需要

的员工配备笔记本电脑，每周召开网络会议，方便分布在全国各地的员工之间相互交流，真正做到了现代化管理和信息管理。

品牌竞争力是企业最持久的核心竞争力，企业品牌竞争力的强弱决定着地区和国家竞争力的强弱。安琪一直非常注重企业品牌建设。一方面，公司重视企业内在素质，强化规范管理，树立品牌意识。“安琪”是全国驰名商标，围绕这一品牌，在行业内开展了“五好经销商”“诚信经营户”等评比活动，指导经营户诚实经营、规范经营，树立品牌形象。另一方面，树立外部形象，加大宣传力度，扩大市场影响。通过《中国饲料》等知名媒体对产品形象进行宣传；通过饲料工业展示交易会等大型展会来扩大产品影响；通过对客户优质、诚信的服务，在用户心中树立良好的产品形象。应该说，经过几年的努力，“福邦”品牌已经深入人心，酵母源生物饲料已成为行业内热点产品。打造国内微生物饲料添加剂第一品牌，是“福邦”不懈追求的目标。

满意是相对的，追求是无限的。安琪全力以赴，永无止境地创新和改进，以高质量的产品、周全的服务、良好的利润率、完美的公众形象让消费者、社会、政府满意。

做世界的厨房
人类能源的供应者

——武汉正大有限公司

武汉正大有限公司位于湖北省武汉市东湖高新技术开发区关南村，是由正大（中国）投资有限公司与武汉市农业集团下属武汉市畜牧发展公司合作兴办的大型现代化农牧企业。公司目前资产总额已达 1.6 亿，公司下辖有年产 18 万 t 的饲料厂、饲养 10 万套种鸡的种鸡场、年产 960 万羽鸡苗的孵化场，以及 35 栋万羽肉鸡代养场。公司主要从事畜、禽、水产等高品质饲料的加工销售以及鸡苗、鱼苗、肉鸡养殖等生产经营。所采用的生产工艺、技术、设备具有先进性和适用性，特别是虾蟹料等特种水产料的加工，打破了湖北省虾蟹养殖全部依靠省外流通饲料的格局。

一、强劲势头：大型现代农牧企业呼之而出

武汉正大 1993 年动土兴建，1994 年 5 月建成投产。采用正大集团最先进的饲料配方和品质管理模式，年设计生产能力为 18 万 t。为满足公司日益扩展的需求，公司于 1995 年又投资近 1 000 万元，修建铁路专用线和第二条生产线，1996 年又在湖北独家引进国际上最新的饲料生产设备——膨化机生产设备，在湖北武汉首推新型畜禽、水产膨化料；1997 年新增水产饲料；1998 年投产添加剂预混合饲料生产线；2004 年投资新建特种水产品饲料生产线。为了进一步满足市场需求，2005 年公司通过 ISO9001 标准质量管理体系认证，同时 2006 年“正大”牌猪饲料、禽饲料双双获得“中国名牌产品”称号。

在质量方面，2005 年通过了 ISO9001 质量管理体系认证，并获得鸡肉及鸡蛋产品无公害认证。在产品方面，被评为“湖北省优质产品”，并获得“消费者满意奖”。在信誉方面，多次获得“重质量、守诚信和用户满意产品诚信企业”称号；2000 年以来，先后获得“武汉市优秀外商投资企业”“履行社会责任先进单位”“武汉市畜牧水产业十强企业”“湖北省外商投资百强企业”“武汉市农业产业化重点龙头”“中国外商投资企业理事”“武汉外商投资企业副会长单位”。2012 年公司共销售饲料 15 万 t，同比增加 43%，实现利润近 2 000 万元，同比翻了一番，在正大中国区名列前茅。

二、不断创新理念，立志做世界的厨房

不断创新经营。首先是战略创新，只有不断地创新经营，才能适应客户不断变化的需求，才能够保持领先。因为“变”才是世界的根本。正大集团作为世界五百强企业，立志做“世界的厨房”，成为人类能源的供应者。集团为武汉正大制订了一个长远的发展规划和奋斗目标。目标就是要做领头雁，实现养殖业与饲料业的垂直整合，实现企业由农牧饲料企业向农牧绿色食品企业转型；其次是技术创新：技术创新是企业兴旺的不竭动力，也是企业成长壮大的重要法宝。

第一个技术创新是标准化事业。早在 2005 年，正大集团就与湖北省畜牧兽医局进行合作，探索出了适合农村中小规模养猪户的标准化养猪“150 模式”“550 模式”“母猪 600/1200/2400 模式”，其特点强调“同源引种、四良配套、全进全出”，有效地规避了疾病风险，提高了生产效率。标准化养殖环境舒适，冬暖夏凉，自动采食，自动饮水，省工省料。能降低养殖成本，减少疾病和环境污染，这样赚钱就能更多。通过近几年的持续推广，广大养殖户逐步认识到这种模式先进性，合作户已达 1 500 多栋。标准化模式的推广成果更是获得国家农业部“农牧渔业丰收奖”“国家科技进步二等奖”，对传统畜牧业向现代畜牧业转型，起到了先行军的作用。

第二个创新就是规模猪场信息网络化工程。信息

化已成为当今时代发展的一个重要特征，信息化程度的高低是衡量猪场竞争力高低的重要因素之一。作为猪场服务的领导者要使猪场能够生存并不断发展壮大，就必须重视猪场信息化建设和管理。2008 年，正大集团资深副董事长周永顺就曾提出对客户猪场进行系统化管理服务。公司借助集团 300 多人的 IT 技术优势开发此系统，工程包括 8 大模块内容：猪舍工程-供种-公猪站-标准化作业-信息化管理-技术服务-检测化验-生猪销售。自公司开展该项目以来，就得到省地市相关部门的大力支持，仙桃市畜牧局更是率先划拨 20 万元专项资金奖励公司用于上线推广。

第三个创新就是饲料事业。这是公司的传统事业，也是赖以成功的基石。饲料事业实现了 3 个结合，把传统事业与未来发展有机衔接了起来。其一，实现标准化和对比服务相结合；其二，饲料销售与鸡苗、鱼苗、青年蛋鸡、青年种猪、玉米和料桶销售相结合；鸡料与鸡苗配套销售并全年推广脱温鸡；猪料与青年种猪配套销售，仔猪肥猪销售相结合；鱼料和鱼苗、青年鱼销售相结合；饲料和玉米、料桶销售相结合，既能增加农民收入，又能获得优质服务；其三，畜禽饲料与水产饲料推广相结合，提倡立体无公害养殖，诸如“水库养鱼＋养猪、养鸡”模式；“果园种植＋养鸡、养猪”模式，既绿色环保，又安全无公害，是一种很好的养殖模式。

第四个创新就是“低碳经济”。近几年来，武汉正大从农牧业特点出发，坚持可持续发展战略，实施技术创新、制度创新、产业转型，很大程度上实现了企业发展与生态环境保护双赢。公司在饲料生产上节约资金 191 万元。据权威测算，公司利用与传统养殖、同行业养殖料肉比的优势，每 10 万 t 正大饲料比传统养殖节粮 5.4 万 t，比同行业平均节粮 3.8 万 t，在环保方面也减轻了相应的排污压力。

三、品牌营销制胜

品牌的建立首先离不开品质管理，产品是公司的第一竞争力；其次，建立品牌，就要建立一种与客户的深度信任感。武汉正大销售服务人员，以 3～5 人为一个团队，下沉到村、户、圈，为广大养殖户做专业化“贴身”服务。通过组织客户培训和参观活动，组织对比试验，帮助养殖户算账，提升养殖水平。10 多年来深入乡镇、农村，免费举办对比试验和培训会 2 000 多场，培训 10 万人次以上，向农民赠送专业技术资料 50 多万份，抗体监测诊断近千次。组建近 200 人的专业销售服务和技术服务专家团队。并与华农动科动医学院合作成立“正大动保中心”，邀请华中农大多位教授提供技术咨询和服务。

四、队伍建设很关键

人才是企业的立命之本。一切事业的发展都离不开人才，所以公司非常注重人才队伍建设。公司 2012 年新增人员 100 多人，本科以上占 80%。总人数近 600 名，其中引进博士硕士团队 15 名。员工队伍不断壮大，员工素质不断提高。公司正努力创造一个相互尊重、和睦共处、积极进取的企业人文环境。

五、企业文化建设是核心

武汉正大企业文化的理念是“全心全意为客户服务”“员工创造价值”“产品是第一竞争力”，其核心是执行力、团队精神和创新精神，中长期目标是要打造武汉正大这艘“航空母舰”。企业文化建设主要是解决员工如何做人做事的问题，主要目标是要营造一个适应企业经营发展需要的内部环境。让每一个武汉正大人工作的开心、工作的放心和工作的专心。

“爱是人类最美好的语言，爱是正大无私的奉献……”一曲《爱的奉献》随《正大综艺》节目唱遍大江南北。如同歌词所写，武汉正大也不忘回馈社会，多年来先后捐资近百万元，用于救灾扶贫、科技教育、医疗卫生、文化体育、环境保护和希望工程。

以质量安全为宗旨
打造市级产业化龙头企业

——浠水县四方饲料有限公司

浠水县四方饲料有限公司于 2005 年 6 月 10 日成立，经过几年的长足发展，已初具集团规模，成为湖北省农业产业化重点龙头企业。公司现有资产 1.5 亿元，投资有蕲春四方饲料科技有限公司、团风开源饲料科技有限公司 3 家公司，湖北禹山、黄冈四方、蕲春四方 3 个种禽厂以及 3 个四方禽畜服务部。其中，浠水晨科公司占地 110 亩，蕲春四方公司占地 60 亩，湖北鑫成公司占地 40 亩。公司现拥有 4 套国内最先进电脑程控的生产线，具备年单班产 30 万 t 配合饲料生产能力。目前是湖北省规模最大、技术力量最雄厚的饲料生产企业之一。公司现有“白石山”“裕德”“金莲子” 3 大品牌，鸡、猪、鱼、鸭 4 大系列饲料。

2008年公司产品通过ISO9001国际质量管理体系认证，以优良的产品质量和丰富多样的品种，满足了广大养殖户的需求，在发展过程中，以管理为先导，以科技为基础，以产业链为纽带不断地对公司软、硬件进行技术改造，不断提升公司市场竞争力，现产品已销往江西、安徽及湖北各地，在省、市、县3级技术监督局及饲料办抽检中均为合格产品。在近几年内取得了可喜的成绩：2007年被评为“黄冈市农业产业化龙头企业”；2008～2009年被评为“湖北省农业产业化龙头企业”“黄冈市农业产业化优秀龙头企业”“湖北省重合同、守信用企业”“第五届武汉农博会金奖”；2010年荣获“湖北名牌”“湖北省消费者满意产品”“湖北省十佳饲料品牌”“黄冈市知名商标”“黄冈工业企业百强（第48名）”“黄冈食品饮料工业企业十强（第七）”“浠水县工业企业十强（第七）”；2011年荣获“湖北省农业产业化重点龙头企业”；2012年获“2012黄冈企业100强（第43名）”等荣誉。

为了更快更好的发展，公司先后联合浠水养殖大户投资种鸡公司、孵化场、10万只蛋鸡场和70万只育雏育成场，已打造成湖北省以粉壳蛋鸡繁育、孵化、饲养、饲料生产为一体的具有地方特色的产业链的龙头企业。

根据浠水地区夏季炎热，春、秋、冬季早晚温差大的气候特征，引进国内外先进养殖理念——福利养殖法，并根据浠水实际情况加入设计思想，建设本省首家全封闭（彩钢、泡沫夹心）鸡舍，运用自动控温、自动通风、自动喂料、自动清粪、自动消毒、可控光照等自动化技术，能使生产性能和疾病抵抗力达到较高水平，减少疾病传播和流行的机会，公司联合浠水养殖大户投资600万元在散花镇兴建10万只蛋鸡养殖场（湖北禹山畜牧业有限公司），总占地面积84亩，全封闭鸡栏12栋，年存栏鸡12万只，是目前全省最大最先进的蛋鸡养殖场之一。经过3年的饲养经验和大量试验数据，这种鸡舍综合经济效益比传统鸡舍要高出30%以上，得到了养殖户的认可。这种模式得到了湖北省农科院、湖北省畜牧局技术推广总站专家们的一致好评，并依据禹山模式总结出“153”模式在全国推广，湖北禹山畜牧业有限公司养殖模式得到农业部认同，并授“全国蛋鸡标准化示范场”称号，凝聚着四方人智慧的工厂式蓝瓦鸡场也成了浠水在湖北省畜牧行业的独特风景。

以科学发展观为指导，以质量安全为宗旨，以服务养殖业为核心，以进入全省“四个一批”工程企业，进入全市10个农副产品加工龙头企业为目标，以饲料生产和蛋品加工为重点，使公司得到突破性发展。公司长年开展送科技下乡活动，聘请国内专家、教授召开养殖技术培训会上百次，养殖户培训上万人次。同时，结合全县养殖现状，总结多年的经验和技术，编写养殖手册免费发放给养殖户，把自己的成功经验无偿向养殖户推广，从场地勘察到鸡场规划，从基建到进场实习，从技术培训到产品销售，先后带动2 000多农户走上养鸡致富的道路，为农民就业创业发展提供了良好的平台。

公司打造从提供种苗、技术服务、管理指导、饲料供给、产品回收及销售等一条龙服务，为浠水县发展畜牧强县起了重要的作用，为鄂东养殖户增收创收起了引导的作用，为鄂东养殖业发展起了积极推进作用，为养殖企业创造出了良好的经济效益，为国家增创了税收。

一言九鼎　在突破超越中前行

——湖南九鼎科技（集团）有限公司

2012年，九鼎集团及时实行“营销转型”战略，市场得到了拓展，实现了60%以上的增长，完成了既定120万t销量目标，正式成为了全国饲料行业百万吨俱乐部成员，进入了全国十强饲料企业行列。

一、公司基本概况

湖南九鼎科技（集团）有限公司成立于1994年，注册资本为10 154万元人民币，是一家集饲料、兽药、生猪养殖和生猪智能化养殖设备研发、产销于一体的大型农牧集团。十余年来，九鼎人始终秉承“创造价值，共享成功；成就自我，和谐社会”的企业宗旨，专注于猪饲料研究与开发，勇于探索，不断创新，致力于和养猪业主一道挖掘养殖潜力，提升养殖水平，提高养殖效益，和养殖业主建立多赢的合作伙伴关系。目前，集团在全国分布33家分（子）公司，员工总数逾3 700人。近年来，工业生产总值一直以5成以上速度递增，2012年工业总产值50.8亿元。

二、2012年公司取得的主要成绩

1. 品牌信誉度进一步提升。2012年九鼎通过“高新技术企业”“湖南省名牌产品”复评以及省级企业技术中心认证；被省技术质量监督局评为“湖南省企业质量信用AAA级企业”，成为了湖南省饲料工业内首家摘得此项荣誉的企业。

2. 企业规模快速扩展。2012年九鼎集团先后与湖南粮食集团、通威集团、龙游科星牧业公司、湖南

大康牧业等企业签署了战略合作框架协议，快速扩展企业规模，金霞九鼎、常德九鼎、定南九鼎、衢州九鼎、东乡九鼎、开州九鼎等企业相继成立，九鼎集团全国7大区域发展成型。

3. 产品研发体系日益完善。围绕“产品年”主题，2012年集团推出了育婴宝、旺仔宝、母猪三段宝、中猪料310、备孕宝、精力宝等各阶段强势新品，集团“SDB1号超早断奶仔猪配合饲料的研制和开发”项目通过省科技厅成果鉴定，为公司产品差异化战略的构建进一步提供了支撑，为公司快速发展发挥了重要的引领作用。

4. 九鼎集团董事局成立。2012年10月九鼎集团成立了董事局并成功召开了第一届董事局会议，为更好地的理顺公司治理和公司管理的关系，更加有效地提高公司领导的决策和管理水平提供了保障。

5. 信息化建设助推管理。2012年九鼎集团成立了信息化促进小组，启动了OA协同办公项目，并覆盖集团所有分子公司，宣告了九鼎集团“绿色办公时代”的到来。同时，为配合集团营销转型，陆续启动EHR人力资源系统、BQ智能分析系统、ERP企业资源计划系统，旨在建立集团集中信息化管控平台，以支撑集团区域产业化、差异化发展战略。

6. 科技投入，人才兴企。公司十分重视科研投入、科技创新和人才引进。配置行业内一流的技术检测中心，目前正在申请国家CNAS认证和申报湖南省企业重点实验室。先后与湖南农业大学、武汉工业学院、长沙学院、广东省农科院畜牧研究所建立了校（院、所）企战略合作联盟，每年投入的研发经费占销售收入3%以上。公司自主研发的“大猪超浓缩饲料JD406”和“SB4%系列猪用预混料”通过省级科技成果鉴定，且鉴定结论为国内领先水平；自主研发的“孰化乳猪配合饲料HOOO”（俗称人工乳）被湖南省科技厅认定为高新技术产品；2012年，九鼎牌“SDB1号仔猪超早断奶饲料”，通过湖南省科技查新和成果鉴定，达到国内领先水平，填补了国内行业技术空白，并获岳阳市科技进步一等奖，再次斩获殊荣。

智能化生猪养殖是企业经营的第二大板块，公司一直在探索未来中国养猪业规模化后的发展方向，在探索如何让中国养猪业水平赶上欧美国家的先进水平。目前，公司按照“自动化、标准化、智能化、规模化”标准，在全国建有12个10万头生猪标准化示范基地。智能化生猪养殖采用电子饲喂技术和电子发情监测技术、自动配种技术，不仅减少了劳动力成本，更有效地提高了母猪繁养能力。母猪产仔能力已接近欧美发达国家24～25头/年的水平（国内为14～15头/年），形成了九鼎独有的养殖技术模式。2012年4月20～21日，CCTV7节目以《为了多生三五头》为题，连续两次对公司智能化生猪养殖进行了专题报道，在全国引起很大反响。2012年6月，中国农科院在长沙召开的“生猪优质健康养殖关键技术国际学术研讨会”，公司作为“国家生猪产业技术创新联盟”副理事长单位，技术中心总经理赵胜军博士作关于《生猪“母子一体化”营养套餐技术及成果》的主题报告，在业界产生了巨大的反响。

公司瞅准生猪规模化、智能化养殖发展趋势，组建深圳润农科技有限公司。现有员工112人，有硕士以上各类专业技术人员21人，其中IT专业留美博士1人。目前，产品已进入全国8个省（区）农机产品支持推广目录，并已获得4个省（区）农机产品购机补贴。自主开发的《电子饲喂系统》《电子发情检测系统》《电子自动分离站》《全自动猪场环控监测与提示系统》《母猪及育肥猪生产管理系统》《猪场财务及库存管理系统》等已获国家授权发明专利1项，实用新型专利13项和计算机软件著作权11项。

公司专注于规模猪场的服务合作，从实践中探索提炼出了“九鼎核心养猪模式”“猪群营养保健模式”等对规模猪场有很强指导和操作性的养猪法宝；成立了华南区、华北区、华中区、华东区4大实验室诊断服务基地，专为养殖户提供试验室诊断服务，确保了养猪业主的防疫安全性、疾病治疗针对性；潜心挖掘规模养猪潜力，先后推出了适合规模猪场“返璞归真”“五枚三段宝”系列产品，其中成功研发出了国内首个“超早断奶料”产品，并成功推向市场。

三、在创新突破中茁壮前行

公司致力于打造“养猪业主的综合服务商”，以帮助养殖户“挖掘养殖潜能、提高养殖效益”为目标，公司组建了“新湘农板块”，加快新型牲猪产业化推进工作，将九鼎集团现有的新湘农生态科技公司、深圳市润农科技公司、兽药分公司、养猪服务中心、养猪学校等有机结合，构建饲料、服务、养猪三线互动模式。九鼎科技致力于饲料业的发展，新湘农科技致力于养猪服务的发展，从饲料与养猪服务两线独立到两线专业化，共同促进中国养猪业的发展。

在创新发展的道路上，九鼎人将以更昂扬的斗志奋力拼搏，以“合作联盟、共图大业、至诚至信、一言九鼎”为企业核心价值观，领跑行业，为民族饲料工业和中国养殖业的更大发展做出更大的贡献。

在创新发展中服务社会

——泰源昇科技农业发展有限公司

泰源昇科技农业发展有限公司是一家以猪、鸡、鸭、鱼饲料生产加工为主体，饲料原料贸易经营为辅助的现代化农业产业化企业，泰源昇公司占地35亩，年生产能力30万t，产值10亿元，固定资产6 000万，月销量1.5万t，在湖南省饲料单班生产中名列前茅。公司成立于1996年，自建厂以来，一直致力于养殖业健康、可持续发展，坚持“共生共荣、服务社会”的企业使命，秉承“自强不息、厚德载物、稳健创新、追求卓越”的企业理念，以“管理筑基，文化筑魂，品质突围”为战略构想发展企业。

一、让饲料是食品中的食品观念深入人心

俗话说：“民以食为天，食以安为先”，生产饲料是一个良心工程，饲料是老百姓间接的引用食品，在2012年国务院正式实施《饲料与饲料添加剂管理条例》时，泰源昇多次与会强调饲料产品质量安全的重要性，用饲料即食品的观念统一企业全体员工的思想，率先在业界提出“饲料是食品中的食品，老百姓健康中的健康”。

二、开辟网站，加强企业与外界的信息交流

企业属于社会，必须接受社会各界人士的监督，泰源昇推出企业信息上网制度，开辟网站，现在只要有网络的地方，百姓随时可以打开电脑，通过百度搜索“泰源昇”3个字，进入视频专区，监控公司各块重点工作现场。通过开辟网站，大大增强了百姓对公司产品质量安全的感性认识，增进了企业与百姓的信息互动，提升了产品影响力，扩大了产品销售范围。

三、务实高效，实行一人多岗管理

泰源昇2012年销量16.6万t，全员定编116人，其中市场业务员12人，月销售量1.5万t，平均每人管理1 250t/月，各岗位工作人员做到与同行1∶4的效率，激励机制的完善和工作的务实高效赢得了同行的夸奖和行业主管部门的肯定。

四、打破同行结算常规 结算另辟蹊径

很多人对公司的销售业绩提出质疑，35亩地年销量16.6万t是怎么实现的，公司结算的秘诀是打破常规，把客户月结算时段分为4段，市场分为4个区，错开低谷与高峰，难题迎刃而解。

五、责任到人，实行各部工作效率严格考核制

1. 装车：客户来公司提货超2个小时，相关责任人会受到相应的处罚。

2. 采购：因无原料耽误生产吨数，按10元/t考核，生产表统计显示。

3. 设备故障：一个小时之后（大部件除外），耽误生产吨数，机修员与日常维护员按10元/t考核。

4. 生产：开机就计时，要求35t/h，少1t扣1元，一星期统计一次，一星期总量平均到每个小时。

六、提倡员工开心工作、快乐生活

各部门员工每月会跳两曲舞、会唱两首歌，纳入每个员工的绩效考核之一，在提升企业文化的同时，更是让大家开心、快乐。

七、模块管理，管理新篇蓄势待发

2012年，公司有幸被评为国家130家标杆企业之一，深知《饲料与饲料添加剂管理条例》的重要性，要怎样才能更好地完成这项工作呢？公司思索中大胆提出，根据法律法规要求，开发一套适合饲料、食品行业的系统管理软件，开发软件工作正在进行中。

开发目的：规范企业运作，提高工作效益，融入国家新的法律法规、国家标准、行业标准。做到有据可查，追溯性强，确保各块质量的安全。主控6大模块、38套系统，串接各大系统关联部位，自动生成各系统日志报表，数据表报，作业表报。使数据有据可查、有据有依。从原料到市场或从中间任意环节都可进行追溯整个过程。

传播农业智慧　提升生命品质

——佛山八维生物科技有限公司

佛山八维生物科技有限公司成立于2010年，是一家专业从事猪用预混合饲料、浓缩饲料、配合饲料的研发、生产、销售、技术咨询服务于一体的专业动物营养和动物保健品制造商，是播恩集团旗下全资子公司，业务重点辐射广东、广西、海南等市场。公司位于广东省佛山市三水区大塘工业园，占地面积30

余亩。公司所处的工业园属于全国53个国家高新技术开发区之一，通过ISO14001环境管理体系和ISO9001质量管理体系认证。

佛山八维秉承播恩集团高瞻远瞩的使命、愿景及价值观，拥有国际领先水平的管理理念和TSAI蔡氏生产系统（TSAI-Production system）、汉姆克实验室（Hemke Lab），配备先进的检测设备系统以及专业的检测化验人员。公司严格遵照HACCP、ISO9001、ISO22000、GMP＋质量和安全管理体系标准，以先进的管理理念和完善的生产工艺，在原材料检测、生产过程控制、产品出厂许可、产品售后跟踪及产品使用等关键环节建立条码管理可追溯性系统，进一步确保产品“精准、稳定、高质”。

一、使命、愿景、价值观及管理理念

使命：传播农业智慧，提升生命品质。

愿景：用产品和技术，让20亿消费者享用健康、美味、安全的农产品。

价值观：理想、行动、担当。

16字经营方针：产品为本、品牌为魂、资本为器、营销为势。

为了保持科技领先的优势，公司与华南农业大学、江西农业大学等院校合作研究，在产品和经营上保持不断创新，建立了一套以科研、培训、服务为一体的服务体系，从帮助养殖户实现利益最大化出发，重视食品安全，建立健全质量监督体系。

二、饲料行业水平较高的“TSAI蔡氏生产系统”

播恩集团全方位打造“TSAI蔡氏生产系统”，T、S、A、I4个字母分别代表以下涵义：Traceability可追溯性、Security安全的、Accurate精确的、Intelligent智慧的。TSAI蔡氏生产系统代表饲料行业较高的水平。

T-Traceability 可追溯性

基于供应链全程条码可追溯的“TSAI蔡式生产系统”，实现了对饲料生产加工过程关键环节的控制，从源头抓起，对原料条码进行批次管理，配料、复核、投料、打包、发运工序进行控制，防止人为因素影响，确保产品质量稳定。依据成品条形码信息，通过计算机网络，在几分钟内可查询到原料批号和操作过程信息，实现召回下达命令，将产品安全保障做到极致。

S-Security 安全

确保产品质量安全：配料、复核、投料、打包、发运等各关键工序，均采用条形扫描控制，防止人为因素影响，只有条形码扫描正确的物料，电子气缸锁才能自动打开并完成投料。2台单浆可变速混合机，确保药物和非药物产品的严格分开；全不锈钢材质，混合均匀度CV≤2%～5%；采用可变速设计，低能低温，可根据物料物理性状调整转速，使物料在混合中受到的摩擦、温度破坏最小。大双开门设计，有效避免混合后输送过程中的产品分层现象。卸料门和混合腔长度一样，确保物料全部排除，有效防止交叉污染。

A-Accurate 精确

B-精确控制的TSAI蔡式生产系统：

C-全数字化计算机自动控制系统；

D-减重式包装秤，利用仿生学，称量精度高；

E-每个配料秤上配置一个变频器，可以实现在配料过程中出仓机根据电脑设定值自动调整喂料量，并在出仓绞龙末端配置截止阀用于即时控制下料量，从而提高配料精度和配料时间；

F-两套配料系统配置的秤体分别为1T/P和2T/P，可以根据生产需要灵活调配，提高配料的精度；

G-各称重环节，均采用托利多称重感应设备。

H-Intelligent 智慧

TSAI蔡式生产控制系统融合ERP、PCS智能信息交互管理，实现全程自动化控制；基于机器人智能化控制系统和软件解决方案，将复杂的系统快速和简便地运行，更高效、安全、灵活、智能化。TSAI蔡氏生产系统验证的结果。维生素、微量元素达到的均匀度之变异系数控制在2%～5%之间。

三、权威检测的汉姆克实验室（HemkeLab）

佛山八维公司拥有业内领先水平的权威化验检测中心——汉姆克实验室（HemkeLab），以播恩集团欧洲营养研究所首席顾问Gert Hemke先生名字命名，该实验室配备先进的检测设备系统及专业的检测化验人员，实验室建筑面积约为224m^2，设有11个功能模块，分别包括理化分析室、仪器分析室、高效液相室、原子吸收室、近红外室、天平室、留样观察室、样品接收室、有机处理室、无机处理室等。

汉姆克实验室（Hemke Lab）在检测方面分为6大模块，包括矿物元素和重金属（Minerals/（trace）elements and heavy metals）、维生素，有机酸和糖（Vitamins，organic acids and sugars）、霉菌毒素，污染和残留（Mycotoxins，residues and contamination）、湿法化学分析法（Wet chemical analysis）、氨基酸和酶（Amino acids and enzymes）、近红外检测及镜检（NIRS and microscopic research）等，所采用的设备均为权威进口设备，包括FOSS近红外光谱仪、

FOSS 自动凯氏定氮仪、FOSS 索氏浸提系统、AFS-8220原子荧光光度计、德国 IKA 旋转蒸发仪、英国 ELGA 超纯水仪、瑞士梅特勒托力多分析天平、美国 Waters 高效液相色谱仪、德国耶拿原子吸收仪等。

为保证分析质量，Hemke Lab 建立了严格的质量方针，从原材料分析、过程产品分析、工艺流程的质量验证、产品分析、新开发产品的质量评估等方面建立职责化的汉姆克实验室操作规范，形成了 Hemke Lab 质量管理体系。Hemke Lab 质量手册包含所有程序和标准操作规程，并设有 3 道防线来保证分析的高质量，包括控制样（control sample）、盲样检测（blind sample）、环测试（ring-tests）等。HemkeLab 最重要目标就是实现优质的分析结果、缩短交货期限、协同服务。

四、结束语

播恩集团倡导个性化管理理念，为每一位员工制订专业的成长计划，使员工和企业共同成长，从而实现企业最终的发展目标。为此，集团特在佛山八维设立了培训学院，即播恩集团的“黄埔军校”——播恩堂（Boentown）。播恩堂已初步建立了各项专业职能培训体系，后期还将逐步建立和完善员工的职业生涯规划系统，为员工长期发展提供有力支持，并时刻朝着“打造一支高素质的复合型人才队伍”的目标不断前行。

无论曾经多么辉煌，时代与行业的瞬息万变，让公司没有停下来的理由。作为一家志存高远的公司，将持之以恒地传播播恩文化，努力提升企业品牌价值和核心竞争力，“让消费者享用健康美味的农产品”的伟大愿景不懈努力！

以科技制胜　构建全产业链发展模式

——广东粤海饲料集团有限公司

广东粤海饲料集团有限公司前身为湛江粤海饲料有限公司，2004 年初由国有企业改制为民营企业。改制后，公司奉行“以人为本，科技制胜”的管理理念，建立了健全有效的现代企业管理制度，被推荐为广东省民营科技企业现代企业制度示范单位。在信息管理方面，全面实现计算机网络化管理，建立了 ERP 管理系统。2004 年，公司被认定为广东省信息示范企业。经过一系列运作与重组，湛江粤海饲料有限公司于 2007 年年初发展成立为广东粤海饲料集团有限公司，成为一家集研发、生产、销售于一体的以水产动物饲料、水产种苗、添加剂预混合饲料为主营业务的“国家火炬计划重点高新技术企业”“广东省优秀高新技术企业”“广东省重点农业龙头企业”“全国大型集团化、优质水产饲料生产基地”。

一、制度完善，产权明晰，经营良好

集团下属 13 家子公司分布于广东、广西、浙江、江苏等沿海地区，现年生产能力达 60 万 t。2012 年，广东粤海饲料集团总资产 14.3 亿元，年销售额达 34.7 亿元，年利税 1.7 亿元。管理制度完善，岗位职责明晰，包括安全生产制度、原料监控与验收制度、产品质量保障制度、管理制度、财务制度、员工福利制度等。作为港澳台与内地合资的有限责任公司，产权明晰，经营良好，2012 年银行信用等级为 AA。

二、队伍精湛，注重“产学研”联合，硕果累累

集团公司拥有一支“高精尖”科技队伍，其中博士 4 人，硕士 28 人，高级工程师 10 人，教授级客座科研人员 6 人，涵盖水产动物营养、免疫与病害、食品工程、水产养殖等专业；配有水质、细菌、病毒检测实验室和高效液相色谱室、气相色谱室、原子吸收分析室、能量分析室、饲料常规分析室、紫外分析室等，可进行养殖环境理化因子分析、饲料成分分析、有毒有害物质残留分析及病害检测等研究；建有市场调查、可行性研究、课题研发、小试、中试、产业化等较完善的开发体系，拥有强大的自主开发能力。此外，还积极与中国海洋大学、广东海洋大学、中科院南海海洋研究所、华南农业大学、暨南大学、中山大学、华南理工大学、水科院南海水产所等科研院所建立密切的合作关系，成立了院士工作站，先后承担了国家“十五”“十一五”“863”计划项目、国家火炬计划项目、国家星火计划及省、市级项目等 60 余项；广东省科技进步奖 5 项，市科技进步奖 10 项；申请专利 20 余项，其中发明专利授权 7 项，实用新型专利授权 3 项，技术力量雄厚。

三、注重科学技术服务，产品质量好，屡获殊荣

粤海饲料产品以其高科技、高品质在行业中享有盛誉。投资数千万元建立了广东省省级企业技术中心、广东省水产动物饲料工程技术研究开发中心、科技部湛江海洋产业基地水产技术服务中心，奠定了粤

海饲料集团的行业技术领先地位。粤海牌斑节对虾饲料系列、南美白对虾饲料系列和海水鱼膨化饲料系列主打产品不断进行技术升级，屡获殊荣，自 1997 年起多次获得广东省科技进步奖，获得国家专利 18 项，1999 年获科技部与埃及联合颁发的“金字塔奖”“广东省优质产品和全国农业博览会名牌产品”等荣誉称号；2004 年被认定为“广东省名牌产品”；2005 年荣获“国家免检产品”称号并通过中国饲料产品认证；2006 年通过 ISO22000、ISO9001 体系认证；2007 年获“中国名牌产品”称号；2008 年获得“国家级高新技术企业”称号；2009 年获“广东省自主创新产品”称号；2010 年获得“广东省名牌产品”。“粤海”牌商标被评为“广东省著名商标”。产品市场占有率位居前列，其中对虾饲料市场占有率高达 20%左右，畅销华南、华东各省区，远销越南、马来西亚等国。

广东粤海集团有限公司现着力于构建种苗、饲料、养殖、加工于一体的产业链，拥有雄厚的经济技术实力和良好的口碑，为各项目的开展和研究成果的推广打下了坚实的基础。同时，集团公司创立的粤海饲料技术体系已辐射到国内多家大型水产饲料企业，整体提升了国内对虾饲料工业的技术水平，推动了中国蓝色海洋经济的蓬勃发展。

以科技创新为第一生产力

——广州智特奇生物科技股份有限公司

广州智特奇生物科技股份有限公司成立于 1998 年 10 月，是一家专业从事生物工程技术研究、天然产物提取与深加工开发的民营中型科技企业，系首批国家高新技术企业、广州市民营科技企业、广州市创新型企业，设有广州市市级企业技术中心，在全国 5 所农业大学设立了“智特奇奖学金”。

公司下设安徽智新生化有限公司、智特奇（墨西哥）有限公司等分支机构，是目前全球唯一具有天然提取和化学合成两套完整技术生产类胡萝卜素系列产品的企业。现有产品：类胡萝卜素系列、生物酶制剂系列、天然乳化剂、维生素 A、抗生素替代品系列等健康环保的饲料添加剂，主要产品金黄素、智特红、智富磷 5000－L 均为中国首创，其中智特红打破了国外产品在国内饲用类胡萝卜素市场长达 20 多年的垄断局面，开创了饲用类胡萝卜素国产化的先河。

一、从出租屋里飞出来的金凤凰

水不在深，有龙则灵。1998 年，在广东省农科院从事多年研究工作的吴世林先生积极响应国家鼓励科技工作者创业的号召，毅然放下铁饭碗，在广州市天河区沙河元岗一处出租屋厂房内，带领 3 位工人搭起了实现饲用类胡萝卜素国产化的舞台，创建了广州市智特奇饲料科技有限公司。金黄素、酸健肥等市场热卖的饲料添加剂产品均来自这里。2001 年，因生产场地扩建的需要，广州智特奇搬迁至广州市白云区龙归镇高桥村。在那里，生产条件及人才团队得到了进一步发展，并诞生了中国第一个饲用红色素“智特红”、中国第一个液体植酸酶“智富磷 5000－L”。

2005 年至今，广州智特奇在广州市花都区花东镇及安徽省池州市东至县分别建立了现代化生产基地，累计投资超过 2 亿元，形成了年生产饲用类胡萝卜素 1.2 万 t、植酸酶和各种酶制剂 0.2 万 t、乳化剂 0.2 万 t，以及畜禽水产预混料 2 万 t 的生产能力，已成长为饲用类胡萝卜素的领头羊，在国内及国际市场享有较高声誉。

二、有智慧，一切都有可能

科技是第一生产力，也是掌控市场的重要抓手。作为一家拥有自主知识产权，集科研、生产、销售为一体的国家高新技术企业，智特奇从创立至今始终没有停止过创新的脚步，始终秉承“有智慧，一切都有可能”的创业精神，在发展中注重自主创新和产学研联合创新，着力构建研发平台，夯实研发基础。各项技术开发管理工作蓬勃发展，创新优势初现端倪。

公司现有研究开发人员 56 人，其中博士 4 人，硕士近 20 人。建有安徽省动物营养强化剂工程技术研究中心、广州市饲料添加剂生物化学工程技术研究开发中心。在饲料添加剂生化技术领域拥有 24 项专利技术，并已形成了 4 大核心技术体系，分别为：天然产物提取与深加工技术体系、类胡萝卜素核心中间体的有机合成与化学修饰体系、微胶囊制剂技术体系、动物营养应用技术体系。

三、市场竞争最终还是核心技术、市场政策、品牌信誉的竞争

智特奇目前所有产品都有自主知识产权，包含行业同类产品的先进核心技术，性价比优势显著，多个产品被认定为“广东省名牌产品”“广东省高新技术产品”。目前，智特奇产品覆盖国内 25 个省、市、自治区，远销德国、加拿大、西班牙、哥伦比亚、澳大利亚、日本、泰国、新加坡、印度尼西亚和越南等 20 多个国家和地区。2012 年度实现产品出口近 1 000 万美元。

四、人力资源很重要，人才是实现科学发展的智库

人才是实现战略目标的主体。智特奇作为中型科技型企业，已初步建立责权明确、管理科学的现代企业管理制度，激励与约束机制日臻完善，形成了行为规范化、办事流程化、生产自动化、管理信息化的良好局面。

智特奇在人才培养与引进、考核与晋升方面设置了系统的机制。面对日益激烈的人才竞争，智特奇人才引进策略是“趁早计划、拓宽渠道、广纳英才”。一是将校园招聘作为人才引进的主战场，并在全国5所知名农业院校设立了“智特奇奖学金”，提前介入应届毕业生招聘工作；二是与专业招聘机构紧密合作，结合用人需求及时引进人才。三是充分发挥产学研合作的作用，派员到合作单位跟踪学习。人才是智特奇实现科学发展的智慧宝库，人力资源战略的关键是要让人才进得来、留得住、干得好。多年来，公司不断加大投入，打造了一支科研条件好、开发能力强、服务水平高、内控管理好的人才团队，是公司增强发展后劲、保持财务稳健、提高国内外市场竞争力的重要支撑。特别是近年来，公司迈开了快速发展的新步伐，人力资源工作不断取得新进展，各类专业人才不断增加。目前，公司拥有大专以上学历的各类人才近100人，其中大专以上专业技术人才75人，专职研发人才56人。

在人才培养方面，公司主要采用由内部讲师内训和外部讲师外训两种方式，制定了系统的员工培训计划，实现了分团队、分模块、菜单式培训，收到了良好的效果。在员工考核与晋升方面，公司以层级制绩效与计划面谈、定期轮岗评估个人职业发展方向等方式为员工提供公平、民主、明朗的职业定位和发展空间，让每一位智特奇员工都有清晰的职业规划和角色定位，充分调动了员工的积极性和协作精神，提高了凝聚力、向心力。

1. 工作观：高效工作，快乐生活。

2. 学习观：向你的竞争对手学习，并迅速把学到的东西用于实践，才是企业最大的竞争优势。

3. 管理观：管理的最高境界不是完美，而是残缺的和谐。周密的策划和及时跟踪是实现高效工作的关键。

4. 成长观：如果我看得远，那是因为我站在巨人的肩膀上。

以农为本　以猪为业 以猪富农

——广西扬翔股份有限公司

广西扬翔股份有限公司（原广西壮族自治区扬翔股份有限公司，2011年9月23日更名）成立于1998年4月28日，是农业产业化自治区和国家级重点龙头企业、广西重点扶贫龙头企业、广西农产品加工重点龙头企业、广西水产畜牧行业重点龙头企业，注册资金24 450万元，企业性质为民营非上市股份有限公司。下辖贵港瑞康饲料有限公司（控股100%）、广西扬翔农牧有限责任公司（控股100%）、广西扬翔猪基因科技有限公司等27个全资控股子公司（详见企业财务审计报告书附注）。公司现有员工3 475人，其中高级职称员工9人，中级职称员工137人，初级职称员工323人，博士9人。

扬翔公司自成立以来，始终奉行“以农为本、以猪为业、以猪富农”的经营理念，以降低养殖户总拥有成本为己任，采用“公司＋农户”模式，从猪种改良到提供优质种猪、猪精配送、技术服务、养殖培训、饲料生产配送、组织生猪流通及品牌猪肉加工销售，使农户与公司互相依存，带动农民实现养猪增收，企业增利，农户、企业双赢成效显著。

一、企业运行情况

2012年自有基地出栏生猪27.6万头，配送良种猪精630万份，生产加工配送饲料126万t，全年实现销售收入47.25万元，实现利润2 079万元，上缴税费3 373万元。目前公司已成为集育种、养殖、加工全封闭、全产业链产业化龙头企业，涉及生猪、肉鸭、肉鸡等产业。

从2009年起，扬翔公司在广西投资5亿元实施年出栏50万头商品猪标准化养殖项目，项目计划建成7个大型标准化种猪生产基地及1个饲料加工车间，目前该项目已全部建成投产运营。公司投资建成的南宁新食记食品有限公司于2011年投入运行，南宁春江鸭加工基地已投入运营。目前公司已有大型种猪生产基地9个，存栏能繁种母猪2.2万头、种公猪5千多头、各类猪群14万头；公司种羽存栏500万羽，种鸡200万羽。

2012年，公司继续在广西百色、柳州、来宾等地市实施高产玉米订单种植，2012年在广西区内武宣、来宾等地订单种植饲用高产玉米13.09万亩，订单收购玉米4.6万t，支付收购款7 056万元。

二、企业与农户的利益联结方式

公司生猪产业化采用“公司＋农户”模式，有两种产业化模式供农户选择，即订单养殖与合作养殖模式。订单养殖模式是在实施生猪产业化过程中，由企业向农户提供猪种及饲料配送、猪精、兽医服

务等配套服务，指导农户科学养猪，并照统一规划、统一供种、统一供料、统一防疫、统一饲养管理、统一品牌销售的“六个统一”产业化运作思路，对部分经济上有困难的农户进行铺底资金、饲料赊购等扶持。

合作养殖是2010年以来公司实施的新型产业化养殖模式，公司在生猪、鸡鸭产业化运作中，产业化模式主要采用从供种到食品加工实现封闭式产业链运作，加盟公司产业化运作的养殖户商品猪养殖利润达120元/头以上，肉鸡肉鸭养殖利润达到2.5元/羽，有效地保障了农户养殖增收。

三、带动农民就业增收情况

扬翔公司2012年带动农户4.6万户，2012年度支付农产品收购款87 923万元（其中订单收购玉米4.6万t，支付收购款7 056万元）；产业化带动出栏生猪45.3万头，支付收购款76 948万元（其中支付合作养殖报酬5 840万元）；产业带动出栏肉鸡肉鸭1 517万羽（支付合作养殖款3 918万元）；2012年产业化带动农户种植增收7 056万元；2012年产业化带动农户生猪养殖净增收5 840万元；肉鸡肉鸭养殖净增收3 918万元。

2012年，扬翔公司公司针对农村富余劳动力招聘3次，直接安排到饲料加工、生猪养殖岗位就业269人。2012年度投资125万元组织农户培训26场次（其中针对中小规模养殖户培训12场次），参加培训人员8 123人次，印制发放养殖技术资料6万份，其中养殖技术光盘1万张，养殖书籍、宣传画册5万份。

四、为农户提供农业生产经营情况

为了适应企业产业化经营发展，针对广大养殖户资金筹集困难问题，2011年8月由公司发起出资成立了贵港市农牧融资性担保有限责任公司，主要业务对参与龙头企业中从事生产销售的企业、专业协会和中小规模养殖户，以信用资本为依托，通过担保、投资、互助基金、银行、财务托管等多种多样的金融工具，为广大养殖户提供资金流通渠道，实现社会资源的有效配置。公司成立至今已为186户企业、农户提供流动资金担保，担保金额超过1 000万元。

扬翔公司在开展农业产业化经营中，非常注重产品质量安全管理，在企业内部建立了现场质量巡查制度，根据产品质量标准对出厂产品进行检验，并保存检验记录和检验报告。公司积极推行健康养殖方式，加强饲料安全管理，从源头上把好养殖产品质量安全关。针对饲料生产容易出现问题的环节，公司严控饲料产品质量安全的源头，强化饲料生产环节安全管理，提高饲料质量安全水平，从源头上杜绝不安全因素进入餐桌。2010年，公司与华中农业大学、中山大学校企合作成立了企业研究院，为企业产品质量安全加了一道科技防线。

2011年开始，扬翔公司与深圳市远望谷信息技术股份有限公司合作开发实施生猪产业链物联技术开发与应用示范，开发应用覆盖企业生猪产业链的质量安全追溯体系。采用具有防伪性超高频RFID自动识别技术，结合GPRS及WIFI等移动通信技术，实时采集监控从生猪养殖、屠宰加工、运输直至零售等全产业链关键质量点追溯数据，在终端市场全部转换为不干胶凭证提供给消费者以满足充分的知情权，从而在猪肉食品供应链上赋予个体猪只完整的自上而下信息追踪记录，反向自下而上的追溯依据，产品追溯体系为公司产品质量安全提供了有力保障。

五、节约资源、保护环境

扬翔公司组织生猪产业化，组织带动大力发展养猪业，公司董事一直在关注着当地养猪业猪场粪便对环境的污染问题，2011年以来，公司投资巨资在自有基地开展大中型沼气建设，解决其污水和粪便的污染问题，猪场养殖粪便经处理后排灌用于旱地或林地灌溉，沼气解决了猪场的生活燃料和用电问题，实现了企业内部的清洁生产和节能减排，改善了公司下属养殖场驻地周边生活环境和场区环境，减少了养殖疾病发生率，提高了产品品质。同时，通过综合利用，沼液和有机肥作为优质、环保、高效肥料施用于周边的林木、蔬菜、花卉等农作物种植，不仅改善了周边土壤由于化肥过量使用造成的污染，同时提高了农作物、经济林产品的品质，带动了周边农业、林业发展。

六、参与公益事业情况

扬翔公司长期积极参与公益事务，“以农为本，以猪为业，以猪富农”是企业的经营理念，“责任、诚信、使命、创新、体贴、超越”是企业的核心价值观，“存于社会，回报社会”是企业的社会责任理念。多年来，公司一直热心社会公益事业，坚持“回报社会”。先后举行“扬翔献爱心百万助学扶贫”大行动、为贫困残疾人捐款、为洪灾旱灾地区捐资助学、资助新农村建设修路捐款等。公司每年坚持慰问农村孤寡老人，慰问人民子弟兵，积极开展军民共建活动，为企业所在地双拥工作做出了积极贡献。据统计，2009

年1月至2011年12月，公司累计参与公益活动支出已超1 700万元，2011年公司被评选为“全国饲料行业履行社会责任先进企业”“全国饲料行业参与社会主义新农村建设先进企业”。

持续关注产品质量

——南宁漓源粮油饲料有限公司

南宁漓源粮油饲料有限公司始建于2003年，位于国家级南宁经济技术开发区金凯路25号，由荣获农业产业化国家重点龙头企业、全国饲料企业前50强企业桂林力源粮油食品集团有限公司投资兴建。占地面积88亩，注册资本为7 468万元，2012年资产总额3.8亿元。主要产品为“漓源”“金漓源”牌猪、鸡、鸭等畜禽配合饲料、浓缩饲料。公司自成立以来，发展规模在不断壮大，产销量一直位居广西饲料工业前列，2012年销量达55.9万t，实现销售收入16.7亿元，利税6 600万。2012年获得广西水产畜牧产业化优秀龙头企业一等奖、年度经济发展一等奖。

一、集中采购，批量优势

公司是桂林力源粮油食品集团有限公司（以下简称集团公司）下属的饲料企业，集团公司下属广西区内饲料企业达12家，区外6家，所有饲料企业的原料采购都由集团统一进行，由于采购量大，能有效降低原料价格和控制运输费用，并且控制采购回优质的原料，并且对各供应商进行评比，选出其中质量、价格、服务较好的商家，进行长期合作，共创共赢。

二、研发由总部研发制定合理的营养配比

集团公司设有研发部，有一批动物营养学专业技术人才，致力于钻研饲料原料营养和动物需求营养，提高饲料适口性和营养的平衡，给各分公司提供优质了配方供生产使用，使得饲料产品质量优于市场平均水平并且控制饲料原料成本。

三、码堆机器人

公司在2011～2012年陆续引进了码堆机器人，现码堆机器人总计4台，负责6条生产线的饲料码板工作，大大缓解了工人的劳动强度，极大提升生产效率，配合引进的科控海配料中控系统，使得公司又向生产自动化迈进了一步。

四、生产管理质量控制

引进金碟K3系统，实现对每种物料的领用进行监控，同时也对产品质量的追溯提供了极为有利的帮助。2012年品管部改变观念，确定服务意识，确立了品控服务生产的指导思想，使品控与生产的关系由原来监督对立型向服务型转变；工作方法重点由事后检查改为事前提醒预防，每日对各岗位质量控制点进行巡查，发现问题现场与相关岗位人员及生产部领导交流讨论，找出办法，解决问题；过程质量控制延伸至关注原料质量，通过每日对原料进行巡查，发现异常，立即采取措施，并进入持续改进的阶段。通过交流讨论，定期培训等提升一线员工质量意识及自查能力，形成人人都关注产品质量，人人讲产品质量的生产质量控制管理。

加强饲料安全和技术服务 提升综合竞争力

——广西华港农牧发展有限公司

广西华港农牧发展有限公司成立于1995年，现位于广西南宁市江南工业园，是一家集专业研发、生产和销售猪、鸡、鸭、鱼、鹌鹑、鸽子等畜禽、水产配合饲料、浓缩饲料、添加剂预混合饲料，以及向广大养殖户提供畜禽、水产养殖全过程的技术服务和推广养殖新技术于一体的农牧企业，是广西农业产业化重点龙头企业。公司目前拥有8条国内外先进的饲料成套自动化畜、禽、水产饲料生产线，形成年产40万t饲料的大型现代化饲料生产基地。

公司自成立以来，一直奉行“客户成功、员工进步、企业发展”的经营理念和“精诚合作、学习创新、敬业奉献”的企业精神，坚持科技进步和管理创新，不断加强产品研发和质量控制，不断提升技术服务水平，实现了企业的跨越式发展。

随着社会的发展，人民的生活水平不断提高，食品安全受到时刻关注，饲料作为食物链中畜禽及其产品的前端，其安全至关重要。在国家严管和民众对消费食品的质量要求日益提高的大背景下，2012年，华港公司始终坚持公司成立之初即确立的产品“安全、稳定、高效”的质量安全战略方针，视质量安全为企业生命，严格开展各项质量安全工作。

一、加强学习，严格落实执行国家相关法律法规规定

2012年，公司共组织各级人员进行饲料安全法律法规学习达18次，并通过发放培训资料、考核试题、知识竞赛等方式巩固学习效果，使全体员工进一步增强质量安全意识并落实到工作中。严格遵照《饲料和饲料添加剂管理条例》《饲料添加剂安全使用规范》《饲料和饲料添加剂生产许可管理办法》《饲料质量安全管理规范》的要求执行，建立健全公司采购、生产、仓储、销售、售后服务等环节的管理制度、操作规程和工作流程，严把原料进厂关、生产管理关、产品出厂检验关、产品销售记录关、产品留样观察登记关和各项管理制度执行关，做到从饲料原料购进到成品销售，每个环节都有人负责，各个环节的记录都详细、规范，确保产品质量可追溯。

为确保饲料安全，公司加强对饲料原料、加工、贮存、运输等环节进行质量追踪，以确保饲料产品安全可靠。在日常管理方面，公司引入危害分析关键控制点（HACCP）管理。即通过对饲料加工的每一步骤进行危害因素分析，确定关键控制点，确立符合关键控制点的临界值，控制可能出现的危害。同时，建立了临界限的检测程序、纠正方案、有效档案记录和保存体系，以保证最终产品中各种药物残留和卫生指标均在控制限以下，从而确保饲料产品的安全。

公司认识到只有认真抓好饲料安全生产职业培训和职业技能鉴定、考核工作，保证培训和鉴定质量，确保从事相关岗位的人员都能达到相应的业务水平，才能确保饲料产品的安全生产。因此，2012年公司成立系统的饲料质量教育体系，加强从业人员就业准入制度的管理，对岗位技术性较强、服务质量要求较高，直接关系到饲料的安全生产的饲料检验化验员、饲料厂中心控制室操作工、饲料加工设备维修工岗位实行就业准入制度，要求从事这些工作的人员必须经过相应培训，取得职业资格证书后方可就业上岗。此外，对公司其他从业人员也应该进行业务知识和安全知识的考核，做到全员重学习、懂技术、保安全。

为了加强饲料安全科技创新投入，加快科技成果转化，提升产品科技含量，公司与福建华港集团科研中心、广东知名水产科研机构等科研单位密切合作，利用现代生物技术，研究和开发有机饲料及饲料添加剂等高质量、安全性能好的产品，按照畜禽、水产动物对营养的需求，科学设计饲料配方，添加畜禽、鱼类需要的防病药物和保健剂，有效防治各类畜禽、鱼类疾病，进一步满足了生产优质、安全饲料产品的需要。

二、注重企业形象，创建一流服务体系

华港公司坚持以客户需求为导向，以产品品质为根本，努力为客户创造最大的商业价值，赢得养殖户的广泛好评。公司生产的“华港”“华港龙”等品牌饲料一直以稳定的产品质量，高性价比的优势，保持了良好的销售业绩，深受广大养殖户喜爱，形成了明显的品牌优势，在产品质量和安全方面保持了良好的市场口碑，打造了优秀的企业形象。

2012年，公司注重产品质量的同时，在售后服务方面也及时响应，与相关科研机构成立联合服务检测中心。该中心以提供专业技术服务为宗旨，以科技创新、行业交流、技术指导、整合服务为特色，为养殖户进行专业服务（提供养殖方案设计、养殖环境检测、疾病诊断等），开展养殖户技术交流（开展养殖信息交流座谈、专业知识讲座等），进行队伍专业能力的建设（定期提供专业知识共享，不断提升市场人员服务技能），加强养殖技术研究（及时提供短期预见性问题的预防，长期的养殖模式研发）等，推行严谨、科学、准确、协助、高效的工作准则，从种苗、养殖技术、病害防治等方面为养殖户提供全方位服务，开展了有效的工作，打造了一支技术力量强、实践经验丰富、充满活力的售后服务团队。

公司还邀请养殖户与行业专家共同参与养殖交流会，定期组织动物营养专家深入养殖区作巡回科技讲座，既为公司科技配方调整提供可靠的科学依据，也解决了养殖户在喂养过程中所遇到的技术难题。公司全心全意为养殖户服务、尽职尽力帮助养殖户致富，在提高自身业绩的同时也带动了养殖户发展致富，创造了良好的经济效益和社会效益。

三、与伙伴共同成长

为了响应国家新农村建设，带动农户共同成长，帮助农民共享产品、技术服务与市场利益，2012年公司加强“公司＋基地＋农户”新型农业产业化合作经营道路，公司与农户按3：2或2：1的投资比例，由公司负责提供养殖种苗、专用饲料、药物，对养殖基地建设、饲养管理及养殖疾病防治等进行技术指导和服务，并与农户签订合同，对养殖成品畜禽和鱼类按最低保护价回收；农户负责建设养殖基地、日常饲养管理和提供部分资金给“订单农户”的方式进行合作。同时，公司为合作伙伴提供广告、推广促销、培训、销售技术服务及渠道等“黄金”组合支持，每个月到养殖场地进行不少于一次的养殖技术与饲养管理

培训，赠送养殖手册，发放服务技术资料，并组织农户到公司进行实地参观、考察与交流等活动，使广大农村养殖户切实有效地掌握科学养殖技术和饲养方法，提高养殖产业的经济效益和产品竞争力。另外，本年度公司还在产品经销区域选出一个养殖技术相对较强、有一定经济实力和养殖规模的农户作为公司合作伙伴和现代养殖技术示范户，并与之建立“和谐共赢”的战略合作关系，扶持农民发展现代养殖业，使其与公司共同致富成长，推动养殖规模化和与标准化进程，同时达到辐射周边村屯，带动更多农民转变养殖业增长方式和实现科技致富的目的，促进农民增收，促进公司产品销售和市场需求，推进公司农业产业化经营。目前，公司已经在广西南宁周边地域扶持“公司＋农户”经销合作伙伴近 500 户，辐射周边村屯 2 000 余户，帮助农民走养殖致富之路，实实在在地增加农民收入。

2012 年，公司扎实开展各项工作，也取得了一定的工作成绩。农业部副部长高鸿宾一行于 2012 年 3 月份到公司检查指导，对工作给予充分肯定。2012 年公司通过农业部《饲料质量安全管理规范》示范企业创建验收，荣获“广西农业产业化重点龙头企业”“广西饲料加工行业优秀企业”“南宁市优秀私营企业”“南宁市安全生产标准化三级达标企业”等称号。今后，公司将继续严抓饲料安全管理，不断提高技术服务水平，加强农业产业化工作建设，多方位地提升企业综合竞争力，为创建一流的饲料企业而努力！

技术创新为企业发展提供不竭源泉

——海南裕泰科技饲料有限公司

海南裕泰科技饲料有限公司于 2001 年 6 月在海南注册成立，以饲料科研、生产、销售、综合养殖及农业开发为一体的科技饲料有限公司。成立之时赶上海南畜牧业大发展的好时期，给公司的生存与顺利发展奠定了基础，公司饲料销售每年以 50%～100%速度发展，至 2005 年总销量达到 8 万 t。2004 年后国内知名品牌的大型饲料企业相继来海南建厂，岛内饲料产品市场竞争空前加大，与国内饲料大企业同台竞争，公司劣势太多：市场经验、资金、人才、技术能力、管理等均不足。如何才能让企业不断地发展，需要足够的勇气与正确的发展观来指导企业向前走。公司发现客户对产品的认知，品牌只是一小部分，养殖效益才是主要需求，而养殖效益又不单单与饲料品质有关，它与种苗品质、饲料品质、饲养管理、养殖规模四者密不可分。为了提高客户的养殖效益，发展壮大公司，重点做好以下工作：

一是注重提升科技水平。为在短期快速提升公司的技术水平，公司选择与高校及各科研机构建立产学研合作模式，由公司为双方选定科研课题提供部分科研经费及中试试验场地，研究成果双方共享，研究方向主要为饲养标准的重新探索、新型原料的开发与利用、加工工艺的改造与更新等。经过多年的研究与实践，公司开发出完全不同于主流玉米豆粕型饲料配方，配方有节约资源、更具高效的竞争力。公司的文昌鸡料被评为海南名牌产品，罗非鱼饲料在海南罗非鱼主产区占有绝对优势，产品在用户心中更是品牌产品。

二是加大投入建设种畜牧基地。从 2004 年开始公司相继投入 8 000 万元建立了种猪场、种鸭场、种渔场、种鹅场。良种良苗场的建立为养殖户提供了优质的种苗，公司种鸭场每年可提供 300 万～400 万只优质樱桃谷种苗，高效的饲料转化率改变了海南地区种鸭的生产结构，使不规范不纯种的种鸭小作坊相继退出市场，保存了比较规范及优良产品的种鸭场。

三是帮助服务养殖企业培育科学养殖模式。相同的饲料产品、相同的种苗，不同养殖户，产生不同的养殖效益是正常不过的事。不同的养殖模式产生不同的养殖效益在罗非鱼养殖中更为突显。为了帮助养殖户建立科学的养殖模式，公司与中山大学水生经济动物研究所建立合作关系，组建了市场服务部，专门研究科学养殖管理方法。服务部在养殖区定期给养殖户开展养殖专业知识讲座，建立养鱼先养水的科学养殖观念。在引导养殖户养水的过程中，公司免费提供调水剂及塘头养殖技术服务。经过不懈的努力，公司罗非鱼养殖户已基本掌握一套较科学的养殖方案：调水、增氧、投料、消毒、防病等标准操作。事实证明运用科学养殖模式，养殖效益多出 2%～5%。

四是注重扶持重点养殖户。海南畜牧养殖业发展较慢，养殖户缺少资金，养殖规模较少。为了推动养殖业发展，公司经过长期的考察后，选出比较优良的养殖户，通过公司担保联合银行贷款，帮助客户扩大养殖规模。几年下来具有发展实力的养殖户脱颖而出，现已成为公司的标准示范户。通过为养殖客户提供全方位的综合服务，养殖户得到了迅速发展，公司也得到了丰厚回报。从 2005～2012 年公司饲料产品销售以 20%～30%的高速发展，2012 年销量达到 25 万 t。

团结务实　助推重庆饲料工业健康发展

——重庆普华饲料有限公司

重庆普华饲料有限公司隶属于华西希望集团，是一家专业从事高档猪饲料生产、销售的高科技企业。公司坐落在中国畜牧科技城——重庆市荣昌县板桥工业园区，地处成渝高速路出口，交通十分便捷。公司占地 60 亩，2005 年注册，2007 年 5 月正式投产，近 5 年时间产量达 70 万 t，产值近 4 亿元。目前拥有员工 132 人余人，大专以上学历 48 人，关键岗位都具备从业资格证。

公司以中国农业科学院、西南大学、四川农业大学和集团总部技术中心、病理研究所、博士工作站等众多科研院单位为依托，严格按照农业部 168 号令、1224 号公告、609 号令、GB 13078 饲料卫生标准等法律法规生产经营。秉承以用户为中心，全员参与，产品安全、稳定，产品质量合格率 100%，用户满意度大于 85%的质量方针。

自 2008 年通过 ISO9001 质量管理体系认证以来，公司不断投入生产设备设施，杜绝安全隐患，完善修订各类技术标准，完善质量管理体系，比如说原料包装袋上的灰尘、生产设备清理清洁等管理制度。尽全力生产出最安全、最卫生的饲料。每天自查，监督检查发现问题、整改问题。为了高效率的生产，公司与布勒设备公司合作，拥有众多先进生产设备。如美国进口 CPM 制粒机、高效率的膨化机、粉碎机。为了让质量控制更加科学有序，公司成立专门的检测中心，投入众多大型检测设备，如 FOSS 近红外光谱分析仪、Waters 液相色谱仪、Agilent 氨基酸分析仪、MK3 酶标仪等。检测水平得到国家专业机构认可并取得证书。在生产过程中针对饲料生产企业存在通风设施不完善、灰尘多、地脚杂料多、霉变变质原料多的事实，投入大量的人力、物力和财力进行改正。

公司倡导流程要简单易操作、生产要高效率、质量安全要有保障的精益化管理模式，利用配套的质量专项奖和质量奖惩条例，最大限度鼓励员工发现问题并改正问题。例如发现霉变、变质原料给予 2 元/kg 奖励，破包散料单独分装给予 10 元/t 奖励等，从而切切实实提高了质量管理水平。

公司的宗旨是“为老百姓做点实实在在的事”和“吃上安全放心肉”。目前公司有“普华”“特驱”“三康”3 个品牌系列产品。公司建立了完善的市场销售及服务网络，产品除在重庆各区、县十分畅销外，还辐射到云南、贵州等地。公司建立有完善的售前、售中、售后经营服务体系。售前先做试验对比、检验防疫，售中帮助养殖户现场解决问题、协助养殖户养成良好的饲养管理习惯，3 天之内帮助养殖户处理问题，售后定期回访、称猪，切切实实为老百姓做点实实在在的事。因销量节节攀升，公司在 2011 年投入建立了年产量达 40 万 t 的生产二期工程。利用华西希望集团质量管理体系专家团队的强大力量，运用了先进的硬件设备平台作保障、现代化的检测技术，不断优化饲料配方、品种，严格控制产品质量，产品深受广大用户厚爱。公司在 2010 年、2012 年被重庆市质量协会分别授予普华和特驱品牌为“重庆市名牌产品”称号，并获得奖金 10 多万元，是重庆地区最具成长性的创新型高科技饲料企业。

做全球最好的磷酸二氢钙

——贵州川恒化工有限责任公司

贵州川恒化工有限责任公司是四川川恒化工股份有限公司投资的一家具有独立法人资格的磷化工民营企业，成立于 2002 年 11 月，占地 800 余亩，注册资本 3 亿元，专业从事矿物质肥料级、饲料级、工业级磷酸盐系列产品及食品级、医药级、电子级等特种磷制品的研发、产销、服务和矿山开采等业务。

10 年来，贵州川恒从一个初期投资不足千万元的小企业发展到目前年销售收入超 10 亿元，在册员工 600 余名的中型、国家重点高新技术企业，生产能力由最初 5 万 t 扩大到目前的 40 万 t，产品结构由最初单一饲料级磷酸氢钙调整为高端饲料级磷酸钙盐、高浓度水溶肥、净化磷酸及精细磷酸盐等系列规格产品 10 余个，其中，饲料级磷酸二氢钙的技术水平、产销量、品牌价值连续 7 年保持国内第一，成为中国水产饲料界第一品牌，国内市场占有率达 50%以上，产品远销欧洲、东南亚等多个国家和地区，公司是国内首家进入欧美发达国家市场的饲料添加剂企业。贵州川恒目前拥有 2 个省名牌产品、1 个省著名商标，2012 年 9 月完成了国家驰名商标的申报工作。

10 年来，贵州川恒注重专业技术人才的培养和引进，目前拥有 300 余名各类专业技术人才队伍，建有省级技术研发中心和黔南州重点实验室。经过多年潜心研究，贵州川恒申报并获得各种专利技术成果 30 余项，其中几项走在了全国和世界前列：

一是半水湿法磷酸技术。该技术属国内首创，是贵州川恒自行研发、自行设计、自行建设，全部采用国产材料和设备，已成功运行两年，各项指标均优于现行的二水湿法磷酸技术，将中国磷化工的发展推上了一个新的台阶，打破了国外认为中国只能依靠二水湿法磷酸发展磷化工产业的神话。

二是高性能磷酸钙盐技术。该技术在贵州川恒已历经7代更新，属世界领先，不仅支撑了川恒连续7年在国内市场占有率第一、行业品牌第一的地位，同时也为川恒下一步实现“全球最高端饲料钙盐供应商”的目标奠定了坚定基础。

三是“川恒法磷酸”技术。该技术属世界首创，贵州川恒历经5年，投入7 000余万元进行研发，目前已完成中试，2013年实现工业化，该技术的成功运用将改写世界磷化工的历史，有望将世界磷化工发展推上一个新的台阶。

公司先后承担了多项国家科技支撑计划课题任务和省科技厅重大课题任务的研究工作，贵州川恒是黔南州首批被认定为“国家高新技术企业”的民营企业。2012年被认定为“国家重点高新技术企业”（国科火字〔2012〕245号），成为全国700余家、贵州仅5家、黔南唯一一家被认定的企业。

公司先后通过ISO9001－2008质量体系认证、ISO10012－2003测量管理体系认证、FAMI—QS欧洲饲料添加剂与预混合饲料质量体系认证、HACCP食品体系认证、ISO14001：2004 GB/T2400－2004环境管理体系认证、OHSAS18001－1999 GB/T28001－2001职业健康安全管理体系认证、计量保证能力合格标志（C标志）认证和GMP＋荷兰饲料安全认证；成功使用先进的ERP（用友和SAP贵州川恒）等信息管理软件，建立和完善现代企业管理制度，目前已被认定为福泉市国家新型工业产业化示范基地（化工、磷化工）公共技术服务中心，贵州省外贸公共试验检测平台、贵州川恒化工有限责任贵州川恒磷酸及磷酸盐产业化关键技术研发平台、贵州省企业技术中心、黔南州重点实验室等公共服务平台。公司10年累计实现销售收入32亿元，实现税收1亿多元，提供就业岗位1 000余个，全体员工享受“五险一金”，为当地的经济、社会发展作出了自己的贡献。

10年来，贵州川恒获“国家重点高新技术企业”“2011年全国就业与社会保障先进民营企业”“国家级守合同重信用单位”“贵州省外来投资优秀企业”“贵州省级诚信优秀企业”“贵州省守合同重信用单位”“贵州省100强企业”“黔南州吸纳农民工优秀用工企业”“黔南州优秀非公有制企业”“黔南州优秀非公有制纳税大户”“黔南州外来投资样板企业”等100余项荣誉。

10年来，贵州川恒在公益事业投入资金达1 000万元，相继修建了川恒道坪希望小学，建立了川恒助学金，参与创立了福泉市寒窗基金、福泉市慈善基金，资助贫困学子求学，扶贫济困和支持当地新农村建设。

2012年5月18日，贵州川恒与全省33家企业向全省发布《企业社会责任报告》。贵州川恒的理想是成为“创新型磷化工专家”，坚持以“磷·关爱·生活”为企业理念，充分依托自身技术和资源，专注于磷资源精深加工，以循环经济为中心，以低碳经济为目标，发展新型磷化工产业，构建最强综合竞争力，实现磷化工产业的绿色、可持续发展，让磷元素以更环保、更高效的方式服务于人。

贵州川恒的目标是“做天下最好的磷酸二氢钙”，让所有动物都能享用最好的磷酸二氢钙，为人们提供更加健康、美味的肉食品。立志成为中国高性能矿物质饲料的领军企业。贵州川恒将大力发展新型高效肥料事业，构建中国高性能水溶肥料及原料的生产基地，为发展新型节水农业做出贡献！

依靠科技创新　大力推进高原特色山地畜牧业发展

——云南神农农业产业集团

云南神农农业产业集团本着“在农村帮农民养好猪，在城市让市民吃好肉”的事业目标，通过10余年不断开拓、创新，目前已形成了种植-饲料加工-养殖-食品加工-贸易为一体的生猪产业链，是云南省最大的饲料加工、种猪改良及生猪饲养的农牧企业。2012年末，集团共拥有下属全资子公司22个，员工1 200多人（其中博士、研究生20多人），资产总额近6亿元，2012年实现销售收入近10亿元。集团拥有饲料加工、生猪养殖、生猪肉食品加工3个类别生产基地共39个，其中饲料生产基地7个，分别位于昆明、大理、澄江、广西南宁、贵州平坝；生猪养殖基地30个（4个原种猪场和26个万头猪场），年出栏种猪1万头，肥猪30多万头，生猪养殖基地分别位于石林、安宁、嵩明、陆良、蒙自、建水、普洱、大理、曲靖、楚雄、巍山等地；生猪肉食品加工基地2个，年生猪屠宰能力达到300万头，生猪肉食品加工基地分别位于昆明、曲靖两地，昆明屠宰加工基地总投资3亿元，占地260亩，全套引进德国BANSS屠宰设备和韩国HI－COOK分割设备，按照冷鲜肉生产标准建设，年屠宰加工生猪200万头，是西南地区规模较大的猪肉屠宰加工企业、云南省首家推出冷鲜肉的企业，目前供应昆明市场60%以上的猪肉。曲靖屠宰基地年屠宰能力100万头，为曲靖市唯一定点生猪屠宰企业，负责曲靖市98%以上的猪肉供应。

神农集团能有今天的成就，除了产业链延伸和产业化运作的深入外，还归功于积极营造科技创新的环境，形成集团各部门尊重科技创新、重视科技创新、依靠科技创新、坚持科技创新的强大活力，全面落实科学发展观，努力走出了一条科技创新推动企业发展的好路子。

一、重视科技创新，勇立行业发展潮头

科技创新是企业可持续发展和实现农业工业化的关键，是提高产品市场竞争力的重要动力。科技创新也是神农集团发展的重要生命线，集团科技创新不仅仅是技术创新，还包括管理、人才乃至商业模式的创新。一直以来坚持利用先进适用的现代技术、装备来改造提升传统畜牧业、提高产品标准、塑造企业形象的理念，不断加大技术创新投入力度，加快培养内部技术骨干人才，加速技术成果转化，大力开展产学研活动，利用自身产业链优势，借助于高等院校的支持及国外优秀技术经验来充实自身发展。

近年来集团开展并完成了一大批适用性强的科技成果，有获得云南省政府颁发的科技进步三等奖的《液体酶制剂复合技术和后喷涂工艺技术在畜禽饲料中的应用研究及产业化》，获得官渡区科技进步一等奖、昆明市一等奖的《云南省健康养猪生产工艺模式研究应用产业化》，获得教育部科技进步二等奖的《规模化猪场健康养殖清洁生产工艺及配套设备》；获得云南省科技进步三等奖《云南省无公害生猪养殖综合标准》等。组织实施并完成了省科技厅《数字化生猪养殖型建立及产业化示范》项目。以上成果的研究都让集团从科技创新中获得了良好的经济和社会效益，也为各项集成技术的推广示范找到了好娘家，同时也更加坚定了集团重视科技创新的决心！

二、依靠科技创新，打造企业核心竞争力

集团为全面提升产业科技创新水平，在云南省科技厅的支持和帮助下，以重点项目为依托，以解决技术难题为切入点，围绕产业发展进行技术攻关，促进重点项目实现突破，以确保一个好课题形成一批好技术、培养一批技术人才。近年来集团在严谨的品控体系和领先的加工工艺基础上加大饲料的科技投入，提高产品科技含量，以现代生物技术手段进行液体酶制剂复合技术和后喷涂工艺技术研究及技术成果产业化应用推广，液体饲用酶制剂在高海拔地区畜禽日粮中得到了推广运用。使用益生菌、益生素以及全球最大的维生素供应商—帝斯曼公司的多维进行饲料生产，有效地提高了饲料利用率，减轻环境污染，实现饲料添加剂“绿色化”。集团始终坚持“以科技武装农民，造就现代神农——科技型农民”为己任，近年来分别开展了饲料方面的课题研究如《鸡猪生产潜力最大化营养体系产业化建设》，有关养殖方面的课题研究如《生猪良种资源高效利用产业化》及有关猪肉制品深加工方面的研究如《猪肉制品产业化开发研究》，以上课题的研究和运用，让集团的产品、技术等得到了质的飞跃，同时为集团发展战略的制定提供了有力的保障。

三、坚持科技创新，实现企业跨域式发展

按照神农集团发展规划，“十二五”期间拟投资14亿元，发展年养殖、屠宰加工200万头生猪产业链基地建设。其中饲料生产基地投资2亿元（生猪饲料年销量要达到60万t），生猪养殖基地投资10亿元（母猪存栏要达到10万头且拥有PIC、DLY高端种猪资源，通过年出栏生猪达到200万头），生猪屠宰加工建设投资2亿元。拟实现销售收入60亿元以上，年利税5亿元，解决就业人员1万人，带动规模养殖户3 000～5 000户，户均增收6万元以上，进一步从专业化、规模化及猪肉食品安全等环节推动现代农业发展。集团积极引进国外先进的管理技术，经过多次接洽，与美国PIPESTONE公司于2011年12月签署了《神农集团-PIPESTONE公司合作协议》，合作方将提供提高产量、健康和降低生产成本的方案及措施，并提供与之配套的管理培训等工作，与丹麦育种公司及PIC公司等合作，引进国际上在生猪养殖技术及管理方面的技术等，这些科技合作创新将拉近集团与养殖发达国家的距离，使集团更具发展竞争力。集团将一如既往的坚持、依靠科技创新不断地发展壮大，实现自身发展的同时带动更多农户。

勇于创新　为团队发展挑战自我

——陕西石羊（集团）股份有限公司

陕西石羊（集团）股份有限公司是农业产业化国家重点龙头企业。1992年成立于陕西省蒲城县孙镇石羊村，经过20年发展，已成为西北地区规模较大的多元化股份制企业，固定资产20亿元。2012年实现销售收入60亿元。集团由农牧、油脂、地产、金融4大产业组成，各自独立、相互依存，打造国内全产业链农业旗舰企业。主营业务涉及油脂、饲料、冷鲜肉加工、畜牧养殖、肉鸡屠宰、进出口贸易、房地产开发、金融担保服务等。集团共有48家子（分）

公司，现有员工 4 000 余人，销售网络立足西北 5 省辐射全国。集团先后荣获全国“农业产业化国家重点龙头企业”“守合同、重信用企业”“全国三十强饲料企业”“全国食用植物油加工 50 强企业”。“石羊”“邦淇”及石羊图形商标被认定为中国驰名商标、陕西省著名商标。“石羊”牌饲料、“邦淇”牌食用油被认定为“陕西省名牌产品”。

一、石羊模式：基于整合合作一体化发展的西北范本

石羊集团主要涉及的 4 大产业板块，即农牧、油脂、金融和地产。以饲料和油脂为切入口，立足农副产品加工业后，石羊发展中面对基本背景是：西北地区养殖产业链断头多，养殖户缺乏科学养殖技术，面临疫病威胁、销售不确定及市场价格下跌风险和资金约束，生产效率、科学养殖能力和承受风险能力低，缺乏大企业的支持和引导，农户对规模化养殖顾虑大；在陕西乃至整个西北地区，缺乏基础的种猪扩繁能力，以及肉鸡屠宰经验和销售渠道，且资本实力也非常有限。

在这种内外不利的商业环境下，石羊选择基于资源条件整合合作的前向一体化发展模式，以合强扶弱、互利共赢的理念和策略，强化西北农业养殖产业链中的薄弱环节，快速构造起相对完善、实现有效管理的全产业链。

在贯通饲料产业、油脂产业、养殖产业、养殖配套产业、屠宰加工产业和金融产业等的一体化过程中，一方面，石羊集团与国内外优秀企业建立密切关系，强强合作，解决自身的短板，稳固和强化技术、资金、管理能力和市场营销能力，提升产业链管理能力；另一方面，石羊集团积极服务产业链中的利益相关者，与风险承受能力弱的大量养殖户建立稳定的合作关系，在投融资、技术、管理、营销、风险承受等方面消除他们的不足，给养殖户提供种猪、种鸡及饲料供应、技术服务、保价收购合同。通过给养殖户提供 30%投资补贴、小额信贷和担保等金融手段，有效缓解了农户的资金约束，把广大养殖户安全纳入养殖产业链。最终提升产业链各环节利益主体收益的稳定性，实现产业均衡发展，流畅运营，提高效率，提升价值，降低风险，互利共赢。

二、延伸：步步推进的前向一体化之路

在进入油脂加工领域后，如何有效利用大量的油脂副产品，进一步掌控产业链，成为石羊首要考虑的命题。油脂副产品中，70%是豆粕、棉粕和菜粕，而这些正是鸡、猪、牛饲料的主要原料。基于此，石羊决定进军饲料产业。

石羊集团在进入油脂和饲料行业后，又将触角伸到畜牧养殖行业。2003 年开始，石羊渗入种猪养殖环节。第一步是从解决源头问题开始，即大力发展种猪。由生猪开始突入养殖业的石羊，从 2007 年起进一步拓展锁定了肉鸡，目标是打通石羊鸡饲料产业链。如今，石羊集团养殖产业已拥有 7 个养殖场，其中国家级核心育种场 1 个，标准化种猪祖代场 2 个、父母代场 3 个、商品猪场 1 个。2012 年建设西北地区规模最大、自动化程度最高的蒲城肉鸡屠宰食品厂，达产后年可屠宰肉鸡 3 000 万只，实现产值 8.6 亿元，可提供就业岗位 1 200 个，并带动周边 6 000 规模养殖户致富。未来，石羊集团将在饲料原料、兽药、种苗、专业化服务、物流、金融担保及标准化养殖等节点上全面突破，计划在蒲城地区投资 1 亿元建设 30 万套父母代种鸡场，健全肉鸡产业链，完善产业布局，为养殖户提供“八统一”专业化服务，为市场提供可追溯的健康肉食产品，全力打造国内全产业链农牧旗舰企业。

几年间，核心产业链整合使石羊集团的核心竞争优势得到进一步强化，也对企业所在地的农牧业发展起到了很大的促进作用。进入畜牧养殖业不仅带动了企业在饲料行业的发展潜力，更为养殖户提供了优质、放心的种苗资源，提高了企业价值链上的竞争力，同时也有效化解了经营风险。对于竞争空前激烈的农牧产业市场，石羊集团董事长魏存成先生有着清醒的认识，在目前国内农牧市场中，作为一家民营公司，要想实现永续经营，长期发展，必须具有独到的经营理念和符合市场经济规律的运作模式。

在成长过程中，石羊集团十分重视管理、人才和文化，不断加强企业内部管理，增强企业软实力。在一次又一次改革创新中，石羊集团实现着一次又一次推进和提升。

三、全方位质量管理

从创业初期的单一产业，到今天集研发、生产、销售、服务为一体的主业突出、多业并举的大型企业集团，石羊集团 20 年一贯秉承“提供绿色产品，共创美好生活”的企业宗旨，始终坚持“用户满意才算合格”的经营理念，始终把最好的产品、更高的质量和贴心的服务奉献给广大用户。

石羊集团在企业内部推行全方位质量管理，通过了 HACCP 认证，历经了“TQC”（全面质量控制）“GMPS”（最佳生产工艺）和“ISO9002”（国际质量标准化管理体系模式）等一系列重大变革，不断完善

质量保证体系，坚持实行质量一票否决，坚持“不合格原料不进厂，不合格产品不出厂”的质量原则。2005年引入6S管理经验，并将此管理模式推广到全集团，极大地提高了集团整体系统能力，企业焕发出勃勃生机。2009年引进食品安全体系，完善了农业产业化链条。

四、人力资源开发

人力资源开发是石羊集团长远发展的战略资源。2001年与西北大学合办石羊EMBA班。2010年石羊集团高校“石羊班”全面启动，目前已在中国人民大学、山西农业大学、杨凌职院、酒泉职院等开办了4个石羊班，并与西北农林科技大学、河南工业大学等高校建立了人才培养和实践基地。到目前为止，石羊集团已拥有各类专业技术人才1 000多名，其中博士5名，硕士200余名，已建立起了一支高素质的管理、研发队伍。

此外，石羊集团依靠雄厚的科技人才队伍，把“科技创新”作为推动企业持续发展的原动力，积极研制开发新产品，提高产品的科技含量，以高科技制胜，完成了由项目型企业向品牌型企业的顺利过渡，成为国内农牧市场中一支生力军。

勇当领头羊，勇于创新，敢走前人没有走过的路；勇于拼搏，勇于超越，为团队发展挑战自我，是石羊集团的企业精神。随着企业发展加速和新形势变化，石羊模式不断完善，石羊集团中远期目标也更加清晰。以农牧产业链为基础，向消费者提供从原种、饲料、养殖、屠宰、终端销售一体化的可追溯产品，成为中国领先的综合性农业企业。

新基地　新征程　新跨越

——陕西华秦农牧科技有限公司

2012年，面对饲料工业整合加速，畜牧养殖生产方式转变、市场竞争加剧、经营压力增强等各种困难与挑战，陕西华秦农牧科技有限公司以科学发展为第一要务，以“责任、创新、跨越”为年度主题，以保持公司强势经营发展和顺利完成新基地搬迁为核心工作，以“转方式、调结构、控两端、促创新、强管理、保增长”为工作总体要求，团结带领广大员工攻坚克难、奋力拼搏，完成了年产30万t华秦农牧新基地建成投产和老厂区整体搬迁，实现了公司经营持续强劲发展，开创了公司立强向大，跨越发展的新纪元。

一、经营业绩良好

2012年，公司实现总销量13万t，销售收入4.05亿元，同比增长5%；实现利润158万元，保持了强劲发展态势，社会认可度和影响力不断提升。

二、新厂建成投产

占地75亩、投资8120万元、华秦农牧年产30万t饲料新基地于2012年3月21日建成投产，至4月28日完成老厂区整体搬迁，于9月6成功举办规模盛大、影响深远、成效显著的新基地落成投产庆典，10月完成项目审计。至此，新基地建设完成，公司硬件实力显著提升。在此期间，公司上下齐心协力，着力于设备调试验收、搬迁老基地物资、修订作业标准、调整组织机构、重新设置薪酬、重新聘任干部、合理安置人员、制定新基地工作方案、实现生产经营高效运转，共调试改进设备问题150多项，召开试产协调会、项目验收会80多场，领导干部和员工以时不我待、认真负责的精神，不分昼夜开展工作，用行动诠释爱和责任，用真情谱写发展史诗。

三、市场拓展显著

一是营销理念创新。面对新的发展环境，提出了“大企业、大品牌、大营销”的营销理念，构建了“品牌宣传、技术服务、驻场指导、数据实证、用户培训、来厂观摩”六位一体营销体系，打造公司营销、会议营销和团队营销“三驾马车”营销模式。二是营销模式创新。抓紧市场机遇，成功策划实施了“1+1乳仔猪教槽料成长模式”“十百千万工程”等促销活动，100多场各类形式的会议营销，开发客户323名，实现增量5 431t。三是产品多元化发展。反刍动物饲料成为蒙牛乳业牧场中标饲料，年销量突破万吨；实施肉鸡料产业化发展模式探索与实践，实现销量5 000t。

四、创新能力增强

一是确定10个研发项目，专题讨论技术研发47场，进行饲喂试验15次，投资36万元实施养猪试验，提升了公司产品研发能力。二是检测方法和过程控制管理创新。加强从原料检测、生产过程质量控制及计量等全方位管控，建立以基础理化分析为主导，以安全性项目检测为重点，以外检卫生指标为依托的三位一体质量检验体系，全年检测成品、原料4 458

次。三是确立原料采购标准化和品牌化，完善原料采购标准，实现原料合格率92.8%，提高2.4%。四是研究新原料资源科学利用，整合和规范添加剂，新增6种，淘汰28种。五是加强设备创新改造。实施打包线拨倒器、环模搬运车、成品仓分级处理器、预混料成品打包等设备改造。六是知识产权管理卓有成效。公司1项产品专利获得示范区科学技术三等奖，新获2项外观专利，新报2项国家发明专利。七是公司获得“陕西省高新技术企业”和“全省第二批创新型企业”称号，完成“四大创新平台”建设。

五、精益管理深化

一是测算制定新基地原料损耗、包装损耗、吨电耗、谷电利用率、废旧包装回收率、维修费、液体添加7项考核指标。二是加强成本核算、费用控制、投资理财和货款回笼借记卡制度，年降低财务费用108万元，增收节支160万元。三是加强配方动态精准核算、计量控制、不合格原料退货和回炉料管理，全年调整配方639次，实现产品生产合格率99.4%以上，降本增效260万元．四是强化原料采购的品牌、质量、价格、数量、付款、物流、交期和安全8要素控制，实现采购增效。

六、团队建设有效

一是通过推行干部全员民主考核、测评、职位竞聘和周工作汇报制度，强化干部执行意识、创新意识、担承和负责精神，开展“素质效能双提升年活动”，不断增强干部队伍活力。二是加强技术、营销、设备管理、化验、财务管理、原料采购的外培。完成员工培训46场，培训员工986人次。三是全年招聘员工41人。其中营销、财务、设备技术34人，一线作业工4人，外聘专家教授3人。四是加强人力资源规范化管理，聘请了专业法律顾问，对员工劳动合同进行规范化修订，规范了员工轮休、年休假制度。

七、科技示范有力

一是组织不同专题规模化养殖技术培训和会议营销65场次，培训客户7 000人次，派出技术服务934人次，电话短信服务2 500户次，解决养殖难题3 000多户次，产生了极大的示范和带动效应。二是与50个规模化养殖场开展“健康养殖合作示范”，效果良好。三是编写《科学养殖技术手册》，无偿发放4万余册。

八、文化建设有果

一是重新修订公司宗旨、经营发展理念，塑造企业文化核心。二是编撰《华秦农牧发展史》，印制呈现企业文化的《纪念画册》，实现了企业文化建设的系统化传承、弘扬与发展。三是举办“新基地、新征程、新跨越”主题演讲赛，凝心聚力，谋求发展。四是网上发表宣传稿件12篇，参加3次全国大型会议，强化企业和品牌宣传。五是形成了以《员工奖惩条例》《岗位职责》制度规范为核心的文化体系，促进员工爱岗敬业和企业科学发展。

九、员工民生改善

公司推行全员每月6天轮休制、岗位工资普遍调整及为79名农民工一次性补缴养老保险，实现社保全员覆盖，企业工作和生活环境极大改善，身心愉悦，满意度显著提升。

十、企业和谐稳定

公司按照“平安杨凌”“和谐企业”建设要求，坚持安全生产工作常抓不懈，在今年新基地搬迁、老基地留守的特殊情况下，一是内保工作持续加强。建立安全视频监控系统和保卫人员24小时值班与巡查制度，物防和技防水平显著提高。二是加强员工安全教育和检查。先后两次邀请交警队民警为营销人员和司机进行交通安全知识培训；集中开展员工下班交通安全教育和摩托车、电动车安全情况检查；与杨陵区交通运输公司签订公交车接送员工上下班协议，有效杜绝了交通安全事故的发生。三是加强安全生产和消防工作。为装卸、机修等登高作业岗位配备了安全带，加强了配电、锅炉、铲车特种作业岗位人员持证上岗培训和日常安全检查，公司内部消防监控系统、灭火器材配备到位，人员操作熟练。

发挥龙头带动示范作用
树立农牧行业标杆

——陕西正大有限公司

陕西正大有限公司是由泰国正大集团与陕西省牧工商总公司联合兴办的大型现代化农牧食品企业。公司兴建于1993年5月，位于西安市中心38公里处三原县周肖工业区，占地近400亩，拥有年产量30万t现代化饲料厂1座，6万套科宝父母代种鸡场、孵化厂各1个。公司现有员工394人，生产经营“正大牌”猪、鸡、鱼、奶牛4大类50多个品种全价和浓缩饲料（获中国名牌产品称号），每年向陕西及周边省市提供620万羽优质商品代科宝肉鸡苗。公司业务涉及饲料、良种繁育、养殖及技术推广、食品经营等方面。公司鸡蛋、猪肉通过“无公害农产品”认证，通过ISO9001质量管理体系认证和HACCP管理体系认证。2008年被评为“陕西省农业产业化龙头企业”，2009年被咸阳市农业局授予“农业产业化龙头企业标兵单位”。2010年获第十七届中国杨凌农业高新科技成果博览会“优秀展示奖”和“优秀组织奖”，并被行动成功国际教育集团授予“教导型组织联盟企业”称号。2011年荣获“全国食品工业优秀龙头食品企业”称号，2012年正大现代农业园区荣获“陕西省现代农业园区”称号。

公司积极响应政府“建设社会主义新农村”的号召，通过建立服务型企业、大力推广畜禽现代化养殖示范项目、产能改造升级、打造城市食品品牌经营等模式，迅速在省内形成极强影响力，成为省内各大饲料企业及养殖企业的榜样，真正做到了省级重点龙头企业的示范带头作用，为推动陕西畜牧业的快速发展和推进农牧行业迅速转型做出贡献！

一、以服务为龙头打造品牌影响力

陕西正大始终坚信“以人为本”，人才就是企业的财富，做好人才储备，打造一流技术服务团队，从全国各大城市和大专院校招收了50多名畜牧兽医专业博士和硕士，成立高新技术人才服务队伍，深入一线开展专家顾问式服务，通过现代高科技知识及理念来改变广大养殖户的传统理念，以目前畜牧业最专业、最领先的科技手段实现标准化、规模化、现代化养殖模式的转变，同时发挥集团管理优势，邀请集团的外国专家做营养、疾病预防等方面的培训，使广大养殖户和经销商不断增长知识，了解国际最先进的管理理念。近年来累计举办培训会、座谈会、推介会等6万场次，培训养殖户和经销商约30万人次，发放宣传资料570万份。同时公司不断延伸服务，给用户建立档案，为大客户、大型养殖场、养殖专业户实行个性化服务，派专业技术人员驻场服务、做疾病的抗体检测，为疫病群体做药敏试验等，通过现代化手段帮助他们做好养殖管理，快速实现养殖效益的提升和生产技术的不断改进。

二、大力推广畜禽现代化养殖示范项目

2009年，公司在三原县新兴镇投资兴建的存栏24万羽蛋鸡的陕西正大现代化蛋鸡示范场建成投产，该场引进世界最先进的生产设备，采用全自动、全封闭式饲养与环境控制系统及全自动蛋品分级包装系统。示范场的建成带动了三原县百万蛋鸡园区建设项目，在推动传统畜牧业向现代畜牧业转型，在示范带动畜牧业生产标准化、产业化经营方面发挥积极作用，同时为西安及周边大中城市市场安全蛋品的供应提供强有力的保障，为新型城市菜篮子工程做出贡献。

陕西正大安塞现代化养猪示范场于2008年3月动工，2009年8月建成投产，年可向市场提供良种仔猪2.5万头，为标准化育肥户提供优良的仔猪来源，每年将产生1万t优质肥料（沼液和沼渣）。生产运营采用正大养猪先进工艺和标准化技术，生产方式以周为生产节律，分两阶段饲养，全进全出。全部生产过程实行电脑控制、全自动化饲养管理方式。与种猪项目相配套计划在安塞当地建设育肥猪园区5个（每个场存栏规模达2 000头），将快速改善生猪品种，有效带动全省养猪事业发展。

三、严抓产品质量，推进产能改造升级，加快饲料生产发展步伐

公司非常重视产品质量，视质量为企业的生命，坚持“企业的效益来自客户的满意”“客户的信任来自我们的真诚”的经营理念，从原料验收到生产的每个环节，从品质检验的每一个细小步骤再到成品出库，每一步都严格控制，确保产品质量合格，为畜禽提供安全优质的饲料，确保猪肉和蛋品“安全、优质、新鲜、营养”，为广大消费者提供放心优质的食品。

随着公司饲料销量的不断提升，原设计的18万t产能饲料厂已无法满足公司快速发展的需求，在对市场环境充分论证的基础上，2009年，公司将18万t生产线改造升级为24万t生产线，2010年又将24万t生产线改造升级为30万t生产线。产能改造升级后有力地提升了陕西正大的企业实力，增强了市场竞争力，使更广大的客户用上优质的正大牌饲料，同时带动基地玉米等原料种植面积54万亩，带动基地养殖量85万只，年可转化主要原料约7万t，价值1.38亿元。年带动约11万农户进行养殖，户均增加收入2.5万元，为社会增加经济效益27.5亿元，可带动当地1.5万人就业。陕西省内的大量经销商、养殖户与正大一起携手快速发展，走上致富奔小康道

路，使更多的消费者吃上安全、优质、新鲜、营养的正大肉、蛋、奶等产品，为改善人民群众的生活水平，提高人民群众的身体素质，做出了一定贡献。

四、建立城市食品品牌经营模式，打造绿色无公害食品产业链

为了全面做好城市食品品牌经营，2010 年中秋节期间，陕西正大食品有限公司正式挂牌成立，这标志着陕西正大食品销售步入快速发展的轨道，通过内部专家策划、培训等，使正大无公害蛋品、肉品从采购、物流、配送、分割、销售等环节建立起标准化流程，纳入规范化管理和考核，使正大蛋品、正大肉品在西安、咸阳等市区进入各大超市、社区、学校、单位，多渠道、多方位占领市场。目前，正大食品以其“安全、优质、新鲜”的特色深得广大消费者青睐，产品供不应求，同时通过联谊活动将正大食品广为宣传，“做世界的厨房，人类能源的供应者”已经成为正大集团及全体正大人的共同追求，食品安全关系到全人类的健康，正大的使命就是“发展安全食品、保障健康消费、促进社会进步”，通过建立城市品牌化经营，保障从饲料源头、生产过程、物流配送、食品销售等环节严格把关，打造绿色无公害食品产业链，倡导“健康生活、绿色消费、时尚环保”的生活理念，为人类的健康和社会的和谐、进步创造了条件。

五、注重环保节能及公益事业，积极履行社会责任

陕西正大有限公司始终将节约资源、保护环境作为龙头企业义不容辞的责任和义务。正大现代农业园区通过自动喂料、自动饮水、环境自动控制系统，使蛋鸡在最佳的环境中健康生产；通过自动集蛋系统和自动分级包装系统，生产出优质安全的正大蛋品；通过鸡粪自动传送、卸载及干燥系统，将鸡粪处理成有机肥料，符合绿色发展要求。

公司非常注重社会公益事业，积极履行社会责任。一是开展年扶贫帮困献爱心活动，设立学生助学金及奖学金，在西北农林科技大学生和三原县南郊中学设立奖学金和助学金，每年投入 20 万元；二是投身新农村建设，改善当地农村基础设施，积极参与其他各项公益活动，每年投入资金约 23.14 万元。

陕西正大有限公司将一如既往地发挥农业龙头企业的作用，继续扩大和深化对新型产业模式的探索，为陕西社会经济发展做自己应有的贡献。

服务生态养殖　造福居民健康

——宁夏正旺农牧科技有限公司

宁夏正旺农牧科技有限公司成立于 1998 年，是集饲料生产、产品研制、生物技术开发的科技骨干型农牧企业，主导产品有畜、禽、水产复合添加剂预混合饲料、浓缩饲料、高档配合饲料、高活性饲用复合酶及生物蛋白质饲料 4 大系列 100 多个品种，注册有“隆丰”“正旺”“肽美乐”“捷隆”等 18 个商标，其中“隆丰”商标被认定为“宁夏著名商标”，产品覆盖宁夏、陕西、甘肃、内蒙古、青海 5 省区。

经过 15 年发展，现已拥有 3 个生产厂区，占地面积 120 亩，建筑面积近 1.6 万 m^2，初步形成了集生产、销售、研制和开发为一体的集团化经营格局和管理模式，拥有先进的饲料生产线和生产水平，年产饲料 10 万 t，是自治区认定的农业产业化重点龙头企业，也是宁夏中小企业协会常务理事单位。

一、加大技术研发力度，推进产品全面升级

公司始终秉承“服务农牧、造福社会”的企业宗旨，建立了科研机构——宁夏正旺畜牧饲料研究所，拥有一支技术雄厚的研发队伍，长期与中国农业大学等国内著名科研院校合作和交流，以技术合作、技术创新提升企业核心技术，先后承担实施了“动物保健添加剂预混料、浓缩饲料、颗粒饲料”国家星火计划项目、“高活性饲用复合酶生产技术”和“高活性生物蛋白”国家创新基金项目、“高活性饲用复合酶产业化生产”国家火炬计划项目、“无抗饲料技术改造”国家中小企业技术改造项目等国家级项目 5 项，自治区、中卫市各类科技攻关计划项目 6 项，申请获得国家专利 10 项，公司起草实施的《猪、鸡浓缩饲料》（Q/WZW002—2007）和《牛、羊精料补充料》（Q/NZW009—2010）两项标准荣获“宁夏标准创新贡献奖”。公司先后被中国民营科技促进会授予“民营科技发展贡献奖”，被自治区科技厅授予“科技创新先进单位”荣誉称号。

二、严格产品过程控制，完善质量管理体系

公司推行全面产品质量管理，按照《饲料质量安全管理规范》等有关法规要求，实行标准化、规范化管理，建立实施并通过了 ISO9001：2008 国际质量管理体系、ISO22000：2005 国际食品安全管理体系和 ISO14001：2004 环境管理体系认证，是宁夏本土饲

料企业中较早通过“三体系”认证的企业。公司严格按照体系要求，健全了技术标准、管理标准、工作标准，首先完善了从原材料采购、加工、产品出厂等一系列操作规程和管理制度，按照原材料采购标准验收每一车原料，按照工艺标准规范每一个生产环节，按照产品标准检验每一批次出厂产品，确保客户收到的产品都是经过公司确认合格的产品。其次通过修订和完善生产工艺流程、岗位培训等方式，增强员工的质量管理意识，倡导公司全体员工“人人都是质量监督员，个个都要把好质量关”，将质量管理理念渗透人心，贯穿于整个生产过程中，加强对每道工序进行检验、跟踪，确保不合格产品在市场“零”投放。由于持续狠抓产品质量，“隆丰”牌系列饲料得到了行业和社会的一致广泛认可，被中国饲料工业协会评为“中国饲料行业信得过产品”，被宁夏名牌战略推进委员会评为“宁夏名牌产品”。公司还通过了国家标准化委员会企业标准化良好行为AAA级认证。

三、改进原料采购流程，确保原料采购质量

原料采购价格是决定饲料产品价格的决定性因素，公司加强了采购部门的机制建设，建立健全了原料采购管理制度，修订优化了原料采购、验收、入库、储存、领用等相关流程，从制度机制上理顺从原料采购到领用投入生产各个关键环节的衔接关系，通过严格控制，提高了原料质量。为了从源头上保证原料的收购质量，采购中心主动出击，到原料生产厂家和原料收购点进行考察，掌握第一手资料，择优进行采购。并增加了采购复核环节，采取对原料询价比价的基础上进行复核确认，择优选择供应商。还规范了采购合同管理，建立了采购合同台帐，加强了对采购合同的监管，实行了“采购中心的两级价格复核和合同审核”机制，力求最大限度降低原料采购成本，避免了采购资金的风险。

四、坚持诚实守信为本、夯实企业发展基础

品牌竞争力是企业最持久的核心竞争力，公司始终重视品牌建设。一方面重视企业内在素质，强化规范管理，树立品牌意识。“隆丰”注册商标是宁夏著名商标，围绕这一品牌，公司在营销区域内开展了“五好经销商”“诚信经营户”等评比活动，引导经销商诚实经营、规范经营，树立品牌形象。另一方面树立外部形象，加大宣传力度，扩大市场影响。公司通过《正旺》内刊举办产品展览等平台对产品形象进行宣传，并通过对客户的优质、诚信服务，在用户心中树立良好的产品形象。成功协办了中国三农咨询服务中心组织的“西部饲料产业发展论坛”会议，从会务组织、接待安排、现场服务等方面都得到了与会近200名嘉宾的肯定，也检验了员工的素质，展示了公司形象，提升了公司知名度。通过努力，“正旺”品牌已经深入人心，而公司也格外珍惜大家对公司的评价。打造优质品牌是正旺不懈追求的目标。

诚信是企业立业之本，公司从成立伊始就十分重视培育“诚信为本”的立业之道。在内部，公司从最高管理者到基层员工，均形成严以律己，宽以待人，模范遵守公司各项规章制度的良好工作氛围。公司上下形成了“团结、友爱、互助”的和谐氛围。增强了企业的凝聚力和战斗力，为企业不断发展创造了宽松和谐的内部环境。在外部，与上游原料供应商和下游顾客均建立了长期合作、互利互赢的模式。在售后服务方面，公司重质量、讲信誉、守合同，在产品和服务上对顾客均有明确承诺，建立了顾客定期回访制度，定期搞好顾客满意度调查工作，确保公司诚信至上。先后被宁夏回族自治区农牧厅等15家单位联合授予“宁夏乡镇企业及农产品加工业自治区级诚信企业”，被自治区农牧厅评为“饲料加工先进企业”，连续多年被评为“中卫市优秀民营企业”“消费者信得过单位”。

五、加强员工学习培训，促进企业健康发展

公司通过与国内知名农牧科研院校合作，引进先进的管理理念和科学的管理模式，把学习工作化，把工作学习化，努力创建学习型企业。

一是加强中高层管理人员的政治理论学习和管理知识学习，提高管理人员的政治理论水平和组织管理水平，增强思维能力和综合协调处理问题的能力，使其更好指导部门员工开展工作，提升工作绩效；二是加强管理人员的专业知识培训，使管理人员具备一定的专业知识，强化对饲料及饲养技术的认知度，不说外行话，不做外行事，更好为岗位、为客户服务；三是加强对营销一线员工的实战培训，使营销团队由单纯销售型向技术服务型转变，倡导客户至上的服务理念，把销售重点放在服务上，立足点放在养殖户上，倾力打造企业与经销商、养殖户3位一体的利益共赢平台，形成了覆盖产品销售领域的售后服务网络；四是加强生产一线员工对公司制度、技术标准和操作规程、安全知识的学习，提高了员工的业务技能和操作水平；五是组织广大党员和员工认真学习，深刻领会党的十八大精神和科学发展观，提高党员政治理论水平和党性修养，充分发挥党员的先锋模范作用，增强奉献精神，强化大局意识和发展意识，按照非公企业

党建要求，进一步发挥党组织在职工群众中的政治核心作用和企业发展中的政治引领作用，加强党支部建设，积极培养优秀骨干员工加入党组织，在全体员工中开展“比学习、比工作、比奉献”“树典型、树正气、树形象”的“三比”“三树”活动和“创先争优”活动，发挥党支部的战斗堡垒作用，增强党支部的战斗力；六是大力开展企业文化建设，以重要节日为载体，组织集体活动和厂外活动，丰富员工精神文化生活，搭建员工交流和沟通的平台，让员工实现心与心的对话，密切员工关系，心往一处想，劲往一处使，做到同心同德，从而激发和树立员工的团队精神，充分调动员工的工作热情，让员工人人参与公司经营，个个关心公司发展，以千方百计增加销量为突破口，全力以赴做好本职工作，实现员工个人价值的提升，使员工常念公司之情，常怀感恩之心，常想工作之责，促进员工精神文明，让广大员工的工作积极性转化为推动公司发展的强大力量，实现公司物质文明和精神文明双丰收。

时代在进步，企业在发展，公司的发展离不开各级政府部门及社会各界的大力支持。勤劳的正旺人将继续发扬“爱岗、敬业、协作、共赢”的正旺精神，坚持“用心去做，让客户感动”的经营理念，着力打造一支“用心做事，勇于担当，团结协作，敢于负责”的管理团队和员工队伍，引爆公司和员工以及上下游客户的正能量，以更加优质的产品，更加饱满的热情，更加振奋的精神，更加昂扬的斗志，更加务实的作风，更加完善的服务，转变机制，创新管理，抢抓机遇，奋力拼搏，努力实现公司“十二五”发展目标，向着致力于构建一流的专业化科技型农牧企业的宏伟目标奋勇前进，为全国畜牧业持续、健康发展做出更大的贡献。

为耕者谋利　为食者造福

——青铜峡国雄饲料有限公司

青铜峡国雄饲料有限公司是新希望集团于1998年兴建的现代化饲料生产企业，坐落于具有“塞上江南”美誉的宁夏回族自治区中心地带、交通十分便利的青铜峡市。公司在集团雄厚的技术力量指导下，以多年的成功经验，根据西北地区气候、土壤、水质和原料营养成分特点，结合当地养殖习惯，专门设计研制出生长速度快、抗病能力强、适合西北养殖特点和生长的“国雄”牌猪、鸡、牛羊、鱼饲料。

“为耕者谋利、为食者造福”是公司始终不变的经营理念，“耕者”是指广大的农民朋友，是企业，是员工，是农牧产业链上下游生产者，是新农村建设的主力军。“为耕者谋利”就是通过产品供应、技术服务等支持手段，帮助农民朋友通过发展养殖产业链富裕起来，让农村经济生态更加健康，企业也在此过程中得以发展，从而提供更多的就业岗位。“食者”就是全国食品消费者，是人民大众。“为食者造福”就是让消费者吃到更多的放心肉、放心奶、放心蛋。

饲料加工离不开饲料原料，环保、安全、稳定的原料供应是企业产品质量稳定、安全及持续经营的前提。公司在原料采购方面严格按照《饲料原料目录》《饲料添加剂品种目录》及供应商评价制度的要求进行原料采购及验收，与供应商建立长期合作伙伴关系，严格按照《新希望原料使用规范》在产品配方中使用原料。

公司始终注重产品质量和服务质量，在饲料加工过程中，加工设备都是标准化生产设备，全程质量监控，标准化的检测手段和严格的检测程序，以及对涉及产品质量的各环节指定责任人，并通过严格的质量控制奖惩制度为产品质量提供制度保证，公司通过ISO9001质量体系认证，严控产品质量，对客户负责，对社会负责。

在售后服务方面，公司有专门的技术服务人员，每年举行20次以上关于饲养管理、养殖技术、疾病防控等方面的培训会，对宁夏畜牧业做出了应有的贡献。

在产品销售方面，公司不拘泥于产品导向和销售导向的营销方式，而是形成了客户为中心的营销机制，力求与客户建立长期合作以求共赢的稳定关系。针对供应商和养殖户等不同群体，公司建立了系统、规范、严格的客户关系管理制度，把销售、市场和客户有机结合，并建立详细的客户档案。公司要求销售人员不单是销售产品，而且必须要帮助客户指定成长计划，让经销商生意做大、做强；养殖户把养殖规模做大，并向标准化养殖模式迈进。

由于有严格的原料采购制度，生产过程监控，产品销售模式等，公司产品质量比较稳定，每年的统检或专项检查合格率100%，产品性价比高，得到了广大养殖户的认可。公司由于有稳定的产品质量和销售模式，同公司合作的客户每年都在壮大，公司的产品销量每年也上一个台阶。

遵照新希望集团“创百年名店、树百年老店”的经营理念，公司强化管理，内抓质量、外树形象，不断开拓进取，始终坚持“科技先导、质量第一、信誉至上、优质服务”的经营方针及“为耕者谋利、为食者造福”的经营理念，竭诚为广大用户朋友真诚服务，携手共创美好明天。

自主创新　打造民族工业品牌

——厦门金达威集团股份有限公司

厦门金达威集团股份有限公司创立于1997年11月24日，是国家火炬计划重点高新技术企业，厦门市首批通过重新认定的高新技术企业。2011年10月28日在中国深圳证券交易所挂牌上市。金达威集团是全球知名营养强化剂生产企业，现已在厦门和呼和浩特投资建成4个生产基地，拥有1 000多名在职员工。截至2012年12月31日公司净资产超过12亿元，2012年营业收入超过1亿美元。

金达威集团是行业中少数具备多种营养强化剂产品生产能力的企业之一，目前生产5大系列产品：维生素A、维生素D_3、辅酶Q10、微藻DHA和植物性ARA。其中金达威集团是维生素A全球前6大生产企业之一，维生素D_3全球前3大生产企业之一，辅酶Q10全球最大生产企业。公司产品广泛应用于医药、保健品、食品、化妆品和饲料等领域，远销全球数十个国家和地区。

集团以提高人类健康生活品质为宗旨，致力于营养强化剂和生物医药领域的创新和发展。公司自成立以来不断探索现有技术的优化升级和新产品的研发生产，坚持“相关技术、相关产品、相关领域多元化”的经营战略，走出了一条自主创新，打造民族工业品牌的发展道路。

一、持续创新并保持技术领先是公司生存和发展的核心动力

公司聚焦“微生物发酵”“天然产物提取分离”“化学合成”和“微胶囊制备”4大领域的核心技术，建立了自主创新发展和产学研相结合的技术创新体制，每年研发投入占营收比保持在4%～5%。公司研发基地主要位于厦门集团总部，汇聚了行业一流技术专家和教授，现有研发人员130人。公司先后与教育部工业微生物工程研究中心联合成立了金达威微生物工程研究所，与厦门大学联合成立了金达威食品营养工程技术中心。公司承担多项国家和省市重点科技计划项目，完成多个国家火炬计划项目产业化，获得国家发明专利10项。

二、严守“质量和信誉是我们的生命”的质量方针

公司生产基地的工程设计和生产程序严格按照国际GMP标准进行。自成立以来，已开发生产5大系列近百种规格的产品，并先后通过了ISO9001、ISO14001、ISO22000、GMP、HACCP、FAMI－QS、KOSHER、HALAL等认证。公司拥有一支高素质的员工队伍以及完善的生产管理制度，对生产过程中的人员管理、生产组织、品质控制、物流管理、工艺技术管理、设备管理及现场管理等进行有效控制。推行标准化生产管理模式，落实清洁生产，确保产品优质安全，用户满意。公司以“提高人类健康生活品质”为宗旨，严格遵循国家和国际标准，实行从原料采购到成品物流的全过程质量管理。所有产品只有通过严格的检验，确保质量，才会被投放到市场。始终以负责任的态度为客户提供安全的营养强化剂产品。

三、在竞争与发展的时代，客户满意是集团的追求

在不断提高企业和产品知名度和美誉度的同时，金达威集团建立了完善的客户服务信息管理系统，通过加强对客户售前、售中及售后服务，不断满足客户需求，使公司服务质量不断提高，进一步提升公司服务客户的能力和效率。今天，金达威产品已远销全球数十个国家和地区，成为行业中不容忽视的品牌，先后获得“国家火炬计划重点高新技术企业”“厦门市高新技术企业”“福建省著名商标”“福建省名牌产品”“福建省企业知名字号”“福建省创新性试点企业”“福建省守合同重信用企业”“厦门市重点工业企业”“厦门市知识产权试点企业”等荣誉。

风起潮涌，自当扬帆破浪；任重道远，更需策马扬鞭。2011年公司成功登陆资本市场，在深圳证券交易所挂牌上市。金达威集团将以此为发展契机，继续以市场为导向，以人才为根本，以技术为支撑，以资本为纽带，进一步提升“自主创新”的核心竞争优势，打造民族工业品牌，树立行业典范，将企业做强、做大，为客户和员工创造价值，以更加优异的经营业绩回报社会和投资者对金达威集团的期望。

科技创新　服务三农
做行业领导者

——厦门隆励工贸有限公司

厦门隆励工贸有限公司创建于2011年，注册资本2 000万元。主要从事饲料添加剂、添加剂预混合

饲料、高档乳仔猪浓缩料和配合饲料的研发、生产、销售与服务。公司坐落于厦门同安区洪塘镇，毗邻324国道，交通便利。公司占地近40亩，厂房2.3万 m^2，生产工艺和设备采用瑞士布勒集团生产的全自动化生产线，具备年产10万t饲料添加剂预混合饲料、10万t高档乳仔猪浓缩料、配合饲料的生产能力，产品主要涵盖猪各生长阶段共40多个品种。

一、团结互助，拼搏创新，创建一流团队

公司坚持“团结、互助、拼搏、创新”的企业精神，并建立一个充满朝气、活力、团结、不怕苦、不怕累、踏实肯干的团队。勇于创新，敢于拼搏，回顾过去，着眼现在，设计未来，不断加快科技创新的产业化、市场化步伐，不断提高企业员工素质，强化企业整体管理水平，做到程序化、规范化、制度化，实行目标绩效管理模式，确保执行的有效性。与时俱进，全力打造企业核心竞争力，从而不断提高企业经济效益和社会效益。

公司销售团队是一支年轻的团队，由业务人员、售后服务人员和专家团队组成，目前公司添加剂预混合饲料和高档乳猪料产品销售范围已拓展到黄河以南地区，遍布福建、广东、浙江、江西、河南、江苏、湖南、湖北等省份，并保持不断攀升的发展势头。

二、坚持人才领先，保证持续发展

公司始终视人才为企业最重要的资源，通过积极引进、放手使用、机制激励、文化吸引、培训提升等措施，聚集形成了一支高层次、高素质、高能力团队。公司在短短两年内已拥有博士和高级职称研究人员6人，硕士研究生和中级职称研发人员10人。做到专长发挥，专业化发展，畜牧兽医、动物营养相关专业人员占总员工数80%，尤其是市场服务营销队伍中，专业化程度达到90%以上，人员比例居同行业前列。与此同时，公司保持着良好的人才梯队建设，每年吸纳大批优秀的专业化人才和大学毕业生就职，为企业的持续发展增添强大的动力。

三、坚持科技创新，开发特色产品

公司注重技术创新和产品质量。坚持以科技创新为主线，紧紧抓住质量、服务、诚信3大主题，塑造企业品牌，以产品的高质量赢得用户的高度认可。公司以生物技术与动物营养产品研发为核心，采用“产、学、研”相结合模式，与四川农业大学、福建省农科院和厦门大学等高等院校密切技术合作，有效促进科研成果转化，加快其在公司产品中的应用，保证产品在行业内的领先性。

公司每年投入大量资金用于产品研发，公司自有6个规模猪场，与公司长期合作用于试验的规模猪场有8个，在每个创新产品上市前都做了大量的试验，得到实际生产中大量有效数据后方可决定是否推向市场，从而保证了产品的稳定性，做到心中有数，有的放矢。急用户之所急，想用户之所想，不断研发出绿色、环保、优质、高效的产品。在全国率先提出“全营养”配方与加工技术，通过全局考虑、重点分析猪各阶段营养需要特性，结合进化营养和小分子营养代谢组学新理念，旨在通过营养途径增强动物免疫，进一步挖掘动物生产性能，提高饲料利用效率。

公司全球首创研发并应用包被缓释氧化性和包被缓释微量元素预混合料技术，彻底消除了长期困扰饲料企业的高锌导致慢性锌中毒问题，解决微量元素污染问题，进一步提高养猪生产性能5%以上，显著改善猪只健康状况，真正实现无抗生素饲料产品和技术。高效、环保，引领行业可持续发展。

四、推行共赢模式，服务行业发展

公司创立以来就导入以价值和共赢为核心价值观的企业文化，在公司内部实行绩效管理，践行价值文化，调整员工价值行为导向。在外部围绕整个产业链，全面整合各环节优秀资源，为公司和用户寻求更多的价值创造点。

从“用户成长、员工发挥、企业发展”3个层面来实施共赢。这样的价值观将用户、员工和企业有机地结合起来，使一大批优秀中间商、用户走上规模化产业化经营之路，员工和企业也得到快速发展。

在饲料工业日益同质化的今天，公司除了坚持创新，提供特色的产品外，还通过服务转型提高差异化能力，提升用户价值体验。公司坚持“内部服务外部，全员服务市场”的原则，将企业的基础落实在市场对价值的需求上，在技术服务上植入新内涵，改变用户落后观念，提供综合服务方案，增效益助发展，促进养殖业升级转型。比如根据用户规模大小和实际养殖情况提供配套服务方案和技术服务，如看猪病、防疫与保健程序，教用户新的养猪管理技术和管理理念，帮用户做通产业链各个环节，提供准确的市场动态信息等。这样一来，公司上下也达成共识，提高员工素质，强化企业管理，最终都必须落脚在市场对价值的需求上，而非简单的差异化产品和服务。

五、立足畜牧业，创造新未来

公司通过专业化提升企业竞争力，逐步发展成为国内优秀的农牧一体化、规模化、产业化企业，在此基础上，发展成为对行业、社会更有价值的专业化综合性企业。纵观饲料工业，在产品日益同质化和竞争日趋激烈的形势下，厦门隆励公司有信心脱颖而出，成为饲料工业的标杆企业，为饲料工业发展做出更大的贡献。

企业简介

北京市

北京九州大地生物技术集团股份有限公司

北京九州大地生物技术集团股份有限公司是以饲料工业为主，同时涉足动物保健领域的农业科技型上市公司。目前，集团总部拥有1名博士后、4名博士、20余名硕士组成的研发队伍，1500多名员工，在全国拥有20余家控股子公司的农业高科技企业集团。集团是北京市农业产业化重点龙头企业、北京市高新技术企业、中国饲料工业协会常务理事单位、中国动物保健品协会常务理事单位、中关村科技园区瞪羚企业、中关村国家自主创新示范区“十百千”工程企业、“十大最具价值新三板公司”“全国百强饲料企业”等。集团2003年通过ISO9001标准质量管理体系，2005年通过HACCP22000食品安全管理体系认证，2011年成为国内首家通过GMP＋认证的饲料企业。

集团注重产品实用技术的开发，目前产品有3大系列，即畜禽预混合饲料系列、配合饲料系列、浓缩料系列。为打造中国反刍饲料第一品牌，集团不断创新，先后研制出犊牛开口饲料（获得2项国家发明专利）、奶牛月子饲料、奶牛产前保健饲料，提出“180大犊牛培育计划”，这些产品已在行业和用户中有很好的口碑，影响力正在扩大。集团的乳猪教槽饲料、仔猪保育饲料、母猪“三通料”经过多年的实践与推广，深受广大客户欢迎和好评。目前正在推广猪禽无抗系列产品，市场反映良好。集团坚持自主研发、创新为主、引进为辅的产品发展战略，与科研院所共同承担多项国家级科研项目，取得了多项国家发明专利，这为不断加快企业技术升级，提升企业的核心竞争力提供了产品技术保障。

北京市爱德利都饲料科技开发有限公司

北京市爱德利都饲料科技开发有限公司隶属于北京市营养源研究所，是专业从事饲料研究、生产、开发与销售的高科技实体企业。

公司引进现代管理理念，遵循“制度健全化、决策明晰化、运营流程化、质量标准化”的原则，严格按照ISO9001、ISO22000标准建立质量控制体系，并被认定为北京市高新技术企业，发明专利多项，多次被北京市饲料工业协会评为“饲料行业优秀企业”及“年度影响力品牌”称号。

公司现有“爱德利都”“都宝”两大品牌畜禽、反刍、水产、特种毛皮动物用系列添加剂预混合饲料、浓缩饲料、配合饲料产品，自投放市场以来，凭借精准市场定位、优良的性价比和良好的稳定性，深得用户的青睐。爱德利都人以热情、周到、体贴的服务，赢得了良好企业声誉，树立了强劲的品牌优势。

在今后的发展中，公司仍将继续秉承“质量第一、信誉至上、以科技为先导、以创新求生存、以服务促发展”的宗旨，一如既往地坚持以市场为导向，紧密结合中国养殖现状，充分利用研究所的人才、设备、信息和资源优势，坚持贯彻“高科技、多创新、低成本、高性能”的经营方向，坚持并注重产品开发的超前性和品质的一贯性，以功能性创新去引领市场、服务社会，不断提升产品科技含量，开发用户满意的新产品，回馈广大客户的厚爱。

爱德利都正以开放的态势，诚招四海客，广纳天下才，并愿与广大朋友们一道，去追求卓越，追求领先，追求成功！

北京康华远景科技有限公司

北京康华远景科技有限公司成立于2001年，是国内最早持续专注于植物提取物饲料添加剂研究、生产和销售的专业化高新技术企业。公司被评为国家级高新技术企业、中关村高新技术企业、北京市饲料工业协会副秘书长单位、联合国工业发展组织中国投资与技术促进处绿色产业专家委员会成员单位，并入列2008年中关村“最具发展潜力十佳中小高新技术企业”。

公司长期与中国农科院、中国农业大学、北京同仁堂等多家著名院校及研究机构开展合作，进行了2 000多项试验，筛选获得200多种天然植物性成分，成功开发出康华安、康华素、鱼虾康、免力特等20余种绿色环保型植物提取物饲料添加剂，产品具有降低动物发病率，提高免疫力，改善肉蛋奶品质，提高生产性能等功效，已广泛应用于畜禽、水产领域，为动物养殖提供3 000余万t安全、绿色、无抗配合饲料。

公司拥有1 500m^{2}的实验室、500m^{2}的中试生产车间、年产1万t的植物提取物饲料添加剂生产线、占地30亩的动物试验中心以及全国20余个动物试验应用研究基地。生产基地已通过FAMI - QS、ISO9001：2000、ISO22000：2005管理体系认证。已授权发明专利11项，商标34项，1项北京市自主创新产品，获得4项软件著作权。公司所有产品均建立了严格的企业标准和相应的检测方法，在同类产品中率先获得出口资质，其产品的质量达到日本、欧盟、港澳等地的出口标准。

北京康华远景公司正逐步成长为全球最具实力的植物提取物饲料添加剂研究及制造企业，期望与国内外更多饲料、养殖、食品及植物提取物等行业开展多种合作，携手并进，把“只要活着，就要将食品安全进行到底”的信念正不断影响和推动着人类食品安全的发展进程。

北京科为博生物科技有限公司

科为博集团，立足生物科技，致力规模发酵，是专业研发、生产微生态制剂、酶制剂、原料药等产品为主的高新技术企业。集团集科研开发、生产经营、技术服务、国内国际贸易于一体，力创国内领先、国际一流的微生态制剂和酶制剂企业。

集团拥有一流的标准化工厂和完善的检测设备，通过ISO9001、HACCP质量管理控制体系，诚信的经营理念、严格的生产管理，有效地保证了产品质量的优越和稳定，产品已经逐步遍及全国各地和世界多个国家与地区。集团致力于生物技术，在全国投资多个生物发酵基地，以微生态制剂、酶制剂等相关产品服务于畜牧业、种植业、食品业、环保业等多个产业，推动行业绿色、安全、高效发展！

“科为博”是“ CRVAB - Create Value Biology ”的音译，指出了公司的使命，是一家“创造价值的生物科技集团”。“科为博”又象征着“科技”成就“博大”，科技将是公司发展的原动力！

天　津　市

天津牧丰饲料有限公司

天津牧丰饲料有限公司成立于1998年9月，是由中国牧工商集团总公司与天津市水产集团共同投资兴建的从事饲料研发、生产、销售的现代化国有企业。占地20亩，总资产1 800万，拥有年生产能力8万t全自动浓缩料生产线、年产2万t颗粒配合饲料生产线和年产1万t添加剂预混合饲料生产线。通过先进的加工设备、专业的队伍、严谨的管理、齐全的检验设备、完善的质量体系，成功打造了“牧冠”“华冠”“双冠”3大品牌饲料产品，2003年“牧冠”牌饲料荣获“天津市名牌农产品”。公司年销售量逐年增长达5.0万t，年产值可达1.4亿元，产品覆盖天津、北京、河北、山东、山西、内蒙古等多个省市，在环渤海地区拥有很高的市场知名度，荣获“天津市优秀企业”“中国饲料工业协会常务理事单位”“天津市农业产业化市级重点龙头企业”等荣誉称号。自投产以来，公司以生产安全、高效的饲料产品为经营理念，2005年通过了ISO9001质量管理体系和HACCP安全管理体系双认证。

公司现有员工90人，大专以上学历占36%。公司坚持“人才为核心”的理念，注重专业人才队伍的建设和发展，现有具备多年从事饲料研发经验的硕士3名，从事多年养殖和饲料生产具有中等学历以上的技术骨干32名。多年来，公司坚持走专业化道路，始终与中国农业大学动物科技学院营养研究室保持密切合作，走产学研相结合的产品研发之路，设计出高性价比的畜禽饲料，并通过细化产品，优化工艺，使得公司研发的蛋鸡浓缩料、断奶仔猪料和生长育肥猪浓缩料在市场上的占有率越来越高，深得广大用户信赖。

公司将以“安全高效、以人为本”和“客户为中心”作为企业发展的方向，以“积极推广安全、环保饲料理念”为己任，以“提供高效、绿色饲料”为使命，服务于养殖业。

中牧实业股份有限公司
天津华罗预混合饲料厂

中牧实业股份有限公司天津华罗预混合饲料厂具有10多年复合预混合饲料生产经验，采用自动化程度较高的中央集中控制生产工艺，拥有国内先进的预混合饲料生产设备及检验检测仪器、合格且经验丰富的生产管理和技术操作人员。自添加剂预混料投产以来，产销量逐年增加，产品销售范围覆盖了全国10多个省市。

多年的添加剂预混合饲料生产经验，逐步建立并完善了各项管理制度，原料、成品检验及生产过程中领料、配料、投料、搅拌、包装、贴签等各环节操作均严格遵守各项制度且操作过程均有实时完整的记录。另外，为了提高生产及质量管理水平，于2006年申请并顺利通过了ISO9001质量管理体系认证。多年来，质量管理体系的良好有效运行，进一步保证了产品质量的稳定，并促进服务质量逐年提高。

未来几年，将围绕公司的战略部署，进一步拓展添加剂预混合饲料料市场，扩大产能，计划在现有生产线基础上再建一条核心料生产线及一条浓缩料生产线。

天津通威饲料有限公司

天津通威饲料有限公司是通威股份在宝坻区投资兴建的一家大型现代化饲料生产经营企业，成立于2001年11月，总投资5 000万元，占地80余亩，年计划生产能力30万t。公司拥有从美国、德国等国进口的先进饲料生产设备和完善的计算机网络管理系统；拥有加工工艺极优的虾料生产线。公司现有员工200余人，大专以上文化占总人数60%以上，管理层和核心技术人员大多具有中、高级职称。

公司严格遵守国家药物和卫生标准，2005年初获得北京华思联认证中心审核通过的ISO9001：2000、HACCP及产品认证证书，标志着天津通威的质量管理水平上了一个新的台阶。主要生产销售鱼、虾和畜禽共5大系列100多个饲料产品。公司经销网络健全，覆盖天津、北京、河北及辽宁、山东部分地区。

天津通威饲料有限公司将始终不渝地遵循“诚信正一”经营理念，奉行“追求卓越，奉献社会”的经营宗旨，肩负“丰富社会物质财富，提高全民生活质量”的社会使命。在广大养殖户的支持下，发奋图强，努力工作，为华北经济繁荣和养殖业发展做出贡献。

河　北　省

河北大正饲料科技有限公司

河北大正饲料科技有限公司是一家专业生产饲料级氯化胆碱的生产型企业，公司成立于1998年，从创建伊始就专注于畜牧行业，通过12年发展，目前大正年产饲料级氯化胆碱4万t，是中国最大的氯化胆碱生产商之一，投资3 000万元扩建的生产线投产后，氯化胆碱年产量将提高到8万t。

大正始终坚持“质量第一，客户至上”的方针，通过引进和培养高级人才，严格把控原料进货渠道，完善生产管理体系和质量保障体系等多重方法来保证为客户提供可靠的产品。公司现有员工中，共有32位拥有中高级技术职称，分布在生产、检验、设备等一线岗位。在全体员工的共同努力下，被国家技术监督局授予“适于采用国际标准产品标志”证书，获得了“农业部全面质量管理达标企业”称号，公司自有品牌“万灵”牌氯化胆碱获得了“河北省名牌产品”的荣誉称号。公司在哈尔滨、沈阳、北京、乌鲁木齐、成都、昆明、南宁、广州、福州、上海、南昌、长沙、西安设立了办事处。

过硬的产品质量和周到的服务不仅为大正带来了荣誉，也带来了客户的信任与好评，公司产品畅销全国29个省、市、自治区，并出口到了韩国、越南、马来西亚、巴西、阿根廷、印巴、比利时等全球20多个国家和地区，客户的信任与支持是大正前进与发展的动力。

河北凯特饲料有限公司

河北凯特饲料有限公司成立于1998年4月，公司地处华北平原河北省沙河市，依傍京广铁路、京港澳高速、京广高铁、107国道，交通十分便利。公司占地面积200多亩，建筑面积5万m^2。公司现有员工近800人，工程技术人员70多名。2012年生产销售鸡、猪、牛配合饲料、浓缩饲料、添加剂预混合饲料料29万t，蒸汽压片玉米饲料近20万t，是华北地区最大的饲料加工企业之一，中国饲料行业30强企业。

公司年创产值近20亿元，注册资金3 160万元，股东构成为杨海增、杨秋增和河北省国富农业投资集团，各占公司股份41.5%、39.8%和18.7%。企业产品遍销河北、河南、山东、山西、北京、天津、江西、安徽、江苏、内蒙古10多个省、市、自治区。

公司多年来致力于企业科技创新发展，2005年与中国农业大学合作开发的蒸汽压片玉米饲料被中国饲料经济专业委员会授予“国家新产品”奖，并被列为河北省“十二五”重大科技攻关项目，产品不仅填补了饲料工业空白，而且解决了多年来困扰饲料界的奶牛产卵期、育肥期的安全饲料问题，最大限度地保证了牛肉和牛奶的安全生产。多年来，公司从小到大、从弱到强，逐步成为中国民营农牧企业的标杆企业，成为了河北省农牧行业的明星企业。

河北益微生物技术有限公司

河北益微生物技术有限公司继承和发展了植物微生态学理论缔造者的丰功伟绩，用植物微生态学理论造福于人类。同时，学习研究动物微生态理论，决心用质量优异的各类动物微生态制剂产品贡献给社会。公司曾是中国农大微生态所和中国农科院环发所的中试基地，是合作多年的协作企业。公司是中国畜牧兽医学会动物微生物态学会理事单位，沧州市饲料协会副会长单位。

经过努力的研究和开发，公司在应用微生态学理论进行生长调控方面取得了显著成效，在饲用微生态制剂等相关领域也取得了一些实质性成果，实现了微生态制剂在种植业及养殖业中的产业化，为绿色农业产业化能提供更多的选择，为食品安全生产开辟了新途径。目前已经开发出和生产的产品有：复合酶制剂，益生素和发酵床养猪用菌种，光和细菌，中式EM，酵母蛋白饲料（酵母培养物），秸秆腐熟剂、乳酸菌微储剂（青黄贮剂）等产品。

河北益微将继续发扬“重诚信、守信誉，视质量为生命”的现代儒仕精神，为社会提供优质的微生态制剂产品，与国内同行一道，为加快农业生产产业化、现代化、科技化进程，做出应有的贡献。

山　西　省

临汾石羊饲料有限公司

临汾石羊饲料有限公司为陕西石羊（集团）股份有限公司的全资子公司。石羊集团创建于 1992 年，经过 19 年的发展壮大，现已发展成为西北地区最大的油脂、饲料加工企业，并涉及畜牧养殖、冷鲜肉生产、进出口贸易、房地产开发等多元化产业，在陕西、山西、甘肃等地拥有 30 余家子公司，企业员工 2 530 人，是全国饲料行业 30 强企业，全国农业产业化重点龙头企业，资产总额达 10 亿元。

公司成立于 2005 年初，历经 6 年多诚信经营，销量在临汾区域处于前沿，带动了临汾区域劳动力就业、种植、养殖、运输等相关产业发展，为临汾经济增长作出了自己的贡献。2010 年在前期发展的基础上决定在洪洞县甘亭镇投资 4 200 万建设年产 12 万 t 饲料项目，采用江苏牧羊集团国际一流的专业工厂生产工艺和关键设备，生产中投料、粉碎、膨化、混合、制粒、包装等工段实行全程自动化控制。该项目于 2011 年 7 月竣工，同年同月开始投入生产，项目的建设不仅取得了显著的经济效益，而且还有显著的社会效益，不但可以增加农民收入、配合临汾区域产业转型，而且可以推动畜牧业、饲料工业、农业、化工、运输等相关产业协调发展，促进当地养殖业的大发展，对促进当地农业和农村经济发展具有重大作用，年消耗玉米、小麦在 8 万 t 以上，可有效解决当地群众的粮食销售问题；年运输量在 24 万 t 左右，可促进当地运输业发展，并可以解决当地 200 名群众就业问题。带动当地商品蛋鸡、肉鸡、生猪养殖至少 4 000 户以上的发展。

面对党中央、国务院重视“三农”问题所带来的机遇，从农牧行业发展的角度，临汾石羊饲料有限公司将站在行业最前沿，全力打造临汾地区最有影响力的饲料企业。

山西晋星牧业有限公司

山西晋星牧业有限公司成立于 2004 年，坐落在大禹的故乡——尉郭（晋星工业园），是一家专业从事猪、鸡等系列饲料研发、生产、销售和肉鸡屠宰加工为一体的综合性民营企业。山西晋星牧业有限公司注册资本为 1 200 万元，总资产 6 700 万元，公司现有员工 200 余人。公司下设饲料分公司和肉鸡屠宰分公司，其中饲料分公司占地 25 亩，建筑面积4 449.7 m^2，总资产 2 200 万元，固定资产 1 421 万元；拥有一条年产 10 万 t 饲料的自动微控生产线、大豆膨化线 1 条、添加剂预混合饲料生产线 1 条；公司经过近十年不断努力探索与发展，现已形成一整套完善的运转程序和生产流程。

公司技术力量雄厚，聘请多名资深营养专家为技术顾问从事产品的研发，与中国农科院、中国农业大学、山西农业大学、西北农林科技大学等国内科研单位和权威机构保持良好的技术合作，以保证产品的领先性和竞争力。公司设备先进、工艺完善，严格的管理制度和质量保证体系保障了产品的优质稳定。

公司产品多达 6 大系列 80 余个品种，拥有的“晋星”商标于 2006 年 4 月被山西省工商行政管理局评为“山西著名商标”。公司实行以销定产，订单生产，保持合理的库存，避免库存量过大造成流动资金短缺。公司产品畅销山西、河南、陕西等地，公司的业绩和发展得到了饲料界同仁、养殖户朋友以及市场的认可，也得到了各级领导和相关部门的肯定。目前，饲料公司研发出“晋星”和“世纪”两大系列产品，其中“晋星”商标被评为“山西省著名商标”。经过多年的发展公司现已成为山西省饲料行业规模较大的企业，先后获得山西省“信用联社支农惠民示范企业”“质量信誉 AA 企业”“重合同守信誉企业”“转型跨越新锐企业”“饲料生产先进企业”“农业产业化龙头企业”等殊荣。

为了延长产业链，山西晋星牧业有限公司投资建设肉鸡屠宰分公司，肉鸡屠宰分公司占地 38 亩，建筑面积 1 万 m^2，总资产 4 500 万元，其中固定资产 3 500 万元。肉鸡屠宰分公司年可屠宰肉鸡 1 000 万只，销售收入 1.5 亿元，年可实现利税总额 700 余万元。项目实施可带动2 000户农户发展肉鸡养殖（每户养殖5 000只），可为农民增加收入3 000万元，一年可养殖5～6批，可消化玉米2万t，可带动农民种植玉米4万余亩，可为农民增收200万元；可安排300余名下岗工人和农民工就业，每月工资按1 500元计算，可增加收入450万元；此项目可带动3 000余人从事加工、种植、养殖、孵化和运输等相关产业，晋星公司饲料每年可销售3万t，可增加销售收入1亿元。此项目完成后，晋星公司每年可完成产值2.5亿元，经济效益和社会效益极其显著。

翼城县大众饲料有限公司

翼城县大众饲料有限公司位于翼城县唐尧大道西段，相距高速路口2公里，交通便利，环境优美。总公司下设禽业分公司、饲料分公司。饲料分公司占地面积9.7万 m^2，禽业分公司占地面积19.4万 m^2。

实施绿色经营，坚持可持续发展，公司努力处理好企业与自然的和谐发展。做到了三点：一是保护生态环境；二是注重产品安全；三是充分利用资源建设南绛蛋种鸡养殖基地、西郑无公害蛋鸡养殖基地。

2010年6月2日被评为“国家级蛋鸡标准化示范场”，2010年8月20日通过了省市县各级领导、专家验收，被评为“国家级无公害鸡蛋农业标准化示范区”。品牌经营不仅要创立品牌，更要维持品牌的含金量，确保品牌永久不衰。不断进行创新，下决心抓好四项工作：一是技术创新；二是模式创新；三是市场创新；四是观念创新。

2010年1月公司提出“向规模要效益，向管理要效益，向标准要效益，向品牌要效益”的基本经营方针，“打造中国鸡蛋第一品牌”的长远打算，制定了五年战略目标：2010～2011年建立百万只无公害蛋鸡养殖基地，2011～2012年建设500万只育雏育成基地，2012～2013年建设千万只无公害蛋鸡屠宰加工基地，2013～2015年建设一个科技技术研究中心和100人销售团队。与时俱进，实现企业健康、持续、转型跨越发展。

内蒙古自治区

内蒙古蒙泰大地生物技术发展有限责任公司

内蒙古蒙泰大地生物技术发展有限责任公司是由北京九州大地生物技术集团股份有限公司与内蒙古农牧业科学院共同投资兴建的，专业化生产和经营反刍动物复合预混合饲料、畜禽、水产复合预混合饲料及反刍动物精料补充料、浓缩饲料的现代化高科技企业。于1997年1月8日在呼和浩特注册成立，2009年公司迁址于和林格尔县盛乐经济园区，并建成6万t级反刍动物精料补充料、浓缩饲料专业化生产线及1万t反刍动物复合预混合饲料、1万t畜禽复合预混饲料生产线各1条，为公司下一步快速发展奠定了坚实的基础。

公司拥有专业化的管理、产品研发、生产、营销、技术服务人才团队、完善的管理流程及完备的饲料检测设备及手段，所生产的产品涉及反刍动物精料补充料、浓缩饲料，反刍动物、猪、鸡复合预混合饲料五大系列近百个品种，畅销河北、山西、内蒙古、宁夏、陕西、甘肃、青海等省区。

公司注重引进技术的同时，在实用技术开发、自主技术创新方面做了很多扎实性的工作。坚持自主研发、创新为主、引进为辅的产品发展战略，不断加快企业技术进步，提升企业的核心竞争力。目前公司承担着呼和浩特市重大科技专项《犊牛早期断奶关键技术-膨化代乳产品的研制与产业化生产》《反刍动物功能性饲料-奶牛围产期功能性产品的研制与产业化生产》的研发。

公司自成立以来一直贯彻在强有力的执行力推动下科学化、规范化、精细化的开展各项管理工作方针。“方案营销”的执行使得整个公司销售模式得到统一，并在销售的各个环节有据可依。坚持“根植大地，共享成长”的公司理念，逐步培育形成了优秀的企业文化。在蒙泰大地公司，所有员工都认可而且高度赞同“只有从基层做起，踏踏实实做事，实实在在做人，这样才能把事情做成功，才能使自身得到提高”。目前公司核心员工平均在职年限不断增长，为企业长远、稳定、持续发展奠定了良好的基础。

未来，公司将秉承夯实基础、突出主业、实业扩张、做强做大的原则，致力于将公司发展成为科技含量高、产品附加值高、市场占有率高、具有强大竞争力的一流饲料企业。以“滋育生命、厚德载物”的大地精神，实践“根植大地、共享成长”的理念。

辽　宁　省

爱特杰牧业有限公司

爱特杰牧业有限公司成立于2003年，主要生产猪、牛两大系列数十个品种的饲料及添加剂预混合饲料。集团依靠先进的技术、优质稳定的产品、日臻完善的服务，赢得了广大客户的赞誉。沈阳爱特杰牧业有限公司为集团子公司，爱特杰的发展非常迅速，现已形成了猪、反刍两大优势品种，销量更是以每年大于40%的速度在增长，2012年爱特杰年饲料销量近20万t，被誉为行业内的一匹黑马。

公司注重社会和谐，共同进步，积极为周边教育及慈善事业提供帮助。公司凭着一颗真诚的心、永恒的心，不耻于从小事做起，简单的一句问候、小小的一点心意，公司在每件事情上，都付出了全部的热情，送去了真挚的感情。一点一滴的积累，不仅坚定了公司“奉献爱心，回馈社会”的信念，更是逐步扩大了参与活动员工的队伍。

饲料工业是一个蓬勃发展的朝阳行业，爱特杰集团在政府的帮助和鼓励下，在广大客户的支持下，在良好的经济发展环境中日益强大，其凭借科学的经营、稳定的质量和不断发展的市场，立志成为畜牧业最有价值、最具影响力和最受客户推崇的企业。集团计划在发展饲料业务同时，增设6个养殖基地，发展成为一个以饲料生产销售、畜牧养殖、动物保健、兽药及疾病防治等为一体的大型农牧业集团化企业，立志为中国畜牧业发展做出更大的贡献。

辽宁禾丰牧业股份有限公司

辽宁禾丰牧业股份有限公司是国家级农业产业化重点龙头企业、中国优秀民营科技企业、中国饲料工业协会副会长单位、高新技术企业，“禾丰”商标是中国驰名商标。公司于1995年4月，由金卫东先生为核心的7位创始人共同发起创立，目前已是东北最大、全国前10强的企业集团，成为在全球饲料工业舞台上颇具影响的大型农牧集团之一。业务范围以饲料复合预混合饲料、浓缩饲料、配合饲料为主，并涉猎国际贸易、生物制药、饲料机械、养殖设备、农产品深加工、农业产业化一条龙等相关领域。2012年，公司销售收入109亿元，饲料销量240万t。

禾丰公司在国内外已拥有103家全资或控股分（子）公司，其中境外企业2家，员工6 000余名。产品覆盖25个省市，并已出口到朝鲜、尼泊尔、越南、韩国、伊朗、俄罗斯等国家。禾丰公司现拥有百余名博士、硕士、教授、专家组成的技术队伍，这相当于一所大学一个学院的科研力量。并分别于2003年、2005年、2008年建立了“辽宁省民营企业博士后科研基地”“辽宁省禾丰饲料技术工程技术研究中心”“辽宁省企业技术中心”。2008年被国家农业部认定为“国家农产品加工饲料加工专业分中心”。

经过十多年的发展，禾丰凭借独特的企业文化享誉业界。禾丰文化深入人心，并没有像其他公司那样每天升旗宣誓，而是重在身体力行，尤其是高级管理者以身作则。禾丰人提倡文化是无形的，是体现在行动中，表现在语言、态度和对问题的看法上的。在禾丰有《管理者五项原则》，有“天下兴亡，匹夫有责”，有“公司利益高于一切”，有“以人为本、唯才是用”，有“尊重科学、崇尚理性”，有“节约”文化，有“团结进取”的文化等。正是这些文化使得禾丰公司成为了一个与众不同的公司，在所有合作伙伴和社会各界的心目中树立了独特的形象。

作为改革开放的受益者，禾丰始终心怀感恩，在公司内部不断加强党建工作，设立了“共产党员先锋岗”，员工工作起来比、学、赶、帮、超，使工作更加高质高效；党总支还定期开展了“国家大政方针学习班”“图书漂流”“周末影院”“兴趣小组”等特色鲜明的文化活动。丰富多彩的员工文化活动，激发了员工积极性，保证了产品销售量，为实现保增长、促发展，提供了思想组织保障；成立“爱之翼”基金会，奖学助困。在外部，始终以服务农民、全方位带动农民致富为己任，致力于为农民客户提供高品质的产品，提供无偿的全方位系统培训和高质量服务。通过产业化经营，禾丰直接或间接带动种植及养殖农民近100万户；热心公益活动，回馈社会。

2006年10月，禾丰集团与拥有百年历史的荷兰德赫斯公司正式合资（德赫斯占禾丰15%股份）。德赫斯公司深厚的历史底蕴和强大的技术研发实力显著增强了禾丰的整体竞争力。锐意进取的禾丰团队向着“成为世界顶级饲料供应商”的宏伟目标阔步前进。

辽宁金穗牧业有限公司

辽宁金穗牧业有限公司是一家以专业生产高档畜禽浓缩饲料、配合饲料为主，集研发、设计、推广畜牧行业新成果和新技术的科技创新型企业。金穗饲料公司成立于2011年，位于东北重工业城市——沈阳市，地理位置优越、交通十分便利，公司占地面积40余亩。公司引进了欧洲先进的Format配方设计系统，拥有国内先进的检验、检测设备及先进的全套牧羊专业加工机组，通过微机控制可以完成精准配料，经行业专家设计采用特色工艺设备，具有年产10万t的生产能力。吸纳国内顶级动物营养学博士及多位具有丰富经验的技术管理型人才，平衡有效氨基酸原理再结合东北地区特点优化设计配方，使产品更加满足动物的营养需求，保证了产品的营养性和科学性。借鉴国内外饲料企业成功的管理体系和模式，经过吸收、改进、创新形成了个性鲜明、富有活力的现代化企业。

在“诚信、勤奋、专业、创新”的企业文化及科学人性化的管理下，成功攻克了应激、下痢、采食及抗病几大难题，使公司产品在短短一年里迅速得到养殖户的认可和肯定，尤其母猪饲料、小猪饲料在业界获得极高评价，处于行业领先地位，真正做到帮助客户在市场低迷的情况下仍能盈利和发展。

展望未来，金穗牧业将以市场需求为导向、质量效益为核心和广大养殖户共同发展为目的，利用贸易公司谷物、豆粕、鱼粉等采购优势；充分发挥人才、管理、观念、品牌、创新的优势，更好地为社会服务，定能实现新的飞跃。

锦州琨鹏生物科技有限公司

锦州琨鹏生物科技有限公司是一家以生物科技为主导的高科技生产企业，主要从事研发、生产和销售饲料用动物源蛋白质和动物油脂产品，主要产品为“民发”鸡肉粉及“民发”饲料级鸡油。公司成立于2009年，地处辽宁省锦州市黑山县新兴镇，占地面积6万 m^2，可年产动物源蛋白质和油脂产品5万t以上。

公司充分利用地方资源优势，所使用原料全部来自于大型屠宰企业，精选上等优质肉源，原料运输及仓储全部通过冷链物流方式。在保证了产品新鲜度的同时，采用自主研发的低温压榨工艺炼制，极大地保持了产品营养成分。经权威营养检测机构检测，产品营养丰富、安全卫生、无任何激素添加，是名副其实的“绿色”饲料原料。

公司拥有自主的原料检测中心和产品研发中心，从营养学角度出发设计产品，分析蛋白质能量及微量元素等营养成分对生物代谢的调控，使得产品营养均衡，生物利用率更高，从而有效保证了营养成分在饲料中的利用效率，为饲料工业提供安全、稳定、高效的营养原料。

公司以“专业饲料配方师”的服务定位，立足东北，面向国内饲料用蛋白质原料和油脂市场，与国内知名饲料生产企业合作，大量提供优质产品、配方技术和售后服务，打造国内最优质的饲料企业营养与科技综合供应商，致力于成为中国北方地区最大的高科技动物源饲料原料生产基地。

吉 林 省

长春通威饲料有限公司

长春通威饲料有限公司诞生于1998年，是通威股份有限公司最北端的子公司，地处吉林省长春市五棵树经济开发区，占地50亩，总投资4 000万元，是吉、黑两省最大的水产饲料及主要的畜禽饲料生产企业，年产鱼、猪、鸡系列全价配合饲料和浓缩饲料20万t。

公司以“追求卓越、奉献社会”为宗旨，奉行“以人为本”的经营理念，持续开展全员质量管理和全程优质服务，在通威人中自觉形成一种“对用户负责，对社会负责”的良好氛围。公司具有目前饲料生产先进的生产设备与技术水平，拥有美国、英国、德国及瑞典等国外进口的先进设备，检测手段完备。并拥有一支高素质的科研技术队伍，大中专以上学历员工占总数60%以上，汇集了一批水产畜禽养殖专业技术人才。

公司一直坚持“诚、信、正、一“的经营理念，坚持”产品质量始终如一“的原则，确保产品质量在市场处于领先地位。一直重视产品研究与开发，公司生产的猪饲料、鱼饲料、鸡饲料连续几年在东北市场获得用户好评，并获得“吉林省名牌产品”称号。2008年，通威饲料再次获得“中国名牌产品”称号。

经过通威人的努力，长春通威已在东北大地扎根，始终坚持“随时随地服务于您”的服务宗旨，利用通威股份的管理优势、技术优势、资金优势，不断强化和提升核心竞争力，扛起饲料加工业的领军大旗，并将再创造辉煌。

吉林大龙饲料有限公司

吉林大龙饲料有限公司创建于1993年，由吉林省饲料公司、吉林市饲料公司与泰国正大集团合资而成，是专业生产猪、鸡、鱼、牛等畜禽复合预混合饲料、浓缩饲料、配合饲料的大型饲料加工企业。2004年公司顺应时代潮流，在政府及各有关部门的大力支持及全体员工共同努力下，实现了由中外合资向民营股份制公司的转变。大龙公司自筹资金2 680余万元，在吉林市西安路210号新建一座占地3万 m^2 的新厂，同时引进正昌集团生产线，采用电脑配料系统，年生产能力20万t以上。

2008—2012年销售饲料60万t，平均年销售量12万t；累计销售收入近13亿元，累计销售利润近1 900万元，平均年销售利润380万元，实现利税达2 500万元。

目前，公司拥有员工220人，其中具有高素质人才的科研队伍30人。产销量位于吉林省饲料工业前列。公司成立20年来，大龙人用一点一滴的行动，铸就了广大用户值得信赖的“大龙品牌”。

长春谷实饲料有限公司

长春谷实饲料有限公司坐落于长春市经济技术开发区闵行路666号，占地面积3.4万 m^2。公司是谷实农牧集团在吉林省投资建设的专业化生产畜禽浓缩饲料、配合饲料的股份制企业，年生产能力达18万t，有遍布吉林省的营销服务网络。公司拥有先进的生产设备和检测仪器，注重人才优势的发挥和现代化管理模式的运用，通过人才资源、制度管理来体现公司形象和经营理念。

人才是企业发展之本，公司荟萃了业内知名的畜禽营养专家、兽医专家、高级管理人员及诚实、热情、敢于挑战的营销队伍，同时通过饲料界才能卓著的精英加盟和对现有员工进行有计划的培训，来提高公司整体智慧和技术含量，以适应不断变化的市场及公司发展对高级专业人才的需求。

制度管理是企业稳步发展的保障，公司在董事会领导下，实行财务、生产、营销三条管理线平等动作，互相制约，协调发展，每个岗位做到权、责、利明确，充分发挥每位员工的潜能，体现公司的朝气与活力。

公司凭借优秀的人才，独特的经营理念，及适合市场的产品策略和营销策略，在不断壮大发展中追求完美，为用户提供更优质的产品和更完善的服务。

吉林省德泰饲料科技发展有限公司

吉林省德泰饲料科技发展有限公司是一家大型饲料骨干企业，主要生产经营猪、鸡、牛、鱼、鸭、鹅等各阶段浓缩饲料、配合饲料及复合预混合饲料，年产销量达 15 万 t，产品遍布东北三省，并远销河北、山东及内蒙古等地区。公司现有员工 218 人，本科以上学历 55 人，专业技术人员 28 人。

德泰饲料装备了国内先进的专业饲料生产线 5 套（集电脑自动配料系统、检斤系统、制粒系统于一体），2011 年公司又投入 5 000 多万元进行企业二次扩建，一座先进的玉米原粮收储库已正常运营，德泰无公害蛋品行销全国，合资建设的吉林省赛诺动物药业有限公司在长春市经济开发区已通过国家 GMP 认证。目前，德泰饲料公司已成为饲料生产销售、动物兽药、原粮贸易、蛋品流通、原料贸易为主体的大型饲料综合型骨干企业。

公司采用先进的 AAA 配方，聘请国内资深配方师，并与中国动物营养中心、中国农大等多家畜牧科研机构密切合作，技术研发中心推出的“吉霖德泰”牌系列饲料产品是多位专家经过多年的经验总结，选择大宗品牌原料和添加剂、使用精密的工艺设备、经严格的质量控制手段生产的高科技产品，能够满足高水平的大型饲养及普通养殖户需要。德泰饲料的优越品质来源于独特的配方和先进的生产工艺以及完整的品管体系，公司完善的质量管理制度，装备先进的化验室，一流的精密检验检测设备，拥有多名技术过硬的专业检测人员，严格监管着原料、半成品、成品等各个环节的产品质量关，确保所有产品完全按照国家《饲料和饲料添加剂管理条例》有关规定严格执行，确保产品质量持续稳定，确保养殖营养需求，确保人民大众食品安全。

公司秉承“厚德载物，品正泰兴”的经营理念，遵循“创行业名优品牌，以用户至上共赢”的企业宗旨，服务于广大养殖户，愿与社会各界朋友携手共进，利用 3～5 年时间，在东北三省再建 5～8 家畜牧涉农分公司，打造一流的饲料企业集团，共创畜牧业辉煌！

黑 龙 江 省

哈尔滨青禾科技有限公司

哈尔滨青禾科技有限公司始建于 1999 年 3 月，前身为哈尔滨市青禾饲料有限公司，2004 年 11 月更名为哈尔滨青禾科技有限公司，是一家以研发、生产、销售畜禽浓缩饲料、配合饲料、复合预混合饲料、反刍动物精料补充料为主的专业化股份制企业。公司坐落于哈尔滨高新技术产业开发区内，拥有国内先进的自动化生产线及配套齐全的检测设备，年产能 24 万 t（浓缩饲料、配合饲料线 18 万 t，复合预混合饲料线 6 万 t）。

“谷实”牌饲料产品以质量优异稳定、性价比高而在用户中享有较高的声誉。2005 年青禾公司生产的饲料产品被评为“黑龙江省消费者满意产品”。2008 年 4 月“谷实”系列饲料产品被评为“黑龙江省新农村建设著名支农品牌”。“谷实”商标先后被评为“哈尔滨市著名商标”“黑龙江省著名商标”。2008 年被评为国家级“高新技术企业”并于 2011 年顺利通过“国家高新技术企业”复审。2008～2009 年先后被认定为省市级“企业技术中心”。2010～2011 年先后被评为省市级“农业产业化重点龙头企业”，2012 年获得“哈尔滨名牌企业称号”。

公司拥有国内领先的自动化生产设备和工艺，可确保生产的高效、安全、高品质运作，确保产品的产能与销量相匹配。2011 年通过多次实验及反复改进，公司高档乳猪料生产工艺已达到先进水平，产品具有一定的市场竞争优势。2012 年公司十分重视产品质量管理，顺利完成了再认证的监督审查工作。质量管理部依据行业变化不断引进先进的质量检测仪器设备，提高质量管理人员的检测技能，严格执行原料标准，实行生产过程全程监控，成品全面检测，保证产品质量。

随着 2012 年一系列新法规的实施，哈尔滨青禾科技有限公司有幸被推选为全国“省级示范企业”，成为黑龙江省饲料企业排头兵，并在实施和执行中得到了各级领导好评和称赞。随着新法规的出台，公司巨资引进布勒设备建设新生产线，积极响应新法规专线生产的要求。

哈尔滨东大牧业有限公司

哈尔滨东大牧业有限公司成立于 1996 年，是工商注册的股份制公司。公司生产基地位于哈尔滨平房开发区，占地面积 2 万 m^2。公司现有员工 136 名，其中管理层 40（大专以上 30 名）名，生产工人 43 名，销售团队 53（大专以上 15 名）名。组织框架总经理下设常务副总、营销副总，8 个部门技术部、品控部、采购部、生产部、财务部、后勤部、人力行政部、销售部。

公司生产设备构成有 3 套半自动牧羊设备，其中添加剂预混合饲料设备 0.5t/批次，浓缩料设备 1t/批次，颗粒饲料 350 型。一套全自动电脑配料牧羊设备，两条 600 型生产线，产能 20～30t/h，总产能单班 1.3 万 t/月。公司质量控制系统完善，人员和检化验设备配备齐全，多年在国家、省、市、检验中合格率 99%。产品销售覆盖黑龙江、吉林、辽宁和内蒙古，产品结构以猪浓缩饲料、牛浓缩饲料和禽添加剂预混合饲料为主。

东大公司将不断打造行业优势品牌，走高科技、专业化发展之路，以知识营销、服务营销为手段，本着诚信立业、以人为本的经营理念。相信通过全方位的完善服务，一定会与广大客户朋友携手并进，实现双赢！

哈尔滨远大牧业有限公司

哈尔滨远大牧业有限公司是以饲料研发与推广、种猪繁育、养殖新技术推广为主的专业化公司。公司始创于 1996 年 9 月，现已发展成拥有资产 1.3 亿元和年产值逾 4 亿元的中国畜牧行业知名企业，现为中国饲料工业协会常务理事单位、黑龙江省饲料行业协会常务副会长单位、农业产业化市级重点龙头企业。

公司自创立以来，即以发展民族饲料工业、志创龙江第一畜牧品牌为己任，注重实效，不断创新，追求卓越。2004 年 3 月哈尔滨远大牧业有限公司与深圳市金新农饲料有限公司集优质资产及优秀人才于一体，共同组建深圳市金新农饲料股份有限公司（股票代码 002548）的子公司，远大牧业现为金新农股份核心企业。

2005 年公司在哈尔滨开发区哈平路集中区渤海东路投资 3 000 万元建设了工艺先进、设备一流的厂区，厂区占地面积 3.4 万 m^2，公司生产的猪、鸡、反刍动物用系列饲料产品畅销东北三省及内蒙古地区，浓缩饲料、配合饲料、添加剂预混合饲料年产销量近 10 万 t，位居黑龙江省饲料行业首位，在广大用户中享有很高的声誉。为进一步满足市场需求，2011 年经主管部门审批，公司已开始年产 6 万 t 猪饲料项目的建设，达产后，公司将为黑龙江畜牧养殖户带来更大的养殖效益、在缴纳税金、提供就业岗位上发挥更大的力量。

哈尔滨远大牧业有限公司将秉承“伙伴天下，共同成长”的核心价值观、“全情投入，持续卓越”的企业精神，“科技为本，行业典范”的企业使命，为农民富裕和幸福、推动农牧企业产业化进程做出自己的贡献。

黑龙江省荣耀牧业有限公司

荣耀牧业有限公司成立于 1997 年 10 月，是以反刍动物饲养管理服务和饲料生产销售为主业，集饲料生产、农牧业机械研发和制造、粗饲料、混合日粮（TMR）生产为一体的专业化企业。浓缩料饲料厂位于双城市新城区，厂区占地面积 3 万 m^2，自有铁路专用线。下设两个青贮及全混合日粮（TMR）配送中心，奶牛浓缩料是国内最大生产企业之一，青贮及全混合日粮（TMR）配送中心是国内最大商品化推广及服务企业。产品远销东北、华北及内蒙古等地区。先后被评为“全国饲料工业科技进步先进企业”“黑龙江省著名商标”，并荣获“全国饲料行业百强企业”称号。

荣耀公司情系三农，不断提高新技术产品的应用研究和技术创新，不断提高服务质量和客户满意度。全面提高企业综合发展实力，秉承科教兴牧、产为报国的经营理念，用科技武装产品，用知识服务社会，引导中国反刍动物饲养管理的标准化与国际化。

哈尔滨华隆饲料开发有限公司

哈尔滨华隆饲料开发有限公司创办于 1997 年，是国内第一家毛皮动物饲料生产厂，创建掀起了国内毛皮动物饲养业从自配饲料向配合饲料转变的第一次革命。2010 年公司在山东海阳建成国内第一家水貂鲜料生产厂，掀起了全国水貂饲养业向鲜料转变的第二次革命。公司引领的这两次革命极大地推动了国内毛皮动物饲养业发展。

在推动行业发展的同时，公司也不断发展壮大，现已发展成为具有 5 家分公司的集团化企业，产品畅销于 10 余个省市，是国内规模最大的毛皮动物饲料生产商。正在建设中的山东省诸城市分公司预计于 2013 年 6 月竣工投产，届时集团产销能力和影响力将进一步增强。

公司为行业做出的贡献赢得了业界高度认可，相继荣获“哈尔滨市畜牧局科技进步企业”“河北毛皮动物产品十佳销售企业”“第二届中国国际林业产业博览会三项金奖”“黑龙江省饲料行业十强企业”等荣誉称号。公司还是哈尔滨市饲料行业协会理事单位、黑龙江省饲料工业协会第四届理事会副会长单位、东北林业大学和东北农业大学科研实习基地，在业界扮演着重要角色。

上　海　市

上海东方希望动物营养食品有限公司

上海东方希望动物营养食品有限公司是中国知名

企业家刘永行创办的东方希望集团旗下饲料板块分公司之一，主要生产经营添加剂预混合饲料和配合饲料产品。公司占地面积 30 亩，位于交通便利、资讯发达的上海浦东张江高科技工业园东区，东临长江东海口岸，南接浦东国际机场。

多年以来，公司秉承东方希望集团“诚信、正气、正义”的企业文化，通过事事追求点点滴滴的合理化，竭尽全力创造企业的相对优势，始终坚持为消费者付出多一点，贡献多一点，践行精益求精的质量管理和综合运营理念。近年来多次被当地政府评为“最佳明星企业”。

公司坚信饲料安全即食品安全，始终如一把产品质量安全作为企业生产经营的重中之重，严格遵守国家相关条例法规和农业部有关规定进行硬件软件配置和日常管理。公司通过 ISO9001 质量管理体系认证和 ISO22000 食品安全管理体系认证，建立和完善了全方位的质量管理体系，从配方设计制作、原材料决策与采购、原料成品检测、生产过程控制、产品销售运输、产品质量追溯等各方面进行科学有效的管理。并于 2012 年获得农业部首批饲料质量安全管理规范示范创建单位。

公司运用现代化生产工艺流程，使一种原料对应一个投料口、一台提升机、一台除尘器、一个料仓，有效地防止了生产过程中原料的交叉污染。公司拥有同行业最先进的检测、化验及分析仪器设备，如日立 L－8800 氨基酸分析仪、Waters 高效液相色谱仪、超高效液相色谱仪、近红外光谱分析仪、普析通用原子吸收分光光度计、旋光仪、紫外及可见分光光度计、酸度计、超纯水机、三聚氰胺检测设备及常规分析仪器等，有效地保证了从原料到成品的质量管控。

展望未来，公司将一直秉承东方希望集团“诚信、正气、正义”的企业文化，本着“让农民富裕、让市民满意、让政府放心”的三让经营理念，在政府和行业领导、社会、客户的共同关心和支持下，兢兢业业、顽强拼搏、努力进取，为全国农业和饲料工业的发展贡献应有的力量！

皇家宠物食品（上海）有限公司

皇家宠物食品（上海）有限公司成立于 1968 年，总部坐落于法国南部艾玛格。1995 年皇家宠物食品开始进入中国市场，目前在中国有 1 家工厂、1 个亚太区实验室、4 个分公司。

为了保持长久的可持续发展，皇家宠物食品的任何行为都必须遵守以下原则：一是定期组织对客户和供应商的宣讲会，将创新的产品和服务战略信息传递给他们；二是建立先进的原料筛选流程以及质量保证体系。工厂均已通过 ISO9001、ISO22000、ISO14001、OHSAS18001 以及 HACCP 认证；三是定期对工厂设施进行投资，以保证设备的安全性和新技术的迅速利用，支持与产品相关的创新和节能降耗项目。

皇家宠物食品坚持工厂在生产过程中最大限度减少碳排量。工厂的可持续运营体现在：一是采用立式结构的工艺流程。物料通过一次提升后，利用重力作用完成工艺过程的传送，节能而且占地很少；二是生物除臭装置。工厂在建厂初期就考虑了对环境和周边居民的影响，所以投入巨资建立了皇家宠物食品全球第二套生物除臭装置，通过活性微生物来分解废气中的异味有机物；三是节电。通过车间的控制系统，减少照明能耗和碳排放；四是废料回收系统。废料回收系统可以把日常生产中产生的废料进行处理和部分回收，从而减少废料填埋，降低对环境的冲击；五是散装车运输原料。工厂使用自行设计的全封闭自卸式专用散装车来运输原料，既提高了装卸效率又节省了包装材料，同时还大幅减少了工人的重体力劳动。

上海新农饲料有限公司

上海新农饲料有限公司成立于 1994 年，是一家针对规模化猪场研究、生产、特色教槽料、乳猪饲料、添加剂预混合饲料，提供优质种猪、高档原料等全方位服务的高新技术企业。现有员工 800 人，其中 20 多人拥有博士硕士学位。公司遵循踏实、专业、忠诚、创新的企业精神，努力为客户提供系统解决方案，创造超出客户期望的独特价值。公司拥有 4 家配合饲料厂，4 条高档膨化教槽料生产线，1 家添加剂预混合饲料厂，1 家特色添加剂厂，9 个标准化养猪场，1 家祖代原种猪场和 1 家进口产品贸易公司。

2012 年实现销售收入 8 亿元，比 2011 年增长 34%，其中聚焦产品“教槽料”连续两年 100%增长。2012 年具有全国影响力的畜牧人网站对行业内教槽料的排名调查显示，新农“教槽料”营销影响力、市场反馈产品质量排名第一。

养猪事业部 2012 年实现每头母猪提供 23 头上市商品猪，全群大料比 2.9∶1，每头商品猪净利润 280 元，进入全国管理水平前 1%行列。2012 年 3 月公司在武汉汉南国家级工业区投资 3 800 多万的武汉新农翔饲料有限公司正式投产；2012 年 7 月投资 2 800 多万改造的上海青浦饲料厂正式投产，实现全部工厂的教槽料专用生产线改造和建设。2012 年与法国 Cooperl 公司、华育 C－pig 公司签订 426 头进口种猪合同，并于 2012 年 7 月开始投资 1.5 亿元建设崇明东风原种场和大丰猪场。

上海红马饲料有限公司

上海红马饲料有限公司成立于1999年12月26日，总部位于上海市金山区廊下镇农业园区，是一家集生产畜禽、特种水产饲料、添加剂预混合饲料与咨询管理业务为一体的高新技术企业。红马公司经过多年的奋斗拼搏，现已成为一个集产品研发、生产、销售、服务为一体的发展强劲、创新力十足的集团公司，在全国同行业中享有很高的知名度和美誉度，产品畅销全国各地，是上海市农业产业化重点龙头企业。

集团公司下辖有上海红马饲料有限公司、广东红马饲料有限公司、上海蓝普生物科技有限公司、合肥蓝普生物工程有限公司、上海水产养殖专业合作社和上海增蕴贸易有限公司。上海红马饲料有限公司一期投资6 000万元，建有7条现代化生产线，年产畜禽配合饲料18万t和添加剂预混合饲料6万多t；二期投资1.2亿元，兴建了一个年产5万t的现代化特种水产饲料生产车间，均已竣工投产。红马公司年销售额近3个亿，每年平均以20%速率增长。

红马公司一直以来十分重视产品质量，先后通过了ISO9001和ISO22000管理体系认证，2012年红马牌饲料被推荐为上海名牌。为提高企业未来的竞争力，身为长三角最具发展潜力科技型企业的红马公司积极走创新发展之路。积极推进与国内知名科研院所、南京农业大学、合肥工业大学等机构动物营养学、人类营养学研究专家的合作机制，大力推进红马公司的技术创新之路。同时，以上海市小巨人培育为基础，成立了金山区企业技术中心，完成了专利试点企业建设，展开科研项目20多项，累计申请发明专利达13项，获得上海市重点新产品1项，自主研发的无抗生物饲料荣获上海市高新技术成果转化项目百佳奖。

红马人牢记“传递典范技术，造福优秀农民”的使命，积极研发绿色健康的新饲料产品，致力于发展中国动物健康养殖事业，做放心饲料，做安全饲料。

上海成农饲料有限公司

上海成农饲料有限公司成立于2004年8月，是母公司（深圳市金新农饲料股份有限公司）根据产业发展战略要求在华东地区投资运营的集猪用教槽料、添加剂预混合饲料、全价配合饲料与浓缩饲料研发、生产、销售和服务为一体的饲料企业。现有员工130人，其中大专以上人员占有总人数50%以上。公司拥有全套瑞士进口先进生产设备，主要生产猪用配合饲料、猪用浓缩饲料及猪用添加剂预混合饲料，年设计产能15万t。

公司在总部倡导下以“伙伴天下，共同成长”为核心价值观，以“全情投入，持续卓越”“科技兴农，行业典范”为经营使命，以“成农博士让您养猪、赚钱更轻松”为经营理念，致力于追求“客户、员工、公司及社会”四位一体的利益最大化，致力于成为中国优质猪饲料供应商，打造中国健康养猪标杆企业。

公司建立完善的现代管理、研发生产制度与规范，内部分工明确，责权对等，专人专责。引入了金碟财务软件管理系统，实现了原材料采购订单下发、原料入库、领用、成品出入库全部在线管控；规范并完善了内部财务管理，强化了财务风险预防与控制；依据ISO9001：2008和ISO22000：2005质量安全管理体系认证要求，导入国际质量安全标准化管理。产品生产工艺先进，实行规范化生产流程管理，全自动中央配料、喂料系统，确保了产品生产过程工艺参数精准，品质零缺陷率，品质稳定可靠。

上海美农生物科技股份有限公司

上海美农生物科技股份有限公司成立于1997年，坐落于上海市嘉定区，占地2.7万m^2，拥有员工130余人，大专以上文化程度员工占60%以上，有20人的研发队伍（硕士12人，博士3人）。

公司拥有先进的添加剂生产线，主要生产优质安全的饲料调味剂和酸化剂系列产品。2012年投资数百万元升级了检验中心，配备了气相色谱-质谱联用仪、气相色谱、液相色谱、原子吸收仪等先进设备。公司通过了IS09001、ISO22000和FAMI－QS体系认证，建立了“五检制”“三不准”“三步曲”等质量控制措施。凭借严格的质量管理措施以及一流的设备设施，提高了产品品质的保障能力，确保美农添加剂产品品质的稳定，持续为客户提供值得信赖的产品。

公司坚持“技术驱动价值”的战略，围绕价值形成、传递与实现，建立了系统研发体系，并与四川农大、南京农大、农科院家禽所等院校通过共建博士工作站、联合实验室，开展深入的产学研合作。在做大做强猪用产品的基础上，积极拓展家禽、反刍、宠物等添加剂产品。目前公司已获得发明专利4项，实用新型专利7项，上海美农立志成为世界领先的饲料添加剂企业。

公司坚持科技创新，诚信经营，获得了良好的社会信誉，是上海“高新技术企业”“上海市著名商标”“上海名牌”“嘉定区小巨人企业”“嘉定区企业技术中心”。公司营销网络覆盖全国和东南亚，积极拓展南美、欧洲等国际市场，在国内同行业中处于领先地位。公司坚持“为客户、股东和员工创造价值”的理念，2012年实现销售额1.2亿元，年缴纳税费近千万元，缴税额位于上海农牧企业前列，创造了良好的社会效益。

江　苏　省

江苏天成科技集团有限公司

江苏天成科技集团位于江苏海安经济开发区。经过20多年的不懈努力，天成集团现已成长为集饲料、生化、兽药、农业科技园、省级工程研究中心五大板块为一体的综合性企业集团，是国家级农业综合开发重点龙头项目企业、江苏省农业产业化重点龙头企业和江苏省高新技术企业，江苏省新型饲料产业技术创新联盟理事长单位，连续10年荣膺“AAA级资信企业”。集团2012年实现销售收入15.3亿元，生产销售各类高档畜禽、水产饲料25万t，利税超亿元。

集团拥有雄厚的科研开发实力，建有江苏省兽药饲料行业唯一的省级工程技术研究平台——江苏省新兽药与饲料添加剂工程技术研究中心，投资引进了一批先进的生产设备和检测仪器，建有行业内屈指可数的达到GMP标准的中心化验室和大型水产、家禽养殖试验基地。先后通过国家GMP认证、ISO9001质量管理体系认证、HACCP食品安全管理体系认证和江苏省计量保证确认认证，使产品质量得到了充分保证。

集团旗下饲料板块近年来发展迅猛，继2010年南通工厂单厂销量列江苏省前茅后，集团又在盐城投资8 000万元建设30万t高档水产料生产示范工厂，全部采用国内一流设备，其中智能化双螺杆挤压膨化机能够生产各种高档膨化饲料，以满足高端客户的需求。

建一流企业、创卓越品牌，始终是公司不懈的追求。公司将一如既往地坚持服务“三农”的理念，积极应对挑战，抓住机遇，奋力拼搏，与广大客户携手并肩，共同创造美好的明天！

无锡华诺威动物保健品有限公司

无锡华诺威动物保健品有限公司坐落于山明水秀、工业基础雄厚、投资环境优越的太湖之滨——无锡。公司占地面积2.8万m^2、建筑面积1.2万m^2，投资总额折合人民币5 000万元，是一家按国际通行GMP标准建造、管理的中外合资企业。

公司应用现代生物工程技术、精细化工技术、新颖包被技术，致力于水产预混合饲料、复合维生素、复合矿物元素、饲料添加剂、水产药品等产品的研发、生产及销售。2012年年产饲料添加剂（药物饲料添加剂、复合酸化剂）1 200t，添加剂预混合饲料1 800t，销售收入6 600万元。

“科技是第一生产力”，华诺威公司从多年实践中深切感悟到这一真谛，并已成为企业发展的指南针。公司自创建以来不断加大科技投入、人才引进，加强与苏州大学、中国水产科学研究院淡水渔业研究中心、江南大学等高等院校的技术合作与交流。

公司建有一套室内恒温水产养殖试验系统，在原料筛选、产品研发及产品优化等方面做了大量的试验性研究，保证了产品的使用效果。先进的生产设备是生产优质产品的硬性保证，随着产品销量的增长并适应国家新的饲料法规要求，2012年公司又投入1 000万元，增设一条年生产能力1万t添加剂预混合饲料的全自动生产线。公司建有600m^2检测中心，拥有日本岛津、奥林巴斯、瑞士梅特勒等公司生产的高效液相色谱仪（HPLC）、原子吸收分光光度计等一批先进的检测设备。利用先进的检测设备、完善的检测方法，对添加剂预混合饲料原料和成品进行严格检测，确保产品质量。

公司建立了完善的售前、售中、售后服务体系，包括各种水产饲料配方；产品质量控制技术指导，在给定的饲料成本条件下做到饲料配方的最佳效果；饲料原料的鉴别与检测；深入养殖现场，跟踪饲料质量、养殖效果，及时协助客户解决各种问题。

安佑生物科技集团有限公司

安佑生物科技集团有限公司，原安佑（中国）动物营养研发有限公司，是集研发、生产和销售于一体的高科技环保饲料产业集团，中国饲料工业品牌企业，1992年创立于中国台湾地区，1999年在大陆投资建立第一家生产企业——漳州安佑。2011年，安佑集团总部落户江苏太仓。经过20年的发展，目前，在大陆地区已拥有31家公司和生产基地，2012年，集团生产各类猪饲料78万t，比上年产增长了70%，实现产值43亿元，产品销售覆盖全国26个省市和东南亚地区，是业内科技含量高和规模增长速度最快的饲料企业之一，规模猪场教槽料市场占有率遥遥领先。

集团以坚定的步伐稳步前进，推出“三奶一旺”教槽料和保育料系列产品，在四川、湖北等养猪重点区域新成立了7家子公司。集团在规范管理方面加大力度，同时启动了3个第三方管理项目，包括世界第一品牌ERP软件SAP商业智能项目、国内知名战略咨询公司爱维龙媒的集团化管控项目和行业内第一品牌推广公司天地经纬品牌诊断项目，为安佑集团化管理奠定了坚实的基础。2012年年底，安佑集团主商标“安佑及图”被认定为中国驰名商标，引起了业内高度关注，知名度得到广泛提升。

安佑自成立之初即倡导乳猪教槽断奶专用料（教槽料）新观念，安佑品牌教槽料销售量保持领先，尤其在规模猪场的市场占有率更是名列前茅，成为亚太地区乳猪料第一品牌。集团以研发促生产，推动养猪科技进步。迄今为止，安佑集团已申请35项国家发明专利和10项著作权，其中发明专利已拿到9项授权，包括“超母奶”（用于乳猪的代母乳奶）“102人工乳”（教槽及早期断奶乳猪饲料）和“猪哥猛”（提升公猪精液品质的专用饲料）等拳头产品。为了能够让小猪克服缺奶造成的死亡和增加动物福利，让小猪度过一个幸福的童年，2012年还研发了“奶妈房”和“猪玩具”两项专利产品，安佑“低碳氮排放的高效环保饲料配方技术研究”项目荣获“中国饲料重大技术进步奖”。

苏州帝凯维动物营养有限公司

苏州帝凯维动物营养有限公司于1999年落户江苏省苏州市，目前已发展为拥有员工152人，建筑面积3 000m^2，年销售额4亿元的规模企业。生产中采用条形码识别产品批次；“层降式”生产流程，有效避免了成品之间的交叉污染，先进科学的硬件设施为产品质量提供了保证。2012年，公司新建了第二条生产线，全线采用布勒全自动电脑控制设备，年设计生产力高达5万t。2012年公司饲料总产量5.0万t，其中猪配合饲料1.9万t，猪浓缩饲料1.4万t，猪添加剂预混合饲料1.7万t，实现产值3.7亿元。

公司依托比利时Nuscience集团生命科学部强大的科研实力，采用最新的欧盟饲养标准，依照客户规模的需要，大力研发“绿赛”品牌饲料。目前已生产的66种饲料中，以高级乳猪料系列、种猪料以及育肥各阶段添加剂预混合饲料为主的产品广受猪场好评；其中，母猪妊娠哺乳料配合先进的母猪饲养概念，为各大猪场及时提供了有效的营养解决方案。本着创新的宗旨，总部在中国最新推出了“宝贝美”和“抑菌宝”两大产品，分别重点提高仔猪均匀度和稳定肠道健康。

十多年经营，硕果累累，将与天津帝凯维一起构成帝凯维在中国的动物营养王国，继续生产销售高端家畜饲料产品，不断持续在中国长远的发展计划。

安　徽　省

通威股份有限公司合肥分公司

通威股份有限公司合肥分公司是通威股份投巨资在安徽省兴建的独资分公司。公司自成立以来，始终坚持“追求卓越 奉献社会”的经营宗旨，秉承“诚、信、正、一”的经营理念，以“产品性价比最优”和“客户价值最大化”为公司经营追求目标。公司是安徽省首家同时通过ISO9001国际质量管理体系认证和HACCP食品安全体系认证的农牧企业，被评为“合肥市农业产业化重点龙头企业”。

合肥通威依靠通威科学的管理优势、雄厚的科技基础、完备的检测手段，坚持以人才为本，以质量为基础，以市场为中心，立足三农，投身新农村建设，开展“万户共成长”计划，以最优的产品性价比和完善的售后服务，努力为终端用户朋友创造最大的经济效益。7年来通威品牌深入人心，通威产品深受广大用户欢迎。公司水产料市场占有率远远超越第二位雄踞第一。

安徽太阳禽业有限公司

安徽太阳禽业有限公司总部位于宁国市外环东路88号，成立于1996年6月，拥有自理报关的自营进出口权。公司现有员工890余人，总占地面积120万m^2，总资产达5.5亿元。公司直接从英国引进世界优良种鸭——樱桃谷SM3型系列祖代种鸭和配套养殖技术进行繁育。按照“自愿自由、互惠互利、风险共担、共同发展”原则，并采取“八统一、五保证、三高、两上门、一扶持、一返还”措施，以“公司+基地+农户”产业化模式饲养商品鸭。公司现建有祖代种鸭养殖孵化场、大型父母代种鸭养殖场、商品鸭示范养殖基地、种植开发园、饲料加工厂、肉禽防疫检测中心、食品加工厂、有机肥加工厂等，形成集樱桃谷良种鸭“祖代→父母代→商品代”完整的繁育生产、无公害社会化养殖、生态种植、饲料生产、有机肥加工、肉鸭精深加工、禽病防控、营养研究和食品安全控制等于一体的产业化经营体系。

1998年以来一直被列入“农业产业化省级龙头企业”，并先后获得“安徽省重点畜禽场”“省级农业科技示范园”，农行公开授信的“AAA”级信用企业等荣誉；2004年跻身农业产业化国家级龙头企业行列，先后被评为“国家农产品加工科技创新企业”“中国水禽二十强企业”“全国畜牧业优秀企业”。公司自主开发研究的《肉鸭无公害生产模式研究及其应用》获2003年省科技进步三等奖，肉鸭产品2004年通过国家无公害农产品认证。自行制定的4个标准2003年7月被列为安徽省地方标准。肉鸭养殖小区被国家农业部列入“中国家禽标准化生产综合示范区”后，又被国家标准化管理委员会列为“国家一类农业标准化示范区”，通过ISO9000、ISO14000质量管理体系认证、标准化良好行为AAA认证。

公司倡导“诚信、进取、求实、创新”企业理念，用“诚实待人、细微服务、科学管理、科技创新”发展战略谋求长足发展，以“生态化环境、规模化生产、现代化工艺、标准化管理”经营模式打造优质安全产品，构建“企业与社会、发展与环保和谐共处”的可持续发展格局。

合肥华仁农牧集团有限公司

合肥华仁农牧集团有限公司成立于2002年6月，现在已发展有安徽百信饲料有限公司、安徽华诚饲料科技有限公司、合肥华盟生物技术有限公司、宿州华仁饲料科技有限公司、六安华仁现代牧场、安徽新华鸭业开发有限公司、六安天业新华食品有限公司、合肥华泉饲料有限公司、合肥华仁农牧集团有限公司巢湖、郎溪分公司等11家核心企业的农牧集团，是专门从事动物营养保健、畜禽水产饲料和饲料添加剂生产销售以及畜禽养殖和技术服务的大型农牧企业。现有职工千余人，饲料生产能力48万t，产业覆盖肉鸡、种鸭、种鹅饲养、家禽屠宰、原料贸易等。集团资产总额达到2亿元，总销售收入超过12亿元。

集团先后荣获“重合同守信用企业”“产品质量国家免检企业”“安徽省高新技术企业”“安徽省名牌产品”“安徽省粮食产业化龙头企业”“安徽省农业产业化龙头企业”“合肥市科技创新型企业”称号，是中国饲料工业协会常务理事单位、安徽省饲料工业协会副会长单位、安徽省渔业协会副会长单位；2011年被中国饲料工业协会评为“履行社会责任先进企业”，2012年被评为“安徽省饲料创新型企业”。集团未来将进一步加强家禽养殖、原料基地与屠宰厂等环节建设，努力实现产业化发展目标。

安徽广通生物科技有限公司

安徽广通生物科技有限公司是一家以“服务于三农发展，满足人们对健康优质食品的需求”为使命的高科技企业。公司以生产绿色环保生物添加剂预混合饲料、浓缩饲料、绿色饲料添加剂保健品为主，产品涵盖多种经济用途的动物种类，涉及猪、禽、鱼、牛羊复合预混合饲料、浓缩饲料；猪用开口料、保育料；保健品及饲料原料等。

公司通过ISO9001：2008国际质量管理体系认证和中国饲料产品认证，公司位于交通便捷的六安经济开发区。公司员工80%以上具有大专以上学历，其中专业技术人员30多人，人员结构合理。公司技术力量雄厚，以中国农业大学、中国农科学院畜牧研究所国家级动物营养学重点实验室、华中农业大学等作为技术依托，拥有一批业内知名的技术专家，能及时跟踪饲料领域的先进技术，加以整合创新，不断提高公司科技水平。强大的人才队伍，使公司能够为养殖业提供针对性的优质产品和综合服务。

公司以“追求完美质量，创造健康养殖”为质量方针，以先进的工艺、优质的产品、高效的服务、恪守诚信的经营之道，赢得了广大客户信赖。公司先后引进了国内外先进的生产工艺和设备，配有低温干燥库、高精度的配料系统、不锈钢双轴桨叶式多级混合系统和完善的检测化验设施，确保了产品质量。利群、金龙、皖恒等产品畅销安徽、河南、湖北、江苏、山东、湖南、浙江、江西等地。

公司以“事业同创，成就共享”为核心理念，在生产经营过程中，始终将客户的价值、员工的进步与公司的发展紧密地结合在一起，着力培养能引领养殖业健康发展的一流客户，把公司建成员工安居乐业的家园，客户不断发展的坚强后盾。公司将为促进中国饲料工业的发展，推动健康养殖和食品安全，提高国民健康水平而不懈努力！

福　建　省

福州海马饲料有限公司

福州海马饲料有限公司系中国最早的中外合资水产饲料企业，成立于1985年，控股方为中国台湾地区著名的全兴集团。秉承“卓越、和谐、责任、奉献”的事业理念，海马公司20多年来，致力于高档水产配合饲料的研发与生产销售，以其优质、环保、高效的产品及卓越、优秀的企业经营管理，“海马”注册商标持续被评为“省市著名商标”，企业并被授予“福建高新技术企业”称号，通过ISO9001、HACCP、中国饲料产品等认证。

公司产品销售覆盖全国并远销东南亚、西非及澳洲，年产量已突破10万t饲料，产值超5亿元。公司产业更是往上下游发展延伸，分别在福州、海口、广州、深圳等地投资水产养殖、水产品加工出口以及生产生物制品、功能性饲料等高科技产品。公司业已发展成为集水产饲料研发、水产养殖及水产品加工出口的综合性高科技企业集团，年创产值已近10亿元，名列福建省饲料企业榜首，位列福建百家重点企业，造就了令业界刮目相看的佳绩，成为业界的骄傲。

福建傲农生物科技集团有限公司

福建傲农生物科技集团有限公司于2011年6月份成立，注册资本6 580万元，目前员工总数达2 500余人，其中专业技术推广服务人员1 600多人。集团运营总部设在厦门·新景中心，旗下共设有厦门傲农生物科技有限公司、漳州傲农牧业科技有限公司、南昌傲农生物科技有限公司等26家分子公司。集团主要以饲料为核心产业，并覆盖动保、养殖、贸易等相关领域。经过近两年努力，傲农现已投产基地11个，在建及筹建中的7个；销售市场已覆及福建、浙江、江西、湖南、广东、广西、安徽、河南、湖北、江苏、山西、山东、海南、云南、贵州、重庆、四川等17个省市自治区。2012年，集团饲料版块月销量成功突破5万t（其中添加剂预混合饲料体系15 000t）。

未来，傲农将一如既往秉持“为客户创造价值、为员工提供发展、为社会做出贡献”的经营理念，诚信协作，激情奉献，志创世界领先的农牧企业。

福建省新闽科生物科技开发有限公司

福建省新闽科生物科技开发有限公司创建于1993年，是福建省大型饲料生产企业。公司主要从事饲料添加剂预混合饲料、高档乳猪饲料的研发、生产、销售和服务，具备年产12万t添加剂预混合饲料和10万t高档配合饲料的生产能力，添加剂预混合饲料和高档配合饲料产销量居省内同行业前茅，产品畅销全国10多个省市自治区。公司2001年通过了ISO9001：2000国际质量管理体系认证；2003年成为福建省同行业首家通过省无公害农产品认证的饲料企业；2005年被省科技厅认定为福建省高新技术企业，并获得国家出入境检验检疫局出口食用动物饲用饲料生产企业登记备案证；2006年经国家人事部批准设立博士后科研工作站；2007年被评为“福建省首批创新型试点企业”“福州市现代农业技术创新基地”。获得“省科技进步二等奖”；2008年通过了HACCP体系认证；2009年被评为“国家高新技术企业”“福建省首批创新型企业”“福州市农业产业化龙头企业”；2011年被评为“福建省农业产业化龙头企业”。

企业重视产学研项目开发，与国家重点院校四川农业大学、厦门大学、华中农业大学以及福建省农科院等科研院校密切合作，形成了能加速科技成果转化和开展技术创新的开放型研发平台，先后承担了国家发改委、科技部、省科技厅、省发改委重点科研项目数项。

坚持“社会、企业、用户和谐发展，三方共赢”是公司一贯的经营理念，致力于不断向市场提供安全、优质、高效、环保的高品质产品是公司的宗旨。

江　西　省

江西正邦集团有限公司

江西正邦集团有限公司是农业产业化国家重点龙头企业，江西省规模最大的农业企业，集团旗下有农牧、种植、农资、流通、金融5大产业集团。江西正邦科技为江西省首发上市公司，集团现有3.6万多名员工，全国拥有315家分（子）公司。2012年集团总产值突破260亿元。名列2012中国企业500强，中国制造业500强，中国民营企业500强，财富中国500强，中国上市公司100强，中国饲料工业10强，全国生猪养殖企业10强，全国种鸭繁育企业10强。正邦集团是国家农产品加工技术创新机构、国家博士后工作站。

在“十二五”期间，正邦集团倾力进行第二次创业，着力打造“百千万亿工程”，即百万亩油茶种植、百万吨大米加工、千万头生猪养殖、千万吨饲料、百亿肉食品工程和鸭苗年产2亿羽工程。力争在种鸭、种子、生物农药等产业打造3～5家上市公司。预计到2015年正邦集团总产值将突破500亿元，成为中国最优秀的农牧企业之一。

赣州朱师傅预混饲料事业有限公司

朱师傅预混饲料事业有限公司创立于1998年，已发展成集研发、生产、销售于一体的猪用添加剂预混合饲料专业供应商，被评为“江西省级农业产业化龙头企业”“江西省级扶贫农业龙头企业”，“朱师傅”商标被认定为“江西省著名商标”。公司现有员工500人，客户网络覆盖国内28个省份。

公司在江西赣州开发区新建生产基地——朱师傅有机动力园，该园区占地面积30亩，一期工程投资1 000万元，于2006年竣工投产，添加剂预混合饲料年生产能力3万t，并于2007年通过ISO9001和HACCP两个国际认证。2011年8月朱师傅有机动力园二期工程启动，朱师傅与布勒（常州）机械有限公司正式签订了年产10万t添加剂预混合饲料全自动设备项目合同，总投资300多万美元，并于2013年6月份竣工投产。

“朱师傅”是技术引导型企业，与江西农业大学、广东省农科院等建立了长期合作关系。十多年以来，“朱师傅”品质稳定，享有极高的美誉度，并具有《好乳真经》等一批拥有自主知识产权的高科技产品，深受客户好评。

江西宝宝仔饲料（集团）有限公司

江西宝宝仔饲料（集团）有限公司是以集团化模式运作的现代化农牧企业。公司经过15年发展，已建设成为拥有数家子公司的现代化农牧企业集团，集团下属企业有江西宝宝仔饲料有限公司、赣南金利饲料有限公司、樟树市宝宝仔实业有限公司、赣州宝宝仔畜牧科技有限公司、广州宝宝仔饲料有限公司、海南宝宝仔畜牧科技有限公司和江西宝宝乐畜牧有限公司等。集团拥有各类技术人员100多人，业务人员200多人，生产工人300多人，总人数已达到800多人。主要生产猪、鸡、鸭、鱼等4大系列饲料产品，同时经营数家大型养殖企业。公司产品销往广东、福建、江西、湖南、广西及海南等多个省区。

集团总部位于赣州开发区工业园内，母公司江西宝宝仔饲料有限公司占地面积近60亩，厂房建筑面积2.6万m^2，总投资约1.0亿元，采用全套饲料生产线设备自动化程度高，工艺先进，配料准确，混合均匀，环保密封，可生产畜禽、水产、特种动物所需的各类饲料，设计年产量为24万t。2007年10月，公司通过ISO9001：2000国际质量管理体系认证，2010年10月通过ISO9001：2008质量管理体系改版换证；2008年公司获“省级扶贫龙头企业称号”；2009年5月，公司办理“出口食用动物饲用饲料生产企业登记备案”；2010年“宝宝仔”商标被认定为“江西省著名商标”；2012年公司获“重合同守信用AAA企业”称号。公司本着“以科技为依托，以质量求生存，以管理促效益，以创新促发展”的经营理念，规范管理，做大做强。

赣达农业发展股份有限公司

赣达农业发展股份有限公司成立于1994年10月，坐落在南昌市银三角开发区银三角大道278号。公司致力农牧产业链打造，拥有设备先进的饲料生产基地、大型现代化种猪场、大型现代化商品猪场，在东北有4个大型原料储存基地，同时向上下游兽药、粮食加工和冷链物流等产业拓展，投资房地产和酒店产业。目前年产畜禽饲料100万t、良种种猪5 000头和商品猪10万头。“赣达”是“中国著名品牌”“中国养殖用户首选十佳品牌”“中国畜牧业首批放心品牌”；“赣达牌”饲料获得了“江西省著名商标’荣誉称号；企业通过了ISO9001：2008认证。

公司与中国农业大学、农业部饲料研究所、江西农科院、江西农大等科研院所开展长期、广泛的技术交流，近年研发产品30个，其中2个猪料产品获得国家配方发明专利，2项设备改造获得国家实用新型发明专利。公司研发中心研发的“中草药猪料配方”通过反复试验取得了突破性进展，为此，被南昌市科技局授牌为“南昌市功能性畜禽饲料工程技术研究中心”，同时江西省科技厅、江西省财政厅以及省国税局和地税局等单位确认赣达农业发展股份有限公司为国家级“高新技术企业”。

“共识、共创、共赢、共担”是赣达的核心价值观，赣达与上下游合作伙伴以及全体员工一起，力争在2020年饲料产能达到300万t、大米深加工能力达到年产10万t、种猪存栏达到1万头、商品猪存栏达到1.5万头。

华农恒青实业有限公司

华农恒青实业有限公司是华农骏通（集团）的实体企业，公司位于江西省共青城“全国青年创业基地”，注册资本1.0亿元。公司致力于农业产业化经营，专注聚焦于种猪繁育与推广、猪饲料生产与销售，是一家集研发、生产、养殖、销售于一体的拟上市农牧企业。

公司以中国农大院士、中国农科院专家等高科技人才为核心技术支撑，以共青城为基地，面向全球搭建农牧总部经济平台及国家级农业生物技术平台，建立总部研发中心、培训中心和营运管理中心。

聚焦于种猪产业与饲料产业，通过引进国外优良纯种猪和先进育种技术，推动良种繁育体系建设；通过全国饲料生产基地的布局，推动猪的科学饲养和营养管理，打造从种猪到猪饲料的价值链服务体系及核心竞争力，以专业化猪饲料的制造商和供应商为服务平台快速提升专业养猪户的经济效益。

以打造成世界一流养猪产业集团化企业为目标，以资本为纽带，以技术为依托，以上市公司为平台，以饲料产业为基础，打造原种猪、扩繁场、商品猪为一体的专业化的养猪产业集团公司。公司预计2014年达到30亿元产值，力争于2015年登陆国内A股市场。

山　东　省

新发药业有限公司

新发药业有限公司位于中国东营，坐落在黄河三角洲中心地带，成立于1998年12月，注册资本5 100万元，是以生产饲料添加剂、食品添加剂、医药、兽药于一体的国家级重点高新技术企业，是国家农业部定点的专业维生素原料生产商。

公司现拥有总资产14.4亿元，员工1 500人，总占地面积63万m^2。2013年实现产值13亿元，利润2.2亿元，上缴税金5 389万元，出口创汇3 100万美元。公司现已通过ISO9001、ISO14001、OHSAS18001、ISO22000、FAMI－QS、Kosher、Halal、NSF－GMP等国内国际专业管理体系认证。

多年来，企业秉承“实事求是、扎实认真、规范执行、学习创新、精益求精、追求六西格玛管理目标”的经营理念，实现了持续、健康、快速发展。公司是山东省饲料企业五十强单位，山东省重点培育和发展的出口名牌，山东省制造业信息化示范企业，山东省消费者满意单位，山东省畜牧协会饲料分会副会长单位；荣获东营市“国际化经营先进企业”“质量管理先进企业”“优秀科技企业”“优秀民营企业”“银行“AAA级信用企业”等荣誉称号。

山东和美集团有限公司

山东和美集团有限公司是省级重点农业产业化龙

头企业，组建于2003年7月，是一家以饲料加工、食品加工、动物防疫、畜禽养殖、商贸物流、进出口贸易等为一体的大型现代化农牧集团。现已形成饲料生产能力200余万t，日宰杀家禽40余万只，肉鸡存栏50余万只，被评为“山东省饲料企业五十强“。“和美”牌饲料被评为“山东名牌”产品，公司先后通过了HACCP安全体系认证、ISO9001质量管理体系认证和ISO22000食品安全认证；公司现有员工3 500余人，在山东、河北、河南、上海等地设置分公司40余家；公司以“绿色、科技、健康”为经营理念，以“为优秀员工提供舞台，为优质客户创造价值，为社会发展奉献效益，为企业成就未来”为企业宗旨，以高度的责任感强烈的危机意识和坚实的创新能力，给当地农民创造了良好的养殖效益。

公司从无到有，从小到大，逐步形成了独特的核心优势。产品科技含量高，质量稳定，龙头示范带动能力强，“和美”牌饲料已成为市场主流品牌；生产设备采用了先进的微机控制系统，技术部引进了国际上先进的FORMAT、BRILL配方优化系统，为公司的配方制作和管理、原料运作和评估，提供了强大的技术支持，真诚超值的服务理念赢得了数以千计用户的信赖；微利经营、密集开发、服务领先的商业运作模式，形成了市场的核心竞争能力；互惠互利地贸易伙伴，规模采购的明显优势形成了公司有效地供应，为企业降低了成本，给用户带来了效益；追求完美的企业精神，以人为本的公司理念，和谐美好的共同愿景，构成了独特的企业文化，引领了公司的经营方向，激励着“和美人”不断学习、和谐相处、快乐工作；共赢的合作意识，诚信的美誉态度，与相关职能部门及所有利益相关者建立了良好的公共关系，被山东农业大学等多家高等院校定为实习基地；被多家金融企业评为“AAA”级信用企业；公司已具备了较强的融资发展、资本运作及资源整合的能力，为企业发展创造了宽松的环境。

目前，“和美”饲料在山东、河南、河北省份已成为养殖户首选品牌，有力促进了农村养殖技术的提高和畜牧经济发展；随着市场的开拓，产品辐射山东、河北、天津、北京等地，不仅带动了当地养殖业的发展，同时也为农民增收致富起到了带动作用。为促进养殖向规模化、工厂化发展，公司逐步探索发展新型农村养殖担保体系，将公司的资金、产业链、养殖技术等优势转化为用户的资源优势，进一步扶持优秀用户做大、做强，真正做到与用户共同成长，和利益相关者共创美好未来。

潍坊中基饲料有限公司

潍坊中基饲料有限公司是潍坊中基集团公司饲料板块的龙头企业，是山东省第一家专业饲料生产合资企业。公司始建于1988年，引进美国先进的机械设备和生产配方，生产适合鸡、猪、鸭、鹌鹑等动物使用的添加剂预混合饲料、浓缩饲料、配合饲料、复合多维等4大系列产品。建厂20多年来，公司始终坚持以质取胜、走品牌化线路的经营思路。在管理上，公司率先通过了IS09001国际质量体系认证、HACCP管理体系认证。2002年中国饲料工业协会白美清会长视察公司，给予高度评价和勉励，并欣然题词“以安全优质取胜，以科学管理著称”。多年来，社会也给予了公司很高的评价和肯定，先后被认定为“全国饲料行业百强企业”“饲料行业首批山东名牌产品等荣誉”。2009年被评为“中国饲料行业50强企业”。

公司追求技术创新，与多处高等院校建立合作关系，交流前沿技术，并自主开发80多种产品，引领畜牧业的健康发展，其中奶牛精补充料项目于2003年成功申报国家863星火计划项目并获项目科研经费。

中基公司在今后的发展中，仍将紧紧围绕质量、品牌这一主题。加强精细化管理，发挥企业品牌优势，完善产业链实体，为人们提供健康、安全的食品，将中基公司打造成一家有责任、持续发展的一流农牧企业，根植中国，走向世界。

河　南　省

商丘市应天饲料科技有限公司

商丘市应天饲料科技有限公司的前身为商丘地区肉联厂，现位于商丘经济开发区飞跃路北侧，东临105国道，西临京九铁路，占地40余亩，厂区环境幽雅，交通十分便利。现有员工160人，大中专以上学历人员占60%，专业技术人员30人，拥有国内先进水平的添加剂微处理技术，专业的化验人员，严格的检验制度、操作标准和质量责任制度。

公司集科研、开发、生产、销售为一体，主要产品有：应天猪肉骨粉、应天猪肉粉、应天鸡肉粉、饲料油脂（鸡油、鸭油、猪油）、浓缩饲料等系列产品。应天公司始终坚持以科技为动力、以质量求生存，依托强势科研队伍的支持，不断进行技术创新、产品创新，广泛与国内外朋友合作，实现人才、成果、设施与自然的完美结合。被河南省科委等上级单位认定为“商丘市高新技术企业”“河南省高新技术企业”“省级农业产业化重点龙头企业”“商丘市农业发展协会副会长单位”“河南省饲料行业成长型十优企业”，河南省饲料工业协会副会长单位。

河南雄峰科技有限公司

河南雄峰科技有限公司创立于1998年，作为中国饲料工业第一家专业从事猪预混合饲料生产的企业，历经10多年的发展与成长，已成为华中地区添加剂预混合饲料第一品牌，产品覆盖逾千万头猪群规模，规模化猪场市场占有率常年稳居行业之首。15年来，企业始终以顾客利益为关注焦点。“专业预混料，猪料专家”的定位是对专业化的坚持，能够提供规模化猪场全过程最佳营养解决方案，在市场营销中成功地重新定义并细分市场，创造了策略制胜的奇迹。“最擅长养猪的专业化饲料企业”愿景的提出，是对专业化之路的一次升级。不仅率先在业内通过ISO双体系认证并持之以恒严格运行，而且从制造设备、原料采购、生产品控等方面用高标准要求自己，保证将高质量产品交付客户。

雄峰构建国内最庞大的由国内外专家、流动服务人员与驻厂技术人员所组成的专业化服务团队以及与其相配套的服务资源，成为业内首屈一指的能提供猪场管理全面解决方案并有效付诸实施的企业。另外在企业经营管理、品牌文化建设、市场营销策略、人力资源建设服务等方面，为众多伙伴提供专业化支撑服务，正如企业战略目标定位的那样——“中国规模化猪场服务的领航者”，这是300多位“雄峰人”为之奋斗的方向。

河南亿万中元生物技术有限公司

河南亿万中元生物技术有限公司是一家专业生产猪料的饲料企业，成立于1996年，现有郑州、商丘、荥阳3个生产基地，总占地面积260亩，年生产能力76万t。作为专业猪饲料生产企业，亿万中元生产的教保料采用国际通行的二次粉碎、高温膨化、低温制粒的生产工艺，既提高了原料熟化度和吸收利用率，又避免了氨基酸、维生素、益生菌、酶制剂等营养成分被高温破坏，使产品具有适口性好、生长速度快、抗拉稀等优点。公司品管部建立了从原料进厂到成品出厂的完整质量保证体系，关键质量控制点有人监督，原料成品批批检验，确保了产品质量的稳定。

2010年，亿万中元独家转让中国农业大学研发的具有国际领先性的生物降解霉菌毒素国家专利，能够高效降解黄曲霉毒素、玉米赤霉烯酮、呕吐毒素等多种霉菌毒素，特异性强、降解率高，同时具有益生作用增强动物免疫力、降解产物不污染环境等优点。“霉立解”的问世对解决长期困扰行业的饲料霉变问题，无疑是一场革命性的历史突破，具有划时代的意义。

亿万中元始终秉承“质量是生命，用户是上帝，科学技术是第一生产力，人才是企业源动力”的企业警讯，坚持走诚实、守信、开放、创新的发展思路。

湖　北　省

湖北同星农业有限公司

湖北同星农业有限公司是集饲料加工、种鸡饲养、鸡苗孵化、肉鸡养殖、肉鸡屠宰加工全产业链高度一体化的肉鸡生产企业，综合实力和经营规模在全国同行业位于前10名，在中南6省同行业位于首位。是农业产业化国家重点龙头企业，湖北省“十二五”农产品加工“四个一批”工程重点培养龙头企业，是湖北省“亿只鸡”产业化示范工程的承建单位。

关注动物福利，关注人类食品安全，积极探索无抗肉制品生产方案，肉鸡养殖全过程可防可控。2012年公司配合国家相关行政部门完成饲料、鸡肉产品的各项检查，均符合国家要求。高度一体化的肉鸡产业链使公司更具抵抗市场风险的能力，在行情低迷、市场风波不断的情况下，公司仍保持高速发展。

预计到2015年，公司标准化养殖场达到115个，折合养殖面积达250万m^2；饲料年加工达150万t；鸡苗孵化能力2.5亿只；父母代种鸡存栏250万套；祖代种鸡存栏30万套；商品鸡年出栏2.4亿只以上；鸡肉熟食制品年产能达10万t；生物质能源加工厂2座，年产天然气2 000万m^3；有机肥生产厂年产50万t。

荆州市天佳饲料有限公司

荆州市天佳饲料有限公司创建于2004年，地处两湖平原腹地，发达的农业和养殖业为公司实施“精品饲料战略”提供了得天独厚的区位优势和发展空间。公司注册资本1 500万元，资产总额1.5万元。经2011年搬迁扩建，占地面积达60余亩，现有硬颗粒、膨化制粒生产线8条，年单班产能8万t。

饲料工业的发展伴随着激烈的竞争和市场的跌宕起伏，天佳公司始终践行质量第一的理念，依托国内知名科研院所的科研成果和自身的技术实力打造精品饲料，以战略发展的眼光创造了产销量年均增速35%以上的优良业绩。产销量由2004年不足0.8万t，发展到2012年近7.0万t。

公司及其产品先后荣获“湖北省畅销地产商品”“湖北省饲料十佳品牌”“湖北优质诚信企业”“湖北省重信用守合同企业”“荆州市农业产业化龙头企业”等殊荣，并于2010年当选为荆州市饲料工业协会第三届会长单位。

在行业转型升级、做大做强的大趋势下，天佳公司将致力于名、特、优养殖品种膨化料的研发、优化，从服务入手致力于提升两湖平原的水产养殖水平，并打造相关产业链，从而成为湖北饲料领军企业，乃至跻身于中国饲料工业前列！

康地饲料（中国）有限公司

康地饲料（中国）有限公司位于武汉市东西湖地区，占地45.6亩，于2006年注册成立的外商独资企业，并于2010年10月28日投产试运行。康地饲料（中国）有限公司在成都和漳州均设有分公司，即康地饲料（中国）有限公司成都分公司及康地饲料（中国）有限公司漳州分公司。

公司生产及经营配合饲料、浓缩饲料、添加剂预混合饲料、动物饲料添加剂、饲料原料。公司集饲料研制、开发、生产、销售、服务于一体，公司坚持以技术为导向，其技术是美国总部饲料生产丰富经验的积累。目前，康地饲料（中国）有限公司产品有3大系列100余个品种，可以满足不同用户各个方面的需要。为保证产品品质，所有产品全部采用高品质原料生产，并对原料采购、生产控制、成品管理都采取科学而严格的品质管理，使产品品质和稳定性得以充分保证。

公司设有专业的技术服务队伍，可根据各地区饲料资源特点、要求，为客户提供定制配方服务。主要设备从国内一流厂家成套购进，生产能力为18t/h，设计年产量为10万t。

武汉家家乐饲料有限公司

武汉家家乐饲料有限公司成立于2007年，是专业从事猪用高档教槽料、保育料、浓缩饲料、添加剂预混合饲料研发、生产、销售于一体的综合型企业。公司拥有一批以留美动物营养博士为核心的技术团队，一直致力于养猪效益最大化、猪生产潜能挖掘的研究。

为了满足发展需求，公司在武汉江夏黄金工业园投资4 000多万元新建的现代化生产基地于2012年竣工并投产。为保障产品质量，新工厂引进了国际先进的瑞士布勒饲料生产设备及红外仪、酶标仪等原材料检测设备。公司拥有多条现代化生产线，采用科学的管理模式，严把品质控制关，确保为客户生产出质量好、品质优、口碑好的稳定产品。

多年来，家家乐在湖北市场高档猪饲料产销量独占鳌头，家家乐“高档产品”的概念越来越深入人心，众多中小养户及湖北天种、武汉金龙、神舟牧业、宜昌正农等几百家规模化猪场已成为家家乐的忠实客户，庞大的用户群及一大批优质的经销商奠定了家家乐大力发展的坚实基础。

2012年，家家乐公司被湖北省饲料工业协会评为“优势品牌企业”，家家乐产品被评为“武汉市名牌产品”。品牌的铸就使得企业魅力得到延伸和发扬，展望未来，家家乐将继续坚持“做最好猪饲料”理念，高歌猛进，创造一个又一个的辉煌。未来3年，公司将在全国市场布局，年产值达50亿元。

在大力发展的同时，公司以开放的姿态热忱欢迎各位同行参入合作，共同推动家家乐向更高、更大、更远目标前进。发展永远是时代的主题，拼搏不息，奋斗不止，家家乐将继续攀登更高的山峰，立足湖北，渗透中国。

襄大农牧有限公司

襄大农牧有限公司成立于2001年，是一家集畜禽良种繁育、饲料加工、畜禽屠宰、肉制品深加工为一体的农业产业化国家级重点龙头企业。公司始终坚持“质量高于一切、信誉重如泰山”的经营理念，先后被省委省政府授予“湖北省农业产业化十强龙头企业”“湖北省生猪行业五强企业”，被中国农业银行评为“AAA级信用单位”。2012年4月“襄大”牌商标被国家工商行政管理总局认定并公布为“中国驰名商标”，公司产品被农业部农产品质量安全中心认证为“无公害农产品”。饲料加工、原种猪繁育养殖、种鸡存栏及鸡苗孵化、畜禽屠宰冷冻加工规模均居湖北省前列。

襄大农牧将加速实施“大品牌、大规模、大扩张”战略，全面完善企业全产业链建设，全力打造与之相配套的产业集群，力争在“十二五”末达到销售收入150亿元，利润10亿元的奋斗目标，并努力实现“带动养殖农户6万户，带动农户增收12亿元；提供就业岗位2万个；辐射带动2万农户增收2亿元以上”的社会目标，真正打造世界一流农牧企业，成就百姓襄大、百年襄大。

湖　　南　　省

湖南浏阳河饲料有限公司

浏阳河始建于1989年，原为国营浏阳县畜牧饲料厂，2001年改制，经过22年发展，现已成为集饲料、种猪生产、销售、养殖技术服务、商品猪运销为一体的湖南浏阳河饲料集团公司（暂未注册），旗下有饲料生产、农牧投资、种猪公司10家公司，其中饲料生产、销售公司主要分布在浏阳、湘潭、新化、常德、衡阳、萍乡、广东等地，目前集团饲料总年产能为88万t。

公司一直坚持“服务三农”“用产品、技术、服务不断为客户创造价值”的企业宗旨，着眼食品安全，发展无公害无抗生素饲料，运用“公司＋基地＋农民”模式，带领农民发展养殖产业。公司研发的“猪分阶段全价颗粒饲料”“神奇的浏阳河养猪技术”在养殖户中结合推广，可达到170日龄猪消耗273kg饲料、体重达123kg以上的神奇效果，平均每头猪赚300～500元，比其他地区多盈利120元/头以上。

公司为湖南省农业产业化龙头企业，已通过ISO9001：2008质量管理体系认证，银行信用等级AAA，先后荣获“湖南省高新技术企业”“湖南省著名商标”“湖南名牌”“湖南省二十强饲料企业”“湖南省农产品加工质量安全奖”“湖南省质量信用A级企业”等荣誉称号；公司生猪生产基地被农业部认定为“无公害农产品产地”，“名河”生猪已通过农业部“无公害农产品”认证；技术中心被认定为“长沙市企业技术中心”；公司被推选为湖南省饲料工业协会副会长单位、湖南省农业产业化协会常务理事单位、湖南畜牧兽医学会副理事长单位、长沙饲料行业商会会长单位。

湖南帝亿生物科技有限公司

湖南帝亿生物科技有限公司于2009年9月成立，总投资5 000多万元，占地100亩，采用瑞士“布勒”整套全新设备，年产饲料规模40万t，公司立志成为客户信赖、社会尊重、最具价值的世界级价值链农业产业化集团公司。

公司聘用原正虹饲料创始人、现湖南农业大学教授吴明夏先生为总顾问。目前，公司员工总数500多人，其中研究员2人，高级畜牧师5人，中级畜牧师5人，博士2人，硕士研究生多人，本科以上专业技术、管理人才200多人，专业从事“猪用生物饲料”研发、生产，18支专业从事“帝亿猪饲料”市场销售和服务。

公司是“湖南饲料工业协会常务理事单位”“湖南省养猪协会副会长单位”，2011年通过ISO9001：2000质量体系认证及HACCP食品安全管理体系认证；2012年公司评选为“国家高新技术企业”，并通过了过长沙市安全生产监督管理局现场考核、评审，评定为“安全生产标准化企业”；“帝亿”品牌评选为“湖南名牌”“湖南著名商标”。

湖南百宜饲料科技有限公司

湖南百宜饲料科技有限公司成立于2001年，前身是始建于1982年的国有饲料企业——浏阳市饲料厂，位于湖南浏阳制造产业基地永和路8号。公司主要从事饲料研发生产、种猪繁育和生猪养殖服务工作。公司现有饲料产能30万t，每年可向社会提供优质种猪2万头，年产值过5亿元，员工队伍262人，是湖南省农业产业化经营龙头企业和国家高新技术企业。

公司秉承“诚信、敬业、务实、创新”的企业精神，立足于“以人为本、诚信立业、质量兴企、科教兴农”的发展方针，质量管理体系通过了ISO9001：2008国际认证，“百宜”商标被评为“湖南省著名商标”，“百宜牌”猪饲料连续多次被评为“湖南名牌”产品，企业也先后被评为长沙市、湖南省“质量信得过企业”和“守合同重信用单位”。

公司的长远发展目标是建设规模化农牧产业集团，近期发展目标则是落实三五（2012—2016）发展规划，即在湖南省境内以合资、兼并或租赁的形式新建3～4个年产能过10万t的饲料厂和20～30个年出栏生猪过万头的标准化生猪养殖场，确保到2016年实现产销饲料达到50万t、出栏生猪达到50万头的产业规模。

岳阳鸿佑饲料有限公司

岳阳鸿佑饲料有限公司创立于2004年，是安佑生物科技集团有限公司在湖南投资的高科技饲料生产企业。公司经过几年不断发展，2012年销量再创新高，全年教乳料销量突破5万t，产值近3亿元。突出了安佑集团“品质、科技、服务”领先的宗旨。

安佑集团是集研发、生产和销售于一体的高科技环保饲料产业集团，公司于1992年创立于中国台湾地区，目前拥有31家公司及生产基地。“安佑”品牌已成为亚太地区幼畜饲料的核心品牌，2010荣获“2010年中国饲料行业最具成长性企业称号”，2012年“安佑”商标被认定为“中国驰名商标”。多年来安佑集团致力于饲料科技研发，为了更好地达到“安全、高效、环保”的目标，在安佑创始人、教槽料专家洪平先生带领下，成立了目前业内最具规模的安佑研究院，囊括了微生物、猪营养、副产品研究等多个专业领域30多名硕博人才，拥有30多项猪饲料及营养技术专利，拥有国际一流的专家团队和技术研发人员。

岳阳鸿佑饲料有限公司作为安佑集团在湖南投资的高科技饲料生产企业，秉承安佑集团的先进技术和现代化管理理念，立志革新传统养殖观念，倡导科学化饲养，为养殖户提高更好的产品和服务。

长沙兴嘉生物工程股份有限公司

长沙兴嘉生物工程股份有限公司10多年来持续专注于新型、安全、环保、高效的微量元素研发与推广，依托湖南发达的冶金资源、丰富的技术和人才优势，始终坚持以先进技术为核心来打造企业的市场竞争力，经过多年在行业中的沉淀和发展，通过新产品研发、持续不断的产品改进、检测技术开发和国家标准制定，以及连续举办多届微量元素国际论坛，引领和推动着饲料微量元素行业的发展与进步。

兴嘉生物在不断推出单一新产品的同时，持续研究微量元素配方技术，开展各元素之间合理添加剂量和理想添加模式的研究，还为饲料企业提供微量元素的整体解决方案。

2012年公司渐次搭建了配方科学、品质稳定、性价比出众的复合微量元素产品，以氨基酸螯合物为核心的有机微量元素产品以及以碱式氯化铜、碱式氯化锌为代表的新型无机微量元素产品3大产品体系，参与制定了氨基酸螯合物、碱式氯化铜、碱式氯化锌等多项微量元素国家标准，拥有和申请40多项国家发明专利。经过多年的辛勤耕耘，兴嘉生物已经成为国内外品种最齐、产品技术含量较高的专业化微量元素饲料添加剂高新技术企业。

广 东 省

广东通威饲料有限公司

广东通威于2000年7月建成投产，总投资1.2亿元，占地100余亩，9条生产线，年饲料生产能力达50万t，是目前国内最大的现代化饲料生产企业之一。

公司主要从事淡水鱼、海水鱼、虾饲料，畜、禽、特种饲料等100多个品种的生产和销售。拥有美国、瑞士等国和国内牧羊制造的先进生产设备，建立了完善的电脑管理控制系统和严密的质量保证体系。公司还投资近百万元建立了质量检测检验实验室，实验室配备了分光光度计、电子天平、脂肪测定仪，粗纤维测定仪、定氮仪、水分快速测定仪、霉菌毒素检测仪、三聚氰胺检测仪、近红外检测仪等多种现代化检测设备。公司率先建立和健全了ISO9000质量管理体系和ISO22000食品安全管理体系。

目前，公司拥有员工320多人，其中专业技术人员150多名，销售网点遍及广东各县市；公司还成立了一支强大的售后服务队伍，为养殖户提供专业服务，提升养殖水平，增加养殖效益。目前年产销各类饲料30余万t。

“通威”商标被国家工商总局商标局评为“中国驰名商标”，通威系列饲料是中国十大名牌饲料。公司一直秉承“诚信正一”的经营理念，以百姓和社会所需为己任，戮力推进低碳、环保养殖饲料的研发生产，为市场提供优质安全放心的饲料产品！

广东兴腾科生物科技有限公司

广东兴腾科生物科技有限公司专业致力于畜禽、水产用微量元素预混料及饲料级单项矿物微量元素添加剂的研发和生产，是目前国内规模最大的饲料复合微量元素专业生产企业。

公司总部位于广东肇庆国家高新区，占地面积30亩。建成并投入使用两套专业的微量元素预混合饲料生产线，建立了先进的微矿单体预处理车间，生产工艺流程完全符合微量元素预混合饲料的特殊要求，在国内处于领先水平。下属企业包括广东兴腾科生物科技有限公司、广州市兴腾科生物饲料有限公司、广西兴腾科生物饲料有限公司、浙江湖州兴腾科生物科技有限公司。同时在广州、湖南、广西等地建立了原料生产基地。兴腾科以其“安全、稳定、高效”的产品品质与国内外大型饲料生产企业建立了长期合作关系，产品远销东南亚地区。

兴腾科在微量元素预混合饲料研究与应用上累积了20年的磨练和经验，与美国爱荷华州立大学、英国爱丁堡大学、中国农业大学、中国农业科学院、华南农业大学等科研机构保持长期科研合作，并建立了“华农——兴腾科动物微量元素营养研究中心”，设立微量元素专业检测中心，检测设备及手段在国内同行处于领先地位。

惠州九鼎饲料科技有限公司

惠州九鼎饲料科技有限公司位于美丽的山水城市惠州，是湖南九鼎（集团）科技有限公司华南区的核心工厂，公司占地面积80亩，总投资5 000万元，于2010年10月筹建，2011年12月正式投产。现有年产8万t复合预混合饲料车间1个、年产24万t配合饲料车间2个，主要生产猪用系列配合饲料、浓缩饲料和复合预混合饲料。

公司始终信奉以客户为导向的经营原则，坚持“合作联盟、共图大业、至诚至信、一言九鼎”的企业价值观，秉承“创造价值、共享成功、成就自我、和谐社会”的企业宗旨，是广大客户值得信赖的饲料合作伙伴，产品畅销云、闽、粤、桂、琼等省区。

公司以标准化建设为目标，以质量优先、保障供给、降低成本为任务，坚持“全员为顾客、满意你我他”的服务理念，按ISO9001：2008标准建立了完整的质量保证体系，设有专门的质量检验部门，检测设施先进、检测手段齐全，从原料进厂、生产过程控制到产品出厂各工序严把质量关，全天候为市场提供稳定合格的饲料产品和优质的售后服务。

惠州九鼎公司正以务实创新、积极进取的崭新姿态，为把公司建设成为饲料行业的“标杆公司、窗口公司”而努力奋斗。

江门市得宝集团有限公司

江门市得宝集团有限公司是一家集饲料加工、畜禽与水产养殖、肉鸭屠宰加工和国内外粮油贸易于一体的大型农牧企业。得宝集团由江西正邦科技股份有限公司控股，是广东省农业产业化重点龙头企业。

饲料加工及粮油贸易下辖10多家企业，配合饲料产能达150万t/年，品种涵盖畜禽和水产两大系列30余个品种，饲料原料和粮油贸易经营量超过20万t/年。

肉鸭养殖与屠宰加工：包括种鸭养殖、种蛋孵化、肉鸭养殖和屠宰加工多家企业，2012年饲养种鸭6万只，自养订单肉鸭700万只，屠宰加工1 000万只，产业化经营模式已初步形成。生态养猪是集团资金投入、发展速度和未来经济总量最大的产业，现有养猪场2家，饲养祖代母猪1 500头，父母代母猪1.5万头，年出栏仔猪30万头。

信奉“不断学习、勇于实践、不断进步”的人才培养与成长理念，得宝集团已成为行业人才成长的摇篮。集团中层以上管理人员都通过了MBA或正邦商学院的培训。崇尚“公正、创新、奉献”的价值观，得宝集团得到了健康快速的发展。坚持“把小公司做成大公司，把大公司做成大家的公司”的治企理念，“得宝人”愿与你携手共创现代农业的美好明天！

中山市泰山饲料有限公司

中山市泰山饲料有限公司是中山市产销量最大的饲料企业，广东饲料行业先进企业、全国饲料工业百强企业。

目前，公司拥有美国CPM、牧羊、正昌等国内外著名品牌的饲料生产线6条，生产“泰山”“新泰”“华山”鸡、鸭、猪、鹅、鱼、虾全价配合饲料以及畜禽浓缩料、添加剂预混合饲料8大系列100多个品种。产品畅销广东、广西、湖南、海南等地，并出口港澳地区。2012年产销量20万t，销售额超6亿元。“泰山”“新泰”“华山”饲料先后荣获“国家部优产品”“全国名牌饲料”“中国饲料工业协会推荐产品”“中国国际农业博览会名牌产品”称号。为适应公司市场规模的不断发展，泰山公司投资8 000万元在中山阜沙镇建设年产30万t禽畜水产饲料的新生产基地。

展望未来，泰山将加强与中国农业大学、中山大学、广东农科院等高校的产学研合作，不断提高企业的创新能力，精心打造泰山产品的核心竞争力，坚持不懈开发高科技、无公害、安全优质的饲料产品，为广东、为中国饲料工业和水产、禽畜产品走向世界作出更大贡献。

广西壮族自治区

广西彼得汉预混合饲料有限公司

广西彼得汉预混合饲料有限公司是美国嘉吉公司旗下专业化生产畜禽水产添加剂预混合饲料、浓缩饲料、配合饲料的大型骨干企业，1989年6月投产。生产设备和工艺从新加坡引进，化验设备从日本和美国购置，拥有原子吸收分光光度计和高效液相色谱仪等精密仪器。具有年单班生产1万t吨添加剂预混合饲料、4 000t配合饲料、5 000t浓缩饲料的能力。所产销“比得好”牌畜禽、添加剂预混饲料、浓缩饲料、配合饲料因技术含量高、使用效果好而深受客户信赖。产品销往国内18个省和东南亚国家。荣获了《全国饲料工业百强企业》等一系列殊荣。

遵循嘉吉公司“遵守法律，诚信经营”的运营原则，严格按照国家法规进行生产经营，进一步提高质量保证手段，在原有检测设备基础上又投资了100多万元购买了近红外外分析仪、原子吸收分光光度计、高效液相色谱仪等精密仪器，大大提高了质量保证能力，产品经上级有关部门抽检均全部合格，公司2012年销售额为7 974万元，销售量为10 877t，取得了显著业绩。

为了适应业务发展的需要，公司在2012年投资6 000万元兴建了具有年单班生产6万t添加剂预混合饲料、2万t配合饲料和浓缩饲料能力的现代化厂房，将于2013年下半年投产，利用更先进的设备、更优化的生产条件生产出更多优质产品，为饲料工业和畜牧业发展作出更大的贡献。

广西商大科技有限公司

广西商大科技有限公司是一家从事畜禽复合预混合饲料研发、生产和销售的专业企业。公司创办以来一直致力于种猪系统营养的研究与应用，以“健康，从营养开始”的理念、差异化的产品，精心服务于中国集约化养殖企业，致力打造“中国种猪营养第一品牌”。

公司技术力量雄厚，与四川农业大学动物营养研究所建立了校企博士工作站，科研成果突出，公司与四川农业大学动物营养研究所合作的“母猪系统营养技术与应用”项目荣获“国家科技进步二等奖”。2012年公司被评为“南宁市农业产业化重点龙头企业”“广西种猪营养工程技术研究中心”“国家农业科技成果转化资金重点项目”“广西著名商标”等称号，并通过了ISO22000食品安全管理体系认证。

公司坚持“服务为本、品质第一、和衷共济、利益均沾”的经营宗旨，在向客户提供差异化产品的同时，还系统地为客户提供营养、饲养、健康控制及企业管理方案。公司还与中国农业大学、华南农业大学、中国农科院饲料研究所、广东农业科学院、广西大学等国内外多所高校及专业机构合作，向国内饲料加工企业、养殖企业、专业用户传递动物营养、动物健康、饲料加工、饲养管理及企业管理的先进理念，共同提升行业技术与管理水平。

桂林市万康生物科技有限公司

桂林市万康生物科技有限公司（原桂林市万康生物化工有限公司）创建于1992年，是中国最早自行研发及生产饲料防霉剂产品的专业企业之一。公司主要产品有“霉必克”饲料防霉剂、“氧必克”饲料抗氧化剂、“乐酸宝”饲料酸化剂等系列产品。

2012年，公司获得了新型饲料防霉剂发明专利及抗氧化剂产品外包装专利、防霉剂产品外包装专利，共3个专利。并根据企业发展需要更名为“桂林市万康生物科技有限公司”。2012年万康公司年产3万t添加剂的新生产线正式投入试生产，并对公司的生产、经营和管理实施了信息化项目改造，获得了“广西信息化应用企业”的荣誉称号，使万康产品的质量和销量又迈上了一个新台阶。

20年来，万康公司诚信经营、诚实纳税，连年荣获区、市及当地政府授予的“先进纳税企业”“诚信纳税人”“优秀民营企业”“双爱双评优秀企业”等荣誉称号。万康以回报社会为已任，热心投入社会公益事业，积极支援当地乡镇建设、捐资学校并设立“德育奖励基金”。

广西南宁骏威饲料有限公司

广西南宁骏威饲料有限公司是一家专业从事饲料级微量元素、畜禽、水产复合预混料生产和加工的企业，是广西最早拥有外贸自主进出口权企业之一。旗下拥有广西南宁益维饲料科技有限公司和广西南宁市杰威贸易有限公司两个全资子公司。目前主要生产有饲料级硫酸铜、硫酸亚铁、硫酸锌、硫酸锰、硫酸镁、氧化锌、碘酸钙稀释剂、亚硒酸钠稀释剂、硫酸钴稀释剂等单项微量元素添加剂及畜、禽、水产类复合微量元素、复合预混合饲料等产品。

2012年，面对饲料行业大宗原料不断上涨的趋势，公司积极调整经营思路，采取稳定内销、促进出口的经营策略，确保公司产品销量稳定增长。为了让用户能够以更加优惠的价格购买到优质的产品，通过加强物流管理和内部工作创新，尽最大努力降低各项生产、管理费用，以降低产品最终成本，把实惠让利于用户。另一方面，积极开拓欧盟等国际市场，邀请专业评估认证机构做产品质量管理培训，并严格按相关要求实施质量管理。2012年6月顺利通过欧盟FAMI－QS质量管理认证，拿到了产品出口欧盟的通行证。

通过全体员工的不懈努力，2012年公司的产品销量得到了稳步增长。实现内销3.5万t，销售额1.41亿元，同比去年分别增长15.4%和13.7%；出口产品1.5万t，出口额6 200多万元，比去年分别增长31.3%和30.8%。

海　南　省

文昌琼文歌颂饲料厂

文昌琼文歌颂饲料厂隶属于文昌市歌颂畜禽发展有限公司，于2008年5月筹建，位于文昌市东路镇东侧琼文公路41公里处，总投资7 000多万元，设计年生产饲料30万t，沿用文昌歌颂畜禽发展有限公司的技术优势，同时引进一批有管理经验和技术水平的人才，目前公司高管均为本科以上学历，拥有十几年饲料生产、营销经验，并建立了一套先进的管理机制和架构，拥有完备的企业管理信息系统，使原料、成品、质量检验等情况随时可以在信息系统中查询，极大地提高工作效率，并最大限度地为生产提供保障。

文昌琼文歌颂饲料厂采用世界一流工艺技术，选用瑞士布勒（常州）公司成套饲料生产线，设备技术达到世界先进水平、自动化水平高、全过程电脑监控，为公司生产高质量产品提供硬件上的保证；同时公司招聘有多年饲料生产经验的操作工人，并由布勒公司进行上岗培训，确保公司产品质量符合配方设计及产品标准。同时，公司自有养殖基地对公司产品先行试验，提供科学数据，确保公司产品配方最优化。

文昌琼文歌颂饲料厂将利用“歌颂”、品牌优势，立足本地，服务本地养殖户，采用“公司＋专业户＋农户”、营销模式，满足本地区及周边市县养殖市场需求，节省流通成本，让利于养殖户，提高养殖户的养殖利润，带动养殖户共同发展，同时推动本地经济发展。目前公司已有13个经济合作伙伴，扶持50多个经销商，带动8 000多个养殖户发展，增加就业人员达2万多人次，达到互利互惠、共同双赢。

重　庆　市

农标普瑞纳（重庆）饲料有限公司

农标普瑞纳（重庆）饲料有限公司是美国嘉吉公司投资4 000万在重庆市荣昌县投资建设的美国独资公司，于2007年9月21日正式投入生产，总占地面积约52亩，总建筑面积约7 000m²，专业从事饲料生产、销售并提供相关技术服务。公司具备年产7.2万t动物配合饲料、浓缩饲料及精料补充料的能力，包括猪饲料、奶牛饲料、肉牛饲料、鱼饲料及禽饲料等70余个产品。其中奶牛高产期配合饲料“富利特1822”在第七届中国畜牧科技新项目新技术新产品博览会上荣获金奖。

公司一直实施危害分析和关键控制点（HACCP）体系来确保生产流程的安全。“今天的饲料即是明天的食品”，普瑞纳公司严格控制原料安全、操作安全、运输和保存安全等环节，确保每一袋饲料都是高于标准的安全产品。

重庆普瑞纳拥有近百名高素质高技能人才组成的精英团队，业务遍及重庆、四川南部及贵州地区。以为客户创造独特价值为使命，致力于“成为中国西部最优秀的动物营养公司”这一宏伟愿景，为西部地区养殖户提供更高品质的产品和专业化服务。

重庆市蜀达饲料有限公司

重庆市蜀达饲料有限公司位于重庆梁平工业园区A区，厂区面积45亩。现有一条颗粒鱼饲料生产线，一条浮性鱼饲料饲料生产线，一条猪饲料生产线，年生产能力10万t。公司以动物需要为导向，生产销售高档猪饲料、水产饲料。公司坚持用户利益至上的原则，致力于生产高档饲料产品、提供用户需要的养殖服务、帮助用户解决其实际困难等工作，获得了广大用户好评。多次荣获“重庆市守合同重信用单位”“重庆市农业产业化重点龙头企业”“重庆市诚信民营企业”“重庆市名牌产品”“重庆市著名商标”等称号，公司与四川农业大学动物营养研究所共建了“博士工作站”，为公司未来的发展奠定了坚实的基础。

公司将严格按照国家饲料管理的法律法规，进一步加强内部管理，确保饲料安全合规，为食品安全、畜牧业健康发展尽到一个饲料企业应尽之责。同时，积极开拓市场，增强企业市场竞争力，提升产销量，争取成为重庆地方饲料企业的排头兵。

重庆市长寿通威饲料有限公司

重庆市长寿通威饲料有限公司是由通威股份有限公司投资兴建的全资子公司，于2010年7月竣工投产，是集饲料研发、生产、销售为一体的现代化饲料企业。公司位于经济发达、交通便利的重庆市长寿区晏家工业园开发区，占地40多亩，总投资8 000万元，建筑面积达1.5万m²；拥有从瑞士进口世界一流的现代化生产设备和完善的计算机管理、控制系统，饲料年生产能力达18万t。

公司的主要产品有水产饲料、畜禽饲料50多个品种。“通威”商标被国家工商总局评为“中国驰名商标”，通威系列产品被评为“中国名牌产品”，产品的各项技术指标处于国内领先并达到国际先进水平。公司拥有一支团结敬业、充满活力、富有创新精神的员工队伍，其中50%拥有高、中级专业职称，汇聚了水产、畜禽养殖等方面专家，完全有能力并致力于为广大养殖户提供养殖全程技术咨询和服务。为您不断地提高养殖效益，降低养殖风险提供帮助。

长寿通威遵循“追求卓越，奉献社会”的宗旨，坚持以“诚、信、正、一”为经营理念，遵守国家法律法规，诚实守信，正当合法经营，坚持一流的产品质量和一流的技术服务。严格遵守国家有关饲料和饲料添加剂中药物规定及卫生标准，在饲料行业中倡议饲料安全，打造绿色食品，并依靠科技，以质量为基础，不断地自我超越和创新。

重庆美德核心生物科技有限责任公司

重庆美德核心生物科技有限责任公司成立于2005年，系重庆美德实业集团下属全资子公司，专业从事添加剂预混合饲料、浓缩饲料、配合饲料生产。公司坐落在重庆市永川区经济技术开发区星光大道978号，目前拥有4条世界先进水平的乳猪料和添加剂预混合饲料生产线，并通过了ISO9001：2008国际质量管理体系认证。

公司通过引进沃尔多公司优质新美系原种猪和高档教槽料制造技术，打造猪场饲料专业化品牌。公司合作成立了“美德·沃尔多科学养猪联合研究所”，通过引进、吸收美国沃尔多的科学技术，结合国内养猪特点，打造出具有美德特色的养殖模式——美德养猪模式，凝聚了众多中外养猪专家的研究成果，倡导“良种繁育、精确饲养”的养猪新观念，专门为规模化猪场提供系统的解决方案。

2012年，公司年产饲料2万t，实现年产值8 000多万。伴随着中国畜牧业健康快速发展，公司将继续秉承“诚信为美，德行天下”的核心价值观，与国内外同行和各界朋友携手，共同谱写畜牧业新的篇章。

四　川　省

成都朴瑞威饲料科技有限公司

成都朴瑞威饲料科技有限公司成立于2004年。公司是一家由专家、教授、博士等人员组成的高科技技术密集型饲料添加剂企业。公司技术力量雄厚，汇集了生物工程、饲料加工、畜牧兽医、动物营养、水产养殖等多方面的专业人才；公司与国内外著名科研院所、高等学校保持长期的技术合作与交流，旨在共创先进科技企业，更好地为广大用户服务。

多年来，公司产品优越的性能和稳定的质量让用户用得放心，并取得明显效益。公司研发的产品有：扑食香系列、扑食甜系列、甜又香系列、大蒜素系列、速红宝系列、速肥宝系列等高科技绿色产品。扑食香系列、扑食甜系列、甜又香系列等产品用于改善饲料适口性，香气和味道纯正，有利于提高动物采食量和日增重，是公司多年经验和高科技技术的结晶。速红宝系列、速肥宝等系列产品效果显著而深受广大新老客户的一致好评。

公司本着“朴实置业、瑞祥丰年、威名四海”的企业精神，广交朋友，志在共同促进中国饲料工业的国际化，推动健康养殖和安全食品事业的腾飞。公司坚持以“营销、客户、市场”为导向的经营原则，建立起完善的营销服务网络，以优质的产品质量和服务理念做您可靠的供应厂家。

贵 州 省

贵阳双胞胎饲料有限公司

贵阳双胞胎饲料有限公司位于贵州省贵阳市白云区粑粑坳，公司成立于2008年，是一家集饲料研发、生产、销售、技术咨询服务为一体的大型饲料制造企业，是双胞胎集团下属子公司之一。公司主要从事饲料的研发、生产和销售，年产量5万t以上，是贵阳市最大的饲料企业生产基地之一。

公司秉承“为养户创造价值，为社会创造财富，为员工创造机会，为股东创造利益”的核心价值观，专业打造乳猪饲料、浓缩饲料、小猪饲料、乳猪奶粉，产品主要销往贵州全省。“质量是双胞胎人的品格和自尊”，公司建立了严格的质量责任管理制度和质量控制体系，全力打造中国猪饲料第一品牌，已成为深受广大养殖户青睐的名牌产品。

公司现有科技人员18人，主要从事饲料新产品、新技术、新工艺和饲料加工设备的研发、设计、制造和检测。公司主要产品有乳猪料、浓缩料、小猪料、乳猪奶粉。公司秉承“质量是双胞胎人的品格和自尊”的理念。公司恪守“服务养殖，共赢未来”的企业宗旨，致力于“为广大养殖户创造最大价值”。

公司积极履行社会责任，积极对养殖户进行科学培训，力争改变贵州传统、落后的养殖方式，为养殖户带去真正的实惠；积极吸纳毕业大学生，提供广阔的就业舞台；积极帮助贫困、受灾的公司员工，先后已帮助困难员工15人，提供爱心救助款10万余元。

贵阳特驱希望农业科技有限公司

贵阳特驱希望农业科技有限公司是华西希望四川特驱投资集团借西部大开发的东风，为满足养殖户需求，投资人民币5 000万元在贵州兴建的一家现代化饲料生产企业。公司位于贵阳市金阳新区金华镇三甫村，占地面积50余亩，南紧邻321国道和贵黄高速公路，东距贵阳市区15公里，西到清镇市10公里，林东铁路货运站距公司仅2公里，交通十分便利，地理位置优越。

公司是贵州最大的饲料生产企业之一，环境优雅，设备一流，拥有国内先进的饲料生产设备和化验分析设备，生产全过程采用电脑微机控制，应用先进的饲料后喷涂工艺技术，具有年产30万t优质畜、禽、水产饲料的生产能力。公司生产的“特驱”“万千”牌系列饲料，应用了国内外饲料行业的最新研究成果，结合贵州养殖环境，通过电脑精细准确配料，推出的新品牌。具有适口性好，生长速度快，饲料转化率高，肉质细嫩，绿色环保安全等特点，是养殖致富的好产品。

公司以“推动畜牧业发展，建设贵州新农村”为目标，奉行“质量第一、信誉第一、服务第一”的企业宗旨，实行“创新、高效、速度、规范、廉洁、活力”的经营理念，以“普及中华，为中国老百姓做点实实在在的事情”为己任，公司为广大养殖户和经销商朋友营造一个发展的共赢平台。

贵阳新希望农业科技有限公司

贵阳新希望农业科技有限公司是新希望六和股份有限公司投资3 000多万元，2002年在贵州兴建的饲料生产及农业开发的综合型现代化企业。

公司位于贵阳市观山湖区金华镇三甫村，占地40余亩，毗邻321国道和贵黄高速公路，距贵阳市城区17公里，距清镇市10公里，林东铁路货运站距公司仅2公里，交通十分便利，地理位置优越。公司是贵州饲料行业唯一获得“中国饲料行业信得过产品”称号的企业，是贵州省目前最新最大的饲料生产企业，环境优雅，设备一流，配置了膨化饲料设备，运用先进的饲料后熟化及后喷工艺，具有年产30万t优质畜、禽、水产饲料的生产能力。公司秉承“技术创新，价值卓越，环保安全，服务真诚”的质量方针，依托严格的质量监督体系，为广大养殖户提供性价比最优的“希望”“好人”“恒博”“新珠”牌饲料。

公司产品“希望”“好人“恒博”“新珠”牌系列饲料是动物营养专家根据国内外饲料行业最新研究成果、结合贵州养殖实际、通过电脑精细配方推出的新品牌，具有“适口性好、营养转化率高、迅速提高饲养对象健康水平和免疫功能”等特点，使饲养对象生长迅速且肉质细嫩，是广大养殖户致富的好帮手。

贵阳金满船饲料有限公司

贵阳金满船饲料有限公司是贵阳市农委和市粮食局下属企业共同出资组建的国有股份制饲料生产企业，被评为贵州省“农业产业化重点龙头企业”“贵州省重点乡镇企业”。公司拥有资产 2 000 万元、高级工程师 4 人、大中专毕业生 60 余人，并与众多科研机构联合，通过了 ISO9001：2000 质量管理体系和 HACCP 食品安全体系认证，年销饲料 4 万 t，在贵州饲料加工行业具有较大的影响。

公司在贵州省率先推出浮性膨化鱼料饲料生产线，提高了饲料产品的技术含量。生产的鱼饲料、鸡饲料、牛精料补充料具有较好的销量。公司有年产 50 万公斤鲜鱼的网箱养殖基地和存栏 10 万羽的蛋鸡养殖场，并与多个商品猪及肉鸡养殖基地全面合作，为大型奶业企业提供绿色食品级奶牛专用饲料，带动了广大养殖户走上养殖致富的道路。

在提高产品质量，降低养殖成本的同时，组织畜牧水产专业技术人员深入广大农村和集约化养殖场进行技术培训、每年为社会培训 5 000 余人次，为贵州养殖业发展作出了巨大的贡献。

黔西通威饲料有限公司

黔西通威饲料有限公司隶属是通威股份有限公司的全资子公司，经民建中央引荐，落户于贵州省黔西县岔白绿色农产品科技园区。公司 2009 年 10 月破土动工，2010 年 8 月顺利投产。公司占地面积 34.76 亩，年设计饲料生产能力 12 万 t，是贵州省毕节地区唯一一家高科技现代化大型饲料生产企业。公司以饲料生产、销售为主导，其核心设备均由英国 UMT、施耐德和美国 AB 等公司进口，生产技术水平和生产工艺为国内饲料行业顶尖之列。集团下属的国家级企业技术中心，拥有专业的科研团队，为公司的产品技术和服务提供了坚实的保障。目前，公司主要生产“通威”系列水产、畜禽饲料，产品畅销贵州全省，深受广大养殖户朋友的喜爱和好评。

黔西通威秉承集团公司“诚、信、正、一”的经营理念，遵循“追求卓越、奉献社会”的企业宗旨，在生产经营中按照通威集团多年发展形成的程序化、规范化、标准化等一系列科学、有效的管理模式，为广大养殖户朋友提供了优质高效的产品和服务。

公司结合民建中央“思源·同心”工程，提出“思源同心，科技兴农，黔西通威在行动”，在广大农村推广科学养殖技术和先进养殖模式，做好扶贫开发工作，并致力于促进“三农”问题的解决和新农村建设，帮助农民朋友脱贫致富，促进了当地水产和畜牧业发展，为贵州农业发展和繁荣作出应有的贡献。

云　南　省

昆明通威饲料有限公司

昆明通威饲料有限公司系通威股份有限公司的全资子公司，是通威整体战略在云南发展布点的重要组成部分。在通威饲料进入云南的近 20 年时间，始终注重把通威的经营理念、文化理念贯彻到工作中去，建立、健全相关规章制度，抓好员工培训工作，在生产过程中抓好质量工作，率先通过 ISO9001 质量认证。

自 2011 年以来，公司调整思路、狠抓内部管理和注重产品质量的稳定，公司逐步进入良性的经营轨道，产品销量在 2011 年、2012 年猛增。致使原公司设备不能满足市场供应。经通威股份公司批准，于 2011 年 8 月选址昆明市宜良县工业园区，投资成立昆明通威饲料有限公司。

公司拥有国内先进饲料生产线 4 条、膨化生产线 1 条，年设计生产能力达 30 万 t。其设备先进精良，拥有国内先进的原料及饲料检测设备，并建立了完善的计算机辅助管理系统。产品包括鱼饲料、畜禽饲料共 100 多个品种。

昆明通威将始终积极秉承通威集团“诚、信、正、一”的经营理念，以“追求卓越、奉献社会”为宗旨，恪守“社会、经济、文化”三大使命，依靠科技，以人为本，以质量为基础，为继续推动云南省饲料工业及养殖业的腾飞做出卓越贡献，也将在实践中不断创新，不断超越，与社会各界共谋发展、共创辉煌！

禄丰天宝磷化工有限公司

禄丰天宝磷化工有限公司位于云南省楚雄州禄丰县勤丰镇，距省会昆明 60 公里。公司于 2010 年 3 月注册成立，项目工程于 2010 年 8 月 11 日正式开工建设，是一家集科研、生产、销售、进出口贸易及服务为一体的民营股份制磷化工企业，为云南省 2010 年 100 个重点项目推进企业之一和楚雄州 2012 年 50 项重大工业建设项目之一，是云南同行业中的龙头企业。项目总投资 4.1 亿元，分 3 期建设。其中一期工程为：年产饲料级磷酸氢钙 15 万 t，投资额为 1.5 亿元；二期工程为：肥料级磷酸氢钙 6 万 t，硫铁矿制酸 20 万 t，投资额为 2.2 亿元；三期工程为：年产饲料级磷酸氢钙 15 万 t，投资额为 4 000 万元。硫铁矿制酸项目建成投产后可利用硫酸余热发电 3 072kw，充分达到节能减排的效果。目前一期工程 15 万 t/年饲料级磷酸氢钙生产线已建成投产。

项目完全建成投产后，预计员工可达 1 200 余人，年销售额达 8 亿多元，年创利税 6 000 万元左右，具有较好的社会效益和经济效益，企业可持续发展后劲极大。

云南滇大饲料有限公司

云南滇大饲料有限公司是由天章集团斥资 1.06 亿新建的年产 32 万 t 的现代化饲料生产加工企业，坐落于宜良饲料工业园区，占地面积近 60 亩。

公司以猪、鸡、鱼、鸭、牛、羊饲料为主要产品，是集产品研发、生产、销售和服务为一体的大型现代化饲料生产企业。公司拥有国内先进的饲料生产工艺和牧羊集团成套饲料生产设备。建有 3 条饲料生产线和 1 条添加剂预混合饲料生产线。针对饲喂动物和产品特点分线生产，确保产品质量的长期稳定。公司拥有在职员工 150 余人，大中专人才比例占 60% 以上，其中博士 2 人、硕士 5 人。为吸纳和培养人才，公司和西南多家高校建立了长期合作关系，建立了定向输入人才制度。

云南滇大饲料有限公司愿意和业界同仁加强合作，为行业经济发展做贡献，滇大愿与您共创美好未来！

云南巨星农牧有限公司

云南巨星农牧有限公司是四川巨星企业集团有限公司在 2011 年 12 月 7 日投资兴建的 1 家饲料公司，其前身是位于昆明市西山区长坡的云南巨星饲料有限公司。公司属私营企业，拥有国内先进的牧羊成套畜禽鱼料生产线及进口安德利兹膨化机，设计生产能力 20 万 t/年。主要生产畜禽配合饲料、鱼膨化和颗粒配合饲料、猪禽浓缩饲料等。

公司拥有完善的质量管理体系，从上到下都重视产品质量，除部门主管外，设有抽样员、化验员、生产过程监控员等岗位，并利用先进仪器对原料及产品进行质量分析，对整个生产过程进行全方位监控，保证合格原料入厂，合格产品出厂。

陕 西 省

西安禾丰饲料科技有限公司

西安禾丰饲料科技有限公司是辽宁禾丰牧业集团股份有限公司在陕西投资的企业，是禾丰集团在西北地区的旗舰型公司，创立于 1997 年 7 月，坐落在美丽的西安临潼新丰工业园。经过西安禾丰全体员工 15 年的辛勤工作，企业得到了快速的发展，得到行业同仁和主管部门的好评，获得了“西安市农业产业化重点龙头企业”“西安市高新技术企业”“西安市科技创新优秀企业”“质量管理达标企业”“科技优秀企业”“行业优秀企业”“十佳企业”“安全工程先进单位”多项荣誉，猪饲料产品快大宝和蛋鸡添加剂预混合饲料产品 7531 荣获“中国杨凌农业高新科技成果博览会后稷金像奖”等。通过了 GB/T19001—2000 质量管理体系和 GB/T22000—2006 食品安全管理体系双认证。

西安禾丰饲料科技有限公司主要经营范围包括：配合、浓缩饲料和精料补充料的生产；饲料及其原料科技开发、技术服务；粮食收购等。市场辐射陕、甘、宁、新、晋、豫、鄂、川等地，公司致力于以专业化、规范化、科学化的管理，努力打造西北饲料市场第一品牌。现有专业技术人员 50 余人，其中 90%为大专以上学历，拥有高、中级以上职称技术人员十余人。配方设计、生产品控、原料采购、技术服务等环节经过专业人员缜密思考、精心设计，严格把关，快速反应，确保用户使用安全、放心的饲料，使养殖效益得到提高。

西安禾丰全体员工将永远秉承禾丰集团的经营、管理原则和理念，以市场和客户的需求为导向，严格按照 ISO9001 国际质量管理体系和 ISO22000 食品安全管理体系的标准和要求，为广大客户提供合理的高品质产品和及时、高效、全面的服务，与客户共同发展、共创双赢。

西安铁骑力士饲料有限公司

西安铁骑力士饲料有限公司隶属四川铁骑力士集团，是全国农业产业化重点龙头企业，集团拥有饲料事业部、食品事业部、牧业事业部以及冯光德实验室。西安铁骑力士饲料有限公司是铁骑力士集团在陕西的第二家全资子公司。

公司位于国家级全国小城镇建设试点单位——陕西省西安市临潼区新丰工业园，地理位置优越，交通便利。公司 2008 年 5 月建成投产，一期工程总投资 3 000 余万元，占地 50 余亩。现有员工 130 余人，拥有年产 18 万 t 瑞士布勒全套饲料生产设备。2010 年投资 2 000 万元，新建饲料生产线一条，配套建设原料库、成品库及立筒仓 3 个。

公司是集团在陕西的一家专业化猪饲料公司，实行专业化生产、专业化销售、专业化服务。按品类设立专业的配方师，专攻猪饲料、奶牛饲料两个项目。投产以来凭借强大的技术优势、科学的管理、优质的服务赢得了市场。如今产品销售渠道覆盖关中地区和汉中、安康、延安、榆林各市县，并远销甘肃、山西、内蒙古、湖北等地区。公司自建厂以来多次被评为“陕西省饲料行业精神文明示范单位”“陕西省质量信得过单位”“陕西省饲料行业十佳企”，2012 年被评为“西安市优秀民营企业”。

西安新希望产业有限公司

西安新希望产业有限公司是新希望六和股份有限公司与西安工业资产经营有限公司共同投资兴建的一家大型现代化饲料企业，现有两条组合式生产线和原料膨化生产线，年设计生产能力20余万t。公司始建于1997年，地处西安市长安区，占地约50亩。

公司主要生产“希望”“国雄”两大品牌猪、鸡、鸭、牛4个系列的配合饲料、浓缩饲料及精料补充料。公司始终坚持“为耕者谋利，为食者造福”的宗旨，遵循“技术创新、优质安全、持续改进、顾客满意”的质量方针，拥有健全的检验设备，以科学的质量管理、优良的售后服务，赢得了广大经销商、养殖户的认可与青睐，获得社会各界同仁的好评。产品销售范围覆盖了陕、甘、豫、晋4省100余个县、市，市场份额逐年提高。

公司多次获得“陕西省饲料工业行业最佳企业”“陕西省饲料工业行业优秀企业”“陕西省饲料工业行业文明示范企业”“陕西省饲料安全工程先进企业”“陕西十佳饲料企业”“陕西省重合同守信用企业”等荣誉称号。

公司按照现代企业管理制度的要求，强化过程控制，不断推行精细化管理，实施ERP信息工程管理，全面提高工作质量和效率，努力提高企业经济效益。按照集团“创百年老店，百年名企”的宏伟目标，大力推行ISO9001国际质量管理体系标准，建立行之有效的质量保证体系，全面质量管理理念深深扎根员工心中。“与客户共享成功、与员工共求发展，与社会共同进步”是公司永远追求的企业理念。

甘　肃　省

临夏州小康村饲料有限责任公司

临夏州小康村饲料有限责任公司位于甘肃省临夏回族自治州临夏县北塬农业经济开发区，是按照股份制形式筹资1 600多万元，于2006年10月兴建的临夏地区目前唯一的一家集饲料研发、加工、生产、销售、技术服务于一体的专业饲料生产企业。

公司注册资本475万元，占地面积21亩，现有职工60多人，其中具有中高级专业技术职称人员11人；拥有授权专销商30多个，销售商300多个。常年生产销售猪、蛋鸡、肉鸡、牛、羊5大系列全价饲料、浓缩饲料等50多个品种，年设计生产能力达6万t。公司于2010年6月份被农行临夏县支行评定为“AA+”级信用企业；2011年通过了ISO9001：2008国际质量管理体系认证；2011年10月份被评为“甘肃省第六批农业产业化重点龙头企业”。2012年生产销售各类饲料2.6万t，产值达8 000多万元。产品远销兰州、武威、张掖、白银、甘南、定西及青海等地，促进了当地畜牧业发展。

武威市智慧农业科技有限责任公司

武威市智慧农业科技有限责任公司成立于2002年10月，是陕西汉中智慧农业科技有限责任公司的合资公司，共同投资1 000万元，是武威生产规模较大的民营饲料生产企业之一。公司拥有年生产能力万吨以上的颗粒、浓缩饲料生产线两条，年生产能力为4万t，全部实现电脑配料、微机控制的生产流水线，确保质量安全生产。2012年饲料产量1.5万t，产值4 080万元，主要生产“慧旺”“智能”两个品牌猪、鸡、牛、羊等系列饲料。

公司借西部大开发的机遇，本着发展畜牧业，带动一方经济的原则，以武威为中心，成功开拓了甘肃、宁夏、青海等市场。并与上海帝斯曼集团、西北农林科技大学、陕西汉中智慧农业科技有限责任公司建立了长期合作关系，在有关专家的指导下不断优化产品配方，提高产品质量，完善生产加工工艺，以保证产品质量的稳定和提高。在对市场的不断探索中运用现代化企业管理制度，建立完善的质量监控体系，实行严格质量把关，为进一步加快本市畜牧业发展做贡献。

公司拥有一流的设备，科学的配方，超前的技术，严格的管理以及优质的原料，生产销售一流的产品，高素质的营销人员，用“科技发展农业”的企业宗旨，“科技领先、质量为本、诚实守信、互利互惠、共同发展”的经营理念，用“感恩、敬业、执行、学习、创新”的企业精神，立足甘肃，放眼西北，争创名牌产品，为当地畜牧业的发展作出应有的贡献！

武威铁骑力士饲料有限公司

武威铁骑力士饲料有限公司是铁骑力士集团在甘肃设立的一家独资分公司。公司位于甘肃省武威市黄羊食品工业园区，属武威市重点招商引资企业。公司占地近百亩，投资近6 000万元，是西北地区规模最大的集科研、生产、销售、服务为一体的现代化大型饲料企业。

公司采用国内先进的生产设备和电脑全自动配料系统，年生产能力18万t，配备一流的质量检测设备并严格按照ISO9001—2008国际质量认证标准生产，同时以集团冯光德实验室为技术依托，专门针对西北地域的养殖环境，研制出完全适合本地区的猪、鸡、牛、羊系列饲料。目前产品已覆盖甘肃、新疆、宁夏、青海等地。

公司自2007年成立以来，始终秉承“用科技造福大众、把真情还给人民”的经营理念，先后获得“工业强区先进企业”“新型劳动关系和谐企业”“劳动保障守法诚信单位”“先进基层党组织”“A级信用企业”等荣誉称号。公司始终坚持以“产品就是人品”的质量方针，用优质的产品和完善的技术服务帮助广大用户提高养殖水平和经济收入，客户满意是公司最神圣的使命和工作。

青　海　省

青海西部铟业有限责任公司

青海西部铟业有限责任公司成立于2005年4月，注册资本1 000万元。公司位于西宁经济开发区甘河工业园内，占地面积10万m^2。公司从物料中回收金属铟并附产一水硫酸锌及其他有价金属，致力于循环经济产业链的发展。公司广大员工的共同努力下，公司成立7年以来不断超越自我和健康快速发展，现具有年产1万t饲料级硫酸锌等产品的生产能力，年销售收入过亿元。

2010年8月通过北京华思联认证中心认证，取得了欧洲饲料添加剂与添加剂预混合饲料质量体系认证。目前公司产品除销往全国各地，还远销至美国、加拿大、欧盟、澳大利亚、日本、东南亚、西亚、俄罗斯等国家和地区，受到客户广泛好评和赞誉。

门源永兴生态农牧开发有限公司

门源永兴生态农牧开发有限公司成立于2012年3月，公司位于门源县工业经济集中开发区，占地面积30亩，总投资3 040万元，建成年产5万t饲料生产线1条，并匹配建设饲料加工车间1 120m^2、饲料库房及化验室2 000m^2，是一家集饲料生产、销售为一体的民营企业。

公司自创建以来始终坚持“诚信、服务、求实、创新”的经营理念，采取“科学化、产业化、规模化、集团化”的运作方式，以一流的技术、一流的质量、一流的服务、一流的信誉，为广大客户及时提供畜牧业和养殖业发展的各类饲料产品需求，走出一条“绿色食品”产业化可持续发展之路。

近年来，在国家“三农”政策扶持和畜牧养殖业不断扩大的新形势，给公司带来了前所未有的发展机遇。在今后的发展中，公司将以全新的经营理念，致力于饲料新产品的开发和技术进步，以精良的产品、优质的服务、诚信的合作服务于社会和广大农牧户。

宁夏回族自治区

宁夏大北农科技实业有限公司

宁夏大北农科技实业有限公司是中国饲料工业协会理事级会员单位，是大北农集团在西北地区规模最大、实力雄厚、管理规范、设备先进、技术一流的现代化农业高科技企业。现有宁夏大北农科技园和清真牛羊肉奶专用饲料科研生产基地两个生产厂区，装备具有国际一流水平的中外合资瑞士常州布勒生产线工艺设备。

企业遵照“健康养殖、养殖健康”的发展理念，年产60万t清真牛羊肉奶专用饲料生产线、年产12万t高档水产料生产线、年产15万t高档猪料生产线实行专业化生产运营，全力助推西北地区畜牧养殖业向科学化、规模化、产业化、高效化方向发展。

宁夏大北农生产的“大北农”品牌猪饲料和“泽光”品牌牛羊、水产和禽料产品畅销宁夏、甘肃、陕西、内蒙古、青海等省区，具有较高的市场认可度和美誉度。企业先后被授予“国家农业产业化重点龙头企业”“中国驰名商标企业”“国家级高新技术企业”“中国商业名牌企业”“全国农产品加工示范企业”“全国乡镇企业创名牌重点企业”“自治区30家非公有制重点骨干企业”“自治区百强企业”“自治区企业技术中心”“宁夏（银川）饲料技术创新中心”“自治区守合同重信用企业”“宁夏名牌产品”“宁夏著名商标”“宁夏质量奖”“自治区科技创新团队”等荣誉称号。

公司将以“报国兴农、争创第一、共同发展”为己任，不断开拓创新，以市场为导向，发展品牌战略，以一流的管理、一流的产品、一流的服务不断满足市场需求，向打造“中国牛羊饲料第一品牌、西北地区鱼饲料、猪饲料第一品牌”的宏伟目标阔步前进，为促进西北地区农业经济发展作出更大的贡献！

青　岛　市

青岛正大农业发展有限公司城阳分公司

青岛正大农业发展有限公司城阳分公司于1989年建立，占地面积达10万m^2，投资7 800万元，专门生产肉鸡料，年产30万t，是山东省第一家注册的外商独资企业。公司运用“五统一”（统一供雏、统一供料、统一防疫，统一供药、统一屠宰回收）的管理模式，拥有饲料厂、父母代种鸡厂、孵化厂、肉鸡屠宰加工厂、熟食厂以及与其配套的商品肉鸡饲养基地，形成饲料生产、种禽繁育、畜禽养殖、屠宰加工、肉食品生产、国内外销售一条龙连贯作业体系。

公司以“高起点、高科技、高标准”生产优质安全食品，充分发挥产品研发、检测技术、国内外营销等多种优势，率先通过了ISO9001、ISO14000、

ISO22000、HACCP、GMP、BRC、GGAP、ISO17025实验室认可及国家无公害农产品认证。严格的产品源头控制体系和专业化质量管理体系建设，保证了青岛正大产品的一流品质。

正大集团为中国引进了“公司＋农场”的现代化家禽养殖模式，而对于青岛正大这一重点出口企业来说，其对农村经济的拉动作用尤为明显。作为拥有年屠宰加工5 000万羽肉鸡的现代化屠宰加工厂、年生产熟食2 300t的国际最先进的食品加工厂和国内最先进的研发中心的青岛正大来说，其同国际标准接轨的管理体系（HACCP和ISO9001）和严格的质量监控，使企业产品畅销全国30多个城市和地区，并出口日本、俄罗斯、中东、南非、瑞士等国家和地区。公司多次被客户评为“出口日本熟食第一明星企业”，“正大”牌鸡肉也被授予“无公害农产品”和国家级“安全放心肉”称号。

青岛正大的发展始终坚持诚信原则，坚持企业利益与社会利益的统一。无论是遇到东南亚金融危机、闭关、非典、禽流感等众多困难，青岛正大对外签订的合同尤其是饲养合同无一例中断执行，正因如此，企业多次被青岛市评为“守信誉”单位。

希杰（青岛）饲料有限公司

希杰集团创建于1953年，是韩国一家集食品加工、生物工程和制药、媒体和娱乐于一体的大型企业，产品涉及食品、肉类加工、饲料、赖氨酸、制糖、调味品、食用油、化妆品、医药产品、家庭用品等。希杰集团自创建以来，秉承为顾客创造健康、快乐、便利的生活为宗旨，不断以崭新的面貌向新目标进取，获得了社会的广泛认可。先后在印度尼西亚、越南、澳大利亚、土耳其、巴西、中国等国家建立了生产基地，并在美国、法国、英国等国家建立了办事处，从而构建了庞大的国际事业群。目前，希杰集团已发展成为世界最大的核酸、赖氨酸生产基地。

希杰（青岛）饲料有限公司成立于2003年10月，位于美丽富饶的青岛莱西市经济开发区，是韩国希杰集团在中国投资的第三家饲料工厂。注册资本150万美元，主要产品有猪饲料、奶牛饲料2大系列50余个品种。职工总数150人，其中，专科以上专业技术人才100余人。

公司凭借雄厚的国际性饲料生产经验及先进的饲料配方技术，秉承“顾客至上”的经营理念，努力为顾客提供最优质的产品和最佳的服务，为山东畜牧业发展做出了积极贡献。

深　圳　市

深圳康达尔高陵饲料有限公司

深圳康达尔高陵饲料有限公司是由上市公司深圳市康达尔（集团）股份有限公司投建的大型现代化饲料加工企业。创建于1992年，占地100余亩，资产总额6 500多万元，是陕西第一家也是目前发展最好的外来饲料加工企业，是中国饲料百强企业、陕西省产业化重点龙头企业、ISO9001质量体系认证企业。系列饲料产品曾获国家免检资格，并被列为“陕西省名牌产品”“西安市名牌产品”。

公司长期致力于畜、禽、水产饲料生产销售，同时进行动物营养的科学研究和技术推广，并保持与西北农林科技大学、省畜牧兽医研究所、省水产研究所等多家科研单位密切合作。公司建厂之初引进美国CPM世界一流饲料机组，近年来不断追加投资，依次引进了双层优质调质器、膨化大豆及膨化玉米工艺、油脂后喷涂工艺及、1mm粒径鱼种饲料制粒工艺，始终保持工艺领先优势。建厂以来连续10年居西安市饲料生产企业单厂产销量第一名。产品远销陕西、甘肃、宁夏、湖北、西川等省区，备受客户信赖。

2012年公司斥资500余万元成立巨良分公司，建成具有国内一流水平的江苏牧羊集团饲料加工生产线，每年向市场提供安全、优质、高效的鸡、猪、牛、羊、鱼各类饲料5万余t，成为推动关中西部、甘肃、宁夏市场养殖业发展新的发力点。

未来3年内公司将进一步整合小型饲料企业，纵深发展养殖产业链，同时优化产品结构，提升品牌竞争力，力争在2015年实现年产销量突破50万t。

统计资料

中国饲料工业年鉴

中国饲料工业统计资料

2012 年全国饲料产量

单位：t

地　　区	总产量	配合饲料	浓缩饲料	添加剂预混合饲料
全国总计	194 485 327	163 626 247	24 665 086	6 193 994
北　京	3 392 539	2 501 027	277 399	614 113
天　津	2 732 899	1 775 569	669 825	287 504
河　北	11 849 078	10 022 209	1 686 841	140 028
山　西	3 054 106	2 041 384	956 246	56 476
内蒙古	3 131 684	2 144 973	929 601	57 109
辽　宁	13 262 833	9 493 345	3 562 466	207 022
吉　林	4 817 183	3 238 908	1 530 107	48 168
黑龙江	7 056 005	3 561 110	3 228 800	266 095
上　海	1 545 313	1 179 917	138 210	227 186
江　苏	9 289 899	8 681 797	289 875	318 227
浙　江	5 754 425	5 531 242	56 271	166 912
安　徽	5 053 638	4 479 430	435 604	138 604
福　建	7 378 012	6 895 727	186 364	295 921
江　西	5 872 788	4 918 586	516 097	438 104
山　东	21 537 336	19 850 551	1 085 097	601 688
河　南	13 205 727	10 788 305	2 048 618	368 805
湖　北	5 556 784	5 132 494	299 844	124 446
湖　南	10 453 954	9 156 973	769 410	527 571
广　东	23 315 012	22 433 348	362 184	519 479
海　南	2 052 728	2 004 063	6 014	42 650
广　西	9 135 710	8 772 975	261 668	101 067
重　庆	2 009 571	1 563 926	362 566	83 079
四　川	10 018 527	8 713 643	1 021 491	283 393
贵　州	774 626	452 113	320 103	2 410
云　南	3 924 120	2 895 414	980 084	48 622
陕　西	4 467 394	2 579 526	1 716 393	171 475
甘　肃	1 472 598	921 604	542 652	8 342
青　海	100 555	99 092	65	1 399
宁　夏	710 329	433 714	260 918	15 696
新　疆	1 559 955	1 363 280	164 273	32 402

2012年全国配合饲料产量

单位：t

地区	小计	猪饲料	蛋禽饲料	肉禽饲料	水产饲料	精料补充料	其他饲料
全国总计	163 626 247	59 914 124	26 037 903	51 155 011	18 565 795	5 318 376	2 635 037
北京	2 501 027	542 447	246 968	1 358 027	139 760	73 811	140 013
天津	1 775 569	439 787	149 276	494 093	429 632	218 171	44 611
河北	10 022 209	1 741 530	5 860 255	1 117 286	603 273	604 247	95 618
山西	2 041 384	558 117	630 176	651 111	3 585	195 568	2 827
内蒙古	2 144 973	212 934	407 759	284 138	17 575	1 129 660	92 908
辽宁	9 493 345	1 875 794	3 308 504	2 964 810	638 467	389 918	315 852
吉林	3 238 908	598 352	1 092 836	810 228	62 481	177 751	497 259
黑龙江	3 561 110	1 244 130	661 510	542 420	182 310	661 320	269 420
上海	1 179 917	337 936	398 239	327 865	59 721	50 785	5 371
江苏	8 681 797	1 907 756	1 184 051	2 617 023	2 757 732	101 493	113 742
浙江	5 531 242	2 629 115	594 364	1 067 063	1 149 031	26 512	65 158
安徽	4 479 430	995 676	859 150	2 406 015	186 943	6 331	25 314
福建	6 895 727	3 189 710	645 930	1 970 833	1 010 970	—	78 285
江西	4 918 586	3 356 712	447 131	582 935	514 812	7 965	9 032
山东	19 850 551	4 793 003	1 320 609	12 302 232	495 008	510 640	429 058
河南	10 788 305	5 375 431	1 567 313	3 253 315	434 741	89 634	67 870
湖北	5 132 494	2 048 164	632 124	608 290	1 838 781	717	4 418
湖南	9 156 973	5 894 002	710 470	1 386 910	1 153 631	654	11 306
广东	22 433 348	8 803 096	1 491 562	7 838 236	4 153 006	19 423	128 026
海南	2 004 063	779 991	167 755	675 243	377 991	—	3 083
广西	8 772 975	4 204 518	512 647	3 498 381	555 075	1 047	1 308
重庆	1 563 926	731 541	291 094	412 882	96 446	13 017	18 946
四川	8 713 643	4 726 976	1 131 621	1 941 799	733 287	109 859	70 101
贵州	452 113	197 218	49 244	149 343	34 155	19 209	2 943
云南	2 895 414	811 019	575 088	1 036 771	442 955	9 883	19 699
陕西	2 579 526	1 236 206	546 603	290 140	273 867	147 346	85 364
甘肃	921 604	375 089	183 447	113 289	24 756	204 366	20 657
青海	99 092	51 929	4	11	—	47 147	—
宁夏	433 714	63 868	51 992	48 313	64 753	204 788	—
新疆	1 363 280	192 080	320 180	406 007	131 052	297 113	16 848

2012年全国浓缩饲料产量

单位：t

地　区	小　计	猪饲料	蛋禽饲料	肉禽饲料	水产饲料	反刍饲料	其他饲料
全国总计	24 665 086	13 815 538	4 910 676	3 433 136	97 941	2 141 444	266 350
北　京	277 399	256 138	3 012	28	—	17 021	1 199
天　津	669 825	494 694	63 697	30 076	4 386	76 080	891
河　北	1 686 841	538 056	820 636	157 151	—	148 410	22 588
山　西	956 246	506 046	328 194	65 182	394	56 152	278
内 蒙 古	929 601	270 481	133 374	14 600	700	506 329	4 116
辽　宁	3 562 466	1 307 339	949 730	1 152 393	20 261	106 539	26 204
吉　林	1 530 107	852 014	208 687	345 683	5 781	114 668	3 272
黑 龙 江	3 228 800	1 193 000	726 200	637 300	—	558 100	114 200
上　海	138 210	121 250	78	321	—	16 500	60
江　苏	289 875	274 104	5 773	4 261	19	2 359	3 359
浙　江	56 271	53 154	270	92	2 746	—	10
安　徽	435 604	226 682	97 432	93 599	1 791	8 158	7 943
福　建	186 364	181 774	29	—	321	3 720	520
江　西	516 097	387 112	11 500	107 416	5 001	5 066	2
山　东	1 085 097	889 885	105 758	21 805	8 341	45 180	14 128
河　南	2 048 618	1 286 536	487 237	239 918	—	29 543	5 385
湖　北	299 844	236 368	28 084	32 071	3 321	—	—
湖　南	769 410	700 459	19 037	45 653	—	450	3 810
广　东	362 184	318 081	1 066	24 619	5 518	—	12 900
海　南	6 014	2 031	1 638	2 346	—	—	—
广　西	261 668	225 784	3 418	32 223	29	159	55
重　庆	362 566	282 485	79 085	247	—	748	—
四　川	1 021 491	1 003 821	14 217	1 553	20	1 688	192
贵　州	320 103	296 050	4 356	8 704	—	200	10 794
云　南	980 084	880 190	29 926	63 166	3 611	2 150	1 041
陕　西	1 716 393	629 059	542 193	229 294	3 536	283 121	29 190
甘　肃	542 652	260 426	151 661	59 062	241	67 280	3 982
青　海	65	33	—	—	—	32	—
宁　夏	260 918	71 605	41 152	44 716	31 501	71 944	—
新　疆	164 273	70 879	53 236	19 659	423	19 845	231

2012年全国添加剂预混合饲料产量

单位：t

地　区	小计	猪饲料	蛋禽饲料	肉禽饲料	水产饲料	反刍饲料	其他饲料
全国总计	6 193 994	3 486 423	1 343 192	549 262	259 184	290 748	265 185
北　京	614 113	329 023	171 295	13 203	33 285	50 419	16 888
天　津	287 504	127 184	96 582	7 857	4 356	23 098	28 427
河　北	140 028	50 257	61 536	9 907	1 630	10 794	5 905
山　西	56 476	16 687	22 653	6 465	295	10 373	3
内蒙古	57 109	11 565	2 359	2 604	256	25 326	15 000
辽　宁	207 022	99 144	67 661	15 330	4 205	6 204	14 478
吉　林	48 168	16 556	15 512	16 100	—	—	—
黑龙江	266 095	109 100	61 300	42 500	895	36 250	16 050
上　海	227 186	131 032	35 137	14 733	2 972	15 904	27 408
江　苏	318 227	136 745	126 912	29 904	12 512	5 739	6 415
浙　江	166 912	100 910	20 177	12 340	13 443	32	20 010
安　徽	138 604	73 850	29 433	21 677	50	7 927	5 668
福　建	295 921	266 388	5 623	9 528	10 693	514	3 175
江　西	438 104	294 023	73 650	53 850	6 460	6 500	3 621
山　东	601 688	200 548	299 016	66 707	6 356	7 061	22 000
河　南	368 805	187 825	95 642	38 274	—	47 001	63
湖　北	124 446	75 026	28 947	8 032	12 440	—	—
湖　南	527 571	407 563	23 762	79 953	1 392	498	14 404
广　东	519 479	375 336	14 122	35 955	58 044	10	36 012
海　南	42 650	5 150	6 237	7 062	24 201	—	—
广　西	101 067	81 496	3 987	13 211	1 903	117	353
重　庆	83 079	81 621	640	206	125	485	2
四　川	283 393	194 726	19 764	12 657	49 894	3 359	2 993
贵　州	2 410	2 410	—	—	—	—	—
云　南	48 622	27 221	6 824	11 145	1 897	741	794
陕　西	171 475	65 620	43 999	14 444	10 268	13 870	23 274
甘　肃	8 342	3 006	1 368	1 392	—	2 371	205
青　海	1 399	117	—	1	—	1 280	—
宁　夏	15 696	5 314	3 109	2 161	—	5 112	—
新　疆	32 402	10 979	5 945	2 065	1 612	9 762	2 038

2012年全国饲料工业总产值和营业收入基本情况

单位：万元

地　区	饲料工业		饲料产品	
	总产值	营业收入	总产值	营业收入
全国总计	70 725 596	68 690 168	64 631 220	62 771 953
北　京	2 313 765	2 388 505	2 292 972	2 344 631
天　津	917 430	887 107	909 178	879 096
河　北	3 640 770	3 479 148	3 492 001	3 335 008
山　西	904 904	887 841	900 170	883 410
内蒙古	1 084 253	960 502	891 228	768 890
辽　宁	4 287 356	4 152 762	4 115 956	3 987 529
吉　林	1 570 266	1 570 266	790 574	790 574
黑龙江	2 059 470	1 867 251	2 018 000	1 828 200
上　海	737 375	727 910	581 964	575 908
江　苏	3 993 645	3 531 486	3 256 568	2 805 868
浙　江	2 994 745	2 851 462	1 739 947	1 704 079
安　徽	1 315 628	1 314 575	1 303 510	1 303 510
福　建	2 480 886	1 912 259	2 326 567	1 742 195
江　西	2 149 151	2 161 351	2 135 291	2 147 516
山　东	9 546 101	9 364 858	9 008 449	8 895 661
河　南	3 559 702	3 566 171	3 497 052	3 494 775
湖　北	2 266 979	2 260 058	2 009 911	2 006 804
湖　南	3 732 005	3 580 038	3 596 757	3 456 497
广　东	7 421 805	7 710 054	7 284 241	7 574 241
海　南	671 300	647 450	670 804	646 972
广　西	2 909 788	2 884 551	2 837 834	2 815 061
重　庆	711 168	643 125	696 466	629 884
四　川	4 170 847	4 153 901	3 689 971	3 690 565
贵　州	394 400	391 801	320 150	318 001
云　南	2 003 820	1 947 770	1 601 308	1 521 243
陕　西	1 546 438	1 540 905	1 504 172	1 499 851
甘　肃	484 887	470 137	484 750	470 000
青　海	28 308	25 560	25 396	22 935
宁　夏	314 090	308 062	135 928	129 901
新　疆	514 312	503 303	514 104	503 147

2012年全国饲料加工企业基本情况

单位：个

地　区	总数	企业经济类型							
		国有	集体	私营	联营	股份	港澳台	外商	其他
全国总计	15 307	218	106	8 131	292	5 831	148	287	294
北　京	341	8	1	20	3	300	3	3	3
天　津	247	8	2	166		44	5	19	3
河　北	1 196	5	8	795	10	356	3	9	10
山　西	260	5	4	97	10	140	—	4	—
内蒙古	576	6	2	374	8	156	1	7	22
辽　宁	1 212	7	1	652	14	499	9	15	15
吉　林	540	—	—	432	14	86	1	7	—
黑龙江	956	26	5	335	45	526	1	18	—
上　海	155	5	2	76	2	53	4	10	3
江　苏	667	11	5	420	3	179	15	26	8
浙　江	565	3	4	279	17	242	4	4	12
安　徽	389	—	—	54	—	326	6	3	—
福　建	425	4	4	266	3	102	15	16	15
江　西	279	4	8	133	3	116	5	7	3
山　东	1 495	29	8	932	25	401	15	44	41
河　南	1 078	10	14	452	46	514	9	9	24
湖　北	388	6	—	279	1	92	3	4	3
湖　南	619	12	6	318	21	248	2	7	5
广　东	890	11	13	458	16	277	33	30	52
海　南	68	—	2	23	16	18	—	4	5
广　西	341	7	—	179	3	129	3	12	8
重　庆	281	4	—	87	1	184	—	5	—
四　川	628	3	3	467	4	121	5	14	11
贵　州	158	3	1	86	9	54	1	1	3
云　南	430	5	1	228	3	175	4	2	12
陕　西	502	7	6	126	9	334	1	4	15
甘　肃	192	—	—	191	—	1	—	—	—
青　海	65	6	—	46	4	9	—	—	—
宁　夏	71	—	—	18	—	53	—	—	—
新　疆	293	23	6	142	2	96	—	3	21

2012年全国饲料加工企业职工情况

单位：人

地区	职工总数	其中职工学历构成					其中技术工种人员构成			
		博士	硕士	大学本科	大学专科	其他	小计	检化验员	中控工	维修工
全国总计	668 436	2 059	8 306	84 647	170 723	402 701	69 196	31 573	17 418	20 205
北京	48 514	258	892	9 640	30 804	6 920	958	574	116	268
天津	9 169	52	262	1 693	1 935	5 227	892	465	169	258
河北	40 616	73	266	3 277	7 142	29 858	4 973	2 738	784	1 451
山西	13 020	14	51	2 188	2 356	8 411	3 189	1 913	662	614
内蒙古	14 072	43	177	1 759	3 438	8 655	2 094	981	399	714
辽宁	21 985	81	400	2 934	4 844	13 726	4 781	2 535	854	1 392
吉林	24 362	24	108	1 430	4 237	18 563	3 371	1 726	823	822
黑龙江	11 324	24	54	336	492	10 418	1 711	1 325	36	350
上海	9 542	56	200	1 363	2 000	5 923	1 479	530	541	408
江苏	36 243	171	636	5 535	8 224	21 677	3 249	1 362	963	924
浙江	24 376	61	352	2 793	3 778	17 392	1 998	1 417	326	255
安徽	30 414	61	223	4 410	20 653	5 067	777	321	221	235
福建	16 390	68	212	1 880	2 743	11 487	1 902	762	535	605
江西	15 148	51	201	1 904	3 312	9 680	1 623	580	590	453
山东	76 635	199	1 137	8 703	16 043	50 553	7 707	2 928	2 778	2 001
河南	31 529	154	441	3 525	8 053	19 356	3 000	1 233	1 019	748
湖北	28 800	75	316	4 167	6 094	18 148	1 910	878	512	520
湖南	28 187	60	245	3 929	6 570	17 383	3 413	1 588	907	918
广东	44 157	219	861	5 949	7 603	29 525	4 897	1 780	1 285	1 832
海南	3 526	3	21	336	586	2 580	210	80	60	70
广西	18 926	31	141	2 164	4 215	12 375	1 984	721	473	790
重庆	7 594	21	113	1 098	1 468	4 894	1 326	512	409	405
四川	38 998	146	438	4 414	7 044	26 956	4 653	1 688	1 137	1 828
贵州	2 690	12	19	263	630	1 766	389	193	93	103
云南	21 383	29	125	1 625	3 183	16 421	2 592	811	886	895
陕西	29 526	54	281	4 613	9 120	15 458	1 552	838	260	454
甘肃	5 088	8	30	950	500	3 600	625	385	40	200
青海	915	1	2	78	127	707	183	58	25	100
宁夏	3 829	1	33	561	1 066	2 168	182	101	53	28
新疆	11 478	9	69	1 130	2 463	7 807	1 576	550	462	564

主要饲料原料进出口情况

2012 年主要饲料原料进出口情况

数量单位：万 t，金额单位：万美元

2012 年	出口数量	同比（%）	进口数量	同比（%）	出口金额	同比（%）	进口金额	同比（%）
玉米	25.7	89.1	520.8	197.0	10 117.1	117.2	168 926.7	192.1
大豆	32.1	50.0	5 838.5	10.9	28 035.7	68.3	3 498 872.2	17.3
豆粕	123.3	203.4	4.5	−79.7	67 080.6	246.3	2 125.2	−77.9
饲料用鱼粉	0.03	−25.3	124.6	2.9	28.7	−13.7	169 036.7	−3.4
蛋氨酸	0.3	106.1	13.4	12.8	2 261.1	35.2	50 543.9	2.8
赖氨酸	17.1	59.3	1.1	20.0	34 500.6	51.0	2 251.5	9.1

2012 年各月度玉米进出口情况

数量单位：t，金额单位：万美元

玉米	出口数量	同比（%）	进口数量	同比（%）	出口金额	同比（%）	进口金额	同比（%）
1 月	2 309.6	284.9	751 006.5	40 322.9	76.5	204.1	25 064.1	14 173.0
2 月	401.0	−14.7	520 530.3	54 119.7	11.7	−18.3	17 431.1	13 453.9
3 月	2 225.5	−75.4	471 925.1	20 865.2	99.2	−63.5	15 358.5	5 321.9
4 月	18 432.8	88.2	16 379.8	128.8	735.8	117.6	493.0	62.2
5 月	3 614.8	−86.9	116 375.8	862.5	128.8	−84.6	4 103.8	1 250.1
6 月	3 371.5	−64.7	528 725.9	4 606.6	129.6	−56.8	17 797.0	4 674.7
7 月	4 307.2	−57.0	721 598.3	318.0	147.8	−52.6	23 982.4	321.4
8 月	4 982.0	−62.5	598 983.3	144.9	179.7	−61.8	19 589.5	143.7
9 月	6 106.6	−40.1	385 990.3	113.0	223.9	−39.9	12 524.1	104.4
10 月	1 632.9	−96.1	445 274.0	46.3	69.0	−95.6	13 628.4	32.7
11 月	2 122.1	9.0	384 233.5	57.0	78.4	11.8	11 211.4	37.2
12 月	5 012.9	147.8	265 876.8	−53.3	200.8	155	7 721.5	−57.0

2012年各月度大豆进出口情况

数量单位：t，金额单位：万美元

大豆	出口数量	同比（%）	进口数量	同比（%）	出口金额	同比（%）	进口金额	同比（%）
1月	12 838.6	−22.5	4 608 223.9	−10.3	1 134.9	−1.9	242 415.7	−15.5
2月	8 835.7	4.9	3 829 662.5	65.1	851.8	29.6	197 960.9	46.2
3月	25 394.8	36.6	4 826 118.6	37.5	2 158.	46.4	257 328.9	23.6
4月	35 833.3	60.6	4 884 137.2	26.0	3 322.	82.7	269 945.2	19.0
5月	26 350.1	47.3	5 278 060.2	15.6	2 375.6	57.2	307 086.6	15.9
6月	18 017.7	−62.1	5 624 450.3	30.7	1 470.8	−55.2	330 847.7	34.3
7月	16 496.5	79.3	5 867 120.2	9.6	1 328.0	84.7	347 012.7	13.3
8月	44 073.7	212.9	4 417 740.5	−2.1	3 390.3	233.8	273 233.8	6.5
9月	37 049.6	347.2	4 965 720.3	20.3	2 925.3	329.8	322 851.5	37.1
10月	12 756.8	42.8	4 030 284.9	5.7	1 198.8	71.8	279 059.8	27.9
11月	50 553.6	246.0	4 159 018.8	−27.0	4 795.5	237.2	281 856.5	−9.4
12月	33 021.5	19.3	5 890 357.2	8.6	3 096.3	39.8	383 217.4	33.0

2012年各月度豆粕进出口情况

数量单位：t，金额单位：万美元

豆粕	出口数量	同比（%）	进口数量	同比（%）	出口金额	同比（%）	进口金额	同比（%）
1月	30 587.3	−0.1	31 166.6	−43.8	1 609.2	1.2	1 181.1	−50.2
2月	32 425.6	85.2	1 857.0	−92.5	1 522.8	73.1	58.7	−94.3
3月	28 462.9	−5.5	1 528.6	−96.2	1 481.4	2.0	65.2	−96.2
4月	40 330.3	−0.9	290.0	−98.7	1 974.3	0.1	19.4	−98.1
5月	98 985.6	149.7	4 207.9	−35.6	4 921.2	160.4	256.8	−22.7
6月	118 729.8	108.9	1 057.5	−71.7	6 031.3	135.0	77.9	−56.2
7月	181 954.8	208.4	1 346.0	−26.6	9 099.6	246.7	83.2	−19.2
8月	155 246.8	301.4	1 058.0	5.8	8 130.3	357.8	93.7	7.7
9月	178 937.2	453.2	325.0	−92.0	10 434.7	563.4	30.4	−85.5
10月	154 193.0	952.8	325.0	−85.2	9 151.9	1 100.9	30.4	−70.6
11月	100 846.7	307.2	1 460.2	−84.6	6 125.5	382.5	145.1	−66.5
12月	111 972.2	421.8	800.0	−98.5	6 600.3	550.8	83.4	−95.9

2012 年各月度饲料用鱼粉进出口情况

数量单位：t，金额单位：万美元

饲料用鱼粉	出口数量	同比（%）	进口数量	同比（%）	出口金额	同比（%）	进口金额	同比（%）
1月	72.0	620.0	51 824.1	92.8	6.4	614.1	6 703.5	81.7
2月	9.7	−61.2	92 437.2	128.9	0.9	−31.4	11 923.5	118.3
3月	66.5	−25.3	139 320.0	92.3	3.0	−56.2	17 668.7	75.8
4月	0.0	−100.0	129 183.1	22.0	0.0	−100.0	16 555.3	−1.1
5月	12.0	−87.4	112 475.0	11.5	0.8	−89.7	14 720.3	−13.5
6月	10.0	−30.6	77 329.9	−35.8	2.0	50.7	9 628.1	−49.6
7月	12.3	−82.6	105 507.1	−30.1	1.1	−76.1	13 962.4	−38.3
8月	8.0	−73.3	173 862.0	−18.2	1.6	−18.4	23 653.9	−23.2
9月	19.5	0.0	156 982.8	11.6	2.1	0.0	22 794.2	19.4
10月	0.0	−100.0	45 835.5	−51.2	0.0	−100.0	7 205.8	−41.7
11月	62.6	0.0	75 376.8	−4.1	5.9	0.0	11 012.3	12.9
12月	57.0	168.9	85 756.2	28.9	4.9	224.8	13 202.4	59.7

2012 年各月度蛋氨酸进出口情况

数量单位：t，金额单位：万美元

蛋氨酸	出口数量	同比（%）	进口数量	同比（%）	出口金额	同比（%）	进口金额	同比（%）
1月	109.3	13.0	8 019.7	−21.7	125.8	−27.4	3 419.2	−23.7
2月	73.5	−43.4	10 721.6	50.6	99.8	−2.0	4 411.3	46.3
3月	254.6	169.7	12 660.1	7.3	276.9	115.1	5 097.3	6.3
4月	116.6	8.2	12 510.0	48.8	110.6	−24.5	4 998.3	46.1
5月	394.0	299.4	10 323.6	64.8	292.9	72.0	4 161.6	61.7
6月	297.8	125.4	9 282.8	−16.3	213.9	36.3	3 708.3	−18.2
7月	243.8	131.6	13 416.9	8.2	183.2	21.1	5 227.3	2.8
8月	185.0	105.2	11 351.1	−7.7	189.9	49.8	4 197,1	−17.8
9月	388.4	371.1	11 979.7	6.7	225.7	72.5	4 183.1	−8.7
10月	208.3	127.1	11 643.4	61.2	151.5	95.9	3 913.7	29.9
11月	283.1	81.3	10 413.7	7.7	169.0	34.4	3 453.7	−14.2
12月	307.1	51.1	11 150.9	3.0	222.0	21.4	3 669.0	−19.4

2012 年各月度赖氨酸进出口情况

数量单位：t，金额单位：万美元

赖氨酸	出口数量	同比（%）	进口数量	同比（%）	出口金额	同比（%）	进口金额	同比（%）
1月	14 950.2	16.6	595.9	−17.5	3 448.7	53.7	129.6	−12.8
2月	10 268.6	96.1	1 183.9	372.6	2 376.8	143.0	298.1	490.6
3月	14 692.9	−18.6	850.7	68.9	3 294.6	−5.1	211.6	95.2
4月	12 422.9	2.7	713.3	10.0	2 762.2	11.2	157.9	10.5
5月	10 076.1	−12.9	1 040.2	48.7	2 193.2	−7.4	224.0	54.2
6月	11 776.8	29.5	1 181.1	1.0	2 475.8	21.9	236.3	−5.9
7月	9 815.7	52.1	928.4	56.2	1 883.0	30.3	186.7	41.3
8月	15 772.3	182.7	929.5	39.5	2 773.9	105.7	168.9	0.7
9月	15 545.7	177.1	993.1	−30.3	2 700.5	98.8	215.3	−42.1
10月	14 249.0	204.8	856.5	−36.9	2 533.4	117.5	157.9	−52.8
11月	19 620.5	157.8	655.3	202.6	3 718.9	99.6	130.1	133.1
12月	22 089.8	153.0	712.2	15.3	4 327.4	106.4	138.2	−11.6

大事记

农业部畜牧业司

（全国饲料工作办公室）

2012年1月5日 为提高饲料、饲料添加剂生产企业产品质量安全管理水平，做好新修订《饲料和饲料添加剂管理条例》实施工作，农业部畜牧业司组织北京等10省区市试运行《饲料质量安全管理规范（试行）》。

2012年1月12日 为规范饲料和饲料添加剂安全性评价和有效性试验工作，保证试验结果的科学性、客观性，农业部畜牧业司印发了《饲料和饲料添加剂评价数据由主要畜禽物种向次要畜禽物种外推的技术指南（试行）》等3个试验技术指南。

2012年1月13～14日 农业部畜牧业司会同政法司在北京组织召开《饲料和饲料添加剂管理条例》配套规章修订工作会，对新《饲料和新饲料添加剂管理办法》《进口饲料和饲料添加剂登记管理办法》等规章进行修订。

2012年1月16日 农业部印发《2012年养殖环节“瘦肉精”专项监测计划》，继续在全国组织开展养殖环节“瘦肉精”专项监测工作。

2012年1月20日 由农业部起草的《饲料生产企业许可条件（征求意见稿）和饲料添加剂（混合剂）生产企业许可条件（征求意见稿）》公开征求社会各界意见。

2012年2月6日 农业部畜牧业司召开司务会，审议通过了《饲料添加剂和添加剂预混合饲料生产许可证管理办法》等4个《饲料和饲料添加剂管理条例》配套规章。

2012年2月6日 农业部畜牧业司与国家质检总局动植物检疫监管司在农业部召开工作交流会，商讨种畜禽、饲料及饲料添加剂等产品进出口监管工作，就推进饲料加工和进口饲料免税达成一致意见。双方还就在相关领域开展内外衔接与合作交流等进行了商议。

2012年2月9日 农业部对原《饲料生产企业审查办法》《饲料添加剂和添加剂预混合饲料生产许可证管理办法》《新饲料和新饲料添加剂管理办法》进行了修订，形成了《饲料和饲料添加剂生产许可管理办法（征求意见稿）》和新《饲料和新饲料添加剂管理办法（修订草案征求意见稿）》，自2月9日起公开向社会征求意见。

2012年2月21日 农业部畜牧业司按照《饲料质量安全管理规范（试行）》试点工作要求，组织开展了试点企业验收工作。2月21日，畜牧业司发出通知，进一步明确复核检测收费标准、样品检测要求和检测项目设置，以确保进口产品行政审批工作顺利进行。

2012年2月23日 由农业部组织起草《饲料原料目录（征求意见稿）》，以全文公开方式广泛征求社会各界意见。

2012年4月11日 农业部在厦门召开全国饲料工作会议，总结“十一五”以来饲料工作的成绩与经验，分析当前面临的形势与任务，部署新修订《饲料和饲料添加剂管理条例》宣贯工作。农业部副部长高鸿宾出席会议并做重要讲话。

2012年5月2日 《饲料和饲料添加剂生产许可管理办法》《新饲料和新饲料添加剂管理办法》及《饲料添加剂和添加剂预混合饲料产品批准文号管理办法》等3个《饲料和饲料添加剂管理条例》配套规章，以农业部令公布，于2012年7月1日起施行。

2012年5月7～11日 农业畜牧业司委托国家饲料质量监督检验中心（北京）在北京组织开展2012年度饲料中违禁药物检测能力比对考核。35个检测机构共36人参加本次现场人员比对考核，其中31个单位考核结果合格。

2012年5月29日 农业部畜牧业司召开《饲料和饲料添加剂管理条例》贯彻执行工作座谈会，培训解读相关配套规章，讨论交流《饲料和饲料添加剂管理条例》与管理制度的衔接执行。

2012年6月20日 农业部发布《饲料原料目录》，以进一步规范饲料原料生产、经营和使用，提高饲料产品质量，保障养殖动物产品质量安全。

2012年6月21日 农业部畜牧业司在天津举办全国饲料法规宣贯培训班，就饲料法规体系总体框架、配套规章及饲料原料目录、饲料和饲料添加剂生产企业审核要求以及饲料质量安全管理规范释义等内容开展专题培训。

2012年7月18日 农业部畜牧业司组织召开饲料质量安全监测预警会，进一步分析当前饲料质量安全监管工作面临的风险危机，研判推进饲料质量安全监测预警工作。

2012年7月24日 农业部畜牧业司举办西部片区饲料法规宣贯培训班，就新修订《饲料和饲料添加剂管理条例》及其配套规章进行专题培训，以做好新旧制度衔接，推动饲料执法监督工作顺利开展。

2012年8月25日 农业部畜牧业司召开饲料质量安全隐患分析座谈会，来自饲料质检机构、科研院所和饲料企业的专家分别就饲料安全预警和风险物质排查进行了座谈交流。

2012年9月11日 由农业部畜牧业司主办，全国畜牧总站、中国饲料工业协会信息中心承办，吉林省饲料工作办公室协办的2012年全国饲料工业统计培训班在长春举办。这次培训班旨在全面总结2012年饲料统计工作，分析饲料行业发展态势，部署第4季度和2013年饲料统计和信息管理工作。

2012年9月24日 农业部畜牧业司在哈尔滨举办东北片区饲料法规宣贯培训班，旨在做好新旧制度衔接，推动新修订《饲料和饲料添加剂管理条例》及其配套规章顺利实施，确保饲料执法监督各项工作顺利开展。

2012年9月27日 农业部印发通知，启动《饲料质量安全管理规范》示范企业创建工作，通过培训、咨询、现场指导等多种形式指导试点企业按照规范要求建立并运行各项管理制度，为全面推行规范树立标杆。

2012年10月10日 “瘦肉精”清查收缴工作接近尾声，畜牧业司通知各地农业（畜牧兽医）部门，对饲料产品、兽药企业、养殖场（户）留存的“瘦肉精”和含“瘦肉精”饲料清查收缴工作情况进行全面梳理汇总。

2012年10月17日 为确保《饲料质量安全管理规范》示范企业创建活动顺利推进，畜牧业司在郑州举办规范培训班，对参与示范创建的企业和有关省区饲料行政管理部门工作人员进行专题培训。

2012年10月23日 农业部印发通知，于11月在全国组织抽取100家饲料添加剂企业开展现场监督检查，并将对检查结果进行及时通报。

2012年10月24日 农业部发布公告，《饲料生产企业许可条件》和《混合型饲料添加剂生产企业许可条件》于2012年12月1日起施行。这两项许可条件详细规定了添加剂预混合饲料、浓缩饲料、配合饲料、精料补充料和混合型饲料添加剂生产企业的设立要求。

2012年10月25日 农业部畜牧业司举办全国饲料质检机构培训班，就新修订《饲料和饲料添加剂管理条例》及其配套规章进行专题培训，提高饲料质检机构支撑水平。

2012年11月22日 农业部依据新修订《饲料和饲料添加剂管理条例》，修订印发《全国饲料工业统计报表制度》。

2012年11月27日 农业部印发通知，加快推进实施《饲料和饲料添加剂生产许可管理办法》等规章和规范性文件，进一步规范饲料行政许可和行业监督管理工作。

2012年12月4日 农业部举办“瘦肉精”监督执法培训班，交流“瘦肉精”监督执法工作经验，提高监督执法能力，推动继续做好“瘦肉精”整治工作。

2012年12月11日 农业部畜牧业司在北京召开2012年全国饲料行业形势分析会，就饲料工业生产情况和行业发展趋势进行交流研讨。部分省饲料行业主管部门负责人、大型企业代表和专家应邀参加会议。

2012年12月25日 农业部通报2012年全国饲料质量安全监测结果，2012年饲料质量安全状况总体稳中有升，但仍存在粗蛋白质指标不合格、产品造假等问题，非法添加禁用物质的隐患依然存在。农业部要求各级畜牧饲料管理部门继续加大饲料质量安全监管工作力度，对不合格企业进行重点监控及查处。

中国饲料工业协会

2012年3月12日 中国饲料工业协会在北京举行招待会，欢迎饲料行业两会代表、委员刘永好、温鹏程、谭钜添等同志。农业部副部长、中国饲料工业协会会长高鸿宾，国家首席兽医师于康震，农业部畜牧业司司长王智才、副司长王宗礼，全国畜牧总站站长、中国饲料工业协会秘书长李希荣，全国畜牧总站党委书记、副站长、中国饲料工业协会副秘书长何新天，中国饲料工业协会副秘书长郑友民等同志出席招待会并与两会代表、委员亲切座谈。

2012年4月16～20日 由中国饲料工业协会、全国畜牧总站主办的“2012中国饲料工业展览会暨畜牧业科技成果推介会”在厦门举行。展会共设展位1 500多个，特装展位首次突破85%，有20多个国家和地区以及国内近400家企业和代表团参展，展出面积3万m^2。展览会期间，还召开了全国饲料工作会议、中国饲料工业协会与国际饲料工业联合会工作会商会、“大北农杯”《饲料和饲料添加剂管理条例》知识竞赛现场决赛、2012宠物饲料（食品）国际研讨会，以及多项技术讲座。

2012年5月29日 《饲料和饲料添加剂管理条例》（以下简称《条例》）贯彻执行工作座谈会在北京召开。农业部畜牧业司司长王智才、副司长王宗礼，全国畜牧总站副站长、中国饲料工业协会副秘书长沙玉圣，农业部畜牧业司饲料处处长王晓红、副处长李大鹏，国家饲料质量监督检验中心（北京）主任苏晓鸥，全国畜牧总站、中国饲料工业协会行业指导处处长胡广东，饲料评审处处长王黎文，中国农业科学院饲料研究所和来自全国30个省、区、市饲料工作（工业）办公室及执法体系负责人等80余人出席会议。

王智才就贯彻落实新修订《条例》及当前和今后

一个时期如何做好新修订《条例》宣传工作作了重要讲话。王晓红就《饲料行业管理法规体系概况》做了系统培训。

2012年6月6～7日 2012年全国畜牧站长工作会议在北京举行。农业部副部长高鸿宾出席会议并作重要讲话。相关单位领导及各省、自治区、直辖市及计划单列市，新疆生产建设兵团、黑龙江省农垦总局畜牧、草原、饲料、奶业技术推广部门主要负责同志，全国畜牧总站在职职工与离退休干部等260人参加会议。会议主要任务是贯彻落实中央一号文件、中央农村工作会议、全国农业工作会议和全国畜牧兽医工作会议精神，总结2011年畜牧技术推广工作成就，分析当前形势，谋划今后一段时间工作。

2012年7月31日 "中美大豆产业高峰论坛暨庆祝北京代表处成立30周年"活动在北京举行。国务院原副秘书长、中国粮食行业协会会长、中国饲料工业协会原会长白美清，国家粮食局副局长曾丽瑛，美国农业部总经济师约瑟夫·葛乐伯，美国驻华使馆公使衔农业参赞辛思凯，农业部国际合作司副司长谢建民，全国畜牧总站副站长、中国饲料工业协会副秘书长沙玉圣，全国水产技术推广总站站长魏宝振，中国食品土畜进出口商会会长边振琥，国家粮油信息中心主任尚强民，美国大豆基金大豆协会，美国大豆基金会，美国大豆进出口协会代表，美国伊利诺伊州大豆协会，印第安纳州大豆联盟，肯塔基州大豆基金会，、明尼苏达州大豆研究与推广协会，俄亥俄州大豆协会等11个州的农民代表及中国饲料、畜牧、养殖、油脂加工企业、大豆经销商近500人出席活动。

2012年8月30日 由美国大豆协会-国际项目（ASA－IM）和中国饲料工业协会联合主办的第八届中国饲料工业南北交流活动在江苏溧阳拉开帷幕，政府畜牧部门各级官员以及来自江苏、山东、北京、四川、广东、辽宁、甘肃等省（市）50多位饲料企业中高级管理人员参加了本次交流活动。交流活动始于江苏溧阳，在山东青岛落下帷幕。此次交流活动旨在进一步促进我国饲料工业发展，推动南北交流合作及提高企业管理水平。

2012年11月4～5日 全国饲料评审委员会在北京召开饲料风险评估和评价技术国际研讨会，邀请欧盟委员会健康与消费者保护总署（DG－SANCO）、欧洲食品安全局（EFSA）、欧盟参考实验室（EU-RL）以及美国食品药品管理局（FDA）专家，与我国专家学者就饲料风险评估和安全评价技术进行了广泛交流。全国饲料评审委员会委员、评价机构专家和省级饲料管理部门代表共计130余人参会。

2012年11月15日 中国饲料工业协会第八届大型企业联谊会暨第六届理事会二次会议在湖南株洲举行。相关单位领导及中国饲料工业协会第八届大型企业联谊会成员，各省（自治区、直辖市及计划单列市）饲料工作（工业）办公室，饲料工业（行业）协会主要负责人，以及新闻媒体单位500余人出席会议。"筑牢安全防线，转变发展方式，提升增长质量"依然是本次大会的主题。国家首席兽医师于康震，农业部畜牧业司司长王智才，全国畜牧总站站长、中国饲料工业协会秘书长李希荣在会上分别就《贯彻落实十八大精神，推动社现科学发展》《畜牧业发展要围绕"三保四化"的发展思路》《我国玉米供求现状》作了重要讲话。刘汉元、陶一山、黄炳亮、王沛、许英灼、费忠海分别作了《鱼产业链发展战略》《中国经济"伪反弹"》《饲料原料采购实战》《套期保值和敞口管理》专题报告。会议通过调整增补理事11人，常务理事8人，副会长1人。通过湖南省丰康生物科技股份有限公司等3家企业为第八届大型企业联谊会成员。

北　京　市

2012年10月16日 北京市饲料工业协会2012年度年会暨2011年度行业表彰大会在北京举行。全国畜牧总站站长、中国饲料工业协会常务副会长兼秘书长李希荣、农业部畜牧业司饲料处处长王晓红、北京市农业局副局长刘亚清、北京市饲料工业协会会长谢仲权等领导同志及部分省市协会负责人近400人出席大会。大会旨在贯彻落实新《饲料和饲料添加剂管理条例》，进一步打造首都饲料产品科技与安全品牌，打造饲料企业优秀人才队伍，发扬"为促进饲料行业持续稳定发展，更好地构筑行业市场和技术交流的产业平台，加快推动行业结构调整，进一步贯彻落实国家新政"的精神。

天　津　市

2012年4月27日 天津市畜牧兽医局召开全市饲料实施规范年整治行动暨《饲料和饲料添加剂管理条例》（以下简称《条例》）宣贯动员大会，安排部署2012年饲料监管工作。会议由天津市畜牧兽医局副局长莫会松主持，天津市畜牧兽医局局长王红军出席会议并讲话，农业部畜牧业司饲料处处长王晓红参加会议并对《条例》进行解析和宣贯动员，天津市畜牧兽医局饲料处处长李晓东对2012年全市饲料整治工作进行安排部署。

2012年9月27日 天津市饲料工业协会召开第四届会员代表大会，农业部畜牧业司副司长王宗礼、天津市农委副主任蒋凡凡、天津市畜牧兽医局局长王红军出席会议并讲话。王宗礼在讲话中对全市协会工作给予肯定，对新一届理事会更好发挥作用提出希望。向参会同志介绍了我国饲料工业近年来取得的成就、现阶段面临的挑战和国家相关的产业政策，鼓励大家切实抓住机遇，不断提升企业素质，积极拓展延伸产业链，促进转变增长方式，增加效益。

2012 年 11 月 29 日 天津市畜牧兽医局举办全市饲料法规宣贯培训班，全市饲料管理部门监管人员和饲料生产企业代表参加会议。专题培训《饲料和饲料添加剂管理条例》及其配套规章。邀请农业部畜牧业司饲料处副处长李大鹏和全国畜牧总站、中国饲料工业协会饲料行业指导处处长胡广东授课。培训班上，李大鹏解析了饲料法规体系总体框架；胡广东讲解了饲料生产许可条件和申报材料要求；天津兽医监察所副所长高木珍和高级兽医师郭士明对《饲料质量安全管理规范》进行了解读。

2012 年 12 月 20～25 日 天津市举办饲料检化验员（高级）和饲料厂中央控制室操作工（初级）职业技能鉴定培训。市畜牧兽医局、市兽药饲料监察所有关领导出席开班仪式，共有 300 余人参加培训鉴定。通过培训，检化验学员们基本掌握了高效液相色谱仪、原子吸收分光光度计的基本使用方法和饲料中微生物的基本检测方法；中控工学员们基本掌握了加工工艺、主要设备与功能、配料程序等基本操作技能，培训效果良好。

河　北　省

2012 年 2 月 2～3 日 河北省畜产品质量安全暨饲料工作会议在石家庄市召开。各市主管饲料、秸秆工作负责人等 50 多人参加会议。会议总结了 2011 年全省畜产品质量安全暨饲料工作，对 2012 年工作进行安排部署。

2012 年 3 月 27 日 河北省奶牛饲料生产企业座谈会暨《饲料质量安全管理规范》培训班在石家庄市平山县举办，各市饲料办主任、奶牛饲料生产企业负责人等 150 多人参加培训。培训班对《饲料质量安全管理规范》进行释义，并由农标普瑞纳（廊坊）饲料有限公司介绍实施《饲料质量安全管理规范》的经验。随后选定 46 家奶牛饲料生产企业作为省级首批试点企业。

2012 年 3 月 27～29 日 河北省《饲料和饲料添加剂管理条例》（以下简称《条例》）宣贯新闻发布会及解读培训班、河北省饲料工业发展峰会在石家庄市平山县举行。培训班邀请农业部有关领导和省内专家对新《条例》进行解读，全省 11 个市和 89 个重点县饲料办主任以及 890 家企业负责人参加培训。

2012 年 7 月 12～13 日 河北省《饲料质量安全管理规范》试点企业培训班在石家庄市正定县举办。各市饲料办主任、具体负责《饲料质量安全管理规范》的同志、试点企业负责人和品管经理，共计 130 多人参加培训。重点讲解《饲料质量安全管理规范》释义、所需准备材料、制度、记录示例以及现场检查程序等。

2012 年 7 月 23～24 日 河北省第 22 次大型饲料企业联席会暨大型饲料企业与沧州氯化胆碱企业对接会在沧州市召开。协会会长、副会长、联席会成员单位、沧州市饲料办、氯化胆碱企业等共计 70 多人参加会议。与会人员通过对氯化胆碱企业的实地考察和深入的沟通交流，对沧州氯化胆碱企业有了新的认识，纷纷表示愿意加强与沧州氯化胆碱企业的合作。

2012 年 8 月 20～22 日 河北省饲料工作座谈会在邢台市召开。各市主管饲料、秸秆工作负责人等近 50 人参加会议。各市汇报交流上半年饲料、秸秆工作和下一步工作计划，并对下一步工作进行安排。

内蒙古自治区

2012 年 1 月 收到农业部等部委关于“瘦肉精”清查收缴等工作的安排通知，立即部署了内蒙古自治区的有关工作，并下发《关于转发农业部等八部委“瘦肉精”清查收缴等工作的通知》（内农牧饲发［2012］5 号）。

2012 年 2 月 为了进一步规范饲料生产企业的生产经营，下发《关于进一步加强内蒙古自治区饲料行业地方标准和企业标准管理工作的通知》（内农牧饲发［2012］19 号）。

2012 年 2 月 为了切实落实农业部等部委关于“瘦肉精”清查收缴工作的部署安排，自治区农牧业厅下发了《关于对“瘦肉精”专项整治和清查收缴工作进行督查的通知》（内农牧饲发［2012］40 号）。

2012 年 6 月 内蒙古自治区农牧业厅副厅长牧远在全区草原饲料工作会议上作重要讲话。

2012 年 10 月 内蒙古自治区农牧业厅饲料处举办全区饲料工业统计培训班，邀请全国畜牧总站、中国饲料工业协会信息中心专家讲课，通过讲课与座谈相结合的方式，培训效果显著。

2012 年 10 月 结合新修订《饲料和饲料添加剂管理条例》和农业部有关规定，内蒙古自治区农牧业厅制定内蒙古自治区饲料生产许可证审批程序，成立饲料生产许可证专家审核委员会，并下发《关于公布内蒙古自治区饲料生产许可审批程序和内蒙古自治区饲料生产许可证专家审核委员会组成人员名单的通知》（内农牧饲发［2012］357 号）。

2012年12月 为做好饲料生产企业备案工作，下发《关于开展饲料生产企业2012年度备案工作的通知》（内农牧饲发［2012］427号）。

辽 宁 省

2012年2月 结合辽宁省实际制定并组织实施2012年辽宁省饲料质量安全监测计划，突出对饲料安全卫生指标的检测，全省共完成7 417批次饲料产品监测工作。

2012年3月 结合“3·15”消费者权益日，在全省范围内开展为期一个月的“3·15”饲料打假活动月，严厉打击制售假劣饲料的违法行为，整顿和规范饲料市场秩序。

2012年4月 举办“禾丰杯”《饲料和饲料添加剂管理条例》（以下简称《条例》）知识竞赛。全省共有5 000余人参赛，营造了良好的学《条例》、用《条例》的社会氛围。

2012年5月 全省饲料新法规培训暨监管工作座谈会在沈阳举办。邀请农业部畜牧业司饲料处处长王晓红做新《饲料和饲料添加剂管理条例》解读。各市、县分管饲料工作负责人，饲料检测机构、监督执法机构主要负责人参加会议。

2012年5月 辽宁省畜牧局修订下发《辽宁省兽药饲料畜产品安全检测实验室管理规范》（试行）和《辽宁省兽药饲料畜产品安全检测实验室考核验收管理办法》（试行），从实验室面积、机构设置、硬件设施、人员资质、软件管理等方面，对市级质检机构实验室提出更高要求，并按照新规范对全省市级检测机构进行考核，进一步规范了检验检测工作。

2012年6月 开展饲料中抗生素使用专项整治工作。省局制定实施了饲料中抗生素监测计划，对饲料生产、经营企业环节中猪、禽配合饲料和浓缩饲料中常用的喹乙醇、金霉素进行监督检测，对水产配合饲料喹乙醇进行监督检测。

2012年9月 辽宁省饲料评审专家委员会成立。省局出台《辽宁省饲料生产企业审批工作程序》和《辽宁省饲料生产企业现场审核工作纪律》，成立辽宁省饲料评审专家委员会。

2012年9月 举办全省饲料生产企业检测技术人员大比武活动。省局制定下发《饲料生产企业检验技能大比武活动实施方案》，971家饲料生产企业参加饲料中粗蛋白质和总磷检测大比武活动，全面提升饲料生产企业检测技术水平和产品质量安全保障能力。

2012年10月 辽宁省开展全省饲料经营单位大检查活动，进一步加强全省饲料产品经营环节监管工作，规范了饲料经营秩序，有效排查了质量安全隐患。

2012年10月 组织开展饲料监管工作督察。分7个督察组对全省饲料监管工作进行专项督察，检查对象名单由省局指定。督察结束后召开了专题汇报会，下发督察工作通报，对检查中发现的问题，责成当地监管部门依法查处。

2012年11月 举办全省饲料添加剂和添加剂预混合饲料行政审批和统计工作培训班。进一步规范饲料添加剂和添加剂预混合饲料生产企业生产，提高行业管理水平，强化饲料工业统计工作。

黑 龙 江 省

2012年2月18日 黑龙江省畜牧兽医局在哈尔滨市召开“全省饲料形势分析暨饲料质量安全监管工作会议”，来自13个地市及省农垦总局畜牧兽医局、饲料办以及饲料质检机构、饲料协会、有关饲料媒体和部分大中型饲料企业负责人参加会议。黑龙江省畜牧兽医局副局长洪英华出席会议并讲话。

2012年5月16日 按照省委、省政府纠风办《2012年“行风热线”工作方案》的统一安排，省畜牧兽医局饲料工业办公室、省兽药饲料监察所有关同志参加了由省纠风办与省电台联合举办的《龙广新闻—行风热线》饲料政策法规解读节目。节目现场重点解读新《饲料和饲料添加剂管理条例》（以下简称（《条例》），突出宣传《条例》中的新亮点、新规定、新措施。

2012年9月24日 黑龙江省饲料质量安全监管暨专项整治工作座谈会在哈尔滨市举行。省饲料办、省兽药饲料监察所、省农垦总局畜牧局、哈尔滨市饲料办及省各地市、区畜牧兽医局领导参加会议。黑龙江省饲料工业办公室主任朱良坤主持会议。

上 海 市

2012年1月 与上海市所有饲料生产企业签订质量安全承诺书，要求企业作为质量安全的第一责任人，自觉遵守国家相关法规要求。

2012年1月 印发《关于开展学习宣传和贯彻〈饲料和饲料添加剂管理条例〉的通知》，将《上海市学习宣传新修订〈饲料和饲料添加剂管理条例〉的实施方案》向各区县进行传达和部署。

2012年2月 印发《2012年上海市地产生猪出栏前“瘦肉精”及其替代品监测计划》，全年布置了“瘦肉精”等违禁药物出栏前监测35 600批任务；制订2012年度上海市饲料质量安全监测计划，全年计划完成饲料质量安全监测总数 3 100 批次。

2012 年 3 月 召开 2012 年全市兽药饲料工作会议暨新《饲料和饲料添加剂管理条例》学习宣传动员会。

2012 年 3 月 根据 2012 年饲料生产许可证企业年度备案工作要求，对上海市所有获证企业进行年度备案审核，并对其中 15%的企业开展现场审查。

2012 年 4 月 组织参加"2012 中国饲料工业展览会暨畜牧业科技成果推介会"，全市参展企业 45 家，展位 195 个。

2012 年 5 月 开展《上海市志・农业分卷・畜牧业卷》饲料篇的起草编撰工作。

2012 年 5 月 组织开展《饲料和饲料添加剂管理条例》知识竞赛，在饲料企业、畜禽养殖场（户）的广泛参与下，共有 825 人参加此次竞赛活动，并评选出 11 名个人奖和 3 名优秀组织奖。

2012 年 9 月 组织 8 家全国重点饲料跟踪企业，参加农业部畜牧业司举办的 2012 年全国饲料工业统计培训班，全面部署饲料统计和信息管理工作。

2012 年 10 月 推荐 5 家企业和相关技术专家参加《饲料质量安全管理规范》示范创建工作，并树立第一批标杆企业。

2012 年 11 月 举办 2012 年上海市饲料生产企业管理人员培训班，全市各饲料生产企业负责人共 250 余人参加培训和闭卷考试；举办 2012 年度上海市饲料生产企业统计人员培训班，相关饲料生产企业统计人员共 30 余人参加培训。

2012 年 12 月 根据农业部畜牧业司关于加强行政许可审核工作要求，成立上海市饲料和饲料添加剂专家审核委员会。

湖　南　省

2012 年 1 月 11～13 日 湖南省饲料办在湖南百宜饲料有限公司举办由各市州及部分县饲料办主任参加的饲料生产企业现场审核技术培训。

2012 年 2～3 月 湖南省饲料办对怀化、湘西等 11 个市州共 118 家持证企业进行年度备案前综合检查。各市州饲料办对本辖区内所有持证企业进行全面检查。

2012 年 5～6 月 湖南省饲料办委托湖南农业大学举办"饲料检验化验员""饲料厂中央控制室操作工"两期职业技能培训与鉴定，共有 359 名从业人员通过理论考试和实际操作考核。

2012 年 8 月 1～3 日 湖南省饲料办举办全省饲料法规宣贯培训班，各市州、县（区）饲料办负责同志 180 余人参加培训。培训对象主要为本地区饲料生产企业法人，品控、生产、销售部门负责人，共计 1 600多人。

2012 年 9 月 湖南省立即启动了《饲料质量安全管理规范》试点企业创建工作，明确了岳阳九鼎、湖南百宜、湖南帝亿、衡阳泰源昇等 4 家企业为全省饲料质量安全管理规范试点企业。

2012 年 10 月 24 日 "全国质检机构饲料法规宣贯培训班"在长沙市举办，全国有 180 余人参加培训。

2012 年 12 月 17 日 湖南省饲料工业协会年会在长沙召开。来自全省饲料行业近 600 名代表参加会议，参会人数创历史新高。会议除协会本身会议外，还开展了主、分论坛专题讲座，并组织招待晚宴及文艺汇演。

广　东　省

2012 年 2 月 广东省饲料工作办公室会同饲料行业协会开展"抗生素应用"行业专题调研，印发"抗生素应用专题调研问卷"，并走访部分企业及地区饲料主管部门，撰写调研报告。

2012 年 3 月 5 日 广东省饲料行业协会与美国谷物协会在广州举办"玉米供求、品质及市场研讨会"，省内外饲料及相关行业企业负责人、专业技术人员、采购以及饲料原料供应商等 140 多人参加研讨会。

2012 年 3 月 7 日 广东省农业厅在广州市召开全省畜牧兽医工作会议，全省地市、县（市、区）农牧主管部门领导及地市动物卫生监督所长、动物疫病预防控制中心主任，有关高校、科研单位代表参加会议。会议传达了"全国畜牧兽医工作会议"及"全省农业农村工作会议"精神，总结 2011 年全省畜牧兽医工作，分析当前形势，研究部署 2012 年工作。

2012 年 3 月 14 日 广东省饲料工作办公室、饲料行业协会召开专题座谈会，围绕饲料级混合油没有列入农业部《饲料产品目录（征求意见稿）》中，广泛听取专家以及有关生产饲料企业意见，并整理纪要，及时向农业部和中国饲料工业协会反映企业诉求。

2012 年 3 月 24 日 广东省饲料行业协会组织举办"饲料企业财务管理人员培训班"，来自省内 70 多家饲料企业的近百名财会管理人员参加培训。报告主题有饲料工业企业免税申报问题解释、饲料企业财务体系构建中 ERP 系统的运用、工业企业成本管理会计实务、饲料企业上市财务规范导读等。

2012 年 3 月 30 日 广东省饲料工作办公室、省饲料行业协会召开"抗生素应用"专题调研座谈会，省兽药饲料质量检验所、有关高校、科研院所教授专家、行业骨干企业负责人和养殖场代表30多人参加座谈会。会议认为抗生素在畜牧、饲料业中的限用、禁用是一个方向，希望经过政府引导、扶持和严格监管，企业本身自律，从业人员素质的提高等方面提高整个养殖健康水平。

2012年3～4月 中国饲料工业协会组织“大北农杯”新《饲料和饲料添加剂管理条例》知识竞赛，广东海大集团股份有限公司代表本省饲料行业参加比赛进入前8名获得三等奖，广东省饲料行业协会获得组织奖。

2012年4月12～13日 广东省饲料行业协会组织全省40多家饲料企业参加“2012中国饲料工业展览会暨畜牧业科技成果推介会”。本届展会全省饲料行业参展企业展位上百个，其中精装展位占90%，参展数量位居前列，参展质量得到大会好评。

2012年5月23～25日 河南省饲料考察团一行到广东省考察，考察团成员包括省市行政管理、省饲料协会、河南省前10强饲料企业代表，先后考察海大集团股份有限公司、旺大生物科技有限公司、金银卡（广州）生物科技有限公司、东莞泛亚太生物科技有限公司、深圳市金新农饲料股份有限公司等，并召开“豫粤两省饲料行业座谈会”。

2012年7月9～11日 以“水禽饲料安全与健康养殖”为主题，由国家水禽产业技术体系与南方6省（区）行业协会、学会联合主办，华南农业大学动物科学学院等单位承办的“南方水禽产业技术发展论坛”在广州举办。来自广东、江西、福建、湖南、广西、海南的行业管理部门领导，国家水禽产业体系岗位专家、行业协会、学会负责人，有关高校、科研单位教授专家，养殖、饲料及相关企业管理、技术人员近400人参加论坛活动。

2012年8月1日 广东省农业厅在惠州举办全省饲料法律法规培训班，全省市县级饲料管理部门领导、新闻媒体代表等100多人参加培训班。重点培训了饲料行业管理新规，部署了相关工作。

2012年9月16～21日 广东省饲料行业协会组织饲料考察团赴河北、北京考察学习。共有20多家企业代表共40多人，考察了河北、北京的蛋鸡、养猪企业以及当地的骨干饲料企业，参观了国家饲料工程中心等行业研发平台，召开了“冀粤两省饲料行业座谈会”“京粤两地饲料行业座谈会”，就行业发展和区域合作进行深入交流。通过实地考察学习，对北方养殖模式、环境保护、饲养管理及饲料企业运营等方面的行业特点和经验有了新的认识。

2012年10月30～31日 河北省邢台市饲料行业考察团来广东省考察，先后考察了广州江丰实业公司、广东旺大集团公司、金钱（东莞）饲料有限公司。

2012年12月14日 广东省饲料行业协会举办“2012广东省饲料行业年会暨《广东饲料》杂志创刊20周年庆典活动”，年会以“推动行业科技进步转型升级”为主题，开展了行业论坛、商务酒会、行业品牌成果展和《广东饲料》创刊20周年图片展等活动。。

2012年12月18日 广东省农业厅牵头召开广东省“瘦肉精”监管工作部门联席会议。省经济和信息化委、公安厅、卫生厅、工商局、食品药品监管局、广东出入境检验检疫局等相关部门负责人参加会议。会议通报交流全省“瘦肉精”监管工作情况，并就如何贯彻省编办《关于进一步加强广东省“瘦肉精”监管工作的意见》和加强元旦春节期间“瘦肉精”监管工作进行了深入讨论。

2012年 根据《广东省名牌带动战略实施方案》和《广东省名牌产品（农业类）管理办法》，广东省名牌产品（农业类）推进委员会评出2012年广东省名牌产品（农业类）245个。其中，饲料业新评选产品19个，到期复审产品20个。

四　川　省

2012年2月27日 四川省饲料工作会议在德阳广汉市召开，省畜牧局副局长宾军宜出席会议并讲话。会议总结了2011年工作，安排部署了2012年目标任务。

2012年4月1～3日 四川省饲料工业协会组织会员参加在福建举行的“2012中国饲料工业展览会暨畜牧业科技成果推介会”，并参观了当地知名饲料企业。

2012年4月11日 四川省旺达饲料有限公司在中国饲料工业协会主办的“大北农杯”《饲料和饲料添加剂管理条例》知识竞赛总决赛中脱颖而出，以总分290分的成绩获得知识竞赛二等奖，该公司代表任守国获得“全国最佳选手”称号，为四川饲料行业赢得荣誉。

2012年5月23～24日 第七届中国四川饲料与动物保健品展览交易会在成都市召开。本届展览交易会得到了中国饲料工业协会、中国兽药协会、河北兽药饲料监察所和100多参展单位及社会各界的大力支持。会期内展示了各种与饲料和动物保健品行业相关的产品、机械设备、网络刊物，以及科研成果、先进技术等。本届展会在推广四川饲料工业新品种、新技术、新成果，沟通行业贸易，促进技术交流与项目合作，拓展饲料工业与动物保健品行业的发展空间等方面起到了巨大推动作用。

2012年6月21日 四川省饲料生产许可证专家审核委员会成立（川畜食函［2012］254号）。四川省畜牧局副局长宾军宜任主任委员，张履平、柏凡任副主任委员，李宗明、李云、魏敏、吴德、张克英、高庆军、林顺全、唐凌、严华为成员。主要负责新设立单一饲料、配合饲料、浓缩饲料、精料补充料生产企业技术资料和生产现场的技术评审，新设立饲料添加剂、添加剂预混合饲料生产企业技术资料和生产现场的计划书评审，饲料添加剂和添加剂预混合饲料核发批准文号时对产品配方、产品质量标准、检测方法的技术评审。

2012年6月25～27日 四川省畜牧局开展“饲料中药物使用情况”专项检查，共检查成都、绵阳、德阳、乐山、眉山5个市18家饲料生产企业，现场抽取饲料样品37个，监测药物品种7种，共计93项次，未发现使用禁用药物的情况。

2012年6月 全省饲料和饲料添加剂企业年度备案工作全面结束。2012年全省共有735家饲料企业参加年度备案，其中72家企业经审查未予备案；55家企业符合法定注销情形，予以注销；18家企业未上报备案材料。注销的55家企业中，注销预混料和添加剂生产许可证企业20家，注销审查合格证企业31家，动物源性饲料安全卫生合格证企业4家。

2012年7～9月 四川省畜牧局在全省10个市（州）分期分片举办“1＋9”饲料法规宣贯培训班，即举办1期“师资”培训班，负责培训全省21个市（州）畜牧局分管饲料工作的局领导和饲料管理部门负责人；举办9期片区培训班，负责培训全省181个县（市、区）畜牧局分管饲料工作的局领导和饲料管理部门负责人以及全省763家饲料生产企业的法人代表、质量管理负责人。共计培训人员2 100人次，印发培训教材资料2 000余套。

2012年8月9日 四川省畜牧局出台《饲料和饲料添加剂生产许可技术评审规程》（川畜食发［2012］35号），进一步规范饲料和饲料添加剂生产许可技术评审工作，保障技术评审的科学性、公正性。

2012年11～12月 四川省畜牧局开展第二次“饲料中药物使用情况”专项检查。共检查成都、德阳、眉山、内江、资阳5个市14家饲料生产企业，现场抽取饲料样品26个，监测药物品种7种，共计80项次，未发现使用禁用药物的情况。

云 南 省

2012年10月30日 云南省饲料工作会议在大理召开。全省16个州（市）农业（畜牧兽医）局分管饲料工作的领导、科室负责人，畜牧（饲料）站站长，疫控中心主任，动物卫生监督所所长，129个县（市、区）畜牧兽医局局长或农业局分管畜牧兽医工作的副局长，省草山饲料工作站、省动物疫病预防控制中心、省动物卫生监督所负责人部分企业代表共计447人参加会议。会上针对饲料行政主管部门、质检机构、执法监督机构履行《饲料和饲料添加剂管理条例》（以下简称《条例》）的职能职责，重点解读新旧《条例》差异、饲料生产企业准入条件、现场审查要求、饲料质量安全管理规范、监管工作重点和环节等内容。

青 海 省

2012年6月5日 青海省人民政府在西宁市召开全省饲草料产业发展大会，省内6州1地1市及39县政府主管副州长（副专员、副市长）、副县长，各级农牧部门局长以及省内各厅（局、办、室）主要负责人共160人参加会议，农业部畜牧业司副司长王宗礼作为特邀嘉宾到会并作重要讲话。青海省人民政府副省长邓本太作了《科学规划 统筹推进 加快全省饲草料产业发展》的工作报告。

图书在版编目（CIP）数据

2013年中国饲料工业年鉴 / 全国饲料工作办公室，中国饲料工业协会编．—北京：中国农业出版社，2014.11
ISBN 978-7-109-19835-7

Ⅰ.①2… Ⅱ.①全… ②中… Ⅲ.①饲料工业-中国-2013-年鉴 Ⅳ.①F326.3-54

中国版本图书馆CIP数据核字（2014）第273851号

中国农业出版社出版
（北京市朝阳区麦子店街18号楼）
（邮政编码 100125）
责任编辑 刘博浩 程 燕

中国农业出版社印刷厂印刷 新华书店北京发行所发行
2014年11月第1版 2014年11月北京第1次印刷

开本：787mm×1092mm 1/16 印张：33.75 插页：34
字数：1 138千字
定价：150.00元

美国大豆出口协会

美国大豆协会是代表美国大豆农民利益的、非营利性的、会员制的民间组织。通过其国际项目，美国大豆出口协会在全球大力展开大豆推广、研究和教育活动，以推动产业发展、促进大豆贸易、实现互惠共赢。

自1982年在北京成立办事处以来，美国大豆出口协会同中国农业界建立起长期的密切合作关系，致力于服务中国的农业经济。在过去的30年中，美国大豆出口协会驻中国办事处，通过举办专题研讨会、专业培训班、动物饲养试验、现场技术指导，并组织国外考察团组、出版各种技术和市场资料，免费为中国牲畜和水产养殖业、饲料业、大豆加工业和大豆贸易行业提供生产加工技术和大豆及大豆产品的市场信息，帮助中国农业经营企业提高经营能力和经营效益，为保障中国的粮食安全作出自己的贡献。

近十多年来，美国大豆出口协会还加强了安全饲料、安全食品和安全生产等方面的技术和贸易服务，增强企业的食品安全意识，倡导、鼓励并帮助相关企业生产安全健康的食品。美国大豆出口协会还举办大量的养殖试验和技术展示活动，推广新型的生产技术，在提高农业生产能力和效率的同时，大力推广可持续发展的、环保友好型的农业生产技术，进一步帮助中国农业经济实现可持续发展，以满足中国人民日益增长的对优质、安全、健康食品的需求。

创造价值 追求卓越

中化云龙有限公司是中国中化集团公司（简称中化集团，为国有重要骨干企业）控股的核心企业中化化肥有限公司100%股权收购原寻甸龙蟒磷化工有限责任公司，并经相关部门批准注册更名而来。公司注册资金5亿元，占地500余亩，位于云南省昆明市寻甸县金所工业园区，是一家集矿山开采、选矿、磷酸盐生产、销售于一体的综合性企业，主要产品为饲料级磷酸氢钙、饲料级磷酸二氢钙、肥料级磷酸氢钙，并取得了ISO和FAMI－QS（欧洲饲料添加剂和预混料生产商操作规范）质量体系双认证。公司的饲料级磷酸二氢钙和Ⅲ型磷酸氢钙不仅畅销国内，还远销东南亚和欧美市场，已成为具有国际影响力的国内名牌产品。

公司秉承“创造价值，追求卓越”的价值理念，愿为新老客户提供优质的产品和服务，以实现互利共赢，共同发展。致力于打造可持续发展的环保型企业和受人尊敬的行业龙头企业。

NB GROUP
恩贝集团

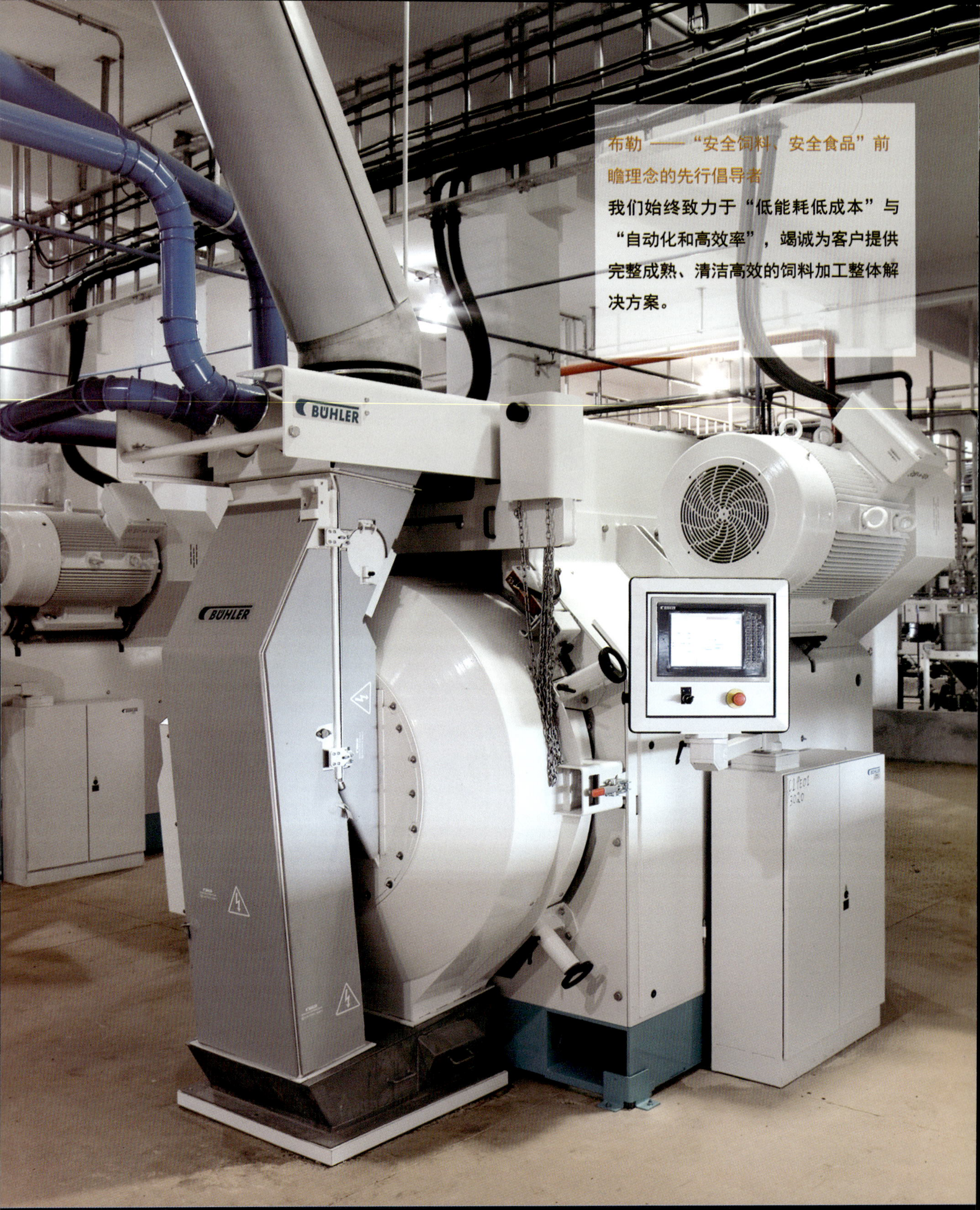
布勒 ——“安全饲料、安全食品”前瞻理念的先行倡导者
我们始终致力于“低能耗低成本”与“自动化和高效率”，竭诚为客户提供完整成熟、清洁高效的饲料加工整体解决方案。
BÜHLER
BÜHLER

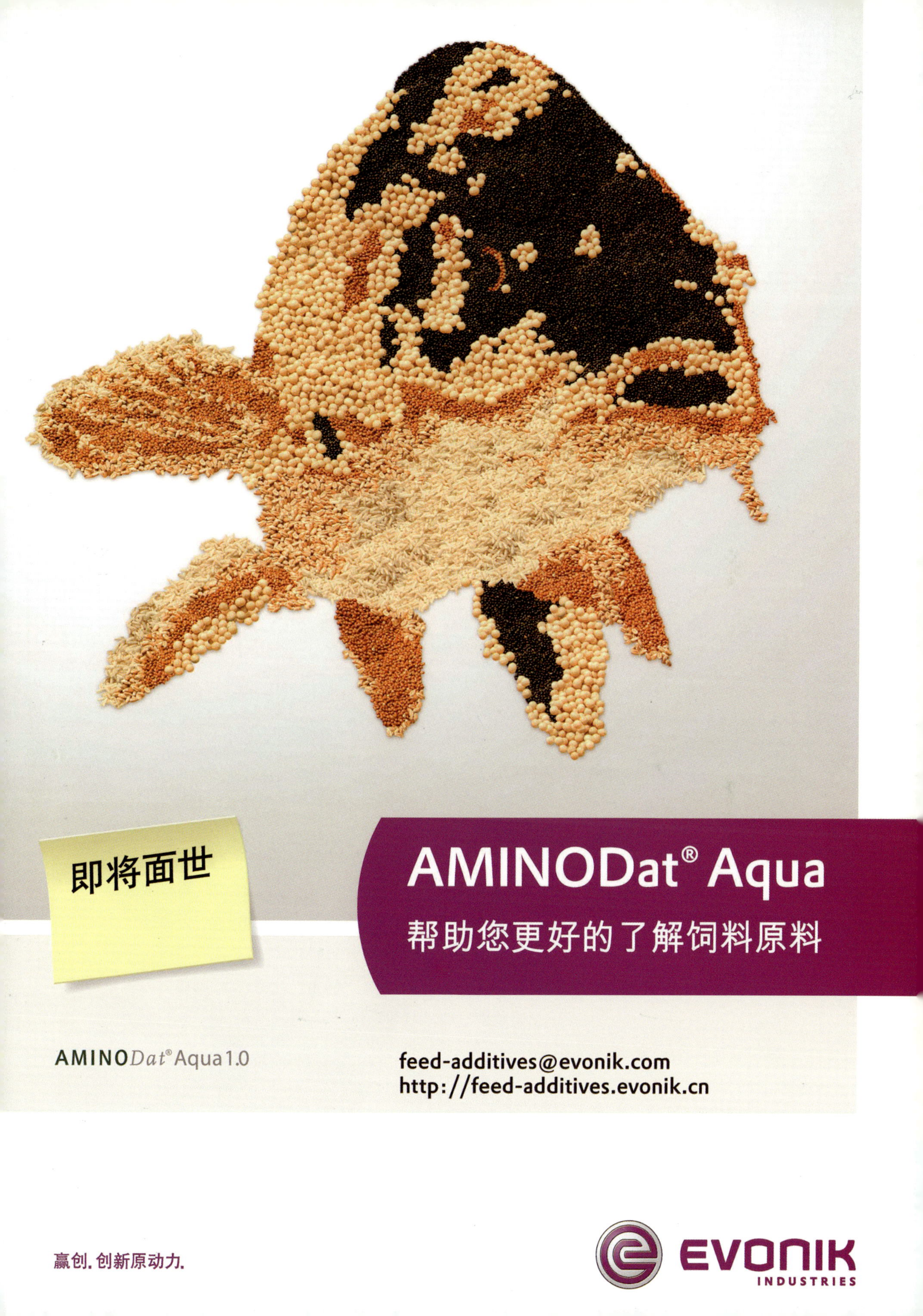

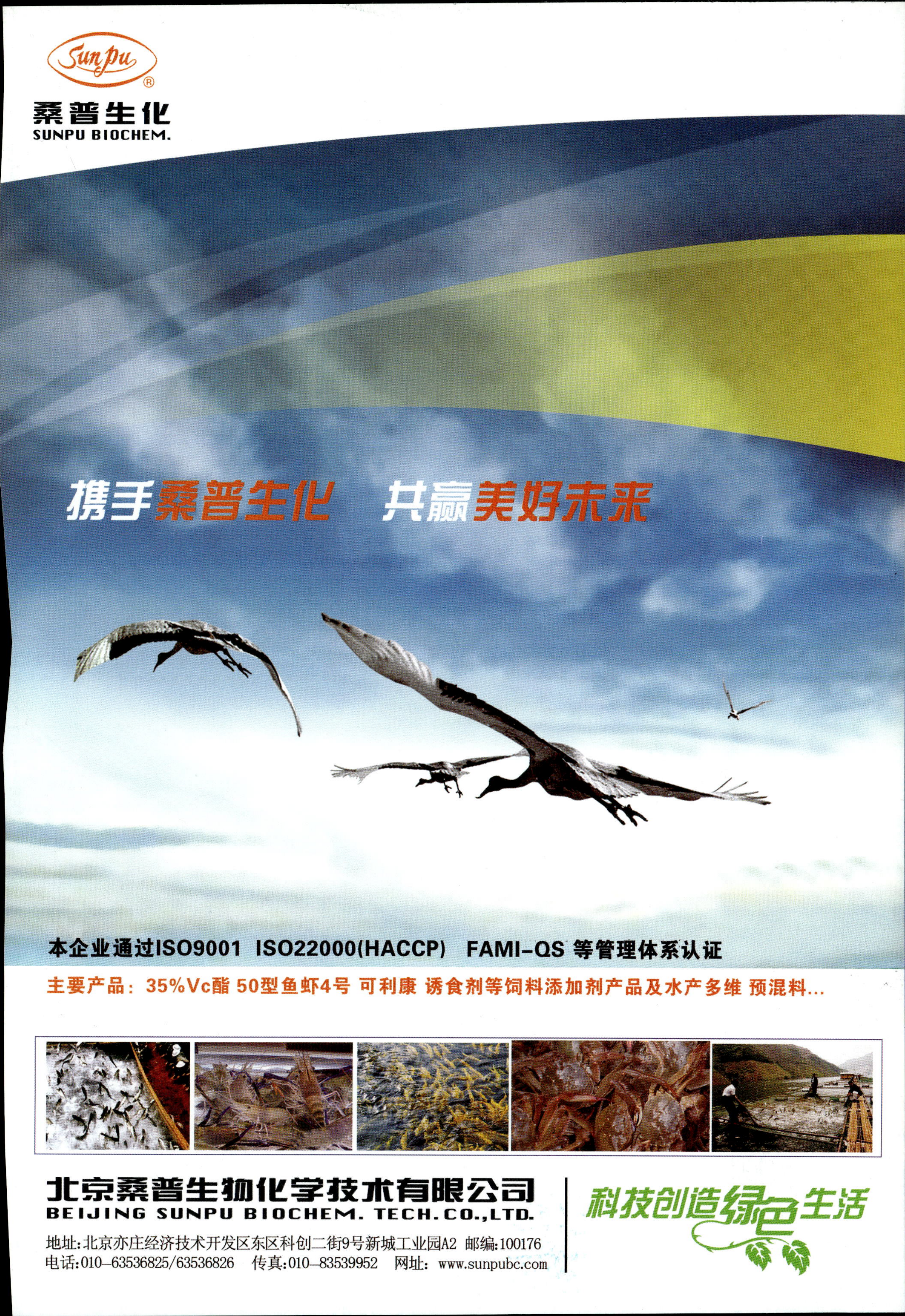
Sunpu
桑普生化
SUNPU BIOCHEM.
携手桑普生化　共赢美好未来
本企业通过ISO9001 ISO22000(HACCP) FAMI-QS 等管理体系认证
主要产品：35%Vc酯 50型鱼虾4号 可利康 诱食剂等饲料添加剂产品及水产多维 预混料...
北京桑普生物化学技术有限公司
BEIJING SUNPU BIOCHEM. TECH.CO.,LTD.
地址:北京亦庄经济技术开发区东区科创二街9号新城工业园A2 邮编:100176
电话:010-63536825/63536826 传真:010-83539952 网址: www.sunpubc.com
科技创造绿色生活